中外语言文学学术文库

教育语言学研究在中国

Studies on Educational Linguistics in China

俞理明　主编

（上）

华东师范大学出版社
East China Normal University Press

图书在版编目（CIP）数据

教育语言学研究在中国 / 俞理明主编. —上海：
华东师范大学出版社，2017
（中外语言文学学术文库）
ISBN 978-7-5675-7241-6

Ⅰ.①教… Ⅱ.①俞… Ⅲ.①教育学—语言学—研究—中国 Ⅳ.①H09

中国版本图书馆CIP数据核字（2017）第296865号

教育语言学研究在中国（上）

主　　编	俞理明
策划编辑	王　焰
责任编辑	曾　睿
特约审读	汪　燕　王　婷
封面设计	金竹林　马　晓
责任印制	张久荣

出版发行	华东师范大学出版社
社　　址	上海市中山北路3663号 邮编 200062
网　　址	www.ecnupress.com.cn
电　　话	021-52713799 行政传真 021-52663760
客服电话	021-52713799 门市（邮购）电话 021-52663760
地　　址	上海市中山北路3663号华东师范大学校内先锋路口
网　　店	http://hdsdcbs.tmall.com

印 刷 者	上海商务联西印刷有限公司
开　　本	710×1000　16开
印　　张	55.5
字　　数	98.6千字
版　　次	2018年1月第1版
印　　次	2018年1月第1次
书　　号	ISBN 978-7-5675-7241-6/H.956
定　　价	165.00元（上下册）

出 版 人　　王　焰

（如发现本版图书有印订质量问题，请寄回本社客服中心调换或电话021-62865537联系）

《中外语言文学学术文库》
编委会

成员：（按姓氏音序）

辜正坤　何云波　胡壮麟　黄忠廉

蒋承勇　李维屏　李宇明　梁　工

刘建军　刘宓庆　潘文国　钱冠连

沈　弘　谭慧敏　王秉钦　吴岳添

杨晓荣　杨　忠　俞理明　张德明

张绍杰

总 序
GENERAL PREFACE

改革开放以来,国内中外语言文学在学术研究领域取得了很多突破性的成果。特别是近二十年来,国内中外语言文学研究领域出版的学术著作大量涌现,既有对中外语言文学宏观的理论阐释和具体的个案解读,也有对研究现状的深度分析以及对中外语言文学研究的长远展望,代表国家水平、具有学术标杆性的优秀学术精品呈现出百花齐放、百家争鸣的可喜局面。

为打造代表国家水平的优秀出版项目,推动中国学术研究的创新发展,华东师范大学出版社依托中国图书评论学会和南京大学中国社会科学研究评价中心合作开发的"中文学术图书引文索引"(CBKCI)最新项目成果,以中外语言文学学术研究为基础,以引用因子(频次)作为遴选标准,汇聚国内该领域最具影响力的专家学者的专著精品,打造了一套开放型的《中外语言文学学术文库》。

本文库是一套创新性与继承性兼容、权威性与学术性并重的中外语言文学原创高端学术精品丛书。该文库作者队伍以国内中外语言文学学科领域的顶尖学者、权威专家、学术中坚力量为主,所收专著是他们的代表作或代表作的最新增订版,是当前学术研究成果的佳作精华,在专业领域具有学术标杆地位。

本文库首次遴选了语言学卷、文学卷、翻译学卷共二十册。其中,语言学卷包括《新编语篇的衔接与连贯》、《中西对比语言学——历史与哲学思考》、《语言学习与教育》、《教育语言学研究在中国》、《美学语言学——语言美和言语美》和《语言的跨面研究》;文学卷主要包括《西方文学"人"的母题研究》、《西方文学与现代性叙事的展开》、《西方长篇小说结构模式研究》、

《英国小说艺术史》、《弥尔顿的撒旦与英国文学传统》、《法国现当代左翼文学》等;翻译学卷包括《翻译理论与技巧研究》、《翻译批评导论》、《翻译方法论》、《近现代中国翻译思想史》等。

  本文库收录的这二十册图书,均为四十多年来在中国语言学、文学和翻译学学科领域内知名度高、学术含金量大的原创学术著作。丛书的出版力求在引导学术规范、推动学科建设、提升优秀学术成果的学科影响力等方面为我国人文社会科学研究的规范化以及国内学术图书出版的精品化树立标准,为我国的人文社会科学的繁荣发展、精品学术图书规模的建设做出贡献。同时,我们将积极推动这套学术文库参与中国学术出版"走出去"战略,将代表国家水平的中外语言文学学术原创图书推介到国外,构建对外话语体系,提高国际话语权,在学术研究领域传播具有中国特色、中国高度的语言文学学术思想,提升国内优秀学术成果在国际上的影响力。

《中外语言文学学术文库》编委会
2017年10月

前言
FOREWORD

Educational Linguistics in China

writen by
Nancy H. Hornberger
edited by
Liming Yu

What identities are available and taken up by learners of English in China's universities? How can schools serving migrant children in China's cities best educate these young learners? What role does English language learning play in educational access in China? What educational policies and practices best support language revitalization and reclamation efforts by China's minority nationalities? What does trilingual education mean in Chinese contexts, both large urban centers and remote autonomous regions? How do intended and unintended consequences of language policy and planning play out in language education – English language teaching, Chinese language teaching, ethnic minority language teaching? What are the underlying language ideologies and educational implications of China's recent phasing out of the English language requirement for college entrance examinations? In the Chinese diaspora, what are the meanings, attitudes, practices, and challenges surrounding language maintenance in Chinese-American communities? (Leung 2012). In schools serving Chinese heritage students in the U.S., how are visions of creating equitable education for linguistically and culturally diverse students circulated and enacted in school policies and pedagogical practices and how are students' identities shaped by these visions? (Wu 2013). These are the kinds of questions educational linguists ask – and answer. Educational Linguistics focuses on language learning and teaching, and more broadly, the role of language in learning and teaching; a scope and focus sometimes referred to as language (in) education. It is a problem-oriented, research-based, and transdisciplinary field, drawing theoretically and methodologically from linguistics, anthropological linguistics, applied linguistics, psycholinguistics, sociolinguistics, and other disciplines to address problems in educational policy and practice. Smitherman (1979) articulated clearly and early on that educational linguistics should take a holistic approach to language that would encompass research paradigms allowing for the analysis of speech and language systems in their socio-cultural reality; policy and planning that would put the study of speech varieties in school, address testing issues, and push for national policies affirming all languages and dialects; and implementation and practice that would advocate pedagogy and knowledge for liberation for the community. Her call presages a hallmark of the field, taking as starting point the practice of (language) education and addressing educational problems and challenges with a holistic approach that integrates theory and practice, research and policy.

In keeping with this vision, the present volume brings together theoretical and empirical perspectives, experiences, and calls for more research in educational linguistics in China. The editor has taken care to provide both scope and depth in surveying the potential of educational linguistics to inform pressing topics for China such as English language education and the internationalization of higher education, language education policy and linguistic diversity — both ethnic minority languages and regional Chinese varieties, and the teaching and dissemination of Chinese language worldwide. Essays herein address topics ranging from textbook language, pragmatic strategies, and corpus linguistics to the ecology of language, linguistic human rights, and endangered varieties; from foreign language education planning to bilingual education for minority nationalities; from second language acquisition to language socialization and language identity; from teacher professional development and curriculum reform to language testing and multimodal learning.

The volume is a welcome addition to an interdisciplinary field whose origins in the 1960s and preponderance of scholarship to date have been in the US and published in English, but which is now growing to encompass scholars from beyond the US and from traditionally non-English-speaking countries of Africa, Asia, Europe, and Latin America

(Hornberger 2012). Since the 1990s, departments, chairs, and graduate specializations in Educational Linguistics have emerged across the US, UK, and internationally at universities in Australia, Canada, China, Germany, New Zealand, Saudi Arabia, and Thailand (see also Hornberger & Hult 2006); and the new millenium has brought reference volumes (Spolsky 1999, Spolsky & Hult 2008), field-charting collections (Hult 2010, Hult & King 2011), collected readings (Hornberger 2012), and a book series bearing the name Educational Linguistics.

From my vantage point as faculty member at the University of Pennsylvania's Graduate School of Education and director of the world's premier program in Educational Linguistics there, I have had an extraordinary opportunity to witness, participate in and chronicle the growth of this dynamic field. I trace its conceptual origins to scholars including Dell Hymes 1966/1972 on communicative competence as individuals' knowledge and ability for appropriate language use in the communicative events in which they find themselves in any particular speech community, a competence by definition variable within individuals (from event to event), across individuals, and across speech communities; Wallace Lambert 1967 on language-based ethnic stereotypes and biases as gauged in his classic matched guise experiments; Charles Ferguson 1968 on modernization, standardization, and graphization in language development; Paulo Freire 1970 on *conscientizaçaõ* 'political consciousness-raising' in adult literacy; John Gumperz 1972 on verbal strategies in multilingual communication and the implications for classroom teaching and learning; Susan Philips 1972 on non-verbal communication and home-school mismatch in communicative participation structures; Einar Haugen 1973 on the curse of language used as a basis for social discrimination; Bernard Spolsky 1974 on the language barrier to education, where a child acquires a vernacular language informally and is required by the educational system to acquire a different, standard language; Frederick Erickson 1975 on gatekeeping encounters and situated social identity in an educational counseling setting; Michael Halliday 1975 on children's language acquisition as learning how to mean; and Shirley Brice Heath 1976 on the U.S. founding fathers' purposeful decisions to leave "language choice, change, and use" unrestrained in the new nation. (See Hornberger 2001, 2012).

Ensuing decades have brought a deepening exploration and conceptual expansion which I have characterized within six broad thematic areas of fundamental, common sense questions and concerns around language, teaching and learning. Language acquisition (and socialization) and language teaching (and assessment) represent perhaps the most enduring core concerns, but because the field arose at a time of acute awareness of educational inequality and disadvantage for ethnic minority children in the U.S., Educational Linguistics has from its very beginnings also foregrounded concerns around language diversity (and inequality) and language policy (and its implementation in classrooms). In recent decades, as the field – and the world – have become ever more globally oriented and connected through technologies of communication and fluid movements of people and their languages across borders, concerns around language ecology (and multimodality) and language identity (and minority language rights) have become ever more salient in the field (Hornberger 2012).

As the field has grown, so too has attention to these issues in China and in the Chinese diaspora, by Chinese, Chinese heritage, and non-Chinese scholars, yielding a rich and growing scholarship, of which I cite here some examples published in English. On Language Acquisition, for example, there are studies of young Chinese immigrant children acquiring biliteracy in London (Kenner 2004), Canada (Moore 2010) and Scotland (Hancock 2012). On Language Teaching, there is work on English education in China (Feng 2009, 2011), on bilingual education in a U.S. Chinatown (Guthrie 1985) and high school ESL teaching of Chinese students in the U.S. (Harklau 1994). On Language Diversity, there are classroom studies on encouraging talk in a Chinese middle school (Schoenhals 1994), on English-Chinese classroom codeswitching in Hong Kong (Lin 1996), and on multilingual classroom discourse and flexible bilingualism in Chinese complementary schools in the U.K. (Blackledge & Creese 2010). On Language Policy, there is research on modern standard Chinese status planning and ethnic minority language writing systems (Zhou 2001), Chinese-English bilingual education in China (Hu 2008), Chinese language planning in the diaspora (Lo Bianco 2007), and Chinese heritage language education in the U.S. (Wang 2004). On Language Ecology, educational linguists have looked in China at the situation of trilingual education for ethnic minorities in border areas of Yunnan (Hu Deying 2012), language policy and illiteracy in ethnic minority communities (Zhou 2000), and English language teaching (Hu 2005), as well as at Chinese immigrant languages in Australia (Clyne & Kipp 1999). On

Language Identity, there is research on English language learner identity in China (Gao 2013; Lo Bianco, Orton, & Gao, 2009), and on Chinese heritage language learner identity (Hornberger & Wang 2008) and Chinese adolescent immigrants' identity and ESL learning (McKay & Wong 1996) in the U.S., as well as studies on language maintenance and shift in Chinese communities in the U.S. (Chen 1992) and Britain (Wei 1994).

Readers will find these six themes well represented in the pages of the present volume. That such a volume exists is a welcome amplification of educational linguistics scholarship and a sign of the field's coming of age in China. I have only begun to understand the range of language learning and teaching challenges and opportunities in China through my visits and talks at Peking University and Beijing in 2007, at the 7th International Conference on Chinese Sociolinguistics, in Xining in 2010, and the First International Symposium on Educational Linguistics in China, in Shanghai in 2012.[1] Though I am, regretfully, unable to speak, read, or understand Chinese in any of its varieties, I am more than confident in the editor's vision and careful scholarship in collecting and preparing this work for you, the readers, as I am also grateful to have been included in envisioning an educational linguistics for China. Indeed, I thank Liming Yu for inviting me into a dialogue with him over the past few years, and for hosting me at the 2012 Symposium, through which I have gained a glimpse of the potential for educational linguistics to guide and shape ongoing language education policy, research, theory and practice in China.

---

1 I acknowledge with gratitude those who generously invited and hosted me on these visits, too many to name here, but especially Professor Wang Chunmei, Vice-Chair of the Women's Studies Center at Peking University for my 2007 visit to PKU and several other universities in Beijing; Professor Gao Yihong of Peking University, Chair of the 2010 International Conference on Chinese Sociolinguistics; and Professors Liming Yu, President of China Educational Linguistics, and Cai Jigang of Fudan University, Chair of the 2012 Educational Linguistics Symposium. I am also grateful to my students Sun Jing and Xu Lan, who have been my guides and interpreters in/on China and educational linguistics in China for many years now.

目录 CONTENTS

第一部分 引言 俞理明 /1
第二部分 教育语言学综述 /6

 教育语言学学科发展国外理论研究综述   夏侯富生 李 玮 /6
 我国教育语言学研究综述   赖良涛 /19

第三部分 教育语言学学科概论 /28

 教育语言学的学科内涵及研究领域   梅德明 /28
 伸展与聚焦：教育语言学的研究领域   严 明 /38
 教育语言学的"超学科"研究方法   胡壮麟 沈 骑 /46
 教育语言学的理论基础   赖良涛 /58

第四部分 教育语言学实践问题研究 /68
学科基础理论研究 /68
第一章 教育中的语言问题   赖良涛 /69

 教育研究中的四种语言学取向
  ——兼论通向语言的教育学之路   李政涛 /70

  教材语言的性质、特点及研究意义   苏新春 杜晶晶
                 关俊红 郑淑花 / 78
  系统功能语言学与教育语篇分析   杨信彰 / 85

第二章 语言学和教育语言学   胡壮麟 / 91
  语言教育学漫谈   张玉华 / 93
  社会语言学理论与对外汉语教学实践   吴伟平 / 101
  语用学对学语言的启示   何自然 / 111
  认知语言学对外语教学的启示   刘正光 / 125
  语料库语言学与中国外语教学   桂诗春 冯志伟 杨惠中
        何安平 卫乃兴 李文中 梁茂成 / 136

语言生态多样与政策规划研究 / 150

第三章 语言政策   沈骑 / 151
  语言规划和语言政策——从定义变迁看学科发展 刘海涛 / 152
  中国外语规划的若干思考   李宇明 / 160
  关于我国外语教育规划的思考   胡文仲 / 168
  对经济全球化背景下我国外语教育规划的再思考
              戴炜栋 王雪梅 / 174
  关于我国外语教育规划与布局的思考   束定芳 / 186

第四章 语言生态   梅德明 / 195
  语言生态学的性质、任务和研究方法   冯广艺 / 197
  生态语言学研究述评   范俊军 / 205
  语言生态的监测与评估指标体系
  ——生态语言学应用研究   肖自辉 范俊军 / 213
  大数据时代语言生态研究   梅德明 / 227

第五章 语言多样化   邵军航 / 244
  欧盟语言多元化战略对中国少数民族语言教育的启示
                周晓梅 / 246
  少数民族语言危机与语言人权问题   范俊军 / 254

如何正确认识世界诸语言的统计数字　　　黄长著　/ 261
汉语方言：一体化还是多样性？　　　曹志耘　/ 267

语言社会化及身份研究　/ 275

第六章　语言身份　　　李晓媛　/ 276

中国的语言与认同研究　　　高一虹　/ 277
身份理论和应用语言学研究　　　李战子　/ 282
英语学习与自我认同变化——对大学本科生的定量考察
　　　　　高一虹　程英　赵媛　周燕　/ 293
On Issues Concerning English and Identity Research in China
　　　　　曲卫国　/ 304
外语学习与认同研究在我国情境中的必要性
　　——回应曲卫国教授　　　高一虹　/ 329

第七章　语言社会化与儿童语言　　　张辉　/ 337

语言社会化研究述评　　　尹洪山　康宁　/ 339
儿童语言样本的分析技术　　　盖笑松　杨薇　郎宇　/ 346
儿童问句理解的群案与个案的比较研究　　　李宇明　陈前瑞　/ 357
儿童问句系统理解与发生之比较　　　李宇明　陈前瑞　/ 365

语言教育教学与测试研究　/ 375

第八章　汉语教学　/ 376

（一）汉语作为母语教学　　　范琳　/ 376
现代汉语课程改革的思路和目标　　　邢福义　汪国胜　/ 377
现代汉语语料库建设及深加工
　　　　　靳光瑾　肖航　富丽　章云帆　/ 380
语言类型研究与汉语教学　　　徐丹　/ 392

（二）对外汉语教学　　　高立群　/ 398
对外汉语教学与汉语本体研究的关系　　　陆俭明　/ 399
论"对外汉语"的学科性　　　潘文国　/ 403
试论汉语作为第二语言教学的基本原则

——兼论海内外汉语教学的学科建设　　　刘　珣　/ 415
汉语国际推广的语言标准建设与竞争策略　　王建勤　/ 428
全球汉语学习者语料库建设方案　　崔希亮　张宝林 / 438

第一部分
引言

教育语言学思想的兴起、发展及在我国的前景

为了加强对教育语言学思想的介绍、传播、研究和应用，中国教育语言学研究会在王德春老先生的指导和支持下于2010年正式成立，隶属于中国修辞学会，加盟我们学会的既有国内众多名家，也有广大一线教师。特别值得一提的是2012年我们研究会和复旦大学外文学院以及上海外国语大学中国外语战略研究中心共同举办了"中国教育语言学学术论坛圆桌会议"，当今教育语言学著名学者、美国常春藤盟校之一宾夕法尼亚大学研究生院院长Nancy Hornberger教授也应邀参加我们这个论坛，发表了精彩的演说。我们欣喜地看到，我们这个年轻的学会正在健康成长，学术影响力正在不断扩大。我们研究会根据这样的形势，决定把国内从事语言教育的学者的研究成果汇编成册，冠名为《教育语言学研究在中国》。

教育语言学（Educational Linguistics）是门新兴学科，它的学科地位确立于世纪之交，但教育语言学思想可以追溯到20世纪60年代（Hornberger，2011：2），和应用语言学学科正式确立差不多是同一时间[1]。如果说应用语言学学科的兴起是Chomsky（1957，1959，1965）的理论在语言学和其他相关领域里引发的一场革命的产物（Ellis 1985），那么教育语言学的思想则是来源于著名人类语言学家Dell Hymes的社会语言学思想。Chomsky认为人具有一种天生的"语言能力"（Linguistic Competence），能够产出（generate）无穷数的形式正确的话语。众所周知，Chomsky这一理论产生在20世纪50年代中期到

---

[1] 应用语言学的学科地位确立可以设定为1964年国际应用语言学大会（Association Internationale Linguistique Applique，简称ALLA）的成立，见桂诗春（2010，164）。

60年代中期这十年期间，从60年代开始产生强大影响，在语言学及其相关领域里引发了一场乔氏革命（Chomskian Revolution），而应用语言学以及二语习得学科的确立是在60年代中期到70年代初，从这时间顺序来看，乔氏革命无疑是应用语言学和二语习得学科的催生剂。因此，在相当长的一段时间里，探讨如何培养二语学习者获得这种语言能力几乎成为应用语言学和二语习得领域的时尚。只是到了20世纪的80年代，Canale & Swain（1980）的"第二语言教学和测试交际法的理论基础"论文发表后，大家才达成一个共识，把培养"交际能力"（Communicative Competence）而不是所谓的"语言能力"确定为语言教学的目标。而"交际能力"的首创者就是Hymes，他在Chomsky（1965）的语言能力理论问世的下一年，就发表了题为"On Communicative Competence"的论文（Hymes 1972[1]），指出语言能力离不开社会和文化这些重要因素，并以嘲讽的口吻说，如果一个孩子如Chomsky所说能产出无穷数的形式正确的话语，这个孩子只能是个社会怪物（social monster）。

我国外语界应用语言学研究第一人桂诗春教授（2010）最新的重要文章把应用语言学划分为缘起、发展、变化和重新定位这四个阶段。本人受桂老的这篇文章启发，回顾教育语言学这门学科的发展历程，发现它和应用语言学一样，也经历了兴起、发展、变化和重新定位这四个阶段（俞理明 严明，2013）。其兴起和发展阶段的最为杰出的学者是首先提出"教育语言学"这个术语的Bernard Spolsky，他显然接受了Hymes的观点，在他的《教育语言学导论》（Spolsky，1978）这本专著中这样写道："从孩子入校和整个学业期间，教育语言学一开始就是评估*交际能力*……"（1978：viii）[2]。到20世纪末，教育语言学经过20多年的发展，其学科地位得到正式确立（Hornberger，2001），毋庸置疑，这和Spolsky的贡献是分不开的。在这一时期里，Spolsky发表了一系列的著作，对教育语言学作了全面、深入、系统的阐述。特别要提的是，他主张在语言教育的研究中"从一个具体的问题入手，然后关注语言学和其他相关学科以求获得解决问题的办法。"（1978：2）教育语言学发展的全部历史证明，这一实践导向的原则一直是开展本学科研究的根本指导思想，Spolsky不愧是教育语言学学科的创始人、开拓者和引路人。

Spolsky在2000年退休，接过并高举教育语言学这面大旗的是Nancy Hornberger教授，她使这门新兴学科发展并走向全球性研究领域（a globalizing field of study）（Hornberger，2012）。她从Spolsky的"问题或实践导向"

1　Hymes 的这篇文章首次发表时间是1966年，见Hornberger（2011）第一卷（p.2）。
2　斜体为本文作者所加。

的思想出发，认同Halliday（2001）的观点，提出教育语言学是基于主题（theme-based）而不是基于学科（discipline-based）的一种学术活动，也就是说是一种超学科（transdisciplinary）的学术活动[1]。这样，Spolsky的"问题或实践导向"的思想经Hornberger的发展，成为一种使得语言教育摆脱学科导向羁绊的有效武器。我们知道，尽管Spolsky（1978）认为"教育语言学"这个术语能更贴切表达语言教学（二语/外语）这样一个学术性活动，但他还是把教育语言学定位在应用语言学，认为它是应用语言学的一个分支。本人认为，这样的定位，从根本上来说，还是没有摆脱学科导向。Spolsky在20世纪末编著了《教育语言学简明百科全书》（*Concise Encyclopedia of Educational Linguistics*）（Spolsky，1999），这是他继教育语言学开山之作《教育语言学导论》后的又一重要力作。但在应用语言学界内也有些不同声音，Davies（1999：90）"观察了《简明教育语言学百科全书》的200多个条目，认为很难说另一本AL[2]百科全书不会有同样的条目"。（引自桂诗春 2010：168）本人看来，Davies的这番言论，固然有门户之见，但也客观反映教育语言学当时还不够成熟，还留有应用语言学的印记。Hornberger的贡献在于她不仅继承Spolsky的教育语言学的思想，还不断地突破他的理论，从而为教育语言学的发展开辟了一个新天地，她是教育语言学变化和重新定位的历史阶段的杰出旗手。

　　本人还想补充，桂老的文章（2010）引用上述Davies（1999）的那段话，似乎还在暗示教育语言学和应用语言学大同小异，无甚新意。如果Davies这段话在20世纪还有一定道理的话，那么到了今天，这样的评价对教育语言学实在是太不公了。这同时也说明国内学界对教育语言学，特别对这门学科自本世纪以来的新发展知之甚少，这是不利于我们的语言教育事业的。本人是搞外语教学的，我就从外语教育这个角度来看这个问题。我国大学英语教学学科定位在应用语言学，这从历史发展眼光来看，有一定的合理性和积极意义，但应用语言学本身存在的模糊性不能不对我国大学英语教学学科的健康发展产生负面影响（具体请参阅本书"大学英语教学"这一话题）。本人认为，在我国开展教育语言学研究，能帮助我们正确认识语言教育的性质，提高我们的科研能力，获得正确的工作方法，从而减少工作中的失误。

　　本书共分四部分，除"引言"外，还有"教育语言学综述"、"教育语言学学科概论"和"教育语言学实践问题研究"这三部分。第二部分是对国内外

1　关于超学科的概念，可以参阅本书第三部分胡壮麟、沈骑的"教育语言学的'超学科'研究方法"一文。

2　AL为"Applied Linguistics"（应用语言学）的缩写。

教育语言学研究成果的全面回顾和总结，从而让读者对教育语言学发展现状有基本的了解。第三部分阐述教育语言学学科性质、研究范围、研究方法和理论基础，共有四篇文章。这一部分虽然基本上是对国外教育语言学学科理论的介绍和引进，但文章中作者糅合自己的心得，呈现独到的见解，散发出中国元素。这四篇文章既不失对权威的尊重，又展示了作者不随便盲从的独立思考精神和"读百家之书、成一家之言"的才华。本书的重心是第四部分，涉及15个话题[1]，共计73篇文章，基本涵盖了语言教育的主要研究课题，体现了实践/问题导向这一教育语言学的学科根本性特征。第四部分也是中国元素凝聚之处。虽然教育语言学在国内知之者甚少，但"涉及语言与教育之间关系的实践研究，特别是语言教学的研究却早已存在[2]"。我们在编撰过程中注意从有关权威性刊物里收录有关领域的著名学者撰写的文章，汇集我国语言教育领域最具有代表性的优秀成果。

"教育语言学实践问题研究"部分的15个课题，既有微观层面的研究，更有中观和宏观层面的研究[3]。据本人所知，国内外语界一直过分集中在微观层面的研究，而忽视了中观，特别是宏观层面的研究。本人感觉到，语言教育的大量问题存在于中观或宏观层面，本人这一感觉在编写"教育语言学实践问题研究"的过程中得到了印证。本书的15个课题中，真正算得上微观层面的似乎只有第15个话题，即"语言课程、教材与教学技术"这个话题，除此之外，话题13、9、14（教学法、大学外语、语言测试）在某种意义上也可归到微观层面研究。但是，教学法涉及教学理论，而语言测试则涉及社会效应，这两个话题在文献中常列为中观层面的研究范围。[4]大学外语教学似乎应当定位在微观层面，但它涉及高等教育国际化这个我国高等教育全局性的问题，这显然是宏观层面的研究课题。即使是"语言课程、教材与教学技术"这个最为典型的微观层面的研究问题，也可以用中观视角去审视。我们看到在这一课题下三篇文章中的一篇是胡壮麟先生的"Siemens的连接主义"，这显然是属语言教学理论的中观研究。由此看来，微、中、宏这三观是有机的统一，它们之间既相互

---

1 本书第四部分的话题8汉语教学有汉语作为母语教学和对外汉语教学这两部分，话题11双语教育和教学研究分汉语—少数民族语言双语教育和英汉双语教学，如果这样算，也可以说第四部分有17个话题。

2 引自本书第二部分赖良涛的"我国教育语言学研究综述"一文。

3 微观研究具体指在课堂教学层面上的研究，中观研究具体指语言教学理论层面上的研究，而宏观研究具体指与语言或教育相关的学科理论研究。参见本书第二部分夏侯富生的"教育语言学学科发展国外理论研究综述"一文。

4 参见本书第二部分夏侯富生"教育语言学学科发展国外理论研究综述"一文。

有区别，又有联系，有时是你中有我、我中有你，我们不应当也无法对它们彼此加以机械性的割裂。

"教育语言学实践问题研究"这部分特别注重宏观和中观层面的研究，这是本书的一个亮点。本部分除上述的4个话题外，其他11个课题均是宏观层面（课题1-4）和中观层面（课题5-8；10-12）的研究，我们希望这样有助于扭转国内外语界重微观轻宏观的倾向。举语言政策这一宏观层面课题为例。众所周知，Spolsky和Hornberger都一贯强调，语言政策是教育语言学的核心关注点，但外语界在很长一段时间里对这方面几乎没有什么研究。束定芳和华维芬（2009：pp 58-60）调查了外语类十本核心期刊，发现从1978年到2009年这60年内发表的5023篇研究文章中，只有一篇文章的题目是含有"政策"这一字眼的。为此，我们在第四部分设立了"语言政策"这一主题，并邀请中国外语战略中心副主任沈骑博士承担此话题。"教育语言学的学科以问题导向的研究原则，决定了它的研究范围必定很广"[1]。本书同时启用宏观、中观和微观三个不同视角去观察语言教育的实践问题，极大地丰富了研究内容，拓展了研究领域，这是实践教育语言学这一基本原则的结果。

我们相信本书将成为广大从事语言教育的学者、专家和教师一个学术交流的平台，将为教育语言学在中国传播作出应有的贡献，将为我国语言教育事业健康发展发挥作用。不仅如此，Nancy Hornberger教授一直关心本书的编写，并在百忙中抽出时间写了本书序言。我们希望，《教育语言学研究在中国》将成为一座沟通我国语言教育界与国际教育语言学学术团体的桥梁，能把教育语言学里的中国元素在国际上广泛传播。

最后，在编写本书过程中，我们得到国内学界同行的支持，特别是胡壮麟教授、吴一安教授、戴庆厦教授、王初明教授、金艳教授、陈坚林教授、梅德明教授、张辉教授、范琳教授、高一虹教授和高立群教授等给予我们多方面的、有效的、巨大的帮助，我的感激之情难以言表！

中国教育语言学研究会

俞理明（会长）

---

[1] 这句话引自夏侯富生"教育语言学学科发展国外理论研究综述"一文，参见本书第二部分。

第二部分
教育语言学综述

教育语言学学科发展国外理论研究综述[1]

温州大学外国语学院　夏侯富生　李　玮

1. 引言

20世纪末以来，不少美国学者试图建立教育语言学这一新兴的学科，必要性在于："应用语言学"模糊了语言教学工作的特征，忽视了外语教学的特殊性（Spolsky）；外语教学是一种极其复杂的人类活动，对其理论与实践的研究要求越来越高，研究方法也将越来越科学化、专业化；用狭义的"应用语言学"指称语言教学既不能揭示所指学科的本质特点，在一定程度上也阻碍了该学科的正常发展。古人曾说，名不正则言不顺。那么该学科的正名之路又是如何，经历了那些发展阶段？它的研究层次有又哪些？研究类型又有哪些？本文试图通过梳理各阶段理论研究，明晰该学科的成长脉络。

2. 教育语言学研究发展的各阶段

2.1 起点性研究（20世纪70年代）

教育语言学（Educational Linguistics）这一术语是美国新墨西哥州立大学语言学教授兼研究生院院长Bernard Spolsky在1972年哥本哈根第三届应用语言学年会时宣读的一篇论文时首次提出来的。1978年他又出版了《教育语言学

---

[1] 该文是夏侯富生主持的2011年教育部人文社科基金项目"外语教育语言学的多维思考"的研究成果之一（项目编号：11YJA740100）。

导论》(*Educational Linguistics*: *An Introduction*) 一书,对外语教育语言学所涉及的有关问题,正式向学术界作了一些阐述。张国杨、朱亚夫(1996)在《教育语言学导论》中解释道,"教育语言学"术语是模仿"教育心理学(Educational Psychology)"、"教育社会学(Educational Sociology)"而得来的,"教育语言学"的提出是出于对"应用语言学"术语的不满,提出的必要性在于应用语言学将语言学作为万能理论,直接应用于外语教学,模糊了语言教学工作的特征,忽视了外语教学的特殊性。《导论》中还提供了二语(外语)教学理论框架,包括语言理论、学习理论(心理学)、语言学习(心理语言学)、语言使用(社会语言学)。

张东辉(2008)认为,外语教学本身就是一种极其复杂的人类活动,随着世界区域化、全球化的发展,这一人类活动更是存在许多互相影响的可变因素,所以将外语教学研究从应用语言学领域分离出来是很有必要的。随后Bernard Spolsky在新墨西哥州立大学教育学院创办了第一个教育语言学的博士专业,这是教育语言学第一次以学科专业的性质在美国出现。紧接着,1976年,宾夕法尼亚大学教育学院在语言学家海姆斯(Dell Hymes)就任院长时设立了语言教育系,下设教育语言学博士专业。"教育语言学"的提出和其专业的设立都将有利于促进外语教学成为一门独立的学科,有利于教育语言学学科的生长和发展。

2.2 生长性研究(20世纪八九十年代)

外语教学的研究是一种跨学科的研究,且探讨和建构一门专门研究外语教育的教育语言学势在必行,它的研究内容、对象、范围、方法等问题逐步被重视,国外的学者开始了正名的过程。

Spolsky在1985年出版《国际教育百科全书》(*International Encyclopedia of Education*)描述了教育语言学是应用语言学的一个分支领域,但它本身还应包含更深更广的子领域:语言教育政策和计划;一语二语的习得、教学、阅读、读写能力和写作;母语和双语教学;少数民族和移民者教育;语言测试。对Spolsky来说,语言教育应整合所有受教育的学习者使用语言交际能力的所有场合,即各地区、学校及家庭、非本族语群体、语言障碍群体等等。他从交际能力(communicative competence)、原理/课程(rationale/curriculum)、政策(policy)和测试(assessment)四个方面进行调查研究,为我们描绘出了理论和实践都更丰满的教育语言学。

Spolsky从20世纪70年代末80年代初起,致力于教育语言学研究,开始在全球范围进行各类项目调研，例如：以色列语言政策，伯利恒社会语言模式，俄罗斯移民的语言和身份认同问题，在以色列学校研究移民儿童教育政策和课程开发，以高中英语教师的身份在澳大利亚和英国研究英语教师和政策，在北美研究多语言地区教学，等等。他的研究视角之广博，内容之丰富，充分体现了他对教育语言学学科内涵的认识。他在1999年出版《教育语言学简明百科全书》（*Concise Encyclopedia of Educational Linguistics*），在该书中他提出"教育语言学的任务"是"关于正式或非正式教育的各种、多样的语言科学知识研究"（knowledge from the many and varied branches of the scientific study of language that may be relevant to formal or informal education）（张东辉，2008）

随着对教育语言学性质和研究领域的具体阐述，对研究项目的踏实实践，它在语言学、教育学领域得以广泛传播。20世纪90年代起，不少院校纷纷成立该专业或以教育语言学研究范畴为例设立相关专业，例如，蒙特利国际研究学院把语言研究系改名为语言与教育语言学研究院，但是只提供TESOLH和TFL（Teaching Foreign Language）的硕士专业；斯坦福大学教育学院设立了教育语言学的博士专业；加州伯克利大学在语言教育学科下面设立语言与读写专业；亚利桑那大学在语言教育学科下面设立语言、阅读与文化专业；科罗拉多大学丹佛分校与马里兰大学巴尔的摩郡分校在语言教育学科下面设立语言、读写与文化专业。（张东辉，2008）

2.3 发展性研究（21世纪初期）

教育语言学发展至21世纪已经具备了自己的研究领域、分领域、专业或学科，有固定的教材、课程等要素，教育语言学成为一个开创性的学科的典范（Nancy Hornberger，2001）。

不少领军人物在该领域做出了学术贡献，Robert L. Cooper和Elana Shoharm and Joel Walters为了致敬Bernard Spolsky（in honour of Spolsky），在他的研究基础之上，着力研究教育语言政策，于2001年出版*New Perspectives and Issues in Educational Language Policy*。Spolsky集各学者科研成果，分成"理论基础，研究主题，科研实践关系"三版块，汇编出版论文集*The Handbook of Educational Linguistics*（2008）。Nancy Hornberger等人出版论文集*Encyclopedia of Langugea and Educatopm*（2008）。由此可见，教育语言学研究群体在扩大，越来越多的学术研究者涉足教育语言学领域。

在前人研究的基础上，教育语言学研究在这个时代具有视角多维、跨学科、理论联系实践、立足语言教学、实践区域广、研究主题丰富等特点，在此期间出版多本论文集和专著,汇编成教育语言学系列丛书,包括:Leo Van Lier主编的*The Ecology and Semiotics of Language Learning*(2004),Nat Bartels主编的*Applied Linguistics and Language Teacher Education*(2005),Enric Llurda主编的*Non-Native Language Teachers*(2005),C.M. de Guerrero主编的*Inner Speech——L2*(2005),Elisabet Arno Macla,Antonia Soler Cervera,Carmen Rueda Rames主编的*Information Technology in Languages for Specific Purposes*(2006),Riitta Jaatinen主编的*Learning Languages,Learning Life Skills*(2007),Francis M.Hult主编*Direcions and Prospects for Educational Linguistics*(2010),Robort M. Mckenzle主编的The Social Psychology of English as a Global Language(2010)。总之,该系列丛书从社会语言学、心理语言学、教育学、人类学、生态学、民族志等视角研究二语习得、教师教育、双语教育、语言政策、语言测试、多言文化教育、课堂话语与互动等问题。

张东辉(2008)认为,教育语言学学科在30多年的发展历程来看,还是一个崭新的、边缘的学科,虽说21世纪以来,英国的伦敦国王学院以及南安普顿大学也成立了语言教育中心/系,澳大利亚的悉尼科技大学成立了语言读写中心等等,但是目前为止只有新墨西哥、宾夕法尼亚、蒙特利国际研究学院及斯坦福大学这4所美国院校公开以"教育语言学"为专业名称,而且这些专业都是博士层次的专业。所以教育语言学的突破性发展成为了今后教育语言学家坚持不懈的使命。

2.4 突破性研究(展望未来)

教育语言学的制高点在哪?未来应在哪里突破?未来的研究空间如何拓展?这些都是需要我们深思的问题。教育语言学家Francis M. Hult任职于得克萨斯大学二元文化/二语研究院,他集合Constant Leung,Angela Creese,Diana Boxer,Doris S. Warriner,Bruan Smith等学者研究成果,汇编成论文集*Directions and Prospects for Educational Linguistics*(2010),该书为教育语言学提供了可参考的研究方向。

第一,问题导向,围绕主题扩大到各种教育问题。Constant Leung在"跨学科交叉研究"里提出,教育语言学作为一个交叉学科,涉及语言学与教育学两大领域中众多分支学科,它的研究应以问题导向而且不仅仅局限于语言学或教育学内的问题。Francis M. Hult在"教育语言学:主题式跨学科研究"中也指出教育语言学的指导性原则是问题导向,基于主题且面向问题的教育语言学研究特别适合于探讨和解决当前多语并存的全球化过程中出现的与语言相关的各种教育问题。

第二，交际能力更要关注跨文化语用。Dianna Boxer在"跨文化交际语用学中的话语问题"中指出教育语言学应该向语言学习者树立起多语制、全球化和跨国主义导向的世界公民的理念。因此交际能力的培养应从中介语用学转向跨文化语用学，文化差异才是双方互动交流的主要障碍。

第三，研究方法要创新。教育语言学研究方法的创新必要性在于运用不同的视角思考同一问题，能够推陈出新、另辟蹊径。现代化的研究技术的应用能够为科研带来高效和方便。例如，Warriner采用民族志诗学分析法对交际能力进行重新审视，发现了交际能力情境化等新特征；Bryant Smith采用视觉跟踪技术进行重述研究，这种技术可为研究者提供以往二语习得研究所无法提供的互动数据。

第四，教育/科研人员应提高跨学科学习意识。鉴于教育语言学研究涉及多个领域，Spolsky认为科研队伍应该针对学科、技能、技术扩大学习范畴，囊括社会语言学、心理语言学、语言管理、双语、双语教育理论、地方语言读写能力等等。不管是教育工作者还是科研工作者，若要打破应用语言学中仅学习语言学知识然后机械应用的定势，都应该有教育语言学中跨学科学习的眼光。

第五，关注移民者、少数名族、残疾人群体。这些群体由于缺乏语言教育，无法熟练掌握本地官方语言，而衍生出该群体医保工作困难等社会问题。研究者Boxer，Martina L.Carson等人做了这方面的实践研究，并提出可将社会语言、心理语言和社会文化理论注入该系列群体语言教育和管理问题。

新世纪教育语言学研究有开朗、前沿的研究领域，但与机遇并存的还有挑战。Spolsky在"语言教育管理"这篇指出，"如何执行"将是我们面临的主要挑战。语言管理模式看似简单，好似制定出精准、能解决语言问题的政策即可，但语言教育系统庞大复杂，包括学生、教师、主任、校长、监管者、国家教育部门等等，哪个才是教育政策落实、教育目标实现的关键？新时代还要解决如何应用政治科学、社会心理学等等纠正语言和教学的传统谬见的问题。

3. 教育语言学微观、中观及宏观三个层面理论研究

3.1 微观层面研究

微观研究具体指在课堂教学层面上的研究，这部分内容立足于具体课堂中教与学的方法和步骤实践，但从教学法和应用语言学的兴起开始，语言教学领

域并不缺乏教学实践方面的研究。教育语言学在这个层面更多的研究是关注聋哑儿童教学实践、少数民族教学实践、多元文化社区教学实践。

Stephen L. Walter用统计数据说明在全世界的发展中国家中大约三分之一的儿童缺少母语作为课堂教学语言的指导，而教师课堂指导语言与教学成果息息相关，结果导致教学效果不容乐观。作者通过数据分析，证明学校地区、学生性别等因素影响教师课堂指导语的选择，课堂指导语又将影响初级教育、升学教育，甚至学生今后的发展。同时针对发展中国家的该问题，作者提出了"浸入式"、"语码转换"、"母语早退计划"、"母语晚退计划"、"语言继承项目"五个教学策略。

Iliana Reyes和Luis C. Moll以美国西南部为例，研究双语或多语地区的社区语码转换和内在读写能力的发展问题，说明社区中语言和文化的重要性及语言社会的重要性。作者建议道：教师和家长应帮助孩子掌握语言使用规则，即应情应景得体使用语言，并创造更多语言交际的机会；孩子应在早期发展语言读写能力；孩子的语言发展受整个社区语言社会化的影响，除教师、家长，社区每个成员都可能是孩子语言发展的影响因素。

Samuel J. Supalla和Jody H. Cripps（Bernard Spolsky，Francis M. Hult，2008）以美国的手语为例，论述了在拼音语言状态下手语的发展以及怎样更好地理解手语的结构。作者提出ASL（American Sign Language）可作为聋哑教育中的过渡教育，ASL为聋哑儿童学习英语口语和书面语提供了可能，成为了学习语言必不可少的过渡性教育。

当然，以上只是在微观教学问题研究上具有代表性的学者，还有诸如Paul，Peter V，Padden，Carol&Ramsey，Claire等研究聋哑儿童教育，Baker，Colin，Dutcher Nadine等研究双语/多语地区语言教学，等等。

3.2 中观层面研究

H.H.Stern（1992）中观研究具体指语言教学理论层面上的研究，包括语言观、学习理论、教学理论、社会情境等等。H.H. Stern（1992）认为教育语言学应主要研究语言教学理论、语言教学与语言相关学科的知识，且它最大的功能在于为外语/二语教学提供理论基础，教育语言学研究重心之一应是在中观层面，承接着由广博的与语言相关的学科知识到具体教学实践的过渡。

学习理论方面：（1）读写能力研究。Glynda A. Hull和Gregorio Hernandez扩大了对"读写能力"的解读，不再局限于个人的阅读能力和写作能力。首先读写环境扩大，由学校走向社会化；其次读写概念扩大，由个人心理认知行为扩大到历史的、文化的、社会语境的、有目的的人类行为；第三读写目标扩大，由理解书面语掌握口语表达扩大到其他富有时代感的模式，如互联网，影像，等等。读写能力发展还包括方言、土著语言和宗教语言读写能力发展，Kendall A. King和Carol Benson研究表明厄瓜多尔、越南、非洲等方言、土著语言读写学习滞后，土著语言和他们的官方语言不对等情况，例如，殖民时代将西班牙带到中美洲，声形并茂的玛雅语言被禁止出现在语言教学中，取而代之的西班牙语的学习，土著语读写能力的发展变得遥不可及。作者提出保护土著语、培养土著语读写能力的主张，这符合教育全球化、社会化的主流。政治决策、教育政策、语言测试、语言公共使用、宣传等途径将在问题改进上起到推动的作用。Jonathan M. Watt和Sarah L. Fairfield提出要关注宗教语言的读写能力，特别是濒危的宗教语言。调查表明跨文化和社会变化是影响学生宗教语言读写能力差异性的主要原因。（2）二语习得理论研究。Kathleen Bardovi-Harlig和Llorenc Comajoan论述语言习得顺序问题。Kathleen C. Riley在人类学的基础上从不同角度研究语言社会化过程。Peter Skehan介绍了中介语和语言迁移的方法论，表明模型及相关的语言要素和语言层次问题，说明在教学中要注意偏误分析，运用一语和二语之间的语言距离看待语言迁移。Dauid Birdsong和Jee Paik介绍了二语习得和"最终获得"（Ultimate Attainment），"最终获得"指二语习得成果，反映出与本地人语言相似或差距的情况。作者分析了构成最终获得的影响因素及年龄功能问题，认知老化，经验性的变量等。Rod Ellis研究证明了二语习得需要显性的关注语言形式的指导（Explicit FFI—Form-Focused Instruction），原因在于Explicit FFI为学习者提供元语言信息，帮助他们自我发现语法规律，进行自我修正，发现意识的建立可帮助他们更深更快习得语言。同时，元语言信息除了有助于显性知识的学习还有助于隐性知识的学习。作者还提出教师教学过程中的语言环境创设的必要性。

教学理论方面（Maria C. M de Guerrero，2005）：（1）任务型教学。Teresa Pica认为任务型教学方式可以提高语言能力、形成行之有效的教学方法、扩展语言习得理论和语言研究。（2）课堂教学互动。Lesley A. Rex和Judith L. Greem就参与者话语合理化选择讨论课堂教学互动性。（3）关于培养用二语思维的教学。Maria C. M de Guerrero讨论教学如何帮助学生将二语发展为内语言，提出四方面策略：提供机会让学习者参与二语外化的活动；鼓励学生将二语内化和外化；巩固学生二语的概念性基础；培养学生内语言意识。

语言测试方面（李艳，2010）：包括语言测评的标准，语言测评的诊断性和形成性，国家标准测试以及范围和框架体系。Lyle F. Bachman和James E.

Purpura阐述各级各类的语言测评，及在设计、改善、使用语言测试时需要注意的问题。Ari Huhta论述了诊断性和形成性评价，并讨论了测评和标准的伦理方法。Neil Jones和Nick Saville认为测评范围和体系中的潜规则被迅速使用且具有挑战性。Micheline Chalhoub-Deville和Craig Deville以美国为例讨论国家标准对语言测评的影响。Leo Van Lier论述动态测评，提出动态测评是借用维果斯基（Vygotskian）方法推进二语的学习。作者对动态测评的理论、模式及未来的挑战进行了介绍，同时阐述了动态测评和二语学习相辅相成的关系。

教师教育方面：Nat Bartels在 *Applied Linguistics and Language Teacher Education* 论文集中汇集各方面关于教师教育的问题，包括（1）教师培养的途径，Maria Angelova提到了保加利亚的微格课程；（2）教师培养要素，Josep M. Cots和Elisaber Arno提到了教师语言知识，语言使用的观念、态度、用途、教学技能等等。Enric Llurda在论文集 *Non-Native Language Teachers* 中汇集非本族语教师教育问题，包括（1）21世纪时代背景下非本族语英语教师情况介绍；（2）课堂教学中该类教师语码转换、教学策略、交流策略等等问题；（3）该类教师培训问题；（4）学生对该类教师的认知态度；（5）该类教师的自我认知。

3.3 宏观层面探究

宏观研究具体指与语言或教育相关的学科理论研究，包括语言教学史、语言学、社会语言学、心理语言学、教育理论等等。教育语言学的学科以问题导向的研究原则，决定了它的研究范围必定很广，具有跨学科的性质，所以教育语言学的宏观研究很丰富。在语言教学前人研究基础上，科技时代发展之下，教育语言学拓宽研究领域，包括神经学、认知心理学、人类学、生态学等学科。这方面研究虽然宽泛，但却起着基石的作用，可以说是教育语言学研究重中之重，不少教育语言学者致力于这方面研究并出了不少成果。

（1）教育语言学史。Francis M. Hult从教育语言学产生的必要性及其出现、兴起、范围、本质为我们呈现了教育语言学发展的历史过程。（2）神经生物学。Laura Sabourin和Laurie A. Stowe介绍使用神经成像技术来观察语言在大脑中的加工现象的四种方法。（3）心理语言学。William C. Ritchie和Tej K. Bhatia用一语习得与二语习得对比的方法，从心理语言学视角解释双语的习得、生成、学习、使用和理解，分析了年龄、最佳学习期、输入环境等因素，并提出了独立、整合两种二语使用模式。（4）语言学理论。Richard Hudson论述了语言学的重要概念：语言的描写和规定、变异和一致、形式与功能、共时和历时、语篇和系统、词汇和曲折变化、声音和字母、词汇和意义、标点和语法结构，并探讨了语言学和语言教育的关系。（5）社会语言学。Rajend Mesthrie介绍了社会语言学和语言社会学的区别，实践调查说明教育者要注意家庭、课堂、社区中的语言变体，加强多语的语码转换及借用方面的联系。（6）人类学。Stanton Wortham研究语言的形式、使用、意识形态，通过社会各领域的语言意识形态识别群体。作者从人类语言学的视角研究说话者如何运用语法规则和社会索引语来完成咨询、社会认同等其他语言社会功能的。（7）政治体系。Mary Mcgroarty以美国移民社区、校内外语言的语言意识形态为例说明社会政治体系决定了语言学意识形态。（8）应用语言学。Nat Bartels阐述应用语言学领域，包括教育语法、话语分析、二语习得等等，并将应用语言学理论迁移到教师教育方法上，提出观察法、文献法、报告法、自省法、任务法等数据收集方法。（9）社会心理学。在全球化、社会化大背景下，Robert M. Mckenzie以日本社会为语境从社会心理学视角讨论学习者对语言的态度、意识和自我认同，同时分析了学习者的背景因素对语言的影响。（10）生态学。Leo Van Lier从生态角度看语言学习，作者阐述了生态语言学的特点：关系特点，即语言是人与世界的纽带；语境特点，不关指语言影响环境，还包括环境制约语言，在生态学中语境是一切的核心；模式和系统特点，生态学看语言中的词汇，按照规则、结构像模式、系统般聚合在一起；出现特点，语言的学习不是逐步的、线性的发展，是突然的出现，是一种打破旧结构组建更高系统的形式；等等。（11）信息技术。Elisabet Arno Macia，Antonia Soler Cervera和Carmen Rueda Rame汇编的论文集Information Technology in Languages for Specific Purposes中介绍了数据库技术，电脑辅助技术，自学辅助技术，翻译辅助技术，等等。

3.4 微观、中观及宏观综合理论模式

H. H. Stern曾对（外语）教育语言学与语言教育学的关系做过深入的研究。他认为，（外语）教育语言学主要研究语言教学理论和语言教学与语言相关学科的知识。从其论著看，笔者觉得他更加关注的是宏观层面的理论研究，而不是微观层面上的语言教学理论研究。

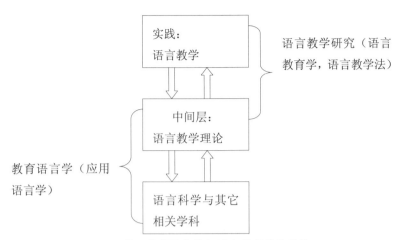

图1 教育语言学与语言教育学的关系

如图1所示,由语言教学为主要内容的实践层次与语言教学理论为内容的中间层次构成了语言教学研究的内容,即语言教育学或语言教学法的研究的基本内容。

(外语)教育语言学倾向于关于语言教学的相关学科理论知识与语言教学理论的研究。在教育语言学理论的基础上,外语教育者进行外语教育实践。教育语言学与语言教育学两者相互作用发展出一个全面的语言教与学的理论。

Bernard Spolsky的教育语言学模式如图2所示:

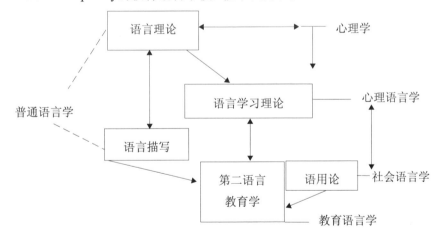

图2 Bernard Spolsky的教育语言学模式

Bernard Spolsky的这一框架的优点在于充分考虑了语言使用理论与学习理论对外语教学理论的影响,但该框架却忽略了社会因素以及其他现实世界和社会环境对外语教学的压力和制约因素,以及如何在语言教育中发挥其作用的研究。

为此，2008年，Bernard Spolsky（2008）在其《教育语言学手册》一书中从理论、理论与实践两个角度论述了教育语言学的主要思想。从语言和文化、读写能力培养、语言习得理论、语言评估理论、外语教育研究等几个方面相关学科的理论与外语教育的实践进行了阐述。他的这些论述更加详尽地阐述了相关学科与外语教育理论的紧密关系，从而发展和完善了教育语言学理论。

总之，教育语言学在微观、中观、宏观三个层面上的研究齐头并进，并且还耦合关联，例如教师教育问题上运用了宏观层面的应用语言学知识，聋哑儿童教学问题运用了交际民族志的方法，二语习得的过程运用心理语言学知识，等等，三个层面互相交叉。但是通过H. H. Stern和Bernard Spolsky理论模式框架可看出，教育语言学的研究重点在外语/二语教学理论和相关学科理论方面，即中观和宏观层面，尤其是宏观层面的研究将是未来研究的重中之重，因为在社会学、信息技术、脑科学等新兴学科知识的研究目前还不尽深入。

4. 教育语言学各个类型理论研究

4.1 原理性研究

原理性研究是关于教育语言学学科的内涵、性质、研究范围等问题的研究，Bernard Spolsky和Nancy H. Hornberger无疑是主要人物，Bernard Spolsky在第一部分已经介绍，笔者在这里只简单提及。他在《外语教育学导论》*Educational Linguistics: An Introduction*（1978）解释了"教育语言学"术语的提出的灵感和必要性。他在1985年出版《国际教育百科全书》（*International Encyclopedia of Education*）描述了教育语言学的性质和研究范围。他在1999年出版《教育语言学简明百科全书》（*Concise Encyclopedia of Educational Linguistics*）中，提出教育语言学的学科内涵和"教育语言学的任务"，即"关于正式或非正式教育的各种、多样的语言科学知识研究"。

Nancy H. Hornberger的*Educational Linguistics as a Field: A view from Penn's Program on the Occasion of its 25th Anniversary*一文中介绍了宾夕法尼亚大学教育语言学博士专业。（1）论述了教育语言学的定义。宾夕法尼亚大学教育语言学专业主要综合了语言的学术研究、实践、调查研究，并与教育中的理论、实践、政策相关，以问题导向关注语言和文化多样性，切入各地区、国家、国际范围的语言的学习和教学之中。（2）介绍了教育语言学专业学生的研究热点：二语习得，语言选择，语言维持和切换，语言和种族，言语行为和话语分析，语言多样性中的教育隐性、语言政策、双语教学等等。（3）确认了教育语言学成为一门专业学科。文中论述道，经过25年的学科建设，教育语言学已经有了自己的专业领域、教材、研究项目、刊物、会议，今后应在语言和教育融合方面以问题导向，拉近科研、理论、政治、实践的关系，努力深入语言的教与学方面的研究，并强调教育语言学的跨学科性质。

4.2 原则性研究

以问题为导向是教育语言学研究领域的核心原则。Hallilday（2001）认为主题"不是研究的目标亦不是研究的内容而是指一种视角一种审视事物并对其提问的方式……"Bernard Spolsky认为教育语言学"从一个具体的问题开始，结合语言学和其他相关学科的知识转化为问题解决的方法。"Nancy H. Hornberger和Francis M. Hult阐述说"别的学科可能不容易做到将跨学科知识运用到具体问题解决上，但在教育语言学学科中，研究者可以综合各种学科知识，运用到问题的调查研究中。" 2008年Bernard Spolsky，Francis M. Hult（2008）在论文集 *Directions and Prospects for Educational Linguistics* 第二章教育语言学主题式跨学科研究中指出，教育语言学的指导性原则就是问题导向，所以在这种导向之下的研究必须围绕主题展开这就与韩礼德所说的跨学科研究需基于主题的这一思想也不谋而合。

4.3 政策性研究

语言政策的研究是教育语言学的核心主题之一。语言教育政策和管理包括层次和目的、中心框架和地方策略、校内外的语言习得管理、发达国家的语言教育、多语社区中的语言文字工作、生态语言教育政策、濒危语言的人群教育、英语对学校课程的影响。

Norih描述欧洲针对外语教学制定的标准及共同目标。Baldauf Jr，Minglin Li，Shouhui Zhao从LAM的主动性与被动性，具体的有计划的公开的vs暗含的无计划的不公开的，政府vs个人等方面说明我们面对的是一个复杂的语言生态系统，以开放和变通性应对发展演化的语言生态系统。Nekvapil以捷克瑞典两个国家为例，说明语言教育是社会现代化时期的典型语言管理的一种类型。Lewis、Trudell以喀麦隆、新几内亚为例说明有效成功的语言文字政策制定和实施需要国家、地方、民间社团、各个部门的配合。Hornberger和Hult以安第斯山脉和瑞典为例说明语言生态定位是语言政策和计划研究所必需的 Kangas和MaGGa认为要改进教育体系，要重视和保护濒危语言，要有具体的语言政策和规划。Cha和Ham警示英语对学校课程设置的影响不容小觑。

关于这方面研究主要的著作有2001年由Robert L. Cooper，Elana Shoharny和Joel Walters三人以Spolsky的名义主编的 *New Perspectives and Issues in Educational Language Policy* 论文集。2008年Bernard Spolsky，Francis M. Hult. 主编的论文集 *The Handbook of Educational Linguistics* 中Language Education Policy and Management板块；Encyclopedia of Language and Education中由Nancy H. Hornberger主编的 Volume 1：Language Policy and Political Issues in Education。

4.4 方法性研究

教育语言学研究方法的创新层出不穷，不同方法帮助研究者从不同角度思考同一问题。重述recasts是二语习得和教育语言学研究的热点，该领域的研究大同小异都聚焦于课堂研究方法且研究结论不一。视觉跟踪技术不仅在认知科学和神经科学研究中有着广泛的应用，而且在心理语言学和翻译研究中亦占有重要的地位。另外Warriner采用民族志诗学分析法对交际能力进行重新审视发现了交际能力情境化等新特征，而Creese则向读者说明在教育语言学研究及相关科研立项中团队合作的重要性。

5. 结语

教育语言学的跨学科发展顺应了当今时代学科发展的潮流，它是多维度、多层次、超立体的代表，确实拓宽了我们外语教学的研究领域，改变了我们的研究视角。提出建立本学科之后，从20世纪70年代至今，不少专家学者提出了理论框架，对学科性质、理论基础、相关学科关系、研究方向、教学问题等等进行论述分析。笔者总结得之，教育语言学是对理论的理论化；目前国外学者对相关学科理论基础概述不全，缺少对实践、理论与外语教育者三者关系的论述；笔者认为教育理论需服务于实践，外语教育实践的内容多，涉及的因素相对复杂，应加强对相关影响因素的分析。最后，基于我国外语教学理论薄弱、外语教育理论研究的处于萌芽阶段的实际，我国学者可以吸收国外研究成果，兼顾中国国情，建立一个全新的外语教育语言学理论模式。

我国教育语言学研究综述

上海交通大学 赖良涛

1. 引言

教育语言学在我国的研究起步比较晚。国内把教育语言学作为一个学科加以独立研究，特别是学科的理论基础和理论体系研究还是最近几年的事情。然而，涉及语言与教育之间关系的实践研究，特别是语言教学的研究却早已存在。为了能更清楚地认识我国教育语言学研究的成就和不足，有必要对其历史、现状和未来做一个简要评述，以期更好地推动我国教育语言学的发展。

本文以"语言与教育之间的互动关系"这个教育语言学的内核为标准选取评述内容。任何能被包含在此研究范围之内的研究都是本文所综述的对象，即使所评述的学者从未耳闻或者从不承认"教育语言学"这个学科，或者对此学科冠以其他名称。以这个标准来看，我国从事教育语言学研究的学者众多，其学术背景包括外国语言学、汉语语言学、教育学、民族学等等。大部分学者从事语言与教育之间关系的实践研究，也有少部分学者从事学科理论研究。按照这些学者的研究视角和研究内容来看，这些研究大致可以分为四类，即教育学视角的言语教育学研究、语言教学视角的狭义教育语言学研究、普通语言学视角的广义教育语言学研究以及社会语言学视角的广义教育语言学研究。下面将对各类研究的主要的观点、成就和不足做简要评述。

2. 教育学视角的言语教育学研究

在我国教育学界，有一部分学者意识到了语言与教育之间的紧密关系，开始从语言学视角来探讨教育问题。由于这类研究的基本着眼点是具体教育语境中教育主体使用的鲜活语言（即言语），本文把这部分研究称为言语教育学研究，以区别以语言教学为核心的语言教育学研究。言语教育学研究的代表人物包括谢登斌（2005）、李政涛（2006）、谢延龙（2012）等。

言语教育学研究的学者考究了教育研究语言学转向的原因。谢登斌（2005）认为有三方面的因素，即语用学的兴起、语言本体的价值以及后工业化社会变革。语用学从20世纪下半叶兴起，强调语言使用者和语境的作用，强调语言的实质在于表达和理解，改变了实证主义倾向，使人文和社会科学发生了语言学转向，引发了教育研究者对语言潜能在教育中价值的关注。语言本体具有丰富的能量，一切教育问题都可以归结为语言问题，可以通过语言来表达、反映并得到反思和体验；借助语言个体还可以对其经验进行发现、回忆、反思，从而使探讨教育主体个体经验成为可能。后工业化社会注重寻求人际关系的沟通与和谐，而语言是人际交往的最基本形式。这投射于教育上使得沟通、对话和协商成为教育的核心理念，也推动了语言学取向的教育研究。

学者们总结了言语教育学研究的基本范式和语言学取向。谢登斌（2005）认为语言学取向的教育研究具有解释学、现象学和符号学三种基本范式。解释学范式把理解视为人类存在的基本方式，认为理解具有普遍性、历史性和主观性，与语言的社会性直接相关。此范式在教育学研究中主要关注社会意识形态对于教育的影响，注意揭示知识背后的权力和假设，对所谓的客观知识进行批判。现象学范式注重通过语言来探究、描述个体独特感知并理解人类生存的意义，在教育学中则注重通过语言来研究、描述儿童对真实生活的直接体验，解释儿童存在的意义。符号学范式以语言等主要符号为出发点，把教育互动视为解释和创造意义的过程，并强调对教学文本的解读和结构。李政涛（2006）指出当代教育研究具有四种语言学取向。知识论取向认为语言学为研究教育的语言带来了语言知识，并由此注重语言学知识的获取和转化；技术论取向则认为语言带来了教育中的语言技术，注重分析教育教学过程中的语言技巧；艺术论取向认为语言带来了语言艺术，注重研究教学过程中教师的语言艺术和语言风格；存在论取向和以往三种取向完全不同，认为语言带来了作为教育主体的人本身，注重通过语言来展现、改造和生成主体的生活体验，从而使教育研究成为通过语言来探索教育主体生活体验的过程。

我国当前言语教育学研究的最大特点就是秉持存在论的语言取向。谢登斌（2005）认为语言学取向的教育研究的基本特质就是通过语言来探究教育主体的生活体验并赋予其教育意义，从而把教育问题归结为语言问题。李政涛（2006）提倡存在论语言取向的教育研究，认为这是当代教育研究能够取得深入进展的可能途径。谢延龙（2012）的著作也是以存在论语言取向为其研究的基本假设。谢延龙（2012：3—8）提出教育是一种语言存在，认为作为教育主体和内容的人与文化都是一种语言存在，教育起源于语言并随着语言形态的发展而发展。他认为教育问题之所以能归结为语言问题，是因为教育的本体价值在于对人的培养价值，包括人的自我发展和素质发展。而教育中的语言使得主体能通过听、说、读、写等各种言语方式得到自我发展。总之，他认为语言是人存在与发展的根本方式，它以沟通、表达、交流来关联人的思想、感情、表达，彰显人的生命、自由和本质，是人的自由全面发展的直接现实。这就是教育学意义上的语言本体论。

言语教育学的研究对于语言与教育之间关系的本质做了深入讨论，对于言语教育学兴起的历史背景、哲学思想、研究范式等许多根本理论问题做了阐释，形成了一套独具特色的研究思路，为教育语言学的学科理论发展做出了重要贡献。其局限性主要在于缺乏语言学理论知识，包括语言哲学和语言描述的知识，因而没能从本质上揭示语言如何构成教育存在，也没能从语言学视角清楚地解释教育过程，包括个体发展的语言过程和社会文化传承的语言过程。此外，这些研究目前主要局限于宏观理论研究，具体的微观言语教育学实践研究还比较欠缺。

3. 语言教学视角的狭义教育语言学研究

在国内语言学界，有一部分学者提出以语言教学为核心内容建立一个独立的学科。由于语言教学研究也是语言与教育之间关系研究的一部分，因而也属于教育语言学的一部分，这里称之为狭义教育语言学。狭义教育语言学的学者人数众多，从某种意义上来说，我国所有从事汉语教学和外语教学研究的学者都是狭义教育语言学的研究者和实践者。这些学者有来自外国语言学界的，包括章兼中（1993）、张国扬&朱亚夫（1996）、张正东（1999）、夏纪梅（1999）、范琳&张德禄（2004）、俞理明&袁平华（2004）、舒白梅（2005）、梅德明（2012）、沈骑（2012）；也有来自汉语语言学界，比如张玉华（1998）、汪国胜（2006）等。本书中汉语母语教学、对外汉语教学、双语教育教学、语言习得、语言测试、语言教师教法等几个部分所选取的论文也都是狭义教育语言学研究的内容。

狭义教育语言学派提出的原因很大程度上是对"应用语言学"不满。张玉华（1998）指出用"应用语言学"来指称研究语言教学的学科是不恰当的，因为它不对语言现象进行描写和解释，而是以包括语言学等相关学科理论为基础，探讨语言教学活动的本质、过程和规律，提出语言教学活动的原理、原则、学科假设，并用教学实践来加以验证。因而它未能揭示所指称学科的本质，不恰当地把语言教学划入语言学范畴，从而使该学科的价值受到怀疑，阻碍了学科的发展。夏纪梅（1999）则指出外语教学的学科属性应该走出语言学的误区，打破语言学一统天下的格局。

狭义教育语言学的学者主张把语言教学作为一个独立的学科来对待，认为它是根据国外的教育语言学，以语言学、心理学、社会学、教育学等交叉学科为基础，研究语言教学理论与实践的一门交叉学科。比如张玉华（1998）用"语言教育学"来指称这个学科，认为它具有边际性、流动性和开放性的特征，其基础理论是语言学、教育学、心理学、认知科学等与之交叉的学科，其研究内容包括语言教学的产生，发展现状，研究方法，与相关学科的关系，语言教学过程的性质、功能、结构，语言教学的原理，课程设置，成绩评价等。俞理明&袁平华（2004）认为教育语言学是关于语言教育的科学，以教育为载体，以语言为研究对象，基础理论是语言学、教育学以及其他交叉学科，并把二语习得归为教育语言学的范畴。梅德明（2012）认为教育语言学以问题为导向，以教育环境及教学过程中的语言学习问题为抓手，核心是研究教育中的语言问题，目的是满足受教育者的语言发展需求。还有学者对外语教学的学科属性单独加以探讨（夏纪梅，1999），有的提出要建立"外语教育语言学"（范琳&张德禄，2004），有的称之为"外语教育学"（章兼中，1993；张国扬&朱亚夫，1996；张正东，1999；舒白梅，2005）。

  从研究实践来看，狭义教育语言学派学者的基本立足点是语言教学。有的学者从语言学角度出发来研究语言学理论对于语言教学的启示：比如张国扬&朱亚夫（1996）从语言理论、结构分析理论、语义理论、语用理论、社会语言学理论、二语习得理论等角度出发，探讨了这些语言学理论对外语教学的启示和指导作用。有的学者从教育学、教学法来研究语言教学，语言学理论处于相对次要的地位：比如张正东（1999）主要以教育学以及传统教学法的知识为基础，讨论外语教育学的哲学基础、研究方法、学习理论流派、教学法流派，以及外语教育的目的、原则、教学过程、手段、评价等。舒白梅（2005）研究的主要内容也是传统教育学领域的外语教学理论、学习理论、课堂组织、教育技术、教育评估、外语教育史等，而基于语言学理论的研究所占比例很小。另外还有一部分学者采用心理学（心理语言学视角）理论，通过心理实验来研究母语习得、二语习得的心理因素、心理机制。

  狭义教育语言学派的学者澄清了语言教学的学科属性，从语言学、教育学、心理学等各个视角对汉语、民族语言、英语以及其他外语教学做了大量的理论研究，并广泛应用于语言教学实践，取得了巨大的成就。然而，狭义教育语言学派的学者往往把语言教学作为教育语言学研究的全部，从而导致以偏概全的研究倾向，对我国教育语言学的发展产生了一定的负面影响。

4. 普通语言学视角的广义教育语言学研究

与狭义教育语言学不同，我国有一部分学者认为教育语言学的研究范围不应该仅仅限于语言教学或语言教育，而应该包括所有与语言与教育之间关系相关的话题，因而是一种广义的研究视角，本文称之为广义教育语言学派。广义教育语言学的学者主要来自语言学界，主要是用语言学视角来研究教育实践。

广义教育语言学的学者力图继承、发展国外广义教育语言学的学术理论、观点，使我国教育语言学的研究与世界接轨。张东辉（2008）认为教育语言学是一个新兴的边缘学科，属于教育学下的一个分支，类似于教育心理学；其学科意义来源于现实世界中语言与教育之间的相互依赖性。其学科外延很广，探讨的是语言学与教育理论、实践、政策的关系，关注的是语言与文化的多样性，不应该只局限于语言课堂教学。教育语言学的研究范围可以包括微观话语分析、宏观语言政策，可以是课堂语言教学、二语习得，也可以是社区、家庭中的语言社会化；其研究的起点应该是语言教育实践，而不是语言学；它起源于语言学，但已经超越了语言学本身，而要到教育学、心理学、社会学、人类学中去寻求答案。赖良涛（2013）认为教育语言学作为研究"语言与教育之间互动关系"的学科，可以从语言角度来研究教育、从教育角度研究语言或者研究两者之间的某种中间地带。目前大部分学者都是从语言角度来研究教育，其目标是建立一套基于语言的教育理论体系并用于指导教育实践。其研究视角可以是社会的或心理的，其研究内容可以包括从语言角度研究个体的发展和社会文化传承的各个方面。

从具体研究实践来看，我国广义教育语言学研究除了前述语言教学研究部分外，可以分为两类，即以普通语言学为基础的研究和以社会语言学为基础的研究。此节先评述前者，后者留待下节评述。普通语言学导向的广义教育语言学研究力图以特定流派的普通语言学理论为依据，通过话语分析的方法来研究教育过程涉及的各种口头或书面教育语篇，从而发现教育教学的规律。杨信彰（2007）讨论了从系统功能语言学视角进行教育语篇分析的意义，阐述了教育语境分析、课堂语篇分析、学科书面语篇分析、教科书语篇等各个具体的研究领域。赵清丽（2012）从功能语言学角度分析了美国中小学物理教科书中的知识建构方式。赖良涛（2013）从功能语言学视角分析了文艺批评理论、教育学、物理学等三个学科语篇的知识建构方式，阐述了学科语篇转化为教科书语篇的过程，对美国小学科学教科书进行了分析，并分析了课堂教学的语码模式、师生互动等。苏新春等（2007）则从汉语语言学的视角，提出要把教材语言作为一个独立的研究领域。他们把教材语言分为表述知识内容的对象语言以及起说明、组织作用的叙述语言,认为教材语言是民族知识文化的载体和教学对象,影响教学的效果,对其研究能为教育体制、教学编写、教学内容与手段等改革提供依据。

除了书面教育语篇外,我国学者还对课堂话语等口头教育语篇进行分析。这些分析的主要内容包括四个部分。社会文化语境与课堂情景语境分析主要关注师生文化背景和课堂教学情景因素对教学的影响,课堂话语控制分析主要分析课堂对话中的结构、互动方式、话轮转换与控制、教师语言特征等,而教学内容分析主要关注教师对知识的呈现以及学生的接受等方式。吴宗杰(1994)专门对外语课堂中的话轮类型进行了分析研究;程晓堂(2009)对英语教师课堂的情景、话语互动与意义建构、教师课堂指令以及英语教师话语的逻辑连惯性、规范性等进行了细致的分析研究。

我国普通语言学视角的研究为教育语言学的发展做出了很大贡献。这些研究力图从语言内在的本质、功能、特征去阐述语言对于整个教育过程的作用,从本质上验证教育的语言本体论观点。这些研究突破语言教学的狭义观点,把教育语言学的研究拓展到包括语言教学以及其他学科教学的整个教育领域,大大丰富了学科研究范围,提升了学科的理论意义与实践意义,使学科展现出远大的发展前景。其局限主要在于理论体系不够完善,缺乏从普通语言学角度对教育本质、教育过程的深度阐释,具体研究中则对非语言类学科教育教学的研究不够丰富、深入。

5. 社会语言学视角的广义教育语言学研究

除了普通语言学视角外,我国还有一部分学者采用社会语言学视角来研究语言与教育的关系。与普通语言学视角深入语言内容结构、特征、功能不同,社会语言学视角的研究主要把特定社会中存在的各种语言当作独立存在的个体,研究这些语言的相互关系、生态、使用者语言身份、国家语言政策规划等。其基本思路是研究由于特定宏观或微观教育语境中教育主体所持语言的多样性所导致的教育过程中的语言选择、语言政策及其对教育教学的影响。本书中语言政策、语言生态、语言多样性、语言身份等方面的论文都属于社会语言学视角的教育语言学研究。

我国语言规划与语言政策方面的著述颇多,其中教育部语用所社会语言学与媒体语言研究室2006年编辑出版的《语言规划的理论与实践》颇具代表性。除了理论研究之外,文集中有许多文章直接谈到语言规划对于教育教学的影响。具体涉及到的内容包括香港教学语言选择问题的探讨，普通话推广、教学和测试研究，普通话作为对外汉语教学语言，汉语地域和社会方言及其对教育的影响，课堂教学语言语域特征研究，等等。在语言生态研究方面，冯广艺（2013）的专著《语言生态学引论》十分有代表性。专著详尽地论述了语言生态学的理论体系与语言生态系统，从语言生态学的视角深入探讨了语言接触、语言生态对策、语言国策、语言态度、语言运用等理论问题，并对语言生态与语言教育的关系做了深入讨论。

在多民族国家中，语言的多样性对于教育具有十分重要的影响。德莎（1989）从我国语言多样性的现实出发讨论了民族教育中的语言问题。德莎指出我国多样化的民族语言对于各民族的存在和教育等具有重要意义，然而我国民族教育中存在着轻视民族语言而偏重汉语教育的问题。德莎从语言使用的角度，仔细分析了我国各民族对民族语言和汉语的使用情况、各民族语言是否存在书面文字的问题以及各民族语言选择的实际情况。基于其深入的调查分析，德莎提出了民族语言选择要遵守自愿自择、尊重事实、考虑发展、适应变化、正确引导等原则。德莎分析了汉语作为族际共同语的功能，分析了民族地区语言教育的情况，提出要在民族地区实行双语教育，把民族语文和汉语文教育放在平等地位，从而有利于民族科学文化知识的发展和民族素质的提高。李焰明（2012）讨论了国际语言多样性背景下的外语教学问题。他提出语言多样性是文化多样性的载体，在促进国际文化交流中起着重要作用，应促进除英语以外其他非通用语的学习并将其纳入正常教学项目。

在社会语言学中，语言的身份建构作用也是一个重要的研究领域。应用于教育语言学研究中，可以从语言身份的角度出发来研究教育教学过程中涉及的师生身份建构问题。钟兰凤（2010）从功能语言学角度出发，采用语篇分析方法来研究教育博客中人际资源的使用方式及其对教师身份的建构作用，分析了教育博客所建构的各种教师身份特征，认为教育博客可以作为教师培养发展的有效途径。张焱（2010）阐述了文革时期高校英语教师特殊的身份建构现象。她的研究指出文革时期高校英语教师通过在词汇、句法、语调、语篇等各个方面发生的语言变异，形成特有的"文革英语"，从而使得他们能够在政治形象、阶级立场、思想觉悟等方面建构起符合时代特点的教师身份特征。

我国社会语言学导向的教育语言学研究从语言规划、语言多样性、语言生态、语言身份等视角探讨了语言对于教育的影响，取得了积极的效果。目前的研究也存在一定的局限性。当前学界存在把社会语言学研究的话题本身视为教育语言学领域的倾向，而实际上只有把社会语言学的成果应用于教育研究才是教育语言学。学界也没有从理论上深入探讨社会语言学与教育之间的本质关系，没有建立严密完整的社会语言学导向的教育语言学研究理论体系。在实践上，学界从社会语言学视角对我国教育问题的研究还不够丰富、深入，比如对于城乡语言差异、地域方言差异等在学校教育中的影响等现实问题缺乏研究。

6. 小结

教育语言学作为一个新兴学科，在我国的研究还处于起步阶段。在教育界、外语界和汉语界等众多学者的努力下，目前我国的研究已经取得了一定的成就。这些成就归结起来有以下几个方面。首先，我国学者早就意识到了语言与教育之间的紧密关系，并从各自的教育、教学实践出发，以实际问题为导向展开了丰富多样的实践研究，取得了一定的成就，特别是在语言教学领域成果丰硕。其次，近年来国内有些学者们逐渐意识到了教育语言学的学科性，开始从其哲学基础、研究范式、学科内涵、学科范围等各方面进行积极的理论探讨，推进了学科体系的建设。第三，我国也出现了一批致力于教育语言学研究的学者，特别是中国教育语言学研究会2010年5月在上海成立，标志着教育语言学在我国已经开始逐渐得到官方的认可。本书的编辑出版就是众多学者共同努力的成果的一个标志。

然而，作为一个新学科，目前我国教育语言学的发展也存在许多局限性。首先，我国教育语言学的学科理论体系还处于初创阶段，学者们对于其学科内涵、外延、理论基础、研究方法等各方面基本问题众说纷纭，没有一致的意见。一方面存在着把原来应用语言学包罗万象的领域不假思索地囊括到教育语言学旗帜下的倾向，这容易使得教育语言学本身也变得杂乱；另一方面又存在着把教育语言学等同于语言教学甚至外语教学研究的倾向，从而使得教育语言学的外延过窄，难以成为一门新兴的独立学科。其次，理论研究的不足也导致了我国实践研究的不足。表现在只把语言作为教育对象，而缺乏对语言作为教育媒介的描述、解释，缺乏对教育政策、教学过程、教材、课程、大纲等各方面统一、完整、严谨、细致的语言学分析。我国的具体问题研究很大程度上处于分散、杂乱的状态。另外，我国从事教育语言学研究的学者来自教育界、外语界、汉语界、社会学、民族学等各领域，但各界之间各自为战，缺乏跨学科、跨学界的沟通、交流。比如教育界的研究缺乏坚实的语言学基础，而语言学界的研究缺乏坚实的教育理论基础，甚至汉语语言学界与外国语言学界之间也缺乏交流。针对这些不足，今后我国教育语言学的研究有必要加强学科基础理论研究和学科体系建设，以理论指导实践，扩大研究视野和研究范围，加强各界之间的交流与合作，从而共同推动教育语言学在我国的健康发展。

第三部分
教育语言学学科概论

教育语言学的学科内涵及研究领域

上海外国语大学　梅德明

1. 引言

　　教育最重要的手段是语言，教育者和受教育者的主要交流媒介也是语言。教育通过语言来实施，其内容通过语言来传递，其目的也往往通过语言来实现。教育者研究教育，对教育的研究即教育学；语言教育工作者研究语言、语言教学和语言的使用，对语言、语言教学和语言使用的研究即语言学及应用语言学。对教育者来说，尤其是对从事语言教学的教师来说，语言是一门大学问，而教育的语言和教育过程中的语言使用更是一门大学问。教育学和语言学的结缘，带来的是一门更大的学问。它们关涉教育中的语言发展和语言使用问题，受教育者的语言权利和文化身份问题，语言教学的方法、手段和评价问题，语言学习的认知心理问题，双语及多语教育的社会公平问题，国家语言规划政策与语言生态多样性保护及传承问题，等等。这些问题涉及了语言学、教育学、社会学、心理学、人类学、民族学、文化学、传播学、法学等，构成了一门超大的学问，这门学问就是教育语言学，这些问题自然也是教育语言学要研究的主要问题。

2. 教育语言学的历史渊源

教育语言学源于20世纪60年代的美国，其时教育界遇到了一系列涉及语言教育的具有普遍意义的问题。例如，成人的扫盲教育、教育中的语言障碍、多语交际的表达策略、弱势语言及方言的地位、母语为弱势语言者的社会身份、国家语言教育政策、言语社区与学校的关系、语言习得与语言发展等。

教育语言学的哲学基础是人本主义和实用主义，其社会学基础是现实主义和多元主义，其语言学基础是描写主义和功能主义，而其教育学基础是平等思想和均衡理念。无论其动因如何，教育语言学是以问题为导向，以教育环境及教学过程中的语言学习问题为抓手，核心是研究教育中的语言问题，目的是满足受教育者的语言发展需求，促进受教育者母语能力、双语能力或多语能力的使用和提升。

教育语言学的开创者是一批关注并研究"教育中的语言"的语言学家和语言教育家，代表人物有 Bellack（1966）、Halliday（1969，1982）、McIntosh和Strevens（1964）、Spolsky（1972，1978）、Hymes（1974）、Wilkinson（1975）、Sinclair和Coulthard（1975）、Widdowson（1979）、Gannon（1980）、Stubbs（1980，1982，1986）、Goodman（1982）、Carter（1982）、Riddle（1982）、Brookes和Hudson（1982）以及Perera（1982）等。其中最杰出的教育语言学思想家和实践者为长期从事语言学、双语教育以及人类学等研究的美国新墨西哥州立大学语言学教授Spolsky。教育语言学（Educational Linguistics）这一学科术语就是他在1972年于哥本哈根举办的第二届应用语言学年会上宣读论文时首次提出来的。若干年后，Spolsky发表了专著《教育语言学导论》（1978），对教育语言学作了较全面的阐述。Spolsky认为，教育语言学隶属语言学，系语言学的一个分支，如同教育心理学隶属心理学、教育社会学隶属社会学一样，系心理学和社会学的分支。他认为，一切涉及语言与教育的问题都是教育语言学的研究对象。在讨论教育语言学与应用语言学的关系时，Spolsky认为，教育语言学覆盖了更多的涉及语言的具体问题和实际问题。当然，这里所说的教育语言学还是比较笼统的概念。事实上，在教育语言学的发展历程中形成了几大各具特色的学派，主要有美国派、英国派、澳洲派和双语派四种。以Spolsky为代表的美国派体现出研究领域宽广和多样的特点。它以普通语言学的知识为学科基础，借鉴并采用其他社会学科的研究方法，如人类学、心理学、社会学等，研究语言习得的问题、语言使用的问题、教育环境中语言权力与社会地位问题等。

以Stubbs为代表的英国派强调语言学基础地位和核心作用。它坚持以普通语言学的本体理论指导教师教育，倡导以语言学的基本原理指导课程设置和课堂教学，强调教育语言学基于并超于教育学与语言学的科学嫁接；它基于普通语言学，但又强调以应用语言学为先导，同时不局限于语言学。Stubbs（1986）认为，教育语言学是一种"1+X"的理论，其中"1"为普通语言学，"X"为解决教育中实际问题的其他学科（尤其是心理学和社会学）以及多模态综合应用性研究方法，如心理学和社会学研究方法。

以Halliday为代表的澳洲派立足于系统功能语言学，视语言为一套源于社会环境、用以表达社会关系的社会符号系统，教育语言学的核心问题是人的社会身份问题和社会关系问题。Halliday（1969，1982）认为，使用语言的人首先是社会人，教育实践本质上属于社会实践。教育双方（即教师和学生）的社会身份和地位，以及受教育者的文化程度和发展是教育语言学研究的重要课题。由于地缘和人缘的原因，澳洲派与英国派之间的关系明显浓厚于与美国派的关系。

第四派双语派中的"双语"是一个总体概念，含双语言/多语言教育、双方言/多方言教育、外语教育等。教育语言学主要产生于美、英、澳这三个母语为英语的国家，并形成了各具特色的理论学派。但是，对语言与教育关系的研究，对教育中的语言问题研究，不局限于教育中母语及母语使用问题的研究，也不局限于母语社区的语言、社会、教育问题的研究。其实，上述这些问题在双语或双言社区，尤其是外语社区更为突出。例如新加坡、印度、爱尔兰、阿根廷、比利时，以及我国的港澳地区等，多元文化社会、多种语言社区出现的教育中的语言问题数量更多，关系更复杂。此外，在我国大陆，现代化和国际化的迅猛发展推动着外语需求和外语教育的迅猛发展，尤其是英语教育的迅猛发展。英语这门国际通用语在我国大、中、小学的教育中的地位显著提升，得到受教育者前所未有的重视，而以外语教育教学理论为核心课题研究的应用语言学更是得到了空前广泛的关注。双语派的研究队伍庞大，全国各地都有专门的研究机构和研究人员。

除了以上四大学派，还有国家语言教育政策派。从最近在印度尼西亚雅加达举办的"亚欧会议语言多样性论坛"的会议主题和发言报告来看，各国的政府机构、各地区的行业组织和学会以及各教育机构的学术团体都对语言发展战略、民族语言生活、语言教育政策及实践给予了极大的关注。保护和促进语言和文化的多样性、保护和复兴濒危语言和方言，这些努力都为教育语言学的研究带来了新的课题，进而促进具有国家特色、区域特色的教育语言学学派的形成和发展。

教育语言学的发展不仅促进了学理探索和方法研究的发展，同时也呼吁专业人才培养机制的建立。美国新墨西哥大学的Spolsky教授和宾夕法尼亚大学的Hymes教授于20世纪70年代率先成立了教育语言学研究生学位专业，开设了教育语言学博士学位课程。随后世界各地诸多高校也纷纷推出了教育语言学研究生学位计划、研究方向计划或学位课程，如美国的亚利桑那州立大学、斯坦福大学、科罗拉多大学和蒙特雷学院，英国的伯明翰大学、曼切斯特大学、兰卡斯特大学、纽卡斯尔大学和沃里克大学。此外，澳大利亚、加拿大、新西兰、德国、沙特阿拉伯、泰国也纷纷设立了教育语言学学位计划。国内外更多的大学则将教育语言学的学习融入研究生TESOL/TEFL专业的学位计划或语言政策学的课程体系，如我国的华东师范大学外国语学院和上海外国语大学语言研究院。而美国宾夕法尼亚大学的教育语言学学科则成了引领教育语言学研究及学科发展的国际中心。教育语言学的人才培养和科学研究也促进了教材开发和学术著述的发展，其中Spolsky（1978）撰写的《教育语言学导论》和Stubbs（1986）撰写的《教育语言学》被公认为该领域的经典之作。

近年来国际学者发表的其他重要著作还包括Spolsky（1999）主编的《教育语言学简明百科全书》、Hornberger（2001）撰写的《教育语言学的研究领域》、vanLier和Hutt（2003—2012）主编的15卷本《教育语言学丛书》、Spolsky和Hult（2008）主编的《教育语言学手册》、Hult（2010）主编的《教育语言学的走向与愿景》、Hult和King（2011）撰写的《教育语言学的实际应用：区域全球化与全球区域化》、Hornberger（2012）撰写的《教育语言学：语言学要旨》等。

3. 教育语言学学科定位的主要观点及述评

目前，语言与教育研究界对教育语言学的学科定位持四种观点：一是教育语言学系教育学与语言学两大学科结缘的"交界学科"（interdisciplinarity）。二是教育语言学系教育学、语言学、民族学、人类学、心理学、社会学等多学科相融合的"多界学科"（multidisciplinarity）。三是教育语言学系基于并且超越上述相关学科的"超界学科"（transdisciplinarity）。四是教育语言学系关于外语教学研究的"应用语言学"。

第一种观点明确无误地将教育学和语言学嫁接在一起，凡是涉及语言理论与语言行为的教育学研究与实践，或者凡是涉及教育理论与教育行为的语言学研究与实践，都属于教育语言学。这种观点触及了教育语言学的核心课题，因而针对性强。但是这种"交界学科"论的困难之一是混淆了教育语言学与语言教育学的界限,换言之,我们既可以说它是"教育语言学",也可以说是"语言教育学";既可以说它研究的是"教育实践中的语言问题",也可以说研究的是"语言实践中的教育问题";学科的落脚点可以是"语言学",也可以是"教育学";教育语言学学科既可以设在"教育学"属下,也可以设在"语言学"属下。"既可……又可……",其结果是"未可"。

第二种观点坚定不移地排除了教育语言学的双学科性,鲜明地表明了教育语言学多界相交的多学科属性。这种观点不仅触及了教育语言学的核心课题,也涉及了主要课题,因而覆盖面强。但是这种"多界学科"论的困难在于其从学理上陷入了"多界即无界"的悖论,"什么都'可以'"必然"什么都'可以不了'";什么都能干,必然无一能干好。

第三种观点"潇洒无比"地突破了前面两种观点的困境,不仅超越了教育学学科和语言学学科,而且也超越了其他学科。可是,超越了自己,超越了他人,这样的学科可能已不再是我们所理解的学科了。为了避免教育语言学系"万科之科"的误解,Kjolseth(1978)提出了教育语言学系"多中心、多方法、多层次"的学科的观点,Hornberger(2001)也提出了教育语言学应该是一种"领域宽而焦点窄"的学科的观点。本文认为,"领域宽而焦点窄"的表述只是一种关于教育语言学的研究方法论,不能视为对教育语言学的学科定位,因为这回答不了教育语言学的学科属性和内涵。任何学科的科学研究(即使是哲学研究)都提倡大处着眼,小处着手。用通俗的话表述,小处着眼,大处着手,如同用芝麻去砸太阳,没有人会这样干;大处着眼,大处着手,如同驾驭火星去砸金星,傻人会这样干;小处着眼,小处着手,如同赶着蚂蚁赛跑,闲人也不愿意干。因此,"领域宽而焦点窄"的观点虽然在研究方法上是十分正确了,但没有从学理上回答教育语言学的学科定位问题。

第四种观点将教育语言学与应用语言学等同起来,甚至认为它是应用语言学的一个分支,这种观点得到了相当大的支持。某种程度,这恰如其分地概括了我国部分教育语言学倡导者和研究人员对这一学科的基本认识。例如,我国有一个隶属于"中国修辞学会"的二级学会"中国教育语言学研究会",2010年5月22日于上海成立。2011年5月这个学会举办的第二届年会的主题是"以内容为依托的外语教学模式探索",三项议题为"我国英语专业以内容为依托的教学模式(CBI)研究"、"我国大学英语教学语境下的特别用途英语教学(ESP)探索"、"关于大学阶段英语教学新思路的探索"。会议认为,大会的主题"充分反映和体现了外语教学法领域最新的研究成果"、"不是一次普通的教学研讨，它更加关注外语教育未来发展的方向"。2012年4月举办的第三届年会则以"中国外语专业以学科为依托的教学模式（DBI）研究"、"基于学科的中国大学英语教学新理念探索"、"全球背景下的中国专门用途英语／俄语教学"为主要议题，继续将外语教学研究视为"教育语言学"的核心思想和主要课题。由于将外语教学研究视为"教育语言学研究会"的主要使命，无怪乎有人提出应该将此学会纳入或者隶属"中国英语教学研究会"（其会刊的刊名为"中国应用语言学"）。

将教育语言学等同于外语教学的观点在我国有相当的影响力和历史渊源。早在1996年张国扬和朱亚夫就提出了"教育语言学"即"外语教育语言学"的概念。这个概念的提出预设了"母语教育语言学"、"方言教育语言学"、"标准语教育语言学"、"双语及多语教育语言学"等概念的存在。而且"教育语言学"是否等同于"外语教育语言学"，这是值得商榷的。从半个世纪以来国际教育语言学界及相关学者的研究来看，外语教育研究可隶属于教育语言学的研究范畴，但只是其中的一个组成部分，当然也是一个重要组成部分，而非全部。

从常理和学理两方面看，将教育语言学等同于应用语言学的观点也不足取。教育语言学是教育视角下的语言（这里的"语言"包括但不局限于外语）研究，而不是单一的外语教育研究。即使是以外语教学研究为主要使命的应用语言学也有自己学科定位，不可能成为教育语言学的替身，或等同于教育语言学。应用语言学的内涵丰富，研究范围广泛，从学界目前形成的共识来看，它至少涵盖两方面的研究：

第一，将语言学的理论和知识应用于解决其他科学领域各种问题的研究。除语言的教学外，还包括辞书编纂、创立和改革文字、失语症和言语病理、机器翻译、情报检索等一些与语言有关的领域。

第二，语言教学，尤其是外语教学的研究。例如，于1975、1978和1981年举行的国际应用语言学年会特别强调，应用语言学主要涉及语言教学，其中包括母语教学、第二语言教学和外语教学。此后举办的历届国际应用语言学研讨会议题中，外语教学研究占据了越来越重要的位置。

4. 教育语言学学科的独立地位与核心内涵

本文关于教育语言学学科定位的观点是：教育语言学就是教育语言学，其学科范畴及内涵既不多也不少，既不增也不减，既不越界也不封界，既有核心也有边界。

教育语言学的核心是受教育者的语言权利和语言发展，它研究的根本问题是人的教育问题和人的发展问题。因而，教育语言学始终是以人为本，以受教育者为本，既是研究语言问题，也必须以人的发展为出发点和落脚点。形式上是研究语言问题，实质上是研究受教育者的发展问题。

教育语言学源于教育学和语言学，因此学科基础就是教育学和语言学。教育语言学的边界是与其结缘学科的相关课题，如社会学、心理学、人类学、民族学、区域学、经济学、传播学、法学等。教育语言学的主要课题为三大类：（1）基于教育的语言发展和语言使用问题；（2）学校环境中的语言教学（含外语教学）问题；（3）语言教育政策的制定与实施问题。

换言之，教育语言学是一门不可替代的独立学科，也是一门课题明确的自立学科，既不借帆出航，也不随风漂游。当然，教育语言学与其相关学科接缘的特质决定了其所采用的研究方法和研究工具带有多学科的标记，但是研究方法的多样性并不表明教育语言学是一门既无目标又无定力的附庸学科。Kjolseth（1978）关于教育语言学的"多中心、多方法、多层次"的观点是有问题的。教育语言学的研究确实可以采用多种方法并以多层面的方式展开，但其研究绝不可能是多中心的。多中心则意味着无中心。教育语言学研究的问题多种多样，问题的多样性自然需要研究者以多种方法、多种途径加以解决，但教育语言学研究的中心问题依然是与教育相关的语言问题以及语言教育问题。教育语言学的研究领域是宽广的，研究问题也有相当的深度，其宽广度是由教育语言学的工作范畴决定的，其深度是由教育语言学与各相关接缘学科的专业知识及其应用决定的。教育语言学家在各自的研究工作中采用不同的方法，有的关注宏观问题，有的关注微观问题，也有的关注介于两者之间的中观问题。无论是宏观、微观还是中观，关注的出发点、立足点、聚焦点始终是学生的语言发展问题，始终是教师的语言教育问题，始终是语言与教育的问题，归根结底也是人与社会的发展问题。

如前所述，教育语言学的研究涉及教育学、语言学、人类学、民族学、区域学、心理学、社会学、经济学、传播学、法学等学科，这种融合相关学科的研究自然也为教育语言学家创造新的学术范式和研究方法提供了良好的条件。教育语言学的研究以解决实际问题为导向，而实际问题的解决反过来又可促进问题的研究，课题研究和解决问题互为条件，互为因果、反哺共进。教育语言学的研究不仅仅是为了解决理论问题或增加学术知识，更是为了解决实际问题。实际问题的解决需要理论指导，进而用以指导实践。教育语言学研究者不是在书斋中闭门思过，闭门造车，主观臆想，自说自话；教育语言学研究的问题基于实际，源自实践，不仅具有理论意义，更具有实际意义。

语言学理论层出不穷，学术流派众多，论说精彩纷呈。从功能派到生成派，不同的理论对教育和教师产生了不同的影响，但是有一点是共同的，那就是对语言及语言学进行了解可以使教师从理论和实际两方面意识到并充分利用学生、家庭、社会带到学校的各种语言资源和文化资源，更好地将所知的语言学、教育学等知识付诸教学实践。

5. 基于教育语言学学科内涵的研究领域及课题展望

教育语言学的起点是教育中的语言教学，尤其是关注语言教育中出现的问题，学科领域已突破语言学本身，深入至教育学并延伸至社会学、心理学、人类学、民族学、认知科学、法学等学科，从这些与语言学和教育学结缘的学科中寻求答案。

Hornberger（2001）认为，教育语言学的研究领域有三大特点：一是教育与语言的融合，探讨语言学对于教育的意义以及教育对于语言学的意义；二是以问题为导向，以教育实际为出发点；三是聚焦语言教学与语言学习。Hornberger把教育语言学的研究范围也分为三大类：一是研究语言行为与社会网络、文化身份之间的关系；二是研究课堂二语、外语、双语的学习及交际环境；三是研究双语及多语社区与学校。而Halliday（2001）认为，"教育语言学最具有超学科特性，它既不是教育学与语言学的交叉点，也不是语言学的分支。"

本文基本认同以上学者关于教育语言学具有"跨域"特性的观点，但不同意他们的"超域"的论断。"超域"论在逻辑上讲不通，在学理上理不清，在实践中也行不通。任何一个学科必须有学科自身的中心和界限，倘若"超越了学科"，那么这个学科也就不成其为学科。若没有学科中心和学科界限，学科赖以存在的基础也就不复存在。一个学科既不可能超越自身，也不可能超越他人。超越了自身，也就失去了自我；超越了他人，也就失去了自我存在的必要。学科间的接缘和结缘、学科间的渗透和交融，既不是为了失去自我，更不是为了湮灭他人。我们要解开"科学即学科、学科即分科"的"科学主义"死结，借鉴"阴阳则相依、五行亦相存"的整体主义哲学观。"请不要走在我的前面，因为我跟不上你；请不要走在我的后面，因为我领导不了你；请走在我的身边，因为我们互为依存。"

教育语言学是研究"教育中语言"及"与语言相关的教育"的学科，它的学科内涵决定了"语言教育"必定成为其主要研究领域。囊括的领域包括：（1）语言教育政策，如国家语言政策与规划、语言发展战略等；（2）语言教育与个人发展，如受教育者的社会文化身份认同、学科知识学习和应用等；（3）语言教育与文化传承，如多民族国家的语言多样性发展、濒危语言和方言保护等；（4）语言教育与教师发展，如教师的语言意识、元语言知识、语言教育观、语言教学能力和运用能力等；（5）语言教育与课程建设，如学校的教育理念、培养目标、教学原则、课程设置、课程方案、教学方法、评价手段等。

教育语言学研究的主要课题包括：（1）语言生态系统与语言多模态体现；（2）少数民族儿童的教育平等和均衡发展；（3）语言多样性发展与弱势语言保护；（4）国家语言政策与课堂教学体现；（5）受教育者的语言身份与语言权利；（6）双语或多语教育与课程设置；（7）语言习得与语言教学和评估；（8）教育过程中的话语分析与教学应用；（9）受教育者表达能力与读写能力发展。

这些研究领域及课题所涉及的问题是多样性的，例如：（1）双语教育所涉及的课堂的语言意识、课堂教学用语的确定、语言测试和评估方法等；（2）国家语言政策所涉及的语言教育政策和通用语言使用政策、少数民族的母语权利、双语及多语教育中的意识形态、教师的语言决策权及其使用规范等；（3）语言生态所涉及的多语地区的弱势语言保护和发展、濒危土著语言的复兴、通用语言与本地语言之间的冲突、移民语言的弱势地位、双语及多语间的翻译等；（4）语言身份所涉及的受教育者的社会身份和交际风格、双语者的语言社区归属感和双重语言及文化身份的冲突、侨民及其子女的母语保护和使用、双语社区的语码混用与语言转换困难等问题。

我们对新时期我国教育语言学的研究课题还有如下展望：（1）全球化背景下我国高等教育国际化及国际化人才培养过程中的英语教育政策和课程指导；（2）我国多民族语言教育政策的实施与语言及文化多样性的维护；（3）濒危少数民族语言及相关非物质遗产的拯救和传承；（4）汉语方言及相关非物质遗产的保护和传承；（5）世界范围内汉语的教育及中华文化的传播；（6）我国教育工作者的语言意识、语言心智、语言能力、语言学知识、教学语言技能等。

6. 余论

教育语言学是一门融教育学和语言学为一体并与多学科接缘的独立学科,有明确的研究主体、研究课题和教育计划。它以人为本,立足人的全面发展,基于人的语言权利,以问题为导向,关切具体主题和具体情景,以跨学科的广角视野,取跨学科的研究方法,使用各种可支配的教育资源,解决教育的语言问题和语言的教育问题。以教育语言学的视域来看,语言是权利,语言是课题,语言是资源;教师具有语言教育者和语言决策者的双重身份。

教育语言学重视科研与实践相长,重视研究与实践的反哺关系,它们相辅相成,互为因果,相互促进。教育语言学研究不仅仅是为了增加学术知识或社会知识,而是研究和解决语言教育中某个方面的实际问题。但是研究和实践是双向性的,教育实践也常可以促进科学研究。在教育语言学的研究中,研究的主题不是研究者大脑的产物,研究课题不是空对空。教育语言学的研究课题源自研究者的实践,是实际问题,具有实际意义。

与其他学科的紧密结缘确实是教育语言学的核心特征,着手解决具体问题的教育语言学确实也从其他相关学科寻求解决问题的指导理论和具体方法(Spolsky,1978),但是教育语言学还未建立起一个真正意义上的统一协调的知识体系。虽然教育语言学家有着共同的目标和明确的社会责任,但是从整体上看,教育语言学还缺乏明确的行动路线,还未在宏观、中观、微观三个层面就教育与语言、人与社会、母语地位与双语需求、国家统一性与语言多样性等关键课题及其关系编织一套自成体系的整体联系。

近年来生态学研究成果及其发展为解决上述问题提供了有益的参考。生态学的理论是一种网状的、相互依存、共同发展的整体观,以生态平衡、均衡发展为出发点和落脚点,实质是以位于生物链顶端的人类的长期利益为本。虽然生态学方法在社会科学研究中并非新颖,但它在教育语言学研究的重要性日益显现。人们在研究教育语言学的所有问题时,无论是研究个人的语言习得,还是国家的语言政策,还是具体的课堂教学法,人们越来越多地采取生态学的研究方法。例如,Leather和van Dam(2003)收集了研究影响语言习得的各种复杂情景因素的文章。Hornberger(2003)讨论了双语及或多语教育计划在构建、执行和评价方面的各种复杂因素,以及综合各种分析方法的价值。这些报告表明,任何孤立地研究涉及语言与教育的问题都无法奏效。报告还表明,在教育语言学的研究中所采用的生态学研究方法也是以问题为导向,并以整体观的视野解决结缘学科产生的各种问题。正是基于这种情况,我们可以预测生态学研究方法将在未来的教育语言学研究中发挥重要作用。

伸展与聚焦：教育语言学的研究领域

上海应用技术学院 严明

1. 引言

教育语言学作为一门以语言多元知识与教育政策、教育资源和教育实践相关联的交叉学科（Hult，2010），它的研究领域涉及了语言学与教育学两大领域中众多分支学科。它的交叉性理论广度和宽阔的研究视角以及它的哲学、教育学、社会学、语言学、人类学等多元的学科基础注定了它研究领域开放式的伸展性特点；同时在教育语言学众多研究话题中，立足于教育实践的共同重心又使它的研究领域松而不散，伸展而又不失聚焦。

2. 研究领域综述

研究领域一般指研究课题所在的学术领域，或者说课题所在的对象范围（百度百科，2013）。正如应用语言学的研究领域有广义和狭义之分，中外学者对教育语言学研究领域的理解总体上也可分为广义和狭义两种。Spolsky（1980）认为与教育语言学研究相关的学科领域主要包括：普通语言学、心理语言学、社会语言学、心理学、教育学等；也有学者（张国扬，朱亚夫，1996）认为教育语言学研究涉及到语言学、语言习得和语言学习、语言使用这三个方面的因素。上述论述无论目标还是手段，关注的仅仅是语言教与学，其研究领域应属于狭义的教育语言学。从广义的研究视角出发，Hornberger和Hult把教育语言学的研究维度归纳为：（1）语言学与教育相结合；（2）研究、理论、政策与实践的相互关系；（3）以语言的学与教为核心关注点（core focus）（Hornberger，2001：1）；Halliday认为教育语言学应该研究的领域有四个方面：（1）探索语言的静态和动态方面；（2）深化和扩展与法学研究；（3）探讨语义变化；（4）研究语境文化等更高的层次；（5）构建以语言为基础的教学和学习理论（Halliday，2007）。国内也有学者提出教育语言学的主要课题分为三大类：（1）基于教育的语言发展和语言使用问题；（2）学校环境中的语言教学（含外语教学）问题；（3）语言教育政策的制定与实施问题（梅德明，2012）。还有研究者根据宾西法尼亚大学教育语言学学位课程的工作论文，将研究领域分为四个大类：（1）语言教育及语言学研究；（2）教育研究；（3）文化研究；（4）政策分析。其领域归纳属于广义的教育语言学。

在狭义和广义两个范畴中，迄今为止学界对教育语言学的研究领域有相当程度的共识，但由于出于不同的视角，立足于不同的层面和重心，关于教育语言学研究领域的具体内容上，学界尚未形成足够清晰的归纳与分类。事实上，诚如Spolsky（1974a：2024）所说，教育语言学的贡献就是展现语言学与其他领域相结合是如何确定与解决教育过程中的语言中心问题，它的领域取决于语言与正规教育的交叉（1978：2），始于对一个孩子交际能力的评估直至贯穿他的职业生涯（1978：viii），又如Hornberger在语言学和教育语言学的关系上明确表示的这二者是McCarthy（2001）所说的伙伴关系（Partnership），而不是附属关系（Hierarchy），可见其研究领域异常宽泛，它涉及教育语言和语言教育的知识、人群及环境的所有理论与实践问题，但同时教育语言学的研究领域又极具聚焦，它的"出发点总是教育实践"（Hornberger，2001：19），可见它又鲜明地区别于应用语言学过于繁杂的研究领域。正因如此，对于教育语言学研究领域的诠释既不能局限于单一的视角，也不能泛泛于笼统的内容框架和不尽一致的概念表述。每一种研究都有它独特的学科领域、话题范围和研究重心，只有分别从上述视角用统一的概念来审视教育语言学的研究内容才能系统地梳理与呈现本学科研究领域的伸展性与聚焦点。

2.1 学科领域

从学科领域看，教育语言学是研究"教育中语言"及"与语言相关的教育"的学科（梅德明，2012），教育语言学的研究领域处于语言学和教育学之间（俞理明，2004），因此其研究领域有着宽泛伸展的特征。一方面，教育语言学研究从众多的语言学各分支领域内选定与正规的或非正规的教育相关的知识；另一个方面其研究也包含与学习者的语言和水平相关的正规和非正规教育的分支领域。既然是关于语言与教育的科学，它极强的边际性和开放性使得许多学科领域的研究者都能参与其中，也使它易于立足于众多学科的理论基础，展开跨学科研究并借鉴它们研究成果。

从学科视角来看，教育语言学的研究领域在学界有着较为一致的共识。它的研究领域用学科的视角来看涵盖最基本的语言学、教育学及与之交叉和延伸的心理学、社会学、人类学、区域学、经济学、传播学、法学、民族学、文学、语用学、交际学、统计学、哲学、政治学、伦理学、文化学等

（Spolsky，1980； Hornberger，2001； 俞理明，2004；范琳，2004；梅德明，2012；沈骑，2012；夏纪梅，2012）。但迄今为止教育语言学研究领域的学科涉及面尚无系统的归类，根据现有的共识，教育语言学研究涉及的学科领域及不断交叉衍生的研究领域如下列关系表1所示：

表1　教育语言学的学科领域

教育语言学	语言学	教育学	交叉衍生学科
哲学	语言哲学	教育哲学	心理哲学/社会哲学/社会心理学/文化社会学/文化心理学/跨文化交际学/交际心理学/文化人类学/文化经济学/文化传播学/政治经济学/民族文学/区域传播学/文学伦理学/政治伦理学/政治伦理学/
心理学	心理语言学	教育心理学	
社会学	社会语言学	教育社会学	
文化学	语言文化学	教育文化学	
人类学	语言人类学	教育人类学	
经济学	语言经济学	教育经济学	
传播学	语言传播学	教育传播学	比较教育学/对比语言学/认知语言学/民族心理学/语料库语言学/民族文学/语言生态学/社会传播学/区域政治学/社会统计学/文化统计学……
统计学	语言统计学	教育统计学	
区域学	区域语言学	区域教育学	
民族学	民族语言学	民族教育学	
文学	语言文学	教育文学	
交际学	语用学	文化教育学	
伦理学	语言伦理学	教育伦理学	
政治学	政治语言学	教育政治学	
法学	法律语言学	法律教育学	

由上表可见，教育语言学研究涉及的学科领域有强大的交互性和边际的开放性，应该说表中呈现的相关学科并未穷尽其研究所涉及的全部领域。随着教育语言学的发展，其不断伸展的学科交叉视角将会发展成为涵盖教育与语言所有相关研究的广阔天空，但所有涉及的学科领域的共同特点是为语言教育与教育语言研究提供具有现实意义的启示。

2.2 话题范围

从话题范围看，教育语言学的研究领域虽然宽广却始终聚焦在语言教育的现实话题中，正如Hornberger所说，教育语言学的研究领域是"宽泛而有纵深的"（2001），它的所有研究话题皆是以问题为导向的。在《教育语言学发展方向和前景展望》一书的第二章中，Hult提出了教育语言学的研究领域是超学科的"Theme based"研究。但迄今为止,研究者们用"内容"、"问题"、"课题"、"话题"等不尽一致表述对教育语言学研究领域中的"Theme based"视角达成了一定的共识(张国扬、朱亚夫,1996;姜风华,2011;沈骑,2012;梅德明,2012;吴延国,2012)。本文认同将上述研究内容统一表述为"话题"。

在《教育语言学发展方向和前景展望》一书中,Hult从教育语言学是面向现实问题的研究领域这一核心原则出发,以韩礼德提出的主题这一构念为基础来审视教育语言学研究的领域。他认为教育语言学研究的话题领域囊括宏观的社会组织之间和微观的个人之间的各类关系和内容,如此宏大的领域都不外乎发端于反思而落实于行动,因此反思与行动是联接其所有研究话题的两端,这些话题主要分为:(1)语言生态与教育;(2)语言教育政策与管理;(3)语言文化相关教育;(4)读写能力发展;(5)外语与第二语言学习;以及(6)语言测试与评估共六大模块(Hult,2010:23),这是迄今较为系统完整的归纳。基于Hult(2010:23)的可选内容与话题表,教育语言学的话题研究领域可用如表2归纳:

表2 教育语言学的话题范围

反思话题 <---> 行动话题	
语言生态与教育	
特定社会环境中存有哪些语言及变体?	教育如何影响特定社会环境中的语言关系?
不同领域需要哪些语言或变体?	语言教育需要做些什么来激发学生在大语境中的交际能力?
是哪些政治经济心理因素在边缘化和威胁着某些语言?	应该采取哪些教育措施来支持多元语言的持续发展?
语言教育政策与管理	
政策是趋向同化还是多元,单语或多语?	需要哪些政治举措来为不同语言背景的学生创造平等的教育机会?
培育可持续多语的政策有何贯彻空间?	可发展哪些课程在政策范围内提供多语言教育?
语言学习政策所反映的当前二语习得知识如何?	现行政策该做何调整以顺应基于语言学习研究的最好实践?
语言文化相关教育	
个人是如何在家庭和社区的语言意义实践中适应社会的?	如何让学生的语言实践成为学校课堂学习的资源?

学生拥有何种教育渠道？特别是少数民族语言学生面临何种社会文化经济和政治障碍？	为非少数和少数民族学生提供平等的物质知识、教育机会该做些什么？
师生对不同的语言及变体有何理念？	课堂如何才能变成鼓励语言多元化观念的积极场所？
读写能力发展	
在特定社会语境中何种领域使用什么语言风格？学生在其群体中进行着何种文化和社会的读写实践？	教师该如何搭建社区读写实践和学术语言的桥梁以拓宽学生的领域（及提供相应社会机会）？
什么样的教学实践能激发双语读写能力？	该如何运用学生的母语读写技能来发展其他语言的读写能力？
在特定的社区与社会语境中不同的读写能力具有什么价值？	在不同读写实践中教育者如何帮助学生处理性别、种族、经济地位及人种等层面的关系。
外语与第二语言学习	
最佳语言教学的社会与认知条件是什么？	需要实施什么教学实践来促进语言发展？
教师的额外教学目标是什么？	教师该如何培养学生外语学习动机？
语言运用于学习之间存在什么关系？	指导语言发展过程中该提供什么目标语的社会互动机会？
为有效教学，教师须了解语言、交际和教学的哪些知识？	为使教师掌握关于有效语言指导的理论实践知识，语言教师训练课程该如何构建？
语言测试与评估	
现行测试工具如何契合特定社会环境中所教语言技能和预期语言的运用？	应用什么工具来评估学生的全面交际能力？
测试工具是如何被用来作为通往不同领域（和相应社会机遇）的把关机制？	语言测试工具的的批判意识作为把关机制该如何在师生、家长、管理者及决策者中得到提升？
建构可靠有效有社会可信度的交际能力测试方法涉及到哪些因素？	在不影响信度与效度的情况下，测试不同语言文化种族及社会经济背景的群体有何便利措施？

由上表可见，教育语言学研究的话题多样而广阔，上述例举并未涵盖教育语言学研究的全部话题，在表中反思与行动的两端是可以不断伸展的，关于语言教育各类问题的呈现和行动思考有待于今后不断补充和完善。但不难发现，所有话题总是围绕着真实环境中的实践问题，其主角始终未离开过教师、学生、教育管理者及决策者，而话题的产生背景则牢牢固定在特定的社会文化的教育大环境中。

2.3 研究重心

从研究重心来看，教育语言学研究已经摆脱了语言学为导向的传统理论误区而放眼更广阔的外语教育机制研究，它虽然涉及前文所述的广泛的学科领域、多元的现实话题，但它的研究重心是明显而有特征的，纵观研究者们对教育语言学研究内容异曲同工的阐述，不难发现它的重心不外乎聚焦于现实文化环境中语言教育者与学习者的认知与言行。

在《教育语言学发展方向和前景展望》（2010）中，Hult 除在前两章论证了教育语言学的本质与特性外，着重阐述了教育社会语言学的重要主题，视角紧紧围绕教育者的认知与行为；Corson（1997）的《语言与教育百科全书》中的八卷主要聚焦于语言教育的外部环境和教育者的能力与行动；在《教育语言学手册》（2008）中Spolsky与Hult整理出了三十六篇"核心主题"（Core Themes）研究论文，始终以教育者与学习者的社会文化环境与行动为主线；《教育语言学：语言学的核心概念》（Hornberger，2012）的内容看似繁杂多样，二十四部分内容包括了一百零四篇研究论文，但其六卷标题直接归纳了教育语言学重心研究内容：语言的社会文化环境和语言的习得与教学。Halliday（转引自2007）在教育语言学的基本概念一文中指出教育语言中的五个重要因素，没有一个因素脱离教育者与学习者在教育环境中的认知与言行。

基于迄今研究者归纳出的核心研究领域，教育语言学的研究重心可以如表3所示：

表3 教育语言学的研究重心

语言教育的文化与环境	
中心论题	代表论著
语言生态与教育\语言教育政策与管理\语言文化相关教育	《教育语言学发展方向和前景展望》（Hult，2010）
语言政策\政治因素	《语言与教育百科全书》（Corson，1997）
教育语境中的方言\语言教育的后殖民与全球化\语言教育的中心框架与地区策略\发达语境中的语言培养\多语社区中的语言培养\生态语言教育政策\语言社会化	《教育语言学手册》（Spolsky&Hult，2008）
语言多样化\语言政策\语言生态	《教育语言学：语言学的核心概念》（Hornberger，2012）
语言接触：语言如何相互影响	《语言与教育》（Halliday，2007）
语言教育者的认知与言行	
语言文化相关教育\读写能力发展\外语与第二语言学习\语言测试与评估	《教育语言学发展方向和前景展望》（Hult，2010）

语言教育的文化与环境	
中心论题	代表论著
双语教育\第二语言教育\语言测试评估\研究方法	《语言与教育百科全书》（Corson，1997）
教育语言\失聪儿童的语言可及性\语言测试\校内外的语言习得管理\宗教与严肃语言\多语读写中的文体与语域\语言发展习得程序\中介语与语言迁移\濒危语言使用者的教育\清晰形式教学与二语习得\英语对校本课程的影响\门槛还是敲门砖\判断性测试与形成性测试\计量性与标准\层级与框架\国家统测效度	《教育语言学手册》（Spolsky&Hult，2008）
语言习得\语言多样化\语言教学\语言政策\语言身份	《教育语言学：语言学的核心概念》（Hornberger，2012）
儿童早期与学前语言发展\语言作为意义的过程和话语本质\语言作为现实建构：语言如何建构我们从教育中学到的经验\语言中包括读写的功能与语域	《语言与教育》（Halliday，2007）
语言学习者的认知与言行	
读写能力发展\外语与第二语言学习	《教育语言学发展方向和前景展望》（Hult，2010）
读写能力\口头语言\语言知识	《语言与教育百科全书》（Corson，1997）
家校双语实践\语言读写教育中的身份认同\发达语境中的语言培养\语言读写教育中的身份认同\方言与本土语言读写\多语社区中的语言培养\读写能力\二语习得与最终成效	《教育语言学手册》（Spolsky&Hult，2008）
语言习得\语言身份	《教育语言学：语言学的核心概念》（Hornberger，2012）
儿童早期与学前语言发展/语言作为意义的过程和话语本质\语言作为现实建构：语言如何建构我们从教育中学到的经验\	《语言与教育》（Halliday，2007）

由上表可见，迄今教育语言学的代表性著作的内容丰富厚实，每个研究主题都可以不断伸展，但视角较统一，都是以语言教育过程中的主体，围绕教育者与学习者而展开的；重心也较集中：都是紧紧围绕语言教育的文化与环境、语言教育者的认知与言行及语言学习者的认知与言行三个方面而展开的。这三方面的研究内容兼容并蓄，其中语言教育者的认知与言行占到最大权重，体现

了语言教育者既是教育语言学领域的主体，也是主题，因为多数研究既以他们的视角而展开又以他们的认知与言行为研究对象。可以说，上述研究重心的归纳充分说明了语言教育现实文化中集研究者、决策者、管理者、教学者为一体的语言教育者作为本领域的主人，是联接起上述从教育政策到课堂实践中各研究重心的重要元素。

3. 结论

　　教育语言学自形成和发展以来，外语教育界开始为它能摆脱语言学的传统导向并放眼更广阔的外语教育人本与机制研究而欢欣鼓舞。中外专家对其研究领域都做出了合理宽泛的阐述（Halliday，1990、2007；Stubbs，1990；Spolsky，1999、2008；Corson，1997；Hult，2010；Hornberger，2012；俞理明、袁平华，2004；范琳、张德禄，2004；梅德明，2012）。但是宽泛不等于无体系无聚焦，正如Hornberger（2001：17）所说，"教育语言学领域之所以广而不失深度，是由于根植其中的语言使用的功能性与多元性概念"。而这种功能性和多元性研究并非一个视角所能概括的，需要从不同视角加以梳理。本文基于迄今教育语言学的代表著述对其研究领域的阐述，从学科领域、话题范围和研究重心三方面对教育语言学研究领域进行了梳理与归纳，得出如下结论：（1）教育语言学研究领域涉及到许多学科领域，它们具有强大的交互性和边际的开放性，这些学科领域的共同特点是为语言教育与教育语言研究提供具有现实意义的启示；（2）教育语言学研究领域包含多样而广阔的话题，它们都是语言教育中反思与行动两端之间的连续体，所有话题总是发端于真实环境中的实践问题及其解决途径；（3）教育语言学的研究领域有统一的视角和聚焦的重心，它们紧紧围绕语言教育的文化与环境、语言教育者的认知与言行，以及语言学习者的认知与言行三个方面而展开。

　　对教育语言学研究领域的梳理启示我们，教育语言学研究领域随着本学科与相关学科的交叉会不断伸展出新的话题，但它的主要重心却始终不会改变，那就是聚焦现实语言教育环境中的实践问题以及人的思行，这种伸展与聚焦的并存就是教育语言学研究领域的的主要特点。它使教育语言学由于无限伸展的话题成为广大语言教育者与学习者永不枯竭的研究园地，又凭借自身研究中不变的聚焦从不堪重负的传统应用语言学中脱颖而出，成为语言教育界真正的现实领域。

教育语言学的"超学科"研究方法[1]

北京大学 胡壮麟　上海外国语大学 沈骑

1. 引言

现代科学和高等教育的发展得益于学科概念的确立和新学科的日益增多。不仅如此,学科与学科之间互动,出现各种交叉学科和跨学科研究。教育语言学之所以能够在近40多年来,快速成为国际语言学界蓬勃发展的一个新学科,其中一个重要的原因就是得益于其打破传统应用语言学和二语习得研究的学科藩篱,走出了一条以问题和主题为导向的"超学科研究"范式,开辟出一条学科发展的新路。

2. 超学科性概念的提出

胡壮麟(2012)曾将多学科性(multidisciplinarity)、学科间性(interdisciplinarity)、跨学科性(crossdisciplinarity)以及超学科性(transdisciplinarity)等重要概念进行界定和区分。超学科性的概念最早是瑞士心理学家皮亚杰(Piaget)提出的。从当代文献看,这些词语均有各自特定意义。Jantsch在同年也使用该词。他在讨论教育创新系统时,建议用系统理论来研究如何进行知识重组,使之成为分层目标导向的系统。这个协调框架理论基础就是一般系统论和组织理论。他把系统分为4个层次:目的层次(意义、价值)、规范层次(社会系统的设计)、实用层次(物理技术、自然生态、社会生态)和经验层次(物理无生命世界、物理有生命世界、人类心理世界)(转引自蒋逸民,2009:9)。

由于超学科研究是科学研究中的新路子,所研究的问题不受特定学科的制约,所涉及的知识存在于个人,因而不需要学科的界限。超学科研究团队或课题组成员来自比较接近的学科,但不一定是现成的专家。Gibbons等人(1994)认为,超学科研究对相关的认知实践和社会实践的基础进行重新塑

---

[1] 本文根据胡壮麟教授关于超学科研究的两篇论文修改而成,参见胡壮麟(2012,2013),经胡教授授意,由沈骑负责删改而成,特此说明。

造，从一开始就考虑在塑造研究活动时应用的情境，而且是连续的、动态的。其次，由此获得的新知识不一定以学科知识的形式出现，而可以被直接传送给研究团队的参加人员。鉴于人们对直接回答社会问题的科学知识的需要不断增加，单靠学科间研究已不能应对，而是需要社会代表人物的直接互动。我们所面临问题的复杂性意味着社会的参与，这就是说，科学的、社会的、经济的和政治的代表人物共同努力。他们共同合作的过程包括问题的确认、共同理论结构的发展以及研究方法等。

3. 超学科研究和应用现状

有关将超学科研究的概念应用于理论探讨和实践时有报道，这里作一简单介绍。

3.1 理论探讨

Mobjörk（2009）对多学科性、学科间性和超学科性三者进行区别研究。他认为虽然三者互相有关，但在合作形式上有基本不同。超学科性重点研究处理学科之间和研究者/参与者之间的合作。他在分析后指出超学科性有3个主要驱动力：知识经济学、环境决定因素和参与。研究内容强调采用以问题为中心的方法；合作的性质和与参与者如何合作；区别不同超学科的类别，如分别以反应法和参与法为主的反应性超学科研究和参与性超学科研究。尽管人们确认超学科研究的必要和众多优点，但也认为它在文化上的意义还是有限度的。一个成员在思维上的学科风格应当和其他成员的思维风格联系，这才能使超学科交际取得成果，但这终究是一个难点。

3.2 社会科学

蒋逸民（2009：14）认为超学科的开端研究对社会科学研究和社会实践具有启示意义，如它可以为社会科学研究提供新的理念和发展方向，可以进一步促进我国的跨学科研究，可以为我国社会经济的可持续发展和战略提供方法论的指导。维也纳大学科学社会研究系的四位学者在2009—2012年期间从事超学科研究的课题目标为理解知识生产的新形式、科学和社会关系的新形式及如何确定科学和实践的长期合作，以提供有关政治、商业和社会的解决办法。为了构建和突出超学科分析，他们确定了6个研究重点：（1）在类似的研究课题中，如何就研究目标和问题进行磋商？（2）日程和结构的汇合有何不同？

（3）超学科证据如何产生？（4）语言如何对知识的产生和交际的形成起作用？（5）知识产生时如何勾勒敏感性和不测事件的过程？（6）在混杂的项目中哪些意义的合作和共处可以发挥作用？为了分析超学科研究的不同形式，该研究团队采用多种社会科学的定性方法。这包括：访问已完成或正在进行的项目参与者；分析这些研究项目的已有成果；项目参与成员核心小组的组成；参加有选择研究项目的会议等。

Aenis（2010）就超学科合作团队的交际性进行过研究，旨在解决社会方面的问题。这便要求科学家地位的转变，从理论和方法方面转向应用方面，把自己看做是具体利用有关知识的人。在大型团队内部的交际可以理解为一个包括过程交际、团队交际和组织交际的系统。过程交际包括该项目不同层次（大组、工作小组、会议和讨论会）方面的规划、监管和评估。团队交际处理小组的活动过程。这些小组是在大型团队工作时出现的，主要为组内交际。组织交际包括在大型团队内各小组的活动过程以及项目结构的创建，包括直接的小组内交际和间接的小组间交际。由于所分析的范围有学科性的、学科间性的和超学科性的交际，该报告所谓的超学科团队实际上是三种交际形式共存的。

3.3 教育

超学科性教育观的本质是持续性（sustainability）教育，它的出现是为了应对当代物质生产和消费主义导致的环境恶化和人类福利下降。根据联合国教科文组织21世纪国际教育委员会的要求，新世纪的教育应当体现掌握知识、平等做事、共同生活和谋求存在四个方面。掌握知识要通过大脑（智力）、内心（情感）和身体（体力活动），经由反思、思维和行动使理论和实践相结合。平等做事要抛弃地位、性格和权力等因素，做到在一定社会的各机构内集体参与、合作和协调。共同生活除了对其他文化、性别、观点、动植物表现出宽容态度外，还要创建一个对共享价值和伦理的普遍认识，这些价值和伦理是为了持续性理解的崇高目标而建立也是种间和世代间的全球性正义、平等与和平所需要的。谋求存在除关系到知识的掌握外，还包括学习和反思生命在地球上和宇宙间的目的，以及让他人享有存活的权利。

在具体贯彻方面，加拿大Greg Gay（2002）推荐了可供选择的八个视角：（1）流利性：对任何开放性问题能产生多种反应，如能回答"列举你能想到的纸夹的各种用途"这样的问题。（2）灵活性：对某一情况能作出非常见观点的应变。（3）创见：针对某小组已有认识，产生独特的、不寻常的和新颖的反应能力。（4）详述：对一个观点增添丰富的、详述性的细节的能力。

（5）视觉：能就某现象和思想，根据内部视角和外部视角的认识，制作图像和形象化表达某观点的能力。（6）转换：对某物或某个观点进行转换，从而能观察到新的意义、应用方法和表示某个已经存在的事物。（7）直觉：就某些局部的信息能发现其相互关系或建立联系的能力。（8）合成：将若干个部分连接成一个连贯的整体的能力（Watson，2011：149）。

由于超学科研究思路出现较晚，国外的高等教育部门已担当起培养能从事超学科研究的人才的任务。McGregor 和Volckmann（2012）报道，罗马尼亚Babes-Bolyai 大学以Nicolescu为首的教师队伍在学校开设超学科性内容的课程，帮助大学生学习将超学科研究应用于精密学科和人文学科的方法。具体目标为学生能运用围绕学科之间、学科交叉和超越任何学科的信息资源。课程内容涉及三个假设（现实层、内在居中逻辑和复杂性），具体内容不仅源自量子物理学和量子宇宙学，也来自宗教、心理分析、法学、经济学、社会学、艺术和文学以及这些内容在不同知识领域的应用前景。本课程有利于学生对当前世界有整体理解，提高他们在有生期间能适应未来不可避免的各项任务的能力。通过本课程还可获得如下能力：发展知识统一的敏感性；发展从一个学科的表征进入另一个学科表征的能力，从而能检测到一个特定表征中的隐蔽假设；发展变革和创新的能力；发展自然法则和人类发展之间联系的敏感性；发展在高度复杂的情况下作出理性的和现实的决策。

4. 教育语言学的超学科研究方法

在国际语言学界，最早对超学科理论进行讨论的是 Halliday（1990a，2003：140）。他认为就现有的交叉学科或多学科研究来看，它们尚未达到超学科的视角。这是因为交叉学科或多学科的研究仍然没有摆脱学科的概念，仍然把学科作为智力活动的焦点，或在不同学科之间搭桥，或混为一谈。Halliday（1990b：359）进一步解释说，学科是按内容定义的，探讨所研究的事物究竟是什么？例如对生命形式的研究构成生物学科，然后不断细分，生物学科可进一步分为动物学、无脊椎动物学、昆虫学等。与之相对照的超学科研究应当是超越学科之上，是主题式的，不是学科性的，旨在创建新的形式，解决现实问题。所谓主题不是按内容，而是按方面、视角或观点定义的。再进一步说，主题不是研究的具体对象，不是内容，而是看问题的角度，如何看事情，并对事情提出问题。有时可以对不同现象提出同样的问题。超学科研究的一个特征是应对各种现象的复杂性（胡壮麟，2012）。

4.1 Halliday关于教育语言学超学科研究的观点

Halliday 认为，智力活动所进行的场所不是在各学科领地内，而是围绕要解决的具体语言教育的问题来展开（姜凤华，2012：22）。为了有效应对教育语境下的语言，我们关心的不是把语言作为现象，而是人们如何通过语言的产生和交换意义而学习，即"人们如何表达意义"和"人们如何学习"两者一起构成教育语言学的视角。教育语言学不是语言学的分支，也不是像20世纪50年代以来发展起来的社会语言学那样的交叉学科。教育语言学不是学科的概念，它的视角是主题性的。研究者的对话要针对共同的意义（Halliday，1990b：358-359）。Halliday 模式中的系统被看作产生意义时，语言被看作相互有关的选择的集合，功能则表示的是意义，而不是语言的形式特征。说话人和写作者所能做的选择，就是将说话人和写作者的意图和语言的具体形式联系起来（Sajjadi，2009）。

就教育语言学的研究内容看，Halliday 曾谈及如下多个分主题。

（1）语法。Halliday 认为语言在所有的时间和场合下不是恒定的，一个文化的物质和非物质条件发生变化，语言也相应变化。他既不同意斯大林的语言任意性的观点，也不同意马尔的非任意性的观点，而认为两者之外存在着第三种观点，即 Sapir、Whorf、Hjelmslev、Firth 等学者的观点：语言不是被动地反映现实，而是积极地创造现实。语法，或词汇语法，是人类的经验形成的，并将我们的感受转化成意义。范畴和物质存在的概念不是先于它们在语言中表述"给"我们的，而是语言"设解"的，它发生在物质和符号的切入点。（词汇）语法因此是人类经验的理论，是社会行动的原则。在各种功能或元功能中，语法创建了潜势，我们用其来行动和表现我们的文化存在。语法使语言成为可能，也限定了我们要意指的内容。语言是在识解过程中演变的，也是识解过程的施动者（Halliday，1990a：143—145）。

（2）语言规划。Halliday（1990a：167）认为，语言规划是主题的。它不是作为物体，而是由权力在特定的语境、语场、社会活动中去实现某种意图。这涉及应用语言学、计算语言学、人工智能、第一和第二语言教学、社会语言学、多语教学和语言与文化等。语言规划关心的是语言如何构建现实？如何作为资源演变？人类如何构建经验？Halliday（1990a：142，143）指出，语言规划是多个复杂活动的集合的切入点，它包括两个复杂的相互冲突的主题：一个是与其他学习活动一样的"意义"，这与其他符号学相关；一个是"设计"，在（语言）系统中引入设计过程和设计特征。这系统必然是演变的，因此必然是一个复杂而敏感的任务。鉴于语言规划活动的大部分内容是体制的不是系统的，因为它不是规划语言的形式，而是规划语言和使用者之间的关系，那么使用什么语言？为何原因使用某种语言？如何保证社团中成员有机会接触他们要学的语言？这就要制定政策，让政策获得通过并提供各种条件。就系统而言，要对语言规划提供语境对语言本身进行设计，扩展它意义的潜势。特别是在新语域中的使用，探讨新的功能语境，和扩展词汇资源等。

（3）建构主义的学习方式。教师应采用整合的语言发展概念，了解儿童出生起如何学习语言，家庭、邻居和学校的学习环境等。这样，儿童学习既是发展的，也是体制的（Halliday，1990b，2007：360）。

（4）外语教学。外语教学呈现复杂而多方面的特征。例如，外语教学和第二语言教学有很大区别，前者是为了将来用而学习，后者是在现实生活中就要用到它。这样，在外语教学中要做到学这个语言同时要"意指"这个语言，很是困难。除语言政策和语言规划外，外语教学涉及不止一门英美文学或翻译课程。学科的内容知识至少要有心理学、社会学和语言学。为此，Halliday（1990a：141；姜风华，2012：22—23）主张对外语教学进行超学科的研究，研究目的不是仅仅创造一个具有各学科特征的智力活动的混合体，而是要更进一步把各个学科有益于解决问题的因素都综合起来，这样的研究方法和思路就是以主题为基础的。

（5）特殊用途英语。Halliday（1990b：360）认为，从20世纪50年代起，教育者已开始考虑非本族语言教育的问题，确认用途和正确性的概念，以及口语是学习的工具等问题。20世纪60年代有了跨域课程大纲的语言教育的作法，如倡导科学语言、历史语言等，其主导思想是学习这些专业课程要熟悉它们的语域。此后，在英语教学中出现了"特殊用途英语"一说。其次，教育者开始注意语言在学习中的作用，学校学习不仅是关注教科书中有关学科的英语，还包括课堂话语、讲义、其他有关材料、教师的教案、学生的笔记、学生的论文、图书馆资源、小组讨论、课外作业以及"学术用途英语"等。

4.2 Hasan关于教育语言学超学科研究的观点

Hasan（2005）对Bernstein的符号社会学[1]，Vygostky的社会发生心理学和

---

1 B.Bernstein（1924—2000)是英国著名教育社会学家，自1960年代以来，他致力于理解语言、家庭、教育与政治经济学之间的关系，被英语世界公认为最具原创性、综合性的思想家之一。他的符号社会学（code，又称为符码或语码理论关怀社会正义和公平性，质疑劳动阶级子女之潜能在教育过程中遭受到浪费，但却经常遭到误解而被贴上"文化缺陷理论"或"文化剥夺理论"的标签。

Halliday的社会符号学进行了对比研究，比较三者之间的接触点和差异。贯穿全书的主导思想是她采用了超学科理论。这里从她对Bernstein和Vygotsky的理论的认识引入她本人的观点，也就是Halliday所认同的观点。Hasan探讨Bernstein早期对语码和知觉、后期对教育社会学，以及知觉如何形成概念等内容。由此，Hasan提出理论得以产生的两个方法：由外向内（endotropic）的方式和由内向外（exotropic）的方式。前者以理论本身为中心，分离研究的对象；后者与理论保持对话关系，建立调查的开放系统，与封闭系统保持对立关系。就Vygotsky的理论，Hasan讨论了他的人类思维功能和语言发展的方法，整合自然和社会两者，并在符号调解中起核心作用。最后，Hasan认为没有一个理论能单独抓住语言、社会和知觉之间复杂的多层次联系。这说明采用超学科研究的必要性。在该书中，Hasan进一步讨论了编码取向和知觉的各种形式，其前提是意义不能与生活方式分离。她用母亲—孩子对话作为语料。审视语码、语域和社会方向对改进了解语言本质的重要性，转而思考在多元社会中的符号调节和思维发展，从而提出"自反性识读能力"（reflection literacy）的概念，对被视为当然的现实提出质疑，具体说，对识读能力的了解应当指导人们如何去看懂这个世界。

　　Hasan（2011）也谈到知识、思维、语言和教育的关系。她认为教育事业的中心应当是学习者，如同教师如果不掌握自己所教的知识就无法教书，那么学习者之所以能够学习在于他们各自能够思维。如同Vygotsky所坚持的，人类的思维是人类在一起生活的经验中形成的。因此，如果我们生活经验是独特的，我们的思维也是独特的；如果我们的生活经验包括人们存在的、感觉的和做事的方式，以及相互交往，那么对"接触过程中的思维"也会有共性；也如同个人发展了"思维的习惯"，社团中的成员会属于同一个"意义组合"，一个言语社团的成员都会有明显相似的思维习惯。就知觉来说，在真正的日常生活中，孩子们会推理、品味某个笑话，抓住母亲话语中的细微差别，开始在不同程度上应对不同的语域。当他们上学读书识字后，他们的口语和书面语也发生了变化。新的内容本身就是学习资源，但学生被要求能分析语料。这导致第二个未能预料的后果，学生需要能够分析语言的工具，但要教会他们功能语法又是非常困难的。Halliday（2011：viii）在对Hasan（2005）的序言中做过全面的评论。他首先指出，Hasan要求语言学家提出和制定对语言的评价，能适应学习者的各种需要，因为这时教师对学习过程起到调节的作用，并提供相应的结构。其次，Hasan发展了Bernstein的语码概念，使之成为说明语义变异的有效工具。语义变异的原则是一个社会中不同组合的成员在同样情景语境下可以选择表示意义的不同方法。这种不同组合可以表现为男女、城乡、老幼、工人阶级与中产阶级的差别等，他们说同样的方言但采用不同方法使用语义资源。Hasan进一步指出，教育家和应用语言学家如果要能清楚语言变异的价值，还应能认识到 Bernstein 的语码理论同系统功能语言学的社会方言理论有明显不同。这就是，语言应理解为是一个本质上具有变异特性的系统。第三，Hasan 能注意到 Labov 没有提到语码取向，因为 Labov 认为在一个言语社团中所有成员的意义形式是一样的，因而不承认语义层次的变异。

4.3 Martin 关于教育语言学超学科研究观点

Sajjadi（2009）认为 Christie 和 Martin（2007）采用了超学科的方法讨论了 Bernstein 和 Halliday 有关知识、语言和教育学的本质，如该书的第二部分的内容有：幼童水平话语的发展；所谓常识的特殊形式；如何帮助孩子应付日常生活中的事情；发展社团成员皆有的技能和信息。Christie 和 Martin 认为，在 Bernstein 理论中，在教育环境下，水平话语和垂直话语两者都处理话语知识的传递。水平话语用于特定的语言活动，一般指常识性知识，但它不能发展语言的新的形式。为说明限制的原因，两位编者讨论了垂直话语这个更为理论性的更强有力的模式。垂直话语对整合知识结构的各个元素有较大能力，因此有层级的垂直话语主要应用于理论导向的结构。根据这个认识，从语言学方面，教育应被解释为语言发展，课程大纲应被解释为语法和语类（genre）；从教育学方面，语言发展应看做教育，语法和语类是实现大纲目标的工具。互相渗透，互相从对方学到许多东西，从而使识读教育获得发展。Martin（1993：133）提出用语言学的术语对文化做尽可能广泛的研究，为识读教育的问题提供丰富的语境，从而在澳大利亚把教育语言学作为超学科研究的活动，其特征是把语言学的特殊知识包括进来但又不是学科间的研究。通俗地说，它要求做到除了合作（你做你的那部分，我做我的那部分），更是协商（你试试我的那部分，我试试你的那部分）。

在这个基础上，有关教育语言学研究包括五个方向：语境作为语类的模式、语境作为语域的模式、整合和分化之间的协调、批判性识读教育和教育学。概括地说，悉尼大学培养的一些语言学家与教育界一起发展了澳大利亚的基于语类的识读教育规划，不仅教学效果发生变化，理论上也相互渗透，如 Christie 和 Martin（2007）所报道的那样。语言学家在阐述 Bernstein 有关教育话语的研究方面发挥了作用，教育家通过语域和语类理论帮助人们了解社会语（Martin，2003：199–219；2012：228—229）。Martin 在介绍悉尼学派时指出,该学派将功能语言学的理论应用于教育,同时关注社会学和文化研究、识读教育的政治学、批评话语分析、社会符号学、思想意识、主体性、多模系统功能语言学家的超学科研究态符号学等。所有这些,过去在语言教育中很少涉及,因此要区别跨学科研究和超学科研究的不同。前者涉及两个或以上学科,把问题分到各个学科各自研究,研究成果经由某一学科的元语言作为中间语汇聚在一起。他认为这体现在20世纪60年代Halliday的功能语言学和Bernstein有关语言的教育社会学的研究,重点表现在探索差异。至于超学科研究,涉及两个或更多学科的边缘,研究人员确定共同的目标后组合而成。学术知识的重叠是取得成功的关键,参加人员往往是操双语者或多语者,在理论与实践中有多次反复。

5. 教育语言学超学科研究的发展趋向

超学科研究非常重视对语言教育的研究,因为语言教育和人类交际与"复合思维"有密切联系(Panizo,2012)。具体说,人类交际表现为音素系统、语法系统、非语言系统和认知系统的相互关联,因而应该采用超学科方法。Panizo提出,应强调掌握若干概念工具以帮助了解语言的复杂性,如:"出现"(emergence)、"整体语法原则"(hologrammatic principle)以及当前的认知理论。20世纪90年代出现学习西班牙语的人数增加的情况,这个势头保持了大约12年。Gala(2008)对这个现象进行审视,对学习人数的升降做出解释,并提出改进建议。Gala的讨论涉及各种外语和文化专业的管理、教员和课程。这项研究的新意表现在把语言学习置于各种互相制约的因素中考察,以便根据当今世界的"学科间性"和"超学科性"的理解进行调整。

Halliday(1990b:362—366)从超学科研究的视角,对澳大利亚的教育语言学研究提出了五个主题。(1)探讨概要视角和动态视角的不同。Halliday认为概要视角和动态视角不是两种现象的不同类别不是两件事,而是看待现象的两种方法:一个看现象的实体,一个看现象的发生。两者应当是互补的,不是互相矛盾的,都是解释的必要方式,可用来说明现象的不同方面,因而没有价值的不同。当然,用动态的词语来理解和识解现象难度大些。例如,了解一个语言现象,如语法隐喻,要从三个方面识解,它在系统中的演变,它在学习者思维中的成长和它在语篇中的独特性。(2)语法学的深入和扩展。Halliday认为操作动态视角和概要视角互补性的最有意义的领域是语法本身。由于我们用语言识解我们经验的领域,最容易接触到的、最特殊的、最不易抓住的是由词语识解的现象，而最隐蔽的、最一般的、最持久的特征是由语法识解的现象。这意味着自然语言的语法是经验的普遍理论，如及物性系统是对真实世界各事件的理论。它包括我们头脑中的世界和语言中的世界。当我们构建语法理论时，为了了解语法如何构建经验的理论，或者说话人如何利用作为战略资源的语法时，我们的理论早已成为第二位的理论，有关一个理论的理论，那就是语法学。以语料库为基础的语法可以说是隐蔽语法学，因此对它的研究应提上议事日程。（3）调查语法变异。不同的人群以不同方法表示意义，如Hasan研究母女谈话，发现人们有两个维度的不同：阶级和性别。两者都影响意义风格和说话样式。这需要大规模的语料才能弄清楚，并对意义潜势做出聚合的解释，如系统网络。（4）继续探讨"更高"层面。Halliday认为Hasan的工作有关思想意识的构建，从高层次的意义系统构成"文化"，而Martin的语类理论有两点很重要：一点是教师在教学中所需要的语言学观点，英国早期在编写Language in Use教材时没有这么做以至课堂活动中没有语法教学的位置；另一点是就语言学在课堂活动中的地位激发最彻底的辩论。不过Martin也认为语类是高层次组成的模式，因为语言藉此识解文化，因而是所有教育问题的核心。这些高层次型式有两个方面：第一，它渗透于教育话语中，如课堂教学中的教师话语和不同学科的教科书。第二，尽管各个主题系统可认为是中间程度的构建，它们决定教育实践和教育变化的底层方向。（5）建立一个教和学的基于语言的理论。这是一项急迫任务，即把语言作为出发点，利用语法学走向学习和教学过程的更高层次。要了解儿童语法发展等问题，了解人们如何学习，如何实现系统和过程的辩证统一。应该看到每个实例都是"语篇"的关注内容，都能激发"系统"的构建。学习倾向与教学倾向是相应的。所有系统有其各自的特性，因此应当研究各种符号系统如何发展。最后，Halliday对上述五个方面与教育实践的关系总结了两点：第一点是这样的超学科研究对现有实践起到提供信息和挑战作用，从最抽象的目标说明到最现实的课堂活动。第二点是它使我们认识到现实的符号学构建衍生自教育语境。

　　Halliday的观点说明，在一个特定时间点通过对象抓住现象（概要视角），也可以通过现象的展开抓住过程（动态视角）。这样，有必要培养能进行批评性思维的新一代研究人员，使他们能发现与语言教育有关的实际问题，关心理论和方法的结合，掌握发现和理解问题的辩证过程。这并不排斥这些研究人员应当有本科生或研究生的某一学科的专业训练。基于超学科的教育语言学研究方法是以语言和教育中的问题为导向，整合不同学科的理论、研究工具和方法，而不是一味依赖于将某一学科理论应用于具体状况，这是教育语言学研究者重要的研究思路。这里所说的不同学科理论与方法有的是来自语言学（包括理论语言学与广义的应用语言学各学科），但也有来自语言学之外的学科（Hornberger 2001：8）。Van Lier认为能够从事超学科研究的教育语言学研究者，可能来自于不同的学科背景或是具有跨学科背景，例如来自于应用语言学、人类学、区域研究、教育学、文学、外语教学、理论语言学、心理学和社会学，但这些研究者的共同点是以超学科研究作为其研究重要思想。他们不仅应当掌握必要的理论与分析工具，还要具备系统和创新性地整合这些不同学科知识和研究方法的能力（Van Lier 2004）。例如，教育语言学的一个重要研究领域是语言教育政策，Spolsky认为教育语言学可以为设计语言教育政策，实施语言教育管理提供重要分析工具（Spolsky & Hult 2008：2）。该领域是个复杂的系统，至少会涉及到课程政策、教学政策、师资、教材、测试、评价等语言教育的多个环节，也必然有语言教育政策过程和价值分析维度（沈骑2011a；2011b）。如果从单一的语言学学科视角来看，现有的理论几乎无法直接被"应用"于这一领域研究。而从教育语言学"超学科"研究来看，语言教育政策研究就是一座"金矿"，从1976到2001年这二十五年间的宾夕法尼亚大学教育语言学博士学位论文来看，有一半以上的研究都是对这一领域的具体问题研究（参见Hornberger 2001）。研究者们走出语言学的"象牙塔"，超越学科领域和认识论的界限，纷纷涉足不同国家、地区、民族和区域的学校、课堂、家庭和社会等正式或是非正式教育领域之中（教育学），综合运用课堂观察和访谈，进行话语分析、田野调查、民族志调查和个案研究等研究方法（社会学、人类学、应用语言学），透视语言教育政策中的意识形态、身份认同、性别差异、伦理道德、社会公正和公平性问题（哲学、政治学、社会学、伦理学等）。他们正是以语言教育政策具体问题为导向，用超学科研究范式，整合不同学科知识和分析方法，走出了创新研究的新路，从而产生了一大批有问题意识、视角各异的研究成果。

6. 结语

本文通过评述教育语言学超学科研究方法的概念、主要观点以及发展趋向，认为超学科研究是教育语言学学科发展动力之一，具有重要的价值和启发意义。Hult（2010）曾讨论超学科性对教育语言学的用处和挑战。他根据Halliday的观点，认识到超学科性的基本观点是要求从传统的对学科的重视转移到对主题的探究，这就是说，教育语言学是一个以问题为导向的领域。它比应用语言学涉及的范围小，但保持超学科性的宽度。说它窄，因为它的重点仅涉及有关教育的语言；说它宽，在于它鼓励开放性和创造性，在广泛潜在的语境下研究核心主题，采用最合适的理论和方法处理在这些语境下涌现的问题，如Halliday（2007）在学校中进行的教育语言学研究，和Hornberger（2001：13；18）的各种非正式的教育环境的研究。这涉及Halliday所谈到的人们如何表达意义和如何学习的观点。教育语言学的出发点就是教育实践。当然，这一研究方法也不是万能的。Hult认为超学科研究也有不足之处，它要从多于一个最佳角度看问题有时不太可能；在认识学上显得过于简单；把各种理论和方法聚在一起而没有系统性是不可以自由行动的。因此，只能是一个可供选择的方法。

教育语言学的理论基础

上海交通大学 赖良涛

任何学科都必须具有一定的学科理论基础,教育语言学作为一个新兴学科也不例外。教育语言学历经近40年的发展,虽然取得了很大成就,但与社会语言学、心理语言学等平行学科相比没有获得广泛的认可,主要原因之一就是学科理论建设不足。要建立教育语言学的学科基础,首先要对教育语言学的内涵、外延等基本问题具有清醒的认识,在此基础上再有机整合相关理论阐述其基本学理,从而为学科的发展奠定坚实的基础。本文力图从教育心理学、教育社会学的教育理论和功能语言学的语言理论出发,找到教育和语言的结合点。笔者将先阐述教育语言学的学科内涵、研究目标、研究范围;而后阐释教育的本质、语言的本质、最后阐释教育与语言的相互作用,最终建立教育语言学的理论基础。

1. 学科的内涵、目标与外延

要建立教育语言学的理论基础,首先要搞清楚什么是教育语言学。总体来看,美国学者比如Hornberger、Hult等基本采用Spolsky的定义,即"……教育语言学是应用语言学之中一个连贯的、逻辑统一的研究领域;其范围是语言和正式教育之间的互动,主要关注对语言教育各个方面的分析和描述"(Spolsky 1978: viii);"教育语言学是最近新造的一个术语,指的是关注语言和教育之间互动关系的研究领域"(Spolsky 1985: 3095);"教育语言学这个术语指的是语言学这个学科与教育实践行业之间的交集"(Spolsky 1999: 1)。而在澳大利亚和欧洲,M. A. K. Halliday、J. R. Martin、Michael Stubbs等学者基本采用Halliday(1990)的定义,认为教育语言学是从语言角度来研究各种教学活动的一个领域,语言教学只是其中的一个部分。这两类定义的最大交集在于语言与教育之间的互动关系。语言与教育之间的互动具有丰富的内涵。这可以指语言在教育中的作用,从语言角度来研究教育;也可以指教育在语言中(比如在语言进化、语言变异、语言传承等方面)的作用,从教育角度来看语言;也可以指两者之间的某种中间地带。目前学界普遍采用第一种解读,即把教育语言学看作是研究语言在教育中作用的学科,主要采用语言学的研究视角。

把教育语言学定义为"从语言角度来研究教育的学科",意味着其基本目标是建立一套基于语言的教育理论并用于指导教育实践。这个目标包含以下几层含义。首先,教育语言学的基本研究对象是教育。这个教育可以做广义的理解,即指人类所有的教育活动(当然包括语言教育活动),包括正式的学校教育和非正式的家庭、社会教育;也可以做狭义的理解,主要关注正式的学校教育。第二,教育语言学采用语言的视角,需要采用语言学的研究成果。这可以是普通语言学的角度,也可以是社会语言学、心理语言学等学科的角度。第三,教育语言学要研究语言与教育之间的关系,从语言角度来对教育进行阐释。这种交叉关系可以指从语言本质的角度研究语言在教育中的作用,也可以指发展语言能力、学习语言理论以及通过语言进行教育实践等。第四,研究不仅要建立严谨的理论体系,还要把理论应用于教育实践并通过教育实践加以检验。

根据设定的上述研究目标可以推理出教育语言学的研究内容。首先是语言研究,包括对语言本质的理论研究以及相应的语言描述。教育语言学的语言研究应该具有明确的教育导向,是为教育语言学的理论与实践服务。在理论上,我们可以把语言看作一种规则系统,即认为语言是一套约束人们如何正确说话的规则,也可以把它看作是一套资源系统,即认为语言本质是一套人们可以用来说话、做事的资源体系。我们可以从形式主义的视角认为语言的本质是一套语法形式体系,也可以从功能主义的角度认为其本质在于它在社会中所起的功能、所能表达的意义。在具体的语言描述方面,我们可以从系统发生(phylogenesis)的角度描述语言系统,包括语言本体的音系、词汇语法、语义等各个层次的描写,以及语言变体(包括方言变体和功能变体)等的描写;可以从个体发生(ontogenesis)的角度描述个体语言潜势的发展过程,比如个体如何学习音系、词汇、语法、语义等各层次的语言本体知识,如何学习相关的社会语境知识并发展在具体语境中的语言使用能力;也可以从语篇发生(logogenesis)的角度通过语篇分析来研究具体语境中人们如何运用语篇来实现交际目的。

其次是教育研究。教育研究首先包括对教育的本质、定义、内涵、媒介等基本理论问题的研究。我们可以从个体发生的角度研究个体在教育语境下的发展过程以及涉及到的各种因素;也可以从系统发生的角度研究社会文化传承的机制,包括文化传承的基本原理、社会结构和意识形态等因素的作用方式等等;还可以从语篇发生的角度研究具体的教育话语和教育过程,包括对课程、大纲、教材、课堂等各方面的研究。第三,语言与教育之间互动关系的研究,主要研究语言在教育中的作用。我们可以从本质上探讨语言在教育中的媒介作用；也可以从个体发生的角度探讨个体语言发展对于个体学习、发展的作用，或者从系统发生的角度研究语言符号系统对于整个社会教育机制、文化传承的作用，或者从语篇发生的角度采用语篇分析的方法来研究具体教育过程，包括大纲、课程、教材、课堂等各种教育语篇。

2. 教育的社会符号性

教育语言学作为研究语言与教育之间互动关系的学科，其基本理论前提在于语言与教育具有互动关系。因而对语言与教育之间关系的阐释是整个学科的理论基础。要研究语言与教育之间的关系，必须采用统一、合理的视角来分别阐释语言与教育的本质，理清两者之间的关系，找到两者的结合点。本节先从个体发生和系统发生的角度来论述教育的本质。

2.1 个体发生视角

从个体发生的视角来看，教育是促进个体发展的一种社会符号活动。Vygotsky（1982-84 v. 1：107）从个体发生的视角把教育定义为儿童的人为发展（artificial development of the children）。人为发展是一种中介化的高级心理功能发展过程；高级心理功能是一种源于社会的、复杂的、自我意识、自我调控的功能。与生物遗传决定的自然发展不同，高级心理功能发展的目标是要发展有意识的认知、注意、逻辑记忆、系统概念形成能力等，要通过各种符号作为中介与他人交互才能形成（Vygotsky & Luria，1993，v. 3：24）。Vygotsky 提出了个体高级心理功能发展的基本规律（参见 Meshcheryakov 2007）。第一，中介化规律（the law of mediation），即儿童发展是从自然形式的活动向文化形式活动过渡，从无符号中介的活动向以符号、工具为中介的活动过渡（Vygotsky & Luria 1993 v. 4：221）。第二，儿童心理发展的社会起源规律（the law of sociogenesis），即儿童发展是从社会（个体间）活动形式向个体内活动形式过渡的过程；高级心理功能具有社会文化根源，并经历个体化过程而成为个体的心理功能（Vygotsky & Luria 1993，v.4：221，223）。第三，内在化规律（the law of ingrowth），即儿童发展过程中的任何心理功能都要出现两次，首先作为与他人交往的一种个体间（intermental）范畴出现在社会层面，然后才作为心理范畴出现于儿童个体内部，是一种从外到内的内化发展（interiorization）（Vygotskii & Luria，1993 v.4：140）。第四，理性化规律（the law of intellecualization），即儿童心理功能发展的最高目标是要能够自觉地、理性化地运用、控制其心理活动（Vygotsky & Luria 1993，v.2，217）。

从个体发生的角度来看，教育的社会性由个体发展的社会性决定。Vygotsky认为人的本质属性在于其社会性，而个体发展源头也是社会文化的（Vygotsky & Luria 1993, v. 4：221，223）。个体发展是从社会（个体间）的向个体（即个体内）的内在化过程，在这个过程中个体被社会化，成为社会性的个体。个体发展的动力是个体与他人之间的互动性社会关系（即社会情景），也是社会性的（Vygotsky 1998）；个体发展的途径即互动也是社会性的，即个体通过与知多者的互动进行学习从而得到发展；个体发展的中介即符号（特别是语言符号）也是社会文化性的（Vygotsky 1981：137）。因而，Vygotsky（1997：47）指出，"……从这个意义来说，任何国家、任何时代的教育本质上总是社会性的；从其本质来说，教育不可能以任何反社会的形式存在"。从个体发生的视角来看教育还具有符号性。教育作为人为的个体发展是一种符号中介活动。符号中介在教育中的作用可以从两个方面考察。首先，教育的目标即人类高级心理功能是一种以符号为中介的心理功能；高级心理功能发展的规律之一就是符号中介规律。符号首先是教育的目标即个体高级心理功能（比如逻辑、推理、记忆）实施的中介，即思维的中介（Vygotsky & Luria 1993 v. 4：221）。认知、记忆、概念形成、思维等高级心理功能都是一种符号性的活动，要通过符号来进行，这就是Wertsch（2007）所谓的隐性中介。其次，符号是具体的教育过程、即以社会互动为基础的学习过程的中介。促进心理发展的学习过程是一种在社会文化环境中进行的社会互动过程；而学习者和教育者之间的互动也需要通过语言以及其他符号来进行（Vygotsky 1978），Wertsch（2007）称之为显性中介。正是社会互动中显性的符号中介作用使得儿童得以学习社会文化，一方面把这些社会文化知识内在化为个体的知识技能而实现儿童个体的心理发展，同时也使儿童得以社会化从而实现社会文化的传承。

2.2 系统发生视角

从系统发生的角度来看，教育是社会文化知识的传承活动，由处于具体社会语境下的教育机制来实现（Bernstein 1990，2000）。就社会语境来说，Bernstein（1990：13—62）认为社会不平等的阶级关系导致了不同交际形式的产生、分配、再造与合法化，形成不同的语码，并把学习者差别性地定位于支配性或从属性的交际形式与社会地位中,从而实现不同阶级的文化传承。语码通过分类与架构来调节交际过程,并通过识别规则与体现规则得以实现,从而塑造不同阶级的意识形态。Bernstein(1990:14—15)把语码解释为一种通过潜移默化的方式所习得的调控原则,它选择并整合交际中的合法意义、合法的交际互动形式以及合法的意义体现形式,并压制、排除非法的交际形式。语码调节不同语境之间的相互关系,并由此进一步调节语境内部各成分之间的关系。由此不同语境之间的分界线得以确立,而具体语境则通过其特有的专业化意义及其体现形式得以相互区别。Bernstein(2000:39—53)认为不同阶级的语码通过教育机制来实现阶级的文化传承。教育机制包括分布规则、重构规则、评估规则,分别调控知识产生、语境重构(教育话语建构),以及教学实践三个过程,从而成为知识文化产生、重构与传承的必要条件。语码控制下的教育机制是意识形态的调控器,决定着调控者的选择、意识形态内容的选择以及利益倾向的选择。然而,教育机制具有双重作用,一方面它使受教育者学习深奥知识以及其他阶层掌握的知识成为可能,另一方面任何阶层只要掌握了教育机制也就占领了符号资源控制的关键领域。因而教育机制既是社会结构再造的条件,同时也为社会结构的变革提供了可能。

Bernstein的教育社会学理论从系统发生的视角说明了教育的社会符号性。教育的社会性首先表现在教育语码和意识形态的制约上。语码是社会权势和控制关系在教育过程中的实现,受社会阶级关系制约,因而本质上是社会性的。社会通过具体语码的制约作用让不同社会阶层的学习者习得本阶层的合法意义,从而实现社会文化的传承和社会结构的再造;同时教育让学习者有机会获得其他阶层的合法表意方式和合法意义,从而实现社会文化和社会结构的变化。因而文化传承本质上是一个社会性的过程。其次,社会的教育机制本质上也是社会性的。特定社会中知识文化的产生本质上是社会群体对其经验世界的社会建构,而合法化知识和交际形式的分配是受语码制约的社会过程。在把原有话语重构的过程中,具体知识的选择、呈现的方式、课程的设立等都是受社会意识形态制约的社会过程。评估规则也是按照一定的意识形态制定的,而具体教育实践比如课堂教学也是社会性的,是在特定社会语境中进行的社会互动过程。

教育的符号性体现在各种符号系统、特别是语言符号系统对于教育的作用。从系统发生的视角来看,Bernstein(1990:14—15)强调教育的社会语境(即语码)在本质上是具体社会阶层的一种表意倾向,主要是通过语言等符号系统进行表意来体现。精密语码与局限语码的本质区别也在于其所蕴含的表意倾向与具体情景语境之间关系的远近（Bernstein 1990：20）。教育机制发挥作用的关键是选择性地把社会意义潜势转化为教育话语，是一个意义潜势现实化的过程。教育内容即社会文化知识的产生是用语言等符号识解经验的表意过程；具体教育话语的建构是把教育意义潜势进行例示的过程；而通过评估规则实现的教育实践，本质上也是采用各种符号系统进行意义交流从而实现社会文化知识的传递与获取的过程。

3. 语言的社会符号性及其在教育中的作用

上节分别从个体发生和系统发生的角度论述了教育的社会符号性。本节将论述语言的社会符号性及其在教育中的作用。

语言是一种社会符号系统（Halliday 1978；Halliday & Hasan 1985）。语言具有符号的本质属性。符号（semiotic）本意是指"和意义有关的"，符号学即研究意义的科学（Halliday & Hasan 1985：4）。符号是意义的载体，是由表达与内容相联系而生成的一个实体（Hjelmslev 1961：47）。符号系统是符号的集合，其中每个符号通过与其他符号发生关系而获得其具体的值；每个符号的具体意义是一种纯粹的语境化意义，只能通过它在具体语境中的位置才能对其做出相对解释（Hyelmslev 1961：44—45）。符号系统作为符号的集合是意义产生和交流的系统，其意义也来自系统与语境之间的相互关系（Halliday 2003）。人类社会有许多表意的方式，即有许多符号系统，比如语言、动作、手势、绘画、音乐等，这些符号系统共同构成了社会文化、演绎着社会结构。语言是人类社会最主要、最常用、最发达、功能最强大的符号系统，是人类赖以表达意义和进行意义交流的主要意义潜势系统（Halliday & Hasan 1985：4）。语言这个符号系统是社会性的（Halliday & Hasan 1985：4）。和所有其他符号系统一样，语言这个符号系统的意义来自于语言系统与其社会环境之间的关系，语言必须在社会环境中发展并发挥其表意功能。这个社会环境本质上是社会系统，或叫社会结构。Halliday（1978）把社会系统等同于社会文化，并把社会文化也定义为一个意义系统，即符号系统。语言系统通过其表意功能反映、体现着社会系统和社会文化，并反作用于社会文化。语言的内容层和表达层的具体构型及其演化都是为其通过表意功能来体现社会语境的目的服务，受制于其所在的社会文化语境。

语言的社会符号性决定了它能在具有社会符号性的教育中发挥重要作用。这个作用体现在人为个体发展和社会文化传承两个方面。从个体发生的视角来看，语言在教育中的作用体现在以下几个方面。首先，语言是教育目标即个体高级心理功能实现的基本条件。Vygotsky 把个体高级心理功能解释为有意识的、理性化的记忆、逻辑、思维等能力。从现代认知科学的视角来看，这些高级心理功能是个体的认知能力。从功能语言学的角度来看，个体认知本质上是以语言（以及其他符号系统）通过意义来识解经验世界、构建知识的过程，认知能力也就是通过语言识解经验的能力（Halliday & Matthiessen 1999）。语言识解经验的功能是语言的概念功能，是语言的三大元功能之一。功能语言学把个体这种认知能力解释为语义潜势，即个体所积累的可以用来识解经验的语义资源储存，因而教育的基本目标之一就是要发展个体的认知能力，即个体的概念语义潜势。第二，教育的内容即知识也是依靠语言的识解功能构建起来的（Halliday & Matthiessen 1999：1—3）。知识是符号系统对经验世界的识解与建构，而语言作为主要的符号系统起着主要的作用。当我们学习某具体学科中的知识时，主要是通过学习构建该学科的语言来进行，即通过学习该学科所发展进化起来的特殊表意方式来进行。学校教育中的每一门学科都是用语言（以及其他符号系统）对某一部分经验世界进行的特殊识解，形成其特有的意义潜势。第三，语言交际是教育手段即社会互动的基本方式。Vygotsky（1998）认为个体发展是通过教育者与学习者之间的社会互动来进行的。社会互动本质上是互动双方的意义交流，其中以语言为主的符号系统起着显性中介的作用。通过语言表达意义进行互动是互动双方最方便、最主要的交流方式。而语言作为社会符号系统的另一个基本功能就是社会互动功能，即人际元功能（Halliday 1978，1994）。教育正是通过语言（以及其他符号系统）的人际元功能，使教育者和学习者通过互动进行意义交流，从而促进个体的发展。

从系统发生的角度来看，教育是人类社会的文化传承活动，语言系统在文化传承中也起着重要的作用。首先，语码和意识形态本质上是某一社会阶层（阶级）所特有的表意倾向（Bernstein 1990：13—14；Martin 1992：573—581）。在所有的符号系统中，语言是最基本、最主要的符号系统，因而语言的表意功能是体现语码和意识形态的基本前提。某一社会阶层或社会团体具体的意识形态可以通过分析该阶层大部分成员共有的表意倾向（即共享的意义潜势）来分析。其次，教育的内容即社会文化本身也是由语言以及其他符号系统构建起来的。一个社会中的文化就是该社会中所有语类的系统，即人们社会活动类型的系统（Martin & Rose 2008：16—18）。语类作为人们社会活动的类型本质上是一个符号系统，因而作为语类系统的文化本质也是一个社会符号系统。从文化传承的角度来看，教育的目的就是要让学习者掌握该社会中的主要活动类型（即主要语类）及其体现方式。社会中的具体语类主要是由语言以及其他社会符号系统体现的，语言是文化传承的主要载体。第三，语言是教育机制发挥作用的主要载体。教育机制通过分配、重构、评估三类规则来发挥具体作用，并创造出话语生产、重构和再生的空间，从而完成社会文化的传承。语言在话语生产（即社会知识的创造）、知识重构为教育话语（比如各种形式的教材等）以及具体教育实践（比如课堂教学实践）等过程中都起着主要的媒介作用。

总之，语言在促进个体发展中起着主要的作用，同时也对社会文化的传承起着主要的作用。因而无论是从个体发生还是系统发生的角度来看，语言在教育中都起着关键的、必不可少的作用。

4. 语篇发生与教育语言学

语言在教育中的重要作用使得从语言视角来研究教育成为可能。然而从语言角度研究教育需要有合适的切入点。如前所述，语言与教育都具有社会符号性，本质上都是社会符号系统。由于语言等社会符号系统在具体语境中的实际运用单位是语篇（Halliday & Hasan 1985: 10—11），因而语篇是教育语言学研究的基本切入点。

任何在具体语境中发挥特定作用的鲜活语言实例都可称为语篇。语篇由意义构成，本质上是一个意义单位。作为一个意义实体，语篇要从过程和产品两个角度来考察。从静态的角度来看，语篇是可以被记录和研究的产品输出，具有可以用系统性的术语来表征的特定构型。从动态的角度来看，语篇是一个持续的语义选择过程，即遍历语义潜势网络系统的一个运动过程，其中每一组语义选择为下一组的语义选择提供了语境。从语言作为社会符号系统的表意作用来看，一个语篇是一个动态的社会互动事件。在最广泛的意义上，语篇是一个社会学性质的意义接触事件，由此构成社会系统的意义得以交流（Halliday 1978: 139—141）。因而，语篇的本质特征是互动。意义交流是一个互动的过程，而语篇正是意义交流的基本手段。社会成员通过语篇进行意义交流，从而创造、体现社会现实，维护社会系统的秩序，并由此不断塑造和改进社会现实。

语篇作为语言的实际运用单位，其背后隐藏着语言系统。这意味着具体语篇作为一个现实的意义交流事件只是整体意义潜势系统的一个实例，是被实现了的意义潜势。任何语篇都是特定的具体情景语境下社会意义系统的一个实例，是在具体语境下从语言的意义潜势系统中持续的意义选择过程的产物（Halliday & Hasan 1985：11）。在语篇展开的过程中，其社会语境（包括具体的情景语境和更高层的文化语境）本身作为一个符号系统通过元功能多样性（metafunctional diversity）在语篇中得到体现，从而实现社会意义的交流。社会众多语篇发生的过程中，每个语篇都以其独特的意义特征反过来进一步丰富了语言的意义潜势系统，从而推动语言系统的进化、发展。因而语篇发生的过程一方面是交际者在特定的语境下从语言等符号系统的潜势中选择意义、创造语篇而进行意义交流、互动并体现社会语境的过程，同时也是语言系统通过语篇在社会中发挥其功能，并在社会中不断吸收新的意义、丰富其潜势系统从而实现自身发展和进化的过程。

从语篇发生的角度来阐释教育意味着把教育看作由语言等各种符号系统共同实现的一系列复杂的话语过程（Halliday 2007：90—91）。首先，教育的内容即知识本身是一种语篇（或叫话语），知识是用语言以及其他符号系统识解世界而构建起来的语篇。换言之，知识不是一种纯粹理性的抽象存在，而是通过具体的语篇所承载的对社会现实的反映。作为语篇的知识既是人们用语言等符号系统识解现实世界的认知过程（即knowing），同时也是这个识解过程的产物，承载着识解内容的一个产品输出（knowledge）。作为语篇的具体知识本身有其社会语境，包括情景语境和文化语境，不可避免地体现着知识建构者的意识形态。学习知识一方面要学习作为构建产品的语篇，也要学习知识的建构过程，发展建构知识的能力（即Vygotsky的高级心理功能）；同时也要学习、鉴别作为语篇的知识其背后隐含的社会语境、意识形态等因素。其次，学术知识重构为教育知识的过程（即语境重构过程）也是一个语篇发生的过程。这包括调控话语和内容话语两方面的话语重构。调控话语的建构是由具有合法权限的机构、个人等按照一定标准建构教学大纲、课程结构、课程说明等语篇的过程。这些调控语篇体现着具体情景、文化语境以及相应阶层的意识形态。语境重构还涉及内容语篇的建构，即具有合法权限的建构者从总体教育意义潜势中做出选择，根据教学调控语篇的要求，把这些意义建构成各课程的教材语篇，从而把原有的学术知识语篇重构为教育知识语篇。第三，具体的教学过程本身也是一个语篇发生的过程。这个过程也包括调控语篇和内容语篇的建构。一方面，教育者建构课堂组织等调控语篇使得课堂教学的互动过程得以顺利进行，另一方面教育者通过构建内容语篇而向学习者传授具体的知识技能。第四，学习者个体也正是通过教材、课堂教学等各种教育语篇与教育者互动来学习知识技能，不断丰富自己的个体意义潜势，从而实现个体的发展。

5. 结语

　　教育语言学作为研究语言与教育之间关系的学科，其最根本的理论基础在于语言与教育之间的密切关系。从个体发生和系统发生的视角来看，教育都具有社会符号性，主要是通过语言等符号系统的表意活动来实现的，其本质是一种语义发生活动。语言作为表意交流的手段也具有内在的社会符号性。语言的社会符号性决定了它能够在社会符号性的教育中发挥重要作用，表现在教育作为人为个体发展和社会文化传承过程的各个方面。语言以语篇为基本使用单位，具体的语言使用过程就是语篇发生过程。语言在教育中的作用过程使得教育过程本身也成为语篇发生过程。这样，从语言角度来看，教育是以语言为基本载体的个体发生、系统发生和语篇发生的三位一体过程，本质上是一个语义发生过程。教育问题最终可以归结为语言问题。这为教育语言学作为一门学科的兴起提供了必要性和可能性。

第四部分
教育语言学
实践问题研究

学科基础理论研究

第一章
教育中的语言问题

按语（赖良涛）

　　语言是教育的基本媒介，对教育具有十分重要的影响。任何教育都必然涉及语言问题。本节收入的三篇文章分别从教育学、汉语语言学和外国语言学的角度阐述了教育研究和实践中涉及的语言问题，充分体现了教育学界和语言学界学者对这个话题的研究成果。李政涛教授的文章主要从理论上阐述教育界对语言具有四种态度倾向，即认为语言带来了教育知识、提供了教育语言技巧、形成了教育语言艺术、塑造了教育本体存在，并指出注重语言本体研究的存在论取向是深化教育研究的可能途径。苏新春教授的文章把教材语言作为研究重点，强调语言对于教育教材的重要性，提出要把教材语言作为一个独立的研究领域，并探讨了教材语言的性质、特点和研究意义。杨信彰教授的文章从系统功能语言学的视角出发，提出以元功能和语境理论为基础把教育语篇作为独特的语篇类型加以研究，并采用话语分析的方法探讨了课堂语篇、学科语篇、教科书语篇等主要教育语篇的特征。

教育研究中的四种语言学取向
——兼论通向语言的教育学之路

华东师范大学 李政涛

语言对于教育研究意味着什么？当我们试图将语言作用教育研究对象的时候，我们能够看到什么，我们希望看到什么？这是我们首先需要回答的问题。与语言的遭遇，获取语言的经验，是教育研究者必然的经历，"我们在语言上取得一种经验这意味着：语言与我们照面，造访我们，震动我们，改变我们"。但并不是所有的研究者都有显明的语言意识，大部分时间里，语言以潜意识和习惯化的方式被隐匿进而被遮蔽于研究行为和文本之中。

是什么遮蔽了我们通向语言的道路？对语言的成见可能是一大阻碍。这一成见是将语言视为一种技术和工具，因此，我们只是在"用"语言，而不是在"思"语言。

当我们开始"思"语言之时，语言学的闸门便会洞开，语言之思的源头活水被引入教育研究的世界之中。因此，出现了"语言学取向的教育研究"，以及各种关于"教育语言"、"教育措辞"和"教育（学）话语方式"等的研究。但即使这样，依然不能保证教育研究能够真正切近对语言的"思"。其危险在于：我们可能沦为语言学研究的殖民地，我们可能依然落入语言技术和工具的巢穴之中，我们依然不能以教育研究的方式思入语言的本质。如果存在着语言学的技术和工具取向，那么，必然存在着超越于它的其他取向，它是什么呢？

一、回答一个问题：语言对于教育研究意味着什么

"一旦人有所运思地寻视于存在之物，他便立即遭到语言，从而着眼于由语言所显示出来的东西的决定性方面来规定语言。"教育存在不是存在之"物"，但至少是一种存在，即"教育存在"。我们如何理解教育存在？又如何去显示教育存在？在教育时空中，教育者和受教育者始终不停地言说和倾听，这是一种永不停歇的语言之流，包裹着教育生活中的每一个人。教育研究者也被裹胁进去，他将书本中对于教育的各种理解，汇集为他理解教育的个人

视域，又将其对教育生活的直观和感悟转化为书面文本。于是，他阅读、观察、写作、思考，他浸泡在语言的酒缸里，试图从中酿造出属于他的关于教育的琼浆玉液，让世人共饮之。

但这还不是语言对于教育研究的全部意味。教育世界中的语言之谜远未得到充分的揭示，我们听出了"语言"，也看到了"语言"，但还没有真正思入语言、进入语言。当我们说，"教育世界首先是语言的世界"的时候，我们只是触及到了谜底的表层，只是在语言之海的表面滑行。进一步的追问可能会使我们深入海底：当语言进入教育研究的世界，它让我们思什么？又如何去思？语言对于教育研究意味着什么？带来了什么？又改变了什么？

可能的答案有四：

语言带来了知识，即带来了有关语言的知识。换而言之，语言让我们思考构成语言的内在结构及其功能。带着这样的观念，教育研究聚焦于"教育的语言"，对其内容、类型及其结构的剖析成为研究者的中心。由此而来的结果是知识。

语言带来了技术。带着这样的技术，教育研究投身于实践，关注的是"教师如何阅读教材，解读教学文本，如何通过口头语，面对学生'能说会道'"。他们信任那些掌握了丰富的语言技巧的人，并将其视为教师职业的必备条件。教育研究者负责提炼和归纳教师语言的基本标准。带着这样的知识和技能，学生努力学会阅读、理解和倾听，并努力地向教师、家长和同伴展示自我的成长，也就是努力地展示自我的语言：或流畅，或生动，或简洁，或丰富……教育研究者专门去研究不同学科不同年级不同年龄段的学生在学科语言方面的能级水平，并提供给教师作为教学设计的基本依据。同样，带着这样的知识和技能，教育研究者努力尝试用规范严整的语言，或者说，科学的语言，撰写论文、报告、田野志和著作。衡量教育研究者职业资质的主要标准首先是通过语言的技术来呈现的。

语言带来了艺术，即语言的艺术。这是一种对语言艺术的向往和追求。研究者因此而格外关注教师的语言方式，迷恋于教师语言如何从技术走向艺术。对许多名师的案例式解剖也往往定位在他们的语言艺术和语言风格上。对研究者自身而言，对其写作中的措辞方式的考量，对自身写作如何获得影响力的努力，也表明了研究者正走在使研究语言艺术化的途中。当下盛行的随笔性写作，是出版商、读者和研究者共同推动的结果。

语言带来了人本身。对教师和学生语言的研究，牵引出了对其生活方式或生存方式的探究，进入语言，就是进入并展现人的生活体验，去捕捉、凝聚和改造已有体验，进而生成新的体验。因此，教育研究就成为探索教育主体的生活体验的过程。它"关注教育主体的生活体验，试图从教育的实际中发掘深层的教育意义，因此，它需要创造关于教育主体的体验的叙述，并完成赋予意义的解释过程"。在这里，所谓的深层的教育意义，是通过语言完成的对人的生活体验的挖掘，获得了一种重建新生命的可能性。因此，语言学取向的教育研究在本质上就不仅仅"是从个体的生活体验中提炼出某些东西，通过思考和写作而建立可以理解的教育文本"。文本的建立只是生命实践的一种方式，是生命重建的表征之一，但并非教育研究的最终目的，人的精神世界的改变和丰富才是根本之所在。只有在这个意义上，如下观点才是有意义的："教育研究者通过写作把所见到的东西变成符号形式，并建立某种思考，也使自己在生活实践中更具洞察力。"

二、教育研究中语言学取向的本体论转换

实际上，语言带给教育研究的四种意义，就是教育研究的四种语言学取向。

知识论的语言取向，格外关注语言学知识获取、传授和转化。对当代语言学生产的最新知识，以及对于语言哲学、语用学、语义学等学科知识的关注，已经跨越了语文教育研究的领域，进入了一般教育研究者的视线。但从现有的状况来看，引用、借鉴和演绎的方式居多，将语言学知识转化和综合为教育知识的方式稀缺，在一定程度上，这种取向的教育研究仍然没有摆脱赫尔巴特所指出的"殖民地"现象，即教育研究成为语言学的殖民地。

技术论的语言取向，以语言本身的发掘和分析为核心，教育生活中的语言被置于不同的平台上，成为被透析被解剖的对象。在持这种取向的研究者那里，（教育的）语言本身是教育研究的对象，语言分析的技术和手段是关键，拥有"奥卡姆的剃刀"是最高的荣耀。无论是教育的知识，还是教育的真理，都必须通过语言分析来检验。因此，对教育语言，包括教育学的各种概念、命题和术语的澄清，是教育研究的首要任务。

技术论取向的限度就是语言本身的限度，也是语言分析哲学的限度。当语言被封闭于语言的玻璃房里，教育研究者就成为工匠，带着显微镜和放大镜，以精确度和光滑度为追求，日夜打磨和清洗语言。语言越来越精致，但也越来越失去厚度和元气。结果之所以如此，是因为在越来越精致的技术里，人被淹没和遗忘了。如果说这种遗忘对于以纯粹的语言分析为业的人，是可以理解和

原谅的话，那么，以"人的教育与发展"为业的教育研究者也同样如此，就让人难以接受了。

艺术论的语言取向，似乎从语词的逻辑分析降落到讲话者，即人这个层面上。研究者（包括有研究能力的实践者）试图超越技术，并为其提供了一个超越目标：艺术，实现技术的艺术化，使教育的语言技术成为有情感的技术、有风格的技术和综合的技术，是其研究思路的基本脉络与核心旨趣。但总体来看，该取向的研究者的关注焦点依然是语言本身，只不过以语言的艺术取代或者提升了语言的技术，结果依然没有走出语言的玻璃房，透过被艺术化的语言玻璃朝外看，人的影子仍然朦胧不清。

教育研究如何才能摆脱技术论、艺术论语言取向的固有缺陷？如何才能使人的因素真正进入到教育与语言的关系之中？偏向语言本体的研究，实现本体论取向的转换，是当代教育研究走向深入的可能路径之一。这是因为，"一方面，我们可以把所有的教育问题归结为语言问题，而这些教育问题可以由丰富的语言来表达，也可以由丰富的语言来体现、反映，而且借助语言，所有的教育问题可以得到深层的反思和体验。另一方面，语言对描述、回忆和反思个体的经验具有特殊的价值。具体而言，语言可以创造和描述个体的生活世界，使其知晓正在经历的事情，借助语言，'个体不仅能发现自己内在的经验，而且可以回忆和反思各种生活经验'。"

然而，这样的阐释依然没有真正地解决何谓本体论意义上的语言学取向的教育研究。要透彻地解决上述问题，我们还需要思入语言的本质。

在海德格尔看来，真正的语言应与存在直接相关。"存在在思中形成语言。语言是存在之家。人以语言这家为家。思的人们和创作的人们是这个家的看家人。"人苦苦以思所求的生命存在之意义，只有在语言中去把握。使一切存在者成为存在者的那个存在，离不开语言。正如威廉·冯·洪堡所指出的那样，唯语言才使人能够成为那样一个作为人而存在的生命体。作为说话者，人才是人。因此，海德格尔指出语言是最切近人的本质的。换而言之，人的要素在其本质上乃是语言性的，通过语言人被带入自己的本质之中。

同样，正是语言，使教育存在之所以成为教育存在，使人的发展具有了可能。教育，就是使人从可能转化为现实，同时又在已实现了可能性中注入新的可能的过程。所有的可能都需要通过语言、在语言中展现，当我们在教育中感受人的可能性的时候，在很大程度上，就是感受语言的可能性：人的可能性就是语言的可能性，语言的可能性就是人的可能性。

在这个意义上，在教育研究中探讨语言，指向的就不仅仅是知识、技术和艺术，而是指向于生命存在———教育者和受教育者在语言中的生存状态。于是，另一种语言学取向，即存在论取向崭露出来，它表明："探讨语言意味着：恰恰不是把语言，而是把我们，带到语言之本质的位置那里，也即：聚集入大道之中。"在存在论的语言学取向的教育研究者那里，所谓的"道"，就是生命成长之道、发展之道。一言以概之："语言产生人，给出人。"

从这里我们发现了语言的本质与教育本质的内在关联：它们同样都赋予了人的生命以可能性，同样产生人、创造人。因此，在具体的教育过程中，语言就不再是外在于教育的某种知识、技术或艺术，而是在相互内含中双向构成。这也就是胡塞尔通过现象学把人的因素引入语言分析之后，形成的"构成识度"，从而形成了一种现象学式的语言方式和写作方式。只有在这个维度上，我们才能明了所谓"现象学写作"对于教育研究的真正价值，其带来的结果是：教育世界、人和语言形成了一种完整的动态结构。在这个结构里，语言它在与教育和人的多向互动中生成自身，也生成新人、新教育。

在教育研究中，当我们秉持存在论的语言学取向，进入教育世界之时，具有多重的具有转向的意义：

其一，它牵引我们转向教育存在和生命的基本问题，从影响教育世界的语言知识和技术的变化，转向教育存在者精神世界的变化。这种变化一旦发生，教育中的语言事件就变成了一个存在事件。教育研究者的根本使命，是通过语言实现对教育存在和教育者生存境遇的深刻洞察，是把语言问题变成存在问题，变成以生命成长为核心的问题。语言命题与教育存在中的永恒命题从此相联。带着这样的使命，当研究者再次注目于教育者的语言细节之时，他就有可能把教育语言的细节推向一个高度，使人察觉出细节背后的存在意味，辨析细节蕴涵的精神状况，此时，教育研究和写作的过程，就是语言和内心（精神）互证的过程，从而使语言的分析通向存在。语言成为勘探并显示教育者与受教育者存在方式、存在状态的入口。正如亚里士多德所说："有声的表达是一种对心灵的体验的显示，而文字则是一种对声音的显示。而且，正如文字在所有的人那里并不相同，说话的声音对所有的人也是不同的。但它们（声音和文字）首先是一种显示，由此显示的是对所有人都相同的心灵的体验，而且，与这些体验相应的表现的内容，对一切人来说也是相同的。"在亚里士多德看来，文字显示声音，声音显示心灵的体验，心灵的体验显示心灵所关涉的事情。在语言学取向中，教育研究者的根本目的就是：通过对教育语言的分析，显示生命成长中的心灵体验，进而展现人在教育生活中的存在方式。

其二，当我们通过语言来关注教育存在者的存在之时，因教育研究而来的各种文本，就成为这个时代教育者和受教育者的日常存在体验的表达。具有生成性创造性的语言学取向下的教育研究，在将语言提升到精神的高度，成为一种精神存在的同时，还应该触及这个时代教育者和受教育者共同的精神经验。无论是"理解"，还是"解释"，都应该是对人的教育存在体验的理解和解释，而不仅仅是对语言本身的理解和解释。人在教育生活中的存在体验，不仅包括各种与成长有关的幸福体验，也涉及到博尔诺夫所说的遭遇：危机、冲突以及由此而来的种种伤害与心灵创伤。

其三，教育存在体验的特殊性在于，它是一种生命成长的体验，这种体验是由语言经历并通过语言来完成的。在教育生活中，语言体验和生命成长体验成为相融共生的整体，在这个意义上，语言生成和发展的过程就是生命成长与完善的过程。

其四，这种转向并不意味着其他取向就寿终正寝，湮没无闻，相反，它们会以各种方式走向并最终融进存在论取向之中。用哈贝马斯的话来说，就是把技术上有用的知识移入生活世界语境，使以独白产生的知识应用语言，融化于生活世界的经验。语言的知识、技术和艺术最终将转化成处于语言中的个体生命成长的内在资源，变成教育存在者的存在方式的一部分。

三、通向语言的教育学道路

当我们把语言学的四种取向纳入教育研究的时候，可能的结果是：语言学丰富了教育研究的视野，开辟了一个广阔渺远的新天地，在语言学的指引下，教育研究大踏步地前行。教育研究的格局和面貌将由此焕然一新。但其中的隐忧一直存在：迄今为止，对教育语言的研究，是通过语言学、哲学和心理学等方式进行的。研究对象是教育语言，方法和立场却是非教育学科的。虽然，语言的本质与教育本质的内在沟通，以及存在论的语言学取向，成为打通语言学、哲学等学科与教育学在语言问题上的通道。但这只是提供了一种可能。有论者将语言学取向的教育研究界定为，"教育研究者在从事研究活动之时，始终把语言问题置于醒目的位置，提升语言的价值和解释力，注重发掘符号的潜能，通过语言而把教育主体的体验转化为符号形式，借助符号而建立各种对话关系，这体现的是语言学取向的教育研究。"这样的定义依旧是把语言作为一种工具，而且体现了鲜明的语言学立场。从中我们看不到如何通过教育学立场进行语言研究，更没有获得只有教育研究才能产生的关于语言问题的思想、观点和结论。

因此，与前面回答的问题，即"语言学为教育研究带来了什么？"相反，我们需要回答的问题是：（1）当教育研究进入语言之时，它的独特性在哪里？它为人类语言问题的解决带来了什么？（2）语言使人发生了什么？（3）语言使人的教育发生了什么？

我们需要踏上一条道路，才能抵达语言，对于教育研究者而言，这条道路就是教育学道路。那么，它又是什么？

首先，同样以语言学的研究方法为方法，教育研究考量并依据的不是方法本身，而是自身的方法论意识，体现为方法与对象的关系，具体而言，就是语言学的方法与教育研究对象之间的适切性问题。这是语言学取向下的教育研究方法论的特殊性所在。在这个方法论体系里，语言学的方法必须考虑教育研究对象的三种存在，即教育活动型存在、教育观念型存在和教育反思型存在，它们各自的特殊性及其与语言学能否建立内在有效的关联，这是教育研究者不可回避的重要方法论问题，从这里出发，是解决"教育研究进入语言之后特殊性"问题的入口。

其次，同样是以语言问题作为研究对象，教育研究关注的不是语言本身，而是在教育生活中语言与人的关系问题，这是基于教育学立场的教育研究要考虑的基本问题，在这一点上，教育学显示了与大部分语言哲学家的迥异。虽然，后期维特根斯坦、奥斯丁和塞尔等人提出言语行为论，终于把人的因素带入话题，因为要说语言的使用，就回避不了人这个使用者。但是，在他们那里，人不过只是语言承载者；在他们那里，人是一个没有内部意识结构，没有意志，没有社会历史特性的东西。人不以自己的特性影响语言，人是语言方程式中的常量，处处离不开它，但它不起作用，不是影响函数值的自变量。

海德格尔的语言哲学，人的存在处于中心地位。他分析说，在古希腊时期，逻各斯除了具有"言说"的含义，还有"聚集"之义，逻各斯是语言的基础，而人是处于逻各斯之中，处于聚集状态之中的人，人是能动的，是聚集者。这就是说，逻各斯即存在，逻各斯也即语言，而处于逻各斯之中的人把语言和存在联系起来了，也可以说，人、语言和存在是一而三、三而一的。伽达默尔也赋予语言以本体论地位，并在主张语言与世界不可分离的同时，主张人以语言的方式拥有世界。这样，在伽达默尔的解释学中，人、语言和世界是密不可分的。但是，他们论述的这三重关系是普遍意义上的，而不是特殊意义的，即不是在"教育"这个特殊的场域里发生的关系。更重要的是，在他们的语言本体论中，人始终是抽象的，而不是具体的、发展中的人。教育学视野下的处于教育、语言和人关系中的人则是具体的人、不断生成和发展的人。在某种意义上，教育就是"聚集"，教育者和受教育者就是聚集者，通过教育，人、语言和世界的关系完成了具体的发展中的"聚集"。

再次，教育研究最关注的不是语言与人相互作用后形成的静态的结果，即形成的各种语言文本，而是动态性的互动过程，如同洪堡所指出的那样："我们不能把语言看作是一种僵死的生产品，而应当视之为一种生产过程，不能仅仅注意到作为对象之描述和理解之中介的语言的作用，而应当更谨慎地回到语言的与内在精神活动紧密交织在一起的本源和语言与这一本质的相互影响上去。"这种相互影响在教育领域里特殊化为语言与人相互转化的过程。在教育活动中，一方面是语言向人的转化，将作为类知识形态的社会性语言转化为个体性言语。这一转化的过程就是人的生命成长的过程，语言向人的转化能够生成人、丰富人、创造人的精神生命。另一方面则是人向语言的转化。通过人体会语言、使用语言、创造语言，人的存在成为语言的存在，正因为有人的存在，语言才有了意义。在这双重转化中，教育活动具有枢纽性的作用。教育学立场下的教育研究就是试图揭示教育是如何实现语言与人的双向转化的。这是教育研究对语言问题的研究可能作出的最重要的贡献。

之所以需要研究并实现这种转化的过程，乃是源于如下假设：人面对语言，总是缺失的。换而言之，在语言面前，人总是不充分的。"我们说话，并且从语言而来说话。我们所说的语言始终已经在我们之先了。我们只是一味地跟随言而说。从而，我们不断地滞后于那个必定先行超过和占领我们的东西，才能对它有所说。据此看来，说语言的我们就总是被纠缠到一种永远不充分的说中了"。人在语言面前的不充分性，就是人的可能性，教育就是力图实现并转化这些可能性，面向人的可能性，并力图将人的可能性转变为现实性，这恰恰就是教育学的追求。

总之，面对语言问题，教育学立场下的教育研究是以人的发展为指向的，它关注的核心是人在语言中的生命成长，探索和描绘生命与语言的双向建构的过程。所谓教育实践，是通过语言来进行的实践，它与其他语言实践的不同之处在于：教育中的语言实践，目的在于表达、激活、丰富并放大个体生命在教育生活中的种种体验，只有这种实践，才是以推动和实现生命成长为核心的实践活动，即是一种生命·实践，教育学就是以生命·实践为核心的教育学，它引导语言回到最初的生命之路上，并走出一条日渐清晰的教育学之路。显现并建造这条道路的全部使命在于：以教育学的方式抵达语言，通过语言实现对教育存在和教育者生存境遇的深刻洞察，进而把语言问题变成人的发展问题，变成生命实践的问题，最终抵达人的生命成长。

本文原载于《教育研究与实践》，2006年第6期。

教材语言的性质、特点及研究意义

厦门大学 苏新春 杜晶晶 关俊红 郑淑花

"语言资源监测与研究中心·教育教材语言分中心"由教育部语言文字信息管理司与厦门大学共建,成立于2005年6月,设在厦门大学。该中心的建立显示教育教材语言已经作为一个专门的语言现象成为独立的研究对象,它作为语言资源的一个重要构成部分,开始受到国家和学术界的高度关注。

在人的成长和学习过程中,学校教育是一个非常重要的阶段。在这个阶段,教材"凝结了教学目标、教学内容及教学模式,体现教育的性质"(曾天山,1995),并且成为教学内容与学习内容的一个极为重要的载体。而一般学校教育教材的"主要功能是以知识传授为主,通过知识传授培养和开发学生的智力。教材体系结构的重心落在知识的组织和表述上"(任丹凤,2003),因此教材的编写无论如何离不开对语言文字的应用。研究教材语言也就是研究如何通过语言文字将知识传授给学生。要把教材语言作为一个专门的研究对象,首先遇到的问题就是:什么是教材语言?教材语言具体包括哪些内容?它有着怎样的性质与特点?学术界对教材语言作过哪些探索?它的研究深度与广度如何?这一研究有着怎样的理论意义与实践意义?这些是要进行教育教材语言领域的研究必须首先要解决的理论问题。

一、教育教材语言的概念界定

(一)教材语言

教育教材语言指的是通过学校教育来实现教学目的,以教材为载体的语言。根据语言在教材中的地位、性质及所承担的任务,教材语言可分为对象语言和叙述语言两部分。这里讲的语言包括语言与文字两部分。

一般所谓的教材定义有广义、狭义之分。狭义指"限定在学校的教学用书"(曾天山,1998),即通常意义上的学校课程的教材。广义则包括教辅资料、多媒体教辅资料、课外读物等各种不同载体的辅助性资料。这里取的是狭义定义,这样方便我们从最基础和最迫切的工作做起。

（二）对象语言

对象语言就是以语言为对象的教学内容。在语言类课程中，如母语的语文教材和第二语言教学的教材，语言成为直接的教学对象，理解语言、掌握语言，成为该课的直接目的。而对各科的学科教材来说，教学内容主要是有关领域的知识，包括专有术语、公式、专业表达（如数学的证明格式步骤、化学等式、物理推演过程等）。这是各专业课程承担的任务。在各专业课程中，对象语言的研究只涉及到知识的表达形式。在目前我们开展的研究中，对象语言研究主要指语言教材的教学内容。

（三）叙述语言

叙述语言就是让学生理解对象语言而进行说明、阐释的语言。叙述语言包括各种语言教材与学科教材内叙述知识的部分。叙述语言是教育教材语言研究的另一个关注重点。如果说语文类教材关注重点在对象语言上，那么对学科教材来说，叙述语言更是一个值得开拓的研究领域。

（四）对象语言和叙述语言的关系

教育教材是一个社会知识体系的微缩体，它担负着要帮助下一代掌握基础知识体系的重要任务。教材的内容是庞杂的，形式是多样的，而且教材内容和教材形式常混杂在一起。将教材语言分为对象语言和叙述语言，就是希望将教材混杂在一起的内容和形式剥离开来。以往的许多研究没有注意二者的区别，使得许多属于教学内容的问题与教学内容的形式载体的问题杂糅在一起。教材语言的研究就是首先要分清楚教材语言中哪些是知识的对象，哪些是知识的表现形式和载体。

数学教材中，数学知识点和如何描写叙述这些知识点，就成为数学教材语言的对象语言和叙述语言。而语文类教材，特别是语言类教材则比较复杂。语言本身既是传授的内容又是传授的手段，所以在一定程度上语言类教材的对象语言和叙述语言存在定向转化的特殊关系。也可以说，教材语言中的叙述语言在以往研究中关注不多，人们常会把它与教学语言相混淆。

教学语言涵盖的范围更广，包括了教师用语、课堂用语、学生用语以及特定的校园用语等，它的内涵和外延都更为丰富广阔。

二、教材语言的特点

教材语言作为一个专门的研究对象，必定有其自身性质与特点。在学科教材中，教材语言承载着该学科知识的表述，因此，所承载的对象与承载的形式，都会影响到教材语言的性质与特点。如小学数学教材语言，在内容上是反映了数学概念、数学演算等内容，而在形式上又要适应孩子的认知规律和接受能力，要求叙述语言明白、浅显、易懂。而在语文教材中，教材语言会在对象语言与叙述语言上表现出更加复杂的关系。下面所谈的教材语言特点，是抽离了教材内容的特点，关注的是整个教材语言的共性。

（一）基础性与功能性

基础性指的是教材语言在人的整个知识学习和语言学习中所处的基础性地位。它不仅包括对象语言的基础性，更强调叙述语言的基础性。从以往未得到充分关注的研究来看，后者更值得我们重视，不管是语言教材还是学科教材，最根本的就是得让学习者能读懂，如果连这点都做不到就不能说是一部好教材。功能性是指教材语言有着强烈的目的性，即教授知识，使学生通过教材能达到学习目的，它的功能性和基础性是相辅相成的，只有建立在基础性的基座上，才能将教材语言的功能性发挥到极致。如果用艰涩深奥、适用面狭窄的语言来叙述教学内容的话，那么最终的教学目的也是很难实现的。

（二）有限性和有序性

有限性本来就是语言系统本身的一个基本特性，而教材语言的有限性则是从基础性延伸而来的。教材语言不能无限膨胀，总是在一个有限的语言范围内尽量多地展示教学内容。教材语言区别于其他的语言形式的显著特点就是其有限性，在数量上有一定的限制。这是有针对性地服务于学习者、保证教学效果所必需的。如果说语言系统本身的有限性适用于人类，那么教材语言的有限性则服务于专门的学习者，有着更为严格的要求。

有序性是指教材语言的次序，这是教育特性所决定了的。教材语言总是要遵循人的认知规律，不应该也不允许违反人类的认知先后次序。这对教材语言的两个分类都是如此。对象语言和叙述语言都要体现这种有序的递进性。以往研究多聚焦在对象语言的有序性上，其实，有序性不仅体现在对象语言上，对叙述语言同样有着严格的要求。特别是在语言教材中，对象语言和叙述语言总是处在一种相互转化的位置，现在的叙述语言也就是间接的对象语言，现在的对象语言又是将来的叙述语言，处理好这个问题也就显得特别重要。

有序性是语言的另一个重要特征，但语言又不是简单的直线发展，同时作为认知体，人类的认知过程也不是简单的线性发展，学到东西不是一次就可以成形，前者与后者有着严格的位置关系。人的记忆特性、学习特性，总会有一个由浅及深、由粗及细、由初识到深刻、由记忆到遗忘、由遗忘再到记忆的周期性。所以教材的有序性还应该有着复现性。语言知识是最为典型的，前后联系，环环相扣，前面的内容总会在后面的课程中有所体现。复现性在所有的教材中都会表现出来，教材使用的最终目标就是让学生掌握教材的内容，复现性将起到非常重要的作用。知识的复现是通过语言来体现的。如何确定复现时机？如何确定复现频率？怎样的复现规律是合理的？这都可以通过教材语言的统计来得到解答。

有序性还会在教材的体系性上体现出来。在各种有着不同教学目的、不同教学理念的教材中，单独拿出一篇、一个单元或一册，可能无法看出其体系性。而俯观一整套教材或一系列教材，就可以清楚地看到教材语言是遵循着自己的内在体系性在运行的。

（三）通用性与专业性

通用性与专业性是就教材语言所分布的学科领域来说的，每一种教材内的教材语言都存在通用性与专业性的统一和分化的问题。一种教材其实就是一个学科领域的说明，任何一个学科领域，都会体现出通用的一面与专业的一面。这种通用性与专业性也会在对象语言和叙述语言中体现出来。在以语言为对象语言的教材内，语言的传授是以语言的使用为唯一目的，还是以语言所承载的文化内容为最终目的，这在第二语言教学的教材与母语语文教材中，其差异性是体现得相当突出的。

在通用性和专业性范围，还要强调的就是规范性。教材是指导学生学习的最主要的依据，必须体现规范的要求。不仅是知识的规范性，更是语言的规范性，特别是基础教育的教材。学科教材使用的术语、公式、专业表达要规范，叙述语言也要规范。语文教材的规范有着更加明确的定义，即教授的应是全民族共同语，应该培养学生基本而正确的社会交际能力和手段。

上述几个特点并不是独立分割的，而是互相联系共同影响的，教材语言的基础性与功能性成为衡量教材语言通用性和专业性的平台，而有限性与有序性则解决在这个平台上如何行进的问题。这三个特点共同构成教材语言的三维结构，而这个结构也不是静态不变的，依据不同的教学目标这三者之间的组合是富有弹性的，体现不同的体系特征。而规范性、复现性以及体系性出现在整个教材语言的运行当中，它们控制着教材语言的边际和组织特征。

三、教材的分类及其对教材语言的影响

从教材语言研究的角度来看，教材可分出这样的类别：

（一）语文教材与学科教材

语文教材是指以提高语文能力为主的语言文字类教材，如中小学语文课教材、对外汉语教材[1]。学科教材是指学习百科知识的教材，如数学、物理、化学、历史、地理等学科的教材。在这两类教材中，语言处于不同的地位，发挥着不同的作用。

语文教材中，语言成为教学的主要对象。教材语言是以一种独立的、自在状态出现的，每一篇课文所表现出来的都是自然语言的存在状态。它经过两个阶段的人工干预，一个是进入教材的阶段，主要是通过课文的选取、加工、编排、组合来进行的，即"编教材"的阶段。另一个是进入教材之后的阶段，是通过课文的提示、注释、练习思考来进行的，即"使用教材"的阶段。如果说前一阶段是粗干预、弱干预，是教学范围与类型的体现，而后一阶段则是细干预、强干预，是教学重点与教学要求的体现。

而"学习语文就要通过准确、有条理的语言展开逻辑思维达到对问题的理解"（耿天钰，1995），在这一点上语文教材的基础性就更为突出，其对象语言、叙述语言是训练学生思维的基本工具，同时也成为学习学科教材的有力工具。

学科教材中，语言只是教学对象的载体。教材语言是以一种依附性的表述方式出现的。每一篇课文介绍的都是该学科的知识内容，教材语言研究的只是它的叙述语言。叙述语言在学科教材中的作用是显而易见的。如在小学的数学教学中经常会碰到这样的情况，某学生的运算能力很强，但对应用题却没有相应的能力，这时学生往往会向老师提出给予提示或说解题目的要求，其实，这多半就是语言能力不足的表现，不能准确地通过叙述语言来认识应用题中包含的数值关系。因此，在学科教材中，运用什么样的叙述语言，是会直接影响到教学效果的。在目前的学科教材中，叙述语言是否符合相应教育阶段的要求，叙述语言的存在状况如何，这都是值得专门关注的。

（二）母语教材与对外汉语教材

母语教材指的是以本族学生为对象的语文教材，对外汉语教材是指对其他民

---

[1] 为行文方便，依旧沿用"对外汉语教材"这一名称。本文指称的是"汉语作为第二语言的教材"。

族，或虽是汉族人但母语已经不是汉语，或长期生活在其他语言环境缺乏良好的汉语学习环境的成员。汉语的母语教材与对外汉语教材存在着极大的差异。

最突出的一点是年龄上的差异。母语教材的对象多是儿童、少年，仍处于知识和心理的启蒙阶段。而对外汉语教材的对象多是成人，已经基本获得了较为完整的知识体系和社会阅历。因此，前者的语言学习与心智培养有着同步的关系，语言更多地突出了它的认识功能、思维功能与人的素质培养紧密联系在一起，"把思想、语言、文字三项一贯训练"（叶圣陶，1980）自然成为母语教材的重心；后者已经具有了良好的心智环境，语言学习更多地体现出语言的工具性与交际性。前者虽然也是属于"语言学习"，但与"语言习得"联系非常密切，并努力利用"语言习得"的环境、条件及效果；后者更多地表现出"语言学习"的要求，规定性、外在性的东西表现充分。面向前者的教材在语言之外还承载着更多的美学与社会学的意义，体现"工具性与人文性的统一"（王本华，2004）；面向后者的教材以工具性为主，在语言之外的功能则弱得多。

（三）基础教育阶段的教材与高中、大学阶段的教材

同是教材，但在不同教育阶段的教材中，语言所处的地位与所起的作用也是不一样的。大体上会表现出这样一种趋势，愈是处于教育的低级阶段，语言的作用愈是重要。"教什么，不教什么"、"先教什么，后教什么"的问题愈突出。这也就是我们在进行教材语言研究时为什么首先选定基础教育教材的原因。基础教育阶段的语文教材与学科教材，加上对外汉语教材，成为教材语言研究的首要任务。

四、研究的意义与目的

（一）研究的意义

一个民族、一个国家的重要资源，不再仅仅表现为物理意义上的物质资源，也包括其他不同载体的资源。语言是一种非物质资源，它承载着民族知识体系，承载着民族文化精神，代代相传，生生不息。整个民族教育的基础之重，就是始于语言教育的；所有的学科教育，也都是借助于语言来实现的。教材语言作为一个传承物、承载体、教学对象物，它的不同形式、不同结构、不同内容都将影响着学习者和学习效果。教材语言的现状需要了解，科学的教材语言需要建构。它将成为学校教育、课堂教育、教材学习的一个重要依据。教材语言研究承担着提高学校教育的科学性的重要任务。"学什么"、"不学什

么"、"先学什么"、"后学什么",对提高整个社会的学习者的学习效果来说,对提高整个民族的文化教育质量来说,都有相当重要的意义。

(二)研究目的

教材语言的研究,虽有"研究"之名,但这种研究并不仅限于纯理性的认知。它将通过大量的客观描写、统计、分析来提出与解剖语言教学问题。语言教学的规划问题,语言教材的有序性和知识性问题,教材语言在整合叙述知识过程中的次序问题,等等,都是实际而迫切需要解决的问题。

对教材语言进行专业化研究,将为教育体制、教材编写、教学内容以及教学手段等各个方面的改进提供科学的依据。对教学语言进行客观、科学的监测和分析,将为以后的教材编写提供一个坚实的基础和模板,这些研究的结果可以反馈到教学层面,从而形成一个良性循环,促进教育质量的提高。

(三)整合与再造

从对教材语言的内涵与外延的阐述,从研究文献的检索情况来看,教材语言基本没有作为一个独立的研究领域和研究对象存在过,但人们确又从教材编纂、教学内容、教学方法、教学理论、教学目的等许多教材研究的宏观微观方面对它有所涉及。这是我们在建设"教材语言研究文献库"过程中留下的深刻印象。通过大量文献的阅读,发现在教材编写和教学法的两个具体研究领域,对教材语言的涉及较多,但它总是以一种依附、被动的形式来对待,而不是作为研究主体独立地出现。

教材研究领域总的来说可以分为宏观和微观两大阵地,对教材语言的关注实际上也就是对教材进行微观层面的剖析和研究,而从后者角度进行的研究则"尚存在大量的理论空白,尤其是定量化数据的建立与确证这一项艰巨的工作是需要攻破的难点"(张三花,2005)。因此,要做好教材语言领域的研究,必须充分利用已有的文献、语料以及相关理论,加强与各师范大学、教育科学研究院所、各教育出版社及其他教材编写、发行和使用单位的联系,借鉴相关理论,运用新的方法,从新的视角迅速开展教材语言研究。当务之急就是建立容纳当前及历史上主要教材的教材语言语料库。有了这样的语料库,有了服务于不同研究目标的精加工,这将会为教材语言研究打下扎实的基础。

本文原载于《语言文字应用》,2007年11月第4期。

系统功能语言学与教育语篇分析

厦门大学 杨信彰

1. 引言

　　语言在教育中起着十分重要的作用，它是传播知识、培养合格社会人的重要手段。Halliday（1978）认为语言有呈现经验、建立社会关系和组合有意义的语篇这三大社会功能。基于这种思想，系统功能语言学承认所有自然语言的元功能，而且使用系统的概念，重视语篇与语境的关系。正如Halliday（1994）在An Introduction to Functional Grammar的前言中所谈到的，系统功能语言学已应用到包括儿童的写作、中学教育的语言、课堂语篇分析，外语教学、教材分析、错误分析、文学教学和教师教育在内的教育领域。

　　学校是培养人才的场所，都在注意构建各个学科的规范和观察事物的思想立场。通过学校这样的语境，我们可以从儿童和青少年在学习的不同阶段的话语，观察到他们的各种思想意识的发展过程。教育语篇指的是在教育过程中使用的语篇，包括讲义、教材、课堂对话、学术论著等。教育语篇记录并反映了人类构建经验的过程，同时也使知识得到系统化和技术化。（Halliday, 2004：15）根据Sinclair & Coulthard（1975：15）的说法，对于教育语言的研究可追溯到20世纪40年代。但从60年代起，随着系统功能语言学的发展，尤其是语域理论、语类理论的出现，教育语篇的研究不断深入。教育语篇也是教育语言下的重要研究对象。Halliday（1987）指出了教育语言学的几个已知任务，认为应该研究儿童从咿呀语、原始母语到母语的语言构建过程、语言系统对新意义的吸纳、学习已编码的内容和学习编码原理的关系、语言系统和过程的关系、语言范畴的本质、构建社会的会话过程、学习中的语言策略、语域发展、日常语言和科技语言的关系，也要研究概括、抽象化和隐喻能力的发展。因此，教育语篇近年来一直是普通语言学和教育语言学关注的主题之一。本文旨在说明，运用系统功能语言学的理论研究教育语篇，能更好地揭示在各种教育语境中语言的机制和语言的使用，显示语域理论的重要意义，促进学习者掌握学科知识和规范。

2. 语言与教育语境

Halliday（1998：1-2）认为一切教育都是通过语言媒介的。语言贯穿在整个教育活动中。语言既是学习的媒介，也是学习的对象。掌握学科知识和掌握学科语言是不可分开的。脱离语言学生就无法学到知识。学习问题有时就是语言问题。正是通过学习过程学生才逐步认识到学科的实践活动与语言的关系。早在1964年，Halliday等人就出版了The Linguistic Sciences and Language Teaching一书，认为语言学家的任务就是提供能够描写在教学过程中使用的语言的理论，强调语言形式和情景语境的联系，并且提出了语域的概念。Halliday（1964：171）等人认为"对于学习自己语言的学生来说，不解释语言变体以及这些变体之间的差别是不完整的"。在20世纪70年代初，许多人根据Halliday的理论编写了Breakthrough to Literacy、Language in Use等教材。后来，许多功能语言学家意识到语类在学科教学的重要性，对语类展开了深入研究，从语言使用者和学习者的角度，探索各种语类的词汇语法特征。系统功能语言学的理论自从20世纪70年代起就被广泛应用于语言教学领域，对后来出现的专门用途语言教学和交际法（功能意念法）教学产生了很大的影响。人们意识到，把语言看作形式系统无法解释语言使用者是如何使用语言进行交际的。

此外，语言与儿童的社会化过程有着密切联系。Halliday（1978：213）认为儿童在文化中成长，儿童接触文化、成为社会人的最重要手段是通过语言。由于学校是个复杂的社会机构，语言在其中起着许许多多的作用，Halliday（1978：215）建议，对课堂中的语言使用进行研究能够解释教师对学校作为社会机构在教育过程、师生关系、价值观、分类方式等方面的看法。学校通过鼓励和培养学生使用丰富多彩的语言，使学生学会成为社会人。另一方面，Halliday（1978）认为有必要观察社会化过程中的语言机制。学生在接受教育的过程中需要对不同情景下的语言变体有敏感性，而且能够相应改变自己的语言行为（1978：228），学会从语境预测语篇，从语篇预测语境（Halliday，1998：22）。

3. 课堂语篇分析

录音机、录像机等现代技术手段的出现为课堂语篇的研究提供了方便。Sinclair & Coulthard（1975）受Halliday的阶与范畴语法的影响，研究了课堂话语的模式，在话语层面上将课堂话语分为课（lesson）、交易（transaction）、交换（exchange）、话步（move）和行为（act）。他把话步分为引发

（initiation）、反应（response）和反馈（feedback）。例如：

（1）T：What's the capital of France? （initia2tion）Student： Paris. （response）T： Correct.（feedback）

近20年来，随着系统功能语言学理论的发展，对于课堂语篇的研究已经转向，人们更多地关注语言在构建社会经验中的作用。我们需要研究语言在课堂组织和课程设置中对传授知识、培养学生推理和评判能力的重要性。Christie（2002）认为课堂语篇分析的一个根本主题是承认行为，即承认有结构的经验（structured experience）的语言行为。她运用功能语法和语类概念对课堂语篇进行了详细分析，把及物性系统中的过程类型和参加者角色看作观察教育语篇的经验内容的重要手段。Christie（2002：14）把课堂语篇分为两种语域：控制语域（regulative register）和讲授语域（instructional register）。控制语域与课堂行为有关，讲授语域与教学内容有关。所有的教学活动中的一些语言选择与参加者的行为或与教学内容有关，例如：

（2）We are going to start our theme next week.（教师对学生说）
（3）You'll be making an exact replica of a catapult.（教师对学生说）

例（2）属于讲授语域，例（3）属于控制语域。这两种语域的相互作用，以及他们在课堂语篇的体现方式说明了所传递的意义和学生学习的范围。

在人际元功能方面，语气选择赋予了说话者和听者某个言语角色。师生之间可以提供信息、物品或服务，也可以索求信息、物品或服务。师生在协商和维持人际关系时使用的人际资源很丰富，如情态、人称、人际隐喻。就人称系统而言，教师在布置作业时往往使用第一人称复数来与学生建立亲和关系（Christie，2002：16）。例如：

（4）Well today we've got another simple little story…

在对学生表示期望时，教师会用第一人称单数，例如：

（5）I want you to listen to this little story like the one we had yesterday.

在指示学生的行为时，教师会使用第二人称，如：

（6）You really do need something to write with if you don't have your own pens and pencils. Would you collect those please?

4. 学科书面语篇分析

口语和书面语是两种表达意义的不同方法,它们代表着不同的认知和学习方法。Halliday(1987)认为口语和书面语是获取和组织知识的互补资源,是表述同一种现象的两种互相联系的方法,在教育中有不同的作用。教师凭直觉和经验知道有些知识通过口语获取更有效,有些通过书面语更有效。知识的传授和学习需要口语,也需要书面语。例如,书面语能更好地表达定义和结构关系,口语的演示能让学生更容易掌握原理。

书面学科语篇是教师和学者使用的一个主要手段。他们通过讲义、教材、学习指南等与学生交际,通过学科语篇发表研究成果。学科语篇是了解学术界的重要信息资源,它们表现了知识的构建、协商和传播。Hyland(2000:2)认为要认识学科就需要认识学科的语篇。由于书面学科语篇的重要地位,近年来书面学科语篇也得到了深入的关注和研究。

学生在研究阶段会遇到许多学术论著。因此,学校教育的一个任务应该是让学生认识学科语言,认识专业语篇,早日融入学术界。专家学者的论著反映了他们在专业领域内的专业能力。对于作为准专业人员的学生来说,他们需要了解和掌握不同学科语篇的特点,认识作者提出话题、表明自己观点、提供信息的不同方式。Halliday(2004)认为科学知识不是常识,掌握科技知识涉及推理、分析和描写。Halliday(2004:200)强调学生掌握科技语言的重要性,认为科技语言是一种非常独特的语域。虽然专业术语是科技语言的一个重要特色,但更重要的是科技语言的整个词汇语法。除了题目和词汇之外,不同学科的语篇存在着词汇语法上的差别。以前虽出现过ESP研究,但这种研究未能充分意识到不同学科语篇之间的差别。

Halliday多年致力于学科语篇的研究,尤其是语法隐喻的研究。他在2004年出版的专集The Language of Science批评了一些语言规划者忽视科技语法的倾向,详细探讨了体现在科技语篇中的推理方法和语域特征,认为常识是以小句来构建,而教育知识以名词词组来构建,因此把语法隐喻看作科技语言的一个重要特征。

教育语篇的社会语境往往包含着教师和学生的不平等权势关系。Cameron(2003)专门研究了隐喻在教育语境下的功能,认为隐喻不仅具有概念功能,而且还有人际功能。以前的课堂语篇研究经常忽视情感方面,Cameron(2003:6—23)在研究中发现使用隐喻可以增加亲和关系,表达交际双方的态度。Cameron(2003:24)说明了在教育语境下使用隐喻具有帮助儿童进入各种社会团体的社会文化功能。不同社会群体都在用隐喻来构建自己的语言和身份，用共享的隐喻知识来构建个性。Cameron（2003：57）在调查中发现，课堂中的师生会话和教师讲课使用的隐喻比课本多，教师使用的隐喻比学生多。隐喻经常用来解释主要概念和学习策略。在课堂语境下，隐喻能帮助教师组织课堂活动，帮助学生表达思想。Cameron（2003）把科技语篇中隐喻分为次技术隐喻（sub technical metaphor）和技术隐喻。虽然教师经常对学生使用次技术隐喻，但Cameron认为学生如果要进入某个学科领域，他们就会遇到该领域的技术隐喻。次技术隐喻的使用只是通往学科领域的第一步。

Hyland（2000：11）对学术论著展开了一系列的研究。他分析了不同学科作者的知识传播过程，揭示学术界的社会行为、信念和结构。Hyland（2000：3）认为学术语篇不是单一的，它们的差别不仅仅体现在专业话题和词汇上。学术语篇是作者在自己领域内进行不同社会实践的结果。Hyland运用功能语言学的语境概念，调查了学科内容上的语篇差异以及这些语篇的结构和语篇策略。例如学术论著的引证中引述动词、指称的选择。软学科论文使用的引证比硬学科的多。另外，在转述动词方面，哲学人文学科的作者多使用argue、suggest和study，理工科作者多使用report、describe和show。哲学论文用的引述比物理学多，哲学多使用say、suggest、argue、claim、point out、propose、think，而物理学多使用develop、report、study等。（Hyland，2000：27）

5. 教科书语篇的分析

学生最多遇到的是教科书。教科书是学术生活不可缺少的一部分，也是帮助学生掌握概念和分析方法的一种重要手段。我们应该知道，教科书反映了学科的传统，为专家作者向同行和入门者传播学科知识提供了一种媒介，在专业实践中起着十分重要的作用。Hyland（2005：101）把教科书看作教育语类或专业语类。

很少人研究大学教科书与其他语类的关系以及不同学科教科书之间的差别。Hyland（2005：114）调查了教科书作者元话语手段的使用情况。他对56个教科书章节中的元话语手段进行统计分析，发现教科书作者最常使用连接语、模糊语和关系标记等，使用的语篇元话语比人际元话语多，例如：

（7）Although the nature of the fatty acid can be highly variable, the key point is that the chemical linkage to glycerol is an ester link. By contrast, archaeal lipids consist of ether—linked molecules (see Figure20.1).

(8) And it is probably impossible in the near future to describe the whole of human discourse.

但是不同学科的教科书在使用人际元话语方面存在着较大的差别。哲学教科书使用大量的关系标记和人称标记，因此人际元话语最多。例如：

(9) I am convinced, for my part, that no ontology that is to say, no apprehension of ontological mystery in whatever degree—is possible...

(10) Surely we can know some things with certainty!

Hyland的研究说明，教科书中的元话语具有限定专业知识、表达作者对学科的观点的作用。教科书作者虽然是专家，但是他得根据受众，通过各种词汇语法手段进行协商，使自己的身份得到确认。

6. 结语

从以上的讨论可以看出，系统功能语言学历来重视对于教育语篇的研究。这种研究基于语言元功能的思想和语境理论，把教育语篇看作一种独特的语篇类型，具有自己的特征。口语和书面语是两种表达意义、获取和组织知识的互补资源，在教育中有着不同的作用。课堂对话在组织课堂、传授知识、培养学生推理和评判能力方面别有特色，不同学科的学术论著和教科书也存在着不同的词汇语法特征、不同的知识构建和协商方式。我们同时也应该看到，随着现代教育技术的发展和互联网的广泛应用，今后我们还应对多模态教育语篇展开研究，跟上时代的发展步伐。

本文原载于《四川外语学院学报》，2007年第23卷第6期。

第二章
语言学和教育语言学

按语（胡壮麟）

　　语言学是研究语言的科学。它具有广泛的研究领域和范围。通过各个分支，如词汇学、句法学、语音学、音系学、语义学，以及20世纪发展起来的社会语言学、心理语言学、语用学、语篇分析、语料库语言学等新型学科，我们对语言的发生、习得、演变、语言与大脑、语言与社团、语言与文化、语言与语境等各个方面均有了更清楚的认识。在这个意义上，本读本编者专设一节，介绍语言学和语言教育的关系，是明智之举。

　　国内外有些学者对语言学理论能否直接应用于语言教育（母语和外语）或者直接指导语言教育，以及我们所熟悉的应用语言学这个概念是否包含或者等于语言教育学或教育语言学等问题上存在不同认识，有时争论是很激烈的（张玉华，1998），而对这些问题的有力回答是实践，在语言教学中检验和总结。可喜的是不少教师和研究人员已通过自己的理论探索和教学实践汇报了积极地、有意义的成果。如从1980年代引入我国的语用学已被广泛应用于语言教学。吴伟平（2009）在讨论社会语言学与语言教学关系时，提出语用框架的理念和探讨这一框架的定位、形成和功能等问题，并在对外汉语教学中建立语用为纲的教学体系及其教学操作方法。何自然（2012）讨论要从正面引导学习者如何掌握语用策略和礼貌语言。在此过程中，既要考虑跨文化语用策略的差异，也要考虑说话者之间的权力关系、社会距离、事态轻重等。又如，20世纪末发展起来的认知语言学，在我国已建立起一支庞大的研究队伍。刘正光（2010）从该学科的语言观与基本特征获得启示，提出了有助于外语教学的基本原则，即知其所以然原则，语言、文化、思维三位一体原则，和整体性教学原则，从而认识到语言知识是逐渐从初级图式到高级图式抽象而成，有效地解决了生成语言学的习得理论所存在的"连接"难题。至于随着信息科学发展起来的语料库语言学不仅提供了带有句法、语义和语用等不同层次的标记和标准文本的语言资源，还推动了评价机制的建立。从目前进展看，正在从单语语料库向双语平行语料库发展。专家认为，双语语料库的最大用途就是推进英语教学，从中获取语言知识或通过本族语和外语获取其他领域的知识。

正是基于以上认识，我们相信读者能在阅读这些选文过程中独立思考，择其善者而从之，在实际语言教学工作中酌情应用，不时总结，提高教学效果。

语言教育学漫谈

南京师范大学 张玉华

谈语言教育学首先应该明确"语言教学"的概念,一般认为,"语言教学"指称两类事物,即指语言教学活动和对语言教学活动的研究,我们这里所说的是第二方面的意义。对于"语言教学",一些学者把它归入"应用语言学"的研究范畴,他们认为:"应用语言学仅限于特指语言教学方面的语言学理论……"(王福祥,刘润清,1996)也有人采用"狭义应用语言学"这一说法,认为"狭义应用语言学指语言教学"(仲哲明,1996)。另外,国外有的学者提出用"教育语言学"(参见张正东,1987,P21;仲哲明,1996,P219)这一术语来称谓语言教学。

上述观点揭示出一些学者欲将对语言教学活动的研究归入语言学的愿望。那么在现实中情况又如何呢?在我国,对于语言教学活动的研究"作为一门独立的学科并未引起人们的重视,在语言学领域也未取得应有的地位"(仲哲明,P218)。在谈及所谓"应用语言学"的时候,吕叔湘先生说:"有些语言学家看不起这些研究工作,说这不是语言学。这不好。应当互相尊重,互相帮助。"(转引,仲哲明,1996)至今为止,所谓应用或狭义应用语言学是否属于语言学这一领域仍未达成共识。所以,这一学科在语言学领域仍是"客民"身份,屡遭冷眼也就不足为奇。

我们认为,把所谓应用语言学排斥在语言学大门之外是有道理的,但因为它不是语言学的组成成员而忽视其作为独立科学的地位的态度也不足取。所谓应用语言学是一门独立的科学,但它不属于语言学家族的成员,而是教育学的组成部分。

普通语言学研究人类语言的结构和功能,研究语言的发生和发展;神经语言学研究人脑和语言的关系;社会语言学研究言语形式和社会环境的相互影响,以解释不同社会集团的语言现象等等。总之,这些属于宏观语言学领域的学科从不同角度研究语言,而被称之为(狭义)应用语言学的学科既不对语言现象进行描写,也不对语言现象进行解释说明,而是以包括语言学在内的诸相邻学科的研究成果为基础,探讨教授、学习语言活动的本质、过程及规律等等,规定教授、学习语言活动所应遵循的原理,以语言学等研究成果为出发点,提出有关教授、学习语言的理论设想,再通过实践来检验公设的合理性程度。所以，如果一定要为研究教授、学习语言活动的学科寻找家园，那么它应该走出语言学，进入教育学领地。因此，我们认为"（狭义）应用语言学"应更名为语言教育学。目前，已有人主张建立"语文教育论"（陈炳文，张良杰，1991）、"外语教育学"（张正东，1987）、"英语教育理论"（田崎清忠，参见张正东，1987，P4）。这些主张表明学者们在认识研究语言教学活动这一学科的性质方面已潜在地达成了一种共识。这种共识也说明"语言教育学"这一术语更具有科学性及合理性，这一能指更能阐释所指的性质特征。

语言教育学是一门独立的学科，它在诸学科中的地位和作用是任何其他学科都取代不了的。长期以来，这门学科作为一门科学一直受到怀疑，原因有四：一是它"客居"于语言学；二是具体语言教育学原有的名称使人产生错觉；三是语言教育学具有极强的边际性和开放性，许多领域的研究者都能对语言教育学提出一些看法和意见；四是由于历史的原因，长期以来我们只有引进、介绍之功，没有周全思考、建立自己的理论体系之力。

语言是语言教学的对象，语言学理论研究对语言教学的冲击最直接，影响最大。每一次语言学革命都会带来一场语言学教学革命。在外语教学领域，新语法学派的理论成果促成了"直接法"的产生；美国结构主义语言学使得"听说法"问世；生成转换语法促成了"认知法"诞生；在系统语言学、社会语言学的影响下产生了"功能法"等等。语言学和语言教学的这种紧密联系使人产生了一种错觉，误导人们将语言教育学划入语言学领域，"20世纪以前人们把语言理论、语言描写和语言教学当作一个整体看待"（张正东，1987，P16）。随着语言学研究的不断深入，语言学家们领悟出语言教学活动与语言学研究格格不入，于是对这一学科在语言学中的地位产生了怀疑。从这一怀疑出发，一些缺乏教育学理论的语言学家开始怀疑这一学科的科学性质。

同时，片面理解具体语言教育学的原有名称（如语文教学法、外语教学法、英语教学法、俄语教学法、中学语文教学法等等）也使一些人对语言教育学的科学性、严肃性产生了怀疑。以外语教学法为例，"教学法"或"教学方法"（метод/method，подход/approach）是国际外语教学法科学约定俗成的术语，"同时包含两层意思：（一）某一种教学法流派的理论体系，即它的外语教学基本方略……（二）指具体的技术性、操作性的教学方法、方式、手段等"（俞约法，1997）。在谈及"教学法"的时候，许多不从事这方面研究的人往往望文生义，只从第二个方面去理解，于是认为教学法毫无理论可言，不过是一些"教书匠"的雕虫小技。可见，确定选用术语对于一门学科的形象是多么重要。

语言教育学具有极强的边际性、流动性和开放性。其边际性在于它与众多学科接壤；说它具有流动性是因为这门学科不重视在"固定区域兴建家园"，其兴趣在于"游荡江湖，广交义友"，因此常常"客居它乡"，在游走过程中不断吸收它乡的"营养"，为今后的发展、强壮奠定了基础；语言教育学具有极强的开放性，它有着不同寻常的交际能力，它可以随时与近邻远亲发展、保持友好关系。此外，语言教育学反应灵敏，众多新出现的事物都能从它的反应中看到自己存在的某些价值。语言教育学"善于交际"的特性使得与之交往变得容易。因此，众多学科也都慷慨地向它"赠送"自己的劳动果实，语言教育学对此应接不暇。流动性、开放性一方面可使语言教育学获取更多的、来自不同领域的营养；另一方面，也使得语言教育学不能静下心来沉思建立自己的完整理论体系，在众学科中找到自己的落脚点。结果，从其他领域中接受的珍贵营养不少，但对这些营养加工处理得不充分，因此所吸收的营养还没真正发挥出应有的作用。语言教学活动与日常生活、社会、政治等息息相关，它所从事的工作是那样的普通、寻常。每一位能运用某（几）种语言进行交际的人对语言教学都能有一些皮毛的理解，因此也能发表一些经验性的见解。相关学科的许多学者更是乐于从自身研究的角度对语言教学提出建议。这种现象导致了以下思想意识的产生：研究语言教学活动没有固定领域，对它的研究不过是许多有关学科研究活动的副产品。这种思想意识对壮大我国语言教育学的研究队伍产生了极不利的影响。

20和21世纪之交是我国各个领域科学研究走上成熟的时代，是构筑我们自己的理论体系之时代。我们提出建立"语言教育学"的设想是这种构筑的初步尝试。我们不求完善，只求得到批评，在接受批评的基础上再求完善。

语言教育学是一门交叉学科，它的边缘性极强，它能找到任何借口而将其触角伸向许多其他学科，后者也能找到任何借口向它兜售自己的成果，但语言教育学最基本的理论基础是语言学、教育学及与之交叉的一些学科，如图一所示：

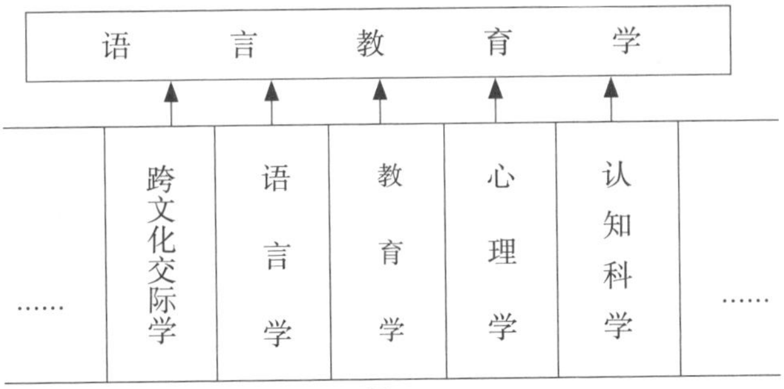

语	言	教	育	学
↑	↑	↑	↑	↑
跨文化交际学	语言学	教育学	心理学	认知科学
……					……

图一

语言教育学视其研究的对象和性质区分为不同的语言教育学。我们认为从研究所涉及的具体对象入手，可区分为普通语言教育学和具体语言教育学，如图二所示：

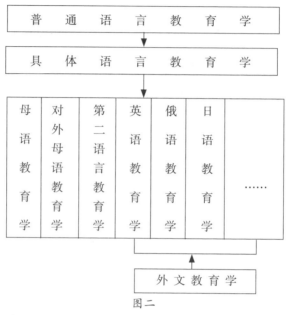

图二

普通语言教育学研究的内容有：1.语言教学的产生、发展现状，各个时期语言教育学所解决的问题及其研究特色；2.语言教育学的研究方法；3.语言教育学与相关主要学科的关系；4.描写、解释语言教学过程的性质、功能，揭示语言教学的系统结构，探讨该系统结构的组成要素及其功能、性质以及在语言教学过程中的地位；5.依据相关学科的研究成果对语言教学所应遵循的普遍规律提出公设等等。

具体语言教育学以普通语言教育学原理为指导，针对具体的语种解决有关理论问题，使普通语言学原理落实到对具体语言教学的研究中。

从研究的性质看，又可区分出理论语言教育学和应用语言教育学。前者的研究目的在于建立关于语言教育学的功能、系统结构的一般理论；后者的研究目的在于应用理论语言教育学的原理，设计操作指令体系，这种操作指令可直接转化为具体操作，因此它是语言教育学应用于语言教学实践的过渡环节。

根据所研究的语言教学活动的特点，可区分为基础语言教育学、大学语言教育学。前者研究幼儿园、小学、中学的语言教学特点；后者研究大学、成人的语言教学特点。

上述对语言教育学的区分以及各类语言教育学之间的关系，用图直观表示如下：

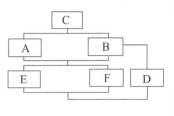

[注（1）] A 指普通语言教育学
B 指具体语言教育学
C 指理论语言教育学
D 指应用语言教育学
E 指基础语言教育学
F 指大学语言教育学

[注（2）] 本图只表示这几类语言教育学之间的联系，不表达层级的隶属关系。

图三

目前，我国从事语言教育学研究的队伍并不令人乐观，在这一领域的研究有以下几个特点：

1. 没有将注意力投向全面系统地阐明语言教育学与诸相邻学科之间的关系；

2. 没有将注意力投向构筑完整的具有中国特色的语言教育学理论体系；

3. 微观研究居多，具体说来，依据国外某种语言教学理论谈论某些具体词、句等教学方式方法的研究居多；

4. 依据国外有关理论（如认知心理学、心理语言学等）研究成果，探讨有关"听"、"说"、"读"、"写"等的教学模式或具体的方式、方法等；

5. 介绍国外的某些教学理论流派并对所介绍的研究提出若干自己的思考。

由于所述特点，我国语言教育学还无力从整体上把握、控制、引导语言教学实践，于是产生了一些不正常现象，如某些相关学科强烈冲击着语言教学实践，越俎包办地影响着语言教学活动，这种现象如下图所示：

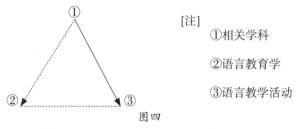

[注] ①相关学科
②语言教育学
③语言教学活动

图四

即①在没有经过②转换的前提下，直接渗入③。缺乏②这一环节，①指导③缺乏针对性，而且这种指导常常流于空洞的理论说教，因此③没有因为有①的支持而得到改善。我们认为，真正能促进③进步的程序应当是：

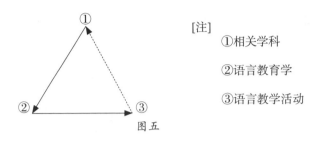

[注]
①相关学科
②语言教育学
③语言教学活动

图五

即①的理论首先输送到②进行加工改造，经过②加工改造的成果再输送到③。为此，语言教育学工作者首先要改变不利于改进语言教学活动的现实，见图六：

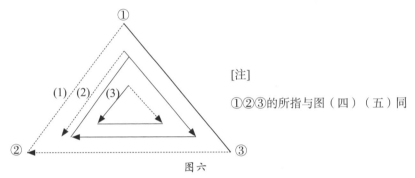

[注]
①②③的所指与图（四）（五）同

图六

这是一个多层三角关系图。层（1）指不正常现象，层（3）指正常现象，层（2）是现象（1）向现象（3）的过渡。注意，层（2）的左边是双线。对层（2）可作如下解释：①对③未产生积极影响的现实反馈到②，②转向①寻找能为己所用的成果（用带箭头的实线表示），然后再将所选择的理论带回进行加工处理（用带箭头的虚线表示），最后将加工处理的产品输送到③，于是产生层（3）。为了完成这个过程我们必须进行以下工作：

1. 以诸相关学科的研究成果为依据，通过与这些学科的对比，阐述表明"语言教育学"这一术语所具有的合理内核；

2. 理清与一些主要相关学科之间的关系，阐明这些相关学科对语言教育学研究所具有的意义；

3. 改变对研究语言教学活动理论的传统观念，不局限于制定具体的教学原则及方法，真正建立起语言教育学的完整理论体系；

4. 充分发挥语言教育学边际性、开放性的性质特点，系统阐述中国语言教育学的学科性质、研究方法，界定其研究对象的范围，构筑中国语言教育学理论的体系结构。

长期以来，语言教育学在"（狭义）应用语言学"的招牌下"客居"于语言学，这是一个历史性的错误。语言教育学并不是语言学家族的一员（关于这一点前边已有所阐述，不再赘言），所以苏联对外俄语教学界将国情语言学视为所谓对外俄语教学法的一个组成部分（参见孟庆和，1994；Е.М.Верещагин，В.Г.Костомаров，1990）显然欠妥。另外，语言教育学不涵盖相关学科，从这一点出发，将国情语言学归入所谓对外俄语教学法也很难令人信服。与此同时，我国"外语教学领域的跨文化交际学研究"（参见胡文仲，1994）也有待商榷。在我国致力于跨文化交际研究的人大多是外语教学领域的学者，但不能因此而将跨文化交际研究归入所谓外语教学法或我们所说的外语教育学。

关于语言教育学与其他诸相邻学科之间的关系及联系我们不想在此作长篇的理论阐述，我们只想用一种比喻来表达我们对这个问题的认识：有关学科犹如种植不同水果的果园，语言教育学犹如一个水果加工厂，语言教学实践犹如水果罐头的消费者。各类水果的生长特性、生长需要的环境等等是水果栽培者所需要了解的事，水果加工厂只需要了解各类水果的特点，根据这些不同特点采用不同工艺将其加工成品味不同的水果罐头。语言教学活动实践根据其活动的特点选择相应的水果罐头加以消费。

语言教育学的研究方法主要是演绎法、解释法、观察实践法等。

语言教育学的理论体系我们认为包括以下几方面：

1. 语言教育学的研究目的、对象、性质；
2. 语言教学在学校教育中的地位和作用；
3. 语言教学史；
4. 语言教学原理：

（1）语言教学过程中教师的作用及其活动特点；

（2）语言教学过程中学生的地位及其活动特点；

（3）语言课堂教学过程的特点；

（4）语言教学原则论；

（5）"听"、"说"、"读"、"写"教学论；

（6）语言教学大纲设计；

（7）编写语言教学教材；

（8）设计语言教学练习；

5. 对外母语教学、外语教学的课程设置；
6. 语言成绩、水平测试。

结束语

　　建构具有中国特色的语言教育学是大势所趋。我们的上述设想极不完善，提出的目的在于抛砖引玉。最后我们想强调一点，即语言教育学孕育于语言学、教育学之间的土壤，它是在广泛吸收营养的基础上成长起来的独立个体，它要解决的问题是语言学、教育学都没有能力完成的。今后的语言教育学必须充分显示出自己的能力与特点。我们首先要从具体语言教育学入手，探讨有关理论问题，在此基础上建立中国普通语言教育学的理论体系。

本文原载于《解放军外语学院学报》，1998年9月第5期。

社会语言学理论与对外汉语教学实践

香港中文大学新雅中国语言研习所 吴伟平

语言教学一直受到语言学理论的影响,本体研究中语音学、语法学和语义学三足鼎立,语言教学近几十年来的课程设置、教学大纲和几乎所有教材中也有万变不离其宗的三大模块:语音、语法和词汇,这两者之间的联系当然不是巧合。应用语言学作为一个独立的学科,更是开宗明义,把为语言教学服务作为主要目的之一。相比之下,社会语言学对语言教学的影响就显得缺乏系统性。所以系统全面地研究社会语言学与对外汉语教学之间的关系,比如在课程设置、教材编写、教学实践和能力评估等方面,深入探讨如何在这些方面把社会语言学研究的发现落实到教学实践中去,是很值得去做的一件事情。本文主要讨论社会语言学与语用框架方面的问题,探讨如何把语用框架的理念落实到对外汉语教学的实践中去,限于篇幅,本文只在课程设置方面提出一些粗线条的看法。

一、社会语言学与语用框架

社会语言学的诸多分支中,语用学比较关注语境和文化与语言之间的关系(Levinson,1983;Feldman,1986),所以与语言教学联系较为密切。以口语为例,我们说一句话,语言本身的正确与否,包括语音、语法、词汇,都只是解决了"说什么"这么一个基本问题,而"如何说"、"谁对谁说"、"在什么情况下说"、"在什么时候说",甚至"为什么"要这么说,这些在语言运用中与语言交际的成败息息相关的重大因素,都是语用研究中所注重的问题。从教师的角度,语言教学的主要目的之一就是要培养学生对这些语用因素的敏感,让学生意识到语境是语言运用的一个有机部分,从一开始就注意到语言运用中的所有重要因素(Bates,1976)。

语用框架指把具体的语言形式和抽象的文化概念联系在一起的框架,是语言运用中语境因素的总和,其功能之一与语言运用是否得体相关,包括运用语言时的人、地、时三大因素。第二个功能与辨义相关,可以说是聚焦功能,包括共享知识、语言习惯和语言社区三个主要因素。参与语言交流的人只有通过同一个语用框架,才能对语言所表达的意思产生相同或相近的理解。语境是语言形式之外的因素,很难与某一个具体的词汇、语法点或语音联系起来,但却是保证语言交际成功的重要条件(Wu,2008)。为了更清楚地说明问题,让我们先通过实际例子看看语言所表达的小语境的功能和作用。语言学的研究证明,语言本身的特性之一就是模糊、歧义和多义,所以有很多话要靠上、下文才能全面、准确地理解。赵元任早年用过的著名例子"鸡不吃了"可以作为旁证(俞思义,2007)。

(1) 鸡不吃了。

这句话可以有不同的解释:a. 我不吃鸡了;b. 鸡不吃东西了。如:

(2) 鸡不吃了,<u>我真的很饱了</u>。
(3) 鸡不吃了,<u>不过鸟还在吃</u>。

因为有了下文的限制,例(2)只有一个解释,例(3)也只有一个解释。在这两个例子中,划线部分的存在使非划线部分不再模糊,不再有歧义,这就是语境的聚焦功能。作为语言交际的大语境,语用框架也和小语境一样具有辨义聚焦功能,只是没有这么直接、具体。在进一步讨论之前,我们先看看同一个句子在不同的语境中会有哪些不同的意思。

(4) 我想要苹果!

语境1,中华文化中所有语言社区:有人问你喜欢吃什么水果,这时"苹果"指一种水果。语境2,香港语言社区:朋友问你想要什么报纸,这时"苹果"指《苹果日报》。语境3,以某个特定机构为主体的特定语言社区:某商业机构将某个投资计划命名为"苹果计划",圈内人问你要哪一个投资计划,这时"苹果"指这个投资计划。(根据《思考方法讲座》所提供的语境改写,见张海澎,2007,http://www.thinkerspace.com/node/149)。到底"苹果"是指水果、报纸还是投资计划,只有共享一个语用框架的人才能明白,这就是语用框架的辨义作用。语用框架本身在语言交际中的位置可以用图1表示。

图1 语言、语用框架与社会文化背景(Wu,2008)

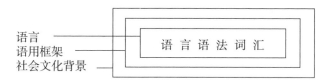

图1中内圈代表语言，中圈代表语用框架，在这个框架之外还有一个更大的社会文化体系，由外圈代表。虽然不同的文化和语言有不同的表现形式，但任何语言都有这么一个框架，而且框架中三者之间的关系在本质上并没有什么不同。内圈是语言形式，看得见、听得着、具体明确、显而易见。对学生来说，不管碰到什么老师，用什么教材，采用什么教学法，最终都会接触这些素材，不管怎么学都得学，属不可不学之列。外圈是社会文化背景，虽然也很重要，但因为看不见、摸不着、抽象模糊、往往只可意会不可言传，就算可言传的，又常常因见解学派之别而见仁见智，再加上体系本身的庞大、复杂与多维，作为学习的目标既难以切割又几乎不可操作，在有限的学习时间里不可能完全弄清楚这个体系的来龙去脉，严格地说可归入不可学之列。中圈就是与语言运用密切相关的语用框架，是语言教学中必学、可学的一部分。

说话离不开人、地、时三个因素。根据相关研究（吴伟平，2008），语用框架包含的这三个因素可以进一步分解成以下信息：（1）说话者的信息：包括年龄、性别、社会地位以及与听话者之间的关系等；（2）说话的场合：正式、非正式、官方、家庭、公开、私下等；（3）说话的时机：比如先问后答、对话之间的间歇和互动、制话权的获得及出让等。学语言的学生说话的时候不管语言形式，即语音、词汇和语法有多正确，若没有注意到上述三方面因素，所说的话就有可能与当时、当地和当事人的身份地位格格不入，成为语言形式正确、语用错误的例子。

语言交际中很多障碍来自语言之外，来自对语境的陌生和缺乏了解。听别人说话时往往因为共享知识、语言习惯和语言社区三方面的差异而无法迅速、准确地理解对方想表达的全部意思，包括本义和引申义。共享知识指的是参加交际的人对话题所涉及的题材及相关知识领域都有一定的了解。语言习惯是每个人独特的说话习惯，是传义达意的语境因素之一。语言社区是比较复杂的语境因素，不同学者对语言社区有不同的定义（郭熙，1999；田小琳，2006），最常见的是按地域或行业把人分成不同的语言社区，只有了解不同社区的语言特征，才能在同一个语用框架下进行对话。除了地域和行业外，年龄、性别、社会地位等也可以成为语言社区的分界线。以年龄为例，中国从20世纪50年代开始，由于政治运动所带来的社会发展变化和潮流变更，几乎每隔十年就产生语言代沟，最简单的例子是流行词汇，50年代说"镇反"和"社教"，60年代有"大串连"和"红宝书"，70年代是"赤脚医生"和"上山下乡"，80年代的"大哥"和"五讲四美"，90年代的"炒股"和"网吧"，还有当前的流行语，如"蒲点、屈机、潜水"，等等。显然不是任何一个年龄层的人都能正确理解和得体使用这些词汇。

语用框架相同或相似的人彼此间用语言交际时，就像一群视力相近的人戴着同样度数的眼镜看同一样东西，因为聚焦效果一样，所以看到同样的东西，而且因为眼镜在颜色上相对一致，在看东西时不会为这些东西加上不同的色彩，也不会为其所代表的含义争辩不休。语用框架不同的人用同一种语言交流，就像一群戴着不同眼镜的人看同一个东西，大家所看到的会很不一样；就算度数一致，都能聚焦到同一物体，这些人往往因为戴着来自不同文化或次文化的有色眼镜，对这同一物体所折射出来的色彩以及所表达的信息和含义也可以有绝然不同的看法。

二、语用框架与教学大纲

教学大纲是近年来对外汉语教学领域的讨论热点之一。有人按阶段分成初级大纲和高级大纲，有人按技能分，听说读写各有自己的大纲，还有人按课程和学习期限，分成短期课程、强化课程和长期或学位课程的大纲（汉办，2002；李泉，2006）。不管具体名称是什么，按本文的讨论重点，可以把所有大纲分成两类：语言本体类和语言运用类，前者包括侧重语言结构的词本位、句本位或字本位教学大纲，后者包括侧重语言运用的功能大纲、任务型大纲和下文（第3节）讨论的语用大纲。

不同的教学大纲代表不同的语言观和教学理念，但任何类型的语言教学大纲都必须有自己的体系。说语音、语法、词汇有自己的体系大家比较容易接受，毕竟本体研究已经搞了这么多年。把语言运用，包括功能、任务或语用也说成体系就必须认真地加以论证，因为有不少教师对结构主义的理念远比对社会语言学的理念熟悉，所以有人对这种提法的科学性抱怀疑态度也是很自然的。为了更好地了解语用大纲的理念和具体操作，下面列表比较不同的大纲。

表 1 常见教学大纲类型

大纲类型	大纲名称	基本单位	排列原则	难度依据	教学操作	说明
语言本体类大纲	字本位大纲	汉字	先易后难	字频表	代表性汉字	1. 语音通常是所有大纲的一部分。2. 语言本体类大纲属单一型大纲，语言运用类大纲多属复合型大纲，因为这些大纲的基本单位包括了不止一种语言形式。
语言本体类大纲	词本位大纲	词汇	先易后难	词频表	代表性词汇	
语言本体类大纲	语法本位大纲	语法点（词组、句型，因学派而异）	先易后难	研究结果+常识	代表性语法点	
语言运用类大纲	功能大纲	语言功能	先易后难	研究结果+常识	代表性功能	
语言运用类大纲	任务型大纲	语言任务	先易后难	研究结果+常识	代表性任务（从课堂到实际应用）	
语言运用类大纲	语用大纲	语用点（语言功能+语境）	先易后难	研究结果+常识	代表性语用点	

由表1可见，所有大纲的最大不同是基本单位，最一致的是先易后难的排列原则。下面分别说明表中各栏的内容。

基本单位。侧重语言结构的大纲对基本单位并没什么太大的争议，因为这些单位都是在同一平面上的不同切割，只包含了一个方面的信息（语音、文字、词或语法），都是一维定义。侧重语言运用的大纲的基本单位就复杂多了，不管是功能还是任务，任何一个基本单位都起码包括语音、词汇和语法三方面的信息。语用点作为语用大纲的基本单位还考虑了语境的因素，包含四方面的信息，所以说侧重语言运用的大纲其基本单位都是多维定义的。

排列原则。大纲是纲领性文件，为课程设置、教材编写和教学活动的安排提供了理论依据。尽管所有的大纲都遵循先易后难的排列原则，不过不同的学者和学派对难和易这种相对概念会有不同的解释。理想的复合型教学大纲，每个基本单位的难易度与语言结构本身相对的难易度应该有内在的联系。以词汇为例，不管是功能型、任务型还是语用型的大纲，在基础阶段的课文和练习中出现的应该是难度较低的词汇和语法结构，而难度较高的语法结构、语音现象和词汇则应该在高级阶段才出现。不过在教学实践和教材编写的过程中，这种不同因素之间高度统一的理想境界往往难以达到。

难度依据。在这一栏中，字频表和词频表两项好像相对客观，毕竟这是在统计分析大量语料的基础上得出来的结果。不过在人文科学和社会科学领域，所谓客观和主观也是相对的。语言结构本身的难易度，特别是语法和语音，往往与学习者的语言和文化背景、学习方法和思维习惯密切相关，并没有一个放之四海而皆准的客观标准。

教学操作。教学大纲通过课程设置实现教学目的，课程设置离不开语言的基本单位，但除了语音以外，其他两个语言结构子系统的基本单位都不可能全部出现在任何一门课程中，于是在实际操作中，就必须根据一定的原则挑选一部分有代表性的基本单位让学习者在有限的时间内学习，这种以部分代表全部的具体操作是所有大纲落实到实际教学操作中的必由之路。

虽然不同的学者学派对不同大纲所采用的基本单位、对这些单位的难易度以及这些单位是否能代表自身的体系都有不同的看法，语言教学并不会因为这些差异的存在而无法展开。因为大家都知道，不管是侧重语言形式还是侧重语言运用，任何教学大纲用于教学的只是每个体系所有单位中很少的一部分，就算是挂一漏万，这一小部分具有代表性的基本单位对语言教学来说也已经绰绰有余，我们需要做的，就是如何把这些内容变成课程。

三、教学大纲与课程设置

根据以学生为本的理念，有什么样的学习目的就应该有什么样的教学大纲，语用为纲强调能力培养而不是知识传授，要求学生根据语境使用得体的语言而不是满足于语言形式的"正确"。提出以语言运用为纲的教学理念，意味着把社会语言学的相关理论作为语言教学的指导思想。跟语言结构为纲的教学大纲相比，语用为纲的教学大纲有如下特点。

（1）强调语境因素是整个学习过程中不可分割的一部分，语用框架与语言形式相结合是大纲的基础；

（2）强调在语言实际运用过程中掌握语言基本知识；

（3）强调语用为纲，语言结构为语言运用服务的原则；

（4）强调在真实的语境中得体地运用语言是学习的最终目标，语言能力，而不仅仅是语言知识，才是学习过程的终点。

当然，不管学什么语言，关于所学语言的基本知识是能力的基础，所以说没有知识也就谈不上能力。不过从过去几十年的语言教学实践中，我们又清楚地看到有知识不一定就有能力。多年来教师和学生的反馈似乎都说明，以结构为纲的教学大纲和教学活动由于把重点都放在语言知识上，作业和练习的目的从本质上讲只是为了巩固所学过的知识，考试的分数往往也与知识密切联系，这样容易让学生觉得知识就是学习的最终目的，所以语言学习的全过程往往是始于结构，终于结构。

近年来，越来越多的教师在语言结构大纲的基础上开始努力强调语言运用，不过这些努力大部分停留在鼓励学生的层面，语言运用并没有成为整个语言学习过程（包括大纲、课程、测试、教材和教学）的有机组成部分。假如坚持语用为纲的原则，一开始就明确语言运用是学习者的最终目的，整个学习过程会有所不同。语用为纲的学习全过程可用图2表示。

图2 语言学习全过程（语用大纲）

（过程开始）找出语言运用的重要因素，包括语言形式和相关语境
→来自真实（或仿真）语境的语料
　　→语境中的语料解释
　　　　→语境中的语料练习和反馈
　　　　　　→侧重语言运用的测试（过程结束）

课程设置是落实教学大纲的关键步骤，而测试则是检查和保证课程质量和教学效果的手段。虽然学习绝对不是为了考试和分数，但因为大部分学生和教学机构根本没办法做到无视考试的存在（李筱菊，1997；Shohamy，2001），我们认为逆向设计或许是保证学以致用的关键。由于大部分学生的学习目标偏重口语，我们的具体做法是：（1）先根据语用大纲的原则设计以语用点为基础的口语水平测试（吴伟平，2008）；（2）以语言运用体系为最高原则设置课程；（3）参照真实或仿真语用点编写教材和组织教学活动，包括练习和学习过程中的阶段性能力评核；（4）为任课教师举行系列培训，从理论和实际操作两方面保证设计理念的落实。下面以对外汉语教学高级文凭课程为例，具体讨论以语用为纲设置课程方面的问题。

以语用为纲的原则，其理念是让学生全方位、全过程感受到教学的最终目的是语言运用。在这个前提下，课程总体设计中的所有努力都是为了达到同一目标：把语言运用中的相关语境、语言交际中的得体性、学生在实际生活中的语用能力这些因素变成教学大纲、测试、教材和教学过程中的"内在"因素。落实到具体课程设计的层次，就意味着每一种课程中都有语境因素。所有课程分为基础课、高班专门课和特别课程。

基础课的设置和课文层次：语用为纲的教学大纲和理念可以通过多种手段

体现，包括课程的名称，这也是我们为什么用"词汇及语法应用"而不是常见的"词汇及语法"，明确告诉学生课程的最后目标是"应用"。在教材方面，每一课的最高层次就是语用实例，或叫语用点（吴伟平，2006），指的是用于实际语境中的语言功能。第二层次才是常见的语言知识，比如语音、语法、词汇和汉字方面的解释。这是以语言运用为纲、语言形式为目这一原则的具体体现。第三层次是活动和相关信息，这一部分有两种练习，分别是关于语言知识的练习（如语音听辨和替换）和语用练习（根据不同的身份和场合做模拟介绍或回答问题）。从课程名称、课文层次，课堂活动设计，具体到每一个细节，语用因素在整个学习过程中都有自己的一席之地。每一课的编排模式是常用功能加语境因素，前者包括语音、语法、词汇等语言形式，后者则通过不同的内容提供不同的场景。

高级班专门课：完成基础课的学生基本上具备了在非正式场合用口语就生活中常见的题目进行简单交流的能力。在此基础上，高级班所有专门课有以下几个主要目标。

（1）让学生保持语言接触，巩固已经获得的能力；

（2）培养学生在较为正式的语境中就相对抽象的题目表达意见的能力；

（3）增加语言表达的多样性，特别是词汇的丰富、准确和得体；

（4）完成从语句到语段的过渡。

在相关研究中，我们提出用于口语水平测试的所有语用点本身就是一个可以用于代表语言运用体系的题库（吴伟平，2008），高级班课程在设置的过程中也参照了这一语用体系，有意识地把不同的语言功能、语境和内容结合起来，让学生在不同的课程中广泛地接触生活中丰富多彩的语言现象和话题。与基础课的语境相比，在高级专门课中出现的语境较为正式，比如以不同的身份在讨论会、报告会等场合发言。把这些在实际生活中常见的话题和相关的语境因素作为课程设置的基础和课程的主要内容，能让学生更充分地了解语境的重要性，并自觉地在上课和练习的过程中注意自己所用的语言是否得体。

特别课程：语用为纲的课程设置与传统的结构型大纲最大的区别是两门特别课程，称为语言文化实践课（中、高级各一）。这两门课程是为语言水平较高的学生设计、计学分的实习课程，特点是在语言运用的实际环境中实地上课，目的是培养学生对语境的敏感以及在不同领域（社会、政治、经济等）的语言运用。课程根据不同的专题参观不同机构或部门，接触不同的人，每天活动包括以下三项：（1）参观前准备；（2）实地参观及语言运用；（3）参观后讨论及演讲。近几十年来，对外汉语教学几乎所有学校的课程，不管理念、大纲和教学法，走的基本上都是先学后用的路子。这两门实习型课程遵循"用中学"的理念，让学生自己在真实的语境中，面对真实的人，带着真实的问题去寻找与当地语言文化密切相关的答案。由于上课的专题及地点不同，学生最多可参加三次同一水平的课程。按语用为纲、侧重口语表达能力的理念，每位学生的实习手册上有关于参观地点、来自真实语料的简单介绍、两个相关的词汇表（主动/活用词汇和被动/理解词汇）和三个语境不同的语言任务，这些任务也是学生最后报告的题目。每一天的任务在形式上基本相同，内容则与当天的主题密切相关。

四、小结与讨论

社会语言学与语言教学。既然我们承认语言学的研究和发现对语言教学有指导作用，那么语言学理论的发展也应该在语言教学实践中有所反映。20世纪中期开始，社会语言学家关于语言和社会、语言与文化方面的研究（Lado，1957；Green，1989；Hu & Grove，1998），特别是海姆斯关于语言交际能力方面的学说（Hymes，1977），还有近年来很多关于文化在语言教学中地位的讨论（李晓琪，2006；郭熙，2007），这些理论和应用研究使我们更清楚地看到语境和相关文化因素在语言教学中的重要性。理论上，我们意识到这些因素在语言教学中有一席之地，实践中，我们应该如何操作？语用框架源于社会语言学，本文关于这方面的讨论和相关研究（吴伟平，2006，2008；Wu，2008）是把语用因素系统、全面地用于语言教学的一个尝试。

语言结构与语言运用。几十年来以语言结构为重点的教学实践形成了某些思维定式和惯性运作，比如，先掌握语言本身再考虑语言与文化的关系，先学好知识再学会运用，先有大纲课程教材后有考试，等等。本文的讨论和相关研究试图跳出这些定式和惯性，从不同的角度思考结构与应用的问题。笔者认为，在实际生活中，语言与文化很难分割开来，人为的割裂是导致语用错误的主要原因之一；知识和应用可以同步进行，学后用固然可以，用中学也属可行，二者各有千秋；测试不是目的，而是工具，就口语教学与习得而言，这个工具如何用完全取决于教学目的和课程设置的理念，在测试目的与学习目的一致的情况下，以考带学，甚至为考而学的教学实践都无可非议。

对外汉语教学与其他语言教学。不同的语言文化有不同的特点，这些特点既与学习的难易度有密切关系，又因为学习者本身不同的语言文化背景而不同，放到二语习得的多棱镜下，外国人学汉语和中国人学英语的过程在本质上并没有太大的区别。也就是说,对外汉语教学研究中的很多理论问题,教学实践中的很多具体操作,比如本文关于语用框架的定位、相关因素和在教学中的具体实施,在英语和其他语种的学习过程中也是值得探讨的问题。反过来说,目前关于英语语言习得的研究文献中有大量的理论研究、大量关于英语教学实践的探讨,这些对从事对外汉语教学研究和实践的人来说都是它山之石。对外汉语教学已经由起步进入全面发展的阶段,假如我们能善用相关领域的经验,相信可以少走弯路、避免资源浪费,对本学科的发展,将会起到积极的作用。

本文原载于《语言教学与研究》,2009年第2期。

语用学对学语言的启示

广东外语外贸大学 何自然

语用学如何应用于语言学习？语用学有哪些内容有利于引导我们去学习语言？在语言学习中为什么要将语用学放在一个重要的位置上？本文就语用学对语言学习，特别是对外语学习的启示谈几点想法。

学语言的过程中与语用学有关的有以下这些问题：

如何完整地理解话语的意思？这里涉及语用语言学中讨论的如何在语境中解歧的问题；如何理解特定场合下的语句意义？学生们要在交际中理解语句意义，必先明白在特定场合下意义的转换过程以及对言语行为的辨认；如何说要说的话？学生要学会在交际中运用语用策略和遵守礼貌问题；如使用外语，则还要注意跨文化交际双方语用策略的差异。

前两个问题讲语言的理解，后一个问题讲语言的使用。语言的理解和使用都是学语言中必须注意的，语用学刚好在这些方面对我们学语言有启示作用，可见它在语言学习中的重要。

一、完整地理解话语的意思

1. 在语境中解歧

离开语境的许多词语都会是歧义的（ambiguous）；从听话人的角度看，有些词语即使在语境中也会产生歧义。歧义现象是语义学的研究对象，但解歧就要靠语用学的分析了。就以英语中的bank为例，它可以表示银行，也可以表示堤岸。当这个具有两个不同意义的词在同一语句中出现时，要正确加以理解，就须要有明确的语境。Thomas（1996）就举过这样的例子：BBC电台报道一个"飞车"（joy-rider）少年向记者讲述他偷车被警察追捕，酿成车毁人伤的情况：

（1）At the end of the road was a bank...a steep mud bank.

听少年说前半句话时，由于the road的导引，听话人肯定会认为他说的a bank是指银行，但是随着情节的展开，当听到后半句关于steep mud的描述，听话人就会明确这里讲的不是银行，而是一道堤岸了。

在外语学习中，当分析课文情节时，学生就应学会通过连贯语篇提供的语境来解歧，从而确定词语在篇章中的准确意义。

2. 理解的困惑与倾向

由例（1）可知：不是每个话语的歧义词语都可以随着情节的展开而得到辨别。在跨文化交际中，有一些词语的歧义本来并不是歧义，但因受不同的思维方式、不同的文化差异或不同的地域等因素影响而形成了歧义，结果，人们理解话语时，可能对其中的词语作出另解，甚至产生误解，引起交际上的困惑或不快。例如，英语的station，在英国几乎毫无例外地指火车或地铁的车站，但在美国英语中，人们却可以用它来指包括火车站在内的各种各样车站。如：公共汽车站bus station，汽车客运站coach station，火车站tram station，等等。不过，当人们谈到公共汽车沿线竖有上下客标志的地点时，即使在北美也只叫stop或bus-stop，至于bus station往往同coach station一样，指有较多汽车始发的客运站。广州市部分公共汽车在用英语沿途报站时，不理会这些差异，只是简单地模仿了广州地铁沿线的报站方式：

（2）The next stop is guang dong wai yu waimao da xue. 下一站是广东外语外贸大学。

这样说当然有点怪，因为汉语的"站"所涵盖的事物远远比英美的station宽泛得多。如果将汉语的"站"统统对译为station，就会因词语的歧义带来理解上的困惑：操英语人士听到我们说station时，会把它联想为：railway station，coach station那样规模的"站"，而不只是一个竖着简单标志的公共汽车沿途上下站了。

再如，报章上说的"充电"，常常指人们再学习，充实自己的知识的意思：

（3）广州拨款720万建立转岗培训体系，政府资助八千失业者充电（广州日报1997/11/17）

（4）广州人国庆到图书馆充电（《广州日报》1998/10/2）。

但是，在香港的报章里（我们从网络版中看到），"充电"一词的用法却是这样的：

（5）《洛神》快将拍竣，Ada话（说）已相约洪欣等一班好友到北京旅行充电（2001/8/24）。

（6）现时正身在外地旅游充电的范太（指香港立法会现任主席），在外游前已积极拉票，亲自致电议员问好……"（1998/6/15）

例（5）、（6）两个例子里的"充电"显然是指"旅游、娱乐以消除疲劳"。要是不知道两地用词差异，"充电"会因地区差异而造成的歧义，在语用中极可能遭致误解。

下面这两个笑话幽默之处在于，故意设计的"理解障碍"：

（7）The professor rapped on his desk and shouted: "Gentlemen, order!"
The entire class yelled: "Beer!"

学生课堂不守规矩，教授生气，大声叫Order，要大家守秩序；但学生听到order，故意曲解为（或脑袋里只想到是）购买饮料，于是齐声喊出要喝啤酒。

（8）Prof: You missed my class yesterday, didn't you?
Stud: Not in the least, Sir, not in the least!

学生旷课，老师质问学生为什么没来上课（miss one's class）；顽皮的学生故意将miss理解为"想念"，这里故意的理解障碍让人忍俊不禁。

心理语言学告诉我们：理解往往会带倾向性（bias），即听话人听到存在歧解的话语时，一开始只倾向于某一种理解，只是后来取得更多的依据或得到说话人的修正，即听话人从语境中找到了更多的关联才使原先的理解倾向纠正过来。例如下面的两个相声片段：

（9）（1978年）
甲：老金同志，你什么时候出来的?
乙：从哪儿出来啊?
甲：出来重新参加工作呀。
乙：吓我一跳。七七年。

（10）乙：那你们站长呢?
甲：别提了，逼的没办法上调了。
乙：哎呀，就这样上吊，死得可太冤了!
甲：什么呀，上边来个人把他调走了。
乙：啊，调工作了!

例（9）的"出来"有歧义，甲说的"出来"显然不同于乙理解的"出来"，可能乙在"文革"期间受过迫害，故倾向于以为甲问他什么时候从监狱或劳改农场里"出来"，其实甲并无此意，幽默也由此而生。到了下一话轮，当甲的解释对话语作出修正之后，乙的理解倾向才得以纠正过来。例（10）的"上调"和"上吊"是语音层次的歧义。相声利用了这种同音异义现象，故意让乙听了之后理解为"上吊"，这个倾向性的理解明显是一个误解，从而让听众忍俊不禁，最后也是经过甲对话语作出了修正之后，才使乙的误解得以消除。

在跨文化交际中，话语理解的倾向性还会出现在因语言技巧拙劣而形成的"假歧义"场合。例如：在一个涉外的社交场合，有关人员通知，外国朋友参加有当地省领导出席的招待晚宴，这时一位初级口译人员对其中的一句话"（出席宴会者）衣著随便"，不假思索地当场译为"No dress!"引起满堂哗然。很明显，这个No dress成了"假歧义"：一方面它被口译人员错误地作为"衣著随便"的等同语，另一方面又被听话人朝"不许穿衣"这个倾向去理解。当时的一位主译及时发觉该口译人员的错误，马上插话，将这个"衣著随便"改译为dress informal解围，从而避免继续出现尴尬的局面。

3. 同音异义与一词多义现象

上面例（10）出现的同音歧解就是同音异义现象。语言在语音层次上导致歧解是十分普遍的。同一种语言中有语音完全相同的异义现象，但也有因地区差异（如受方言影响等）而形成的假同音异义（其实是异音异义）。前者如例（10）中表示抽调到上级单位工作的"上调"，或例（11）中表示环境面貌变化的"小变"、"大变"，它们都可能被分别误解为同音异义的"上吊"和"小便"、"大便"；至于后者所说的假同音异义，如果分不出"答辩"与"大便"的音异，则会导致例（12）中的误解。"答"和"大"在标准汉语中的声调并不相同，意义自然也不一样：

（11）他们的"小变"已经使那个地方跟过去不一样了；可以想象他们的"大变"会使那里变成什么样子。

（12）A：我刚"答辩"完，你要到什么时候？
B：唉，别提了，还早着呢，真急死人！

这些例子可能也是故意设计，诱导听话人产生某些联想，或误导其理解倾向。类似的情况在日常交际中偶而会真的出现，但在相声或幽默的言谈中更为多见。

一种语言里因一词多义而导致歧解是比较普遍的。英语的arm是胳臂，指人的上肢，但它也可以指机器的曲柄、起重机的吊臂等。不管一个词如何多义，它们都与这个词的根义（core /root meaning）有关。在不同的语言中，根义相同的词语会有不同的习惯说法和搭配，以英语的wing和汉语的"翼"为例，它们的根义相同，但它们在各自的语言里，既有表达雷同的地方，也有说法各异的搭配：

（13）a. 表达雷同：

鸡翼 wings of a chicken

机翼 wings of an air plane

（作战部队）左、右翼 left/right wing of an army

（大厦）新翼 new wing of a building

  b. 说法各异：

left /right wing of a political party （政党的）左、右派（人士）

left/right wing in foot ball or hockey （足球或曲棍球游戏的）左、右边锋

wings of a stage （观众视线之外的）舞台两侧

学习语言一定要注意一词多义的现象。为此，首要的是明白词语的根义，再通过词义引申，学会在不同语境中掌握词语的搭配范围和用法特点。换句话说，就是要提高我们的语用认知能力。

二、特定场合下的语句意义

同音异义或一词多义现象都要求学生提高语用推理能力，学会在语境中解歧：这样的认知过程对完整地理解话语意思是必不可少的。在很多情况下，词语意义都不可能十分肯定，如：there、then、this、that等指示词语所指的意义只能在语境中才能最终得以确定。为了对话语的意思有一个完整的理解，我们随时要进行语用推理；这时，不但要注意话语中的指示词语，而且要注意那些只具备语法意义的话语标记语（如and、for等）对话语意义的影响。例如（Thomas，1996）：

（14） a. The naughty boys were punished for playing truant.（=because The naughty they…）

   b. I gave her a cake for her lunch.（=to eat for lunch…）

   c. I gave him 2 yuan for bus fares.（=so that he could…）

d. She was given three years for burglary. (= as a punishment for…)

e. That remote control is for the video, not the TV. (=belongs to…)

f. She was awarded the first prize for her services to education. (=in recognition of…)

由上述例句可知：左右句意的这些指示词语或话语标记语大都是一些连词和介词。不过，一般的词语也有类似的情形。以"大学"一词为例：

（15）a. 大学有一个菜市场，但供应的品种不多。（大学作为地点）

b. 大学与邻村的关系还不错。（大学作为人群）

c. 大学曾因学生的意外事故打过官司。（大学作为法人单位）

d. 大学近年扩招，在校各类学生共一万多人。（高校）

e. 大学关心在岗老教授的健康，组织他们参加健康营的活动。（大学行政部门）

f. 我在大学时参加过多项文体活动，算是这方面的活跃分子呢。（人生生活阶段）

话语中的"大学"同英语university表达的意思相同，都可以表示括号内的确切意思。可见，汉英语词在具体的语境中其意义可能是一致的。当然，如果（14）f用英语说When I was at university…时，汉语除了直译为"我在大学时"，也可以改说成"我当学生时……"

1. 意义转换过程

这里应当注意的是：语言使用过程中出现的"转喻"（metonymy）现象。语用推理是要听话人在理解话语的过程中，按语境的要求补足词语没有明说的意义，并推断出词语意义的转换过程。下面是转喻的几个典型例子：

（16）机场快餐店服务员向领班报告有顾客"跑单"。The hamburger just left without paying.

（17）护士向查病房的值班医生报告：五号床今早血压为50/90，心律58次/分，大便正常。

例（16）的hamburger转喻吃汉堡包的顾客；例（17）的"五号床"说的是"住五号床的病人"。转喻在报章中更是俯拾皆是。例如，广州日报连续报道广东东莞的发展，其中有如下的大标题：

（18）一小时跑遍东莞——东莞斥资40多亿完善交通，高速路辅以城市干道，营造"1小时生活圈"。（《广州日报》2002/3/19，A16）

在例（18）例中，没有说人还是汽车"跑遍东莞"，凭常识可以想象：是汽车只花一小时就可以跑遍东莞；汽车是由人驾驶的这一点，也是读报人在理解过程中自行补足的意义。这个例子还有一个十分常见的转喻，那就是以地点取代当地行政当局，具体是当地人民政府的有关部门。例（18）副标题中的"东莞"取代了"东莞市人民政府"或"东莞城建规划局"。

从转喻的喻体看，它可以以全体代换局部或以局部代换全体。前者如上例副标题中的"东莞"，它理解为该市的行政当局，而该市行政当局又可以更具体地理解为该行政当局的某一部门，该部门可能是指其属下的某些执行机构和人员。其他例子如：

（19）I bought a Laser Jet from Tianhe.

Tianhe（天河）是广州市的一个城区，那里是电脑产品的集散地，它的喻体是某个具体的电脑配件经销商；而Laser Jet则转喻美国著名的惠普（Hewlett-Packard）公司生产的激光打印机系列产品之一。还有以局部代换全体，即以某一具体事物取代整体事物。如：

（20）（学生们挤坐一起，其中一人让另一人紧挨自己这一边坐下来）：
Get your arse over here!

这里的粗语"屁股"代表人，这是以身体的部分转喻为身体的全部。

话语歧义、词语意义的扩展、转喻等现象是语义问题，而解歧、词语意义的扩展和引申以及语句转喻过程的分析等，则是语用问题。语义学告诉我们：词语本身（可能）是什么意思，而语用学则告诉我们：词语在具体语境中到底是什么意思。

2. 言语行为的表达方式

说出来的词语本身所表明的行为是所谓的以言指事（locution），而说话人通过说出某些词语而意图表明的行为则称作以言行事（illlocution）（Austim，1962）。Searle（1965）将这类行为特别是以言行事行为称作言语行为（speech acts）。不同的词语和不同的表达方式可以表达相同的言语行为。我们在学语言时要注意学会表达用意（force），即随时注意特定场合下的语句意义。例如：请求把门关上这个言语行为就可以根据不同的场合使用不同的词语和不同的表达方式（Levinson，1983：264—265）：

(21) Shut the door!
Could you shut the door?
Did you forget the door?
Put the wood in the hole!
Were you born in a barn?
What do big boys do when they come into a room, Johnny?

如果不是处在某种特定的场合，上述话语的最后几句是很难理解为"请求"听话人把门关上这个言语行为的。因此这些说法不可以随便互换。使用何种方式来表达言语行为是语用策略，它取决于说话人在语用语言学和社交语用学方面的考虑。

三、句子意义和说话人意义

Leech（1983：6）在差不多20年前就提出这个问题并且作了清楚的阐述。意义有两方面：语义的和语用的。语义意义（semantic meaning）就是这里说的句子意义（semence meaning），即词语本身的意义，它表示一种二元关系：X means Y。例如：

(22) —In Understanding Pragmatics by J. Verschueren we find a chapter entitled Salience. I wonder what that "salience" means.
—"Salience" refers to the status occupied by processes of meaning relation to the processing mechanisms, the human mind-in-society.

特定场合下的语句意义指的是语用的意义，它表示一种三元关系：S means Y by X。它关心的不是词语本身的意义，而是说话人用这些词语表达一些什么样的意义。因此它也称为说话人意义（speaker meaning）。例如：

(23) A: It was good of you to come.
B: What do you mean (by this)?

B想知道A的意图：他是（因B来出席会议）表示感谢呢，还是（对B来作讲演）表示欢迎？还是（因B来晚了）用反语加以批评？

四、说要说的话

1. 语用策略分析一：语用的商讨性和细致性

1）言语交际过程是语言选择的过程，而语用的商讨正是语言选择的过程中常见的现象。例如：

（24）A：你买了超星读书卡了吗？
　　　B：嗯。
　　　A：一个卡号可以在20台电脑里注册，是吗？
　　　B：嗯。
　　　A：你没有在20台电脑里都注了册吧？
　　　B：没有。我的卡总共才在我的两台电脑里注了册。
　　　A：那太好了!告诉我卡号行吗？我想用你的卡号在我的电脑里借书看。

这段对话表明了B想省点钱，说服A借给他读书卡，好让他在自己的电脑上注册阅读数码图书。因他不知道A是否愿意借卡给他，于是用商讨的办法步步追问，直到A在没有什么理由或借口可以拒绝的的情况下最终借给他读书卡。

（25）Student A：Dr.Galloway?
　　　Dr.Galloway：Steven.
　　　Student A：Steven.

在西方，称呼上级、长辈可以用他们的名字而不用尊称对方姓氏和头衔。这在汉语文化中是难以接受的。例（25）表明：学生A很有礼貌地称呼自己的老师为Galloway博士，但对方却主动提出让对方称呼他的名字。只是在这个时候学生A才顺从地以对方名字来称呼。根据Thomas（1996），用名字称呼对方的习惯，英、美都有所不同，英国人以事件轻重、大小来决定应当尊称对方姓氏，还是直呼其名；而美国人则侧重社会距离，他们并不看重权力关系和事态轻重，一心只想直接称呼对方的名字，从而拉近两人之间的距离，使相互间的关系显得平等、亲切和融洽。

2）语用的细致性指语言使用中的细微差异。例如，价值观念中的权力关系可以细分为以下各种不同的权威（Spencer-Oatey，1996）：

a. 奖赏权威：说话人有权给对方以奖励、表扬（如教师对学生，上级肯定下级等）；

b. 惩罚权威：说话人有权给对方以惩罚、警戒（如长辈惩罚后辈，警察训戒犯人等）；
c. 专家权威：说话人具备专业知识特长，足以满足听话人对专业意见的要求；
d. 法定权威：说话人有法定的权力（如年龄、地位、作用等方面）向对方提出某种要求；
e. 偶像权威：说话人是对方崇拜或仿效的对象（如说话人是受歌迷崇拜的歌星、体育明星或国家英雄、模范等）。

上述这些细致的语用操作会因说话人的文化背景不同而各异。Thomas（1996）曾说过：英国文化使那里的人重专家权威和偶像权威，而对法定权威却有所淡化；相反，中、日民族的东方文化却相当看重法定权威。

2. 语用策略分析二：礼貌语言及其语用尺度

关于语言礼貌问题的文献十分丰富，早期有Lakoff（1973）提出的"给对方选择余地"的礼貌概念，接着有Brown and Levinson（1978）的"面子论"，后来又有Leech（1983）仿照Grice的合作原则提出的"礼貌原则"，还有顾曰国（1990，1992）就汉语的文化特征总结出来的汉语礼貌准则。此外，Spencer-Oatey（1992）还提出衡量礼貌语言的语用尺度，认为语言的礼貌有一个带普遍性的语用尺度，它根据不同的文化从三个方面来处理语言的礼貌问题：

1）关照尺度：自主关照 ⟵⟶ 强行关照

西方文化强调自主，给对方较多选择余地才算是有礼貌；但中国文化表现为：给予对方强烈的关心，不惜将热情"强加"到对方身上，认为这才是礼貌。

2）评价尺度：关心、满意 ⟵⟶ 批评、讨厌

表示关心和满意时，语言可以直接，不拘礼貌；当批评别人或讨厌对方时，语言反而要尽量间接，表面上显得礼貌。

3）认同尺度：包容、平等 ⟵⟶ 见外、上下级

包容的语气直接，说话双方相互平等对待，语言也较为直接、亲切；但见外的语言往往间接和客气，而上下级之间则因法定权威而要求使用礼貌语言。

五、跨文化语用策略差异

在相同的语境下，用不同的言语进行交际会因文化差异而导致语用策略

的差异。例如：公共场合的禁烟告示，汉语倾向于使用较客气、较婉转的说法："请勿吸烟"、"吸烟请到吸烟区"等，但英语表达禁烟则倾向于开门见山，语气直接，用No smoking表达严格禁止，或用警告来劝止吸烟：Smoking is hazardous to your health!至于吸烟区，英语国家只习惯标示该区范围，而无须请定烟民去吸烟。汉语在表达禁止在公共场所吸烟时，往往见到类似下面更温和的策略：

（26）为了您和他人的健康，吸烟请到吸烟区。

严格说，这句带"劝止"功能的话，后半句要用否定才能表达清楚（如"为了……请不要……"）。不过上面这句话，操汉语的人当然会意识到：其意是不准在标示范围内吸烟，要吸烟只能到指定地点。可是，如果将这句话直译为英语，人们怎样也不会发现那是一个表示"禁止做某事"的言语行为：

（27）For your and others health the passengers who smoke please go to the smoking area.

这里的语法有问题暂且不说，整个意思更像邀请，请大家到吸烟区去吸烟，并可能暗示那里有有益于大家健康的高级香烟招待！

1. 语用语言方面的跨文化语用差异

当非英语的本族人用英语表达语用用意时，他们的英语往往会出现语用语言方面的失误：用自己的母语才有的一些语句结构来说英语，而不是或根本不知如何表达地道的英语。Mey（1993：300）曾举例说明日本人在语用语言方面与操英语本族人不同的语用差异：

（28）A：Would you like a piece of apple cake?
　　　B：Have you got some?

这是两个日本秘书在办公室过道里的对话的英译。这段对话涉及到预设（presuppostion）和语用用意问题。B的问话在日本人看来很正常。然而Mey认为，英美人或丹麦人会认为B的问话是多余的；在他们看来，A的问话已经预设了"我有苹果馅饼"这个命题。可见，说话人的文化背景不同会出现语用差异，这在跨文化交际中要特别注意。人们总以为汉语的一些说法同英语完全等同。这当然是不对的。例如：汉语的疑问句常用肯定形式，而英语的疑问句无论用肯定式还是用否定式都很常见：Have /Haven.t you got anything to eat? 但用肯定式较有礼貌。汉语的情况似乎不在乎礼貌，它的否定疑问句往往用来强调提问人对事件存疑，因而提出质问，或表明对事件的不同看法："难道不（没有）……吗？"同样，汉语在答问里常用"当然"表示肯定，但英语的of course虽然也表示肯定，但欠礼貌，或显得过于自信，只在熟人、朋友间使用。下面的对话在答话中都用了of course，其实，如果分别改用Sure或Great（29），Yes, indeed（30），Sure, no problem（31）可能更为得体：

（29）A: Would you like something to drink?
　　　B: Of course.

（30）A: Is there a postal collection on Sunday?
　　　B: Of course.

（31）A: Can you finish your work in one hour?
　　　B: Of course.

同一个言语行为可以用不同的话语来实施，但正如前面指出的那样，这些话语不是随便可以互换的，而且一种语言里常用的话语表达方式在另一种语言里可能并不适用。英语课堂上老师要让学生回答问题或复述课文时会用一些礼貌的表达方式：Will you answer my question? Would you like to tell us what the story is about? 但是，这丝毫没有影响到教师在课堂上的权威性：学生通常都会听从教师的指示。不过，在同样的场合下，用汉语就不会那么客气了。最多也只是在提出要求时多加一个"请"字："请回答我的问题"，"请讲一下课文的内容"，等等。如果用这样的汉语表达方式来说英语，那就会显得不够礼貌，不像课堂用语了。

人们对言语行为的理解，会因表达该行为的语言不同，其覆盖范围也不一定完全一样。试比较英语中的lying同汉语中的"说谎"，前者据Coleman和Kay（1981），可能认同以下三种情况：

　　a. 说一些说话人自己一直都不知道是否真实的话；
　　b. 说一些说话人自己事后才知道是否真实的话；
　　c. 说一些说话人明知是否真实的话。

但汉语中的"说谎"是不是也认定在上述三种行为之内？例如：下面三种情况在汉语里是不是说谎呢？

（32）《语用学教研通讯》主编说：第24期已经编好，明天挂到网上。但该期《通讯》今天晚些时候在互联网上看到了。主编说谎了吗？

（33）张三告诉我说："我明天到北京出差。"但当天晚些时候他接到通知说不用去了，因已改派另一个人。张三说谎了吗？

（34）李四的博士论文写作近日无进展，导师急了起来，打电话给李四：
——你的论文可不要停下来啊！完成不了就后悔莫及了。
——我在写呢。
——写几章了？
——我在写呢……

原来这几天李四原单位来了几位领导，他忙于接待，又跟他们一道去别的院校参观，并为他们与外国人商谈合作办学充当了几天临时翻译。李四说他的论文没停下来，他正在写。李四说谎了没有？

这些例子是否说谎，必然见人见智，无法取得共识。再如，道歉（apologize）这个言语行为，英语的apology包括两个内容：

a. 说话人为某事表示遗憾（be sorry）和感到后悔（regret）；
b. 说话人要为某事承担责任（responsibility）。

可见，英语的apology和be sorry或regret表达的道歉程度有明显的不同；汉语中只要有英语的regret甚至只有be sorry的意思，即表示遗憾或后悔就似乎可以算是道歉了，并没有把道歉按承担错误的程度再加以细分。在中美撞机事件中，美国坚持只用regret和be sorry，不肯用apologize，是何原因？很值得我们从语用学的角度去思考一下的。

2. 社交语用方面的跨文化语用差异

跨文化社交语用方面的失误主要表现在交际双方持不同的社会价值观念。不同的社会价值观念在语言表达的间接性中可以表现出来；而语言表达的间接性则往往在下面几方面看得最清楚：

a. 权力关系：说话对方的权力大小决定说话人语用的间接程度。对方权力地位高于自己，说话人的语言就越间接；相反就越直接（试比较对领导和对家里孩子说话时的不同口吻）。

b. 社会距离：指说话人对对方的了解程度。同越是不熟悉的人说话，语言就越间接；相反，同越是亲近的人说话，语言就越直率、随便。

c. 事态轻重：如果是请求，语言是否间接，要看请求事件的大小，如：请求借阅一本书和请求借用对方的汽车，前者语气较直接，后者则要使用间接的表达方式。事态轻重不单纯指物品贵贱，还指因文化或价值观念差异而对事态作出的轻重衡量。如询问时间和打听对方工资，前者的语言简单、直接，后者语气间接、委婉。

d. 权利和义务：说话双方的权利和义务指说话人提出的要求是他的权利，例如：向出租车司机提出到机场去，他就可以用直接的口吻来表示；但如果请求朋友开车送自己到机场，说话的语气就间接得多了。

六、小结

上述涉及的是语用学研究的课题，它对我们的语言学习有一定的启示作用。学语言不仅要懂得正确发音，掌握词汇、熟悉句子结构，更重要的是对语用语言学和社交语用学中的一些重要课题给予注意，如：解歧及解歧倾向，同音异义现象，一词多义现象，完整理解话语用意，意义的转换过程，言语行为的选择，语言的间接性，以及礼貌语言等等。

学生单纯在语言方面的错误只说明他语言没有学好，但在语用语言方面，特别是社交语用方面出现失误，那就不仅是他的语言水平问题，而会被看成是他的人品和行为的问题了。不过，我们不能像规定语法那样，先给语言使用者一些条条框框，规定在什么场合语言应该如何；相反，我们主张放开我们容忍的尺度，允许更多的语言变体在语言接触中出现。

本文原载于《四川外语学院学报》，2002年第18卷第6期。

认知语言学对外语教学的启示

湖南大学 刘正光

1. 引言

不同的语言学理论会产生不同的语言习得与语言教学理论，如结构主义语言学与对比分析、生成语言学与自然法、功能主义语言学与交际法。认知语言学诞生已经有30年了，以前大家集中在认知语言学理论对语言与认知的研究之上。现在，人们开始将目光转向对语言习得与语言教学的启示与影响之上了。虽然目前还难以明确地说，某种语言学习理论或教学方法直接产生于认知语言学的理论原则，但各种研究表明，人们已经在自觉与不自觉地将其运用到了语言习得研究与语言教学实践当中。

2. 认知语言学的语言能力观

对语言本质特征的认识，决定着对语言习得过程的认识和语言教学的基本原则的选择。认知语言学认为，语言的本质特征是符号性，语言构式都是有意义的语言符号。语言的符号性决定了语言的基本目的之一是为交际服务。说话者说出和理解话语的认知过程反映出一般认知能力的敏锐的（acute）专业化过程。语言能力是一个结构有序的具有规约性意义的语言构式组成的清单库，语言能力是总体认知能力不可分割的一部分，它与社会、文化、心理、交际、功能相互作用。这一语言能力观意味着，语言能力以具体的语言项目为基础，具有社会文化的特征，语言项目之间形成一定的结构关系，语言项目是逐个习得的。

认知语言学，更具体地说，认知语法具有三个基本特征：语言以使用为基础（usage-based），语法产生于语言使用；语义具有中心地位；所有符号单位都有意义（包括语法单位）。这三个基本特征决定了认知语言学对外语教学具有不同的认识和意义，可归纳为以下六个方面的相关性（Boers & Lindstromberg, 2006）：

（1）语言能力是整体认知能力的一部分。这意味着，通用认知处理机制，尤其是记忆，将有助于语言学习。

（2）语言基于使用。这一观点否认天赋的语言习得机制的存在。因此，语言学习的关键在于输入的量和质，尤其是输入的频率。

（3）语言是一个非二分的结构有序的约定性符号单位构成的清单库。这一语言观使人们认识到非固定的多词表达式（搭配）在语言学习中的重要作用。

（4）词典意义与百科意义的区分是一个谬误。事实上，词也好，表达型式也好，都是丰富的语义网路中的节点。这意味着，语言知识既要广度，也要深度；语言学习更需具备基本的语感；学习者对词的意义具有个体主观性。

（5）隐喻化是语言和思维的基本方式。语言学习中，短语和隐喻性表达式成为学习的重点内容。

（6）语义是概念化过程。这意味着，同一个事件可以有不同的理解，相反，同一个事件可以有不同的表达。因此，语言学习中，文化差异性必须得到重视。

另外，认知语言学强调语言的理据性。这一观点具有方法论的意义，即语言学习必须重视意义与意义、形式与形式、形式与意义之间的联系。

3. 认知语言学对语言教学的启示

3.1 对语言本质的深入理解是确定语言教学原则和方法的基本前提

Andrea Tyler（2008）指出，确定语言教学的基本原则的关键是关于语言的本质与结构的认识，即语言观的问题。过去 50 多年来，二语教学的途径研究可谓汗牛充栋，唯独语言观的变化微乎其微。结构主义和生成主义具有许多相似之处，把语言看成是一个自在封闭的系统，语言能力与其他一般认知能力和概念结构相分离，独立运行于自身的规则和特征。而这些规则和特征又往往被认为是任意的、不规则的（idiosyncratic）、神秘的，因而把语言看成是一个规则系统、一个词库和一个特例清单。其后果是语言学习被误解为掌握规则和死记硬背语言的形式和特例这样两项任务。显而易见，这样的学习过程把意义和形式割裂开来了，同时把学习者的主体因素作用降到了最低点。

传统的语言教学观可以概括为三点：

（1）语言系统是一个由封闭且分割的子系统组成的系统，与一般认知能力没有联系；（2）形式与意义、意义与意义之间的系统联系被忽略；（3）非直义语言，如隐喻的作用与地位没有得到正确的认识与重视，因而在教学中没有被关注。当然传统的教学理论和方法也有一些修修补补，如语用能力教学，但是由于传统思想根深蒂固，语用知识总被认为是与语法不相干的附属品而未得到应有的重视（Rose，2005）。在教学方法上基本上就是要求学生死记硬背，而不是去发现语言系统内的重要的规则性（regularities）和系统联系。

认知语言学理论对这些基本问题能够提供不同而又重要的启示。因为它不再把语言看成是彼此封闭而又分割的子系统，而是与各种不同认知能力以及各种经验相联系的系统，追求发现各层次的型式（patterns）和原则。对语言教学而言，这有利于让学习者把自己的经验用于理解语言单位之间各种系统关系。当然这并不意味着，语言学习中就不需要记忆了，一些特例性的语言单位或知识还是需要记忆的。

因此，语言教学研究的发展趋势是，由探索主要的教学方法过渡到教学方法中的原则（Pica，2000）。

3.2 教师对外语学习的效果起着十分重要的作用

如3.1所述，对语言本质的认识是确定教学原则和方法的前提，这项工作是由教师来完成的。正如Pica（2000）指出，无论对教学效率怎样定义，教师在课堂教学中的角色与作用对第二语言学习成功的程度起着至关重要的作用。这意味着，新形势下的外语教学对教师提出了更高的素质要求。外语教师在充分认识到教师的作用的同时必须更加注重教师自身素质的提高。教师的作用主要体现在以下三个方面（Pica，2000）。

第一，教师必须充满智慧（resourceful），必须具备足够的灵活性。社会在不断地变化，学生的学习能力、学习动机、学习环境等各不同方面都在不断变化，同时学校的办学条件和能力等也在不断变化，因此，教师应该在调整学生的需求与社会现实之间的关系中发挥积极主动的作用，必须经常调整其方法以适应学生的需求、目标与期望。

第二，教师必须具备相当的语言学理论与方法素养。对外语学习者的成功而言，教师必须了解语言学习过程的本质、了解学习者的需求并对其需求反应敏感、而且在教学实践中能够运用各种不同的技能。这表明，当今的外语教师仅仅具有良好的语言基本功并不能保证他/她成为一名称职的或者说优秀的外语教师，他们还必须加强对语言学理论的学习，加深对语言本质的认识，尤其是语言习得过程复杂性的认识，这样才能逐渐探索出适合外语学习规律的教学原则和方法，激化学习者的学习动力。

第三，教师必须不断改进教学方法。语言的教与学是个极其复杂的过程，没有一种方法可以长时间有效。教师要探求的不是替换性方法而是方法以外的东西（not alternative methods, but an alternative to method）（Kumaravadilevu, 1994），也就是说教学模式的探讨已经不能适应新的外语教学要求了，真正重要的是教学理念与原则探索。

3.3 母语的作用必须更加深入研究

O' Grady（2008）认为，要想建立一个统一的语言习得理论说明语言习得的全过程，简直是不可能的。他既不赞同经验就足以保证习得，也不接受人脑中存在的普遍语法就可以保证习得语言的观点。他认为语言习得与认知的两个核心系统是概念符号系统和计算系统。计算系统将语言经验与复杂的语法知识联系起来，UG 起不了这个作用。二语习得比一语习得更复杂。其中要研究的关键问题是母语迁移的问题。他部分赞同完全迁移的观点，但不同意句法迁移中迁移的是一组参数值，可习得的是普遍语法。Hudson（2008）同样认为母语在第二语言习得中具有重要意义，是一个有待深入研究的领域。

母语在第二语言习得中的作用可以发生语言习得的各层次（MacWhinney, 2008）。比如，二语习得中语音习得难以达到本族语的水平是由于过了语言学习的关键期，这样的解释不如用母语迁移和语音固化来解释更有说服力。儿童同时习得两门语言时，能够将两门不同语言的音节表区分开来，而成人由于母语音节表已经固化，迁移更大，因而学习起来难度更大。

母语与第二语言习得的相互作用还可以从不同方面和途径来研究，如母语的处理程式（routines）在第二语言习得中的迁移方式（O' Grady, 2008），第一语言的系统网络与第二语言的系统网络的联系方式（Hudson, 2008）。Bybee（2008）认为，不同语言中的细节内容是研究的重要内容。当第二语言中的构式与第一语言中的构式相似时，第一语言构式可以作为第二语言构式习得的基础，只要改变具体的词或形态内容即可。但语言总是有差别的。这些细节内容总会阻碍第二语言型式的习得。在母语迁移的过程中还会伴随着许多因素，如二语规则的过渡概括、训练的迁移、二语学习策略以及交际策略等的影响（Nick Ellis, 2008），这些也都是有待研究的问题。

3.4 输入的质量与方式起十分重要的作用

儿向语或者说改造了的输入（skewed input）对语言习得有促进作用，相反，完全真实的有杂质的（noisy）输入阻碍语言习得（Goldberg, 2008）。这意味着语言输入的质量与方式对语言学习作用很大。

输入方式中最重要的因素是输入内容的出现频率，即语言单位的复现对认知表征具有相当的影响。因此，语言单位的出现频率对语言习得是一个非常值得研究且有意义的课题（Bybee，2008）。Bybee认为符号（token）频率具有三个作用：保留效果、自动化、语音脱落效果。保留效果指高频出现的词语在记忆表征中可及性更高，即在记忆表征中得到了强化。这就能解释高频出现的不规则变化动词为什么没有根据类比规则而成为规则变化了。那么，在语言习得中，不规则变化必须高频出现，否则学生容易按规则变化处理，而无法学会。自动化是保留效果的极端形式，即语言单位高频到机械记忆学会的程度时就自动化了。语言单位不断高频出现就会发生语音脱落。这给二语习得者在语言感知和语言产出方面带来了极大的挑战。高频产生语块化，使语法知识成为自动化的行为。在认知语言学理论中，语块即构式，在语言实践中自发而又无意识地产生并作为整体处理，因此对二语习得而言是一种必要的能力。当然语块在二语习得中也有不利的一面，它会产生石化现象。

类（type）频率是决定构式的能产性的主要因素。构式的类频率越高，就更具有灵活性而产生新的用法。符号频率与类频率相互作用，如在习得能产性过程中或一个构式时，接触大量不同类别的符号比接触大量同类符号有效得多。范畴化过程中出现频率高的成员成为典型或原型出现。当然，构式中符号类别的多样性对语言习得很重要，但保持构式中的符号类别相对稳定有利于语言学习。简言之，符号频率有利于形态习得，类频率一方面有利于增强能产性，另一方面产生类比性扩展。语言中预制件（也是语块或构式）虽然出现的频率不一定会高，却是语言习得中的重要内容，因此具有重要的理论意义

输入中的频率对语言习得有两点启示：一般而言，自然高频的语言单位出现频率自然也高一些，因此，外语教学当中，应对那些低频的语块、构式等多加注意。二语能产性的常用机制是类比，这是人类的基本认知能力，在不断的语言实践中会逐渐增强并发挥越来越大的作用。

3.5 显性教学应该得到充分重视

Hudson（2008）指出，语言像其他知识系统一样也是一个知识系统，但又因其在人类生存中的独特地位（功能而不是形式），因此语言学习必须通过经验来学习，其方法是从符号到类别，即从单个的语言单位到逐渐的抽象的类别知识，图式在学习中具有重要的作用。在方法论上应该是从简单到复杂，从具体到抽象，即归纳的方法。由于语言是一个知识系统，有听、说等技能，还有实际社会知识，在教学方法上，一开始就应该进行明确的显性教学，遵循

明确的大纲，循序渐进、进行足够量的练习等。即使在英国各级别的一语教学中，更主张显性教学。这一点虽然在过去一段时间里受到冷落，但现在又重新被人接受了。因为显性教学让学习者直接准确地掌握抽象规则，可以补偿二语学习者输入不充分的缺陷，也可以提供丰富多样的学习经验，帮助学习者将所学习的新词等融入丰富的网络中去。显性教学应注意激发学习者的学习动机，学生没有学习动机，只会是浪费时间。激发学生学习兴趣的途径是让语言和语言学习变得有趣。

Ellis（2005）提出了显性教学的10条原则：（1）必须确保学习者掌握丰富的程式化表达式并获得以规则为基础的能力（具体的语法知识）。前者培养学生的流利性，后者培养学生的准确性和知识的复杂性（Skehan，1998）；（2）必须确保学习者主要（predominantly）关注意义；（3）必须确保学习者同时关注形式；（4）必须确保在不忽略显性知识的同时主要关注学习者隐性知识的发展；（5）必须考虑学习者的"内嵌大纲"；（6）通过教来成功地学习外语需要大量的输入；（7）成功的通过教来学习外语需要大量的输出机会；（8）用第二语言进行互动对第二语言水平发展起中心作用；（9）语言教学需要考虑学习者的个体差异；（10）在评估学习者的第二语言水平时，要同时考察他们自由输入和控制输出。

因此，Pica（2000）强调，将交际法和传统的方法综合起来外语教学效果更佳。因为外语学习只强调信息的传递，学习者就只会注重对输入的理解，而不太重视结构、声音、形式等这些形成输入的因素，因而降低了学习者注意第二语言中的声音、结构与意义的关联方式的机会，降低了学习者注意社会常规怎样通过语言得以遵守和维持的方式的机会，降低了学习者注意时间、行为、活动、空间、数、性等怎样通过词或形态句法手段表达出来的机会。这样的交际经验还会减少学习者学习功能词、小品词的特征的机会。因此，人们呼吁为了让学习者注意以上特征，了解形式与意义之间的关系并在说写中恰当地使用，交际中的大部分输入应补充内容，并提升其质量（enhanced）（Schmidt，1990，1992；Long，1996）。

3.6 形式教学依然十分必要，需要高度重视

交际既是学习的目标又是实现目标的手段。但是交际法忽视或者取代直接的教学，强调信息的传递，容忍语法错误，对语法错误不更正。交际法虽然对外语学习与丰富课程体系起到了积极作用，但是不足以使学生达到有效使用英语的水平。因此，人们开始挑战下面这个普遍的观点：语言不但可以为交际而习得，而且可以通过交际而习得，尤其是在复杂的语法知识和社会语用策略的习得领域（Pica，2000）。

从索绪尔开始的结构主义一直到乔姆斯基的生成语法都一直将语言使用与抽象的语言结构知识一分为二，很少注意语言使用对认知结构的潜在影响。而基于语言使用的认知语言学理论认为，语法是语言经验的认知组织，因此语言使用对语法的形成具有重要影响（Bybee，2008）。

在第二语言习得中，语法不是该不该教的问题，而是怎样教的问题（Achard，2008）。这实际上是对20世纪80年代根据Krashen理论提出的自然法和20世纪90年代根据系统功能语法提出的交际法所带来的不良后果反思的结果。因此，交际教学模式中怎样有效地融合语法教学是当前和未来外语教学中必须面临的重要挑战和解决的问题。目前关于语法教学讨论的焦点问题有两个：是采用显性教学还是隐性教学，教学语言是目标语还是母语。

形式（语法）教学[②]在二语习得中的重要作用在于促进输入转化为吸收。虽然都以语言使用为基础，但一语习得比二语习得更成功。一语习得与二语习得的机制基本相同，如语言单位出现的频率、偶然性、线索竞争以及显性度的影响，但效果差别很大。问题在于二语习得中没有被习得的内容往往是输入中存在，但没有变为吸收的内容（Nick Ellis，2008）。其原因往往是母语的干扰作用：固化使得输入难以变为吸收（intake），如语言符号的形式与意义之间的可能联系（contingency），线索竞争、显性度、干扰，以及由于注意的选择性所产生的母语凸现（overshadowing）或阻隔现象（blocking）等（Nick Ellis，2008）。这意味着形式教学在二语习得中是必不可少的。语法教学的作用在于调整学习者的注意力，帮助学习者注意到输入中的线索并提高其显性度。因为，二语输入中的许多特征可能是低频的、非凸现的、交际中冗余的，有意识地聚焦于这些特征对成功的学习语言是必要的（Schmidt，2001），也是解决第二语言学习中长期存在的系统性问题的有效教学措施（Doughty，2001）。

认知语法理论的基本原理对语法教学具有两个方面的优势（Michel Achard，2008）：（1）语言符号观强调了语法教学中必须高度重视语法结构的意义的教学，对语法结构的意义的认识有助于更好地理解语法结构的形式，能够更好地解释清楚相关结构之间的联系与差异。从方法论的角度看，强调语法结构的意义教学使得语法教学接近词汇教学，从而有效地与交际教学法、内容教学法、任务教学法等衔接起来；（2）将说话者置于交际活动的中心位置，那么具体语言表达式的分布与选择是由说话者来决定而不是根据语言系统本身来确定，这种教学语言使用的过程能够更好地反映目标语的复杂性与灵活性，有利于学习者了解本族语者在具体语言环境下的语言选择，从而以同样的方式发挥学习者自身的创造性。从方法论的角度看，不断接近本族语者语言表达的灵活性的过程代表着语言教学的高级阶段。

3.7 多义性、语块（构式）是外语教学的主要内容

介词（短语）和动词短语，以及连接词是多义性的典型代表，因此，它们各自的不同意义及其相互联系都是语言教学中的重点内容。

心理学研究表明，块构化（chunking）是人类认知的最重要特征（Newell，1990），在块构化过程中，学习者递归性地将小结构组合成大结构，形成记忆组织的层级结构。这有三点含义：第一，人类认知中的递归性产生于长时记忆中的块构叠加与组合；第二，块构化过程中产生层级组织；第三，块构是最佳的信息组织与存贮单位。这和认知语言学关于语言习得的研究发现是完全一致的（Tomasello，1992；2000；2003）：儿童习得语言是从具体的构式开始的，然后逐渐发展出语法能力，语块有利于学习者抽象出语法知识。这正好证明构式是语法的基本单位，也是语言习得的起点。构式（语块）作为语言的基本单位能够反映出词汇到语法之间的连续体关系，同时也能表征出具体的词汇单位与具体的构式之间的相互作用方式（Bybee，2008），因此，块构化是获得语言自动化和流利性的基本过程（Nick Ellis，2001；MacWhinney，2008）。语块抽象到图式的程度便产生构式。如果学习者能够学到组合性的语块，他们会以类比的方式来处理语块而获得语法知识（Bybee&Hopper，2001；Nick Ellis，2002；Tomasello，2003）。这完全明确了具体语言单位（构式、语块、程式化语言）与语法知识教学的关系与顺序问题。Nick Ellis（2001）认为，语块化才能真正解释语言习得过程（LAP），而语言习得机制（LAD）只能说明语言习得的最终状态。二语习得者语言习得不成功的原因往往是没有学到足够的短语性语块（构式）（MacWhinney，2008）。由此可见，语块（构式）或者说语言系统中的规约性表达式或表达方式是语言教学的主要内容。

如果定义宽泛一点，惯用语（idioms）也可以看成是语块。惯用语以及隐喻性语言都是深度阅读理解教学中的重点。

3.8 教学内容要注重新旧知识的紧密联系

研究（Goldberg，2008）表明，已有的语言知识在新知识的学习中具有重

要意义。儿童习得语言的方式是以构式为基础的，但这并不能说明儿童就没有知识抽象（generalizations）。那么，意义怎样与形式匹配起来是语言习得研究的核心问题。儿童往往是不断将新的意义与已习得的构式联系起来，或者说根据已有的构式学习新的意义。随着年龄的增长，儿童产出的是熟悉的语序。Dabrowsky（2000）的研究也说明了这个问题。

3.9 方法论启示

二语习得的关键问题是：学习者是怎样在有限的输入条件下创造出一个新的语言系统的？学到的是什么？没有学到的是什么？为什么会这样？Stefan Th. Gries（2008）认为，语料库方法能够提供实实在在的证据，他指出，语料库语言学最主要的作用与功能是提供有关语言符号的出现频率，并认为形式的差异对应于功能的差异，形式成分的不同出现频率反映出其功能的规则性。由此，语料库语言学与认知语言学找到了契合点。

在第二语言学习的研究中，有三种语料库语言学方法：频率清单和搭配清单，类连接与词汇构式（colligations and collostructions），语词索引（concordance）。Gries在详细介绍了语料库的三种方法以后，非常严肃地指出了二语习得研究中使用语料库的数据时应该注意的几个问题：（1）当比较不同语料库得出的频率时要格外小心，因为它们的索引方法有差异或者是检索的精确度也不一样等。解决的办法有分层抽样（不同语言水平群体、不同的说话者、不同的体裁等），或者是重新抽样以获得更恰当的抽样群体、量化数据中的变量区间等；（2）对提供的频率数据要小心。许多研究在确定频率时，对数据的采样标准、采样范围和采样时间等往往具有主观臆断性，且对这样的频率数据也可能是简单化处理，对频率的确定标准也没有确定可操作的原则；（3）在大纲设计时，什么样的语料库可以作为选择的参照，频率表在多大程度上有效都不明确，根据频率表设计出来的大纲对第二语言学习者是否更有效都有待于验证。语料库中提供的真实性材料作为教材内容或词典内容是否更有利于学习者值得考虑，因为这样的真实材料可能在语法上太复杂，包含太多的难词、习语、文化负载内容太多的引语（allusions）或者是特定的语境信息，而且真实性并不意味着典型性。也许输入中语言特征的凸现性比真实性更有利于语言学习。

4. 结语

认知语言学对语言的观察与描写大大地有别于结构主义语言学和生成语言学，认为既没有深层结构也没有生成合格的句子的形式规则。基于使用的语言习得模型认为，语言是通过一般认知机制从输入中习得，输入中的符号频率和类频率对习得十分重要，符号频率作用于具体构式的习得，类频率作用于形式与意义关系的抽象范畴（语法知识）的习得。语言习得不存在逻辑问题，语言输入能够提供足够的证据得出抽象的表征，因此不需要天赋的知识来补充习得的过程。语言习得的基本方式是输入驱动和体验性的。亲身经历有意义的语言运用能够发现输入中具有意义的型式，这样的型式是在有意义的交际行为中学会的。这就意味着，课堂教学中在实施真实的交际活动时必须提供给学习者大量的有意义的语言输入和使用语言的机会。从某种意义上来说，认知语言学的语言教学原则与内容教学法、浸泡法、任务教学法、自然法在这一点上是完全一致的。

对外语教学而言，语言的基本特征是使用意味着：语言学习是一个实实在在的过程，语言必须是一个一个的构式或单位的学习，然后逐渐抽象出语法系统；必须提供足够的输入，而且这种输入还必须是接近社会和文化常规用法的有意义的输入；在方法上应该采用更自然的方法；在学习材料的选择上，应该根据出现频率来确定，即先学习最典型的（Langacker，2008）。

语言的理论模型具有纲领性的意义，它对建立语言习得假设和理论具有基础性作用。认知语言学的"基于使用"模型强调语言是学习者在参与性语言经验（对输入的处理、在社会环境中的交往过程中的语言产出）中学会的，学习者的适应性、一般认知能力起着重要作用。这样的观点无论是对成人第二语言学习者需求分析、交际语言教学，还是教材编制、课程设计，还是教师干预采用显性教学以注意语言的形式，还是对任务型教学法都具有补充作用（Robinson&Ellis，2008）。

要透彻了解认知语言学的理论原则对语言习得和语言教学的意义及其作用方式与作用程度，以下三个方面的问题必须首先研究清楚：（1）构式在第二语言习得中的作用；（2）习得的认知处理过程，包括构式学得的方式、类别、输入的量、二语发展过程、构式学习与发展序列和习得顺序的关系等；（3）最佳学习条件，包括构式习得的最佳条件，符号频率和类频率在不同条件下将构式知识自动化和抽象化的作用等。

另外，一语习得和二语习得虽然具有许多共性特征，但由于学习者本身具有差异，有两个核心问题也一直是研究的焦点：一是输入的质与量的差异，二是母语的作用与影响。

本文重点讨论了认知语言学对外语教学的启示，至于对语言习得过程、教学大纲的制定、教材编写等领域的影响，限于篇幅，不作探讨，将另文讨论。

注释
① 本研究得到国家社科基金的资助，项目号为07BYY002。
② Doughty（2001）指出，形式教学（focus on form）有四种不同定义。不管其中的差别如何，但核心是focus，即充分发挥选择性注意在处理语言输入中的重要作用。

本文原载于《中国外语》，2009年9月第6卷第5册。

语料库语言学与中国外语教学

桂诗春 冯志伟 杨惠中 何安平 卫乃兴 李文中 梁茂成

语料库语言学的发展前景与资源共享

广东外语外贸大学 桂诗春

1. 语料库语言学的发展前景

语料库语言学在国外和国内都发展很快,有的人选择了它作为发展方向,因为它的入门比较容易,上手较快;有的人把语料库语言学作为收集数据的重要手段。但是总的来说,我们的语料库研究还处在比较初级阶段,需要提高。究其原因是很多人把它看成是一种工具或手段,可以运用现有的一些现成的程序和公开的语料库,如Brown, LOB, Frown. Flob, BNC, CLEC, 只要选题得当,就能获得很多量化的数据,从而写出洋洋洒洒的文章来。在计算机和扫描仪的支持下,自行收集一些语言素材,建立一个特定的语料库,也不是什么难事。

我觉得,语料库语言学既是一种工具,但更是一门学科;它是对语言行为进行概率性归纳和概括的一门学科,它本身是跨学科性的,要做语料库语言学研究必须许多方面要有比较雄厚的基础。首先是数学和统计学。Herdan(1960)的一本早期著作,叫做《词次/词型数学》(*Type/token Mathematics*),其副标题就是《数理语言学教科书》(*A Textbook of Mathematical Linguistics*),当时还是前计算机时代,但Herdan觉得有两件语言事实值得我们注意:一是大量语言资料(language in mass),二是语言排列(language in line),它们是任何语言运作都不能离开的两个方面。某些语言学研究分支如果考虑到这两个方面,将会从中获益。当时还没有真正的机读语料库,Brown的语料库在1967年才面世,美国心理学家John Carroll根据该语料库以及他后来参与制作500万词的AHI语料库,所提出的词汇频数对数正态模型(lognormal model)均源于Herdan所奠定的基础。一直到最近美国Barber利用计算机对英语语体的各种研究,更是利用了因子分析的统计方法。其次是计算机科学。语料库的发展离不开现代科学技术,其主要表现是个人电脑、扫描仪和大容量硬盘的普及,当初Brown语料库要动用到大型电脑,而到如今,只需一万元左右就能在家里拥有这些设备，制作出甚至比Brown还要大的语料库。但是我们往往只注意到硬件部分，而不认识到软件的建设。从事语料库语言学研究的人而不掌握一到两种编程语言，也不可能拓展他们的研究领域，因为他不能根据个人的研究需要，通过计算机自行编程来检验假设。此外，要做语料库语言学研究，文本分类（又叫文本分析或内容分析）也必须具备雄厚的基础。它的研究范围也很广，从信息的提取、组织、储存，文本（包括语体）的分析，社会舆论调查，著作归属到文本格式。这也牵涉到许多统计学知识和计算机知识。数理语言学和计算机语言学的研究对象是文本和语篇。有志于研究这门科学的人必需具有这些基础训练，否则不会走得很远的。我觉得，当务之急是让我国语料库语言学的先行者们聚在一起，研究语料库语言学作为一门科学应该在什么层次上开设？它有什么基本内容？由哪些核心课程组成？只有规范语料库语言学专业的课程，按照这些课程设置来培养我国语料库语言学的学生，他们才能高瞻远瞩，取得真正的进展。

2. 资源共享问题

语料库语言学对资源有很大的依赖性，为了促进语料库语言学在我国的发展，应该提倡资源共享。回顾语料库语言学在国外的迅猛发展，和资源共享有密切的关系。共享的方法有多种：一是免费提供，最典型的例子是George Miller领衔制作的英语大型词汇数据库Wordnet受到各方面资助，前后参与制作的不下一千人，而且还在不断完善。他们认为这不是一个商品，应该为公众所有。二是提供网上服务，整个语料库不提供，但是在网上可以自由检索获得数据，像美国Brigham Young大学的Mark Davies在他的网页上检索美国现代英语语料库、美国历史英语语料库、英国国家语料库、《时代》杂志语料库、西班牙语语料库、葡萄牙语语料库以供检索。三是成立语料库分配中心，收少量成本费提供语料库，像挪威的ICAME（International Computer Archive of Modern and Medieval English），美国的LDC（The Linguistic Data Consortium），等等。一些语料库工具，如TACT、LEXA、Wordcruncher、Wordsmith、Antconc也都很容易在网上获取。资源共享的理念是，只要有更多的人使用，我们所开发的资源、工具才能完善，学科才能发展。只有互通有无，才能共同协作，才能减少重复劳动，制作出更成熟的成品。

双语语料库的建设与用途

国家教育部语言文字应用研究所 冯志伟

1. 双语料库的建设

我很赞同桂诗春教授的意见，积极推进语言资源的共享，语料库只有共享才能变成财富，如果把语料库的研究成果"藏诸名山，束之高阁"，只是一堆数据垃圾，必将自毁前程。桂诗春教授刚才提到宾西法尼亚大学的Linguistic Data Consortium（我建议最好翻译为"语言数据联盟"简称LDC）是一个很好的供语料库语言学研究者进行交流互动的平台。在语言数据联盟和其他相关机构的帮助下，研究者们可以获得口语和书面语的大规模的语料。重要的是，在这些语料中还包括一些标注过的语料，如宾州树库（Penn Treebank），布拉格依存树库（Prague Dependency Tree Bank），命题库（Prop Bank），宾州话语树库（Penn Discourse Treebank），修辞结构库（RSTBank）和Time Bank（我不知道Time Bank这个名称如何翻译为中文）。这些语料库是带有句法、语义和语用等不同层次的标记的标准文本语言资源。这些语言资源的存在大大地推动了人们使用"有监督的机器学习方法"（supervised machine learning）来处理那些在传统上非常复杂的自动句法剖析（automatic syntactic parsing）和自动语义分析（automatic semantic analysis）等问题。这些语言资源也推动了有竞争性的评测机制的建立，评测的范围涉及到自动剖析（parsing）、信息抽取（information extraction）、词义排歧（word sense disambiguation）、问答系统（question-answer system）、自动文摘（automatic summarization）等领域。

几年前由中国中文信息学会发起，在北京创建了"中文语言数据联盟"，（Chinese Linguistic Data Consortium，缩写为CLDC），是一个自愿组成的学术性社会团体，其宗旨是团结中文语言资源建设领域的广大科技工作者，建成代表中文信息处理国际水平的、通用的中文语言和语音的资源库。欢迎语言学界的同仁积极参与CLDC的工作，促进语料库资源的共享。

目前单语语料库很多，已取得辉煌的成绩，但双语并行语料库（parallel corpus）不容易获得，它的构建和加工是很困难的工作。我国还没有高质量的、大规模真实文本的英汉双语语料库，更没有成熟的、可共享的加工工具，最近公布的2010年国家社会科学基金重大项目中有一项就是"大规模英汉平行语料库的构建与加工研究",资助强度大约是50万元左右,可见国家对于双语语料库建设的重视。这个项目是我和王克非教授在今年的社科基金评审会议上建议提出的,已开始招标,希望大家积极投标,积极推进我国的双语语料库建设。

2. 如何将语料库语言学运用到外语教学,如何从语料库中挖掘知识?

我认为英汉双语语料库的最大用途就是推进英语教学,我们可以从双语语料库中抽取教材的原材料,帮助语言学习者提高对于真实语言材料的语感,从而编写出高质量的外语教材。有的外语老师冥思苦想地根据自己的语感来编写教材,费时费力,其实,如果依靠英汉双语平行语料库,就可以减轻搜集素材之困难,大大提高编写教材的工作效率。

另外,语料库中蕴藏着无比丰富的知识等待我们去挖掘,如果我们使用"文本数据挖掘"(text data mining)的技术,从语料库中挖掘知识,既可以挖掘语言学的知识,也可以挖掘非语言学的知识,就像从矿石中挖掘出黄金一样,这些知识可以弥补传统语言学的不足,克服研究者的主观性和片面性。我们在text data mining这个术语中使用mining(挖掘)这个单词,而没有使用extraction(抽取)这个单词,正是为了强调在从语料库中获取知识的时候,要开动脑筋,要经过一番"去粗取精、去伪存真、由此及彼、由表及里"的深思熟虑的功夫来加工数据,而不要被海量的数据所迷惑。数据就像矿石,我们的任务是从海量的数据中挖掘出隐藏在其中的有规律性的东西,把海量的、离散的"数据"(data)变为精炼的、系统化的"知识"(knowledge),从而把经验主义方法和理性主义方法紧密地结合起来。这种知识获取方法上的巨大变化,有可能引起整个语言学研究的"战略转移"(strategy transit);我们中国的语言学家应当敏锐地关注"战略转移"问题,作出我们的应有的贡献,千万不要错过这个在语言学历史上千载难逢的良机。

语料库语言学的应用研究与贡献

上海交通大学 杨惠中

1. 语料库语言学的应用研究

这次专题讨论的题目"语料库语言学与外语教学"我觉得很好，很及时。语料库语言学本来就是实践性、应用性很强的一门学科，脱离了应用，坐而论道，也就失去了发展的基础和动力，将变成无本之木、无源之水。外语教学正是语料库语言学的重要应用领域，语料库语言学以实际使用中的语言事实作为研究对象，是一种着眼于语言运用的研究方法（performance-based approach），因此跟语言教学有着直接的关系，对真实语言交际的各个方面，包括词汇的、句法的、语义的、语用的、语篇的，进行深入的探讨和全面的描写，其研究成果可以应用在教学大纲设计中，为确定教学内容、制定教学目标提供坚实可靠的决策依据。

语料库语言学在外语教学中的应用研究在三个方面应当加强。首先，充分利用在国内已经建成的中国学习者英语赋码语料库，包括书面语语料库和口语语料库，进一步深入研究中国学生学习英语的典型困难所在、研究中国学生运用英语的特点、调查不同类型和不同背景的学生的语言特征、探讨学生的学习策略、研究有关学习者语言发展的全面信息，以便建立有中国特色的英语教学体系。其次，把语料库语言学的研究成果，包括对预构成语块、词语搭配与用法、关键词、错误分析等方面的研究成果，建成语言数据库，提供在线帮助，把研究成果直接应用于教材开发和课堂教学，提高语言教学的有效性。再次，可以为高端学生提供"数据驱动学习"，由教师开发有针对性的小型专用语料库，学生利用词语索引软件，通过与母语语料的对比分析，自己探索英语词语的用法，让学生直接接触复杂的语言现象，在老师指导下，通过实际观察语境，通过分析、对比、综合、归纳，自己发现规则，做出假设，通过"探索"进行学习，掌握地道的英语、发展英语语感。当然，不能让学生迷失在海量的语言"事实"中，应当进一步开发便于使用的、界面友好的检索工具、分析工具等辅助语言学习软件，并且对语料进行预分析，帮助学生迅速找到语言的正确用法。

语料库语言学另外一个重要应用领域是自然语言处理，今天在计算机自然语言处理领域里，基于规则的方法已经让位于基于概率的方法，也就是语料库语言学方法，并且已经取得显著成果，充分说明语言概率模型的生命力。

2. 语料库语言学促进语言学研究

语料库语言学作为一种研究方法，今天没有人怀疑，事实上众多研究领域已经离不开基于语料库的研究方法，比如社会语言学、语用学、会话分析、语体分析、儿童语言发展研究等等，而在有些领域，像词典编纂，基于语料库的方法则已经是当今词典编纂的范式，很难想象任何原创性的词典编纂项目可以没有自己的语料库的支持。

语料库语言学作为一门学科，则尚有争论。我们认为语言学的任务就是对语言进行科学的研究。由于人类语言涉及人类生活的方方面面，对语言的研究可以从不同的侧面着手，社会的、心理的、历史的、地理的、人种的、比较的、甚至神经生理的、病理诊断的等等，由于人类语言的复杂性，每一方面的研究都会使我们对语言的本质获得进一步的认识，人类的认识是没有止境的。

语料库语言学以真实语言数据为研究对象，凭借计算机技术，采用数据驱动的实证主义研究方法，从宏观的角度对大数量的语言事实、对语言交际和语言学习的行为规律进行多层面的研究，尤其是提供有关语言使用的概率信息，这就为语言学研究提供了新的途径，带来了新的理念、新的方法，这方面的研究必然使人们加深对语言本质的理解，这些研究当然属于语言学研究范畴。至于语料库语言学学科的研究对象、范围、方法等怎样进行界定，这将是新一代语料库语言学家面临的任务。

语料库的教学加工理念与应用

华南师范大学 何安平

1. 语料库语言学从工具和方法正走向理论构建

语料库语言学经过近半个世纪与计算机科学的协同发展，已经从早期的建设大规模语料库、开展语言调查和研发检索工具进入到语言学理论构建及更加广泛深入应用的阶段。语料库使人类掌控的语言资源空前巨大、检索和提取语言信息的手段空前快捷和灵活，它先从改变人们观察语言的方式进而发展到改变人们对语言本质的认识。其中对语言意义的构建单位和表达范式的研究就已经涌现出一批创新性的理论成果，包括"词汇语法理论"、"口语语法"和"短语理念"等等。上述的理论发展自然对语言教育，尤其是外语教学产生触媒作用，并且已经引发了一系列外语教学理念改革。例如，词汇教学是教单词还是教短语搭配？教搭配是仅教词汇和语法形式搭配还是要扩展至教语义或语用搭配？词汇和语法是分开教还是……？所以，国外有学者称"语料库是一场革命"。

2. 语料库的"教学加工"理念

语料库的"教学加工"（pedagogic processing）是目前国内外不少学者对语料库语言学应用于语言教育教学的深刻反思。它包括如何让语料库走进语言教学大纲的设置、教材的编写、课堂教学活动设计、实施和效果评估等等。目前在国外，语料库应用于教学的研究已经从宣传和介绍其可能性和潜在意义发展到深入探究如何与其他学科的理论和方法相结合以及如何解决在教学实施过程中遇到的理论困惑、工具改良、教材设计和教学方法等实际问题。在国内，业内人士虽然越来越认同语料库作为一种新资源和新技术对外语教育教学有巨大的潜在价值，但是语料库辅助的教学还未能切实进入外语教学的主流（即课堂教学）2010年在捷克召开的第9届教学与语料库（TaCL）国际研讨会更提出一种观念转变：即：不是由专家学者向一线教师宣讲可能利用语料库来做什么，而是由一线老师提出需要用语料库来做什么，然后再共同研究如何解决这些教学上的实际问题。语言教师要从"语料库产品（如教材）"的"消费者"转变为

"合作研发者"、"实践反思者"和"教师自我发展的行动者"。

3. 语料库应用于外语教学的发展趋势

语料库语言学在该领域的发展至少有以下几个趋势。一是着力建设外语学习者语料库、口语语料库和专门学科或行业语料库（如 英语 ESP）；二是创建多模态语料库，即语料库与音频和视频相链接的、甚至是同步共现的综合性教学资源库；三是将语料库语言学纳入师范教育和继续教育的必修课程，使之成为外语教师必备的教学资源和信息技术。我们华南师范大学的语料库语言学教学团队将一如既往，朝着这些趋势努力探索实践。

语料库语言学的学科地位及外语教学服务

北京航空航天大学 卫乃兴

1. 语料库语言学的学科地位与争议

关于语料库语言学的学科定位，一直众说纷纭。语料库研究创始之初，先贤们以解决语言教学中的实际问题为己任，无疑挑战理论语言学。然而，及至1990年代，大量新的研究发现问世，触动了语言学的方方面面，也引起了诸多反弹。在理论语言学阵营，Chomsky说"Corpus linguistics does not exist"（Tognini Bonelli 2001：50）。在应用语言学阵营，Widdowson（2000）认为语料库语言学的研究成果不能应用于语言教学，如果那样做，就是在搞Linguistics applied。显然，Widdowson认为语料库语言学不属于应用语言学。然而，Halliday（1993：1）却认为，将语料库语言学家与理论语言学家区分开来是非常奇怪的做法，因为语料库语言学是一种理论性极高的探索。时至今日，大家仍在讨论，并无共识。我个人十分赞赏黄国文教授刚才主旨报告中讲的观点，即语料库语言学和功能语言学一样，属于Halliday所阐述的"适用语言学"（Appliable linguistics）。事实上，几年前我在洛阳举行的一次会议上也提出过类似的观点。也就是说，语料库语言学是介于理论语言学与应用语言学之间的一种语言学，它的研究活动及其成果既适用于语言理论构建，也适用于语言教学的实践。"适用语言学"是个十分有用的概念，因为有些语言学在可预见的将来是无法应用的。它可以较好地解决语料库语言学的学科定位问题。

关于中国国内过去数年进行的语料库研究，我认为基本上属于应用语料库语言学（Applied Corpus Linguistics），因为大家主要是针对二语习得和教学问题进行探讨。

2. 语料库技术在外语教学中的运用

杨惠中教授关于语料库应用于外语教学的观点一语中的。中国的语料库研究应当也必须为外语教学服务。遗憾的是，过去数年间，语料库帮助一大批学子获得了硕士、博士学位，却未能有效帮助外语教师和学生提升教学效果。我认为，应当首先从教师培训做起。帮助教师从语料库证据归纳最频繁使用的类联接型式、最频繁使用的词语搭配、最频繁表达的意义和功能；帮助他们学会发现新的语言事实，新的意义和用法模式。这对发展他们的语言意识大有裨益。教师的语言意识提高了，使用语料库的技能娴熟了，观念发生了变化，会逐步改进教学，并最终使学生受益。

3. 语料库语言学的现状和未来

全球范围内的语料库语言学现状可谓喜忧参半。一方面，越来越多的不同学术路线和背景的研究者加入到了语料库研究队伍，包括心智语言研究者，阵容空前庞大，异彩纷呈。另一方面，各种学术理念和方法交织碰撞，有些做法已经明显不同于第一代语料库学者创设的基本经典方法。问题不在于能做什么；平行语料库、多模态语料库、动态语料库等等，都可以做。问题在于如何做：任何学科都有其认识论和方法论；背离了基本立场和方法，就不再属于该学科了。总之，这个学科的未来有很多不确定性。不过我们什么时候都应相信严肃科学的力量。

语料库开发与语料库研究

河南师范大学 李文中

1. 语料库语言学的发展问题

我不敢去做什么预测，只是把我们自己正在做的和希望做到的，以及在此过程中碰到的一些困扰，向在座的各位汇报，并请大家指导。（1）语料库开发问题。我们感觉到，语料库开发正在向两头快速发展和延伸：一是通用型的、基于网络的超大型语料库开发，其主要特征是应用新技术新方法，如网络服务和云计算，提供可定制的动态开放语料库，以满足使用者日趋多元的需求和应用取向；二是个性化、专门化、行业化的小型语料库开发。前者需要大规模的投入和专业化的开发队伍，愈来愈注重数据挖掘、信息智能处理、以及知识挖掘，强调语料库数据的组织结构和呈现方式；而后者仅需要小规模、小投入、开发者即是研究者，又是研究成果的田野使用者，更强调语料库的整体平衡性和代表性。当然，二者虽离心发展，但之间的界限却非泾渭分明，而是相互借鉴，互为发明，互相促进。（2）语料库研究的发展问题。语料库研究需要更大的发展纵深，要解决如何从描述到解释，以及如何从发现到理论建构等难题。描述须完备，解释须充分；研究发现强调可靠性，理论建构则注重可验证性。（3）语料库研究方法和视野问题。无论是基于语料库的研究，还是语料库驱动研究，我们都可能需要解决如何从词语分析、短语学分析到文本分析、话语分析以及文本群落分析的视角和方法问题，把具体的、散点的词语层研究统一到多维纵深的文本整体研究上，这使得语料库研究方法和视野呈收敛趋势：不是用其他各个学科的理论和观点来观照和审视语料库语言学，而是拿语料库语言学来观照和审视相关的研究发现和成果。（4）语料库研究应用问题。语料库研究应用越来越多元化和日常化。方法、工具和应用是语料库语言学学科从一开始就不可或缺的要素。它既不是纯理论的推演，也不是机械的泛工具。纯粹把语料库当作工具的学科需要谨慎，他们可能要么为语料库大量产生的"废料"感到头疼，要么为无限增长的反证而感到束手束脚。语料库语言学方兴未艾，目前对其发展作任何预测可能都是徒劳的。借用一部电影的对白，对语料库语言学的发展，我们只能知道开头，却永远猜不中结尾。

2. 语料库与外语教学

再汇报一下我们对语料库应用的工作和学习体会。我们河南师大团队目前正在解决以下几个问题：(1) 如何使语料库服务语言教学的目标、内容、过程以及评价，使语料库应用纳入到教育教学这个整体框架下。语料库研究成果不仅需要融合应用语言学理论，还需要教师行动研究来具象，使之语境化、具体化，更富于针对性。(2) 基于语料库的学习平台应与网络无缝联接。(3) 多媒体语料库集成语料库检索技术、网络音视频流媒体技术及人机交互界面，在学科教学理论指导下，为语言教学提供底层数据支持，真正实现虚拟语料驱动学习。

大型语料库的合理使用与共建共享

北京外国语大学 梁茂成

1. 外语教学中如何合理使用大型语料库

这里我想谈两个问题。第一个是语料库在外语教学中的应用问题。正如许多学者所言,语料库的最大优势在于其语言的真实性,有别于教师凭直觉杜撰出来的例句。或许是受这种思想的启发,前一阵子,有一位老师很得意地向我演示他如何利用数据库技术,将总容量达到一亿词的英国国家语料库(British National Corpus)存放到自己的服务器上,并提供网络入口,任由学生进行"探索性学习"。对这位老师的高超技术和热情投入我十分佩服,但不难想象,大型通用语料库往往口笔语兼收、语料庞杂,口语方面包含日常会话、公共演讲、电视访谈等;笔语方面既涉及书信往来、娱乐小报和时尚杂志,又不乏小说戏剧、学术著作和政府文书,不一而足。在教学实践中,若将如此混杂的语料不分青红皂白地和盘托出,交给初涉外语的学生,无异于把刚学游泳的孩子扔到茫茫大海之中,其结果可想而知。

几乎在语料库问世之时,人们就意识到语料库在外语教学中的广阔应用前景。的确有一些学者在大纲制定、教材编写、语言测试中尝试使用语料库,然而,迄今为止,普通外语教师和外语学习者,充分利用语料库的人少之又少。造成这种局面的原因是多方面的,值得我们思考。在我看来,语料库应用于外语教学应以遵循教育教学规律为首要原则。譬如按照因材施教的个性化学习原则,我们可以为不同学生(或不同课程)定制不同难度的分级语料库。或者还可按照不同教学目标,从大型语料库中精选少量语料以适应课堂教学的要求(我称之为"微型文本")(梁茂成,2009)。围绕教材和课程内容构建的微型文本库将会给外语教学提供丰富且可操作的真实语言素材;其次,若想使语料库在我国的外语教学和研究中获得更广泛的应用,我们有必要组织一些针对教学实际的专题研讨,走出"象牙塔",以网络论坛或研修班的形式,同一线教师探讨语料库应用方面的实际知识。

2. 也谈语料库资源的共建与共享

第二个问题是语料库资源共享。资源问题是约束语料库语言学普及和发展的一个突出问题。这其中包括软件资源和语料库资源两方面。我十分敬仰桂诗春教授，他不仅传授给我们做人之道，为我们提供学术指导，更重要的是在与桂老师交往中，他常常与我们共享资源。

我认为，在语料库资源方面，我们应该加强共建和共享。加强共建指的是在语料库建设和软件开发方面各单位应加强合作，整合智力和人力。对于共建的资源，大家则可以共享使用权。这样研发出来的产品便不会只存储在个别单位实验室的电脑里。目前，我们北京外国语大学语料库语言学团队正在联合全国近百所高校的外语教师，共同建设一个共享语料库。希望这成为国内共建语料库的一个成功试点。同时，加强共享也十分重要。我们开发了一些有价值的资源，若拒绝交流，这不利于发现问题，也不利于技术创新。近几年，北京外国语大学中国外语教育研究中心语料库语言学团队不断进取，特别注重与国内外同仁的交流。不仅如此，我们开发了多个专门用途语料库软件，如PatCount（梁茂成、熊文新，2008）、Colligator（许家金、熊文新，2009）等，全部免费在专业的语料库论坛（www.corpus4u.org）上与人分享。这些软件极大地方便了广大语料库爱好者。我们衷心地希望桂诗春老师所提倡的共建与共享的精神可以将我国语料库语言学的发展推向新的高度。

本文原载于《现代汉语》，2010年第33卷第4期。

语言生态多样与政策规划研究

第三章
语言政策

按语（沈骑）

语言政策研究是教育语言学研究的一个重要领域，其关注重点在于教育领域的语言状况、语言使用以及语言规划等重要议题。在我国，不少研究者在语言政策和外语教育规划理论和实践方面做了探索和思考，其中既有对理论概念的归纳和总结，也有理论的创新见解，更有对中国外语教育历史、发展和改革的深刻思考。例如：刘海涛梳理语言规划和语言政策的定义变迁，归纳语言规划和语言政策学科发展的历史演进和重要特征，明确了语言政策研究的基本概念；李宇明从语言规划理论入手，分析阐释外语规划基本理论，从国家和社会发展的高度探讨我国外语规划的研究命题，开阔和拓展外语研究视野；胡文仲回顾和分析我国外语教育规划实践的教训，认为我国外语教育规划研究严重滞后，提出当前研究的几个重要问题；戴炜栋和王雪梅从学科发展角度分析外语教育规划的作用，讨论外语教育规划原则和方法，以及语言规划、学科规划、人才培养、教师教育、学术研究等问题；束定芳从国家外语战略高度，对语言地位、语种选择、语言水平和人才层次等中国外语教育规划和布局关键问题进行深刻思考。以上学者的真知灼见，都为我们广大教育语言学学者投身到语言政策理论和实践研究打下了坚实的基础。

语言规划和语言政策
——从定义变迁看学科发展

中国传媒大学应用语言学系 刘海涛

人类有意识影响语言发展的活动由来已久，今天人们一般用"语言规划"（Language Planning）来特指这个领域，如现在至少有两个刊名中含有"语言规划"字样的国际性学术刊物："Language Problems and Language Planning"（语言问题和语言规划，John Benjamins，1977— ）和"Current Issues in Language Planning"（语言规划的当前问题，Multilingual Matters，2000— ）。至于"语言规划"和"语言政策"，虽然有学者认为二者是有区别的，如Ager（2001）用"语言规划"表示那些由个人或集体从事的非官方的活动，用"语言政策"特指官方的行为。但本领域的大多数文献对二者没有做详细的区分。为此本文在引用时基本按照原作者的用法直接引用，对二者也不做进一步的区分。

一般认为，术语"语言规划"首次出现于1959年发表的一篇题为"在现代挪威规划一种标准语言"的文章里，文章作者为Einar Haugen。而Haugen自己则说Uriel Weinreic曾在1957年的一次研讨会上使用过这一术语。不管是哪一种说法，"语言规划"这一术语的首次出现时间大致在20世纪50年代末，这一点大致是可以肯定的。

Haugen在1959年的文章中，将"语言规划"定义为："一种准备规范的正字法、语法和词典的活动，旨在指导非同质言语社区中的书面和口头语言应用。"后来在一篇题为"语言学和语言规划"的文章中，Haugen对此做了补充，他说"现在我宁愿将其（即：他1959年的定义—刘注）视为语言规划的一个结果，它是实现语言规划工作者所做决策的一部分。语言规划的核心是'用选择的方式，对现有的语言形式进行判断的活动。'简言之，可将语言规划定义为对语言变化的评价"。Haugen（1972）认为语言规划是社会规划中的一个部分，据此他也有过一个更具一般意义的语言规划定义"为一个言语社区，建立目标、政策和过程的活动"。Haugen（1972）这些对语言规划的定义，看似不同，实际上，却从不同的角度道出了语言规划的许多本质属性。这一点，我们会在下面的分析过程中，看的更清楚。现在，我们开始语言规划的定义之旅。

Tauli（1968）：语言规划是调节和改善现有语言，或创造新的区域性、全国性和国际性语言的活动。语言规划涉及语言的口头和书面形式的各个层面：语音、词法、句法、词汇和正字法。语言规划理论是系统研究语言规划的目标、原则、方法和策略的学科。

Rubin&Jerrudd（1971）：语言规划是一种有意识的语言改变，即：对语言系统本身或语言应用，以及对二者的改变。这些规划是由专门为此目的而建立或得到授权的机构来进行的。语言规划的主要任务是解决问题，它的特点是通过对制定和评价各种解决语言问题的方法，以寻求最好（或最优，最有效）的决策。

Thorburn（1971）：如果人们试图通过各种语言知识来改变一组人的语言行为时，就出现了（语言规划）。

Jernudd & Das Gupta（1971）：我们认为规划不是一种理想主义和完全属于语言学的活动，而是一种为了解决社会语言问题的政治和管理活动。

Gorman（1973）：在我看来，术语"语言规划"最适于说明这样一些有组织的活动，即对语言的正字法、语法、词汇以及语义方面进行选择、规范和加工。

Das Gupta（1973）：语言规划是指一组有意识的活动，这些经过系统设计的活动在一定的时间里组织和发展了社区的语言资源。

Fishman（1974）：术语"语言规划"指的是对语言问题解决方法有组织的寻求，一般出现在国家一级。

Karam（1974）：本术语指的是一种试图解决语言问题的活动，通常由国家来进行，其对象为语言本身或语言应用，或二者兼而有之。

Weinstein（1980）：为了解决交际问题，而在政府授权下所进行的长期的、连续的有意识改变语言本体或改变语言社会功能的努力。

Neustupný（1983）：语言规划指对于语言问题系统的、基于理论的、理性的和有组织的社会关注。

Eastman（1983）：为了达到某些规划机构设定的目标，而将语言作为一种社会资源进行操作的活动。规划机构一般指当地的政府、教育、经济或语言权威部门。

Christian（1988）：语言规划是一种旨在解决语言问题的公共和系统的努力，它通过机构组织对语言使用的干预来达到相应的目标。

Cooper（1989）：语言规划指的是有意识去影响他人语言行为的努力，包括习得、结构和功能分配等方面。

Halliday（1990）：语言规划是一种非常复杂的活动，它含有两种完全不同,而且本质上有冲突的成分:其一是有关'意义'的,这与我们有关语言和符号学的所有其他活动是相同的;其二是关于'设计'的。如果我们从更广的角度来看设计系统和进化系统的区别,那么语言规划意味着在一个自然发展的系统(即语言)中引入设计过程和设计特征。语言规划活动的重点在制度,而非本体,也就是说,它规划的不是语言的形式,而是语言与其使用者之间的关系。

Jernudd(1991):语言规划是前瞻性的、有组织的语言管理,一般(但不一定)是由政府授权和资助的公共机关进行的。语言规划可以被看作是一种解决问题的方法。它为寻求最佳决策的人们提供了一个可在未来实现其理想的框架。

Tollefson(1991):语言规划是所有有意识地影响语言变体的结构或功能的活动。语言政策是由政府所从事的语言规划。

Bugarski(1992):简言之,术语语言政策指的就是一个社会在语言交际领域的政策,这些地位、原则和决定反映了社区与其可操用语言、交际潜力的关系。语言规划一般被认为是在语言政策框架内所采取的一系列作用于社区语言交际上的具体措施,这些措施常用来指导语言的发展。

胡壮麟(1993)认为:(1)语言规划是有意识的、有组织的活动。(2)它涉及私人和官方的努力。(3)语言规划旨在发现和解决交际问题,这些问题既有语言学的,也有非语言学的。(4)语言规划要解决的是全国性问题,故需较长时间评估并在一定社会中解决这些问题。(5)语言规划要有一定的理论框架指导。

Gottlieb(1994):语言规划是有意识的工程化的语言改变。语言政策是规划者为了达到预定目标而制定并实施的特定策略。

Mackey(1991):语言规划是对语言多样性的社会调节。

Kaplan & Baldauf Jr.(1997):语言规划是某些人由于某种理由试图改变某个社区语言行为的活动。

Tonkin(1999):语言规划是一种对语言选择过程进行的有意识干预,旨在影响相关的选择。

Grin(1999):解决语言问题是语言政策和语言规划的首要目标。所有"语言问题"的共同核心是多样性,因此语言政策的根本使命是多样性的管理。

冯志伟(1999):语言规划就是政府或社会团体为了解决语言交际中出现的问题有计划有组织地对语言文字进行的各种工作和活动的统称。它是语言政策的具体体现。……语言规划具有社会性、交际目的性、长期性、庞杂性和权威性的特点。

许嘉璐（1999）：语言规划是国家或社会团体为了对语言进行管理而进行的各种的统称。所谓规划或管理，是个广义的概念，包括语言的选择和规范化、文字的创制和改革等方面的具体问题。

Gottlieb & Chen（2001）：语言规划是有意识去指导、改变或保留一个社会语言代码的习得、结构或功能分配的努力。语言政策指的是由权威机构来进行的这些活动的系统性规划。

Lo Bianco（2001）：一种最直接地将语言变为公共政策的学术领域，这就是语言政策和语言规划。

Phillipson（2003）：语言政策是社会政策的集成部分。地位规划、本体规划以及获得规划是语言规划的主要内容，作为语言社会学的一个分支，语言规划与经济学、人口学、教育学和语言学有关。

Mühlhäusler（2003）认为：按照生态学的观点，语言规划已不再是一种流水线式的作业过程，而是一种旨在保持人类交际系统最大多样性的活动。按照其说法采用生态观的语言规划者追求的解（语言的多样性）正是传统语言规划者们要解决的问题。

Baldauf（2004）：语言规划是一种有意识的、面向未来的对语言代码及语言使用的系统改变，一般由政府来进行。语言规划可分为以下四类：地位规划、本体规划、教育规划和声望规划。

Spolsky（2004）认为：有必要把一个言语社区的语言政策分为三个组成部分：语言实践 – 使用者在自己可操用语言变体中进行选择的惯用模式；语言信念或意识 – 关于语言和语言使用的信念；以及通过任何语言干预、规划或管理的方法来修改和影响这种语言实践的所有努力。

陈章太（2005）：政府或社会团体为了解决语言在社会交际中出现的问题，有目的、有计划、有组织地对语言文字及其使用进行干预与管理，使语言文字更好地为社会服务。

Cooper（1989）提出过一个语言规划行为的分析模式。他认为可以从以下八个方面去分析语言规划活动：谁是规划的制定者？针对什么行为，针对哪些人？要达到什么目的（或出于什么动机）？在什么条件下？用什么方式？通过什么决策过程？效果如何？显然这八要素是针对语言规划行为本身的一种分析。有学者认为要理解语言规划的总体影响不能仅考虑这些关系，而且也应该考虑这样一些因素：谁接受规划规定？接受什么规划规定？从哪儿接受规划规定？在什么情况下接受规划规定（Haarmann，1990）？这是从语言规划的受众角度来分析问题的。

现在是回到定义本身的时候了，从跨越45年的30多种定义中，我们大致可以得出语言规划具有这样一些特征：语言规划是人类有意识的对语言发展的干预，是影响他人语言行为的一种活动；语言规划是为了解决语言问题的，所谓语言问题是由语言的多样性引起的交流问题；语言规划一般是由国家授权的机构进行的一种有组织的活动；语言规划不仅仅对语言本体进行规划，更多的是对语言应用的规划，对语言和人以及社会之间关系的规划；语言规划是一种立足现在、面向未来的活动；语言规划和语言政策是国家或地区社会政策的有机组成部分；语言规划与语言学其他领域的不同在于，它通过明显的、有组织的人工干预在自然语言中引入"人造"成分。这基本上是1980年代中后期之前人们对于语言规划的一些看法。1990年代以来，人们对语言规划又有了更多的认识：语言规划是对语言多样性的一种人工调节；语言规划不是要消灭语言的多样性，而是要保护这种多样性；语言规划的目的不再只是解决交际问题了，而且也应该考虑其他非交际的问题；语言规划也应该考虑受众的感受，考虑规划行为对整体语言生态系统的影响；语言规划不仅仅是语言学的一个分支，也和社会学、政治学有着密切的关系；语言规划应该被视为社会规划的一部分。

Ricento（2000）将第二次世界大战后的语言规划和语言政策研究分为如下三个阶段：

阶段	内容	宏观-社会政治	方法论	策略
早期工作（1950-1960晚期）	脱离殖民、建立新的国家	社会科学中的结构主义	语言问题可以通过规划来解决
第二阶段（1970早期-1980晚期）	现代化失败	社会语言学批判理论	现实主义
第三阶段（1980中期-现在）	世界新秩序	后现代主义	语言人权

我们认为Ricento讲语言规划和语言政策分为三个时期是有一定道理的。但是，从定义变迁的角度来看，我们更有理由将语言规划的发展时期分成两个大的阶段。1950年代至1980年代中后期为第一阶段，1980年代中后期至今为一个阶段。这样的划分依据要更充分一些，因为Ricento所说的第二阶段的转换特征并不明显，严格说来是可以将其归结到第三阶段里的。

第一阶段的语言规划和语言政策的目标基本上与那些新创建的国家的整体目标密切相关的，即：国家的统一和"现代化"，而这一过程中被仿效的对象大多是具有"一种语言、一种文化、一方领土、一种政治概念"传统的西方国家。按照苏金智（2004）的统计，在186个国家和地区中，有112个国家和地区用法律的形式明确规定了自己国家的国语或官方语言。这一时期的语言规划和语言政策，在不经意间，都会流露出多语现象是混乱、贫困和落后的意象，而能够有一种标准语才是发达国家的表征。这样语言规划和语言政策的目标就成了消除由于语言的多样性所带来的语言交际问题了。显然，在这样的大前提下，多元化基本就成了无人顾及的弃儿。

但是，模仿不是解决问题的根本之道。社会政策的制定及效果与国情的方方面面有着密切的联系，世上没有灵丹妙药。语言政策作为社会政策的一部分也不例外。希冀中的"经济腾飞"和"社会发展"，并没有到来。这个时候，人们开始反思，开始用批判的眼光来审视过去的做法。这种对社会政策的反思，也影响到语言政策领域。语言规划开始从单一的以语言代码为中心的理论过渡到综合考虑语言应用和各种社会和政治因素的关联问题了。语言政策和语言规划的对象也从过去的"语言"变为"语言社区"。对传统的批判和反思成了推动语言规划和语言政策向第二阶段转移的动力。

Mufwene（1998）在一篇有关语言生态学的论文中的第一句话是这样说的："毫无疑问，1990年代将被铭记在语言学史上，这是一个语言学家对语言的濒危和消失问题日益重视的时期。"语言学和社会语言学中，这种对语言多样性的重视可以视为一种后现代主义在语言学中反映（刘海涛，2003）。后现代主义的基本特征，如：反基础性，提倡多元性；反原子性，提倡整体性；反确定性，倡导非确定性；反对霸权，寻求和谐共存；反简单性，拥护复杂性，倡导生态观。所有这些开始渗透到社会科学的各个领域。这种思潮也影响到语言学，影响到社会语言学，当然也会影响语言规划和语言政策领域。这也就是Ricento（2000）所说的，在建立"世界新秩序"的大背景下，在"后现代主义"的旗帜下，通过"语言人权"这张牌来进行语言规划的缘由。对于这一点，我们是赞同的。

按照Kymlicke/Grin（2003）的说法，目前人们在语言政策和语言规划的名称下，讨论的大多还是属于"语言政治"（politics）层面的东西，而不是"政策"（policy）。因为，政策关心的是怎么实现某个目标，而政治的中心才是选择目标的过程。对于这种语言规划中的"政治中心论"，第一本语言规划理论著作（Tauli，1968）的作者给予了毫不留情的批评，他说"然而，目的论要重于社会学……语言规划的目标应该是尽可能使得语言成为一种更有效的工具。……我们应该使语言更适宜于现代文化和现代社会"。这话有一定的道理，但语言不仅仅是交际的工具，它也是文化的容器和身份的象征。语言的这三种功能要求不同的政策来保证，这就使得语言政策的制定者在制定语言政策时，不得不均衡考虑各个因素间的相互关系。在不同的历史时期，语言政策的重点也会有不同。对于一个刚成（独）立的国家，语言的交际功能和象征功能就要强于文化功能，而在一定时间之后，为了长远的可持续发展，国家内部各民族的均衡发展就显出其重要性了。我们可以将语言政策和语言规划中的这种转变视为社会变化之一种，语言政策是社会政策的组成部分，社会发展各个时期重点的不同也要求不同的语言政策和语言规划来适应。早期语言规划的目的主要是为了解决语言交际问题的，这一点从刚才提及的一些定义中不难看出，杂志"语言问题和语言规划"（LPLP）(1977—)的名字更是道出了语言规划的目的就是为了解决语言问题的真谛。当人们过分强调某种语言的交际功能，并用政策来大力强化这种功能的时候，难免会弱化其他语言的交际功能和文化功能，这是一个摆在语言规划和语言政策制定者面前的不应回避的问题。Weinstock（2003）举了一个令人深思的例子：某人有一件珍贵的木雕艺术品，价值不菲，显然这种价值指的是内在价值或文化价值。在一个寒冷的冬夜，只有将这件木雕烧掉才能保命的时候，该选择木雕的实用（工具）价值还是内在价值？Weinstock（2003）认为语言有内在价值，也有工具价值，二者的高低既不能一概而论，也不是一成不变的，而应视具体的环境而定。我们认为对弱势语言不仅仅应该保护它的内在价值，而忽视其工具价值，因为不能交际的语言实际上已经丧失了语言最根本的价值。在这种情况下，也很难去保护语言所承载的文化。就强势语言而言，不能仅仅认为它只有工具价值，而忽视它的文化价值。对于强势语言内在价值的忽视，会导致它对其他文化的侵蚀。所有这些说明语言规划和语言政策不再是一个单变量的过程了，而是一个与具体的社会环境密切相关的多变量过程，并且导致语言变量改变的因素很可能来自非语言变量。计划语言的实践证明在语言的发展过程中，非语言变量的作用往往大于语言变量（Haarman, 2001）。语言政策和语言规划的研究者们应该寻求非语言变量和语言变量之间的这种关系，力求语言系统的平稳运行，在可能的情况下，要充分挖掘语言的自我调节和发展能力。Haarman（1990）列出了影响一个集体进行群内和群外交际的生态变量，共分为7大类35小类。Kaplan/Baldauf（1997）较系统地建立了一种语言规划的生态观，并在他们编辑的几本著作（1999, 2000）中采用这种方法分析了一些国家和地区的语言的生态状况。语言规划的生态观也在由Kaplan、Baldauf主编的"语言规划的当前问题"（Current Issues in Language Planning, 2000—）得到了进一步的体现，还记得另一本含有语言规划字样的学术刊物吗？这两种刊物的名字，差不多就是我们所说的语言规划发展分为两个阶段的极好佐证。

在此，我们列出显现语言规划领域这种转变的一些具体特征：从工具观到资源观的转变；从结构主义到后现代主义的转变；从单变量系统到多变量系统的转变；从实用主义到语言人权的转变；从语言问题到语言生态的转变；从单纯的语言学领域向社会学、政治学以及其他学科的转变。

如果语言只是一种工具，那么人们只需追求工具的实用性、易用性、高效性就行了。而作为资源的语言，在人们眼里就有了更多的含义，为了人类的可持续发展，任何资源，特别是难以再生的资源的利用和保护就显得格外重要了。语言的资源，观也会使人们从更广泛的背景去处理语言和生态的关系。正如 Nettle（1999）所言"不同的生态模式青睐不同的社会网络，后者又造就了不同的语言群体"。

总之，语言政策和语言规划虽然也是社会政策和社会规划的一部分，但"将语言作为对象的政策和规划要比针对其它问题的政策要复杂的多（Bianco, 2001）。"这也可能就是 Cooper（1989）会用这样一句话来结束自己有关语言规划专著的原因："规划语言就是规划社会。因此，只有一个好的社会变革理论才会有一个好的语言规划理论。"

本文原载于《语言规划的理论与实践》，语文出版社，2006。

中国外语规划的若干思考

中华人民共和国教育部 李宇明

如果从清末洋务学堂的外语课程设立和广方言馆的开办算起，中国现代外语教育已经走过了100多年的历程。外语教育为推动私塾教育向现代教育的转变、为实现现代化的国家理想，作出了不可替代的重大贡献。

百多年来的中国外语事业，主要集中在外语教学方面。国家进入改革开放的新时期，外语教育由精英教育逐渐走入大众化教育，学生规模、学习动机、教育举措等都发生了史无前例的变化，大学、中学乃至小学都无不重视外语教学，国民教育体系之外的社会外语培训也如火如荼地发展起来，中国成为世界上最大的外语学习国度。伴随着国家的进一步改革开放，特别是进入21世纪，外语服务等成为社会的新需求，并在有限领域、有限人群中逐渐开始了有限的外语生活。有限外语生活的出现，反过来对外语教育提出了新要求，并将有力推进外语事业的大发展。

预测未来，规划社会，是人类自古以来都在进行的社会工程。这种在虚拟现实基础上进行的社会理性操作，当今被称为发展战略或发展规划，已经成为现代社会管理不可缺少的重要内容。当国家的外语需求发展到一个全新的阶段，当外语事业即将进入一个新的黄金时期，必须系统梳理外语观念，根据时代特点和国家发展，全方位地做好国家的外语规划。

一、影响外语规划的主要因素：国家开放

30多年来，我国开启国门，坚持开放，由本土型国家正在转变为国际型国家。本土型国家的外语需求，主要在外交和军事、安全、翻译等较为有限的领域，培养一些高级外语人才即可满足需求。国际型国家则不同，它对外语的需求是多方面的，最主要的特点是需要外语服务甚至外语生活。国家的进一步开放，中国走向世界会更广泛更深入；世界也来到中国会更广泛更深入；并且作为发展中大国，中国还须承担愈来愈多的国际义务。做外语规划，首先应考虑国家开放对外语事业的影响。

（一）中国走向世界

外语是国家行走的先遣队，国家到哪里，外语就应当先走到哪里。过去我国能利用的外语资源，主要是国际上较为通用的语种，今而视之，这显然远远不够。在多领域的国际合作交流、出国留学、劳务输出、商贸旅游等国事与民事中，国家需要拥有更多语种的人才。而且，要世界人民了解中国，减少误解，减少冲突，就必须用各种语言介绍真实的现代中国。全世界现今有224个国家和地区，我国应能逐渐掌握这224个国家和地区的官方语言，将来再延及其他语言。

（二）世界来到中国

随着中国国际化水平的提高，科学教育事业的发展，工作就业机会增多，外国公民来华学习、工作、旅游甚至定居的情况，定会越来越多，甚至会形成外国人集中居住的小区。一些大型的运动会、博览会、商贸洽谈会、学术会议等，也会来到中国召开。

对中国境内的外国公民的语言服务，将成为中国一项重要的外语事业。这些外语服务，包括公共场所的外语标示，公共交通工具的外语提示，邮政、餐饮、医疗、金融、通讯、文化、教育、公共安全等方面的外语服务等。对于逐渐形成的外侨聚居区，还需要提供社区性的全套外语服务。

大型的运动会、博览会、商贸洽谈会、学术会议等的外语服务，时间是短暂的，场合是有限的。但是，对来华学习、工作甚至定居的外国公民的语言服务，却要涉及社会诸多领域，涉及许许多多的外语语种，涉及到大批社会从业人员的外语培训。

我国是外语学习大国，学过外语的和正在学习外语的人数，肯定超过三亿人，但是我国却没有真正的外语生活。而且外语学习的目的，绝大多数都是向己型的，即学习外国的先进科学技术和管理经验等，而语言服务则是向他型的。向己型的外语学习者，可以是社会的精英，学习的语种是世界上的通用语种；而向他型的外语学习者，是相关领域的从业人员，外语语种十分广泛，周边国家的语言地位会逐渐重要起来。这种变化会对外语教育、外语规划产生重要影响。

（三）履行大国的国际义务

一个国际型的大国，必须有所担待，负责任地担负起国际义务。这种国际义务，首先是参与国际组织和地区组织的工作，参与世界各地的救灾、维和、调解、选举观察等任务。在这些国际事务中，不仅积极参与其游戏，更要参与游戏规则的制定，使中国有更多的国际话语权，使人类能够更多地从中国理念中受益。这就要求参与国际事务的人员不仅要懂得国际事务，而且要有高超的外语水平。

国际义务不仅表现在一般的国际事务中，而且也表现在国际文化事务和语言事业中。文化是人类心灵的居所，维护文化多样性是人类成员的共同义务。语言是文化的基石，维护文化的多样性，就必须维护语言的多样性。研究国际上古老的语言文字（如古埃及文字、梵文、拉丁文等），调查、研究全世界的语言与方言，抢救濒危语言，也会逐渐成为中国语言学家的国际义务。

中国由本土型国家转变为国际型国家，会使外语的视野变得无限广阔。可以说，世界有多大，中国外语视野就应当有多大，全世界所有的外语语种，都应逐渐纳入中国的外语规划。

二、影响外语规划的另一因素：信息化

信息化绝不仅仅是个技术概念，以其为标志所形成的信息化时代，是继农业时代、工业化时代之后人类历史上出现的新时代。信息化用数字技术为人类构筑了一个虚拟空间，并正尽多尽快地把现时空间的生活移入虚拟空间，近20年来电子政务、电子学务（包括教育、科技的数字化）、电子商务和电子休闲娱乐等电子事务的发展，足以显示现实空间向虚拟空间迁移的速度及其对人类生活的影响。

语言大约负载着人类信息的80%，虚拟空间的生活始自语言文字，语言文字的信息化水平，标志着人类信息化的水平。一方面，虚拟空间迅速地把人类的智慧网聚起来，给人类带来知识与思想观念的核裂变，从而对人类的生存方式、生活方式和学习、工作方式产生越来越大的影响；另一方面，也会产生巨大的信息鸿沟，使一些国家、一些人群被信息边缘化，造成人类社群之间新的更大的不公平。

除了硬件和技术因素之外，语言障碍是信息鸿沟产生的最重要的原因。外语及外语信息化，在克服虚拟空间的语言障碍、消弥网络信息鸿沟方面作用显著。当前中文网络发展极快，不久的将来可能占有世界网络的三分之一，中国在世界上将拥有前所未有的话语权，中文的学习价值将成倍增加。即便如此，如果没有外文，中国将失去三分之二的虚拟世界。中国的外语规划，必须充分考虑虚拟语言生活。

自动翻译技术是信息化对外语事业的最大贡献。自动翻译技术的发展与应用，不仅可以大大提高翻译的效率与质量，而且可以从根本上改变全民学外语的局面，彻底解决语言学习能力的有限与外语语种繁丰之间的矛盾。自动翻译技术的水平，在很大程度上依赖于外语研究水平，外语学家应更加关注语言信息化的发展，将研究成果积极运用到自动翻译技术中。当然，利用现代信息技术提高外语学习和外语服务的效率，已是常识问题，此可不论。

三、外语规划应关注的几个问题

（一）了解外语方面的国情

外语应用的现状及未来的需求预测，是外语规划的基础。《中国语言生活状况报告》2005年～2008年上编发表了《英语热》、《地名牌和交通指示牌中街名转写问题》、《产品说明书语言文字使用状况》、《医疗文书及药品包装用语用字状况》、《北京奥运会语言环境建设状况》、《民航语言文字使用状况》、《青藏铁路语言使用状况》、《上海世博会语言环境建设状况》、《北京涉外集贸市场语言使用状况》、《外语教育中的小语种热》、《北京奥运会多种语言使用》、《外企职场语言生活状况》、《中文菜单英译规范问题》等文章，这些文章不仅报道了近年来我国一些领域（行业）的外语使用状况，而且也展现了外语研究的新视点。中国语言生活状况报告课题组在四五年的工作中切实感到，当前人们对外语国情并不怎么了解，对未来的外语需求分析也很不充分，因此，制定外语规划的当务之急，是对外语国情进行全面而深入的调研。

外语使用是分领域的，外语国情的调研应当分领域（或分行业）进行，了解各领域外语应用的实际状况，比如涉及到多少外语语种，现有多少外语人才，这些外语人才的水平和知识结构如何，当前存在哪些方面的问题等等。并应根据各领域事业的发展，特别是国际化、信息化背景下的事业发展，预测外语语种的需求会发生些什么变化，对外语人才会提出些什么新要求，怎样解决业已存在的外语问题，怎样应对未来的外语新需求等等。以上情况的相加和汇总，便构成了我国的外语国情。根据国情，制定规划，以保证外语事业能够满足国家发展的要求，保证外语事业的健康发展。

（二）非通用语种

非通用语种（俗称小语种）是当前我国外语教育和外语生活中面临的大问题。非通用语种的发展，关系到国家在世界各地的顺利行走。近些年非通用语种的招生、就业都出现了新气象，并在专业开设、人才培养等方面进行了有益探讨。但是问题并未得到根本解决：

1. 非通用语种数目过千，哪些语种是我国迫切需要的，哪些语种只需要放在研究室里？哪些语种需要设置教学专业？应遵从什么样的语种顺序设置教学专业？

2. 每个非通用语种专业需要几名教师？这些教师怎样把教学同科学研究结合起来，把语言学同其他专业结合起来，把教学同对社会的其他服务结合起来？

3. 每个非通用语种专业几年招生一次、一次招生多少？非通用语种与通用语种的学习怎样结合，以培养出一种语言为基础、兼通多语的外语人才？语言学习与某些专业学习怎样结合，以培养出外语+专业的复合型外语人才？

4. 对国家来说，许多非通用语种具有资源储备的性质。通用语种可以通过市场导向来发展专业，而非通用语种的专业发展在很多情况下要靠政策。国家应出台何种政策调动方方面面的积极性，扶植非通用语种可持续发展？

5. 社会各领域须重视非通用语种的应用，不能把使用英语误以为国际化的标准，更不能把外语的概念外延缩小为英语。对外领域要鼓励多语并用，比如到巴基斯坦工作的科技人员，应当懂得乌尔都语等巴基斯坦语言，到坦桑尼亚等国的孔子学院作教师的，应懂得斯瓦希利语，到巴西做经贸的，应学点葡萄牙语等等。国内的公共服务领域，应当根据服务对象来选定服务语言，比如东北的旅游业应当有懂俄语的导游，上海的机场可以有较多的日语、韩语服务等等。

（三）翻译

翻译是外语学习的主要目标，也是最为重要的外语事业。全民学外语，并不减弱翻译对于国家的重要性。国外文献的中文翻译，仍是翻译的主要领域，为国际型国家所必需。仔细想来，外国文献只有经过翻译，用本民族的语言表达它的概念、命题和思想推演，才能最终成为本民族的精神财富。一百多年来，中华民族所获得的新概念新思想，有许多都得益于翻译。由此可见翻译对于国家的重要意义。

汉语文献和中国少数民族文献，用多种语言向外译出，是中国走向世界的迫切需要，需要加大力度、精心策划。中国的科技教育，只有通过向外译出，才能加入国际大循环中；中国的文化理念、价值取向，只有通过向外译出，才能为世界人民所了解、所理解、所采纳。应从国家战略的高度进一步谋划：发展电视、广播的外语频道，增加外语报刊图书的出版，及时翻译中国的法律和科技、文化产品，用外语撰写中国的时事政治等，用世界人民习用的语言和乐见的表达方式介绍现代中国。这是当代翻译事业的国家使命。

书面翻译加上同声翻译和一般口译，再加上科技翻译，中国将拥有世界最大的翻译力量，因此应打造世界最有竞争力的翻译产业。为此就应当充分尊重翻译、特别是书面翻译的价值，在晋职晋级、科研成果统计、劳务报酬等方面给以合适对待。更应大力推进机器翻译的研究与应用，力争在若干年内，机器翻译能够进入实用阶段。

（四）公共服务领域的外语问题

我国公共领域的外语服务，近一二十年在大中城市有了较大发展，但明显地计划性不够、规范性不够，形象价值大于实用价值。比如地名路牌的外文撰写、电话问询的外语使用、产品上的外文标示及其外语说明书等，就存在着不规范、不看对象、不合国际惯例等问题。

当前的公共外语服务，基本上还是理念性的，即自我感觉这是外国人需要的，或是要树立礼仪之邦的国际化形象。出发点可嘉，但效果不一定好。应当深入进行公共外语服务的科学调查，看来华的外国公民需要哪些方面的外语服务？当前的满意度如何？应该如何改进？在调查的基础上，确定哪些行业需要提供外语服务，需要提供哪些语种的外语服务等等。在此基础上，逐步形成公共外语服务的行业要求。

为了奥运会、世博会的召开，北京、青岛、上海、江苏、杭州等省市，制定发布了有关领域的英文译写的地方标准。在此成果的基础上，国家应当制定道路交通、旅游、餐饮、文化、体育、医疗卫生、金融、邮政、电信等领域的外文译写标准，促进公共领域外文使用的规范化。当前，除了提供英文之外，在一些地方、一些领域还应当考虑俄文、日文、韩文的需求。公共领域的外语服务，在语言文字的标准上，应当科学处理外文标准与中国式外文的辩证关系，在使用上更要协调好外语与母语的关系。

(五)社区外语服务

社区外语服务的话题,还很少听到国人谈论。现实中,在一些大城市已经出现了外国人的聚居区,随着中国国际化程度的提高,这样的外侨聚居区肯定会增多。外侨聚居区的外语服务,牵涉到外侨的生活质量和国家安全,在外语规划时,必须预测在未来若干年内,会在哪些城市出现哪些语种的外侨聚居区,社会网络怎样向这些聚居区提供合适的管理和外语服务。

社区外语服务同大型会议的外语语言、公共领域的外语服务有很大的不同。这些社区通行的是外国语言文字,且往往是非通用语种;需要社会网络提供的是全方位的生活信息;管理和服务人员一般都不是外语专业人员,而是各种社会工作者,多数人都没有扎实的外语基础。这是一项有难度、不能一蹴而就的社会工程。

(六)特殊领域的外语问题

军事、边防、国家安全等特殊领域,对外语有特殊的需求。需要有军事、边防国家安全等方面良好素质的外语专家,也需要一般从业者具有外语的基本素养。

外语专家可以通过部队、公安等所属高校的外语院系培养,更需要与地方外语院系合作。应当建立应急的外语人才库,以解决稀奇语种、特殊任务、紧急状态时的外语需求。这些特殊领域,有许多涉及到周边语言和跨境语言,如朝鲜语、蒙古语、赫哲语、鄂温克语、图瓦语、哈萨克语、柯尔克孜语、景颇语、傈僳语、独龙语、傣语、怒语、京语等,可以考虑利用我国的跨境语言人才来解决一些外语需求。

根据军事、边防、国家安全的需要,分领域制定最为重要的关键语。建立关键语言专家库,组织关键语言的民间援助团队;设置关键语言水平标准,编写关键语言培训教材,制定优惠政策鼓励有关人员学习关键语言。在这方面,美国当前的外语战略值得借鉴。

(七)公民外语素养

语言既是国家资源,也是个人发展的资本。欧盟要求其各成员国的公民应当掌握三种语言:母语和外语,另一种语言可以是外语,也可以是本国另一种语言。三语能力已经成为世界许多国家对公民的语言要求。外语能力的竞争,已经成为人才竞争的重要部分。

我国尚未制订公民语言能力标准，但从教育体制设计和现实情况看，是在大力提倡多语；提倡汉族公民具备双语：普通话加一门外语；提倡少数民族公民具备三语：民族母语、国家通用语言、外语。研究生还要学习第二外语。这表明，实践上已经把外语看作有文化的中国公民的素养了。

国家富，须藏富于民；国家智，须积智于民。在国际的共识背景下，在国家的未来发展蓝图中，在已有的外语教育实践的基础上，国家应当明确提出公民的外语素养问题。在扎实掌握母语的前提下，一般公民应掌握或粗通一门外语，提倡学习两门外语。

公民素养的培养，当在义务教育阶段完成。因此应探讨在义务教育阶段完成一门外语教育。当然，我国同世界上许多国家不同，缺乏外语生活环境，义务教育阶段完成一门外语教育，在很多地方都有困难，尽管如此，也不应当放弃这一目标。

毋庸置疑，国民教育体系是外语教育的主体，但是培养公民的外语素养，必须充分发挥非国民教育体系的作用，依照学习型社会的思路逐步构建起外语的终身教育体系。规范社会外语培训行为，发展外语培训产业，提供方便学习者的外语课程，通过政策导向鼓励公民参加外语培训特别是非通用语种的培训。通过社会培训来保持公民的外语水平，充实国家的外语资源库存，保障特殊领域、特殊职业、特殊人群的外语学习。

四、结束语

中国是外语学习大国，但却是外语资源利用的穷国。全世界五六千种语言，较为全面介绍到我国来的语言顶多有百余种，国家能够开设的外语课程约有五六十种，国家能用的外语只有几十种，而经常使用的只有十来种。国家发展和国家安全十分需要的许多非通用语种，人才稀缺。世界上有价值的文献未能及时翻译进来。中国的外文杂志少而又少，中华文献的外语翻译更是薄弱，数量少，语种少，质量也参差不齐。这与国家走出去的战略十分不相称。

这种情况，与国家没有统一的外语规划、没有统管外语的机构很有关系。要做好外语规划，使外语事业能够满足国家发展的需要，应当考虑国家有一个统管或是协调外语事业的机构。或是在国务院内设立外语局；或是提升国家语言文字工作委员会的地位，赋予它统管国家语言事务、包括外语事务的职能。同时应当积极研究外语在中国的法律地位，通过法律法规促进国家外语事业的发展，最大限度地开发国家的外语资源。

本文原载于《外国语》，2010年1月第33卷第1期。

关于我国外语教育规划的思考

北京外国语大学 胡文仲

一

新中国外语教育在60年的发展过程中取得了很大成就,在规模、语种、教学大纲、教材教法、教师培养、科学研究、国际交流等各方面都成绩斐然。教学的外语语种从建国初期的12种(四川外语学院高等教育研究所,1993:104)发展到目前的50多种。新中国成立前夕,我国高校仅有41所设有外国文学(或英国文学)系,10所设有外语(英语)师范专科,13所设有俄语系科(戴炜栋,2008:7)。而目前我国仅英语专业点就已有近1,000个;开设日语专业的高校有385所,大专、高职院校200所;高校俄语专业点超过70个(戴炜栋,2008)。

目前各层次的外语教学都制定了教学大纲,并编写出版了种类大致齐全的外语教材和工具书。电脑和多媒体已经广泛运用于外语教学。社会上的外语教学也如火如荼,不断升温。整体说来,我国外语教育形势是好的。

二

回顾这60年的历程,我们注意到虽然政府部门在不同时期对于外语教育和教学曾经发布过不少指令和政令,但是,制定严格意义上的外语教育规划却只有一次,即1964年10月由国务院外事办公室、国务院文教办公室、国家计划委员会、高等教育部和教育部五个部门联合上报的《关于外语教育七年规划问题的报告》和《外语教育七年规划纲要》(以下简称《纲要》)。同年11月14日中共中央和国务院批准该报告和纲要(四川外语学院高等教育研究所,1993:92—100)。

《纲要》指出:"目前高等外语院系培养出来的学生,在数量和质量上都远不能满足国家社会主义建设和外事工作的需要,整个外语教育的基础,同国家需要很不适应,呈现出尖锐的矛盾。"《纲要》据此确定了我国外语教育此后七年(1964—1970年)的方针和具体规划,其主要内容有:

1)在学校教育中确定英语为第一外语,大力调整高等学校和中等学校开设外语课的语种比例。学习英语的人数要大量增加,学习法语、西班牙语、阿拉伯语、日语和德语的人数也要适当增加,学习其他非通用语种的人数要占一定的比例。学习俄语的人数要适当收缩,适应实际需要即可。

2）专业外语教育与共同外语（即大学外语）教育并重。学校外语教育和业余外语教育并举。

3）大力发展外国语学校,要求1970年发展到40所左右,在校生达到3万多人。

4）新建和扩建一批高等外语院校。新建的有北京第二外国语学院、北京外国语专科学校等9所。扩建的有北京外国语学院、上海外国语学院等7所。

5）发展高等外语院系。外语专业的语种从1964年的39种增加到1970年的49种。计划到1970年外语院系在校学生数达到48000人左右,比1964年增加近一倍。

6）派遣大学生和进修生出国学习外语,包括法语、德语、西班牙语、阿拉伯语和其他语种。

这一《纲要》开始执行以后,我国外语教育立即出现了新的面貌。一批新的外语学院和外语专科学校建立起来,原有的一些外语院校的规模得到扩大,外国语学校在各地纷纷成立,并派出了一批学生到国外学习通用语种和非通用语种。可以毫不夸张地说,没有当年的七年规划就没有今天全国的外语院校布局,就没有目前外语院校的规模,也没有当前外国语学校蓬勃发展的局面。外语语种的情况更不可能得到有效的调整。《纲要》还建议成立外语规划小组,作为全国外语教育过渡性的领导机构。这些措施和看法都是十分有远见的,可惜由于"文化大革命",《纲要》执行不到两年就夭折了。

三

改革开放以来,我国外语教育出现了蓬勃发展的局面,各项事业都有了长足的进步,但是,外语教育规划却始终无人问津。外语教育的发展在一定程度上呈现出无序和盲目的状态,出现了不少问题。

首先是通用语种的发展问题。由于"英语热"的影响,英语专业扩展过快,英语专业点不断增加。建国初期,全国共有英语专业点51个（包括师范专科）,"文革"前夕达到74个,改革开放以后,英语专业点不断增加,至20世纪90年代中期已有200多所高校设英语专业。2002年设英语专业点的高校增至420所,2004年猛增至598所,2005年增至790所,2007年已经超过900所（戴炜栋,2008：235）,截至目前全国英语专业点已经达到近1,000个。似乎只要是所高校就一定要成立英语系,就一定要有英语专业。从2002年到2005年三年之内英语专业点增加近一倍。在如此短的时间内如何可能培养出大量的合格的英语师资？有的专业点刚成立不久就一次招收数百名学生。师资不足，造成教学水平低下。实际上，英语专业毕业生的就业情况已经开始恶化。从北京的情况看，英语专业连续两年都属于就业最困难的专业之一。一方面是英语专业大量招生，另一方面，英语和其他通用语种的高水平的人才甚缺。高水平的外事翻译和文学翻译一直是国家的急需。至于精通多种外语的人才在我国就更缺少了。在国际组织中任职的中国公民的数量与我国的国际地位完全不相称。在国际组织中任职，一般需要至少两种外语才能胜任，而我国在培养多语种人才方面却没有规划，双语和多语翻译人员的培养始终没有跟上国家的需要。目前国内有至少1,000所外国语学校和外语特色中学，有的外国语学校已经能够培养懂两种甚至三种外语的高中毕业生。在此基础上在高校外语院系有计划地培养掌握两种或三种外语的人才应该并不困难。北京外国语大学在20世纪80年代中期曾经设立英语法语双语班，培养了一批英法语兼通的外语人才，受到用人单位的欢迎和重用。

　　自从20世纪80年代中期以来，通用语种中的大语种都进行了培养复合型外语人才的试验。2000年制定的《英语专业英语教学大纲》以文件的形式确定了英语专业的培养目标为培养复合型英语人才。但是，高等学校的外语院系对于如何培养复合型外语人才不仅有不同的理解，而且实际做法也多种多样。有的院系把培养复合型外语人才视为职业培训，降低了大学的学术水准。近年来，在学术刊物上对于英语专业应该如何办展开了讨论，有些学者对于英语专业的学术水准的下降有所担忧，提出了英语专业重新学术定位的问题（王守仁，2001；周震，2004；胡文仲、孙有中，2006；戴炜栋、张雪梅，2007）。这些都涉及外语教育规划，例如，国家究竟需要什么样的复合型外语人才，各种复合型外语人才需要多少，各种类型的学校（外语院校、外语教学与研究综合大学、师范院校和理工大学外语系）应该如何分工，是否所有外语院系都培养复合型外语人才等，都是需要在外语教育规划中加以研究和解决的问题。

　　其次是外语教育的语种单一化的问题。这首先表现在中小学的外语教学上。我国中小学可供学生选择的外语仅为英语、俄语和日语，但开设俄语和日语的学校逐渐减少，选学这些语言的学生人数不断下降。"目前，俄、日语种日渐萎缩，全国学习俄语和日语的学生占全国中学生不到1%"（戴炜栋、胡文仲，2009：925）。学习俄语和日语的学校集中在东北三省和内蒙古自治区，占开设这些语种学校的90%左右。在北京开设日语的中学只有9所，在上海仅4所。我们如果把这一情况与其他国家的外语教育情况作一对比就会发现存在问题之严重。在澳大利亚,各州可以根据国家语言政策和本地区的需要确定中学开设哪些外语,各州可供学生选学的外语达到8种(金志茹,2009),包括法语、德语、日语、汉语、韩语、印尼语等。在美国可供高中学生选学的外语不仅有西班牙语、法语、德语,还包括阿拉伯语、汉语、波斯语、日语、韩语、俄语以及乌尔都语。"法国学生外语语种选择余地很大。如学生参加高中毕业考试可以在44门外语中选择。法国是欧洲建议语种最多的国家之一。全国各类学校都算在内,学习两门外语的学生占学生总数的77%"(戴冬梅,2010)。欧盟则要求学生在中学至少学习两种外语。我国的师资条件和其他条件决定了我们不可能在中小学开设过多的外语供学生选择,但是,在城市中小学提供俄语、日语、韩语、法语、德语课程的可能性是存在的,但是,实际情况是中小学不但没有开设比较多的语种供学生选择,就是在已经开设俄语和日语的中学当中,有一部分俄语和日语教师由于没有教学任务,不得不转教其他学科。

语种单一的问题也存在于大学和研究生层次,目前大学外语教学基本上是英语教学。英语四、六级测试成绩在一段时间内成为学生毕业和就业的必要条件。大学生选学其他外语的人数甚少。近年来,英语以外的一些语种专业(社会上称为小语种,包括法语、德语、韩语、意大利语等)的招生有所升温,但并没有改变在总体上过于偏重英语的局面。

再次,与语种单一化有联系的是语种设置问题。我国以往的非通用语种设置基本上是按照我国的外事和对外宣传的需要做出决定。目前我国高校开设的外语共计50多种。从我国的大国地位和今后发展来看,外语语种应当增加。赵蓉晖(2010:14)提出:

"我国现有的语种规模还不够理想,与发达国家尚有不小的差距。例如美国可教授的语种有153个,仅哈佛大学一家就能为学生提供70多种外语的课程(www.harvard.edu);美国国家安全局建立了涵盖500多种外国语言(含方言)的资料库,并能对这些语言进行基本的语音识别和必要的培训(www.nsa.gov)。"

她还指出,我国跨界民族和跨境语言的总数超过了30个,而我国的外语规划从胡文仲关于我国外语教育规划的思考未关注这一方面,目前进入外语教育体系的只有俄、朝、泰、蒙、越这五种语言。其他语言的教学没有规划和安排,而跨境语言涉及跨境贸易、反恐、缉毒、边境安全等重大问题,与国家安全有着密切的关系。

李宇明也指出:根据我国的国际地位和作为大国的义务,在语种设置上应该有新的考虑。他同时还指出:"语言障碍是信息鸿沟产生的最重要的原因。

外语及外语信息化,在克服虚拟空间的语言障碍、消弭网络信息鸿沟方面作用显著"(李宇明,2010:4)。为此,他提出外语教育规划必须考虑虚拟语言生活这一重要方面。此外,他还指出一些新的外语需要,例如公共外语服务社区外语服务等。

四

外语教育规划是语言规划的一部分,许多国家的政府部门对语言规划(包括外语教育规划)都给予极大重视,因为这涉及一个国家的政治、经济、外交、军事、安全和国内稳定等重大问题。美国历来把外语教育和国家安全联系在一起,早在1958年就有针对性地提出国防安全法案,把提高外语教育水平视为国际竞争的重要手段。美国国家外国语言中心在《国家外国语言中心政策问题研究文件》中指出:

"语言在美国的公众生活中很重要,主要有四方面的原因:全球化(由于技术的进步,人员、信息及资源在全球自由流动);全球民主制度及民族自治的扩散;从全球各地到美国的移民浪潮;以及美国扮演的世界唯一全球经济大国和超级军事大国的独特角色。这些因素要求美国必须具备稳定的处理多种语言的能力,因为我们无法准确预测哪一个世界事件会突然产生对某一种语言的需求。"(Brecht&Rivers,1999)

显然,美国国家外国语言中心是从战略的角度提出和研究美国的外语教育问题。语言问题也是欧盟必须面对的一个重大问题,欧盟和欧盟理事会对于语言问题做过许多重要的决定。从一开始,欧洲经济共同体就对语言的使用作了明确的规定,此后它采取的一直是语言多元化的政策,以保证欧盟内部的团结。澳大利亚在语言政策方面也很早就提出了整套的方案,这就是1987年制定的《语言问题国家政策》,其主要内容是确保英语的支配地位;保护其他语言的稳定发展;提供英语以外的其他语言的服务;提供学习第二语言的机会。此后,在不同时期,澳大利亚政府对于学校教育中的外语语种及时作出了调整。

对于语言规划和语言政策,我国政府一直给予极大重视,成立了专门的机构统筹和管理这项工作,早期有中国文字改革委员会和中央推广普通话工作委员会,之后又成立了国家语言文字工作委员会(简称"国家语委")。这些机构多年来做了大量工作,包括汉字的整理和简化、汉语规范化、普通话的推广、汉语拼音方案的制定和推广、少数民族地区的双语教育等。国家还通过立法确定了国家的语言文字工作方针,2000年10月31日全国人大常委会第18次会议审议通过了《中华人民共和国国家通用语言文字法》。但是,我国对于外语教育却只有1964年唯一的一次规划。国家既没有专门的机构管理外语教育规划，学术机构对于这一重大问题也缺乏研究。应该承认，对于外语教育规划重要性的认识，我们与美国、欧盟、澳大利亚等国家和地区还有很大的差距。李宇明建议在国务院内设立外语局，或是提升国家语委的地位，赋予它统管国家语言事务，包括外语事务的职能（李宇明，2010）。我完全同意这一建议。但是，首要任务是使立法机构和政府部门对于外语教育规划有足够的重视，因此，必须大造舆论，引起人们的注意。只在学术期刊上发表文章还不够，必须运用大众传媒和其他各种手段宣传外语教育规划的重要性，使得人们对于这一重大问题逐步提高认识，并进一步采取行动。

其次，我们必须加强语言规划方面的理论研究和相关研究，包括对于其他国家在外语教育规划方面的政策和法规的研究。多年以来，人们对于外语教育规划关注不多，近年来这方面的研究有所开展，学术刊物上相关文章和论文不断增加。根据中国学术期刊全文数据库（CNKI）的统计，从1991—2000年学术期刊上没有有关外语规划或外语教育规划的文章出现，从2001—2010年外语规划类论文有5篇，外语教育规划类论文有28篇。这说明近十年来，人们对于外语教育规划问题开始重视和研究。中国社科院周庆生对于国外外语教育政策和规划很早就开展了研究，并有多部著作问世（周庆生，2002，2003）。北京外国语大学中国外语教育研究中心于2006年专门立项开展对多国外语教育政策的比较研究，2010年11月召开了"中外外语教育政策与规划高层论坛"。上海外国语大学于2007年成立了中国外语战略研究中心，并于2010年6月在上海召开中国外语战略论坛。这些都是十分可喜的。

第三，我们应该对于我国的外语使用和需求状况作深入的调查。只有获得了可靠的数据，才能为政府部门提出切实的建议，并根据这些材料和数据制定科学的外语教育规划。我们对于国内的外语生活状况并不真正了解，对于今后的需要更不清楚，我们迫切需要按照科学的方法收集材料和数据。调查工作需要精心计划、科学设计。我们需要弄清楚：我国究竟需要设置多少语种；全国哪些部门和行业需要外语人才，需要什么层次的人才，需要多少；通用语种应该设置多少专业点；通用语种每年需要多少毕业生；非通用语种都是哪些单位和地区需要，需要多少；一些国内使用很少的非通用语种人才应该如何培养，是在国内培养为宜，还是在国外培养为宜等等。这项调查需要分地区、分行业、分部门进行，需要很多的人力和财力，不是短期突击就能完成的。

外语教育规划是一个关乎国家经济、政治、军事、外交、安全的大事，关系到我国的国际地位和今后的发展。我们需要以战略的眼光看待我国的外语教育规划问题，切实做好此项工作。

本文原载于《外语教学与研究》，2011年1月第43卷第1期。

对经济全球化背景下我国外语教育规划的再思考[1]

上海外国语大学 戴炜栋 王雪梅

1. 引言

在经济一体化和全球化浪潮下,教育规划的重要性已经被世界各国普遍认识。目前21世纪以来我国第一个教育规划纲要《国家中长期教育改革和发展规划纲要(2010—2020改革论坛年)》(以下简称《规划纲要》)已经颁布实施。就外语教育而言,业内专家学者从不同角度分析了我国外语教育的成就和缺失、所面临的问题、解决对策等(如胡文仲,2009;庄智象,2009;戴炜栋等,2010)。笔者(2009)曾在梳理我国外语教育发展60年的基础上,倡导立足国情,科学规划,推动我国外语教育可持续发展,并就外语教育规模和格局、教师教育、学术环境建构、专业评估等方面提出相应建议。这里笔者将从经济全球化角度出发,对我国外语教育规划进行再思考。限于篇幅,本文主要探讨外语教育规划在提升国家文化软实力中的重要性,分析外语教育规划原则和规划方法问题,以及外语教育规划的主要层面(如语言规划、学科规划、人才培养、教师教育、学术研究)等。希望本文对外语教育发展研究有一定启发意义。

2. 经济全球化、文化软实力和外语教育规划

2.1 经济全球化和文化软实力

随着社会生产力的发展,国家、地域、民族等所造成的障碍日益减小,世界各地的经济、社会和文化相互联系、相互依赖、相互渗透,呈现全球化趋势。学界一般认为迄今全球化现象经历了四波发展。其中第一波是美洲殖民和横跨大西洋的贸易(1492—1600);第二波是从非洲到美洲的黑奴贸易(1650—1790);第三波是资本主义扩张所带来的资本、技术、物资和人口等的国际

---

[1] 本研究得到国家社科项目"我国外语学科博士研究生学术能力发展的国际比较研究"(10CYY017)、上海市教育科学研究项目"英语博士研究生学术能力发展研究"(B10014)和上海外国语大学英语学科"211工程"三期重点学科建设项目"外语专业研究生教育模式国际比较研究"(211YYWXM02)资助。

大流动（1800—1930）。第四波始于二战结束，一直延续至今（Coatsworth，2004；Dator，2006）。经济全球化一方面促进了资本、技术等在全球范围内的整合，推动了各国的经济发展，另一方面形成文化多元趋势，促进了各国人民之间的交流。

"软实力"（Soft Power）这一概念由美国学者约瑟夫·奈（Joseph S. Nye）于20世纪90年代初提出。他在《美国定能领导世界吗》（Bound to Lead: The Changing Nature of American Power）中指出一个国家的综合国力既包括由经济、科技、军事实力等表现出来的"硬实力"，也包括以文化和意识形态吸引力体现出来的"软实力"。后来在《软实力——世界政治制胜之道》（Soft Power: The Means to Success in World Politics）中，他进一步明确指出软实力有三种主要来源：文化、政治价值观及外交政策。换言之，软实力是一个国家意识形态、价值体系的认同力，社会制度的吸引力，文化的感召力以及外交事务的影响力等。其中文化为软实力的主要来源，被称为文化软实力。

在经济全球化推动下，文化软实力概念得以普及。因为在经济发展和信息技术的推动下，世界逐渐成为一个共同的社会空间，不同文化、认知、价值原则等互为影响。同时，经济全球化发展也依赖于语言文化等的沟通，语言文化等作为民族认同标志的作用得以突显。目前世界各国都已逐步认识到文化软实力的价值及其无形的影响力。

2.2 外语教育规划与文化软实力

众所周知，语言是文化的载体，而文化是语言所承载的重要内容。因此，语言也是衡量文化软实力的重要指标。语言作为无形的社会资源，对于传播民族文化和价值观具有重要意义。譬如美国之所以能够将其不同的文化产品在世界各地推销，与其英语这一"全球语言"的优势不无关系。在一定意义上，外语教育的发展有助于提升国民素质，促进经济发展，提升国家的文化软实力。有鉴于此，各国一直在努力扩大自身语言的国际影响。如日本借助基金会形式推进日语的国际传播，我国通过孔子学院等形式发挥语言价值，推介汉语文化，增强国家软实力。

目前许多国家已经将外语教育提升到战略地位，并制定相关规划。以美国为例，早在2004年的全美语言大会上，美国就提出"向所有学生提供学习对国家最为重要的外语的机会"。2006年1月，时任总统布什在全美大学校长国际教育峰会提出的"国家安全语言倡议"中，进一步明确了鼓励公民学习国家需要的8种"关键语言"的政策，强调外语能力的重要性，并试图通过提高美国公民外语能力保证美国在21世纪的安全和繁荣。而法国于2004年在《为了全体学生成功》中提出"必不可少的共同基础"这一核心概念，该基础是知识、能力和行为准则的整体，由两大支柱、两大能力和民主社会中共同生活的教育构成。其中两大支柱为语言和数学；两大能力即英语和信息技术。英国2003年也在其《外语教育发展战略》中提出建立新的全国语言能力认证体系。日本则于2003年出台《培养"能够使用英语的日本人"的行动计划》，提高外语人才培养质量。

我国目前正处于国际化进程中，一方面要推介自身的民族文化，另一方面要吸纳国外先进文化。而且随着政治经济等实力的发展，我国将在国际经济合作、教育文化、外交事务中承担更大的责任，这对外语人才的数量和质量、语言类服务水平等提出了更高要求。特别是中国文化的翻译和推介，更需要对外语资源的调查和应用等方面进行科学规划。鉴此，有必要结合外语教育的不同层面，制定具有前瞻性的规划，同时加强宏观引导和监控，切实促进外语教育发展。作为《规划纲要》的重要议题，我国外语教育规划也受到业内学者和社会各界的重视。在由《21世纪英文报》联合专家学者、21世纪英语网站网友共同评选出的"2009中国十大英语教育新闻"中，"外语界为《规划纲要》献计献策"、"两会代表热议英语教学"这两条新闻名列其中。

3. 外语教育规划原则与方法

3.1 外语教育规划原则

2009年9月28日教育部副部长郝平在新闻发布会上透露，《规划纲要》取得阶段性成果具有立足于国情，以改革为主线，以人为本，明确近期目标和任务等特点。这一特点在一定程度上体现出规划的原则。就外语教育规划而言，笔者（2009）曾经提出其内涵为"立足国情，科学规划，实现可持续发展"。这里笔者尝试从规划的影响因素、规划目标、规划过程、规划内容等角度分析其原则。

第一，本土性原则。我国外语教育规划需要立足国情，全方位考虑不同因素，如我国外语教育职能、外语教育资源现状（外语、汉语与少数民族语言）、外语教育传统、外语教育环境、外语人才需求、现代信息技术给教育目标及教育模式等带来的变化等。在经济全球化背景下，外语教育的人才培养、学术研究以及为社会服务等职能都具有一定国际化趋势。国家和民族认同感、社会语言状况、语言权力、需求分析、文化软实力等问题均需通盘考虑，并进行相应调查研究，从而制定出符合我国战略需求的规划。

第二，可持续发展原则。在规划外语教育目标时，要充分考虑国家教育战略发展的需求，注重外语教育短期目标与长期发展目标的平衡性、外语教育发展的阶段性，从而促进外语教育各模块、各地域、各高校之间的和谐发展，切实实现外语学科建设、人才培养、师资发展和学术研究等的全面发展。

第三，科学性原则。就外语教育规划方法而言，有必要集各方专家学者与研究人员之力，科学运用定性与定量方法，在分析调查的基础上制定相关规划，并在实施过程中进行动态监控和微调。在这一过程中要注重充分发挥调查研究和专家反馈的作用，从而确保规划定位明确，具有前瞻性、全局性和可行性。

第四，系统性原则。就规划内容而言，应以人为本，系统规划。譬如国家、地方与各高校之间的外语教育规划科学合理，外语专业、大学外语、高职高专外语、基础外语教育规划等密切衔接，国家需求、社会需求和个体需求和谐一致，充分考虑教育的战略价值，建构具有我国特色的外语教育体系。

3.2 外语教育规划方法

如前所述，外语教育规划方法应具有科学性。这里笔者尝试从规划制定者、研究方法、规划评估监测等角度进行具体阐释。

首先，规划制定涉及不同层面的人员，如决策者（如教育主管部门）、研究者（如专家学者）和实践者（如教师和教学管理人员）等。其中相关教育部门的支持和协调能有效保障规划的科学制定。各领域的专家学者则共同合作，在文献分析、调查研究的基础上制定适应我国国家战略需求的规划，为决策者提供参考。各级教育管理人员和教师切实落实规划内容等。鉴于外语教育涉及不同学科，而所调查因素涵盖宏观经济、社会需求、教育环境、教育质量等不同方面，教育学家、语言学家、数理统计专家、社会学家等可以密切合作，共同参与。

其次，规划制定中定性研究应与定量研究相结合。笔者认为外语教育规划的主要流程为：专家学者进行专题调研——撰写规划文本——反馈修改——形成文本定稿。在进行外语教育专题调研中，定性研究与定量研究相辅相成，前者对后者起到提供目标、方向、确定范围等指导作用，后者对前者起到完善、支撑作用。具体而言，外语专家学者可以在文献阅读的基础上搜集、整理分析相关资料，进而归纳并对外语教育的发展动向、目标等进行预测分析。数理统计学家等可在搜集定性信息的基础上提出一定模型结构（如预测模型、优化模型、决策模型），然后分析定量信息，构建最佳模式并进行检验，得出结论。当然，具体方法包括问卷（如对外语教育部门、重点区域的问卷）、访谈（如访谈教学管理人员、家长、学生）等，最后的规划则是不同结论的科学整合。

最后，在对规划的评估监测中，要了解不同类型院校、不同层次、不同方向的反馈意见，并根据实际情况进行动态调整，避免产生不公平倾向。如2010年1月11日至2月6日，国务院先后召开五次座谈会，就正在制定的《规划纲要》听取社会各界人士的建议。与会论题涉及高等教育、职业教育、基础教育领域及教育管理体制等，参与者包括各级各类学校校长、教师代表、教育专家学者、大中学生以及学生家长等。这样有助于客观全面地进行规划。

4. 外语教育规划的主要层面

4.1 语言规划：外语教育布局、外语教育与多语教育、对外汉语教育

针对外语教育管理和布局问题，笔者（2009）曾经提出要实现全国外语教育管理一体化，注重各专业、各地区协调发展。换言之，我们需要一个外语教育统筹管理机构协调各部门的工作，制定相关外语教育规划。同时，政府和高校也可以设置相应战略研究机构，为国家制定外语教育政策和外语管理方面提供咨询与服务等。就语言规划而言，主要涉及外语教育布局、外语教育与多语教育的关系、对外汉语教育等问题。

在外语教育布局方面，通用语种与非通用语种之间，各类外语的区域性布局问题值得关注。笔者认为一种外语的战略地位往往涉及经济、文化、外交、军事、科技等不同因素。譬如英语作为全球化语言，在各国外语教育中占据重要地位。目前我国约有3亿人在学习英语，而在多语国家瑞士，英语已逐步取代意大利语，被认为是最有用的外语。同时随着俄罗斯经济的发展和中俄关系的深入发展，我国俄语教育得以发展。全国有100多所高校开设俄语专业，各类高等俄语教育在校学生数超过2万人；120多所高校开设公共俄语课程（刘利民，2009）。因此，在规划外语地位时，应根据国家和社会需求设定关键语言，关注外语人才需求层次、语种数量等，培养和储备不同类型的外语人才，尤其是非通用语种人才。同时关注外语布局的区域性，发挥区域资源优势。如东北地区的朝鲜语、日语优势等，香港的英语、澳门的葡萄牙语优势，西南地区的越南语、泰语优势等。当然，还要关注同一外语在不同地区的科学布局，如在上海、北京等国际化都市，对各类外语服务需求较多，且涉及交通、通讯、金融、旅游、新闻、教育等不同领域。而在个别省市，可能外语需求仅限于某一领域。

在经济全球化背景下，单一的外语教育逐步向多语教育趋势发展。我国语言可以分为国家通用语（如普通话）、地区语（如维语和藏语）和地方语（如汉语方言），语言资源比较丰富，具有一定的多语教育优势。从发展角度来看，双言（普通话、方言）、双语（母语、外语）有助于提升国民应对国际事务的外语能力，促进国际化进程。当然，在双语（多语）教育推行中也存在一些师资、教学方法、教学效果等方面的问题，建议充分运用海外华人、留学人员、边疆地区公民等的双语或者多语优势，加强与国际教学组织、国际语言推广机构等的合作，培养双语或者多语人才。同时，在外语和双语教育中，要注意外语文化学习与本族文化认同之间的关系，避免导致学习者产生民族身份的缺失。

对外汉语教育是我国语言战略规划的重要部分。截至2010年10月，已有90多个国家和地区建立了600多所孔子学院和孔子课堂（参见www.hanban.org），世界各国学习汉语的人数已超过4000万。截至目前，国家汉办向109个国家派出了汉语教师（刘修兵，翟群，2009）。同时，在2010年11月召开的第五届中国北京国际文化创意产业博览会上，相关媒体报道"中国图书对外推广计划"已经资助了50多个国家和地区的200多个出版机构，翻译出版中国图书2000多种，涉及30多个语种（参见www.chinadaily.com）。我国对外汉语教育与推广中国文化的力度由此可见一斑。鉴于对外汉语教育的成效不仅涉及师资的汉语水平，也涉及其外语水平，因此，笔者认为我们在规划外语教育时，也需要考虑对外汉语教育问题，建设相关教学和教师资源库，使两者相辅相成，提升我国的文化软实力。

4.2 学科规划：新兴学科与传统学科、优势学科与特色学科、外语学科与其他学科

在我国外语教育规划中，学科建设规划往往涉及对该学科远景发展的科学论证和设计，具有整体性和前瞻性。随着外语语言文学学科的发展，一些新兴学科如翻译学、商务英语等逐步发展。以翻译学科为例，自教育部于2006年批准复旦大学、广东外语外贸大学与河北师范大学设立翻译本科专业，截至2010年9月已经有31所院校获准设立翻译本科专业。2007年，国务院学位委员会又批准设置翻译硕士专业学位，首批15所院校获准设置学位点，2010年扩大

至158所院校。上海外国语大学、广东外语外贸大学和北京外国语大学分别于2004、2006、2008年在外国语言文学一级学科内自主设置了翻译学学位点，培养翻译学的博士生和硕士生。目前已经形成了一个由本科、硕士、博士教育和博士后研究组成的完备的学科体系和翻译实践与翻译研究人才的培养体系（许均，穆雷，2009）。又如在教育部公布的2008年备案的以及学科范围内自主设置的二级学科中，广东外语外贸大学申报的外国语言文学一级学科下的二级学科——"外语教学与技术评估"是目前国内高校中首设的硕士研究生招生专业。该专业以第二语言习得、外语教学法、语言测试学和计算语言学等几个专业方向为基础。对于新兴学科，我们一方面要认识到其出现具有交叉性，有助于调整原有学科结构，形成新的研究方法和成果，培养适应国家和社会需求的人才，另一方面也要认识到新兴学科往往会带来相应学科定位、师资、教学、课程、教材、评估等相关问题，而且新兴学科与传统学科之间的关系也需要进一步厘定，区分各自的专业定位和培养目标，避免产生定位不清、缺乏特色等问题。

至于优势学科与特色学科问题，主要涉及高校学科规划。就外语教育而言，各高校应结合自己的教学资源、学术传统、地域需求等确定优势学科和特色学科。一般而言，办学历史悠久，资源雄厚的学科（如外语类院校的语言类学科）往往为优势学科，而具有一定特色的（如非通用语种）往往为特色学科。如北京外国语大学的英语语言文学、德语语言文学、外国语言学及应用语言学、日语语言文学，上海外国语大学的英语语言文学、俄语语言文学、阿拉伯语语言文学为国家重点（含培育）学科，也是学校的优势学科。各高校在学科规划时应明确定位优势与特色，并在师资队伍、人才培养、学术研究等方面进行相应规划。当然，如果各高校（如北京外国语大学和上海外国语大学）的优势学科或者特色学科能够合作，形成优势学科群体或者特色学科群体，则有助于强强联合，加快国家优势学科建设。

在经济全球化背景下，学科之间的联系日益密切。外语学科与中文、历史、哲学、教育、数学等其他学科之间互相融合，给语言学习、教学、学术研究等带来新视野。加强不同学科间的合作有助于广大师生吸纳相关学科知识，培养综合能力。譬如外语与汉语教学之间存在一定共性，两者在教学理念、教学模式等方面可以互为借鉴，同时教育学、心理学、语言学等相关理论和方法对于外语教学也有很大启迪。

4.3 人才培养：精英教育与大众教育、学术型与应用型、教学改革与质量监控

随着我国高等教育的发展，精英教育已经逐步演变为大众教育。统计显示，我国目前总人口中大学以上文化程度的已超过8000万人，位居世界第二；至2008年，全国普通高等学校达2263所，各类高等教育总规模为2907万人，居世界第一；高等教育毛入学率继2002年突破15%进入大众化阶段后，2008年达到23.3%；目前，我国高等教育总规模占据世界的份额已从新中国成立之初的1/46提高至目前的1/7（丰捷，2009）。高等教育的发展可见一斑。而就外语专业教育而言，根据2007年教育部的学科目录，全国具有英语学士学位授予权的高校有899所，日语380所，俄语109所，法语78所，德语72所，西班牙语25所，阿拉伯语16所。各高等院校共教授53种外国语，其中45种非通用语种教学分布在71所院校。目前我国高校英语专业点总数达到900多个，英语专业学生总数达到大约80多万。这一发展为我国外语人才培养带来新的挑战。

在高等教育逐步向大众化发展的过程中，社会对人才的需求也呈现出多样性，出现学术型与应用型的分类，相应各高校的培养机制也逐步呈现分类分层的特点。如研究型大学（如"985工程"高校）以研究生教育为主，主要培养高层次创新人才，如高科技人才、高级管理人才以及不同领域的精英。教学型高校（如地方普通本科院校、独立学院、新建普通本科院校等）多以本科教育为主，培养为地方区域经济建设服务的应用型人才。高职高专院校主要承担职业技能型人才的培养。而有些定位为教学研究型（如广东外语外贸大学）或者研究教学型（如上海外国语大学）的高校可以根据学校特色进一步细化人才培养规格，在培养应用型人才的基础上，注重高层次创新人才的培养。如广东外语外贸大学将"培养全球化高素质公民"作为学校在经济全球化时代的新使命，上海外国语大学则倡导培养国际化创新人才，注重对高层次复合型人才的培养。鉴于社会对高层次精英人才和学术型人才需求比例较小，对从事大量实际工作的应用型人才需求比例较大，目前我国人才培养向应用型方向调整。如教育部下发的《关于做好2010年招收攻读硕士学位研究生工作的通知》中有一项招生政策："各具有专业学位授权的招生单位应以2009年为基数按5%至10%减少学术型招生人数，调减出的部分全部用于增加专业学位研究生招生。"就外语教育而言，原有语言类研究生相应比例减小，专业硕士（如翻译硕士）比例增加，体现出对实践和应用的重视。同时，这一调整给相应课程体系、教学模式、评估方式、师资队伍等带来一些挑战，需要进一步改革完善。

经济全球化背景下，外语教学需要不断创新改革，完善质量监控体系，从而切实培养不同类型的人才。对外语教育而言，首先要认识到教学中的国际化趋势，加强国内外高校之间的交流与合作，营造国际化人才培养氛围，吸引国际化师资和生源，加大学生之间的国际性学术交流。其次，倡导多媒体、多模态互动学习，借助计算机网络等将丰富的网络资源与教学过程相结合，建设一个开放的学习系统，同时调整教学内容、教学方式、课程体系、教学评估等，尤其是应用网络学习平台建设跨学科的精品课程群，促进师生互动，使教学与社会实践（如第二课堂、实习等）相结合，开发计算机辅助测试系统并对教学质量进行实时监控等。最后，为切实保障教育质量，有必要制定不同层次的学业标准和教学规范。如目前英语专业规范已经制定，将对建构专业教学体系起到指导作用。同时鼓励应用相关外语等级证书（如全国翻译专业资格证书、上海市外语口译证书等）辅助评估，并完善相关评估方案（如外语专业评估），根据专业、层次等分类进行评估，修订评估指标，丰富评估形式，突出评估重点，切实发挥评估的宏观调控作用。如对于办学历史悠久的专业采用自我质量评估制度，对已经评估的专业则重点检查相应整改工作，对于新建专业重点评估其是否符合专业要求。

4.4 教师教育：入职资格与专业等级标准、多元化在职教育、教学与科研

随着外语教育的发展，我国外语教师在数量和质量方面都大有发展。根据《改革开放30年中国外语教育发展丛书》统计数据，早在10年前，全国大学公共英语教师人数已超过1.35万人；截至2006年，全国约有小学外语教师24.54万人，约有中学英语教师74.6万人。各类型外语教师的学历、学缘等也日趋合理。笔者认为，为了促进外语教师的专业发展，有必要严格入职资格，确定专业等级标准，实施多元化的在职教育，同时从教学与科研角度对教师进行分类评估。

就教师入职而言，应一方面注重教师来源多元化，另一方面严格实施教师资格制度。从师范生培养的数量规模看，2007年我国高等学校师范生数量达178.6万人，其中非高师院校在校生82.1万人，占高校全部在校师范生的46%；中等师范生69.1万人，其中非中师院校在校生47.3万人，占全体在校中等师范生的68.5%（管培俊，2009）。可见有越来越多的非师范生加入教师队伍。同时，我国自2000年全面实施《教师资格条例》以来，截至2007年底，全国共有1963.63万人取得教师资格（管培俊，2009）。笔者认为，除了基本的教师资格考试之外，外语教师亦应有相应的专业资格证书和专业等级标准。该标准可由教育部组织专家学者结合学科特色制定，涵盖对教师知识、能力（如教学能力、科研能力、跨文化交际能力)、素质等方面的要求。对于符合要求者可以颁发外语教师资格证书。

就在职教育而言,应树立终身教育意识,丰富培训形式,提高其职业认同度,提升其专业化水平。首先是国外访学与国内培训的有机结合。在经济全球化背景下,到海外留学、访学等已经成为发展趋势。譬如,教育部日前已经实行"国际区域问题研究及外语高层次人才培养项目",通过选派师资和区域问题研究专门人才赴海外研修或学术交流、选派青年骨干教师赴国外一流高校攻读博士学位、选派急需人才出国研修、支持本科生留学等形式,培养出一批新一代国际化人才和高水平国际区域问题研究专家。此类政府、高校以及民间的国际合作交流涉及高等教育与基础教育等不同层面,有助于促进我国外语教师的专业发展。其次是教师教育的专题性和有效性。近年来,教育部连续实施"中小学教师全员培训计划"(2003—2007年)、"中小学骨干教师国家级远程培训"和"西部农村教师远程培训计划"(2006—2008)、"外语专业中青年骨干教师研修班"(2008年始)等项目,取得较大效果。笔者认为,为了提升培训效果,应在需求分析的基础上,根据受训教师的层次和类型,合理规划培训内容和形式,使其有针对性和实用性,促进教师的教学理念和教学方式的改革。最后是教师教育的常态化和长效性制度,无论是国家级、省级还是县区级培训,均应逐步形成定期培训制度,同时借助现代远程教育手段,保障培训的长远效果。

就教学与科研而言,两者之间应是相辅相成的关系,但目前也存在一些认识不够端正的现象。如吴秋生(2009)指出高校教师中有以下几类科研观:无为科研观、职称科研观、功能科研观等。换言之,有的认为科研无用,有的只为职称做科研,有的为课题经费、科研奖励等做科研。笔者认为,就外语教师而言,一方面要正确认识两者的关系,立足实际做教研。另一方面根据学校要求和自身专业需求,确定不同侧重点。所谓立足实际,主要指结合研究领域,进行独立或者合作研究,并将相关研究成果运用到教学实践中。从事应用研究的教师可以将所建构教学模式应用在实践中,而从事基础理论研究的教师可以将研究成果充实到教学资源中去。所谓确定不同侧重点,主要是考虑到学校类别和教师层次的不同。譬如研究型高校侧重于教师的科研能力,高职高专院校偏重于教师的教学能力和实践能力等。

4.5 学术研究：学术成果的创新、学术成果的交流、学术成果的转化

对于外语界学术研究而言，低层次成果重复、标志性成果缺乏、在国际上影响较小的现象仍然存在。为了解决这一问题，应尽力营造良好的学术环境，鼓励学术创新，促进学术成果的交流和转化。

众所周知，高水平的科研成果往往产生于一个有高水平带头人的科研团队。而我们目前的外语研究者队伍中，个体研究者较多。他们局限于个人的精力和能力，很难在短时间内产出高水平的学术成果。因此，有必要鼓励科研团队的建构，使不同学科、不同院系的研究者以相关科研项目为依托，对具有战略意义的前沿性学术问题进行研究。在科研团队的建构中，"大师"级的学科带头人至关重要，有时需要在海内外进行遴选。科研梯队的建构也应注重年龄、学历、学缘、职称等的合理布局。在科研课题的选择上，要注重学科交叉性，与自身研究基础相结合选择学术前沿问题或者具有国家战略意义的选题。在2010年国家社科基金的28个语言学选题中，涉及外语学科的有8项，包括中国跨境语言的现状及其语言规划研究、外语学科建设与教学法研究、语言类型学视角下的汉外语言对比研究、翻译理论与翻译实践相结合的综合研究、中国人和西方人话语方式比较研究、中小学英语学习与教学研究（包括不同汉语方言与常用外语的语音系统比较研究）、汉外词典编纂研究、国家多语言资源平台建设研究等。这些选题对于研究团队进行相关研究具有一定导向作用。在科研环境方面，要进行科学的绩效考核，营造良好的学术氛围，鼓励创新研究。目前我们的科研绩效考核制度仍然存在考核指标"重数量、轻质量"、考核年限较短等问题，需要进一步完善。笔者认为，学术成果创新水平的提高自然就避免了低水平重复研究、抄袭等学术不端现象的产生。因为一个创新的学者不会单纯重复他人的观点，而会从理论、方法、角度等方面寻求突破。

我国的学术成果主要以著作、期刊、会议论文等形式进行交流。虽然目前我国有40余种语言类期刊，但与广大师生的发表要求仍然存在一定差距。笔者认为一方面研究者可以借助网络交流平台、电子资源库、小型学术论坛、博客等形式将自己的成果与业内专家学者分享，另一方面，广大师生也可努力向相关国际学术期刊投稿，以扩大学术研究的国际影响。对于一些教研机构，也可以尝试创办海外学术期刊，推介我们的学术成果。

我国外语学术研究成果需要与实践相结合，切实发挥外语教育为社会服务的职能。譬如对外语教学理论、教学模式、教学策略等的研究可在教学实践中应用，并以多媒体课件、案例等形式呈现。对大学生英语自主学习语料库的研究有助于充分发挥网络优势，提高网络教学效率。又如，对外语生活的调查研究可以应用在国家和区域性语言战略规划上，国家多语言资源平台建设则为广大外语师生及社会各界提供了外语学习和研究的平台。笔者认为，在外语研究中，基础性理论研究固然重要，但结合国家和社会需求而进行的研究更有应用价值。

5. 结语

在经济全球化背景下，外语在提高我国文化软实力中的战略地位日益突显。如何科学规划外语教育，优化外语教学环境，促进外语教育的整体性、全局性、可持续发展至关重要。本文主要从宏观角度探讨了外语教育规划的若干层面，一些相对微观的战略与战术性问题尚有待进一步研究。相信在教育管理部门、业内专家学者和广大师生的共同努力下，我国外语教育规划研究将会取得更大成果，我国外语教育事业将会更加辉煌。

本文原载于《中国外语》，2011年3月第8卷第2期。

关于我国外语教育规划与布局的思考

上海外国语大学 束定芳

我国外语教育成就巨大，但一直缺乏从战略层面的整体思考和规划。在外语语种、教育层次、区域分布、外语人才数量等方面也存在着不适应国家发展需求、不符合国家未来发展战略的情况。教学理论研究方面比较薄弱，外语教学实践缺乏理论的指导（束定芳、华维芬，2009）。本文拟对外语教育规划与布局的必要性、内涵和依据进行讨论，认为应把外语人才作为一种重要的政治、外交、文化、教育、经济和军事等的资源，从长远和现实两方面进行合理的规划与布局。从现实的角度出发，我们应根据经济全球化和中国国家安全、经济、文化、外交等方面对外语人才的需求，在不同区域规划与布局不同外语语种和人才培养层次；从长远的角度出发，我们需要培养传播中国文化研究世界文化的高端人才，同时，提高整体外语教学水平，培养全民的外语素养与国际公民意识。

一、我国外语教育规划与布局中存在的问题

早在20世纪60年代，周恩来总理就对我国的外语教育改革提出过九字方针"多语种、高质量、一条龙"。遗憾的是，半个世纪过去了，这一方针仍未得到有效落实。在某些语种专业，特别是英语专业人才大量过剩的同时，一些对我国实施"走出去"战略具有重要意义的非通用语种的人才培养和储备却令人担忧。特别是近年来引起关注的所谓"关键外语语种"的问题，我们还没有从国家战略层面进行明确界定，同时，由于缺乏相应的政策支持，一些高校对开设新的非通用语种专业缺乏积极性。

另外，在外语人才的类型与规格方面，单一的懂外语的人才已远远不能满足社会经济发展的需要。我国的政治、军事、经济、社会和文化发展都需要大批既懂专业，又具备良好的外语语言技能的复合型外语人才。根据教育部2000年颁布的《高等学校英语专业英语教学大纲》的要求，"高等学校英语专业培养具有扎实的英语语言基础和广博的文化知识并能熟练地运用英语在外事、教育、经贸、文化、科技、军事等部门从事翻译、教学、管理、研究等工作的复合型英语人才……这些人才应具有扎实的基本功、宽广的知识面、一定的相关

专业知识、较强的能力和较高的素质"。但实际情况并不乐观，高等学校外语专业课程设置既不能完全符合学生的需求，也不能完全符合社会发展的需求，学生学习动力普遍不足，毕业生知识面狭窄，创新能力不强（张绍杰、杨忠，2000；刘燕等，2011）。

在国家层面上，我们目前还没有一个专门的机构协调和管理不同层次上的外语教育以及与外语有关的政策和语言规划。作为一个拥有全世界最多外语学习者的大国，我国至今还没有一个统一的外语能力标准没有一个统一的外语能力认证机构。我们还缺乏中长期的外语教育战略规划，对外语语种在全国的规划与布局没有宏观的指导或安排，对外语人才培养的数量也没有从宏观上进行指导性调控。

为此，我们需要加强外语战略和外语教育规划与布局的研究，需要研究其他国家的做法，吸取它们在这方面的经验和教训；我们还需要摸清家底，了解我们外语人才、外语使用、外语教育等方面的实际情况；更重要的是，我们要在充分了解国家未来发展的需求的基础上，根据国家的发展战略，科学规划，调整外语教学结构，思考外语人才培养和使用如何有效地对接国家战略。

二、外语教育规划与布局的内涵依据与特点

何为外语教育规划与布局？根据外语教育的特点以及我国外语教育的现状，特别是存在的问题，笔者认为，中国外语教育规划与布局的内容应该包括：

（1）外语的地位问题。这个问题涉及外语使用的目的与范围、外语是否可以作为教学语言，满足升学、升职对外语的要求等。

（2）外语语种的选择。根据国家发展的需要，根据社会人才储备和存量资源情况，根据不同领域对外语人才的需求，确定关键外语语种与一般外语语种。关键外语语种的确定要考虑国家政治、经济、外交、文化、教育等方面的需要还要考虑国家的安全问题。

（3）外语水平的要求。我们需要一批专门的能熟练使用外语的专门人才，更需要大批能一般使用外语的不同专业的人才。两者之间如何平衡，具体要求如何，如何评估，需要我们做出规划和描述。

（4）外语教育的层次。就外语专业人才培养来看，目前我们已有本科、硕士、博士三个层次，但不同语种之间、同一语种内部不同的层次之间的比例严重失调，需要我们根据国家未来发展的需要，根据社会需求和学科发展情况进行调整。

就外语教育规划与布局的依据而言，我们应该从国家发展战略出发，从国家利益，社会需求等层面，从现实和长远两个角度进行考虑。外国语言文学作为人文社科学科之一，承担着与其他人文社科学科一致的研究目标与责任。我们一方面可以参考中国哲学社会科学的定位：认识世界、传承文明、创新理论、咨政育人、服务社会，另一方面，外语作为一种特殊的工具和资源，它也通过翻译或其他方式为其他学科领域完成其使命作出特别的贡献。对于资源，我们应该保护，进一步开发并合理利用。已有的资源需要合理利用今后的资源需要培育、开发和调配。

从外语教育规划与布局的特点来看，它具有长期性、综合性、前瞻性、全局性、现实性和应用性等特点。下面仅从现实和未来需求两个角度对我国外语教育规划与布局进行论述。

三、外语教育规划与布局的现实考虑

所谓现实考虑，主要就是为国家目前和近期的发展战略服务。我国目前正处于和平崛起的重要发展阶段，一方面需要和平的国际环境来推进自己的经济、社会与文化发展，需要在国家安全、政治、外交、军事等方面保证国家的和平发展；另一方面，在全球化大背景下，中国的经济发展将逐渐与世界经济融合，世界走进中国，中国走向世界，我们迫切需要大批专门的各类外语人才，以及更多的懂外语、具有国际视野、懂国际规则的各类专业人才为加速这一进程服务。我们需要从以下几个角度考虑国家外语教育的规划与布局。

1. 确立关键外语 储备特别外语人才

2003年，即9·11事件两年之后，以Rush Holt为首的美国众议院议员大声疾呼美国政府从国家安全战略高度确立其"关键语言"。美国"关键语言"战略的提出，表明语言问题被"安全化"。美国为了实现"关键语言"战略，投入了大量的资金，大力推广阿拉伯语、汉语、俄语、印地语、波斯语等关键语言。

到目前为止，我国还没有制定相应的国家安全语言战略。国家也没有相应的专门机构负责国家安全语言战略的制定实施监督和预警管理。从国家利益角度，我们也应该根据中国区域政治的特点，制定我们的关键语言计划。我们不但可以学习美国和相关国家的经验，而且，我们可以根据中国和平发展的外交战略在这个问题上看得更远一些、做得更现实一些：针对不同的领域制定不同的关键语言计划。例如，（1）针对国家安全确立一批国家安全的关键语言，尤其是从捍卫国家领土完整和反恐角度确定一批关键外语，如中国周边地区国家的语言；（2）根据中国外交政策需要确定外交关键语言，例如非洲和拉丁美洲地区的重要语种；（3）根据中国经济发展，特别是与能源问题有关的关键语言，如阿拉伯地区和其他能源输出国和地区的语言；（4）根据文化、教育"走出去"战略确定一批文化和教育关键外语；另外还可以确定一批与军事、艺术和学术研究等有关的关键外语等等。

2. 根据现实和未来社会需要统筹分类进行外语语种和教育层次的规划与布局

目前来看，各语种学科点的分布，包括层次与结构存在严重不合理的情况。例如，英语专业本科毕业生严重过剩，博士点、硕士点的分布也多集中在沿海经济发达地区。其他语种，甚至应该是作为关键语种的非通用外语，如印度和中亚的一些重要语言，不但教学点稀少，甚至也没有专门的研究型人才储备。这与国家未来发展的需求极不相称。

各有关高校，特别是外语院校和综合性大学，应根据国家战略发展的需要，结合自身的办学条件，准确定位，实施自身的战略规划，培养满足国家经济和各项事业发展需要的不同规格、不同层次、具有鲜明特色的高素质外语人才。笔者认为，作为专业院校的重点外语院校应该致力于培养高精尖的专门外语人才、高级外语师资，同时开设尽可能多的外语语种。外语语种应该包括各主要的外语语种和相关的关键外语语种。关键语种的选择可根据办学条件、区域特点和交叉学科的情况确定；一些条件较好的综合性大学应致力于培养研究型的外语与外国文化专门人才和高级外语师资。同时，一些地方院校和特色专业的院校应该注重专业型外语人才的培养，即专业＋外语能力强的专业人才，如外语能力强的石油专业人才，海洋专业人才等等。

3. 根据区域特点进行外语语种规划与布局

在外语规划问题上，我们特别需要根据区域特点，发挥地域优势，服务国家整体利益和地方政治、经济和社会发展的需求，形成合理的外语语种和人才规划与布局。中国边疆地区大约有30个跨国跨境民族。当地高校应该因地制宜，创造条件，成为培养相关外语和文化人才、研究相关国家和区域问题的重要基地。如果说上海、北京、南京、武汉、西安等中心城市应该加强"各重要语种＋尽可能多的非通用语种"的规划与布局的话，那么在其他一些省份或城市应该加强"各重要语种＋特殊需要非通用语种的规划与布局。例如，东北地区由于毗邻俄罗斯、日本和朝鲜半岛，应该突出俄语、日语、朝鲜语等专业的优势；在西北地区，应该加强俄语、阿拉伯语、波斯语、中亚诸语言等语种的规划与布局，尤其是与这些国家相关的国际和区域事务研究的人才培养；在西南地区，特别是广西、云南和西藏地区，应特别加强东盟和南亚诸语言，特别是印地语等语种的规划与布局，培养相关国际和区域问题的专门研究和实践性人才；在华南地区，特别是广东地区，应该加强东南亚诸语言和非洲诸语言等语种的规划与布局和相关人才的培养。

然而，就目前的情况看，我们的外语语种规划和布局与理想的情况差距很大。美国哈佛大学开设90多个语种，英国伦敦大学开设80多个语种，法国国立东方语言文化学院开设90多个语种，俄罗斯莫斯科大学开设120多个语种，日本东京外国语大学和大阪大学开设60多个语种。但作为全国最重要的外语人才培养基地之一的北京外国语大学目前开设的语种为54种，上海外国语大学开设的语种只有26种，北京大学也只开设20个语种，其他大学更少。

前面提到，处于边疆地区的综合性大学应该发挥区域优势，为服务国家地缘政治和区域发展战略培养和储备专门人才并发挥智库作用。但实际情况是，许多处于这些地区的大学由于历史和现实的原因，不但未能在培养特殊语种人才方面发挥作用，就是通用外语人才的培养其人才规格和办学条件也与内地大学有较大差距。例如，西藏大学旅游与外语学院下设8个本科专业：英语导游、商贸英语、英语师范、英汉翻译、旅游管理、旅游会展、旅游酒店管理、旅游管理规划，几乎全与旅游业有关，没有与印度、尼泊尔、缅甸等国家有关的任何专业或研究机构。新疆大学外国语学院目前下设8个系室（英文系、俄文系、公共外语一系、公共外语二系、日语教研室以及三个行政办公室）不但没有中亚语言专业，已有的几个通用语种专业也没有博士点，难以培养高层次的外语专门人才和相关国际问题的研究人才。

4. 提高外语教育效率提升全民外语使用能力

另外一个应该摆在国家决策部门和教育界议事日程上的重要问题是学校外语教育质量和全民外语素质问题。现在，学校外语教育虽然总体上质量比以前有所提高，学生听说能力和外语教师的整体素质大幅提高，但整个外语教育几乎完全被考试牵着鼻子走，评估手段单一，教学周期冗长，教学效果很差。从目前来看，我们应该重点解决以下几方面的问题。

1）明确教学目标

关于小学开设外语课的利弊得失，应该组织专家进行充分论证。即使是在欧洲国家，如德国，小学开设英语课也没有很高的要求，每周只有两到三个课时。我们认为，在目前小学已普遍开设英语课的情况下，大幅压缩外语课时也许是一个比较好的折中方案。这不但有利于减轻学生负担，也有利于学生提高母语水平。小学开设外语课，主要是逐渐培养学生的兴趣，学一些初步的英语交流技能。中学阶段才是学生学习外语的最佳时间，我们应该强化这一阶段的外语课程，研究中学生学习外语的心理特点，做好需求分析、课程设计、教材编写、课堂教学和教学评估等工作，特别是加强对师资的培训。中学外语教学质量提高了，大学外语教学改革就有了明确的方向。

大学英语教学涉及数百万大学生的专业学习和就业等问题，因此历来受到社会的关注。不同的高校其人才培养目标定位不同，学生情况和办学条件也千差万别，但英语教学目标却高度一致：通过大学英语四、六级考试。数百万大学生不是为专业学习而学外语，不是为提高自己的综合素质、国际交往能力而学外语，而是把宝贵的时间浪费在为通过某些考试而死记硬背、机械操练上。关于大学英语教学的定位问题，我们以为应该研究欧洲国家"用英语开设学位课程"的做法，把大学英语教学的目标设定为为高等教育国际化服务。根据这一目标，我们的大学英语教学的课程要求、教师培训、教学评估等将需要进行革命性的大调整。

2）改革教学评价机制扭转严重的应试教育倾向

我们目前的评估，主要对象是学生，缺失了对教师、对教学管理部门的评估，这是目前我们外语教学存在的主要问题之一。对教师的评估，应该评估其教学过程和教学效果，全面考核教师的教学态度、教学手段、教学方法、教学内容、教学组织和教学效果等。

我们目前缺失的另一评估对象是教学管理部门。教学管理部门要改变观念，变以行政管理为中心为以主动服务为中心，变"以条条框框为中心"为"以教学改革实际需要、人才培养客观需要为中心"。

总之，在英语教学改革中，涉及的三个主体——英语教师、学生和学校管理部门，都要接受评估。任何一方科学评估的缺失都会导致英语教学改革的失败。

3）加强教师培训提高教师素质

目前，各级各类学校的外语教师普遍超负荷工作。有关调查表明（王海啸2009），90%以上学校的大学英语教师每周上课都在10学时以上，多数学校的教师平均周学时都在16至20学时。很多教师没有时间和精力从事教学研究，也很少有机会进修和培训。

毫不夸张地说，中国英语教学改革成功与否在很大程度上就取决于师资的质量。只有一支高素质的英语师资队伍才能真正对中国英语教学改革存在的问题进行反思，才能结合所在学校的具体情况进行具体分析，寻找解决问题的途径从而解决问题。只有当每个英语教师真正意识到英语教学改革的必要性，把提高自身素质，改进课堂教学，培养学生的自主学习能力作为自己的自觉行动，英语教学质量才能真正提高。外语教学改革也只有自下而上，从星星之火开始，才有可能形成燎原之势。

4）加强外语教学理论研究

我国外语教学理论研究在过去一二十年中主要是借鉴国外相关成果，缺乏有自己特色的理论。要建立具有中国特色的外语教学理论，解决中国外语教学中的问题，一个重要的内容就是研究中国人学习外语究竟有什么特点。近年来，有些学者在这方面做了实证和对比研究，但远远不够。我们需要对一些影响外语教学政策和教学实践的重要理论问题进行系统和全面的探究和把握。目前比较关键的研究课题包括：（1）年龄：不同年龄的中国人习得外语有何差别？（2）母语影响：母语知识在外语学习过程中究竟扮演什么角色？（3）学习策略：学习策略和交际策略在外语习得中究竟起到何种作用？（4）外语实践：什么样的外语实践能够促进习得？（5）文化因素：跨文化因素在多大程度上影响外语习得？只有在理论研究上有所创新，有所突破，我们的外语教学实践才能有可靠的基础和指导原则，我们的教育行政管理部门的决策管理才能按科学规律办事，我们的外语课堂教学实践才能不断创新。

四、外语教育规划与布局的长远考虑

外语教育应该为国家的长远发展目标服务。何为国家的长远目标？如果说"中华民族的复兴"、"和平崛起"是中国20世纪末到21世纪中期的目标的话，那作为一个曾经对世界文明有重大贡献的古老民族，其长远目标应该致力于推动世界文明的发展，"中国应当对于人类有较大的贡献"。

就外语人才培养、外语教育而言，长远考虑就是为"认识世界、传承文明、创新理论、咨政育人、服务社会"服务。这是中国哲学社会科学研究的目标，也是中国作为一个世界大国和强国对世界应该担负的责任。

1. 外语教育要为培养研究世界的人才服务

外语教育要为培养"具有国际视野、通晓国际规则、能参与国际事务"的各类人才服务，同时，更要培育懂多种外语、学贯中西、研究世界不同时期和不同地区的文明的各类人才。要做到这点，外语教学与外国文化学习和研究相结合，与区域和国际关系研究结合起来，开设古典语言课程，培养世界文化研究人才。

随着中国"走出去"战略的实施，中国需要进一步了解世界、研究世界。各国国家概况也是各语言专业的必修课之一。各外语院校与专业应利用多语种和第一手信息和资料的优势，大力开展国别综合研究、大国关系研究、国别关系研究和外国文化深度研究，并培养大批从事国际问题和事务的研究型人才。在对对象国家语言进行全方位研究的同时，对这些国家的文化展开综合研究，加深中国对世界的了解。

在这方面，一些发达国家和国际知名大学的做法值得我们借鉴。剑桥大学目前有以下几个学院和研究中心与外语教育有关：1）现代和中世纪语言学院：开展法语、德语、荷兰语、意大利语、西班牙语、葡萄牙语、现代希腊语、新拉丁语教学和研究；2）亚洲和中东研究院：下设东亚研究系和中东研究系，东亚研究系主要教授汉语、日语和韩语，而中东研究系主要教授阿拉伯语和波斯语、希伯来语和闪族语；3）古代近东研究中心研究：古埃及语和阿卡德语；4）南亚研究中心：研究梵语、吠陀梵语、巴利语、古印度方言和印地语。

剑桥大学的语言课程一般分为两个阶段，第一阶段是一、二年级，着重于语言与文化的学习；第二阶段是三、四年级，在此阶段学生可以进行课程的选择，对第一阶段的学习科目进行调整。如在中东研究系学习阿拉伯语和波斯语的学习者，在前两年的学习中可以同时学习这两门语言，第二阶段时可以进行这两门语言课程比重的调整，或者只选择其中一门语言的学习而放弃另一门语言；如果有学生在第一阶段除了阿拉伯语或波斯语之外还选择了一门欧洲现代语言进行学习，那么在第二阶段他可以继续学习这两门语言，也可以只选择其中一门语言进行学习。

在剑桥大学进行语言学习的学生在第三年一般都会深入目的语国家继续学习并致力于对该国家或地区语言文化某一方面的研究。东亚研究系的汉语学习者在第一、二年主要进行语言和文化学习，包括现代汉语的读写说、中国古典文学阅读、中国和东亚历史学习，第三年前往中国，有机会对汉语语言或文化中的某一特定方面进行更为深入的学习和研究。

剑桥大学和其他国际一流大学的外语人才培养模式和相关课程体系给我们的一些启发是：外语人才培养应该与相关国家和区域研究结合起来。仅有基本的语言交际能力，没有背后相应的知识储备，这样的外语人才是难以担当重任的。国外有很多"中国通"，但中国却缺少真正的"外国通"。许多外语院系目前基本上只是学生外语基本技能的培训班。学生毕业时除了一般的外语技能往往别无他长。

2. 外语教育应为中国文化走出去服务

随着全球化进程的加快，中国学术和文化走出去已成为国家战略的一个重要组成部分，也是当今世界文化融合和人文交流的重要内容。外国语言文学学科在"中国学术国际化与中国文化走出去"过程中应该承担特殊的角色。一方面，我们应该研究中国文化和学术国际化的现状、存在问题、努力方向；另一方面，应该通过与海外学者和机构合作，直接参与中国学术和文化的国际化过程，同时，应致力于培养一批直接从事中国学术和文化翻译和传播的专门人才。这样的人才应该是掌握多种外语，能够直接阅读、研究西方经典的饱学之士，需受过严格的传统文化教育、熟知中国传统文化经典。美国一些大学的经典阅读课程值得我们参考。例如，美国圣约翰学院的经典阅读大一有荷马、柏拉图、亚里士多德、索福克勒斯、埃斯库罗斯等古希腊的作品，大二有古罗马到文艺复兴时期的《圣经》以及塔西陀、奥古斯丁、阿奎那、马基雅维利等的作品，大三包括近代的笛卡尔、弥尔顿、卢梭、休谟、康德，一直到大四的黑格尔、尼采、托克维尔、托尔斯泰、海德格尔等。

显然，要阅读这些原著，首先要过语言关，尤其是古希腊语、意大利语、法语、德语、俄语等。其实，这样的课程安排也使得两者相辅相成：语言学习的目的是为了研读经典。而研读经典也成了语言学习的一个重要的有效手段。这些都值得我们借鉴。

五、结语

外语教育事关国家发展大计，事关民族的整体素质和对世界文明的认识与贡献。外语教育的规划与布局、外语专门人才的培养与储备、大学生和公民的外语能力的培养，应该成为国家有关部门、教育界、特别是外语教育界认真思考并有所作为的重要问题。在制定我国的中长期外语教育发展规划时，不仅需要考虑到外语教育发展的客观规律，还应该紧密结合国家发展战略和社会需求，从政治、外交、经济、国家、安全、文化发展等角度规划和布局我们的外语教育，不但让外语教育成为个人成长与发展的必不可少的一部分，同时也让外语人才成为服务国家和社会发展的一种重要资源。

本文原载于《外语教学与研究》，2013年5月第45卷第3期。

第四章
语言生态

按语（梅德明）

　　生态学是一门研究有机体之间关系以及有机体与其周围环境之间关系的学科。语言生态观是指以生态学的视角和方法来看待和研究语言，因而涉及语言学和生态学两大领域，具有跨域性交叉研究的属性。

　　语言生态观是将语言环境视同生物环境的一种隐喻类比。维系生物系统长期稳定的要素是多样性生态环境。换言之，多样性生态系统是生物系统的基石，自然界生物的多样性不仅直接影响着而且还决定着生物系统的稳定性和延续性，对于人类语言和文化多样性具有重要意义。以有机生命形态的生态观看待语言和语言生活由来已久，历史上不少学者语言早已洞察到自然语言所具有的有机生命形态属性，他们尤其关注语系和语族成员之间的同源关系。例如，Humboldt认为，所有语言都是有机体，语言是人类与生俱来的天赋属物，具有有机生命的本性。19世纪的语言学家Schleicher认为"语言有机体"与自然有机体有诸多相似点，语言发展的规律跟生物的进化进程是一样的，1863年他发表了《达尔文理论与语言学》一文，公开承认他的语言理论符合进化论的观点。他还采用生物学对植物分类的方法来研究语言的历史亲属关系，画出了印欧语系的谱系树形图，揭示出了语言体系中的生态规律。Schleicher认为，语言的发展和生物的进化相似，印欧语系的谱系图所反映的历史亲属关系与植物群有着十分相似的生态规律。Chomsky在其半个世纪以来的著述和演讲中始终将自然语言视为人类与生俱来的心脑机制，将人类语言能力尤其是儿童语言习得机制视为人类特有的生物禀赋，将人类认知系统中专司语言知识及其运用的系统视为以基因为载体的人类"语言器官"。越来越多的学者对语言生态给予了极大的关注并做了深入的研究，不少学者就语言生态学的性质、任务和研究方法发表了很有见地的论述，可参见冯广艺的"语言生态学的性质、任务和研究方法"和范俊军的"生态语言学研究述评"两篇文章。如何对语言生态做出科学的监测和评估,尤其是在大数据时代如何利用信息网络、传感技术、移动终端、云计算、海量数据对全球语言生态进行全覆盖的监测和评价,可阅读肖自辉和范俊军的"语言生态的监测与评估指标体系——生态语言学应用研究"和梅德明的"大数据时代语言生态研究"两篇文章。

语言生态学的性质、任务和研究方法

中南民族大学 冯广艺

语言生态学作为一门交叉学科，具有很特殊的学科属性。由于生态学是生物学的一个分支，它研究生物之间及生物与非生物环境之间的相互关系，也具有自然科学的属性。而语言学既具有自然科学属性，也具有社会科学属性，因而语言生态学从学科性质上看，具有学科上的多重属性，即它具有社会科学属性和自然科学属性。但学术界在研究语言生态学时，对它的学科性质的看法并不完全一致。

一、语言生态学的性质

学科的发展有两个大的趋势，一是随着研究工作越来越细致、深入，一个大的学科会产生若干个分支学科（或者叫二级学科），而二级学科也会不断地派生出若干个次分支学科（或者叫三级学科）等，另一个趋势是学科与学科的交叉融合，产生新的交叉学科（或者叫边缘学科），这是学科的进步。著名语言学家伍铁平先生在《语言学是一门领先的科学》一书的前言中说："我们只要回想一下语言学史中对各种生物主义、物理主义、个人心理主义、社会心理主义的批评（这些批评有正确的一面），就可以证明了，过去的某些学科往往只强调分门别类、互不侵犯、画地为牢；但是，现在随着学科的交叉和互相影响，仅仅在语言学领域就先后诞生了人类语言学、社会语言学、心理语言学、数理语言学（包括统计语言学、代数语言学等）、病理语言学、神经语言学、计算机语言学、发展语言学、应用语言学、认知语言学、模糊语言学、生态语言学等。"在伍先生提到的交叉学科中，已有生态语言学（语言生态学），而语言生态学（生态语言学）是语言学和生态学这两个学科结合以后产生的新学科，因而必然具有交叉性特点。在语言生态学的研究中，人们可以运用生态学的理论、观点和方法探索世界语言系统中的语言问题，探索语言的"生态"变化及其发展情况，获取语言的生态对策，为进一步优化世界语言的生态系统作出贡献。这样的研究不像单一的语言学内部的研究那样，仅用单一的语言学的理论、观点和方法研究语言问题。因此，语言生态学在某种程度上讲，其研究的理论和方法是开放的。

1. 语言生态学的同质性

语言生态学的同质性是指它与邻近学科在研究内容上具有某些共同的特点。从宏观上讲，语言生态学与人种语言学、社会语言学、文化语言学、民族语言学等学科都把语言与语言之间的关系、语言与人之间的关系、语言与社会环境之间的关系作为研究的基本内容。并着重阐述它们之间的内在规律。从微观上讲，上述学科在具体研究课题上也有一定的同质特征，如研究人类的语音、词汇、语法等方面的差异问题等。例如社会语言学家拉波夫研究不同社会层次的人在发音上的差别和语言生态学中研究语言生态环境对语音的影响等具有很大的同质性。由于有了这样或那样的同质性，使人们感觉到这些学科似乎"你中有我，我中有你"，很难将它们严格区分开来。也使人们对这些学科的学科独立性产生一定的犹豫。我们认为，语言生态学与人种语言学、社会语言学、文化语言学、民族语言学等都是十分关注社会、关注人类的生存环境等问题的学科。它们具有相关性甚至同质性恰好说明它们的学科性质和特点。

2. 语言生态学的学科综合性

作为一门交叉学科，语言生态学具有学科综合性特点。首先，语言生态学综合了社会科学和自然科学不同的研究理论和方法，语言学从性质上说，既具有社会科学属性，如语言学中有关语言符号的社会性的相关内容等，也具有自然科学的属性，如语言学中的实验语音学的相关内容等，所以语言学从某种程度上说，本身就具有综合性。生态学属于自然科学，它和语言学融合在一起，集中两门学科的学科优势，综合研究语言生态问题，必然产生良好的学科效应。其次，语言生态学的学科视野广博，凡是与语言生态有关的内容，语言生态学都予以密切关注，因此，语言生态学从研究方法上讲，必然会采取多学科、多角度、综合的方法来研究各种问题，以达到一定的学术目的。

3. 语言生态学是一门应用性强的学科

语言生态学的应用性主要表现在它直接服务于经济社会，为经济社会提出建设性的、有价值的理论，给决策者提供咨询参考，解决经济社会中的具体问题。语言生态学可以解决构建良好的语言生态中的各种理论问题和实际问题，可以直接为构建和谐社会、建设生态文明服务。例如，我国是一个多民族统一的大国，国家除了推广全国通用的普通话之外，还特别重视方言，重视少数民族语言，制定了一系列语言政策，保护方言，维护少数民族的语言权利。从语言生态学的角度看，国家共同语（普通话）、方言和民族语分工合作，协同发展，这是一个很好的语言生态布局。语言生态学研究这个布局，解决布局中出现的这样或那样的问题，对于处理好共同语和方言的关系、共同语和民族语的关系，维护民族团结，促进社会和谐无疑具有重要的作用。

4. 语言生态学具有学科前沿性

语言生态学的学科前沿性是指它将语言研究的视野直接投向广阔的社会环境和具体的语言事实。注重用新的语言生态学的理论和方法解决当前现实社会中的语言问题，尤其是世界语言系统中语言生态格局出现的新问题，例如强势语言与弱势语言问题、语言濒危与语言消亡问题、语言接触中的语码混用与语码转换问题、人们的语言态度与语言转用问题、人口迁移对语言的影响问题、社会的语言生态对策问题等等。正因为如此，语言生态学成为一门与人们的语言生活密切相关的学科，它的基本走向、研究进展和学术话语也成为社会关注的热点。在世界范围内，语言生态环境是人类生存与发展的生态环境的重要组成部分，从一定程度上讲，语言生态学将世界语言生态环境作为自己的研究对象且直接为人类的生存与发展服务，是人类社会科学研究的必然趋势，也体现了这一学科的前沿性特征。

二、语言生态学的任务

语言生态学的研究对象是语言生态，其基本任务是运用语言生态学的理论和方法，研究语言生态系统中的一系列问题，探讨构建良好的语言生态环境的一般规律。为人类形成和谐健康的语言生活和人类社会的生存与发展提供一定的理论和实践参考。具体地说，语言生态学的任务应该包括如下几点：

1. 研究现阶段世界上的语言在语言生态上的基本面貌

人类社会在不断发展，语言环境在不断改变，世界上的语言也在不断发生变化，现阶段的语言生态究竟如何，这需要通过语言生态学的研究寻找答案。从语言生态学的角度看，世界上的语言是由语言与语言构成的一个网络系统，在这个网络系统中，语言和语言之间都会发生直接或间接的联系，它们相互影响、相互作用甚至相互制约，形成世界语言的"生态链"。语言生态学就是要把构成这种"生态链"的基本规律弄清楚。

2. 研究语言与社会环境的相互作用关系

语言与社会环境的相互作用关系。包括语言的发展与生态环境的关系、语言与语言之间的相互关系、人类的生态文明建设与语言生态的关系等。从这一点看，语言生态学直接服务于人类的生态文明建设，它可以为生态文明建设提供语言生态方面的理论和决策咨询服务。同时，语言生态学还要研究语言资源的开发、传承、保护和利用问题，研究世界语言的格局、语言的多样性、人的语言态度、语言运用、语言接触、语言活力、语言规划、语言濒危问题等。

3. 语言生态学还有一个基本任务就是研究语言人和语言的生态对策，尤其是揭示作为语言人在语言生态系统中所起到的决定作用

人类环境生态学认为："人类活动与自然环境一直是相互影响的。在人类活动改变自然环境的同时，环境变化也改变着人类的行为，迫使人类去适应自然环境的变化，改变生活和生产方式，增强抵御自然界不利变化和灾害的能力。形成如下的循环：……人类适应并改善生存环境→造成生存环境的变化→又迫使人类去适应变化了的环境→又造成生存环境新的变化……这种循环过程不是简单的重复，而是规模不断地扩大，过程不断地深化。人是自然生态环境的重要组成部分。""语言人"是语言生态环境的重要组成部分。马克思说："人直接地是自然存在物。人作为自然存在物而且作为有生命的自然存在物，一方面具有自然力、生命力，是能动的自然存在物；这些力量作为天赋和才能、作为欲望存在于人身上；另一方面，人作为自然的、肉体的、感性的、对象性的存在物，和动植物一样，是受动的、受制约的和受限制的存在物，也就是说，他的欲望的对象是作为不依赖于他的对象而存在于他之外的；但这对象是他的需要的对象；是表现和确证他的本质力量所不可缺少的、重要的对象。语言生态学研究人的语言能力和语言运用、研究人在语言生态环境中的地位和作用、研究人对语言生态环境的影响、同时研究由于不同的人的语言观念、语言态度、不同国家、地区和民族的不同的语言政策对世界语言生态系统所起的不同作用等问题。应该说，围绕着人（语言人）这个中心点进行研究是语言生态学最基本的任务之一。语言的生态对策即人类根据语言的生态变化而采取的适应性策略。语言生态学必须探索语言的生态变化及其规律，研究出与此相适应的语言的生态对策。例如在现实社会中如何保持语言多样性、坚持语言平等性、强调语言统一性、主张语言开放性等等。

三、语言生态学的研究方法

如前所述,语言生态学是由语言学和生态学相结合而产生的一门交叉学科,所以它的研究方法具有交叉性和综合性的特征。在当代学科领域中,邻近的或类似学科的研究方法值得我们借鉴。如人类环境生态学。刘树华先生认为:"人类环境生态系统的研究方法是人类环境生态学研究的最重要的手段和方法。包括研究人类环境生态系统中的人类与环境生态相互作用的诸多因果关系、连锁反馈关系,多维空间的生态流关系,利用复杂的生态系统参数建立生态系统的自组织动力学模型等,为人类社会与环境生态系统的和谐发展进行环境生态建设提供科学方法和理论依据。"

1. 系统的研究方法

研究语言生态学的一种重要方法是系统的研究方法。这种研究方法把人类的语言看作一个有序的系统,不同的语言都处在这个系统中的恰当的位置上,发挥自己的功能,行使自己的职责,这是语言生态系统的自然天成的一种面貌。但是在现实社会中这种自然天成的面貌往往会被打乱,也就是说,这个"系统"往往会出现不平衡或失调情况,这种情况通过系统的方法,从整体上寻找人类语言生态系统中的问题,不失为一种有效的途径。因此系统方法的运用是值得提倡的。荷兰学者斯旺所著《世界上的语言——全球语言系统》一书运用的就是这种方法。斯旺说:"全球语言系统是'世界系统'(world system)的重要组成部分,世界人口可归入近两百个国家,纳入由各种国家组织构成的网络,这是世界系统的政治层面;一连串的市场和公司担负着调节功能,这是经济层面;在无所不容的全球文化层面,电子媒体起着联系作用;人'与自然一起新陈代谢'、又构成了全球生态系统。全球人类社会(global human society)这个概念的确构成了一个世界规模的系统,近年来再度引起很多关注,不过,人类因语言众多而分隔开来,又由操多语者交错构成的体系连为一体,还构成了一个自成一体的语群(language constellation),成为世界系统的又一层面。这一层面尚未引起注意,但一经指出,又似乎显而易见。这一段话集中反映了斯旺分析"世界系统"的系统观。

从语言的微观层次看,语言本身是一个系统,语音、词汇、语法等是这个系统中的分系统,语言系统中的各个分系统都会在一定的语言生态环境中形成自身的特点,也会因为语言生态环境的变化而发生变化,如语言系统中的语音、词汇、语法等在历时状态下的变化和在共时状态下的变化,都跟语言生态环境有关。语言学史上的一些经典著作，都是善于进行系统分析的佳作，如瑞士著名语言学家索绪尔的《普通语言学教程》开宗明义地指出"语言是一个表达观念的符号系统"，索绪尔比较重视语言的内部系统。他说："语言是一个系统，它只知道自己固有的秩序。把它跟国际象棋相比，将更可以感觉到这一点。在这里，要区分什么是外部的，什么是内部的，是比较容易的：国际象棋由波斯传到欧洲，这是外部的事实，反之，一切与系统和规则有关的都是内部的。例如我把木头的棋子换成象牙的棋子，这种改变对于系统是无关紧要的；但是假如我减少或增多了棋子的数目，那么，这种改变就会深深影响到"棋法"。不错，要作出这种区别，需要一定的注意。例如，在任何情况下，人们都会提出有关现象的性质问题，而要解决这个问题，我们必须遵守这条规则：一切在任何程度上改变了系统的，都是内部的。索绪尔的这段话，能够帮助我们认识语言的内部系统，在考察语言的发展、变化时，注意从内部系统方面对语言进行科学的分析、研究。

2. 比较的研究方法

法国著名语言学家A梅耶说："比较研究是语言学家用来建立语言史唯一有效的工具。我们要观察的是变化的结果，而不是变化本身。所以只有把这些结果结合起来才能追溯语言的发展。比较的研究方法可以运用到语言生态学的研究之中，由于语言生态涉及的因素很多，如语言功能、语言关系、语言态度、语言接触、语言政策、语言规划等等。因此，对这些因素的不同及其对语言生态的不同影响进行比较研究，就可以弄清语言生态的不同情况。如对语言功能的比较。语言功能是语言的本质所在，它主要体现在语言的社会交际功能、语言使用人口、分布地域以及在国际上的地位等方面，不同的语言在这些方面的情形是不同的。如果一种语言在这些方面发生变化，就会引起语言生态的变化，因此，跟踪语言功能的变化，并进行变化前后的比较研究是非常有效的方法，再如要认清语言政策对语言生态的影响，既可以进行不同国家语言政策的比较，通过比较说明制定什么样的语言政策会给语言生态带来什么样的影响，也可以通过一个国家的语言政策在不同历史时期的不同内容的比较，弄清其和语言生态之间的关系。

语言生态学中的比较方法的运用，有共时的比较，如不同国家、民族和地区不同生态环境的比较，不同国家、民族和地区语言关系、语言态度、语言接触、语言政策、语言规划的比较、不同语言的功能的比较等等，也有历时的比较，如一种语言的生态环境在不同历史时期的发展和变化方面的比较。无论是共时的比较,还是历时的比较,其目的都是为了语言生态及其发展变化的一般规律。

3. 综合的研究方法

语言生态学既然是语言学和生态学的交叉学科,那么研究语言生态学的方法中,既可用语言学的一般研究方法,也可用生态学的一般研究方法。在语言学研究方法中,宏观的研究方法和微观的研究方法、共时的研究方法和历时的研究方法、定性分析的方法和定量分析的方法等等,都适用于语言生态学的研究。由于语言生态学和社会语言学、文化语言学、民族语言学等有着千丝万缕的联系,所以这些学科所运用的一些研究方法也都适用于语言生态学。张廷国和郝树壮合著的《社会语言学研究方法的理论与实践》一书是全面探讨社会语言学研究方法的专著,该书的第三章"社会语言学研究的基本方法"不仅对社会语言学的研究方法做了深入、全面的评述,而且对社会语言学研究方法的特征,如"定性与定量相结合"的特征、"解释性"特征、"实证研究"特征等做了科学的阐释,书中所述社会语言学的一系列研究方法都可以给语言生态学提供借鉴。如该书在介绍社会语言学关于"语言变异研究中的量化分析"方法时指出:"在自然科学研究中,常常从自变量(independent variables)出发看变量(dependent variables),看两者之间有什么相关性。或者看两者之间是不是有因果关系,社会语言学家也采用类似的方法。看社会变项有无相关性,有无因果关系。"我们可以把一个人的社会地位看作一个变量,把语音的变异看作另一个变量。例如,根据Labov在纽约市所做的调查研究表明。不同社会阶层的人在发"r"音时,其"r"音的强弱有着明显的差异。这就说明人们的社会地位(自变量)和人们所发出的"r"音(变量)之间有某种因果关系。这种定量研究只是定量研究的一种形式。在传统语言学的研究中,定量研究的方法采用得很少。在传统的描写语言学中,语言学家的任务就是找到某种语言的发音人,如实地记录语言材料,并且用归纳的方法找出规律。以乔姆斯基为代表的生成学派的基本研究方法是假设和验证,其研究的语言材料来自说该语言的人,甚至是语言学家自己。社会语言学家研究则不同,通常采用实地调查的方法,对社会和语言材料通过有计划的抽样和定量统计分析,得到概率性的语言规则。因此,从研究方法上来说社会语言学和传统语言学有较大的不同,因此社会语言学研究更接近自然科学的研究方法。社会语言学的调查统计方法。如社会语言学中经常采用的普遍调查、抽样调查和个案调查等方法都是非常有效的方法。我国语言学家胡明扬先生对北京话"女国音"的调查等就使用了这些方法。这些方法都可以在语言生态学的研究中使用。

总之,语言生态学的研究方法应该是综合性的。也就是说,在研究方法上,各个学科(如上述与语言生态学相关的学科)的研究方法,甚至自然科学中的一些学科的研究方法都可以运用在语言生态学的研究之中。

本文原载于《毕节学院学报》,2011年第29卷第1期。

生态语言学研究述评

暨南大学 范俊军

生态语言学（eco linguistics，简称EL），又称语言生态学（ecology of language），是由生态科学和语言学相结合而形成的语言研究领域。生态语言学着眼于语言生态和语言与环境的相互作用，体现了将语言系统复归于自然生态系统的认识观。它的产生既是建立人类与自然新型关系的需要，也是语言学价值的自我完善。本文拟就当代生态语言学的产生与发展、原理、研究领域和课题作一评述。

1. 生态语言学的产生与发展

美国斯坦福大学的E.Haugen（1971）最早提出并使用"语言生态"（language ecology）概念，他在《语言生态学》一文中提出要"研究任何特定语言与环境之间的相互作用关系"，并将语言环境与生物生态环境作隐喻类比。此后，"语言生态"的隐喻开始为语言研究者接受。20世纪80年代，德国Bielefeld大学的一批学者进一步将生态学原理和方法应用于语言研究。P. Finke根据生态系统观提出了"语言世界系统"（language world systems）概念；W. Trampe指出，语言、语言使用以及与之相互依存和作用的环境构成了语言的生态系统（Fill，2001）。这一时期出现了一些以"语言生态学"或"生态语言学"为题的著述，使学科理论框架得以确立。Haugen的语言生态隐喻奠定了语言生态学的主流研究范式。

20世纪90年代，全球生态危机使人类生存与发展问题变得十分严峻。学科使命感和社会责任感促使语言学家思考这样的问题：在生态环境问题中，语言、语言学、语言学家究竟能起什么作用，是否应该有所作为？1990年，M. Halliday在国际应用语言学会议（AILA）上告诫语言学家不可忽视语言在生态问题中的作用。他的报告促使语言研究者对语言和环境问题的关系做出新的思考，即把语言和语言研究作为生态问题的组成部分加以考察，从而形成了生态语言学的另一研究范式。在这次会议上，有学者提出用"eco-linguistics"作为语言与生态问题研究的统称。

生态语言学在德国、奥地利、丹麦等欧洲国家备受学界和官方的关注，有的国家和地区成立了专门的研究组织，大学里开设了生态语言学课程。1993

年，奥地利格拉茨大学教授A. Fill出版《生态语言学引论》，对生态语言学的理论、方法和问题作了系统的阐述。同年，国际应用语言学会上举行了"生态语言学：问题、理论与方法"专题讨论。1995年，A.Fill在奥地利克拉根福市召集了"语言、生态学与生态语言学"国际学术研讨会。1996年，国际应用语言学会成立生态语言学分会。A. Fill，R. Alexander，A. Goatly，J. Door，J. Chr.Bang，P. Mühlhäusler等学者成为这一新兴学科的活跃人物。心理学家、哲学家、人类学家、生态学家也纷纷关注或涉及生态语言学研究。互联网上出现了若干生态语言学网站，如A.Fill的生态语言学网站，丹麦Odense南方大学"生态、语言与意识形态研究小组"（ELI Research group）的网上论坛；荷兰Groningen大学艺术系设有北方和北极地区语言生态研究的网页（http：//odur.let.rug.nl）等；著名网站"语界"（Terralingua）发表了不少生态语言学论文。这时期还出现了若干力作，如Fill & Mühlhäusler（2001）、Mufwene（2001）、Leather & van Dam（2003）、Mühlhäusler（2003）等。值得一提的，20世纪80年代我国也有个别语言学者曾尝试运用生态学原理研究汉语问题，如李国正（1987、1991）。遗憾的是，这种尝试未引起国内语言学界应有的关注。

2. 生态语言学的基本概念和学科定义

"生态"、"环境"、"语言生态"、"生态语言"、"语言环境"是生态语言学的基本概念。

"生态"首先是一个隐喻，"语言生态"是指特定语言与所在族群、社会、文化及地理环境相互依存、相互作用的生存发展状态，就好像自然界特定生物和非生物的生态。Mühlhäusler（2003）指出，语言环境涉及语言与现实世界和环境问题之间的相互关系，以及语言多样性的重要性等方面；世界上现存的各种语言构成了语言生态。"生态"还可以从生物生态学角度来理解和使用，即通常所谓生态环境、生态危机的"生态"。在这一意义的基础上，生态语言学还使用"生态化"（ecologization）、"（合乎）生态的"（ecological）等词语，它们含有健康、和谐、协同作用的意思；而"非生态的"（unecological）则意味着不健康、不和谐。"生态的语言"就是能够表现和促进人类与自然健康、和谐、协同进化的语言系统和语言使用。

以丹麦学者Jorgen Chr.Bang和Jorgen Door为代表的生态语言学派，提出了辩证生态语言学说。他们（1993，2000）认为，语言不能脱离环境而存在，任何语言学上的描写和规范也是对语言和对话环境含义的描写与规范。语言环境就是包含意识-逻辑（the ideological）环境、生物-逻辑（the biological）环境、社会-逻辑（the sociological）环境三个结构层面的社会实践，是人类生物层面、精神层面和社会层面的环境复杂体。生态语言学就是要研究语言与这三个层面之间的相互关系。基于此，Bang和Door（1993）建立了一种以三类环境为中心的意义模式。李国正（1991：48）将语言环境分为外生态环境系统和内生态环境系统，前者包括自然系统、社会系统、文化系统以及人群系统；后者指任何特定的语言单位与其他单位的关系。我们认为，语言生态隐喻不只是一种形象化的类比，从更深层意义上看，语言的生存和发展状态与自然生物生态之间不但具有某种形式的相似性，而且具有某种程度的内在同构性，或相同的内在规定性。

A. Fill对学科的定义作了阐述：生态语言学"研究语言在可能改善或解决生态环境问题中所起的作用；生态语言学家使用生态系统隐喻来描述语言世界系统，并借助生物生态学概念对其做出分析"，"在语言和言语层面对非生态的语言使用和语言系统中的人类中心主义现象进行分析批评，探讨语言和生物多样性之间的关系"（见其生态语言学网站《前言》）。他（2001）还给这门学科提出了五项具体的研究任务。R. Gabbard（2000：1）提出："生态语言学的目标是探讨语言在调整生态系统中可能产生的影响，以及在生态破坏或生态协调过程中所起的作用。"

总之，生态语言学把语言视为生态系统不可分割的组成部分，主张从语言与外部环境的相互依存和作用关系出发分析研究语言。而语言系统本身也是一个开放的生态系统，它与生物生态系统具有类似的同构关系。这一思想与传统语言学将语言视为自足的结构系统截然不同。

3. 研究领域和课题

生态语言学的研究内容相当广泛，涉及语言多样性、濒危语言、语言进化、语言习得、语言批评、语言与生态危机、语言政策、语言人权等方面。虽然在具体研究实践中，不同学者对语言生态的理解有所不同；研究意趣也不一样，但总体上不外乎Haugen和Halliday奠定的两种范式，或者说两大研究领：1）用"生态"作为"环境中的语言"的隐喻，研究所有可能增强或削弱语言功能的环境因素；2）从生物学上理解"生态"的含义，研究语言在生态环境问题中的影响和作用。前者称为"语言的生态学"，关注语言多样性、濒危语言、语言活力、语言进化等问题；后者又称"环境语言学"（environmental linguistics），研究课题包括语言系统的生态学分析、环境语篇的分析批评、语言对生态环境的作用、生态语法等等。限于篇幅，本文只讨论几个主要课题。

3.1 语言多样性与生物多样性

生态科学研究表明，生态系统的年龄与生物多样性密切相关，其自我调节功能也随着生物多样性的提高而提高；丰富的多样性使占据不同生态位的物种能有效地利用环境资源，从而提高生态系统的稳定性。与生物生态多样性一样，种群多样性，以及语言和文化的多样性，是确保人类在地球上健康生存和发展的根本条件。生态语言学从全球生态系统的高度思考语言多样性问题，探索语言、文化与生物多样性之间的作用关系。

3.1.1 生物多样性与语言多样性的对应关系

美国康涅狄克大学的科学家研究了全球数百个生态区的土著族群、传统民族的语言状况和生物生态状况，结果表明，生物多样性程度高的地区，语言多样化程度也高，二者存在地理相关性（Oviedo & Luisa, 2000）。牛津大学人类语言学家D.Nettle对西非地区的语言分布进行了研究，发现越接近赤道地区，语言的数量就越多；雨季的长短与语言数量直接相关（Glausisz, 1997）。E.A. Smith（1998）对墨西哥北部土著美洲族群的研究也证明，语言和文化的多样性与生物多样性存在一定的相关性。生物多样化的环境能形成丰富多样的食物链，适合人类生存与进化；生态多样化造成了人类种群的多样化，从而直接促成了文化的多样性。语言是人类进化的产物，本源上也是生物多样化的结果。生物多样性和语言多样性是生命系统多样性的表现形态，是地球生态系统自我调节的结果。Mühlhäusler（1994）认为："语言多样性和生物多样性的相似之处就在于，二者都是有功能作用的。"Wollock（1997）也指出："高度的生物多样性和语言多样性…是地球行星的一种常态。"人类丰富多样的知识只有依靠多种多样的语言才能充分反映；减少语言的多样性，就会缩小人类可以利用的知识库，从而削弱人类适应自然环境的能力（Bernard, 1992）。"环境—知识—语言"，是人类生命的基本链条，三者紧密相关。

3.1.2 语言多样性对生物多样性的影响

Mühlhäusler研究了语言多样性的丧失对生物多样性的影响。他调查了澳大利亚、新西兰等地语言中的动植物名称，发现澳洲大陆上曾栖息着许多种类的"有袋小动物",但由于外来语言的影响,这些小动物的名称后来改变了,被称为"灌鼠"或"本地鼠"。结果这类新名称使得人们产生误解,把它们当作普通老鼠加以捕杀,导致这些小动物濒临灭绝。对这类动植物,Mühlhäusler建议重新命名或恢复使用土著名字,认为这样做有助于挽救急剧减少的物种(Fill,2001)。

3.2 濒危语言问题

语言文化史研究表明,全球语言多样性程度最高的时期是新石器时代。在古代,全球语言生态基本平衡。但自欧洲殖民时代开始,世界语言开始加速消亡,现在的语言数量比500年前减少了15%(Maffi,1998;Whaley,2003)。随着全球化进程的加快,古代需要几百年或上千年才发生的语言衰变和消亡,如今几十年就可能完成。语言衰变和消亡已经不再是正常的发展变化现象,而是当今生态危机的组成部分。自20世纪90年代以来,濒危语言问题已成为国际语言学界关注的焦点。鉴于这方面的论著已有许多,本文不再赘述。

3.3 语言系统的生态学分析

语言是物质存在和意识存在相互作用的产物,具有构建人类意识的物质,当物质条件发生变化时,由语言所给定的意识形态也会随之变化,"语法根据普遍的生产方式和生产关系'组构'现实"(Halliday,1990)。生态语言学家认为,语言系统应该生态地"构建"世界,因此关心和思考这样的问题:语言系统在多大程度上包含生态成分和非生态成分?这些生态的和非生态的语言现象,在多大程度上影响人们的思考和行动?如何用语言来构建以生命为中心的生态世界观?语言系统的生态学分析有两个任务:一是发现并分析语言的非生态特征;二是建立生态的语言系统或语法。

3.3.1 语言系统的非生态特征

这指的是语言中所内化的语义、语法范畴及其结构表现形式,与当代生态世界观相背。Halliday(1990)、Goatly(1996;1997)、Mühlhäusler(1994)、Chawla(1991)、Fill(2000、2001)等对若干语言系统进行了微观分析。例如:许多语言都有大小、高低、长短等反义词,而几乎所有语言都把高程度词作为衡量标准,如通常说"楼有多高"、"年纪多大",而不说"楼有多低"、"你年纪多小"。这反映了人类追求高增长的成长主义(growthism)意识。在语法上,把空气、水、石油、煤炭等物质名词看作不可数名词,反映了人类认为自然资源无限的意识观念。从生态观来看,这些都是不可再生资源。

在语言系统中，人类中心主义意识也有所表现。如代词系统，指人的代词有各种人称，而指物的代词往往很简略，显示了对其他生物的漠视；物主代词则体现了人类的主宰意识。词汇方面，人类给事物命名的依据往往是事物是否有用，或以人类的行为准则来规定其他生命物质的属性和作用。如《现代汉语词典》对"狼"的释义："性残忍而贪婪……伤害人畜，对畜牧业有害。毛皮可以制衣褥。""残忍而贪婪"是人类的主观印象，"对畜牧业有害"是就人类利益而言，"可以制衣褥"指对人类有用处。从生态学的观点看，地球上所有生物都是平等的成员，无所谓美丑好坏。总之，现在的语言系统在许多方面反映了以人类伦理构建世界生态伦理的意识。生态语言学的任务之一，就是对语言系统的这类非生态因素进行批评分析。

3.3.2 语言系统的生态化

既然语言系统中存在与生态科学观不适应的成分，那么，生态语言学应该以改变语言状况、建立生态语言系统为目标，还是旨在促使语言使用者认识到非生态的语言现象？多数生态语言学者不赞同"生态的就是正确的"这一观点，也不认为对语言系统的生态学分析批评是一种语言规范化行为。但也有学者提出，要通过语言来构建不以人类为中心的生物世界观。语言的生态化就是通过变革语言系统和语言使用，使语言更适合表现现实世界的生态关系。

Goatly（1996）提出了"绿色语法"思想。他认为，传统的及物分析法把现实世界划分为若干语义范畴和语法范畴，不适于表现当代科学理论，尤其不适合表现生态学理论所揭示的现实世界。自然世界的各个不同部分如同生物机体内部一样，有一定的生态结构，但这种生态结构是生态过程的一种表现形式，是不可分割的整体。传统语法语义范畴所表现的物质存在过程是一种单向因果关系，而根据现代科学理论，过程应是多向的，互为因果的。Goatly认为作格分析法能够更方便地表现过程，是协和的语法（consonant grammar）。胡壮麟（1999）对Goatly的协和语法提出了质疑。Schleppegrell（1997）说："真正的绿色语法…能揭示导致环境破坏的真正动力和机制。"语言世界系统是经验系统，对自然世界的经验过程实际上也包含隐喻化过程。问题在于，语言法则或范畴在多大程度上源于自然法则？这是值得研究的课题。

丹麦学者Bundsgaard和Suen（2002）提出创立和发展一种生态的形态学，以便更好地认识和理解环境问题。他们用"eco morphology"来称呼这种生态形态学，其理论基础是J.Chr.Bang和J.Door的三层面模式。传统形态学把语素和形态看作词内特征，词与形态语素的关系是内部关系，实际上将语素形态与语篇和语境分离开来。生态形态说认为，任何个体特征都存在于内部关联性、类际关联性和外部关联性这三种环境关系之中。传统语法将语素看成"最小的意义单位"，而最小的语音单位音素并没有意义。生态语素说则认为，任何语言现象，哪怕是微观层面的最小单位，都不可能以单一特性而存在，而是同时具有生物、社会、意识三个层面的意义与功能相关性，一定的音素往往与特定的情感、语气、经验相联系。例如，许多语言儿语中称呼父母的词语都有双唇音或鼻音，这决不是一种任意、偶然的音义关系。

3.4 语篇的生态批评分析

生态语言学的语篇分析吸收了当代批评语言学的思想，从生态学角度对语言中社会化的生态意识及行为进行分析批评。语言是一种社会秩序的永恒介入力量，它从各个角度反映现实，并通过再现意识形态来影响社会过程；而语篇是语言介入社会秩序的工具，语篇结构型式的选择和使用，往往由社会意识形态所决定，以实现特定的控制意图。生态语言学家对有关环境、动植物、食物等生态问题的语篇进行研究，试图解释生态意识如何通过语言结构来实现对社会的某种操纵和控制。

例如，Gerbig（1993）分析了有关臭氧层问题争论的语篇句式特征，结果发现：对立利益群体的语篇，表现出不同的句式使用特征。对排放废气负有直接责任的工业群体，其语篇中往往较多地使用作格，因为作格突出的是动作行为或状态，从而隐匿了自身的施事者关系，达到一种引导或控制社会意识的意图。其他学者如R. Alexander，A.Goatly，J. Door，J.Chr.Bang等也进行了类似的语篇分析，发现隐匿、抑制或转换施事可以通过被动结构、动词名物化、选用复合名词、指示词语等语言手段来实现。

对语篇或文本做生态学批评，主要集中在"表面生态化"（surface ecologization）问题的分析方面，即在文本、话语或图画作品如广告、政论、商务文本之类中，用什么方法提出环境问题。当今许多产品广告中大量使用"绿色词语"，声称产品和工艺都是"绿色的"、"环保的"，这是语言使用的表面生态化。Fill（2000）分析了Time和Newsweek中"绿色广告"的语言意图后发现，大众媒介绿色广告的变化与大众生态意识的发展变化存在相关性：当大众传媒中"表面绿色"语言大量出现时，大众对生态环境的关注与关心度往往就趋于低下，环境问题就变得糟糕。语篇的生态学批评分析就是要"揭开这种表面生态化的虚伪面纱"。

4. 结语

几乎每个时代都有占主导地位的自然科学理论观念，作为新的方法论支配着普遍的社会思维方式。在当代，生态科学正是这样一门对社会产生广泛影响的学科。生态语言学的产生与发展，正是源于生态科学的感召和当代生态问题的触动。生态语言学把研究语言与环境之间的关系作为学科的理论和实践目标，这一目标决定了学科的内容、方法和特性。生态语言学又是一门应用学科，它的发展越来越清楚地表明，语言、语言学和语言学家在处理人类与自然生态的关系的过程中是一支重要的力量，必将大有作为。

本文原载于《外语教学与研究》，2005年3月第37卷第2期。

语言生态的监测与评估指标体系
——生态语言学应用研究

暨南大学文学院 肖自辉 范俊军

1. 引言

  生态语言学是在当代全球保护人类文化多样性的背景下产生的，它是一门应用学科。范俊军（2005a、2005b）曾对国外生态语言学有过系统的介绍和阐释，其后又对我国的语言生态若干问题做了简述，提出应当开展生态语言学的理论研究，关注我国语言生态保护的实践问题。几年过去了，就国外而言，生态语言学的理论研究又有了新的进展，基于经验主义的微观生态语言学研究逐渐成为主流。从国内情况来看，语言生态的理念已经被学界普遍理解和接受，不少研究者自觉将语言生态问题纳入自己的学术视野，作了有益的探索和思考，提出了一些颇有见地的观点。不过，总体上看，无论国内还是国外，生态语言学研究仍然局限于语言和生态关系的学术思考，而相关的实践应用研究则缺乏明显进展。生态语言学发轫于保护和促进人类语言文化多样性的现实之需，它的动力和生命力就在于应用，这也是学科的使命。可见，生态语言学研究应转向实践，从社会实践应用中拓展和深化内涵。通过近年来对几种少数民族濒危语言和汉语濒危方言的语言生态调查和实证研究，我们认为，抢救濒危语言遗产，促进语言多样性，开发和利用语言资源，都有赖于语言生态的改善和良性发展；而这种改善和发展需要人类积极自觉的实践活动来实现。在此我们提出语言生态科学监测和评估问题。语言生态监测与评估是保护语言生态必要的、基本的实践活动。关于这个领域的研究，目前还没有可以借鉴的理论和实践模式。本文将讨论语言生态监测与评估问题，以期将国内生态语言学研究引向社会应用的实践之路。

2. 语言生态监测与评估的概念内涵、目标和任务

2.1 语言生态监测与评估的概念内涵

我们提出，有必要在生态语言学的理论体系中，建立语言生态监测和评估的概念范畴。这是生态语言学学科理论发展的必然，也是生态语言学真正走向应用的需要。语言生态是一个重要的现实问题。应对自然生态问题，首先有赖于生态监测和评估；同理，对语言生态进行科学的检测和评估，是应对当代语言生态问题的基本前提。语言生态监测，是通过实地调查和技术分析手段，对影响语言生存、发展的各种环境要素以及要素之间的相互作用关系，进行经常性的或周期性的观察、普查和测定。这种监测是对语言生态状况进行的动态的、有代表性的、持续的监视，目的在于揭示语言生态在时间进程中的变化规律以及变化的因素。语言生态监测实践，就是科学地建立监测点分布网络，依据语言生态指标，对一定地域范围的语言（或方言）就指标内容的实际状况进行动态跟踪调查，获得各种事实材料和数据，在此基础上进行数据分析、测定。语言生态评估，则是根据一定时期的语言生态监测的数据材料，对语言生态质量状况进行建模，对它的优劣状况及发展态势、语言活力状况进行评估，做出定性判断。监测是评估的基础，评估是监测的结果，评估可以指导对监测方向和内容的调整与修正，二者构成一个完整的过程体系。

2.2 语言生态监测与评估的目标、任务和内容

语言生态监测与评估涉及若干理论和实践问题。它的理论框架应该揭示语言内生态和外生态的结构关系，以及语言生态的发展规律和趋势，解决语言文化保护与发展实践中的问题。语言生态监测与评估的思路是，以语言资源观和语言生态观为指导，建立一个多层次的语言生态监测分布网络，周期性地采集语言生态系统相关数据，实现对语言生态环境的评估、预警，促进语言资源的保护、利用和发展。因此，语言生态监测与评估的目标就是，揭示和评价语言生态系统在各个时期（阶段）的质量状况和变化状况，为语言资源的保护、利用和发展指出方向。具体来说语言生态监测与评估，在于动态掌握语言资源分布、生存和发展状况，及对语言生态变化产生影响的各种要素的作用，尤其关注人为干扰和语言生态环境变化的关系，使人们清楚地明白，人类的哪些社会活动和行为符合语言生态规律，哪些有悖于语言生态规律，以及应该怎样调整自己的行为，从而达到

语言、生物文化多样性的和谐。语言生态监测和评估有以下任务：

1）建立语言生态监测指标体系，包括用于调查、分析、评估语言生态的要素、具体指标，对指标的描述、分析统计模型和评估定性的分级标准，等等。

2）拟定语言生态监测报告的编写规范，定期发布语言生态监测报告，促进语言生态意识在社会形成与传播，为语言生态保护和发展规划提供科学依据。

3）建立布局合理的分级区域语言生态监测站（点），实现语言生态监测工作的常规化。

4）拟订语言生态监测工作规程和相关技术标准，建立语言生态监测信息网络平台，实现数据采集、汇集、分析、发布的数字化、便捷化。

5）建立语言生态监测人员队伍的选拔、培训和考核机制。

有学者提出新时期应该开展语言国情调查和国家语言普查。语言生态监测和评估是语言国情调查的重要组成部分。语言生态监测和评估，可以针对特定的地域，也可以针对特定的语言来进行。监测的内容，主要有以下几个方面：

1）对一定区域的语言（方言）种类、数量、分布、使用人口等要素进行周期性的调查，获得现实数据，揭示其变化趋势；

2）对一定区域影响语言（方言）发展状况的环境要素，如政治、经济、文化、教育等的情况进行调查，揭示这些要素对语言资源的影响方式和影响力度；

3）对一定区域内语言群体的语言态度、语言能力等进行调查，揭示态度取向和能力差异的变化趋势和形成原因；

4）对一定区域内的语言（方言）在现代生活领域和大众媒体领域的使用和利用情况进行调查，揭示语言在当代社会中的活力状况；

5）对一定区域语言的结构要素进行调查和描写，作历时考察，揭示语言自身的内在活力状况。

3. 构建语言生态监测和评估体系的基本原则

语言生态监测和评估体系应包括两个方面：1）用于监测的语言生态指标以及用于生态质量评估的级次标准；2）监测和评估的实践运行机制。本文重点研究前一个问题。

语言生态监测指标和语言生态质量评估标准，构成了语言生态监测和评估的指标体系，既是语言生态调查、数据采集和处理、级次评估应遵循的技术标准，也是制定和实施语言生态保护和促进政策措施的科学依据。

各种语言的生态环境是复杂的，影响语言生存和发展的因素也各种各样，同一因素因语言的不同及其他要素的作用，对语言生态影响的力度、方向和速度也会有所不同。因此，构建语言生态监测和评估体系，应该考虑以下问题：体系由什么样的指标要素组成，以及如何体现指标要素之间的作用关系；指标体系如何才能付诸实际的应用并得出有效的数据；怎样评估才显得可靠。要解决这些问题，在构建语言生态监测和评估体系时，应遵循以下原则：

1）客观性原则。这体现在两方面：一是指标的内容应切合语言生存的现实状况；二是指标的选择和确立，应有客观依据。指标体系的客观性，建立在语言普遍调查经验以及定量分析的基础上。指标要素较多，涉及的事实和现象复杂，无法全部直接量化，自然会采用某种程度上的主观评价，而主观评价由于出于经验，则可能因人而异。因此，以定量分析为主、结合经验分析这个模式构建监测指标体系，是一种较为可行的选择。

2）系统性原则。语言的生态要素是一个元素和关系构成的系统。监测和评估指标的构建，体现系统性：一是监测指标要素能够全面反映语言的整体生存和发展状况；二是应考虑监测指标对语言生态系统作用的轻重主次关系，以及各个指标要素之间的相互影响和层次关系；三是指标的设计要考虑语言内生态和外生态之间的关系。

3）操作性原则。监测指标是具体监测和评估活动的"章法"，指标涉及的各个内容或事项，能够在实际的语言生态调查和监测评估活动中具体操作，即使是具有主观倾向的指标，也应该能够通过客观可行的方法，获得客观的事实或材料，得出对主观性指标的定性判断。此外，操作性还应体现在如下方面：指标项不繁杂，指标描述简明通俗，指标所需的数据和材料容易获得，数据和材料的分析和处理较为便捷。指标系统是否具有可操作性，直接关系到语言生态监测和评估工作的成败。

4）数字化原则。语言生态的监测和评估不是一次性的，而是一种持续的、周期的工作，应当纳入国情和社情监测的常规内容。常规的、持续的语言生态监测和评估，涉及地域较广，数据量较大，单靠人工难以胜任。因此，要实现语言生态监测的常规化，体系的构建就应该充分考虑适应数字化、网络化的要求，借助现代数字网络技术，实现监测和评估数据的采集、汇集、存储、分析和发布。

4. 语言生态和评估指标体系的确立

4.1 语言生态要素和语言生态监测评估指标研究概述

影响语言生态的因素多种多样，哪些因素是主要的、稳定的，哪些是次要的、可变的；哪些要素是可以有效揭示和测度的，而哪些要素则是难以描述和揭示，不易测度的，这是语言生态学研究需要思考的问题。研究影响语言生存和发展的各种因素，揭示这些要素在语言生态系统中的作用关系，是语言生态学早期的理论目标。语言生态学创始人Haugen认为，语言的生态环境涉及历史语言学和描写语言学、语言人口学所关注的10个方面的问题（Haugen，1972：57—66）。此后，Haarmann（1986：105—107）提出了从人口、社会、政治、文化、心理、相互作用、语言自身等7个方面考察语言生态。美国学者Edwards在研究少数族群语言的保持和消亡问题时，提出了一个用于观察语言生态的对象和参项表，包括3类对象和11个参项，其中3类对象是语言使用者、语言和环境，11个参项为人口、社会、语言、心理、历史、政治/法律/政府、地理、教育、宗教、经济、媒体（Edwards，1992：37—54）。这3类对象和11个参项相互关联，构成了语言生态要素的结构模式，被称为爱德华模式。

显然，早期关于语言生态要素的研究，仅仅揭示了某些基本的、宽泛的因素，不是具体的评估指标，在实际观察和评估语言生态中，缺乏具体的可操作性，没有建立起真正意义上的语言生态监测与评估指标的概念范畴。

20世纪90年代中后期，有学者开始关注对具体语言生存状况的调查和评估。美国学者Landeer1998年提出了"语言活力"概念，他认为语言活力状况可以用8项指标来观察，并对其进行分级描述。尽管这还不是对语言生态体系的观察，但语言活力无疑是语言生态的重要体现（Landeer，1998）。尤其是Landeer的分级描述思想，具有重要的实践指导意义。事实上，此后美国暑期语言研究院（SIL）的语言调查评估活动，都采用了他的分级评估方法。这种方法被联合国教科文组织文件《语言活力与语言濒危》吸收（范俊军，2006：48—49），该文件确立了衡量语言活力与语言濒危状况的9项要素指标，并对各项要素分级描述。所不同的是，Landeer采用了4级描述，而教科文组织的文件则使用了6级描述。我国民族语言学家孙宏开针对我国少数民族语言实际，在教科文组织9个指标的基础上补充了3条指标，用以评估我国少数民族语言活力（孙宏开，2006）。此外，国内学者黄行依据语言产品、语言设施和语言人员三个要素，建立了一个包括行政、立法、司法等社会各层面因素的语言活力指标系统（黄行，2000：7—9），采用量化测度的方法，对我国少数民族语言活力进行了分项计量排序。戴庆厦、邓佑玲（2001）也提出了评估濒危语言的指标体系，并考虑到了量化问题，重视指标的可操作性；并将指标分为核心指标和参考指标，注意到指标要素的作用力以及不同语言情况的复杂性。尽管上述研究还不是完整意义上的动态的、全面的语言生态监测和评估系统，但所提出的揭示要素，将要素分解为可观察和操作的具体指标，以及对指标进行分级描述的观点，为我们建立语言生态监测和评估指标体系，提供了重要的理论启示和实践路线。

4.2 监测指标体系的框架模式及指标要素的选择和确立

4.2.1 框架模式

构建语言生态监测指标体系，首先要确立一个框架模式，在该框架模式下，选择、判断、串联、整合各种要素指标，使之朝着框架确定的方向起作用。这方面，可以从较为成熟的自然生态监测和评估中借鉴和吸收相关的理论模式和成功经验，指导语言生态监测指标框架的设计。压力（Press）——状态（State）——响应（Response）框架理论（以下简称PSR模式）评价模式是目前自然环境评价中应用最广的指标体系之一，它从人类与环境系统的相互作用与影响出发，对环境指标进行组织分类，具有较强的系统性，已广泛地应用于自然生态监测等。在PSR模式下，环境问题可以表述为3个不同但又互相联系的指标类型：压力指标反映人类活动给环境造成的负荷；状态指标表征环境质量、自然环境与生态环境的状况；响应指标表征人类面临环境问题所采取的对策和措施。此模型的主要目的是通过回答"发生了什么、为什么发生、我们将如何做"这一方式来进行监测和评价。总体来看，该概念框架本身是一种创新的思维逻辑，这种思维指导下的语言资源监测指标体系，既能对语言资源进行现状评价，又可判断发展过程中是否具有可持续性，同时还能够预测未来的发展态势。

我们同样把语言生态监测视为一个具体的PSR系统，它由压力、状态、响应三个子系统构成。压力类指标描述影响语言变化的外部生态环境，回答为什么会发生此类变化的问题；状态类系统描述语言的本体状态，回答语言本体系统发生了何种变化的问题；响应类指标描述人类对各种语言生态问题主动或被动采取的政策和措施，回答做了什么以及应该做什么的问题。在PSR三分系统的模式下，我们对相关的研究成果进行分析比较，对所有关涉语言生态的要素进行汇聚、分类、比较和筛选，最终得出具体的指标系统。

4.2.2 指标的选择和确立

我们在吸收上述国内外学者相关成果的基础上，结合自身的具体实践，以PSR模式为指引，提出用于语言生态监测的12个指标要素：人口、地理、文化、教育、经济、语域、语言态度、语言能力、语言格局、语言产品、语言标准化程度、语言结构。其中，人口、地理、文化、经济等要素属于压力系统，语言格局、语言产品、语域、语言标准化程度、语言结构等要素属于状态系统，教育、语言态度、语言能力等要素属于语言生态的响应系统。

应当指出的是，每个要素对语言生态的作用和影响是从各自不同的方面得到体现的，因此还需要在要素的框架下，建立一套体现要素作用力和影响力的分解要素，并对分解要素的内容和范围作出具体的描述，这样才能使得监测指标能够用于实际的调查和测度。根据统计学的层次分析法，我们将12个要素定为一级指标，在其基础上建立若干二级指标，再对二级指标进行分级描述，确立若干测定的准则。

考虑到一级指标在整个框架体系中的影响力和作用力各不均衡，二级指标在体现一级指标的作用力方面重要性也不一样，因此还需要依据作用力对指标进行分类，分出绝对指标和相对指标，前者是决定性的指标，后者则是辅助性的指标。与此同时，在选择具体指标时，还考虑了以下问题：1）避免内容重合；2）普通公众容易理解和接受；3）主观指标和客观指标比例适当；4）指标要能体现评估和潜在的预测功能。

指标项的数量应如何确定？从其他监测实践所采用的指标系统类推来看，作为语言生态监测指标系统，一级要素指标以10~15个为宜，二级指标应控制在25~35之间。整个指标体系的指标项和结构如下页表1所示。由表1可以看出，语言生态监测应考虑两个方面：一是语言外部生态环境系统整体状态的监测；二是语言本体的监测，即语言内生态的监测。语言本体监测包括对语言要素的调查、分析与测度。语言本体是语言资源的第一物质形式，包括语音、语法、词汇、语义系统。比如，国家语委2004年成立的语言资源监测与研究中心，主要工作建立在流通语料库建设的基础上，这是语言本体监测。上述监测体系在以自然语言生态监测为主的基础上，综合考虑了衍生语言资源生态的监测，是符合我国语言资源的历史与现状的。在我国，具有衍生资源开发的语言，仅有普通话和少数几种民族语言或汉语方言。语言生态监测体系主要针对自然状态的语言。

表1 语言生态监测指标体系一览表

子系统	要素	二级指标	指标性质*
压力	人口	语言使用人口基数	A
		语言使用者占总人口的比重	A
		青少年使用人口的比重**	A
		语言使用人口的增减趋势	B
	地理	语言群体社区的聚居程度	A
		语言群体社区的地理开放度	B
	文化	文化习俗和传统仪式稳定性	B
		宗教信仰及其与语言的关系	B
		语言使用者跨族通婚态度	B
	经济	语言群体社区的经济实力	A
		语言全体社区的经济产业类型	B
状态	语言格局	毗邻语言的声望与势力	B
		语言跨境状况	B
	语域	家庭内部使用情况	A
		日常交际中的使用情况***	A
		在广播、电视媒体的使用情况	A
		在商贸活动的使用情况	B
		在行政领域的使用情况	B
		传统民俗活动和仪式用语	B
	语言标准化程度	语言内部方言差异和听懂度	B
		文字系统或书面语使用和规范情况	B
	语言结构	语音系统的稳定程度	B
		词汇系统的稳定程度	B
		语法系统的稳定程度	B
	语言产品	语言教学类产品的数量和使用面	B
		文化生活类语言产品数量和读者面	B
		语言研究类产品的数量和质量	B
响应	教育	以语言为教学用语的初级学校数量	B
		设置了语言课程的学校或机构数量	B
	语言态度	语言群体内部的语言态度	A
		政府的政策倾向或行为倾向	B
	语言能力	语言群体单语或单方言人的比率	B
		双语或多语人的比率及熟练情况	B

注:*A表示绝对指标,B表示相对指标。**"青少年"是指年龄为15岁及以下的人群。
***"日常交际"是指日常衣食住行、婚丧嫁娶等公共生活和相互交往。

5. 语言生态监测数据分析与评估

语言生态评估体系的构建也涉及若干方面，其中主要是监测指标评估方法和统计模型。监测数据分析与综合评估包括单项指标分析和综合评估。通过单项指标分析，可以使某一方面的监测结果细致、直观地表示出来，如总量及其分布、动态过程、极端状态等。综合评估则要反映语言生态系统的结构完整性、活力、恢复力等，并对语言生态系统的整体情况有一个定级结果。单项指标分析是语言生态综合评估的基础。

5.1 单项指标的分级与内容描述

单纯的指标项并不是都可以直接量化的，难以用于实际的调查操作。Landeer（1998）提出对单项指标进行分级描述。对指标内容进行分级描述，即对每项指标可能包括实际中的那些事实和现象进行分类描述，是最佳的描述方法。只有这样，实际监测中获得的调查材料和数据才能发挥评估价值。实践证明，此方法用于语言生态监测数据的分析和评估是行之有效的。

指标内容描述应力求通俗、具体、详细。不过，每项指标涵盖的事实和现象可能多种多样，指标内容不可能对此穷尽罗列，只能择要描述；但是如何择要，难免存在主观性。可见，指标内容的描述看起来简单，实际上十分困难。这方面还可以深入探讨。

分级描述采用几级适宜？分级过少，概括程度过高，会显得笼统模糊；而分级过多过密，等级差距不够明显，限制得太死，容易造成更多跨级现象，难以明确定级。从统计学角度衡量，测评系统常常控制在5至6级。联合国教科文组织《语言活力与语言濒危》文件中也把语言活力分为6级。因此，对语言生态监测指标的描述，也采用6级描述和评估的方法，把各个单项指标由高至低分成6级，确定各级分值：10分，8分，6分，4分，2分，0分。基本分值采用偶值而不是自然数列，主要是为了统计上便于拉开各级的分值距离。这种方法对定性指标和定量指标同样适应。以"语言使用人口"指标为例，可以分为以下六级：10分：语言使用总人口>10万；8分：5万<语言使用总人口≤10万；6分：1万<语言使用总人口≤5万；4分：0.1万<语言使用总人口≤1万；2分：0.01万<语言使用总人口≤0.1万；0分：语言使用总人口≤0.01万。

5.2 语言生态的综合评估

语言生态评估要求对各项具体指标数据和材料进行综合分析、量化和统计，最终得出一个对每种语言生态的定性结论，以及对所有评估对象语言的生态状况进行排序。因此，需要对整个指标体系的分析统计设计建模。建立语言生态监测数据综合分析处理的统计评估模型，需要解决三个问题：权重设置、评分机制与处理、评估等级确立。

5.2.1 指标的权重处理

作为语言生态监测与评估指标系统，应考虑系统内同级指标的权重关系。确定指标权重是综合评估的基础，其合理与否将直接影响综合评估结果的有效性和科学性。语言生态监测指标的权重，就是权衡指标在监测系统中相对重要程度的量值。

确定权重有多种方法，大致分为主观方法和客观方法。主观方法即凭经验确立权重，如德尔菲法、层次分析法、权值因子判断表法；客观方法则依据评价对象各指标数据的数学统计特征，按照某种计算准则求出各监测指标的权重，如熵值法、最大方差法、主成分分析法等。语言生态监测指标的作用关系和直接表现形态，并不都是数学上的数据关系，因而确定指标的权重关系，主要采用主观评判法。又由于语言生态监测指标系统的指标分层并不复杂，主观评判法中的层次分析法也不大合适。可见，语言生态监测体系的指标权重，适宜综合采用德尔菲专家调查法和权值因子判断表的方法。确定语言生态监测指标权重，可以按以下几个程序进行：

程序一：根据指标体系拟订一个《权值因子判断表》（问卷），表格由以下三个子调查表构成："语言生态监测指标一览表"、"要素指标重要性对比评级表"、"二级指标重要性对比评级表"。第一个表为参照表，后两个表格为咨询表，要求被调查者独立判断填写。

指标重要性分级赋值方法如下：将要素指标和二级指标分成两个表格。将要素和指标分别两两组合匹配，作为行因子；将重要性分为非常重要、比较重要、同样重要、不大重要、很不重要等5级，采用通用的四分制为重要性程度赋值：非常重要（远大于）记4分；比较重要（大于）记3分；同样重要（同等）记2分；不大重要（不如）记1分；很不重要（远不如）记0分。

程序二：组成一个评价成员组，由各个成员独立填写《权值因子判断表》。在评价组成员的确定上，我们认为既要体现权威性和专业性，又要体现代表性和合理性。因此在实际操作中，评价成员组以语言学专家成员为主；同时，还要考虑吸收了地方语文工作者以及语言群体的普通民众中有一定文化程度的人士。

程序三：根据返回的调查表，进行分析统计，得出权重值。

根据以上程序，我们发出了25份权重调查表，收回21份，其中语言专业人员（教师，研究生）13份；基层语文工作者5人，语言群体成员3人。人员结构达到要求，收回的表格没有空缺，全部有效。

然后，根据以下计算模型，对返回的权值因子判断表进行统计：

（i）计算每一行监测指标的得分值：

$$DiR = \sum_{\substack{i=1 \\ j \Leftrightarrow i}}^{n} aij$$

上式中，n指监测指标的项数；aij指评价指标i与j相比时，指标得分值；R为专家序号。

（ii）求出监测指标的平均分值：

$$Pi = \sum_{R=1}^{L} \frac{Dir}{L}$$

上式中，L指专家人数。

（iii）计算行指标的权值：

$$Wi = \frac{Pi}{\sum_{i=1}^{n} pi}$$

语言生态监测指标体系分为两个层级：一级指标（要素）和二级指标。从一级指标看，不同要素对语言生态的影响和作用不一样，需要设置权重；从二级指标来看，每个要素中的具体指标对在同一要素中起的作用以及在整个二级指标中的作用也不一样，因此二级指标的权重还要考虑进行一级指标的加权。最后得出的语言生态监测权重系数如表2所示。

表2 语言生态监测指标权重值

要素（一级）	权重	具体指标（二级）	权重
人口	0.1091	语言使用人口基数	0.2412
		语言使用者占总人口的比重	0.2308
		青少年使用人口的比重	0.2829
		语言使用人口的增减趋势	0.2451
地理	0.0793	语言群体社区的地理开放度	0.6094
		语言群体社区的地理开放度	0.3906
文化	0.0787	文化习俗和传统仪式稳定性	0.3125
		传统民俗活动和仪式用语	0.3229
		语言使用者跨族通婚态度	0.3646

要素（一级）	权重	具体指标（二级）	权重
经济	0.0931	语言群体社区的经济实力	0.6719
		语言群体社区的经济产业类型	0.3281
语言格局	0.0730	毗邻语言的声望与势力	0.6563
		语言跨境状况	0.3437
语域	0.0921	家庭内部使用情况	0.1844
		日常交际中的使用情况	0.2042
		在广播、电话媒体的使用情况	0.1760
		在商贸活动中的使用情况	0.1646
		在行政领域的使用情况	0.1479
		宗教信仰及其与语言的关系	0.1229
语言标准化程度	0.0662	语言内部方言差异和听懂度	0.5127
		文字系统或书面语使用和规范情况	0.4873
语言结构	0.0539	语音系统的稳定程度	0.4271
		词汇系统的稳定程度	0.2552
		语法系统的稳定程度	0.3177
语言产品	0.0685	语言教学类产品的数量和使用面	0.3854
		文化生活类语言产品数量与读者面	0.4115
		语言研究类产品的数量与质量	0.2031
教育	0.1008	以语言为教学用语的初级学校数量	0.7344
		设置了语言课程的学校或机构数量	0.2656
语言态度	0.1001	语言群体内部的语言态度	0.5938
		政府的政策倾向或行为倾向	0.4062
语言能力	0.0852	语言群体单语或单方言人的比率	0.6250
		双语或多语人的比率及熟练情况	0.3750

5.2.2 监测指标分值统计模型

指标分值的统计算式采用多目标线性加权函数法。

$$S = \sum_{j=10}^{m}\left(\sum_{i=1}^{n} A_{ij}B_{ij}\right)C_j$$

上式中，S为总得分，Aij为第j个要素中第i项单项指标的分值，Bij为第j个要素中第i项单项指标的权重，Cj为第j个要素的权重，n为第j项要素中具体指标的个数，m为准则层因子的个数，本模型取10。

例如：某语言A第$i…j$项指标的得分值分别为：

[10 6 8 6; 8 6; 6 8 6; 6 8; 6 8; 8 8 4 2 2 8; 6 2; 8 8 10; 0 4 6; 2 0; 8 6; 6 10]，则总分为：

$S_A = (0.2412 \times 10 + 0.2308 \times 6 + 0.2829 \times 8 + 0.2451 \times 6) \times 0.1091 + \cdots + (0.6250 \times 6 + 0.3750 \times 10) \times 0.0852$

$\quad = 7.2598 \times 0.1091 + \cdots + 7.5000 \times 0.0852$

$\quad = 5.9302$

5.2.3 语言生态的评估等级

语言生态监测指标值的最终评估，采用科学的等级计分法是最为直观的。前面给单项指标内容分为六级，六种等级设置的分值分别为10、8、6、4、2、0，与评估等级一致，降序排列。语言生态整体的评估定级也相应地采取等级分类法。

语言生态状况的等级分类包括两个方面的含义：一是语言生态环境状况的优劣，包括语言的安全和濒危状况；二是语言资源的价值及利用上的优劣。这是一种总体的评估。这种评估既是语言生态现状的定性评估，也是一种预警性质的判断。

语言生态状况的定性评估可以分为以下6级：1）最佳：语言生态环境各方面有利于语言的生存与发展；语言能够得到持续的、充分的传承和使用。2）良好：语言生态环境满足语言的持续生存，语言能够在一定范围内稳定地传承和使用。3）一般：语言生态环境能使语言继续生存，但缺乏发展条件，语言的传承和使用范围有限。4）较差：语言生态环境勉强使语言生存，但持续动力不足，语言传承和使用范围很有限。5）差：语言生态环境不利于语言的生存，语言不断萎缩，语言传承接近中断，语言濒危。6）极差：语言生态完全不利于语言生存，语言传承完全中断，语言使用仅限于少数幸存者。各等级状况相对应的得分值划分见表3。

表3 语言生态状况分级表

等级	最佳	良好	一般	较差	差	极差
得分（分）	8.5~10（含8.5分）	7~8.5（含7分）	5~7（含5分）	3~5（含3分）	1.5~3（含1.5分）	0~1.5

上述分值采用十分制进行层级划分。这种赋值法直观、方便，不但可以正确得出具体语言生态的现状，而且能够对语言生态状况等级作基本定位。尤其是监测样本较少时，可直接对语言生态做出定性判断。当然，这种方法也有局限性。等级间的界限尽管有分值区别，但实际评估得分，处于临界点或非常接近临界点的分值，定级就有些勉强，因为在实际的状况中，过渡现象是正常的。比如，得分5.000和得分5.001分的两种语言生态状况划入不同等级，而二者事实上的差异显然不至于构成级差。

在这种情况下，标准分法不失为一种理想的解决方案。也就是说，评估等级不按照规定的偶数级差划分，而是根据标准分定位。标准分是由均数和标准差规定的相对地位量，能够精确反映语言生态状况的排位信息，即表示考查对象在总体中处于什么位置，其目的主要在于将某种语言的生态系统与其他语言的生态系统作比较，着眼于整个语言生态系统中各种具体语言生态状况的排序，明确个体在集体中的位置，以便对语言生态进行科学的层次划分、排序，从而为语言规划和语言资源的抢救与保护提供参考。可见，标准分更能有效地体现监测意图，有利于发挥语言生态监测的作用。标准分定性评估是一种相对评价。这种评价方法，无论所考察的总体情况如何，都可以进行评价，因而适用性强，应用面广。当然，采用标准分评估有一个基本前提，就是必须有足够量的样本，否则无从谈起。因此，随着监测范围的不断扩大，监测对象语言和方言越来越多，便可以将两种方法结合起来进行评估。

本文原载于《语言科学》，2011年第10卷第3期（总第52期）。

大数据时代语言生态研究

上海外国语大学中国外语战略研究中心 梅德明

一、问题的提出

近20年来，尤其是进入21世纪之后，越来越多的国际组织、语言学家、教育学家、语言规划工作者疾呼：人类语言生态严重恶化，大量语言濒危，尤其是土著语言的消失速度在加快；全球语系、语族、语支、语种及其变体关系失衡，大语种越来越大，小语种则越来越小，通用语越来越通行，地区方言越来越孤岛化；人类语言的万家灯火逐一熄灭，有人预言，本世纪末，现有语言十之八九将不复存在；有人高唱：五洲同音，四海同语，天地同歌，同一个世界，同一种语言，重现巴别塔语，指日可待。

其实不然，人以语言为家园，以文化为根基，以信仰为寄托。语以载文，文以化人，信以传承。语之不存，文之安乎？文之不存，信以安乎？语言灭则文化灭，文化灭则信仰灭，信仰灭则人类灭。

语言是生命体。语言生态、语言生活、语言生命、语言生机……，其中"生态"、"生活"、"生命"、"生机"系隐喻，隐喻是人类的思维工具、概念的主要载体、意义的传递手段。"语言生态"概念衍生自"生物生态"概念。生物、生物，生命之物，有生有死是生命的不二法门。"生态"是"众生之态"，单体独身不成系统，稀物寡种更无法形成态势。人类语言的失"态"，如同生物失"态"，弃之不回，去之不归。根据热力学第一定律，系统发生变化时，能量在转换中保持守恒，从而否定了创造能量和消灭能量的可能性。而热力学第二定律和第三定律（即"熵增定律"）表明，自然界存在着不可逆热力过程，具体表现为从有序走向无序，而且不可能自动复原为初始状，守恒只是理想而非现实。按照热力学第一定律，人类语言种类的数量可以发生变化，但能量保持不变，其结果是强者愈强，弱者愈弱，能量由弱者传导至强者并被其吸收。根据热力学第二定律和第三定律，生态变化过程是一种能量耗散过程，生物的消失意味着多样性生态系统的失衡，语言种类的减少意味着语言多样性和文化多样性系统的耗散，文化多样性的衰弱耗散意味着人类知识库的耗散，尤其是人类的地域性非物质表达形式的消失，其后果是物质和精神的双重灾难。热力学理论的三定律不仅对自然生态的发展而且对语言生态的变化结果也有着深刻昭示意义，同时也要求语言规划工作者应当更深入地考察人类自然语言的生态实况。

那么，人类语言生态的实况究竟如何？人类语言多样性系统是否面临危机？

二、语言生态观

1. 语言生态观

生态学是一门研究有机体之间关系以及有机体与其周围环境之间关系的学科。语言生态观是指以生态学的视角和方法来看待和研究语言系统、语系及语族成员之间的关系以及语言与其所处环境之间的关系，语言生态研究涉及语言学和生态学两大领域，具有跨域性交叉研究的属性。

以有机生命形态的生态观看待语言和语言生活由来已久，历史上不少学者早已洞察到自然语言所具有的有机生命形态属性，尤其关注语系及语族成员之间的同源关系。例如，Humboldt认为，所有语言都是有机体，语言是人类的天赋属物，具有有机生命的属性。Schleicher认为语言有机体与自然有机体有诸多相似点，语言所遵循的发展规律与生物的路径非常相似。他在1863年发表的《达尔文理论与语言学》一文中宣称，他的语言理论符合进化论的观点。他Schleicher还采用了生物学对植物分类的方法来研究语言的历史亲属关系，画出了印欧语系的谱系树形图，揭示了语言体系中的生态规律。Schleicher的研究表明，印欧语系的谱系图所反映的历史亲属关系与植物群有着十分相似的生态规律。Chomsky在其半个世纪以来的著述和演讲中始终将自然语言视为人类与生俱来的心脑机制，将人类语言能力尤其是儿童语言习得机制视为人类特有的生物禀赋，将人类认知系统中专司语言知识及其运用的系统视为以基因为载体的"语言器官"（见梅德明，2008）。

2. 语言生态观的隐喻意义

语言生态观是将语言环境视同生物环境的一种隐喻类比。按照生物学的观点，维系生物系统长期稳定的要素是多样性生态环境。换言之，多样性生态系统是生物系统的基石，自然界生物的多样性不仅直接影响着还决定着生物系统的稳定性和延续性。如果我们依循"生态观"的思路，借用"生物多样性"的词语，对人类语言和文化多样性的重要性进行考查，我们不难发现语言生态观的隐喻意义具有现实性。Baker（2001）高度评价了人类语言和文化多样性的重要性，认为这种多样性改善了人类对环境的适应能力，进而也促进了人类的进步。

语言生态观念由来已久。Voegelin等人（1967）曾提到"语言生态"这一概念，但首次正式使用"语言生态"一词的是Haugen。1970年8月的一次报告中Haugen将语言与环境之间相互关系比作动植物物种与其生存环境之间的生态关系，并提出了"语言生态"的概念。Haugen 的"语言生态"概念主要是指特定语言与所在族群、社会、文化以及地理环境之间相互依存、相互作用的生存发展状态。两年后，Haugen（1972）以专文阐述了语言生态，特别强调了语言与其生存环境之间的关系，尤其是语言在环境中的地位和功能，他列出了一系列与语言生态相关的问题，如语言使用者、语言的语域、语言的变体、书面语、语种关系、语言的支持和类型等。Haugen认为"语言生态"表述还仅仅是个隐喻，语言和有机生物之间虽然存在着诸多相似处，这种相关性有借鉴意义，但不能过分强调。他同时也指出，语言生态既是心理学意义上的生态，同时也是社会学意义上的生态，这种生态主要是由语言的使用者、学习者和传播者决定的。Haugen 将语言生态学定义为研究具体语言与其环境关系的研究，其核心问题是语言所产生的社会影响和心理影响，以及这些影响对语言自身所产生的影响。Haugen（1987）在讨论双语教育与语言规划时，用生态隐喻阐述了语言生态多样性与社会生态多样性的关系。

Fill & Mühlhäusler（2001）认识到生态隐喻的借鉴作用，指出生态隐喻可以加深我们对某一生态环境中居住者多样性以及居住者相互关系的理解，加深对保持和促进生态系统多样性要素的理解。Creese & Martin（2003）认为语言生态观是一种关注多种要素之间关系的理念，持语言生态观者注重调查各语言之间的关系、语言与该语言说话者之间的关系、语言与该语言所处社会结构之间的关系。Harmon（2002）的研究表明，生物多样性与语言及文化多样性有很高的相关性。根据Maffi（2001）、Skutnabb-Kangas等（2003）学者的研究，这种相关性具有双向致因属性，即生物多样性和语言文化多样性表现为相互促进、共同进化。

Hornberger（2002，2003）集中关注语言生态隐喻的三个关键要素：语言进化、语言环境和语言濒危。她指出，语言如同其他物种一样，在与其他语言的相互关系中，在其生存环境中，会经历一个进化、生长、变化、生存和死亡的过程，如同物种一样语言也会濒危灭绝。在她看来，语言生态学的研究对增强濒危语言的活力，甚至对复兴濒危语言，能起到积极的作用。Hornberger认为，语言应该被视为在生态系统中的生命体，在其赖以生存的社会政治环境、经济环境和文化环境中与其他语言共存发展（2003）。Hornberger（2002）将语言生态观延伸到语言规划领域，指出语言生态隐喻直接影响着语言规划和语言政策，直接影响政策制定者和教育工作者是否重视多语言政策的实施。在语言规划和语言政策领域采用语言生态观，其重要意义在于保护和发展语言和文化。

徐佳在其博士论文（2010）中指出语言多样性与生物多样性之间的关系已成为众多生态语言学研究者所关注的焦点问题：Oviedo & Maffi研究了全球数百个生态区的土著族群、传统民族的语言状况和生物生态状况。结果表明，生物多样性程度高的地区，语言多样化程度也高，二者存在地理相关性；Nettle对西非地区的语言分布进行了研究，发现越接近赤道地区，语言的数量就越多；Glausisz发现，雨季的长短与语言数量直接相关；Smith对墨西哥北部土著美洲族群的研究也证明，语言和文化的多样性与生物多样性存在一定的相关性。

3. 语言生态的自然性与社会性思考

语言生态环境由语言使用的地域、社会、经济、文化环境、相关语言的语际关系，以及语言使用人群的情感态度三方面所构成的复杂体。语言生态系统最显著的特征就是语言的种类多样性和动态平衡性。语言的种类多样性和动态平衡性相互制约、相互影响，促进了语言生态系统的相对稳定。

有些语言学家试图从纯粹的生态学角度证明生物的多样性与语言的多样性有着直接的关系。如William Sutherland在《自然》杂志上发表文章指出："具有高度语言多样性的地区也同时拥有高度的鸟类和哺乳动物的多样性。"（薄守生、董照辉，2007）但是这种相关性是否呈双向性？换言之，具有高度语言多样性的地区是否也同时拥有高度的鸟类和哺乳动物的多样性？例如在生物多样性高的生态地区未必有众多的人群，甚至人迹罕至。没有人就没有族群和语言，没有族群就没有社会形态和语言使用。薄守生、董照辉（2007）认为，"把语言多样性比附于生物多样性更是缺乏根据，生物是自然的产物，遵循的是自然规律，语言是社会的产物，遵循的是社会规律。"上述观点有一定的道理，语言的生存、发展乃至消亡的确与社会的政治、经济、文化、教育、战争、宗教、移民、文化等紧密相连。但是，语言生态观并没有排斥社会环境因素。恰恰，语言生态观不仅将语言的社会因素视为语言生态系统的组成部分，而且还是构成语言生态系统、影响语言生态系统的最为重要的组成部分。

从生物生态系统的角度看，多样性的生态系统是最强健的生态系统。从语言生态共生关系的角度看，多语并存对人类来说是一个幸运。人类之所以在地球上得以欣欣向荣的发展，是因为人类为了应对其所处的各种不同环境发展出了多样的文化，人类语言生态的共生共荣关系是人类人文生态环境得以保持平衡的基本条件。促进文化多样性是人类发展的前提，保护语言生态的多样性至关重要。因为语言是文化的载体，文化的传播主要靠语言。多语并存意味着人类多元文化和人文生态系统得到传承和保持。相反，人类一门语言的消亡意味着失去了一种文化，失去了一份极其珍贵的历史文化遗产和可供比较、借鉴的文化信息来源。

三、语言生态危机

1. 语言生态事实

从世界语言发展的历史来看，语言的数量是在不断减少的。公元前，全世界约有15万种语言，到了中世纪，还有七八万种，到了20世纪，就只剩下6000多种。联合国教科文组织2001年2月20日的报告显示：世界上现存的6000多种语言中大约有一半的语言处在危险之中或濒临消亡。

自20世纪70年代起，语言学、人类学、人种学、社会学、教育学等领域的诸多学者（Crystal, 2000; Dixon, 1997; Dorian, 1989; Grenoble & Whaley, 1998; Hale et al., 1992; Maffi, 2000）; Robins & Uhlenbeck, 1991）在对土语和小语种进行田野调查的过程中，逐渐对这些语言在日益深化的社会、政治、经济变化中的前景表示担忧，他们向世人警示：人类语言的多样性受到空前的破坏，人类语言的生态系统越来越脆弱。

到了90年代，随着世界上各种语言资料的积累，欧洲、美洲、亚洲、非洲和大洋洲都传出同一个消息：世界上的土语和小语种正在以惊人而且越来越快的速度消失，取而代之的是为数不多的几种不断扩张的主要语言（Grimes, 2000; Skutnabb-Kangas, 2000）。美国《语言》杂志1992年第1期发表了一组关于濒危语言问题的重要论文，包括Krauss的"处于危机中的世界语言"和Hale的"语言濒危和语言多样性的人类价值"，这些文章促进了学界对语言濒危问题的关注。不少学者惊呼：语言正在消失，到21世纪末，全球现有6000多种语言的半数将不复存在，而数量更多的方言也将成为历史。也有学者更为悲观地指出，百年之内将有90%的语言成为人类的绝唱（Krauss, 1992; Krauss, 1998; May, 2004）。

Crystal（1997）在其主编的《剑桥语言百科全书》中告诫世人，人类语言消失的速度十分惊人,一个世纪前巴西境内有1000种印第安语,现已仅存200种。全世界6000多种语言中有四分之一语言的母语人数已不足1000人,二分之一语言的母语人数不足10000人,这些语言中的绝大多数将在50年内不复存在,只有1000种语言可进入22世纪。

我国是世界上语言资源极其丰富的国家之一,但是我国的语言生态也不容乐观。我国的语言在谱系上分属汉藏语系、阿尔泰语系、南亚语系、南岛语系、印欧语系以及多源混合语类,从类型上可分为屈折语、粘着语和分析语三种。我国在秦统一全国之前有多个诸侯国,其时的社会语言状况可谓"文字异型、言语异声"。自秦实行"书同文、路同轨"政策之后,因各种原因大部分语言或被融合,或被替代,或自行消亡,如鲜卑语、契丹语、西夏语等曾在历史上起过重要作用的语言早已不复存在。根据孙宏开、胡增益、黄行(2008)主编的《中国的语言》,时至今日,我国仅存语言129种,文字60多种,其中20多种语言使用人口不足千人。从历史上看,有的语言完全消失了,如鲜卑语、契丹语、西夏语等。从发展趋势看,有的语言分化了,如蒙古语;有的语言缩小了使用范围,如仡佬语;有的语言正趋于消亡,如满语。所以,全球普遍存在的语言生态危机在我国也同样存在。我国少数民族语言中,使用人口在10万以下的"非安全语言"多达99种,约占我国语言总数的77%,其中,有20多种少数民族语言的使用人口已不足千人,这些语种濒临灭绝已是不争的事实。

我国的满语正在彻底退出实际的日常交际。满族在清代作为一个统治民族历经三百多年,由使用单语过渡到同时使用满语和汉语,到最终放弃满语而转用汉语,有其深刻复杂的历史发展原因、社会文化原因和语言活力原因。语言就像生物有机体一样,其存在必须有合适的生态环境。语言赖以生存的环境一旦发生了不利的变化,必然会导致该语言的衰弱甚至消亡。满语的濒危是其赖以生存的语言生态环境恶化的结果。

语言是一个民族及其文化的根本特征和记忆,随着一个民族的语言的消失,承载着这个民族文化的记忆也就荡然无存了。人类的语言生态日益恶化,许多国家和地区的语言多样性受到严重威胁,不平衡、不和谐的语言生活令人担忧。目前,全球97%的人使用4%的语种,3%的人说着96%的语种。由于各种原因,数以千计的语言基本上进不了教育体系、新闻媒体、出版物和公共场所,使用者日趋萎缩。随着全球经济一体化、交通及传媒的现代化以及各国城市化步伐的加快,弱势语言陆续走向濒危已是不争的事实。

2. 语言生态危机致因

语言生态的概念就是语言多样性的概念，语言生态危机就是语言多样性的危机，就是语言的濒危和灭绝。这与自然生态与自然生态危机的概念相似，自然生态的概念就是生物多样性的概念，自然生态危机就是生物多样性危机，就是生物的濒危和灭绝。当前语言生态危机的主要表现为：1）强势语言国家化和国际化进程的加快；2）互联网通用语的一体化发展态势；2）土著或少数裔族语言的濒危与消失；3）方言的边缘化与消失；4）双语社区及双语人的减少与消失；5）年轻人对非通用母语及母语文化表达形式的主动抛弃；6）语言岛和方言岛的沦落和沉没；7）杂交语或混合变种语言的难产或式微。

Mühlhäusler（1996，2000）调查了太平洋圈语言规划和语言生态状况，尤其是皮钦语和克里奥语的语言系统、历史演变和生存状况，他发现太平洋语言圈的根本问题在于语言生态环境的破坏，而摧毁语言生态环境的首要因素是语言帝国主义，而非土著语言数量的减少。语言研究工作者往往只看到语言的消失，而未深入研究语言消失的生态原因。

联合国教科文组织濒危语言问题特别专家组在2006年的一份报告中称"语言濒危既可能是因外部力量所致，如军事、经济、宗教、文化和教育的逼迫等；也可能由内部因素引发，如语言族群对母语的消极态度。内部压力往往有其外部根源，二者都阻碍了语言和文化传统的代际传承。许多土著民族把自己的弱势社会地位与其文化相联系，进而认为自己的语言没有保留价值，于是抛弃自己的语言和文化，以期摆脱歧视，过上稳定的生活，增强在社会中的能动性，以及融入全球市场经济"。

学校教育对语言多样性生态的保护有冲击作用，正规教育具有反传统性，学校教育的统一性模式和标准化范式带来的是工业化、批量化的规格产品，而不是农业化、多样性的个性产品。而国际化教育更是一把双刃剑，国际化教育的结果往往是西方化教育，得到强化的往往是西方的语言、文化、价值观和方法论。

语言多样性受到全球化、城市化、信息化的冲击。今天，语言多样性以前所未有的速度衰减。弱小语言在消失，中型语言在缩减，大型语言尤其是超级语言如英语在加速扩张，挤压了中小型语言的生存空间。

在全球一体化的今天，英语成为最重要的沟通语言。世界上约有15亿人使用英语。英语除了是英国、美国、加拿大、澳大利亚、新西兰等发达国家的母语外，也是世界上70多个国家或地区的官方语言或第二语言，更多的国家和地区选择英语作为优先学习的外语。基于全球化的需要，各国在反对英语霸权的同时，不得不主动学习和使用英语。互联网的迅猛发展更加快了英语的全球化，目前互联网上85%的网页是英语网页，80%的信息载体是英语，网络域名几乎成了英语的专利，100%的软件源代码是英语格式。此外，世界上五分之四的电子产品说明书用英文撰写，三分之二的科技论文用英文撰写和发表。

3. 语言生态保护行动

进入21世纪后，经济全球化浪潮极大地促进了各种语言和文化的接触与交流，语言消失速度加快，语言濒危引起了越来越多的人类学家、语言学家、社会学家和各国政府的普遍关注。不同的国家或地区根据各自的语言情况，采取了不同的积极的保护措施和抢救对策，以延缓濒危语言的消亡速度。如美国1990年制定了支持土著居民保护自己语言的法律；澳大利亚政府对于保留土著民族语言的计划给予资金援助，1927年曾一度消失的乌尔娜语由于纳入了大学教育计划等，如今已有50人能自如地驾驭该语言。英国的威尔士语处在英语的包围之中，在急剧衰落的危急形式下，经过努力使其恢复了元气。

在对语言生态危机问题达成共识的基础上，语言学界、联合国教科文组织以及国际社会采取了一系列行动，表现出对濒危语言问题的高度重视。1992年，国际语言学界在加拿大魁北克拉瓦尔大学举行的第15届世界语言学大会将濒危语言问题作为大会的两大主题之一，这是此问题作为主要议题的第一次大型国际性语言学会议。1993年，联合国大会正式通过《濒危语言方案》，其中包括《濒危语言红皮书》和《濒危语言研究进展情况报告》，旨在汇集世界范围内濒危语言的信息及其研究工作情况。同年，联合国教科文组织确定该年为"抢救濒危语言年"。1994年，联合国教科文组织成立了"国际濒危语言情报交流中心"和亚太地区语言研究部。1995年，美国和英国也相继成立了濒危语言基金会。1996年，西班牙巴塞罗那会议通过了《国际语言权利宣言》。1997年，联合国教科文组织第29届大会批准设立"世界语言报告"项目。1998年，教科文组织总干事向各国的联合国教科文组织发出公开信，要求各国有关机构进行合作，共同完成"世界语言报告"。2000年，在德国科隆大学召开的国际濒危语言研讨会，汇集了世界各个国家、地区从事濒危语言研究的专家学者共同讨论协商、交换意见，对制定研究和记录濒危语言的先后顺序进行排序。

语言体现着特定语言社群的世界观、价值观、伦理观、思维方式等精神性、观念性的内容，承载着丰富的自然及宇宙知识，包含着人类关于数学、生物、农业、历史、地理、医学、语言学、民族学等学科的知识。一种语言的消失必然导致许多非物质文化遗产形式的消失，一种语言的灭绝必然导致许多自然科学知识和社会科学知识的湮灭。正是基于这种认识，联合国教科文组织编制了《世界处在消亡危险中的语言地图集》（1996年），修订并绘制了《全球濒危语言分布图》（2009年），组织成立了濒危语言问题特别专家组。经过广泛调查研究，联合国教科文组织出台了《语言活力与语言濒危》报告。文件指出："语言多样性是人类最重要的遗产。每一种语言都蕴涵着一个民族独特的文化智慧，任何一种语言的消亡都将是整个人类的损失。"为了广泛宣传保护母语的重要性，联合国教科文组织从1999年起，将每年2月21日确定为国际母语日。此外，联合国教科文组织还出台了三个重要文件：《文化多样性全球宣言》（2001年）、《维护非物质文化遗产公约》（2003年）、《保护和促进文化表达形式多样性公约》（2005年）。

2003年3月，联合国教科文组织在巴黎举行了关于濒危语言问题的专家会议，会议评价了世界各国现有的濒危语言研究项目和推广保护濒危语言的最佳做法，讨论了提高人们的语言忧患意识和促进国际合作的战略措施。会上David Crystal 以Crossing the Great Divide: Language Endangerment and Public Awareness为题作了主旨报告。2012年9月，"亚欧会议语言多样性论坛"在印度尼西亚雅加达举办，会议的主题为"保护和促进亚欧语言多样性，实现可持续发展"。笔者作为中国代表以"中国语言和文化多样性保护与发展"为题，就我国保护和促进语言多样性的经验作了专题发言。2012年12月，"中欧语言合作研讨会"在北京举办，会上笔者作了"中国语言与文化多样性保护及多语教育实践"专题报告。2013年9月，"东亚峰会双语教育政策与实践研讨会"在新加坡举办，笔者在会上作了题为"促进全球化背景下的中国多语教育：从语言政策到语言实践"的专题报告。

4. 语言生态危机再认识

就世界范围来看，语言濒危致因是多方面的，其中语言接触、强势语言挤压弱小语言是导致语言濒危的主要原因。在全球经济一体化步伐日益加快的今天，在人们交往日益频繁的今天，在广播、电视、电话、网络等大众媒体日益发达的今天，一些弱小语言由于不能适应社会交际及信息传递的需求而逐渐散失其交际作用，最终被强势语言所代替。当然，语言全球化也会引发语言地方化。例如，伴随英语全球化的是英语地方化，世界各地地域文化在英语语言与英语文化的冲击下，产生了地方身份的自我觉醒和自我保护，其结果是成百上千种英语变体"地方英语"（indigenized English）的产生。

语言生态危机的本质是语言多样性和文化多样性的消失。Phillipson & Skutnabb-Kangas（1996）指出，语言生态研究范式基于全球范围的语言多样性，促进多语主义和外语教学，赋予所有人以母语权利。因此，我们要充分认识母语价值。人类的语言结构是人类智能成就的证言，反映了一个族群（民族）的性格和文化特点。语言所具有的文化载体功能，是人类文明的巨大财富。一种濒危语言代表着一种文化，每个民族的语言和文化都有自己的贡献和特点，谁都代替不了谁。多种语言并存是一种人文生态环境。

应对语言生态危机，改善语言多样性的自然环境和人文环境需要多角度思维、国家政策和技术的支持。Pennycook（2004）指出，语言保护所面临的困难在于如何有效地协调自然语言的动态本性与国家语言政策的协调能力。一个民族的存在和发展与特定的社会环境与文化有着密切的关系，社会环境和经济条件得到很好的改善，没有战争、没有特大的自然灾害，其语言和文化就能很好地保存下来，威尔士语就是一个典型例子。因此在分析和研究濒危语言时，我们要多角度地研究和分析造成濒危语言的濒危条件以及各种自然因素和人为因素。濒危语言资料的抢救和保存是一个庞大的系统性工程，不仅需要专家学者和有关机构的学术支持和人力参与，而且还需要政府部门的政策支持、技术支持和资金支持。

至今为止，语言生态调查主要依靠语言工作者的田野调查，通常锁定某一目标语言进行个案调查研究，尤其是锁定某一土著语言或濒危语言，将"活"的语料记录在案、考究分析、归档保存，然后或发布报告，或会议交流。这种传统的调查方式和手段往往只见树木而不见树林，见个景而不见全景，见昔时状态而不见现时状态，从而无法全面、实时、动态地考察地区乃至全球的语言生态，无法及时准确地了解语言的结构变异和功能变化，因而无法为制定有关语言政策特别是语言教育政策和语言保护政策提供科学依据。

四、大数据时代及语言数据意识

1. 大数据时代的海量数据

人类已进入了大数据时代。大数据是指在信息爆炸时代无法在允许的时间里用现有的常规软件工具提取、存储、搜索、共享、分析和处理海量的、复杂的数据集合。

随着社交网络、移动计算和传感器等信息新渠道和新技术应运而生，如

PB级大规模数据量不断涌现，过去3年里产生的数据量比以往3万年的数据量还要多。国际数据公司（IDC）的研究结果表明，2008年全球产生的数据量为0.49ZB，2009年为0.8ZB，2010年为1.2ZB，2011年为1.82ZB，相当于全球每人产生200GB以上的数据。截止到2012年，数据量已经从TB级别跃升到PB、EB乃至ZB级别。据估计，互联网上的数据量每两年会翻一番，到2013年，互联网上的数据量将达到每年667EB（1EB=230GB）。这些数据绝大多数是"非结构化数据"，通常不能为传统的数据库所用，但这些庞大的数据"宝藏"将成为"未来的新石油"。今天我们在不到1秒的时间内可处理的信息量相当于我们DNA用10亿年处理的信息量。整个人类文明所获得的全部数据中，90%产生于过去两年，而2020年全世界所产生的数据规模将达到今天的44倍。

Mayer-Schönberger & Cukier（2013）在其影响深远的著作 Big Data: A Revolution that Will Transform How We Live, Work and Think 中指出，大数据带来的信息风暴正在变革我们的生活、工作和思维，大数据开启了一次重大的时代转型，最大的转变就是放弃对因果关系的渴求，而取而代之的是承认混杂性，关注相关关系。这就颠覆了千百年来人类的思维惯例，对人类的认知和与世界交流的方式提出了全新的挑战。以往的思维决断模式是基于"为什么"，而在"大数据时代"，则已可直接根据"是什么"来下结论，由于这样的结论剔除了个人情绪、心理动机、抽样精确性等因素的干扰，因此，将更精确，更有预见性。

世界的本质就是数据。根据Kelly的观点（1994，2010），宇宙的本质是信息。那么信息的本质是什么呢？那就是数据，生物的DNA会死亡，而数据化的DNA则永存。Kelly早就预测，未来的人工智能将诞生于由10亿台中央处理器组成的"全球脑系统"，这个系统包含互联网及附属设备——从扫描仪到卫星以及数十亿台个人电脑。这台全球脑包含的不只是笔记本电脑，它还包括数十亿部手机、数十亿部固定电话、数千万台数据服务器、上亿台平板电脑。整个系统有上万亿个网页，每个网页平均链接数十至近百个网页，网页和网页之间形成数以万亿计的"突触"，而这些"突触"每隔两年翻番，形成难以删除的人类记忆。

语言生态是由语言、语言人和语言环境所构成的自然-人文系统。如果宇宙的本质是信息，信息的本质是数据，那么语言生态系统的本质也是一种信息系统，构成这一信息系统的是数据。全球语言生态是一个大系统，涵盖所有语系、语族、语支、语种、语言变体、语言人、语际关系，以及语言的地理环境和社会环境。这个大系统由大量中系统和海量小系统构成，中小系统之间以及系统内关系错综复杂，形成无以计数的语言信息"突触"，并产生浩如烟海的过程性、交互性、变异性语言数据。

2. 大数据时代的思维方式

产生于信息通信技术创新与发展的大数据使人们得以全面感知、收集、分析和共享语言信息，同时为人们提供了一种全新的看待世界的方法。"让数据说话"的思维方式改变了传统的"八九不离十"的思维方式。

全球性问题需要全球性思维，由全球性思维需要全球脑来支撑。在小数据时代，看山是山，看水是水；头痛医头，脚痛医脚。而在大数据时代，看山不是山，看水不是水；头痛可医脚，脚痛可医头；宇宙只有统一的法则，而没有中心，形成的是点对面的网状相连关系，而非点对点的线性因果关系。

大数据时代的思维之道是群蜂之道，信奉群体规律和集群智慧，众愚可成智。群体规律是大数定律，大数定律也是必然定律，由无形之手操纵。网状世界，没有中心，没有边缘，没有开始，没有结束，周而复始，互为因果。大数据可避免偏见，消除纠结。人们不受时空和形式的限制，全天候、全方位地进行点对点、点对面的交流。

以大数据理念观察事物，世界的均衡是暂时的，流变是必然的，均衡的生态系统是僵死的系统，多样化的生态系统是绚丽多姿的系统，是开放多元的系统，也是不断流变的系统。

以大数据视角看待语言生态，就是以网状的整体论和循环论观点看待语言和语言数据。数据不仅是名词和代词，更是动词和介词，甚至是助词、副词和修饰词。数据既是逗号和句号，也是引号和问号，甚至是省略号和惊叹号。数据既是因之果，也是果之因，甚至是一种多重叠加的并行关系或串行关系。

3. 大数据时代的计算模式

大数据与移动互联网有密切关系。随着智能手机、平板电脑等移动数码产品的"白菜化"，Wi-Fi信号覆盖的无孔不入，全天候在线成为常态。一部智能手机和一个免费下载的APP第三方应用程序，便可将数据一览无遗。大数据时代的科技进步，让人们身上更多看似平常的东西成为"移动数据库"。通过网络技术、传感技术和射频技术，所有数据汇集于云端。

数据已经渗透到当今每一个领域，人们的决策日益基于数据和分析做出，而并非基于经验和直觉。庞大的数据资源，尤其是海量的非结构化和半结构化数据使得各个领域开始了量化进程。

大数据和云技术使追求全样本数据而非采样本数据成为现实，使追求数据的"混杂性"和"相关关系"显得更为重要。信息感知和采集终端每天产生海量数据，而以云计算为代表的计算技术为我们提供了强大的计算能力。我们身处两个并行的世界，即物质世界和数字世界与我同行。

大数据具有四V特征：第一，数据体量大（Volume）；第二，信息类型多（Variety），信息种类包括文本、音频、视频、图片、社交网络、地理位置等；第三，价值密度低（Value）；第四，处理时效高（Velocity）。数据处理的云计算技术为数据资产提供了保管的场所、访问的渠道和采用的空间。盘活并使用数据资产为语言生态研究、维护和改善提供了保障。

传统意义上的"数据"是结构化的，而"大数据"含结构化数据、半结构化数据和非结构化数据。数据一部分来自内部（语言内部）自身的信息系统中产生的数据，这些数据大多是标准化、结构化的，另一部分来自外部，包括广泛存在于社交网络、物联网、电子商务等之中的非结构化数据。这些非结构化数据源于各种社交网络、移动计算和传感器等信息渠道和技术不断涌现和应用，如Web文本和点击流数据、电子邮件、呼叫记录、传感器信息、GPS定位映射数据等等。数据来源越广泛，信息所投射的世界越真实。

结构化数据好似海洋中漂浮的冰山所显露的尖角，而冰山体量的绝大部分则是构成大数据的"半结构化数据"和"非结构化数据"。非结构化数据的产生往往伴随着社交网络、移动计算和传感器等新的渠道和技术的不断涌现和应用。我们正在打破传统数据源的边界，更加注重社交媒体等新型数据来源。通过各种渠道获取尽可能多的反馈信息，并从这些数据中挖掘更多的价值。

以大数据观念、方法和手段来考察语言生态，必须寻求语言生活的全样本和全形态，尤其是那些可以揭示语言全貌和真貌的"准语言"数据和"类语言"数据，无论是文字还是数字，无论是语音还声音，都是语言工作者必须十分关注的要素。

4. 大数据时代的历史使命

"大数据"虽然是人类历史上的一次颠覆性的技术变革，但其影响已远远超出技术层面，遍及了国家治理模式、社会组织建构、科学研究活动、企业管理流程、个人生活方式诸方面，其中包括对自然生态和文化生态的研究产生重大影响。

一个国家拥有数据的规模、活性及解释运用的能力将成为综合国力的重要组成部分，未来对数据的占有和控制甚至将成为国家的核心资产和核心竞争力。为了确保美国在信息技术领域的领先地位，美国政府整合了国家科学基金、国家卫生研究院、能源部、国防部、国防部高级研究计划局、地质勘探局等六个联邦部门来负责大数据研究。联合国（微博）也推出了名为"全球脉动"项目，希望利用"大数据"来促进全球经济发展。联合国的"情绪分析计划"使用自然语言解密软件来对社交网站和文本消息中的信息做出分析，用以预测相关地区的经济发展趋势和医疗卫生状况，利用数字化的预警信号防患未然。

身处大数据时代的人文学科不可能置之度外，人文学者也不可能游离于技术进步浪潮之外。无处不在的智能终端，即时在线的网络传输，互动频繁的社交网络，便捷高效的云计算技术，语言生态研究者只要充分利用这些新的信息渠道和技术，便可以大规模、大关联、高速度、高效益地研究世界各地人们的语言行为。这是时代进步赋予我们的机遇。

大数据时代语言生态研究需要大量的语言数据技术人才，这些人才必须具备的大数据解读能力、整合能力、应用能力和管理能力。大数据时代语言生态研究要求我们重视语言数据信息体系建设，加大语言数据技术研发的力度和速度，加强对特殊语言、濒危语言、目标语言、重点语言等敏感数据的跟踪、记录和监管。在大数据时代进行语言生态研究，我们不仅要加强对智能城市、智能交通、智能医疗、智能教育、智能翻译等领域的语言生活状况进行数据解构和分析，更要关注偏远地区、边缘地区、杂居地区、高山地区、丛林地区、孤岛地区等地方的人类语言生活及其变化。

五、大数据时代语言生态研究的机遇与挑战

1. 树立羊狼共舞的生态观

世界之大，可容下所有语言；世界之广，能给予多样性应有的空间。狼与羊都有自己的生存空间和生存理由。语言的生态环境应该包括该系统中的所有语言（含国际通用语和国家通用语）、所有语言变体、所有土著语、所有方言、所有话语人的说话方式等。

不可否认，"语言生态学"目前还未形成一门独立的学科，没有专门的学科术语，也没有专门的研究机构和教育机构。国际语言学界目前通用的相近名称是"语言的生态学"（ecology of language）和生物语言学（biolinguistics），主要是借鉴生态学或生物学的原理来研究语言和语言问题。虽然学界对生态语言学进行了多年的探索，但其完整的学科体系还没有真

正建立起来。对这门学科的基本理论、基本概念、研究内容、研究方法等还没有明确的、统一的认识。但是，人类历史上从来不曾有过学科建设在前、科学研究在后的先例。恰恰相反，随着开创性探索的持续展开，随着研究工作的不断深入，随着研究领域的不断拓展，随着研究成果的不断涌现，独立学科的建立也就水到渠成了。在大数据时代，本着"羊狼共舞"的生态观，我们完全可以利用科技进步带来的高新技术手段对语言生态进行实时的调查和全景式的研究，动态考察地区乃至全球的语言生态，全面了解人类语言的结构变异和功能变化，进而为政府制定语言政策、为教育机构实施语言教育提供科学依据。

2. 大数据在语言生态调查中的作用

如前所述，今天所说的"大数据"不是传统意义上的以数字为主要载体的信息，"大数据"信息还包括文本、图片、音频、视频等格式。由于传统数据是线性的和结构化的，数据分析有规律可循。而"大数据"包括"结构化"、"半结构化"和"非结构化"三种数据类型，数据复杂，频繁交互，信息涉及方方面面。数据来源既有内部，也有外部，其产生往往伴随着社交网络、移动计算和传感器等渠道，包括呼叫记录、传感器信息、定位映射数据、图像文件、Web 文本、点击流数据、电子邮件等。不同类型的数据，不同来源的数据，不同层面的数据，构成了一面透视的、立体的多棱镜。这要求我们打破传统数据源的边界，注重新型数据源，通过各种渠道获取更为接近事实的信息。

大数据的三要素，即重视数据的全样本而非采样本，重视数据的混杂性而非精确性，重视数据的相关关系而非因果关系，恰恰是当今语言生态调查所欠缺的。如果我们缺乏全球语言生态的全样本，看不清国际通用语、国家通用语、地域方言、土著语言、混合语言之间频频交互的混杂性，忽视语言的"语内"相关性、"语际"相关性、"语境"相关性，那么我们就无法真正看清语言生态的真实境况。

大数据的四特征，即数据体量大、信息类型多、价值密度低和处理时效高，恰恰是当今语言生态调查所急需的。如果我们没有海量的数据集，没有多渠道的信息源，没有涓涓不息的信息流，没有实时高速的信息处理器，那么我们就无法真实把握语言生态的生命脉搏。随着大数据时代的到来，大数据的三要素和四特征为我们研究地区乃至全球的语言生态提供了有效的工具和方法。

3. 大数据时代语言生态研究面临的挑战

大数据时代语言生态研究的立足点是"海量数据皆事实"，出发点是

"海量数据现真情"。语言生态研究者的重要使命是在干草垛里寻找那根深藏的针。然而,我们面临的最大挑战之一是,干草垛比比皆是,草垛内稻草可谓"众草皆针"。大数据时代的另一挑战是,数据的大集合和高密度可能制造出更多更大的干草垛,其结果往往是"众垛皆草"、"众草皆针"。

由于大数据观是建立在"海量数据皆事实"的基础上,因而所有信息的供给方和采集方的群体因素和个体因素都会影响数据的真实性。想要在庞大的数据"干草垛"中找到一根真正意义上银针,一定要依赖全样本数据采集和全天候数据测量。虽然数据不懂社交,数据不懂背景,但是语言数据的相应形态,语言数据之间的相关性和交互性,都会使语言生态"偶尔露真容",甚至"显山露水现真貌"。我们也必须看清楚大数据"能"与"不能"。毫无疑问,数据毕竟是数据,大数据不是万能之神。

大数据时代语言生态研究的另一挑战是数据技术人才的培养。大数据时代的技术人才需要大数据意识、大数据技术和大数据方法。培养大数据技术人才,除了树立大数据理念之外,还要重视数据采集能力、数据分辨能力、数据精算能力、数据整合能力、数据转换能力以及快速实时行动力的培养。

六、余论:大数据时代语言生物性和社会性再思考

大数据时代语言生态研究很大程度上依赖语言数据采集与处理的技术性,从而忽视语言的生物性和社会性。

自然语言是人类的专利,我们应该给予人类语言应有的生命观和社会观,即关注人类语言的基因和模因,尤其是后者。何为"模因"?模因(meme)这个词源自英国科学家Dawkins 1976年所著的《自私的基因》(*The Selfish Gene*)一书。Dawkins选用希腊词mimeme(原意为"模仿"),去除词头两个字母mi,保留后四个字母meme。模因是一种文化基因,例如语言、观念、信仰、行为方式等,通过人际模仿而自我复制,在人际或代际中传播,发挥着人类文化进化的作用。在Dawkins看来,模因具备遗传性、变异性和选择性三个特征。Dawkins的学生Blackmore(1999)继承并发展了老师的理论,提出模因的模仿本质以及模因之间的竞争驱动着人类观念的进化。大数据时代的网络语言体现了语言的模因现象:如IC、F2F、MM等语言模仿形式,以及"围脖"、"刷屏"、"拼客"、"屌丝"、"部落格"、"秒杀"、"1314"等新造词语。模因论体现了语言的生物性和社会性,值得语言生态研究工作者关注。

此外，我们还应该充分利用大数据的全景覆盖力和渗透力，关注偏远地区或土著部落的语言生态的变化，尤其是社会形态转型时期年轻人的语言行为和语言倾向。美国密歇根大学语言学家O'Shannessy（2005，2013）在澳大利亚北部拉贾马努地区的一个土著部落发现了一种新型语言——轻瓦尔皮瑞语。轻瓦尔皮瑞语属新型混合语，该语言的大部分名词源于瓦尔皮瑞语和英语，动词及相关结构则来自克里欧语和澳洲土著英语。该部落的儿童在20世纪70年代开始将土著瓦尔皮瑞语、克里欧语以及标准澳洲英语这三种语言混合使用，作为玩伴之间沟通的密码，久而久之混合语逐渐脱离了来源语言，进而形成新语种，并传授给了下一代。该语言使用者以20世纪80年代后出生的人为主，目前轻瓦尔皮瑞语母语者有350人，年龄大都在35岁以下（Bakalar，2013）。轻瓦尔皮瑞语的产生有其深刻的历史性和社会性，不是仅限于澳洲大陆的一种孤立现象，需要我们广泛关注。

近年来，我国生态语言应用研究取得了一定的突破，学界也发表了一些研究成果。主要进展涉及语言濒危与语言消亡的问题、强势语言与弱势语言的问题、语码混用与语码转换的问题、语言态度与语言转用的问题、人口迁移对语言影响的问题、网络时代语言符号多样性的问题、全球环境下政府语言政策的问题，等等。至于生态语音、生态文字、生态语法、生态词汇、生态语篇、生态修辞、生态语用、生态语言规范、生态语言学教学、生态语言学翻译、语言符号变异的生态研究等等，还需要在大数据时代采用新媒体、新技术和新手段进行更深入的研究。

本文原载于《外语电化教学》，2014年第1期。

第五章
语言多样化

按语（邵军航）

语言是用于交际的、音义结合的词汇语法体系，具有客观性、任意性和约定俗成性。其客观性表现在语言不以个人的意志为转移，而任意性和约定俗成性是客观性的另一个方面，也表现在语言的丰富性上。世界上有60多亿人口，200多个国家和地区，2500多个民族，语言有五六千种。据德国语言学家1979年的统计，世界上有5651种语言。仅1997年翻译《圣经》的文字就有2197种。有语言未必有文字，因此《圣经》的翻译侧面说明世界上的语言肯定多于2197种。矛盾的普遍性是一个哲学命题，也适用于对待语言多样性的态度。有时候人们希望交际中的语言越少越好，因为这能保证有效、高效的交际，如国家政策的宣传、贯彻等；有时候人们希望语言保持其丰富性，因为语言不仅是交际工具，也是文化载体，我们通过语言可以了解不同语言社团的世界观、价值观、思维方式等。从后者的角度出发，语言的丰富性是世界丰富性的一部分，保持语言的丰富性具有积极的意义。尽管语言具有客观性，是不以人的意志为转移的，经济基础决定上层建筑的定律在语言的存亡上还是起作用的。这要分两个层面进行理解：一是从一个国家内部来对待语言的多样性，一是从国与国之间的关系来处理这一问题。大语言只涉及人数，而强语言则关乎经济实力。人的话语权似乎决定语言的地位。如不采取措施，一个国家或地区中的语言多样性将会逐渐消失，取而代之的是在政治、经济上据主导地位的社团的语言。在国与国关系上，语言也是国家实力的晴雨表，也是大国语言和语言大国有别背后的机制。国际上同样存在强语言挤压弱语言生存空间的问题。目前这一问题非常的严峻，因为世界上有230种语言自1950年起已经消失；在联合国教科文组织绘制的《全球濒危语言分布图》上，印度有196种、美国有192种、印度尼西亚有147种语言濒临灭绝。中国的满语、畲语、赫哲语、塔塔尔语等少数民族语言已经处于完全失去交际功能的状态，怒语、仡佬语、普米语、基诺语等已经濒危。

如何保护语言的多样性、促进社会和谐发展已引起学者们的关注。对该问题思考的成果就是本部分的论文。曹志耘的"汉语方言：一体化还是多样性？"在陈述了一体化趋势不可逆转的同时，提出要保护语言的多样性，并从语言政策、机构设立、学术研究、舆论宣传等几个方面提出建议；范俊军的"少数民族语言危机与语言人权问题"一文将语言地位与人权问题结合起来，并将语言问题提升到文化安全的高度，最后呼吁通过立法来保护弱势语言；"他山之石可以攻玉"，周晓梅的"欧盟语言多样化战略对中国少数民族语言教育的启示"一文提出欧盟在保护语言多样性做法的可资借鉴之处；黄长著的"如何正确认识世界诸语言的统计数字"阐述了在语言本身变化不定而又没有统一的划分标准的情况下，唯有对尚未识别和记录的语言进行普查工作才能使世界诸语言的统计字数更加接近实际。

虽然我们选取的论文数量较少、内容涵盖面不足，但相信这四篇论文会给读者一些启发和思考。

欧盟语言多元化战略对中国少数民族语言教育的启示

云南财经大学 周晓梅

一、欧盟语言多元化战略

欧盟目前共有27个成员国,官方语言23种。欧盟绝大多数成员国都是多语言国家,根据"欧洲少数语言中心"2006年公布的资料显示,欧盟境内有60多种区域性及少数民族语言。随着全球化的推进和社会的发展变迁,欧盟和中国一样面临着多种少数民族语言濒临灭绝的危险。欧盟已经越来越认识到,许多语言在欧洲和谐共存,是欧盟在多样性中统一的基础,是欧盟强有力的标志,也是欧洲规划的基石之一。语言决定人们的认同,也是人们共同的文化遗产以及和其他人沟通的桥梁。语言可以打开通往其他国家和文化的大门,促进人们之间的相互理解。一项成功的多语言政策可以加强公民的生存机会,增加就业能力,推进人们的义务和权利,以及通过文化间的对话和社会内聚使人民更加团结。基于这种精神,语言多样性成为一项珍贵的资产,在今天全球化的世界里尤其如此。

在多语言的欧盟,这意味着:(一)为了实现自身的潜能和最大化地利用现代化的欧盟提供的各种机会,任何人都应该有机会进行适当的交流;(二)任何人都应该得到适当的语言培训或其他促进交流的手段,以便他们在欧盟生活、工作和交流不会遇到语言障碍;(三)在团结的精神下,甚至对那些不能够学习其他语言的人,也应该给他们提供适当的交流手段,允许他们进入多语言的环境。

由于全球化、科技进步及人口老龄化,今天的欧洲社会正面临快速的变化。欧洲公民的大量流动是这种变化的一个重要标志。越来越多的人和其他国家的人有交往,并且在其他国家工作的人数也不断增多,而最近欧盟的扩大又进一步加大了这种流动。欧盟现在有5亿人口,27个成员国,3种字母表和23种官方语言,有些语言在全世界都有人使用,还有其他60多种在一些特殊区域被一些特定人群使用的语言,也是欧盟文化遗产的一部分。另外,移民也带来了更多的语言,据估计,现在欧盟境内至少有175种少数民族。由于这些因素以及其他因素的影响,欧盟公民的生活已经变得更国际化和多语言化。

虽然不断增加的语言多样性是一项财富资源,但如果没有适当的语言政策,语言多样性就会加大不同文化的人们之间的代沟和增加社会排斥,成为欧盟成员国之间跨边界管理和地方服务工作的一种障碍。所以目前的挑战就是要把欧盟公民和公司面临的障碍最小化,让他们能够充分利用多语言提供的机会,使语言能够作为一项资产而有益于欧洲社会。

欧盟语言多元化战略的目标,是让人们拥有使用几种语言的能力,作为积极的公民接触文化和参与管理,从更好的交流、社会包容和更宽广的就业中受益以及利用更好的商业机会。因此,欧盟语言多元化语言政策的主要目的,是要提高欧盟语言多样性的价值和机会的意识,以及消除文化间对话的障碍。

对一大部分仍然还看不到多语言优势的人,如那些单语使用者或苦苦学习本国语言的人、学校辍学的学生、老年人和其他已经不在教育体系中的成年人等,还是需要具体措施来影响他们的,例如寓教于乐的出版物、媒体和科技,以及适当的翻译和口译服务都可以影响他们。同时,还需要做更多的工作来促进成年人和年轻人在职业教育和培训中的语言学习。

二、欧盟在语言多元化方面的行动

欧盟要求成员国共同努力来确保语言多元化政策是一系列欧盟政策的"主流",包括终身学习、就业、社会包容、竞争、文化、青年和公民社会、研究和媒体等。欧盟语言多元化的行动包括,语言多元化与文化间对话和社会凝聚;语言多元化与商业;语言多元化与终身学习;语言多元化与媒体、新技术和翻译;语言多元化与外部关系等。

(一)语言多元化与文化间对话和社会凝聚

每一种在欧洲使用的语言,不论是国家语言、区域性语言、少数民族语言或移民语言都给欧洲的文化背景增加了一个层面,因此,欧盟要求各成员国共同努力来促进文化间对话和相互尊重。事实证明,欧盟公民能成功地把区域性语言或少数民族语言与国家语言结合起来使用,并且在外语方面的成绩也不错。能使用多种语言的人,是欧盟珍贵的资产,因为他们在不同的文化之间起着粘合剂的作用。在目前流动性和移民不断增加的情况下,掌握所在国家的语言,对成功地融入社会以及在生活中扮演积极的角色来说是最基本的要求,因此那些非本土语言的使用者应该把他们所在国家的语言结合在母语加2门外语的学习策略中。

在欧洲社会中还有一些尚未使用的语言资源,包括那些不同的母语和那些只在家、在本地以及在邻近的环境中使用的语言。这些资源也非常有用,例如,那些说不同母语的孩子们,不论他们是来自欧盟还是来自第三世界国家,上学时都面临着要把他们所在国家的语言当成外语来学习的挑战,但他们也能使身边的同学学习到不同地方的语言以及接触到不同的文化。

公民权利和义务的一个基本特征是,生活在一个地区的人们能够从可得到的服务中受益,并且有助于他们邻近的旅游者、外国工人或学生以及经常来他们的地区但对所在地语言不熟练的移民。为了让人们能够轻松地得到服务和确保顺利地融合,有些地方用不同的语言做了消息指南,依赖使用多种语言的人们起到文化中介和翻译的作用。欧洲许多大城市和旅游胜地在满足不会说当地语言的外国人的需求方面积累了相当的经验。欧盟委员会非常重视这方面的问题,并且支持分享这方面好的实践。

为了推动跨边界的服务,2009年底在"服务指令"下由国家层面出台的"单一接触要点",鼓励为来自成员国的服务供给者和接受者提供不同语言的信息。另一个值得关注的地方,是法律方面的翻译和口译。例如在成员国之间增加欧盟公民的个人流动性,对法律方面的翻译和口译的需求是可能扩大的,因为涉及对法院的语言有困难的人的案件数量会增加。欧盟委员会在这方面的行动是,有策略地使用相关的欧盟项目和行动计划,使多种语言更接近公民;为文化间对话发起提升语言多样化和语言学习意识的战役;通过欧洲语言指标和欧洲晴雨表调查监控公民的语言能力;与成员国一起交流好的实践,培训网络法律方面的翻译和口译人员,以及开发特殊的翻译工具,改善人们进入司法的途径。欧盟委员会也敦促成员国,为使"服务指令"下的"单一接触要点"用数种语言工作,推动跨边界的服务而努力,以及为母语不是所在国家语言的人们开设他们所在国家的目标语言课程。

(二)语言多元化与商业

对于欧洲的商业来说,语言是一个竞争的优势。使用多种语言的公司证明,对语言多样性的投资和跨文化能力的培养,能转化成真正的财富资源且对公司各方面都大有益处。有些世界上广泛使用的语言是商业上非常有价值的交流工具。

语言多元化商业论坛建议,通过更好的语言多样性管理来推进竞争和就业力。论坛指出,巴西、俄罗斯、印度和中国等市场对欧盟的公司越来越重要,在这些地方的竞争也需要充足的语言能力。因此,这里的挑战是要把语言多元化植根于旨在发展人类资产的所有战略中。欧盟委员会对公司因外语能力不足而对欧盟经济产生冲击的研究估计，由于语言障碍，欧盟公司少了11%的出口额。虽然英语作为世界商业语言有着重要地位，但其他语言也给欧盟的公司提供了竞争的优势，能让他们占领新的市场。较好的语言能力不仅对销售市场，而且对所有的活动都有用。然而，在多数情况下，公司不知道如何把语言资源结合在他们的商业计划中。

语言能力和跨文化能力可以增加人们获得好工作的机会。掌握数种外语是一个竞争优势，越来越多的公司都需要精通数种语言的人来欧盟或者国外管理生意。那些掌握更多语言的人可以从更广的工作范畴中选择，包括去国外工作，因为据说缺乏语言能力是到国外工作的主要障碍。

有经验表明，对数种语言熟练能促进创新，因为使用多种语言的人能够意识到可以根据不同的语言和文化背景，用不同的方法来解决问题，他们能够把这种能力用来寻找新的解决方案。

欧盟公民广泛地利用流动方案，如终身学习与青年行动项目，因为在国外学习和工作是学习其他语言和接触其他文化的最好途径。伊拉斯莫项目的学生在国外期间提高得最快的就是语言能力。教育和培训课程应该最大化地安排学生交流以及和其他国家的学校互相承认学历。

为此，欧盟委员会将采取的行动是，促进学生、学徒、工人和年轻企业家的流动；分享现在正在研究的关于语言能力、创造力和创新的研究结果；从企业界、社会合作伙伴、贸易组织、商会、贸易促进组织、学校及教育当局收集相关信息，为公司创造一个分享典范的永久性平台。

（三）语言多元化与终身学习

欧盟的"母语加2门外语"项目受益的主要是普通教育中的学生，但是普通教育提供的语言非常有限，如果有其他的语言，也是在职业教育中提供。假如要让进入教育系统而数量较少的年轻人来达到所有公民的目标，更需要一直关注成年人语言能力的更新。同时，应该扩大可供选择的语言范围，以便人们能够学习他们感兴趣的语言。

欧盟委员会最近采纳了一项关于欧洲学校合作的决议，在理事会关于跨文化能力和语言多元化的结论中，鼓励积极承认教师在提高语言能力和跨文化技能中的关键作用。实践证明，让教师到国外度假可以提高他们所教语言的流利程度以及跨文化能力。

欧盟委员会采取的行动是，利用欧盟的项目，通过终身学习、教师和学生流动、语言教师培训、学校伙伴关系以及研究和开发适用于不同语言目标群体的创新方法，来支持更多的语言教学；编制在多种语言领域最好的语言教学榜样名单，让所有成员国都可参考；敦促成员国给所有人提供掌握母语和2门外语的实践机会；给语言学习者提供广泛的语言选择范围，让他们选择适合自己以及符合当地需要的语言；加强培训所有教师和其他涉及到语言教学的人员；促进语言教师的流动，提高他们的语言能力和跨文化能力。

（四）语言多元化与媒体、新技术和翻译

在全球化的欧洲，使用语言和其他交流工具，是工作和生活所要求的重要技能之一，每一个人都必须有机会在扩大的欧盟进行有效的交流。这不仅关系到使用多种语言的人，也涉及那些单语使用者和语言不熟练的人。

媒体、新技术、人工和机器自动翻译，使欧盟的多种语言和文化更接近公民，也提供了跨越语言障碍的方法，他们不但能减少障碍，也有助于公民、公司和国家行政部门开发单一市场和全球化经济的机会。媒体在促进跨文化对话中有巨大的潜能，他们传输了复杂的社会表现，允许多种不同的声音。因此媒体也是非正式语言学习的主要资源，如通过寓教于乐的出版物和对白字幕的电影学习语言等。

欧盟委员会的行动是，支持字幕和欧洲多媒体产品的流通；支持开发和传播语言和交流技术的方案；举行翻译大会来促进公开、理解和文化对话；支持服务指令要求的行政合作；敦促成员国与利益相关者合作，通过媒体（特别是支持电影字幕）和欧洲文化著作的流通来促进语言多元化；刺激和鼓励进一步开发和利用新技术支持语言多元化。

（五）语言多元化与外部关系

语言多元化对跨文化对话的贡献越来越被欧盟的外部关系所认可。语言多样性不是欧盟独有的，但欧盟尊重语言多样性和促进语言能力的经验，在与其他国家的关系中能转化成好的砝码。在这方面，欧洲议会已经呼吁注意这个事实：有些欧洲语言，指被当作欧洲世界语的语言，也在很多不同大陆的非欧盟成员国家使用，因此这些语言构成了世界上不同国家和不同地区人们之间的重要链接。语言多元化外围尺度的核心目标，是充分发掘欧盟这些在第三世界国家使用的语言的潜力，通过专家和典范的交换以及联合利益相关者，促进欧盟语言在国外以及非欧盟语言在欧盟的教学。在联合声明的框架中，这方面的具体步骤已经和非欧盟国家达成了一致意见。

为此，欧盟委员会将和非欧盟国家发展伙伴关系，提高语言多元化方面的

合作；有效利用覆盖全世界的欧洲语言提供的机会；促进所有欧洲语言的国外教学。欧盟委员会也敦促成员国进一步增强网络以及与相关机构的合作，更好地在国外促进欧盟语言的教学。由于多种语言政策在地方、区域、国家和欧盟层面有各种各样的利益相关者，所以欧盟委员会将在五个方面继续对话：1.欧盟将通过"教育和培训2010"计划中的"开放协调方法"与成员国合作，旨在加强语言多元化在2010后的新合作策略构架。到2010年末，欧盟将扩大恢复语言工作小组来覆盖所有方面的语言多元化；2.欧盟将与媒体、文化组织和其他公民及社会利益相关者一起，创造一个平台来讨论和交换促进语言多元化和跨文化对话的实践；3.建设"商业论坛"后，欧盟将和利益相关者一起建立永久性的合作构架；4.欧盟将收集和传播促进语言多元化方面好的典范以及有系统地促进后面3个论坛的协调，同时也将有规律地监控语言多元化方面的进展，如每2年举行一次欧盟语言会议；5.欧盟将使语言多元化成为欧盟相关政策的主流。

三、欧盟语言多元化战略对中国的启示

欧盟语言多元化战略是在促进语言学习和语言多样性行动计划的基础上发展的，虽然它仍然以促进语言学习和语言多样性为目标，但已经扩展了语言多元化的范畴，进一步思考在欧盟的多语言环境中，个人、地方、区域、国家和欧盟本身所面临的机遇和挑战，分析了语言多元化与文化间对话和社会凝聚、与商业、与终身学习、与媒体、新技术和翻译及与外部交流的关系等，强调语言多元化在各个领域的重要作用。欧盟的语言多元化战略，为中国少数民族语言教育提供了丰富的启示。

（一）从国家和地方层面重视少数民族语言的保护和传承

中国是一个多民族国家，除人口占绝大多数的汉族外，还有55个少数民族。目前，在中国的1亿多少数民族人口中，约有6000多万人使用本民族语言，近3000万人使用本民族文字。民族语言文字是少数民族文化的结晶，是少数民族生存与发展的精神支柱，做好少数民族语言文字的保护工作，关系到少数民族语言与民族文化的传承与发展。最近，中国社会科学院民族学与人类学研究所孙宏开等人的一项调查显示，中国现存的132种少数民族语言中，有20%的语言已经濒危，有40%的语言已显露濒危迹象或正走向濒危。

中国政府历来重视少数民族语言文字的保护和发展，《宪法》、《民族区

域自治法》都有明确规定，各民族都有使用和发展自己的语言文字的自由。少数民族的（使用和发展）母语权利是基本的人权之一，尊重一个民族，就要尊重它的文化，就要保护它的语言。但是，如今少数民族的年轻人一路受教育下来，幼儿园、小学、中学，然后是大学，在这之后，最后能够熟练地使用自己的本民族语言，使用母语进行读、写，并且能够表达自己内心细微感受的已为数不多。

所以除了在法律上加以保障之外，国家有关部门和地方部门还要进一步采取措施来保护和发展少数民族语言。目前，在国家层面已经采取了很多积极的措施，例如，国家民族事务委员会与中国社会科学院合作，联合抢救和保护濒危少数民族语言文字，已经对满语、赫哲语、畲语等8种少数民族语言进行了调查，有关专家正在开展专题研究。此外，文化部启动的"中国民族民间文化保护工程"，对少数民族濒危语言的抢救与保护项目也正在实施中。通过这些有力措施，大部分少数民族语言文字得到了很好的保护。但是，由于少数民族地区经济欠发达、民族文化事业经费有限等原因，许多地方层面的少数民族语言教育面临着很多困难，特别是一些濒危少数民族语言教育。

因此，应从国家到地方层面都积极重视少数民族语言，在法律、财政等方面采取积极措施完善少数民族语言政策，重视少数民族语言文字的保护和发展。

（二）对少数民族语言采取积极的保护措施

少数民族语言保护和发展的目的是保持与增强其活力。首先，要为保护少数民族语言提供良好的语言环境。这要求国家在司法、行政、传媒、教育培训和公共服务等社会生活领域为少数民族语言文字提供更多的应用空间。还应该鼓励民族地区的人们相互学习彼此的语言，增进民族地区各族人们之间的理解和交融，为少数民族语言注入更多的活力。

其次，应该从民族地区整体发展的战略高度促进少数民族语言保护与发展工作。现阶段，中国民族地区发展水平落后于全国总体水平，民族工作的主要任务是加快民族地区的整体发展。少数民族语言的保护和促进只有与民族地区政治、经济、文化和社会生活整体发展结合起来，才能取得实质效果。这要求加快民族地区经济、社会的发展速度，不断缩小少数民族地区与发达地区之间的物质和文化生活水平差距，激发少数民族群众对本民族语言、文化的自豪感以及学习使用本民族语言的意愿。

语言不仅是交际的工具，它还是文化的载体、民族的标志，它不仅承载着知识和文化，还包含了认知的体系。作为文化的主要承载者，少数民族语言的消失，对于非物质文化遗产的保护无疑构成重大威胁，所以有效保护少数民族语言应该包括以下几个方面：

第一，由国家民委、教育部、文化部和中国社科院等相关组织组成专门机构，对少数民族语言的使用状况作一次全面深入的调查研究；第二，召开一次全国性民族语文工作会议，分析当前民族语言文字的使用和发展形势，制定新时期的民族语文方针政策；第三，采取积极措施，对已经濒危或正在走向濒危的语言，采取多媒体等现代化手段加以记录、保护，延缓少数民族语言衰亡和走向濒危；第四，为无文字的少数民族语言制定拼写该语言的拼音字母系统，为母语使用者记录和保存自己的语言创造条件；第五，成立专家委员会和基金管理委员会，推动濒危语言的保护和抢救工作。

（三）完善双语教育体系

实施双语教育的根本目的，是依赖于本民族语言的天然条件，进一步学好使用第二语言，促进个人以至整个社会的进步与发展。所以，双语教育是民族教育的一个重要组成部分，搞好双语教育有利于民族教育的发展。在双语中，国家通用语言是从心理上、情感上和价值观念上将全国各民族人民紧紧凝聚在一起的最重要的文化纽带，是巩固中华民族"多元一体"文化格局的基石。母语是少数民族传承民族文化和凝聚民族情感的基本载体。国家通用语言的习得、使用关系到少数民族群众对国家历史的认同感和社会归属感。母语的学习、使用关系到少数民族群众民族文化身份的归属感和幸福感。

因此，要从增强民族地区发展竞争的文化资本，增加国家凝聚力和文化认同感的战略高度，加快完善民族地区双语教育制度。国家应以更大的力度、更大的投入努力解决民族地区语言教育整体水平落后、师资不足等问题，尽快构建旨在全面提高少数民族群众语言能力的高质量的双语型继续教育、全民教育体系。

本文原载于《贵州民族研究》，2012年第33卷第1期。

少数民族语言危机与语言人权问题

暨南大学文学院 范俊军

一、语言濒危的历史趋势与现实紧迫性

语言濒危与消亡是自然的历史过程。语言发展与进化总趋势是：由最初的少数语言，到伴随族群繁殖分迁而出现多样化格局，最终又因民族和族群的融合使得语言同化而减少。这一过程与人类生产生活方式的发展变化密切相关。人类最初的社会形态是小型狩猎群体，因狩猎而游动、分徙、扩散到世界各地并逐渐定点，进而分化为许多部落族群，造成了语言分化与膨胀，产生了众多语言支系和语言。这就是语言膨胀期，也称"标点期"（punctuation）。当族群迁徙达到一定程度时，语言膨胀不再出现，世界进入多语言相持平衡状态。这阶段语言多样性程度最高，全球约有8000—20000种语言，每种语言各得其所，语言生态和谐稳定。至农耕业出现，人类又有过三次大规模迁徙扩张，一是从西南亚的美索不达米亚进入欧亚大陆，二是越过撒哈拉沙漠抵达非洲次大陆，三是扩散到东亚。伴随三次迁徙浪潮，世界语言格局也发生了重大变化，后来者语言取代了原始土著狩猎族群语言。虽然这时期也有一些语系在迅速分化，但语言分化总体滞后语言消亡。此后，世界进入新的语言均衡期，尽管语言分化减缓，但也未出现导致语言大量死亡的人类大迁徙，语言生态总体平衡。

自16世纪开始，欧洲殖民扩张、工业化以及单一民族国家的出现，使世界格局发生了重大变动，其结果就是，一些民族和族群及其文化和语言占据了优势，导致了少数民族和土著少数人族群语言大量消亡，自此，语言消亡就一直没有停止，语言生态平衡完全打破。尤其19世纪后半期以来，信息化和全球化在给人类生活带来极大便利的同时，也使人类语言尤其是少数民族和土著少数人族群的语言，遭遇空前的生存危机，世界语言多样性以加速度丧失。少数强势语不但占据政治、经济、教育、公共服务等所有优势领域，而且借助现代信息和传媒技术，以压倒优势不断侵入、挤占和席卷弱势语言的传统核心领域。如此一来，古代需要几百年甚至上千年才发生的语言衰亡进程，在当代几十年甚至十几年就可能完成。这种状况已经不再是正常的、自然的语言生态进程。语言多样性的快速丧失，已经严重危及人类文化多样性和社会的可持续发展，

语言濒危与消亡更是当代社会非常迫切的现实问题，是当代自然生态和人文社会生态危机的组成部分。人类社会要可持续发展，就必须积极干预和调控语言生态进程，维护语言生态的稳定与平衡发展。

二、语言濒危问题的语言生态学视角

濒危语言问题已逐渐成为当代学术与政治关注的前沿和热点。笔者曾指出，在濒危语言研究和保护实践中，重点应放在语言生态的保护与改善。保护濒危语言，目的在于维护与强化濒危语言内在生命力，恢复和增强语言活力并使其自身可持续发展。要实现这个目标，需要走出目前理论认识上的误区。首先，语言濒危的根源在于语言的外生态环境，而不在于语言本身。有观点认为，语言接触造成了语言濒危。事实上，在未发生语言接触的情况下（如天灾、疫病、种族杀戮等）也会出现语言濒危和死亡；而语言的频繁接触，则未必导致语言的濒危和消亡。语言接触只是语言濒危潜在可能条件，不是语言濒危的根源。另有观点认为，语言濒危是因为不同语言的社会功能与作用有大小强弱之别，社会作用小、功能弱的语言容易走向濒危与消亡。这种观点看来不无道理，但它把语言共同体的社会作用和功能与语言本身的作用和功能等同起来。语言发展史表明，语言濒危与消亡，既不是语言潜在功能有强弱之分，也不是语言结构存在优劣之别，而是语言生态遭受破坏和出现危机。"语言濒危的出现，既可能因外部力量所致，如军事、经济、宗教、文化和教育的逼迫等；也可能由内部因素触发，如语言族群对母语的抵触态度等。内部的压力往往有其外部根源。"联合国教科文组织《语言活力与语言濒危》文件的这一阐述，科学而准确地揭示了语言濒危的根源，是濒危语言研究和保护语言生态实践所应该坚持的基本观点。其次，抢救与保护濒危语言是保护语言文化多样性的重要组成部分，要准确把握这一精神，避免作机械和片面理解。有人认为，保护语言多样性就是在坚持主体语言的前提下，尽可能延缓少数民族语言和少数人使用的语言的衰亡进程。这种观点将保护语言多样性理解为被动的保存多语言样本和抢救语言"化石"，把语言消亡仅仅视为一种传统文化或"文物"的消失。当代语言生态学强调的语言多样性，是与生物文化多样性（biocultural diversity）密切相关的人—社会—自然复合生态系统的语言多样性，是指语言只有在多语共存相依和互动中获得生命能量的、有机的语言多样性。每种语言，无论其使用人口多寡，对他种语言而言，都是其物质、能量和信息交换的通道与源泉。换言之，每种语言都需要从他种语言文化中获得生命能量（包括作为物质形态的语音以及作为能量和信息的思维方式、概念、语法和词义），才能得到健康生存和发展。因此，保护语言多样性，不是社会主流民族给予少数民族的恩赐和救助，而是地球"天人合一"生态系中，少数民族语言所应据有的生命空间以及应享有的生存权利。

语言无美丑优劣之分，语言功能也无高下强弱之别，这是马克思主义语言平等观的基本内核。任何语言都伴随特定族群社会的交际需要而产生，都能在它生于斯存于斯的族群思维活动中最大限度地发挥作用，因而任何语言都能充分、准确而全面地表达生于族群、传于族群的一切认识、思维和实践成果。就是说，每一种语言对本族群来说，都是充满生命力的，也都是完美的。换一角度而言之，每一种语言对其他族群来说，都是有缺陷的，都是不完美的，任何特定语言都不可能充分、准确和全面地表达其他语言族群所要表达的一切认识、思维和实践成果。通常所说的语言社会功能的强弱，实际上并非语言的本质功能，而是多语言族群社会中族群的政治、经济等领域的权势地位和作用；通常说某种语言不能表达某些概念，实际上这些概念并非该语言族群固有的思维、认识和实践成果。这种以族群社会权势和作用功能等同语言功能的观点如不加以澄清，往往会导致语言不平等观点衍化为一种普遍的社会思维定势。值得注意的是，在语言研究的某些领域，语言不平等的观点有死灰复燃的苗头。我们强调语言的本质属性是社会性，但这种社会性是特定的社会性而不是泛社会性；我们承认语言族群或语言共同体的社会权势存在不平等，但并不意谓语言不平等。人类社会生存与发展离不开生物文化多样性，自然也不可缺少语言的多样性。要把坚持语言多样性这一语言生态观贯穿濒危语言的理论研究与实践探索，其基本前提就是坚持语言平等的马克思主义语言观。每位涉足濒危语言理论研究和实践工作的人对此都应有清醒的认识。

三、保护濒危语言的语言人权视角

坚持语言平等，使少数民族和社会公众具有普遍的语言平等意识，对于语言生态的保护和改善至关重要。语言平等观深入民心，各民族才能对本族语在当代社会的作用和价值有所认识，语言认同和民族情感才会得到维持与强化，进而对民族语言权利有所觉醒并自觉地争取和维护。在当代，少数民族和地方土著族群语言权受到抑制，是全球语言生态危机的一种普遍表现形式。语言权遭受抑制对语言族群所造成的后果，就是削弱了少数民族语言认同和语言感情，使之产生语言自卑进而放弃母语。对少数民族和土著族群语言权的抑制，往往容易造成主体民族对他族语言文化的排斥，使少数民族和族群各种人权得不到保障和落实。

语言权受到抑制的根源在政治层面。语言问题常常会衍化为政治问题，这在多民族国家尤其普遍。主体民族当政者坚信，统一的国家必须以主体民族的语言同一化作保证，多语的存在和强化是社会不稳定的温床，会危及国家的安全。因而在政策上竭力推行强势民族语言，忽略甚至压制其他民族语言。然而，语言的同一化往往与文化的单极化相伴而行。语言是一个民族的特性，也是民族亲和力和民族认同的重要表现，向其他民族推行自己文化的最有效的途径就是语言。历史和现实表明，语言同一化常常衍变为对异质文化和民族权益的干涉与威胁，这不但不能促进国家的稳定与安全，相反会引起民族关系的恶化和国家的动乱。这一事实，自20世纪后期以来已经为越来越多的有识之士和国家政府所认识，也正由于此，西方人权运动在维护少数民族人权方面，已经从政治、经济和社会人权延伸至文化领域，并由此产生了语言人权思潮。

语言人权思想的兴起，是欧洲文化人权运动的直接产物。"语言人权"（language human rights）或"语言权"（linguistic rights）概念由Fransisco Gomes de Matos, Tove Skutnabb-Kangas和Robert Philipson等人于20世纪80年代提出。众所周知，海外殖民、工业化、经济一体化等改变人类社会进程的重大变革都肇始于欧洲传统地区，尤其是欧洲一体化的迅速推进，使欧洲传统区域的少数民族和土著族群文化遭遇了严重危机。在这种时代背景下，文化人权运动应运而生。1984年，Fransisco Gomes de Matos向国际现代语言教师协会（FIPLV）提出了制定相关语言人权公约的动议，并提交了《关于起草世界语言权宣言的建议》；1996年，在Tove Skutnabb-Kangas的倡议下，欧洲非政府组织和民间机构在巴塞罗那召开会议，讨论并通过了《世界语言权宣言》（Universal Declaration of Linguistic Rights，UDLR），并呈交联合国教科文组织。尽管该宣言未能在教科文组织大会通过，但是它对欧洲保护少数民族语言的公众意识和国家政策产生了积极的推动和影响。1998年欧洲联盟就欧洲本土少数民族和地方族群语言问题，专门签署了一项软约束性的文件—《欧洲地方和少数民族语言宪章》（European Charter for Regional or Minority Languages），同年欧洲非政府组织在挪威首都奥斯陆签署了一项有关少数民族语言权利及解释条款的建议书。《宪章》要求成员国在行政、司法、媒体、公共服务、经济和社会生活领域消除对少数民族语言和土著语言的一切歧视，鼓励在学前、小学、中学、大学乃至各级各类业余教育和继续教育中广泛使用地方语言和少数民族语言。宪章强调少数民族语言是欧洲的宝贵财富和传统，是国家主权中应遵循的民主和文化多样性原则的重要组成部分。欧洲宪章的出台，是文化人权运动的重要成果。

语言权或语言人权在我国近几年开始引起学界的注意，但总体上尚未得到重视，自然谈不上在政策制定和立法层次上得到认可。民众的语言权意识几乎还是空白。语言权思想是对联合国《世界人权宣言》和《公民和政治权利国际公约》有关原则精神的引申，它既属于作为人权基本组成部分的文化人权，但又与其他人权密不可分。广义上说，语言人权就是人在私人生活和公共生活中使用语言的权利。它分为集体语言权（collecitve）和个人语言权（individual）。不过，语言权问题是在多民族国家和地区中少数民族或少数人使用的语言走向濒危和消亡的现实背景下提出的，因此欧洲学者及政府和国际联盟所强调的语言权更多地是指少数民族和族群的本族语言权和母语权。故而我认为，在我国的现实状况下，无论从政治、立法还是文化层面，少数民族和族群语言权问题应该是我国语言权问题的研究重点。沿着这一方向对语言权作深入考察，可以归纳为如下几项特征：（一）集体性，也称群体性。任何语言都与特定的民族或族群形影相连，是民族和族群集体特性的标志，民族和族群认同的重要外现特征。因此，语言权首先是民族或族群的集体权，一个人只要民族身份未变，不论是否掌握本族语或是否愿意使用本族语，都被赋予了本族语言权。语言的使用、传承和发展，也依赖民族和族群的集体意志。（二）地域性。任何民族和族群都有特定的生存地域，虽然历史上许多民族和族群有过迁徙和流动，但是每到一个新的迁徙地，都会有相当长的繁衍生息，从而打下民族的烙印。特定的自然环境造就了其特有的生产生活方式，孕育了民族特有的文化和社会结构，是民族的生命谱系之根，语言活力之源。这种地域空间同时也是民族的核心社会空间之所系。因此，语言权与民族特定的传统地域息息相关，语言权的赋予、享有和行使，只有在民族和族群的地域空间中，才能得到最大限度的实现。脱离民族传统地域和族群社会空间谈语言权，往往无法得到落实和保障。（三）非排他性。语言权是一项基本的人权，任何民族和族群的本族语言权不可侵犯和剥夺，但任何民族和族群同样享有学习和使用非本族语言的权利。民族语言权的赋予、享有和行使，并不具有排他性。任何民族的语言和文化要维持自身的活力并实现可持续发展，都需要从其他民族语言文化中吸取养分。排斥外族语，并不利于本族语的健康发展，最终不可能真正保障本族语言权。（四）非独立性。语言权是人权系统的有机组成部分，它的赋予、行使和保障往往与其他人权相伴而行。比如，语言权涉及语言的学习权、使用权和传播权和接受权，语言学习权是受教育权的组成部分，而语言使用权、传播权、接受权则涉及到政治权、话语权、言论自由权、文化权、生存权和发展权等等。语言权的赋予、享有、行使，与教育、行政、司法、政治生活、社会事务、商业和传媒等领域的权利紧密相依，如果民族在这些领域的权利无法得到保障，民族语言权也就成了空中楼阁。因此，要把语言权的实现与保障同其他人权的实现有机地结合起来。（五）约束性。作为民族和族群集体权的语言权尽管不具有强制性，但具有一定程度的约束性。主要体现在两个方面：一是在民族地域和社会空间，每个成员有学习、使用、传播和接受本族语言的责任和义务。民族语言权是民族意志的一种体现，任何认同自己民族和族群身份的人，都有参与构成和顺应民族意志的权利和义务。尽管这种义务无法以法律形式作出约束，但是民族和族群的观念和文化惯势会起到软性的约束作用。二是民族和族群语言权不可剥夺，在实现民族其他权利的同时也必须赋予和保障其语言权。如，在保障民族和族群受教育权中，如若实施通用语教育，就必须同时实施本族语教育。忽略了这种约束性，就无法在政策和立法层面保障民族和族群语言权。

　　在当代，濒危和消亡的语言几乎都是少数民族语言或少数地方土著族群语言。因此，少数民族集体语言权能否得到落实和保障，关系到传统文化的保护和弘扬，现代多元文化的建设，民族和谐与社会稳定，以及国家文化安全。我国宪法第4条第4款规定："各民族都有使用和发展自己语言文字的自由。"民族语言权是宪法赋予的权利，是不可限制和剥夺的一项基本人权。问题在于，在当代经济全球化、社会生活现代化大潮冲击中，要保护和弘扬原本就处于弱势的少数民族语言与文化，仅仅提倡尊重和维护民族语言权是远远不够的，还应当通过具有约束力的法规和政策，保证少数民族和族群的集体语言权在民族地域的社会各个领域得以真正地体现。在这方面，我们显然做得还不够。一是目前我国只有通用语言文字法，没有包括少数民族语言文字的国家语言文字法。尽管在一些法规中涉及民族语言，但缺乏明确的保障民族语言权条款，有些条款不具有约束性。例如《中华人民共和国民族区域自治法》第三十七条第三款："招收少数民族学生为主的学校（班级）和其他教育机构，有条件的应当采用少数民族文字的课本，并用少数民族语言讲课；根据情况从小学低年级或者高年级起开设汉语文课程，推广全国通用的普通话和规范汉字。"中华人民共和国教育法第12条："汉语言文字为学校及其他教育机构的基本教学语言文字。少数民族学生为主的学校及其他教育机构，可以使用本民族或者当地通用的语言文字进行教学。"语言在本土各级教育体系中的地位与作用的确立，对于少数民族语言生存与发展至关重要，也是民族语言权能否得到根本落实的重要保证。上述法规使用了"应当"、"可以"这类柔性词语，没有明确民族语言在民族区域教育体系中的主体地位，对地方政府和权力部门不构成约束力。二是在民族区域和空间，民族语言（及文字）在行政、司法、官方传媒中的主体地位也没有得到确立，有些地区的双语制并未实行，没有相应的政策支撑和扶持。比如，政府机关、司法机构、人民代表大会等行政语言，电视、广播等传媒语言，大多以通用语言为主导。这在一定程度上忽略和剥夺了民族成员的语言接受权。在民族地域和社会空间，集体语言使用权包括本族语的听、说、读、写，民族公民享有接受用自己最熟悉的本族语传达信息的权利。广播电视已经进入家庭，家庭是民族母语的核心领域，广播电视以非本族语为主导，显然挤占了接受本族母语熏陶的空间，抑制了本族语言的习得与发展，侵犯了作为民族集体语言权的语言发展权。三、在民族区域的经济和社会生活以及公共服务和文化服务中，缺乏对民族语言使用的倾斜政策，因而没有调动少数民族对本族语言的学习、使用和传播热情。四、帮助民族发展中，只注重经济的发展，没有把自然、社会和文化的保护与经济的发展有机结合起来，目前我国也缺乏针对少数民族对世居地生态权的的专门保护法规。

鉴于此，我们认为，要从保护语言多样性和文化多元性、维护民族和谐、促进国家文化安全的高度来思考少数民族和族群语言濒危与消亡问题。保护不仅仅是具体的保存和维护，而在于主动而有效地改善整个语言生态和文化生态，强化民族语言与文化遗产的内在生命，使其实现自身的可持续发展。我们希望，有强有力的政策和法规，保证这一目标的实现。

本文原载于《贵州民族研究》，2006年第26卷第2期。

如何正确认识世界诸语言的统计数字

黄长著

世界上到底有多少种语言？它们的状况如何？早在1929年，法兰西学院（Académie française）就曾经公布过一个"精确"到个位的统计数字，称世界上有2796种语言。这个数字对后来的研究者影响很大，不少报刊、书籍、广播、电视甚至百科全书都以此为据，反复引述。此间还公布了其他一些"精确"到个位的统计数字，从1000多种到3000种不等。这些数字通常都比今天人们公认的世界语言的数量要低得多。到了20世纪70年代，美国语言学家沃格林（Voegelin）兄弟在其影响很大的著作《世界诸语言的分类与索引》（*Classification and Index of the World's Languages*, 1977）中列出了4522种语言（包括已消亡的语言）。自20世纪80年代以来，由于信息获取技术及统计技术的较大改善，人们对世界诸语言数量的认识逐渐趋同，即大致在6000~7000种之间上下波动。如《国际语言学百科全书》（*International Encyclopedia of Linguistics*, 1992）收录了6300种活语言，而在《世界语言地图集》（*Atlas of the World's Languages*, 1994）的索引中则列举了6796种语言的名称。美国夏季语言学院（SIL）出版的另一部影响更大的著作，即第15版的《民族学家眼中的世界诸语言》（*Ethnologue: Languages of the World*, 2005）则列出了多达7299种语言。这可能是我们迄今所见到的有关世界语言统计的最大数字，但是其中包括已消亡的语言，甚至像符号语言这样的特殊语言形式也被计算在内，而且不可否认的是，其中还有许多可能只是方言。语言发展的历史事实和当代语言学理论的发展告诉我们，这些看似精确的统计数字其实都缺乏可信度，往往带有过多的个人或部门色彩，主观倾向太明显，因此只能作为参考。所谓"精确"的统计，其实是不可能真正做到精确的。造成这种情况的原因是多方面的，我们可以大致归纳为如下几点。

一、划分语言的标准不统一

判断什么是语言，什么是方言，需要依靠一定的标准，否则就很难对它们进行划分，而问题恰好出在目前世界上根本就没有得到学术界普遍认可的和统一的划分标准，这无疑给语言划分工作带来了极大的困难。一些人认为是语言的，另一些人却可能认为是方言。不同学者使用不同的划分标准，得出的结论难免千差万别。仅以南美印第安语为例，第15版《不列颠百科全书》在论及这些语言时，提到一种意见认为有约1500种，另一种意见则认为有约2000种，同时又不得不承认说，能从语言材料上得到证实的语言仅有500种左右[1]。仅这一个地区的统计差距就达数百种到上千种。我们再设想一下，类似的统计差别在巴布亚新几内亚、非洲、澳大利亚，在世界上几乎每一个国家或地区（包括中国）都存在。把世界上凡统计有出入的地区加在一起，其数量差异有多大，就可想而知了。

1. 根据语言变体的互通程度

这是使用最普遍的一个语言划分标准。一般来说，当语言变体发展到说话人双方不能互通的时候，人们通常就把它们看做是各自独立的语言。典型的例子是罗曼语族诸语言。古罗马时期，通行一种叫做"俗拉丁语"（Vulgar Latin）的拉丁语口语，起初该语言内部很统一。但到了公元500年左右，罗马帝国崩溃，拉丁语的各种地方方言之间接触越来越少，开始了各自独立的发展，以致差别越来越大，最终导致彼此基本不能互通。因此我们判断早先的拉丁语诸方言已演变成了罗曼语族的各种独立的近代语言：意大利语、法语、西班牙语、葡萄牙语、罗马尼亚语等。这是这条标准运用很恰当的一个例子。但是完全根据能否互通来判断是方言还是语言，有时也有一些界说不清的地方。从地理角度分析，语言和语言、语言和方言、方言和方言的分界，通常不可能跟地理疆界一样是泾渭分明的。根据语言接触（language contact）的规律，它们中间有一个过渡地带，其间的变化通常是渐变的，鲜有突变的情况，除非是受江河湖海和高山阻隔，居民甚少往来，突变的情况才有可能发生[2]。判断一种语言或方言从何处开始，到何处终了，即演化为另一种语言或方言，往往并非易事。在很多情况下，当一个地区的语言渐渐和相邻地区的语言混合在一起时，就很难确定交界地区使用的是同一种语言的两种方言，还是两种彼此独立的语言。比如使用于西班牙和葡萄牙之间（西班牙西北部）的加利西亚语（Galician），本是一种西、葡之间的过渡方言，在语言学上应视为更靠近葡语的一种方言，但是许多人却把它误认为是西班牙语方言，还有一些人误把它视为独立的语言。加之葡、西两种语言本来就很相近，类似的误解经常发生。有些人在难于对语

---

1 *The New Encyclopedia Britannica*, *Macropedia*, vol. 17, 15th edition, 1977, p. 105.
2 在巴布亚新几内亚的一些山高林密、交通不便且人口稀少的地区,这种情况是存在的,有时大山两边的语言都不同,不同居民点之间讲不同的语言。但这些例子是极罕见的个案。

言和方言进行划分时，往往简单化地采取按国界来划分语言或方言的方法，这是靠不住的。因为有时边界两侧的语言或方言之间的相似之处，也许比同一国家内两个相距较远的地区的语言或方言之间的相似之处还要多得多。

从上述例子可以看出，尽管这条语言划分标准应用最为广泛，还是可以发现不少例外情况。实际上，许多语言的方言之间也不能互通，但人们仍然不把这些方言看做是独立的语言。比如意大利语的有些方言之间的差别就大到不能互通的程度，特别是佛罗伦萨地区的方言跟巴勒莫地区的方言之间存在的差别，绝不亚于葡萄牙里斯本地区通行的葡萄牙语方言和西班牙马德里地区通行的西班牙语方言之间的差别。但多数语言学家并不把佛罗伦萨方言和巴勒莫方言看做是两种独立的语言，而认为它们不过是意大利语的两种不同方言；反过来，却把相比之下差别略小的里斯本方言和马德里方言分别看做是两种不同的语言——葡萄牙语和西班牙语。

另一个著名的例子是阿拉伯语。阿拉伯语诸方言之间差别很大，尤其是口语的差别更明显，如摩洛哥地区通行的阿拉伯语方言与巴勒斯坦地区通行的方言之间的差别，犹如西班牙语之于法语，足见其差别之大。这两个地区的居民之间的沟通，往往需要借助古典阿拉伯语来进行。这里起作用的，可能不仅仅是语言标准，民族认同感和政治因素的作用也不可忽视。同样的例子还有我们的母语——汉语。汉语的一些方言之间差别较大（如官话方言、闽方言、粤方言、客家方言、赣方言等），口语互通有困难，许多西方学者据此便把它们看做是一些独立的语言，如此常识性的错误，在西方学者的学术著作中并不鲜见，其根本原因就在于他们忽视了汉语各方言在书面语中的高度一致性。按他们的原则来统计，自然会有差距。

从这条标准的另一个侧面看，是否凡是能互通的就都是同一种语言的方言呢？也不尽然。我们可以考察一下北欧的例子：瑞典语、丹麦语和挪威语这三种语言由于历史的关系，具有较多的共同点，可以在较大程度上实现互通（特别是丹麦语和挪威语之间）。而且随着大众传媒的发展和欧洲一体化进程的加快，这三种语言之间趋同的趋势还有进一步发展的可能。但绝大多数语言学家并未因此而把它们看成是同一种语言的几种方言，而是看做三种独立的语言。

2. 根据使用某种语言的社团是否有独立的文化

根据这一标准，人们通常把荷兰本土的荷兰语和南非的荷兰语（正式名称叫Afrikaans，通常音译为"阿非利堪斯语"）看做是两种独立的语言。后者是17世纪荷兰语的变体，是最早的一批荷兰殖民者带到南非去的。由于这些殖民者和他们的后裔差不多是生活在一种完全不同的社会和文化环境中，他们的语言在几百年间发生了许多不同于荷兰本土的荷兰语的变化，但尽管如此，互通并无困难。之所以把它们视为两种独立的语言，主要是出于两方面的考虑：一是为了强调阿非利堪斯语作为一种独立文化及政治环境中的语言的地位，二是为了强调它有别于荷兰本土的荷兰语。

但是到处套用这一划分标准，也不见得都是万应灵丹。如荷兰本土的荷兰语和比利时的佛兰芒语，虽然分别在两个独立的政治实体和不同的文化环境中使用，却通常被学者们视为同一种语言，而且这种看法得到两国官方的认可，只不过使用不同名称罢了。随着荷兰与比利时北部佛兰芒语区在语言和文学方面的逐渐一体化，最终甚至连佛兰芒语这个名称都有被荷兰语的统称取代的可能。由此看来，根据是否有独立文化来判断是语言还是方言，也不一定靠得住。

3. 根据语言—社会标准和语言—民族标准

这是某些语言学家采用的一种划分语言的辅助性方法。但是，由于语言是一种非常复杂的社会现象，本身又处在不断变化的过程之中，所以不管采取什么标准，总会有例外情况出现。而且，不同语言学家在运用这些标准的时候，还会有不同的理解和偏向。到底算是一种语言还是几种语言，往往是由历史和长期形成的习惯决定的，有时并无一定之规，也没有太多道理好讲。如采用梵文天城体（Devanagari）文字的印地语和采用阿拉伯文字的乌尔都语，有时被视为两种语言，有时又被视为一种语言。有些不想惹麻烦的语言学家干脆把它们合称为"印地—乌尔都语"（Hindi-Urdu），多少反映出一种无奈的情绪。类似的例子还有捷克语和斯洛伐克语、马来语和印度尼西亚语等。像这类界限不十分清楚而又有争议的语言，还可以列出很多。产生这种情况的原因既多又复杂，试图单靠现有的语言标准去作出判断和解释，往往非常困难。

应该承认，近20~30年来，现代科学技术的发展极大地推动了语言识别和统计的工作，而互联网的出现及日益广泛的应用，简化了先前繁杂的人工劳动，使语言统计更加接近现实。但是，除了缺乏统一的语言划分标准外，仍然有其他许多方面的困难在制约着语言统计工作，它们几乎成了语言统计工作无法逾越的障碍。

二、人类有关世界诸语言的知识仍然很贫乏

人类对少数研究较深入的大语种的知识是系统、全面的，研究成果也不

少，但对某些小语种就可能所知甚少，而对人类从未进行过调查和描写的大量语言则可能一无所知。在许多情况下，人们可能连语言的名称是什么都搞不清楚。例如在有些偏远地区，语言社团对自己使用的语言命名比较随便，不同人可能用不同名称指称自己的语言，而不了解情况的外部世界又可能给予他们的语言一些新名称。这样，同一种语言就有好几个名称，不熟悉的人还以为是几种不同的语言；而另一些地方，又可能出现用同一个名称指称几种语言的情况。所有这些，都加剧了语言统计工作的不确定性，从而使语言工作者面临重重困难。

数以千计的南美印第安语、巴布亚新几内亚那些山高林密地带的数以百计的语言、印度尼西亚一些岛屿上的语言、澳大利亚内陆地区的原住民语言、中非热带雨林的大批语言，人类要么是所知甚少，要么是一无所知。例如，人类至今对美洲印第安语所知甚少。在美国早期的人类学家弗朗兹·博厄斯（Franz Boas）和他的学生爱德华·萨丕尔（Edward Sapir）的支持下，一批人类学家开展了卓有成效的抢救性工作，使北美的许多印第安语得以在消亡之前被记录和描写。我们今天有关美洲印第安语的某些知识，在很大程度上得益于他们那个时代对这些语言的抢救性研究和描写。如果他们不这样做，我们今天很可能再也得不到相关的语料了，因为其中许多语言后来逐渐消亡了。而对南美印第安语而言，特别是对亚马逊河流域那些尚未开发过的地区的语言而言，人类所知更少。语言学家对其中很大一部分从未进行过记录、整理和描写，甚至从未接触过。往往是外来的开发者或探险家来到这些地区后，发现了一批新语言，而且通常是在尚未分清语言、方言的情况下，匆匆给予一个命名，具有很大的随意性和盲目性。试想在这种情况不明的条件下，怎么能正确地统计这些地区的语言？而正是南美、巴布亚新几内亚和澳大利亚内陆地区等这些被当代语言学家视为语言学的未知领域的地方，不仅语言密度大，而且人类有关它们的知识也很有限。所有这些情况无疑都加大了语言统计的难度，当然同时也加大了语言统计结果的出入。

三、世界诸语言总是处在动态变化的过程中

由于种种原因，在过去的一个世纪中，已有数以千计的语言消亡了。据英国语言学家戴维·克里斯特尔（David Crystal）的《剑桥语言百科全书》（The Cambridge Encyclopedia of Language，1988）称，在19世纪，仅巴西一地的印第安语就有不下1000种，可是现在只剩下不到200种了。语言学家根据分析预

测，在21世纪，目前世界上仍在使用的约6000种语言中，大约有一半将不再使用。也就是说，每两周之内便会有一种语言消亡。另一方面，自20世纪90年代以来，由于人类的语言生态意识加强，联合国教科文组织和许多国家加强了有计划、有组织的语言拯救工作，加紧开展田野调查和记录、描写工作，陆续又新发现了许多语言。就以我们身边的情况为例，由于我国民族语言工作者的努力，自20世纪80年代以来，又至少新发现了几十种语言，把我国的语言总数由传统上所说的50多种提升到120种以上，而随着语言调查工作的进一步展开，这一最新的数字还有可能再度改写。

由于以上多方面的原因，今天人类根本就不可能对世界诸语言作出精确的统计，也不可能产生一致的统计数字。假设我们请100个语言学家来进行统计，可能会得出100个不同的结论，甚至可能有很大出入。谁能判断出他们中谁的统计更"精确"？况且，所谓的"精确"也没有什么实际意义。于是越来越多的语言学家认为，在目前情况下，人类对世界语言的数量只能作出近似的估计，而且应当允许在估计数字的上限与下限之间保持较大的伸缩余地。当前学术界比较流行的估计是6000~7000种或4000~8000种。自20世纪80年代以来，国外出版的与世界诸语言的数量有关的工具书和其他著作，大多采用这一数字。假如一定要给出一个没有上限和下限的数字的话，那么近年来比较普遍的说法是6000种左右。

根据以上分析，我们得出的结论是：在语言本身变化不定而又没有统一的语言划分标准的情况下，人类是不可能获得有关世界诸语言的准确数字的。我们所能做到的，仅仅是努力争取一个比较接近实际的略数。为了使世界诸语言的统计数字更加接近实际，一个非常重要的任务便是有计划、有步骤地对那些尚未识别和记录的语言进行基本的语言普查工作。普查的内容应该包括：语音、词汇和语法方面的基本情况、分布地区、使用人口、语言类型、谱系关系，以及方言划分等等。这项工作必须加紧进行，因为越是人类不熟知的语言，通常就越是那些使用人口少且境遇不佳的语言，它们的生存环境也更加不容乐观。从语言生态学的观点看，它们应该是人类保护的重点。这项工作做好了，世界诸语言的基本情况就调查清楚了，在此基础上所作出的世界诸语言的统计，才可能是最接近实际的，才会有更高的可信度。

本文原载于《国外社会科学》，2008年第1期。

汉语方言：一体化还是多样性？

北京语言大学 曹志耘

一、引言

关于汉语方言的现状和生存问题，濒危汉语方言问题，语言和方言多样性问题，已经引起学术界以及各级领导、社会大众越来越多的关注（曹志耘，2001、2005；钱乃荣，2005；李宇明，2005a、2005b）。但迄今为止尚未形成共识，更缺乏实际行动。因此，本文在笔者近几年的理论思考和实际调查的基础上，进一步探讨这个问题，以期引起更深入、更理性的讨论和更实际的行动。

曹志耘（1999）指出，20世纪汉语方言的发展变化，从历史的角度来看，具有剧烈性、加速度、由渐变到突变的特点；从地域的角度来看，具有多层向心、城市方言岛、城市渐变农村突变的特点。

进入21世纪以来，汉语方言的发展变化变得更加迅速和深刻。概括地看，目前及未来一段时期汉语方言的发展变化具有以下特点：

（1）整体势力进一步萎缩，逐渐让位于普通话。

（2）强势方言（包括强势的地区方言和地点方言，前者如粤语、吴语、闽语，后者如广州话、上海话、厦门话）在与普通话"并存分用"的模式下生存，二者将长期处于一种角力和竞争的关系之中，但从长远来看，强势方言的势力呈不断萎缩的趋势。

（3）弱势方言（包括弱势的地区方言和地点方言，前者如广西平话、粤北土话、湘南土话、湘西乡话，后者如各地的方言岛、"贱民"方言、澳门土生粤语）迅速萎缩和衰亡，被当地强势方言覆盖，方言版图将被大面积整合成为若干种强势方言。

（4）各地方言的自创性演变（自我演变）逐渐停止下来，而改为以普通话或强势方言为方向的演变。在此过程中，各地方言将发展为"带普通话特色的方言"或"带强势方言特色的方言"。这跟"带方言特色的普通话"（俗称

"地方普通话")不同,后者是在推广普通话过程中产生的语言现象。

二、语言一体化

2.1 为什么会出现上述现象

首先,任何时代的语言都不会静止不变,跟语言一样,方言也是一种社会现象,它必然随着社会的发展而变化。其次,进入20世纪以后,中国乃至整个世界的政治、经济、科技、教育等方面都发生了翻天覆地的变化。语言作为人类须臾不可或缺的交际工具,作为人类文化的重要组成部分,不可避免地、深切地经受了社会政治背景变化对它所造成的各种各样的冲击。最近几十年来,随着全球经济一体化、中国社会的改革开放和现代化,汉语方言萎缩、衰亡的步伐大大地加快了。

2.2 一体化是大势所趋

全球化肇始于经济的一体化,但它不仅仅是经济的一体化,或者说它的影响不会仅仅局限于经济领域。迄今为止,全球化主要表现在经济方面,但同时也已经涉及到了政治、文化、教育、信息等方面。随着全球化的不断发展,它对人类生活各方面的影响将会越来越深刻。全球化已经成为不可逆转的历史发展趋势。全球化在一个国家的翻版是全国化。在政治、经济等因素的共同作用下,中国目前正在经历着一场前所未有的全国化变革。全国各地区、各民族在投资、贸易、上学、工作、婚姻方面,在饮食、服饰、建筑、风俗、艺术以及语言方面,无不正在迅速走向一体化。

语言一体化是指不同语言或不同方言或者不同次方言的趋同、合一现象。我国语言一体化的主要表现有普通话国语化(把普通话独尊为全民共同语,现称作"国家通用语言")、普通话普及化(在全国各地推广普及普通话),在汉语方言方面,则表现为上节所述的一些特点。从20世纪初开始,中国自觉地进入了语言一体化的进程:

1911年,清政府通过《统一国语办法案》,开展审定国语标准等工作。
1913年,北洋政府的读音统一会议定了汉字的国定读音(即"老国音")。
1919年,又成立国语统一筹备会,出版了《国音字典》。
1923年,国语统一筹备会决定以北京语音作为国音的标准(即"新国音")。

这个时期的制定标准并推广共同语的工作被称作"国语统一运动"。1949年新中国成立以后，推广共同语上升为一项重要的国策，由政府组织进行大力推行。

1955年，召开了全国文字改革会议和现代汉语规范问题学术会议，确定了普通话的标准。

1956年，国务院专门发布《关于推广普通话的指示》，同时还成立了中央和各地的推广普通话工作委员会。

1982年，第五届全国人民代表大会第五次会议通过的《中华人民共和国宪法》写进了"国家推广全国通用的普通话"的条文。

2000年，第九届全国人民代表大会常务委员会第十八次会议通过《中华人民共和国国家通用语言文字法》，进一步明确"国家推广普通话"的政策和措施。

……

在古代，南方方言使用者被称为"南蛮鴃舌之人"（《孟子·滕文公上》）。今天，南方方言有时依然被讥为"鸟语"。长期以来，在许多人的心目中，方言及其使用者是低人一等的，甚至被视为愚昧和野蛮的象征。在今天全国化、全球化的浪潮中，方言更是成为接触和掌握新知识、与外界交往、融入主流社会的障碍，方言的致命缺陷首次在实用的层面上彻底地暴露出来。在这种形势下，千百年来生生不息的汉语方言尤其是那些处于弱势地位的方言被迫无奈地迅速走上剧变、萎缩和衰亡之路。汉语的一体化是大势所趋。

2.3 一体化的挑战

全球化给人类社会带来了巨大的进步，但也伴生出各种各样的弊端。在全球化风暴席卷全球的同时，反全球化的声浪也此起彼伏，一浪高过一浪。当今世界，已经形成了两种完全针锋相对的意识形态：世界主义和原教旨主义。后者表现为各种宗教、土著、本土、种族及民族主义运动，他们竭力主张保持自己固有的生活方式。

一体化必然要损害多样性，一体化必然要损害弱势群体的利益，在语言上亦莫能外。对语言和方言多样性的损害，对弱势群体语言权益和利益的损害，是伴随语言一体化而出现的两大严峻的挑战。我们必须清醒地意识到，在语言一体化的进程中，方言主义（指方言上的"原教旨主义"）不可避免地会成为一股反对力量，极端的方言主义甚至会引发政治问题和社会动荡。在当今的中国,方言主义尚未对语言一体化乃至经济、政治、文化的全国化构成足够的阻碍或威胁。但方言主义是一种"活力",它会随着政治气候、经济文化发展水平等因素的变化而起伏变化。如何妥善处理语言一体化和方言主义之间的关系,是摆在我们面前的一个无法回避的问题。

三、语言多样性

解决之道何在?笔者认为就是语言多样性思想。

3.1 多样性思想

2001年11月,联合国教科文组织通过《世界文化多样性宣言》,第1条指出:

> 文化在不同的时代和不同的地方具有各种不同的表现形式。这种多样性的具体表现是构成人类的各群体和各社会的特性所具有的独特性和多样化。文化多样性是交流、革新和创作的源泉,对人类来讲就像生物多样性对维持生物平衡那样必不可少。从这个意义上讲,文化多样性是人类的共同遗产,应当从当代人和子孙后代的利益考虑予以承认和肯定。

第6条又进一步指出:"语言多元化……是文化多样性的可靠保证。"

2003年10月,联合国教科文组织通过《保护非物质文化遗产公约》。2005年10月,联合国教科文组织通过《保护文化内容和艺术表现形式多样性国际公约》。《中华人民共和国非物质文化遗产保护法》现已被国家列入文化立法十年规划重点项目。在当今世界,文化多样性的思想得到越来越广泛的认同。语言是文化的重要组成部分和重要载体,文化多样性自然包括语言多样性。

1997年12月23日,全国人大副委员长许嘉璐在全国语言文字工作会议上的报告中首次提到了语言"多样化"问题:

> 要尊重语言文字自身发展规律,因势利导,积极做促进工作。语言文字的发展变化和相对稳定是其内在特性,开展规范化、标准化工作是语言文字健康发展的必然要求。既不能放任自流,无所作为;也不能简单化、"一刀切",搞纯而又纯。尊重语言文字自身发展规律,还要求我们正确处理好语言文字主体化和多样化之间的关系。比如,推广普通话,促使公民普遍具备普通话应用能力,并在必要的场合自觉使用普通话,这是坚持主体化原则;推普不是要消灭方言,方言在不少场合具有其自身的使用价值,这是贯彻多样化原则。(许嘉璐1998:6)

2004年7月26日，教育部语言文字应用管理司司长杨光在2004年国际世界语大会上的发言《人类文明的目标与状态：语言文化的平等与多样化》则首次全面阐述了我国政府关于语言文化的平等与多样化问题的观点。杨光呼吁"经济的全球化与文化的多样化应当得到统一和协调发展"，"在经济全球化的条件下推动语言文化的平等和多样化"，承诺中国"在人类文化和语言多样性保护方面，负有重要责任"。在谈到方言问题时，杨光指出：

不少方言彼此间不能互通，存在着严重的语言隔阂和语言障碍，这种状况对发展经济，建设现代化是不利的，需要大力推行、积极普及国家通用语言——普通话。但是，方言是各具特色的地域文化的基础，比如中国数百种地方戏曲和说唱艺术形式都是以当地方言为依托的。方言本身也是一种文化，甚至是一种情结，具有相当的使用价值和文化价值。因此，普及普通话，不是要消灭方言，而是要使公民在说方言的同时，学会使用国家通用语言，从而在语言的社会应用中实现语言的主体性与多样性的和谐统一。

目前，推普工作虽然取得了很大进展，但是在重方言地区、特别是偏远农村地区和一些少数民族地区，普及普通话仍然任重道远。我们将在保护、发展各少数民族语言，处理好汉语方言问题的前提下，采取切实有效的措施，争取在10-20年的时间内，基本普及普通话，使普通话成为名副其实的国家通用语言。

2005年7月22日，许嘉璐副委员长在首届世界汉语大会闭幕式上讲话时又指出：

人类的历史经验早已经证明，世界只有语言多样，文化多元，不同语言和文化间的交流畅通，才谈得上世界的稳定与和平。[1]

2005年11月，教育部语言文字信息管理司司长李宇明在接受《语言文字周报》采访时，对语言方言的多样性、濒危及保护等问题作了更为透彻和精辟的阐述。他指出：

一种语言的消失，就将意味着人类一种文化的失落。人类的文化发展需要多样性，需要不同的文化基因。因为文化基因是保存在语言里的，如果语言丧失了，人类文化基因库就必将丧失很多基因。过多文化基因的丧失，对人类将是一场灾难。

---

[1] 转引自中国语言文字网2005年7月25日发布的《首届世界汉语大会闭幕，中国将推动对外汉语教学》。

建立和谐的语言生活，首先要对语言多样性有充分的认识。要尊重各民族的语言，要尊重各种方言，包括尊重繁体字等历史上的文字，因为这些都是中华民族的宝贵财富。

2005年12月12日，李宇明司长在第四届中国社会语言学国际学术研讨会上作了《保护语言的多样性》的报告，分别从"语言资源观"、"人类语言面临灾难"和"保护语言多样性的对策"三个方面阐述了我国语言的现状以及应采取的语言观和对策。

由此可见，语言多样性思想已经成为我国政府在语言工作方面的基本思想之一。方言的使用价值、文化价值甚至在建设和谐社会方面的作用得到了官方肯定，方言和普通话的关系有了更科学更明确的表述，在某些情况下，汉语方言上升到与少数民族语言相提并论的高度。这些都是我国语言政策的具有历史意义的重大变化。

3.2 多样性思想与方言的地位和作用

多样性思想的提出，固然是为了牵制一体化。但从根本上看，多样性是一种自然生态，也是一种最适合人类生存和发展的状态。对人类和自然界来说，多样性是不容削弱和改变的发展方向。

我国语言（或者说语言文化）的多样性无疑需要汉语以及各少数民族语言、普通话以及各汉语方言的共同参与，和谐发展。就方言来说，汉语方言历史悠久，丰富多彩，是中国地域文化的重要载体，是构成中国语言文化多样性的不可缺少的重要因素。因此，要维护我国语言文化的多样性，就必须正确地对待方言，合理地利用方言，健康地发展方言。

不过，在另一方面，我们也必须看到，在语言一体化的大趋势下，方言主义的生存空间是有限的。如果不顾全国化、全球化的历史潮流，以强烈的地方主义思想和情绪，盲目鼓吹方言主义，甚至与语言一体化相抵抗，是注定要失败的。

一体化还是多样性？这是一个令人困扰的问题。极端的语言一体化违背了语言文化多样性的原则，是不可取的。而盲目的方言主义逆历史潮流而动，也是没有出路的。因此，笔者认为，答案既不是简单的一体化，也不是简单的多样性。一体化与多样性固然有其天然对立的一面，但从整个人类社会的历史进程来看，一体化和多样性之间仍然存在相互补充、和谐共处的可能性，更存在必要性。一体化应该是包含多样性的一体化，多样性应该是一体化进程中的多样性。就语言来说，语言的一体化是包含语言多样性的一体化，语言的多样性是语言一体化进程中的多样性。一体化和多样性之间的这种关系，可以概括为中国哲学中的"和而不同"。

笔者的结论是，在一体化已经成为历史潮流，在多样性思想已经成为人类共识的情况下，方言应该在接受语言一体化的前提下，在语言多样性的框架中找到自己的位置，并发挥积极的作用。

3.3 行动计划

"如何进行民族语言和方言的保护，并没有现成的道路可走。对此我们必须重视，必须进行研究，而不能像西方一些国家那样，在工业化进程中导致很多语言与方言的消失，给人类留下了不可弥补的过失"。汉语方言如何"在接受语言一体化的前提下，在语言多样性的框架中找到自己的位置，并发挥积极的作用"呢？这是一个复杂的理论问题，但更是一个迫切的实践问题。在这个问题面前，有关政府部门、非政府组织、学术界、大众传媒都应该在科学发展观和建设和谐社会的理论指导下，团结合作，积极行动，以无愧于历史。以下是笔者认为迫切需要付诸行动的工作。

（1）明确语言政策。李宇明指出："现在应该继续通过有意识地调整语言政策，使我们的语言生活更和谐，从而促进各民族各地区的人民更好地和睦相处。"跟其他政策法规一样，语言政策也应该是与时俱进的。近几年来，有关领导人已经提出了不少积极正确的观念和构想，为了更好地落实这些观念和构想，有必要在有关的政策法规中进一步加以明确。例如，在有关的法律文件中写入维护语言多样性的内容，在提倡语言一体化的同时，明确地提倡语言多样性，使一体化和多样性成为我国语言政策中同等重要的两个方面。

（2）建立相应机构。例如方言多样性研究机构、濒危方言基金会、方言博物馆等，目前我国在这方面仍是一片空白，远远落后于一些西方国家。

（3）开展学术研究。包括对方言多样性、弱势及濒危方言的理论研究，对众多传统方言、弱势方言、濒危方言的抢记和保存（仿照对文物的"抢救性发掘"的说法，可以叫做"抢救性调查"，但不是"保护"，更不是"保卫"），就汉语方言的现状来说，后者更是当务之急。目前正在进行的"中国濒危语言方言调查与新编《中国语言地图集》"（张振兴主持）、"汉语方言地图集"（曹志耘主持）等研究项目就是我们的具体行动。

李宇明指出"从现在人类社会的发展来看，语言消失、濒危、衰落是无法阻挡的，但我们并不甘于坐视这些人类宝贵财富的消失，要尽可能维护世界语言的多样性。对那些已经无法延续其生命的语言，要抓紧时间调查、记录，做好保存的工作；对那些还能够生存下来的语言，我们要尽量让新一代人去学习，进行语言抢救与保护工作"。笔者认为，汉语方言的抢记和保存（抢救性调查）工作是一项极为庞大的系统工程，应当由政府部门统一筹划，组织实施。

（4）加强舆论宣传。通过各种方式向社会和广大群众宣传语言一体化和多样性的关系，宣传语言多样性的政策和思想，使之深入人心，如能做到这一点，必将为汉语方言的健康生存和发展带来巨大的动力。

本文原载于《语言教学与研究》，2006年第1期。

语言社会化及身份研究

第四部分　教育语言学实践问题研究

第六章
语言身份

按语 (李晓媛)

从语言学习的社会心理或社会文化角度,来考察二语(外语)学习中的"语言身份"和"认同"是近些年的事。这类研究往往将语言学习、使用与整体的"人"联系起来。

"中国的语言与认同研究"根据主题、概念定义和取向等将以认同为主题的社会语言学研究分为四类并进行了系统和全面的评述,展现了不同视角下语言身份研究的认识和分歧。"身份理论和应用语言学研究"综述了身份理论对应用语言学的新发展的影响。"英语学习与自我认同变化——对大学本科生的定量考察"是一个定量研究,考察了大学本科生在学习英语之后自我认同的变化。对于"外语情境"语言学习者认同变化的考察,曲卫国(2005)提出了理论挑战,高一虹(2008)则在文章中对此进行了回应。

总体来看,这一领域的理论框架和研究方法比较多元,但研究对象群体还相对比较单一,对一些重要问题并未达成一致看法。

中国的语言与认同研究

北京大学 高一虹

中国许多有关语言状态、语言态度、语言接触和语言转用的研究，往往蕴含着语言是群体认同的标志这一基本观点，但以"语言认同"或"语言与认同"作为明确主题来研究还是近十几年的事。纵观以认同为主题的社会语言学研究，可以粗略地概括为以下几大类。

第一类研究是从民族识别、语言状态、语言政策和规划角度，宏观论述语言与群体身份的关系、认定标准以及采取的措施。例如，周庆生（2002）概述建国后的民族识别工作，将中国语言与民族的对应关系分为"一族一语"、"一族多语"和"多族一语"三种情况，突出语言在民族身份识别中的作用。黄行（2002）指出作为民族识别的标准，语言认同感与语言结构特征可能不吻合。在我国，语言认同感、民族身份比语言结构更为重要，如果是同一民族，结构差异不是很大，可以认为是同一种语言，在确定一个民族使用不同语言时相当慎重。相比之下，国外学术界往往更注重语言结构特点。从保护汉语方言，提倡多种语言变体的角度出发，游汝杰（2006）指出语言忠诚和"民系认同"是汉语方言长期保持独立的重要原因之一，预测普通话与汉语方言将长期共存，和谐发展。曹志耘（2005）强调地区文化和族群的认同感需要通过语言来实现，面对中国当今少数民族语言和方言濒危加速的现实，需区分"语言保护"和"语言保存"，二者并行。周振鹤（2009）从历史角度回溯分析中国的方言认同、民族语言认同和共通语认同，提倡三者并存。这类研究中的身份或认同观是"结构"的，即稳定的群体归属。

第二类研究是对于群体语言或方言使用情况、语言态度的田野调查。这些研究在不同层面涉及"语言认同"主题，将语言接触、语言演变、语言转用等族群认同结合起来考察。例如，（万明钢，王亚鹏，李继利，2002）对藏族大学生民族与文化认同的调查、（王莉，崔凤霞2009）对新疆维吾尔族汉语言认同的调查、王远新（2010）对青海同仁土族语言认同和民族认同的考察、（徐杰舜，徐桂兰，韦树关、2002）陈小燕（2010）对广西贺州族群语言认同的调查、马伟华（2010）对青海卡力岗回族语言认同的调查、莫红霞（2010）对杭州市农民工语言认同的调查，以及戴庆厦（2008）等对阿昌族语言转用和汉文化认同的考察、刘玉屏（2010）对浙江义乌农民工语言"再社会化"的调查、郭熙（2008）对新加坡华人社会母语维持的考察等。有些研究将"语言认同"直接等同于人们掌握哪些语言。（徐杰舜，徐桂兰，韦树关，2002；陈小燕，2010）这些描述性研究未必有明确的理论框架和文献综述，但基本前设是假定语言使用、语言态度是群体认同的重要标志，大多有保护与保存语言的宗旨。就研究方法而言，调查问卷是最常用的研究工具，频次和百分比是最常用的统计方法，也有一些采用语音记录和访谈。这些研究提供了相关群体语言认同的大量信息，其中有些研究分析了被调查群体态度与行为的不一致（万明钢，王亚鹏，李继利，2002）或语言和民族认同选择的"工具性"，（杨荣华，2010）揭示出认同的复杂性。就理论视角而言，这些研究大多直接或间接采纳了结构主义的语言观，将语言与固定的群体认同对应起来。

第三类研究是言语共同体、语言变异理论指导下的语言认同论述和调查。徐大明等（1997）强调语言认同、基本一致的语言态度是言语社团的构成要素之一。（徐大明，王晓梅，2009）借鉴卡特鲁的世界英语分区，以及新加坡学者吴英成（2008）对全球华语的"内圈"（以华语为母语的中国大陆和台湾）、"中圈"（以华语作为共通语的海外华人移民地区）、"外圈"（以华语作为外语的非华人地区）的地区划分，将"全球华语社区"分为"核心"、"次核心"、"外圈"的三层同心圆，其分层以语言认同（即语言态度）为主要标准，与地理位置关系不大，与语言使用也无必然联系（图1）。

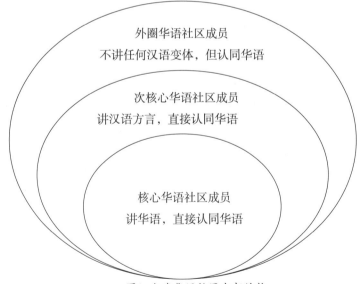

图1 全球华语社区内部结构
（来源：徐大明、王小梅 2009：135）

在这一有关言语共同体的基本思路指导下出现了一批调查报告（如王玲，2009，2010的研究报告），从地域、阶层、年龄、性别等角度考察语言变异。这类研究的范围除人际变异外，也包括个体变异。研究方法以问卷为主，也有访谈；徐大明团队（2005）还采用了他们探索出的"问路法"。这类研究方法在理论视角上有明显的拉波夫范式影响，即语言与群体一一对应的、"结构"的语言认同感，特别强调语言态度对语言使用的影响。有部分调查明确采用了较为建构的概念定义。例如，杨荣华（2010）引用约瑟夫（John E. Joseph, 2004）的观点，认为语言不仅反映而且建构认同；讲话人在交际过程中不断重构身份。她还明确提出"语言/方言认同"的三要素：语言使用、语言意识、语言态度，并以此为框架报告四川辰州话方言岛居民的语言认同情况。（张东波，李柳，2010）采用贾尔斯的群际模式理论和方差分析的统计手段，考察美国华人社团语言维护与变迁。郑素娟（2007）对夫妻间语言认同的调查，显示语言使用者在互动中主动选择说话方式，以实现某种自我认同。这些研究带有一些建构色彩。

第四类研究是从语言学习的社会心理或社会文化角度来考察二语习得/外语学习和认同。这类研究往往用"语言学习与认同"、"语言学习自我概念"等将语言学习。使用与整体的"人"联系起来。王初明（2004）从心理学自我概念的角度探讨英语语音对英语学习的影响，在实证基础上提出"外语语音学习假设"，指出语音掌握的好坏影响学习者对自己整个外语学习能力的评价，并进而影响外语学习成绩。许宏晨（2010）指出社会心理学家多尼叶"二语动机自我系统"中的概念不一致，他在结构方程模型定量研究基础上，提出一个包括英语学习"可能自我"、"当前自我"和"过去自我"在内的修正性理论模式。高一虹（2001）在对"最佳外语学习者"访谈的基础上，借鉴人本心理学家弗洛姆（Erich Fromm）的"生产性取向"理论，提出有别于削减性、附加性双语现象的"生产性双语现象"或双语者认同变化，即母语和目的语认同积极互动，在认知、情感和审美层面产生"1+1>2"的增值效果（见表8.2）。这一结果有别于郭风岚、松原恭子对日本在华留学生汉语习得的考察结论：即便第二语言达到相当高的程度，学习者也无法消除对其文化的适应距离。高一虹（2004）及其团队后来的相关研究以量与质的相结合的方式扩大到普通大学生群体，在他们身上也发现了某种程度的生产性取向，但同时发现削减性变化在英语学习过程中有较大增长。陈新仁（2008）等有关外语教育与民族认同的问卷调查有类似发现，即当代大学生的母语文化认同高于外语文化认同，但外语学习对母语文化认同有一定冲击。（鄢秀，郑培凯，2009）等以量的方式为主考察了回归后香港学生的文化认同和语言焦虑，发现中国文化知识、中国文化认同、普通话学习焦虑和自陈普通话水平之间有显著相关关系。

表8.2 双语者的削减性、附加性、生产性认同变化

削减性	附加性	生产性
"1-1=1"	1+1=1/2+1=2	1+1>2
母语及文化认同被目的语及文化认同替代	母语、目的语及文化认同分用于不同交际情境	母语及目的语水平相得益彰；母语文化与目的语文化的鉴赏相互促进；认知、情感和审美能力整体提高

（根据Gao Yihong 2001 改制）

语言学习/使用者的话语也作为认同研究的切入点受到关注，建构的认同观在这类研究中较有施展空间。李战子等（2007）通过对外语学习者的自传文本进行话语分析，从细部考察认同变化的心路历程。（欧阳护华，唐适宜，2006）考察了英语议论文写作中的作者身份。谷明樾（2009）对大学生英语学习与认同构建为时两年的跟踪研究也是从话语的角度切入的，但材料不限于书面文本，包括访谈和日记、网络聊天和电邮等多种形式，该研究采用建构性较强的批评话语分析和想象共同体概念作为框架。近来研究范围还从普通学生群体扩展开去，如李玉霞（2007）对"差生"的研究、刘熠（2010）对英语教师身份的隐喻研究等。吴东英（2008）主编的《全球化时代的大中华话语》囊括了一批大中华地区"全球本土化"的话语和认同的研究，话语类型涉及平面媒体新闻、电视节目、网络广告等。对于"外语情境"语言学习者认同变化的考察，曲卫国（2005）提出理论挑战，认为跨文化的自我认同改变必须建立在相对明晰的不同文化的自我认同的研究上；外语情境的文化输入有限，学习者的认同变化难以归因于语言学习。对此高一虹（2008）回应指出，挑战是站在结构论的角度提出的，但相关研究带有较强的建构论取向。总体来看，这一领域的理论框架和研究方法比较多元，建构主义的理论得到应用，但研究对象群体还相对比较单一，对一些重要问题并未达成一致看法。

以上几类研究由于其宗旨和背景不同，其特征也有区别，表8.3尝试概括上述讨论。

表8.3 我国语言认同研究的类别与特征概括

	1.语言与群体身份关系的宏观论述	2.语言或方言使用的田野调查	3.言语共同体理论指导下的语言认同研究	4.二语学习与认同研究
研究宗旨	（民族）群体身份识别；语言政策	语言保护与保存	建立言语共同体模型；描述言语共同体状况	描写和概括（中国）二语学习者的语言认同发展
认同定义	既定群体成员	既定群体成员	（交际中的）言语共同体成员	在选择的群体中获得身份
研究重心	语言使用（语言活力）	语言使用	语言态度	语言态度
概念取向	结构	结构	结构+构件	建构
研究路径	理论	描写	理论+描述	描写+理论
研究方法	阐述、论证	语音描写、问卷、访谈	问卷、访谈、"问路"	问卷、访谈、华语分析

本文原载于《新编社会语言学概论》，2013年，北京大学出版社。

身份理论和应用语言学研究

南京国际关系学院 李战子

1. 引言——莎丽哈的故事

Bonny Norto[1]在她的著作《身份和语言习得》（2000）开头，就语言习得的事实和幻象引用了一篇加拿大多元文化小说中的一个片断：

> 莎丽哈接了信封，她说，"多谢，利弗斯太太。"她出了门，把装着她工作服的塑料包从右手换到左手，把右手伸向利弗斯太太，说，"多谢，利弗斯太太"并微笑了一下。这是她那天早上醒来后说的第一句话。
>
> 在电梯往下开的时候，她是一个人。她检查了信封的内容，满意地笑了。……（本文作者所作的省略）她唯一的遗憾是没有用更长的句子回答利弗斯太太。但她耸耸肩打发了这种遗憾，接受了现实。她想：我们来这儿是要和他们说话说得一样的，但要过很长时间他们才会让我们练习。

莎丽哈是一个虚构的人物，但她的故事对许多语言习得者来说都有真实性。她急切地要学习她的新社区魁北克的语言，也明白她在学院的正式语境学习语言后还需要进行实践。但是，虽然她"沉浸"在讲法语的社区中，却很少有机会练习说法语，这是她工作的性质以及她工作场所中的权力关系所决定的。Norton以莎丽哈的故事为引子，讨论了身份和语言习得的关系、以及个体的语言习得者和更大的社会环境的关系。我们将在第二节详述她的观点。

在二语习得理论中，个体差异是一个很大的关注点，研究者会认为莎丽哈本人对她的语言习得的进步负责，所谓的"好的语言习得者"就是寻找机会学语言的人，具有很强的动机，关注细节，能容忍歧义，并且焦虑感低。如果莎丽哈在二语习得中进步慢，她就会被认为没有动力，或者太不灵活。相反，在关注群体差异的二语习得理论中，她又会被认为没有多少主动性；社会距离和同化的程度会决定她学习语言的水平，而教学会被认为只起到很微小的作用。也就是说，在很多二语习得理论中，莎丽哈或者被看作具有各种特征的个体，独立于她和社会的关系，或者被看作具有一个群体身份，这个身份为她个人的

---

1 注释：Bonny Norton 曾用 Bonny Norton Pierce 发表研究成果，为避免误导，本文中对她一概用 Bonny Norton 称呼，以下简称Norton。

行动几乎没有留出空间。（Norton，2000：4）可以说，这些相互矛盾的理论不能很好地解释她的语言习得过程。

总结起来，在二语习得研究领域，理论家们没有能充分解释为什么像莎丽哈这样的学习者有时有动机、外向、自信，有时没有动机、内向、焦虑；为什么在一个地方学习者和目标语言社群之间有社会距离，而在另一个地方社会距离变得最小；为什么学习者有时说话，而有时沉默。研究二语习得经典动机理论的代表人物Gardner等也对"个性变量"和语言习得成就之间的关系提出怀疑（Gardner & MacIntyre，1993）。

语言习得和教学正在重新成为一个充满了意识形态之争的领域，从研究者的视角来看，其中的一些关键词有话语、权力、身份等等；对学习者来说，人们仍在为学习一门外语经历种种挫折，费尽力气。作为连接理论和实践的应用语言学也就再次被推到前台。

作为英语学习和教学的大国，我国的应用语言学研究取得了很大的成就，大量的学术论文和著作就是明证。在这之中，量化的研究占了较大比例，但也不乏高质量的质化研究。本文要阐述的是在我们的研究中还较少涉及的应用语言学研究的一些新概念，其中最关键的是对身份构建的认识和研究。

2. 二语习得研究中对身份概念的重新审视

2.1 身份的建构论

与我们的研究相关的身份理论可以粗略地分为拥有论和建构论。所谓拥有论简单地说就是认为身份犹如果核，是内在的，也是固定的、连贯的。在传统上，研究语言习得的目的被看作是发掘个性、学习风格和动机等，因而二语习得理论中的很多定义都把个体看作具有独特的、固定的和连贯的内核（内向的/外向的；有动机的/无动机的等），个体被看作是对学习过程负首要责任的人。

林林总总的社会思潮如后现代（社会建构主义）、女性主义和后殖民理论都提出了自己对身份的见解，一些有影响的思想家的名字如巴赫金、布罗迪厄、福柯、考夫曼、萨义德被广为引用。他们挑战传统的观点，指出身份并不是人们有生以来就拥有的某种东西，或者是后来获得的某种东西，身份是建构的，并且是在互动中共同建构的；个体或者说主体被看作是多样的、矛盾的、动态的和在历史的时间和社会的空间中变化的。

其实身份的建构性正在成为共识，并且人们逐渐认识到，身份是通过语言来施为的;人们将他们的语言的施为、语言技能和他们的社会身份联系起来;身份总是处在变动之中。很多研究都是从跨学科的视角讨论身份这一概念,考察人们如何通过语言的使用、选择和学习来建构、挑战、坚持并协商民族的、种族的、文化的、社会的、语言的、性别的身份。与"语言和身份"最为相关的语言学方法有批评性话语分析、交际人类学、互动性社会语言学等。

Pavlenko(2004: 19)对身份给出了更全面的定义:"身份是特定的时间和空间给一个特定的社会集团提供的社会的、话语的和叙事方面的选项,个体和群体诉诸于它,以自我命名、自我定性,并以此争取社会空间和社会特权。"我们可以看到,这里"话语的"和"叙事的"都强调身份是通过语言来实现的。他还进一步区分了三种身份,即强加的(在特定的时间和空间里不可协商的)、假定的(被接受但未与之协商的)、可协商的(可能受到群体或个体的异议)。

在Norton的著作中,她用身份这一概念指一个人如何理解他与世界的关系、那种关系是如何在时间和空间中建构的、以及这个人是如何理解未来所具有的各种可能性(Norton, 2000: 5)。我们通过语言来获得、或被拒绝在社会网络中说话的机会,因此,语言不再被看作是中性的交际媒介,而是被理解为具有社会意义。她因此提出:第二语言的学习不仅仅是一个通过刻苦和专注的学习获得语言技能的过程,而且还是一个复杂的社会实践,在各个方面牵涉到语言习得者的身份。(Norton, 2000: 132)

Norton还通过自己的个案研究提出:语言教师需要理解学习者对于联系的机会是如何做出反应的,他们在多大程度上创造和说目标语的人互动的机会,又在多大程度上抵制这种机会。换言之,教师需要理解学习者对目标语的投资、以及他们变化的身份(Norton, 2000: 137)。

身份不仅是现存的、而且还是在形成过程中的。Norton借用"想象的群体"这一说法,指通过超越自己的时间和空间,创造关于世界和自我的新的意象。想象的群体扩展了可能的自我的范围,如Norton(2001: 166)指出,"一个学习者的想象的群体唤起他一个想象的身份,而学习者对目标语的投资必须在这个语境中去理解。"同时,想象的身份能重塑一个特定的学习者的学习经历。同样,如Pavlenko指出,非本族语人的ESL教师是把自己看作TESOL群体的边缘成员,还是看作一个更大的想象的群体中的合法的、多能的成员,这很可能会影响到他们在课堂里的教学行为。

对研究者来说,这个概念提供了一个理论框架,使他们能探索身份建构中的创造性、希望和欲望。或者说,"我们的身份不仅应在我们对'真实的'世界的投资中来理解,还应在我们对'可能的'世界的投资中来理解。这些对想

象的群体的投资为社会和教育变革提供了诱人的机会。"（Kanno & Norton，2003：248）

以Pennycook为代表的批评性应用语言学（critical applied linguistics）研究者认识到，在语言教育中试图理解文化差异的方式已经使西方和东方文化对立起来，并划出拘谨的文化边界，出现了一些诸如"个人主义"、"自我表达"、"批判性和分析性思维"、"扩展知识"等标签，它们被贴在西方文化身上，而另一些标签，如"集体主义"、"和谐"、"间接"、"死记硬背"、"保存知识"等则被贴在亚洲文化身上。具体到外语教学中，二语习得理论对他者的建构忽略了一种可能性，即学生有多重的身份，并从多重文化资源中汲取养料。因此这种平板的、决定性的文化观是肤浅的。身份和差异是多重的、多样的并且相互联系的（Pennycook，2001：146）。如果我们接受身份的建构论，即身份是非固定的，多元的，那么在二语教学中也应是如此。

2.2 从社会心理学的个性研究到社会文化语境中的身份建构

在二语习得研究中，语境不是一个陌生的词，但通常的看法是：虽然课堂等学习场所可以看作社会情境，真正要做的研究工作还是考察学生是如何学习语言的，即其中所牵涉的认知过程，当然，还有性格、动机等。这种在心理和社会之间的二分使我们无法清楚地认识社会、文化和政治关系是如何与身份密切相关的（Pennycook，1998：143）。

二语习得研究强调用实验的方法取得量化的结果，从这个角度出发，研究者尽量使用在控制环境下研究学习的细微方面，结果是他们把环境因素和学习者都看成是背景因素，其中的变量需要被控制。因此与身份有关的问题就变成了"学习者变量"，而语言变成了一个固定的可以习得的物体，而不是一个充满了变化和斗争的符号系统（ibid: 143）。

进入九十年代后，外语学习的社会文化语境、以及个体与这个语境的互动越来越受到关注，长期从事外语教学研究的Candlin（2000）等也提出：对语言习得的潜力、潜能、成功、用途等的描述，要得出有意义的结论，必须有一个定义清晰的社会语言学和话语分析的研究框架，以及对一系列不同的个案进行研究。

近年来，研究者为寻求新的启示，把目光从社会心理学转向人类学、社会学、文化研究、女性主义、后结构主义和批评理论。在对身份的看法上，可以说是从心理学的理解向社会文化构建的转变，研究者把自己和所谓固定的、非政治的、本质化的文化再现拉开距离，不再把自我看成是固定的、单维度的，而看成是多维的、变化的、斗争的场所。

在这种研究中,语境不再是前台演出的后台准备,不再是某种中性的东西,而与学习的成效、成功以及学习方案的设计密切相关。这个语境是社会文化的大语境,包括宏观的社会结构、机制、传统和社会经济结构的形式、权势关系等(Candlin, in Norton2000: xvi)。功能语言学正是将语言置于这样的语境中来研究的,语域理论、语类理论都取得了丰硕的研究成果,尤其是 J.R.Martin 和 P.R.White 等人的评价理论,更为将语境作为研究的一部分铺设了道路(李战子,2004b)。因此我们可以将应用语言学目前的研究趋势概括为:它正从社会心理学的个性研究转向对社会文化语境和身份建构的关注,本文开头Norton对莎丽哈的故事的分析就是这样的例子。

当前二语习得研究的新趋势正是在讨论身份时强调它的多重性。Norton(1995)可以说是这方面研究的最重要的文章。她的理论来源是布罗迪厄等后结构主义思想家,她认为二语习得者的身份是多重的,是一个斗争的场所、并随着时间变化,她反对传统的身份概念,即把学习者看成是单一维度的、静止的、和不变化的,指出要理解学习者在语言习得中的投资,就要理解他们的多重角色,而不仅仅是看他们在课堂里的表现。

少数研究者开始在二语习得研究中引入长期研究,特别是关于学习者的身份。以下就是一个实例。Yasuko Kanno(2003)在《协商双语和双文化的身份》一书中使用叙述研究和实践社区(narrative inquiry and communities of practice)作为研究的理论框架,重构和分析了四个日本青少年学生的身份叙事(identity narratives),他们是日本驻海外商人的子女,在北美生活了几年,然后回到日本。起初他们认为一个人不可能同时既是加拿大人又是日本人,经过回国后一段困难的适应期,他们开始接受自己混杂的身份,认识到一个人是有可能成为双语和双文化人的。

该项研究关注的重点是学习者如何成长为双语和双文化的个体的,以及他们将自己置于两种语言和文化之间的何种位置上。与此同时,作者本人的身份也经历了一个转变,即从一个腼腆的二语习得的学生到一个能干的双语和双文化的成人。身份不仅是关于过去和现在的;未来的轨迹也影响我们现在与世界的关系。因此离开祖国、生活在国外、回国肯定使这些青少年的身份区别于那些永久移民别国的青少年。该项研究的贡献也在于强调将来要回国这一轨迹对这些青少年身份的影响。

在二语习得研究中有一种倾向是把学习者削减为几个变量,这已经受到Norton等人的强烈反对。但该书作者认为,仅仅指出身份的多重性还不够,还要能发现这些不同的身份之间的联系。她的做法就是研究学习者的生平故事中的叙事链接（narrative links）。作者认为考察学习者在不同情境中可能会拥有的多重身份只是研究身份和语言习得的关系的一部分，另一部分是探讨学习者是如何在这些身份之间建立明晰的和隐含的联系的，并把这些身份整合到他语言习得的叙事中去。作者在结论中总结了该项研究的最重要的发现，那就是双语的年轻人是有可能在两种语言和文化之间保持平衡的。他们身份发展成长的轨迹表明了他们从呆板的简化的双语和双文化的做法发展到了更细微的技巧，以此来协商归属和控制。这类研究的意义还在于呼吁教育者对学习者不要下仓促的结论，那样会使学习者身份建构的种种可能受到局限。

2.3 二语习得研究中与身份有关的几个概念：投资、拥有权和生态观

在语言习得领域，研究者较多地将后结构主义对身份的看法和"投资"联系起来。与一度在语言习得领域流行的"动机"概念不同，投资的概念意味着在社会和历史的语境中理解学习者和目标语的关系。要理解投资这一概念，最好是和布罗迪厄的隐喻"文化资本"联系起来，他用"文化资本"指界定不同的阶级和群体与特定的社会形式之间的关系的知识、资历和思维模式，他认为文化资本是受情境限定的，也就是说它在不同的社会领域有不同的交换价值；一门语言也是一种文化资本。如果学习者"投资"二语，那是因为他们明白他们将获得更为广阔的符号和物质的资源，那些将增加他们的文化资本的价值。随着他们的文化资本价值的增加，学习者对自我的感知和对未来的欲望也被重新评价了。因此，在投资和身份之间有着浑然一体的关系。（Norton & Toohey，2004：122）

Norton从布罗迪厄的"投资"概念来重新审视二语的教学，而不是从"动机"，因为她认为仅仅注重个人的动机不能捕获 ESL 学生是置身社会的这一潜在性质。在她看来，二语教学不仅应该教说外语的技巧，还应该教用来获得说话地位的技巧，或者说为了能够被听见所必须的象征资本。她鼓励二语教师帮助学生获得在教室外说话的权利，并审视他们与更大的社会过程之间的关系。因此她在《身份和语言习得》（2000）一书中主要从"投资"的角度揭示了她调查中的几个女性移民学习语言经历中的挣扎，试图捕捉权势、身份和语言习得之间的关系。

与"投资"密切相关的是"拥有权"。拥有权的概念更适合描写说英语者的熟练水平，因为它避免了内外之别造成的静态的二分法，即本族语者和非本族语者的区分。拥有权本身是一个建构的概念，可以从本土化或合法化两方面来看。

作为本土化的拥有权指的是说话人把英语挪用作他们自己的用途（Higgins，2003: 620）。再来看拥有权的合法化方面，Norton认为在一个更广阔的框架中把拥有权看作合法化有助于研究国际上说各类英语的人的复杂的语言身份，"如果学习者在二语上投资，那是因为他们明白他们将获得一系列更广阔的符号和物质资源，换言之，说话人在英语上的投资为他们带来了合法性，因为有了所需的资源，他们能更充分地参加到他们的社会中去。后来她又指出，"如果学习者不能声称对一门语言有拥有权，他们可能就无法把自己看作合法的说那门语言的人"（Norton，1997: 422）。

另外一个与此有关联的看法是语言习得生态观。在二语习得中不可避免地要讨论的问题是：什么是语言习得成功的最高水平？"接近本族语人"这一概念已经受到挑战，因为"本族语人"本身就是一个不固定的概念。

Lemke在"学习的社会生态中的多重时间尺度"一文中（in Kramsch，2002）提出了与"流利"的标准不同的看法，那就是在最短的时间跨度内，如一个会话之间，用该文化认可的方式来控制社会情境：幽默和智慧、情感的真诚和真实、使我们的会话参与者着迷并使他们笑和哭的能力。简而言之，是情感的敏感性；而注重情感的敏感性能使学习者注意到语言首要的、或者说极其重要的功能，那就是表达情感。形式语言学由于和过分理性的认知心理学结合，已经把对语言的主要看法非人化了，也把语言非社会化了。（Lemke，in Kramsch，2002: 83）

他提出的另一种标准，用来衡量长期的时间跨度的活动，在二语的使用中，就是语码转移和语码混合的能力，即他所谓的"功能整合"（functional integration），这与传统上对语言的自治性和可分离性的看法是截然不同的，尤其是在多语的社会合作型使用中。我们可把这一标准理解为：在社会合作的某种语境中，说话人能否自如地在不同的语言中转换，这显然是说话人建构新的语言身份的一种方式。他提出的最长的时间跨度是在若干年中，我们掌握了使用一种语言的种种微妙之处，增添了自我的新的维度，通过语言的使用，扩展了可能的身份。但如何创造一个重视和实践多语的社会，在中国目前还是一个相当遥远的理想主义的目标。

Lemke 在文末提出了语言习得的生态观：我们迄今为止已经把语言习得（尤其是二语习得）的过程"自然化"了，似乎它是在一个想象中的平行的心灵的世界中发生的，因此我们就无法理解它是如何在一个真正的社会生态中进行，这个生态中有人、时间、声音和物质活动。生态，本来指的是有机体与环境的互动，并不包括人类的伦理和道德上的判断、价值、和信念。但当我们出于对地球上的生态平衡的责任感而关注生态时，它就包含了一种道德意味，那就是我们应该保护我们赖以生存的地球（Lemke, in Kramsch, 2002: 86）。本人认为，当我们在生态意义上谈论英语学习时，也就有了一种道德上的意味，那就是作为教育者，我们应该对学习者在人格上的成长负有责任。这是因为外语学习不只是在学习者的心灵世界中进行的，它其实是一种文化实践，是学习者通过各种学习活动与社会文化语境的互动，我们要维护这种互动的平衡与和谐，就负有某种道德上的责任。

3. 二语习得研究中兴起的民族文化学研究

在二语习得研究中，不仅有 Norton 等学者提出了新的社会建构的理论，还有一些学者开始了二语习得的民族文化学研究。Valerie J. Janesick 在《质化研究手册》中"质化研究的设计"一文中指出：长期以来，心理测量学占据着研究的主导地位，并造成了对个体的人的去语境化。由于对社会事件、教育和人类生活的最个人化的方面的非个人化，我们迷失了方向。现在该回到个人话语了，我们需要捕捉个人的经历过的经历和他们的故事（Janesick, in Denzin & Lincoln, 2000: 394）。

不约而同地，Candlin（2000）提出了目前国际上语言教学和语言习得研究的几种研究策略，其中之一就是民族文化学研究。这里的民族文化学指的是对经验的叙述，以及对经验的阐释和重构（现象学/民族文化学方法）。自传式民族文化学（Autoethnography）是自传的一种体裁，它表现了多层面的意识，把个人的东西和文化的东西联系起来。自传式民族文化学的作者前瞻后顾，先是通过民族文化学的广角镜，聚焦他们个人经验中外在的社会和文化的方面，然后，他们向内审视，揭示一个脆弱的自我，在文化阐释中移动和被移动，并且折射和抵制这些文化阐释。（Ellis & Bochner, in Denzin & Lincoln, 2000: 739）。现在似乎可以把归在"自传式民族文化学"这个大框架中的研究具体化为一些类似的术语，如个人叙事、自我叙事、个人经验叙事、自我故事、第一人称叙事、个人散文、民族文化学短篇故事等，以及批评性自传、激发性叙事、合作式自传等（ibid: 739）。

学生通过书写语言习得历史对自己的学习策略、行为和信念变得更加有意识。教师通过书写语言习得历史，可以意识到他们特定的历史是如何影响他们的教学的。以下我们将概括一项与此相关的研究成果来说明。

由瑞士国家基金会赞助（1995—1998），在贝塞尔和布拉格大学成立了合作研究小组，研究课题为"在不同语言中的生活（Life with different languages）"，关注点是说话人对用不同的方式习得语言的过程的叙述，他们对说话人进行访谈，并把这种包含在访谈中的叙述叫做"语言传记"。与我们的课题不同的是，他们很注重访谈中的互动对于叙事形成的影响，并且致力于发现叙事中的矛盾之处。以下是对Rita Franceschini发表在在线杂志《论坛：质化社会研究》上的一项研究的概述，题目是"没有聚焦的语言习得？传记叙事中对语言情境的展现"（2003 FQS http://www.qualitative-research.net/fgs/）。

作者感兴趣的是呼利娅在访谈中涉及的以下三个方面，即（1）她在访谈中德语说得怎样；（2）她是如何谈论获得这些德语技能的过程的；（3）她是如何勾勒和表达这些过程的。

呼丽娅首先谈到她学习德语主要是靠自己，靠看电视，但作者注意到她的德语水平相当好，同时也有一些化石化了（fossilized）的简单错误，如受了土耳其语的词素系统的影响，她用简化了的后缀，没有区分名次的性、数、格等。根据她的叙述，她是如何习得这些技能的呢？虽然她强调的是通过被动的从看电视中汲取，作者发现，她其实用了一系列的学习策略，如通过电视和与外界的一点接触，从听力和口头交际中学习，以及通过问别人、阅读等方式学习。

虽然她强调的是被动接受的策略，但我们看到其实她是采取了主动的，既有口头的也有书面的，她说自己"不是以正确的方式"，显然指的是没有在学校在老师的指导下学。在作者和我们看来，这也是一个成功的语言习得者之路，那就是采取主动，对自己的学习过程负责，即"自主的"学习。一方面她的动机是解决具体实际的事情，如出现法庭纠纷，对付疾病，恢复健康等，另一方面，她也谈到与德国人有越来越多的接触；对她成为成功的语言习得者特别有帮助的是，她结合了各种不同的语言习得方法，如隐性的（听）和显性的（写新词）等。

在呼丽娅个案中的这些发现与我们对跨文化语言自传的研究有很多呼应之处，尤其是在自主的学习方面（李战子，2004a）。与我们的研究更为密切相关的是，作者有一节专门论述了"情绪和语言习得"，虽然通常认为肯定的情感和态度有助于学习者建立起与所学语言的本族语者之间的良好关系，但作者指出，另一种可能是，否定的情境和态度也可能导致好的语言习得，关键不在于情感的方向，而是情感的强度。呼丽娅的情况就是一种痛苦的习得过程，她详细描述了自己身体的病痛，以及在那样一种孤立无援的情境中努力挣扎着掌握德语的过程。

作者在文章最后强调了采访者和受访者之间的互动对于受访者在叙述过程中重构情感评价的重要性，并呼吁研究者在进行访谈等研究时，通过反观自己的阐释行为，将研究作成"传记式的研究"。

4. 身份理论和中国语境中的英语教育

如我们所知，外语教学法是与各个时期的社会文化特征相关联的，一部外语教学法的历史可以折射社会文化思潮。但当今的外语教学似乎没有形成方法，是"百花齐放"，还是新方法尚未出世，笔者认为"关注身份变化"或后现代身份理论应能为我们提供有益的思路；同时人际意义理论中的评价理论也至关重要。可以说教学法从具体操作的层面提高到了"意识形态"的层面，上文所述的"拥有权"、"生态观"等概念都为我们提供了理论上的参照点。

以在中国一度流行的交际法为例，很多关于交际法教学的理论不涉及语言习得者和说目标语的人之间的权势关系（Norton 2000: 138）。在中国的英语教学中，我们也还没有真正关注学习者和使用英语的人之间的权势关系。后者包括：英语本族语人、熟练使用英语的非本族语人、英语教师等。这些在很大程度上决定了学习者对目标语的投资以及他们变化的身份。在我们的口语课堂中，教师的权力不小于利弗斯太太。我们同样可以用学生的叙事来说明权力、身份和英语学习在高校英语教学中的关系。

如果我们的确认为与话语打交道是持续地建构身份的一部分，那么第二语言教育的语境就提出了关于身份的建构或协商的重要问题。如Brian Morgan（1997: 432）这样评价他在多伦多的一个中国社区中心教英语二语学生的课堂：

"每一个教授二语的课堂都是一个独特的、复杂的、动态的社会环境。每一个课堂…变成了群体发展的一个来源，学生们在那里在现在的语境中重新评价过去（即身份的规则），通过教室里的反思和互动，锻造新的文化传统、历史、以及团结，这些潜在地改善了他们未来的生活机遇。"

上述关于身份的建构理论在话语层面上是和人际意义密切相关的。而素质教育的实质也正是在于使学生能够充分认识并构建自己作为英语学习者的多元身份，转换视点，跳出固定巢穴（如东西方二元对立等文化固定模式）。必须承认，Norton研究的是二语教学，并且是在移民教学的语境中，但笔者认为，对在中国语境中的外语教学，她的观点同样能提供有益的启示。

我们经常思考的问题有：并非所有的英语教学都是在资金充足的教育机构

中进行的，有很大一部分教学是在正式或非正式的各类培训机构中进行的，资金和时间都有限，这时如何考虑学习者的身份资源？是否应把课堂中的大部分时间用来使学生流利地重复他人的话，试图抹去在他们的口音中表现出来的身份的痕迹？如何看待学习者采用不为教师认可的学习方式，这些方法对于他们却可能有积极的效果？在中学教师所处的语境中，其文化资本取决于他们能否使学习对学生来说有意义，而不取决于他们是否掌握了学术语言，也就是说，我们是否应承认外语教师可有教学或科研的不同方面的专长？从长远来看，批评性应用语言学的研究者们如何致力于社会转变、公正和平等，并避免使自己成为新的权威？

在这个意义上，本文是我们探索"英语教师"和"英语学习者"的身份的理论出发点，也是对英语教学这一"跨文化"职业的审视，如果我们不想"堕落到"教学机器的境地，对自身境遇的敏感也许是提升自我的前提。目前还不能指望双语人改变时代的色彩，但英语教学理论的苍白以及英语给我们社会带来的变化是值得我们去描述、去追踪的。

本文原载于《外国语言文学》，2005年第4期。

英语学习与自我认同变化
——对大学本科生的定量考察

北京外国语大学 高一虹　北京大学 程英 赵媛
北京外国语大学 周燕

1. 引言

1.1 研究背景

　　语言是一种交流工具，也是一种文化世界观，参与人的身份或自我认同（self-identity）的建构。人们在学习一种新的语言之后，对个人能力的认识、交际方式、价值观念等都可能发生某种程度的变化。在Gardner（1985）有关语言学习社会心理的社会教育模式中，自我认同变化属于与学习的"语言结果"平行的"非语言结果"。以往有关语言学习者认同的研究较多集中于文化认同（归属、身份）的变化。Lambert（1974）提出"削减性双语现象"（subtractive bilingualism）和"附加性双语现象"（additive bilingualism）两种不同的双语类型。削减性学习者的母语和母语文化认同被目的语、目的语文化认同所取代；附加性学习者在获得目的语、目的语文化归属的同时，保持其母语和母语文化归属，或者说目的语、目的语文化身份的获得并不以牺牲母语、母语文化归属为代价。虽然有些学者提倡以彻底"濡化"（acculturation）为标志的削减性学习（Schumann，1978），但附加性双语现象被很多人认为是比较理想的双语类型。20世纪90年代以来有不少学者尝试（如Clément, et al, 1994; Dörnyei, 1994; Tremblay & Gardner, 1995）扩展Gardner的经典模式，但扩展的方面多在学习的影响因素而非学习的结果。也有少数学者尝试从动态的、多元的角度来考察学习者的自我认同（Norton Peirce，1995）。与此同时，还有一些学者呼吁以更广范围的心理学理论来扩展语言学习社会心理研究的视野（Oxford & Shearin，1994）。

　　高一虹（1994，2001，Gao，2002）借鉴人本主义心理学家Erich Fromm的"生产性取向"概念，提出了相对"削减性"和"附加性"的"生产性双语现象"（productive bilingualism）。这一双语现象是指母语和目的语的掌握、母语文化与目的语文化的理解相得益彰，积极互动，学习者的认知、情感和行为能力得到总体的提高。高一虹认为"生产性"是一种区别于"附加性"的增值的变化，可以用"1 + 1 > 2"来象征。而"附加性"是一种角色转换，两种语言、文化归属各有其功能范围，并没有增值，可以用"1 + 1 = 1"或"1 + 1 = 1/2 + 1/2"来表示。这与经典理论对"附加性"定义的侧重点有所不同，评价也有差异。"生产性双语现象"的实证基础是对于部分"最佳外语学习者"的访谈，可认为是一种理想的双语类型，目前还没有见到"生产性双语现象"的定量研究，也没有见到有关我国大学生英语学习者自我认同的研究。因此，我国大学生在学习英语后发生了什么样的自我认同变化，生产性双语现象在他们当中是否存在，还需要通过实证研究来检验。

1.2 研究问题

作为更大研究的一部分，本研究拟探索我国大学本科学生学习英语后的自我认同变化。具体研究问题如下：

1）学习英语之后，学习者的自我认同是否发生了变化，发生了哪些变化？

2）性别、专业、英语水平、年级、始学年龄不同的学习者，在自我认同变化方面是否有差异？

2. 研究方法

2.1 抽样

本研究采用分层抽样方法，抽取了除港、澳、台及青海、西藏以外中国29个省、自治区、直辖市30所高校的本科生。分层的依据是国家教育部2002年春公布的有关本科学校类型及学生比例的数字。样本学校类别比例基本相应于总体学校类别比例；样本学生类别比例基本相应于总体学生类别比例（表1）。样本学校包括综合类4所、外语类1所、师范类5所、理工医类13所、农林类2所、财经／政法／民族／艺术类5所。受试个人因素分布情况见表2、表3。施测时实际发放问卷2,473份，回收有效问卷2,278份，有效率92.1%。

表1 抽样分层

学校类型	本科类学校数及占全国本科学校总数的百分比	样本学校数及占样本学校总数的百分比	本科类学生人数及占全国本科学生总数的百分比	样本学生数及占样本学生总数的百分比	具体抽样方法	抽样专业及学生总数（文／社；理／工；英语）
综合大学	81 (13.57%)	4 (13.33%)	1,123,038 (21.55%)	540 (21.7%)	45人 x 3（专业）x 4（学校）	文180、理180、英语180

学校类型	本科类学校数及占全国本科学校总数的百分比	样本学校数及占样本学校总数的百分比	本科类学生人数及占全国本科学生总数的百分比	样本学生数及占样本学生总数的百分比	具体抽样方法	抽样专业及学生总数（文/社；理/工；英语）
外语学校	11 (1.84%)	1 (3.33%)	52,479 (1%)	40 (1.6%)		英语40
师范院校	109 (18.26%)	5 (16.67%)	950,309 (18.23%)	450 (18.45%)	30人 x 3（专业）x 5（学校）	文150、理150、英语150
理工医院校	255 (42.71%)	13 (43.33%)	2,235,511 (42.89%)	1040 (41.9%)	80人 x 13（学校）	理1,040
农林院校	41 (6.87%)	2 (6.67%)	357,541 (6.86%)	160 (6.5%)	80人 x 2（学校）	理160
财经／政法／民族／艺术院校	100 (16.75%)	5 (16.67%)	493,128 (9.46%)	250 (10%)	50人 x 5（学校）	文250
总计	597	30	5,212,006	2,480		理1,530 文580 英语370

表2 受试者年龄、性别、年级、专业分布

	年龄				性别		年级				专业		
	17岁以下	18-22	23-29	30以上	男	女	大一	大二	大三	大四	理科	文科	英语
人数	6	2060	208	1	1100	1163	830	745	513	185	1,247	565	404
%	0.3	90.5	9.1	0	48.6	51.4	36.5	32.8	22.6	8.1	56.3	25.5	18.2

（人数中已剔除各观测值的缺失项，下表同）

表3 受试者家庭背景、始学年龄、英语水平分布

	家庭背景			开始学习英语的年龄				目前英语水平			
	农村	中小城镇	大城市	8岁以下	9-12	13-15	16岁以上	四级以下	四级	六级/专四	专八
人数	833	921	484	80	705	1425	54	1410	428	399	19
%	37.2	41.2	21.6	3.5	31.1	62.9	2.4	62.5	19.0	17.7	0.8

2.2 测量工具的编制及测量

本研究采用问卷法。工具是自编问卷，采用了从"很不同意"（1分）到"很同意"（5分）的李克特五级量表形式。问卷主体包括三部分：动机类型、动机强度、自我认同变化。其中第三部分的目的是测量学生在学习英语后发生的自我认同变化。这部分问题的编撰主要以现有双语理论为依据，同时也参考了四个省市部分高校学生的开放式书面反馈。问题所涉及的自我认同变化包括六类，每类4题。

1）自信心变化——对自己能力的认识产生改变："当我发现自己的英语比别人强时，那种感觉好极了"；"英语学习对我的自信心产生了很大影响"；"当我在英语学习方面遇到挫折时，我对自己的能力产生了怀疑"；"每当我克服了英语学习的一个障碍，我都感觉又一次超越了自己"。

2）附加性变化——两种语言、行为模式及观念并存，用于不同语境："我现在能根据情境在英语、汉语之间自然转换，就像有个自动开关"；"我用英语交流时比较自信，用汉语交流时比较谦虚"；"看英语电影时我愿意听原文，就像看国产片时我喜欢原汁原味的汉语"；"除了汉语名字之外我还有一个英语名字，二者各有各的用场"。

3）削减性变化——母语及母语文化观念被目的语、目的语文化取代："在英语水平提高的同时，我发现自己的汉语不如以前地道了"；"学习英语之后，我发现自己的举止做派都变得比较西化"；"学习英语之后，我对中国的一些传统习惯产生了反感"；"学习英语之后，我开始拒绝中国的一些传统观念"。

4）生产性变化——母语与目的语水平、对母语文化与目的语文化的理解相互促进、相得益彰："在英语水平提高的同时，我对汉语的感受能力也提高了"；"学习英语之后，我觉得自己比以前更关心外部世界的变化了"；"学习英语之后，我变得更善解人意，能更好地与人交流"；"随着英语文学艺术欣赏水平的提高，我对中国的文学艺术越来越有兴趣"。

5）分裂性变化——母语与目的语、母语文化与目的语文化观念相互斗争，产生认同分裂。"我现在讲汉语时经常不自觉地夹杂英语，这让我感觉怪怪的"；"当我往返于英、汉行为方式之间时，好像自己被痛苦地撕割成了两半"；"和外国朋友告别时，我会为了选择握手还是拥抱、亲吻感到困惑"；"学习英语之后，我经常挣扎于矛盾的价值观念之间"。

6）零变化——自我认同未发生改变："无论使用什么语言做表达工具，我还是本来的我"；"我没觉得自己学英语以后有什么变化"："工具不过是工具，我不可能在掌握一门语言之后变成另外一个人"；"谈学英语后的变化很无聊，这些问题对我没有意义"。

以上类别中，"零变化"是参照项，"自信变化"是独立于文化认同的变化，其他均属文化认同变化，其中分裂性变化可说是一种过渡性的变化，为避免认知失调，体验认同分裂的学习者可能向其他类型的变化发展。

我们先后在北京的三所学校进行了5次问卷预测，在分析结果和学生反馈的基础上对问题做了部分删除和调整。最终预测的整体信度（Cronbach α）达到0.84，三部分的信度均达到0.65以上。实测中的问卷整体信度为0.84，第三部分的信度分别为0.65。数据处理是用SPSS（10.0）软件进行的，包括用描述性统计分析自我认同变化各类别上的均值和标准差，用多元方差分析（MANOVA）检验不同个人背景的学生在自我认同变化上的差异。

3. 研究结果与讨论

3.1 自我认同变化的一般情况

自我认同变化最大的是"自信"。每个自我认同变化类别上共有4题，这4题得分之和便是受试在该类别上的得分。每一类别的满分是20分，区分"改变"与"未改变"的临界值是12分，代表"不确定"。描述性统计显示（表4），调查对象在学习英语之后自我认同变化最大的是"自信"（M=14.21）；"零变化"（M=13.39）居于其后。从表5可看出调查对象在每道"自信"题上的具体反应，其中因为在英语学习上经受挫折而怀疑自己能力的人达到了42.1%，这个比例应该说相当高。

以往的研究多将自信作为影响语言学习的因素（如Clément et al, 1994），本研究将它作为学习结果来研究，并发现它受英语学习的影响很大。这一结果可能反映了区别于二语环境的中国外语环境特点：在目的语文化接触相对较少，而目的语的社会功能、对个人前途的意义又相当重要的情况下，语言学习对学习者自我能力认识的影响要高于文化认同的影响。

表4 自我认同变化的均值和标准差

	自信	削减	分裂	生产	附加	零变化
有效人数	2,227	2,233	2,233	2,216	2,221	2,241
均　值	14.21	9.09	9.67	12.85	12.25	13.39
标准差	2.60	2.76	2.52	2.77	2.59	2.59

表5 自信变化各题的选择%

内容	有效人数	很同意、同意	很不同意、不同意	不确定
当我发现自己的英语比别人强时,那种感觉好极了	2264	68.9%	14%	17.1%
英语学习对我的自信心产生了很大影响	2257	69%	12.3%	18.7%
当我在英语学习方面遇到挫折时,我对自己的能力产生了怀疑	2265	42.1%	38.4%	19.4%
每当我克服了英语学习的一个障碍,我都感觉又一次超越了自己	2270	68.5%	12.2%	19.3%

尽管如此,大学生在学习英语之后,文化认同仍发生了一定程度的变化。由表4可见,生产性(M=12.85)、附加性(M=12.25)的均值高于临界值。这说明调查对象的母语和母语文化归属得以保持,他们在行为方式和价值观念方面的变化基本上是获得性的、积极的。

对大学生来说,"生产性双语现象"并非遥不可及。它是现实,也是可实现的目标。从表6也可看出,学习英语后已发生生产性变化的学生占三到五成,多于没有发生此类变化的学生,尽管还有约三分之一或三分之一强的学生对此感到不确定。这说明,生产性双语现象并不局限于"最佳外语学习者",在大学生中具有一定程度的普遍性。

表6 生产性变化各题的选择百分比

内容	有效人数	很同意、同意	很不同意、不同意	不确定
在英语水平提高的同时,我对汉语的感受能力也提高了	2259	40.5%	21.2%	38.3%
学习英语之后,我觉得自己比以前更关心外部世界的变化了	2263	54.6%	19.4%	26.1%
学习英语之后,我变得更善解人意,能更好地与人交流	2261	34.2%	27%	38.7%
随着英语文学艺术欣赏水平的提高,我对中国的文学艺术越来越有兴趣	2262	37%	25.4%	37.5%

文化冲突的体验现实存在。表4显示,削减性、分裂性变化的均值都低于"改变"与"未改变"的分界值,说明削减性、分裂性的文化认同变化并没有成为大学生的普遍趋势。不过,仍有少部分学生体验到了英语学习变化带来的文化认同冲突。以分裂性变化为例(表7),有一到二成的学生感受到了语

言、行为、观念层面的冲突。

表7 分裂性变化各题的选择百分比

内容	有效人数	很同意、同意	很不同意、不同意	不确定
讲汉语时常夹杂英语，感觉怪怪的	2266	22.9%	54.2%	23%
往返于英、汉行为方式之间时，好像被痛苦地撕成两半	2267	11.9%	72.7%	15.4%
和外国朋友告别时，会为了选择握手还是拥抱、亲吻感到困惑	2266	18.4%	46.7%	34.9%
学英语后，经常挣扎于矛盾的价值观之间	2264	11.5%	68.3%	20.2%

冲突的体验未必只具有消极意义。分裂性、削减性变化可能是学习者认同变化中的阶段，它们只有在对目的语言、文化的体验有一定深度的时候才会发生，而且，随着体验和反思的加深，一些有分裂性、削减性体验的学习者可能会向附加性、生产性方向发展。

3.2 个人背景因素与自我认同变化差异

数据分析还发现了一些个人背景因素对自我认同变化的影响。以性别、专业、英语水平和始学年龄为自变量，六种自我认同变化为因变量的多元方差分析显示，不同性别（$F[6,1946]=20.72$，$P=.000$）、始学年龄（$F[18,5505]=4.37$，$P=.000$）、专业（$F[12,3892]=9.49$，$P=.000$）的学生在学习英语后的自我认同变化上有显著差异。

性别与自我认同变化。性别的显著影响体现于所有六个类别的自我认同变化，包括自信（$F[1,1951]=78.53$，$P=.000$）、削减性（$F=4.51$，$P=.034$）、生产性（$F=35.81$，$P=.000$）、附加性（$F=5.84$，$P=.016$）、分裂性变化（$F=20.69$，$P=.000$）和零变化（$F=7.79$，$P=.005$）。

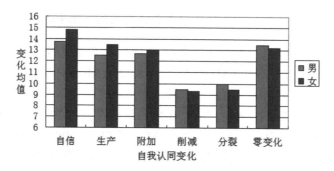

图1 不同性别的学生在自我认同变化上的差异

在自信（MD=1.060，P=.000）、生产性（MD=.771，P=.000）和附加性（MD=.286，P=.016）变化方面，女生显著大于男生。而在削减性（MD=.273，p=.034）、分裂性（MD=.528，P=.000）和零变化（MD=.339，P=.005）方面，男生显著大于女生。女生对在学英语过程中所遇到的成功和挫折的感受可能更加敏感，其自信心的强弱更容易受到来自英语学习成功和挫折的影响。女生的人格边界可能比男生更加开放、富有弹性，在接触到外来文化观念之后，更善于调节和处理两种语言和文化观念之间的矛盾，或根据情境而转换，或将二者协调统一起来。男生可能相对来讲人格边界更加"硬"一些，一方面，他们更加固守原有的自我认同，另一方面，在面对不同的文化观念和行为模式时，他们可能更加容易感受到冲突和对自我认同的威胁，积极的改变要比女生少一些。

始学年龄与自我认同变化。始学年龄对三个方面的自我认同变化有显著影响，包括自信（F[3, 1951]=3.85，p=.009）、附加性（F=9.86，p=.000）和分裂性（F=4.67，p=.003）变化。

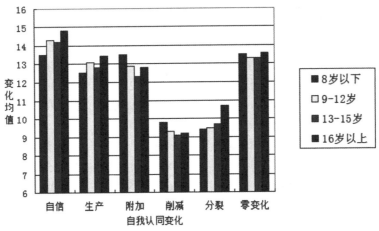

图2 不同始学年龄的学生在自我认同变化上的差异

在自信变化方面，8岁以下开始学英语的学生显著小于9-12岁（MD=-.966，p=.012）、13-15岁（MD=-.872，p=.025）和16岁以上（MD=-1.406，p=.022）才开始学英语的学生；三个较高年龄组之间无显著差异。也就是说，8岁以下就开始学英语的学生自信心比较稳定。在附加性变化方面，8岁以下组（MD=1.045，p=.003）和9-12岁组（MD=.570，p=.000）分别大于13-15岁组。这说明两个低始学年龄组的学生有比较好的情境转换能力。在分裂性变化方面，16岁以上组显著大于8岁以下组（MD=1.430，p=.014）、9-12岁组

（MD=1.315，p=.004）和13-15岁组（MD=1.093，p=.023）。这可能是因为16岁以上青少年的母语自我认同已经基本成型，在接触到另一种语言和文化时更容易产生认同冲突。不过，始学年龄对于生产性变化没有影响，低始学年龄组的学生并没有比高始学年龄组的学生表现出更强的生产性。

专业与自我认同变化。除了分裂性变化之外，其他类别的自我变化都受到专业的显著影响，包括自信（F[2,1951]=3.62,p=.027）、削减性（F=26.70，p=.000）、生产性（F=5.56，p=.004）、附加性变化（F=34.92，P=.000）和零变化（F=8.43，p=.000）。

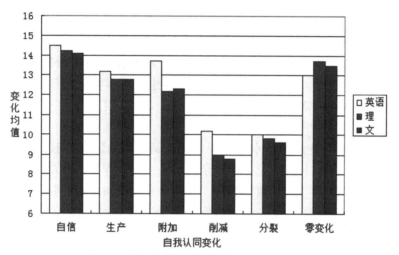

图3 不同专业学生在自我认同变化上的差异

在自信变化方面。英语专业学生显著大于文（MD=.427，p=.048）、理科（MD=.404，p=.036）学生。对英专学生来说，英语是专业，英语学习的好坏是成功和失败的直接体现，故自信容易受到学习结果的影响。在生产性、附加性、削减性变化方面，英专学生也显著高于文（MD生产=.555，p=.011；MD附加=1.189，p=.000；MD削减=1.310，p=.000）、理科（MD生产=.550，p=.005；MD附加=1.306，p=.000；MD削减=1.120，p=.000）学生。在零变化方面，英专学生又显著低于文（MD=-.536，P=.009）、理科（MD=-.669，p=.000）学生。与非英专学生相比，英专学生学习英语后产生了更多文化观念和行为模式变化。他们可能更加"西化"，拒绝本民族文化传统的某些侧面；可能会根据情境在英汉两种不同的语言和思维方式之间转换；也可能更好地融会贯通英汉语言文化。

英语水平与自我认同变化。英语水平对自我认同的影响没有性别、始学年龄和专业突出，在多元方差分析中的主效应并不显著（F[18,5321]=1.58，p=.057）。不过，当我们将英语水平作为一个单独的自变量，每一个自我认同变化作为因变量进行单因素方差分析（ANOVA）时，英语水平对四个类别的自我认同变化的影响达到了显著水平，包括生产性（F[3,2191]=7.64，p=.000）、附加性（F[3,2196]=37.01，p=.000）、削减性（F[3,2209]=17.33，p=.000）和零变化（F[3,2216]=3.43，p=.017）。

在生产性变化方面，六级组分别高于四级（MD=7.303，p=.001）和四级以下组（MD=7.148，p=.000）。在附加性变化方面，四级（MD=.378，P=.044）、六级（MD=1.478，p=.000）、八级组（MD=1.824，p=.014）分别高于四级以下组；六级组高于四级组（MD=1.10，p=.000）。在削减性变化方面，四级（MD=.418，P=037）、六级（MD=.979,p=.000）、八级组（MD=2.34，p=.001）分别高于四级以下组；六级组（MD=.561，p=.021）和八级组（MD=1.922，P=.017）分别高于四级组。在零变化方面，四级以下组高于六级组（MD=.428，p=.023）。这说明，文化认同变化在一定程度上受到英语水平的影响，水平高的学生变化更大一些。

与其他因素相比，英语水平对于自我认同变化的影响并不那么显著、直接。这显示，自我认同变化是一个复杂的现象，它可能受到个人学习动机、基本需求和价值取向等多种因素的影响，并非语言知识和技能水平高了就必然产生自我认同方面的变化。关于动机类型与自我认同变化类型的关系。我们将另文详细报告（高一虹、赵媛、程英、周燕，将出）。

4. 结论

本研究试图考察我国大学本科生的自我认同变化这一"非语言学习结果"，主要发现有二。其一，发现自信是自我认同中受到英语学习影响最大的方面。这反映了区别于二语环境的中国外语学习环境特征，或许也反映了以自尊需求为主导需求的"自尊型人格"特征。"这种人格具有积极进取的人生态度，要求在社会上有自己的位置，要求更多地实现自身的价值"（许金声1999：3）。其二，发现"生产性双语现象"在普通大学生当中实际存在。如果说以往研究中的"最佳外语学习者"已经达到了相对稳定的"生产性双语人格"（高一虹，2001），那么对于普通大学生来说，在某些方面、某些情境、某些时刻达到生产性的双语状态并非难事。生产性双语体验和状态的日积月累，将促使他们向稳定的"生产性双语人格"发展。正如在更广意义上，"自我实现""是一个程度和频率的问题，而不是一个全或者无的问题"（马斯洛，1987：316），它可划分为"需要满足"和"人格"两个层次，前者之"量"的积累将引起向后者的"质"的转化（许金声，1999：11—16）。除以上两点之外，研究还发现了某些个人背景因素的影响：英专学生的自我认同变化大于非英专生；女生的自我认同变化大于男生；早学英语的学生附加性变化大，分裂性变化小。

  本研究对于我国英语教学实践的启发意义在于，英语教师不应只着眼于语言，还应目中有"人"，即与语言学习有关的学习者心理变化——自信的挫伤或增长、认知的失调或扩展、情感的失落或丰富、价值取向的强化或变化，等等。当我们目中有"人"时，就会充分利用情境因素，将语言学习与更广意义上的需求满足结合起来，促成更加丰富、整合的自我认同，并以此为基础在更高、更深的层次上掌握语言。

  本研究的测量工具还有待完善，理论概念还需要深入检验，样本分层主要限于学校及相关学生类别，对英语水平、年级等因素并未全面顾及，这些因素的组间差异概括也因此受到限制。对于语言学习者自我认同变化这个复杂现象的探索，还有待今后研究的进一步深入。

  附言：本研究得到了北京外国语大学中国外语教育研究中心的赞助。作者感谢北京大学社会学系博士生姚立、硕士研究生张磊以及郭志刚教授、南京大学文秋芳教授在统计技术上给予的帮助和指点。

本文原载于《外语教学与研究》，2003年3月第35卷第2期。

On Issues Concerning English and Identity Research in China

复旦大学 曲卫国

1. Introduction

There are many interesting discussions that assume the learning and use of English has contributed to the (re) construction of identity on the part of the English learners in China. This view is best represented by Gao (2002, 2004, 2005) in her extensive research, which is so far the most significant and fruitful ever done by the Chinese scholars, both empirically and theoretically.

This paper will address some basic issues involved in Gao's research on English and identity change in China, arguing that English and identity change is far more complicated an issue than the research has assumed because almost all the researches in the West concerning language and identity have been built on the presupposition of an effective use of a second language in addition to the use of the first language in a bilingual society. It is doubtful if we can look at the English's role in the reconstruction of identity in China, if there is such a reconstruction at all, from perspectives based on such theories.

Perhaps the purpose of the paper is to complicate rather than clarify the issues taken for granted by raising questions rather than offering answers. I believe that the complicatedness implicated has grave methodological consequences with regards the empirical research, and failure to contain it will jeopardize the validity of the research results. I will argue that for the research concerning English and Chinese identity change to hold, we need to clarify or address the following fundamental issues:

1) In what sense is identity to be used in the research that involves a second language?

2) What is actually meant by identity change, and identity change in a cross-cultural context?

3) What agentive role does a language, especially as a foreign language play in

the process of identity change?

4) What identities are specifically and uniquely Chinese or non-Chinese? Or to put it differently, what changes in identity are cross-cultural?

2. Basic concepts

In this section, I will address some basic concepts that are indispensable in language and identity research. It should be pointed out that the purpose of the discussion is not to explore the nuances of theories for an in-depth philosophical discussion or provide a survey of most important theories concerned so that we may have a better or comprehensive view of how things stand in the field but is to look for possible problems in the theories that may contribute to the complexity in the empirical research.

2.1 Defining identity

For all the high frequency of use, "identity" is in fact a treacherously simple concept that poses serious problems for research on language and identity. Different scholars may refer to different entities when they use it. Perhaps Norton's introduction to her recent book *Critical Pedagogies and Language Learning* is a handy illustration:

When a language learner asks, "What am I? How do I relate to the social world? Under what conditions can I speak? " she is seeking to understand the complex relationship among identity, language, and learning…. Language learning engages the identities of learners because language itself is not only a linguistic system of signs and symbols; it is also a complex social practice in which the value and meaning ascribed to an utterance are determined in part by the value and meaning ascribed to the person who speaks. (2004:115)

It is hard to tell what is not included in the notion "identity" from the above citation. Anna De Fina describes the complexities as follows:

Identity is an extremely complex construct and simple definitions of what the term refers to are difficult to find as there is no neutral way to characterize it. (2003:15)

Valentina Pagliai is more specific and has given a succinct summary:

The word identity is ambiguous. On the one side, it refers to the person's perception of himself or herself. On the other side, it refers to a process of external labeling, such as the connected process of identification, or attribution of an I. D. , of a particular place in a group and in a society. In this second sense, it becomes possible to talk about policies and border-crossing. (2003:49)

Although Pagliai divides the problem into two categories signaled by the use of "on the one side" and "on the other side", her neat bifurcation may not be justified at all if we take "perception", "external labeling", "identification", "attribution" etc into account.

However, if we do not take an over general approach but look at its use in specific academic domains, the term may seem to be less ambiguous. Stets and Burke (2000) have made a wonderful distinction regarding how the term is used in the domain of psychology and social psychology. It may be clear enough in their account: the referent of identity refers to either role or membership. With role as the referent of identity, it is usually christened as "identity theory", a theory developed by the psychological approach (Stets and Bruke, 2000). When identity work (a term used by Karen Tracy, 2002) centers around membership, it is designated as "social identity theory", a theory formulated in social psychology. Stets and Burke's summary of the main ideas of the two theories is perceptive and precise. Here is their lucid definition of "social identity theory":

In social identity theory, a social identity is a person's knowledge that he or she belongs to a social category or group. A social group is a set of individuals who hold a common social identification or view themselves as members of the same social category. (2000:225)

Their specification of "identity theory" is no less unequivocal:

In identity theory, the core of an identity is the categorization of the self as an occupant of a role, and the incorporation, into the self, of the meanings and expectations associated with that role and its performance. (2000: 225)

However, ambiguity emerges if we turn to the terms used in the definientia, i.e. the defining part. The seeming clarity of the definitions is marred by the ambiguity in the key terms there. The first one is the term "categorization." Although it is clearly specified that identity is a self-view whether with membership or role, the discussions do not mention any constraints on such identification process.

In general, one's identities are composed of the self-views that emerge from the reflexive activity of self-categorization or identification in terms of membership in particular groups or roles. (2000:226)

LePage (1985) in her research discusses types of constraints on categorization but they are elusive:

Our ability to get into focus with those with whom we wish to identify, however, is constrained, ... and the constraints can in general terms be categorized under four heads:

1) We can identify the group.

2) We have both adequate access to the groups and ability to analyse their behavioural patterns.

3) The motivation to join the groups is sufficiently powerful, and is either reinforced or reversed by feedback from the groups.

4) We have the ability to modify our behaviour. (1982:182)

The crux of the matter here is "feedback from the groups" What role does it play in the process of categorization? Is it decisive? In other words, does one's categorization or self-view need to be confirmed or accepted by the party to which one claims to belong? The third and fourth points in the list point vaguely to the importance of such confirmation but they fail to expressly make the point.

Although Gee (1996) argues that identity, "who we are and what we are doing", is enacted through a three-way simultaneous interaction among a) our social or cultural group memberships, b) a particular social language or mixture of them, and c) a particular context, he never specifies if such group membership is self-imposed or it needs recognition from the other party.

Gregory P. Stone comes closer to a solution but again his terms are vague and obscure. He defines identity as a "coincidence of placements and announcements." When a person has identity, "... he is situated, that is, cast in the shapes of a social object by the acknowledgment of his participation or membership in social relations." (From Hewitt, 1991:126) The word "acknowledgment" seems to be indicative of a confirmation, and yet the lack of a clear agent of the word obfuscates the case, leaving a different reading open.

Robin Lakoff, when discussing women's identity, is perhaps one of the least equivocal:

... a woman's reputation and position in society depend almost wholly on the impression she makes upon others, how others view her .... What seem to be self-centered efforts are really aimed at the opinions of others, and what appear to be efforts for someone else are really the only ones permissible for a woman's own behalf. It is not wonder women lack an identity and feel they have no place of their own. (1975: 27)

The inherent ambiguity about the agency of the term "categorization" gives rise to a question of fundamental importance not only in theory but also in methodology: Is identity something what one claims for oneself or is it something that one claims for oneself but needs to be recognized and accepted by the group? In terms of membership, will one's subjective identification with a certain social group suffice? For instance, one may be emotionally affiliated to some social group but it may not be easy for him to gain membership. One may choose to disown one's ethnicity, and yet it is not that easy to gain membership of another if one is an outgroup member, to use Tafel's term (1982). The same question about the agency applies when one identifies with a role in whatever sense. Does that involve any degree of acknowledgement or acceptance on the part of the other party? Empirically, the answer involves a diagonally different set of questions for the informants, and casts doubts on the information gleaned from reflexivity.

The second term that is ambiguous is "membership" in the social identity theory, although it is unmistakably specified to refer to a social group, which "is a set of individuals, who hold a common social identification or view themselves as members of the same social category." (Sets and Burke, 2000: 225) But the word "social" is so polysemous that even The Penguin Dictionary of Sociology (1994) has given up any attempt for definition by refusing its entry into the dictionary. So, "social group", "social identification" and "social category" do not help in any way when it comes to delimit "group," "identification" or "category". In the actual practice of the social identity theory, "social group" can refer to many types of collectivity, national, cultural, regional, generational, professional, occupational, linguistic, racial, etc. Where membership such as cultural identity does not have an explicit and relatively stable institutionalized reality, delimitation of such social group or membership is the most difficult. That is maybe why Anna De Fina chooses the more general term "social categories" instead of "membership" although of no avail when commenting on identity in social psychology:

Definitions of identity, especially within social psychology, often refer to a sense of belonging to social categories. (2003: 15)

The term "role" in "identity theory" is no better than "membership" since there are so many types of roles, and like "membership", the nature of some of the roles are qualitatively different. *The Penguin Dictionary of Sociology's* definition of "role" is abstract and evasive:

When people occupy social positions their behaviour is determined mainly by what is expected of that position rather than by their own individual characteristics — roles are the bundles of socially defined attributes and expectations associated with social positions. (1994:360)

To use "position" to explicate "role" leads us nowhere. In practice, one can think of roles in terms of professional ones, social ones, emotional ones, generational ones, cultural ones, etc. A clear definition of "role" can be crucial for empirical research on language and identity when identity is synonymous with "role."

Researchers may use other definiens than "role" or "membership" for the word "identity" but the two terms are always lurking somewhere behind the alternatives. Hewitt uses the term "location" to "define identity":

Identity refers to the person's location in social life; we can distinguish situated identity, personal identity, and social identity as the major forms of identity. (1991: 126)

Yet in the ensuing elaboration on "situated identity", "personal identity", "social identity", he just resorts to "role" and "membership" for explication of the word "location." (1991: 126-129) Moreover, it is not clear whether "location" refers to the subjective or the objective categorization of one's position or identity in social life.

The ambiguity of the term identity is aggravated further by the confusions or mix-ups of the following terms as self, identity, self-identity, self-esteem, self-image, motivation, etc., and in actuality many researchers do not require such differentiations in their research.

Anthony Giddens is one of the important theoreticians who discuss identity not following the paradigm of role or membership, and perhaps not in the sense of belonging, either. His research, which defies the refined differentiations, uses the term "self-identity" most of the time although in his Modernity and Self-Identity, the two terms are used interchangeably. He has given us a very clear outline of what he means by "self-identity" and the relevant constraints on self-identity, such as reflexivity, continuity etc. Here is his definition:

Self-identity, in other words, is not something that is just given, as a result of the continuities of the individual's action-system, but something that has to be routinely created and sustained in the reflexive activities of the individual. (1991: 52)

For all his perspicuity and profundity, as he connects self to identity and develops the notion along a philosophically speculative line, his theory is not empirically friendly. Granted the importance attached to empiricism, both psychology and social psychology will find it hard to experiment with such notions as "continuity", "biography", and "reflexivity." There seems to be no way to reduce his scheme of self-identity to a level that can generate empirical data as evidence.

Therefore, his construal of self-identity is drastically different from the two approaches we have discussed and the following comment clearly signals its nature of internalized reflexivity:

All human beings, in all cultures, preserve a division between their self-identities and the 'performances' they put on in specific social contexts. (1991:58) (my stress)

By referring "self-identity" to as something reflexively understood by an individual, Giddens hence denies it the quantifiable "collection of traits":

Self-identity is not a distinctive trait, or even a collection of traits, possessed by the individual. It is the self as reflexively understood by the person in terms of her or his biography. (1991:53)

Self-identity is not, as it is understood in other theories, an interactive instantiation of self but an instance of serf-actualization. His discussions on disembodiment and false persona indicate that in his theory there is little differentiation between self and self-identity. Self is the essence of an individual whereas self-identity is the narration or the narrative of the essence. This is further borne out by his comment on "ideal self":

The 'ideal self' is key part of self-identity, because it forms a channel of positive aspirations in terms of which the narrative of self-identity is worked out. In many instances early omnipotence becomes moulded into a reliable sense of self-esteem, through acceptance of the imperfections and limitations of the self. (1991:68)

It is quite clear then that the exploration within his philosophical paradigm that aims at the essence of an individual being is qualitative or speculative, as evidenced by his frequent recourses to Laing, Freud, Lewis, Rainwater, etc. His introspective narrative of the construction of self-identity is certainly different from Schiffrin's discussion on narrative End identity, which does not aim at unfolding an introspective process of self-fulfillment but a discursive display of self through narrative. (1996:69)

2.2 Identity capital and identity change

While we do not deny the philosophical guidance of Giddens' brilliant work, sociolinguists will certainly select theories more empirically friendly and more manageable in terms of fieldwork. If we follow either the identity theory or social identity theory, putting aside the ambiguities involved, we may find that as the theories go, one may opt for different roles or memberships in the light of the specific contexts. In others words, to cope with different situations, one has usually a repertoire of identities for identity work.

Following this line of argument, identity work evidently involves a set; in other words, in the process of socialization one does not acquire for his/her use only one identity. In the light of divergent situations and relationships, s/he will acquire a set of identities for his/her optimal use. There is, as Erring Goffman points out, something dramaturgical about identity work (Goffman: 1959). Although the term identity set is not an established one, researchers in both identity theory and social identity theory tend to agree on the multiplicity of roles or membership one can identify with.

Cote in his study proffers "identity capital" as a term for the identity set:

Thus, we have seen the need for a concept representing a different type of capital associated with identity formation, namely, the varied resources deployable on an individual basis that represent how people most effectively define themselves and have others define them, in various contexts. In our view, the concept of "identity capital" is appropriate to this task. (2002:142)

Norton uses a different term to the similar effect: investment. She describes her approach in the following manner:

I take the position that if learners invest in a second language, they do so with the understanding that they will acquire a wider range of symbolic and material resources, which will in turn increase the value of their cultural capital. (2000:444)

In fact, this multiplicity has been quite well accepted in the field of applied linguistics. In this spirit, contemporary applied linguistic researchers have been drawn to literature that conceives of identity not as static and one-dimensional but as multiple, changing, and a site of struggle. (Norton and Toohey, 2004:116)

I will borrow Cote's "identity capital" to depict the multiplicity within the identity set but I will not follow his elaboration because his classification of "identity assets"de-substantiates an otherwise malleable concept:

We employ the term identity capital to refer to two types of assets. On the one hand, these identity capital assets can be tangible in the sense that they are "socially visible." These include such things as degree credentials and fraternity/sorority memberships, and they can function as "passports" into other social and institutional spheres. (2002:144)

On the other hand, identity capital resources can also be intangible. These resources involve ego strengths (synthetic and executive) that entail reflexive-agentic capacities, such as an internal locus of control, self-esteem, a sense of purpose in life, the ability to self-actualize, and critical thinking abilities. (2002:144) This is another illustration of the Herculean intricacy in the empirical practice of identity research. If the term "identity capital" or the notion identity set is valid, then the empirical question for research on language and identity will be how the capital is structured, how large the capital is, whether there is a fixed and insensitive hierarchical order of the entities in the set, and if there is a dynamic and flexible order that is responsive to the context of identity work. I think socialization theory on the issue may help here but the pity is that it only deals with children's developmental socialization in which they acquire social information in the process of language acquisition. Needless to say, in the theories of socialization it is the role and effect of the native language that they explore (Schieffelin and Ochs, 1986)

As the issue under discussion is one that has to do with a foreign language's impact on the (re) construction of identity, if we accept the identity capital hypothesis, the situation can be further complicated. With research on foreign language and identity change, questions concerning the relations between the incoming and existing entities will be of vital significance. We need to know about not only the basic structure, components, order, etc. of the first capital accumulated in the acquisition of the native language but also those of the second capital, which is supposed to be collected in the process of foreign language learning.

The notion that two identity capitals are implicated in foreign language and identity change presupposes a clear-cut demarcation between entities in the two sets. From our discussions on identity it can be inferred that such clarity may be relatively easy to achieve when identity is conceived in terms of membership but not other conceptions, and that can be why research on identity change in cross-cultural contexts mostly focus on issues concerning ethnic identity.

The developmental relationships between the two capitals lead to another crucial issue in our present discussion on identity change. When two identity capitals interact, change within a set can be complex: it can mean a simple modification of an existing entity and after the change the one that has been changed still exists. However, it can also mean a substitutive modification that leads to a replacement of an entity. As for the affected identity capital, it can refer to an instance in which one element has been added to the set but it does not change the essence of the set, i. e. a change, which, as it is addition, only signifies an enrichment. The same goes with change used in the sense of subtraction, which essentially is an impoverishment of the set. There is certainly the possibility in which the essence of the set has been changed because of the wholesale replacement of all the entities in the original set, or replacement of the majority of the entities in the set so much so that the quantitative change leads to a qualitative change. Maybe there is also another possibility where a change in the minority entities that are placed higher on the hierarchical order will generate the change of the nature of the set. One more likelihood is that the change does not engage addition or subtraction but a reshuffling of the entities of the existing hierarchical order owing to some external or internal pressure. There are many other possibilities, as well. Sometimes it may only involve a temporary suspension of an element in one's own set for the adoption of one in the other's set. Will such temporary suspension for the sake of a context signal a permanent change? Perhaps we need a new notion such as identity switch or shift here.

A larger issue underlying change in identity is what the change implies. Does the change imply what Giles labels as dis-identification (1991:109), a denial of the total set, or is it indicative of an acceptance without denial? To identify with a new role or a new membership itself is an evaluation of the original identity involved.

If there is change, there must be a context in which a change occurs. So what is the context that will induce a change in the identity capital? As changes take place in response to a context, some changes may only be temporary because of the transience of the context whereas some may be more permanent thanks to the stability of the context. A question that is definitely pertinent may arise: what decides whether the change is one of permanent nature or expedient kind?

After the change, what will happen to those replaced ones? Will they disappear entirely or are they simply pushed out of the foreground and driven to the background waiting for the context to reactivate them? Perhaps Irvine's notion of erasure is of some help here:

Erasure is the process in which ideology, in simplifying the sociolinguistic field, renders some persons or activities (or sociolinguistic phenomena) invisible. Facts that are inconsistent with the ideological scheme either go unnoticed or get explained away. (2000: 38)

The word "invisible" tells of deactivation rather than deletion. Here, we may find that Lambert's notion of subtractive bilingualism, and the current research on English and identity change in China are simplifications built on inadequate or imprecise delimitation of the key terms.

Gao's notion of productive bilingualism (2005, 2002) which addresses the issue is very fascinating because she points to a possibility of a kind of integration where the incoming identity in interacting with the existing one results in producing an enhancement of the original set not in simplistic terms of transmutational addition or deletion. The pity is her theory has not been borne out by the empirical evidence and there are some logical problems that remain to be solved. Logically, either something is added to the set because of a deficiency, thus creating a new entity in the set; or something is added to replace an entity because of some inadequacy, which creates a new one by deleting, the old. Whatever the situation, it is impossible to have a scenario where in adding a new one, one not only has a new one and the old one in place intact but also another independent one which grows from integration of the new and the old. Even her own data do not support this and it is even harder to imagine a context for such an occurrence if we agree that identity work is a result of a response to a certain context.

2.3 Language and identity

There are many factors, linguistic and nonlinguistic, that contribute to the construction or change of identity. The importance of the role of language in identity work has widely been acknowledged (Edwards, 1985). From the numerous studies concerning the relations between language and identity, we can detect the underlying Sapir-Whorf's hypothesis concerning the effect of a language on the structuring or restructuring of the reality. The most widely read French sociologist P. Bourdieu also stresses the importance of language and one's position in society:

The sense of the value of one's own linguistic products is a fundamental dimension of the sense of knowing the place which one occupies in the social space. (1991: 82)

But on a deeper level, the quest for the 'objective' criteria of 'regional' or 'ethnic' identity should not make one forget that, in social practice, these criteria (for example, language, dialect and accent) are the object of mental representations, that is, of acts of perception and appreciation, of cognition and recognition, in which agents invest their interests and their presuppositions, and of objectified representations, in things (emblems, flags, badges, etc.) or acts, self-interested strategies of symbolic manipulation which aim at determining the (mental) representation that other may form these properties and their bearers. (1991: 220-1)

The connection is also perceived from the perspective of socialization:

Language in socializing contexts can be examined from two perspectives. We can investigate how language is a medium or tool in the socialization process. In addition, we can investigate acquisition of the appropriate uses of language as part of acquiring social competence. (Schieffelin and Ochs, 1986: 167)

While there is no denying the role and contributions of language in the process, we need to realize that most of the discussions are conducted with reference to the native language. The question here is in what sense a foreign language can join the contribution.

Lambert, one of the pioneers in the related field, sets down some conditions for the possible contribution of a second language in such matter, which has often been ignored for various reasons in the research.

As depicted in the figure, when individuals develop proficiency in the second language, they may begin to experience changes in their self-perceptions. Lambert

(1974) states, "For the serious student who in time really masters the foreign language, we saw the possibility of a conflict of identity or alienation (we used the term 'anomie') arising as he became skilled enough to become an accepted member of a new cultural group. (98)" (Gardner, 1985: 134)

It seems Lambert does not argue for the view that any contact with a second/foreign language will lead to change in identity. What he has suggested is that only when the following putative conditions are met can the other language has an effect on the learner/user:

a. the learner needs to really master the foreign language;

b. s/he is skilled enough (communicative);

c. s/he will become an accepted member of the new cultural group.

Lambert refuses to guarantee such effect and membership even when the conditions are met. He points out that it is only a possibility that the effect may materialize with bilinguals (1967).

Gardner obviously holds a similar view:

It is perhaps only when students begin to develop proficiency in the second language that emotional pressures present themselves. This observation was first made by Lambert who suggested that as people become sufficiently proficient in the second language to associate themselves with both linguistic-cultural groups, they will experience anomie, feelings of social uncertainty or dissatisfaction with their roles in society. (1985:168)

Gardner's comment has made a very important point here, and this point has been addressed by Giddens in his discussion on identity change as well. Not every situation can induce identity change. Only those that cause experience anomie, or social uncertainty, (or to quote Giddens' phrase: threat to ontological security) will lead to changes in identity. Proficiency is essential because, as Gardner has it, it will bring on emotional pressures to the language user, thus causing uncertainty. Therefore, although proficiency has not been much elaborated upon in the research, it is taken as a necessary condition for the symbolic power of a foreign language to take effect.

The problem with the notion "proficiency" is that regardless of the intuition that it is a technically measurable criterion, there is no unanimously accepted standard for the measurement. Piller in her research has convincingly demonstrated the dilemma we have concerning the measurement of the L2 learner's achievement. She shares the view that to measure the proficiency of the L2 learners against L1 is not fair:

However, recent advances in the field have made it clear that we cannot turn to native competence and performance as a measure of L2 proficiency because the expert L2 user is a multilingual while the typical native speaker is conceptualised as a monolingual. (2002: 180)

For our purposes, we may not need a set of measurements that can well reflect the achievement of the L2 learners but we do need an index which signals the level of proficiency that makes possible the contribution of a foreign language to the identity work.

The second indispensable element that has been clearly referred to in both Lambert's and Gardner's statements is a bilingual community or sector, in which a speaker can swap sides when necessary. The bilingual community refers to a community in which two languages are used, whether in diglossic relation or not. When the community is bilingual, there is a prospect of natural interaction between the two languages, thus causing problems for the bilinguals to maintain an ecological balance between the two identity sets. Interaction is where identity work originates. Lambert from the very early stage of his research highlights the importance of bilingualism in identity work:

... bilinguals could make various types of adjustments to the bicultural demands made on them. (1967:92)

The "bicultural demands" obviously alludes to the interaction in a bilingual society. Edwards believes that bilingualism is of particular importance to the research on identity:

Bilingualism is central to this concern because coexistence with "larger" varieties, rather than continued monolingualism in "smaller" ones, is seen as the hope of the future. (2004:141)

The third element is a context for identity work since identity is not static but dynamic, and as the term suggests, identity work involves a series of operations that are situated in specific circumstances. Cote has introduced a term for it "identity context":

Identity contexts are where identities are communicated to, and perceived by; others as part of the exchanges involved in acceptance and entry into groups, as well as sustained membership in those groups. (2002:159)

Identity contexts are certainly bilingually interactive since they are the occasions which force a selection of a linguistic variety. Identity contexts are vital for language and identity research because if we suppose a certain language affects identity work, and as language affects identity through interaction, we assume there is a context that produces a need for a linguistic selection that induces identity work.

3. English and identity change in China

3.1 Research on English and identity change

There are some very interesting researches on English and identity formation and change in China (Bian, 2004). Gao's (2002, 2004, 2005) research is perhaps the most sophisticated in methodology and revealing in its findings. With considerable empirical evidence, the research supplies us with important findings in English learning and identity change.

While acknowledging the significance of her research results and the validity of her methodology, I would like to address some assumptions and presuppositions underlying her research in the light of the aforesaid theoretical discussions. I believe clarification of them will greatly add to the legitimacy of the empirical work.

There are three basic assumptions underlying the research:

The first assumption is identity or self-identity is a self-evident notion, and identity change is a clear-cut process of transformation.

The second assumption is identity change can be reflexively traced in a decontextualized and non-interactional situation.

The third assumption is that identity change with ordinary English learners is effected through the process of English learning.

There is also a presupposition underlying their research, i. e. in China, English is a functional language that can be effective enough to induce identity work, and the students' level of English is good enough for such matter.

3.2 English in China

I will begin my discussion with the presupposition. It is not an exaggeration now to declare that English is the most important foreign language in China, and it is important not only because it has the largest population of learners in the country, but also because it has become a prescribed prerequisite for many careers.

In educational institutions, children start to learn English from third grade on in the primary schools in most provinces and cities. In port cities such as Shanghai, which aim at a grand status of international metropolis, English starts even earlier in most districts. In many kindergartens, there are English training courses. In the primary schools and middle schools, there are the citywide English band tests from one to three, orchestrated by the municipal education committee. The country has two sets of nationwide English tests as well, one for non-English majors (Band 4 and Band 6), and the other for English majors (Band 4 and Band 8). English is a compulsory course for all majors at the primary (from third-grade on), secondary and tertiary levels. It is a required examination program for entrance to schools at secondary, tertiary, and postgraduate levels.

In the non-educational social institutions, English is a basic requirement for promotion. The scale of English's presence and the size of population that are engaged in English learning for that matter tend to create an impression that English is a second language in China. There are many interesting discussions arguing for the English learnt and used in China as a special, independent variety. (Kirkpatrick and Xu, 2002; Bolton, 2002)

Fergusson's (1972) classic discussion on diglossic society tells us that when we refer to a society or community as diglossic or in our case bilingual, we make an assertion that there are two highly codified varieties which are co-effective and functional in the society or community, and there is also a functional distribution of the varieties or languages. In Fergusson's view, the functions can be categorized as high and low ones, each with its own appropriate domain of operation. Fishman (1967) stresses the difference between bilingualism and diglossia. For him, one thing that is essential to bilingualism is that there must be a considerable large sector of bilinguals who interact with each other in accordance with the circumstances and purposes of communication.

If we look at the present Chinese society from either Fergusson's or Fishman's perspectives, we may feel that the massive presence of English may not necessarily make China a bilingual society. The situation in China is entirely different from the one in India and Singapore, where English is used for non-educational purposes in natural language settings, and in reality, English is a second language in all these places. The most important factor that signals that China is not a bilingual society with English being communicatively functional is that there is not a sector in the population that constantly use English as a means for daily communication in natural settings despite the immense size of the learning population. English in China is thus a much learnt language but not a used one.

Perhaps it is enlightening to take into account the composition of the population that learns English in China. The biggest one is the pupil/student population that learns English for educational purposes and basically takes English as a literacy no different from other literacies such as computer literacy etc. since English is a compulsory course required at most levels in schools. They learn English through artificial practices of various kinds and through simulation of foreign life.

The second population is again a learning population but this sector learn English for various practical purposes such as promotion, obtainment of certificates, passing examinations for overseas studies, or practicing English conversation for possible overseas experience. Of course, there are some marked differences between the people within this sector. For those who learn English only for promotion or certificates, English is seldom used except in examination contexts and will be ignored once purposes are achieved. Nevertheless, for those with a prospect of living or working overseas, English is learnt seriously and will be retained in the memory for possible future use. However, in spite of the differences, English is learned for future use but is not used there and then for natural and spontaneous communication.

The third population is the teaching sector, which is divided into elementary level, intermediate level and tertiary level. Though I do not think the division is significant theoretically because it is only a different degree of sophistication in terms of the mastery of English, one thing should be noted is that degrees of sophistication only promise corresponding degrees of the sophisticatedness in the English exercises and the frequency of English being used in class.

The last population is the sector that works with English for communicative purposes, such as interpreters, staffers working in foreign-vested companies or agencies. That sector may include some teachers who work part time for such purposes. This is the sector that uses English for communicative purposes, and yet it is problematic to treat the sector as a speech community that contributes bilingualism to the society or community because they do not interact in English with themselves but with outsiders of the society or community. In the classic theory, the existence of bilinguals within a society does not necessarily make the society a bilingual one. So that does not signify that English is used within the community.

The rough classification of the population that is related to English shows that English is not a daily communicative variety in China, and China is not a bilingual society in the standard sense. Judging by the standard postulated by Bussmann, English is a typical foreign language:

' ... foreign' languages are usually learned with more specific goals in mind, such as learning how to read specific types of written material, acquiring rudimentary listening skills, learning how to make oneself understood as a tourist in a foreign country. (2000:168).

Using the same standard, English in China is certainly not a second language:

In calling a language a 'second' language, emphasis is placed equally on the mastery of receptive and productive skills with the goal of making the new language one's own and of becoming a productive, functioning member in the L2 society. (2000: 16)

As regards the proficiency or level of English of the Chinese learning population, it is a tough case to decide because of the difficulty in measurement. Since I do not have any authentic data and have not done any empirical research on the issue, it is hard for me to make valid comments. I just want to point out that the scores in the written English examinations, no matter how high they are, may not be the relevant index to the English proficiency as far as communication is concerned. The level of proficiency Lambert has in mind when talking about the possible effect of a second language on identity is evidently a high one. Such a level of mastery may be only achieved by most of the English majors.

Besides the population that learns English, we can also take a look at the contexts where English is being used. English is predominantly used for educational purposes in educational contexts, both formally and informally. The main feature of the various contexts is artificiality, or a lack of spontaneity of a natural language that is typical of a context where English is used as a native or second language. It is really hard to predict how identity work operates in the unemotional simulation. In addition to the educational contexts, there are some non-educational contexts as well.

Media, English contests, signs, research paper, negotiations, etc. Media, English contests, signs, and researches are non-interactive and non-dialogic in nature, and although negotiations can be bilingual in nature, they invariably involve foreign nationals. They are not the contexts we have in mind when we talk about bilingual societies or communities

In sum, the problem with English in mainland China is that English is not a functional channel for communication except for the few who work with foreign nationals. Educational English communication is problematic in that it is basically generated in an artificial manner.

One counterargument can be that granted that English is not an effective communicative language and there is no English speaking communities in China, the acquisition of English may contribute to the process of identity (re)construction if identity is seen from the Giddensian perspective. While there is no denying the validity of the statement that the skill or literacy of English does add to the narrativity of self-identity, I feel the argument along that line channels the research into a philosophical domain whose introspective and speculative nature seems to be incompatible with the empirical studies conducted for that matter, and language, when deprived of its interactive or communicative function, has lost its idiosyncratic power that makes it different from other literacies. The range for introspective inspection should certainly be broader and more complex in order to secure an authentic biography which illustrates the "reflexivity of the self" being "continuous as well as all-pervasive." (Giddens, 1991: 76)

3.3 Chinese identity

As I have tried to show in the previous section on basic concepts, identity is a notion that is not self-evident but ambiguous. Research on identity needs to delimit the concept. However, the researches on Chinese identity tend to take identity as an unequivocal notion, disregarding its inherent complexity.

Seen from our discussions on identity, either membership hypothesis in terms of social identity theory or role concept in terms of identity theory, we may find that the research tends to blur the distinctions and work on a definition that is vague and elusive:

Most informants, when asked about their cultural identities, made a clear and strong claim of Chinese identity, but this was an identity that got broadened and enriched in the process of L2 learning. (Gao, 2002: 155)

Here "cultural identities" or "Chinese identity" seem to suggest an orientation towards the membership identity, more specifically referring to something similar to ethnic identity. However, the discussion that follows seems to obscure the membership delimitation and suggest a meaning that is close to role identity, or just a view of perception.

In an article written in classical Chinese yet accessible to modem Chinese readers, he proposed his view "thousands of theories and schools, all share the same origin and complement one another." (Gao, 2002: 156)

The term used to delineate the expansion of identity is baffling: "world identity." (Gao, 2002:156) It is certainly a virtual category of membership and an ideal way of perception which is based on an anti-Sapir-Whorfian illusion that people can transcend the gravitational pulls of the cultural specificity.

In another important study, "Self-identity changes among Chinese Undergraduates" (Gao *et al.,* 2005), the use of identity seem to move further away from the standard social identity theory and identity theory. Judging by the questions put to the informants, identity appears to be comprehended more in the Giddensian sense. Here are some of the questions:

I feel terrific when I find my command of English is better than that of others.

English learning has a great impact on my self-confidence.

When I have difficulties in English learning, I begin to doubt my own ability.

Whenever I have overcome a difficulty in learning English, I can feel my own growth. (Gao, 2005: 45)

One thing should be noted here is that it is not the Chinese identity or even cultural identities in whatever sense that are involved in the questions. There is nothing here that is particularly Chinese or culturally significant. We do not witness any cross-cultural confrontations which arise from the contact between two cultures. It is not the use of English, or the English language itself but rather the learning of a language that contributes to the change in self-identity. Gaining a certain skill will certainly facilitate one's life and enhance one's self-esteem but this simple acquisition of skill or competence is not the usual focal point people have in mind in the discussion of language and identity change. The notion identity or self-identity here cannot be categorized into either membership or role theories. Yet, if we recall Giddens' view of self-identity, we may find the discussion is not built on a continuity of a narrative but on some discrete instances that are of significance in one's life. Therefore, it is not strictly Giddensian, either.

Or it can be said that, given the Maslowian dimension of some of the discussions, self-identity is used in the sense of self-image or serf-esteem. Although adoption of any construal of identity and conflation of identity with self-image and self-esteem are in no way unjustifiable, it has serious consequences for the empirical research concerning English and identity change. For one thing, it will make Lambert's, and Gardner's research irrelevant, since they both attach vital importance to the notion membership in their research concerning attitudes and motivations in second language learning. For another, it deprives the research of the cultural specificities that are expected of a bilingual and cross-cultural research.

Another important problem with the research is that in the discussion of additive, subtractive, or productive practice of identity work, it tends to treat the Chinese identity as an organic whole. But the fact is in non-membership terms, Chinese identity is not as pure and simple as it is commonly supposed. Even if we argue that there is a generally accepted constellation of values, such as Confucianism, the approach is again simplistic because the approach tends to discount the dynamics of change overtime. A static view of the Chinese identity in non-membership terms tends to take a stance which is basically essentialist, assuming a set of core components that are fundamentally Chinese. However, when we look into such core components, we may be confronted with a dilemma that is both shocking and disconcerting. For instance, after 1949, the much talked-about tradition was actually shattered by a set of ideology which has only limited compatibility therewith. The new set of identity which on the one hand identifies one member with a collectivity in terms of its role and function to the centrality, a cog in a machine, so to speak, but on the other hand de-identifies a person as an individual. The change of society also implies a rereading of the roles and memberships specific to the corresponding society. The recent talk about Chinese identity basically bypasses the dilemma and struggles to ignore this disruption of tradition by alleging that the present identity is a natural and seamless continuation of the thousand-year old tradition. While it is not easy to gauge the damage of that break to the tradition, the break is a fact that cannot be denied and overlooked. Thus, when we talk about the transformation of Chinese identity, we need to first clarify which set of core components in the identity capital we refer to.

In a word, before we set up unequivocally a set of traits that can be considered as characteristically Chinese in the identity set, research on identity change is impossible since we may not be sure if there is a change at all.

3.4 English and identity change

According to Giddens' theory, maintenance or change of identity has to do with the status of the ontological security. In other words, identity change takes place in an identity context where the agent feels challenged or threatened in a state of existential anxiety. As has been repeatedly pointed out in the previous discussion, identity work is interactive in nature. So the challenge or threat can only arise when an interaction is in session. Whether the learning of a language in a non-interactive situation will effect a change or not is thus an open question, the answer to which depends on whether there are sufficient existential anxieties that are generated in the circumstances.

An examination of the questions put to the informants in the research will reveal that they are more or less of a reflexive type, i.e. they are questions that will lead the informants on to a journey of introspection. Of course, one is justified to say in a self-reflexive manner "After learning English, I'm often caught between contradicting values and beliefs." (Gao, 2005:46) But when it comes to an assertion of identity, things become more complicated. This takes us to the issue of the legitimacy of self-categorization we have discussed in the previous section. As has been shown, the validity of self-categorization is an open question. In terms of membership and role, it appears that a certain level of acceptance is expected to counter the utter arbitrariness of self-categorization. We have also pointed out that the issue grows more and more convoluted when membership or role becomes more and more vague, abstract and evasive. When the observability of the process is diminishing with key notions evasive and abstract, the strength of the empirical research will certainly suffer.

While we do not discredit the informants' reflections on the agency of English in identity change, we hold that to identify English as the agent of identity change we need to take into account the following considerations.

The first one is the problem of exclusiveness of agency. The statement "After learning English, I'm often caught between contradicting values and beliefs" presupposes a state of affairs in which English values and beliefs are not introduced to the learner through other channels. In other words, s/he is not exposed to the values and beliefs before they start to learn English. Learning English is the only access to such values and beliefs. This underlying presupposition is certainly false in the present Chinese context.

Pupils or students have already been exposed to the Western values and beliefs, English or not, through the massive amount of translations both in printing and media. The early viewing age of the television programs, especially the non-Chinese cartoons may have already opened an access to the values and beliefs before children are aware that these are non-Chinese values or beliefs. With the majority, it seems that they have been offered such access long before they start to learn English as a foreign language. Although most of the population starts to learn English at an early age, English only becomes functional after most of them go to college. As Gao et al's research shows, many have acquired English literacy in the universities. So, it is hardly a fact that the Chinese English learners know almost nothing about the Western values before they go to university.

The Western values and beliefs have been transmitted to the Chinese mostly through the translation channels, good or bad translations, long before the general population has a mastery of English. In fact, given the status of the English literacy of the whole population in China, translation is still the main channel which makes the non-Chinese values and beliefs accessible to the Chinese. Apart from the English majors, the size of the population that has read books in the original is still an uncertainty.

So to establish that English is the agent in generating identity (re) construction we need to prove that without English or before the access to English such values and beliefs are not accessible and hence such (re)construction is impossible. To borrow Giddens' phraseology, it should be the messages that are passed on to them through English that challenge or threaten the ontological security. This is an extremely difficult task because of the pervasiveness of the presence of the Western influence through translated printed matter and media. Unfortunately it is a task that cannot be bypassed if one wants to designate English as the agent of the identity change.

The second one is the level of mastery of English. Even if we can establish that English is the agent, we still need to handle another related issue. Gaining the English values and beliefs through the English language, and being consequently caught between the contradicting values and beliefs require a high level of mastery of English, as Lambert and Gardner suggest. There is no denying the rise of the level of English among the English learning population in present-day China but it is still doubtful whether quite a substantial sector of the population have reached the level of proficiency visualized by Lambert. Technically, it is still an open question, or not much explored one, at what level of proficiency the exposure to an alien culture through that language will induce a recognition and comprehension of values strong enough to lead to a change in identity. Lambert's restrictive adjective "enough" is certainly of no help because it does not suggest a way of measurement.

The third one is the use of English in connection to identity work. We have discussed in relative detail the use of English in China. The lack of spontaneous context for English use and its non-official status as a language-for communication have reduced considerably the contexts for identity work. Since most of the problems related to identity work in the research arise more from introspection than interaction, it does not seem to be justified to assert that they are problems caused by the acquisition or use of English. In fact if we change English into German, French or Spanish, the same problems will remain. I believe that is the main trouble we have when the agent of the change is not clearly identified. Or to be more exact, the confusion arises when the role of English in identity work is not treated in an interactive context, and when identity work is regarded as a decontextualised introspective activity.

Fourthly, identity research tells us that identity change may involve a change of one in a set or the whole set. When we allege that English brings about change in identity on the part of the Chinese learners we need to know in our identity change research if because of the learning or use of that language one identity has been added to the set, describe and explain if such addition has changed the hierarchical relation of the members in the set, and how the new addition stands in relation to other members. We need to know if there is a conflict between the new addition and the old member, what will happen to both of them, especially the old one, if the old one is eradicated or marginalized, and when appropriate contexts arise, whether it will reassert itself.

In sum, I think if we cannot establish the exclusiveness of the agency of English with regard to identity change, the hypothesis that English induces identity change in China, although intuitively right, remains hard to prove. It is all the more so when identity is not construed in terms of role or membership, when change is not caused by the use of language in interaction but by some introspective activities that concern some value conflicts, and when the transmission of the values involved can be executed through other channels than English. That is perhaps the main reason why in the research on language and identity change people tend to focus on the linguistic markers, which are exclusively traceable to the language in question.

4. Conclusion

I certainly have no intention of denying the role of English in identity work in China and the enormous contribution Gao's research has made to the issue. My discussion or questioning is only an attempt at a refinement of the research. I would like to conclude my paper by making the following suggestions regarding the research on English and identity change:

1) Because identity is an ambiguous notion, research on related issues has to come up with a clear operational definition first or the rigor of the work will suffer.

2) Language-related change in identity should be attributable to the language in question. Since the use or avoidance of the use of a language is a linguistic choice to maintain or change identity, it is in interaction that the role of a language in identity work is most explicit. Perhaps as suggested in my discussions, the explicit role of English in identity work is more identifiable in a bilingual society, and Kachru's study (1986) on English's role in Indian identity work is a good illustration.

3) When identity change involves a second language, it signifies' confrontations between two cultures, or two set of values derived from the two cultures. It is the values that are culturally specific that make the cross-cultural bilingual studies more relevant. The culturally specific traits are far more difficult to identify than, say, the crude simplifications of collectivism and individualism. However, only when such traits are established can research on identity change originated by the use of a second language be relevant and legitimate.

本文原载于《中国社会语言学》，2005年第2期。

外语学习与认同研究在我国情境中的必要性
——回应曲卫国教授

北京大学 高一虹

1. 外语学习者认同研究及其面临的挑战

"语言与认同"是社会语言学的一个重要研究领域；有关二语习得/学习过程中的学习者认同研究在过去的十多年中也逐渐发展起来（Norton Peirce，1995；Norton，2000；Pomerantz，2001）。在我国，近十年中也出现了一些相关研究，本文作者与同事在此方面投入了较多的精力。笔者以"最佳外语学习者"为研究对象，以Fromm的"生产性取向"为理论依据，提出了有别于"削减性双语现象"、"附加性双语现象"（lambert，1974：91—122）的"生产性双语现象"概念，即母语与目的语水平、对母语文化和目的语文化的理解相互促进、相得益彰，整体的认知、情感和行为能力得到提高（高一虹，1994：59-64；Gao，2001，2002：143—162）。此方向的研究后来扩大到以我国在校大学生为主体的普通英语学习者，通过批量的、质的研究，发现在这些普通学习者身上，也产生了与作为外语的英语学习有关的自我认同变化（高一虹等，2004）。

对于以上研究，曲卫国（Qu，2005）提出了批评，其主要观点如下：

1）"认同"、"文化认同"等概念缺少清晰统一的定义（此处曲教授的批评是在文献回顾基础上就有关语言与认同的总体研究现状而言，并非专指我们的研究）。"认同的概念并不像研究所前设的那样不言自明"（同上：93）。"由于认同的概念含混，对有关问题的研究必须首先形成一个清晰的操作性定义，否则研究的严密性将受到很大影响。"同理，"当认同变化涉及到第二语言时，便意味着两种文化或从中产生的两整套（two sets）价值观念的冲突"（同上：113）"如果不能明确中国认同这一集合的整套特征，研究认同变化则不可能。"

2）语言学习与认同变化之间无法建立直线的因果关系。"与语言相联系的认同变化应当与这种语言直接联系"（同上）。影响学习者认同变化的因素除了语言学习外还有其他因素，所以很难判断认同是否与语言学习有关。

3）与语言学习有关的文化认同变化前设了狭义的第二语言情境，而中国的英语情境是外语（EFL）而非狭义二语（ESL）的。"讨论二语对认同变化的影响至少前设了双语共同体，以及学习者对目的语的掌握。在作为外语的情境中，英语的学习和使用主要局限于教育情境，我们需对英语在认同变化过程中的作用持谨慎态度"（同上：93）。

Qu对有关研究之意义的挑战促使我们思考一些重要问题。在理论上，我们的确需要审视"认同"究竟为何，不仅是在本体论层面，而且是在认识论层面。在实践方面，Qu的观点可能在持外语工具观特别是英语工具观的教师和学者中有一定普遍性。随着英语作为国际共同语迅速在全球普及，英语是否只是与目的语文化无关、与学习者认同无关的一种基本技能，甚至已成为一种"后认同语言"（Lo Bianco，2005：17—40）？外语教师是否可以、是否应当仅关注语言技能，忽略这门语言对于学习者认同的作用？这些问题关乎我们教学实践的指导思想，关乎教师精力投入的方向，也关乎广大学生从语言教育中的收益。因此，有必要对Qu提出的问题进行思考，做出回应。

2. 对挑战的回应

要对以上问题做出判断，首先要澄清看问题的视角或立场。这里我想指出"结构观"与"建构观"的认识论区别，以及这两种视角在看待语言与认同问题时的差异。

2.1 结构观与建构观

"结构观"或"结构主义"（structuralism）这一概念在不同的学科有着不同的定义。我们这里所说的结构观主要采用了社会学的传统，指一种认识的方式或获取知识的方式。结构观将目标概念（认同、文化）视为具有固定内在结构的实体。这些结构的成分是确定、真实的，可以被分解为独立的、可定量测量的本质性特征。

还有其他一些概念常用来描述类似取向，但侧重点不同。"结构观"由此可能与这些概念同时或交替使用。例如，"客观主义"（objectivism）强调结构因素的外部真实性；"本质主义"（essentialism）强调其固定不变的本质；"实证主义"（positivism）强调用定量的方法采集可观察的材料以检验结构因素的存在。

与"结构观"相对，"建构观"或"建构主义"（constructivism）不承认既定的结构实体。激进的建构主义（radical constructivism）强调人作为主体的能动作用；社会建构主义（social constructivism）则强调主体与环境的互动（如 Berger & Luckman，1967）。本文所言"建构观"指后者。建构观将所谓"结构"看作主体与外部环境通过互动而相互建构的过程，具有多元、变化的复杂特性，因而不易通过定量的测验方法确切把握。

上述"结构观"与"建构观"之区别是理论意义上的。在实践中它们并非截然两分，而可视为一个连续体的两个端点，研究者可在此连续体上找到自己的视角或立场。我们与曲教授观点的差异，可由此视角的不同来解释。

2.2 认同与文化的定义

从结构主义-本质主义的视角来看，"认同"指的是边界明晰的外部社会范畴，如国家、种族、民族、性别、社会经济阶层，也可以指以此社会范畴为依据的主观分类，如果这种主观分类被当作固定的客观实体。"中国"或"美国"、"男性"或"女性"、"劳动阶层"或"中产阶层"等，都是具有内部共同特征的"集合"，其成员都具有该集合的所有特征，而要对它们进行实证研究，就必须采用清晰的"操作性定义"。

从建构主义的视角来看，认同"某个人究竟是谁"的问题，1）涉及多种而非一种概念，2）存在于具体交际事件之中，3）既不是外部环境给定的产品，也不是纯粹的个人想象，而是个体与社会环境相互协商的过程，4）蕴涵了话语的使用（参见de Fina，Schiffrin & Bamberg，2006：2）。

由于认识视角的不同，在以往的研究中"认同"缺少明确而统一的定义也就不足为奇了。不同立场定位的研究者会采用不同的定义，且对定义清晰一致性的要求也会不同。建构观本身就强调灵活性和复杂性，"精确的""操作性定义"是结构观的要求，站在这个视角看建构观的认同概念，自然不合标准。

同样，从结构观的视角来看，文化认同，如"中国文化认同"，是建立在文化特性之客观"集合"之上的；文化之间有着硬性的边界。如果不能清晰、穷尽性地描述集合的特性，"文化"、"文化认同"也就无从谈起。然而从建构主义的视角来看，文化是主观与客观的互动而非客观实在，即便是在一个既定的时间点，每个"中国人"对"中国文化"的主观认同也并非完全相同，而如果"客观"地看群体中的主观认同，则认同可能有着核心清楚边界模糊的"原型"特性，仍不是边界清晰特性可穷尽的"集合"范畴。

2.3 语言学习与认同变化的关系

结构主义-实证主义的范式用因果关系的视角来看语言学习及其结果和影

响因素。因此，每个变量都要有便于测量的操作性定义，对于自变量之外的其他因素需严加控制。如果不能用严格控制的方法证明某类认同变化与语言学习相关而与其他因素无关，就无法说认同变化源于语言学习，任何关于语言学习与认同变化的讨论也就成了无稽之谈。

从建构主义的视角来看，世界本来就是复杂的，许多社会现象之间都并非单线的因果关系。认同的变化同时受到许多因素的影响，又反过来影响学习者的方方面面，这是非常正常的。不能证明单线的因果关系的存在，并不能说考察学习者认同这一丰富复杂的现象就没有意义或不可行。只是在结构主义的框架内，研究的意义和可行性才受到局限或被否定。

2.4 双语共同体、跨文化情境、目的语水平

从结构主义-本质主义的视角来看，在"双语共同体"与"单语共同体"、"真实"（英语作为二语）与"虚假"（英语作为外语）的跨文化交际情境、是否掌握目的语之间有着截然的界限，而"双语共同体"、"真实的跨文化交际情境"以及"目的语的掌握"是学习者文化认同变化的绝对前提。

从建构主义的视角来看，这些界限分明的范畴并不能给我们理解有关现象提供有效帮助。虽然人们一般认为，二语和外语的区别决定了目的语文化输入"剂量"的大小，我们不应忘记在狭义二语情境中，学习者的"情感过滤器"可以阻碍文化信息的输入，而在外语情境中，高动机高情感的投入可能促使学习者为自己主动建立大剂量的目的语学习情境。我们以往的研究已经显示了这一点（高一虹等，2004）。在各种多媒体手段高度发达的信息时代，"大剂量"目的语学习情境建构的可能性越来越大；英语也正在点点滴滴地渗入学习者特别是青年学习者生活的方方面面——网络、说明书、电视、报纸、电子邮件、歌曲、电影光碟、英语角、出国申请等等。狭义"二语"与"外语"情境的区别正在逐渐模糊起来。

早在20世纪七八十年代就有学者指出，"作为外语的英语"、"作为二语的英语"的概念，正在逐渐被"作为国际语言的英语"（EIL）所取代，英语的使用者非常广泛，分为"内层"（如英国、美国）、"外层"（如印度、新加坡）、"扩展层"（如中国、日本）（Kachru，1992）。对越来越多的人来说，"英语不再是一门外语"，而成为一种"基本技能"（lo bianco，2005）然而这并不意味着英语就真的成为了"后认同语言"，与学习者的认同建构毫不相干。认同建构是通过符号互动进行的，无法独立于语言。外语的学习，不可避免地会参与学习者的认同建构。即使是纯粹作为"基本技能"的外语"工具",英语也可能参与建构新的认同,比如"具有竞争力的求职者","国际商务工作者","性格外向的交流者","敢于发表己见的女经理","雄辩的外交家"等等。正因为英语越来越多地起着国际共同语的作用,英语学习与认同变化之联系才变得越来越丰富。的确,目前有关语言学习者的认同研究大多处于狭义的"二语"情境,"外语"情境的相当少,但这恰恰为我们的研究提供了巨大的空间。

2.5 范式的转型:从结构观到建构观

在过去的半个世纪中,语言与认同研究从诸多理论中的隐含观念,上升为社会语言学当中一个倍受关注的显性领域;其研究范式也经历了由结构观向建构观的转变。20世纪六七十年代至八十年代初的经典社会语言学研究,如Labov的语言变异、Bernstein的复杂语码与局限语码、Robin Lakoff的对性别语言差异的研究等,大都有明显的结构主义-本质主义特征,突出认同形成的社会条件和限制,将语言变体与社会群体身份一一对应。然而研究者逐渐意识到结构观的刻板性和简单化倾向给语言认同研究带来的局限。从八十年代初开始,建构主义的语言认同观开始出现,在Gumperz等的互动社会语言学、Le Page和Tabouret-Keller的"语言行为即认同行为"等理论中逐步发展起来。九十年代以来,在借鉴Bourdieu(1991)、Giddens(1984,1991)等当代社会学家理论的基础上,建构观的语言认同研究兴盛起来,正在取代结构观在国际社会语言学领域的主导地位。以Bonny Norton为代表的一批建构主义语言学习认同研究涌现了出来(Norton Peirce,1995;Norton,1997:409—429;2000;Norton & Toohey,2001:307—322;Leander,2002:198—250;Pomerantz,2001;Thesen,1997:487—511)。在建构观指导下,语言学习活动不再是社会结构决定的行为复制,也不仅仅是个体特质差异的体现,而是复杂的社会现象,有关个人人生轨道和社会发展的活动(有关建构观范式转型参见Capozza & Brown,2000;Joseph,2004;高一虹、李玉霞、边永卫,2008:19—26)。尽管建构主义在社会科学诸领域受到了挑战,如"缺少主体理论"(Checkel,1998:324—348)、"不利行为指导和干预"(Leach,1996:3—19)、"缺少强有力的研究方法"(Kaufmann,2005:167—194),也有学者呼吁全面发掘包括结构主义在内的各种认识论资源(Hjorland,2005:156—163),但建构主义的贡献已经得到公认并广泛应用于语言文化研究和教学(de Fina et al,2006;Hall,2002;Holliday,Hyde & Kullman,2004)。这一视角有助于将语言学习置于整体的"人"的生活史中理解，同时也有助于以积极的、创造性的眼光看待英语教育对全球化背景下中国现代性进程的意义。因此，它对于语言教育者、研究者特别是习惯于结构观的我国语言教育学界来说，有很大的启发意义和应用潜力。

2.6 范式差异与转型的缘由

结构观与建构观之间的范式差异及转换无疑与社会现象的不同特征有密切联系。我们所面对和研究的社会现象，本来就一方面具有普遍性、规律性、简约性，另一方面又具有相对性、特殊性、复杂性。我们需要有不同的认识论视角，来关注这些不同的侧面。换一个角度来说，范式的差异和转换与人类对知识的需求有关。一方面，人类有需要将复杂的现象概括为少数范畴、特征或规律，以便为我们有限的认知和行为能力所把握；另一方面又有需要突破这些框架的限制，达到更多的思维和行为自由。正如波普尔（1987）所说，我们都是自己理论框架的囚徒，但又是滑稽可爱的囚徒。只要我们愿意，就可以打碎现有框架，找到新的更宽敞舒适的框架。

在学术研究的不同发展阶段，人们对知识的主导需求不同，所偏好的认识视角也会不同。在学术流派已经出现而有待验证和确认的阶段，结构主义-实证主义的研究往往得到青睐；在旧有框架有待突破，新的方向或领域亟待探索时，建构主义的研究容易受到关注。

结构观-建构观的选择还与置身于学术共同体之中的研究者认同有关。直接或间接地将我们自己定位于理论家、逻辑学专家、行为矫正师、培训师、工具设计师、实践者、教育者或其他，将影响我们所选择的认识论视角，而认识论视角的选择，也将进一步影响我们的身份认同。

2.7 我们研究中的视角建构

以结构观建—构观的框架反思性地回顾我和同道有关我国外语学习者认同研究，可看出早些时的"生产性双语现象"有一定的结构观色彩。由于这一概念将旧有的"附加性双语现象"、"削减性双语现象"作为参照点，"双语现象"以及与此相联系的"双文化现象"概念本身就有文化"集合"的涵义。不过，"生产性双语现象"又突破了目的语和母语文化的僵硬"集合"。"整体大于部分之和"的概念，即认知、情感和行为能力的总体性增值（"1+1>2"），使学习者的多元认同成为可能。"双语现象"（bilingualism）的概念是与现有知识和学术传统相联系的桥梁，但"生产性双语现象"的增值特征使其超越了狭义的"双语"、"双文化"甚至"多文化"意义范围。

后来对普通英语学习者的语言认同研究中，建构观的思想更加明确，在"中国人"、"外国人"之外的身份多个质的研究中出现（边永卫、高一虹，2006：34—39；高一虹、李玉霞、李伟娜，2004：107—124；高一虹，2006：43—49；李玉霞，2004：202—226；李战子、高一虹、李芳芳，2004：227—248；沈莉霞、高一虹，2004：190—201；Li，2005：117—130）。虽然我们在大样本定量调查中采用了预设的认同范畴（高一虹、程英、赵捷、周燕，2004：25—62；李淑静、高一虹、钱眼，2004：63—86），但此处的"文化"代表主观视野中的文化定型，而非客观的文化集合，与认同变化有关的调查结果应理解为学习者的自我认识倾向而非行为事实，它们揭示了有待进一步考察的观念、情感和行为关注点。在正在进行的一个针对大学生的跟踪项目中，我们正就此做更深入的考察。我国英语学习者的学习背景是全球化背景下一个快速转型的社会，情境具有多样、变动、复杂而微妙的特点，既非狭义的"二语"情境，也非用传统的"外语"情境可以准确概括；对学习者语言认同的研究也尚处在探索阶段。总体而言，此类研究更适宜采用建构观作为指导思想。

我和同道的建构主义取向，以及有关认同和文化"含糊"、"不严谨"或"灵活"的定义，还与我们自身"教育者"特别是"语言教育者"的认同有关。作为教育者我们希望了解，在学习语言的过程中，包括我们自己在内的学习者身上发生了什么。语言的学习是整体"人"之成长不可分割的一部分。只有具有了全人的视角，才有可能促进包括语言进步在内的学习者的成长。条分缕析的定义对于理论探讨和争鸣来说非常重要，但我们的首要关注点是有血有肉的实践的"人"。如果作为认同修饰语的"文化"不准确，也许可以用"社会"、"群体"替代，或干脆省略。同样，"认同"并非用来讨论学习者之"人"的唯一概念，相似的概念还有其他一些也常见于现有研究当中，例如"自我"、"主体"、"人格"（Ivanic，1998）。如同其他任何教育一样，语言教育的宗旨是促进学习者整体人的发展。也正是出于这个原因，我们无法不关注这个"人"是谁，无论这个概念表述为"认同"或别的什么。曲教授的批评还为我们提供了一个积极的建构性启发，即推敲"认同变化"中"变化"的用法。如果"化"给多数人的感觉是本质的突然置换，那么这并非我们想要表达的内容，而且也不利于读者接受。更适合的概念也许是"发展"，它表明逐渐的转变特别是成长，具有较积极的含义，且符合"教育"实践的背景。

3. 结论

有关我国情境中外语学习者语言与认同的研究是否必要和可行，其看法在很大程度上取决于人们的认识论立场。从结构观的角度来看，这类研究并无意义或者说与外语情境不相干；而从建构主义的角度来说，这类研究不仅是必要和可行的，而且需要更多研究者的共同努力。由于认同并非纯粹由外部给定或强加，而是通过符号互动逐渐建构起来的，认同的发展蕴含了语言的使用，母语之外的语言学习注定会对学习者之"人"产生影响。在个人层面，认同的发展可能是未经表达的"实践意识"或"意图之外的行为结果"，通过反思可以进入学习主体的"话语意识"（Giddens，1984，1991）。在理想情况下，学习者将获得更多的反思性、更敏感的多元意识。在社会层面，中国的英语学习不仅仅是反映现代化进程的"温度计"，而且是这一进程本身的一部分（Gao，2005：60—83）。因此，在全球化的背景下，对我国英语学习者的认同研究应当拓宽眼界。我们需要超越狭义的"作为外语的英语"，超越简单的"东、西方"对立或"中国"与"英语国家"的对立，发现丰富多元的发展中的认同。这个具有挑战性的新领域正等待着我们去开拓。

本文原载于《外语教学理论与实践》，2008年第2期。

第七章
语言社会化与儿童语言

按语（张辉）

目前国际上对儿童母语的研究大致可分为两类：一类是以Chomsky的生成语言学为基础的儿童语言习得研究；另一类是以功能语言学或认知语言学为基础的儿童语言习得研究，两个学派均在各自的理论基础上提出了儿童母语习得的理论，形成各自独特的研究领域和特色。

目前国内的儿童母语（汉语）习得还没有形成特色鲜明的学派，其研究特点均是描写性的，还没有达到解释的阶段。我们从国内学术期刊网上选出四篇论文，可以说代表了儿童汉语习得的目前的状况。

盖笑松等人的"儿童语言样本的分析技术"提出了评定儿童表达性语言能力发展的一个方法，这一方法包括语言样本分析的程序、流行程度、语言样本的诱发方式以及其宏观结构和微观结构的分析指标。这一方法的提出为儿童汉语习得的研究打下了一定的基础。

尹洪山等人的"语言社会化研究述评"综述了儿童对语言、文化和社会行为的过程，提出了儿童汉语学习不仅指语言学习，而且涉及到儿童参与社会交际的过程，认为社会认知和交际是母语学习中不可或缺的要素之一。

国内学者中对儿童汉语学习进行系统论述的是李宇明教授，他在20世纪八十年代和九十年代的儿童母语的习得研究是开创性的。本读本选了他与陈前瑞的两篇论文。这两篇论文均是对儿童问句理解的研究。"儿童问句系统理解与发生之比较"中，作者考察一个女孩子对24种问句格式的理解和产出的情况，从而对儿童问句系统的理解和发生进行比较。研究认为问句的主要理解期在1.4至2.1岁。在这八个月的时间内，儿童理解问句格式有19种，占24种问句格式的79%。儿童理解和过程呈现出"峰谷式"。在这两年零10个月的时间中，儿童从使用一种问句到使用了17种新格式，占24种问句中的70%。1.4岁和2.5岁是儿童问句系统的主要发展阶段。在问句发展的早期,理解和发生是交替进行的。问句的理解和发生阶段是不重合的。

"儿童问句理解的群案与个案的比较研究"运用群案横向实验法和个案纵向观察法得到的两种结果进行比较。研究发现儿童问句系统理解的一般规律并讨论了两种研究方法的差异。

以上这两个个案研究均是对儿童习得某一语言现象进行详细的考察和描写,说明某种类型的问句发生的年龄和习得的结果,是个案研究很好的例子,值得汉语儿童母语习得研究者学习和借鉴。

语言社会化研究述评

青岛科技大学 尹洪山 康宁

语言社会化（Language Socialization）研究是近年来兴起的一个多学科交叉领域，涉及语言学、社会学、人类学和心理学等多门学科。语言社会化理论着眼于学习者语言能力的发展与社会文化环境的交互作用关系，认为语言学习过程就是学习者个体的社会化过程。该理论从语言、文化、社会三者相互联系的社会语言学观点出发，就语言习得和语言能力发展做出了独特的解释，对第二语言教学也不乏启示和指导意义。

一、语言社会化理论

根据人类学研究者Schieffelin&Ochs（1986）所下的定义，语言社会化就是指儿童或初学者通过语言形式的学习实现社会化的过程，并接受相应的价值观、行为方式和社会习俗。语言社会化概念承袭了早期人类学家Sapir（1921）和Whorf（1956）等人对语言和文化关系的论述，认为儿童在获得语言的同时亦形成了自己观察世界的视角。另一方面，语言社会化概念也体现了语言学研究的社会学转向趋势。在过去的二十几年中，社会语言学领域发生了一种变化，即社会语言学家都在利用社会学理论来研究语言问题。语言社会化研究借鉴了社会语言学领域的研究成果，认为语言学习和文化适应属于同一个过程，儿童语言能力的发展不仅与语言学习活动本身有关，而且也是儿童参与社会交际的结果。因此，特定的社会、文化和政治环境会制约儿童所接触的语言形式，同时也对儿童如何使用语言产生影响。

从其心理学基础看，语言社会化研究深受Vygotsky（1962，1978）的学习理论影响，强调交际活动中的语言运用在心智功能发展中所起的核心作用。Vygotsky认为语言符号首先是社会的，然后才是心理的，言语能力的形成是在社会支持系统下通过最近发展过程实现的。Vygotsky的心理学理论把语言习得过程看作连接社会语言和心理语言的支架，学习者则是在社会认知任务中的积极参与者，这一思想对语言社会化理论的形成有着重要的作用。

除此之外，生态语言学的发展也为语言社会化研究提供了理论依据。语言生态是一种隐喻性的表达方式，指的是特定的语言与其生存环境之间的相互作用关系。从整体论的角度看，任何事物都是整体中的一个组成部分，语言现象亦是如此。语言生态系统的各个组成部分之间相互联系、相互作用。如果脱离具体的情景语境和社会文化环境，语言的信息交际功能就无法得以实现。基于这一思想，人们主张从语言与环境的相互依存关系出发分析和研究语言，把语言的学习和社会文化的适应看作同一过程，即个体的社会化过程。

语言社会化理论的提出也与人们的语言能力观变化有着密切的关系。在语言学研究中，语言能力是一个关键性的术语，内涵非常丰富。语言学家出于构建自己理论框架的需要，往往会对语言能力的概念重新审视和定义。例如，Chomsky（1965）区分了语言能力和语言运用两个概念，前者是理想的语言使用者关于语言的潜在知识，即内化的语法知识；而后者指的是个体在具体情况下语言的实际使用，即潜在语言能力的实际体现。Chomsky认为，语言能力的发展是由遗传基因决定的，语言间具有普遍性，普遍语法是由一套适合所有语法的原则和参数构成。在Chomsky看来，语言能力的特点是同质的、稳定的、天赋的。Hymes（1972）批评Chomsky的语言能力观忽略了重要的社会文化因素，割裂了语言和社会的关系，因为社会生活不但影响外在语言运用，而且也影响内在语言能力。与Chomsky的语言能力不同，Hymes提出的语言交际能力（communicative competence）概念由四个部分组成：语法知识、心理语言知识、社会文化知识和实际运用的知识。Hymes把语言运用的某些方面纳入交际语言能力，从而扩大了语言能力的范围。语言能力观的这一变化极大促进了20世纪70、80年代跨文化背景下的语言习得研究，特别是以Schieffelin和Ochs为代表的一批学者，将儿童对语言、文化和社会行为的学习看作三位一体的连续性过程，开展了一系列的语言社会化研究。

二、主要研究领域和课题

语言社会化研究的范围相当广泛，所关注的问题大多属于交叉学科的界面研究，具体而言，语言社会化理论主要从以下几个方面开展研究。

语言社会化的内部因素。语言社会化理论认为，在儿童母语习得中，认知能力的建立与儿童的环境体验和社会交际密切相关。许多研究者感兴趣的问题是，认知能力是如何在语言习得和语言社会化过程中发挥作用的？ Nelson（1996）认为，认知行为本身离不开学习者的学习经验和社会交际，Watson-Gegeo& Nielsen（2003）进而指出，认知源于人的社会交互作用，因此，构建新的知识体系既是一个认知过程，也是一个社会过程。对这些问题的讨论引发了人们对语言习得中的认知因素和学习者个体社会化过程的深入思考。另外，语言社会化理论认为，语言学习与其他类型的学习没有根本的差别，人类虽然具有语言学习的内在先天机制，但认知能力的发展离不开特定的社会文化环境（如家庭、社区和学校等），并深受后者的影响。因此，从语言社会化理论获得的启示是，语言能力和其他认知能力的发展遵循的是一种自下而上（bottom-up）的方式，而不是自上而下（top-down）的方式。

在语言社会化过程中，另外一个关键的内部因素就是学习者的心理表征。语言社会化研究者试图揭示言语能力发展与社会文化心理表征的关系。言语能力是一种高级的心理机能，儿童在语言认知过程中需要将社会语言活动转化为个体言语过程，因此，社会交互作用中的心理过程是语言学习的重要组成部分。例如，发展心理学的研究发现，儿童对方位词以及情绪词的理解和使用是以对这些词所代表的概念表征的确立为基础的（转引自钟建军、陈中永2007）。由此可见，言语信息的理解和产出需要社会文化心理过程的参与，缺少社会心理表征的语言学习活动则是不完整的语言学习过程。

语言社会化的外部因素。从广义上讲，语言社会化的外部因素指学习者所处的社会文化环境，如政治制度、文化习俗、语言环境以及教育体制等。从狭义上理解，语言社会化的外部因素则指与语言学习相关的情景语境。如上所述，语言学习是在社会互动情景下发生的，语言首先是作为社会互动的符号而存在，经过内化才逐渐发展成为个体的言语能力。因此，语言规则的内化过程既离不开社会文化环境的支持作用，也与情景语境的触发作用密切相关。在语言社会化研究中，这些不同的外部因素都会成为研究者关注的焦点。

围绕上述因素，近年来的语言社会化研究重点对下面的一些课题进行了探索和研究。

（1）少数民族语言的社会化。语言社会化研究的一个重要课题就是双语和多语环境下少数民族语言的使用问题。这里所说的少数民族既指某一语言社区的原住民，如英国的威尔士人，也指定居他国的移民家庭。在一些多语言国家，由于政治、经济、历史、文化等多方面的影响，少数民族语言正遭受着前所未有的生存危机。例如，在英国的威尔士地区，英语早已成为当地的通用语，威尔士语的使用范围越来越小。所幸的是，人们已经意识到了这一问题的严重性，积极采取措施避免语言和文化的过度单一化。许多成年的威尔士人每周坚持用五个晚上学习曾已忘却的威尔士语，而为了送子女去上威尔士语学校，很多父母不惜驱车二十英里送他们去上学（何俊芳，2005）。显然，在这些家长看来，让子女接受本民族语言的社会化不仅是家庭教育的需要，也有利于他们民族身份的认同感。目前,威尔士地区约有20%的小学把威尔士语作为第二语言教学,威尔士语的重获生机表明少数民族语言在英国社会中正在日益受到重视。根据Morris& Jones(2008)的研究,有五种因素对威尔士地区民族语言的社会化产生了重要影响:(a)儿童与父母用威尔士语交流机会的增多;(b)祖父母的影响;(c)兄弟姐妹的作用;(d)家庭语言环境与语言价值观;(e)父母的家庭影响力。

另外,移民家庭中儿童习得双语或多语的过程也受到了语言社会化研究者的关注。对移民家庭而言,子女的语言学习问题有着特殊的社会文化意义,父母的语言观念和态度会对子女的语言社会化产生直接的影响。例如,Pease-Alvarez(2001)对美国北加利福尼亚的墨西哥移民社区进行了7年之久的跟踪调查,研究移民家庭的父母对子女在双语环境下的社会化有哪些方面的态度变化。研究者发现,在调查之初,移民家庭的父母都对子女学习英语和西班牙语持肯定的态度,认为掌握本族语(即西班牙语)不仅有助于子女保持社会竞争中的优势地位,同时也能有效避免文化传统在家庭环境中的丧失。不过,随着参与社会互动机会的增多,美国的文化传统和价值观念开始影响移民家庭的语言观念,很多父母在这方面开始面临一些压力,感觉很难在家庭环境中继续维持本民族的语言和文化。这些移民家庭子女的社会化进程无时无刻不受美国主流社会文化的影响。

(2)性别角色的社会化。语言社会化理论认为,儿童在母语习得过程中不仅获得了言语交际能力,同时实现了性别角色的社会化。通过观察和模仿父母等家庭成员的话语方式,儿童逐渐形成了自己的性别意识和性别观念,并对性别角色在家庭和社会生活中的不同作用有了初步认识。语言社会化理论强调父母在儿童性别角色社会化过程中的作用,许多基于这一理论的实证研究试图揭示父母的语言特点与子女性别角色形成之间的关系。例如,Gleason et a.l(1996)的研究发现,父母会经常使用一些严厉的词语喝止男孩的一些顽皮行为,对女孩则会使用一些更为委婉的语言。因此,男孩的性别角色也更容易与粗犷的性格特征联系起来,而女孩则倾向于认为敏感和脆弱是女性特征的体现。Andersen(1990)对学前儿童在角色扮演游戏中的表现进行了研究,发现儿童在模仿父亲讲话时较多地使用一些命令句,并主动控制话题的转换;而在模仿母亲的角色时则较多使用一些礼貌性语言。这些研究有利于说明,成人在家庭交际活动中所呈现的男性和女性形象已经在一定程度上内化成了儿童的性别角色,语言在这一过程中的作用是不言而喻的。

与语言社会化理论的观点不同,也有一些学者(如Maltz & Borker,

1982）认为，儿童性别角色的社会化主要是在参与同伴的游戏和活动中完成的。童年时期，男孩和女孩通常会参加不同类型的游戏和活动，由此形成了完全不同的交际方式和"亚文化"（sub-cultures）。

（3）语用社会化研究。近年来语言社会化研究的一个新课题就是语用社会化（pragmatic socialization）问题。所谓语用社会化，就是指儿童学习如何在特定的社会文化语境中恰当地使用语言完成交际任务（Blum-Kulka, 1997）。语用社会化体现了语言习得和社会文化能力发展之间的关系，相关的实证研究大多基于对日常生活的观察和分析，不仅涉及母语背景下的语用社会化，也包括双语和多语环境下的语用社会化过程。在母语习得过程中，儿童不仅内化所接触的语言规则，而且学习语言所承载的社会文化信息，如社交礼仪、会话策略、情感态度等。Li（2008）指出，语用社会化并不仅限于童年时期，而是一个伴随个人成长的过程，由于社会文化环境和人们的社会角色会经常发生变化，语用社会化过程自然也就不会停止。在双语和多语社区中，许多儿童和成年人都面临着发展第二语言语用能力的问题，跨文化背景下的语用社会化涉及的因素也就更加复杂。以道歉策略为例，Wu（1981）的研究发现，母语为汉语的英语学习者在道歉行为中使用的表示遗憾的词远远多于本族语者，从而显得过于礼貌，这种情况与母语文化的语用负向迁移直接相关。Olshtain（1983）的研究则显示，在学习希伯来语时，英语和俄语本族语者对语际差异有着不同的感知水平，前者认为不同的语言中存在着不同的道歉习惯和规则，在目的语交际中应使用不同于母语的语用策略。而后者则认为道歉行为本质上具有普遍性，母语中的语用策略完全可以满足第二语言交际的需要。

（4）课堂环境下的语言社会化。课堂环境与语言社会化的关系问题同样引起了语言社会化研究者的兴趣。对于课堂环境的性质，人们的看法并不一致，有些研究者（如Krashen, 1985）把第二语言课堂看作一种"非自然"的学习环境，排除了学习者在课堂环境中实现语言社会化的可能性。不过，根据Watson-Gegeo&Nielsen（2003）的观点，虽然第二语言课堂提供的语域不如外在的社会环境丰富，但从本质上讲，课堂环境仍然具有相应的社会属性，决不是所谓的"非自然"环境。第二语言课堂能够在很大程度上体现一种不同于母语文化的全新文化体系，有助于儿童和成人克服第二语言学习中的文化障碍，促进语言社会化的进程。

目前，语言社会化理论在二语习得中的应用主要体现在对课堂话语以及教师与学生互动的研究。例如，Watson-Gegeo&Gegeo（1994）通过分析教师的课堂教学研究社会制度性因素如何制约教师使用文化教学策略。他们的研究发现，教师在教学中不仅借助学生的母语作用，而且借助其具有文化导向的认知期待和认知技能。Duff（2002）通过分析课堂讨论中的话轮转换研究中学课堂中的交互参与模式，发现学习者的课堂参与受其以往的社会化经验影响。在Byon（2006）的研究中，研究者经过定性分析师生之间的课堂交际，发现课堂话语体现了目的语文化中的认知价值倾向。Howard（2008）则通过分析儿童在学校环境中的语言转换，揭示了语言社会化过程中的诸多复杂因素，如语言意识形态、家庭语言政策（family language policies）以及学校的教育方式等。

（5）网络社区的语言社会化。随着互联网技术的发展，语言交际不再局限于传统的现实生活范围，虚拟的网络空间开始最大限度地向私人话语敞开，并由此形成了独特的网络文化和网络语言。由于网络交流与现实的面对面会话在传播方式上形成了鲜明的对比，其特有的虚拟社区文化必然影响网络语言的使用方式。近年来语言社会化研究的一个新课题就是探讨在互联网时代语言使用与虚拟社区文化的交互作用关系。例如，Lam（2004）通过定性分析两名汉英双语者的网络会话研究了网络聊天室环境对语言社会化的影响。研究结果发现，混合语码的使用有利于建立共同的身份认同感。Cassell & Tversky（2005）对某大学网络论坛进行了为期三个月的跟踪研究，发现论坛参与者使用的语言形式在这期间发生了一些明显的变化，例如，虚拟社区的成员大多使用复数人称代词"We"而不是单数形式的"I"，说明他们的集体意识通过论坛的交流得到增强。另外，社区成员对他人的观点更具包容性，并且通过相互交流达成共识，寻求共同目标的实现。

四、研究方法

语言社会化理论借鉴了人类学和社会学的研究方法，强调在自然的状态下通过细微的观察获取研究所需要的语料，并在此基础上进行定性的分析和研究。其优势在于，研究者能够更加直接地从当事人的视角描述语言社会化现象，有利于发现学习者在个体社会化过程中的语言发展和变化趋势。例如，语言社会化研究经常采用的方法之一就是纵向观察日常生活的一些交际场合（如就餐、宗教仪式等）所使用的语言，并通过话语分析的方法研究语言中蕴含的社会文化意义。一般而言，这类定性的研究选取的受试对象数量有限，主要对数据进行归纳性的描述和分析，具有较高的内部效度，但由于主观性较强，其信度受到了一些学者的质疑。

语言社会化研究不仅需要对学习者的语料进行微观的分析，发现语言认知的细微变化，而且还要研究宏观的社会文化结构对语言认知的影响。如何将这两方面的影响结合起来进行研究，这是摆在研究者面前的一个难题。另外，虽然语言社会化理论强调自然观察的重要性，但一个不容回避的问题是，研究者的在场必然会对受试对象产生一些影响。实际上，完全没有干扰的自然观察是很难做到的，语言社会化理论所主张的"自然观察法"应视具体的情况使用，定量的研究方法亦不应完全排除在外。

五、结语

　　从以上的讨论可以看出，语言社会化研究有着多学科的理论基础，吸收了语言学、社会学、生态学、心理学等领域的研究成果，经过长期的理论构建和方法论的完善，逐步形成了具有一定影响力的理论流派。语言社会化理论的产生和发展反映了当下人们对传统语言学习观的重新认识和思考，对第二语言教学有着现实的启发和指导意义。首先，第二语言教学不能脱离学习者的社会化需要，否则即使学习者接触到这些语言形式，也难以将其内化为语言能力系统的一部分。为此，无论是教材的编写还是教学内容的设计都应考虑是否符合学习者的社会化需要。其次，教师应当充分利用课堂中的社会化因素，为学习者创造具有社会涵义的交互作用机会，让学生在完成交际任务的过程中实现语言能力的发展。另外，语言社会化是一个伴随个人成长的过程，因此，第二语言教学的内容必须与学习者的社会化阶段相一致，否则只能起到事倍功半的效果。

本文原载于《语言教学与研究》，2009年第5期。

儿童语言样本的分析技术

东北师范大学 盖笑松 杨薇 邰宇

1. 前言

在社会交往中，个体需要凭借自己的语言能力去理解他人的语言并且以他人能够理解的语言方式去表达自己的需要、思想和情感（Powell，2005），因而语言能力评定应包括接受性语言能力和表达性语言能力两个方面，当前儿童表达性语言能力评定的方式主要有3种：父母报告、标准化测验和语言样本分析（language sample analysis/LSA）。

父母报告（Parents Report）是指通过儿童看护人（通常为父母）的报告来提供儿童语言能力和沟通能力的信息，特别是不同环境下有代表性的信息。采用父母报告形式的测验主要有MacArthur - Bates Communicative Development Inventories（CDI）和Minnesota Child Development Inventory Expressive and Receptive Language Scale（MCDI），其中CDI测验已经有了中文修订版（梁卫兰等，2001）。基于父母报告法的表达性语言能力评价主要局限在于：第一，父母报告法依赖于父母对孩子较长时间跨度言语表达内容的回忆，具有一定主观性，并容易产生回忆错误；第二，父母报告法仅适用于0~3岁年龄较小的儿童。因为3岁以后，儿童的语言能力发生了质的飞跃，父母已经无法准确全面的把握自己的孩子到底掌握了哪些语言技能。

标准化的语言测验也被用于对儿童表达性语言能力进行评定，标准化测验（Standardized Test）一般是常模参照测验，为儿童和其同龄人进行比较提供了一个相对快捷的方法。基于标准化测验的量表有采用图片命名形式的代表性测验EVT-2（Expressive Vocabulary Test，Second Edition）和EOWPVT（Expressive One-Word Picture Vocabulary Test-Revised）、采用"对词下定义"（define-the-word-I-say）方法的典型测验CREVT-2（Comprehensive Receptive and Expressive Vocabulary Test-Second Edition）中的表达性词汇分测验。标准化测验的实施方便快捷，但也存在一定的局限：第一，在陌生的测验情境中，情感和社会性因素（例如紧张或焦虑）会影响儿童语言表达的数量和质量；第二，在测量表达性语言能力时，标准化测验的形式比较有限（图片命名、句子复述、下定义或完成句子等），难以反映儿童表达性语言能力的全貌。

语言样本分析技术是对儿童表达性语言能力更生态化、更全面、更精细的评定技术。自然语言样本的分析是对儿童实时的语言行为的测量，这种测量揭示了儿童个体的语言知识，内部加工因素和外部加工条件的动态交互作用对口语行为的影响（Condouris, Meyer, & Tager-Flusberg, 2003）。目前，国外已经出现了大量语言样本分析技术的相关研究。无论是语言样本的诱发技术、语言样本分析的评定指标，还是语言样本分析技术的临床应用都已经有了非常全面细致的研究。并且已经建立起了全球最大的儿童语言语料库 CHILDES（儿童语言数据交流系统），这一系统不仅为研究者提供了多种儿童语言的语料数据，而且设计了一套统一的录写系统，此外该系统在建立了标准的录写格式之后可以通过其开发的计算机的数据分析程序对语言样本的各种指标进行快速、自动的分析计算。国内对于儿童表达性语言能力的研究还很少，尤其是对语言样本分析技术的应用还几近空白。鉴于表达性语言能力在儿童心理发展和学校生活中的重要作用，以及我国在儿童表达性语言能力评定领域的空缺，有必要对当前国外应用比较广泛的儿童表达性语言评定技术——语言样本分析的发展进行总结介绍，并基于文化和语言的差异，对其在未来汉语研究中的应用提出一些建议。

2. 语言样本分析技术简介

语言样本分析是通过某种方式（诱导谈话、自由游戏、故事产生等）诱发语言样本，用录音设备记录并转换成文字，并采用选定的测量指标对语言样本进行分析。从获得的样本可以分析出儿童在词汇掌握、句法技能和语用技能等方面的发展水平。自然语言样本的搜集需要较大的时间成本，但是这些语言样本为儿童在日常非正式情境中的语言使用提供了很好的评价指标，尤其对评定各种语用和对话技能非常有用，它能提供标准化测验所不能提供的有价值的信息。语言样本分析技术（LSA）最主要的优点是具有较高的生态性，它是对儿童自然语言行为的测量。所以它在语言评定中被应用的越来越多，尤其在学前儿童语言评定中应用的范围在不断扩大，最新的调查显示，93%的言语病理学家在应用LSA（Loeb, Kinder, & Bookbinder, 2000）。

3. 语言样本诱发方式

3.1 常用的诱发方式

诱导产生（Elicited Production）：实验者引导儿童说出某种类型的句子（如具有某种语法结构的句子），但实验者不能给儿童示范，通常儿童与一个道具交谈。如：

主试：The rat looks hungry. I bet he wants to eat something. Ask ratty what he wants.（ratty 为道具小老鼠）

儿童：What do you wanna eat？

Rat：Some cheese would be good.（主试扮演rat来回答）

自由游戏（Freeplay）：调查者在儿童自由游戏、吃饭或进行其他活动时记录（音频的、视频的）其产生的言语。

对话（Conversation）：对话是由与当前情境无关的关于儿童某些经历的对话组成的，诱发对话的方法包括：①研究者问儿童各种话题，如家庭、学校活动和电视节目；②研究者给儿童口头指令，如"告诉我你在外面玩的一些事情"；③向研究者解释如何玩一项游戏；④儿童描述一系列图片中一幅，然后研究者猜他描述的是哪一幅。

故事产生（Story Generation）或叙事（Narration）：故事产生是要求讲一个原创的故事，重述电影或民间故事，或者报告人或动物的经历。有两种主要的故事产生方法：①对特定话题讲一个故事，②接受一个刺激后讲一个故事，刺激可以是系列图片、要求讲一个熟悉的故事或研究者讲的一个故事。

3.2 各种诱发方式的优缺点比较

诱导产生方式事先设定好句子的句长和句法结构，考察的是儿童是否能够产生一定句长和句法结构的句子。但是设计特定的句法结构和句长的目标句子材料比较困难，而且需要儿童与主试大量的互动，儿童需要按照一定的标准产生句子，可能会增加儿童的情景压力，导致儿童不能够完全表现出其语言能力。相对来说由于自由游戏、对话和故事产生方式不需要设计结构化的句子，更多的是基于儿童的自然表达，是比较容易采用的语言诱发技术。但是，自由游戏、对话和故事产生所诱发出的语言样本的大小、所含句子的长度及句法复杂性都是变化的，一些研究开始对这些诱发方式进行比较。

Wren（1985）对于3种方式诱发出的语言样本进行分析后发现，就语言样本的复杂性而言，对话大于故事产生、故事产生大于自由游戏。但是，由于Wren研究中采用的是存在着语法问题的特殊儿童样本，这些儿童在对话条件下能有更多模仿及受诱导的机会，所以在对话条件下表现出更大程度的语言样本复杂性。而 Southwood 和Russell对5岁正常幼儿的研究表明，3种诱发方式都为临床提供了足够多的话语，自由游戏比故事产生诱发出的话语数更多，对话诱发出的数量介于二者之间，但是不同儿童在自由游戏和故事产生中产生的句子数量具有较大的变异，一些儿童产生了足够多的句子，而有些儿童则产生了较少的句子，但是从儿童整体看来，自由游戏诱发出的话语数量是最多的；故事产生要比谈话和自由游戏诱发出的平均句长更长；故事产生和对话比自由游戏诱发出的语法结构更复杂（Southwood & Russell，2004）。总的来看，在言语的诱发量上故事产生要低于自由游戏和对话；在言语诱发的复杂性上自由游戏不如故事产生和对话。由于各个研究所使用的研究材料（对话和故事的主题）、被试状态、主试等因素的不同，所以不同的实验得出的结论会存在很大的差异。但不管其得出的结果如何，不同的诱发方式本身都存在着利弊。自由游戏方式具有最高的生态性，但比较费时，收集过程也不易控制；对话的收集过程容易控制，但容易受到主试特征的影响；故事产生是一种比较好的语言样本诱发方式，从实验材料的准备到实验的操作都比较方便易行，容易控制和操作，对于还处在直觉形象思维阶段的幼儿来说，有实物或图片支持的故事产生方法诱发出的语言样本质量会更高（句子更长更复杂），但是由于受幼儿记忆能力的限制，不能提供过多的图片，过多的图片可能破坏了儿童对图片的记忆效果从而影响对图片信息的表达，那么提供较少的图片带来的问题就是可能诱发出来的句子数量过少，达不到语言样本分析所需要的句子数量标准。如果能将几种方式结合起来，既在儿童的自由活动中取样，同时在活动中给以一定的话题，这样在一定程度上可以弥补不同诱发方式的缺点，结合它们的优点，获得更加理想的语言样本。

4. 语言样本分析的评定指标

通过上述方法诱导出的儿童语言样本多是叙事的语篇，可以采用叙事分析（narrative analysis）的方法对语言样本进行分析。叙事分析是一个有效的、高敏感性的语言分析工具（Thompson，Craig，&Washington，2004）。叙事分析作为语言样本分析的一种方法，已经成为监测或鉴别个体语言缺陷的语言评定所必需的一部分（Munoz，Gillam，Pena，&Gulley-Faehnle，2003）。目前最好的评价办法强调在两个水平上，即宏观结构（macrostructure）和微观结构（microstructure），研究个体叙事行为。

4.1 宏观结构分析

宏观结构分析（high-point analysis）是从更高级组织上分析儿童的叙事能力，它通常注重儿童的故事组成和情节结构复杂性（Justice, et al., 2006）。

Labov（1972）发展了一种分析方法——表达详尽性（expressive elaboration）分析，他认为一个完整形式的叙事有6个部分：开头配置（opening appendage），情况介绍（orientation），复杂的行动（complicatingaction），评价（evaluation），问题解决（resolution），结尾配置（closing appendage）。在这6项中，复杂的行动和问题解决被认为是叙事的骨架，随着时间的发展事件达到高潮，高潮之后就是情境的问题解决。

① 配置：它告诉听者故事开始了或结束了，包括5个子类。

Ⅰ.介绍（introducer）：故事的开端，示意听者故事即将开始（如：一天早晨，有一次）；

Ⅱ.摘要（abstract）：叙事之前对故事的概括（如：这是关于三个好朋友互相帮助的故事）或故事标题（如：糟糕的一天）；

Ⅲ.主题（theme）：叙事内对故事的概括（如：这就是这一天很糟糕的原因）；

Ⅳ.结尾（coda）：故事对叙述者或主人公产生的作用或启示（如：他们从今天的事学习到不能睡懒觉，否则就会迟到）；

Ⅴ.结束语（ender）：一个叙事结束的正式的标志（如：结束了/没有了）。

② 情况介绍（orientation）：为叙事设置情境，评价的是简单的人物、地点和时间之外的信息，包括3个子类。

Ⅰ.名字：给人物起名（如：小丽、明明、小猪笨笨、小猴淘淘等）；

Ⅱ.人物关系：根据关系或职业定义角色的词（如：妈妈、兄弟、老师、校长、医生等）；

Ⅲ.个性特点：人物的个性特点（如：行动迟缓、笨的）。

③ 评价（evaluation）：描述的是叙述者传达自己观点的方法，包括5个子类。

Ⅰ.有意义的修饰语：主要是形容词和副词，但不包括诸如"一些"、"其他"、"另一个""大"等无评价意义的修饰语。有意义的修饰语包括"糟糕的"、"幸运的"等。

Ⅱ.修辞性表达：多修饰词组合（三个或更多的形容词），文学或习惯用法，例如"舍近求远"、"白日做梦"；

Ⅲ.重复：强调一个名词、形容词或动词（如：一个男孩在公共汽车后面跑啊跑啊；他非常非常的难过）。

Ⅳ.内部状态：反映意图和思想（如：决定、认为），动机和反应（如：

沮丧、伤心、生气)、身体状态(如：疲惫、筋疲力尽)的词；

Ⅴ.对话：人物对话，只有直接对话才编码为对话。

4.2 微观结构分析

微观结构分析考虑的是叙事的内部语言结构，如连接、名词词组和从句等。能够分析的指标很多，包括词汇层面、句子层面、语法层面等。

4.2.1 平均句长 (Mean Length of Utterance/MLU)

Brown (1973) 提出了一个量化语言发展能力的方法——平均句长 (MLU)，Brown 认为 MLU 是评定语法发展的一个简单优秀的指标，因为新的语法知识的产生伴随着 MLU 的增长 (Brown, 1973)。Brown 根据 MLU 的值划分了语法发展的5个阶段。自1973年以来，MLU 作为常用的语言样本分析指标广泛的应用于临床和研究中，2000年的调查显示语言样本分析中 MLU 的应用率为91% (Loeb, et al., 2000)。

MLU 的应用有一定的年龄适用范围，近期研究逐渐趋向于 MLU 的适用年龄上限为3岁，若超过3岁 MLU 的测量结果将出现天花板效应。关于应用 MLU 指标时语言样本的最佳大小问题，Brown (1973) 的原始样本大小为100个句子；Loeb (2000) 报告说43%的语言病理学家采用的句子数少于50个。但是语言样本的大小直接影响着分析结果的信度，样本越小信度越低，所以样本大小应确定在100个左右，最低不能少于50个。MLU 的计算结果受句子的分割方法影响，存在两种句子分割方式，P-unit (根据声调变化、停顿作为划分依据，划分的句子表达的是一个完整的观点) 和 C-unit (不考虑句子的韵律变化，根据句子的语法结构进行分割) (Loban, 1976)，此外语言样本收集环境 (在诊所或是在家)、参与者 (是父母或是研究人员)、活动类型、实验材料等也会影响MLU的分析结果 (Wagner, Nettelbladt, Sahlen, &Nilhom, 2000)。

Johnston 对MLU进行了改进，提出了MLU2。他在计算MLU之前将单个词的句子、模仿的句子、重复反应的句子剔除，通过排除情景敏感性的句子提供了更具代表性的儿童语言能力样本，减少对儿童语言表现的低估或高估。这种方法可以增加3%~49%的MLU值 (Jones, 2007)。

4.2.2 词汇复杂性 (lexical complexity)

①不同词的数量 (number of different word, NDW)

对词汇复杂性最直接的测量方法就是计算样本中不同词的数量 (NDW)，它是对所有不同词根的频数统计 (DeThome & Channell, 2007)

（如jump 和 jumped 记作相同的词，child 和 children就是不同的词）。NDW会受到样本大小的影响，也会和平均句长（MLU）协变。只有当两个儿童的语言样本含有相同数量的词时，NDW 的大小才代表了这个儿童掌握的词汇的复杂程度。当样本是在一定时间限制条件下收集的时候，TNW的大小就会和是否健谈有关，相应地，NDW可能把健谈与否和词汇技能相混淆。

②词汇变化比例（Type-Token Ratio，TTR）

TTR 试图弥补 NDW 的一些内在缺陷，它用NDW（不同词的数量）除以 TNW（词语总数），获得一个比例。在一个词汇总数为 100 的样本中，TTR=0.01 表示 1 个词被重复了 100 遍，TTR=1表示样本中的 100 个词都是不同的。一个普通语言样本的 TTR 在 0.01~1.00 之间，在一定范围内可以有内容词（content word）和功能词（function word）的必要的重复（Silvermana & Ratnerb，2002）。一般采用 0.50 作为基线，0.50 左右的 TTR值可以反映适当的变化，显著低于 0.50 认为是缺乏变化性。理论上，NDW 被 TNW 除以后减小了样本大小的影响，但却产生了一个新的困难。一些功能词在样本中是被频繁的重复使用的。因此，语言样本越大，测出的 TTR 的值就越小。基于样本大小，以往研究提供了一些调节这一变化的方法，如将功能词和内容词分开测量、使用标准数量的词语总数。

但这些方法并不能让人满意。分开测量功能词和内容词会产生两个问题：对一个样本来说，TTR 会有两个不同的值；而且对于什么是功能词和内容词还存在争论。使用一个标准化的词语总数是克服样本大小问题的最好的办法，但研究者很难在样本大小上达成一致，因此 TTR 值在不同研究中的意义也会不同。为了解决这些问题，Richards，Malvern和McKee 提出一个新的测量词汇多样性的方法，叫做 D参数技术（使用VOCD专用软件计算 D）（McKee，Malvern，& Richards，2000）。

③ D 参数技术

D 参数技术是基于 TTR 在逐渐增大的语言样本中的变化曲线来计算的。它使用一个数学模型来确定一个实测曲线和理论曲线的最佳拟合点，并由此获得一个参数 D，D 分数就成为该语言样本的词汇变异性的一个指标。D 值越大，表明词汇变化性越大（Owen & Leonard，2002）。

4.2.3 产生性语法指标（The Index of Productive Syntax /IPSyn）

IPSyn（Scarborough，1990）是儿童语言发展的一种评定方法，它为语法的复杂程度提供了一个分数。3 岁以下的儿童应用 MLU 与 IPSyn 能达到同样好的效果，3 岁以上时 MLU 出现天花板效应，而 IPSyn 可以继续报告儿童语法结构的发展，所以在临床领域和实验研究中对儿童语法进行研究时，IPSyn 受到了普遍的欢迎。

IPSyn 包括 56 种具体的语言结构（如主语、修饰语、助动词、否定词、前置宾语、动词后缀、动词不定式等等），划分为 4 类：名词短语 11 个、动词短语 16 个、疑问和否定 10 个、句子结构 19个，计算儿童 100 个句子中每一个类目的分数（方法为：如果某一语言结构一次也没有出现，记 0 分；如果只出现一次，记 1 分；如果出现两次以上，记 2 分），最后把四个类目的分数加在一起为 IPSyn 总分（处于 0~112 分之间）。

4.2.4 发展的句子评分（Developmental Sentence Scoring）

DSS（Lee & Canter，1971）作为一个标准化的方法可以对儿童自然言语中语法的应用进行量化的评估，虽然DDS已有20多年的历史，但一直都被认为是可以获得儿童语法发展信息的有效的可信的工具。DSS程序包括两个部分，Developmental Sentence Types（DST）和Developmental Sentence Scoring（DSS）。DST用于对样本的句子进行分类，选出那些不完整的句子，如：不完全的主谓结构、单个词或是两个词的联合、以及多个词形成的不完整结构。DSS用于分析包括主语和动词的完整句子样本。DSS根据发展的顺序划分了8种语法结构，包括名词修饰语或不定代词、人称代词、主动词、次动词、否定、连词、疑问句前置、疑问句。复杂的语法项目比简单的语法项目赋分更高，语言样本中所有句子在这 8 类上的总分除以样本句子总数即为DSS 的分数，DSS 分数越高代表着更复杂的言语形式。研究发现 DSS 的分数随着年龄的增长而增长（Redd, 2006）。DSS 不仅适用于正常发展的 2 岁、0~6 岁、11 岁儿童，而且可以用于评估其他特殊群体的语法发展，如残疾儿童、不同语言背景儿童，较大年龄儿童（9 岁的儿童）等（Seal, 2001；Hasting, 2008）。

虽然应用上述指标进行语言样本分析可以获得儿童语言发展的很多信息，但是语言样本分析的临床应用也存在着一定的困难和问题。第一，需要花费大量的时间，包括将儿童语言的录音或录像转录为文字需要大量的时间以及对各个指标进行人工计算更是耗费时间；第二，需要研究者具备一定的专业技能或是接受专门的训练，以保证文字录写和指标分析是语言样本的真实客观反映；第三，存在多个评分者之间一致性信度的问题。第四，对儿童的语言录音和录像转录为文字的过程中，可能会丢失儿童的谈话过程中的一些非言语信息，比如语调、表情、话语的停顿、连贯等，这些信息可能对考察儿童的具体环境下的语言表达能力是有价值的，但在人工转录中被忽视掉了。

为了解决这些问题，当前国外已经开发出了很多的自动语言样本分析软件,并且建立了基于不同语言、文化、种族群体的语言样本数据库。CHILDES(儿童语言数据交流系统)(Mac Whinney,1996; Evans & Miller,1999)是世界上最大的儿童语言语料库,是由 Mac Whinney和Snow在1984年开始筹建的,CHILDES 主要包括3个整合的成分:第一部分是儿童语言数据库(The database),该数据库包括英语、广东话、汉语普通话等 20 多种语言在内的60多个语言研究项目所获得的语料。数据库中不仅包括正常儿童的语言数据,而且还有来自于语言障碍者、第二语言学习者、早期双语者以及成人失语症者的语言数据。研究者可以直接利用CHILDES系统提供的语料进行自己的研究,而不必再耗费时间收集语言样本。而且研究者也可以把自己研究搜集的新的语言样本收入到数据库中,从而丰富数据库的语言数据。第二部分是 CHAT 录写系统,该系统通过设置一套标准的录写符号和语言文件的标准化编码格式,记录被试的基本信息和会话内容,标记谈话的各种特征,如话语文本类型、发音信息、句法信息、言语重复、中断、错误等。CHILDES 语料库中的全部语言样本为 CHAT 格式。第三部分是计算机语言数据分析的具体程序CLAN(Child Language Analysis)。CLAN 支持以下 4 个大的方面的语言分析:语音分析、词汇分析、句法分析、篇章分析。该程序可以分析一些语言样本的微观指标,如:平均句长 MLU、发展的句子评分指标 DSS、单词的使用频率 FREQ、词汇变化比率 TTR 等。CHILDES 的出现不仅解决了语言样本分析的一些现实困境,而且促进了语言研究的信息交流,以往研究者都是独立的收集和使用语料信息,而通过 CHILDES 的语言数据库可以实现资源的共享,并且可以进行不同研究之间数据的比较。目前已有 1300 多个发表的研究使用了该系统,而且涉及的领域十分广泛,包括语言障碍、失语症、第二语言学习、叙事结构、语言理论、成人社会语言、读写发展等。

除 CHILDES(儿童语言数据交流系统)之外,国外还有一些其他专门的语言样本分析软件如,SALT、CP、SSD 等,基于计算机自动的对 MLU、DSS、IPSYN 等指标进行计算。这些自动分析软件具有相当好的精确性和时间效率(Long,2001; Long & Channell,2001)。其中,CP(computerized profiling)是比较常用的自动分析软件,它可以计算 MLU、DSS、IPYSN 等指标(Long, Fey, & Channell, 2006)。目前对于不同群体的语言样本自动分析的精确性进行了一系列的研究(Long & Channell, 2001; Channell, 2003; Redd, 2006; Hasting, 2008),已有研究发现对英语样本和西班牙语样本的自动分析精确分数达到96.4%~96.8%,这表明自动分析软件对于儿童语言发展的临床分析是一个有价值的工具(Redd, 2006)。

5. 汉语儿童语言样本分析领域的探索

国内对汉语儿童语言样本分析的研究大体上可以分为三个方面：

第一方面是从语言学视角对儿童词汇、语法习得状况的研究。研究内容包括对儿童语料信息中的词汇的发展（如词汇量的发展、词汇语义功能的发展）、句法结构的发展（如双宾结构、主谓结构）、句式的发展（如把字句、给字句、被字句等）等进行分析，考察儿童在表达性语言中这些结构和功能在不同的年龄阶段的获得情况，以及随年龄增长的发展趋势（周国光，1997；周国光，王葆华，2001）。李宇明（2004）详细的总结了国内关于儿童语言发展的研究情况，包括词汇领域的词汇量的发展、使用的各类词的词量和词频情况、以及具体的各种类型词汇的发展（如名词、动词、形容词、量词、代词等）；语法层面上儿童的单句结构和复句结构在各年龄阶段的形式和总的发展趋势。这一研究视角更倾向于是关注各种语法形式和结构在不同时期的获得与否和发展进度，而非心理测量学视角所关注的特定年龄阶段儿童在表达性言语能力方面的表现水平。

第二方面是从心理测量学视角开展的关于汉语儿童平均句长的发展情况研究（武进之，1981；梁卫兰等，2004；刘春玲，马红英，潘春红，2001），这些研究对汉语儿童口语句子的切分方法和计分方式进行了有益的探索。但是，仅仅依靠MLU量的变化并不能完全刻画出儿童语言发展的复杂程度（尤其是年龄大的儿童），未来研究需要进一步扩展开发出涉及不同语言层面评估指标。

第三方面是近年来从语用学视角开展的关于儿童语用习得的研究。在周兢主持的汉语儿童语用发展研究项目中，欧阳新梅（2003）和朱从梅（2003）通过诱发方式获得语料，并且依据国际通用的 CHAT 录写格式转录儿童语言文件，使用 CLAN 软件计算 MLU，并借助于言语行为的编码系统（INCA-A）考察了儿童语用的发展。这些研究对于汉语儿童语料转录格式和分析软件应用等问题进行了有益探索。

6. 语言样本分析在国内应用的展望

目前，国外已经对语言样本分析技术做了大量的研究，制定了一系列的评估指标而且已经开发出了相应的计算机软件进行计算，但国内在此方面的研究还甚少。鉴于表达性语言能力对学龄前儿童的特殊意义，有必要在国外现有研究的基础上，结合汉语的特点，开发出适于中国儿童的语言样本分析指标，从而获得更真实生态化的儿童表达性语言能力发展的信息。

语言样本分析在本土化的过程中会受到很多限制。因为在参考借鉴西方语言样本分析的测量指标的时候，除了文化差异，文字体系的不同是语言样本分析过程中存在的最大的困难。参考现有的研究，汉语儿童语言样本分析也可以从宏观和微观两个方面进行。宏观结构分析是从较高的组织结构上对语言样本的整体把握，不涉及具体的语言结构，可借鉴的程度比较大。但是无论是对故事组成和情节结构复杂性的分析，还是对其他叙事元素的分析，主观性都比较大，操作起来比较困难。评分的时候需要制定比较严格的评定标准，才能保证获得较高的评分者一致性信度。在借鉴国外叙事分析的宏观结构指标同时，可以从自身的语言文化出发，发展出适合汉语儿童的叙事表达的宏观结构指标。

微观结构分析是对具体语言结构的分析，此时就会涉及到语言差异问题，所以在选择的时候需要做一些改进。MLU、NDW、TTR 的计算比较简单，跨语言的应用性较强，而且以往国内对于儿童的 MLU 的情况也进行了一些研究，证明了词汇分析层面借鉴国外技术的可行性。然而在语法层面，对国外已有技术指标的借鉴存在一定困难，例如 IPSyn、DSS 分数的计算是基于英语的语法规则的，汉语的句法规则不同于印欧语系的英语语言。从词的形态变化来说，英语的形态变化很多，而汉语很少；汉语在词的使用上有很大的灵活性，有许多动词和形容词可以直接作为主语和宾语而不需要词的形态相应变化；在汉语中可以用名词修饰名词。IPSyn、DSS 中列出的语法结构很多在汉语中是不存在的，如动词后缀、动词不定式等，因而微观指标的本土化存在着很大的困难。此外由于指标很多，计算也非常的繁琐，国外开发了专门软件对其进行计算，国内没有此类研究更没有相关的技术。所以，对IPSyn、DSS 等的借鉴要根据汉语的语法规则重新系统的划分语法结构，具体在汉语中需要考察哪些语法结构还需要研究者们大量的深入研究，更需要来自心理学、语言学和计算机科学等多学科的协作。

本文原载于《心理科学发展》，2009年第17卷第6期。

儿童问句理解的群案与个案的比较研究

华中师范大学 李宇明　　北京语言文化大学 陈前瑞

　　从素材获取的角度看，儿童语言研究有群案与个案、横向与纵向、观察与实验之分。在具体研究中，群案与个案、横向与纵向、观察与实验三个维度常常有机地联系在一起。群案常与横向、实验综合为"群案横向实验法"，个案常与纵向、观察综合为"个案纵向观察法"，从而形成两种常用的综合性研究方法。在以往的儿童语言研究中，人们多是利用某一种研究方法，并把利用某一种研究方法得到的结果当作儿童语言发展的规律，因而出现了多种不具可比性的研究结果，带来了许多说不清道不明的纷争，从而在一定程度上影响了儿童语言学这门学科的发展。

　　本文就儿童理解汉语问句系统的问题，把用群案横向实验法和个案纵向观察法得到的两种研究结果进行比较，以期总结出儿童问句系统理解的一般规律，并对这两种研究方法的异同作些探讨。

一、两种研究的可比性处理

　　1993年6月9日至22日，我们在华中师范大学幼儿园用32种问句格式进行了群案理解汉语问句系统的研究[①]。被试分3：0、3：6、4：0、5：0和6：0五个年龄组[②]，每组实际年龄控制在±1-2个月。每组被试为20±2人，男女各半。研究发现，群案儿童问句理解的过程划分为三个阶段：三岁前为第一阶段；三岁至四岁为第二阶段；四岁至五岁为第三阶段。我们在1985年至1988年对一女孩D三岁前理解33种问句格式的情况进行了个案纵向观察。D对问句系统的理解进程也划分为三个阶段：第一阶段为1：4-1：7；第二阶段为1：8-2：3；第三阶段为2：4-2：8。两种研究的问句数目和问句格式有一定的差异。为增加两种研究的可比性，有必要做如下技术处理。

　　第一，存同略异。即选取两研究中共有的问句格式作为比较对象。

　　第二，以大统小。即把小类归并到大类之中。类别的大小具有相对性，类归得过大，不利于发现有价值的问题，类归得过小又散乱芜杂，影响研究的顺利进行。为使类归并得合适，并使归类后的理解年龄能够明确，需采用以下具体的操作标准。

（1）把某格式的简略形式和非简略形式归为一类。例如在"不"类反复问句中，"X不"是"X不X"的简略形式，可以把二者归为一类。

（2）把某一特指疑问词的不同句法位置的格式归为一类。例如在"谁"问句中，"谁"可能出现在主语、宾语、介词宾语、定语等不同的句法位置，从而形成"谁"问句的不同小类。在这里，我们把它们归并为一类。

（3）把表示同一疑问内容的不同的特指疑问词归为一类。例如表示方式这一疑问内容的特指疑问词有"咋"和"怎么"等，可把它们归为一类。

（4）以该大类的诸小类中最早理解的年龄，作为儿童理解该大类的年龄。例如，D理解"X不"的年龄为1：4，理解"X不X"的年龄为1：5，那么，儿童理解"不"类反复问句的年龄可记为1：4。

据此，选定的问句格式有18种，覆盖了汉语的是非问句、反复问句、选择问句、简略问句和特指问句五个大类，个案儿童和群案儿童对这18种问句格式的理解状况列为表1。

表1 个案儿童与群案儿童问句系统理解时间与理解阶段比较表

问句格式	个案理解时间	所属阶段	群案理解时间	所属阶段
"吗"问句	1：4	第一阶段	3：0	第一阶段
"吧问句"	1：5	第一阶段	3：0	第一阶段
"不"类反复问句	1：4	第一阶段	3：0	第一阶段
"没有"类反复问句	1：5	第一阶段	3：0	第一阶段
"是…还是"选择问句	1：10	第二阶段	3：0	第一阶段
Ⅰa型简略问句	1：4	第一阶段	3：6	第二阶段
Ⅱa型简略问句	1：10	第二阶段	5：0	第三阶段
Ⅲ型简略问句	2：5	第三阶段	3：6	第二阶段
"谁"问句	1：5	第一阶段	3：0	第一阶段
"什么"问句	1：5	第一阶段	3：0	第一阶段
指别"哪"问句	1：9	第二阶段	3：0	第一阶段
处所问句	1：5	第一阶段	3：6	第二阶段
性状问句	1：8	第二阶段	3：6	第二阶段
方式问句	1：9	第二阶段	3：6	第二阶段
数量问句	2：4	第三阶段	3：0	第一阶段
时间问句	2：5	第三阶段	3：6	第二阶段
原因问句	1：9	第二阶段	4：0	第二阶段
目的问句	1：11	第二阶段	5：0	第三阶段

二、特指问句理解顺序的比较

表1列举了10种特指问句。这10种特指问句个案理解的顺序为（序列中"∠"表示儿童对其左边的问句格式的理解早于右边的，"/"表示儿童对其左右的问句格式的理解时间相同，下同）：

A <u>"谁"/"什么"/处所</u>∠<u>性状∠指别"哪"/方式/原因</u>∠<u>目的∠数量∠时间</u>
　　　　第一阶段　　　　　　　第二阶段　　　　　　第三阶段

群案理解的顺序为：

B <u>"谁"/"什么"/指别"哪"/数量</u>∠<u>处所/性状/方式/时间</u>∠<u>原因∠目的</u>
　　　　第一阶段　　　　　　第二阶段　　　　　第三阶段

综合考察这两种理解的发展顺序，可以发现儿童理解问句格式的顺序有如下一些共同点：

（1）"谁"问句和"什么"问句都是儿童最早理解的特指问句；
（2）处所问句的理解早于性状、方式、时间、原因、目的等问句[③]；
（3）原因问句早于目的问句。

这些共同点体现了一个重要规律：空间性的疑问范畴最先理解。"谁"和"什么"一般说来主要是询问人和事物的。人和事物在客观世界中都占据一定的空间，在认知上属于"空间性"的认知范畴。"谁"、"什么"和处所问句的较早理解，表明了空间性的疑问范畴较早被儿童获得。

个案儿童和群案儿童理解问句格式的两个序列，也有如下一些不同点：

（1）指别"哪"问句的理解在A序列中早于处所、性状问句，在B序列中晚于处所、性状问句；
（2）数量问句的理解在A序列中晚于除时间问句之外的所有问句，在B序列中却处在第一阶段，早于许多问句的理解；
（3）时间问句的理解在A序列中晚于所有问句，在B序列中却处在原因问句和目的问句的理解之前。

对两个序列里差异较大的这三类问句的可能解释是：

第一，个案儿童对这10种特指问句的理解年龄都在2：5之前，数量和时间都是较为抽象的认知范畴，儿童不可能对这两个认知范畴更早理解。例如在D将近一岁时，虽然也能用手指比划来回答"你几岁了"，但是那种"理解"不可能是真正的对数量范畴的理解，顶多是一种稍微高级一点的条件反射。大量的观察和研究也表明，时间范畴的发展也是比较艰难的。所以，个案儿童最后理解数量和时间问句是很自然的。本实验条件下的群案研究，三岁是被试的最低年龄，在三岁时理解"今年几岁了""这个故事有多少个人物呢"之类的简单的数量问句，也是很自然的。群案研究的时间问句是"姥姥什么时候送给了她一顶小红帽"，正确的答案是"小红帽过生日的时候"，"生日"虽然解释起来比较困难，但却是儿童生活阅历中印象最深刻的，比用"前年、昨天、上午、星期天"之类的时间词语来回答要容易得多。所以，尽管时间范畴也相当抽象，在如此一种具体情况下三岁半儿童可以对时间问句给出合适反应，一点也不足为奇。

第二，指别"哪"问句，如"小红帽和大灰狼，哪一个先到姥姥家呀？"，要求在一定范围中（小红帽和大灰狼）进行合适选取，因此，回答指别"哪"问句，既需要儿童能够根据语境提供的线索确定选取范围，又需要在确定的范围中进行比较和挑选。这对儿童的语境把握能力和选择能力都有一定的要求。后面将会讨论到，个案研究的问话语境属于"现实语境"，群案研究的问话语境属于"悬设语境"，与语境关系密切的指别"哪"问句在两种研究中的不同理解顺序，也就是可以想见的了。

三、非特指问句理解顺序的比较

非特指问句包括是非问句、反复问句、选择问句和简略问句。表1列举了8种非特指问句。在这8种非特指问句中，"吗"、"吧"两类是非问句和"不"类、"没有"类两类反复问句，群案儿童和个案儿童都是最早理解的。两种研究结果的差异主要是简略问句和选择问句。

简略问句是由非疑问形式W加"呢"构成的。李宇明等（1991：154）曾把简略问句分为五种类型，本文只涉及到其中的三种：Ia型是作起始句但无假设意义的简略问句，如"妈妈呢？"。IIa型是既不作起始句也无假设意义的简略问句，如"爸爸上班了，妈妈呢？"。III型是不作起始句但有假设意义的简略问句，如"天阴了不去，要是天晴了呢？"。

个案儿童理解这三种简略问句的顺序是：

C Ia型 ∠ IIa型 ∠ III型

群案儿童理解的发展顺序是：

D Ia型 ∠ III型 ∠ IIa型

这两个序列的相同之处是，Ia型是最早理解的简略问句，不同之处主要是IIa型和III型的理解顺序。简略问句与语境的关系相当密切，对Ia型简略问句的理解和回答，需要借助于对言外语境的把握；对IIa型和III型简略问句的理解和回答，要依赖对先行句的理解④。群案的实验研究和个案的观察研究在语境上有较大差异，所以，与语境关系比较密切的简略问句可能会因研究方法的不同而表现为不同的理解顺序。

选择问句在群案儿童理解和个案儿童理解中的不同是在理解的发展阶段上。群案儿童是在第一阶段理解选择问句的，而个案儿童则是在第二阶段理解选择问句的。

群案儿童和个案儿童理解指别"哪"问句的差异，也是因为指别"哪"问句既与语境关系密切，又含有选择因素，与简略问句和选择问句的差异原因相似。这似乎可以说，与语境关系密切的问句和含有选择关系的问句，容易造成群案理解和个案理解的差异。

四、两种研究方法的差异

观察表1会发现两种研究结果有一个突出的矛盾现象：个案儿童在三岁前已经理解了表1所列的18种问句格式，而此表中的相当一部分格式，如时间问句、原因问句、目的问句等，群案儿童要到3：6或3：6以后才达到理解水平。这种矛盾现象是由两种不同的研究方法所导致的。

群案研究和个案研究并不只是研究对象多少的不同，而是包含着一系列的对语言理解具有重要意义的差异。这些重要差异主要表现在以下四个方面。

（一）理解的问句格式的非同质性

在个案观察与群案实验条件下，作为儿童理解对象的问句实际上是不同性质的材料。表面看来，群案儿童和个案儿童所理解的都是问句，特别是相同格式的问句，仿佛没有什么差异，而仔细分析起来，即使是那些相同的问句格式，也是非同质的。

个案儿童所接受的问句属于成人与儿童进行交际所使用的语言，即"C-E语言"⑤。在C-E语言中，成人对儿童所使用的问句具有一定的随机性。成人根据自己对儿童语言的理解水平、知识水平和认知能力的把握来确定"问什么"和"怎么问"，因此，问句的出现不是很有系统。而且，不同的人有不同的语言使用习惯，从而导致各种问句的输入频率因人而异。输入频率的不同会对儿童的问句发展带来很大的影响⑥。

在群案实验中，问句是经过精心而系统地设计的，不同的儿童、不同年龄组的儿童，所接受的测试材料是一致的，从而能较好地显示出不同年龄组的理解发展。因此，个案儿童和群案儿童所理解的问句格式，就此而言具有非同质性。

（二）理解问句的语境不同

个案观察与群案实验不仅是两种不同的研究方法，而且也是两种不同的理解问句格式的语境。个案研究中的问与答，是成人和儿童日常生活的一部分，是在自然的环境中的自然的交谈，有现实的各种因素所构成的语境的支持。这种语境可称为"现实语境"。在现实语境中，谈论的话题、问话者和/或观察者都为儿童所熟悉。儿童在其所熟悉的现实语境中，可以利用自己的智慧推测出许多与理解有关系的内容，而且还可以获得成人有意或无意提供的各种暗示来帮助理解。

群案的问句理解是在实验条件下进行的，语境的各种因素都是人为设置的，而且研究者要千方百计尽量避免非语言因素的介入。当然，人为设置的语境也是一种语境，这种语境可以称为"悬设语境"。在悬设语境中，儿童也会利用自己的智慧对与理解有关的内容进行各种各样的推测，但是这种推测，无论推测的方式和推测的难度，都与现实语境中的推测不同。而且，儿童也不可能像在现实语境中那样得到有效的理解暗示。

语境对语言理解的作用是相当重要的，对问句格式的理解也相当重要。所以现实语境和悬设语境必然会造成理解难度上的重大差异。前面在比较群案儿童和个案儿童问句理解的顺序时曾经发现，指别"哪"问句和简略问句等与语境关系较为密切的问句，在两种研究的理解顺序中有较大差异，原因正在于此。

（三）取样的时间间隔上的差异

个案研究几乎没有考虑取样的时间间隔问题，随时随地进行观察和记录。群案研究的取样时间间隔为半岁到一岁，而事实上儿童对某种问句格式的理解，是不能以这种时间间隔来计算的，其间的误差一定不小。比如3：3理解的问句格式就会因取样时间间隔而被研究者人为地推迟到3：6，4：3理解的格式则会被推迟到5：0。而且在本实验条件下，最初的有效计算年龄是三岁，三岁以前所理解的问句格式，便都被认定为三岁时达到理解水平。

（四）数据处理上的差异

以上的三种差异，已经造成了原始数据获取上的重大不同。而且，群案研究和个案研究对于调查所得到的原始数据的处理，也有很大的差异。

个案研究的理解标准,是把儿童最初的理解作为理解年龄的,一旦发现儿童理解了某问句格式,就会得到研究者的及时记录,因此能够较好地反映个案儿童的语言理解面貌。而群案研究则是以年龄组的理解成绩达到75%作为最早理解的标准的。而事实上,儿童语言的发展具有一定的不平衡性,在年龄组总体达到理解标准之前,已经有许多儿童能够理解某问句格式了。就此而言,群案研究可能会有一定程度的失真。或者说,"群案理解"与"个案理解"的理解含义是有差异的。

五、余论

群案研究与个案研究的比较表明,两种研究结果有同有异。其同异主要表现在三个方面:

(一)个案理解的年龄早于群案理解的年龄。就表1所列的18种问句格式而论,个案理解的年龄平均约为1:8,群案理解的年龄平均约为3:5,二者在理解年龄上大约平均相差一岁九个月[7]。

(二)语言项目的理解顺序表现出许多一致性。就本文所讨论的18种问句格式而言,理解顺序不一致的主要是如下三类:(1)与语境关系密切的问句;(2)具有选择因素的问句;(3)抽象程度居中的特指疑问句,如数量问句和时间问句等。

(三)发展阶段具有相似性。两种研究结果的各理解发展阶段的累计频次和累计频率,如表2所示:

表2 个案与群案各阶段问句理解的累计频次和累计频率比较[8]

	第一阶段	第二阶段	第三阶段
个案累计频次	8	15	18
群案累计频次	9	16	18
个案累计频率(%)	44	83	100
群案累计频率(%)	50	89	100

从表2中可以看到,群案和个案的累计频次和累计频率在三个理解阶段非常接近。差异只是第一理解阶段,群案儿童比个案儿童多理解一种问句格式;第三理解阶段,群案儿童比个案儿童少理解一种问句格式。这说明群案研究和个案研究在问句理解的发展阶段上具有很大的相似性,但这种相似性意味着什么,我们现在还不大清楚。

由此可见，群案研究和个案研究这两种研究方法不仅存在着研究对象多少的差异，而且还存在着语言材料的性质、语境、取样的时间间隔、数据处理等方面的差异，并由此带来了研究结果的若干差异。在早期的儿童语言研究中，个案研究是最为常用的研究方法，随着实验心理学的产生和发展，群案研究成为时尚，但是近些年来，人们又重新发现了个案研究的价值。就本研究所发现的两种研究的一系列同异现象来看，两种研究不是相互排斥的，而是相互补充、相辅相成的。有意识地运用两种方法进行研究，并辩证地对待两种研究的结果，才可能使儿童语言研究更全面、更科学。怎样合理地运用群案和个案两种研究方法，怎样辩证地处理两种研究的结果，还是需要进一步探讨的儿童语言研究方法论的问题。

附注

①这一研究承蒙华中师范大学幼儿园陈玉枝主任和王文、张丽华、陈建琴、胡满、刘群、骆明道、张雯等老师帮助调查，华中师范大学92级现代汉语和91级汉语史硕士研究生赵葵欣、李杏华、张莹等同志进行调查和转写录音，赵宏和周宗奎二位先生参与了群案调查方案的讨论，华中师范大学中文系90级学生陈家伟帮助复制《小红帽》的磁带。在此，向他们表示由衷的谢意！

②"："前后分别是儿童的岁数和月数。

③在B序列中，看不出处所问句与性状问句、方式问句理解的先后，但是A序列显示处所问句的理解早于性状、方式两种问句。缪小春（1986）的研究也表明处所问句的理解早于方式问句（"怎样"）的理解，国外的S.Ervin-Tripp和D.Tyack的研究也表明处所问句的理解早于方式问句的理解。这些研究可为佐证。

④关于简略问句的理解问题，详见李宇明（1989）的讨论。

⑤C是"成人"汉语拼音的缩写，E是"儿童"汉语拼音的缩写。"C-E语言"国际学术界又称为Baby Talk、Motherese、Child Directed Speech等。关于"C-E语言"特点的详细论述，可参见李宇明等（1987）、李宇明（1993）和王益明（1991）。

⑥在乔姆斯基语言学框架下所进行的儿童语言研究，一般都无视输入频率对儿童语言发展的影响，而事实上，输入频率对儿童语言发展影响很大。关于这一问题的详细讨论，请参见李宇明（1995：330-331）和郑厚尧（1993）。

⑦一岁九个月是否可以看作群案理解和个案理解的平均年龄差异常数，需要作进一步的研究。

⑧累计频次是该阶段理解的问句格式与以前各阶段理解的问句格式之和；累计频率是累计频次与问句格式总数之比。

本文原载于《语言教学与研究》，1997年第4期。

儿童问句系统理解与发生之比较

华中师范大学 李宇明   北京语言文化大学 陈前瑞

儿童的语言理解和语言发生,是儿童语言习得的两个相辅相成的重要方面。这两方面各有特点,也有一些反映语言习得规律的共同性质。把二者分开研究是必要的,但任何一方面的研究都不能全面反映儿童语言习得的整体进程。为更深入更全面地揭示儿童语言习得的规律,也为使理解和发生各自的特点更加明了,有必要在分别研究的基础上对二者进行比较。

本文利用对一女孩D的24种问句格式的观察,对儿童问句系统的理解和发生进行比较研究。D对这24种问句格式的理解时间和发生时间,如表一所示:

表一 儿童对D24种问句格式理解和发生的时间比较表①

问句格式	理解时间	发生时间	问句格式	理解时间	发生时间
"谁"问句	1:5	2:0	"多少"数量问句	2:8	4:6
"什么"问句	1:5	2:0	"吗"问句	1:4	2:0
处所"哪"问句	1:5	2:0	"吧"问句	1:5	2:1
"什么地方"问句	1:10	2:3	"X不X"反复问句	1:5	2:0
指别"哪"问句	1:9	2:3	"X没有"反复问句	1:4	2:4
性状问句	1:8	2:2	"X不"反复问句	1:4	2:4
方式问句	1:9	2:2	"有X没有"反复问句	1:9	2:7
"什么时候"问句	2:5	2:10	"是P还是Q"选择问句	1:10	2:5
"怎么"原因问句	1:11	2:4	"P,Q"选择问	2:4	4:4
"为什么"原因问句	1:9	2:4	Ⅰa型简略问句	1:4	1:8
"干什么"目的问句	1:11	2:5	Ⅱa型简略问句	1:10	2:0
"几"数量问句	2:4	3:2	Ⅲ型简略问句	2:5	2:10

一、特指问句理解与发生之比较

汉语的问句系统由特指问句、是非问句、反复问句(又称"正反问句")、选择问句和简略问句五大类构成。特指问句是由特指疑问词构成的疑问句,是问句系统中最为重要和丰富的一类。表一24种问句格式,属于特指问句的格式有13种。下面分4个方面来讨论特指问句的理解和发生问题。

1.1 空间性疑问范畴发展最早

含特指疑问词"谁、什么"的问句,简称为"谁"问句、"什么"问句②。"哪"有处所性询问和指别性询问两种用法,分别称为处所"哪"问句和指别"哪"问句。"谁"问句和"什么"问句一般是询问人和事物的,人和事物具有一定的空间性;处所"哪"问句直接询问空间,当然具有空间性。因此,这三种问句都属于空间性疑问范畴的特指问。

空间性疑问范畴的问句,在理解和发生两个方面都是特指问句中最早发展的。D最早理解特指问句是在1:5,这三种问句都在1:5时开始理解。D最早使用特指问句是在2:0,这三种问句也都在2:0时开始使用。这一规律可表述为:

A)空间性疑问范畴∠其他疑问范畴③

处所问句的特指疑问词主要是"哪"和"什么地方"。不管是理解还是发生,处所"哪"问句都早于"什么地方"问句。"哪"的音节少、结构简单且口语化,"什么地方"音节多、结构复杂且书面语多用,在发展上"哪"显然占优势。由此,可以把意义相同或相近的词语的发展顺序归结为如下两个序列:

B)音节、结构简单的∠音节、结构复杂的

C)口语的∠书面语的

在研究儿童的汉语习得时,在研究汉族儿童处所范畴的认知发展时,选用"哪"还是选用"什么地方"作刺激材料或观察目标,有可能因二者语言上的不同特点而出现或大或小的差异。而事实上,已有的研究差异就包含着这种因素在内。

1.2 性状、方式、指别"哪"问句发展居中

紧接空间性疑问范畴发展的是性状、方式、指别等疑问范畴。

1.2.1 性状问句

性状问句询问的是人或事物的性质、形貌和状况等,一般常用的特指疑问词是"什么样、什么样子、怎么、怎么样、怎样"等。对人或事物的性状进行询问和回答,需要儿童具有一定的观察能力、描述能力和初步的归类能力。D在1:8时开始理解的性状问句是河南方言的"咋"问句,在此之前(1:6)已经理解了"谁"处在定语位置的询问领属关系的"谁"问句,1:9时理解了"什么"处在定语位置的具有询问性状功能的"什么"问句。D在2:2时能够

使用"怎么"性状问句,在此之前已经使用了宾位和定位"什么"问句,2:3时能够使用定位"谁"问句。性状问句的理解和发生的前后状况,说明儿童由空间性疑问范畴向性状疑问范畴发展的整体趋势,表明了性状问句的出现在儿童语言发展的阶段上具有必然性。

D在1:11时理解了"什么样"性状问句,在2:5时开始使用"怎么样、怎么回事"性状问句,在2:9开始使用"什么样"性状问句。它们比起"咋、怎么"来音节都多,词语的构成复杂,这是其发展晚于"咋、怎么"的一个重要原因,就像"什么地方"的发展晚于"哪"一样[④]。

1.2.2 方式问句

方式问句是询问行为动作方式的,一般常用的特指疑问词是"怎么、怎么样"等。D的方式问句几乎是与性状问句同时发展的。她在1:9时理解了"咋"方式问句,比理解"咋"性状问句晚一个月;2:2时使用了"怎么"方式问句,与"怎么"性状问句同时发生。

性状范畴从属于人或事物等空间性范畴,是对人或事物的限定、修饰或描述;方式范畴从属于行为动作等时间性范畴[⑤],是对动作、行为的限定、修饰或描述;在方式问句出现之前,儿童已经可以理解和使用"V什么"这种询问动作、行为的问句格式,正如性状范畴是在空间性范畴基础上向前推进的一样,方式范畴是在行为动作等认识上的新发展。它们的出现都体现了儿童认知能力和语言能力的一个飞跃。

1.2.3 指别"哪"问句

D在1:9时理解了指别"哪"问句,比处所"哪"问句的理解(1:5)晚4个月;2:3时开始使用指别"哪"问句,比处所"哪"问句的使用(2:0)晚3个月。这表明指别"哪"问句的发展比处所"哪"问句的发展要晚3—4个月。

处所"哪"问句主要是指称性的,而指别"哪"问句要求在一定范围中进行合适的选取,在理解时,既需要儿童能够根据语境提供的线索廓划出一定的可供选取的范围,又需要在此范围中进行比较和挑选;在使用时,也需要儿童具有较高的语境驾驭能力。所以,指别"哪"比处所"哪"的习得难度大也比指称性的"谁"、"什么"的习得难度大。由此,可以得到儿童语言发展的一条规律:

D)指称性范畴∠指别性范畴

指别"哪"问句在理解上与方式问句同时,比性状问句晚一个月;在发生上比方式问句和性状问句晚一个月。这表明指别"哪"问句与性状问句、方式问句的习得难度近似。如果考虑到三者在理解或发生两个方面的些许差异，可以把它们的发展顺序表述为：

E）性状问句∠方式问句∠指别"哪"问句

1.3 原因问句的发展早于目的问句

原因问句和目的问句都牵涉到因果关系。这两种问句要发展完善，特别是因果关系要发展完善，需要漫长的时间。这里所要考察的是它们最初发展的情况。

1.3.1 原因问句

最早发现D理解原因问句是在1：9时，比理解"咋"性状问句晚一个月，与理解"咋"方式问句和指别"哪"问句几乎同时。D开始使用"咋"、"怎么"、"为什么"原因问句是在2：4时，比"怎么"性状、方式问句的使用（2：2）晚两个月，比指别"哪"问句（2：3）晚一个月。综合考虑理解和发生两个方面的情况，可以把序列E）增改为：

F）性状问句∠方式问句∠指别"哪"问句∠原因问句

1.3.2 目的问句

目的问句的特指疑问词语是"干什么"。在儿童语言中，"干什么"一开始是询问动作的"V什么"的一般动宾结构，后来逐渐凝聚为一个询问目的的特指疑问词语。D在1：5时开始理解"干什么"动作问句，1：11时理解"干什么"目的问句，比理解"为什么"原因问句晚两个月。D在2：3时开始使用"干什么"动作问句，2：5时开始使用"干什么"目的问句，比"咋"、"怎么"、"为什么"等原因问句晚一个月。因此序列G）成立：

G）原因问句∠目的问句

1.4 时间、数量疑问范畴发展最晚

询问时间和数量的问句，D的理解和使用都是诸特指问句中最晚的。

1.4.1 时间问句

D在2：5时理解了"什么时候"问句。在2：9时D使用"几点"问时间，2：10时使用了"什么时候"问句。时间问句的使用比理解落后4—5个月。人们常常把处所范畴的发展与时间范畴的发展作比较。就问句的习得而言，时间问句的理解比处所"哪"问句的理解晚一年，比"什么地方"问句的理解晚7个月。时间问句的使用比处所"哪"问句的使用晚9—10个月，比"什么地方"问句的使用晚6—7个月。由此可以得到序列H）：

H）处所问句∠时间问句

1.4.2 数量问句

D在2：4时开始理解"几"数量问句，在2：8时理解"多少"数量问句。数量问句的发生也是"几"早于"多少"。D在2：9时所使用的"几点"问句虽然有数量问句的萌芽，但是儿童当时还是把"几点"当作一个询问时间的整体来看待的，当儿童能把"几"同其他量词组合进行询问时，才标志着真正的"几"数量问句的出现。D在3：2时出现了真正的"几"数量问句，在4：6时才使用"多少"数量问句。"多少"数量问句发生得如此之晚，原因可能是：

a）在2：11时D曾使用副词"多"来询问数量。"多"与"多少"在词素上近似，它的较早出现妨碍了"多少"的使用；

b）"几"问句已经出现，满足了儿童询问数量的需要，从功能上抑压了"多少"数量问句的出现⑥。

从整体上看，数量问句比时间问句发展更晚，而时间问句和数量问句又都晚于目的问句。由此可以得到序列I）：

I）目的问句∠时间问句∠数量问句

至此，可以把通过理解和发生两个方面比较得到的特指问句的发展顺序归总为：

J）"谁"问句∠"什么"问句∠处所问句∠性状问句∠方式问句∠指别"哪"问句∠原因问句∠目的问句∠时间问句∠数量问句

二、非特指问句理解与发生之比较

2.1 是非问句的比较

是非问句是除Ia型简略问句之外发展最早的问句大类。D在1：4时开始理解"吗"问句，1：5时开始理解"吧"问句，前后相差一个月。D在2：0时开始使用"吗"问句，2：1时开始使用"吧"问句，前后也是相差一个月。理解和发生的情况相当一致。由此可以得到下面的序列：

K）Ia型简略问句∠"吗"问句∠"吧"问句

"吗"问句和"吧"问句的发展顺序是由语言因素造成的。从结构上看，二者都由一个非疑问形式W加上一个疑问语气词构成。但是，"吗"是一个"中立"的是非疑问语气词，表示问话人对W疑信各半，没有明显的倾向性。而"吧"是个"非中立"的是非疑问语气词，问话人对W信多于疑，甚至信而不疑，使用"吧"问句只不过是征询一下对方的意见。因此，"吧"问句的用于难度大于"吗"问句。

2.2 反复问句的比较

反复问句也是儿童习得较早的问句大类。表一列出了四种反复问句格式，"X不X"，"X不"，"有X没有"，"X没有"。"X不X"和"X没有"两种反复问句格式，理解和发生的时间相当一致。D都是在1：5时开始理解，2：0时开始使用。理解时间与"吧"问句同，稍晚于"吗"问句；发生时间与"吗"问句同，稍早于"吧"问句。

"有X没有"格式，D在1：9时开始理解，比上两种格式晚4个月；在2：7时才见使用，比上两种格式晚7个月。这三种反复问句格式的发展顺序可以表述为：

L）"X不X" / "X没有" ∠ "有X没有"

但是"X不"这种格式理解和发生却有较大差异。D在1：4时就理解了"X不"反复问句，是理解最早的反复问句，但是D在2：4时才使用这种格式，是表一所列的反复问句格式中使用最晚的。"X不"和"X不X"都是河南话中常用的格式，在对年龄较小的儿童交谈时，成人更多地使用"X不"，所以D对"X不"的理解较早。但是，在使用上儿童却明显地倾向于"X不X"[7]，从而抑压了"X不"的使用。

2.3 选择问句的比较

儿童习得选择问句相对居后。选择问句根据有无关联词语可以分为有标记选择问句和无标记选择问句两个大类。无论是理解还是发生，这两类选择问句的发展顺序都是有标记选择问句早于无标记选择问句。

D在1：10时开始理解"是P还是Q"，晚于原因问句，早于目的问句；在2：5时开始使用这种格式，与目的问句同时，但仍晚于原因问句。D在2：4时开始理解"P，Q"这种无标记选择问句，与"几"数量问句同时；在4：4时开始使用这种格式，晚于"几"数量问句，早于"多少"数量问句。

我们在《汉族儿童选择问句的发展》[8]一文中，还考察了D使用"还是P还是Q"和"P还是Q"这两种有标记选择问句的格式的情况。D在3：1时开始使用"还是P还是Q"格式，在3：9时开始使用"P还是Q"格式，使用上都早于无标记选择问句。郑厚尧（1993）研究了儿童理解选择问句的情况，所发现的顺序与此相同。由此，可以得到下面的序列：

M）<u>"是P还是Q" ∠ "还是P还是Q" ∠ "P还是Q"</u>　<u>"P，Q"</u>
　　　　　　　有标记　　　　　　　　　　　　无标记

就选择的角度而论，是非问句、反复问句和指别"哪"问句都是广义的选择性问句，但是这四类问句的习得却表现出如下顺序：

N）是非问句／反复问句∠指别"哪"问句∠选择问句

同是选择性的，为什么习得有先有后？是非问句和反复问句是肯定和否定两个相对或相反方面的选择；指别"哪"问句是一定论域中的若干个并列成员间的选择，选择问句是若干个并列项目间的选择。肯定和否定是"两极性"的，李宇明等（1991）在考察儿童使用问句的目的时指出：三岁前儿童的主要思维模式是"两极性"的，即只是在"自我"和"外我"，只是在"是"和"非"两极上来使用问句，看待世界。是非问句和反复问句的发展早于选择问句和指别"哪"问句，正是导因于早期儿童的"两极性"思维模式。

选择问句的理解和发生又都晚于指别"哪"问句，原因可能有二：a）"哪"是带有指称性的选择，难度低于纯粹的选择问句式的选择。b）"哪"是在一定论域中若干个并列成员间的选择，选择问句是若干个并列项目间的选择；项目是命题，成员是事物，命题的难度大于事物。

2.4 简略问句的比较

李宇明等（1991）曾把简略问句分为五种类型：

Ⅰa型 例：爸爸呢？　　　　　　Ⅰb型 例：还有一个呢？
Ⅱa型 例：他不去，你呢？　　　Ⅱb型 例：画一条直线，然后呢？
Ⅲ型 例：天晴去，要是下雨呢？

D在1：4开始理解Ⅰa型简略问句，在1：8时开始使用Ⅰa型简略问句，理解和发生都是问句系统中最早的。Ⅰa型简略问句由一个名词短语NP加"呢"构成，结构最简单；只用于起始句，语用方面也比较简单；它是询问人或事物之所在的，如前所述，空间性的疑问范畴是儿童较早掌握的疑问范畴。有此三者，便使Ⅰa型简略问句成为儿童最早习得的问句。

D在1：10时开始理解Ⅱa型简略问句，与理解目的问句的时间相同；2：0时开始使用Ⅱa型简略问句，与"吗"问句同时。Ⅱa型简略问句虽然在形式上与Ⅰa型简略问句相同，但是它不能作为起始句，其语义内容需要借助于先行句来确定①，语用难度和语义难度都要大于Ⅰa型简略问句。但是，目前我们还说不清Ⅱa型简略问句理解稍晚、使用较早的原因。

D在2：5时开始理解Ⅲ型简略问句，2：10时开始使用Ⅲ型简略问句，理解和发生的时间都与时间问句差不多，是习得较晚的问句格式。Ⅲ型简略问句既与Ⅱa型简略问句一样，要处理与先行句的关系，而且本身还含有假设意义。假设是因果关系的一种，认知难度自然较大。

李宇明等（1991）发现，D在2：3时开始使用Ⅰb型简略问句和Ⅱb型简略问句，发生时间晚于Ⅱa型简略问句而早于Ⅲ型简略问句。这两种简略问句与数量、时间、设想等难度较大的认知因素关系密切，它们在简略问句诸格式中的发生顺序，与此相关。

综合上述情况，可以得到五种简略问句的发展顺序：
O）Ⅰa型∠Ⅱa型∠Ⅰb型／Ⅱb型∠Ⅲ型

三、理解与发生之宏观比较

3.1 问句系统的理解早于问句系统的发生

李宇明（1993）的研究表明，一岁前的乳儿可以用体态和摹声的方式对一些问句做出"合适反应"。此时乳儿尚不会说话，但是已经可以理解许多问句。即使不考虑乳儿期的话语理解，就幼儿期个案儿童的问句系统的理解和发生来看，也是理解早于发生。表一所列24种问句格式，每种格式的理解时间都在发生时间之前。

语言理解和语言发生的时间差可以称为"时间间距"。从表一可以看出，各问句格式的时间间距是不一致的。时间间距最短的只有两个月，如Ⅱa型简略问句，D在1：10时开始理解，2：0时开始使用；时间间距最长的竟达两年，如"P，Q"无标记选择问句，D在2：4时开始理解，但到4：4时才见到使用。

这24种格式平均理解时间约为1岁9个月，平均发生时间约为2岁5个月，理解和发生的平均时间间距约为8个月。也就是说，一种问句格式的理解要早于发生大约8个月的时间。这一时间间距是否可以看作就是语言理解和语言发生的难度差，倒是个值得探讨的问题。当然，这一数据是就D的24种问句格式的理解和发生总结得到的，是否具有普遍性，特别是是否也适合于问句之外的其他语言现象，也需要做进一步的研究。

3.2 问句系统的发展节奏

儿童D对本研究所列举的24种问句格式，理解和发生所用的时间是三年零两个月，即从1：4到4：6为了考察问句系统的发展节奏，可以依时间的先后顺序把表一改造为表二。

表二 1：4—4：6各月理解和发生的问句种数表

岁数	理解问句种数	发生问句种数	岁数	理解问句种数	发生问句种数
1：4	3		2：5	2	2
1：5	6		2：6		
1：6—1：7			2：7		1
1：8	1	1	2：8	1	
1：9	4		2：9		
1：10	3		2：10		2
1：11	2		2：11—3：1		
2：0		7	3：2		1
2：1		1	3：3—4：3		
2：2		2	4：4		1
2：3		2	4：5		
2：4	2	3	4：6		1

就表二来看，儿童理解24种问句格式的时间跨度为1：4—2：8。在这一年零四个月的时间中，1：4—1：5期间就理解了9种问句格式，形成问句理解的第一个高峰。1：6—1：7是第一个低谷，没有出现对新的问句格式的理解，呈"空白"状。1：8—1：11期间理解了10种问句格式，其中1：9—1：10两个月就理解了7种格式，出现第二个高峰。1：11—2：3出现第二个"空白"状的低谷。2：4之后又开始断断续续地理解一些问句格式。据此可以把儿童问句系统的理解划分为三个阶段：第一阶段：1：4—1：7；第二阶段1：8—2：3；第三阶段：2：4—2：8。

问句的主要理解期在1：4—1：11。在这8个月的时间内，儿童理解问句格式19种，占24种问句格式的79%强。而且，儿童问句理解的过程时断时续，高峰和低谷都较明显，呈现出"峰谷式"的发展节奏。

24种问句格式发生的时间跨度为1：8—4：6。在这两年零10个月的时间中，1：8—1：11期间是问句的萌生期，儿童只使用了一种格式。问句的发生集中在2：0—2：5期间。在这半年中，发生了17种新格式，占24种格式的70%多。而且在这半岁中，虽然问句发生的速度也有快有慢，但是起伏不是特别明显，每月都有新的问句格式产生，呈现"丘陵式"的发展节奏。此后两年里，儿童新发生的问句格式只有6种。据此可以把儿童问句的发生划分为三个阶段：第一阶段：1：8—1：11；第二阶段：2：0—2：6；第三阶段：2：7—4：6。

把理解和发生放在一起看，可以说1：4—2：5是儿童问句系统的主要发展阶段。在这14个月中，儿童对本研究所列24种问句格式理解了95%强，发生了75%。

仔细观察表二还会发现，在问句发展的早期，理解和发生基本上是交替进行的。除了1：8、2：4和2：5外的其他时间，问句的理解和发生是不重合的，即理解的时候没有新的问句格式发生，发生的时候不理解新的问句格式。这是因为儿童早期的语言发展能力有限，不可能同时发展较多的语言项目。在理解和使用两种能力都需发展而又不能齐头并进的情况下，只能交替进行。

附注
① 表中用"X：Y"表示年龄，X为岁，Y为月。问句格式使用简称方式，简称内涵随文解释，详细情况可参见李宇明等（1991）。
② "什么"问句不包括含"为什么、什么地方、什么时候、什么样、干什么（询问目的）"等特指疑问词语的问句。
③ 儿童疑问句发展最早的是"爸爸呢？"这样的Ⅰa型简略问句。Ⅰa型简略问句是询问人、事物等之所在的，也是空间性疑问范畴的问句。"什么地方"问句发展较晚，另有原因。不等式中的"∠"表示其前的项目在发展中早于其后的项目。
④ 见上面的B）、C）两序列。
⑤ 新兴起的认知语言学，着力考察语言与认知之间的关系，常把名词（包括具有名词性特征的其他词类和短语）的语法特点概括为"空间性"，把动词（包括具有动词性特征的其他词类和短语）的语法特概括为"时间性"。可参看陈平（1988）李宇明（1996）的有关论述。
⑥ "抑压"是相关格式在儿童语言发展中的一种模式。除此之外还有"导拉"、"互促"、"异推"等模式。详见李宇明等（1991）的有关论述。
⑦ 李宇明等（1991）在讨论儿童使用反复问句时指出：儿童自始至终偏向于使用"X不X"全式。D的"不"类反复问句共收集到77例，其中"X不"只有12例，且有5例是不能还原为"X不X"的。另一男孩T只有"X不X"式，没有"X不"格式。
⑧ 载李宇明等（1991）。
⑨ Ⅱa型简略问句与先行句的关系，详见陆俭明（1982）李宇明、（1989）的论述。

本文原载于《世界汉语教学》，1997年第4期。

语言教育教学与测试研究

第四部分 教育语言学实践问题研究

第八章
汉语教学

（一）汉语作为母语教学

按语（范琳）

汉语母语教学一直是我国汉语界学者关注的重点，研究者对把汉语教学方法改革、教材建设、汉语语料库建设、语言学的相关成果应用于汉语教学等进行了诸多研究。我们选取了本领域具代表性的3篇文章，以馨读者。"现代汉语课程改革的思路和目标"（邢福义，汪国胜）一文，回顾了现代汉语的教学现状，指出了现代汉语教学中存在的问题，并提出了切实可行的改革思路和所要实现的改革目标。本文为提高现代汉语教学质量和促进现代汉语教学改革指出了方向并提供了重要启示。"现代汉语语料库建设及深加工"（靳光瑾等）为国家语委十五科研重大项目，本文系统介绍了现代汉语语料库建设的主要内容及成果、词语切分及词性标注加工、句法树库建设以及国家语委语料库加工计算机软件系统，使读者对该语料库有全面的了解，进而为其进行现代汉语教学和汉语本体研究提供帮助和支持。汉语与西方语言在类型上差异比较显著，"语言类型研究与汉语教学"（徐丹）阐述了汉语与西方语言以及现代汉语和古代汉语在类型上的差异，指出要充分利用现有的语言学研究成果解决汉语教学中的一些问题。本文提供的启示是语言类型学研究对汉语教学乃至其他语言教学都是深有裨益的，汉语教学应当尽可能地利用语言学的研究成果。

现代汉语课程改革的思路和目标

华中师范大学 邢福义 汪国胜

多年来，高校现代汉语教师都在呼吁要进行现代汉语课程改革。的确，现代汉语课程的改革势在必行，但要实行改革，得了解现状，找出问题，提出切实可行的改革思路，明确所要实现的改革目标。

一、现状与问题

现代汉语是中文专业一门重要的必修专业课。现代汉语教学的好坏，直接影响到古代汉语、语言理论等语言学课程及其他相关课程的学习；特别是对师范专业来说，现代汉语的教学不过关，学生在语言能力这一最基本的素质上没有得到切实的提高，就难以胜任语言教学占有相当比重的中学语文教学，也不利于在语言学方面作进一步的深造。可目前我国高校现代汉语教学的状况如何呢？应该说，是不能令人满意的，教学的实际效果与人们所期望的目标有着相当的距离。我们知道，目前的现代汉语课程体系是20世纪50年代确定下来的，采用的是苏联模式，分语音、词汇、语法、修辞四大块。这一模式从50年代一直沿用至今。40年来，人们虽然在内容上有所修订，比如在语法部分突出短语的地位，引进层次的观念，在修辞部分改变辞格一统天下的做法，强调词句的选择，增加语体的内容，但是基本框架未动。在教法上人们也作过一些探索，比如将语法修辞结合起来教学，在语音教学中加强口耳的训练等，但是基本思路没变。学科本身的迅速发展，现代社会对人才的更高要求，使人们越来越清楚地看到现代汉语课程教学中所存在的突出问题。

1. 缺乏领先性和科学性。现行课程中语音、词汇、语法、修辞四部分的内容都比较陈旧，缺乏深度，跟中学教材有些重复；也比较保守，没有或很少反映各学科发展的新近成果。有的部分（如词汇、修辞）连科学的学科体系都未能建立，显得较为零乱，不能给学生以系统的知识。因为内容陈旧、保守，学生感到"似曾相识"，没有新鲜感，因而激发不起学习的兴趣，产生出不同程度的厌学情绪。

2. 缺乏全面性。从严格意义上讲，现代汉语应包括现代汉语共同语（普通话）和现代汉语方言，可目前的现代汉语教材及课堂教学往往只讲共同语，不讲或很少讲到方言，存在着严重的片面性。事实上，无论从教学还是从研究讲，共同语和方言都是相互促进的，在现代汉语课程中加强方言的教学，不仅有利于学生全面深入地了解现代汉语，也有利于激发学生的研究意识。因为汉语方言丰富而复杂，有许许多多值得研究而尚未研究、对学生极富诱惑力的问题，有学生施展才能的广阔天地。

3. 缺乏启发性和实践性。在教学方法上，往往重课堂讲授，满足于一般知识的介绍，缺少课堂讨论和双边活动，没有着力启发学生去思考和发现问题；而且不大注重语言实际和研究实践，不是积极引导学生去观察和分析现代汉语共同语和方言的种种事实，帮助学生提高语言"运用"和"研究"能力。由于学生总是处于被动接受的状态，缺乏作为语言课必不可少的实践环节，因而学的都是一些死的知识，并未转化为实际能力；而且这样在很大程度上限制了学生的创造性，极易形成学生僵化的思维方式。这些问题的存在，严重地阻滞着现代汉语教学质量的提高。面向21世纪，更加开放的社会和迅速发展的科学给现代汉语课程提出了更高更新的要求，教什么，如何教，关系到现代汉语教学的成败。因此，现代汉语课程的改革是一个急需人们去探索和研究的课题。

二、改革思路

我们觉得，改革现代汉语课程应从三个方面来进行：一是改建课程体系，二是更新教学内容，三是改进教学方法。

1. 在课程体系上实行"四支分立"，即将现行的现代汉语课程分立为四门分支课程，建立"现代汉语语音学"、"现代汉语语汇学"、"现代汉语语法学"、"现代汉语语用学"。"四支分立"既便于加强课程内容的理论性和科学性，也利于加强课程教学中的实践环节。过去我们曾试行过现代汉语的分科教学，证明分科教学是可行的。

2. 更新教学内容。一方面，要根据学科的不断发展，逐步建立起各分支课程的比较科学、完善的教学系统。（1）现代汉语语音学：保留传统语音学的基本内容，突出音位的地位；同时为适应现代语言学发展的需要，充分地吸收实验语音学的成果和方法，使目前低层次的实际上中小学阶段就已基本完成的语音教学进入到一个新的层次。（2）现代汉语语汇学：从两个角度来建构系统。一是从语义场出发来揭示汉语语汇在词义上的网络；二是从汉语小句投射出发来揭示汉语的构词系统。（3）现代汉语语法学：根据汉语特点，以句法为主线，组织汉语小句中枢语法系统，主要内容包括小句中枢地位、小句构件和小句联结。（4）现代汉语语用学：大力拓展传统修辞学的内容，从言语交际的角度来讲修辞，同时积极引进语用学的成果，并把现代汉语习得和应用纳入语用学的范畴。

另一方面，要改变现代汉语只讲共同语的传统格局，将现代汉语方言引入现代汉语课程，把共同语作为主线，方言作为副线，使主副两线相互配合，借以加深对现代汉语的整体认识。

3. 教学中采用引发式的教学方法。教师尽量少讲、精讲，讲关键内容，尽量多提问题，引导学生去思考生发，指导学生去观察研究，形成"精讲-多问-生发-研究"的教学模式。通过精讲，让学生系统掌握基础知识；通过引发，使学生树立起进攻意识，获得初步的语言研究能力。

结合课程改革，还可以采取一些行之有效的配套措施。比如：（1）组织"现代汉语兴趣小组"，通过专题讲座、读书指导、问题讨论等方式开展活动，以满足学生的求知欲望，充实学生的课余学习。（2）开设"现代汉语语法研究"、"现代汉语语汇研究"、"汉语方言调查研究"、"言语交际学"等系列选修课，以进一步拓宽学生的知识面，提高学习的层次。（3）设立"大学生语言学论文奖"，以激励学生写好现代汉语课程论文，提高语言研究能力和论文写作水平。

三、改革目标

总体目标是：通过现代汉语课程改革，力图使现代汉语的教学能大大向前推进一步。具体体现为如下几个方面：

1. 建立起比较科学的，能跟国际、跟21世纪接轨的现代汉语课程体系及教学系统，实现教学内容的科学性、领先性和全面性。

2. 形成一种新的适合于语言教学、更利于培养学生创造能力的教学模式。

3. 使学生能系统掌握本学科的基本知识，了解本学科的发展趋向，获得初步的语言研究能力，成为基础扎实、思维活跃、视野开阔的能适应21世纪要求的人才。

改革是一种探索，探索需要勇气，更需要投入和支持。一方面，改革必然给教师提出更高的要求。教师要适应改革，就必须解放思想，改变观念，不断更新知识，提高研究能力和教学水平，同时要投入更多的时间和精力。另一方面，改革过程中必然会遇到一些预料的和意外的困难，这就需要得到教学主管部门的充分理解和有力支持。有了可行的思路和明确的目标，有了教师的投入和主管部门的支持，改革是一定会取得成效的。

本文原载于《语文建设》，1997年第12期。

现代汉语语料库建设及深加工

教育部语言文字应用研究所 靳光瑾 肖航 富丽 章云帆

"现代汉语语料库建设及深加工"项目是国家语委"十五"科研重大项目,项目编号为:ZDA105-44。项目于2003年1月启动至2005年1月完成,3月通过专家鉴定。

现代汉语语料库是指"国家语委现代汉语语料库"。国家语委现代汉语语料库是从1990年开始由国家语言文字工作委员会主持,组织语言学界和计算机界的专家学者共同建立的国家级语料库,是一个大型的通用语料库。该语料库以语言文字的信息处理、语言文字规范和标准的制定、语言文字的学术研究、语文教育和语言文字的社会应用为主要服务对象;国家语委现代汉语语料库作为国家级语料库,在语料可靠、标注准确等方面具有权威性,在汉语语料库系统开发技术上具有先进性;国家语委现代汉语语料库面向国内外的长远需要,选材有足够的时间跨度,语料抽样合理、分布均匀、比例适当,能够比较科学地反映现代汉语全貌。

国家语委现代汉语语料库由人文与社会科学、自然科学及综合三个大类约40个小类组成。具体类别如下:

1. 人文与社会科学类划分为8个大类和30个小类:(1)政法:哲学、政治、宗教、法律;(2)历史:历史、考古、民族;(3)社会:社会学、心理、语言文字、教育、文艺理论、新闻、民俗;(4)经济:工业经济、农业经济、政治经济、财贸经济;(5)艺术:音乐、美术、舞蹈、戏剧;(6)文学:小说、散文、传记、报告文学、科幻、口语材料;(7)军体:军事、体育;(8)生活。

2. 自然科学划分为6个小类:数理、生化、天文地理、海洋气象、农林、医药卫生。

3. 综合类语料由应用文和难于归类的其他语料两部分组成。应用文使用很广泛,主要涉及以下6个小类:(1)行政公文:请示、报告、批复、命令、指示、布告、纪要、通知等;(2)章程法规:章程、条例、细则、制度、公约、办法、法律条文等;(3)司法文书:诉讼、辩护词、控告信、委托书等;(4)商业文告:说明、广告、调查报告、经济合同等;(5)礼仪辞令:欢迎词、贺电、讣告、唁电、慰问信、祝酒词等;(6)实用文书:请假条、检讨、申请书、请愿书等。

国家语委语料库的语料样本包括24个详细信息：

a1总号；a2分类号；a3样本名称；a4类别；a5作者；a6写作时间；a7书刊名称；a8编著者；a9出版社；a10所在省；a11出版日期；a12期号；a13版次（初版印数）；a14本版印数；a15总印数；a16总页数；a17开本；a18选择方式；a19起止页数；a20样本字数；a21样本总字数；a22文章总字数；a23简繁体；a24抽样文章。

一、"现代汉语语料库建设及深加工"项目研究的主要内容及成果

当前，依赖计算机的大型语料库对语言研究的重要性日益显著，建立一个能全面反映语言事实、蕴含丰富语言信息的大规模语料库已成为语言学界和信息处理学界共同关注的课题。语料库建设是一项长期而艰巨的任务，从词语切分、词性标注到句法标注再到语义标注，环环相扣。我们希望建立一个尽可能全面、客观地反映汉语事实，适应语言信息处理及语言学家研究需要的现代汉语语料库，同时开发行之有效的软件工具并创制一套行之有效的工程化方法。

项目研究的主要内容：

1. 完成7000万字语料词语切分和词性标注加工，词语切分校对错误率低于万分之五，词性标注错误率低于千分之五。在语料库加工过程中形成了语料库加工、词类标记集等规范和词语切分和词性标注、语料库校对、校对质量抽查、语料库管理、语料检索、查询统计等系列计算机软件工具。

2. 完成100万字（5万句）句法树库建设。在句法树库建设过程中形成了树库加工规范和句法分析器、树库校对、校对结果评测等计算机软件工具。

3. 在原有语料库基础上补充1000万字新语料。根据语料库中当代语料和科技、经济类语料偏少的现状，以科技、经济类语料为主补充了1000万字新语料。

项目的主要成果：

1. 7000万字经过分词和词性标注的汉语语料；

2. 语料切分标注的相关规范；

3. 1000万字新语料，生语料库规模达到1亿字；

4. 词语切分和词性标注软件，切分标注的精度达到了国内领先水平；

5. 100万字（5万句）句法树库；

6. 汉语句法树库加工规范；

7. 语料库校对加工软件；

8. 语料检索工具软件；

9. 语料统计工具软件；

10. 语料库管理软件系统；

11. 句法分析软件；

12. 树库校对加工软件；

13. 语料库校对质量检查软件；

14. 树库校对结果评测；

15. 相关研究论文。

二、词语切分及词性标注加工

国家语委现代汉语语料库的数据量包括新增的1000万字新语料已经达到了1亿字，已经完成词语切分和标注加工的7000万字语料，是语料库中1919年——1992年时间段的全部语料以及1992年——2002年时间段的部分语料。

（一）标注语料库规模

总字符数达7000万，包括汉字、数字、西文字母、标点符号等等。

（二）标注语料时间分布

时间跨度为1919年——2002年，以近20年的语料为主。样本的时间分布如图1：

（三）标注语料领域分布

标注语料的主要类别分布如图2：

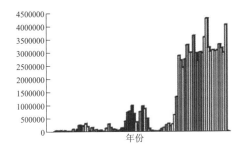

图1

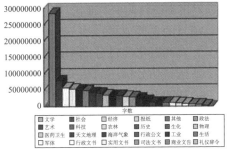

图2

（四）词语切分及词性标注加工

国家语委现代汉语语料库加工遵循国内外信息处理领域通用的语料库加工路线，重视为语言学研究服务，采用机助人校的加工方式，通过开发语料库切分标注、校对、质量检查等软件工具来提高校对精度和控制加工质量。在加工过程中制定了《信息处理用词类标记集规范》等语料库建设规范。为兼容不同词语颗粒度，专门建立了层次化、结构化的分词词表，词表的词条数量超过88000条。"结构化词表"示例：

序号	词	主要词类	结构
1	工具	n	工具/n
2	工具包	n	[工具/n包/n]/n
3	工具栏	n	[工具/n栏/n]/n
4	工具书	n	[工具/n书/n]/n
5	工具箱	n	[工具/n箱/n]/n
6	工科	n	工科/n
7	工矿	jn	工矿/jn
8	工矿企业	n	[工矿/jn企业/n]/n
9	工联	jn	工联/jn
10	工龄	n	工龄/n
11	工贸	jn	工贸/jn
12	工贸结合	n	[工贸/jn结合/v]/n
⋮	⋮	⋮	⋮

图3

标注语料库主要词类分布如图4：

（五）标注语料样例

样本编号：BF29701101
样本名称：鸟的世界
类别：文学·散文
作者：杨栋
出版时间：1997-12-11 书刊名称：人民日报/鸟/n的/u世界/n

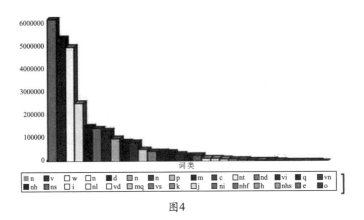

图4

杨栋/nh

鸟，/w是/vl大自然/n的/u歌手/n，/w鸟语/n就是/vl大自然/n的/u音乐/n和/c诗歌

/n了/u。/w

山村/n里/nd的/u鸟/n除了//麻雀/n，/w就/d数/v燕子/n多/a了/u。/w村/n人/n对//燕子/n很/d爱护/v，/w说/v它/r吃/v庄稼/n的/u害虫/n，/w常/a吓唬/v孩子/n们/k不要/vu去/v玩/v燕子/n，/w会/vu坏/v自已/r的/u眼睛/n。/w有时/r光/v屁股/n的/u小/a燕/n掉/v下来/vd，/w也/d要/vu送回/v燕/n窝/n里/nd去/vd。/w

三、句法树库建设

目前国内外有多家高校和研究机构已经或正在进行现代汉语树库建设。出于使用目的的不同，各家树库在语料选取和标注方式等方面都有所不同，但总体思路大致相同。即从内部结构和外部功能两种角度对现代汉语中的短语进行分类。按照内部结构，将短语分为主谓短语、述宾短语、偏正短语、述补短语、联合短语、连谓短语、兼语短语等几类；按照外部功能，将短语分为名词短语、动词短语、形容词短语、副词短语、介词短语、数量短语等几类。再根据这两种不同类别对短语进行标注，每个短语都被赋予结构和功能相对应的一对标记。这种标注现代汉语句法树的方法目前得到了广泛运用。影响较大的有北大和清华两家。

我们的树库标注也采用这种通用的方法。一方面可以借鉴他人经验，降低成本，以尽可能少的投入（时间、人力、财力）取得较好的效果；另一方面利于与其他树库研究成果对比、衔接，利用率高。

(一)制定标记集

树库的建立跟词表的创建一样,首先必须确定所要依据的语法体系。这主要是由于目前还没有一个统一的汉语语法体系,而不同语法体系对短语类型的划分和判定不甚相同,因此依据不同语法体系得到的句法树也会不同。

在征求了多位语言学家的意见后,根据中文信息处理的特点和要求,我们确定本树库的短语功能分类和短语结构分类体系主要依据具有一定代表性的吕叔湘、朱德熙、胡裕树等先生的语法体系和《中学教学语法系统提要》。这样既兼顾了我国主要的语法体系,又注意了与现行教学语法体系相衔接,不至于囿于一家之言,而能博采众长,使树库建设更具科学性。

在这样的语法体系之下,建立了汉语句法树标记集规范。内容如下:

1. 短语功能分类

功能大类名称	标记	示例	说明
名词短语	np	[FW学校/n里/nd]np [DZ今年/nt春天/nt]np [DZ[ZC中国/ns的/u]np解放/v]np [DZ[ZC[DZ小/a时候/nt]np的/u]n/ 我/r]np[LH我/r和/c他/r]np	相当于名词或以名词为中心语
数词短语	mp	[LH七/m、/w八/m]mp	大部分已经并成数词,这里可以指联合式,如"七、八(个)"。
量词短语	qp	[SL一/m个/q]q/ [SL一/m个个/q]qp [SL这/r个/q]qp [SL这/r[SL一/m个/q]qp]qp	由代词或数词等+量词组成的短语。量词重叠如"个个、条条"应该只是词,不算短语。
动词短语	vp	[CD研究/v研究/v]vp [ZZ努力/a学习/v]vp [ZZ[JB从/p北京/ns]pp[ZZ[JB经/p天津/ns]pp[SB到/v上海/ns]vp]vp]vp [ZZ十一/m[SB至/v十五/m]vp]vp	以动词为中心语。
形容词短语	ap	[BC高兴/a得/u很/d]ap [ZZ不/d好/a]ap	以形容词为中心语。形宾短语,如"高他一头(双宾结构),(比它)长三尺,红了脸"标述宾结构形容词短语。
副词短语	dp		特指其后没有其他成分的情况,例如:"他们总是这样,你一言,我一语地,说个没完。"如果后面有成分,一般不处理为副词短语,例如:非常[非常地漂亮]

功能大类名称	标记	示例	说明
区别词短语	fp	[LH大型/f和/c中型/f]fp	由区别词构成，只有联合式。
介词短语	pp	[JB从/p今天/nt]pp [JB自/p北京/ns]pp	由介词和它的宾语构成。
连词短语	cp		可以包括联合式连词（如"和/或"）和连词性习用语（ic）。
叹词短语	ep		是现在所谓独立语的一部分，功能相当于叹词。
拟声词短语	op		是现在所谓独立语的一部分，功能相当于拟声词。
主谓短语	sp	[ZW胆子/n大/a]sp [ZW个子/n高/a]sp [ZW他/r[ZC走/v了/u]v/]sp	可以分为主谓两部分。
单句	dj	[BH[ZW他/r[ZC走/v了/u]vp]s/。/w]dj	带有成句标志（？。！）的只有一个主谓短语或非主谓短语的整个句子。
复句	fj		带有成句标志（？。！）至少包含两个互不包含（即互相不充当句子成分）的主谓短语或非主谓短语的整个句子。

2. 短语结构分类

结构大类名称	标记	示例	说明
补充结构（动补、形补）	BC	[BC高兴/a得/u很/d]ap [BC好/a极/d了/u]ap [BC说/v清楚/a]vp	由动词或形容词+（得+）补语（一般也是由动词或形容词充当）组成的动词或形容词短语。有"得"的时候是三分结构。
标号结构	BH	[BH《/w[ZZ[JB为/p人民/n]pp服务/v]vp》/w]np	凡是由一个普通短语+一个标点符号组成的短语。当标号为书名号时整个短语的功能类型为名词短语np。
重叠结构	CD	[CD[SL一/m个/q]pp [SL一/m个/q]q/]qp	由完全相同的两部分（词或短语）组成的短语。
定中结构	DZ	[DZ我们/r学校/n]np [DZ中国/ns上海/ns]np [DZ[SL一/m丝/q]q/温柔/a]np	由定语+中心语组成的名词短语。
方位结构	FW	[FW学校/n里/nd]np [FW出发/v前/nd]np	由名词或动词等+方位名词组成的名词短语。

结构大类名称	标记	示例	说明
复指结构	FZ	[FZ首都/n北京/ns]np [FZ雷锋/nh同志/n]np	由名词/代词+名词/代词等构成的名词短语，前后两部分指称相同。
介宾结构	JB	[JB为//人民/n]/pp [JB在//[FW出发/v前/nd]n/]pp	由介词+名词或动词等组成的介词短语。
兼语结构	JY	[JY请/v他/r来/vd]vp [JY让/v他/r去/vd]vp	由兼语动词+名词（短语）+动词组成的动词短语。
联合结构（并列）	LH	[LH[ZZ又/d唱/v]v/[ZZ又/d跳/v]v/]vp [LH工人/n和/c农民/n]np	由相同功能（往往是相同词性）的两部分组成的短语。允许多分结构出现。
连谓结构（连动）	LW	[LW[BC站/v起来/vd]v/说v]vp	由表示（连续）动作的多个动词（短语）组成的动词短语。
派生结构（附加）	PS	[PS[ZZ未/d[SB交/v作业/n]v/]v/者/k]np	凡是附加上一个词缀（k/h）的短语。
述宾结构（动宾、形宾）	SB	[SB看/v电影/n]vp [SB红/a了/u脸/n]ap	由动词或形容词+宾语组成的动词或形容词短语。
数量结构	SL	[SL一/m个/q]q/[SL这/r个/q]qp	由代词、数词等+量词组成的量词短语。
助词结构	ZC	[ZC我/r的/u]np [ZC看/v了/u]vp [ZC[DZ我/r[ZC所/u要/v]n/]n/的/u]np	由助词+其他部分或其他部分+助词组成的助词短语。当后面没有其关联的成分，如中心语或宾语时，标注为助词结构，否则按三分结构标注。（X+的/之]np，所+v]np，X+地]ap，v/a+得]vp/ap，X+似的 ap，v/a+着/了/过/啊/吧/吗 vp/ap）
主谓结构	ZW	[ZW胆子/n大/a]sp [ZW个子/n高/a]sp [ZW他/r[ZC走/v了/u]v/]sp	由主语和谓语两部分组成的主谓短语（小句）。
状中结构	ZZ	[ZZ很/d好/a]ap [ZZ认真/a学习/v]vp	由状语+中心语组成的短语。
缺省结构	XX		无法标注为上述结构的短语则标为"XX"。

(二)句法树标注及加工软件开发

标注的50000棵句法树,抽样检查准确率约为85%。我们还开发了树库加工、校对的软件工具以及校对质量评测工具。这部分工作是和上海交通大学计算机系共同完成的。

句法树加工软件蕴含了现代汉语的词类、句法功能、句法结构等方面的信息以及相关规则,可以对输入的汉语句子作初步的句法分析,得到带有词性标记、短语功能标记和短语结构标记的句法树。

句法树校对软件提供经过机器自动标注的句法树,即带有词性标记、短语功能标记和短语结构标记的句法树。利用该软件可以对语料进行文本编辑或树形编辑。

在文本编辑方式下提供对节点的简单操作,可以获得关于某个词的所有信息,通过选择可以改变其标记,同样可以获得关于某节点关系和成分的信息并加以更改。

树形编辑有两种:一是横行视图,一是纵向视图,即横向句法树和竖向句法树。树形编辑能对所有节点进行选中、删除、插入、拖动等操作,以及对非终结节点和终结节点进行特殊操作。对非终结节点可以进行折叠、节点编辑等特殊操作。进行节点编辑时,系统为每个节点提供可以选择的规则或符号以作修改,同样也可以通过手动编辑来修改。同时,在应用规则时,会自动匹配规则右部的符号数和该节点的符号数,同时查找有没有将成分应用于终结节点,或者将标记应用于非终结节点。系统为终结节点提供该节点应用的标记,下方则为该节点的词语信息。可以选择已有的规则或符号来修改,同样也可以通过手动编辑来修改。同时,若词语的切分不正确的话,我们可以通过在词语信息文本框中各字之间加上空格来重新切分该节点。

校对软件能自动记录修改过程和修改结果。每当打开一个需要校对的文本时,系统都会生成三个同名文件:主文件、日志文件和标号文件。日志文件记录下每次保存的句子状态,以便日后检查与恢复。标号文件会自动为之创建每句话的标记,以方便再次检查时可以迅速地知道哪几句语料的校对是校对人员不太确定的。

评测工具用于对人工校对的结果进行质量抽查和评测,给出评测结果。其中用到的主要指标有:综合得分(F-Score)、完全匹配的括号个数(完全匹配的句子比例)。

句法树库是一项重要资源,它将为汉语语言研究和信息处理提供一个有利的数据平台,推动理论和应用的迅速发展,为汉语信息化建设作出贡献。

1. 句法标注作为分词、词性标注和语义标注的中间环节，有着承上启下的重要作用。一个好的句法树库将为下一步的语义标注工作打下良好基础。

2. 句法树库蕴含丰富的句法信息，它为研究者提供带有句法标记的汉语真实文本素材，使之能够从中获得有关句法的各种信息。例如从词类入手，可以考察某一特定类别词语的句法功能（在真实文本中所处的句法环境）；从短语功能类型入手，可以考察某一特定类型短语的内部构造模式，等等。

3. 句法树库可以进行数据统计、例句抽取等工作，为计算语言学、词典编纂等领域的研究提供便利条件。

目前我们的树库建设规模不大，相应的方法和规则能否适应大规模真实文本的处理要求有待在实践中检验。今后要做的工作是扩大树库规模，通过对大量真实文本的分析处理，不断发现新的语言现象，据此补充和完善句法标记集和树库加工规范，提高机器自动加工的精确度和人工标注结果的一致性，降低人工校对的工作量，从而提高树库建设的效率。

四、国家语委语料库加工计算机软件系统

（一）词语切分和词类标注

输入：语料文本；输出：词语切分和词类标注语料。

1. 词语切分和词类标注

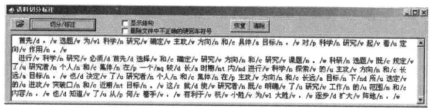

图5

2. 切分结果层次（结构）化：

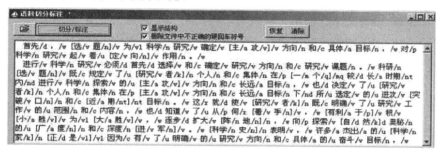

图6

切分结果层次（结构）化使得语料库能够更好地满足不同研究应用的需要。

（二）机助人校的语料校对系统

校对软件界面（图7）：

1.校对者可与后台词典交互，直接获取词和词类信息；2.软件自动通过色彩标识出语料校对信息；3.严格的自动格式检查，防止用户误操作等带来的错误；4.查找和替换提供快捷操作；5.限制用户的编辑，提供局部有效的自由编辑模式；6.校对文件多备份，最大限度防止数据丢失。

校对软件还记录校对者的所有操作，并反馈给后台切分标注软件，切分标注软件根据校对信息自动学习，从而提高切分标注的精度。

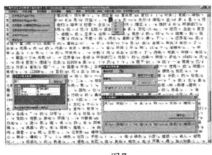
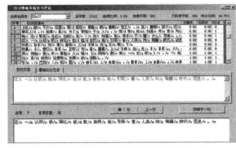

图7　　　　　　　　　　　　　　图8

（三）语料库校对质量检查软件（图8）

输入：词语切分和词类标注语料；输出：词语切分和词类标注语料，质量检查结果，语料校对记录。质量检查软件主要完成语料抽样检查和人校机助的辅助工作，通过随机抽样来检查语料校对加工的质量。

（四）切分标注语料库的定制输出（图9）

输入：语料文本；输出：定制的语料文本。定制输出是指根据用户需求，按照不同的词语颗粒度输出语料。语料库定制通过层次化（结构化）的分词词表实现。可定制的范围由词表的加工程度决定。

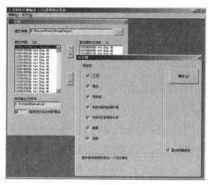
图9

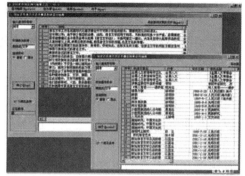
图10

（五）语料库检索软件（图10）

（六）句法树库（图11，图12）

标注短语的内部结构和外部功能。

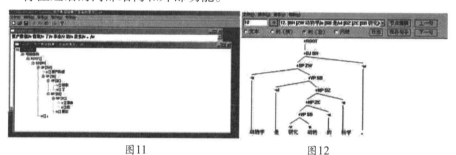
图11　　　　　　　　　图12

致谢：本项目还得到国家科技部"973"计划的"中文语料库建设"课题（项目编号：G199803051A-05）和"863"计划的"智能化中文信息处理平台"课题（项目编号：2001AA114040）的支持。本项目一直得到许嘉璐副委员长的关注，得到教育部袁贵仁副部长的支持，得到语信司的全过程指导以及语用所李宇明所长的直接领导，在此表示衷心的感谢。课题组还要感谢一直支持我们工作的各位专家，尤其是与我们密切合作的山西大学刘开瑛教授、郑家恒教授，上海交通大学的陆汝占教授及他的学生们。

本文原载于《语言文字应用》，2005年5月第2期。

语言类型研究与汉语教学

法国巴黎东方语言文化学院 徐丹

汉语与西方语言在类型上差异比较显著，因此在汉语教学中怎样向母语是西方语言的学生解释汉语语法，可能就需要比较汉语与其他语言在类型上的特点。如果能利用现有的语言学研究成果，从语言类型学方面加以考虑，有的问题就会有比较简单、明了的解决办法。本文将试着从三个方面探讨这一问题。

一

汉语在指称物体或事物时，与西方语言相比有明显的不同特点，汉语通常用一个统称词加上一个描述词，如"树"、"花"，只需加上另一个词就可以加以区别，如：柳树（法语：saule pleu-reur）、桃树（pêcher）、梧桐树（platane）、桑树（mËrier）、菊花（chrysanth me）、牡丹花（pivoine）、玫瑰花（rose）、荷花（lotus），等等。从西文的对译中很容易看出，西方文字是一物一词，而汉语的中心词是同一个词。如果教给西方学生汉语构词法的这一特点，他们会发现掌握汉语里一个词相当于学会了一群词，或者说学会了潜在的一群词。

再比较一组用英语和汉语表达"笑"义的词：laugh：笑；smile：微笑；smirk：假笑、傻笑；sneer：嗤笑；beam：满脸堆笑；giggle：咯咯地笑；snigger：窃笑；jeer：嘲笑。在这组例子里，汉语的中心词都是一个"笑"字，前面只须加上修饰语就对应于英语里的不同的词。可以看出，对同一个实体或同一个事物，各语言的表述很不一样。总体来看，这与不同类型语言的造词方式有关。

但从有些特例来看，各民族的社会及文化差异也可以影响构词法。比如在亲属称谓方面，现代汉语就没有涵盖许多义项的词，而是一人一称谓词，西方则用统称词概括。如英语"uncle"对应于汉语的"伯伯、舅舅、姑父、姨夫、叔叔"等。这是因为中国的等级概念、宗族制度根深蒂固的缘故，而西方则不像中国那么重视。在中西两种语言对译的时候，就需酌情处理。如汉语里的"孙子孙女"，英语完全可以用"grand-children"，法语用"petits-enfants"这种不完全对应的词来翻译。因为在英语和法语里，这两个词涵盖了

"孙子"和"孙女",没有必要再解析这个词的涵义。语言的类型是会随着时间的变化而变化的。古汉语的构词法与现代汉语很不相同。比如现代汉语关于"洗"的概念,我们可以用中心词"洗"加上修饰词来表达不同的意思,如:"梳洗、涮洗、干洗、刷洗、冲洗"等。而古汉语是一个词只对应一个概念,与今天的西方语言很接近,如:"沐(洗头发)、浴(洗身)、盥(洗手)"等。这些概念,现代汉语用"洗"一个词全代替了,只需变一下宾语。

在现代汉语里,关于马的颜色的词不能算是丰富,但在游牧民族的语言里,有关"马"的词是丰富多彩的,仍以古汉语为例。在两千多年前的《诗经》里,有关"马"的词异常丰富,如在《駉》这一篇赞扬各种马的诗里,就有表1中的这些词描述"马"。

表1

金启华译(1984)	Karlgren译文(1945)	Couvreur译文(1896)
骊:黑身白腿的马	white-breeched black	noir(avec)les cuisses blanches
皇:黄而夹白的马	light yellow	Jaune pale
骊:一色全黑的马	black	noir
黄:红而带黄的马	bay	jaune
骓:苍白杂色的马	grey-and-white	gris-blanc
駓:黄白杂毛的马	brown-and-white	jaune-blanc
骍:红而微黄的马	red	roux
骐:青而微黑的马	black-mottled grey	Noir pale
驒:青黑的钱花马	Flecked noir pale	couvert d.'cailles
骆:白身黑鬣的马	White ones with black manes	Le corps blanc et la crini renoire
騵:赤身黑鬣的马	Red ones with black manes	Le corps roux et la crini re noire
雒:黑身白鬣的马	Black ones with white manes	Le corps noir et la crini re re blanche
骃:黑白的花马	dark-and-white ones	gris
騢:红白的花马	red-and-white ones	blancroux
驔:白毛长腿的马	hairy-legged ones	Longs poils blancs sur les jambes
鱼:两眼白毛的马	fish-eyedones	Les yeux blancs comme les poissons

《诗经》的语言在今天晦涩难懂,但在当时却是民间的口头文学。我们看到,关于"马"的颜色的描写竟达16个词。今天这些词几乎全部死亡了。从中西文的对译我们看到,现代汉语及西文都只得临时造词,没有相应的说法。上

古汉语可谓一物一词，而现代汉语采取的是中心词加修饰词的办法。这表明，某一语言的构词法与其语言类型有关。从历时的角度看，语言类型不是一成不变的；从共时的角度看，文化背景、历史因素也能造成特例。

二

西方语言的时态表达法与汉语不同，是汉语教学中的一个难点。西方语言在形态上呈显性状态，而汉语在句法表达上常呈隐性状态。英语、法语通过动词变位表达时态，而汉语里的方块字在形态上无变化，普通话的语音也无曲折变化，只能靠时间词、时体助词（了、着、过）等配合表达。我们认为，汉语里也有时态配合的问题，只不过是隐蔽的或是隐性的而已。比如，现代汉语中的副词及连词里有大量的同义词，这些同义词是汉语时态表达的一种补充手段。当然这些同义词的时态意义只适用于现代汉语。因为各个时期常用副词都不相同，而且意义也有变化，有的是延用了引申义，有的在后来根本改变了意义。由于汉语的时体助词是后起的，所以这些显性的句法手段、实时体助词与副词或连词进行搭配也是汉语后来发展出来的。

我们在《汉语句法引论》里已明确表明了这一观点，这里我们再补充两句。汉语里的许多同义副词及连词都可以配合时态，以表达不同的概念，具体见表2。表2中的"+"号表示某一词与某一时态兼容，不表示与同义词在语义及功能上相等。

表2

汉语同义词	英/法	过去	将来
常常；往往	often/souvent；often/souvent	+；+	+；-
到底；终于	Finally/finalement；finally/finalement	+；+	+；-
尽管；即使	Even though/malgr；even though/malgr	+；-	-；+
为了；以便	for/pour；for/pour	+；-	+；+
一直；始终	always/toujours；always/toujours	+；+	+；+
以后；后来	afterwards/aprs；afterwards/aprs	+；+	+；-
又；再	again/encore；again/encore	+；-	-；+
才；刚	Only, just/peine, ne...que；only, just/peine	+；+	+；-

在无上下文的情况下，表2中的这些副词及连词在西文的对译里是同一个意思，其实在汉语里，它们是表达时态的词，与时体助词配合。如果用错了，就像西文里犯了动词变位错误一样，学生明白了这一点，会避免许多错误。西

文里的动词由于有形态变化，所以副词及连词本身就不再指明时态。而汉语则相反，动词本身无法指明时态，动词靠其他语法词表达时态。

我们很容易看到，表2中的同义词有不同的时态内涵，在没有其他助动词或复杂句式的情况下，这些词本身有内在的时态含义：

（1）a. 昨天/明天他才来。
　　　b. 昨天/*明天他刚来。
（2）a. 尽管/*即使他病了，他还是来了。
　　　b. 即使/*尽管他病了，他也会来的！
（3）a. 以后/后来他又来过两次。
　　　b. 你以后/*后来再来吧！
（4）a. 昨天我们一直/始终没见到他。
　　　b. 我们明天一直/*始终等到他来，看他怎么说。

其实细究起来，各对同义词的句法及语义限制很多，而且不尽相同。这里我们只说了一个大概的趋势，即汉语里的同义副词或连词有内在的时态意义，这些同义词在时态上有差异。它们与时态助词必须在语义上搭配、不能相悖，否则句子不合语法。西方人觉得汉语里的"了、着、过"难以掌握，其实不是这些时体助词本身难学，而是与其配合的句型、副词和连词难学。通常的语法书总是把精力放在"了、着、过"的阐释上，而很少解释与其配合的句型和词，使得学生背熟了"了、着、过"的语法规则，但仍然掌握不了汉语的时态表达。

三

古汉语和现代汉语从语言类型的角度看，实属不同类型。从事古汉语教学须明确这一差别，否则很难自圆其说。现代汉语是以句法手段为主的语言，而古汉语（这里指两汉以前的汉语）是一种运用综合手段的语言，即形态变化及句法手段兼而有之的语言。

语言是有生命的，是可以发生、发展乃至灭亡的。古代汉语尤其是两汉以前的汉语与我们今天所见到的汉语是很不同的。古代汉语起码靠三种方法明确各个成分之间的语法关系：语音或形态手段、词汇手段及句法手段。语音或形态手段是指古汉语通过变换音调，改变发音方式指明语法关系。比如"折"字，在用作及物动词时念zh：" 请勿攀折树枝"，作不及物动词时念sh："树枝折了"。这样的例子在北方方言里已经绝无仅有了，但在南方方言里痕迹较多。有的字在古代汉语里根据音调不同而改变动词的指向，但在现代汉语里需用两个不同的字代表了。如"食"字根据音调及发音方式的不同[1]可以改变意义。例如：

（5）食无求饱，居无求安。（《论语·学而》）
（6）治于人者食人，治人者食于人。（《孟子·滕文公上》）

例（5）里的"食"古读入声，是"自己吃"的意思，例（6）里的"食"古读去声，很明显，这里的"食人"不是"吃人"的意思，而是"养活"的意思。"食"字的两读在《经典释文》及《广韵》里都有记载。在传世文献《史记》里，我们仍能看到"食"字两读的例证：

（7）（汉王）解衣衣我，推食食我。（《史记·淮阴侯列传》）
（8）（汉王）衣我以其衣，食我以其食。（同上）

例（7）的第一个"食"是名词，读入声，第二个"食"是使动义的动词，读去声，意思是"把美食推给我吃"；例（8）"食我"的"食"是使动词，读去声，"其食"的"食"是名词，读入声。这种用法在现代汉语里已不复存在了，现代汉语用两个不同的字来表示"自己吃"和"养"的意思了，即"食"、"饲"（现代汉语里是/喂养动物，意思已有所改变）。

古汉语通过变调改变词性，如动词变名词、名词变动词、及物动词变为不及物动词、不及物动词变为及物动词等。比如例（7）、（8）中的"衣"字，作名词时读平声，作动词时读去声。现代汉语则改用两个不同的字或词表达古汉语里一个字不同的语法功能，如名词用"衣（服）"表达，动词用读去声的"衣"，而后者在中古时期曾被"着"取代，现代汉语则用"穿"代替了。

有的变调构词则是通过增添偏旁并加上变化声调。例如：

（9）择不处仁，焉得知？（《论语·里仁》）
（10）知者无不知也。（《孟子·尽心上》）

例（9）的"知"同"智"，作名词，读去声，例（10）第一个"知"古读去声，作名词用，第二个"知"读平声。据杨伯峻（1980：35）考证，在今天通行的5论语6本子里，"智"都写成"知"（《孟子》"知"、"智"都有），这大概是由于传世本子有后人改动的缘故。如参照河北定州汉墓出土的

---

[1] 许多学者发现这个字在上古汉语里不但音调有别，而且前缀也不同。

竹简《论语》[1]，我们就会发现，在公元前55年以前的版本里，"知、智"混用、相通。看来，"知、智"分用是后来的事情。后世为了避免混淆不同的功用，作名词用的"知"写成了"智"，作动词用的"知"仍是"知"。

通过词汇手段表达不同的语法概念是古代汉语的另一特点。古汉语里许多名词都能作动词用，这些字词并无变调或变音的记载（不排除有的字词可能有过两读）。很多语法学家都称之为"词类活用"，依照我们的观点，其实这并不是什么活用，而恰恰是古汉语的一个重要特点。我们不能用现代汉语的语法规则描述古代汉语的语法。例如"君、臣、父、树、友"等等，这样的例子不可胜数。

句法手段在古代汉语里不发达，能表达语法关系的语法词不多。除了"使字句"是古老的句型外，"把字句"、"被字句"等都是新兴、后起的句型。在现代汉语里，句法手段成为标注语法意义最主要的手段，这是为了补偿汉语失去的其他手段而发展出来的，也就是说，这是汉语自身发展的一种自然结果。

众所周知，古汉语没有时态助词标记动词的时态，没有数量词标记名词，介词数量较少，语法关系的表达与现代汉语相差甚远。可以这样说，现代汉语属于分析性语言，即词和语素重合的比例相当高，词与词之间的语法关系靠词序和虚词来表示。而古汉语的类型不是单纯的一种类型，形态类型和分析类型的特点都有。如果不明确这一点，古汉语教学就会事倍功半。

总之，我们认为，语言类型学对汉语教学乃至其他语言教学都是深有裨益的，我们应当尽可能地利用语言学研究成果。这里，我们只是一个尝试。

本文原载于《语言教学与研究》，2007年第3期。

1　论语6（定州汉墓楚简，文物出版社，1997）。这部竹简是由西汉中山怀王刘修墓中出土的，所以这个本子的下限被竹简整理小组定在公元前55年以前。

（二）对外汉语教学

按语（高立群）

对外汉语教学作为一个学科名称，是吕必松先生在1978年3月"北京地区语言学科规划座谈会"上首先提出来的。时至今日，虽已有30多年，但有关对外汉语教学的学科定位、学科性质、学科门类的划分，甚至学科名称本身都一直处于争论当中。

从围绕学科名称的解读应该是"对外汉语+教学"还是"汉语教学+对外"，到学科理论基础应重视"汉语本体研究"还是突出"语言教学研究"，甚至到学科门类的归属是语言学还是教育学，各家之言，林林总总，不一而足。这里所选的陆俭明先生、潘文国先生和刘珣先生的文章分别代表了三种主要的观点流派。

近10年来，随着中国国家实力的发展和在世界的崛起，不管对外汉语教学学科性质怎样争论不休，学科归属如何复杂未定，对外汉语教学的规模却呈爆发式发展起来了。对外汉语教学不再是研究语言学、汉语本体、汉语教学或对外汉语教学人士的专利，不再是几个学者和教师围着几个洋学生的口音、声调和汉字较劲了。从国家战略，到语言政策，到国家软实力、全球竞争力，都和对外汉语教学挂钩。现实令对外汉语教学不得不重新审视以往的观点争论和学科定位问题。王建勤先生的文章即是这样的一次有益尝试。社会需求不断驱动，甚至赶着对外汉语学科向前发展，现代信息科技也让对外汉语教学的方法和手段发生了历史性的变革。互联网和大数据时代的到来，使得数据库成为了对外汉语教学新的重要发展方向。崔希亮和张宝林两位先生的论文既是对以往研究的总结，更是对未来发展方向的提点。

科技的发展和社会的需求，使我们必须不能再局限和执著于那些"鸡"和"蛋"的问题。多学科的交叉与融合，互相取长补短，合作共赢已经是科学进步、知识创新的潮流和动力源泉。对外汉语学科如何迎来属于自己的互联网和大数据时代，是所有业内人士都有必要思考的问题。

（1）"对外汉语教学与汉语本体研究的关系"（陆俭明 语言文字应用）

（2）"论'对外汉语'的学科性"（潘文国 世界汉语教学）

（3）"试论汉语作为第二语言教学的基本原则"（刘珣 世界汉语教学）

（4）"汉语国际推广的语言标准建设与竞争策略"（王建勤 语言教学与研究）

（5）"全球汉语学习者语料库建设方案"（崔希亮、张宝林 语言文字应用）

对外汉语教学与汉语本体研究的关系

北京大学汉语语言学研究中心 陆俭明

　　一直以来，无论从事汉语本体研究的汉语学界，还是从事对外汉语教学的学界，都普遍认为，汉语本体研究是对外汉语教学的支撑，对外汉语教学有赖于汉语研究成果。这种看法有一定道理，但现在看来并不全面。

　　其实，对外汉语教学与汉语本体研究之间，是一种互动的关系。这就是说，对外汉语教学对于汉语本体研究也起着推动作用。对外汉语教学对汉语本体研究的推动作用，我们可以用这样两句话来加以概括：第一句话是，对外汉语教学是汉语本体研究的试金石；第二句话是，对外汉语教学拓展了汉语本体研究。

　　先说第一句话的意思。第一句话的意思，其实业已成为汉语学界包括对外汉语学界的共识。早先的汉语研究基本上是为解决汉族人与汉族人之间的交际问题，具体说是为母语为汉语的中国人阅读、写作和推广普通话等服务的。我们给中国学生上"现代汉语"课，讲授词汇、语法方面的知识，分析有关词汇、语法现象，谈论相关的规则，让学生看有关方面的教材、参考书，学生都只是作为一种知识来接受。除非是搞研究，一般不大考虑老师讲授的词汇、语法现象及其所分析归纳的规则对不对，合适不合适，是不是符合语言事实，对语言事实的涵盖性、概括力如何之类的问题。外国学生则不同，他们把老师和书本上所讲授的汉语知识和相关的规则都视为金科玉律，而且能动地按老师和书本上讲的去运用，可是一用就出错。对于他们在写作、说话中出现的语法、词汇方面的毛病和错误，大多不能责怪学生学得不好，因为这些错误大多是由目的语的负迁移造成的。譬如，有一本中级汉语课本上，对"优异"一词译注了英语excellent, outstanding；又给出了汉语注释：特别好，特别出色。可是，留学生按照这样的注解，有的在练习中造出了不符合汉语说法的偏误句：

（1）a*约翰的发音优异（约翰的发音特别好）。

　　 b*丽莎在《雷雨》中演四凤演得很优异（丽莎在《雷雨》中演四凤演得很出色）。

　　 c*我以为他的办法优异（我以为他的办法特别好）。

这是词汇方面的例子。再举个语法方面的例子。我们跟外国学生说，汉语动词可以带所谓处所宾语，举的例子是"吃食堂""吃馆子""泡澡堂子"等，并解释说，"吃食堂"就是"在食堂吃饭"的意思，"吃馆子"就是"去/在馆子吃饭"的意思，等等。学生学了，就按上面所说的去用了，结果出现了下面这样的偏误句：

（1）a*我现在吃勺园7号楼食堂（我现在在勺园7号楼食堂吃）。
　　　b*今天我们吃餐厅吧（今天我们去餐厅吃吧）。
　　　c*今天我一直看书图书馆（今天我一直在图书馆看书）。

学生的这些错误都是由目的语的负迁移造成的。例（1）的毛病都是由于我们没有能跟留学生说清楚"优异"的具体用法，特别是没有跟留学生交待清楚"优异"使用的语义背景而造成的。例（2）的错误，根子在于我们先前把"吃食堂""吃馆子"里的宾语分析为处所宾语就不合适（现在已有人将这里的"食堂""馆子"分析为"方式宾语"）；更没有能跟留学生说清楚什么样的动词能带这一类宾语，这一类宾语具有什么样的特点，等等。类似的问题很多。这充分说明，对外汉语教学确实能成为汉语本体研究的试金石。

现在说第二句话的意思——对外汉语教学拓展了汉语本体研究。这一层意思目前一般似乎认识不足，甚至可能根本没有认识到，所以需要在这里稍微论证一下。

首先应该看到，对外汉语教学的实际需要和学生提出或出现的种种问题迫使汉语本体研究要进一步细化。譬如留学生在运用诸如动词带工具宾语的"主语——动词——宾语[工具]"句式（如"她喜欢抽烟斗""你就吃大碗吧""她常洗凉水"一类句式）也常出错误，而要纠正这些方面的偏误，就要求汉语语法本体研究对带工具宾语的述宾结构进行更细致的描写。其次，学生所以不明白，学生所以出错，有时候，或者说更多的时候，不是他们不懂或不了解某个词或某种句法格式的意思，而是不了解具体的用法。所以，对外汉语教学的实际需要和学生提出或出现的种种问题迫使汉语本体研究的学者专家必须加强词语或句法格式的用法研究，特别是语义背景的研究。请先看两个例子：

（6）? 田中，走，去跳舞！（跳舞去！）
（7）? 商量以后，我们分了工：爱丽思布置会场去，大卫卖饮料去，……。

　　（商量以后，我们分了工：去爱丽思布置会场，去大卫卖饮料，……。）
例（6）（7）这个句子念着别扭，问题不出在语法上，语法上没有毛病；问题出在语用上，不合语用要求。虽然"跳舞+去""买饮料+去"和"去+跳舞""去+买饮料"意思似差不多，但使用场合不同。须知前后表目的关系的"VP+去"和"去+VP"，基本意思一样，但它们还是有细微的差别，特别是使用的语用环境不同。根据陆俭明（1985）调查，"去+VP"意在强调施动者"从事什么事情"；而"VP+去"（表目的关系）意在强调施动者位移。

再次，促使汉语本体研究需关注和进行固定格式的研究。

现代汉语中存在着大量的固定格式，例如"V1多少V2多少"就是一个固定格式，例如"知道多少说多少"、"要多少给多少"。这其中的每个词语，留学生一般都学习过，都知道是什么意思。但是，他们就是不清楚"知道多少说多少"、"要多少给多少"到底是什么意思。这类格式不少，在口语中的使用频率比较高。类似的格式如：

（a）V1（O）的V1（O），V2（O）的V2（O）（扫地的扫地，擦窗户的擦窗户。/大家割的割，捆的捆，很快就把50亩地的麦子收割完了。）

（b）……，VO-V的（他最近视力下降得很厉害，准是看电视看的。/她头发乱蓬蓬的，都是睡觉睡的。）

（c）……，X就X在……（他错就错在不懂经营。/小王聪明就聪明在会借鸡生蛋。）

（d）X1+一量词+X2+一量词（你得看准了，别老是东一把西一把，没有个准头儿。/只见他脸上青一块，紫一块。）

（e）X是X，Y是Y（你是你，我是我。/人情是人情，生意是生意。）

（f）……V着也是V着，（不如）……（我最近闲着也是闲着，不如去你的店里帮帮忙。/这些书放着也是放着，你拿去看吧。）

（g）V1多少，（就）V2多少（你吃多少拿多少，可别浪费了。/这里的蘑菇你要多少有多少。）

（h）连……带……（连本带利一共800元。/他连哄带骗把那个男孩儿抱走了。）

（i）爱V不V（他不理你？爱理不理！/就这饭，你爱吃不吃。）

（j）NP+V1也V1了，V2也V2了，……（你说也说了，打也打了，还要怎么样？/你吃也吃了，喝也喝了，总该走了吧？）

（k）V（一）量词O也V不A（你看她，写（一）个字也写不好。/吃顿饭也吃不安宁。）

（l）一VV了+数量成分（她一买买了一大堆。/一说说了两个小时。）

（m）NP+V也得V，不V也得V（你收也得收，不收也得收。/你既然开了价了，你买也得买，不买也得买。）

（n）别NN的（你们可别主任主任的，我姓刘，大家就叫我小刘吧。/别大哥大哥的，谁是你的大哥？）

这些格式如果我们不研究，不把这些格式所表示的语法意义以及它们的用法告诉留学生,留学生是不了解的,更不会去用。而且,也很难从工具书上找到现成的答案,因为以往的汉语本体研究中对这种固定格式是不研究的。正是对外汉语教学的需要,推动了我们对这种固定格式的研究。另外,像同义句法格式,例如"拿出来一本书"、"拿出一本书来"、"拿一本书出来",就是一组同义句法格式,汉语本体研究基本上不研究同义句法格式,而对外汉语教学则亟需这类知识,需要有人来研究。

在汉语学界也好,在对外汉语教学界也好,普遍的说法是,对外汉语教学有赖于汉语本体研究,汉语本体研究为对外汉语教学提供了支撑。现在看来这个看法并不全面。不错,汉语本体研究的成果,包括对语言事实的描写,对语法规律的揭示和说明,在对语言事实充分描写的基础上所总结、升华、概括得到的有关语法理论,对于对外汉语教学来说,确实都是一种不容忽视的支撑;但是,我们也不能不看到对外汉语教学对汉语本体研究所起的激活、拓展和推进的作用。因此说,二者之间实际是一种互动关系。

这里附带谈一下跟上个问题相关的另外一个问题:从事对外汉语教学的老师到底只能是"匠人"(教书匠),还是也可以成为什么家?长期以来汉语语言学界和教育界多数人认为,从事外语教学的老师,包括对外汉语教学的老师,只能是一个匠人,不可能也没法成为什么家。令人遗憾的是,我们从事对外汉语教学的老师自己也大多持这种看法。其实这种看法是非常片面的。事实告诉我们,从事汉语本体研究的老师也未必都能成为什么家,而从事对外汉语教学的老师则有不少是闻名海内外的学者专家。其实,不管从事哪一学科的老师,自己能不能成为什么家,全决定于自己的根基和努力程度。我坚信"事在人为"的信条。这里我们应该清楚地认识到,任何学科领域,科学研究的最终目的是为了应用。这是科学生命之所在。任何学科都有本体研究和应用研究之分。从事本体研究的可以成为家,从事应用研究的也可以成为家。正如科学院系统那些从事本体研究的研究员有可能成为院士,工程院系统那些从事应用研究的也可以成为工程院士。有的人还可能成为双院士,如吴阶平教授。科学院院士和工程院院士水平等级是完全相同的。如果说从事汉语本体研究的老师相当于科学院系统的研究人员,那么从事对外汉语教学与应用研究的老师就相当于工程院的研究人员。大家都可以成为"家"。丹麦著名的语言学家叶斯柏森(OttoJespersen,1860—1943)和英国著名语言学家帕默(FrankR.Palmer,1922—)就都是从事英语作为第二语言教学出身的语言学大师。可见,成不成为"家",全看自己。还是那句话,"事在人为"。我衷心地希望对外汉语教学界能不断涌现顶尖的学者专家。

本文原载于《语言文字应用》,2005年2月第1期。

论"对外汉语"的学科性

华东师范大学 潘文国

一、问题的提出

改革开放以来,随着中国经济的崛起,我国与世界各国友好往来的日益频繁,对外汉语教学作为一项国家和民族的事业,得到了前所未有的重视和发展,来华留学生与日俱增,海外掀起了一波又一波的"中国热"、"汉语热"。随着20世纪80年代中期对外汉语教学的学科地位得到承认,国家推广汉语的专门机构国家汉办的成立,国家级考试 HSK 的推出,国家级的对外汉语教师资格证书制度的实行,以及国家级的对外汉语教学基地的设立等,这一事业正如火如荼、方兴未艾。

与此同时,以培养对外汉语教学师资为主要目标的高校对外汉语专业自1985年设立以后,也以难以遏制的势头迅猛地发展着。开设之初,由于需要积累经验,"对外汉语"始终是个"控制设点"的专业,在很长一段时间里局限在4所院校,直到今天,教育部对这一专业的开设还是控制甚严。但随着各省市对"教育自主权"的充分运用,这一"限制"终于在近年被突破,"对外汉语"已不再是4所院校的专利,各地的"对外汉语"专业如雨后春笋,纷纷破土而出,短短几年内已有 30 多所大学设立了这一专业,即将建立的据说还有十几所。高校设立专业,当然有一定的学科规范,教育部对对外汉语专业的学科规范也有非常明确的规定[①],但由于原先的 4 所院校对其理解不一,在执行中更有差距,各地新设立的专业更是各自为政,在"对外汉语"的名义下做着适合自己或迎合市场的"发展",引起了有关部门和人士的忧虑。因而,对"对外汉语"进行正确的学科性定位,既是当前学科建设的需要,也是事关这一专业未来发展的大事。

二、"对外汉语"正名

发展对外汉语专业,首先有个为"对外汉语""正名"的问题。所谓"名不正则言不顺",如果"对外汉语"这个名称本身就不合理或不"科学",则这个专业也就失去了存在的基础。应该说，尽管这个专业已存在了近20年，但这个名称的合理性问题并没有解决，相反，对此还有着种种的质疑。其中有代表性的，一是认为"对外汉语"只是"对外汉语教学"之省；二是认为"对外汉语"专业不通，应改为"对外汉语教育"专业。

第一种意见以吕必松教授为代表，他说："'对外汉语教学'这个术语产生以后，又出现了'对外汉语'的提法，我认为'对外汉语'的说法是不通的，因为'汉语'本身并没有对内、对外之分。在'对外汉语教学'这个术语里，'对外'是修饰'汉语教学'的，而不是修饰'汉语'的。"②

十多年来，许多人对这个说法深信不疑，甚至还有人据此在教育部组织修订本科专业目录时，建议有关部门修改这一专业的名称。其实，这一说法是似是而非的。汉语有没有"对内"、"对外"之分，这个问题我们到后面还要谈。在"对外汉语教学"中，"对外"修饰的是"汉语教学"而不是"汉语"么？我对此颇表怀疑。我们都知道，"对外汉语教学"是"把汉语作为外语的教学"的简称，其名称直接来自英语国家"把英语作为外语的教学"，英文是 Teach English as a foreign language（简称 TEFL），因而其英文译名便是 Teach Chinese as a foreign language（简称 TCFL），"国家对外汉语教学领导小组办公室"的正式英文译名就是National Office for Teaching Chinese as a Foreign Language。在Teach English as a foreign language 这个短语里，"as a foreign language" 究竟是 "English" 的定语呢？还是 "Teach English" 的状语？我想学过英语的人都会正确地选择前者。而且英语中不但有"Enlish as a foreign language"（ESL）这样的说法，还有"English as an international language"、"English as a global language"等说法③，其中"as"等等都是定语，而且根本没有"teach"（教学）这个词的存在。仿此，"Chinese as a foreign language"，或者说"对外汉语"这个名称，应该说是顺理成章的。

第二种意见的代表是刘珣先生，他前几年出版的一部书，书名就叫《对外汉语教育学引论》④。他也是认为"对外汉语"专业的名称不妥，全称应是"对外汉语教学"，而"对外汉语教学"作为本科专业的名称学术性又不强，因此主张改为"对外汉语教育"专业。刘珣先生持这一主张由来已久，但学界赞同的人似乎不多，因为这涉及到学科的定性问题，作为"教育学"的一个分支，对外汉语专业就失去了在中文学科下开展活动的合理性，这与绝大多数在"对外汉语"专业或"对外汉语教学"一线从事教学和科研的教师和学者的自我感觉相距颇远，恐怕难以为他们接受。

三、"对外汉语教学"无法进入现行的学科体系

上面的讨论实际上已经涉及到学科的定位问题。谈到定位，我们马上就会发现，尽管这一二十年来，"对外汉语教学"与"对外汉语"专业已取得了长足的发展，成为社会上令人羡慕的职业和对高考考生有吸引力的专业，但在学科体系中的位置却是不尴不尬的。众所周知，我国的本科教育与研究生教育有着不同的学科体系，而代表学科建设和学科发展方向的是研究生专业的学科体系。这个学科体系分为学科门类、一级学科、二级学科，只有进入"二级学科"，才是真正具有学术地位的独立学科，举例来说，"文学"是个大的学科门类，"中国语言文学"是个一级学科，"现代汉语"原先是这个一级学科下的一个二级学科，但专业目录调整后，与汉语史、汉语文字学一起归并到了"汉语言文字学"这个二级学科，就不再具有独立学科的地位，只能作为方向（俗称"三级学科"，其实这个名称是不规范的）。现在全国高校的学科建设，都是在这个体系中进行的，高校教师职称的评审、专业教师的聘任、硕士博士学位点的设立、国家和省市各级重点学科的设立、教育部人文社会科学重点研究基地的设立等等，都是在"二级学科"的基础上进行的。

而在这样的学科体系里，"对外汉语"尽管已进入了本科专业，成了一个"学科"，但在研究生专业，或者说真正学术性的学科体系里却完全没有它的位置。因此对外汉语专业和从事对外汉语教学的教师的职务的晋升、有关学科发展规划的制定都存在着一定的困难（因为没有一个可见的学术目标）。1994年以来，国家汉办和有关高校、有关专家作了很多努力，希望"对外汉语教学"能成为一个独立的二级学科，从而可以建立起自己的硕士点、博士点，但迄今没有成功。1997年以前，"对外汉语"是在"现代汉语"二级学科下作为"三级学科"来招收硕士生的，1997年研究生专业目录调整以后，"现代汉语"自身成了"汉语言文字学"下的一个"三级学科"，而目录同时把原先的"语言学"二级学科改称"语言学及应用语言学"，"对外汉语"隶属之。据学位办的同志解释说，这是为"对外汉语教学""开一个窗口"，实际上是将"对外汉语教学"看作"应用语言学"下的一个分支，充其量最多算一个三级学科。在这个情况下要使"对外汉语教学"能成为一个二级学科，前提是"应用语言学"必须成为一级学科。2000年前后有关方面曾下发了一个专业目录修订征求意见稿，其中将"语言学"立为新的一级学科，依此，"应用语言学"有望成为二级学科，但即使如此，"对外汉语教学"仍然无望与"应用语言

学"并列，还是只能留在"三级学科"里。这个方案后来因种种原因搁浅了。

实际上，冷静下来想想，这样的学科体系尽管难以为对外汉语界接受，但不无合理之处。从整个体系着眼，只要坚持以"对外汉语教学"或"对外汉语教育学"作为学科名称，它就始终只能是个三级学科，不可能进入二级学科。因为使用这两个名称，中心词语是"教学"或"教育学"，理论上应归属"教育学"这个学科门类，在"教育学"一级学科下寻找其位置，"xx教学"只能是"课程与教学论"这个二级学科下的一个分支，而"xx教育学"只能是"职业技术教育学"二级学科下的一个分支。理由很简单，不可能专门为一类课程或一项职业的教育单独设一个二级学科，比方说，如果对外汉语"教学"（或"教育学"）可以设一个二级学科，那母语、英语、"第二语言"，乃至数学、物理、化学……的"教学"或教育学要不要也设二级学科？国家学位办肯定是从整个学科体系着眼，觉得不可能为"对外汉语教学"单独设一个二级学科，对此我们应能理解。

有人可能会强调"对外汉语教学"的重要性、特殊性，这是一项国家和民族的事业，全国所有学科中，只有"对外汉语教学"有国家级的领导小组，还有一套专门的机构，别的还有什么学科有这样的地位？这话诚然不假，但问题正如吕必松先生以前曾经指出过的，事业、学科、专业不是一回事。重要的事业未必一定就是学术上的一个学科，例如"计划生育"是我国的一项基本国策，重要性自不待言，但不可能有"计划生育学"这样一个"二级学科"。

这样看来，"对外汉语教学"或"对外汉语教育学"如果立足于"教学"或"教育学"，纳入教育学学科体系，是无望成为一门独立的二级学科的。那么换一个思路，强调前面的定语，将之纳入"中国语言文学"的学科体系，行不行呢？我们觉得只要其中有"教学"二字，就同样有困难。因为"教学"只是某一学科研究的具体实践，比如说，有英语学科，但不可能有"英语教学"学科；有数学学科，但不可能有"数学教学"学科。即使把"教学"改为"教育"，后面再加一个"学"字也不行。国家不可能设立"英语教育学"、"数学教育学"等二级学科（作为"三级学科"又当别论），同样不可能设立"对外汉语教育学"。以此为基础来从事专业建设和学科建设，只能是一厢情愿。

四、把建立学科的希望转移到"对外汉语"上

以上的分析可能使人失望：人们努力、争取了这么多年，难道"对外汉语教学"就真的没有希望成为二级学科？那么，对外汉语教学的人才培养、对外汉语教学的学科建设，其出路在哪里呢？

其实上面一节最后的讨论已经给了我们启发："英语教学"、"数学教学"等不可能成为独立的学科，但"英语"、"数学"等的学科地位早已确立；因而"对外汉语教学"不可能成为独立的二级学科，但"对外汉语"却有可能。我们应该换一个思路，把学科建立的希望转移到"对外汉语"上。这也是本文要讨论的中心。

有人会说，这不是颠倒了关系吗？是先有"对外汉语教学"，后有"对外汉语"专业。而且，与全国几百家单位、数万人从事的"对外汉语教学"比起来，区区几个、几十个院校，几百人从事的"对外汉语"专业，又算得了什么呢？但我们不要小看了这些"区区"，多年前我们就说过，学科成立的标志是高校本科专业的设置。"对外汉语教学"能成为一个学科，其标志并不是从事对外汉语教学的单位发展到多少多少家，或者有没有全国性的学术团体，而是高校本科专业的设立。学科建设是在本科基础上进行的，本科发展了，才有可能发展硕士生、博士生的教育，才有可能建立学位点。重提两件往事也许可以对我们有所启示：一是1984年时任教育部部长的何东昌同志宣布对外汉语教学已发展成一门学科，紧接着就决定在当时的北京语言学院、华东师范大学、北京外国语学院和上海外国语学院4所院校设立对外汉语本科专业，并从第二年（1985年）开始招生，可见这两者的关系；二是本科专业的名称始终叫"对外汉语"，即使吕必松先生对此有不同意见，以后又有许多人不时提出要修改专业名称，但都没有成功。这是因为有关领导从全局出发，认为"对外汉语教学"不可能成为一个本科专业的名称。

因而我们现在要做的，不是再纠缠其名称应该叫什么，而是真正从学术的角度出发，论证"对外汉语"的学科性，理清"对外汉语"与"对外汉语教学"的关系，发展和建设好对外汉语专业，并在此基础上力争将"对外汉语学"发展成二级学科，以此为学术龙头，带动整个对外汉语教学事业的学科建设和队伍建设。

五、"对外汉语"名称的合理性

一门学科的建立必须有其哲学基础，因此，讨论"对外汉语"的学科性，要从下面三方面着手。一是学科名称的合理性；二是学科的内涵，学科研究的本体、分支（即可能有的"三级学科"），以及支撑主体的辅助学科；三是学科的外延，即本学科与相邻学科的关系，论证其独立存在的理由。

前面说过，"对外汉语"的名称曾经遭到过质疑，认为在"对外汉语教学"里,"对外"是修饰"汉语教学"的,而我们从其英语来源证明,"对外汉语"是一个整体,是"教学"的对象。现在我们要研究的是,有没有"对外汉语"?汉语有没有"对内"、"对外"之分?当代语言学的研究表明,语言不仅有共同语和方言之分,还有"正体"和"变体"之分;有的语言甚至连"正体"和"变体"的界线也模糊起来了,"正体"的概念越来越淡化,而"变体"变得越来越重要,例如英语。曾几何时,我们还都奉英国英语特别是其中的牛津英语为正统,然而现在,不仅美国英语取得了与英国英语平起平坐的地位,澳大利亚英语、新西兰英语、加拿大英语、加勒比海地区英语,甚至印度英语、新加坡英语也一一取得了合法地位。English这一单数名词现在破天荒地有了复数形式 Englishes,指的就是英语的这种种变体,它们都是合理又合法的。现在中国人出国学英语,已不再盯住英国或美国一两个国家,澳大利亚、新西兰、新加坡等,也成了名列前几位的选择,而那些地方的发音和词汇,在以前是要受到"正统之士"讥笑的。在中国英语界,近年有关于 Chinese English(中国式英语)和 China English(中国英语)的讨论,多数学者对后者持肯定态度,也是适应了这一趋势。这说明,语言的情况是复杂的,是不宜一刀切的,从学习和习得的整个过程来看,说本族人和外国人学的都只能是一种语言,这恐怕并不符合事实。

从实际情况来看,我们都有过这样的经验,跟国内同胞与跟外国人说汉语的情况是不一样的:对本国人说话,我们会比较随便,有大量的省略;而跟外国人说话,我们就会有意放慢速度,小心翼翼地选择他可能懂的词语和句式,句子也要正式和完整得多;编写外国人用的汉语教材,我们更要花一番选择改写的功夫。而对外国人学会汉语的期望,我们也会与对本国学生的期望不一样,我们当然会以标准汉语对他们进行教学,却并不指望他们学得完全"原汁原味"。带一点洋腔洋调,有点词不达意或者别别扭扭,我们会认为是正常的;要是人人都像加拿大的汉语天才大山那样操一口"京片子",我们反而会觉得意外。而我们自己到国外,也会发现我们可以听得懂当地人对我们说的话,而很难听懂他们彼此间说的话;即使在国外生活了十几、二十年还是如此(我们不否认也可能有中国的"大山",但那是极个别的例子)。可见语言是有"对内"、"对外"之别的,认为"对外"汉语有一个体系严密完整的实体当然未必妥当,但把"对外汉语"作为一个专门的现象来研究,甚至为之设立一个专门的学科,在当前的形势下,却是有这个可能和必要的。这也是历史发展的结果:30年前,我们没有这个需要;20年前,我们的需要也没有这么强烈;而现在,国际国内的形势,以及国内外对外汉语教学的急剧发展,向我们提出了这个需要。

如果我们注意到另一个事实，就会发现，汉语的"对内"、"对外"之分，实际上已经是个客观的存在：近年来有些高校采取"打擦边球"的办法，在本科专业目录里找了个"汉语言"，来作为发展留学生本科教学的依据。这个"汉语言"专业原先是为国内少数民族学习汉语而设的，但被巧妙地用来作为外国人学习汉语的专业，并且得到了有关方面的承认或默认。"汉语言"与"汉语言文学"（国内一般中文系设立的专业）两个本科专业的差别并不是如同一些高校的"外国语言系"（简称外语系）与"外国语言文学系"（简称外文系）的差别，实际上就是"对外"汉语和"对内"汉语的差别。"汉语言"专业名称的英译就应是 Chinese as a Foreign Language，即"对外汉语"，而目前的"对外汉语"专业应该是"对外汉语学"专业（相应的英文是 Studies of Chinese as a Foreign Language），相应的院系更确切的名称应是"对外汉语学系"。

六、"对外汉语学"的学科体系

一门学科的学科性，最主要体现在它有独特的、不可替代的研究对象作为其本体。要能有明确的、符合其实际的几个不同的研究方向。还要有比较严密完整的学科体系，有核心，有外围；有主体，有辅助；有基础理论，有应用理论；等等。

对外汉语学作为一门学科，它研究的本体就是对外汉语。多年以来，对外汉语教学界对汉语本体的研究不可谓不重视，也取得了不少成果，不过其中有相当一部分依我们今天的眼光看来应该属于"对外汉语"的研究成果，而不是一般的"汉语"研究成果。但由于人们没有意识到"对外汉语"的本体性，往往把以前习惯的汉语本体研究等同于对外汉语的本体研究。强调对外汉语的学科性，必须强调区别两种不同的汉语本体研究，一种可说是"对内"的汉语本体研究，一种可说是"对外"的汉语本体研究。老实说，"对内"的汉语本体研究中的绝大部分内容对于对外汉语教学来说，根本是不需要的。例如过于专门的音韵、文字、训诂之学，过于生僻的方言之学，还有汉语内部的各种学术史，就不属于"对外汉语"本体研究的范围。不仅是古代汉语、汉语史、汉语言学史中的这些内容，即使在对外汉语界视为当然依托的现代汉语这个分支学科里，那种越来越繁琐的语法分析、那些不可开交的语法体系之争、那些为追逐时髦而贴上的西方语言学理论和术语标签，在"对外汉语"教学中也基本无用。多数对外汉语教师对这类论著不感兴趣,学界往往责怪他们"学术意识"、"前沿意识"不强。现在看来,这一指责是不公正的,因为两者本属于不同学科,硬要以一门学科的研究取代另一门学科,或凌驾于另一门学科之上,这只能影响另一门学科自身的发展。

那么"对外汉语"的本体是什么呢?或者说,"对外汉语学"的核心是什么呢?我们认为,所谓对外汉语研究,应该是一种以对比为基础、以教学为目的、以外国人为对象的汉语本体研究。这三个特点就使"对外汉语学"这个学科具有了不可替代性,也同周围别的学科划清了界线。同时也使我们可以确定对外汉语学学科下的五个主要研究方向或者说"三级学科",这就是:

1. 以对比为基础的汉语研究。这是"对外汉语学"的基础研究和理论研究部分。一个学科如果没有基础和理论部分,就不称其为学科。"以对比为基础的汉语研究"有三个特点:1)必须在与外语作对比的基础上进行。那种不理会与外语的异同,不考虑"对外"教学的需要,埋着头就汉语而汉语的研究不属于对外汉语的本体研究;2)研究的方法论是"对比"而非"比较"(或吕叔湘先生说的"比较"而非"比附")[⑤]。简言之,"比较"与"对比"的区别在于前者旨在求同而后者在求同的同时更注重发现其异。因而,当前一些人积极从事的那种引进西方理论、寻找汉语"解释"的研究也不属于对外汉语的本体研究;3)对比的结果要落实到汉语研究。对比研究有不同的方向和目标,可以通过对比侧重发现A语言的规律和特点,以利A语言的教学和研究;也可以通过对比侧重发现B语言的规律和特点,以利B语言的教学和研究;还可以双语并重,通过对比研究人类语言的共同规律。对外汉语研究毕竟是汉语研究,其结果应该落实到汉语上。这本来也是对外汉语学科天然的优越条件,如王还先生说的,"通过教外国人汉语特别能发现汉语研究的欠缺,因此对外汉语教学的研究可以大大推动对汉语本身的研究"[⑥]。对外汉语研究可以为汉语研究作出独特的贡献,因此,它的最终目标与对内汉语研究是一致的。

2. 对外汉语教学研究。这是"对外汉语学"的应用研究和实践研究部分。这个方向的设立,也从另一个方面说明了"对外汉语教学"不可能成为独立的二级学科,因为它侧重的是应用和实践,而光有应用和实践是不可能成为独立学科的。以往的对外汉语教学学科体系研究也强调过这一学科的结构体系和基础理论,如吕必松先生在许多论著中指出对外汉语教学的基础理论包括语言理论、语言学习理论和一般教育理论[⑦]。但这一体系有个根本的缺陷,就是将自己的基础理论建立在别的学科体系之上。如语言理论，则一般理论属于语言学，汉语理论属于汉语言文字学特别是其中的现代汉语；语言学习理论属于心理学和心理语言学；一般教育理论属于教育学。以这些分属于不同学科、甚至不同门类的理论作为自己的基础理论，则对外汉语教学要么就是属于这些学科下的一个别扭的分支，要么就是根本失去了依托，继续现在这种不尴不尬的局面。甚至尽管现在已经设立了国家级的对外汉语教学基地，但在学科层面上，它仍然无法取得教育部其他各种研究基地那样的地位。只有确立了对外汉语的本体，对外汉语教学才能找到自己的位置。同时，也正因为对外汉语教学是个实践性和应用性很强的分支学科，其研究就必然更注重实践的手段和效果，而无意追求理论的"完美"性和"科学"性。以语法研究来说，对外汉语教学研究的重点只能是教学语法，只能强调语法的规范性乃至规定性。这就从根本上解释了为什么对外汉语教师对汉语学界热衷的体系之争、理论之争不感兴趣，对烦琐的语法分析也只是有限度、有区别的接受，其取舍标准就是是否有利于教学。对外汉语教学也追求语法研究的精细，但这种"精细"与对内汉语语法研究的精细有着很大的不同。

3. 中介语研究及第二语言习得理论研究。如果上面两个方向分别是由"对外汉语学"的前两个特点生发出来的，则下面三个方向是由第三个特点，即"以外国人为对象"生发出来的。在当前的国际语言教育界，中介语和第二语言教学研究是个热门，它必然也是、而且应该是对外汉语学研究的一个重要方向。其研究应包括以下几个方面：1）一般的中介语理论；2）第二语言教学法理论；3）第二语言学习法理论。这些方面对外汉语界谈得很多，这里不再赘述。

4. 跨文化交际研究。随着国际交往的发展，当前在国际上产生了一个新的发展中的学科——跨文化交际，一些国家、一些大学纷纷建立了跨文化研究中心。跨文化研究有两个推动力量，一个是第二语言教学，一个是翻译学。语言的背后是文化，教语言就是教文化，这已成为国际上的共识。推广本族语言教学本身不是目的，宣传和推广本国文化才是根本目的，在当前这个"经济全球化、文化多元化"的世界上更是各国心照不宣的目标。忘了这个根本目标，为语言教学而语言教学，把语言当作纯粹理性的工具，最终吃亏的还是我们的国家和民族。因此对外汉语学把跨文化交际作为自己的一个研究方向，是理所当然的。作为对外汉语学科的跨文化研究，应该包括下面这些内容：1）语言与文化的关系，特别是汉语与汉文化的关系，以及如何在教语言的过程中传播和弘扬中国文化；2）在中外文化比较基础上的当代中国文化研究，文化的共性与个性研究；3）在全球化背景下重新审视中国传统文化，包括其中的精英文化（文史哲、儒释道等）与民俗文化，以前我们比较看重的是前者，而近年来国际学术界更关注的是后者；看来两者应该兼顾；4）中外文化交流史对当前国际交往的影响。

  5. 汉外对比及中译外研究。国际上，翻译学是近二十年来逐渐成熟的一门学科，在国内，有关领域的专家们还正在为它的学科地位而奋斗着。目前它也只能屈身在"语言学及应用语言学"或"外国语言学及应用语言学"二级学科下作一门"三级学科"，与"对外汉语教学"正处在相似的地位。从"对外汉语学"的学科建设来看，翻译学是一门不可或缺的部门，与对外汉语的理论、应用和实践都有着密切关系：1）在基础理论上，人们越来越意识到，翻译是对比研究的一项重要手段。如果说，只有通过汉语与外语的对比才能够更好地了解汉语，那么同样，只有经过将汉语译成外语的研究和实践才能更好地发现汉语的特点和规律；2）在第二语言教学实践中，直接法、听说法流行时那种绝对排斥母语的理论和做法早已过时，新的认知语言学理论对传统的语法——翻译法作了重新评价，肯定它在第二语言教学中的积极意义；3）在应用上，一个非常实际的问题是，汉语目前不具有像英语那样的地位：对外英语教材可以做到完全用英语编写而不用任何外语；但对外汉语教材、特别是初级教材，现在还离不开外语尤其是英语的翻译。一种初级汉语教材完全不利用英语的翻译是不可想象的，翻译的水平在一定程度上也是教材编写水平的一个体现。在某种程度上我们甚至可以说，英语起了帮助汉语走向世界的作用，当中国教师被派往国外任教时，这一需求就更加突出。在这种情况下，完全无视翻译的意义和作用是不明智的；4）完整的语言能力的培养应包括听、说、读、写、译五个方面，目前，TOEFL等一些国际性考试及国内的英语四、六级考试等都增加了翻译、写作的内容，从考试的层面凸显了这一要求；新设的"汉语言"留学生本科专业无不以翻译课作为主干课之一，在这种情况下，作为培养对外汉语教师的专业，理应重视培养这方面的人才；5）作为广义的对外汉语教学，其中一个组成部分是中国文化教学，许多外国人对中国和中国文化感兴趣，是他们学习汉语的动机之一。但是，要求他们全都先学好了汉语再来学中国文化，这是不现实的。在这种情况下，利用英语或学生的母语讲授中国文化往往是一套课程的组成部分。事实上，来华的短、中期留学生班和在国外开设的汉语课程班常常有这样的要求。如果我们不注意将汉英翻译纳入对外汉语学的体系，不注意培养这方面的师资和人才，将会在实践过程中遇到越来越大的困难。当前有些学校在发展中外合作办学过程中，或在外派教师任教的过程中，这一问题已尖锐地暴露了出来。

对外汉语学学科本体的确立，同时也就使我们有可能划清它与其他学科的关系，论证它的"唯一性"和"不可替代性"，从而为其"独立性"提供依据：

1. 与汉语言文字学的关系。对外汉语学不属于汉语言文字学，因为其有不同的研究本体："对外"汉语与"对内"汉语；不同的内涵："对内"汉语的许多内容"对外"汉语不感兴趣，反之亦然；不同的研究方法和目的：汉语学界强调的"描写性"、"解释性"、"科学性"与对外汉语教学所需要的"规范性"、"实用性"、"可操作性"很不一致。

2. 与教育学、心理学的关系。对外汉语在其教和学的研究方面要利用教育学、心理学的理论和成果，但其学科性质决定其立足点只能是汉语而不可能归到教育学的门类里，变成教育学的一个分支学科。

3. 与语言学及应用语言学的关系。目前我国的学科体系是将对外汉语教学隶属于"语言学及应用语言学"这个二级学科，这在当前情况下可说是比较妥当的安置。但这一安排存在着两个问题。其一，是仅仅考虑到对外汉语"教学"，其前提是将语言教学理解为"应用语言学"的一个组成部分，而应用语言学又是"语言学及应用语言学"的组成部分。因而严格地说，"对外汉语教学"还不是一个"三级学科"，只能算是"四级学科"。这样，即使有朝一日"语言学"成了一级学科，"对外汉语教学"还只能是个三级学科。这与对外汉语界的期望相去甚远。其二，按照我们上面的分析，"对外汉语"的立足点是汉语，不是语言学；而对外汉语学的内容，不论是我们上面列出的5个基本方向，还是全国各对外汉语专业开设的主干课程，还是国家汉办设立的对外汉语教师资格考试科目，都突破了语言学的范围，如教育、文学和文化的相关课程，都为语言学所不能包容。因此，对外汉语学从语言学及应用语言学中独立出来，是有充分理由的。

4. 与外语及一般的翻译研究的关系。由于语言类型学上的差异，把汉语作为外语的教学，与把别的语言例如英语作为外语的教学，在有一定的共同点的同时，也有很多不同的地方，两者无法彼此取代，这是容易理解的。而在翻译研究和实践中，外译中与中译外在理论和实践上有着很大的差异，就不是人人都能意识到的。对外汉语学所研究的翻译主要是汉译外的理论和规律，这又是外语学科和一般的翻译研究所不能取代的。即使将来翻译学发展成了一门独立学科，对外汉语学里还应该包容汉译外的研究和实践。

5. 与"汉语言"本科的关系。原先局限于国内少数民族汉语教育的"汉语言"专业目前已发展成留学生汉语教育的本科专业,这已成为广泛接受的事实。如本文前面所说,"汉语言"本质上就是"对外"汉语,它与以中国学生为主、以培养对外汉语教师为主要目标的"对外汉语"专业的区别在于理论与实践的区别、基础与应用的区别。"汉语言"由于主要在实践层面,因此不可能也没必要发展成二级学科,但"对外汉语学"理应成为一个二级学科。

我们认为,为了发展对外汉语教学这一国家和民族的事业,培养各个层次的对外汉语人才,有必要在"中国语言文学"一级学科内单独设立"对外汉语学"这一二级学科,与"汉语言文字学"、"语言学及应用语言学"等并列,作为"对外汉语"本科专业的后续专业,从而使本科与研究生教育能连成一条线,完善这一领域的人才培养体系。

附注

① 最新的版本见教育部高教司编《普通高等学校本科专业目录和专业介绍》,1998年颁布,高等教育出版社,1998年。
② 昌必松《对外汉语教学的学科理论研究》,载吕必松著《对外汉语教学研究》,北京语言学院出版社,1993年。
③ 英国著名语言学家 David Crystal 出版于1997年的名著,书名就叫 English as a Global Language,Cambridge:Cambridge University Press。
④ 刘珣《对外汉语教育学引论》,北京语言文化大学出版社,2000年。
⑤ 吕叔湘先生说:"英语在咱们是外国语,汉语是咱们的本族语,要是我们不帮着学习者去比较,他自己会无意之中在那儿比较,而只见其同不见其异,那就是我们所说的比附了。"见吕叔湘《中国人学英语》,1962年,北京:商务印书馆,第2页。
⑥ 见《纪念〈语言教学与研究〉创刊10周年座谈会发言(摘登)》,《语言教学与研究》1989年第3期。
⑦ 参见吕必松《对外汉语教学概论(讲义)》,国家教委对外汉语教师资格审查委员会办公室印行,1996年6月。

本文原载于《世界汉语教学》,2004年第1期(总第67期)。

试论汉语作为第二语言教学的基本原则
——兼论海内外汉语教学的学科建设

北京语言文化大学 刘珣

为了推动海内外汉语作为第二语言教学这一学科的理论建设，促进学科的顺利发展，为了对教学活动进行必要的规范以提高教学质量，当前我们学科建设特别是教学理论研究的一项重要的任务，就是进一步明确汉语作为第二语言教学的基本原则。

一、背景——在探索中发展的学科

对教学原则的研究是汉语作为第二语言教学学科理论建设的一项基础工程，而学科地位的确立和学科建设的进展又影响到人们对教学原则的认识。

"教学原则是指从宏观上指导整个教学过程和全部教学活动的总原则"（吕必松，1993）这些原则是由一定的教学理论所决定，反映出人们对语言教学客观规律的认识，并用来处理教学活动中各种矛盾和关系。因此，教学原则是教学法体系的灵魂。第二语言教学领域出现过各种不同的教学法流派，其差别和争论也主要体现在教学原则上。经过几十年的争论、比较与权衡，在其他语言作为第二语言的教学界（包括我国的外语教学界），教学法的研究出现了综合化和折中化的倾向；各种截然相反的教学原则逐渐去掉了偏激，相互取长补短，找到了汇点。于是一些综合了各家之长的教学法如西欧的功能法（或称交际法）、美国的认知法和苏联的自觉实践法等，为越来越多的人所肯定。汉语作为第二语言教学领域对教学理论和教学原则的研究起步稍晚，目前无论在中国或在海外都还处于积极探索、热烈争论的阶段。根据笔者所掌握的有限资料来看，争论的焦点集中在两个方面：一为如何处理汉语教学与其它人文学科教学的关系，主要表现为语言与文化的关系；一为如何处理汉语教学内部的各种关系，其核心问题是知识与技能的关系。这两个方面的争论，直接影响到我们要讨论的教学原则问题。

汉语作为第二语言的教学属于语言学范畴，跟英语、法语、德语等作为第二语言教学一样，是应用语言学的一个分支学科。现代的汉语作为第二语言教学及其理论研究，无论在中国还是在海外至少已经有了几十年的历史。在中国对外汉语教学发展的四十多年历程中，语言教学本身特别是语言运用能力的培养一直居于中心的地位，第二语言教学的方向始终得到了坚持。20世纪70年代末我国的学者们又正式提出了"对外汉语教学是一门专门的学科"的论断，并很快得到了一直关心这项事业的中国语言学界的大师们如王力、吕叔湘、朱德熙等先生以及政府教育机构负责人的赞同与支持。尽管这门新兴的学科与一些相邻学科有着多方面的、不可分割的联系，但由于它所承担的特殊任务，它的研究对象、研究内容和研究方法的特殊性，决定了对外汉语教学作为一门专门学科存在的不可替代性。经过十多年来的艰苦努力，对外汉语教学学科在完善本身的教学体系和进行一些重大的、有的是开创性的研究项目方面都取得了令人瞩目的成果，其学科地位也进一步得到了确立。国内从事语文教育的专家们认为："我国对外汉语教学，十几年来取得了相当大的成绩，有几点是值得我们母语教学考虑的：一是有一批素质比较高的教师。二是经验不多，框框也不多，便于探索。三是特别要接受实践的检验。四是教学的性质很明确，而且不受多少干扰。"（《语言文字应用》编者按，1994）但是这门学科毕竟还很年轻，其学科地位仍在不断地受到怀疑、挑战和考验。近几年来在国内有一种观点，批评对外汉语教学的主导思想只是进行语言教学特别是基础阶段的汉语教学，没有能把"弘扬中华文化"作为主要的任务，甚至认为对外汉语教学学科内容应是汉学而不仅仅是语言教学，学校应成为汉学家的摇篮，只有这样对外汉语教学才能走出"误区"。这场争论的焦点是对外汉语教学的性质和内涵，其实质仍是对外汉语教学作为一门专门学科的地位问题。

如果说，汉语作为第二语言教学的学科在中国已经初步地建立了起来，那么我们的海外同行们在这一学科的建立过程中，则遇到了更多的挑战。在欧洲北美的高等学校人文学科中，一直存在着重文学轻语言、重理论讲授轻技能训练的学术传统，甚至在高等院校的语言系也不例外。80年代初加拿大学者H.斯特恩著文谈到，在大学语言系，文学学习部分是"受到最广泛承认的一部分，也是绝大多数大学语言系的重点，这是它们主要的而且往往是唯一的科研重点"。而"对语言的训练是重视不够的，它被认为是一种单纯的实际任务"，甚至"人们并没有把当代语言看作一门学术研究的、经验上和理论上进行探索的、而且与实际语言训练相互补充的学科"。作者呼吁："必须打破语言和文学之间的联结……文学高于一切和把语言与文学联结在一起是大学语言系失败的根本原因，因为这导致了系统地贬低语言研究的各个方面。"他要求"发扬可作为大学教育的合法部分的语言训练方法"。（H.H.Stern，1982）十多年后的今天，情况又如何呢？一方面由于社会的需要，现代汉语的教学与研究已进入越来越多的欧美特别是美国的高等学校，但是轻语言重文学、轻技能训练重知识讲授的状况并没有出现根本性的变化。法国学者再次指出："汉语教学法这一专门学科并没有得到充分的认识，也没有能在汉学范围里建立自己独立的体系。""汉学界对汉语教学的偏见依然存在，某些人认为学习语言是一种必经之路，甚至认为是一种负担，而汉学才是唯一的真正的终点，才是至高无尚的学科。"（白乐桑，1993）

美国学者认为在这个问题上美国汉语教学界主要存在两种对立的观点。一为（美国）政府提倡的模式，一为学院派教学模式。占主流地位的学院派教学模式强烈地主张"在大学环境中把语言当作人文学科教育的一部分来学习是完全正确的，……任何对这一点表示怀疑的高等院校的教学模式，都只能使人看到在汉语教学领域中确有一些人已成为'对文科的新威胁'"。（T.Wong，1994）这种强调把语言当作人文学科教育的一部分来学习的学院派模式的一个实例为：一位师从某汉学家并用《孝经》和《孟子》作为入门汉语课本的学生，虽然起初在其口语中很有趣地带有不少文言词语，但后来在语言中心学习几周以后，就能说得又流利又准确，最后既能熟练地掌握汉语口语，又成了汉学家。显然，这种模式所强调的是在学好某一人文学科的同时，语言学习问题就能自然而然地解决，专门的语言教学是没有必要的。被该派认为是对立面的一派，则是一些由美国政府机构办的专门从事语言教学的学院，他们所采用的一切围绕语言教学的模式，被称为政府提倡的教学模式。其特点是注重实际功能的教学，特别是听说教学，有一整套技能训练的方法，强调培养运用语言的能力。这些学校在培养实用的语言人才特别是口语人才方面确实获得了很大的成功；但被学院派批评为不注意学术性的目标，如阅读文学作品或进行学术研究的能力，割断了文科教育与语言教学之间的传统联系，因而成为"对文科的新威胁"。

上述国外国内有关汉语教学与其他学科教学关系的争论，显然已超出了语言教学要不要结合文学、文化教学的问题，其实质是语言教学在整个人文学科和高等教育中的地位问题。语言教学及其理论研究算不算一门专门的学科？以技能训练为重要内容的第二语言教学能不能成为大学里的一个专业？

多年来的学术传统不是一朝一夕能改变的。但是面对即将到来的21世纪，现在比任何时候更应该强调：语言学，包括其基础研究和应用研究——特别是语言教学的研究，是各门学科发展的基础和前提，是先导学科；像英语、法语、德语等作为第二语言教学是一门专门的学科一样，世界范围内的汉语作为第二语言教学也是一门专门的学科。各国的汉语教学工作者和研究工作者需要进一步协调教学和研究工作，共同努力把这门学科树立起来并把它建设好。正是从学科建设的角度考虑，包括教学原则在内的教学理论的研究是当务之急。

二、教学实践要求理论上更多的共识

对教学效果或者说教学的成功率不满意，普遍存在于语言教学界，在汉语教学领域也不例外。如何提高教学效率是广大语言教师和研究工作者不断思考、探索的问题。20世纪80年代以来，世界第二语言教学发展的一个总趋势是人们不再千方百计地寻找理想的、人人都满意的教学法，而是转向研究指导教学的基本原则。这些年来，有关处理汉语教学内部各种关系的教学原则问题的争论，也就是上文提到的第二方面的争论，同样存在于世界各地的汉语教学界。在中国，前些年曾就对外汉语教学中、高年级的"知识教学"与"技能训练"的关系，初级阶段"以结构为主"还是"以功能为主"，是进行"综合教学"还是"分技能教学"，是"听说领先"还是"读写打头"以及对外汉语教学的定性、定位、定量等问题进行过探索，展开过讨论。近十年来有关知识教学与能力培养的争论，又以美国汉语教学界最为活跃。这一争论开始于20世纪80年代末，由"运用能力为导向的教学体系（Proficiency—Oriented Instruction）"或称"能力运动（Proficiency Movement）"口号的提出引起的。笔者曾撰文介绍过前一阶段争论的概况（刘珣，1993），从那以后，通过各种专题研讨会以及发表的学术论文，探讨和争论在美国汉语教学界继续深入展开。1994年5月号《美国中文教师学会学报》集中发表了一组对运用能力为导向的教学体系质疑的文章，与该学报1989年5月号集中发表的一组支持"能力运动"的文章遥相呼应。

美国同行们争论的焦点在于如何处理知识与技能的关系。主张"能力运动"一派认为传统的教学法只强调语法知识的教学而忽视了语言运用能力的培养，难以适应当今社会的需求；而对"能力运动"质疑的一派认为：所谓传统的教学法也并非不主张培养运用能力，好的中文教师总是在打好"基础结构"与立即能获得应用技能之间寻求平衡#尽管在寻找这一平衡点上有不同的看法。（VivianLing，1994）这一派对"能力运动"过分强调语言的实际运用能力，提出了尖锐的批评。认为一些基本的生活功能如问路、购物等，在实际语言环境中本可以不教自会，而现在硬搬到远离真实语言环境的美国课堂来教，让学生扮演不同的角色进行会话，既不真实也不实用，其结果事倍功半。由于没有机会用学过以后也就忘了，而为了学这些零散支离的功能，却影响了基本语音语法的训练。（周质平，1994）也有的学者对"语言运用能力"的概念作了全面的阐述，指出语言运用能力既不只是知识，也不只是技能，而是两者的结合。如果只强调语言运用能力整个系统某一部分，不论是语法还是功能，不论是阅读还是说话，都是片面的。（SongrenCui，1994）他还认为目前不论是赞成或反对的人中对运用能力普遍存在着误解：一些大学用美国外语教学协会制订的"外语能力标准"作为其中文课程的目标，一些教师甚至把"能力运动"看成是一种教学法等等。同时还特别提到美国的"外语能力标准"和随后制订的"中文能力标准"无论在理论上或实践上都还有一定的局限性。（SongrenCui，1993）争论还未结束，但参与者都认为要正确了解对方的观点，能力运动质疑派也表示对"能力运动"既不要全面接受也不要全面拒绝，而是实事求是地分析。目前已出现双方观点的距离拉近的趋势。

对教学原则问题的争论本身，不论是在海外还是在中国国内，都是健康的，有益的。争论有助于进一步提高我们对汉语作为第二语言教学的特点与规律的认识，许多理论和实践问题也能从中得到进一步的明确。但另一方面，对教学法的一些基本问题长期地、反复地争论而不能达成共识，这对我们学科的发展，对教学理论研究的深入，尤其是对解决教学实践中面临的紧迫问题，提高我们的教学水准应该说是有不利影响的。因此，当前非常需要对已经达成的共识进行梳理，进一步明确汉语作为第二语言教学法的基本原则。

三、确立教学原则的指导思想

汉语作为第二语言的教学原则，不是凭空确定的，而是理论与实践相结合的产物。教学原则是由一定的教学理论所决定的，而教学理论又是在语言学理论、心理学理论、语言学习理论、教育学理论、跨文化交际理论、哲学理论等的基础上，对汉语教学本身的规律进行研究而形成的理论体系。因此确定教学原则必须从教学理论以及上述基础理论中寻找依据。另一方面教学原则又是长期以来教学经验的总结。人们正是在不断的教学实践中逐步发现、验证教学原则并加以完善的。我们探讨教学原则的问题，应该考虑到以下几个方面。

1. 从相邻学科中汲取理论的养分

语言学理论为最直接的理论依据，对语言特征的看法（语言观）直接决定了教学原则。比如，语言的交际功能，决定了语言教学的根本任务；语言是一种符号系统，决定了语言教学的诸要素；语言作为生成系统的特征，决定了语言教学中规则的掌握与技能训练的关系。近年来新发展的语言学分支如话语语言学、计算语言学、工程语言学等,也给我们考虑教学原则带来了新的启示。

心理学理论和语言学习理论(包括有关第二语言的"学习与习得"、"情感过滤"、"可懂输入"、"内在大纲"、"中介语"等假说)所提供的第二语言学习中学习者的心理活动规律、个体因素的作用以及学习的过程等,涉及到教与学的关系的原则以及提高学习效果的一系列原则。教育学的一般原则如自觉性原则、积极性原则、直观性原则、可接受性原则、考虑学生个体因素的原则等,应当结合第二语言教学的特点而在教学原则中得到体现。跨文化交际理论决定了有关语言教学中揭示文化因素的教学原则。

2. 正确处理其他人文学科的教学与第二语言教学的关系

前面谈到有关第二语言教学与其他学科教学的关系问题上,确实存在着两种倾向:一种是孤立地教语言,忽视了语言教学与其他人文学科特别是文化教学的联系,其结果也影响了语言教学本身的质量;另一种倾向则是语言教学没有得到足够的重视,而成为其他人文学科的陪衬,甚至为其他的人文学科所吞没。现在看来,后一种倾向特别是在海外某些地区的汉语教学上可能表现得更为突出:汉语教学从零开始的东方语言系或语言文学系,除了在一、二年级每周有几节汉语技能训练课外,三、四年级几乎把全部精力用于主要是通过母语进行的"学术性"的中国文学或文化的教学上,学生很少再有汉语听、说实践的机会。出现这种情况的原因是:

①无论在中国还是在海外都存在着一些传统观念,语言教学特别是第二语言教学能作为一门专门学科而存在,即使理论上得到承认,在实际上、在不少人的意识中这个问题仍未得到解决。语言教学有不同于一般人文学科教学的特点,即为了获得一种语言必须强调技能训练,因而很容易被看成不是一种智力教育,不能独立存在于高等教育中,必须靠不断增加其他人文学科教学的份量来支撑。这种看法是不正确的,语言教学也是一种智力教育,一种学术性的事业,而且是"文科教育最基本最主要的组成部分之一"。(JamesDew,1994)这是因为语言教学中需要教给学生有关普通语言学知识和目的语语音、词汇、语法的知识和规律,语言教学可以锻炼、发展人的思维能力。语言教学中的智力教育的特点在于它又是与技能训练结合在一起的:用知识来指导技能训练,技能训练又可以巩固所学的知识。

②在现阶段汉语教学中,不恰当地套用了对"普遍教授语言"或亲属语言之间的作法。一些被称为"普遍教授语言"或在西方语言体系中属于亲属语言

的英语、法语、德语等，由于学习者在中学甚至小学就有了一定的语言基础，大学阶段只要在低年级对语言技能进行较集中的训练，基本上就能达到掌握语言工具的目的。到高年级就可以用相当多的时间，进行该语言的文学、文化的学习，甚至有一定的专业或专业倾向，这样做是很自然的，也是必要的。但是汉语教学的现实是大部分国家是从大学一年级才开始教汉语，没有中学学汉语的基础，学习者一般起点都相当低，因而在大学的汉语教学中根本无法回避基础汉语教学和技能训练。即使四年的专业学习时间全部用来学汉语，也并非人人都能达到较好地掌握汉语的目的。在这种情况下我们需要考虑：作为语言系的根本任务是踏踏实实地加强汉语教学，提高汉语教学的整体水平，使之早日步入良性循环，从而为学生将来直接用汉语从事文学或汉学研究创造条件；还是宁可放弃汉语教学，也要坚持哪怕是用母语进行的"有学术性价值"的课程，而使学生的汉语能力总是停留在低水平上。而学生汉语的低水平又反过来影响到汉语教学层次的提高，因而在某些地区汉语总是"非普遍教授语言"在高年级直接用汉语学习中国文学或汉学的那一天反而迟迟不能到来。

在考虑教学原则时，需要明确第二语言教学，特别是语言专业的第二语言教学，既是人文学科的一个组成部分，又应体现一个专门学科的特点。语言教学离不开其他人文学科特别是文化教学；但第二语言教学又有着本身的教学任务、教学内容、教学规律和教学方法，其他学科课程的教学应该有利于加强而不是削弱第二语言教学。为此，在语言专业的课程设置方面，语言课的课时应有基本保证。根据我国英语专业教学和对外汉语教学汉语言专业的经验，在大学本科四年的课程中，语言课不宜少于65—70%，而语言课程中的80%又应是实践性的课程。

3. 要研究第二语言教学的普遍规律，更要研究汉语教学的特殊规律

汉语作为第二语言教学是整个第二语言教学的一部分，第二语言教学的普遍规律，特别是经过其他语种的反复实践已被证明了的规律，也应该是适用于汉语教学的，我们不应固步自封，拒绝加以研究。对各种不同流派的教学方法，应以辩证的观点分析其长处与不足，不受限于某种理论，而是集各家之长，为我所用。同时又应看到一些人们常提到的第二语言教学的规律实际上是以西方语言为基础的，不一定完全符合汉语教学的实际。汉语是一种离西方语言谱系关系较远的语言，汉语教学本身有很多特殊的规律需要我们自己来发现。因此在确定教学原则时，固然应参考其他第二语言的教学原则，更主要的是总结我们自己的经验和研究成果，从汉语教学实际出发，找出汉语教学自身的规律性。

4. 从学习者的实际出发,根据不同的教学目的灵活运用教学原则

教学活动总是受具体的教学目的、教学阶段、教学条件和学习者个体因素的影响和制约。采取简单划一的作法不仅是行不通的,而且会扼杀新教学方法的探索。何况在许多问题上我们的认识过程尚未完成,许多看法还有待于实践的检验。因此我们既要根据汉语的教学规律总结出一定的教学原则,体现我们学科的特色,同时又容许以不同的具体方式来运用这些教学原则的灵活性。

四、汉语作为第二语言教学的基本原则

我们根据从事对外汉语教学40年的经验和研究成果,汲取国外汉语教学界的成功经验,并参照其他第二语言教学的理论和实践,就散见于各种文章或讨论中有关教学原则的主要观点概括出以下10条教学的基本原则。这些原则绝不是新的创造,也不见得不多不少正好是这10条,总结一下的目的是为了寻求共识,以利于更深入的讨论。

1. 培养运用汉语进行交际的能力

这是总则,它体现了语言教学的根本任务。这条原则是由语言作为交际工具这一本质特点所决定的,也符合当今世界各国之间密切交往因而对语言人才有迫切需求这一现实。20多年前海姆斯提出的"交际能力"的概念成为功能法的理论基础,这一概念已为越来越多的人所接受。但实际上对这条原则还是有不同的理解或者是误解,比如,一提到交际能力就想到问好、点菜,就想到几句生活会话。其实根据M.Canale所提出的理论框架,语言交际能力至少包括语法能力(指有关语音、词法、词汇、句型的知识以解决正确性问题),社会语言学能力(指性别、年龄、社会地位、交际目的、礼俗常规等所决定的社会语境中的得体性问题),话语能力(在不同风格的语段中,协调语言形式的连接和多重内容的表达)和策略能力(弥补交际中的隔阂问题,加强交际效果)四个方面,这是一个相当庞大的由知识和能力构成的体系。交际中所涉及的话题或功能也是从日常生活一直到专业性的学术讨论,是达到或接近受过教育的说母语者水平的很高的目标。实现这一目标,对大多数学习者来说难度还是相当大的。

为了达到培养语言交际能力的目标,应当注意:
①首先必须把语言当作交际工具来教和学,尽可能做到如功能法所提倡的"教学过程交际化",鼓励学生创造性地运用语言表达自己的思想。但同时并

不排斥，（特别是在初级阶段）为了掌握语言形式并"养成习惯"而适当采取听说法所强调的句型操练等机械性的训练方式。

②能力的培养离不开知识的掌握。语言知识的学习、语言规则的内化是形成语言交际能力必不可少的条件。西方某些教学法确实存在着把能力、技能与知识对立起来，强调能力、技能就忽视了知识的倾向。

③培养交际能力需要运用实际生活中真实的语言材料（authentic language material），即使在初级阶段也应选用一些与学生的水平相适应的真实材料，到中高级阶段应更多地选用原文。但如果从一开始学习就把街上的店名、标志、火车时刻表、菜单等作为教材的主体，则是一种极端的作法，不利于初学者对语言的掌握。

2. 以学生为中心，教师为主导

这条原则是针对教与学的关系而提出的，是一条根本的原则。

以学生为中心是20世纪60年代西方人本主义心理学提出的口号，强调学生是教学活动的主体，"教"只有通过"学"才能起到作用，"教"必须为"学"服务。随着对学习理论的深入研究，人们发现教学理论和教学规律的研究必须以学习过程和学习规律特别是"中介语"和"内在大纲"的研究为基础，否则教学理论就成了无本之木。这条原则主要体现在：

①从学生的特点和需要出发，制订教学计划、教学大纲并确定教学内容、教材和教学方法。学习的内容应是真实而实用的，为学生所迫切需要的，"学以致用"才能提高学生的学习兴趣。

②研究学生的个体差别，因材施教，在学习方法上给予指导并不断激发学生的学习动力；

③课堂教学要用启发式，运用并发展学生的智力，体现以学生活动为主的积极性原则；

④多听取学生的意见，并根据所得到的反馈不断调整教学计划，改进教学。

在有着"先生讲、学生听"教师为中心的历史传统的我国，强调以学生为中心是十分必要的。另一方面，西方的某些教学法又走向另一个极端，只强调以学生为中心而忽视了教师的作用。我们认为在学校教育的范围里，在课堂教学的形式下，教师仍要起主导的作用。主要表现在组织、促进、示范和指导的作用。教师要按教学大纲处理教材，确定教学方法，组织好每一堂课；要了解自己学生的特点，激励学生的学习动力；在目的语的运用上成为学生模仿的榜样；在学生产生语言运用偏误时认真给予指导。这里需要强调一下，对待学生的偏误应采取严格纠正的态度，但不能像听说法所主张的"有错必纠，不放过任何错误"也不能像功能法那样"能不纠就不纠，以鼓励学生表达"应根据错误的性质和发生的场合，用适当的方式予以纠正。

3. 结构、功能、文化相结合

这是近年来我国学者们根据自己的经验总结出的一条教学原则。"结构"是指语言结构，包括语法结构和语义结构；"功能"是指用语言作事，即语言在一定的情景中所能完成的交际任务（我们是把情景作为功能的一部分来研究的）；这里所说的"文化"也是指语言教学范围内的文化因素，主要是在跨文化交际中由于文化差异而影响到交际的语言（和非语言）的文化因素以及目的语国家的文化背景知识，那些不是为了掌握语言的目的而进行的文化教学，如有关文学、历史、哲学等的专门课程，不在我们讨论的范围之内。这三方面概括了我们的主要教学内容，而这三者的结合又体现了我们的教学路子。不论是语法——翻译法还是直接法、听说法都是以语言结构特别是形式结构为纲，而功能法则独树一帜强调语言教学要以功能为纲。20世纪70年代初由威尔金斯的《意念大纲》引起的一场结构与功能之争，一直延续到今天尚未结束。我们则认为结构与功能这对矛盾既是对立的又是相互依存的：结构是用来表达功能的，功能离开了结构也就无法实现，在语言交际中两者是紧密结合在一起的。我们主张结构、功能和文化应当紧密结合在语言教学中。"三结合"的意思是：

①结构是基础。国内外几十年的汉语教学经验证明，通过早期系统的语言结构的学习掌握语言规则，是第二语言学习者较迅速地获得语言交际能力的关键。反之，初级阶段忽视结构教学或完全打乱结构教学的系统性，会给汉语学习带来极其不利的影响。

②功能是目的。学习语言结构是为了交际，因而结构是为功能服务的，结构教学必须与功能教学紧密结合。这表现在：结构教学要重新组装规则以解决表达问题，而不是把重点放在结构的分析上（郑懿德，1992）；按人类言语活动从意念到言语形式的顺序从功能出发进行结构教学，而不是按传统的从形式到意义的顺序以教授结构为出发点；要突出功能的教学，既要考虑到结构的系统性，也要注意功能的系统性。

③文化教学要为语言教学服务。文化教学是语言教学不可或缺的一部分，语义和语用的教学，作为语言交际能力一部分的社会语言学能力、话语能力和

策略能力的培养，都离不开文化教学。文化教学要紧密结合语言教学，着重揭示语言交际中的文化因素，介绍目的语国家的文化背景知识。

结构、功能、文化的结合应贯串语言教学的始终。一般说来初级阶段以结构为主，中级阶段要加强功能并巩固、扩展结构，高级阶段文化因素教学特别是目的语国家文化背景知识教学的份量应逐渐加大。

4. 强化汉语学习环境，扩大学生对汉语的接触面

语言交际能力不是仅仅靠课堂教学就能培养成的。语言环境的有无与好坏，学生对目的语的接触面及目的语输入量的多与少，直接影响到语言学习的效果。在非汉语的使用环境里教汉语的国外同行们，想尽各种办法努力营造小语言环境，并采用"沉浸法"以加强学生接触和运用汉语的机会。在使用汉语的环境里进行对外汉语教学，同样需要强化并利用这一语言环境。克拉申提出关于第二语言"学习和习得"的假说，认为成人在学习第二语言过程中也有习得的一面，而且是比学习更重要的一方面，成人的自然习得主要是在课堂外进行的。克拉申的"情感过滤"假说强调学习者对语言材料的"吸收"（intake）大大低于语言材料的"输入"（input）。这些观点为我们提高教学效果拓开了思路——加强课外活动与社会语言实践并把它与课堂教学结合起来，形成课上课下、校内校外、学习与习得相结合的新教学体系。目前看来不论是海外还是在中国国内，都需要加大学生汉语的接触面和输入量。

5. 精讲多练，以言语技能和交际技能训练为中心

我们认为第二语言的获得，是"规则的学习"（认知主义心理学所强调的）与"习惯的养成"（行为主义心理学所强调的）两方面的结合。反映在课堂教学中需要正确地处理讲与练的关系，知识与技能的关系。

"精讲多练"是20世纪60年代初北京语言学院总结出的一条对外汉语课堂教学的规律。"精讲"是对教师的知识讲授而言，适当的理论知识和语言规则的介绍，对成人学习第二语言是必不可少的，知识不能不讲但要讲得少而精。讲解的方法我们提倡归纳法，但也不排除演绎法。"多练"是指学生在课上、课下要进行大量的练习，才能培养语言运用的熟巧。练习方法我们提倡综合性、交际性练习，但也不排除单项练习。"精讲多练"体现了我们长期以来主张的"实践性"原则。

鉴于语言课首先是技能课、工具课，语言教学应体现以技能训练为中心的原则。根据上文分析的目前学生入学水平状况，这一原则至少在培养汉语专门

人才的汉语言专业，应从初级阶段一直贯串到中、高级阶段。我们这里所说的技能训练不仅仅指听说读写言语技能训练，为了培养交际能力，还需要进行言语交际技能训练。

6. 以句子和话语为重点，语音、语法、词汇、汉字综合教学

这条原则涉及语言要素的教学。考虑到汉语的特点，汉字也应成为汉语的要素之一。

语音、语法、词汇的教学，可以在不同的阶段有所侧重，甚至采取语音教学阶段、语法教学阶段等分阶段教学的作法。但语言诸要素只有组成句子或话语时，才能较好地发挥交际工具的作用，所以我们主张以句子和话语这两级语言单位为重点，语音语法词汇综合教学。句子是语言交际中表达完整意思的最基本的运用单位，是语音语法词汇的综合体，长期的教学实践也证明通过句型能较好地掌握语言的组装规则。因此从第二语言教学的角度考虑，句子仍应是教学的重点。随着话语语言学的兴起，人们对言语活动的研究更加深入，逐步认识到第二语言教学中除了传统的句子的操练外，还需要加强话语的训练。话语教学是一个新的研究领域，无论在我国还是在国外还处于探索的阶段，尚未有重大的突破。如何在汉语作为第二语言的教学中加强话语教学，应是20世纪90年代教学法研究的攻关课题之一。

7. 听、说、读、写全面要求，分阶段侧重

这条原则涉及听说读写四项基本技能训练的关系。传统的教学法中，一派强调读写能力的培养，强调书面语的掌握；另一派则强调听说能力的培养，强调口语的教学。我们认为四项技能互相促进、互相制约，都是语言交际中不可缺少的，因此我们主张全面要求，但不同的学习阶段侧重点又有所不同。初级阶段突出听说或者适当的听说领先，是符合语言学习规律的，但由于汉字认写这一特殊的问题，从一开始就不能放松读写，而是要紧紧跟上。中级阶段听说读写并重。高级阶段侧重于读写，但听说训练仍要贯串到底。

针对不同对象，不同的学习目的和不同的学习期限，听说读写的侧重点也应加以区别。

8. 利用但控制使用母语或媒介语

这条原则涉及目的语的教学与母语或媒介语的关系。以联结主义心理学为基础的直接法强调在第二语言教学中目的语与客观事物直接联系，无论是言语

的理解或表达，都应避免依赖母语的翻译过程，这是正确的。母语的存在是一个事实，母语对目的语的迁移作用也是一个无法回避的事实。问题在于如何发挥母语的积极作用而消除其不利的影响。

利用母语或媒介语，是指在教材的编写和教师的备课活动中进行语言对比分析，以确定教学重点；同时也是指在十分必要的情况下，教师在课堂上可以少量地用母语或媒介语进行难点讲解。但课堂上教师对母语或媒介语的使用必须很好地控制，能不用就不用。大量地用母语来讲解语法，通过母语来学习汉语或中国文化，决不是语言教学理想的作法，也难以培养运用汉语进行交际的能力。至于学生在课堂上则应严格体现"沉浸法"的精神，尽可能接触目的语，除了必要的翻译练习外，不使用母语或媒介语。

9. 循序渐进，螺旋式提高，加强重现率

本原则涉及教学内容的编排顺序问题。语言教学，不论是结构、功能还是文化，都应体现由易到难，由近及远，由具体到抽象，先简后繁，先一般后特殊，循序渐进的特点，便于学生学习。由于语言知识和技能的掌握不一次完成，在教材的编写和课堂教学中都应采取循环往复，加强重现，以旧引新，逐步深化，螺旋式提高的原则。传统的对结构、功能直线式的安排，不讲究重现率的作法已被实践证明是不符合语言学习规律的。

10. 充分利用现代化教学技术手段

现代化的教学技术手段是第二语言教学的重要组成部分。目前，汉语教学的主要资源仍只局限于教科书，主要的教学手段是靠教师的讲和练；与主教材相配合的阅读、听力教材就不多，至于录音、录像、电脑、多媒体辅助教材则更少。这种情况不利于汉语教学水平的提高。以汉字教学为例，通过电脑来学习汉字的部件和笔顺，能取得其他手段所无法达到的效果。我们非常需要研究如何从汉语的特点出发，充分利用现代化教学技术手段。

以上10条，提出了解决语言教学中各种矛盾的原则，也希望能从不同侧面勾画出我们的教学法体系的轮廓。

本文原载于《世界汉语教学》，1997年第1期。

汉语国际推广的语言标准建设与竞争策略

北京语言大学 王建勤

问题的提出

经济全球化带来了汉语学习市场的空前高涨。据称，目前海外学习汉语的人数达到了3000万，这在对外汉语教学史上是前所未有的。面对海外汉语教学这种大好形势，我们一方面感到振奋，同时我们也陷于前所未有的困扰。这种困扰主要来自两个方面：一是缺少适合海外的所谓"精品"教材，二是缺少所谓"合格"的汉语师资。这是目前困扰汉语国际推广的两大问题。

关于对外汉语教材，特别是面向海外的汉语教材，近些年来受到国内外专家、学者和汉语教师以至于汉语学习者的诸多批评。面对这些批评，从事多年汉语教材编写和研究的专家学者和汉语教师感到非常困惑，大家一时不知道该怎么为外国人编写教材。

关于汉语师资，特别是汉语师资的培训与选拔，海内外的专家学者在什么是"合格"的汉语教师的问题上争论不休，甚至在教学观念上和教学实践中产生了激烈的冲突。

这些问题促使我们不得不重新思考对外汉语教学中的一些基本问题。在过去看来，为外国人编写教材以及汉语课堂教学是我们的"看家本事"，但在汉语国际推广的新形势面前似乎变得有些陌生了，而且成了我们不得不面对的新课题。

冷静地思考困扰汉语国际推广两大问题的争论和冲突，我们认为，产生这些争论和冲突的一个重要原因是，我们缺少一个大家普遍认同的汉语教学与评估标准。汉语教学与评估标准体系的研究和建设严重滞后，使汉语国际推广处于非常被动的局面。相比之下，国外在外语教学与评估标准的建设方面发展迅速。近些年来，欧盟和美国外语教学与评估标准相继出台，这对我国汉语教学与评估标准体系的建设带来严峻的挑战。

在这种形势下，我们需要放眼世界，看看国外的同行在外语教学标准建设上做了些什么，是怎么做的。认真分析和面对我们面临的挑战，在此基础上来研究汉语教学与评估标准，制定具有竞争力的标准竞争策略。为此，本文拟将探讨以下三个问题：（1）欧盟与美国外语教学标准的新理念；（2）汉语国际推广标准建设面临的影响和挑战；（3）汉语国际推广的语言标准建设与竞争策略。

一、欧盟与美国外语教学标准的新理念

20世纪末，世界各国，主要是欧美国家在外语教学标准体系的建设上作了许多可资借鉴的工作。美国1996年正式公布了《21世纪外语学习标准》（Standards for Foreign Language Learning in the 21st Century）。2000年，加拿大也发布了《加拿大语言测试等级标准2000》。欧盟2001年正式公布了《欧洲语言学习、教学、评估共同参考框架》（A Common European Framework of Reference for Languages：Learning, Teaching, Assessment简称CEF）[①]。这些标准的发布反映了在全球化背景下外语教学的新潮流，代表了新型外语教育的新理念。在此，本文简要介绍欧盟CEF标准和美国21世纪外语学习标准。

1. 欧盟的CEF标准

欧洲委员会（the Council of Europe）根据欧洲部长会议确定的"三项基本原则"于1992年开始着手制定《欧洲语言学习、教学、评估共同参考框架》。该标准的研制历时9年，于2001年正式公布，2003年修订后正式出版。欧盟推出的"共同参考框架"就是欧盟各国外语教学和评估的标准。其目的是为欧洲语言教学的大纲设计、课程指南、测试和教材编写提供一个共同的基础。该标准全面地描述了语言学习者进行有效交际所必须掌握的知识与技能、语言活动、语言运用的环境与水平标准。概括地说，CEF可以描述为以下六个方面：

（1）整体语言能力分级（common reference levels）。CEF作为语言能力标准，首先将学习者的语言能力分为三等六级：一等为初级使用者（A），包括入门级（A1）、基础级（A2）；二等为独立使用者（B），包括进阶级（B1）、高阶级（B2）；三等为熟练使用者（C），包括流利运用级（C1）、精通级（C2）。这些等级的设置并非是封闭的，使用者可以根据学习者的具体情况，在每一等的两个级别的基础上再分级，以对某一等级的语言能力进行细致的划分。语言能力等级划分确定了CEF作为内容标准的主要框架。

（2）语言能力描述。CEF从理论上对语言能力的构成进行了描述。CEF将语言能力分为两个方面：即"一般语言能力"（the general competences）和"语言交际能力"（communicative language competence）。一般语言能力包括

语言知识、语言技能、语言个性（existential competence）②、学习能力；语言交际能力包括语言学能力、社会语言学能力和语用能力三个方面。语言能力的理论描述奠定了CEF的语言理论基础。

（3）语言交际活动。CEF研制者认为，学习者的语言交际能力只有在语言交际活动中才能被激活，学习者只有通过语言交际活动才能完成交际任务。为此，CEF将语言交际活动分为三种："语言理解"（reception）、"语言产出"（production）和"互动"（interaction）。CEF强调通过语言活动来实现交际任务，充分体现了该标准以"行动为导向"（action oriented）的特点。

（4）语言运用的环境。语言学习者参与的语言交际活动总是在一定的语言环境中进行的，因此，CEF将学习者语言运用的环境大致分为四个方面，即个人交际环境，公共场合的交际环境，工作环境和教育环境。CEF强调语言运用环境，强调"学习者作为社会成员在特定社会环境完成特定交际任务"，充分体现了CEF将语言作为交际工具强调其社会效用的理念。

（5）语言交际策略。为了进行有效的交际，学习者必须调动一切策略手段来满足交际需要。因此，语言交际策略也是学习者语言交际能力的一个重要方面。CEF结合语言交际活动将交际策略分为三大类：在语言理解过程中识别线索和进行推断的策略；在互动环境中，采取讨论、合作和确认等策略；在语言表达活动中，采取计划、补偿、监控等策略。

（6）测试与评估。CEF不仅是外语学习的内容标准（content standard），而且可以作为测试和评估的水平标准（proficiency standard）。CEF根据"整体能力分级"标准的六个等级制定了学习者可以自测的"自我评估量表"和"口语质量量表"。这两个量表详细地描述了不同等级的学习者在听、说（包括"互动"和"产出"）、读、写四个方面应该达到的目标。此外，CEF出台后，各种考试都参照该标准，使各种语言测试证书之间建立了联系和统一的评估标准。

从上述6个方面可以看出，CEF不仅包含了内容标准，而且可以作为能力标准（performance standard）和水平标准。作为内容标准，CEF全面地描述了学习者必须掌握的语言知识和技能；作为能力标准，CEF通过语言交际活动的三种方式描述了各个等级的学习者应该达到的目标；作为水平标准，CEF兼有测量和评估尺度的功能。学习者不仅可以参照内容标准对自己的语言能力作出评价，而且可以为各种考试编制建立参照标准。从上述6个方面还可以看出，CEF是一个新型的外语教学标准。这些标准反映了时代和社会对外语教育的需求,体现了欧盟在政治与教育环境下的新理念。

2. 美国21世纪外语学习标准

美国《21世纪外语学习标准》是"美国外语教学委员会"（ACTFL）联合法语、德语、西班牙语教师协会,经过3年的研制,于1996年正式发表的标准。1999年美国外语教学委员会与9个语种的外语教师协会携手制定了反映各语种特点的外语学习标准。此外,全美中小学外语教师协会根据《美国21世纪外语学习标准》制定了中小学中文学习课程标准,即《中文学习目标》。美国《21世纪外语学习标准》的主要内容可以概括为5个目标,11项标准。

"5个目标"构成了该标准的核心内容,11项标准构成了该标准的基本框架。

第一个目标是"交际"（communication）。该标准认为,交际是语言学习的核心,无论这种交际是面对面的还是以书写和阅读的方式进行的。在这个目标下包括3项标准,即3种交际模式:

（1）人际交流（interpersonal communication）,要求学习者在谈话中能够提供信息和获得信息,表达情感,交流观点。这项标准强调双向交际技能;

（2）理解诠释（interpretive communication）,要求学习者能够理解、诠释书面语或口语的各种话题。这项标准强调正确的理解和解读各种话题内容;

（3）表达演示（presentational communication）要求学习者能够向听众或读者展示和表达有关话题的概念和观点。强调相关话题概念和观点的表达。

第二个目标是"文化"（cultures）。这个目标要求学习者通过语言学习了解和理解目的文化。该标准认为,只有深刻的了解特定的目的文化,才能真正掌握目的语。因此,该目标要求学习者从2个方面来了解目的文化的文化观念、文化习俗、文化产物之间的关系:

（1）要求学习者能够理解目的文化观念与文化习俗的关系;
（2）要求学习者能够理解目的文化观念与文化产物的关系。

第三个目标是"贯连"（connections）。外语学习为学习者提供了增长其他学科知识的机会。因此,这一目标强调语言学习与其他学科的联系。在这一目标中确定了两条标准:

（1）要求学习者能够通过外语加强和扩展其他学科的知识;
（2）要求学习者具备通过外语和目的文化获取信息、认识不同观点的能力。

第四个目标是"比较"（comparisons）。这个目标要求学习者通过语言与文化的比较,了解语言和文化的本质,了解对世界的不同认知方式。该目标包括两条标准：

（1）要求学生具备通过语言对比了解语言本质的能力；

（2）要求学生具备通过文化对比理解文化概念的能力。

第五个目标是"社区"（communities）。即要求学习者恰当的运用目的语和目的文化知识参与国内外多语社区的语言交际。强调在特定语言环境中运用语言的能力。该目标包括两项标准：

（1）要求学习者不仅能够在校内而且能够在校外环境运用外语；

（2）学习者能够以语言学习为乐趣，以丰富自我为目的，并成为终身学习者。

从上述目标和标准可以看出，美国《21世纪外语学习标准》改变了以往以语言知识为核心的教学理念，强调交际、强调综合运用语言的能力、重视文化认知能力的培养。

此外，美国《21世纪外语学习标准》主要是"内容标准"。美国外语教学委员会为此还公布了基于内容标准的"能力标准"（performance standard），即"美国外语教学委员会K-12学习者能力标准指南"（ACTFL Performance Guidelines for K-12Learners）。"能力标准"是在该委员会1982公布的"水平标准指南"（ACTFL Proficiency Guidelines）的基础上研制的。"内容标准"规定了学习者应知应会的语言知识与技能；而"能力标准指南"则是规定学习者语言运用的具体标准。目的主要是为教师制定教学目标提供参照。

3. 欧盟与美国外语教学标准新理念

比较欧盟与美国制定的外语教学标准，我们可以看到，两个标准虽内容各异，但二者所体现的新理念有许多值得研讨和借鉴之处。

（1）标准建设的全球化视野。欧盟和美国的外语教学标准体系建设的一个共同之处，就是具有高屋建瓴的全球化视野。

CEF在陈述该标准的政治目标时指出，通过提高欧洲人多语多文化能力"以迎接急剧的国际流动性的挑战"。欧盟认识到，经济全球化带来国际交流的频繁，这种流动性要求欧洲公民具备多语多文化能力。另外，欧盟希望通过制定外语教学标准促进国际间的交流，以避免由于缺少必要的语言交际技能而被边缘化的危险。英国在其国家语言战略中，更为明确地提出，掌握外语技能是当今全球化背景下合格的世界公民的基本素质。

美国制定的《21世纪外语学习标准》则把全球化意识融入了具体的标准之中。该标准文化目标的设定，充分地体现了美国的全球化意识。该标准的文化目标要求学习者不仅要了解自己的语言和文化，通过外语学习还要了解世界其他国家的语言和文化。该标准之所以如此重视文化目标，与美国的国家语言战略密切相关。2004年6月美国在Maryland大学召开了全国语言大会。大会在发表的白皮书《国家外语能力行动倡议书》（A Call To Action For National Foreign Language Capabilities）中呼吁，提高国家外语能力以及理解目的文化的能力，以确保美国在全球化竞争中保持领导地位。

（2）标准建设服务于国家语言战略。欧盟的外语教学标准充分地体现了欧洲的多语多文化战略。欧盟建立语言教学与评估的共同标准，并非要通过这一标准统一欧洲的语言，而是在这个共同框架下保护和开发欧洲多语多文化资源。面对欧洲的多语多文化的现实，欧盟的语言战略是极具建设性的。CEF的制定始终坚持欧洲部长会议提出的"三项基本原则"[3]，通过标准的制定，使欧洲语言文化的多样性由交际障碍变为双方彼此拥有、相互理解的交际资源。这是解决全球化与多元化矛盾非常有预见性的语言策略。

（3）注重交际、注重能力、注重文化。这是这两个标准最突出的特点。美国《21世纪外语学习标准》虽然也是"内容标准"，但是标准的内容并不是传统意义上的语言结构、功能等项目构成的。正如该标准阐述的那样，"从前大多数外语课堂教学集中在'怎样说'（语法）和'说什么'（词汇）。当然，这些语言要素的确是重要的。但是当今外语教学研究的组织原则是'交际'。交际强调的是'为什么说'，'对谁说'，'什么时候说'。所以，语法和词汇是交际的基本工具，交际则是交际能力的获得，即以有意义和恰当的方式与说其他语言的人进行交际的能力的获得。这是当今外语教学课堂的最终目的。"很显然，该标准"打破传统的结构大纲或功能大纲的目标定位与分级模式，以培养交际能力为核心"。（罗青松，2006：129）此外，该标准强调语言能力与文化认知能力同等重要，并在标准中较好地解决了文化学习和教学内容在课堂教学中的定位问题。

（4）突出交际活动和交际任务。CEF是以"行动为导向"的语言标准，因而强调在"交际活动"中实现交际任务。CEF通过交际活动将听说读写四种技能很好地结合在一起，突出了语言综合交际能力的培养。在这一点上，美国《21世纪外语学习标准》同样采取了基于交际任务构建标准的方法。美国外语教学委员会（ACTFL）"K-12能力标准指南"中指出，交际目标中的三种交际模式（语言沟通、理解诠释、表达演示）与传统的听说读写四种技能相比是更为丰富、更为自然的交际方式。Brecht and Walton（1994）认为[4]，三种交际模式强调的是交际的环境和目的，而不是孤立的某个语言技能。由此可见，两个标准通过交际活动和交际任务很好地解决了综合交际能力培养的问题。

综上所述，CEF和美国的《21世纪外语学习标准》的确是以全新的视角来看待外语教学，体现了外语教学的新理念。这些标准的建设将对世界汉语教学产生重要的影响，对世界汉语教学标准与评估体系的建设具有重要的借鉴意义。

二、欧美外语教学标准对汉语国际推广的影响和挑战

《欧洲语言学习、教学、评估共同参考框架》和美国《21世纪外语学习标准》打破以往传统的语言教学标准框架，为语言教学研究领域带来了新鲜空气。这些新理念对汉语教学标准与评估体系的建设将产生积极的影响。与此同时，这些新理念也将对汉语国际推广语言教学与评估标准建设带来巨大的挑战。这些挑战主要有以下几个方面。

1. 欧美外语教学标准对我国汉语教学观念的影响和挑战。美国《21世纪外语教学标准》在阐释其教学理念时指出，"当今外语教学研究的组织原则是'交际'"，强调交际能力的培养。这与第二语言学习者的学习需求的变化密切相关。因为，大多数学习者不是把语言学习本身作为最终目标，而是把语言作为工具在政治、经济、文化各个领域去完成某种交际任务。CEF在标准陈述中，把学习者看作在特定环境和领域完成任务的"社会成员"（social agents），而不是单纯的语言学习者。这充分地反映了欧盟外语教学观念的变化。无论是CEF还是美国《21世纪外语学习标准》在这一点上都是一致的，即都把语言交际能力的培养放在首位。

然而，对外汉语教学50年，在"教什么"的问题上基本上是在字词句上做文章。教学研究关注的仍然是词汇的多少和重现率问题，语法点的多少及如何排序的问题；教材编写，关注的是甲级词、乙级词的编排问题，哪个语法点应该在哪出现的问题；教师上课，关注的是先教哪些词后教哪些词，语法点"冒没冒"的问题。不错，语言要素当然是应该关注的问题，但是这种只注重语言知识传授，忽视交际能力和文化认知能力的教学观念已经不能适应时代发展的需要。现实社会的发展对语言教学"教什么"的问题提出了新要求。我们的汉语教学已经不能满足海内外汉语学习者的多种需求。因此，汉语要走向世界，汉语国际推广面临的第一个挑战就是更新汉语教学观念。

2. 欧美外语教学标准对我国汉语教学标准与评估体系的建设带来挑战。欧美国家在语言教学标准建设上积累了丰富的经验。在语言教学标准体系的建设上，他们不仅建立了内容标准，而且还有配套的能力标准、水平标准和实施标

准。美国《21世纪外语教学标准》发布后，许多州根据国家标准制定了各自的标准以及大纲和课程指南。相比而言，我国汉语教学标准的研制却相对滞后。1988年中国对外汉语教学学会公布了我国第一部《汉语水平等级标准和等级大纲[试行]》；1995年国家汉办组织修订出版了《汉语水平等级标准与语法大纲》。这个标准的发布在规范对外汉语课堂教学、教材编写以及测试等方面起到了一定的作用。但是，这个标准仅仅是一个以语言要素为主要内容的标准，而且主要是语法大纲。虽然这个标准也划分了"言语能力"等级，但语言能力等级的划分最终还是依托语言要素的等级划分。然而问题在于，这个标准并不是以交际能力为目标来确定语言知识（词汇、语法、汉字），而是以语言知识来限定交际能力。（伯冰，2006：45）在这种标准指导下的课堂教学、教材编写以及语言测试只能局限于语言知识的系统性，而无法实现交际能力培养的目标。娄毅、朱瑞平（2006）对美国AP汉语文化考试和HSK考试中语言技能和语言知识的分布做过初步统计。统计表明，AP中文三种交际能力分别占考试总成绩的40%、30%、30%，HSK语言知识的内容将近30%；AP中文听说读写各占总分的25%，而HSK只涉及听读两种技能。这一统计结果表明，AP中文注重考察语言运用的综合能力，而HSK考察的是单项的语言知识和技能。这从一个侧面说明《汉语水平等级标准与语法大纲》已经不能适应汉语教学的新形势。标准研制的落后，势必对汉语国际推广带来极大的影响。

3. 欧美外语教学标准对我国汉语教材，特别是面向海外的汉语教材走出国门带来重大挑战。20世纪80年代前，我国对外汉语教材数量并不多，但是国外汉语教学使用的大都是那个时代出版的教材。90年代后，我国每年出版的汉语教材上百种，然而国外普遍反映仍然找不到合适的汉语教材。直到目前为止，国内出版的对外汉语教材绝大部分依然是在国内市场打转转。除去低水平重复的汉语教材，对外汉语教学50年，总应该有几本大家公认的好教材。但是，为什么国外仍然不买账。原因有多种。但是原因之一，是标准问题。按照我们以往的标准，就语言知识的科学性和系统性而言，我们应该有几本值得称道的对外汉语教材。但是，我们的标准只注重语言知识的系统性，对交际能力重视不够，忽视文化认知能力。基于这种观念和标准编写的教材以至课堂教学自然不能满足海外学习者的需求。标准研制落后，教材就难以走出国门。特别是欧美外语教学标准的出台，将使这种情况更加严峻。这意味着汉语教材进入市场的门槛提高了，不符合标准的教材将难以走向市场。从市场竞争的角度讲，未来汉语教学市场的竞争就是标准的竞争。我们不得不面对这种挑战。

三、汉语国际推广的标准建设与竞争策略

为了加快汉语走向世界的步伐，迅速改变汉语国际推广的被动局面，我们必须着眼于未来，面向海外市场、面向海外学习者需求，在标准建设上采取以下策略。

1. 树立全球化意识，更新教学观念，满足海外汉语教学需求。在汉语国际推广的新形势下，对外汉语教师必须具有全球化视野，汲取欧美国家外语教学的新理念，突破以语言结构和功能为框架的传统教学观念，把交际能力和文化认知能力纳入汉语课堂教学目标，改革和创新教学模式，不断满足海外学习者汉语学习的新需求，使汉语和中华文化真正走向世界。

2. 尽快研制面向全球的世界汉语学习、教学与评估标准。建立自己的标准是汉语国际推广的长久之计。汉语要走向世界，必须要有世界汉语教学公认的标准。这就要求标准建设要面向世界各国的汉语教学、面向世界各地的汉语学习者，为世界汉语教学提供一个具有先进教学理念、科学的标准体系，为教学评估、教材评价以及汉语师资的评估提供一个公认的客观标准。

3. 建立面向全球的世界汉语学习、教学与评估标准的兼容机制和竞争机制。在全球化背景下，标准的建立就意味着标准竞争。面对欧美标准的挑战，我们要么建立具有世界竞争力的标准，要么跟着洋人的标准跑。第三条路就是建立标准兼容机制，这是参与世界公平竞争的重要方法。我们应该充分利用已有的汉语教学资源，通过建立以汉语学习者语言能力常模为参照的标准体系，实现与其他国家外语教学标准的兼容，为汉语国际推广，为汉语教材和汉语师资走出国门铺平道路。

4. 开发基于标准的、面向海外的新型汉语教材，满足海外汉语教学市场的需求。对外汉语教学50年，我们一直希望能够通过开发所谓"通型教材"包打天下。但是对外汉语教学市场的细分，海内外学习者需求的多样化，通型教材的市场将会越来越小。因此，汉语国际推广要解决面向海外学习者汉语教材的瓶颈问题，今后的教材编写与出版必须针对海外学习者的多种需求，编写面向不同类型学习者的汉语教材。此外，教材的类型可以多样化，但必须与面向世界汉语教学的教学标准挂钩，即编写和出版基于世界汉语教学界公认的标准的汉语教材。

在全球化背景下的汉语国际推广过程中，标准显得越来越重要。因为，标准不仅仅是规范，而且是目标和导向。因此，我们不能只在自足的语言系统中打转转，我们必须转变观念，加速汉语国际推广的汉语教学与评估标准的建

设。在全球化竞争中，忽视标准的建设，我们的汉语教学与汉语教材都将面临被边缘化的危险。未来的汉语国际推广的实践将会证明，离开标准，汉语教材难以走出国门，离开标准，汉语国际推广也将寸步难行。

附注

① 有人将CEF译为"欧洲语言教学共同纲领"，本文不采纳这种译法。
② 指学习者的个性特点以及与目的文化相关的态度。CEF认为该"语言个性"是一般语言能力的一部分。
③ 欧洲部长会议提出的"三项基本原则"，简要的说，包括三点：一是将欧洲语言文化多样性由障碍变为交际的资源；二是促进欧洲的流动性；三是通过合作实现欧洲的凝聚力。详见CEF第2页。
④ 引自 ACTFL Performance Guide lines for K-12Learners.P.231.

本文原载于《语言教学与研究》，2008年第1期。

全球汉语学习者语料库建设方案

北京语言大学 崔希亮 张宝林

一、汉语中介语语料库建设现状

（一）汉语中介语语料库建设概观

汉语中介语语料库的建设始于20世纪90年代，第一个语料库即北京语言学院于1995年建成的汉语中介语语料库检索系统。此后有南京师范大学的外国学生汉语中介语偏误信息语料库、中山大学的留学生中介语语料库、暨南大学华文学院的留学生汉语中介语语料库、北京语言大学的HSK动态作文语料库问世。目前还有一些语料库在建设中，例如北京语言大学的首都外国留学生汉语文本语料库。

这些语料库在对外汉语教学的相关研究中发挥了巨大作用。研究者通过这些语料库发现了前人未曾发现的一些语言现象，并把定性研究与定量研究相结合，使研究结论具有较强的客观性、普遍性和稳定性，极大地提高了对外汉语教学研究的水平。例如赵金铭教授主持的"基于中介语语料库的汉语句法研究"、张博教授主持的"基于中介语语料库的汉语词汇专题研究"、肖奚强教授主持的"外国学生汉语句式学习难度及分级排序研究"，都是基于语料库的具有代表性的研究成果。

（二）语料库建设中存在的主要问题

1. 数量较少，规模较小，语料不够全面。

与国内外众多的母语语料库相比，汉语中介语语料库数量很少，中国大陆已经建成并可以实际使用且有一定影响的汉语中介语文本语料库屈指可数。一般来说，这些语料库收集的学习者样本不多，语料规模较小：熟语料在几十万字至四百多万字之间。汉语中介语口语语料库则只有北京语言大学的汉语学习者口语语料库。

语料不全面包括两种情况：一是有的语料库只有某个或某些学习阶段学习者的语料，而缺少另外某些学习阶段的学习者的语料。例如HSK动态作文语料库只收入了参加高等考试的考生作文（初中等没有写作考试）。基于这样的语料库，只能对某个阶段学习者的习得情况进行考察，而无法对学习者的整个学习过程进行全面研究。（张宝林，2008）二是语料库中收集的语料以韩国、日本、东南亚一些国家汉语学习者的语料居多，欧美学习者的语料很少，不利于对欧美学习者的汉语习得情况进行全面、具体、深入的考察与研究。

2. 语料库建设没有统一标准，建库实践带有很强的随意性。

汉语中介语语料库的建设目的是明确的，那就是为汉语教学及相关研究提供一个基础平台，使汉语中介语研究、作为第二语言的汉语习得研究、对外汉语教学理论研究、对外汉语教材研究、汉语水平考试研究、汉外语言对比研究等建立在更为扎实的基础上，并为汉语本体研究提供参考，使研究结论具有更广泛的普遍性和更充分的科学性。（张宝林、崔希亮、任杰，2004）但是，汉语中介语语料库应怎样建设？建库的基本原则是什么？语料库整体结构应该是怎样的？应收集什么样的语料？语料规模应多大？应标注哪些内容？应采用什么样的标注方式？如何保证标注的质量与一致性？应该收集语料的哪些背景信息？怎样收集？语料库是否向公众开放？怎样开放？如何实现资源共享？这些问题至今尚未展开充分的讨论，更没有一个为大家普遍接受的标准。

因此，在建设语料库的过程中就呈现出一种随意状态，不同的语料库建设者基本上是依据自己的主观认识与想法各行其是。其具体表现是：有的语料库语料规模为几十万字，有的则达几百万字；有的语料是学生平时的写作练习，有的是作文考试答卷；有的语料库除计算机录入的学习者语料之外，还有语料的原始图片，大部分语料库则没有原始图片；有的只经过断句、分词和词性标注等加工处理（陈小荷，1996）；有的只标出错别字，或部分偏误句；有的则从字、词、句、篇、标点符号等角度对全部语料中存在的偏误现象进行了穷尽性标注，如HSK动态作文语料库（张宝林，2006；2009）；而对语料中正确的语言表现，则皆未标注；有的语料库带有的学习者背景信息多达十几项，有的语料库则只有很少的背景信息，等等。

3. 功能不够完善，有些中介语现象检索不便，甚至无法检索。

有的语料库没有电子扫描的原始语料，也没有字处理和语篇处理，因而无法考察学习者在汉字和语篇方面的习得情况。有的语料库只对语料中的各种偏误现象进行了标注，而未标注正确的语言表现，因而要全面考察学习者的语言习得情况会受到相当大的限制。（张宝林，2008）由于语料处理方法的缺陷，对有些研究无法提供语料支持。例如在研究外国学生对汉语"得"字补语句的习得情况时，就无法检索并提取那些该用"得"而未用的补语句。（孙德金，2002）有的语料库查询结果无法输出，有的语料库缺乏统计信息。

这些问题给基于语料库的相关研究造成了诸多困难。

4. 语料标注效率不高，标注质量存在一定问题。

目前汉语中介语语料库除分词和词性标注采用机标人助的方式外，字、词、句、篇、标点符号的偏误识别及标注均采取手工方式进行。相对于机器自动处理而言，这种标注方式的准确性较高，但标注速度很慢，标注的一致性较差。虽然可以通过标注工具的帮助，在一定程度上减少标注一致性的差错，但问题依然存在。

手工标注带来的另一个重要问题是标注的质量，如果标注人员没有全面、扎实的语言文字功底，标注中的错误就在所难免。标注后的审核步骤可以纠正一部分错标，但无法完全避免。例如HSK动态作文语料库（1.0版）对存现句的判定有多处错误，在1.1版中才得到纠正。

5. 语料库资源尚不能充分共享。

建设语料库的最终目的是供各界用户使用，其价值与使用人数成正比例关系：使用者越多，则其价值越大；如果无人使用，那么也就毫无价值。从目前的实际情况看，多数语料库没有上网，也未向公众开放，一般人无法见到，更无法使用。例如，汉语学习者口语语料库完成后即束之高阁，"躲在深闺人未识"，发挥的作用不大。语料库资源不能充分共享，语料库的价值无法得到最大程度的发挥，令人遗憾。在这方面，HSK动态作文语料库（1.1版）已经上网，任何人都可以免费使用，今年6月又进一步开放了用户权限和语料下载。但由于其语料方面的先天不足，尚不能完全满足研究的需要。（张宝林，2010）

（三）建设新语料库的设想

目前，汉语中介语语料库的建设已经为汉语的教学与研究带来了明显效益，引起了学界的广泛关注。但总体来看，汉语中介语语料库的建设还处于初创阶段，尚不能满足汉语教学与研究中的多种需要。

因此，我们试图建设一个语料样本多、规模大、来源广、阶段全、背景信息完备、标注内容全面、标注质量优异、设计周密、功能完善、检索便捷、向各界用户开放、能够反映各类汉语学习者的汉语学习过程与特征、可以满足任何研究需求的汉语中介语语料库，即"全球汉语学习者语料库"，以弥补现有语料库的不足，更好地为汉语教学与研究服务。

二、全球汉语学习者语料库的基本内容

（一）关于语料：样本多、规模大、来源广、阶段全

1. 样本多：指语料作者众多，预期达到数万人。

2. 规模大：指语料数量大，预计规模为5000万字。其中书面表达生语料2500万字，熟语料2000万字，合计4500万字；口头表达生语料500万字，其中熟语料200万字，生语料300万字。在后续建设中，将逐渐把全部语料都加工为熟语料。

3. 来源广：指语料类型广泛。从地域角度看，有中国大陆的外国汉语学习者所写的语料，也有在其本国或其他国家和地区学习汉语的学习者的语料。从学生类别角度看，有汉语言专业或中文专业的学生写的语料，也有其他专业的学生写的语料；有本科生的语料，也有长期进修生、短期进修生的语料；有华侨华裔学习者的语料，也有非华侨华裔学习者的语料。从文体角度看，有记叙文、议论文、说明文。从语料性质看，有平时的作业，有成绩考试试卷，有汉语水平考试的作文，也有回答问题时的成段表达。

语料样本多、规模大、来源广，给研究带来的直接效益是：可以使研究及其结论具有很强的客观性、普遍性与稳定性，所得到的结论不会因语料的变化而产生变异。由于"比较大的样本可以减低样本统计量的变异"（戴维·S·穆尔，2003：162），因而可以保证结论的可靠性。

4. 阶段全：指包括汉语学习的整个过程，即有初级、中级、高级等各个学习阶段的学习者的语料。因而既可以对各个阶段的学习者的学习情况进行横向的断面考察，也可以对学习的整个过程进行全面研究或对各个学习阶段进行对比分析。

为了和母语者的汉语使用情况进行对比分析，还将收入部分母语者小学生、初中生、高中生的作文语料。

（二）关于背景信息

背景信息包括学生及语料的相关信息。

1. 学生信息包括：姓名（以代码形式显示）、性别、国籍、是否华裔、母语或第一语言、掌握的其他语言及程度、专业、年级、汉语学习时间、学习地点、学习目的；是否参加过HSK考试、参加次数、作文考试分数、考试总分、是否获得水平证书、证书等级。

2. 语料信息包括：标题、文体、字数下限、写作时间、写作地点（课上、课下、考场等）、得分。

（三）关于标注

标注模式为偏误标注和基础标注相结合。

1. 偏误标注：指对字、词、短语、句、篇、标点符号的各种偏误的标注。
（1）汉字偏误标注，包括：错字、别字、漏字、多字、繁体字、异体字、拼音字。
（2）词语偏误标注，包括：错序词、错用词、词语重叠偏误、离合词偏误、生造词、外文词、多词、缺词。
（3）短语偏误标注，包括：词类搭配偏误、音节搭配偏误、用法搭配偏误。
（4）句子偏误标注，包括：各种句类、句型、句式、句子成分偏误、语序偏误、句式杂糅、未完句。
（5）语篇偏误标注，包括：形式连接偏误、语义连接偏误。
（6）标点符号偏误标注，包括：标点错误、标点空缺、标点多余。
2. 基础标注：指对语料中正确的语言现象的标注。
（1）分词及词类序列标注。
（2）句子成分序列标注。
（3）句类、句型、句式类别标注。

句类标注包括陈述句、疑问句、祈使句、感叹句。陈述句标注包括：双重否定句，而肯定句、否定句则不标；疑问句包括：是非问句、特指问句、选择问句、正反问句、反问句。

句型标注包括：形容词谓语句、名词谓语句、主谓谓语句，动词主语句、形容词主语句，名词非主谓句、动词非主谓句、形容词非主谓句、叹词非主谓句、象声词非主谓句；而主谓句、动词谓语句则不标。

句式标注包括：把字句、被字句、比字句、有字句、是字句、"是……的"句（一）、"是……的"句（二）、双宾语句、连字句、连动句、兼语句、存现句、重动句、供用句。

（4）语体标注：口语词、书面语词，口语句、书面语句。
（5）句标记标注：标示单句，据此可以得到全库句数。其直接效益是，在基于语料库的相关研究中可以在全部句子中得出偏误句所占的比例，从而避免了基于全库字数统计偏误句比例的不科学的做法。

标注方式包括以下两个方面：
（1）手工标注：根据目前标注的实际水平，在建库前期这将是主要的标注方式。
（2）尝试进行自动标注：

总结概括现有汉语中介语语料库中熟语料的偏误种类，建立偏误模型，先在小规模语料中试标并修改完善，然后进入对大规模语料的实际标注。机器所做的各种标注还需经过人工校对与修改。

采用数字墨水技术进行标注。其优越性是可以直接在扫描版语料中勾画存在偏误的字、词、句、篇，并可以与录入版语料建立联系，使各种偏误可以在两版语料上同时体现，直接定位。这将为用户检索各类偏误带来极大的方便。（张宝林，2010）

（四）关于统计

1. 字信息统计：字量及字频、错字数量、别字数量、繁体字数量、异体字数量、拼音字数量。
2. 词信息统计：词量及词频统计、词类统计、各类熟语的数量统计、词的各类偏误统计。
3. 句信息统计：句量及句频统计、句类统计、句型统计、句式统计、各类偏误句统计。
4. 语篇信息统计：形式连接偏误统计、语义连接偏误统计。
5. 标点符号信息统计：各种标点符号的用量统计，各种标点符号的偏误统计。

（五）关于库结构

1. 语料库包括5个子库：生语料库、熟语料库、统计信息库、相关信息库、母语者中小学生语料库。

生语料库：存放未经任何标注的语料，但信息完备，可以按相关信息库提供的各种信息进行检索与输出。

熟语料库：存放经过各种标注加工的语料。

统计信息库：存放各种统计数据；

相关信息库：存放学生信息和语料相关信息。

母语者中小学生语料库：存放母语者中小学生的作文语料。

2. 生语料库有2个子库：文本语料库、声音语料库。

文本语料库：存放书面表达形式的语料，即写作语料。其中部分语料有电子扫描版，可以直接呈现语料原貌，特别是可以为汉字研究提供原始素材。

声音语料库：存放口头表达形式的语料，即口语语料。

3. 熟语料库有2个子库：偏误标注库、基础标注库。

偏误标注库：存放从字、词、短语、句、篇、标点符号等角度进行偏误标注的语料。

基础标注库：存放以句子为单位、经过分词及词类序列标注、句子成分序列标注、句类句型句式类别标注、语体信息标注、句子正误性质标注的语料。

（六）关于成果形式

1. 网络版语料库：放在专用网站上，用户注册后即可登录使用。
2. 单机版语料库：以光盘形式出版发行，供用户在网下使用。

三、建库的基本原则

（一）注重语料的真实性

语料录入采取"实录"原则，语料标注也要忠实原作，最大限度地保持语料原貌。录入时对语料不做任何修改订正，字、词、短语、句、篇、标点符号等方面的错误和书写格式均原样录入，以全面反映学生的实际语言表现。标注时除字、词方面的偏误需要"既标且改"以保证分词和标注词性的正确之外，短语、句、篇等方面的偏误均"只标不改"。

（二）注重语料的平衡性

不同类型的语料在分布上应尽可能均匀，也要根据实际情况有所区别。从学习阶段和年级角度看，初级、中级、高级三个学习阶段、四个年级的语料数量应完全相同。从国别角度看，有些国家的学生很少，语料要全部收入；有些国家的学生很多，语料必须有所删减。从文体角度看，叙述性语料占40%，议论性语料占40%，说明性语料占20%。

（三）注重语料的系统性

各类语料完整，且能一一对应，相关信息完备。

注重收集同一名学生/同一个学生群体在不同学习阶段/不同年级的语料。这部分语料能够反映学生的整个学习过程，在研究上有重要意义，也是本语料库的一大特色。

（四）注重语料的动态性

语料可以按学期或学年不断充实与更新。

（五）注重语料库使用的便捷性

语料库结构清晰，界面简洁，响应迅捷，使用方便。

用户可以从国别/母语、年级/学习时间、华裔/非华裔、字、词、短语、句、篇、标点符号、语料性质、语体等各种角度，对语料中存在的各种偏误和正确表现进行检索查询。语料输出时还可以带有写作时间、地点、标题、文体、分数、HSK证书等级，以及语料作者的相关信息。

四、建库的方式与步骤

（一）建设方式：多方合作，互利共赢

建库目标是通过学界的共同努力，建设一个最大最好的汉语中介语语料库，以提高汉语教学与研究的效率和水平。显而易见，目前汉语中介语语料库建设普遍采用的"独家建设、自给自足"的个体生产方式与这一目标是不相适应的。因为一家的研究成果、实践经验和语料总是有限的，所建设的语料库也难免有所不足，很难使语料库建设达到一个很高的水平。因此，语料库建设应打开大门，与国内外汉语教学单位真诚合作，共襄盛举，互利共赢，实现最充分的资源共享。

语料是语料库建设的基础，合作应从语料开始。应广泛收集汉语中介语语料，包括国内外、特别是欧美汉语学习者的语料。这样就可以改变汉语中介语语料库规模较小、语料不全的缺陷，建成一个面向全球、语料充足、可以满足一切相关研究需要的语料库。

合作方式可以多种多样。例如可以单纯提供语料，不同单位也可以根据自身条件各负责语料库建设的一个方面，已经建好的语料库还可以搭建语料库网，为用户提供最好最全的研究资源。

合作的前提是平等自愿、互利共赢。不论何种教学单位，不论以何种方式进行合作，不论做了何种具体工作，都是实际参加语料库建设的共建单位，都应在语料库的相关说明中予以公开标示；共建单位的任何人都可以高级用户身份无偿地使用语料库；如果需要，提供语料的单位可以获得一个用自己提供的语料建成的小型语料库，用来研究自己单位的教学情况，研究自己学生的汉语习得情况。

我们设想成立一个面向国内外的全球汉语学习者语料库建设委员会，负责领导、设计、安排语料库建设的具体事宜。在学界同仁的支持与配合下，建设委员会经过周密策划，精心施工，一定可以实现既定的目标，建成一个最理想的汉语中介语语料库。

（二）建设步骤

1. 成立全球汉语学习者语料库建设委员会。
2. 制定全球汉语学习者语料库建设实施计划。
3. 研究确定语料库整体结构。
4. 收集语料。
5. 研制语料标注规范，并实施语料标注。
6. 研制开发语料库管理软件和检索系统。
7. 语料库集成。
8. 语料库上网试运行，并进行相应的改进。
9. 发布通告，向全球用户开放语料库。

五、语料库的主要特点

（一）语料规模空前

语料来源广，规模大，书面语、口语并存，5000万字的规模在汉语中介语语料库中将是空前的，可以满足对外汉语教学与研究的任何需求.

（二）用途广泛

如此规模的语料库可以多方面反映外国汉语学习者的学习情况，可供开展多方面的研究。例如可以对外国汉语学习者在初级、中级、高级等各个阶段的汉语习得情况进行横向的断面考察，也可以对他们从初级阶段到高级阶段的整个学习过程进行全面研究；可以考察非华人华裔学习者的汉语习得过程及特点，也可以研究海外华人华裔的汉语学习及使用情况。这样就可以对汉语学习者的习得情况有一个全面、真实、具体、准确的认识，进而全面揭示学生的汉语学习规律，极大地提高对外汉语教学的效率与水平。

（三）标注方式具有前沿性

汉语中介语语料库的语料标注一向采用手工方式或人标机助方式进行，全球汉语学习者语料库则将以现有语料库为训练语料尝试自动标注，一方面可以提高语料库的建设速度与水平，另一方面也将为汉语信息处理提供参考，起到一定的促进作用。

（四）采用"偏误标注 + 基础标注"的标注模式

张宝林（2008）提出"偏误标注+基础标注"这一语料标注的新模式，在"首都外国留学生文本语料库"的建设中，我们采用了这一标注模式。实践证明，这一标注模式是可行的。这样标注语料将可以使研究者在考察各种语言偏误现象的同时，还可以看到学习者正确的语言表现，可以从各种角度对学生的汉语习得情况进行全方位的对比、考察与研究，彻底避免在以往的研究中存在的一些尴尬现象。例如查到了学生的偏误，却查不到学生相应的正确语言表现；查到了带有标志词的病句（例如"把"字句、"得"字补语句），却查不到回避了标志词的病句。该语料库的标注新模式能使研究更全面，结论更可靠，从而提高汉语教学与研究的水平。

（五）语料库免费开放

本语料库建设周期预计为8年，每年入库625万字生语料，300余万字熟语料；随建设随开放，供各界用户研究使用（限于非商业目的）。语料库的最终目标是服务社会，服务于国家的汉语国际推广事业。

六、建库的可行性

1. 基于大规模真实文本的、定量分析与定性分析相结合的研究方法正在逐渐成为汉语教学与习得研究的主要方法之一。汉语中介语语料库的建设符合研究方法的这种转变与实际需要，因此，我们的建库设想得到了部分院校的大力支持。例如我们已得到北京语言大学、北京大学、中国人民大学、对外经贸大学、苏州大学、西北师范大学、哈佛大学等国内外高校的语料支持，并与中山大学、暨南大学华文学院等高校达成了合作意向。学界同道的支持是我们建成语料库的根本保证。

2. 汉语中介语语料库经过十多年的建设，已经积累了比较丰富的实践经验。

例如，在语料标注方面，HSK动态作文语料库和首都外国留学生汉语文本语料库共有500多万字的偏误标注语料和约100万字的基础标注语料，已经积累了比较丰富的标注经验和比较充足的熟语料，完全可以尝试进行计算机自动标注。

鉴于汉语篇章研究的不充分，外国汉语学习者汉语表达的不规范，以及自然赋码的实际水平（杨惠中，2002：30），在语料库的标注过程中由计算机自动标注的内容并不多，除分词与词性标注可以由机器自动完成之外（仍需人工校正），大部分标注任务需要由人工完成。例如语误附码目前尚需手工进行，极为费时费力。（王建新，2005：70—71）但自动标注是方向，也是建设大规模语料库的客观需要。应该积极尝试，不断改进，以获取最终的成功。

3. 计算机软硬件技术的发展为语料库建设提供了必要的技术支持。例如计算机存储与运算技术所达到的水平使我们无需考虑语料库的容量大小，汉字自动识别与数字墨水技术为语料自动标注提供了技术保障。

4. 汉语中介语语料库的建设得到了国家相关机构的高度重视。例如，《2008年度国家社会科学基金项目/课题指南》共有3处提到语料库，尤其是在"对外汉语教学研究"部分提出："今后应以教学模式研究为突破口，取得教材的创新；以汉字研究为突破口，加强书面语的教学；以语料库建设和多媒体、网络教学等现代教育技术研究和运用为突破口，指导和带动教学理论、学习理论的研究。"这为汉语中介语语料库的建设提供了重要的政策支持。

综上所述，全球汉语学习者语料库已经充分具备了建库的主客观条件，完全具有实施建设的现实可行性。

七、结语

汉语中介语语料库在汉语教学与研究中发挥着越来越重要的作用，其价值正为越来越多的人所认识。正如冯志伟（2006：14）所说："语料库是语言知识的宝库，是最重要的语言资源。""语料库同时也是语言学家有力的研究工具。语料库的使用，为语言学的研究提供了一种新的思维角度，辅助人们的语言'直觉'和'内省'判断，从而克服研究者本人的主观性和片面性，逐渐成为语言学研究的主流方法。……从某种意义上说，语料库的使用，是语言学研究的一次革命性的进步。"

鉴于汉语中介语语料库建设的现状，我们提出了全球汉语学习者语料库的建设构想，试图建设一个最大最好的汉语中介语语料库。我们真诚欢迎有志于汉语中介语语料库建设的同道参与我们的语料库建设，同心协力，共同奋斗，争取尽早建成我们共同的全球汉语学习者语料库，实现最充分的资源共享，为全球的汉语教学与研究服务。

本文原载于《语言文字应用》，2011年5月第2期。

中外语言文学学术文库

教育语言学研究在中国

Studies on Educational Linguistics in China

俞理明　主编

（下）

华东师范大学出版社
East China Normal University Press

图书在版编目（CIP）数据

教育语言学研究在中国 / 俞理明主编. —上海：
华东师范大学出版社，2017
（中外语言文学学术文库）
ISBN 978-7-5675-7241-6

Ⅰ.①教… Ⅱ.①俞… Ⅲ.①教育学—语言学—研究—中国 Ⅳ.①H09

中国版本图书馆CIP数据核字（2017）第296865号

教育语言学研究在中国（下）

主　　编	俞理明
策划编辑	王　焰
责任编辑	曾　睿
特约审读	汪　燕　王　婷
封面设计	金竹林　马　晓
责任印制	张久荣

出版发行	华东师范大学出版社
社　　址	上海市中山北路3663号 邮编 200062
网　　址	www.ecnupress.com.cn
电　　话	021-52713799 行政传真 021-52663760
客服电话	021-52713799 门市（邮购）电话 021-52663760
地　　址	上海市中山北路3663号华东师范大学校内先锋路口
网　　店	http://hdsdcbs.tmall.com

印 刷 者	上海商务联西印刷有限公司
开　　本	710×1000　16开
印　　张	55.5
字　　数	98.6千字
版　　次	2018年1月第1版
印　　次	2018年1月第1次
书　　号	ISBN 978-7-5675-7241-6/H.956
定　　价	165.00元（上下册）

出 版 人　　王　焰

（如发现本版图书有印订质量问题，请寄回本社客服中心调换或电话021-62865537联系）

《中外语言文学学术文库》编委会

成员：（按姓氏音序）

辜正坤　何云波　胡壮麟　黄忠廉

蒋承勇　李维屏　李宇明　梁　工

刘建军　刘宓庆　潘文国　钱冠连

沈　弘　谭慧敏　王秉钦　吴岳添

杨晓荣　杨　忠　俞理明　张德明

张绍杰

总　序
GENERAL PREFACE

改革开放以来，国内中外语言文学在学术研究领域取得了很多突破性的成果。特别是近二十年来，国内中外语言文学研究领域出版的学术著作大量涌现，既有对中外语言文学宏观的理论阐释和具体的个案解读，也有对研究现状的深度分析以及对中外语言文学研究的长远展望，代表国家水平、具有学术标杆性的优秀学术精品呈现出百花齐放、百家争鸣的可喜局面。

为打造代表国家水平的优秀出版项目，推动中国学术研究的创新发展，华东师范大学出版社依托中国图书评论学会和南京大学中国社会科学研究评价中心合作开发的"中文学术图书引文索引"（CBKCI）最新项目成果，以中外语言文学学术研究为基础，以引用因子（频次）作为遴选标准，汇聚国内该领域最具影响力的专家学者的专著精品，打造了一套开放型的《中外语言文学学术文库》。

本文库是一套创新性与继承性兼容、权威性与学术性并重的中外语言文学原创高端学术精品丛书。该文库作者队伍以国内中外语言文学学科领域的顶尖学者、权威专家、学术中坚力量为主，所收专著是他们的代表作或代表作的最新增订版，是当前学术研究成果的佳作精华，在专业领域具有学术标杆地位。

本文库首次遴选了语言学卷、文学卷、翻译学卷共二十册。其中，语言学卷包括《新编语篇的衔接与连贯》、《中西对比语言学——历史与哲学思考》、《语言学习与教育》、《教育语言学研究在中国》、《美学语言学——语言美和言语美》和《语言的跨面研究》；文学卷主要包括《西方文学"人"的母题研究》、《西方文学与现代性叙事的展开》、《西方长篇小说结构模式研究》、

《英国小说艺术史》、《弥尔顿的撒旦与英国文学传统》、《法国现当代左翼文学》等；翻译学卷包括《翻译理论与技巧研究》、《翻译批评导论》、《翻译方法论》、《近现代中国翻译思想史》等。

  本文库收录的这二十册图书，均为四十多年来在中国语言学、文学和翻译学学科领域内知名度高、学术含金量大的原创学术著作。丛书的出版力求在引导学术规范、推动学科建设、提升优秀学术成果的学科影响力等方面为我国人文社会科学研究的规范化以及国内学术图书出版的精品化树立标准，为我国的人文社会科学的繁荣发展、精品学术图书规模的建设做出贡献。同时，我们将积极推动这套学术文库参与中国学术出版"走出去"战略，将代表国家水平的中外语言文学学术原创图书推介到国外，构建对外话语体系，提高国际话语权，在学术研究领域传播具有中国特色、中国高度的语言文学学术思想，提升国内优秀学术成果在国际上的影响力。

《中外语言文学学术文库》编委会
2017年10月

FOREWORD

Educational Linguistics in China

writen by
Nancy H. Hornberger
edited by
Liming Yu

What identities are available and taken up by learners of English in China's universities? How can schools serving migrant children in China's cities best educate these young learners? What role does English language learning play in educational access in China? What educational policies and practices best support language revitalization and reclamation efforts by China's minority nationalities? What does trilingual education mean in Chinese contexts, both large urban centers and remote autonomous regions? How do intended and unintended consequences of language policy and planning play out in language education – English language teaching, Chinese language teaching, ethnic minority language teaching? What are the underlying language ideologies and educational implications of China's recent phasing out of the English language requirement for college entrance examinations? In the Chinese diaspora, what are the meanings, attitudes, practices, and challenges surrounding language maintenance in Chinese-American communities? (Leung 2012). In schools serving Chinese heritage students in the U.S., how are visions of creating equitable education for linguistically and culturally diverse students circulated and enacted in school policies and pedagogical practices and how are students' identities shaped by these visions? (Wu 2013). These are the kinds of questions educational linguists ask – and answer. Educational Linguistics focuses on language learning and teaching, and more broadly, the role of language in learning and teaching; a scope and focus sometimes referred to as language (in) education. It is a problem-oriented, research-based, and transdisciplinary field, drawing theoretically and methodologically from linguistics, anthropological linguistics, applied linguistics, psycholinguistics, sociolinguistics, and other disciplines to address problems in educational policy and practice. Smitherman (1979) articulated clearly and early on that educational linguistics should take a holistic approach to language that would encompass research paradigms allowing for the analysis of speech and language systems in their socio-cultural reality; policy and planning that would put the study of speech varieties in school, address testing issues, and push for national policies affirming all languages and dialects; and implementation and practice that would advocate pedagogy and knowledge for liberation for the community. Her call presages a hallmark of the field, taking as starting point the practice of (language) education and addressing educational problems and challenges with a holistic approach that integrates theory and practice, research and policy.

In keeping with this vision, the present volume brings together theoretical and empirical perspectives, experiences, and calls for more research in educational linguistics in China. The editor has taken care to provide both scope and depth in surveying the potential of educational linguistics to inform pressing topics for China such as English language education and the internationalization of higher education, language education policy and linguistic diversity — both ethnic minority languages and regional Chinese varieties, and the teaching and dissemination of Chinese language worldwide. Essays herein address topics ranging from textbook language, pragmatic strategies, and corpus linguistics to the ecology of language, linguistic human rights, and endangered varieties; from foreign language education planning to bilingual education for minority nationalities; from second language acquisition to language socialization and language identity; from teacher professional development and curriculum reform to language testing and multimodal learning.

The volume is a welcome addition to an interdisciplinary field whose origins in the 1960s and preponderance of scholarship to date have been in the US and published in English, but which is now growing to encompass scholars from beyond the US and from traditionally non-English-speaking countries of Africa, Asia, Europe, and Latin America

(Hornberger 2012). Since the 1990s, departments, chairs, and graduate specializations in Educational Linguistics have emerged across the US, UK, and internationally at universities in Australia, Canada, China, Germany, New Zealand, Saudi Arabia, and Thailand (see also Hornberger & Hult 2006); and the new millenium has brought reference volumes (Spolsky 1999, Spolsky & Hult 2008), field-charting collections (Hult 2010, Hult & King 2011), collected readings (Hornberger 2012), and a book series bearing the name Educational Linguistics.

From my vantage point as faculty member at the University of Pennsylvania's Graduate School of Education and director of the world's premier program in Educational Linguistics there, I have had an extraordinary opportunity to witness, participate in and chronicle the growth of this dynamic field. I trace its conceptual origins to scholars including Dell Hymes 1966/1972 on communicative competence as individuals' knowledge and ability for appropriate language use in the communicative events in which they find themselves in any particular speech community, a competence by definition variable within individuals (from event to event), across individuals, and across speech communities; Wallace Lambert 1967 on language-based ethnic stereotypes and biases as gauged in his classic matched guise experiments; Charles Ferguson 1968 on modernization, standardization, and graphization in language development; Paulo Freire 1970 on *conscientizaçaõ* 'political consciousness-raising' in adult literacy; John Gumperz 1972 on verbal strategies in multilingual communication and the implications for classroom teaching and learning; Susan Philips 1972 on non-verbal communication and home-school mismatch in communicative participation structures; Einar Haugen 1973 on the curse of language used as a basis for social discrimination; Bernard Spolsky 1974 on the language barrier to education, where a child acquires a vernacular language informally and is required by the educational system to acquire a different, standard language; Frederick Erickson 1975 on gatekeeping encounters and situated social identity in an educational counseling setting; Michael Halliday 1975 on children's language acquisition as learning how to mean; and Shirley Brice Heath 1976 on the U.S. founding fathers' purposeful decisions to leave "language choice, change, and use" unrestrained in the new nation. (See Hornberger 2001, 2012).

Ensuing decades have brought a deepening exploration and conceptual expansion which I have characterized within six broad thematic areas of fundamental, common sense questions and concerns around language, teaching and learning. Language acquisition (and socialization) and language teaching (and assessment) represent perhaps the most enduring core concerns, but because the field arose at a time of acute awareness of educational inequality and disadvantage for ethnic minority children in the U.S., Educational Linguistics has from its very beginnings also foregrounded concerns around language diversity (and inequality) and language policy (and its implementation in classrooms). In recent decades, as the field – and the world – have become ever more globally oriented and connected through technologies of communication and fluid movements of people and their languages across borders, concerns around language ecology (and multimodality) and language identity (and minority language rights) have become ever more salient in the field (Hornberger 2012).

As the field has grown, so too has attention to these issues in China and in the Chinese diaspora, by Chinese, Chinese heritage, and non-Chinese scholars, yielding a rich and growing scholarship, of which I cite here some examples published in English. On Language Acquisition, for example, there are studies of young Chinese immigrant children acquiring biliteracy in London (Kenner 2004), Canada (Moore 2010) and Scotland (Hancock 2012). On Language Teaching, there is work on English education in China (Feng 2009, 2011), on bilingual education in a U.S. Chinatown (Guthrie 1985) and high school ESL teaching of Chinese students in the U.S. (Harklau 1994). On Language Diversity, there are classroom studies on encouraging talk in a Chinese middle school (Schoenhals 1994), on English-Chinese classroom codeswitching in Hong Kong (Lin 1996), and on multilingual classroom discourse and flexible bilingualism in Chinese complementary schools in the U.K. (Blackledge & Creese 2010). On Language Policy, there is research on modern standard Chinese status planning and ethnic minority language writing systems (Zhou 2001), Chinese-English bilingual education in China (Hu 2008), Chinese language planning in the diaspora (Lo Bianco 2007), and Chinese heritage language education in the U.S. (Wang 2004). On Language Ecology, educational linguists have looked in China at the situation of trilingual education for ethnic minorities in border areas of Yunnan (Hu Deying 2012), language policy and illiteracy in ethnic minority communities (Zhou 2000), and English language teaching (Hu 2005), as well as at Chinese immigrant languages in Australia (Clyne & Kipp 1999). On

Language Identity, there is research on English language learner identity in China (Gao 2013; Lo Bianco, Orton, & Gao, 2009), and on Chinese heritage language learner identity (Hornberger & Wang 2008) and Chinese adolescent immigrants' identity and ESL learning (McKay & Wong 1996) in the U.S., as well as studies on language maintenance and shift in Chinese communities in the U.S. (Chen 1992) and Britain (Wei 1994).

Readers will find these six themes well represented in the pages of the present volume. That such a volume exists is a welcome amplification of educational linguistics scholarship and a sign of the field's coming of age in China. I have only begun to understand the range of language learning and teaching challenges and opportunities in China through my visits and talks at Peking University and Beijing in 2007, at the 7th International Conference on Chinese Sociolinguistics, in Xining in 2010, and the First International Symposium on Educational Linguistics in China, in Shanghai in 2012.[1] Though I am, regretfully, unable to speak, read, or understand Chinese in any of its varieties, I am more than confident in the editor's vision and careful scholarship in collecting and preparing this work for you, the readers, as I am also grateful to have been included in envisioning an educational linguistics for China. Indeed, I thank Liming Yu for inviting me into a dialogue with him over the past few years, and for hosting me at the 2012 Symposium, through which I have gained a glimpse of the potential for educational linguistics to guide and shape ongoing language education policy, research, theory and practice in China.

---

1   I acknowledge with gratitude those who generously invited and hosted me on these visits, too many to name here, but especially Professor Wang Chunmei, Vice-Chair of the Women's Studies Center at Peking University for my 2007 visit to PKU and several other universities in Beijing; Professor Gao Yihong of Peking University, Chair of the 2010 International Conference on Chinese Sociolinguistics; and Professors Liming Yu, President of China Educational Linguistics, and Cai Jigang of Fudan University, Chair of the 2012 Educational Linguistics Symposium. I am also grateful to my students Sun Jing and Xu Lan, who have been my guides and interpreters in/on China and educational linguistics in China for many years now.

目录 CONTENTS

第九章　大学外语（英语）教学　　　　　　　　　　俞理明　/ 449
　　关于高校大学英语教学的几点思考　　　　　　　　王守仁　/ 451
　　科学定位高等外语教育、回归大学英语教学本位：
　　从应试到应用　　　　　　　　　　　　　　　　　蔡基刚　/ 459
　　高等教育国际化与大学英语教学的目标和定位
　　——德国高校英语授课学位课程及其启示　　　　　束定芳　/ 469
　　扩大教育开放给外语教育带来的机遇和挑战
　　——兼论外语人才培养　　　　　　　　　　　　　张绍杰　/ 476
　　关于高校英语教学若干问题的思考　　　程晓堂　康　艳　/ 488
　　教育语言学和我国大学英语教学的学科定位和建设
　　　　　　　　　　　　　　　　　　　　俞理明　严　明　/ 496

第十章　二语习得研究　　　　　　　　　　　　　　王初明　/ 502
　　中国的二语习得研究：回顾、现状与前瞻
　　　　　　　　　　　　　　　　　　　　戴炜栋　周大军　/ 504
　　外语教学三大情结与语言习得有效路径　　　　　　王初明　/ 514
　　二语习得跟踪研究的三个基本问题：分类、设计与可比性
　　　　　　　　　　　　　　　　　　　　　　　　　文秋芳　/ 523
　　母语水平对二语写作的迁移：跨语言的理据与路径
　　　　　　　　　　　　　　　　　　　　王立非　文秋芳　/ 533

应用语言学还是教育语言学？
——对二语习得研究学科属性的思考　俞理明　袁平华　/ 543

第十一章　双语教育和教学研究　/ 557

（一）汉语—少数民族语言双语教育　　　　　戴庆厦　/ 557
中国少数民族双语的现状及对策　　　　　　戴庆夏　/ 558
经济转型与双语变迁——德夯村双语变迁个案分析
　　　　　　　　　　　　　　　　　　　　余金枝　/ 563
澜沧拉祜族语言生活中的双语平衡问题　朱艳华　乔　翔　/ 568

（二）英汉双语教学　　　　　　　　　　　　袁平华　/ 582
双语教学：中国高等教育国际化的战略选择　谈多娇　/ 584
我国高校双语教学的定位及其教学模式的探究　俞理明　/ 588
大学英语教育与双语教学的衔接：现状与思考
　　　　　　　　　　　　　　　　　周　恩　丁年青　/ 596
大学英语教学环境中依托式教学实证研究　　袁平华　/ 606
我国高校双语教学研究十年：回顾与展望
　　　　　　　　　　　　　　　　　郑大湖　戴炜华　/ 615

课程教材教法和教学技术研究　/ 624

第十二章　语言教师　　　　　　　　　　　　吴一安　/ 625
后教学法时代在职外语教师研究取向述略　严　明　/ 627
外语教师研究：成果与启示　　　　　　　　吴一安　/ 634
外语教师个人理论研究　　　　　　　　　　贾冠杰　/ 647
高校外语教师职业倦怠的成因分析及对策思考　张庆宗　/ 655
外语教育的学科属性对教师专业发展的导向　夏纪梅　/ 664

第十三章　教学法　　　　　　　　　　　　　严　明　/ 669
试论外语教学法的基础及其运用　　　　　　褚孝泉　/ 670
跨文化交际课教学内容与方法之探讨　　　　胡文仲　/ 678
论专门用途英语的属性与对应教学法　　　　刘法公　/ 687
试论立体式教材与立体式教学方法　　　　　陈坚林　/ 695

第十四章　语言测试　　　　　　　　　　　　金　艳　/ 704
现代语言测试的理论框架　　　　　　　　　李筱菊　/ 705

语言测试与语言教学　　　　　　　　　　杨惠中　/ 728
　　对标准化考试的一些反思　　　　　　　　桂诗春　/ 741
　　语言测试的社会学思考　　　　　　杨惠中　桂诗春　/ 749

第十五章　语言课程、教材与教学技术　　陈坚林　/ 758

　　大学英语教材的现状与改革
　　——第五代教材的研发构想　　　　　　　陈坚林　/ 759
　　多媒体、多模态学习剖析　　　　　　　　顾曰国　/ 771
　　谈Siemens的连接主义　　　　　　　　　 胡壮麟　/ 785

参考文献　/ 798

第九章
大学外语（英语）教学

按语（俞理明）

　　这里所选的6篇论文虽然有不同的见解，但他们也有一个共同的认识：我们大学生的外语水平还不能适应我们国家的经济、文化、教育事业发展的需要，大学英语要强化，而不是被边缘化。但他们对大学英语教学的本质属性、教学定位、教学目标等问题的认识上是不一致的，甚至可以说是有根本性分歧的。蔡基刚教授在"科学定位高等外语教育、回归大学英语教学本质：从应试到应用"中认为，大学英语问题的症结在于它长期定位在通用英语（General English），从而背离了大学英语教育的方向，虽然这种背离是历史发展的一个不可避免的过程，但它由于不能根据形势的变化（如新生水平的提高，全球化和高等教育国际化在中国的形成），已成为我们外语教学费时低效的主要原因。他认为"学术英语即大学英语"，用学术英语来替代现行的大学英语教学，为学生的专业服务，就是让大学英语回归其教学本位。王守仁教授在他的"关于高校大学英语教学的几点思考"一文中对蔡基刚教授的这些观点不予认同，他认为"大学英语教学大致有三个类别，第一普通英语/通用英语（English for General Purpose）；第二，特殊用途英语（English for Specific Purpose）；第三，通识教育类英语（English for General Education）"，缺一不可。他还特地提出，"对中国这样的一个大国，不能轻易提出取消高校普通英语教学"。

　　在教学目标上，程晓棠、康艳认为现有的大学英语教学大纲规定把"培养学生综合应用能力，特别听、说能力"这个提法"在理论和教学实践上都存在一定的问题"，反映"教学大纲对语言能力的模糊认识"。张绍杰教授在他的"扩大教育开放给外语教育带来的机遇和挑战"一文中也认为："从公共外语学习者出发，他们期待的是毕业后能用所学的外语在专业领域里进行国际交流，所以，现阶段再把语言技能的培养作为公共外语教育的目的已经不适应学习者的需求"。他从《国家中长期教育改革和发展规划纲要》这一高度出发，重新思考了当今外语人才培养模式，尖锐指出，现在的外语教学者最多考虑的是教什么，怎么教，和怎么学，但更重要的还要思考我们应当培养怎么样的外语人才。如果我们这样思考问题，就不会把掌握语言技能作为教学目标和教学指导思想。束定芳教授从高等教育国际化角度来审视大学英语的教学目标和定位。他在"高等教育国际化与大学英语教学的目标和定位——德国高校英语授课学位课程及其启示"一文中指出：大学英语的教学目标要定位在为中国高等教育国际化服务上面，这体现在"提供国际化课程的师资、提供部分用英语授课的国际化课程和帮助学生适应英语授课、英语学术交流的需求"这三个方面。最后，本人和严明的"教育语言学和我国大学英语教学的学科定位和建设"一文中，讨论应用语言学学科的模糊性和不确定性对我国大学英语学科的建设带来的负面影响。我们认为，大学外语教学在学科建设上，应以实践为导向来进行学科建设。

现在关于大学英语教学改革，众说纷纭，我们有时会感到迷茫，会感到莫衷一是，甚至手足无措，这样的局面不能再继续下去了。我们认为如果能紧紧环绕"大学英语教学的性质、教学目标和定位"这个根本问题，进行平心静气的深入讨论，我们不难取得共识，一个崭新的大学英语教学的局面就一定会出现在我们的面前！

关于高校大学英语教学的几点思考

南京大学　王守仁

进入21世纪后，我国高校大学英语教学走过了不同寻常的十年发展历程。2003年，教育部正式启动"高等学校教学质量和教学改革工程"，列入计划的四项工作中，第三项即为大学英语教学改革。教育部按照"整体规划、分步推进"的思路，先后组织专家制定《大学英语课程教学要求》，确定180所高等学校进行教改试点，探索基于计算机和课堂的大学英语新教学模式，在此基础上遴选出两批共65所大学英语教学改革示范点项目学校，出台《全国大学英语四、六级考试改革方案》，进行大学英语四级网考试点。为进一步深化改革，教育部近期决定新增35所大学英语教学改革示范点项目学校，使示范点项目学校总数达到100所。大学英语教学改革促使我国高校大学英语教学在教学理念、教学内容、教学评估、教学手段等方面发生巨大变化，切实提高了大学英语教学质量。老师们通过教改实践也得到了锻炼，提高了教学能力和教学水平。

如果说21世纪头十年里大学英语教学改革是以推进教育信息化进程为特征，建立以计算机网络技术为支撑的英语教学新模式，重视培养学生的听说能力和自主学习能力，提倡形成性评估与终结性评估相结合，在第二个十年里，面对前所未有的机遇和挑战，我们应以《国家中长期教育改革和发展规划纲要（2010-2020年）》（以下称《规划纲要》）为指导，总结经验，再接再厉，主动适应国家经济建设、社会发展和高等教育的新形势，满足人民群众接受高质量教育的需求，努力开创大学英语教学新局面。

一、继续加强和改进大学英语教学

教育部语言文字信息管理司李宇明司长在讨论中国外语规划的文章中指出：
三十多年来，我国开启国门，坚持开放，由"本土型国家"正在转变为"国际型国家"。本土型国家的外语需求，主要在外交和军事、安全、翻译等较为有限的领域，培养一些高级外语人才即可满足需求。国际型国家则不同，它对外语的需求是多方面的，最主要的特点是需要外语服务甚至"外语生活"。随着国家的进一步开放，中国走向世界会更广泛更深入；世界之来到中

国也会更广泛更深入；并且作为发展中大国，中国还需承担愈来愈多的国际义务。（李宇明，2010：3）

"国际型国家"意味着广大人民"更广泛更深入"的对外交往，而国际合作交流、商贸旅游、劳务输出、出国留学等都需要使用外语，因此，外语需求已发展到一个全新的阶段。在此背景下，李宇明司长认为："国家应当明确提出公民的外语素养问题。在扎实掌握母语的前提下，一般公民应掌握或粗通一门外语，提倡学习两门外语。"（李宇明，2010：7）

中国由"本土型国家"向"国际型国家"的转变对外语教育提出了新的要求，这在2010年公布的《规划纲要》中得到反映。这份文件确定了今后十年我们国家教育改革和发展的战略目标和任务，其中包括要"提高我国的教育国际化水平"："适应国家经济社会对外开放的要求，培养大批具有国际视野、通晓国际规则、能够参与国际事务与国际竞争的国际化人才。"（《规划纲要》：49）随着我们国家综合实力的增强和国际地位的提升，在国际事务中，我们不仅要积极参与其游戏，更要参与游戏规则的制定，争取更多的国际话语权，以捍卫国家主权，保护国家利益，使人类能够更多地从中国理念中受益，这要求参与国际事务的人员不仅要懂得国际事务，而且要掌握外语。掌握一门外语可以是英语，也可以是其他国家的语言，但在目前情况下，对大多数人来说主要是掌握英语。培养国际化人才很重要的内容是提高大学生的英语水平。今天高校的莘莘学子，正是明天国家现代化建设事业的生力军。因此，无论是从国家发展还是个人需求的角度来看，都需要我们重视大学英语教学，不断提高教学质量。

2010年初，教育部高等学校大学外语教学指导委员会组织了全国高校大学英语教学情况调查，共有530所学校参与。在被调查者中，认为大学英语教学"需要进一步加强"的比例高达81%，"保持现状"的比例为15.7%。这从一个侧面表明：我们不是要削弱大学英语教学，而是应该加强和改进，使之能够适应新的形势。

二、明确大学英语教学的使命和任务

高校大学英语教学不是从零起点开始。绝大多数的大学生在中学阶段就已学过英语，掌握了基本的英语语言技能和语言基础知识，具有"基本的英语语言能力"。（《普通高中英语课程标准（实验）》：3）中学英语教学作为基础教育的一个重要组成部分，旨在"帮助学生打好语言基础，为他们今后升学、就业和终身学习创造条件"。（《普通高中英语课程标准（实验）》：

2）中学英语教学的设计从中学生的认知水平和学习发展需要出发，内容贴近中学生的生活实际，语篇的语言浅显，词汇量为3300个左右单词（高中毕业八级要求）。大学英语教学是高等教育的组成部分，其使命和任务是提高全国数以千万计非英语专业大学生的英语水平。大学英语教学一方面要衔接高中阶段的英语教学，另一方面应体现高等教育的特点，对英语应用能力有更高的要求，教学内容更注重思想性，视野更开阔，以满足国家对高素质人才的需求和学生的个体发展需要。

《大学英语课程教学要求》（以下称《课程要求》）按照以上思想，确定的教学目标是：

培养学生的英语综合应用能力，特别是听说能力，使他们在今后学习、工作和社会交往中能用英语有效地进行交际，同时增强其自主学习能力，提高综合文化素养，以适应我国社会发展和国际交流的需要。（《课程要求》：1）《课程要求》提出的教学目标包括三个方面的内容，即培养英语综合应用能力、发展自主学习能力和提高文化素养，反映了大学阶段英语学习的特点，其中"培养学生的英语综合应用能力"是高校大学英语教学的主要任务。根据"大学英语教学情况调查"（2010），受访者将"提高学生的英语综合应用能力"选为"最重要"的比例高达82.3%。"培养学生的英语综合应用能力，特别是听说能力"这个表述，2004年制定的《大学英语课程教学要求》试行稿就是这么写的，当时针对中国学生听说能力比较弱这一现象，强调要加强听说教学。2007年修订该文件时，保留了这个表述，没有改动，部分的原因是基础教育阶段的中学英语教学对听说能力训练不足，需要在大学期间加大培养的力度。经过多年努力，重视听说教学的理念已深入人心，为高校广大师生所接受，并转变为自觉的教学行动。培养和发展英语综合应用能力的目的是使学生"能用英语有效地进行交际"，可见英语综合应用能力要落实到交际能力，这些都体现了大学英语教学与中学英语教学的不同。

把听和说放在英语教学的重要位置，并不意味着削弱其他技能的训练。其实，加强听说是在"培养学生的英语综合应用能力"前提下提出来的。就听说读写译技能而言，不能忽视阅读，因为阅读是听、说、写、译的前提和基础，是语言知识和文化信息输入的主渠道，无论是在校学习还是毕业后在工作岗位上，大部分人接触英语最方便、最快捷的方式依然是阅读。在"大学英语教学情况调查"（2010）的数据中，将阅读列为"最重要技能"的受访者最多，达44.9%。大学英语教学应加大学生的阅读量，拓展阅读的广度和深度。在交际过程中，英语口语重要，英语写作也同样重要，甚至更重要，使用场合更多。

在现实生活中，有的人口头表达能力强，有的人则笔头功夫好。实际上，并不是每个人都有机会直接与外国人见面讲英语。有条件的学校不妨根据学生的兴趣、能力和需求，开发和建设英语写作课程，提供英语写作训练。当今世界，网络日益成为交际的一个重要渠道。如果我们国家有一批英语网民、英语写手，用英语发帖子、写博客，也可以扭转国际英语网络媒体上听不到中国声音的局面。从"因材施教"的角度看，我们应对学生进行需求分析，确定教学重点，把"培养学生的英语综合应用能力"的任务落到实处。

《课程要求》指出："大学英语课程是大学生的一门必修的基础课程"（《课程要求》：1）。在学校人才培养体系中，大学英语教学的定位应该是服务，其功能是服务于学校的办学目标，服务于院系专业，服务于学生。大学英语教学要主动与学校及学科的需求结合起来，在学校的发展中获得自己的发展，出色地完成自己的使命和任务。

三、构建大学英语课程体系

高校大学英语教学大致有三个类别：第一，普通英语/通用英语（English for General Purpose）；第二，特殊用途英语（English for Specific Purposes）；第三，通识教育类英语（English for General Education）。对于中国这样一个大国来说，不能轻易地提出取消高校普通英语教学。大部分大学新生用英语进行交际的综合应用能力是弱的，英语语言知识是有限的，需要通过继续学习来巩固基础，提高水平。但是，随着基础教育英语课程改革向前推进，中学生英语水平不断提高。同时，大学生学分总量实行控制，许多高校都在削减课程学分，大学英语课程首当其冲。顺应这一趋势，以打语言基础为教学内容的普通英语教学份额会逐渐减少，而特殊用途英语教学和通识类英语教学份额会逐渐增多。

特殊用途，也称"专门用途英语"，分为与专业学科密切结合的学术英语（English for Academic Purpose）和与就业有关的职业英语（English for Vocational Purpose）。特殊用途英语课程是从普通英语课程到双语课程之间的过渡性课程，其教学目的不是传授专业知识，而是培养学生有效进行专业交际的语言能力。特殊用途英语课程最能反映学校和学科特点，是实施个性化教学的重要途径。就普通英语与专门用途英语关系而言，普通英语是基础，没有基础英语的学习，特殊用途英语是难以进行的。有了普通英语打下的基础之后，应该考虑发展特殊用途英语教学。但特殊用途英语是全国所有高校大学英语教学今后发展的"必由之路",会"逐渐成为主流"(蔡基刚,2007:31)的观点,有商榷之处。

通识教育类英语课程旨在实现《课程要求》确定的教学目标中关于"提高综合文化素养"的要求。根据《欧洲共同语言参照框架:学习、教学、评价》,语言教学的目的之一是"获得对其他国家的生活方式、思维形式、文化遗产的更为广泛和深刻的理解"。大学英语教学应帮助学生了解西方文明、思维方式、生活习惯,以批判性眼光看待西方文化及核心价值,熟悉中外文化差异,培养跨文化交际能力,否则,就无法达到"用英语有效地进行交际"的目标。《课程要求》因此对大学英语的性质界定为"兼有工具性和人文性"。(《课程要求》:4)当然,强调大学英语课程中文化的重要性并不意味着大学英语教学要全盘"通识化"或以通识教育理念为指导("大学外语教学改革":3)来建设大学英语课程,毕竟大学英语教学的主要任务是提高学生的外语水平,重点是培养学生的英语综合应用能力。

基于以上考虑,我们必须着力构建大学英语课程体系,这个体系应该与学校定位、人才培养目标和要求相一致,它包括了普通英语、特殊用途英语、通识教育类英语,三者的比例要适当。各具体学校应该根据实际情况,设计个性化教学大纲,构建大学英语课程体系,落实到操作层面,就是进行课程设置。课程设置是界于教学理念与教学实践之间的一个关键环节,在宏观上规定了教什么、开设哪些课程。课程设置首先"设置"了方向,引导我们的教学往什么方向发展,规定了教学的重点。课程设置不当,有可能束缚思想、束缚手脚,走错路。课程设置同时"设置"了平台,老师在这个平台上发挥其能力、潜力、创造力。《课程要求》对课程设置有专门表述,提出了构建"大学英语课程体系"的要求。(《课程要求》:4)大学英语并不单单是读写和视听课,而是一个课程体系。《课程要求》在原则上要求各高等学校将五大类的必修课程和选修课程有机结合,但不列出课程的具体名称,这一做法有助于各校在根据自身特点设计大学英语课程体系时发挥主动性和创造性。课程设置改革应该是大学英语教学改革的一项重要内容,不少学校在课程设置方面正积极进行探索,努力做到基础性与选择性结合,规定动作与自选动作结合,达到三个平衡,即必修课和选修课平衡、输入与输出平衡、语言与文化平衡。

构建大学英语课程体系的一项重要工作内容是加强具体课程的内涵建设。最近几年,许多学校以大学英语教学改革为契机,开展课程建设,取得显著成绩,入选国家精品课程的大学英语类课程达38门。这些课程按照"以学生为主体，以教师为主导"的教学理念，以现代信息技术为支撑，革新教学内容，培养学生英语综合应用能力和自主学习能力，为提高教学质量做出了贡献。我们在建设好大学英语基础阶段课程的同时还应加大开设后续课程的力度，开发和建设特殊用途课程和通识教育类英语课程，以构建一个更加科学、更能够满足社会和学生需求的大学英语课程体系。

四、改革和完善大学英语四、六级考试

在各类外语考试中，大学英语四、六级考试是影响最大的标准化考试之一。自1987年9月开始第一次四级考试、1989年1月开始第一次六级考试以来，大学英语四、六级考试的规模日益扩大，目前每年考生逾千万。就其性质和现状而言，大学英语四、六级考试既是以检查教学工作为目的的教学考试，同时也是以测量语言能力为目的的水平考试。四、六级考试对我国大学英语教学起了积极作用，考试提供的大量数据帮助我们对我国大学英语教学现状进行实证性分析和描述。四、六级考试旨在对考生英语语言能力进行客观、公正的测量，已得到社会的认可，我们应充分肯定大学英语四、六级考试对提高我国大学生英语水平做出的历史性贡献。2010年初，教育部高等学校大学外语教学指导委员会在组织全国高校大学英语教学情况调查时，还对几百个社会用人单位进行大学毕业生或单位员工的英语能力需求调查，收回问卷881份。调查发现，四、六级考试是目前接受度最高的英语水平考试，四、六级证书是企事业单位用来衡量员工英语水平的主要标尺。但是，在被调查者中，认为四、六级考试"只能部分反映毕业生的英语应用能力"和"没有针对性，不能反映毕业生的英语实际能力"的人数分别为36.8%和20.1%，这从一个侧面表明我们需要建立一个更为全面、客观、科学的大学英语综合评估体系，而四、六级考试作为终结性评估的主要手段之一，要继续进行改革与完善，使之能够更准确地反映学生的英语语言能力、更适应用人单位的社会需求。对于大学英语四、六级考试这样一个超大规模的标准化考试，我们不能因为其存在不足之处或由考试引起的一些负面效应而简单地将其取消，而是要通过研究和实践，不断改进考试内容和考试方式，其中包括如何结合我们国家的国情，积极采用现代信息技术，提高信息化水平，稳步推进网考。在大学英语教学改革向前推进的新形势下，四、六级考试面临着新的挑战，如何按照语言教学规律完善考试，科学设计考试，改进考试对教学的后效，是摆在外语工作者面前的重要课题，需要我们集思广益，群策群力，共同打造大规模英语测试的中国品牌。

五、打造高素质专业化大学英语教师队伍

推进大学英语教学改革，提高教学质量，教师是一个关键因素。《规划纲要》对加强教师队伍建设给了高度重视，提出要"努力造就一支师德高尚、业务精湛、结构合理、充满活力的高素质专业化教师队伍"，这为我们建设大学英语师资队伍指明了方向。根据大学英语教学情况调查（2010），大学英语教师队伍中有硕士学位或研究生学历者比例为77%，有博士学位者及在读博士比例为8%，两者相加为85%，而2001年的比例为54.7%。这说明大学英语师资队伍学历结构较过去已有了显著进步，但与其他学科博士化已经普及的学术梯队相比，还存在很大差距。学历层次不高是影响教师发展的一个制约因素。目前，大学英语教师队伍中教授、副教授职称比例分别为4%和27%。另外，女教师比例偏高，达到80%。因此，我们要花力气优化教师队伍结构。重要的措施之一是鼓励青年教师攻读博士学位，允许教师报考非英语语言文学类博士。我国高校英语语言文学博士点数量少，招生人数有限，竞争相当激烈。青年教师跨学科攻读博士学位，可以在较短时间内提高教师队伍学历层次，同时也是为构建大学英语课程体系提供师资保障。

外语教学涉及到发展语言能力，传授语言知识，培养跨文化意识，有其特殊性，对教师的专业水平和教学能力要求特别高。我自己个人体会是要把外语课上好，让学生真正受益、喜欢，并非易事，需要去研究和探索。大学英语教学改革的一项重要内容是将计算机技术应用到英语教学，建立起基于课堂和计算机的新教学模式，要求在教学过程中体现学生的主体地位和教师的主导地位。教师在教学目标设定、学习内容选择、课堂教学设计、教学活动管理等方面无疑起到主导作用，其教学能力和水平的高低直接影响到教学效果和教学质量。新时代的大学英语教师必须加强学习，提高英语水平，优化知识结构，方能胜任教学工作。大学英语教学改革实践证明：广大外语教师是教学改革的实施主体，教学改革能否顺利开展，教学质量能否改进，在很大程度上取决于一线教师的积极性、主动性和开拓精神。在大学英语教学改革过程中，涌现出一批新型的复合型大学英语教师，其特征是熟悉外语教学理论（教育学、语言学习理论、测试学等），具有较强的英语运用能力和较好的计算机运用能力，知识面广。大学英语教学改革为教师发展提供了难得的机遇和平台，各高校应以大学英语课程为平台，在教学改革和实践中建设"充满活力"的教学团队，不断提高教师的专业水平和教学能力。我们要提倡教师研究教学，将教研成果应

用于教学实践，努力建设一支职称、学历、性别、学缘等结构合理、业务精湛的高素质专业化大学英语教学团队。

在教育部的直接领导和部署下，大学英语教学改革在全国高校稳步推进。随着时间的推移，越来越多的一线教师认同改革，并积极参与改革，勇于实践，新教学模式已成为常态，大学英语教学出现勃勃生机。《规划纲要》描绘了未来我国教育发展的蓝图和路径，大政方针已定，关键是抓好落实。我们要面向时代要求思考教育发展，坚持改革的正确方向，抓住机遇，踏实工作，开拓创新，坚定不移地继续推进改革，扎扎实实地继续实施改革，富有成效地继续深化改革，为全面提高大学英语教学质量作出我们的贡献。

本文原载于《外语教学理论与实践》，2001年第1期。

科学定位高等外语教育、回归大学英语教学本位：从应试到应用

复旦大学 蔡基刚

1. 引言

根据Hutchinson and Waters（1987），英语作为外语教学有两大类内容，一类是通用英语（EGP），即除了打基础和应对考试并没有具体目的的英语教学；另一类是专门用途英语（ESP），即为特殊目的服务的英语教学。在ESP下面，又可细分行业英语（EOP）和学术英语（EAP）。后者的教学目的主要是为大学生用英语从事自己的专业学习和学术活动提供语言和能力支撑。正因为如此，纵观世界高校的大学英语教学，无论其教学语言是英语（如北美和我国香港的高校），还是母语（如欧洲和日本高校），其教学内容都是学术英语。通用英语基本上都是在中学完成。由于种种原因，我国历届大学英语教学大纲始终把大学教学内容定位在通用英语。我们认为是到了该回归大学英语教学本位的时候了。

2. 调整和回归的理据

2.1 大学英语教学效率与生存危机

自20世纪80年代来，我国的大学英语教学取得了飞速的发展，但是效率不高的问题一直困扰着我们。大学英语是高校中最大一门必修基础课程。虽然总共只有200多课时，但在四、六级考试的压力下，大学生在英语学习上花的平均时间超过任何一门专业课程。教育部语委对全国大学生的一项调查发现，有65%以上大学生用他们全部学习时间的1/4以上学外语（王登峰，2007）。但是，即使是清华大学，"大学生四、六级考试过关之后，英文文献读不了，英文论文写得一塌糊涂"（孙复初，2005）。可以这样说，大学生花了很多时间学习的英语仅能"应试"，难以"应用"。大多数大学毕业生的英语水平只能对付日常生活交际，很少能够读懂自己专业上的文献，更少能够用英语开展自己的研究或工作。国际英孚教育集团2013年11月发布的"全球英语熟练度指标报告"表明，就成人的英语应用水平而言，中国大陆在所调查的亚洲12个国家

和地区中，排名倒数第二，属于低熟练水平。这说明，尽管我国大学生花很多时间在学英语，大学生英语四、六级考试通过率逐年提高，听说能力有很大改善，但在自己专业领域用英语开展学习和工作的能力还是相当薄弱。

一方面大学生的英语能力远未达到能够使用的要求；另一方面，我国高校的大学英语进入了压缩课程和学分的周期。这主要是由于1）大学生达到通过大学英语四、六级考试的水平不需要学原来这么多课程或不需要课堂学习（社会培训机构可以帮助解决）；2）大学生普遍反映大学英语课程"学不到什么，最大的价值就是挣学分，为了直研或评奖学金，要拿高分"（樊丽萍，2013）。有的高校16学分被压缩到8个学分；有的高校优秀学生一进校或一通过四级考试就可免修大学英语；有的高校大学英语开始变为大学外语，即大学英语全部学分可以用来选修法语、日语等二外课程；更有些高校大学英语与英语专业打通，朝大量开设英美文学，英美文化课程方向发展。胡壮麟（2002）曾预言，英语教学一条龙的最终目标是使高中毕业生达到现在大学四级水平，"那么，这就产生若干年后大学英语是否继续存在的问题"。12年过去了，由于大学英语始终定位在原本应在中学里开展的通用英语教学和四级英语水平的要求上，高校大学英语正面临深刻的生存危机。

2.2 经济全球化挑战与高等教育国际化挑战

一方面大学英语学分和课程在压缩，另一方面经济全球化与高等教育国际化对英语学习提出了新的要求。如上海自由贸易区的建立加快了全球化的进程。据报道截止到2011年底，外商累计在沪设立投资性公司237家，跨国公司地区总部347家，跨国研发中心332家。据商务部统计，2013年上半年我国境内投资者对全球144个国家和地区的2912家境外企业进行了直接投资，累计实现非金融类直接投资456亿美元（而2003年只有28.5亿美元）。我国在世界各地进行工作的各类员工已超过300万。但在"全国范围内，能熟练运用外语和法律知识与国外客户洽谈业务、签订合同的人才非常稀缺，即便是在最前端的上海"（《中国青年报》2010年7月8日）。

为此《国家中长期教育改革和发展规划纲要2010-2020年》对高校提出了培养国际化卓越人才的要求，引进国外优秀教材，增加外籍教师比例，开展中外合作办学等一系列措施。高等教育国际化改变了学生原来学习英语的目的。2012年9月我们（蔡基刚等，2013）对上海24所不同类型和层次的高校进行调查。在对2012届的7260新生问卷调查中发现，有近80%的新生选择将英语作为"用来汲取和交流专业信息的工具,增强自己在专业领域内的国际交往能力"。在对大三大四的3254学生和202位学科专业教师进行调查中发现,要求用英语听专业课及讲座分别为73.5%和83.1%,用英语作口头陈述及交流分别为63.4%和63.8%,用英语阅读专业文献分别为78.1%和90.1%,用英语撰写文献综述、摘要、报告或小论文等分别为65.8%和75.2%。这些数据显示了大学生和学科专业教师都希望大学英语能真正"学以致用"。

2.3 英语作为世界通用语和大学英语教学新定位

经济全球化和高等教育国际化在我国的出现改变了外语教学的目的和性质。我国外语界始终坚持英语在我国是外语,而非是二语。其意义是:如是外语,大学英语就是作为学校的一门课程,或为提高自身素质修养。因此,我国历次大学英语教学大纲或课程要求都坚持把打好扎实的语言基础放在第一位,并把大学英语看作是素质教育的课程。但如是二语,目的就是为了对目标语的应用,因为无论在专业学习还是在今后工作中英语都有使用的环境和需求。我们认为虽然英语在我国不是二语,但也不是传统意义上的外语,它已成为English as an international Language(Seidhofer,2003)或English as a lingua franca(Kilickaya,2009)。世界通用语的形成是经济全球化和高等教育国际化的必然结果。其意义是它改变了我国高校英语教学的目的:它不再仅仅是对语言本身的学习或自身素质的修养,而是真正成为一门工具,学习英语是为了更好地从事现在的专业学习和今后工作。

大学英语不是专业,而是一门为专业配套的公共基础课程,课程设置目的是为专业人才的培养服务。翻开各学科的专业培养方案或教学大纲,其中几乎都要求自己专业的学生"具有较强的本专业外文书籍和文献资料的阅读能力,能正确撰写专业文章的外文摘要。能用外语与同行进行学术交流"。问题是:作为培养方,大学英语是否把这一要求放进了自己的教学大纲中去了?大学英语作为最大一门基础课占到了本科总学分的10%,没有理由游离本科人才培养的总目标之外,置专业需求而不顾,没有理由关起门来埋头打基础,追求四、六级通过率或开展通识英语。

专业人才培养是一个系统工程。培养具有国际交往和竞争能力的卓越人才不能仅仅靠学科专业自己的课程教学质量提高,如没有大学英语帮助训练学生用英语进行专业学习和研究的学术能力,学生听不懂外国教师的英语授课或讲座,不能用英语直接阅读专业文献,这个目标是很难达到的。大学英语教学成功的标志不是学生语法有多强,四、六级考试通过率有多高,莎士比亚作品能背诵得多好,而是看学生能否用英语胜任自己目前的专业学习需要和今后工作的需要。也就是说,大学英语只有为专业人才培养总目标服务,培养学生用英语从事本专业学习和研究的能力,才能对得起本科培养方案中拨出的10%的学分,才有资格称自己是"一门必修的基础课程"。

3. 回归的大学英语教学内容

3.1 学术英语及其定义

早在2007年教育部颁布的1号文件中就提出了回归大学英语教学本位的要求:大学英语教学改革要"切实提高大学生的专业英语水平和直接使用英语从事科研的能力"。我们认为实现教育部这个应用要求的最佳途径不是通用英语或通识英语,而正是学术英语。

什么是学术英语?根据Wikipedia,"EAP entails training students, usually in a higher education setting, to use language appropriately for study"。学术英语(EAP)可分为通用学术英语(EGAP)和专门学术用途英语(ESAP)两种(Jordan, 1997)。通用学术英语(简称EAP)侧重各学科英语中的共性东西,即培养学生在专业学习中所需要的学术英语口语和书面交流能力,例如用英语听讲座、记笔记、查找文献、撰写论文和参加国际会议以及学术等。专门学术用途英语(简称ESP)侧重特定学科(如医学、法律、工程等学科)的语篇体裁以及工作场所需要的英语交流能力。前者是"适合所有专业学生的具有共性的学术能力的教学",后者是"适合具体专业特点的英语及其技能的教学"(Dudley-Evans & St. John, 1998)。

可见,学术英语就是为应用目的的语言教学,是为大学生在大学阶段用英语从事自己的专业学习和学术活动提供语言支撑的。实施学术英语教学的意义在于为我国大学生学习英语找到了应用的场所。我国应试教学的形成主要原因之一就是大学英语教学大纲始终提不出大学阶段能应用学到英语的地方。由于把大学英语定位在为"今后学习和工作"打语言基础,教师和学生现在只能用学到的英语对付考试。

3.2 学术英语的必修课程地位

学术英语和学术研究并没有直接的关系,并非只"适合硕士、博士研究生阶段的教学"(王守仁,2013)。学术英语是训练学生用英语进行学术活动的语言能力,且不论随着高等教育国际化,全英语课程越来越普及,即使在没有全英语课程的高校,用英语查阅文献、听懂外籍专家讲座也是每一个合格的大学生必备的能力。正如Hyland & Hamp-Lyons（2002）指出，"EAP课程不仅仅帮助学生应对用英语学习专业课程，而且还培养学生在某一学术领域内的学术交流能力。"学术英语着重培养学生用英语搜索相关资料和文献的能力；分析、综合、评价和运用各种信息的能力；提出问题，并通过思考和推理以解决问题的能力等等，这些能力正是批判性思维能力的核心内容（Foundation for Critical Thinking. 2009）。可以说，这些能力是每一个当代大学生进行专业学习必须具备的学术素养，是经济全球化时代各行各业所需要的最基本职业素质，是"一种帮助学生带到任何地方去，应对出现的任何新情况的学术素养"（Krzanowski，1999），没有这种学术素养就不是一个合格的大学生，不培养学生这种学术素养就是大学英语教学的失败。因此，学术英语应该是每个大学生的必修课而非选修课，并非是"对大多数学生来说并不存在的实际需要"（王守仁，2013）。

　　学术英语并不是专业英语，两者之间有很大区别的。前者强调的是这些学科领域里的口头和书面交流英语技能，培养学生用英语进行专业学习和研究的方法；后者重心放在这些学科的词汇和内容的教学上。前者的教材或许涉及学科内容，但比较浅显，后者的教材则追求知识的系统性。从课程目的和教材内容看，专业英语都是属于一种偏向内容的双语课程，教师主要通过翻译和术语教学帮助学生了解学科内容。因此，1999年颁布的《大学英语教学大纲》把专业英语翻译成subject-based English（SBE），明确规定"专业英语课原则上由专业教师承担"，只有少数对专业知识要求不很强的课程如商务英语、经贸英语和新闻英语也有大学英语教师开设。学术英语之所以被误解专业英语，主要是对ESP的误解。

　　学术英语在我国大学英语教学体系中是一门崭新的课程，因此，我们有责任向学生阐述学术英语的内容，并花大力吸引他们来修课。大学英语课程设置不应一味强调个性化需求，课程设置应该满足学生的需求。但这并不是说学生需要什么大学就应当提供什么，不是只跟在学生需要的后面。大学不是社会培训机构，大学的使命应该是引导和塑造学生的要求。大学之所以是大学，就是因为她站得要比社会高，她可以预见到未来的需求，她可以把学生眼前的个人外语需求引向国家外语需求，她可以引导学生朝这个潜在方向前进。因此，通用英语还是学术英语，甚至是通识英语，不应全"供学生自由选择"。文秋芳（2013）认为"大学英语要实施'各学所需，各尽所能'的理念，主张给予大学生更多的选择学习目标和英语课型的自主权"，这种完全个性化的理念我们并不赞成。高等教育中没有一个学科或专业是不设定核心的必修课程。大学英语不是专业，但大学英语作为一个为专业配套的基础课程，其教学目的很清楚：培养学生用英语从事专业学习的能力，这是国家外语能力的需求，是专业学科外语能力的需求。因此，《上海高校大学英语教学参考框架》把学术英语规定为必修课程，并且规定了较高的学分比例，提出以学术英语为导向以学术英语为核心的大学英语教学改革并没有错。

3.3 学术英语教学内容和方法

学术英语应该从新生中开始开设。在学习起始水平和课程难度上，它和目前高校普遍开设的大学综合英语并无什么差异。这可以从我国许多高中生到北美读大学开始学的就是学术英语，宁波诺丁汉大学新生的英语课程就是学术英语得到证明。大学综合英语并不能代替学术英语，因为两者之间有很大的差别。

1）两者在目的上不同，学术英语是为应用，为专业学习需求服务的，大学综合英语纯粹为打基础而基础。学术英语教学目的不仅仅培训语言技能，同时还特别重视学生自主学习的能力和批判性思维能力的培养，而大学综合英语仅仅关心学生语言基础和技能。

2）学习内容有所不同。学术英语是一种以内容为依托的语言教学法CLIL（content and language integrated learning）。这里的内容是指需要学生去学习和探索的新知识，而非指在学生知识框架里的日常生活话题。大学综合英语教材突出趣味性，体裁以小说、故事和散文为主，而学术英语以信息性较强并有适度的抽象思维的人文科普学术文章。我们认为以小故事，小散文和日常生活交际为教学内容的课文并不适应大学学术活动的需求。

根据Cummins（1979），一个人的语言水平由"人际交流基本技能"与"认知学术语言能力"组成。前者交际任务的认知要求比较低，语言比较简单；后者则是抽象程度较高的学术话题，不仅需要有较强的听说读写能力，而且需要有较强的分类、综合、评价和推断的能力，对认知程度要求比较高。因此，到了大学阶段，"适度挑战的学术内容和一定深度的认知互动是提高英语水平的关键"（Kong & Hoare，2011）。

3）教学方法不同，大学综合英语基本上是以教师为中心的词汇句法的分析和灌输；学术英语更突出培养学生对文章信息的捕捉、评价、组织和表达的能力，尤其是通过以团队形式开展基于问题或基于项目的教学（PBL），以培养学生批判性思维能力和独立的学习研究能力。在项目开展过程中，学生需要从几篇同一主题的文章中比较和评判信息，推断作者意图和态度，需要在大量阅读相关文献的基础上引用观点来支撑自己作文中的观点。因此，学术英语是真正的以学习者为中心的教学法。

4. 回归的挑战和困难

4.1 学术英语能力和打语言基础

我们听到这样的说法：学术英语也好专门用途英语也好，打好基础是硬道理，有了扎实的语言基础就能看懂专业文献。这话没有错，但问题是，目前的大学英语体系能否让大多数学生培养出扎实的语言基础？大学英语对于非英语专业学生来说只是一门课程（16学分，280个学时），除非挤占专业课程的学习时间，或在中小学已打下较好语言基础的极少数人，大多数学生不可能像专业学生一样一本一本阅读英语小说，每天几个小时耗在语言实验室进行听说练习。因此，在有限的学分里要求大多数学生达到听说读写样样精，都达到4级优良水平或6级水平，甚至达到所谓的本族语水平，不仅做不到，只会挫伤学生学习英语的积极性。我们认为英语对非英语专业学生来说主要是一门工具，把目标瞄准在培养用英语汲取和交流专业信息的能力上似乎比打下全面扎实的基础更切合实际。另外，我国大多数学生从小学开始学习英语到进大学，已经学习了将近12年的基础英语。进入大学目标还是打基础，应付考试。形式和内容的重复必然扼杀学生的学习兴趣，造成学生英语学习中普遍的厌学和懈怠倾向（戴玮栋，2001）。其实，学术英语也是在继续打语言基础，不同的是，学术英语是尝试一种更为有效的学习方法。国内外大量文献证明，培养学生为专业学习服务的学术英语能力能够有效激发学生继续学习英语的兴趣，因为这体现了学以致用的原则。

4.2 学术英语和四、六级考试

有观点认为学术英语会影响学生四、六级考试通过率，这是一种误解。大学英语四、六级考试本身就是一种学术英语考试。只要比较一下国际上比较著名的学术英语考试，如雅思A类考试试卷和托福考试试卷，就会发现四、六级考试的试题类型和项目设置与它们的差异已不大了。这几年，大学英语四、六级考试在增加长篇快速阅读、归纳文章信息、复合型听力记笔记等方面已做出努力，目的就是更好地促进和考察学生的学术英语能力。

我们现在教学上的问题是考教分离：课堂上教的是趣味性情节性故事散

文，考的是信息较强的学术语篇；教的是词汇句子的细致分析，考的是信息的快速捕捉和理解。这就是不少学生考四级前还要参加社会或学校办的应试强化班的缘由（具有讽刺意义的是：大学里教的是趣味英语和基础英语，社会培训机构教的反而是学术英语！）。课堂上学习的是人造语言（对超纲词用四级词替代，对复杂结构进行简写），专业学习和工作中英语是真实语言。这就是我国大学生高分低能的主要原因之一。学术英语把教学和考试的内容，把课堂学习和实际应用统一了起来。如课堂上读的就是学术文章，练习的就是信息搜索、记笔记等。因此可以这样说，学术英语教学比大学综合英语更能提高他们的四、六级考试成绩。

4.3 学术英语和通识英语

一些观点认为，大学英语应该承担素质教育的责任，教学内容应以通识英语为主，而非学术英语。我们认为，这两者并没有矛盾。我们认为对美国等西方国家提出的外语教育的人文性要作具体分析。不同的语种，其功能是有所不同的。对美国，英语不是外语，他们所说的是外语主要是拉丁语和希腊语，或西班牙语、汉语和阿拉伯语等，他们强调外语教育的人文性主要指拉丁、语希腊等外语，因为他们要求学生阅读文艺复兴时期的经典著作，以了解和接受欧洲历史和文明的文化价值，而这些文化价值是西方人文自由教育最普遍的核心价值。但对西班牙语、汉语和阿拉伯语等的外语教学，他们较少提人文性，而是把这些外语学习看成是用来维护国家安全和保持国际竞争力的工具。

我们的外语主要是英语。英语是世界科技、经济和文化交流的主要工具，不掌握英语就无法进行国际交往和竞争。因此片面提倡英语教学的人文性，把通识教育理解成学习英美文学、圣经等，忽视甚至贬低英语的工具性，这条路是否合适大学英语教学，还有待讨论。但下面两点不能不考虑：

1）我国已经从"本土型国家"转变为"国际型国家"。因此，高校外语教学目的也应发生根本性变化。在本土型国家，外语教学并无外在需求，学习外语的主要目的是打语言基础，提高自身修养，所以，外语教学具有鲜明的"向己型"。但在国际型国家，学习外语不仅仅是提高人文素质，更重要的是要服务于国家利益和国家战略需求，因此，外语教学必须具有"向他型"特征，必须从把外语当作学习语言和考试的工具转变为学生专业学习服务。

2）素质教育不仅仅是人文素质教育，还包括科学素质教育。素质教育不仅仅是西方知识或跨文化知识的传授，更重要的是能力的培养，即组织信息和表达信息的写作能力；规范引用信息避免剽窃，做批判性的文献综述的能力；

独立思考和分析问题的能力，以及用不同视角观察问题和解决问题等批判性思维能力。而这些能力恰恰是创新能力和自主能力比较薄弱的我国大学生所急需的。因此，学术英语和素质培养目标完全一致，而且更具体更实际。

在西方只有通识教育，并无通识英语或外语的说法。这说明素质教育不只是外语界的事，而是大学各学科的事情。把通识教育狭隘地理解为通识英语无非是为英美文学和英美文化这些专业英语课程在大学英语里开设找到根据罢了。

4.4 学术英语与实施

学术英语在大学英语教学体系中全面推行要抓好三件事。1）教师。我国绝大多数大学英语教师的学历背景是英美文学和语言学，而且长期从事基础英语教学。要让他们去转向进行学术英语和专门用途英语教学，从熟悉的教学内容转到陌生的内容是很难的。"教师知识，尤其是学科内容知识和学科教学法知识及其来源方式是影响教师心理并制约教师专业发展的重要因素"（夏洋等，2012）。因此，第一，转变观念，让大学英语教师认识到学术英语教学并不要求有很强的专业知识。学术英语教师的作用是帮助学生获得其专业领域中进行口头和书面交流的语言能力，而不是知识或内容。第二，积极进行岗位培训。如上海市教委和上海高校大学英语教学指导委员会在2013年组织了5次学术英语教师培训，其中两次都是从美国请专家，进行3-4天封闭式培训。通过培训，培养了一大批学术英语教师的骨干队伍。2）教材。在我国还没有真正意义上的学术英语教材。但分析国际上比较成熟的学术英语教材，无非是两类（蔡基刚，2013），一类是通用学术英语教材，围绕人文科学和自然科学的一般话题进行跨学科的或分大文大理的听说读写学术技能的训练；另一类是专门学术英语教材，涉及学科内容，但是学科领域的导读性文章，专业程度不高，主要目的还是训练学生在该领域里的交流技能。因此，掌握了学术英语教材的编写理念，我们完全可以边上边编。3）体制。真正实现回归，在体制上必须得到保证。上个世纪，大学英语有独立的教研室，和当时的英语系或外文系是并行的独立单位，与各专业院系的关系更密切，因为她的主要功能就是配合专业培养既懂专业也懂外语的人才。从本世纪起，大学英语纷纷并入外文系或外文学院，定位也就发生了变化，英美文学文化情结使大学英语在课程设置和教学内容上越来越和英语专业同质化。现在到了该从外文系或外文学院退出，成立独立的英语教学中心的时候了。这是我国大学英语发展的方向，也是一条正确的道路。

5. 结语

　　上海正在进行的以学术英语为导向大学英语教学改革是我国大学英语从几十年一贯的通用英语教学开始向满足学生专业学习需求和国家战略需求的专门用途英语教学转型的尝试，是对大学英语教学本位回归的尝试。因此，这是我国外语教学的一次重大突破。其改革破冰之旅必将对我国外语教学的发展产生历史性的影响。

本文原载于《外语与外语教学》2014年第1期。

高等教育国际化与大学英语教学的目标和定位
——德国高校英语授课学位课程及其启示

上海外国语大学　束定芳

1999年，欧盟《博洛尼亚宣言》发布后，德国高校为了与美国、英国等高校抢夺人才，适应国际化需要，逐渐开设了许多以英语为媒介的国际化学位课程。目前，这类课程已占所有大学学位课程（包括本科、研究生）的5%以上，外国留学生早在2006年就已达到了10%以上。

德国和欧洲一些高校的这一国际化做法值得我们学习。我国《国家中长期教育改革与发展规划纲要（2010—2020年）》提出了扩大教育开放，坚持以开放促改革、促发展的理念。《纲要》同时提出"要开展多层次、宽领域的教育交流与合作，提高我国教育国际化水平"。因此，"国际化"应该是今后我国高等教育发展的一个重要方向，是教育行政管理部门决定高校投入与绩效评估的一个重要指标。这也是解决中国高校英语教学目标和定位不够清晰的一个办法。本文首先对德国高校英语学位课程的实施背景、做法、效果等作一个简要描述，然后讨论它对中国高校课程改革，特别是大学英语教学目标与定位的启示。

一、德国高校国际化的背景

1.《博洛尼亚宣言》

1999年，欧洲29个国家在意大利博洛尼亚举行会议。会议签署了《博洛尼亚宣言》。《宣言》提出，到2010年，欧盟要建立一个"欧洲高等教育区"（European Higher Education Area，简称EHEA）。

《博洛尼亚宣言》的主要内容包括：1）建立一个容易理解并具有可比性的学位体系。换言之，通过"博洛尼亚进程"，在欧盟27个国家的公立大学之间建立起一个统一的、可以相互比较的学位体系。所有这类专业都有可比性，便于各个大学之间对每个专业的相互理解和认同；2）建立一个以本科和硕士（本、硕连读）为基础的高等教育体系。将过去的本科加博士的高等教育模式改为美国式的本、硕连读模式，目的是突出专业人才的培养；3）建立欧洲学分转换体系（European Credit Transfer System，简称ECTS）。统一的学分制是欧盟高等教育走向统一和互认的基石；4）促进师生和学术人员的流动。博洛尼亚进程（Bologna Processes）启动以后，欧盟各公立大学的学生和教师都可以到其他欧盟大学学习或任教。这类学习或任教都能得到学生和教师所在大学的认可。此举极大地推动了师生和学术人员在欧盟大学之间的流动与交流。现在欧盟比较受欢迎的学术交流计划是"伊拉斯谟"计划（the European Action Scheme for the Mobility of University Students，简称Erasmus）。根据该计划，欧盟国家的大学生可到另一个欧盟国家的大学留学6个月至一年。欧洲学分互换系统实施后，在国外获得的任何课程或考试都会被本国高校承认。此外还有"苏格拉底"（SOCRATES）教师交流项目等一系列旨在促进高校学术交流的项目；5）保证欧洲高等教育的质量。统一的欧盟高等教育体系，其最终目的是为了保障欧盟各大公立大学的教学质量以及所培养的人才具有足够的竞争素质或科研能力，从而缩短欧盟与美国之间在科技发展领域的差距；6）促进欧洲范围内的高等教育合作。《博洛尼亚宣言》也为欧盟范围内各大学之间的高等教育合作提供了一个重要平台。

2. 德国高等教育国际化的现实要求

《博洛尼亚宣言》是德国高等教育国际化的一个重要契机。但实际上，就德国本身而言，德国高等教育国际化还有着更为现实的考虑：防止本国高级人才的流失，吸引国外优秀人才到德国学习、工作。

据相关统计，20世纪90年代末左右，在德国，大约14%的具有博士学位的年轻学者选择赴美工作，仅次于中国和日本。而在海外担任教职的人员中，中国第一，印度、英国、德国紧随其后（CRIS 2000）。因此，对德国来说，高等教育的国际化可以变"智力外流"为"智力回流"（Brain gain statt brain drain，这是德国联邦政府用英语、德语混用的方式发明的口号，相当于Brain Gain instead of Brain Drain）。这也成为德国高等教育国际化的一个重要目标。

2000年，德国联邦教育与研究部（BMBF）提出，德国必须成为一个在国际上具有更大吸引力的接受高等教育的地方。BMBF因此提出了将外国留学生入学比例从5%提高到10%的目标，同时也将德国学生海外交流的比例从10%提高到20%。除此之外，德国高校的国际化，特别是吸引外国学生到德国留学被认为对本国的经济和政治未来极为重要。这也是德国与英美等高校抢夺留学生市场、扩大国际影响力的一个重要举措。

二、德国高校国际化与英语学位课程的实施

1. 德国高校国际化的一些重要举措

简而言之,高等教育国际化有三个基本要素:师资的国际化、课程的国际化、学生的国际化。《博洛尼亚宣言》发布后,欧盟许多国家纷纷从以下三个方面进行应对:(1)对现有的课程体系进行调整;(2)设立新的国际化学位课程;(3)引进国际师资、研究者和学者。

针对第一点,德国联邦政府根据《博洛尼亚宣言》采取了以下几个措施:(1)将新学位制度定为"Bachelor"和"Master"。与现有的"Diplom"、"Magister"和"Staat-sexamen"并存;(2)推出英语撰写的"证书补充说明"(Diploma supplement),介绍德国的学位;(3)推出海外学习计划,作为学位课程的一部分;(4)推出与专业学习相结合的高级语言课程,即专业语言课程,如"专业英语"("Fachenglisch",也即"English for specific purposes")(DAAD 2001)。

这些举措也被很多人称为"英语化"(Englishization)。因为其中最重要的举措就是大量开设以英语作为媒介的学位课程,其中多数课程为硕士学位课程。

2. 英语学位课程的实施

2.1 实施情况

很多高校选择用英语开课,首先因为欧盟内部根据有关协议的交换学生无法听懂用所在高校国家的母语开设的课程。而这些学生中毕业时英语基本上都达到了一定的熟练程度。这样,选择英语开设学位课程就为很多学生选择留学目的国消除了语言障碍,因而成为一个多赢的事情。这一举措的重要目的还在于吸引更多的欧洲以外的学生。尽管很多欧盟国家反对将英语作为一种通用语,但实际上英语已经成为欧盟国家之间最常用的交际工具。同时,谁也无法否认,英语一定程度上已经成为一个国际性的交流工具。

德国政府从1997年开始,通过每年拨款资助的方式连续五年资助参与联邦计划的学校。所资助的项目目标对象要求一半为德国学生,一半为外国学生。这些项目第一年的目标主要是解决英语障碍,即开设英语课程,然后慢慢过渡到用德语授课。所以,联邦政府要求参与该计划的学校为学生同时开设英语和德语课程(Erling & Hilgendorf,2006)。

但实际上,德国政府的政策导向就是利用英语授课来提高德国高等教育的整

体水平，以吸引外国学生。在第一个五年中，联邦政府资助了62个面向国际的学位课程。英语作为教学语言被看作是吸引外国学生的重要因素。资助方希望通过部分课程的英语授课使外国学生很快适应专业学习（DAAD，2002：12）。

1997-2000年的数据表明，在早期，58%的项目第一年都是用英语开设的。第二年，42%的项目仍然全部使用英语。只有非常特殊的课程，如德语作为外语的课程才不开设英语课（同上）。总体来说，在德国高校，用英语开设的学位课程仅占所有大学学位课程的5%，而荷兰和丹麦的比例已达到15%以上。就学科专业而言，这些用英语开设的学位课程中工程和技术类专业最多（27%），紧随其后的是商务和管理（24%）以及社会科学（21%）（Erling & Hilgendorf，2006）。

2.2 英语学位课程的设计和运作

由于种种原因，当然也包括语言环境的因素，德国的中学英语教学水平较高，多数学生中学毕业时已经达到相当的水平。所以，各高校在学生入学时就对学生的英语能力提出一定的要求。以柏林自由大学为例。该校共有39，000多学生，大部分学科为人文社科学科。英语使用比例的增加有三个原因：多数课程有英语要求；部分课程虽不明确要求，但仍需要英语；由于交换计划的走俏，外国学生和教师的比例上升。2003年开始，硕士课程说明都是用德语和英语两种语言发布。在总共76个学位课程中，40个（52.6%）要求具备某种程度的英语水平，包括人文社科，如艺术史、大众交际研究、心理学等（同上）。在该大学，研究生课程英语的使用更为普遍。在28个新硕士课程中，10个明确要求英语水平达到一定程度，5个要求包括英语在内的外语能力。

2.3 英语学位课程的师资

根据调查，英语作为媒介的学位课程项目的教师中包括母语为英语的外国人、有海外执教经历的德国人以及其他有英语教授经验的外国人。在所有用英语授课的学位课程项目中，63.9%的项目聘有英语为母语的教师。据2000年第一学期的一次调查，70.8%的项目聘用了外国访问教师（同上）。

在课程的开始阶段，部分学生直接用英语学习专业课程还存在一些困难。有些学校为了帮助学生提高英语能力也提供了一些辅助课程。但是，在德国，大学生要提高英语水平需要在正常课程外另外花很多的时间和金钱。由于大学并不开设一般的英语课程，每年都有大量学生到语言中心报名学习英语，但由于名额有限，学校无法满足他们的要求。

英语学位课程实施后，德国高校外国留学生人数持续增长。德国政府最初提出的10%的大学生为非德国学生的目标在2006年就已经实现。同时，德国大学的非德国教师比例也在不断提高。

三、德国高校英语学位课程对中国高等教育国际化和大学英语教学改革的启发

2010年11月13-14日，在广州举办的"亚洲大学校长论坛"上，亚洲20多个国家和地区的80余所大学的校长就亚洲高等教育面临的挑战和机遇展开了热烈讨论。

新加坡国立大学校长陈祝全认为，世界上的顶尖高校依然集中在美国和欧洲地区，这种情况在今后会发生一些变化。主要是有三个驱动因素：第一，亚洲国家目前在高等教育领域投入很大；第二，亚洲的大学现在也更加集中地发展科学研究；第三，亚洲的经济及其国际地位在迅速崛起。

印度韦洛尔科技大学校长格·威思瓦那森认为，欧洲的"博洛尼亚计划"有效整合欧盟的高等教育资源，推进了欧洲国家教育一体化的进程。而对于亚洲的大学来说，如今在高等教育领域也面临着相似的挑战和机遇。他建议："我们希望能够在亚洲所有国家，特别是现场的代表都有这样的共识，我们需要在亚洲建立一个类似于欧洲博洛尼亚的整合计划"。（原春琳，2010）

因此，在某种意义上，中国高等教育的国际化已是箭在弦上。我们需要对此作认真的思考和准备。

1. 中国高等教育国际化面临的问题

近年来，中国的高校和研究机构对人才的竞争（无论是从海外吸引人才还是吸引高考尖子）越来越激烈。国家陆续启动了"长江学者计划"和"百千万人才计划"，吸引海外优秀人才回国服务。同时，国家通过"985工程"、"211工程"等对高校的投入也达到了空前的程度。许多高校的硬件已远远超过欧洲许多老牌大学。但国内高校与欧美高校之间学术水平方面的差距却并未缩小多少。最重要的问题可能还是在高校功能的定位以及人才培养的目标和培养方式上。

据报道，2010年香港高校招收了1400多名内地高考尖子。这些学生放弃国内的一流名校，到境外一般性的大学读书，这说明国内高校的课程体系对他们失去了吸引力。香港高校对大陆学生有什么吸引力？可能两点比较重要：一是国际化的师资，二是用英语教授的国际化的课程。

本·华达夫斯基（Ben Wildavsky）在一篇题为"脑力大竞赛"的文章中指出，在美国高校，在计算机科学方面，64%的博士生是外国人。如果把清华

大学和北京大学两所高校加在一起，它们最近已经超越了加州大学伯克利分校，成为取得美国博士学位学生的最大来源（华达夫斯基，2010）。由此可见，我国杰出青年人才的流失到了何种地步。

华达夫斯基指出，虽然竞争激烈，但"通过抗拒国内外的保护主义壁垒——继续招募和欢迎全世界最优秀的学生、将更多学生送到海外、鼓励跨国研究合作以及增强本国研究大学的实力，美国将能够维持其根深蒂固的世界学术先锋的地位，并继续为全球知识和繁荣的增长作出贡献"。

这里作者其实说出了一个公开的秘密：美国能够长期维持其根深蒂固的世界学术先锋的地位，最重要的是一点是"招募和欢迎全世界最优秀的学生"。这其实一直是美国政府保持其全球霸主地位的一个重要国家战略。

美国大学招募全世界最优秀的学生有其得天独厚的条件。但中国并非一点竞争力也没有。如果我们把它作为一个目标，把它作为一个提高国家全球竞争力的目标，作为中国高等教育的一个发展方向，我们离国际一流大学的目标就进了一步。

那么，中国高等教育国际化面临着什么样的问题呢？

一是国际化的师资。其实这个问题比较容易解决。我们国内高校还是有一批优秀的高校教师，他们完全胜任英语开课，可以成为我们的基础力量。我们还可以全球招聘。把建大楼、建新校区的钱拿出一部分来，足以请到许多国际一流的学者来中国高校任职。

二是国际化的课程。这个问题比较复杂。一是课程体系。我们现有的课程体系有很多不合理的地方，太多的中国特色的必修课。许多课程的内容老化，严重脱离社会实际需求。国际化正好是一个彻底改造现有课程体系的契机。国际化课程首先是内容，要反映国际上最新的发展趋势，要符合社会和学生的需求，然后是授课语言。这个问题下文再谈。

三是国际化的学生。国家正在制定一个更合理的奖学金计划，鼓励外国优秀留学生来中国高校读书。实际上，前面两个问题解决了，这个问题就能迎刃而解。中国本身的吸引力越来越大。

2. 中国大学英语教学应定位在为高等教育国际化服务

如果我们把大幅提高国际化课程作为今后中国大学的一个重要办学目标，这将对大学英语教学产生巨大影响，我们的大学英语教学将因此获得新生。大学英语教学应该定位在为中国高等教育国际化服务上面。根据这一目标，我们的大学英语教学的课程要求、教师培训、教学评估等将需要进行革命性的大调整。这其实也是大学英语界期待已经的根本性变革。

大学英语教学为高等教育国际化服务主要体现在三个方面：
1. 提供国际化课程的师资；
2. 提供部分英语讲授的国际化课程；
3. 帮助学生适应英语授课、英语学术交流的需求。

首先，部分大学英语教师，特别是年轻的英语教师，今后应该利用英语的优势，成为某一领域的专家，成为国际化课程师资的一部分；这个领域可以与语言有关，也可以是其它人文社科领域；

第二，大部分大学英语教师，根据自己的专业方向以及学校现有的条件和资源，逐步争取用英语开设某一人文社科方向的学位课程；

在这方面，宁波诺丁汉大学的模式给我们一些启发。该校第一年的教学目标就是帮助学生过"英语关"，使其英语水平达到可以接受英语作为媒介的学位课程的要求。因此，各项英语技能训练都为这一目标服务，都冠以"academic"的要求，如academic listening, academic writing等；除此之外，学校还为学生提供了大量的人文社科基础课程和系列讲座，如The Making of Great Britain, British Culture and Contemporary Media, Western Culture and Contemporary Media, Cross-Cultural Communication等；学习技能训练，如Oral Communication and Study, Written Communication and Study, Listening and Note-taking等；研究技能训练，如Quantitative Methods, Qualitative Research Methods等，还有一些基础性学科课程，如Introduction to IT, Introduction to Foundation of Social Science, Introduction to Business Studies 和 Contemporary Film Studies等等。这些课程相当一部分就由英语教师担任。

当然，在相当一段时间内，大部分高校，尤其是部分重点高校和地方院校，还不具备开设这样的学位课程的条件。有些院校的定位可能也不需要开设这样旨在吸引国外优秀学生的学位课程。但这丝毫不影响对大学英语教学的重新定位。大学英语教学仍然应该为培养"具有国际视野和通晓国际规则的国际化人才"服务，为他们今后用英语"参与国际事务和国际竞争"打下坚实的基础。也就是说，大学英语教学始终应该是为学生学好专业、参与国际事务和国际竞争服务，包括阅读英文原版的专业书籍、用英语撰写专业论文、用英语与国际同行进行口头和书面交流。

因此，大学英语不是一门普通的课程。它作为国际跨文化交流工具的特殊本质特征使得它应该与一个国家的发展战略、高等教育国际化、高校本身的定位以及人才培养目标紧密结合在一起。大学英语教师自己无法做出相关的重大决策，但与此相关的专题研究、讨论、探索和准备却是必要的。

本文原载于《外语教学与研究》，2011年1月第43卷第1期。

扩大教育开放给外语教育带来的机遇和挑战
——兼论外语人才培养

东北师范大学 张绍杰

1. 引言

《国家中长期教育改革和发展规划纲要（2010—2020年）》（以下简称《纲要》）专辟一章，提出"扩大教育开放"。这是在中国在国际上的地位越发凸显、在世界舞台上的作用和软实力越发增强的背景下提出的，也是在我国进入全面建设创新型国家和小康社会以及建设人力资源型强国的背景下提出的，因此对于我国未来教育的发展具有极其重要的战略指导意义。教育部国际合作与交流司为了贯彻落实《纲要》精神，提出了《扩大教育开放行动计划（2010—2020年）》（简称《行动计划》），明确了今后我国教育外事发展的总体思路和重要内容。解读扩大教育开放将要实施的行动计划，认清扩大教育开放给外语教育带来的机遇和挑战，进而思考外语教育在扩大教育开放的背景下如何面向未来和世界培养外语人才，更具有现实的战略指导意义。

2. 扩大教育开放及其《行动计划》解读

2.1 为什么要扩大教育开放

我国的对外开放已经走过了30年的历程，伴随着对外开放教育改革也经历了显著的发展变化，那么，为什么在《纲要》中还要提出扩大教育开放？实际上，《纲要》的第16章开明宗义，指出："坚持以开放促改革、促发展"。这是扩大教育开放的直接目的。虽然我国的教育经过30年的改革发生了不小的变化，但改革的步子不大、步伐不快，而且与经济发展和社会发展不相适应的教育体制和机制仍是难以攻破的"堡垒"。现存的教育存在诸多问题，如教育质量问题、教育公平问题、大学生就业问题、学术腐败问题等等，因此，社会呼唤教育改革，人们企盼教育变脸。在这样的社会背景下提出扩大教育开放并通过扩大教育开放促改革、促发展可谓符合民心，顺应时代要求。然而，扩大教育开放更具有深层的战略意义。

教育的根本目的在于培养人。那么扩大教育开放与培养人有着怎样的关系？《纲要》指出：要"培养大批具有国际视野、通晓国际规则、能够参与国际事务与国际竞争的国际化人才"。不难看出，扩大教育开放的根本目的，就是要通过促改革、促发展培养与传统意义上不同的人，即国际化人才，以服务于建设创新型国家和建设人力资源强国的发展战略。从这个意义上讲，扩大教育开放一方面体现了国家发展战略，另一方面体现了思想的又一次解放和行动的又一次跨越。从扩大教育开放的根本目的出发，"十二五"期间甚至更长的一个时期内，如何贯彻扩大教育开放方针将是摆在教育者面前的一项重要任务。

2.2 《行动计划》解读

《行动计划》将扩大教育开放的内涵分为八大方面内容，明确提出了今后落实扩大教育开放的主要任务以及具体的目标和举措。

谋划开放格局：利用两个大国人文交流机制，即中美人文交流机制和中俄人文交流机制，以及七大教育合作交流平台，即中国-东盟教育合作交流平台、中国-非洲教育合作交流平台、上海合作组织教育合作交流平台、中日韩教育合作交流平台、中国-阿拉伯教育合作交流平台、中国-拉美教育合作交流平台、重要国际组织的多边交流平台，服务于国家外交"大国是关键、周边是首要、发展中国家是基础、多边是重要舞台"的战略部署，建立与国际组织的教育高层磋商机制，拓展教育对外开放的广度和深度，使教育合作与交流成为国与国之间人文交流的重要内涵。

支持出国留学：通过扩大国家公派留学规模、加大自费留学支持力度、实施中小学教师海外研修计划、设立地方教师国际交流专项资金等举措，在"扩大规模、提高层次、保证重点、增强效益"的基础上，创新机制、拓宽渠道，支持出国留学，培养具有国际视野、通晓国际规则、能够参与国际事务与国际竞争的国际化人才，建设人力资源强国。

拓展来华留学：通过创设"邓小平青年领袖计划"、鼓励地方政府与企业设立奖学金、打造面向国际学生的品牌专业与精品课程、完善来华留学服务和管理体制、健全留学政策法规等举措，按照"扩大规模、优化结构、提高质量、规范管理"的方针，积极扩大来华留学生规模，提高来华留学生的层次和质量，并实施《留学中国计划》，预计到2020年来华留学生规模将达到50万。

创新合作办学：通过制定区域发展规划、培育一批示范性中外合作办学机构和项目、完善中外合作办学管理制度、加强中外合作办学评估监管、合作设立教学实训基地等办法，创新中外合作办学机制，引进世界一流大学；引进优质教育资源，满足多样化教育需求；集中力量办好一批示范性中外合作办学机构和项目。引进海外智力：通过引进海外名师、海外高层次学术团队、海外优秀教育管理人才、海内外联合科学研究等手段，打造国家建设不同领域的高端人才队伍，重点引进高新技术产业、新兴学科的战略科学家和创新创业领军人才，引进熟悉国际惯例的高级管理人才，引进经济建设和社会发展急需的特殊专业人才、紧缺人才和拔尖人才。

引进海外智力：通过引进海外名师、海外高层次学术团队、海外优秀教育管理人才、海内外联合科学研究等手段，打造国家建设不同领域的高端人才队伍，重点引进高新技术产业、新兴学科的战略科学家和创新创业领军人才，引进经济建设和社会发展急需的特殊专业人才、紧缺人才和拔尖人才。

国际汉语推广：通过加强汉语国际推广、推动人才培养和课程开发、促进孔子学院可持续发展、完善国际汉语考试体系等手段，落实国家"汉语加快走向世界，增强我国文化影响力、提高国家软实力，提高汉语国际地位"的战略部署。充分发挥汉语学习在文化交流与融合中的作用，为促进人类文明的多样性发展，推动人文合作，构建和谐世界贡献力量。

国际服务与援助：通过高水平教育机构海外办学计划、参与国际组织、发起国际学术组织、发展中国家教育援助、高校毕业生海外志愿者服务计划等举措，大力推动"走出去"战略的实施，提供国际教育服务，鼓励有条件的教育机构境外办学，在境外举办若干所中国学校，加大对发展中国家援助力度，扩大中国在世界教育发展中的话语权。

中小学对外交流：通过中外青少年交流、国际理解教育试点与课程开发、规范管理中小学对外交流等办法，加深我国青少年与世界各国青少年之间的了解和信任，增进友谊合作，传承"友好、和平、合作、发展"的精神，拓展中小学生的国际视野，增强国际理解，增进对世界的认识，提高跨文化理解能力。

上面八个方面内容全面诠释了《纲要》中扩大教育开放的内涵，集中体现了国家扩大教育开放的战略举措，具有鲜明的时代特征。首先，扩大教育开放将使中国与世界各国的人文交流占有更加重要的地位；其次，"请进来"、"走出去"战略都将服务于国家的人才强国战略；再次，培养国际化人才将成为未来的核心任务。增强中国的软实力、扩大中国的影响力、提升中国的竞争力将是扩大教育开放的出发点也是落脚点。因此，深刻领会扩大教育开放的内涵，把握未来教育发展方向，会给外语教育创造巨大的发展机遇，同时也将面对严峻的挑战。

3. 大教育开放给外语教育带来的机遇与挑战

3.1 扩大教育开放带来的机遇

扩大教育开放会给外语教育带来发展的机遇，主要是指在拓宽教育对外开放的深度和广度的背景下，外语教育存在巨大的发展空间，可以从下面三个方面体现出来。

3.1.1 外语生活将步入现实

外语学科的发展与一个国家的外语政策和社会环境息息相关，改革开放30年的变化就充分证明了这一点。外语已经纳入国家义务教育、职业教育和高等教育的必修课，外语不但成为基础教育的三大主干课程（语文、数学、外语）之一，也已成为各类考试的"门槛"，对于谋职、晋升以及进入不同行业也是必备条件之一。国家和社会对于外语的重视有力促进了良好的外语环境的形成。随着扩大教育开放政策的实施，外语教育资源将更加丰富。图书、影像、多媒体等资源将为外语学习者提供更加优越的条件，外语学习者接触外语的机会将越来越多，社会提供给外语学习者需求选择的空间和方式也会与日俱增。更重要的是，随着中国由本土型向国际型国家的转变，外语将真正走进人们的生活（李宇明，2010）。当外语成为人们生活中不可或缺的部分，人们才会真正认识到，外语在开放的世界是人的发展的一种必要资源，外语生活的实现也标志着中国人百年探寻的西方之门才会真正被打开。所以，扩大教育开放带来的环境变化将加速外语生活步入现实，使人们在体验外语生活的实践中改变着个人和国家的命运。

3.1.2 学科内涵将不断扩大

外语学科的内涵通常包含语言、文学、文化三大要素，这是从语言的本质属性出发而论的。但从外语的社会公用角度来看，一定的时代和一定的社会背景将赋予外语学科不同的内涵。即使在外语学科内部，为了满足学习目的的需要，也出现并形成了特殊目的外语（foreign languages for special purposes），特殊目的外语的出现体现了外语在其他学科领域的应用，扩大了外语的功能。我国现实的外语学科由于社会对外语需求的变化其内涵也已经发生了变化，传统的外国语言文学已经衍生出商务外语和外语翻译两个专业。如果从扩大教育开放的内容上看，外语学科内涵的不断拓展将成为必然的现实。国家为了增强软实力，传播中华文化在世界的影响力，将加大汉语国际教育，同时要使更多的人走出国门，登上世界舞台参与国际事务。汉语国际教育的开展将使外语学科与中文学科更加紧密结合，并形成学科交叉，更多地参与国际事务中涉及经济、商务、贸易、法律、外交等领域，也必将使外语学科与这些学科逐渐结合。所以外语学科的内涵必然随着扩大教育开放而不断扩大。外语学科应以积极的态度看待学科内涵的发展，一方面这种机遇有利于外语学科地位的提升，另一方面也适应了社会对外语多元需求的发展趋势。一个开放的学科必然有其自身的活力和生命力，我们需要在从封闭到开放的过程中把握学科的本质，驾驭它的发展。

3.1.3 办学模式将多种并存

进入新世纪以来，中国外语教育经历了快速发展的时期。这不但体现在办学层次的提高和办学规模的扩大上，而且体现在办学模式的变化上。据统计，全国2 000多所公立大学中，近一半以上与海外大学建立了合作办学的关系；过去的10年里私立大学迅猛崛起，全国已有300多所独立学院，这些学院利用体制新、机制灵活的优势，直接或间接地与海外大学建立起合作关系。所谓"2+2"、"3+1"等合作办学模式已在中国的高等教育、国际教育合作与交流中被广泛接受，在社会中被广泛认同。此外，也有少数的国外、境外大学直接准入在中国境内办学；在全国的大都市或省会城市，为满足外国人和少数社会群体的需要，新式国际学校不断涌现；在经济发达的沿海城市，各种外国语学校也应运而生。无论是哪类学校或哪种层次的学校，都十分重视外语应用型、复合型人才的培养，把外语教学同相关专业如商务、经济、法律等有机结合，服务于社会对外语人才的需求。可以预测，随着扩大教育开放、教育国际化进程的加快，国家鼓励引进海外先进的办学模式、也鼓励中国教育机构赴海外办中国式学校、允许在高中阶段引入国外大学"先修课程"（advanced placement curriculum）等一系列政策的实施，未来的中国外语教育将出现多种办学模式及人才培养模式共存的局面。办学模式的多样性有利于适应社会的多元需求，更有利于人才竞争，促进外语教育由规模发展向质量提升的转变。

3.2 扩大教育开放带来的挑战

这里所说的扩大教育开放给外语教育带来的挑战，是指面对新的形势外语教育存在的不适应性，或者说不同类型的外语教育在未来发展中所面临的问题。

3.2.1 基础外语教育由普及向提高转变面临的不适应

我国的基础外语教育随着经济和社会的发展基本得到普及。广大农村学校按照课程标准的规定普遍在小学三年级开设外语（目前主要是英语），城市学校开设外语的普及率更高，有些学校从小学一年级就开设外语课，有条件的地方甚至从幼儿园阶段就正式开设外语课程。此外，社会上各种各样的课后外语补习班和培训班对外语的普及起到了推波助澜的作用。然而，面对未来扩大教育开放的形势，中小学将加强国际交流与合作，开展国际理解教育，这从客观上要求基础外语教育必须实行从普及向提高阶段的转变，以适应在基础教育阶段开展国际交流和国际理解教育的需要。正是在这一转变的过程中，基础外语教育，尤其是农村的外语教育，面临着外语教师短缺、教学水平偏低、教学理念和方法陈旧等问题。我国的师范院校每年毕业生达到80万左右，但实际在基础教育就业的不足30万。虽然外语专业毕业的师范生尚没有准确的统计数字，但可以肯定地说，基础外语教师短缺绝非是外语专业毕业生数量不足的问题，而是城乡差距较大、教育资源非均衡发展的深层社会原因所致。根据我们在东北地区教育实习实践所开展的调查，农村学校除重点中学外普遍缺少合格的外语教师，而且教师的教学水平偏低，教学理念和教学方法陈旧，直接影响到外语教学质量的提高，即使在城市中学，大多数非重点学校同样面临外语师资水平偏低的问题。所以，基础外语教育在由普及向提高阶段转变的过程中，外语师资问题便成为阻碍教学质量提高的瓶颈。从根本上说，基础外语教育由普及向提高转变过程中的这种不适应，也会制约我国高等教育整体外语水平的提高。国家和教育部门必须给以高度重视，采取有力措施和政策促进毕业生向基础教育特别是农村基础教育流动，同时促进基础外语教师专业发展。

3.2.2 公共外语教育由语言技能型向专业知识型转变面临的不适应

公共外语教育是高校中针对非外语专业学生开展的一种外语教育形式，它是高校在改革开放之初为适应人才培养的要求而设立的。20世纪70年代末国家恢复高等院校招生，由于外语学科在"文革"中遭受严重破坏，大多数考生没有接受正规的外语教育，因此开设外语课对于培养学习者对外进行跨语言文化交流的能力就显得尤为重要。从历史的观点来看，公共外语教育把培养掌握目的语的语言技能作为教学目的是无可厚非的，但从现实发展的情况看，公共外语教育的对象发生了根本性变化。随着基础外语教育的普及与提高，进入大学的考生，特别是重点大学的考生，已经基本掌握了目的语的语言技能，也就是说，当今的大学生缺少的不是通识外语的知识和能力，而是本学科专业的外语知识和技能。从公共外语学习者出发，他们期待的是毕业后能用所学外语在专业领域内进行国际交流。所以，现阶段再把语言技能的培养作为公共外语教育的目的已经不适应学习者的需求，这也是公共外语教育"费时低效"，社会、学校、学生不满意的原因所在。扩大教育开放要求，高等教育要培养具有国际视野、通晓国际规则、能够参与国际事务与国际竞争的国际化人才。构成国际化人才的四方面要素蕴含着外语技能和专业知识复合的必然性，这里外语能力无疑是必要条件，但成为国际化人才的充分条件是专业知识及实践能力。因此，公共外语教育必须实现由语言技能型向专业知识型的转变，使外语学习的目的不再是语言技能本身，而是通过与专业知识的结合，一方面提高外语的应用能力，另一方面掌握专业领域的外语知识，这里外语将成为学习并掌握专业知识的手段。外语与专业知识结合的教学模式才会激发学习者的兴趣、动力，提高学习效率。然而，公共外语教育的庞大队伍似乎尚未做好转变的准备，而且改革的方向出于人们的预料，比如仍然把听说技能的培养作为主要目标，这样的改革将会把公共外语教育引入歧途，最终会遭到学习者的冷落、社会和学校的质疑，乃至这支队伍将面临生存问题的挑战。这样说绝非危言耸听，而是呼吁公共外语教育改革要适应扩大教育开放的新形势、新要求。

3.2.3 专业外语教育由学科本位向学科交叉转变面临的不适应

专业外语教育指的是各类高校中开设的不同语种的教育，如英语教育、日语教育、俄语教育、法语教育、德语教育等等。对于外语专业的学科属性长期以来有着不同的看法，有的认为外语专业如同汉语语言文学专业一样是一门相对独立的专业，有其自身的学科内涵；有的则认为外语专业不是独立而存在的专业，只不过是作为培养掌握一定外语技能的人才的形式而存在罢了。前者多半是从事外语专业业内人士的观点，后者则多半是业外人士的观点，不过从本科专业目录名称由过去的"英语语言文学"、"日语语言文学"等改成"英语"、"日语"等来看，后者的观点显然占据了上风。第一种观点无疑是从外语学科本位出发的，而且近年来针对外语专业人才培养质量下降的趋势，不少学者强调要回归学科本位，不但重视语言的工具性，而且更要重视语言的人文性（张绍杰，2010a），这无疑是正确的。然而不能不看到外语学科朝学科交叉发展的趋势。从扩大教育开放的总体要求来看，外语专业要充当主力军的作用，尤其在人文交流领域发挥作用，更需要培养参与国际事务的高端的外语人才，而高端的外语人才可分为不同的类型，比如研究型、应用型和复合型。专门从事外语教学与研究、外国文学与文化研究的人才，社会需求量毕竟是有限的，而大多数人才都将在商贸、金融、法律等领域从事翻译工作，高水平的翻译则要求复合型的知识结构，这就决定了对应用型和复合型的高端人才的需求要远大于研究型人才。因此，外语专业教育的人才培养在坚持学科本位的同时，要逐渐向学科交叉转变，改变外语人才的培养规格或知识结构，以适应社会多元需求的变化。应该看到，学科交叉是科学的发展规律，如化学和物理交叉形成了新材料科学，计算机与信息传播交叉形成了信息技术科学，这样的例子举不胜举，即使在语言科学内，社会语言学、心理语言学、神经语言学等等都是学科交叉的结果。从长远的发展来看，外语学科必然要跨越学科本位，与相近和邻近学科交叉，扩大自身的内涵。从现实的外语专业发展来看，各类院校要办出特色，实现由学科本位向学科交叉的转变也是必然的选择。当然，在理念上和实践上我们应不断探索，在强化其学科本位的过程中逐步实现向学科交叉的转变。

4. 扩大教育开放与外语人才培养

扩大教育开放给外语教育带来的机遇和挑战，实质上是外语教育在人才培养过程中将面临的机遇和挑战。中国的外语教育如何发展，其核心问题是人才培养。这是外语界同仁必须认真思考的问题。这个问题涉及外语教育在扩大教育开放的背景下用什么教育思想培养人，培养什么人，以及怎样培养人。下面拟从人才培养的三个方面展开讨论。

4.1 外语教育要用什么思想培养人

中国的外语教育至今已有近一个半世纪的历史。过去一个多世纪我们主要是向西方学习，探求富强振兴之路，而今天中国在世界的影响力与日俱增，在世界舞台上发挥着越来越重要的作用，在国力不断增强的背景下适时地提出了要建设创新型国家和人力资源强国。可见中国再也不是被动地向西方学习，而是以积极的姿态敞开大门，吸收世界先进的科学技术和文化，同时通过输出"中国制造"传播中国文化。

中国的外语教育要服务于国家发展战略，从扩大教育开放的内涵中把握其外语教育思想。传播中华文化，不断增强中国的软实力，在世界各国文化的交融中发挥作用，乃是国家发展的大局。从这个意义上说，"中学为体"的思想在新时期又被赋予新的意义。当今时代，坚持"中学为体"思想，就是要坚持以国学为立魂之本，在吸收先进文化的同时弘扬中华文化，并通过中华文化在世界的传播增强中国的影响力。而"西学为用"不是采用"拿来主义"的态度而在于从学中借鉴，借鉴的目的是为了传播和创造。所以，"中体西用"已经衍生为"传播与借鉴"，也就是说，我们可以把"传播与借鉴"作为外语教育的指导思想，并以此指导外语教育实践。从传播与借鉴的思想出发，外语教育必须让受教育者在世界各文化的交流中学会"求同存异"，求同而不失自我，存异而不嫌其他，为探索中国的富强之路而贡献力量。这就是我们应该坚持的外语教育思想。

4.2 外语教育要培养什么人

外语教育要培养什么人？在长期的外语教育中，我们对这个问题并没有认真地作过思考，只是理所当然地认为，外语教育应让受教育者掌握一门外语技能，或者说能够使用一门外语同操这种外语的母语者进行交际。评价一个学习者的外语水平主要看接近母语说话人的程度，他/她的语言能力越接近母语说话人其外语水平被认为就越高。我们经常思考教什么、怎么教，以及怎么学，却很少思考培养什么人。考察现行的各类外语教育，都把"掌握语言技能"作为教学目标或教学指导思想。如果未来国家需要具有"传播与借鉴"能力的人才，那么，很显然，过去"重语轻文"的教育理念将无法实现这一任务。

我们所说的"传播"能力是指传播中华文化和中国科技创新成果的能力，以及参与国际事务与国际交流的能力，"借鉴"能力是指吸收世界先进文化和科技成果的能力。按照"传播与借鉴"的教育思想，不同类型的外语教育对受教育者的要求应该不同。例如，基础外语教育要培养掌握基本外语技能和具备初步国际理解能力的人，为未来的传播与借鉴打下基础；公共外语教育要培养掌握使用外语技能并运用外语技能参与国际事务和国际竞争的人，而且公共外语教育水平的高低直接关系到外语学习的最大群体是否具备国际交流能力的问题；专业外语教育要培养熟练掌握外语技能和能够参与国际事务、从事各种国际交流活动的高端外语人才。

就外语专业而论，我国的外语教育主要立足于培养三种人才：从事外语教学与研究的各类外语教师、从事对外交流工作的翻译，以及从事外贸、外交等相关领域的人才。虽然外语专业的人才培养类型存在差异，但各类高校在课程设置体现的对人才培养规格的要求方面却大致相同，进入新世纪以来情况才发生一定的变化。笔者曾提出，外语专业要面向社会多元需求和多元价值取向培养"厚基础、强能力、高素质"的外语人才（张绍杰，2010b），人才培养的类型也应是多样的，既包括研究型也包括应用型和复合型，特别要重视培养复合型的高端外语人才。这是因为过去外语人才培养主要是立足于国内需求，人才培养的眼光着眼于国内，而扩大教育开放则要求我们的眼光应从国内转向国际，人才培养要着眼于世界这个大舞台，培养的人应具备国际视野、通晓国际规则、具有参与国际事务和国际竞争的能力和素质。这样的人才需要复合型的知识结构和素质，按照单一学科的模式培养难以达到这一目的要求。如果外语教育在培养什么人的问题上能达成共识，适应我国教育对外开放的新形势，我们的事业才能大有作为，外语学科的地位也才能真正得到提高，也才能从根本上解决外语教育在某些高校中的边缘化问题。因此，除培养研究型外语人才外，高端复合型外语人才培养是时代的呼唤，也是外语教育工作者的责任。

4.3 外语教育怎样培养人

思考外语教育用什么思想培养人，从根本上说是解决教育理念的问题；培养什么人关系外语教育发展的方向；怎样培养人关系外语教育实践，涉及外语教育的模式及其教学内容和方法。这三个方面互为作用，构成外语教育的核心。讨论怎样培养人同样涉及基础外语教育、公共外语教育和专业外语教育，这三种教育形式既有其相对的独立性，又存在内在的联系，是一个有机体和连续体，小学—初中—高中—大学一条龙的规划与发展，才能保证外语教育不断发展、有效发展、持续发展，以适应国家总体教育发展战略目标。那么，如何才能实现外语教育的整体性，建立统一协调的发展框架？笔者认为应从语言的本质出发，从外语学习者作为人的发展目标出发，进行思考并提出解决问题的对策。

语言是交际的工具，也是认知的工具和思维的工具。人类是以群体社会而存在的，从人际互动的角度看，语言当然是交际的工具。但从语言的生物属性和认知能力发展的角度看，语言首先是认知和思维的工具。外语与母语的根本区别在于外语首先体现的是交际功能，因此，外语教学通常把一种外语作为交际工具来教，外语学习通常把一种外语作为交际工具来学。然而，我们逐渐认识到外语教育与外语教学是有区别的，外语教学是外语教育的载体，通过外语教学实现外语教育的目的，而外语教育蕴含着外语是整个素质教育的一部分，外语是受教育者作为人的发展的一种必要资源。从教育要符合人的发展并促进人的发展规律来看，外语教育要满足受教育者学习外语作为人的发展的需要。外语学习是一个渐进的过程，不同的阶段为适应人的发展应有不同的教育目的。为此，我们提出外语教育应满足以下三种目的：

外语作为认知的工具。从小学、中学到高中阶段，学习外语不是为了什么交际，也谈不上什么真正的交际，而是有利于促进认知能力的发展。这个阶段正是人的智能发展阶段，也可以说是认知能力发展阶段。儿童开始接触外语，同时也就接触了一种新的思维表达方式，了解到一个新的世界，有助于开阔视野，促进认知能力的发展。那么，外语教育如何体现外语作为认知的工具？一般来说，应遵循母语习得的一般规律，因为母语习得体现了人的认知规律。这就要求外语教学要创造外语学习的环境，从听说入手，兼顾读写，重在听说训练，培养语感，并逐渐认知目的语的结构规则，体验思维表达的差异和表达习惯，增进跨语言文化的理解。概括起来说，基础外语教育阶段应从教学内容和教学方法上体现外语作为认知的工具。

外语作为交际的工具。进入大学阶段，随着学习者认知能力的发展趋于成熟，未来从事的专业取向也基本确定，外语才有可能真正成为交际的工具。交际是理性的、有目的的活动，离开一定的动机和目的，就谈不上什么交际。在学习外语的目的非常明确的前提下，外语学习者才会认识到，外语作为交际工具在一个开放的社会和经济全球化背景下对于个人未来职业发展的重要性。所以，大学时期的外语教育应该满足外语作为交际工具的需要。人类交际主要通过两种媒介即口语和书面语实现，口语发生在真实的语言环境，受语言情境的制约很大，与年龄因素也有很大关系，书面语则不受时空的限制，而且书面语的能力代表着一个人受教育的程度以及职业发展的能力。一个外语学习者要达到用外语进行交际的目的需要的是什么呢？在未来的职业生涯中需要的是吸收信息和传递信息的能力，也可以说是借鉴知识和传播知识的能力。在缺少目的语的环境下，借鉴与传播更多的则要求读写能力的发展，通过阅读获取信息，通过写作传播信息。发展读写能力不但是外语教育的目的，也是母语教育的目的。与此相适应，大学阶段的外语教育要重视读写能力的培养，听说不再是教学的重点，听说能力的发展主要靠在提供外语环境的条件下学习者个人的努力，而且要把外语学习同专业学习紧密结合，实现外语技能型向专业知识型的转变，只有具备一定的听说基础同时掌握了读写能力的外语学习者在未来职业生涯中才真正有能力使用外语参与国际合作与交流。

外语作为生存的工具。大学阶段的外语专业承担着培养专门外语人才的任务。所谓专门外语人才是指在未来的职业生涯中以外语作为谋生手段的人才，从这个意义上讲，对于专门外语人才，外语便成为生存的工具。因此，专业外语教育区别于满足外语作为交际工具需要的公共外语教育，应满足受教育者将外语作为生存工具的需要。那么，如何才能满足这种需要？作为外语专业的教育者首先必须明确：一是社会在哪些领域需要外语人才，二是社会需要什么外语人才。现实告诉我们，在外语教学领域，在外交、外事、外贸、商务等领域都需要外语人才；随着教育的不断扩大开放，国际组织、驻外机构、外国公司等都需要外语人才；在国际人文交流、汉语国际教育、对外新闻机构、大众传媒等领域将越发需要外语人才。总之，外语人才未来生存的空间会逐渐加大。这些领域决定了社会需要大量的外语教师、翻译工作者，以及大量有专业背景的复合型外语人才。更值得注意的发展趋势是，外语专业的学习者对未来的职业选择趋于多元化，也就是说，他们虽然选择了用外语谋生但对从事的职业选择却是不同的。因此，外语专业必须面向学习者个人多元价值取向和多元社会需求培养外语人才。要实现能用外语作为生存工具的目的，专业外语教育应以积极的姿态面对前面提到的扩大教育开放带来的挑战，培养符合社会需求的"厚基础、强能力、高素质"的外语高端人才。厚基础，就是要有坚实的语言基础，强能力，就是要有较强的语言实践能力，高素质，既包括人文素质也包括综合的专业素质。我们应以此为目标加强外语专业建设，解决现实存在的诸多问题，探索高端外语人才的培养模式，不断提高人才培养质量，使外语专业受教育者在未来的职业发展中有能力使用所学外语作为生存的工具。

上面，我们从外语学习者作为人的发展的角度，提出并分析了外语教育应满足的三种需要：外语作为认知的工具、外语作为交际的工具、外语作为生存的工具。这三种教育目的针对不同类型的受教育者体现在外语教育过程中，构成了从基础外语教育到大学公共外语教育直至专业外语教育的整体框架，希望能为我国实现"一条龙"的外语教育构想，实现外语人才发展战略提供理论支撑。

5. 结语

本文阐释了《纲要》中关于扩大教育开放的基本内涵，解读了扩大教育开放将实施的《行动计划》，在此基础上分析了扩大教育开放给外语教育带来的机遇与挑战，进而讨论了在扩大教育开放的背景下外语人才的培养问题。本文认为，国家提出扩大教育开放将给外语教育提供巨大发展空间，同时外语教育在未来的人才培养过程中将面临种种挑战。本文提出的观点完全是笔者的一孔之见，欢迎学界提出不同看法并参与讨论。

本文原载于《中国外语》，2011年5月第8卷第3期。

关于高校英语教学若干问题的思考

北京师范大学 程晓堂　首都师范大学 康艳

改革开放30年以来，我国高等学校英语教学取得了举世瞩目的成绩。但是，在英语教学繁荣发展的背后，仍然存在不少问题，有的是一些老生常谈但又没有得到解决的问题，有的则是由于在理论认识上缺乏共识而导致的问题。如果这些问题得不到及时的解决，英语教学恐怕很难取得进一步的突破性进展。

一、关于教学大纲的问题

教学大纲是指导教学的纲领性文件，它体现了英语教学的培养目标、教育理念，也规定了教学中的课程设置、教学要求、教学方法与手段、考试与评估方式等，是规范教学的指导性文件。近30年来，指导我国高校英语教学的教学大纲几经修改，反映了国家和外语界对英语教学的深度思考，也体现了我国外语政策与时俱进的特点。然而，在这些大纲中仍然存在教学目标不清楚、教学要求与考试要求混淆、高校英语课程与基础英语课程衔接失当等问题。

1. 英语教学的目标不清楚

教学目标是任何教学大纲需要首先明确的一个重要问题。对教学目标的认识直接关系到教学内容、教学方式和评价方式的选择。纵观过去20多年里使用的各个版本的英语教学大纲可以看出，大纲对教学目标的描述可谓"飘忽不定"。

以非专业英语（即通常所称"大学英语"）教学大纲为例，到目前为止该大纲已经经历了三次修改，这三个大纲对教学目标的描述差距甚大。1986年出版的《大学英语教学大纲》规定的教学目标是"培养学生具有较强的阅读能力，一定的听的能力，初步的写和说的能力"。1999年修订的大纲将教学目的改为"培养学生具有较强的阅读能力和一定的听、说、写、译的能力，使他们能用英语交流信息"。2004年试行、2007年正式修订的《大学英语课程教学要求》指出，大学英语教学的目的是"培养学生的英语综合应用能力，特别是听、说能力"。从三个版本的大纲来看，1986年和1999年的大纲在教学目标上强调的是培养以阅读能力为主的语言基本功，而2007年的教学要求则首先提出要培养学生的英语综合应用能力。但是何谓"综合应用能力"，大纲却没有给出明确的定义。大纲在强调培养综合应用能力的同时，又特别强调听说能力的培养。

依照大纲制定者的解释，之所以强调听说能力，一方面是因为当前用人单位对大学毕业生的听说能力要求更高，仅有较强的阅读能力不能满足社会的需求；另一方面也是考虑到大学英语教学的特殊性及学生的地区差异性，认为非专业英语教学不可能与专业英语一样同时培养四种能力，必定要分个主次先后（蔡基刚，2003，2005）。然而，我们认为大纲时而强调阅读，时而强调听说；在提出综合应用能力的同时又单独强调听说能力的现象实际反映了教学大纲对语言能力的模糊认识，在理论和教学实践上都存在一定的问题。

从语言学习理论来看，听与读、说与写的过程分别属于语言输入（input）和输出（output）的过程。对语言学习者而言，语言输入是必须的，但要达到较高的外语水平，还需要进行语言输出（Swain, 1985）。在语言活动中，听和读是获取信息的途径，说和写是传递信息、表达思想、交流情感的渠道，它们之间是相互关联、相互交织，不可分离和对立的。语言能力是一种综合能力，是听、说、读、写的有机结合，在日常生活中实难区分孰轻孰重。既然教学目标提出要培养英语综合运用能力，就不应该再片面强调某些单项技能。

在实践方面，当前大学英语课程大多分成阅读（精读、泛读）和听说两部分，在有限的教学时间里，强调着重培养学生的听说能力，就意味着要增加这一方面课程的强度，而自然削弱另一方面课程的内容。其结果可能是学生的听说能力不一定有较大的提高，而阅读能力也不能保证。学生的阅读能力不强和阅读广度不够，对语言的理解也不会深刻，其听说能力也自然无法显著提高。进入高等院校的学生大多已经具备一定的语言知识，通过听、说、读、写的综合训练，将知识转化为综合应用能力才应该是高校英语教学所要解决的主要问题。如果没有这样的能力，就谈不上交际，也更谈不上专业领域内英语能力的发展。

2. 教学要求与考试要求混淆

教学要求是教学大纲对英语教学过程中不同层次上学生应达到的语言能力的规定。考试要求是从命题的角度对考试形式、内容和考试反映的水平的描述。由于考试是根据抽样的数据对学生的英语水平进行判断，所以考试要求往往不是对学生应该掌握的知识和应该发展的技能的全面描述。

高校英语教学大纲在对教学要求的描述中都不同程度地存在着教学要求与考试要求相混淆的情况。以英语专业教学大纲为例，该大纲2000年的修订本是目前我国高校英语专业教学的指导性文件。在教学要求上大纲按级划分，以本科四年每学期为一级，共分为八级，每一级在英语各项技能和文化素养等方面对学生做出具体规定。姚乃强（2001）指出，大纲在教学要求方面陈述详尽，要求明确，"便于操作和检查"。但是，如果我们对这些规定进行仔细研究就会发现，所谓的"便于操作和检查"实际上就是以考试要求代替教学要求。在听、说、读、写、译的五项技能上，与其说大纲的教学要求是对学生语言能力的要求，还不如说是对学生考试能力的要求。例如，在四级阶段，大纲对学生听力的要求是"……能在15分钟内听写根据已学知识编写或选用的词数为200个左右、语速为每分钟120个单词的录音材料，错误率不超过8%"；大纲同时规定学生的"阅读速度为每分钟120~180个单词，理解准确率不低于70%，能在5分钟内速读1,000词左右、中等难度的文章，掌握文章的大意"；在写作方面，"在30分钟内写出长度为150~200个单词左右的短文……；并能根据提示在10分钟内写出长度为60个单词左右的应用文"（p.8—10）。且不说在多长时间内完成何种任务、准确率多高的标准是如何制定的，是否具有科学性，单看大纲对教学要求的描述无疑会使人联想到考试大纲的要求。如果我们再查阅一下英语专业四级考试大纲就会发现，考试大纲对听力、阅读、写作等方面的要求与教学大纲相差无几。考试大纲出于规范试题，保证考试信度和效度的需要，将试题的选材难度和要求量化，并规定统一的通过标准，使考试更具有可操作性和科学性。而教学要求重点描述的应该是学生在某一能力层次能够使用语言达到的交际目标，这和学生在考试中能达到的准确率应该是有根本差异的。

英语专业教学大纲规定，英语专业的培养目标是使学生"具有扎实的英语语言基础、宽广的知识面、一定的相关专业知识、较强的能力和较高的素质"（p.1），那么教学的要求就应该紧扣培养目标，以学生的语言能力和专业素养为基础制定评价标准，区分不同层次学生能够使用语言完成的交际任务或达到的交际目标。以考试要求代替教学要求不能为外语教学提供正确的内容支持和有效的评价方式，其结果只能干扰正常的教学秩序，同时助长应试教育的风气。

3. 高校英语课程与中学英语课程的衔接问题

高校英语教学的起点是中学阶段的英语教学结果。随着基础教育阶段（尤其是高中阶段）英语课程标准的制定，高校英语课程与中学英语课程的衔接问题就成为外语界探讨的一个重要问题（戴炜栋，2001a；蔡基刚，2005，2007；胡壮麟，2005等）。从教学目标的宏观框架来看，《普通高中英语课程标准》（教育部，2003）比现行的《大学英语课程教学要求》内涵更加全面丰富。大学英语关注的重点是语言知识（词汇、语法知识）和基本的语言技能（听、说、读、写、译），而《普通高中英语课程标准》强调的课程目标除了语言知识和语言技能外还包括文化意识、情感态度、学习策略等。从课程设置上，高中新课程将英语课程分成必修课和选修课，选修课的类型包括语言知识与技能类、语言应用类、欣赏类等，这与大学英语甚至英语专业的某些课程已有一定相似性。在具体的语言知识的要求上，以词汇量为例，《普通高中英语课程标准》对高中毕业时八级的词汇量要求是3300个单词和400～500个习惯用语或固定搭配，对优秀学生的词汇量要求（九级）达到4500左右；大学英语一般要求推荐的词汇量为4795个单词和700个词组，其中2000个为积极词汇；而英语专业的入学要求仅为认知词汇不少于2000个；经过一年的专业学习后，达到的二级认知词汇4000～5000个。由此可见，随着高中课程要求的提高，高校英语教学已不能与高中起点正常衔接，甚至出现了高中毕业生词汇量要求高于高校英语专业一年级学生的倒挂现象。

随着接受新课程的高中学生陆续进入高校，这种衔接问题必然日趋严重。基础较好的高中毕业生进入高校后，无论是接受大学英语教育，还是进行专业英语学习，都会存在重复学习现象，这必然会挫伤他们的学习积极性，造成教学资源和时间的浪费，也容易使学生产生厌倦情绪。因此，高校英语教学是否需要体现个性化、本土化、多元化（蔡基刚、辛斌，2009），是否可以允许中学毕业生直接过渡到专业英语学习，或是制定一个统一的英语语言能力等级量表，以处理大、中、小学英语教学的衔接并区分专业与非专业（陈国华，2002；蔡基刚，2007）等都是今后需要研究的问题。

二、关于教学过程与方法的问题

1. 过于强调英语的工具性

当前高校英语教学似乎越来越强调语言的工具性，无论是非英语专业的英语教学还是英语专业的英语教学都强调学以致用，强调教学如何使学生达到用人单位的工作要求，致使教学过程中实用性和功用性的倾向越来越突出。戴炜栋、王雪梅（2007）指出，英语专业教学大纲提出的对复合型外语人才的培养就是英语工具性的一种直接体现，其本质就是英语作为一种工具被夹在其他专业知识中。这种实用主义的工具性观点体现在教学中就是在外语专业教学的有限时间内挤进了大量外交、经贸、新闻等方面的专业课程，从而客观上减少了英语专业知识性课程。因此，不少专家（如胡文仲、孙有中，2006）指出，当前英语专业教学对学生的人文素养重视不够。

这种过于强调工具性的现象在非英语专业的教学中更加突出。《大学英语课程教学要求》中明确提出，英语的教学目标就是使学生"在今后工作和社会交往中能用英语有效地进行口头和书面的信息交流"。虽然大纲也强调了提高学生的综合文化素养，并在2007年修订版中肯定英语课程兼有工具性和人文性，但在教学中，掌握作为信息交流工具的语言，培养各项语言技能无疑是学习的首要目标。当前大量对学生学习动机和需求的调查（周燕、高一虹等，2009；王斌华等，2003等）都证实，工具性动机是学生学习的主要动力，相当部分的同学学习英语就是为了通过各种考试获得证书，今后能找个好工作。

外语学习不仅仅是掌握一种语言符号系统，将语言作为交际工具；它也能促进人的思维能力发展，提高人文素养，促进全面发展。Stern（1999: 84）指出，语言训练的同时完全可以追求一个智力发展目标（intellectual goal），使学习者对该语言和文化有个概念性的掌握。大学生是社会最高的文化群体，高等院校是当代社会先进思想的发源地。高等教育的功能应当体现在对学生的认知能力、文化素养、主体意识和情感等方面的培养。高校英语教学应该帮助学习者从更高层次认识西方文化，掌握一种科学的思维方式，并在学习过程中通过对学习方法和经验的积累提高自己的认知能力。这正是英语教学的人文性所在。另外，有相当多的大学毕业生在工作中不一定使用英语。如果单纯强调英语的工具性，那么对于那些学了英语但并不使用英语的人来说，其意义就很有限了。如果我们重视英语以及英语学习的人文性，那么英语学习的意义就会超过"实用"的范围。

2. 过于强调知识的教学，忽视能力的培养

高校英语教学大纲都强调能力的培养，广大教师也能认识到培养能力的重要性，但在实际课堂教学中，以传授语言知识为主的现象仍然十分突出，外语教学的重点仍然仅限于语法、词汇等语言知识的讲解，对能力的培养不够重视，似乎大学英语教学区别于中学英语教学就是要让学生学会更复杂、更丰富的语言知识。在教学过程中，教师过于强调"教学生"，也忽视了如何帮助学生学会学习。学生只是被动地接受知识，或者在教师的控制下进行机械的操练，而不是主动地探索学习过程与方法，尝试使用学习策略，发展自主学习能力。戴炜栋、王雪梅（2007）认为，在英语课堂教学中，教师没有充分进行挖掘和利用课内外学习资源，"一言堂"的现象仍然比较普遍；在教学重点的安排上，过分强调知识点的讲授，忽视学生能力的培养；对学生独立思考能力、创新能力和自主学习能力的培养不够重视，这不利于激发学生的学习热情，也不利于激发学生的创造性。传统的外语教学强调机械式思维，注重重复、模仿、记忆，较少运用辩证的思维方式。当前外语教学理论所提倡的启发式、讨论式、探究式的教学方法将学生作为知识建构的主体，更加强调学生学习主体性，也有利于学生自主学习能力和思维能力的培养。

高等教育的特殊性之一是将科学研究引入教学过程，使大学教学区别于中小学学习现成知识的教学过程，成为在教师指导下学生的学习与研究相结合的过程。因此高等教育除了要培养学生的专业能力之外，还要培养学生的科学精神和创新思维习惯，使学生具备有一定的自主学习能力，以便在今后的工作中不断更新知识、提高能力。如果作为高等教育阶段素质教育一个重要组成部分的英语课程，甚至作为学生职业生涯起点的英语专业课程仍然强调知识的灌输和积累，而忽视学生思维能力、创新能力和自主学习能力的培养，学生将难以在今后的人生和职业发展中取得进步。

三、关于英语教材的问题

目前，我国高校英语教材呈现百花齐放的局面。激烈的市场竞争使各出版社对教材开发投入了大量的精力和财力，不断更新教材，提高教材质量。随着高校英语教学改革的推进，特别是为了顺应大学英语教学改革充分利用现代信息技术的要求，传统的纸质教材正在逐步为基于计算机和网络的新型教材所代替，教材的开发取得了很大进步。但是，由于国内教材编写理论研究和技术研究非常贫乏，大多数教材编写者未经过专门的训练，教材编写的理念和技术都不尽人意。陈坚林（2007）认为，目前各院校大学英语使用的几套教材仍未打破"以教师为中心"的教学模式。虽然教材载体多样，但教材资源未被充分利用；教材的网络版只是纸质教材的翻版，而计算机只是作为一个辅助的工具，没能与课程完全整合。胡壮麟（2005）指出，各出版社对语言技能类、语言应用类、语言文化类和专业英语类等必修课程和选修课程的教材编写似乎力度不大。

高校英语专业的教材开发较之大学英语教材而言似乎更加滞后。一些院校的精读课至今仍然使用20世纪九十年代编写的教材，这些教材编写观念陈旧，大多仍然局限于词汇和语言点的解释和理解，在练习中设计大量句型操练，而鼓励学生用语言解决问题的活动较少。课文中所选的材料大多缺乏真实性，题材单一，有的材料文学分量过重，内容陈旧，普遍缺少其他学科知识，如科技、经济、贸易等，没有时代感，与现实生活脱节，学生没有学习兴趣，教师的教学积极性也自然受到了影响。此外，与大学英语教材相比，与英语专业教材配套的多媒体课件、网络课程、教学光盘、电子教案等屈指可数，在某种程度上也限制了教师教学和学生自学的灵活性。束定芳等（2004）通过一项对教材的调查发现，当前的英语专业教材不能全面反映丰富多彩的语言活动，教师的课堂教学也常常枯燥乏味，远离真实的语言交际活动。调查发现，现有的英语专业教材与中学教材的衔接出现了矛盾，学生认为高校英语专业教材的第一册对他们帮助最小，二、三册对学习帮助最大，但第四册的教材对他们的帮助又开始下降。束定芳等认为，教材在满足学生对语言知识学习需求的同时忽视了学生对语言知识和语言基础训练之外内容的需求，如以"主题"为中心的某些专业领域知识，扩大学生的知识面，保持和提高学生的学习兴趣和成就感等。

英语教材作为英语课程教学的重要组成部分，是教学理念、原则和方法的体现。教材编写需要反映最新的语言学理论和语言教学理论，并将之贯穿始终。教材的选材应该具有真实性、人文性、代表性，应该反映经济和社会的最新发展，具有一定的深度和广度；教材在编写中要坚持任务型原则，根据语言知识设计适当的交际任务，使学生在语言交际的过程中习得语言知识。此外，教材的编写还应该兼顾学生自主学习能力的培养，使学生能够通过教材形成良好的学习习惯，培养有效的学习策略。

四、关于英语教师专业发展的问题

近年来，我国高校外语教师的学历层次有了大幅度的提高，大批在国内外获取硕士、博士学位的学生充实到高校英语教师队伍中，缓解了我国高校英语教学师资匮乏的情况，也为提高教学质量、提升整体科研水平奠定了基础。但是，大批新鲜血液的注入也揭示出我国高校英语教师专业队伍建设不足的现状。当前我国高校的英语教师大多没有系统学习过外语教育理论，他们教学多凭经验，缺乏理论指导；而一些刚刚走上教师岗位的硕士、博士毕业生未受过专门的师范训练，对教学理论缺乏了解；即使是毕业于师范院校的教师，在校期间所受的外语教学训练也参差不齐，他们在教学过程中可能出现的问题可想而知。中国外语教育研究中心对全国48所院校900多位大学英语教师的一项调查显示，高校英语教师在教学中基本上沿袭传统的教学模式，他们以自己当学生时的经验为蓝本进行教学，对现代教育理念和语言学习特点及教学法等缺乏基本的了解。参与调查的教师中82.2%认为，只要自己的英语功底好就能教好外语（周燕，2002）。但是，外语水平高并不一定就能教好外语。英语教学有自己的特点，教师需要遵循语言学习规律，选择恰当的教学方法，调动学生积极参与语言实践活动，并有效培养学生的自主学习能力。因此，高校英语教师光有扎实的语言基本功是远远不够的，他们还需要了解语言学习理论、语言教学理论、英语语言学、教育心理学和课堂教学管理的基本原则等等。

不少学者指出，外语教师理论意识淡薄，课堂教学缺乏理论指导将极大制约我国外语教学质量的提高（束定芳等，2004；戴炜栋，2001b；王才仁，2009）。因此，加强英语教师专业队伍建设是高校英语教学得以持续发展的关键。要提高教师的理论素养和教学能力，就必须加强师资培训工作，鼓励教师通过各种方式参与进修。然而，当前在我国不少高校里，无论是英语专业还是大学英语的教师出国进修的机会少之又少，出国比例也因学校和所在区域不同而呈现不均衡现象。教师申请国内进修、在职就读学位或脱产进修等也受到学校各种政策的限制。此外，一些高校大学英语教师的课时量过重，有的甚至达到每周20节。沉重的备课负担使他们根本无暇考虑进修和科研问题。为了缓解英语教师队伍建设不足的情况，各高校应为教师参与各种方式的进修创造宽松的条件，并且鼓励教师通过集体备课、听课、讲座、讨论和观摩等多种形式进行理论和实践交流，提升理论水平，改进教学方法。

本文原载于《中国大学教学》，2010年第6期。

教育语言学和我国大学英语教学的学科定位和建设

上海交通大学 俞理明 上海应用技术学院 严明

1. 引言：教育语言学四十年来发展历程简单回顾

"教育语言学"（Educational Linguistics）是时任美国新墨西哥大学语言学教授兼研究生院院长Bernard Spolsky于1972年在哥本哈根第三届应用语言学年会上的论文中首先提出来的，这个术语从问世至今不过是四十多年的光景，教育语言学作为一门新兴学科却有了惊人的发展，到了今天，用美国常春藤盟校之一宾夕法尼亚大学教育学院研究生院院长Nancy Hornberger的话来说，它已经发展成一门正在走向全球性研究领域的学科（a globalizing field of study）（Hornberger，2012）。从20世纪90年代起，教育语言学在我国外语界开始热了起来（张玉华，1998；俞理明、袁平华，2004；范琳、张德禄，2004），2010年中国教育语言学研究会的成立就是其在中国影响力的一个重要标志。

特别令笔者感到兴奋的是我国外语界元老桂诗春教授（2010）在最近发表的介绍应用语言学思想的重要文章里提到了教育语言学，把它和二语习得列为应用语言学另发的"新枝"（桂诗春，2010，167—168）。但桂老引用Davies（1999）的话，似乎在暗示教育语言学和应用语言学大同小异，无甚新意，这样的评价对教育语言学不免有点不公。教育语言学缘起于应用语言学的界定模糊，正如桂老所说，应用语言学思想经历发生、发展、变化和重新定位这样的发展历程，教育语言学在其四十多年的历程里也曾有过这四个阶段，其中第一和第二阶段的领军人物是Bernard Spolsky，而后两个阶段的领军人物是Nancy Hornberger。

2. Hornberger提出的教育语言学的三个维度

Spolsky是2000年退休的，接过并继续高举教育语言学大旗的是Nancy Hornberger教授，该校和新墨西哥大学是最早设立教育语言学博士学位的两所大学（由Spolsky本人创建），宾大教育语言学项目的创始人就是时任教育研究生院院长的Dell Hymes教授。2001年，宾大教育语言学专业迎来了其成立25年的庆典（1976—2001），Hornberger写了篇具有里程碑意义的论文，题为"宾大项目25周年看教育语言学这一研究领域"，文中她不无自豪地宣布教育语言学已经具备一门独立学科必备条件，特别是有其相关的学科理论："其出发点总是教育实践，把焦距牢牢对准语言的学和教，以及语言在学习和教学中的作用（2001：19）"。Hornberger还进一步把教育语言学学科的理论基础归纳为下面三个维度：1）语言学与教育相结合；2）研究、理论、政策与实践的相互关系；3）以语言的学与教为核心关注点（core focus）（Hornberger，2001：1）。这三个维度既和Spolsky的理论一脉相承，但同时又有新的发展和新的突破。我们先看语言学和教育结合这一维度，在Spolsky（1999）的教育语言学的定义里提到"教育语言学的研究领域是语言和教育的结合"，但这二者到底是怎样结合的？在Spolsky（1978）教育语言学理论模型中，只表示语言学对（语言）教育的作用，而没有看到教育对语言学的作用。正如Hornberger所说的那样，在语言教育中，语言学对教育的作用比较容易为人看到，但（语言）教育对语言学的作用往往被忽视。我们举个很明显的例子来说明，我们往往关注的是大学英语4、6级考试信度和效度对大学英语的作用，也就是语言测试对外语教学的作用，但大学英语考试改革动力和信度和效度的改进均离不开大学英语教学的具体实践，这说明了语言教育对语言测试的作用。Hornberger认为，语言学和教育的结合（integration）是相互的，不仅指语言学对教育的作用，也指教育对语言学的作用。

　　教育语言学的另一个维度是研究、理论、政策与实践之间的相互关系，这种相互关系的落脚点就是Spolsky所说的问题为导向。Hornberger根据宾大实践经验，进一步明确指出，这里所谓的"问题"是教育实践中的问题，而不是语言学上的问题。宾大教育学院研究生院规定，教育语言学这门学科不仅仅设立在宾大的教育学院内，它同时还坐落在学校和社区内。宾大规定该项目里的每个学生要到费城的公办或私立的学校或者成人英语教学课程的实践中去，进行短期观察或较为长期的科研（Hornberger，2001）。在这基础上，教育语言学研究者可以任意选择一门或综合使用多个学科领域的研究工具，对教育实践中发现的问题进行全方位的调查研究。

　　教育语言学的第三个维度是以语言的教与学为其核心关注点。教育语言学的研究范围明确界定在语言的教和学上，这样和应用语言学科下的其他与语言教育无关的学术和专业活动区别开来，有了这样一个明确界定的领域，就可以对教育实践中产生的问题挖出其深度来，从而使得教育语言学"广度中有深度"（scope with depth）（Hornberger，2001：11—17）。

　　Hult（2008）认为，问题为导向这一维度是统领性的，是最能揭示教育语言学本质，笔者还可以补充说，这也是Hornberger对教育语言学学科理论的最大创新和发展。就Spolsky而言,"问题导向"指的是"从一个具体问题出发,然后从语言学和其他有关学科找到帮助,解决问题"(Spolsky,1978,2),这和Halliday(2001)的"基于主题"的提法相同之处是二者都不主张从某一学科理论出发,而是从"问题"或"主题"出发,也就是从实践出发。Halliday(2001,176)指出,超学科性(transdisciplinary)活动不等同于"学科间性"(interdisciplinary)或者"多学科性"(multidisciplinary)的活动,"跨学科性"或"多学科性"指的是把几门学科联在一起的一种学术活动,其目的在于可以打破用一种学科看问题的局限性,但归根结底还是脱离不了学科导向;而超学科是从主题出发的活动,从而摆脱了学科导向。就实践导向而言,Halliday似乎比Spolsky更进了一步;而Hornberger对Halliday的基于主题提法给予更为充分的认同,她指出教育语言学的问题导向决定它以一种超学科领域出现(Hornberger & Hult,2006:78)。

总之,这一维度最能代表教育语言学这门新兴学科的创新性,正如沈骑所说,这是"对传统应用语言学的研究的颠覆和创新"(2012:42)。Hornberger通过长期努力,在全球范围内架起一个宽广的教育语言学学科的网络,她主编的《语言与教育百科全书》(*Encyclopedia of Language and Education*)(Hornberger,2008)共10卷,其内容覆盖了全球的语言与教育研究,在学术界极具影响力,上海外语教育出版社已经全套引进。2011年由她领衔主编了《教育语言学:语言学的关键概念》("*Educational Linguistics: Critical Concepts in Linguistics*")丛书(Hornberger,2011),丛书共分6卷,汇集了国际上110位作者,其中一半来自美国以外的国家和地区,而四分之一来自欧洲和亚洲,非洲和拉丁美洲的非英语国家。可以说,Hornberger是今天当之无愧的教育语言学领域的领军学者。

3. 教育语言学对我国大学英语学科地位和建设的启示作用

我们经常被问起这样的一个问题:应用语言学在我国搞了几十年了,开展教育语言学有什么必要?我们还是结合我国外语教育的实践来回答这个问题吧。杨惠中教授(2008:55)指出,"历来的外语教学往往是经验之学,把外语教学作为一门科学来研究不过是最近半个世纪的事情",在这里杨惠中教授指的那门学科是应用语言学,大学英语教学本身不是一门学科,二语(外语)教学传统上一直是定位为应用语言学的,应用语言学引进到我国后,外语界的学者不失时机地把大学英语定位到应用语言学,有了这样的学科地位,对提高大学英语教学在高等教育中的地位、开展大学英语的教学和科研是大有裨益的。从这个意义上来说，我们不敢对我国大学英语教学这样的学科定位妄加非议。

桂诗春教授是在我国外语界引进和普及应用语言学的元勋（桂诗春，1988），他几十年如一日在这块学术领地上辛勤耕耘，众所周知，桂老的关于应用语言学有广义和狭义的提法受到我国外语界的普遍认同，这样的提法把外语（语言）教学（即狭义应用语言学）和（广义的）应用语言学其他子领域区分开来，这就成为我国大学英语教学学科定位的重要的理论支撑。但是，应用语言学的广/狭二义一说是否能摆脱Hult（2008）所说的这门学科的"身份危机"呢？从桂诗春（2010）的重要文章里我们了解到应用语言学思想经历了产生、发展、和今天的重新定位这样一个历史过程，我们想根据在这三个时期出现的三个影响较大、很有代表性的定义来回答这个问题。

第一个定义是应用语言学产生时期的定义，该学科创始人之一Peter Corder出版一本影响非常广泛的冠名为《应用语言学导论》的专著，他给出的定义是这样的："应用语言学利用语言研究获得的关于语言本质的知识，从而改进某一语言是中心组成成分的实际任务的效率"（1973：5）。这"实际任务"当然不止是二语教学，也可以指任何其他"语言作为其中心组成成分"的任务，但他这本专著从头到尾讲的是二语教学，Corder这部专著的"名实不符"是应用语言学的含糊性和不确定性的最有说服力的注脚。追其原因，诚如桂老所说，应用语言学的思想虽然源远流长，但还是一门年轻的学科，它是随二战后的二语教学热而兴起的，所以在其发展初期，往往和二语教学划上了等号。应用语言学来到其发展期时，Jack Richards等人（1985）给出了二个定义，即应用语言学是"研究第二语言和外语教和学的学科"和"指联系实际问题进行的语言和语言学研究"（引自桂诗春，2010：165），桂老指出，前者一般被认为是狭义应用语言学定义，后者则是广义的应用语言学定义。出现这样的变化是因为随着应用语言学的迅猛发展，其研究范围也不断扩大，广义应用语言学的出现是为了满足其"不断扩容"这一现实的需要，而狭义不仅反映本学科的历史，而且表述语言（二语）教育还是这一领域的核心内容。

从桂老（2010）文章中，我们了解到近期又出现了应用语言学的新定义，这是AILA鉴于应用语言学自20世纪80年代以来研究范围不断扩大"钦定"的："应用语言学是一个对待语言和交际中实际问题的研究和实践的跨学科领域。这些问题可以通过应用语言学现有的理论、方法和成果或通过发展语言学的新的理论和方法论框架来识别、分析和解决"（AILA 2010，引自桂诗春，2010：166）。这个新定义除了把应用语言学定性为"跨学科领域（interdisciplinary field）"引起争议外，不再作广、狭二义之分是另一个争议点，取消广、狭二义之分等于取消语言教学的核心地位，把它和其他的"语言和交际中实际问题"等量齐观，它似乎又重新回到其界定过于宽广的老路。无怪乎以Brown为代表的学者对这个新定义要发问，应用语言学是否有心脏地带？心脏地带在哪里？（引自桂思春，2010，166）。

鉴于大学英语定位于这样一个身陷身份危机而无法自拔的应用语言学，因此教育语言学的启示意义是不可忽视的。教育语言学的三个维度之一就是把语言的教与学作为其核心关注点，反观应用语言学至今还摸不着自己的"心脏地带"。把大学英语学科定位在应用语言学，不仅仅是为了讨个"名分"，更重要是通过学科建设，提高大学英语的科研水平和教学质量。我国高校的应用语言学研究方向种类繁多，有含有应用成分的（如二语习得、翻译、词典学、语料库等）和不含应用成分（如社会语言学、神经语言学、心理语言学所谓的"带连词符号的语言学（hyphenated linguistics）"（Spolsky，1978））。在这些众多的研究方向中，直接和外语教学有关的是二语习得这一研究方向，但外语教学和一个国家的语言教育政策是息息相关的，因此"政策是教育语言学中的一块基石（keystone）"（Hult，2008：18），"教育语言学家的根本任务就是提供与语言教育政策制订和执行有关的信息"（Spolsky，1974：554），而语言教育政策似乎不在二语习得的研究范围之内。此外，教师发展研究在外语教学中有举足轻重的地位，但在我国高校应用语言学专业中似乎是个"另类"。究其原因，二语习得研究的对象是学习者，而不是教师。桂诗春（2010：167）指出，二语习得和应用语言学一样存在概念含糊的问题。一种说法是它和狭义应用语言学基本相同，虽然狭义应用语言指的是二语（外语）教学，但我们上面引用过的3条应用语言学的定义里都没有教师发展研究的位置。正因为如此，我们的应用语言学学科建设无法能很好为大学英语服务。明确外语教学研究范围，使之成为"有深度的领域"，这是教育语言学给我们的第一个启示。

教育语言学的另一个维度是语言学和教育的结合，它主张语言学和教育是种平等互补的关系，但应用语言学和语言学之的系是从属关系还是伙伴关系，至今还在争论不休。认为是前者的，实践者对语言学是采用一种遵奉主义；认为是后者的，实践者不必唯语言学理论是从（桂诗春，2010，167）。在我国外语界，还是有不少人认为包括语言教学在内的应用语言学的起点应当是语言学，二者存在着一种"主辅"模式（于根元，2003）。上海有一所著名的高校外语学院有一门博士研究生课程,名为"语言学与语言教学",该课程"旨在帮助学生在所学普通语言学理论的基础上,将经典语言学理论应用于语言教学上,突出理论与实践相结合。主要内容包括对语音学、音韵学、形态学、句法学、语义学、语用学、以及功能语言学、认知语言学和话语分析理论的综述和各个理论的对应应用,以期创建有效的语言教学尤其外语教学模式"。我们不反对把语言学作为应用语言学的一门基础学科来介绍,但从该课程的内容简介来看,似乎在说语言学理论直接应用到语言教学能"创建有效的语言教学尤其外语教学模式",那是不可能的事,这在前面介绍Spolsky(1978)的教育语言学理论模式中已经提过,这里不再重复。不过我们还想援引Spolsky(1978:2—3)这本专著里的另一段话,盛行于20世纪四十至六十年代的听说法(Audiolingual Method)就是根据结构主义语言理论创造出来的,Spolsky称之为是语言学家对语言学习者作的最大的孽(the worst sin ever inflicted upon language learners by linguists),Spolsky认为虽然语言学有助于语言的描述,进而给语言教学提供信息,但描述并非等于规定如何教学。在语言教学研究领域里破除语言学中心论是教育语言学的第二个重要启示。

  实践为导向是教育语言学最为重要的一个维度,它的启示意义尤为重要。长期以来,以理论为导向的应用语言学沿用的是"自上(理论)而下(实践)"的研究方式,是将语言学理论单向地应用于实践,形成了研究范式的单向道"(沈骑,2012:5)。Halliday提出的应用语言学是基于主题的超学科性质的学术活动,为摆脱这一研究范式提供了依据。他(2007)最近再次重申,应用语言学范围不断扩大,说明它是不断进化的主题,而不是一门学科,"因为学科必须有其研究对象,而且必须有一套原则和方法来观察与解释对象"(引自桂诗春 2010,167)。但Halliday的这一观点在应用语言学学界里远远没有取得共识,连应用语言学的权威机构AILA还是把它定位在"跨学科领域"上。实践导向是否适用于应用语言学其它的支域(或者说是主题)笔者不敢说,但就外语教学这一主题而言,我们应该旗帜鲜明承认它是超学科性的活动,外语教学实践是我们出发点,也是最终归宿点。打破从理论到实践的单向研究范式,是教育语言学的又一重要启示。

注释:
① 《语言学与语言教学》课程介绍. http://www.gs.sjtu.edu.cn/mis/course (2013年1月20日)
② 中国教育语言学研究会学会动态.http://www.shcela.com/news.aspx.(2012年11月29日)

第十章
二语习得研究

按语（王初明）

近30多年来，我国的二语习得研究取得了长足进步。学者们对影响二语习得过程的种种因素进行了大量研究，发表了数量可观的论文，质量不断提高，逐渐与国际水平接轨。这里，我们仅抽选了5篇具有一定代表性的论文，从中可以大致了解我国二语习得研究学者在理论构建、研究方法以及外语教学应用方面所做的努力。俞理明和袁平华合写的论文"应用语言学还是教育语言学？——对二语习得研究学科属性的思考"，探究二语习得研究的学科属性问题，认为教育语言学比应用语言学更能准确表述二语习得研究的学科属性。作者的观点促使我们对二语习得研究的学科定位进行再思考，从跨学科的角度和发展的眼光来审视这门学科的归属，从而帮助我们更加深入认识二语习得研究与应用语言学和教育语言学的关系。戴炜栋和周大军合写的论文"中国的二语习得研究：回顾、现状与前瞻"，对截至文章发表之前的中国二语习得研究状况进行了全面回顾，展示了我国二语习得研究的概貌，指出了研究存在的不足，并对中国二语习得研究的发展前景进行展望。文章尽管因时限而未能综述最近几年的研究成果，但是其中的主要观点和评论对我国的二语习得研究至今仍有启示。文秋芳的论文"二语习得跟踪研究的三个基本问题：分类、设计与可比性"，针对当下二语习得跟踪研究的欠缺，以自己的纵向研究成果为例，从大处着眼，阐释二语习得实证研究的分类，廓清研究路径，为探讨二语习得过程设计了研究流程，对研究的实际操作具有指导意义。王初明的论文"外语教学三大情结与语言习得有效路径"，针对我国外语教学中过度依赖纠错、语法和考试的倾向，论证这三个倾向对外语学习的利弊，建议遵循促学语言的有效路径，恰当和理性地对待纠错、语法学习和应试。王立非和文秋芳合写的论文"母语水平对二语写作的迁移：跨语言的理据与路径"，报道了一项实证研究，考察中国大学生母语能力对二语写作的影响，发现汉语水平在深层次上对英语写作有积极的促进作用，同时英语水平制约母语的迁移。以上5篇论文的内容虽然侧重点不同，但都与外语教学和学习密切相关，折射了二语习得学科与教育学科之间的联系。

第四部分 教育语言学实践问题研究

中国的二语习得研究:回顾、现状与前瞻

上海外国语大学 戴炜栋　海军航空工程学院 周大军

一、引言

第二语言习得研究作为一门独立的学科始于20世纪60年代末、70年代初,其理论体系的构建是以描述二语习得过程和解释二语习得特征为主要目标的。30多年来,全球范围内的二语习得研究蓬勃发展。自20世纪80年代中期二语习得研究在中国开始起步,国内在这个领域的研究也已经历了20余年的发展历程。中国的学者此间在二语习得理论与实践的研究和探索中付出了不懈努力,为二语习得研究的发展做出了积极贡献。因此,我们认为有必要对中国二语习得研究的状况进行概要的回顾与总结,并对其前景进行展望。

二、国内二语习得研究的发展回顾

由于历史原因,国内学界接触二语习得理论和开展相关研究要比国外晚10多年。此前,国内长期以来对如何教授语言研究较多,而对语言学习理论作专门的、深入的研究较少。二语习得理论引入我国,给语言与语言教学研究者们以极大启发。应该看到,西方现有的二语习得理论主要是以印欧语言为基础,虽然这些假说、模式具有一定的普遍意义,但汉语是离印欧语言谱系较远的一种语言,它在语音、词汇、语法和文字以及文化内容负载方面所体现出的特点,必然给以汉语为母语的二语/外语学习者和以汉语作为第二语言的学习者的学习过程和规律带来不少特殊的问题,所以在中国的环境下研究二语习得更有其重要的现实意义。国内二语习得研究的发展按前10年和后11年大致可以分为两个阶段。

2.1 第一阶段(1984 – 1993):理论的介绍、探讨和初步应用

胡文仲在《外国语》1984年第1期发表的"语言习得与外语教学——评价Stephen D.Krashen 关于外语教学的原则和设想"一文,是国内学者发表的介绍二语习得理论的第一篇文章,标志着二语习得研究在我国的正式起步。接着,鲁健骥在《语言教学与研究》1984年第3期发表了"中介语理论与外国人

学习汉语的语音偏误分析",说明汉语界的二语习得研究和外语界几乎是同时起步的。此后,相关文献陆续在国内各类学术期刊上发表。这一时期,国内外语类和语言学/汉语类核心期刊上发表的译文、论文和书评等涉及到的主要内容有:理论和研究综述,如二语习得理论的译介、语言习得研究概述和发展述评等;中介语研究,主要涉及偏误分析、习得顺序和中介语发展过程、中介语语用学等;二语习得的外部因素研究,如影响习得的因素、语言输入等;二语学习者认知机制研究,如母语的作用、对语言的认知等;二语学习者个体差异研究,如学习者的年龄问题、学习者策略等;课堂教学与二语习得研究,如二语教学的基本特征和策略、二语习得中课堂教学的作用等。虽然外语界的研究是以引进和评介为主,但有些学者已采取批判的态度对国外的理论进行探讨;而汉语界的应用研究开展得相对较早,并初步取得了一些建设性成果。在此阶段,国内语言教学方面的学术会议极少涉及二语习得研究,直至1992年5月,《世界汉语教学》等三家刊物编辑部联合在京召开的首次"语言学习理论研究"座谈会上,中介语理论的研究才成为中心议题之一。此间国家社科"八五"规划项目中已有1项有关二语习得的研究课题立项,但尚未有相关研究的专著和论文集出版。

2.2 第二阶段(1994–2004):研究深入发展并走向成熟

这一阶段国内学术刊物发表的二语习得研究论文数量较前一阶段有了数倍的增长。根据论文数量的分布统计分析,第二阶段的研究无论在研究内容和研究层面上都比第一阶段有了很大飞跃。研究内容已全面涵盖了二语习得理论基本框架中的主要方面,包括了第一阶段尚未涉及的研究内容,如中介语的僵化和可变性、二语习得的社会环境、学习者内部机制中的语言迁移和普遍语法的作用、个人差异中的学能、情感、动机和认知风格等对习得的影响以及对二语习得研究方法的研究等。总体分析,从研究类别看,涉及理论研究和应用研究;从研究层面看,已从语音、语素、语法层面发展到话语和语用层面,这和国外的研究趋势是一致的;从研究方法看,有思辨式、逻辑式和经验型的文献性研究和基于第一手资料来源、手段趋向科学化的实证性研究;从研究面向的对象来看,分为英语为第二语言/外语和以汉语为第二语言的习得研究。二语习得研究在对外汉语教学和外语教学这两大应用领域里,均已取得一定的成果。

在此期间,国外二语习得研究原著得到较系统的引进,国内学者还以论文或书评的形式将一些国外该领域理论研究和专题研究的新作介绍进来。同时,一批国内学者撰写的二语习得研究专著和论文集也相继出版；有关二语习得研究的国家级科研立项数目有了大幅度的增加，仅国家社科"九五"和"十五"规划项目中就共有12项相关课题立项；一些汉语和英语中介语语料库也相继建立；国内许多高校开始了二语习得研究方向的人材培养。

此间与二语习得研究相关并较有影响的主要学术活动有：1996年的第五届和1999年的第六届"国际汉语教学讨论会"，2001年和2004年分别在北京举行的第三届和第四届"中国英语教学国际研讨会"，2004年在上海外国语大学召开的"首届中国外语教学法国际研讨会"，2003年在南京大学举办的首届"英语学习策略培训和研究"国际研讨班等。2004年1月在广东外语外贸大学召开了"全国首届第二语言习得研讨会"，这是二语习得研究在国内开展了20年之后召开的首次主题研讨会。会上成立了"全国二语习得研究学术交流协作组"。这次会议充分体现了该领域学者积极交流、团结共进的共识，是二语习得研究在我国进一步发展的里程碑。

1994年—2004年这11年是二语习得研究在国内逐步进入成熟的阶段，此间不但涌现出大批的研究成果，而且研究领域日益拓宽，研究层次深入发展，研究水平不断提高，研究队伍逐渐壮大，充分显示出国内该学科研究的生机活力。

三、国内二语习得研究的现状

3.1 研究队伍与学科建设

国内二语习得的研究人员主要集中在国内高等院校和语言研究机构。高校外语教师和对外汉语教师是研究队伍中的主力。随着二语习得研究在我国的发展，二语习得已纳入高校语言专业研究生的课程设置，而且以二语习得为研究方向的硕士点和博士点也纷纷建立，成为培养和输送高层次、高质量的二语习得领域研究和教学人材的重要基地。已建立起二语习得研究方向博士点的高校有北京外国语大学、上海外国语大学、广东外语外贸大学、南京大学、上海交通大学、北京语言大学等。以这些学校为中心，国内逐渐形成了多个有特色的二语习得学科研究群体。

3.2 研究成果

3.2.1 学术期刊文献

目前比较公认的集中反映国内二语习得研究成果的外语类和语言学/汉语

类的核心期刊主要有：《外语教学与研究》、《外国语》、《现代外语》、《当代语言学》（1998年以前为《国外语言学》）、《外语学刊》、《外语界》、《外语与外语教学》、《外语教学》、《解放军外国语学院学报》、《外语研究》、《语言教学与研究》、《世界汉语教学》、《汉语学习》、《语言文字应用》等。其中有些刊物还专门开辟了"二语习得研究"专栏。据不完全统计，20多年来，在上述核心期刊上发表的有关二语习得研究的论文共近450篇。

3.2.2 专著

我国学者撰写的研究专著主要有：由蒋祖康（外语教学与研究出版社1999年出版）、林立（首都师范大学出版社2000年出版）和肖德法（吉林教育出版社1997年出版）分别编著的以《第二语言习得研究》为书名的专著3部，《语言获得理论研究》（靳洪刚著，中国社会科学出版社1997年出版）、《第二语言学习理论研究》（王魁京著，北京师范大学出版社1998年出版）、《英语学习策略论》（文秋芳著，上海外语教育出版社1996年出版）、《英语学习的成功之路》（文秋芳著，上海外语教育出版社2003年出版）、《第二语言习得与外语教学》（丁言仁著，上海外语教育出版社2004年出版）、《第二语言习得入门》（黄冰编著，广东高等教育出版社2004年出版）、《语言迁移与二语习得》（俞理明编著，上海外语教育出版社2004年出版）等。

3.2.3 论文集

二语习得研究的论文集主要有：《语言学习理论研究》（《世界汉语教学》等三家编辑部联合编辑，北京语言学院出版社1994年出版），《汉语作为第二语言的习得研究》（王建勤主编，北京语言文化大学出版社1997年出版），《英语学习策略实证研究》（文秋芳主编，陕西师范大学出版社2003年出版）等。此外，包含二语习得研究的论文集还有《中国学生外语学习心理》（桂诗春主编，湖南教育出版社1992年出版），《中国的语言学研究与应用》（董燕萍、王初明编，上海外语教育出版社2001年出版），《当代语言学探索》（陈国华、戴曼纯主编，外语教学与研究出版社2004年出版）等。

3.3 研究方法

根据对论文研究方法的分类统计，国内二语习得研究的前10年，非实证研究方法占主流地位；而近10年来，文献性研究和实证研究两种方法的使用接近平衡。但实证研究量从第一阶段的13%跃升到第二阶段的51%，说明实证研究方法进入了应用普及阶段，已成为目前国内二语习得研究的一个特点。定向于理论（theory-led）的实验研究范式，在外语界渐成主流，但在汉语界主要是海外的学者进行的。国内研究的另一个特点是借助语料库进行中介语研究，基于学习者语料库的研究成果不断出现。国内目前已先后建成了"汉语中介语语料库系统"和"中国英语学习者语料库"等较有影响的大型二语/外语学习者语料库，还有若干不同层次的中国英语学习者口语语料库正在建设中。近年来我国基于语料库的中介语研究迅速发展，已处于国际先进水平。

3.4 研究内容

3.4.1 理论反思和理论建设

国内学者对二语习得理论研究进行了反思，并从哲学角度对语言习得问题进行了探讨，同时提出了二语习得研究中的理论和学科建设问题。贾冠杰分析了外在论、内在论以及情感论三大类二语习得理论之间矛盾统一性的关系，其意义在于有助于全面理解二语习得理论流派和有助于语言习得理论与外语教学实践相结合。蔡金亭认为，语言习得与多种学科联系密切，但它与语言哲学之间的关系往往被忽视，因此当前亟需从哲学角度对语言习得进行解释。宁春岩在对二语习得主流理论进行深刻反思的基础上，从Chomsky的语言观和方法论出发，从理论语言学的高度对二语习得研究中的具有全程意义的理论问题提出了系统全面的批评，对我们重新审视二语习得研究颇具启发。戴曼纯从构建理论的出发点和目的、研究方法和途径以及理论的评估等制约理论发展的关键方面，对第二语言习得理论的建设进行了论述。俞理明等提出，教育语言学比应用语言学更能准确表述二语习得的学科属性，因此在学科建设上的一个主要任务就是认清本学科的教育属性，摆脱以语言学为中心这一思路的羁绊，这样才会有利于二语习得学科的健康发展。

3.4.2 中介语研究

国内汉语界较早对中介语的理论和方法进行了较为全面地介绍，系统地探讨了中介语的定义、性质和特点、研究方法、研究的意义和策略，阐述了中介语和对比分析、偏误分析的关系，澄清了汉语中介语研究中的某些误解。外语界的研究范围则要更广泛一些，如从认知的角度对中介语进行探讨（见3.4.4）、对语言僵化的起因的探讨、对中介语可变性的探讨等。还有学者从语义研究、学习者评价标准、语言变异、学习者的语言能力、方法论等方面指出了中介语研究的局限性。

3.4.3 对"监察模型"的质疑

从20世纪90年代初期开始，国内学者就开始对于Krashen"监察模型"中的几个假说提出了质疑。他们认为，对于"语言习得－学习假说"理论基础的质疑主要基于以下几点：一是该假说建立在句法学语言观的基础之上，而这种语言观是不能用来建立语言学习理论的；二是Krashen以Chomsky的"语言的习得机制"论和儿童习得母语的普遍原理作为该假说的理论基础是不科学的，习得－学习区分论存在着不少矛盾与误区；三是该假说理论的先天不足在于只区分了习得与学习两种不同的认知过程，而对这两种过程本身几乎未作实质性的探讨。"输入假说"的定义、论据和推论看来都存在着漏洞和局限性，其语言规则习得即语言习得的观点不正确，输入假说中的两个主要论据"简化语言"和"沉默期"不能成立。"自然习得假说"也存在着若干问题，它只不过是一个假设，证据还不充足，仍有待于进一步探索。"情感过滤假说"只讨论了情感与学习者接受语言输入量的关系，对于输入—摄入—输出这一认知过程毫未涉及。事实上，输入并不等于摄入，摄入也不能自动转化为输出。总之，Krashen的"监察模型"理论对二语习得这样一个复杂的认知过程而言，其理论解释力是非常有限的，因此存在不少值得商榷和有待完善之处。

3.4.4 二语习得的认知研究

国内学者从认知心理学角度分析二语习得过程，提出了以大脑的注意和工作记忆为中心的模式，认为认知心理分析可能在教材设计、语言材料输入等方面对我们有所启发，同时还为二语习得认知心理的研究提供了实验证据。他们从同一角度对中介语现象进行了认知阐释：中介语现象产生于学习者构建目的语心理句法系统时，其语言习得机制的自主创造力；中介语认知的发生受到语言的、心理的、社会的认知和中介语认知系统发生本身的制约，因此，中介语一定遵循它自身的构建规律。同时还分析了语言僵化的起因，并结合相关理论，提出了一些避免语言僵化现象产生的策略。有学者依据连通主义（connectionism）所反映的网络工作的特性，建立了二语习得认知过程的连通主义网络模型，对若干二语习得理论的合理性进行了验证。还有人将隐喻理论应用于二语习得研究，建立了研究的理论框架。

3.4.5 普遍语法在二语习得中的作用研究

普遍语法在二语习得中的作用问题一直是生成语法框架下二语习得研究者们关注的焦点。国内的研究显示，普遍语法的可及性三假说反映的是二语习得中三种不同的习得现象而不是全部的习得事实，因为尚未发展完善的普遍语法理论直接制约了二语习得中普遍语法可及性的研究，研究方法的局限也影响了论证和分析的结果。因此，不宜从单一的理论角度审视二语习得，从多视角多途径研究这个复杂现象也许会得到更全面、更客观、互补的结果。比如有人认为，连通主义能够合理地解释二语习得中的母语迁移现象，"解释二语习得，连接论优于普遍语法"。在普遍语法可及性的框架内，对二语习得的"逻辑问题"进行研究，已经汇入国外二语习得的主流，取得了令人瞩目的成果。而在我国，这一研究才刚刚起步。有学者指出，目前当利用普遍语法，在可及性假说的框架里寻求解决"逻辑问题"时，从逻辑前提到研究方法上都陷入了困境，研究结果也自相矛盾。因此认为，要对普遍语法对二语习得过程解释力的优势和缺陷有清醒的认识。一方面需要寻找解决二语习得中"逻辑问题"的新的理论资源，另一方面要拓宽普遍语法在二语习得研究的范围，这样才能走出困境，使二语习得的"逻辑问题"得到圆满解决。

3.4.6 学习者个体差异研究

这里仅略述对二语学习者个体差异中年龄（临界期）和学习者策略这两个因素的研究。针对第一语言习得提出的语言习得临界期的概念，引发了许多有关二语学习年龄的研究和争论。国内有人认为把临界期看作只在第一语言习得中才有意义，而忽略在第二语言习得中的作用，是理论上的偏颇。但也有人否定语言习得临界期的存在，认为迄今缺乏科学研究证据的支持。有人提出"外语学习越早越好"，认为学习外语的临界期在小学。然而与之相左的观点认为，没有发现哪一年龄阶段在语言学习上占有绝对优势，在较严格控制其它因素的情况下，少年和成人的习得情况应优于儿童；有调查表明，"外语要从小学起"目前在我国多数地区缺乏现实性，主要涉及到师资状况、教学效果及小学生的外语接触量等问题。我国学者在学习者策略研究方面成果突出。其中文秋芳在英语学习策略的理论构建和实证研究方面做出了开拓性贡献。针对国外几个策略分类中存在着的不足，文秋芳首次提出了我国自己的英语学习策略理论。该理论具有整体性、动态性、开放性、层级性和整个系统运行的可调控性，对我国英语学习策略的研究与培训已产生积极影响，标志着我国英语学习策略的研究已经越过了"借鉴、模仿"阶段，进入了"融合、创新"阶段。

3.4.7 二语习得与二语/外语教学研究

国内学者从宏观上探讨了二语习得主流理论对我国语言教学的启示、二语习得研究成果在语言教学中的应用问题以及理论与应用之间的互动关系等，从微观上具体探讨了二语习得理论和模式对各语言技能层面教学的启发和指导意义。戴炜栋和束定芳基于二语习得理论启发，系统探讨了影响外语学习的若干主要因素、对比分析、误差分析、中介语和交际策略等几个重要方面研究的理论意义及其对外语教学的启示。王初明在若干有影响的二语习得理论模式启发下，根据我国外语学生的学习特点和学习环境，尝试设计了一个中国学生外语学习的理论模式。我国学者还认识到，"第二语言"与"外语"学习无论在语言环境、语言输入、还是学习者的学习动机、情感因素、认知基础、掌握程度和学习目标等方面都有明显的差异，混淆这两个不同概念就会混淆二语教学与外语教学完全不同的特点。关于正规的课堂教学对语言习得的作用，刘润清认为，正规授课间接提供的一种语言环境，对达到更高的语言水平是有利的，因为只有注意到语言形式才能开始加工和习得语言；胡壮麟等认为，就目前我国大学英语学习仍以课堂教学为主的情况下，英语习得应持灵活态度，即可分为完全习得、指导性习得和自学性习得。教师要引导学生的自学性习得，这样才能有助于提高学习者的英语水平。对于二语习得研究和语言教学的关系，有学者认为，二语习得研究虽然不能为教学提供直接可资借鉴的、便于操作的成果，但是能加深我们对学习活动及教学活动的理解；二语习得研究与语言教学实践是一种相辅相成的关系，前者为后者提供原则和理论，后者为前者提供实践园地、进行行动研究并提供实证，从而得出更为科学的研究结果。

3.4.8 方法研究

在宏观上，高一虹等观察对比了中国和西方应用语言学研究方法的发展趋势，发现国内研究以非材料性为主，但正向材料性特别是向量化方向发展；西方的材料性研究相对很强，上世纪90年代出现了定性方法向定量方法的挑战；文秋芳等介绍了二语习得研究方法上的最新进展。一是在进入21世纪后，微变化法被引入二语习得研究领域，其优势在于能够揭示二语习得发展的轨迹和机制；二是自上世纪90年代中期开始，基于语料库的中介语对比分析（Contrastive Interlanguage Analysis）成为二语习得研究的新方法。微观上的方法研究主要涉及针对语言习得研究的习得标准、学习策略研究的有效性方法、二语习得实证研究的评估方法和评价研究质量的重要指标及原则等。

四、国内二语习得研究中存在的不足

4.1 国内二语习得理论研究总体看来进展乏力。理论研究还不够系统；在理论建设方面，涉及具体方面的微观研究较多，缺乏宏观理论建构的研究；理论的独创性不强，很多研究还仅仅停留在对某些理论原则的阐释评述层面上，在结合中国的实际、建立中国的语言教学理论方面，没有形成自成一体的理论体系。

4.2 国内二语习得的研究方法依然存在问题。首先，以访谈、观察等材料为基础的质化研究远落后于以数据材料为基础的量化研究，量化研究中问卷调查远多于实验法，将定量法和定性法有机结合的研究还是少数；其次，验证性研究缺乏，已发表研究报告对研究步骤描述不够详细，难以重复；再次，目前研究大多是静态共时研究。国外从上世纪90年代后期已经开始重视二语能力形成和发展的动态研究，对仍处于静态研究阶段的国内研究者提出了有力挑战。

4.3 国内二语习得研究学科定位模糊。作为一门多学科、跨学科性研究领域的学科建设，似乎还停留在国外二语习得界以语言学中心论为其特征的发展早期阶段，对该学科属性的认识并没有与时俱进，而是落后于该学科的发展。学界对其学科定位也并未达成共识，这势必会影响学科的建设与发展。

4.4 国内学界有人对于二语习得的应用研究存在着功利思想，机械应用二语习得理论和研究"结论"。对于接触到的二语习得理论和研究成果首先热衷于实现其实用价值，而不考虑外语与第二语言教学完全不同的特点，不考虑所用理论是否适合中国语言教学的实际，没有认识到课堂二语习得研究成果中的某些观点只有学术价值而无应用价值，这种盲目照搬套用的结果对教学必然有百害而无一益。

4.5 二语习得研究在我国开展20余年间，虽然学术刊物上发表了很多论文，也有专著和文集问世，但几乎没有召开过专题学术会议，这不利于研究成果的有效交流；没有成立专门的学术团体来组织和协调国内的研究活动，国内的二语习得研究在相当长的一段时间基本处于各自为战的松散状态。

五、国内二语习得研究的前景展望

5.1 二语习得多学科性的前景使得二语习得研究和其它学科合作的领域得到扩大。目前二语习得研究已与哲学、语言学、心理学、教育学、社会学、认知心理学等社会科学进行交叉融合，今后存在着和神经系统科学、神经生物学等自然科学融合的趋势，二语习得研究的视角将得到进一步扩大。随着多学科的介入，学者们应更加敏锐地捕捉二语习得研究跨学科的融合方向，将各学科中有价值的成分借鉴吸收，纳入体系，理论研究必将有所突破、创新和发展。同时，二语习得的理论体系和研究方法，除了对二语/外语教学及其改革继续起到重要的启发和指导作用外，对人类在语言普遍性规则、认知发展、语言发展、生理发展、社会语言问题及文化普遍性等问题正在产生积极、广泛和深远的影响，因此，二语习得应用研究的范围也将得到拓展。

5.2 国内二语习得研究方法将得到更加重视并得以完善。哲学、数理统计、统计分析、认知科学、计算分析等方面的知识和方法都将被广泛运用到二语习得研究中，使得研究方法必将更加科学和丰富。要全面、深入认识二语习得的本质，必须多种方法有机结合。同时，要进一步普及和提高研究方法意识，最根本的方法是在高校加强现有研究方法课程的教学。

5.3 二语习得研究问题逐渐深入发展。从二语习得过程来看，研究的重点已侧重到学习者接受的输入语的话语分析，研究问题深入到语言迁移、输入语、语言变异等。从二语学习者来看，由对学习者诸因素与学习成绩的简单的相关研究，向这些因素在二语习得过程中如何起作用方向发展；由从研究语言能力的习得过程，向研究学习者语用和跨文化交际能力的习得过程方向发展。同时研究模式将突破原有的以普遍语法为主的状况，功能主义和其它跨学科的模式，如"连通主义"模式等将共同参与二语习得研究，使用的语料将突破句子的层面，更多地使用话语或语篇层面上的语料。这种发展趋势将使国内研究者明确今后研究的重点和方向。

5.4 汉语界和外语界在二语习得研究上将会出现沟通、融合的趋向，这些为二语习得共性的研究提供了思想和人力方面的基础。未来我们可望看到国内汉语界和外语界二语习得研究相互兼容，交叉互补，团结协作，携手共进的可喜局面，可望看到两界学者联合召开的学术会议和携手合作的研究成果。

5.5 中国的二语习得研究将逐步融合到国际性研究当中，在研究领域和研究范式上进一步和国际接轨，从而在整体上接近国际研究水平，与全球范围二语习得研究的发展潮流同步，并在不久的将来有望在许多重要研究课题上站到本学科的前沿，取得更加令人瞩目的成就。

六、结束语

中国二语习得学者20多年的研究和探索，不断检验、修正、补充和丰富了二语习得的理论与实践，有力推动了二语习得研究的发展，并越来越引起国际学术界的关注。在看到成绩的同时，我们更应清醒地认识到存在的差距与不足，认真总结经验和教训，调整和确定今后努力的方向。我们相信，国内学界同仁的共同努力必将为中国的二语习得研究开创一个硕果累累、充满希望的新局面。

本文原载于《外国语》，2005年第6期。

外语教学三大情结与语言习得有效路径

广东外语外贸大学 王初明

1. 引言

情结常用于表示对某种情感或信念的执着和坚守，不易摆脱，并无贬义。如果坚守的是正确的信念，按照正确信念做事，多有好结果。如果坚守的是消极的信念而不自知，按照消极信念做事，往往事与愿违。在长期的外语教学和学习实践中，我们也发展起来一些信念，如笃信纠错、语法和考试，教学和学习活动围着它们转，试图通过纠错、学语法、应试去加速教会和学会外语。笔者将这三种信念称为外语教学中的三大情结。

纠错情结与外语教学有难解之缘。学用外语会犯错，语误无人喜欢，只有灭掉，外语水平才能提高。在此信念的引导下，对学生练习中出现的语误，在可控的教学环节里，教师不会也是不能不管的，甚至以纠错为主要手段去提高外语水平。例如，有的外语写作课几乎成了改错课，为了便于改错，规定作文词数上限，让学生写短文，课内限时写。学生也期望老师改错，改得越认真越细致的老师，就越受人尊敬。纠错俨然成了外语师生之间的共同默契。

语法情结根深蒂固。且不说外语教学早有语法翻译教学法，至今仍有追随者，若有谁说外语课应禁教语法，语法应从课本中删除，估计多数教师不会同意，甚至对此妄语感到惊讶。毕竟那是语言的规律，不学怎行？不学语法能学会外语么？在我国，英语语法不仅大学教，中学教，连小学也在教。

说到考试情结，情况有所不同。应试教学多由外部强加，只是一些教师屈服于考试压力，拱手让出教学主动权，任其摆布，考什么便教什么，教学以帮助学生考高分、过考试关为目的。在大学，一些学生把通过英语四、六级考试视为英语学习的终点，英语本身学得好坏并不重要，只要考试及格就行。看看书店里琳琅满目的各种应试书，看看考试书的专卖店，就知道国人考试情结的严重了。

三大情结互有联系。人们通常把外语学习和教学的重心放在语言结构上，视语误为眼中钉，灭之而后快。语法被当做检测语言使用正确与否的准绳，自然是消灭语误最有用的武器。考试命题一般针对考生感到困难、学不好易出错的地方。针对考试来纠错，针对语误进行语言操练，同时配以语法解释，是常见的外语教学方式。三大情结好不好,要看能否有效促进外语学习,判断的标准是搞清楚什么是促进外语学习的有效方式。为此,本文构建了一个语言习得有效路径,并据此分析影响外语学习的三大情结。

2. 语言习得有效路径

学外语旨在学会使用,使用包括语言理解和语言产出,学会使用的一个关键环节是处理好理解与产出之间的关系。理解的主要方式是听和读,产出的主要方式是说和写。因四种语言技能各具特点,外语教学常将其分开训练。但要提高学习效率,理解和产出必须紧密结合,其必要性可从理论上予以阐释。

Pickering & Garrod(2004)以对话为研究对象探讨语言理解和产出的关系,提出同一假设(Parity Assumption),认为对话过程中的理解和产出使用同一大脑语言表征。这不难理解,尽管语言表征因使用而处于动态变化之中,人们不大可能在头脑中存储两个不同的语言表征,理解别人说话时用一个,而自己说话时用另一个。同一假设说明,说话者通过理解建立起来的语言表征在其后的产出中使用(Costa et al., 2008),同时又在使用中不断拓展。虽然同一假设始于对母语对话的研究,但对外语学习也有启示。

让我们设想一位外语学习者用外语与一位本族语者交谈,如一位中国学生用英语与一位美国人对话。根据同一假设,对话过程中的理解和产出都建立在说话者各自的语言表征之上,一个是外语表征,另一个是母语表征,两者的落差明显,足以彰显用外语对话与用母语对话的区别。外语学习者能够理解和表达的内容是与其外语表征大抵对应的,但对话中的理解和产出对语言表征的利用有不对称性。如果学习者的外语水平较低,其外语表征常常不足以助他表达意思,顺利实现自己的交际目的。然而,互动中有语境相助,包括音调、上下文、面部表情、姿势和手势等,能够促进语言的理解和意思的获取。换言之,外语学习者在理解本族语者的话语时,不光依靠大脑中的语言表征,还可同时利用非语言信息。互动中的非语言信息相当丰富,使得外语学习者能够超越其外语表征去理解对方的话语,并基于这样的理解去尝试使用外语。

互动中的外语使用有一特征:由于外语表征滞后于表达的需要,掣肘语言产出,同时受到交际需要和时间压力的紧逼,学习者为了表达意思,不得不借用或重复对方刚才用过的词语或句法结构,迫使自己的语言使用与对方的协同。这种语言协同融入了正确语境下的语言使用体验,使语言形式与语境知识有机地结合起来,产生极佳的外语学习效应,对外语习得有重要意义。有研究发现（参阅Bock，1986；王敏，2009），说话者在交谈中倾向于重复使用对方或自己用过的词语，这种语言重复使用现象在心理语言学里被称为结构启动。毕竟重复或模仿用过的语言结构比自己临急构造新句要省力，而且这样的重复和模仿也让对方更容易明白自己的意思。正因为对话中的用语重复多，语境也丰富，所以理解起来困难会小一些，而已被理解的语言，习得起来也相对容易。因为结构启动出现在互动中，发生在语境里，由意义驱动，并能满足瞬间表达意思的交际需要，所以，与高于自己语言水平的人互动，所引发的结构启动导致语言协同，有助于扩张语言表征，促进语言习得。

上述对话特征分析告诉我们：在互动过程中，理解的是他人的信息，产出的是自己的语言反应，理解与协同联系密切，紧跟理解之后的产出能够增强协同效应，两者结合的紧密程度与协同效应的强弱有关。这个过程是：互动中丰富的语境信息促进理解，理解促进协同，协同促进产出，产出促进习得。如此便有一条完整的"语言习得有效路径"：互动→理解→协同→产出→习得。

语言习得有效路径表明：有效的语言习得植根于互动，经历理解、协同、产出等环节，得益于产出与理解紧密结合所产生的协同效应，是学习者经历所有前列四个步骤的自然结果。需要说明的是：习得在此定义为"学习之后的获得"，习得之后还会有语言的进一步发展，如习得进一步拓展语言表征，表征进一步引导语言运用。由于语言是在互动中有效习得，促进习得的互动因素应该既包括与语言相关的变量（如词、短语、句子、篇章），也包括众多非语言变量（如认知、情感、情境、母语文化背景知识）。语言的和非语言的变量在互动中交互融合，促进理解，引发协同，制约产出。如果以互动因素相伴多寡来划分，可将语言习得有效路径分为两大部分，在协同和产出之间隔开。产出之前的环节，包括互动、理解和协同，有各类互动因素相伴，可称为"学相伴"；产出和产出之后的习得环节则反映"学相伴"的后效，可称为"用相随"（参阅下面的示意图）。这样划分可使外语学习的"学伴用随"原则得以具体化（参阅王初明，2009）。如此看来，所有与所学语言结构互动或相伴的变量可视为学习此结构的背景，影响其后续产出，可统称为语境。因此，语言学过能产出的前提，是与正确的语境变量"学相伴"结合，生成可理解的语言输入，从而促进习得。缺少"学相伴"的单一产出，习得效率要打折扣。

$$\underbrace{互动 \to 理解 \to 协同}_{学相伴} \to \underbrace{产出 \to 习得}_{用相随}$$

语言习得有效路径强调互动是语言习得的源头，强调融合相关语境变量以促进理解，强调理解和产出紧密结合以增强协同效应，强调体验这样的语言习得路径以练就语言技能，提高习得效率。这些理念是与当今的复杂适应性系统理论相吻合（The "Five Graces Group"，2009）。外语学习者本身是一个动态的复杂适应性系统，各种外语学习变量，包括外部的社会因素和内部的心理认知因素，在学习者身上交互关联、通达联动。我们所学的每一个语言结构都会融入到这个动态系统并与系统中的变量互动。参与互动的各种变量，包括语言的和非语言的，交织关联，相互作用，相互牵制，有助于激活所学的语言结构，从而启动语言使用。启动效应实则是动态适应性系统运作的外在体现。例如，在一起搭配学习的词语，出现其中一个，其余部分就容易联想起来，从而启动整个搭配的使用。同理，与所学语言结构相伴的心理、认知、情感、情境变量也可启动此结构的使用。因此，所学的语言结构能否用得出来，用出来是否正确，取决于此结构在学习过程中与什么语境变量相伴；相伴正确，使用就会正确，相伴错误，使用就会出错（王初明，2009）。长期以来，人们将语言视为单纯的技能，信奉熟能生巧，以为只要将语言结构操练到滚瓜烂熟，就能脱口说出，于是将学习的注意力放在学好语言本身，只注重学好语法，练好发音，记住单词，操练句型。如果光操练语言本身便可确保学会使用外语，何必劳神费时费力引入情境，去搞什么多媒体教学？

需要指出的是，在语言习得有效路径的示意图中，出于简化考虑，只采用了单一的线性描述方式将各环节串联起来。实际上，所有环节都是交互连接，相互作用，循环影响的，线性排序难免失之牵强。例如，将理解置于协同之前，是考虑到互动中一定有协同，否则无法交流，而语言协同理应建立在语言理解之上。然而，协同是全方位的，包括情感、信念、情境等非语言因素的协同，这些非语言因素的协同带来丰富的语境，也能促进语言理解。从这个意义上说，理解与协同能够相互促进，难分先后。此外，示意图以对话为例阐述语言习得有效路径中的互动，但互动并不限于人际交流对话，还有许多其他形式，存在于许多语言学习和语言使用活动当中，如有各语言层次之间的互动（单词用在句子里或句子用在篇章里的练习），有人与物之间的互动（阅读、读后续写、听写），有多媒体创设的情境与语言之间的互动，等等。所有这些互动方式均有助于将语言形式与各种语境变量粘合起来，增加语言结构被启动使用的几率。在对话过程中，一些非语言因素可直接观察到，协同效应格外明显，语言使用的启动效应佳。阅读之前，了解读物及其作者和相关背景，从而强化非语言因素的互动协同，能够促进对读物内容的理解和语言习得。

一般说来，凡是理解和产出结合的语言学习方式都能促学，两者结合越紧密，互动强度越大，协同效应就越强，语言习得效率也越高。要学好学会一个语言结构，有效的途径是在各种正确语境中接触它，促使它与语境关联互动，强化语境启动效应，进而提升学过能用的几率。而纠错、语法、应试三大情结却与语言习得有效路径倡导的理念多有相悖之处，认识个中道理，可以规避盲目跟风，改进外语学习。下面我们从语言习得有效路径来逐一分析三大情结。

3. 有效路径与三大情结

先看纠错情结。纠错是一种学习反馈，通常由教师向学生提供，多针对语言产出，旨在阻止错误进入习得环节，理应促进外语学习。然而，教师们常感困惑的是，尽管费力改错，即使一时改过来了，过后学生还有可能照犯同样的语误，原因何在？学习者犯错，除了能够及时改正的口、笔误之外，要么是未学过而不知道正确用法，要么是学过而方式不妥，对于学外语多年的人，后者的可能性更大一些。从语言习得有效路径的角度看，犯错的源头多半出现在"学相伴"部分，要使纠错生效，不应只关注产出一个环节。有效路径告诉我们：在互动中提供正确用法，结合上下文或丰富的语境进行纠错，使得正确用法与语境融合，加深正确用法的理解和协同，纠错可能更易奏效。这可通过实证研究加以验证。在教学过程中，面对学生的语误，教师通常只在产出环节提供反馈，在句子或短语层次上纠错，以纸质方式传递反馈信息，较少利用上下文等语境信息与学生互动沟通，协同效应弱，纠错效果差。

语言习得有效路径的一个重要启示是：最好的纠错方式是防患于未然，不要等到学生犯错之后才去补救和纠正。积极主动的措施是：摆脱纠错情结，改变教学思路，把教学的重心放在语言习得的源头，创造促进语言习得的互动活动，让学生大量接触正确的语言输入，产出与理解紧密结合，与正确的语言输入协同，以此挤压犯错的空间（参阅王初明，2010）。按此思路教学，语误理应下降，纠错自然减免。看来错误不是要不要纠正的问题，而是怎样纠正的问题，是怎样提高纠错效率的问题，更是革新教学思路的问题。

纠错情结往往与语法情结纠结在一起。人们相信学语法能够规范语言，帮助纠错，促进习得。但也有学者（如Truscott，1996，2010）认为语法纠错无助于外语习得。为什么会有这样截然不同的看法呢？解答这个问题需要了解语法的性质及其对外语学习的功效。对此，近年兴盛起来的基于使用的语言学理论富于启示（参阅Bybee，2008）。该理论有一个基本观点，认为语言知识来自于语言体验，习得取决于语言体验或接触量的多寡。语言接触频率顺理成章成为重要的学习机理而受到语言学家们的关注和重视（参阅Ellis，2002）。在大量的母语体验过程中，隐性的语法知识被归纳抽象出来，虽然说不出却能感觉到，我们称之为语感，能够帮助本族语者判断哪些语句是不说的。一个不争的事实是，语言中存在许多不合语法但合用的语句，叫做习惯用语。这意味着，经过体验而抽象出来的语法知识，其概括性是有限的，语言不全由语法生成，语言使用当然也不全由语法引导。然而，语法具有生成性，能够造出许多合法但现实中不用的语句，学语法会给外语学习和使用带来麻烦。特别值得注意的是，学校教授母语语法一般不会对母语使用产生负面影响。语法对外语和母语学习的影响差异就体现在语言体验和接触量上。

在学习母语的过程中，语言体验总是发生在语境里，与语境相伴获得的语言使用知识也是一种语感，大量语言体验所获得的语感，能够约束语法的生成性，阻止它随意泛化。因此，学校教授一些母语语法知识，对规范母语的使用有益无害，全靠有大量的母语体验在先。国外有人担忧中小学生的语言使用能力，提倡学校开设语法课，那多半是指母语语法教学。学外语的情况有所不同，毕竟学习外语所能接触到的语境远不如母语语境那么丰富。未经历大量语言接触及语境体验便学语法，难以有效约束语法的泛化，容易诱发中式外语，而学习者通常意识不到，纠正起来格外困难。换言之，语法尽管有规范语言使用的功能，若学习时机不当，反而增加错误源。持语法情结者只看到学语法有益的一面，却忽视了它的负面作用。在语境中大量接触语言去打造语感，这比学语法重要得多。

语法还有一个局限：它只管词句，管不住语篇，而语言使用通常是在语篇层次上进行的。语篇提供语言使用的语境，语境产生意义，凸显词句意思，驱动语言形式的习得。在对话中，一句不完整的话，或一个生词，往往能被听懂，因为这些词语能跟上下文或当下的情境共同组成语篇。在读物中，语篇提供语境或上下文，在不同语境中反复出现的生词，无需翻查词典，其意自明。尽管语法可以组词成句，却无法整合非语言变量，当然就不能确保语言的得体运用。外语一定要在语篇层次上伴随语言的和非语言的语境变量而学，学过才能用出来，"学伴用随"原则不可违背。

当今外语教学，语法似乎主要是为教师服务的，便于他们上课有内容可讲。其实，学生并不需要很多的语法知识。他们更需要的是在语篇中理解词句意思，识记词语的固定搭配，在语言和非语言因素的互动中培养语感。如果在有足够语言体验之后才学一些基本的语法知识，可帮助归纳语言体验，盘点学习成果。Larsen Freeman（2009：523）注意到的"惰性知识问题"（the inert knowledge problem），即学生学了语法，知道语法规则，却在交际中不会应用（under grammaring）。在笔者看来，这多半与语言的互动体验不够或体验过程有缺失有关。在我国，"文革"以前的大学英文系强调大量阅读英文小说，课本以文学作品为主。学生在由文字构建的丰富语境中接触英语，因有语境"学相伴"，词语复现率高，培养了良好的语感，使用英语一般比较规范自然。不久前有一外语系主任给笔者说起当今的一个现象。在他任职的10年间，每年都有数十人上门申请英语教职。每次面试，要求申请人说出自己读过的一本英语小说原著，竟无一人做到。这说明现在的大学生学英语，很少有人去读英语小说原著了。小说是生活体验的文字再现，语言和语境信息格外密集，学外语不利用这一有效学习资源，籍此增加语言和语境体验，强力打造外语语感，令人叹惜。

与纠错情结和语法情结相比，考试情结是最遭人诟病的。考试情结令人看重考分带来的短期利益，过度使用、甚至滥用考试，使应试教学成为常态，偏离正常外语教学和学习。可能有人会问：何不利用考试情结，借力考试的反拨作用，倒逼学生遵循语言习得有效路径去学用外语，实现以考促学？重视考试给教学和学习带来的后果，弘扬正面反拨效应，确是当今国际语言测试研究的潮流。一些有影响的外语考试采用了促学试题，如TOEFL采用理解与产出结合的复合式作文题型，对教和学外语无疑有正面的导向作用。尽管如此，针对考试去学外语仍有缺陷，主要原因在于学与考的目的不同。应试而学旨在追求高分，而学好外语是为用而学。目的不同，学习心态就会不一样。由于应试相伴的心境不对，与语言现实使用有别，这样的语境不利于启动所学语言结构的使用。如果针对大规模、形式固定的标准化考试去学外语，危害程度可能会更大。毕竟学好外语所涉及的学习内容要宽泛得多，须有动态的丰富语境相伴，须有互动给力。此外，考试命题有针对学习者语误的倾向。为了区分考生外语水平，命题人常将学生易犯的语误移入考题，典型做法是在多选题中置入含语误的干扰项。高考英语试卷中甚至直接采用改错填充题（proof-reading），专门针对学生常犯的语误。这样做虽然提高了考试的区分度，却让学生大量接触含有语误的试题，干扰了外语学习，违背了与正确语言输入相伴促学的原则，学生多做这样的试题有害。按理，考试情结能够提升国人的英语应考能力。而令人颇感意外的是，有报道说，在全世界100多个雅思考试参与国当中，我国考生近年的平均成绩徘徊在倒数几名，最差的排名是倒数第一。这样的结果需要我们好好反思。

从学的角度看，考试的弊端可归因于学、教、考之间关系的颠倒。考试本应为教和学服务，却反仆为主，掉过头来指挥教和学。考试若要发挥正面作用，必须摆正位置，置于教与学之后，如用考试诊断学习和教学中的问题，为教学提供有用反馈。此外，好的考试有区别考生水平的功能，虽然针对考试学不好外语，但学得好一定考得好，专注于学好不用担心考不好。在应试教育盛行的今天，如何理顺考、教、学的关系，跳出应试怪圈，寻求新的学习动机源，压倒应试动机，是对外语教育工作者的挑战。无论怎样解决应试问题，出路终究要回归语言习得有效路径的源头，应该通过互动去创造外语交际需要，激发学习动力。具体办法总是有的，关键是要积极主动去尝试。例如，我国小学生和大学生的一个明显区别在于他们的课堂表现。小学生上课回答问题争先恐后，他们对外语有强烈的好奇心和内在兴趣，可以充分利用起来，多用互动对话或视听说结合的活动去促学。大学生上课回答问题往往争后恐先，但自学能力和理解力强。可考虑挑选一两门专业课，采用英语版教材，教师上课即使不讲英语，只要学生阅读英语教材并用英语完成作业，也能注入交际需要，激发外语学习动力。在教学中遵循语言习得有效路径，理解和产出紧密结合，专业和英语工具学习紧密结合，外语教学效果应可得到显著改善。

4. 结语

看过上面的分析，有人可能会质疑：语误不是好东西，消灭它们，剩下都是对的，有何不妥？语法是语言的规律，掌握规律，外语学得既快又规范，有何不妥？学外语无非是学会听、说、读、写，考试可以涵盖所有这些内容，学习者在应考的同时也学了语言知识和技能，有何不妥？平心而论，纠错、学语法、应试若适当运用，会有一些益处，如有针对性地纠正一些带普遍性的顽固语误，适当操练一些概括性强的语法规则，大考之前做几次考题熟悉试卷。但是，如果这些做法发展成了情结，反过来操控外语教学和学习，效果就适得其反了。当我们对三大情结进行深入剖析，以语言习得有效路径去检验，以外语学了能否正确运用去衡量，就会发现，在貌似正当的理由后面，暗藏着陷阱，任其引导外语教学和学习，轻则降低学习效率，重则阻滞学习进步。

三大情结之所以有害，无不与学习急功近利有关。纠错让人易有成就感，产生学知识见效快的幻觉，其效应多半是短暂的。学外语总是从犯错开始，只要坚持学下去，错误只会越来越少，不会因无人纠错而变得越来越多。在正确思路的指引下，外语完全能够自学成功，说明不靠他人纠错也照样能够学会。根据语言习得有效路径，学好外语的根本出路是靠大量接触正确语言并与之协同，而不是靠与语误纠缠。人类有追求规律的天性，按规律学习可以省力，反映语言规律的语法被一些人奉为圭臬。然而，语法生成的合法句子，是否合用，不是语法说了算，得看本族语说话者用不用。语言技能要长期坚持学习，外语单词、习语、词语搭配等，要在语境中逐个学用，不能省却。考分被视为外语水平高低的指标，通过踏踏实实学习去获取考试高分才是人间正道。然而，考试情结却驱使人们挖空心思去寻求答题窍门，试图通过做考题走捷径谋取高分。受急功近利影响的三大情结无形中成了外语学习成功路上的羁绊。对此，我们需要反思，更需要深入研究，寻求对策，改变观念，而观念改变带来的教学和学习良性变化是不可估量的。

本文原载于《外语教学与研究》，2011年7月第43卷第4期。

二语习得跟踪研究的三个基本问题：
分类、设计与可比性

北京外国语大学中国外语教育研究中心 文秋芳

Ortega&Iberri-Shea（2005）明确指出跟踪研究能够解决二语习得研究中的许多基本问题，例如二语石化、母语迁移、二语学习关键期等。尽管人们都同意跟踪研究比横向研究更为重要，但现有文献中跟踪研究数量极少，对跟踪研究方法的讨论更为鲜见，因此他们呼吁二语习得研究者应该公开讨论与跟踪研究方法相关的议题。本文的撰写正是笔者对他们呼吁的回应。笔者曾经就中国大学生英语口语能力的发展进行过4年跟踪研究，顺利完成了我国首项二语口语能力发展的国家社科基金项目。本文将以笔者从事跟踪研究的亲身经历为基础，就相关的基本方法问题进行探讨，期望日后有更多人从事跟踪研究，攻克二语习得研究中的难题。全文分为4部分：（1）二语习得跟踪研究的分类；（2）二语发展规律研究的设计框架；（3）二语习得跟踪研究数据的可比性；（4）二语习得跟踪研究案例。

1. 跟踪研究分类

1.1 Ortega&Iberri-Shea的分类及其问题

Ortega&Iberri-Shea（2005）依据2002-2004年出版的20种主流应用语言学杂志上发表的跟踪研究文章，将二语习得跟踪研究分为4类：（1）二语发展的描述—量化跟踪研究（descriptive-quantitative longitudinal studies of L2 development）；（2）二语课程结果跟踪研究（longitudinal research on L2 program outcomes）；（3）二语教学效果跟踪研究（the longitudinal investigation of L2 instructional effectiveness）；（4）二语习得定性跟踪研究（qualitative longitudinal SLA research）。笔者认为他们的分类方式逻辑上不清晰，分类依据不一致，值得商榷。本节首先逐一介绍Ortega & Iberri-Shea的分类，然后笔者指出他们分类的不足之处，最后笔者提出自己的分类方法。

依据Ortega&Iberri-Shea的看法，第一类描述—量化跟踪研究是非实验性研究，即研究者不对被研究对象进行任何干预，在一个较长时间段中，定点多次收集数据，研究语言发展的情况。他们认为这一类研究通常只研究语言变量，涉及的被试人数比较少，无法运用推断统计，报告的结果只能是描述性的统计结果。他们以Belz&Kinginger（2002）的研究为例说明了这一类研究。该研究记录了两个美国大学生学习法语与德语中有关"你"礼貌称呼的关键事件。这两个学生通过网络分别与在法国和德国的学生合作完成项目。在完成项目的过程中，他们需要称呼对方，以便进行个别交往。所谓关键事件就是他们错用了称呼，对方给予了纠正。

第二类为二语课程结果跟踪研究。该研究目的是比较不同课程的教学结果，涉及的样本比较大，研究的时间跨度与课程教学时间一致，4到6年不等。Ortega&Iberri-Shea认为这样的研究设计在传统二语习得研究中不普遍，但意义比较大。例如Klapper&Rees（2003）研究了英国大学中两组学生德语习得的情况。他们的德语起点水平相同，第一、二年在课堂学习德语的时间相同，每星期2至3小时。所不同的是，一组学生的德语为主修课，授课方法为传统的语法翻译法；另一组学生的德语为辅修课，授课采用的是以内容为主和以任务为导向的教学法。四年课程中的第三年，两组学生都被派到德国学习一年。为了比较这两组学生学习结果的差异，两组学生第一、二、三年中每年参加一次考试，考试内容为语法测试和德语综合水平考试。比较还包括了学生在课程刚开始参加的智力测试和四年级结束时参加的考试成绩。研究结果表明这两组学生虽然德语水平进步的速度不相同，但四年级最后学习结果差别不大。具体说来，第一组学生在第一、二年中语法和综合德语水平提高比较快，第二组在同一时间段停滞不前，但经过第三年的出国学习，进步比较大。也就是说，他们的起点和终点相同，但在学习过程中，各自快速进步的时间段不相同。

第三类是二语教学效果跟踪研究。这类研究为的是测量某一种教学方法的教学效果。研究的时间跨度一般为几个月。这类研究不是准实验设计，因为没有对照组。例如Kim&Hall（2002）试图了解教师—研究人员—学生互动性读书法对学了一年英语的4名韩国学生有何帮助。这4名学生每两个星期参加互动性读书一次，每次30分钟，阅读的英文书籍适合7岁的孩子。第一个月，每次见面阅读一本书，读完7本书，就开始重复。每次前20分钟读书，最后10分钟由学生将书中的内容进行角色表演。这个表演其实是个测试。学生英语能力提高的指标为平均每次表演运用单词的数量、话语的数量、用于控制讲话以及用于控制意义的话步次数。结果表明，除了用于控制意义的话步平均数外，其他各个参数均有明显的进步。

第四类是二语习得定性跟踪研究。这类研究采用质化研究法，其中有的是基于维果斯基的社会文化理论，有的是基于社会化理论，有的是两个理论兼而有之。例如加拿大人Marx（2002）在德国生活3年后，回到加拿大生活3个月。她运用自传式的写法，详细记载了自己这一段时间中自我认同的变化，归纳出自我认同的6个阶段。第一个阶段她被德国人误认为美国人，因为她德语带有美国人的口音；第二个阶段是她到德国4个月以后，她的德语中带有法国人的口语，德国人不再认为她是美国人；第三阶段是她到德国1年以后，她的语音语调已经能够冒充德国人；第四阶段是她到德国两年以后，她的母语有退化现象，开始带有英国人的口音；3年以后回到加拿大，她进入第五个阶段，她的英语带有浓厚的英国人和德国人的口音；3个月以后进入第六个阶段，这时她又重建了加拿大自我认同。

笔者认为以上四类跟踪研究的分类存在两个问题。第一个问题是分类标准不统一，时而依据研究方法，例如第一类与第四类的确定；时而依据研究内容，例如第二类与第三类的确定。毫无疑问，分类可以依据不同标准，但他们的问题是在同一层面上的分类依据了不同标准。第二个问题是，将描述研究等同于定量研究。描述研究既可以运用量化方法，又可以运用质化方法。而Ortega&Iberri-She声称第一个类别为描述性—定量研究，举出的例子却都是质化的个案研究。

1.2 笔者的分类

循着科学、直观、易于操作的思路，笔者提出依据研究方法、研究内容和收集数据的密集程度3个维度逐层加以分类（见图1）。第一层按照研究方法分类，可分为量化跟踪研究和质化跟踪研究，量化跟踪研究又可分为实验跟踪研究和非实验跟踪研究；第二层按照研究内容分类，可分为效果比较研究与发展规律研究，效果比较研究关注的则是两个或多个自变量对因变量影响的差别；发展规律研究关注某个变量或多个变量本身的变化路径和特点。第三层按照收集数据的密集程度分类，可分为集中式跟踪研究和分散性跟踪研究。如收集数据的密度很高，时间跨度不太长，但数据分析非常精细，这样的研究为集中式跟踪研究；如时间跨度比较长，收集数据的密度不很高，例如每半年或一年一次，则为分散性跟踪研究。

表1列出了Ortega&Iberri-Shea与笔者两种分类的比较。显然他们的分类比较粗，同时对第一类量化研究的界定有错误。

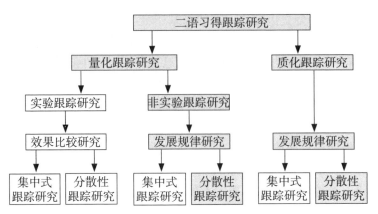

图1 二语习得跟踪研究的分类

注：图中 ☐ 表示笔者完成的课题其研究分类

表1 两种分类的比较

Ortega&Iberri-Shea的分类		笔者的分类		
分类名称	举例	研究内容	发展规律	收集数据的密集程度
描述—量化跟踪研究	Belz等	质化	发展规律	集中式
二语课程结果跟踪研究	Klapper等	量化、实验	效果比较	分散性
二语教学效果跟踪研究	Kim等	量化、非实验	效果比较	集中式
二语习得定性跟踪研究	Marx	质化	发展规律	分散性

需要强调的是，量化跟踪研究和质化跟踪研究可以单独进行，也可以在同一个跟踪研究项目中将这两种方法有机结合起来。笔者完成的课题《中国大学生英语口语能力发展的规律与特点》就是同时使用了量化与质化的方法（见图1）。整个项目的时间跨度为4年，每年在无干扰、自然状态下采集一次数据，我们分析了英语专业学生在语音、语法一致性、过去时、词汇、名词短语、动词句式等方面的数量变化。另一方面，笔者有针对性地挑选出为数不多的特定人群作为个案研究对象，对采集到的数据进行深度分析，以观察学生思维能力的发展。

2. 跟踪研究的设计框架

就跟踪研究的内容而言，图1列出了效果比较与发展规律两类。效果比较研究一般采取传统的实验设计，只是时间跨度比较长。研究者只要熟悉实验设计，对这一类的跟踪研究设计一般不会有什么特殊困难。例如Min（2008）对比了"阅读+词汇练习"与阅读多篇同主题文章这两种教学方法对词汇学习的影响。同一名教师用两种不同方法分别教授两组学生10个小时，每星期两小时，跨度为5个星期。这两组学生参加了前测，5个星期后参加了第1次后测，3个月后参加了第2次后测。前测保证两组学生实验前水平无显著差异。后测1与后测2都用来比较两种方法的教学效果。由此可见，这样的跟踪研究设计就是一般的实验设计。

但二语发展规律研究相对来说，困难比较大。下面介绍笔者提出的二语发展规律研究的设计框架，旨在给从事这方面研究的新手提供一个宏观性的指南。根据表2，该设计框架包括3个部分：变化区域、变化轨迹和分析变化的单位。

2.1 变化区域

掌握一门语言涉及多方面内容。研究习得一门语言的发展规律是一项工程。作为单个研究者，由于时间与精力的限制，只能研究语言系统的某个模块；如果有一个研究团队，则可以研究多个模块。无论是个人还是团队，都需要选择、确定所要研究的变化区域。具体说来，确定变化区域涉及语言模块、测量参数和外显标记这3个要素的选择。所谓语言模块就是指该语料涵盖的语言层级系统，其中包括语音、形位（morphology）、词汇、句法、语篇等模块。根据需要每个模块可以分为若干的子模块，子模块又可以分为更小的子子模块。外语能力发展研究可以是全方位的，涉及整个语言体系，涉及多个模块，也可以仅限于某个或某几个模块，或子模块。每个模块可考察的参数一般不止一个。例如词汇可以考察的参数有流利性、准确性、词频广度和多样性。参数一般是抽象的、不能直接观察的变量，因此每个参数需要用可测量的外显指标来表示。以笔者完成的"中国大学生英语口语能力发展的规律与特点"课题为例。我们力图涵盖整个语言体系，但课题组每个成员只负责分析某个模块及其子模块。例如笔者研究了口语词汇这个子模块（文秋芳，2006a，2006b，2006c）。我首先确定了研究口语词汇的参数为流利性、词频广度和多样性这3个参数，再确定测量每个参数的外显标记。当然，所确定的外显标记必须是现有的技术条件和手段能够提取得到的。例如词频广度的外显标记就是：不同频次类符的分布比例，即口语语料中1级词汇、2级词汇和3级词汇的词频分布比例。

2.2 变化轨迹

所谓变化轨迹指的是某个语言模块—参数变化的规律。这个变化规律可以用变化趋势、变化速率和变化结果来描述。变化趋势多种多样，最简单的有直线上升和直线下降。更多的形式是非线性的，如N形、V形、Ω形、U形等。变化速率是指哪一个时段进步最快，哪个阶段停滞不前，哪个阶段退步最快。变化结果是指某个语言模块—参数变化后是更接近于本族语者的水平或变得更远离本族语者的水平。例如Reigel（2008）指出二语发展的总趋势为S型，即开始阶段发展缓慢、中间阶段进步快速、后期阶段停滞不前。文秋芳（2006a）发现英语专业学生议论任务中口语词汇的流利性变化趋势类似于√型，词频广度和多样性的变化都类似于两级台阶型，变化最快的时间段为二至三年级期间，变化结果都朝着接近本族语的方向发展。

2.3 分析变化的单位

变化的分析单位由习得者与习得的语言内容两部分组成。语言习得者可以分为3个层次：整体样本、分组样本和个体样本。分组的依据可以是学业成绩，也可以是某个模块的起点水平，也可以是性别。个体样本通常用于定性研究。目前研究得比较多的是整体样本，如此做法的弊端忽略了组内差异。事实上学生之间的差异经常对二语习得研究的意义更大。例如同在一个班级，入学时水平相似，但呈现出不同变化趋势，就值得深究。很显然，如果我们对3个层次（整体样本、小组样本和个体样本）都分析，得到的情况肯定就比较全面。以口语词汇多样性为例。笔者首先分析全体学生的变化趋势，然后分析不同起点组的变化趋势。最后再挑选个别有典型意义的个体样本进行更深入的分析。

表2 外语语言能力发展跟踪研究的设计框架

变化区域			变化轨迹	分析变化的单位
语言模块	参数	测量指标		
●模块1，模块2…… ●模块1的子模块模块1.1，模块1.2…… ●子模块1.1.1的子子模块模块1.1.1，模块1.1.2…… ●子子模块1.1.1.1的子子子模块 模块1.1.1.1，模块1.1.1.1……	●流利性 ●复杂性 ●多样性 ●准确性	如句子复杂性 ●T单位数 ●子句长度 ●句子长度 ……	●变化模式 ●变化速率 ●变化结果 ……	●总体样本的模块—参数—指标 ●总体样本的子模块—参数—指标 ●分组样本的模块—参数—指标 ●分组样本的子模块—参数—指标 ●个体样本的模块—参数—指标 ●个体样本的子模块—参数—指标 ……

我们在决定习得语言内容的分析单位时，需要将模块—参数—指标作为一个整体考虑。表3列出了笔者对习得语言内容（句法）的分析单位。一般情况下，测量参数的指标不止一个。以句法复杂性这一参数为例。可以统计T单位数，或者子句平均长度，也可以测量句子平均长度。这里T单位、子句长度、句子长度都是外显指标。研究者需要从中选择恰当的指标从事自己的研究。

表3 分析语言习得内容（句法）变化的单位

模块	参数	指标
句法	复杂性	规定时间内的T单位数
	准确性	无错误T-单位数

3. 多点数据的可比性

跟踪研究的最大特点就是针对同一批研究对象分时段多次采集数据。影响跟踪研究效度的最大问题就是多次收集数据的可比性。影响可比性的困难有两个：一是每两次收集数据的间隔期可能不等；二是每次收集数据所采用的方法与任务不尽相同。解决第一个困难相对比较容易，只要努力，研究者能够保证采集数据的时间间隔相等。要想克服第二个困难，情况比较复杂。这里对小孩与成人的跟踪研究所面临的挑战不完全相同。如研究小学生句法的发展情况，时间跨度为6年，每年收集一次口语数据。由于研究对象的认知能力和语言水平在不断提高，研究者不能用难度相等的任务给不同水平的学生完成。很容易理解，小学一年级的学生无法完成六年级学生完成的任务，让小学六年级的学生完成一年级学生的任务无任何意义。因此对处于快速成长期的儿童语言发展研究，一般采用个案研究，即对同一批儿童按照事先设定的时间间隔采集自然状态下的语言输出，尽量避免设计特定的任务去诱发语言的产出。

成人没有认知能力快速变化这个问题，可以完成难度相似的任务。同时只有难度相似，比较才有价值。但设计难度相同的任务却是另一个挑战。例如要求学生连续3次用同样的题目完成作文，看起来似乎可以保证难度相同，但学生既可能由于话题相同失去兴趣而敷衍了事，也可能由于反复练习同一话题所产生的作用干扰了对跟踪研究结果原因的界定。因此用同一个话题多次采集数据，仍旧有效度问题。

笔者在进行跟踪研究时采取了一些措施，以实现最大限度的可比性。第一，本研究的周期为4年，每年的11月底至12月初收集两次数据，每次完成3项任务，故每两年的时间间隔均等。第二，本研究中，学生完成任务的要求和方式相同，一年级和四年级的任务也完全相同。一、二、三年级时的话题存在差异，但均为大学生所熟悉，并与他们的生活密切相关，具有很强的相似性。尽管采取了上述措施，我们仍旧不敢肯定学生的英语口语在4年中的变化没有受到不同话题的影响。

为了克服上述的不足之处，笔者建议在进行正式研究之前，可以通过试测同类型的研究对象来检验这些题目是否难度相当。运用试测的实证数据来证明任务的可比性会更可靠、更有说服力。当然即便进行了试测，我们也不能保证这些不同任务的难度绝对相同。

4. 二语习得跟踪研究案例

国家社科基金项目《中国大学生英语口语能力发展的规律与特点》于2004年度立项，2007年完成（文秋芳，胡健，2007）。本研究旨在回答如下问题：

（1）中国英语专业大学生语音语调的发展特点是什么？

（2）英语专业学生在语法一致性上的发展特征是什么？

（3）英语专业学生的句法发展特征是什么？变化中是否存在偏离本族语的特征？

（4）英语专业学生的词汇运用发生了哪些变化？变化中是否存在偏离本族语的特征？

（5）英语专业学生使用话语标记语发生了哪些变化？

（6）英语专业学生的语体特征发生了哪些变化？变化中是否存在偏离本族语的特征？

（7）语言水平不同起点的学生在上述语言特征上是否呈现出不同的变化趋势与特点？

（8）高、低语言起点组（10名学生作为个案研究对象）语言能力与思维能力发生何种变化？

为得到上述问题的答案，我们对某部属重点大学英语专业72名学生，从一年级到四年级进行跟踪（2001—2004年）调查②。在每年的11月与12月进行语料收集。学生在语言实验室内每次用10分钟完成3项任务，两次共完成6项任务，其中包括（1）朗读短文、（2）口头作文（记叙文体）、（3）角色扮演、（4）复述故事、（5）口头作文（议论文体）、（6）对子讨论。4年共收集5760分钟口语语料，约50万词。此外还收集了15名美国大学生完成口头议论文的语料。美国学生完成口语的题目与方式与中方一、四年级相同。

获得学生口语录音语料后，首先把磁带上的声音文件转成电脑接受的数码声音文件，再把它们转写成文本文件，并经多次交叉校对。最后通过清理、标注、赋码等技术手段，处理成可供分析的数据文本。

我们运用计算机分析软件Pratt分析语音语调的情况；运用Rang12，WordSmith，Pacount等软件分析词汇、句法、语法一致性、话语标记语使用的情况等；运用质化法分析了思维能力的特征；运用社会科学统计软件SPSS对语言能力和思维能力各项测量指标进行描述和推断统计分析。

本研究初步揭示了我国英语专业学生口语能力发展的规律与特点。其主要结果归纳如下：

（1）单音进步明显，超音段变化呈非连续模式，二年级的节奏模式最接近本族语者水平。

（2）形位和句法的准确性中学高中阶段基本定型，大学阶段的教学对提高形位与句法的准确性帮助不大；

（3）词汇流利性、多样性、复杂性进步呈逐年上升趋势；

（4）句法流利性、复杂性和多样性中的大多数测量指标呈非连续发展态势；

（5）在各项测量指标中，有两个指标（词汇复杂性、T单位长度）学习者四年级时的水平与本族语者没有差异，1个指标（子句长度）高于本族语者水平，其他各项测量指标都远远低于本族语者水平；

（6）在一至二、二至三、三至四年级3个时段中，第二个时段为英语专业学生口语能力发展的黄金时间段；

（7）话语标记语的使用4年变化没有清晰的趋势，一、四年级与美国大学生相比，标记语过多使用的现象比使用不足严重得多，同时表达手法单一；

（8）口语具有较强的书面语体倾向，笔语带有一定的口语体倾向。相比较而言，口语中的语体问题比笔语严重（文秋芳，2006c）。

（9）个案研究结果显示，高起点组语言能力与思维能力的提高远不及低起点组显著；但低起点组四年级时的水平还不及高起点组一年级水平；高、低起点组学生在辨证思维能力方面的进步都不明显。

以上结果为澄清二语能力连续与非连续发展模式之争提供了实证数据。根据本研究的结果来看，所谓连续（linear）与非连续（nonlinear）模式之争是将二语发展的复杂过程简单化。笔者提出模块—参数—外显指标三层次假设理论，该理论包括3个假设：（1）不同模块的发展模式不一定相同；（2）同一模块的不同参数发展模式不一定相同；（3）同一参数的不同测量指标所呈现的发展趋势不一定相同。从跟踪研究方法论的角度，本研究率先将学生二语口语能力的发展分解成模块（语音语调、形态、句法、词汇、话语标记语）、参数（流利性、复杂性、多样性、准确性）、指标（例如测量句法复杂性有T单位长度、子句长度、从句从句长度）3个层次，并将它们纳入到同一个框架内研究。另外，本项目通过10名学生的个案研究，提出了形式思维能力的3个测量指标：论点清晰性、论点概括性和说理透彻性，提出了辨证思维的一个测量指标：论述全面性，为思维能力的测量进行了有益的探索。

注释

①本文源于国家社科基金项目《中国大学生口语能力发展的规律与特点》（04BY0039），特此说明。

②由于本课题需要跟踪同一批学生4年，因此数据收集必须在立项之前开始，否则立项后再开始，无法按期完成任务。

本文原载于《中国外语》，2009年3月第6卷第2期。

母语水平对二语写作的迁移：跨语言的理据与路径

南京大学 王立非 文秋芳

1. 引言

长期以来，母语对二语学习的影响一直是二语习得研究的一个热点课题，各派理论从各自的角度出发，得出了相反或矛盾的研究结论。综观国内外二语写作中的母语迁移理论，概括起来有三大代表性流派。第一种以对比分析（CA）和对比修辞（CR）等理论为代表，认为母语对二语学习的负面影响要大于正面影响（James 1980），母语文化思维和知识会影响到二语学习者的写作语篇的组织方式（Kaplan 1966），因此认为学习二语写作应该尽量克服母语的影响。第二种以创造性构建（CC）理论为代表，强调二语学习主要受普遍语法的制约，母语不相同的学习者二语写作的过程和顺序却大致相同，母语对二语学习的进程没有明显影响，母语的作用可以不必理会（Faerch&Kasper，1987）。第三种以"深层共享能力"假设（CUP）为代表，认为母语和二语能力在深层次上相互依存，能力共享，母语对二语的正面影响从整体上看远远大于负面影响，母语写作水平的提高有助于二语写作提高（Cummins，1983）。各派的理论观点都有实证数据支持（Bhela，1999；Jiang，1999；Lay，1982；Upton，2001；Wen，1993；Woodall，2002；蔡金亭，1999；马广惠、文秋芳，1999；王文宇，2000；巫和雄，2002；朱中都，1999）。近年来随着认知语言学和认知心理学的发展，母语在二语学习中的作用得到更全面而深刻的认识，母语对二语学习既有消极作用，也有积极作用，两种影响交织在一起，共同作用。然而，目前探究何时何处有消极作用和积极作用的实证研究还寥寥无几，有关中国学生英语写作中的汉语能力迁移问题，国内外研究极少论及。

2. 研究设计

2.1 研究问题

作者在本研究中提出了"母语迁移的多路径"和"母语迁移的多阈值"两个假设。第一个假设指母语向二语写作的迁移是沿着多路径发生的；第二个假设认为，母语对二语写作的迁移受到不同阈值的制约，具体回答以下两个问题：

1）母语词汇、语法、语篇、阅读、写作等水平变量对二语写作是否有影响？如果有，是一种什么样的关系？

2）二语水平是否影响母语各变量与二语写作能力之间的关系？

2.2 研究对象

本次研究共有江苏两所高校的180名大二英语专业本科生参加，样本分别选自两所院校的4个自然班，受试样本的男女比例基本平衡，男生为98人，占样本总数的54.5%；女生为82人，占样本总数的45.5%。平均年龄为20岁，母语均为汉语，全部通过高考，在大学第二、三学期已修大学语文，因此可认定为受过高等教育的汉语本族语者。

2.3 研究工具

本研究采用三种工具测量学生的英汉语水平：（1）汉语笔试，（2）英语笔试，（3）汉、英写作。英、汉语笔试为客观标准化水平测试，包括词汇、语法、语篇、阅读几项内容，汉语试题选自全国成人高考原题，英语试题主要选自CET4、6级考试和TEM4级考试，其中英语语篇理解测试题选自Winter（1976）。

英、汉语写作为主观性评分，主要测量两种语言的写作能力。英语写作包括两项内容：第一项为议论文写作，要求学生就所给的作文题目写一篇不少于200字的作文，作文题目为"Is Internet Good or Bad to Our Life？"（网络让人是喜还是忧？）。第二项内容为记叙文写作，要求学生以"The Most Unforgettable Event in My Life."（记一次终生难忘的事情）为题，写一篇作文，字数不少于200字。中文写作要求学生就"网络让人欢喜还是忧？"为题，写一篇不少于500字的作文。采用相同的作文题目是为了避免题目不同影响作文的质量和长度（Reid，1990）。英汉写作的满分均为100分。表1为本研究所涉及的各种测量工具。

表1 本研究使用的量具

量具	测试种类	题量	得分	时间（分）	试题来源
英语测试	1. 英语词汇测试	150	100	30	TEM 4/CDT6词汇表
	2. 英语语法测试	35	90	20	TEM 4/CDT4试卷
	3. 英语语篇测试	35	70	20	Winter (1976)/CDT6试卷
	4. 英语阅读测试	20	50	30	TEM 4试卷

量具	测试种类	题量	得分	时间（分）	试题来源
汉语测试	1. 汉语词汇测试	40	100	30	成人高考1993-2000试卷
	2. 汉语语法测试	8	40	15	成人高考1993-2000试卷
	3. 汉语语篇测试	8	40	15	成人高考1993-2000试卷
	4. 汉语阅读测试	9	40	20	成人高考1993-2000试卷
写作任务	1. 英语叙述文写作	1	100	—	自行设计
	2. 英语议论文写作	1	100	—	自行设计
	3. 专业英语四级写作	1	100*	60	TEM 4作文题
	4. 汉语议论文写作	1	100	—	自行设计
	5. 大学语文写作	1	100	60	大学语文课程考试

注：*TEM4写作的得分为20分，为研究方便，在本研究中转换为百分制。1. CET=College English Test 2. TEM=Test for English Majors 3. NEEAE=National Entrance Examination for Adult Education。

2.4 研究变量

本研究共设计了10个潜在变量和16个可测变量，为了LISREL建模的需要，全部进行了编码，如表2所示。

2.5 数据收集与分析

数据收集分三步进行。第一步组织英语笔试，第二步组织汉语笔试，最后布置写作任务。汉语测试在课堂上进行，考试时间为80分钟。汉语考试包含四项内容：词汇、语法、语篇、阅读理解，所有题目均为客观题，全体受试者都很配合，答题认真，因此，试卷回收率较高。写作测试分两个阶段进行，英、汉写作间隔一个月。英语写作测试在先，先布置议论文，一周后布置记叙文。写作测试当堂完成，不能查字典，但不限时间，目的是让学生充分发挥自己的写作水平。汉语写作的题目与英语作文类似，不限时间，学生作为课外作业完成。由于两次写作间隔时间较长，英语作文又在前，基本可以排除记忆效应影响。

所有客观题按答案评分，汉语写作由两位经验丰富、参加过高考语文阅卷的语文教师分别批改，然后将二者的分数平均，得出最后分数，评分信度分析显示，评分较可靠。汉语作文评分标准参照成人高考作文评分标准，采用100分制，主要包括内容、结构、语言、文面四个方面。英语作文由两位教英语写作的教师批改，阅卷员信度为0.78。全部成绩输入SPSS数据表。

表2 潜在变量与可测变量的代码与说明

潜在变量		可测变量代码	可测指标说明
汉语水平	汉语词汇(CV)	CCV	1) 汉语词汇理解测试得分
		CPV	2) 汉语词汇表达测试得分
	汉语语法 (CG)	CCC	3) 汉语语法理解测试得分
		CPG	4) 汉语语法表达测试得分
	汉语语篇 (CD)	CCD	5) 汉语语篇理解测试得分
		CPD	6) 汉语语篇表达测试得分
	汉语阅读 (CR)	CR	7) 成人高考阅读考试得分
	汉语写作 (CW)	CWS1	8) 大学汉语写作考试得分
		CWS2	9) 议论文写作得分
英语水平	英语词汇 (EV)	ECV	1) 英语词汇理解测试得分
		EPV	2) 英语词汇表达测试得分
	英语语法 (EG)	ECG	3) 专业英语四级测试语法理解得分
		EPG	4) 专业英语四级测试语法表达得分
	英语语篇 (ED)	ECD	5) 英语连句成篇测试得分
		EPD	6) 英语语篇表达测试得分
	英语阅读 (ER)	ER	7) 专业英语四级测试阅读理解得分
	英语写作 (EW)	EWS1	8) 专业英语四级写作得分
		EWS2	9) 叙述文写作得分
		EWS3	10) 议论写作得分

3. 结果与讨论

本研究采用了验证因子分析（confirmatory factor analysis）和路径分析（path analysis）两种线性结构方程建模方法，结果报告如下。

3.1 对母语迁移多路径假设的验证

LISREL路径分析显示，假设模型成立，拟合优度数据（goodness of fit statistics）达到指标值，卡方值较小（$X^2=34.22$），接近自由度（df=40），p值大于0.05，表明模型与数据无显著差异，拟合较好。均方根近似误差值（RM-SEA），小于显著水平0.08，测量误差较小，均方根残差值（RMR）小于0.05，拟合优度指数达到标准（GFI>0.90）。多元相关平方系数区间值在0.50到0.98之间，表明变量间的因果关系较明显，上述参数显示，结构方程模型可靠（见图1）。

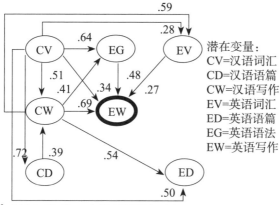

图1 汉语水平对英语写作能力的影响路径图

模型显示，汉语词汇、汉语写作能力、汉语语篇能力3个变量通过7条不同路径（路径系数小于0.20为无效路径）直接或间接地影响英语写作，7条有效路径的结构方程如表3。

这个发现支持文献报道过的研究结果。王文宇（2000）发现，母语的正面作用呈现多面性特点，在二语写作中主要用于理解写作要求，提取和综合概念和修辞信息，诱导二语句子、结构和词汇，涉及写作过程的各个方面。另一项类似的研究也发现，母语对二语写作构思活动产生积极影响（文秋芳、郭纯洁 1998）。二语学习者以三种途径迁移母语知识或能力：（1）选择二语作为表达语言；（2）提取原先以二语方式储存的、目前独立于任何一种语言的程序性知识信息；（3）将信息与表达所需的二语形式连接（O'Malley & Chamot 1990）。

表3 总样本的有效路径方程式

直接路径	Path 1: EW=CV(0.34)
	Path 2: EW=CW(0.69)
间接路径	Path 3: EW=CV+EG(0.64×0.48=0.30)
	Path 4: EW=CV+CV(0.54×0.69=0.37)
	Path 5: EW=CV+CD+CW(0.72×0.39×0.69=0.20)
	Path 6: EW=CW+EG(0.41×0.48=0.20)
	Path 7: EW=CD+CW(0.39×0.69=0.26)

3.2 影响英语写作能力的三个汉语变量的解读

本研究发现，三个汉语水平变量对英语写作产生影响，作者试图在迁移理论的框架下解读发生迁移的理据。

3.2.1 汉语写作能力的正迁移

在路径模型中，汉语写作能力对英语写作能力的影响不仅重要，而且起着中枢作用，通过四条路径直接或间接地迁移，其中两条路径十分显著。第一条为汉语写作变量到英语写作变量的直接路径（路径系数为0.69），也就是说，汉语写作能力可以解释47.6%的英语写作能力变异。这个结果与前人的研究（马广惠、文秋芳，1999；Rob & Amos et al.，2003；Sasaki，1996）一致。Lay（1988）认为，母语写作能力在七个方面正迁移：1）帮助选题和寻找论点；2）提高构思复杂观点的能力；3）有助于回忆过去的经验；4）协助把握作文的谋篇布局；5）促进自我表达；6）增加词汇丰富度；7）增加文化感悟性。

汉语写作能力的直接迁移主要有三个原因。第一，母语写作的知识与策略在二语写作中直接体现出来（Sasaki，1996），以母语写作策略迁移为例，主要表现在五个方面（Cumming，1989）：a）策略知识的迁移；b）运用母语思维构思二语作文；c）借助母语策略产出适当的内容和语篇结构；d）将母语构思的内容用二语表达出来；e）不断利用母语选择二语词汇。第二，母语与二语写作的过程基本相同（Cumming，1989；Lay，1982），无论使用母语还是二语写作都运用同样的方式构思内容、修改篇章、运用策略和风格。第三，二语写作中无法避免母语参与（Strauch，1997；文秋芳、郭纯洁，1998）。因此，母语写作能力强的学生写二语作文的时候往往在选词、语法和作文结构方面具有较大的优势。

除了直接影响之外，汉语写作能力对英语写作还有间接的影响，间接路径通过英语语法中介（路径系数=0.20），对英语写作变异的解释力为4%。若将直接与间接影响相加，汉语写作能力对英语写作的影响达到51.6%。马广惠、文秋芳（1999）也发现，汉语写作能力的间接影响力为0.34，影响路径与本研究所发现的路径不同，这种差异可能是研究对象的差异造成的。

3.2.2 汉语词汇能力的正迁移

LISREL统计分析显示，汉语词汇能力对英语写作也有直接或间接的迁移，主要通过四条路径实现。直接路径是汉语词汇直接影响英语写作（路径系数=0.34），汉语词汇能力可以直接预测约11.5%的英语作文能力变异。间接路径有三条，第一条为汉语词汇通过英语语法中介影响英语写作（路径系数=0.30）；第二条为汉语词汇通过汉语写作中介影响英语写作（路径系数

=0.37）；第三条为汉语词汇通过汉语语篇和汉语写作两个中介，向英语写作迁移（路径系数=0.20），通过这3条间接路径，汉语词汇能力可以间接预测2%的英语写作差异。如果将直接和间接预测力相加，中国学生的汉语词汇对英语写作变异的解释力达到13.5%。这个结果表明，母语词汇能力有助于二语写作，从而支持了母语词汇能力强的中国学生在英语写作中具有一定优势的假设。相反，母语词汇量较小的学生几乎很难学好二语词汇，母语能更有效地促进二语词汇学习（Sandra, 1997）。母语词汇量越大，词汇知识也就越丰富，而二语新词与学习者的母语和二语的知识和经验密切相连，二语词汇学习是通过将新词与母语或二语已有的词汇和概念联系起来加以语境化而实现的（Shawna, 2000）。

3.2.3 汉语语篇能力的正迁移

总样本的研究结果发现，汉语语篇对英语写作的直接影响路径不存在，但高分组和低分组在影响路径上可能会出现差异，而汉语语篇对英语写作的影响存在一条间接路径，通过汉语写作中介迁移（路径系数=0.26），对英语写作变异的间接预测力为6.7%。Jiang（1999）的研究发现，汉语语篇与英语写作相关（r= .244）。母语水平高的学生，其英语作文的语篇衔接和连贯性较好，母语写作时学到的语篇知识，如语篇策略和话语标记语等，会向二语写作发生迁移（Jiang, 1999）。

为什么汉语语篇能力对英语写作只有间接而没有直接的影响？一个可能的解释是，受试的汉语语篇测试成绩差异不大，汉语语篇组织总体上没有显著差异，考试成绩趋同，统计无显著差异性，出现语篇间接影响的原因可能是测试题只测到了语篇的连贯与衔接，其他语篇特点没有涉及，因此，对英语语篇的衔接等有一定影响。

3.3 "迁移多阈值假设"的验证

LISREL对高低英语水平组的汉语水平迁移分析生成两个不同的路径图，说明二语水平是影响母语水平向二语写作迁移的阈值。

3.3.1 英语高分组与低分组的路径描述

图2显示，多元平方相关系数较高，从0.42到0.99不等，拟合优度指标较好。卡方值较小（X^2=32.52），与自由度接近（df=34），p值大于0.05，模型与数据没有显著差异，均方根近似误差值（RMSEA）为0.0，小于显著值0.08，测量误差很小，均方残差值（RMR）为0.031，低于0.05的指标值，说明模型的信度较高。拟合优度指数（GFI）为0.94，高于指标值（GFI>0.90）。

图3显示，模型与数据拟合较好，拟合优度指标较高。卡方值较小（$X^2=47.06$），与自由度接近（df=36），p值大于0.05，模型与数据没有显著差异，均方根近似误差值（RMSEA）为0.059，小于显著值0.08，测量误差很小，均方残差值（RMR）为0.046，模型的信度较高。拟合优度指数（GFI）为0.92，高于指标值（GFI>0.90）。以下为两个路径图。

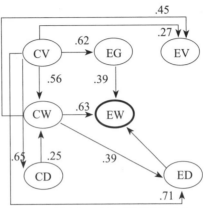

$X^2=32.52$, df=34, p=0.54, RMSEA=0.0
RMR=0.031, GFI=0.94, AGFI=0.87
图2 高分组的迁移路径图

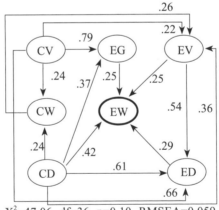

$X^2=47.06$, df=36, p=0.10, RMSEA=0.059
RMR=0.046, GFI=0.92, AGFI=0.82
图3 低分组的迁移路径图

3.3.2 英语高分组与低分组有效直接与间接路径对比

英语高分组的路径图显示为一条直接路径和三条间接路径；低分组显示为一条直接路径和一条间接路径，如表4所示。

表4 高分组与低分组有效直接/间接路径方程式

路径	英语高分组	英语低分组
直接	1. EW=CW(0.63)	1. EW=CD(0.42)
间接	2. EW=CV+EG(0.62×0.39=0.24) 3. EW=CV+CW(0.56×0.63+0.35) 4. EW=CV+ED(0.71×0.31=0.22)	2. EW=CV+EG(0.79×0.25=0.20)

对比显示，两个路径模型图在路径数量和预测力上存在差异。在路径数量上，高分组共有四条有效路径，而低分组只有两条。就直接路径而言，首先，高分组存在从汉语写作到英语写作的直接路径，这条路径最明显，而低分组没有；其次，低分组存在汉语语篇对英语写作的直接影响路径，高分组没有。在间接路径上，除两个组均表现出汉语词汇通过英语语法的中介影响英语写作的间接路径以外，高分组与低分组存在两个差异：第一，高分组存在汉语词汇到汉语写作再到英语写作的间接路径，而低分组没有；第二，高分组存在汉语词汇到英语语篇再到英语写作的间接路径，而低分组没有。

在预测力上，高分组与低分组差异很大。对高分组来说，汉语写作能力对英语写作能力的直接影响较强，路径系数达到0.63（即预测力为39.6%）。这个结果与总样本研究发现一致，验证了文献报道的发现：1）母语写作对二语写作的迁移率为30%（Kellogg，1994）；2）日本L2学习者的迁移率为18%（Sasaki，1996）；3）中国非英语专业大学生的迁移率为22%（马广惠、文秋芳，1999）。此外，汉语词汇能力还通过三条间接路径向英语写作迁移。汉语词汇可以间接预测大约22.7%的英语写作变异，汉语写作和词汇水平对英语写作的总预测力达到62.3%。对低分组来说，汉语语篇直接影响英语写作，路径系数达0.42（即预测力为17.6%）。汉语词汇通过英语语法间接影响英语写作，路径系数为0.20（预测力为4%），汉语词汇和语篇能力对英语写作的预测力达21.6%，但低于高分组，两个组的组间差异达18%。

为什么两个组的迁移路径会出现差异呢？我们的解释是L2阈值的制约作用。即使L1和L2具有深层共享能力，L1向L2的迁移也必须达到一定的二语水平才能实现。当二语水平较低时，迁移受二语水平的制约（Chen，1999；Su，2001），当二语达到一定程度后，母语能力的正迁移开始增加。在写作能力迁移方面，Su（2001）的研究发现，在句子层面，二语水平制约L1和L2之间的句子处理策略的迁移模式。在词汇迁移方面，Zimmermann和Schneider（1987）、郭纯洁和文秋芳（1997）及Wang（2000）发现，二语学习者依靠母语寻找同义词，然后翻译成二语。对高水平的L2学习者，L1词汇的影响不是表现为L2写作过程中的直接翻译，而是利用L1的词汇能力将所想表达的概念具体化，从而达到帮助L2写作的目的。从这个意义上说，L1词汇能力影响L2深层词汇能力，而不是表层结构。在语篇迁移方面，L1语篇对L2高分组的作文没有显著影响，只对低分组产生影响，L2水平差的学生有时依靠汉语语篇知识和结构组织英语作文，而这种现象高分组没有。

本研究勾画出的跨语迁移模式可总结如下：在L2未达到某种阈值水平前，L1写作能力对L2写作没有明显的正面影响，但在高水平上表现为一项重要的预测指标，L2的阈值处于中下水平段上，与高、低分组的分组成绩相吻合，在本研究中，大约在300分左右（英语总分为601），这个结果部分支持了马广惠和文秋芳（1999）的研究，他们发现L2阈值的位置处于中等水平附近。结果验证了中国二语学习者的"阈值"水平线基本相同。

4. 结论

本研究得到以下发现：

1）总样本结果显示，汉语水平变量通过直接或间接路径对英语写作能力产生影响，其中汉语写作能力、汉语词汇能力和汉语语篇能力三个变量对英语写作影响显著，这三个汉语变量可以解释71.8%的英语写作的变异。L1写作能力可直接预测47.6%的L2写作变异。L1词汇能力可以预测11.5%左右，L1语篇对L2写作没有直接影响。另一方面，L1写作能力可以间接地预测4%的L2写作变异，L1词汇可间接预测2%左右，L1语篇间接预测6.7%。

2）英语水平在汉语能力变量向英语写作能力的迁移中起着制约作用。英语高分组显示，L1写作能力可以预测39.6%的L2的写作能力，L1词汇能力通过三条路径间接影响L2写作，预测力达22.7%。两变量的总预测力达到62.3%；而低分组显示，英语写作受汉语语篇和词汇能力两个变量的影响，L1语篇的直接预测力达17.6%，L1词汇可以间接预测4%左右，两个变量的总预测力达到21.6%。

本研究支持了母语能力可以迁移到二语写作的论点，语言的深层共享能力是语言迁移的机制。迁移在表层和深层都会发生，表层多为负迁移，而深层多为正迁移。本研究对外语教学具有两点启示：第一，外语师生应该充分认识到母语在外语学习中的积极作用，提高英语写作水平的同时要继续提高汉语水平；第二，二语水平是制约母语向二语迁移的重要因素，提高二语水平仍是关键。

本研究在理论和方法上还存在不足，例如，双语水平、二语写作能力等概念所包含的指标可以完善，样本规模还可以扩大，研究方法还可以改进。

本文原载于《外语教学与研究》，2004年5月第36卷第3期。

应用语言学还是教育语言学?
——对二语习得研究学科属性的思考

上海交通大学 俞理明 袁平华

1. 引言

目前我国外语教育,包括大学外语教育,不尽如人意是个不争的事实(岑建君,1999,《外国语》特约评论员,1999)。这其中一个重要原因就是外语/二语教育理论研究的滞后,而要改变这一局面,就要大力开展二语习得研究学科的建设,这就不能不涉及对二语习得这门学科属性的认识。二语习得研究学科通常被等同为应用语言学的一个分支,有时甚至把二者等同,被称为狭义应用语言学,因此,二语习得研究学科被看成是语言学理论在外语/二语教育实践的具体应用。而自20世纪三十年代以来,由于受各种新兴学科的影响,语言学研究领域不断滋生出许多边缘学科,形成了一个庞大的相互交织的知识体系网,语言学成了各学科门类的连接点和新的学术增长点。这对繁荣语言学事业,促进各相关学科的发展是很有必要的。不过,在另一方面,语言教学却受到了不断翻新的语言学理论的冲击,人们甚至以为教师只要把语言学家的最新理论应用到外语实践中就能解决教学的根本问题。但外语教学的实践一再证明,语言教育是一个由各要素组成的多层面立体结构,除语言这个要素外还直接与教育学、心理学、社会学等直接相关,涉及教材、教师、学生、教学目标、组织管理等众多内容,远非语言学所能涵盖或取代,所以任何单一的语言理论在外语教学中的应用终归是有限的(孙兴文,2000)。可以说,虽然作为语言教育基础理论的二语习得研究首先是从应用语言学的角度开始的,但随着研究的深入,二语习得更多的是涉及教育研究领域,这种研究重心的转移是该学科发展的必然结果。我们认为,二语习得研究这一学科从本质上看,是教育学中的一门,称之为教育语言学比应用语言学更为贴切。澄清了二语习得研究学科属性,就可以把我们的视线不过分地集中在语言学这一领域,从而打开本学科建设的思路,改变目前外语/二语教育理论研究的滞后状况,能让我们的学科真正担当起对我国的外语教育的指导作用和领路人的作用。

2. 二语习得理论研究的性质和任务

二语习得理论是一门系统研究第二语言习得本质和习得过程的学科。具体说来，这门学科研究语言学习者在掌握母语后是如何习得另一套新的语言体系，也指同时习得母语与第二语言；研究母语对第二语言习得的影响及相互关系，第二语言习得理论还研究第二语言习得者的心理过程，认知过程；研究第二语言学习者之间的巨大个人差异等。Ellis（1994）将二语习得的研究内容概括为以下四个方面：

1. 第二语言学习者学到了什么？
2. 语言学习者是如何习得第二语言的？
3. 在学习者个人习得第二语言方面有些什么差异？
4. 课堂教学对二语习得有什么影响？

如果前面第一和第二个问题着重论述学习（learning）的问题，那么第三个问题的重点就是研究语言学习者个人（learner）的问题，指出语言学习者在学习节奏，学习方法和学习成绩上的差异。第四个问题研究课堂教学对二语习得造成的影响，课堂正规教学与第二语言习得的关系是第二语言习得研究者和外语教师普遍关注的问题。二语习得的研究领域也可以用如下图表（Ellis，1994：18）来表示：

表1 二语习得研究范围

Focus on learning			Focus on the learner
Description		**Explanation**	
Area 1 *Characteristics of learner language errors acquisition orders and developmental sequences variability pragmtic features*	**Area** 2 *Learner-external factors social eontext input and interaction*	**Area** 3 *Learner-internal mechanisms* LI transfer learning processes communication strategies knowledge of linguistic universals	**Area** 4 *The language learner* general factors e.g. motivation learner strategies

从上面的阐述和表1的内容可看出，二语习得研究的对象远远超出了语言学理论的范畴。语言学探讨的是语言的本质和对语言的描写，狭义的应用语言学也研究语言习得机制及过程，如下所述。但二语习得研究不仅关注第二语言学习者的语言（主要是母语和目标语），还注重对学习者本人情况以及他们是如何学习和使用语言的研究。

我们下面想简要追述一下二语习得这门学科如何从语言学中"脱胎"而来，又如何发展成为与语言学性质不同的一门独立研究领域这一历史过程。

3. 从"语言学的应用"到"应用语言学"——二语习得学科独立地位的确立

二语习得研究界比较一致的意见是二语习得研究作为独立学科出现在20世纪六十年代末，七十年代初，它的"催生婆"是Chomsky理论（1957，1959，1965）在语言学界和其他相关的领域里所引发的一场革命（Ellis，1985）。在二语习得研究早期，即在20世纪的六、七十年代，当时的"主流"理论，不管是"中介语"假设（Interlanguage）（Selinker，1972），还是Corder（1967）的"错误分析"论（Error Analysis），抑或是Krashen（1982，1985）的监控理论（Monitor Model），无不深深印有乔氏理论的印记。比如，Selinker在探讨二语学习者的僵化（fossilization）原因时，提出了第二语言学习者在学习过程中有一个和第一语言习得机制（Language Acquisition Device）相对应的东西起作用，叫做"心理结构"（Psychological Structure），而僵化就是"心理结构"萎缩（atrophy）所致。大家知道，所谓"语言习得机制"正是Chomsky提出的假设。同样，Corder的错误（error）和误差（mistake）的区别的假设显然是大量借鉴了乔氏对"语言能力"（Linguistic Competence）和语言应用（Linguistic Performance）之间的区别的论述。至于Krashen的监控理论。他的"习得"不同于"学习"的论点曾引起二语习得界广泛争议，而我们知道，"习得"这个假设正是乔氏理论体系的一个核心。

正是因为二语习得的形成和乔氏的语言理论体系有着千丝万缕的联系，二语习得这门学科也被称为狭义应用语言学。应用语言学这个概念效仿了"应用数学"这一术语，它最早是由波兰语言学家库尔特内（J.Baudouin de Courtenay，1845—1929）在19世纪下半叶提出来的，但当时没有得到广泛的注意（刘涌泉，1991）。虽然到了20世纪四十年代，应用语言学在美国出现并发展成一门独立的学科只是到了20世纪六七十年代随二语习得研究学科的兴起才成气候的。国际应用语言学协会于一九六四年在法国南锡成立；英国应用语言学学会在一九六八年成立，而后美国应用语言学学会在一九七七年成立，第二届国际应用语言学大会于一九六九年九月在英国伦敦召开。之后每隔三年左右，大会在世界不同城市举行一次。这些学术机构和学术刊物的问世标志着应用语言学的产生和发展，同时也标志着二语习得这门学科的地位的确立。

除了发展规模外,二语习得研究这门学科的成熟的另一个标志是对本学科的研究任务和性质的认识。一九八〇年Applied Linguistics杂志在英国的创刊,该刊开宗第一卷第一篇就是Canale & Swain(1980)所写的"Theoretical Bases of Communicative Approaches to Second Language Teaching and Testing"这篇著名的论文。自从这篇论文发表后,"交际能力"(Communicative Competence)被确定为语言教学的目标。也就是说,二语习得研究的对象是包括语法能力,社会语言能力,话语能力,和交际策略能力这四种能力的"交际能力",而不是Chomsky所说的只存在于"Homogeneous Speech Community"里的"Idealized Speaker"和"Idealized Hearer"的那种高度抽象化的"语言能力"。如果说,语言学研究的对象就是乔氏学说的"语言能力"的话,Canale &Swain文章问世后到现在,二语习得研究界几乎一致把交际能力作为二语习得的研究对象(Brumfit, 2001)。Canale&Swain在把Linguistic Competence中的"Linguistic"改成"Communicative"的同时,实际和Dell Hymes(1972)一样,把Chomsky所赋予"Competence"这个词的内涵完全给改变了。今天我们回过头来看,可以这样说,随着交际能力理论在二语习得界的确立,二语习得研究学科在和Chomsky学说拉开距离的同时,也和整个语言学学科拉开了距离,成为和语言学具有不同的研究任务和性质的一门独立学科。

在Canale&Swain阐明二语习得研究性质和任务的同时,Widdowson(1980)在Applied Linguistics这本重要杂志上对二语习得的科学属性进行了深刻的阐述,他一针见血地指出应用语言学/二语习得研究这门学科虽然离不开对语言应用的学习,但它决不是语言学的应用。所谓"语言学的应用",实际上是把语言学看成是应用语言学的中心,这种语言学中心论可以用如下的线路来表达:

语言学→应用语言学(二语习得)→语言教学

确实,无论在二语习得这门学科形成之前,还是在这门学科成立的早期,都有过盲目照搬语言学理论来解决二语/外语教学的实际问题的例子。比如盛行于20世纪四十至六十年代的听说法(Audiolingual Method)就是根据结构主义语言理论创造出来的。Spolsky(1975)借用一个同行的话对这个教学法提出严厉的批评,称之为是语言学家对语言学习者犯下的最坏的罪孽(the worst sin ever inflicted upon language learners by linguists)。Widdowson(1978)指出,掌握一种语言就既要掌握它的知识(usage)也要掌握它的具体用法(use)。二语习得中,语言知识只占语言习得过程的一部分,还有大量其他因素在影响二语习得的过程。本世纪伊始，Widdowson（2000）再次提出不要把应用语言学误作语言学的应用，他用了个很贴切的比喻，称前者是科学（Science），而后者是工程（Engineering）。他对目前盛行的语料库语言学运用到语言教学提出了保留意见。他一方面充分肯定语料库语言学的重要性，认为它是过去二十五年里语言学里最为重大的一个发展，但他另一方面又指出语料库里的语料是脱离语境的语言（decontextualized），要把语料库语言学的发现运用到二语教学中去，必须视语言学习者所处的课堂教学实际情况（classroom reality）而定，语料库的语料需要一个重新语境化（re-contextulized）的过程。Widdowson甚至警告说，在语言教学中盲目应用语料库语言学的成果也会重蹈"语言学的误用"（Linguistics Misapplied）这个覆辙。我们这里无意介入对语料库语言学的评价的争论，但笔者以为，Widdowson关于语言教学中的语境重要性无疑是非常重要的。正如王初明（2003）指出的那样：语言使用依赖于语境（Context-dependent），语境出意义，语境出功能，离开语境是教不好外语的。

从20世纪八十年代到现在，二语习得研究又有了新的发展，出现了新的趋势。它的研究目标日益明确，研究的范围也逐渐扩大。研究人员不再只是通过语言学理论来描述语言学习者的语言特征，更要解释语言习得的过程。越来越多的学者和研究人员对语言学中心论提出置疑，有人公开声称：语言学在外语教学中，既不是必要的，也不是充足的基础（Munby，1978）。二语习得研究已经不是只在语言学理论指导下进行，而是和其他非语言类学科有了广泛而密切的联系，并借鉴了相关学科已经取得的研究成果来加强本学科的研究。Long（1990）提出："二语习得是一门较新的多学科研究领域……许多研究者都利用心理学、语言学、人类学、外语、英语作为外语及应用语言学等许多学科的理论，研究成果和研究方法。"

随着应用语言学/语言教育的发展，应用语言学和语言学逐渐"脱钩"，自成体系，成了一种趋势。举例来说，美国应用语言学年会自其成立起，一直是和美国语言学协会共同举行的，而从一九九零年开始，就单独召开了。

4. 从应用语言学到教育语言学——二语习得研究学科属性认识的深化

把二语习得研究看成是有独立学科地位的狭义应用语言学，这是对本学科属性认识提高的表现，但我们认为应用语言学这个名词不能准确表达本学科属性，不管Widdowson如何讲"应用语言学"和"语言学的应用"有多么的不同，但应用语言学还是逃不出"应用"和"语言学"这两个词，它无法涵盖二语习得这门多学科性质的属性，而且甚至会有误导作用。因此，把二语习得研究称为"应用语言学"实际反映了本学科在其发展早期阶段对其属性的幼稚浅薄的认识。比如，在二语习得成立的早期，比较流行的观点就是把应用语言学误解为语言学的具体应用。甚至二语习得创始人之一Corder（1974：5）似乎也有这种误解。他把应用语言学定义为"利用语言学研究对语言本质的认识来提高以语言为中心成份的某些实际工作的效率。"（Applied linguistic is the utilization of the knowledge about the nature of language achieved by linguistic research for the improvement of efficiency of some practical task in which language is a central component.）按照该定义，应用语言学（含二语习得研究）取决于语言学对语言本质研究的成果，语言学理论对应用语言学乃至二语习得研究都有制约作用。

张玉华（1998）指出，"应用语言学"这一术语长期用来指称研究语言教学的科学，该术语有以下弊端：1. 没能揭示出所指称学科的本质；2. 将一门不属于语言学范畴的事物划入语言学范围；3. 这种错误的划分使一门相对独立学科的科学价值受到怀疑，也阻碍了这一学科的正常发展。二语习得理论对语言教学起着指导作用，与语言教学有着十分密切的关系。同理，如果将二语习得研究置于应用语言学的框架内也势必造成难以确定二语习得该学科的本质和范围，使得该学科的研究价值受到怀疑，也会影响到二语习得研究的发展前景。国内有些学者（张玉华，1998；夏纪梅，1999）认为外语教育隶属于教育学，他们的思路可以用如下的"路线图"来表达：

教育学→各学科的教学→外语教学

我们赞同此种观点，二语习得学科的属性应当根据以上的路线图来定位，把二语习得划归教育语言学的范畴比划归应用语言学无论在理论上还是在实践中都更具有其合理性，因为应用语言学与教育语言学的主要差异是不容忽视的，这种差异在于学科的重点和出发点不同。在教育语言学中，出发点通常是教育实践，重点适当地落在语言在语言教学过程中所起的作用。正是这些重要的差异使得教育语言学成为一门独立的学科，也就是有了各种挑战才使教育语言学在未来许多年中必须全力以赴才能解决本学科出现的问题。

"教育语言学"这一术语是Bernard Spolsky于一九七二年首先提出（Hornberger，2003），它的主要目标是"提供和制定与执行教育政策相关的信息"（Spolsky，1974：554）。他断言"这是一门注重实际需要，利用包括语言学各分支领域在内的理论和原则来解决问题的学科"（1974：554）。在

Spolsky对教育语言学的定义中，他明确规定该学科的重点应放在语言教育政策及其贯彻执行上，并强调以解决问题和以实践为主的思路。

此后不久，两个有关教育语言学方向的博士培养计划相继在美国大学出台，一个在新墨西哥州大学，由Spolsky执掌，另一个在宾西法尼亚大学，由Delly Hymes领衔。目前，还有两个教育语言学的培养计划亦已出笼，其中一个是斯坦福大学教育研究院所设立的教育语言学博士培养计划。此外，还出版了诸如Working Papers in Educational Linguistics等学术杂志。

诚然教育语言学这一术语效仿教育心理学和教育社会学，但它代表了一门学术性科目（语言学）和一种实际的学术性职业（教育）的结合。用这个术语意味着要认真考虑教育方面的因素，建立起一门新的学科领域。这个新兴学科的研究领域是处于语言学和教育之间。一方面，教育语言学的任务在于从众多的语言学各分支领域内选定与正规的或非正规的教育相关的知识，另一个方面，这个术语也包含与学习者的语言和语言水平直接相关的一些正规教育和非正规教育的分支领域。

尽管人们基本认同语言对教育的相关作用，但人们对这两者关系的本质的了解尚未明朗或对这两者的关系表示出一种谨慎的态度，它们之间是一种应用、启示、解释关系还是干预的关系？或者是一种共存、合作、互补或相容的关系（Pica 1997）？在Spolsky早期的论断中，他提出语言学对教育的关系是一种应用和启示的关系，这种应用和启示是通过语言描述这一直接手段以及通过诸如社会语言学和心理语言学这一间接手段进行的（1978：2—3，c.f.Shuy，1981：460）。然而，他也关注到虽然语言学有助于语言的描述，进而给语言教学提供信息，但描述并非等于规定如何教学（1978：2—3）。他强调说，教育语言学不应是像其看起来那样将语言学的最新理论应用于任何出现的问题（1975：347），而应是以解决问题为导向的一门学科，注重实际的需求。总之，教育语言学以（语言）教育实践为出发点，用一种全面的观点，即理论与实践相结合，研究与政策相结合来应对教学中出现的问题和挑战。

教育语言学是一门关于语言教育的科学，它以教育为载体，以语言为教授的对象，这门交叉性学科具有极强的边际性和开放性，许多领域的研究者都能对语言教育学提出一些看法和意见，其边际性在于它与众多学科相结合，借鉴其他学科所取得的研究成果为本学科的发展壮大奠定了基础，教育语言学的开放性表现在它有着非同寻常的交际能力，可以随时与邻近学科发展、保持密切关系，但教育语言学最基本的理论基础是语言学、教育学及与之交叉的一些学科，如心理学、社会学、人类学等。

从以上论述可以得知教育语言学具有极强的边际性和开放性，而作为外语教学的理论基础学科二语习得也具备有这种边际性和开放性，语言习得的多学科性决定了它要与其他学科的发展结合起来，同时研究语言的获得过程，二语习得的研究与这些学科有着密切联系，如图所示：

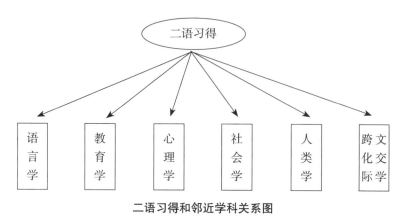

二语习得和邻近学科关系图

当然，上面所列举的只是与二语习得相关的邻近学科中的一部分，随着科技的进步和社会的发展，不断有新的学科出现，二语习得研究就能借鉴这些学科所取得的成就进行本学科的建设。

从国外的动态来看，一个引人注目的趋势是第二语言教育从应用语言学中独立出来，打起自己的旗帜。"国际英语教师协会（IATEF）在一九九一年召开的二十五届年会上认为，从语言向教育的转向是二十世纪九十年代世界外语教学理论发展史上的重要里程碑"（引自孙兴文，2000：108—109）。根据桂诗春（2000）的统计，到一九九七年，国外主要说英语的国家已成立了二十多个TESL/TESOL的学科及研究中心是设在语言学系之外的，Catford（1998）统计，以"Applied Linguistics"命名的新办的杂志和机构在七八十年代很多，而到了九十年代开始回落。"Language Learning"是美国一家权威性的研究语言习得的学术杂志，它于一九四八年创刊号的刊名是："Language Learning: A Quarterly Journal of Applied Linguistics"。据Catford，这是第一家使用"Applied Linguistics"这一术语的杂志。而到了一九九三年，Language Learning的副标题改为"A Journal of Research in Language Studies"，这一切表明二语习得研究走上了独立发展的道路。

总之，从二语习得研究发展现状来看，它已经成为了一门跨学科的具有相对独立性的科学，并在解决语言教学的实际问题中不断成熟和壮大起来。该学科为外语教学提供理论上的指导和实践中的帮助，为外语人才的培养提供了保障。

正是在这样的背景下，在西方的教育体制中以及在对英语教育十分重视的日本、新加坡等国家里，各种不同层次的以外语/第二语言教学为主干的应用语言学，（含TESL/TESOL）课程发展得很快，品种繁多，而且独立存在（从一星期的证书班到长达五年之久的博士学位课程应有尽有），以研究生课程为例，一九九六年在北美各大学里开设了三十九个硕士和博士课程，而到了二〇〇〇年，这样的硕士课程有七十三个，博士课程为二十九个（参见：Intelwww\aaal.org），五年翻了两倍半！在课程设置方面，TESOL的硕士生培养计划中含有双重重点，既强调入学者的理论基础，包括对语言学、社会语言学、心理语言学等学科的学习，又强调他们针对成年的二语习得者开展的课堂教学实践活动，而且这种实践课程的学分占相当的比例，TESOL的教育学博士培养计划更突出入学者的科研能力，开设了大量定性研究和定量研究方法的课程，为培养语言教学的高级人才奠定了基础。

5. 认清二语习得学科性质的现实意义

有人说关于二语习得研究的学科属性问题在我国外语教学界已经讨论过了，而且把二语习得研究或二语/外语教学称为应用语言学是历史上形成的，已经约定俗成。更何况国外二语习得界还有不少人仍然沿用"应用语言学"这个术语，比如，我们上面提到的英国出版的*Applied Linguistics*这本权威杂志现在还不是叫*Applied Linguistics*吗？再提这个问题有何现实意义？

确实，正如莎士比亚所说的，玫瑰不叫玫瑰照样芬芳，在美国等一些西方国家，二语习得研究，称其为应用语言学也罢，称其为教育语言学也罢，其独立的学术地位已经确立，其研究水平达到相对较高的层次，有其学术团体和学术期刊，有着一支素质普遍的研究队伍，各高等院校和科研机构设立了语言教学的硕士点和博士点。

但在我国，正如上面所提到那样，语言界、外语界及教育界在开展二语习得学科建设上，似乎还停留在上面所说的国外二语习得界以语言学中心论为其特征的发展早期阶段，可以这样说，这种语言学中心论对我们二语习得学科危害之大，我们感到有必要在这个领域里深入研究二语习得学科属性，笔者之一在招收博士生中发现，许多报考二语习得这一专业的考生对语言学的各流派可以讲得头头是道，而对二语习得理论却知之甚少，甚至是一团雾水。在博士生面试时，考生在回答为什么要报考二语习得这门专业时，极大多数（如果说不是所有）的回答是"学好语言学的理论搞好外语教学"。有位考生甚至不知道Krashen的监控理论（Monitor Model），甚至把它说成是Chomsky的理论。

我们认为这种现象不应一笑置之，而是应当引起我们高度重视，因为它事关如何培养一支高质量的二语习得研究人才队伍这一重大问题。我国高校二语习得研究方向的学生一般是按外国语言学和应用语言学专业的课程设置来培养的，这样严重阻碍二语习得这门学科的发展。这里拿我国某一重点大学的硕士研究生课程为例：该大学是全国少数几个有语言学和应用语言博士点的高等学府，其硕士研究生课程必修科和选修课各十一门，在这十一门必修科中，除了两门政治课和一门二外之外，剩下的八门课是：英语教学法、语言学概论、语义学、语言测试、语言统计、心理语言学、语篇分析和句法学，而十一门选修课中却有一门叫二语习得，它和英美文学选读、英语写作、文献阅读等其他十门课并列。这个课程大纲的思路很明确，就是把二语习得挂靠在语言学和应用语言学名下的一门课程，而没有把它按一门独立学科来对待。我们看到，在该校的研究生培养计划里，二语习得还仅仅是一门选修课。此外，该课程大纲突出的是语言学的理论学习，它规定的必修课中至少有三门（语言学概论，语义学和句法学）却是语言学专业里的核心课程（core course）。但是，该校外语专业的不少学生的研究方向是二语习得，这样的课程设置怎么能满足这些硕士研究生的需要呢？

当然我们也发现，我国师范类院校中的英语教育专业，其课程设置中有不少教育类的课程，如南京师范大学英语教育硕士所学的课程即是如此。我们觉得我国二语习得方向研究生的培养应更多借鉴师范类语言教育学科的课程设置，逐步形成本学科自身的独立体系，体现其属于教育学科的属性。

Spolsky（1999）在论述"教育语言学"学科性质时一针见血指出，尽管"Educational Linguistics"这一术语里"Linguistics"仍然是这个名词短语的中心词（headword），但教育语言学是一个新的领域，在这个领域里，语言教育上的问题和语言学理论关系不再是钉子和锤子的关系。他认为（Spolsky 1999：1）教育语言学这一个日益扩大的领域"最好定义为语言和教育的交叉（the intersection of language and education）"。如果我们承认二语习得是一门独立的学科的话，其核心课程不应当尽是语言学的核心课程，作为二语习得的核心课程，至少要包括二语习得理论和二语习得研究方法这两门。此外，还必须选修和学习者如何习得第二语言相关的课程，如心理学、教育学、社会学及统计学等，其中最为重要的是教育心理学和教育统计学。相反，语义学、句法学之类属语言学核心课程应当列入选修课之列。当然，我们不是说二语习得这门学科不要语言学，相反，作为教育语言学的学生，语言学知识是他们必备的，但二语习得方向的研究生应以学习二语习得的理论为主，而不是以学习语言学的理论为主。比如，二语习得的研究生首先应集中精力搞清Communicative Competence的理论，而学习Chomsky的Linguistic Competence的概念可以帮助清楚它和Communicative Competence二者之间的关系，也就是说为搞懂Communicative Competence服务。换句话说，学习语言学的理论是为掌握二语习得理论服务的，而不是为学语言学理论而学理论，这里特别要指出的是，二语习得这门学科经过四十多年的发展，已经有了它自己的一套理论体系，现在只是给它"正名"，将它移至教育语言学名下，更准确地描述这门学科。我们的二语习得的研究生要系统地、完整地、全面地掌握好这些理论是需要很大功夫的，笔者之一在多伦多大学安大略研究所攻读语言教育博士学位时，交际能力（Communicative Competence）就是一门课，授课者就是M. Canale本人。语言学理论和二语习得理论不是一回事，而是两回事。我们再回到Widdowson的"语言学是科学，应用语言学是工程"那个比喻上来。如果现在要求应用数学或应用物理专业的学生去学习理论数学或理论物理的课程来替代他们本学科的课程学习的话，这会被认为是不可思议的，而我们高校外语专业硕士生培养中，就是在干这种不可思议的事情，用语言学的课程来培养应用语言学（教育语言学）的学生。

将二语习得研究挂靠于语言学和应用语言学的做法的直接后果是我们培养出来的学生对二语习得理论没法吃深吃透，只能是一知半解，他们只学会讲一些术语，而不能真正掌握好该学科的理论精髓。举个例子，我们搞二语习得的人大概没有一个人没有听到过或者使用过交际教学（Communicative Language Teaching）这个术语，但是大家对这个教学理论是否真正的理解呢？国内把交际法误认为功能意念（Notional/Functional）教学法的人有之；认为交际法只重视口头语而不重视笔头语的也有之；认为交际法反对教语法的也有之；认为交际法只教浅层文化者也有之（参见龚亚夫，1999）。前两年看到王宗炎先生（Wang，1999：36—41）的一篇文章，介绍上海某重点高校的一个为期五年的科研项目，据王宗炎先生介绍，该项目的宗旨是为了看交际教学法（Communicative Language Teaching）是否真正优于我国传统的分析外语教学法。我们认为这个项目命题本身是很有问题的，在二语习得领域里，把语言当作交际手段来教已经成为二语习得研究界的一个共识，至今还没有什么权威人士对这一原则提出过挑战。早在20世纪八十年代，Stern（1983）

在评价交际法时就指出,外语教学中最有影响的教学法有以下六种:语法翻译法(Grammar-translation Method)、听说法(Audiolingual Method)、直接法(Direct Method)、阅读法(Reading Method)、视听法(Audiovisual Method)、和认知法(Cognitive Method),它们的共同特点是把语言学习看成是语码学习(Code Learning),而交际法则不同,它是唯一不把语言学习看作是语码学习的教学方法,它探索"一种可能性,把非分析型的(non-analytical)、参与型的(participatory)、体验型的(experiential)语言学习方法有意识地作为教学策略(Stern, 1983: 473)。交际法经过多年的发展,不断修正自己和完善自己,已经变成一种超出具体教学法的总的教学途径(General Approach)。因此,交际法和其他教学法的另一个根本性的区别是它已经不是一种具体教学方法,而是一种教学思想,是原则性的交际途径(Principled Communicative Approach)。根据交际法教学思想,"在培养学生交际能力的总目标下,确定若干交际语言教学的原则,推广各种合适的课堂教学方法"(龚亚夫,1999: 115—116)。因此交际法并不是一概排斥分析性的教学方法,而且事实上,我们认为把体验性和分析性教学相结合能取得最好的教学效果(Yu, 2001, 2002)。据王宗炎先生那篇文章的介绍,该实验中的实验组(Experimental Group)使用了李筱菊所编写的体现交际法原则的教材,对照组(Control Group)则使用我们传统的、分析性的教材。实验发现交际法和我国传统的分析性教学法各有所长,也各有所短,因此在我国外语课堂里应当两个方法可以一样使用。我们虽然对该项目没有作过调查研究,但对该实验下的这样的结论是不敢苟同的。该实验项目负责人把交际法纯粹看成是一种教学方法是对交际法的一种误解;更糟糕的是,他(她)们把使用一本按交际法的教材和交际法教学画上了等号,因为实验组使用了李筱菊的教材,实验组的教学效果就代表了交际法的教学效果,这也是不妥当的。

搞清二语习得学科的属性不仅有利于本学科建设,而且对搞好和深化对外语教学的认识,特别是大学英语教学有举足轻重的关系,搞好大学英语教学的关键之一是建立一支高素质的师资队伍,关于教师在第二语言/外语教学中的重要性,不少国外学者已有论述(Stern, 1955, 1983, Richards, 1990)。特别要一提的是,在我国,英语教学是以课堂教学为主的,在这样的背景下,"外语教师本身的素质甚至比其他环境因素更易影响学习者的成功"(戴炜栋、束定芳,1994: 1)。虽然我们国内外语界对培养一支合格的大学英语教师队伍的重要性似乎没有什么分歧,但我们的大学英语教师现状怎样?什么样的大学英语教师才能称之为合格？怎样培养和造就一支合格的大学英语教师队伍？这些事关我们大学英语教育能否顺利发展的重大问题很少开展过认真的讨论。

戴炜栋、张雪梅（2001：3）指出：我国"外语教师总体素质较低"。吴一安（Wu，2001）认为，合格的英语教师的短缺是我们外语教学面临的一大挑战。那么，什么是合格的大学英语教师呢？我们认为合格的大学英语教师至少要懂得什么是语言教学，也就是说要有教育语言学的背景。在美国等一些西方国家，不管你曾经有过什么学位和学历，只要从事外语/第二语言教学，你就必须经过二语习得课程的培训，以此来保证教师的素质。拿ESL/EFL（把英语作为第二语言/外语）为例，TSEOL董事会在二零零三年七月发布招聘ESL/EFL教师的信息中明确规定了从事该职业的资格要求，即一个合格的ESL/EFL教师不仅要有很高的书面语和口语水平（尽管是本族语），还要有出色的教学能力，并且要对二语习得、语言学、应用语言学、社会语言学、心理语言学、语言教学法、课程设计、教材开发、测试、跨文化交流等学科的现状和发展趋势要有很好的把握，同时，也要懂得这些学科对教学的含义。如有可能，ESL/EFL的教学人员应具备相应的学位和证书。但我们国内却不是这样做的。近几年来，由于外语界各级领导对教师队伍的学历的重视，越来越多的英语系硕士课程毕业生充实到大学英语教学教师队伍里，此外，现从事大学英语的年轻教师也在攻读硕士课程。但各高校似乎有这样一个不成文的规定，只要你是英语系毕业的硕士，不管你是攻文学的，还是搞理论语言学的，都被认为可以搞大学英语教学。这样就产生这样的错觉：大学英语大家都好教，只要有一张英语专业毕业的文凭就行。这种做法实际上就是对二语习得独立学科地位的一种否定。为了改变这种局面，我们必须加强和加紧二语习得的学科建设。这里特别要指出的是，既然我们的研究生，特别是硕士研究生主要是补充大学英语的师资队伍，我国高校外语专业的硕士研究生课程应当把重心从语言学转到教育语言学来。只有这样，我们才能培养出大批高素质的大学英语教师来。

6. 结论

二语习得学科研究，虽然在其发展的初期被划归为应用语言学，受到语言学的影响，但这门学科在其自身发展中，逐渐与众多的学科有着密切的联系，成为一门多学科、跨学科性的独立学科。二语习得研究人们在掌握母语后再习得第二语言的过程，因而与教育语言学关联性极强，在学科属性上应属于教育语言学。当然，在科学发展日新月异的今天，多种学科的交叉结合，从而产生出新型的学科是常有的事，我们这里所讨论的二语习得学科性质的演变只是反映了当今学科发展的这一趋势罢了。但问题是我国的语言学界，应用语言学界和教育学界对二语习得学科属性的认识并没有与时俱进，认识落后于该学科的发展，因此，在二语习得的学科建设上的一个主要任务就是认清楚本学科的教育属性，和语言学拉开距离，在这里，我们愿意引用语言学家Yngve（1996）的一段话供我们二语习得研究界同仁思考："语言学在过去的两百年中一直在设法变成为一门科学，结果只是建起了一堵科学的外墙。这堵外墙后面的框架结构，不同的语言学家有不同的构想，但这像是电影拍摄场地一样，并没有现实的东西；所构想的结构一直只是一些神话，幻觉，假设，纯粹的想象之物。没有现实的研究对象，任何科学都无从谈起。要有经得起验证的假设，唯一途径是在现实环境形成它们。"这说明语言学本身也处于发展和建构当中。要提高外语/二语教学质量，建设一支高素质的外语教师队伍，就要有明确的人才培养目标和一整套人才培养的计划，特别是先进的语言习得理论作指导，只有这样，才能培养出人才的梯队，建立起二语习得研究的高地，为外语教学事业的迅猛发展提供有力的保障。

本文原载于《现代外语》，2004年8月第27卷第3期。

第十一章
双语教育和教学研究

（一）汉语-少数民族语言双语教育

按语（戴庆厦）

中国是一个以汉族为主体的多民族国家，双语问题是中国民族问题和中国语言教育问题的一个重要组成部分。双语研究，具有重要的理论价值和应用价值，这是由中国的国情决定的。中国民族多，各民族的情况不一，科学地解决中国的双语问题存在相当的难度，需要做深入的第一线调查，掌握丰富、可靠的语料，并在此基础上进行理论归纳。这里汇集的几篇论文，有综合的分析研究，也有个案的微观描写研究，从不同的角度反映了我国双语研究的特点和进展。

中国少数民族双语的现状及对策

中央民族大学 戴庆夏

中国少数民族的双语，通常是指少数民族母语和国家的通用语汉语的关系，即少数民族既学习本族语文又学习汉语文。本文主要介绍中国少数民族双语的现状及对策。

1. 中国少数民族实现双语目标的重要性

中国少数民族的双语问题，是中国民族问题和中国语言教育问题的一个重要组成部分。对其研究，具有重要的理论价值和应用价值。中国少数民族双语问题的重要性，是由中国的国情决定的。

中国的国情之一是：多民族、多语种的国家。我国55个少数民族使用80种以上的语言，这些语言分属汉藏、阿尔泰、南亚、南岛、印欧等五大语系。少数民族语言是少数民族日常生活中必不可少的交际思想的工具，而且凝聚着少数民族长期以来积累的文化。24个少数民族还有33种文字，这些文字字母的来源有古印度字母、叙利亚字母、阿拉伯字母、拉丁字母以及独创字母等。不同民族的语言文字，由于其使用人口多少的不同、使用范围大小的不同，具有不同的功能。少数民族要依靠自己的语言进行日常生活的交际，还要通过自己的语言发展文化教育。

中国的国情之二是：我国是一个以汉族为主体的多民族国家。汉族不仅人口多，而且在经济、文化、科学技术等方面一般都走在各少数民族的前列，因而在长期的历史发展过程中汉语已成为我国的通用语。少数民族与汉族之间的交流，少数民族之间的交流，甚至少数民族中不同方言之间的交流，都要使用汉语。特别是在现代化进程中，少数民族要学习国内外先进的科学技术知识，了解世界的最新动态，都必须掌握汉语文。因而在语文的使用上，我国少数民族除了依靠自己的语言文字外，还要学习、使用汉语文。

我国的国情决定了双语是我国少数民族语言使用的最佳选择。少数民族能成为既懂母语又能兼用汉语的双语人，对他们的发展繁荣、不断适应社会的变化，是一个必不可少的条件。因而，中国的双语教育已成为人们所关注的一项重要工作。它的理论意义在于：怎样根据不同民族的语言实际和社会实际，认识少数民族兼用国家通用语的规律，怎样解决好少数民族的双语关系。其应用价值在于有助于国家制订适合少数民族发展的双语规划和双语政策，有助于少数民族的团结合作和各民族的共同繁荣发展。正因为如此，提倡双语是中国政府的一贯主张，各级政府一直关注少数民族的双语教育。

2. 中国少数民族双语的特点和类型

中国少数民族的双语现象存在以下两个主要特点：普遍性、不平衡性。普遍性是指不管是哪个民族，人口多的或人口少的，内地的或边疆的，都存在双语问题，即都面临着既使用本族语言又要兼用汉语通用语的任务。不平衡性是指不同民族的双语状况存在差异，有的民族已基本实现全民双语（如基诺族），有的是大部双语（如彝族、哈尼族），有的只是少部双语（如维吾尔族、哈萨克族）。由于存在不平衡性，所以在解决中国少数民族的双语问题时，必须分类对待，分别制定不同的措施，而不能一刀切。

我国少数民族的语文教育大致可分为以下两种类型：一种是从初等教育始到高等教育全部使用汉语文教学。另一种是开展本族母语和汉语文的双语教学。

属于前一类型的，主要有以下几种情况。一是无本民族文字的民族，其中有回、瑶、土家、黎、畲、高山、东乡、土、仫佬、羌、布朗、撒拉、毛南、仡佬、阿昌、普米、怒、德昂、保安、裕固、独龙、基诺等民族。这些民族中，有的已全部转用汉语（如回族），有的已大部转用汉语（如土家族、仡佬族），有的是部分转用汉语（如阿昌族、普米族、羌族）。二是虽有文字，但文字不通用的民族，全部或部分从初等教育起就使用汉语文教学。如：纳西族虽有过东巴文、哥巴文，但未能广泛推行使用；水族在历史上有过水书，也只有少数人能使用。我国建国后，新创或改革过的文字，也因各种原因（如方言差异、杂居等），有些也未能在这个民族中广泛使用过。如壮、侗、哈尼、苗等民族的新文字。三是杂居地区的民族，由于不同民族共聚一个学校，没有条件按民族分班，也只能使用汉语文教学。大多数的民族都有部分地区属于这一类型。这一类型的汉语文教学，在教学体制、课程教材上大体与汉族学校相同。所不同的是，在有条件的地区，如民族学生相对集中、有懂本族语文的教师，小学初级阶段使用母语辅助汉语文教学等，汉语文教学大多与同类汉族学校保持相同、相近的水平。但也有一些地区由于语言障碍或其他原因，教学水平一般不及同类的汉族学校，升学率和巩固率都偏低。

属于后一种类型的双语教育，是有通用民族文字的民族，有蒙古、藏、维吾尔、哈萨克、朝鲜、彝、傣、傈僳、景颇等民族。根据教育学原理，有本族语文的民族先学民族语文，后学汉语文有利于开发儿童智力、普及初等教育，也有利于进一步学习、使用汉语文。但由于不同民族存在不同的社会、文化特点，加上民族语文的功能存在差异，因而在处理两种语言的关系上，包括课时比例、时间安排、如何连接等，存在不同的类型。即使是同一民族内部，也由于不同地区的差异存在不同的类型。如蒙古族中小学就有三种不同的类型：一是以蒙语文为主，加授汉语文；二是以汉语文为主，加授蒙语文；三是全部使用汉语文授课。这一类型的双语教育又可分为以下几类：

2.1 以民族语文为主，兼学汉语文

这一类型是指从初等教育到部分高等教育都以学习民族语文为主，大部分课程都使用民族语文授课，汉语文仅作为一门课讲授，等到民族语文有了一定基础后再学习汉语文。我国北方几个有历史悠久的文字的民族大多属于这一类型。但他们之间仍有一些差别。如新疆维吾尔自治区的维吾尔中小学都以学习维吾尔语文为主，主要以维吾尔语文授课。从小学三年级以后开始学习汉语文，汉语文作为一门课学习。在大专院校里，除部分学校用汉语文授课外，各院校的系科大多有用维吾尔语文授课的专业。

2.2 以汉语文为主，但也学民族语文

这一类型是指从初等教学到高等教育都以学习汉语文为主，但在初等教育则以学习汉语文为主。我国南方一些有本族文字的民族均属这一类型。这一类型中，民族语文与汉语文的比例、如何连接、采用何种授课方式等问题，不同民族由于条件不同又各有不同。

云南德宏傣族景颇族自治州的傣族、景颇族、傈僳族的做法是民族语文课从一年级开始到小学毕业，课时逐年递减；汉语文课从二年级起授课，课时逐年增加。中学阶段，只在部分民族中学和民族师范中的民族班开设民族语文课，其他课程都用汉语文授课。在大专院校中，除云南民族学院的民族语文专业（德宏傣语、西双版纳傣语、景颇语、傈僳语、佤语、拉祜语、彝语）的民族语文课使用民族语文授课外，均用汉语文授课。

云南德宏州自1983年开始，就将载瓦文纳入小学正规的教学计划，主要使用于景颇族载瓦支系学生为主的小学。据1992年统计，全州应开设载瓦文的学校是179所，其中已开设载瓦文的学校有108所，占60.3%，这108所小学的在校生有4487人。全州景颇族载瓦支系教师308人，其中懂载瓦文的教师有

239人，占77.6%。德宏州多年的实践表明，载汉双语文教学较为理想的模式是：一年级学载瓦语文课和汉语会话课，教材使用《载瓦文小学课本·语文第一册》和《汉载会话》。二年级到六年级使用五年制汉语教材授课，同时使用《汉景载词语对译手册》（一至六册）。使用教材主要有：《小学载瓦语文课本》（一至六册）、《小学载瓦文教学》（一册）和《汉载会话》（二册）。

3. 中国少数民族双语面临的问题及对策

由于少数民族的双语关系是个非常复杂的问题，加上国内外对其研究起步较晚，所以认识与实际还存在较大差距。当前面临的问题主要是：

3.1 如何切合实际地、科学地认识少数民族双语的重要性问题

对双语的重要性，一直存在两种不同的认识。一是忽视母语的应有作用，认为少数民族应该加快掌握汉语，这样才能适应现代化的步伐，甚至认为强调母语的作用就会削弱汉语的学习，不如直接学习汉语。持这种认识的人虽具有良好的动机，但不切合少数民族的实际。他们看不到母语的重要作用，也看不到母语除了应用价值外，还具有民族感情的价值。二是对少数民族掌握汉语文的重要性估计不足。他们担心汉语普及了会削弱母语的作用，甚至担心汉语会逐渐代替母语。他们只看到母语与通用语相互竞争的一面，而看不到互补的一面。

对我国少数民族的双语关系应坚持语言和谐的理论，既看到母语与通用语相互竞争的一面，又要看到二者互补的一面，做到母语与通用语的和谐是有可能的。语言和谐有利于民族和谐，有利于少数民族文化教育、科学技术的发展。

双语理论建设，是当前双语教育研究必须强调的一个重要问题。

3.2 重视少数民族学习"三语"的问题

近年来，外语学习在少数民族语文教育中有很大的发展，越来越显示出其重要性。于是出现了所谓的"三语"新概念、新问题。"三语"，就是少数民族除了学习母语和汉语外，还要学习外语，这就加重了少数民族学生语言学习的负担。如何安排这三者的关系，是必须探索的一个新问题。所以，解决少数民族的双语教育，还要考虑"三语"的关系。

3.3 教学法的使用问题

中国少数民族的双语教学，长期以来普遍使用传统语言教学法，即翻译

法、直接法、对比法。但不同民族在使用中又根据本族具体情况有不同的创造。

翻译法是强调理解，重视培养阅读和理解的能力。教学过程运用母语翻译，以对译为教学手段。如云南省施甸县摆榔民族小学自1981年起实行彝汉双语翻译教学，取得了显著的效果。其做法是在学前班进行彝汉翻译训练，初步掌握日常生活的常用语；在一、二年级，教师坚持用彝语翻译字、词、句，并训练学生不断提高彝汉翻译能力。直接法是直接用第二语言授课，不用母语翻译。我国一些地区，由于一个班级是由多民族学生组成的，或入学学生已掌握一些汉语，因而使用直接法教学较好。这种教学法，强调模仿和实践。通过反复练习理解词义和语法规则。如延边朝鲜族自治州的一些学校，过去一直坚持用汉语上汉语课，并在课外坚持实行汉语日常化。他们认为语言能力的培养主要靠模仿，而小学一、二年级学生模仿力强，记忆力好，是学习语言的最好时机，因而应让学生在这一阶段多接触汉语。对比法是在自觉对比母语和第二语言异同的基础上开展第二语言教学，依靠母语知识和技能去获得第二语言。在教学原则上，强调理论对语言实践的指导作用，坚持理解的基础上模仿。在教学手段上，主要采用语言对比和语言翻译。用母语进行语言知识的讲解和对比语言异同。这种教学法对成年第二语言教学效果较好。

如何根据不同民族的实际，创造适合其语言特点和文化特点的教学法，是我国实施双语教育的一项重要任务。今后的路子将任重而道远。

3.4 要大力加强语言对比研究

要提高第二语言的习得水平，必须对母语和第二语言的共性和个性有深度的认识。这就要求语言学家必须做扎实的语言比较。在我国，汉语和少数民族语言的比较工作刚刚起步，前人留下的基础薄弱。所以应当组织力量，有计划地开展语言比较工作，为提高语言教学水平提供依据。

新中国建立后的半个多世纪，我国的双语教学已取得了巨大的成绩，但还不能适应少数民族地区社会快速前进的步伐。双语研究的进展，对语言学理论、应用语言学、民族学等学科的发展都会起到一定的推动作用。

本文原载于《语言与翻译》，2007年第3期。

经济转型与双语变迁
——德夯村双语变迁个案分析

吉首大学师范学院 余金枝

一、德夯村经济转型前的语言使用情况

德夯村地处湖南西北部,隶属吉首市矮寨镇。矮寨镇是苗族聚居区,苗族人口占总人口的95.4%。德夯村有住户128户,有农业人口518人,全部是苗族。德夯人姓氏多是苗族的大姓"龙"、"石"、"时"。苗族根据服饰颜色可分为"白苗"、"花苗"、"青苗"、"黑苗"、"红苗"五大支系,此处属"红苗";从历史的范畴来分,可分为"熟苗"、"生苗",该地属"生苗"。德夯村是该镇最纯正的苗族村寨之一。

德夯村山高土劣,昔人诗云:"地瘠人耕石,山高马踏云。"凡可耕者,都尽量开发,从山底到山腰,层层叠叠,多为细长梯形状,且多为等雨田,收获无保障。农作物为水稻、玉米、黄豆、红薯等。缺乏经济作物,只盛产山竹,村里人善编竹具,靠卖竹具换取油盐钱。经济形态以农耕为主,日出而作,日落而息,经济贫困。

德夯村通行苗语。德夯苗语属于苗语湘西方言的东部土语,与标准音吉卫话在声母和声调方面略有差别,但不影响通话。1956年国家创造了湘西苗文,20世纪80年代湘西推行过苗汉双语双文教育。但德夯人不会苗文只会苗语。80年代中期,德夯村45岁以上、8岁以下的人,基本上听不懂汉语,只知道为数不多的常用汉语借词,例如"学堂"、"洋火"、"煤油"等等。7岁以上的学龄儿童和成年人,因为上课和赶集的缘故,接触汉语的机会多一些,他们会说简单的日常用语,但仅限于在课堂和集市,交际对象不外乎老师和外族商人,回到村子绝对不会也不敢说汉语。母语是他们唯一的交际用语。

造成德夯人单语现象的原因何在?笔者认为主要有以下两点:

一是母语的使用功能完全能满足封闭的农耕经济的需要,不需要族际语言来互补。德夯人的经济生活单一,交际的范围固定而狭窄(家庭、村寨、山坡),交际的对象熟悉而量少(家人、亲人、乡亲),不需要兼用汉语也能过得去。单一的经济生活只需要单一的交际语言。

二是由于语言情感的需要。所谓语言情感就是对本民族语言和外族语言的

一种感情倾向。德夯人对自己的母语有深厚的感情，认为苗语是自己民族的象征，他们"宁卖祖宗田，不变祖宗言"。苗族以语言来分支系，讲相同苗语的人一般属于一个支系，苗语能增强民族凝聚力，促进异地苗族人之间的认同感。讲苗语的人来到德夯，不论是否相识，不问来自何处，都会受到热情的款待。德夯人把汉语称为"扎"，意为"外人的语言"或"异族语"，是划为另类的。这是历代统治者推行的民族镇压和民族歧视政策伤害了苗族人民情感所致。

德夯虽处于单语状态，但苗汉交往由来已久。清末，清政府为了"化夷为汉"，在湘西相继设立高等小学堂，后传教士进入湘西、军阀混战、湘川公路建成、抗日战争等等，都对湘西的经济发展、语言接触、语言兼用产生了较大影响。新中国成立后，矮寨至大龙通车，1958年初级村小创建，1968~1975年广播入村，1985年电视进入村寨，使汉语在矮寨镇不断推广。而德夯因物资匮乏、交通闭塞，受外界的冲击最小，成为苗族保留自己的语言和文化最完整的村寨。

二、德夯村经济转型后的语言使用情况

1987年1月，吉首市政府决定在山奇水秀、民风古朴的德夯村成立德夯旅游管理处，着手开发德夯的自然景观和人文景观。征收土地，修筑公路，世代封闭的苗寨大门被旅游开发的经济浪潮冲开。近年来，德夯的旅游经济呈现出持续发展、快速增长的态势，现已成为湖南省最具有民族特色的苗族民俗文化村，是省级旅游风景区。德夯人的经济生活形态已由封闭的农耕经济向开放的旅游经济转变。他们的语言使用功能也随之而发生了变化。

1. 经济生活的改变促使语言使用功能发生变化

旅游需求的增加促使兼语范围的扩大。随着旅游资源的开发和旅游经济的发展，经济生活逐渐向多元化转变。当外族游客源源不断地涌进德夯村时，德夯人意识到已无法回避通用较广的汉语。随着旅游经济的不断发展，外族游客的不断增多，用汉语与外族游客交际已成为德夯人生活中不可或缺的一部分。随着语言接触的不断延续，德夯人对汉语、汉文化的理解不断加深，对待汉语的态度也由过去的消极冷漠转为主动接纳。近几年，随着旅游经济的快速发展，德夯人的经济生活水平也快速提高。这种平等互利的民族交往、热情友好的语言接触，更加强了德夯人对汉语的认同感。到2002年年底，有377人兼用

汉语，占总人口的72%，兼用汉语的情况已由局部型演变为普遍型。

经济收益的差距激发了德夯人学习汉语的热情。旅游经济需要各式各样的服务，不同的经营种类收入差距很大。如带有民族服务性质的餐饮业、经销独具民族特色的旅游产品等行业收入较高，但需要较高的汉语水平去介绍民族习俗、民族特点、民族产品；在路边卖矿泉水、各种小吃等小生意收入较低，但只需会说简单的汉语词句。汉语水平成了商业竞争的条件之一，成了隐形的生产力。在经济效益的驱动下，德夯人学习汉语的热情陡然上升，经常自觉或不自觉地学习汉语。

经济条件的改善拓宽了学习汉语的渠道。经济发展了，外族游客增多了，使用汉语口语进行直接交流的时间延长了，自然习得汉语的机会也就增多了。经济收入高了，未成年人受教育的机会多了，学习汉语书面语的时间增多了。经济条件改善了，全村电视机入户率达100%，媒介促进了汉语的习得。1994年电话开通，至今有63家安装了电话，占全村住户的49%；2001年无线网络开通，有48人买了手机，与外界联系更方便，间接习得汉语、使用汉语的机会增加了。由此，汉语习得的途径由原来单一的直接习得，拓宽为直接习得与间接习得两种方式；由原来的自然习得，变为自然习得和学习习得两种类型。

2. 德夯村双语演变的特点

（1）双语演变的类型为混合型　从语言演变的历程看，可分为急促型和缓慢型两种。德夯村语言使用功能由苗语到苗汉双语的演变过程只经历了短短的16年，与其他民族、其他地区的语言演变时间相比，是短暂的、迅猛的，应该属于急促型。但从其语言自身演变的经过来看，从单一苗语到苗汉双语的兼用经历了语言接触、语言影响到语言兼用的漫长过程。特别是语言接触从明代以前就已经开始，虽然语言接触的方式受历朝历代政治经济和民族关系的影响而时疏时密，但却从未间断。德夯人虽不使用汉语交际，但对汉语却并不陌生。1958年村小的创办，其后义务教育的不断普及，也为双语的变迁创造了条件。兼语的普及是由点到面、由局部到整体逐步扩散；兼语的应用水平经历了由词到句、由不熟练到熟练的步步提高。从语言自身的演化过程来看，既经历了漫长的双语潜伏期，又经历了语言功能扩散、语言水平提高的渐变期，属于缓慢型。因此，德夯的双语变迁类型是急促型与缓慢型的矛盾统一，属混合型。

（2）兼语人的汉语水平随年龄的增长呈现为不对称的抛物线图形　德夯人随着年龄的增长，汉语水平不断提高，18~39岁的村民汉语水平已相当高，兼语人可以用汉语表达复杂的情感、抽象的概念。从40岁开始，汉语水平又随着年龄的增长而徐徐下降，60岁以上的老人汉语水平高的仅有两人，一个是退休教师，一个是村支书。

（3）汉语的兼用呈现出低龄化的趋势　20世纪80年代中期，德夯人兼用汉语的最小年龄为8岁左右。村里有一所初级小学，教师必须用双语授课，因为德夯儿童都不会说汉语。一年级学会的汉语词句都是书面语，在平时交际中从不使用，到二三年级才能用汉语交流，也就是说到了八九岁才具备双语能力。2003年4月笔者去德夯，发现村子里三四岁儿童就能兼用汉语的已有不少，并且可以用汉语招揽顾客。村里有学龄儿童51人，笔者从四年级和五年级抽取4人进行普通话水平测试，测试内容为读字、词、篇和对话，有1人达到二级甲等，3人达到二级乙等，已达到对当地教师的普通话要求。

（4）苗汉双语的转换使用根据交往对象而定　德夯人现在随处经商，在家里开饭馆、旅社、商店，在景区卖小吃，只要有游客的地方就有兼用汉语的德夯人在做生意。对村外的交往对象，他们就说普通话，一旦发现游客说方言就马上改用方言，对本村人说苗语。双语如何转换根据对方所操的语言而定。

（5）双语兼用呈现出稳定的发展趋势，并有向多语发展的可能　德夯人对苗语有深厚的感情，用苗语交流使他们感到亲切自然，他们会长期使用苗语。德夯是苗族民俗村，苗语是最鲜明的民族特征之一，一旦德夯人转用汉语，德夯作为民俗村的旅游价值将不复存在，或将导致旅游经济的衰落。苗语作为当地流行语言的地位不会动摇。如果说苗语起到把外族人吸引到德夯来的作用，那么兼用汉语是帮助德夯人走出湘西、走向富裕的桥梁。因此，德夯人会长期自觉地使用汉语，兼用汉语将会长久地持续下去。近年来，外国游客光顾德夯的人次在增多，1987年为21人，2002年为230人，个别年轻的生意人开始用简单的英语与外国人打招呼。随着英语的推广，今后的德夯人会不会兼用英语，这就要看旅游经济如何发展了。

三、双语变迁的启示

1. 经济转型与双语变迁存在互动关系

经济生活形态制约语言功能的变化发展。1987年以前，德夯处于单一封闭的传统农业经济时期，使用母语进行交际就能满足经济生活的需要，不需要兼用汉语。1987年以后，随着旅游资源的开发，旅游经济的不断发展，经济生活形态发生了重大变化。开放式的经济形态需要与大量的外族人进行交际，母语的使用功能滞后于经济的发展，阻碍了经济的进步。这就需要一种族际语言来互补，达到语言与经济的协调发展，汉语的兼用也就成为必然。

经济变化是双语变迁的原动力，语言的使用功能随着经济形态的变化而变化，双语演变的趋势和速度是与经济发展同步的。但语言也不是被动地受制于经济，语言功能的扩展为经济提供良好的人际交往环境，从而促进经济的发展。可以说经济转型与语言变化是双向互动、相辅相成的。

2. 如何看待双语变迁

语言既体现一个民族的精神文化，又传承着这个民族的精神文化。汉族是我国的主体民族，科学进步、文化发达，民族地区兼用汉语是社会的进步和历史的必然，必定会给德夯村带来积极影响。

首先，兼用汉语促进了经济发展，改善了村民的物质生活条件，拓宽了其生存空间，提高了其生存能力，使他们能运用多种方式推动经济发展。其次，能够提高兼语人的认识水平和文化水平。兼用一种语言，就会多一个观察世界的角度，多一种认识事物的方法，就能启迪智慧、丰富心灵。此外，兼用汉语能促进民族团结，可以更好地了解外民族，以开放的心态去接纳异族文化，从而促进民族间的友好交往。

双语的变迁对德夯物质文明和精神文明的进步无疑是非常重要的，但对母语和母文化的削弱也是显而易见的。长期兼用汉语会使双语人产生文化趋同心理，不自觉地淡化了自己的民族特征。

因此，我们在积极发展经济、促进双语发展的同时，还应该采取得力措施，继承和弘扬优秀的民族传统文化，把德夯建成苗族文化气息浓厚的民俗风景区。

本文原载于《民族教育研究》，2003年第5期。

澜沧拉祜族语言生活中的双语平衡问题

北京语言大学 朱艳华　中国民族大学 乔翔

在全球现代化进程迅速发展的今天，少数民族为了自身的生存和发展，除了使用自己的母语外，还要学习使用本国通用语和其他民族语言，形成双语或多语关系。

由于社会、历史、经济发展的不平衡性，不同民族在使用母语和兼用语的人口比例和使用水平上也会存在一些差异。有些民族能同时熟练使用母语和兼用语的人口比例较高，母语和兼用语语言关系和谐，对社会的发展起到良性的推动作用。也有些民族或多数只能熟练使用母语，兼用语使用人口比例和水平偏低，或多数能熟练使用兼用语，而母语使用人口和比例偏低。这两种现象反映出语言关系的不和谐，其结果会造成母语衰退甚至濒危，或兼用语未能发挥其应发挥的作用，阻碍民族的发展和进步。

究竟如何才能形成一种理想的语言关系系统？这是一个很有价值的理论问题。从2006年开始，中央民族大学"985工程"设立了语言国情调查系列项目，组织了不同地区、不同民族的19个语言调查课题组，分赴全国各民族地区调研。2010年1至2月，"澜沧拉祜族语言使用现状及其演变"课题组对澜沧县拉祜族的语言使用情况进行了走村入户的调查。本文是该课题的部分成果，旨在揭示一个人口相对集中的少数民族群体，其语言使用情况如何，存在哪些问题，应该采取哪些对策。

1. 拉祜族语言生活现状

拉祜族是一个跨境民族，主要分布在中国、缅甸、泰国、老挝及美国等国家，以中国的人口为最多。境外的拉祜人都是从中国迁移去的。中国的拉祜族主要分布在云南省普洱市（原思茅市）、临沧市、西双版纳州、红河州及玉溪市。人口44.6万（2000年），其中60%左右居住在澜沧拉祜族自治县。澜沧县是唯一的拉祜族自治县，是拉祜族人口最集中，拉祜族文化最丰富的地方。全县共有20多种民族，人口在千人以上的有8个民族，即拉祜族、汉族、佤族、哈尼族、彝族、傣族、布朗族、回族等民族。少数民族人口占全县人口的77.3%。其中主体民族拉枯族有214,207人，占全县总人口的43.4%。

根据澜沧拉祜族的地域分布特点，我们按城区、坝区、半山区、山区选取了4个主要调查点进行穷尽式的调查。这4个点是：勐朗镇的唐胜拉祜新村、勐滨村松山林，竹塘乡茨竹河村达的四组，南岭乡的勐炳村龙塘寨。我们通过入户调查、问卷调查、个人访谈、座谈和语言能力测试等调查方法，掌握了大量第一手材料，揭示了拉祜族语言生活的现状。调查显示，澜沧拉祜族的语言使用现状主要有两个特点：第一，拉祜语是拉祜族的主要交际工具；第二，兼用汉语的水平整体偏低，但存在个体差异。

1.1 全民稳定使用母语

为全面了解拉祜族母语使用的总体情况，我们对4个调查点进行了穷尽式的统计、分析，4个拉祜族村寨拉祜人母语使用情况见表1。

表1 拉祜人母语使用情况统计表

调查点	调查人数	年龄段（岁）	熟练		略懂		不会	
			人数	百分比	人数	百分比	人数	百分比
唐胜拉祜新村	252	6—19	59	98.3	1	1.7	0	0
		20—39	109	100	0	0	0	0
		40—59	67	100	0	0	0	0
		60以上	16	100	0	0	0	0
勐滨村松山林小组	452	6—19	114	100	0	0	0	0
		20—39	188	100	0	0	0	0
		40—59	117	100	0	0	0	0
		60以上	33	100	0	0	0	0
茨竹河村达的四组	209	6—19	37	100	0	0	0	0
		20—39	85	100	0	0	0	0
		40—59	63	100	0	0	0	0
		60以上	24	100	0	0	0	0
勐炳村龙塘寨	479	6—19	93	100	0	0	0	0
		20—39	177	100	0	0	0	0
		40—59	134	100	0	0	0	0
		60以上	75	100	0	0	0	0
合计		1392	1391	99.9	1	0.1	0	0

表1显示，4个调查点的1392名拉祜人，共有1391人能够熟练使用拉祜语，拉祜语是他们日常生活、生产活动中的主要交际工具。只有唐胜拉祜新村一名青少年拉祜语使用能力为"略懂"。这位名叫刘丹娅（1995年出生）的

女孩，来自"汉—拉"族际婚姻家庭。父亲是汉族，母亲是拉祜族，家庭用语是汉语。她自出生以来，就一直在县城生活、上学，只有假期时才回村与父母小住一段时间。因此，她接触汉语的时间大大多于拉祜语，拉祜语的水平不高，只能满足简单的日常交流。

为了进一步了解拉祜人母语使用的特点，我们分别在每个调查点抽样调查了七八户家庭，了解其家庭内部和外部语言的使用情况，并按不同年龄段（分4个年龄段：6—19岁、20—39岁、40—59岁、60岁以上）对4个村寨的31位拉祜人进行了拉祜语400词测试。调查结果表明，城区和山区、族际婚姻家庭和族内婚姻家庭、家庭内部和家庭外部，拉祜人使用母语的情况基本一致，没有明显的区别。

1.1.1 家庭内部

勐炳村龙塘寨和茨竹河达的四组地处山区和半山区，离城较远，几乎没有"拉—汉"族际婚姻。无论是长辈与晚辈（祖父母辈与父母辈、父母辈与子女辈以及祖父母辈与孙子女辈等）之间的交流，还是同辈人之间的对话（祖父母之间、父母之间以及子女之间）都使用拉祜语。长辈给晚辈传授生产经验、生活常识时用拉祜语；家里人聊天、解决家庭事务时使用拉祜语；一些外出打工或求学的拉祜人与家人打电话联系时也都使用拉祜语。村里的拉祜人告诉我们：好多拉祜族只会拉祜语，不会汉语。拉祜语是家庭、村寨、族群内部的主要交际用语。

1.1.2 家庭外部

1.1.2.1 村寨

澜沧拉祜族多居住在偏僻的山区，交通闭塞，许多村寨既无网络，也无广播、电视等现代媒体，现代化城市的主流文化、通用语对他们的影响不大。由于交通不便，汉语不通，很多拉祜人从未走出寨门，更不用说了解外面的世界了。中年以上的拉祜族人很少外出，生产生活中接触和交流的群体都是本族人。因此，大部分是拉祜语单语人，在村寨与父母、兄弟、姊妹、同伴、同学、朋友的交流，只用拉祜语；面对不同民族、不同对象，在不同的场合也只能使用拉祜语。村里传达政府的政策、法律法规时，通常也要翻译为拉祜语。村干部告诉我们，除了他们会一点汉语外，其他人都不会，所以会说汉语也是选拔村干部的一个重要条件。

1.1.2.2 学校

我们通过走访、观察、交谈、问卷、400词测试，并与澜沧县第一中学、民族中学、金朗中学（普九）、民族小学、澜沧县第一小学等学校教学一线的语文、数学、英语、美术、音乐、体育老师和班主任进行了座谈，收集了大量的第一手材料。综合这些材料，我们了解到，大部分拉祜族学生，小学入学时基本不会汉语。为了帮助学生更好地理解教学内容，部分懂拉祜语的教师就用拉祜语进行"辅助性"教学，1至3年级着力解决学生的汉语障碍。虽然学校强调在校园中使用汉语普通话，但是拉祜族学生在课下还是愿意说拉祜语。在安排住宿时，拉祜族学生多喜欢和本族同学分在一个宿舍，使得拉祜族学生在学校里也多使用拉祜语。

1.1.2.3 其他场合

我们在唐胜新村随机抽取了4个年龄段共8位拉祜族村民进行了"不同对象、不同场合语言使用情况"调查。结果显示，即使在不同场合与不同对象交际，拉祜语仍然是主要交际用语。在日常生活、生产、节庆、婚嫁、丧葬中，与本族人交流时使用拉祜语；与外族人交流时，会汉语的使用汉语，不会汉语的仍使用拉祜语，但需要有拉—汉双语人翻译才能沟通。村里的广播也主要以拉祜语为主。调查中我们还注意到，拉祜人之间，在执行公务、开会、发言讨论等正式的公开场合，也都使用拉祜语。

1.1.3 拉祜语400词测试

为了解不同年龄段拉祜人的母语词汇掌握情况，从而评估其语言能力，我们抽取4个村寨的31位拉祜人进行了拉祜语400词测试，受测者既有青少年，也有老年人。测试结果显示，他们的拉祜语词汇掌握情况都达到了"优秀"级水平，即A级词汇（能够脱口而出的）和B级词汇（需想一想说出的）相加达到350个以上，拉祜语运用熟练。

综上所述，澜沧县拉祜族母语使用的情况是：拉祜语是拉祜族家庭、村寨、族群内外的主要交际工具。不同代际（年龄段）的使用中未出现传承递减或脱节的现象，母语传承链条衔接较好。这说明拉祜语保存完好，活力强大。据此，我们把澜沧拉祜族母语使用情况定性为"母语全民稳定使用"型。

1.2 兼用汉语水平整体低下，个体之间存在差异

为了获得对澜沧县拉祜人汉语使用能力的认识和了解，我们对上述四个拉祜族聚居村寨进行了微观调查。四个村寨6岁以上拉祜人（除去聋哑、残障人）的汉语语言能力统计结果见表2。

表2 拉祜人汉语水平统计表

年龄段	调查人数	熟练		略懂		不会	
		人数	百分比	人数	百分比	人数	百分比
6-19岁	304	149	49.01	139	45.72	16	5.26
20-39岁	559	205	36.67	266	47.58	88	15.74

年龄段	调查人数	熟练		略懂		不会	
		人数	百分比	人数	百分比	人数	百分比
40–59岁	381	94	24.67	126	33.07	161	42.26
60岁以上	148	10	6.76	24	16.22	114	77.03
合计	1392	458	32.90	555	39.87	379	27.23

上表数据显示，在1392名调查对象中，只有458人能熟练使用汉语，仅占32.90%，多数人属于"略懂"和"不会"级。县文体局副局长刘春云告诉我们，在拉祜山寨通行的语言是拉祜语，人们基本不讲汉语，一个原因是大多数人不会说，另一个是，会说汉语的人也喜欢讲拉祜语。县里有名的扫盲专家苏国文老师说，干部在村上开会，如果用汉语讲，村民们即使听懂了也印象不深。但如果在重点的地方用拉祜语讲，村民们就会理解得更好，照着去做，因为他们对母语的认同感更高。我们还注意到，在勐炳村拉祜族创世史诗《牡帕密帕》传承基地，澜沧县的石春云县长跟村民们讲话时，也全程使用拉祜语。我们遇到了很多拉祜族干部、教师，他们在一起时都说拉祜语。问他们为什么不说汉语，他们回答说"这样会怪怪的。"拉祜族兼用汉语的水平整体偏低，但个体之间还存在差异。差异主要表现在：年轻人同老年人之间；居住在坝区与居住在山区的人们之间，文化程度高低不同的人群之间。此外，性别、年龄等因素也使得拉祜人的汉语水平能力各异。

1.2.1 代际差异

从表2四个年龄段拉祜人掌握汉语的比例来看，熟练使用汉语的人数比例与年龄成反比，即年龄越大，能熟练使用汉语的比例越低，年龄越小，能熟练使用汉语的人数比例越大，如6–19岁年龄段的人有49.01%能熟练使用汉语。相反，不会使用汉语的人数比例与年龄成正比，即年龄越大，不会使用汉语的人数比例越大，年龄越小，不会使用汉语的人数比例越小，如60岁以上年龄段的人中，不会使用汉语的人数比例占77.03%，而6–19岁年龄段属于"不会"级的人数比例只占5.26%。

这个统计数字与我们实地调查的情况相符。在南岭乡勐炳村龙塘寨做调查时，我们需要翻译才能与50岁以上的老人交流；30、40岁的人能跟我们讲汉语的也很少。如村民李扎发（男，47岁，文盲），我们想请他做400词测试，但需要翻译才能让他了解词汇的意思。他告诉翻译说，他不会说汉语，只会说拉祜语。唐胜新村村长李顺荣（男，49岁，拉祜族）说，村里老年人一般不说汉语，如果有其他民族的客人来村子里，听不懂拉祜语，他们才说汉语。汉语主要是年轻人说得比较多，尤其是学生，回到村里除了说拉祜语，有时候也说汉语。

1.2.2 地域差异

所处的地域类型以及距离县城的远近也是导致汉语水平存在差异的重要因素。唐胜拉祜新村、勐滨村松山林、茨竹河村达的四组、勐炳村龙塘寨4个村寨分别位于城区、坝区、半山区和山区,与县城的距离也不同。调查结果显示,这4个村寨的拉祜族汉语使用水平也存在明显的差异。汉语水平由高到低的规律是:(1)城区>坝区>半山区>山区(2)距离县城近的>距离县城远的。4个村寨拉祜人汉语水平统计结果见表3:

表3 不同调查点的拉祜人汉语水平统计表

调查点	调查人数	熟练		略懂		不会	
		人数	百分比	人数	百分比	人数	百分比
唐胜拉祜新村	252	238	94.44	12	4.76	2	0.79
勐滨村松山林小组	452	181	40.04	210	46.46	61	13.50
茨竹河村达的四组	209	14	6.70	119	56.94	76	36.36
勐炳村龙塘寨	479	25	5.22	214	44.68	240	50.10
合计	1392	458	32.90	555	39.87	379	27.23

唐胜拉祜新村属城区,由澜沧县政府所在地勐朗镇所辖。该村能熟练使用汉语的人数比例达到了94.44%。勐滨村松山林小组属坝区,距离县城10公里。该村能熟练使用汉语的比例是40.04%。茨竹河村达的四组属半山区,距离县城47公里。该村能熟练使用汉语的比例是6.70%。而离县城70公里的勐炳村龙塘寨属于山区,该村能熟练使用汉语的拉祜人比例仅占5.22%。这个寨子2005年以后才有了土公路;2007、2008年茅草房改造工程开始后,村民搬迁到离老寨一公里左右的新村,开始通了电,一部分人家有了电视,但是没有广播。村民石里文(男,65岁)说,电视里都讲汉语,看不懂,平时也不看。他从没有出去过,只在寨子里生活。最多到南岭乡去买点衣服,盐、油这些东西在寨子里就能买到,不需要出去买。赶集的地点在离寨子22公里的乡政府所在地,村民们在集市上也说拉祜语,连外面进去做生意的人都说拉祜语,接触汉语的机会很少。

1.2.3 文化程度差异

澜沧县拉祜人的汉语能力主要通过学校教育获得。村民的文化程度不同,使用汉语的能力也不一样。我们统计了唐胜拉祜新村、勐滨村松山林小组、茨竹河达的四组和勐炳村龙塘寨4个村寨的文盲、脱盲、小学、初中、高中和中专毕业生人口(在读生没有统计在内)以及不同文化程度拉祜人的汉语使用情况。统计结果见表4:

表4 不同文化程度的拉祜人汉语水平统计表

文化程度	调查人数	熟练		略懂		不会	
		人数	百分比	人数	百分比	人数	百分比
文盲	237	21	8.86	28	11.81	188	79.32
脱盲	210	18	8.57	43	20.48	149	70.95
小学	494	167	33.81	309	62.55	18	3.64
初中	143	140	97.90	3	2.10	0	0
高中	3	3	100	0	0	0	0
中专	4	4	100	0	0	0	0

数据显示,拉祜人的文化程度普遍较低,4个村寨总共只有3个高中生,4个中专生,小学及小学以下文化程度的人口占绝大部分。文化程度的高低与兼用汉语的水平成正比。文化程度越高,熟练使用汉语的比率越高;反之则越低。文化程度为文盲和脱盲的,能熟练使用汉语的比率最低,分别只占8.86%和8.57%;文化程度为小学、初中、高中、中专的拉祜人,熟练使用汉语的比例分别为33.81%、97.90%、100%、100%。

1.2.4 性别差异

澜沧县拉祜人的汉语使用能力还存在男、女性别差异。统计结果见表5:

表5 不同性别的拉祜人汉语水平统计表

性别	调查人口	熟练		略懂		不会	
		人数	百分比	人数	百分比	人数	百分比
男	748	246	32.88	326	43.58	176	23.53
女	644	202	31.37	244	37.89	198	30.75

我们对不同性别拉祜人使用汉语的统计数据进行了卡方检验(表6是卡方检验表)。从卡方检验表中,我们看到检验P值为0.306>0.05,所以在显著性水平0.05以下,即认为男、女性别在汉语使用水平上虽有一定的差异,但不属于显著性差异。

表6 不同性别拉祜人使用汉语统计数据的卡方检验

	数值	自由度	双侧概率
皮尔逊卡方	6.000[a]	5	.306
似然比	8.318	5	.140
有效记录数	6		

a. 有12格(100.0%)的预期个数小于5,最小的预期个数是0.50。

2. 澜沧拉祜族汉语水平偏低的原因及负面影响

从我们选取的南岭乡勐炳村龙塘寨、勐朗镇唐胜拉祜新村、勐朗镇勐滨村松山林小组、竹塘乡茨竹河村委会达的村这4个村寨的实地调查中，我们得到一个深刻的印象，那就是这些地方的拉祜族使用母语和通用语的比例失调。熟练使用母语的比例高达99.99%，而熟练使用汉语比例的仅占32.90%，不懂汉语的占27.23%。澜沧县拉祜族的汉语水平偏低，而且，不懂汉语的人比例较大，其内部原因和外部原因有哪些？这一现状对拉祜族的社会发展产生了哪些负面影响？

2.1 澜沧拉祜族汉语水平偏低的原因

通过实地考察，我们认为澜沧拉祜族汉语水平偏低的原因可归结为以下几个方面：

2.1.1 聚居分布，不利于拉祜人学习使用汉语

在我国的民族地区，汉语学习水平因分布的聚居或杂居而异。凡是杂居的地方，通用语的水平都比较好。这是因为通用语是不同民族的交际语言。而聚居的地方，由于大家都使用自己的母语，使用通用语的机会较少，所以通用语的水平会不如杂居区。澜沧地区也不例外。澜沧县拉祜族分布的一个显著特点是：多为聚居，少数杂居。拉祜族人口占万人以上的乡有6个：竹塘、富邦、木戛、南岭、糯福、新城，5000以上至万人的有12个乡。上述四个调查点，都是拉祜族聚居的村寨，拉祜族人口所占比例均在90%以上。具体情况见表7。

表7 四个村寨拉祜族人口统计表

调查点	总人口	拉祜族人口	百分比
南岭乡勐炳村龙塘寨	515	515	100
勐朗镇唐胜拉祜新村	295	273	92.54
勐朗镇勐滨村松山林小组	495	483	97.58
竹塘乡茨竹河村委会达的村四组	743	740	99.60
合计	2048	2011	98.19

民族群体高度聚居分布有两面性，积极的一面是，有利于母语的保持、传承，消极的一面是，不利于学习、使用其他民族的语言，包括不利于学习国家通用语。我们在田野调查中看到，由于村寨内拉祜族高度集中，人们日常生活中使用拉祜语就能满足一般的交际需要，没有使用别的语言的必要性。他们每

天听的、说的都是拉祜语,很少有机会去说别的语言。天长日久,他们的母语很熟练,但通用语就会相对较弱。出外学习和打工的村民虽然在学校和外地学到了不同程度的汉语,但回到这个充满拉祜语的环境中,原有的汉语水平不但不能提高,而且还有逐渐降低的可能。

  我们所做的问卷调查也证实了这一点。拉祜族在家庭内部,都是用母语交流,不管是长辈对晚辈、晚辈对长辈还是同辈之间,拉祜语是他们生活中最重要的,甚至是唯一的交际用语。在家庭外部的不同场合,拉祜语也得到了广泛的使用。一般情况下,若交际对象是拉祜族,则使用拉祜语;若交际对象不是拉祜族,懂汉语的拉祜族多使用汉语,不懂汉语的就有可能无法完成交际活动。

  高度聚居分布,使得拉祜族没有条件使用通用语与外族交流、沟通。在我们的4个调查点里,非拉祜族的比例仅占1.8%。村民日常的生产、生活中所接触的都是拉祜族,缺少与外族人交流、沟通的机会。据了解,许多村民从没离开过自己所居住、生活的村寨,没有长时间接触汉族、汉语的机会。

2.1.2 交通不便、居地封闭,有碍拉祜人与外界接触

  澜沧县境内多属山区,海拔2000米以上的山脉有150多座。山区、半山区占总面积的98.8%。交通主要是公路。近年来,尽管全县加大了对交通基础设施的建设投资,实现了"村村通公路"。但是,整个公路路况整体水平不高。全县2000多公里公路,只有思澜路是三级路,且柏油路仅40公里,其余均为弹石路或土路。另外,还有许多小寨没通公路。我们到南岭乡勐炳村龙塘寨调查,就体会到了拉祜族村寨交通不便的艰辛。该寨距离县城仅70余公里,但因路况很差,大部分路段是弹石路和土路,我们坐的小车整整走了近3个小时。如果是乘坐客车,则只能到达南岭乡政府,再从乡政府到龙塘寨就不通公交车了。旱季还算好,如果是雨季,就更艰难了。"晴通雨阻",是对当地公路的真实描述。虽然路况不好,但和过去公路不通时"交通基本靠走"的情况相比,已经有了很大的改观。交通方面的瓶颈,制约了边远山区的拉祜族走出大山,形成了他们封闭的社会生活形态。外面的人进不去,里面的人出不来,与外界的接触非常少。

2.1.3 经济发展滞后,制约了文化教育的发展

  由于历史原因和自然条件的制约,澜沧县的经济发展较为缓慢,其工农业生产、社会发展和人民生活水平大大低于全国平均水平。2000年,澜沧县尚有24.7万人未解决温饱问题,人均经济纯收入为544元,人均粮食290公斤,被列为国家级特困县。

  教育的发展,在很大程度上取决于经济实力。上述澜沧县经济落后的状

况，严重阻碍了该县的教育发展。据统计，全县人均受教育的年限为4.26年，而拉祜族仅3.52年。受教育程度偏低，直接影响到拉祜族的汉语学习，因为大多数拉祜族学习汉语的途径是通过学校教育。据调查，拉祜族聚居的乡镇，特别是乡以下的拉祜族聚居的学校，初入学的拉祜族儿童基本上不会说汉语。多数拉祜族人都是上小学后才开始接触汉语、学习汉语。

2.1.4 单语教学不利于汉语的学习和使用

学校教育是澜沧拉祜族学习汉语的最主要的途径，教育观念直接影响着汉语的学习和使用。早在20世纪七八十年代，该县曾进行双语教学实践，取得了较好的教学效果。但是后来双语教学没有得到应有的重视，有些领导片面地认为要提高汉语水平，就只能在课堂上使用汉语教学。但是汉语授课对于此前从未接触过汉语、不懂汉语的拉祜族小学生来说，有着很大的困难，影响孩子的学习兴趣，造成孩子学习成绩差，无法进入更高阶段的学习。

2.1.5 民族特性中的消极成分对汉语学习、使用有着一定的制约

长期的民族经历和生存条件，积淀和铸造了拉祜族的素质和特性，并形成了拉祜族自身独特的民族心理和传统观念。

在我们对澜沧县拉祜族各界人士的访谈中，不少受访者都认识到自身民族性格中的消极因素对拉祜族的进取，包括汉语学习，所带来的不利影响。例如，芹菜塘小学一位特岗教师李剑中（拉祜族）在谈到拉祜族孩子学汉语时说："跟汉族人交流时还不行，不敢说，胆子不大，思想不开放。"民族中学教师胡明（拉祜族）说："我们拉祜孩子有自卑心理，遇到生人不敢开口，怕被取笑，这也是造成学习水平低的原因之一。"澜沧民族小学教师李天龙（拉祜族）："拉祜族的孩子不乐于交往，比较自卑，不喜欢和其他同学交往。拉祜族同学之间很容易成为好朋友，和其他民族的同学却不容易打成一片。"澜沧民族中学高三学生石文周（拉祜族）在谈到拉祜族孩子受教育程度偏低的原因时说："最主要是思想意识的问题。我们这里传统的观念就是初中毕业了就应该出去做事挣钱。有些出去打工，有些留在家里。"

家长对教育的重要性认识还不够，送孩子去上学在一定程度上是因为国家"普九"政策的强制性要求。至于孩子学得好不好，孩子今后的人生道路应该怎么走，这些问题很少有人去考虑。

因此，发扬拉祜民族性格中的积极因素，改变消极因素，应该成为提高拉祜族教育水平包括汉语水平的一个重要突破口。

2.2 澜沧拉祜族汉语水平偏低的负面影响

澜沧拉祜族汉语水平偏低给他们带来了一些负面影响，主要表现在以下四个方面：

2.2.1 阻碍社会进步和经济发展

在我国，新思想、新观念、新科技、新文化的出现，首先是用汉语、汉字来传播的。在现代化建设迅速发展的大背景下，为了自身的发展与进步，我国的少数民族必须加强与不同民族、不同地区的联系，必须学习先进的科学文化知识，而汉语是沟通不同民族之间的感情和学习科学文化知识的桥梁。澜沧县社会经济发展滞后，是国家级特困县，这其中固然有历史的原因和自然条件的限制，但是汉语水平偏低同样是一个重要的因素。由于汉语水平偏低，多数拉祜族看不懂汉语的报纸、书籍、电视，严重影响了他们接受新事物。由于汉语水平偏低，一些农村剩余劳动力不敢走出家门打工，导致该地外出打工的人数比例偏低，这样就无法学习先进的科学技术，来改变落后的生产方式。

澜沧县县长石春云对拉祜族的汉语水平非常担忧，他说："30岁以上的拉祜人基本不会讲汉话，与外界沟通困难，吸收先进的东西也就少。""我担心的是他们不会汉语，不能走出家门，到外地打工，学习新技术，接受新思想新观念。"

随着我国经济建设的发展，不同地区、不同民族之间的交往日益频繁。掌握好汉语这一重要的交际工具，拉祜族才有可能走出拉祜山寨，学习、借鉴其他民族的先进经验和技术，发展本民族的社会经济。

2.2.2 导致教育发展水平偏低

澜沧教育发展滞后的原因之一是语言障碍。聚居区的学龄儿童在入学前基本不懂汉语。芹菜塘小学特岗教师李剑中谈到他刚开始给学生用汉语上课的情况时说，"刚开始我用汉语讲课的时候，学生不知道我在说什么，就在下面笑。现在一学期结束了，他们大体上知道汉语是怎么回事，读课文是怎么回事，现在就不笑了。"澜沧县双语教师很少，上课只能用汉语或拉祜语进行单语教学。用汉语教学的，学生听不懂；用拉祜语授课的，学生无法学习汉语。学不会汉语，就难以进入更高阶段的文化科学的学习。澜沧县民族中学高三学生石文周在谈到自己上学的经历时说，"小学的时候，我的汉语水平很差，上课听不懂，但是我还是坚持下来了。现在学习上没有语言障碍了。"

澜沧县教育局局长李天宏也谈到了语言障碍对教育发展的制约，他说："在发展中，我们感觉非常大的一个障碍是语言问题。由于语言的障碍，老师讲普通话，孩子有的听不懂，有的一知半解。这样就使学生的学习产生困难，从而造成孩子辍学的问题。"语言障碍一定程度上造成了澜沧教育发展水平低于全省平均水平，目前，澜沧县是思茅市"普九"攻坚的最后一个县。

2.2.3 制约拉祜族与外界的交流与沟通

汉语是我国的通用语，说不同语言的各个民族可以通过汉语来促进相互的沟通与交流。而澜沧拉祜族由于汉语水平偏低，与外界的交往较少，有些拉祜人一辈子都没有离开过拉祜山寨。如龙塘寨65岁的村民石里文告诉我们，他"从来没出去过，只在寨子里生活"。

汉语水平偏低还影响了不同民族之间的交流与沟通。如澜沧县文体局副局长刘春云举了一个例子，他说："我们的一个艺术指导只会汉语，歌舞团的许多演员只会拉祜语，在指导时效率就很低。"石春云县长也表达了这一忧虑，他说："我并不担心他们会被其他民族同化。我担心的是他们当中的大多数人不通汉语，与外界的沟通困难，走不出去，制约拉祜社会的发展。"

2.2.4 影响干部群与众之间的沟通

在民族地区，语言障碍会影响到不同民族的干部与群众之间感情的沟通。现在一般提倡汉族干部学习少数民族语言，用少数民族语言来做群众工作。从另一个角度看，干部、群众如果都懂汉语，同样能起到沟通感情的作用。勐朗镇副镇长魏晓军告诉我们，村干部的选举和任命，其中重要的一条就是具有一定的汉语识字和听说能力。这说明当地领导干部已经认识到掌握汉语对做好农村基层工作的作用。

3. 调整澜沧拉祜族双语关系的对策和建议

在现代化快速进程的社会条件下，在南方民族"大杂居，小聚居"的分布特点下，我国少数民族除了使用本族母语外，兼用汉语的比例都比较大，形成了一种良性的双语比例。近几年，我们到过南方的基诺族、阿昌族、哈尼族、景颇族、彝族等地区做过汉语水平调查，看到这些民族的母语和兼用语的比例都比较合适，他们除了使用本族语言外，大部分人还都能兼用汉语。相比之下，澜沧拉祜族的语言关系是一种比例失当的双语关系，熟练使用母语的人口比例很高，而熟练使用汉语的人口比例偏低，由此而带来了诸多负面影响。那么，怎样改善这一现状，达到母语和通用语各尽所职、和谐互补，从而发挥语言在社会发展中的作用，促进拉祜族自身的进步与发展？我们认为有必要采取以下措施：

3.1 加大教育投入，提高拉祜族的文化素质

如前所述，由于历史原因和自然条件的制约，澜沧县的经济发展较为缓慢，被列为国家级特困县。经济发展滞后，对教育的投入也就不足。目前澜沧县的教育发展面临着两方面的困难：一是师资力量薄弱，教师留不住。因为贫困、落后，澜沧县缺乏吸引人才、留住人才的竞争力。现有教师队伍也难以稳定。仅2009年，县一中、民族中学的高中骨干教师调往思茅市任教的就有14名，加剧了澜沧县高中专业教师紧缺的问题。本地出生的学生从外地学校毕业后，也很少返回家乡工作。二是教育基础设施不完善。经济的落后，导致县财政实力薄弱，从而在教育基础设施上的经费投入不足，满足不了办学需要。如城区学校占地面积不足，教室不够，学生活动场地远未达标，教学设备老化。另外，对上级要求的学校建设配套资金，地方财力也无法解决，导致项目无法启动。如县职高的学生食堂，预算资金142万元，上级要求县级财政配套132万元，县财力无法解决。要改变这一现状，国家应给予大力扶持，加大教育投入，全面提高群众的文化素质。

3.2 加强双语教师的培养，继续推广双语教学

澜沧县拉祜族汉语水平偏低，众多偏远村寨的孩子在入学前不懂汉语，如果教师完全用汉语教学，学生听不懂，学习成绩上不去，就会对学习失去兴趣，使得辍学率增高。澜沧县教育局退休干部苏国文在长期的教学实践中，认识到在少数民族聚居区实行双语教学的重要性和可行性。他发现，实行双语教学的班级，学生学习成绩普遍较好。完全用汉语授课的班级，学生听不懂，学习成绩较差。澜沧县文体局的副局长刘春云从自己的学习经历出发，也认为双语教学对少数民族学生极其重要。他告诉我们："（我上学）那个时候老师都是拉祜族，会拉祜语和汉语。读课文用汉语读，然后用拉祜语讲解。学生的学习成绩普遍比较好，基本上都能考八九十分。1995年到2005年这一段时间，老师换成了不会讲拉祜语的老师，只会讲汉语，学生听不懂。那一段时间，学生成绩比较差，一般只能考三四十分。有一年最差，一个班9个学生，语文、数学成绩加起来才8分，多数学生都是零分。"

目前，澜沧县领导已经认识到双语教学的重要性，开始在全县推广双语教学。2009年，通过公开招考，聘请了18位懂双语的特岗教师，分配到边远山区民族聚居区的小学，从事教学工作。尽管如此，懂汉语和民族语的双语师资还远远满足不了教学需求，因此，澜沧县的教育发展，当务之急是大力培养双语教师，并在少数民族聚居区继续推广双语教学。

3.3 加强科研队伍建设，积极开展针对拉祜族学汉语的教学研究

通过科学研究，找出拉祜族母语对汉语学习产生的负迁移，以及出现的偏误，然后有针对性地开展教学，这对提高汉语学习的成效大有裨益。相关部门应加强科研队伍建设，积极开展针对拉祜族学汉语的教学研究。

本文原载于《中国社会语言学》，2011年第1期。

（二）英汉双语教学

按语（袁平华）

《朗曼应用语言学词典》把双语教学定义为"在学校里使用第二语言或者外语进行的学科内容教学"。在中国国内，第二语言或外语主要指英语这一国际通用语。近年来，英汉双语教学在中国得到普遍关注，在我国各个层次的教育中都有双语教学的实践案例。2001年，教育部提出了《关于加强高等学校本科教学工作提高教学质量的若干意见》，强调为适应经济全球化和科技革命的挑战，本科教育要创造条件使用英语等外语进行公共课和专业课教学。在中国高校开展的双语教学是为了适应我国高等教育国际化趋势的发展需要，培养具有国际合作意识，能进行国际交流的高素质人才。进入新世纪以来，在我国高校进行双语教学的实践和研究更趋频繁和深入。我们这里介绍五篇有关在我国高校进行双语教学的文章：1. 谈多娇的"双语教学：中国高等教育国际化的战略选择"一文提出高校双语教育是提高高校教育水平、实现教育国际化的重要举措。作者认为从大学基础英语教学到专业英语教学，再发展到双语教学，以及经济全球化和教育国际化对人才培养的目标的重新定位，高校双语教学经历了从提高自身教学水平到适应经济社会发展需要的发展过程。双语教学是未来教学发展的方向，积极推进双语教学实践，保证双语教学效果，着重统筹构建双语教学制度机制，是中国高等教育国际化的战略选择。2. 俞理明撰文"我国高校双语教学的定位及其教学模式的探究"。该文论述了我国高校双语教学的理论依据是依托课程内容教学法，并指出用学生的第二语言作为媒介不仅能成功传授学科知识，并能提高学生第二语言水平，而且不会影响学生的第一语言水平。高校双语教学的定位必须是在不增加学时的前提下做到上双语课的学生在学科学习上不亚于上常规课，而且同时他们的英语能取得长足的进步。而要做到这一点，我国的双语教学必须采纳全外语型的教学模式。3. 周恩和丁年青在"大学英语教学与双语教学的衔接：现状与思考"一文中认为双语教学是培养国际化人才的重要手段，大学英语教学要为双语教学做好前期准备。该文从我国大学英语教学与双语教学的衔接视角阐述大学英语与双语教学的定义、性质和目标，分析大学英语教学与双语教学的关系和衔接现状，深入探讨大学英语教学与双语教学在管理机构、师资发展、课程设置、教学方法、教材选用和准入标准等方面的有效衔接,以期推动我国双语教学向纵深发展,并为我国大学英语教学改革提供一定启示。4.袁平华撰写的"大学英语教学环境中依托式教学实证研究"一文从实证角度考察大学英语教学环境中以学科内容为依托的教学模式(双语教学的一种形式)对学生英语学习动机和英语语言能力的影响作用;并指出在教学中,教师应考虑学生的实际状况和需要,及时调整授课内容和方式,让更多的学生能从中受益,发挥该教学模式的优势。5.郑大湖和戴炜华撰文"我国高校双语教学研究十年:回顾与展望",对2003-2012年十年间我国外语类核心期刊刊登的国内高校双语教学研究论文进行了一次文献研究。研究结果显示:非材料性研究占绝对多数,双语教学的主体研究十分欠缺。在此基础上,文章结合国外最新相关研究成果,对未来双语教学研究提出以下建议:(1)研究方法应采用比较研究、跟踪研究和反复研究等实证研究方法;(2)研究内容应包括适合我国高校双语教学实际的理论研究、符合学科特点的单科双语教学各环节研究和双语教学主体(教师、学生)研究等。尽管在我国进行双语教学还有待进一步探索和实践,以上论文还是从理论和实践层面对我国双语教学和研究提供了有益启示,对我国外语教学及教育语言学发展起到一定推动作用。

双语教学：中国高等教育国际化的战略选择

湖北经济学院 谈多娇

2001年，教育部《关于加强高等学校本科教学工作，提高教学质量的若干意见》推动了中国高等学校双语教学进入了发展的新阶段。2007年，《教育部财政部关于实施高等学校本科教学质量与教学改革工程的意见》和《教育部关于进一步深化本科教学改革全面提高教学质量的若干意见》又提出高校双语教学的重要性及具体战略。为了培养一批教学理念先进、教学方法合理、教学水平高的双语教学师资，发挥示范辐射作用，提高高等学校双语教学水平，促进中国高等教育的国际化，教育部于2007年启动了"双语教学示范课程建设"项目。通过双语教学示范课程的建设，旨在形成与国际先进教学理念与教学方法接轨、符合中国实际、具有一定示范性和借鉴意义的双语课程教学模式，为培养学生的国际竞争意识和能力发挥重要作用。

一、双语教学的发展进程

1978年改革开放之后，随着中国与国际社会交流的增多，人们逐渐认识到外语的重要性。尤其是1990年之后，经济全球化和教育国际化进程的加快进一步促进了双语人才培养的发展。同时，中国高等教育出现了越来越多的中外合作办学模式。

中外合作办学扩充了办学层次，拓宽了专业设置，在教学环节上也对双语教学提出了更高的要求。这一时期有两个方面的因素对中国高校双语教学起了很大的推动作用。一是国外原版教材（包括教学参考书）的引进。之前，中国高校使用的很多课程教材内容陈旧，新兴的、交叉的、边缘的学科领域的内容与国外著名高校的课程教材有较大差距。为此，20世纪90年代初期，教育部提出在重点大学试行双语教学或纯外语教学，即采用外语讲授专业课或引进使用原版的外语教材。国外原版教材的引进为高校开展双语教学或纯外语教学方法的改革。从大学基础英语教学，发展到专业英语教学，再发展到双语教学，是对外语教学方法的补充和新的尝试。大学基础英语教学属于英语语言教学，以语言的讲解和训练为主线，力求解决学生的发音、常用的单词、语法句式等基本语言问题，使学生在经历数年的外语学习后，初步具备听、说、读、写能力和一定的实际应用能力。全国许多普通高等院校把基础英语教学安排在大学

一、二年级，强调的是英语四级通过率，这种应试教育模式最终导致学生的英语应用能力很低，高分低能的"哑巴英语"现象较为普遍。

为了促进中国外语教学适应形势和社会发展的需要，走出英语教学"耗时费力、收效甚微"的怪圈，很多高校开始在大学高年级开设了专业英语课程的教学。专业英语教学是指通过阅读和讲解相关专业的英语材料来进行语言教学。专业英语教学是介于基础英语教学和双语教学之间的一种过渡形式。双语教学与专业英语教学、外语教学既有联系，又有区别，双语教学是兼用外语和汉语来讲授学科专业知识，它不是以语言教学为目的，而是以讲授某种专业知识为主线。双语教学的重点是建立在外语教学（包括专业英语教学）的基础上，并将之提高至语言运用的层次，是外语学习在学科教学中的延伸和发展，是运用外语工具传授学科知识的新途径。

从1990年开始，有关专业基础课的双语教学已经逐渐在很多高校开展。外语运用是外语教学的真正归宿，即：让学生在不同的学科领域中能熟练地使用外语与国际同行进行交流。这囿于中国当时的社会语言环境，即：社会主体不具备用英语进行交际和社会活动的条件，非学科的外语（英语）教学实践活动还不是双语教学。这一时期的双语教学活动特点表现为是一种零星的、自发的、试探性的、基本没有行政约束的实践活动，但也正是因为这一时期对双语教学实践的探索，才为今天的双语教学的全面开展打下了良好的基础。

进入21世纪后，双语教学已经进入到了包括学前教育、中小学教育、大学教育、研究生教育等各段教育。然而将"双语教学"明确定义是指教学语言除了母语以外，还用另一门语言（主要指英语）作为课堂主要用语进行非语言类学科的教学，特别是双语教学全面进入中国高等教育的课堂，还是在本文开头提到的教育部文件出台以后的事。如果说改革开放至20年期间双语教学在全国高等教育中的实践活动还属于"星星之火"的话，那么从2001年至今十年时间内，高校双语教学已经转为"燎原之势"了。

二、双语教学的意义和内涵

从基础英语教学，到专业英语教学，再到双语教学，是高校教学水平的提升。双语教学是未来教学发展的方向，是教育国际化发展的战略，也是教育改革发展的任务。

推进双语教学发展是中国高等教育事业在新时期、新阶段的必然选择，在教育进入新的大发展阶段之后，培养社会急需的人才成为新时期中国高等教育的重要任务，推进双语教学成为关系到国家教育战略的重大问题。双语教学旨在实现高等教育国际化的历史任务，把双语教学作为高等教育发展新的教育目标，并确保双语教学的质量和效果。教育国际化体现了一种教育无国界的理念，这不仅是全球教育发展的潮流，而且成了教育现代化的核心理念。从世界教育发展的大趋势看，20世纪以来，随着世界经济的发展，教育国际化越来越成了备受国际关注的重要话题。培养国际化人才日益成为教育现代化的基本价值，成为世界各国教育发展的基本出发点。尤其是教育国际化问题，成为世界许多国家制定教育政策的基本原则。目前，中国高等教育改革实践中反映出来的各种问题以及由此产生的诸多社会矛盾和教育热点问题，诸如高等教育与社会需求脱节等，不仅给教育的健康发展带来了很多困难，也给政府和教育部门解决教育问题带来了很多压力。造成这些问题的原因是多方面的，解决问题的出路是加快教育国际化发展的步伐。高等教育要不断上水平、上台阶，在更大范围、更大程度上满足社会的教育需要，应加快推行双语教学，坚定不移地走教育国际化发展之路，努力提升高等教育国际化水平。

三、双语教学面临的困境

进入21世纪，随着全球经济一体化以及知识经济的到来，教育成为经济增长的重要因素。中国加入WTO，进一步与国际社会接轨，人们对教育国际化的关注程度显著提高，双语教学进一步提升显得更加迫切。

虽然我们已经过了十年的双语教学实践，但是中国高等学校的双语教学还是存在很多问题，主要表现为：双语教学师资缺乏；教学内容设置不合理；教学方法与手段不适合；教学资源匮乏；教学效果的反馈不及时以及高等学校对双语教学的政策落实不到位；等等。此外，中国双语教学发展过程中引用西方原版教材现象还有明显的历史局限。改革开放初期，在当时资源短缺和教育投资有限的条件下，将引进原版西方教材作为双语教学教材，在当时条件下是有积极意义的。但随着市场经济的全面发展，人力资源的市场化供需选择形成激烈就业竞争，只了解西方理论和实务，培养不出满足国内经济发展所需要的人才，特别是国内人才市场上的高端人才。

中国高校双语教学发展中的上述诸多问题，既有经济和社会发展水平有限等经济社会本身发展所产生的客观因素，也有认识和管理上的主观因素。可以说，双语教学师资的缺乏是影响双语教学的关键，教学内容设置不合理、教学方法不适当又导致双语教学效率低下。地区差异，既是双语教学发展不平衡的原因，也是教育发展不均衡的集中体现。这些因素都是由中国现阶段的基本国情所决定的。当前双语教学最突出的困难和问题就是社会对国际性人才的强烈需求和双语教育供给不足。

从教育资源供给的层面分析，中国是一个具有超大规模教育人口的发展中国家，双语教学的资源供给有限，不能充分满足社会日益增长和日益提高的教育需求，双语教育资源供给的总量短缺。与此同时，不同经济发展水平的地区所显现的短缺特点不同，有的表现为一般的双语教育资源供给短缺，如中国企业、跨国公司对双语人才的需求；有的表现为高水平、高质量双语教学资源供给短缺，如研究机构、高等学校对双语师资和科研人员的需求。

再从社会对双语教学的需要看，随着社会竞争的加剧，社会对双语教学需求不断水涨船高，社会对高等教育的期望远远超过了双语教学资源供给能力，尤其是跨国公司对国际化人才的需求上表现得更为明显。目前，中国社会对双语教学的需求从质和量两个方面超越了高等学校对双语教育资源的供应，越来越多的企业和社会团体希望以培养国际化人才的目标来要求高等教育，社会对双语教学的旺盛需求与双语教学资源供给之间的矛盾较为突出。这些因素必将加剧高等学校双语教学的时代紧迫性和艰巨性。中国实现教育国际化的时间、进程和指标可以加快，但现代化的教育思想、教育观念、制度过程、文化积淀和历史滞重不能超越，这就是历史和超越发展留给我们的难题。如何应对全球化背景下信息社会和后工业时代社会转型环境下对国际化人才的教育和培养，是关系到中国高等教育国际化与社会未来的重大问题。

四、双语教学发展的任务

人类历史发展表明，国家的强弱、综合国力的竞争，最根本取决于教育素质的高低。教育国际化是提高教育质量的新的要求，关系到国家富强和民族振兴。没有教育国际化，就无法与国际接轨。因此，在高等教育体系和教育战略布局中，必须将国际化将作高等教育改革发展的重点，将双语教学作为高校教育工作的重点。

近年来，教育国际化这一现代教育思想已经在中国许多高校付之于实践，各高等学校在推进双语教学的改革中积极探索，将双语教学作为实现教育国际化发展的助推器。站在新的历史起点上，在新世纪的第二个十年里，推进教育国际化发展再上一个新台阶，需要我们不断改革创新，树立科学的教育发展观，把推进教育国际化发展的重点放在着力促进内涵发展上来，把握关键步骤，抓住重要环节，务求双语教学能取得成效。因此，加强高等学校的双语教学，促进双语教学的发展，以更高质量的教育效果为目标，以双语教学为重点，合理优化配置高等教育资源，规范双语教学，是中国教育国际化发展中的战略任务。

本文原载于《教育研究》，2012年第11期。

我国高校双语教学的定位及其教学模式的探究[1]

上海交通大学 俞理明

1. 引言

我国高校根据教育部2001年重要文件开展双语教学已有5个多年头，今天"双语教学"已不再仅仅是理论上探讨的课题，而是已经成为高校师生、行政管理人员和科研人员的实践。尽管到今天，我国教育界对双语教学还是有不同的看法，但和双语教学开展的初期相比，大家对这一教学"热点"已经有更多的了解和认识了。到了今天，我们外语教育工作者都知道，我国高校双语教学的根本目的有两个，一是为了提高我国高校学生的外语水平，培养出精通中、外的双语型的专业人才；二是通过双语教学和国际接轨，提高我国高等教育的整体水平。

但是，由于双语教育本身的复杂性（有人统计过，在双语国家里各门各类的双语教育有90种类型之多），再加上在经济全球化这一背景，双语教育自20世纪60年代以来在全球范围内得到飞速发展，"双语教育"这个术语已经无法涵盖在其名义下所进行的各种各类的教育/教学活动了，难怪Cazden & Snow（1990）要说"双语教育"是"给复杂的现象上贴上的一张简单的标签"了。包括中国在内的非英语国家和地区搞的以提高英语水平为目的教育/教学活动，用王斌华教授的话来说（2003），是"学校中使用第二语言或外语传授数学、物理、化学、历史、地理等内容的教育"，它不再是以"多元文化认同"、"促进民族和谐"为目标的经典意义上的"双语教育"了。这一种教育/教学活动在我国叫"双语教学"，如果说它和"双语教育"仅一字之差的话，那么香港则称之为"以英语为媒介的教育"（English-medium education），这和"双语教育"这个名字就有点大相径庭了。

不过我们这里要指出的是，不管是我国的"双语教学"，还是香港的"以英语为媒介的教育"仍然是属于广义上的双语教育，因为这二者都通过学校课程的教学来提高学习者的外语/第二语言的水平。双语教学尽管对我国教学界、特别是外语教学界而言，似乎还是一个新课题，但正如Johnson和Swain（1997）所指出的，在整个传统教育历史上把第二语言作为教学媒介已是一种

---

[1] 本文受到教育部人文社会科学2005年度规划基金项目资助，项目编号05JA740019。

惯例而并非什么特例。我们在这里更要强调的是，世界各地的双语教育的具体实践证明这样的双语教学是提高二语/外语的一个有效的手段，加拿大著名语言教育家Cummins在为我最近的一本拙著（俞理明&Yeoman）作的序言中也明确指出，"第二语言作为媒介的教学能够提高第二语言水平而且不会影响学生的第一语言水平或学科知识的掌握"。因此，我国关于双语教学的定位是有根据的，双语教学大幅度提高外语水平和整体提升我国高校教育质量这两个目标是应当做得到的。今天我想利用这次大会的机会，根据本人对国内这几年开展双语教学的经验的思考，就我国双语教学的理念和其模式与在座各位交流自己的看法，目的是为了进一步打消对双语教学的疑虑，这对我们明确今后的前进方向是很有必要和很有意义的。

2. 依托式教学的理念

我们说双语教学是提高二语/外语的一个有效的手段，根据何在？那是因为高校的双语教学和传统的大学英语相比有其独特的优势。双语教学的目的在于使语言学习者能够具备用所学的外语/二语进行有效的交际活动，即掌握用目标语进行交际的能力（Hymes, 1972）。在传统的外语教学中，教师注重对语言知识的传输，强调语言规则的用法（usage），而忽略了语言在实际场合的使用（use）（Widdowson, 1978）。而双语教学则主张在学习课程内容的同时学习语言，将两者进行完美的统一，使语言的学习过程更符合语言学习规律。

这一教学理念早在公元389年就由圣奥古斯丁提出，他认为语言学习需要注重有意义的内容学习（参见：Kelly, 1961）。双语教学使人们从僵化的以语言规则为主，自下而上（bottom-up）的教学理念中解脱出来，使语言教学有了新的气息。这种教学路子在国外叫"依托课程内容的语言教学法"（Content-based language instruction）（下文称为"依托式教学"）。加拿大渥太华大学第二语言学院二十多年来，对这个教学模式进行多次反复的实验，其研究结果表明，依托式语言班的学生在学科水平、语言水平和语言运用上都取得了很大的进步，实现了学科知识的获得和语言能力的提高的"双丰收"（Edwards, Wesche, Krashen, Clément, &Kruidenier：1984；Hauptman, Wesche, &Ready, 1988；Wesche, 1993）。美国和澳大利亚等大学进行的以学科为基础的第二语言或外语教学模式同样支持并推广了这些研究结果（Brinton, Snow&Wesche, 1989, Wesche, 1993）。

Brinton等（1989）认为依托式教学把语言课程的教学紧紧依靠学生需要学习的学科内容展开，学生学习的重点在于凭借所学的目标语获取信息，同时，也在此过程中提高他们的学术性语言能力。教学活动既要考虑到所学的学科知识，同时，鼓励学生通过所学目标语进行思考和学习。在学生完成某一特定的学习任务（learning task）时，这种教学思路很自然地将传统意义上的听、说、读、写四项语言技能结合在一起，表达出自己的意思。因此，从性质上来说，双语教学是一种交际性的语言教学方法，是一种在交际语言教学原则的基础上发展而成的交际教学路径（Styrker&Leaver1997）。Richard和Rodgers（2001）在其《语言教学的路径和方法》（第二版）指出，这种把学科内容和语言教学密切联系的教学手段可以弥补学生在语言能力和语言实际应用能力之间存在差异的有效方法，它与传统的外语教学方法最大的不同之处就是，"通过学习题材（subject matter），而不是单纯学习语言来获得语言能力"（ibid.204）。

依托式教学把语言作为学习内容的媒介，把内容作为学习语言的源泉。Styrker & Leaver（1997）等把这种依托课程内容进行语言教学的方法归纳为四个显著特征：1.以学科知识为核心。依托式教学路径的根本原则是围绕学科知识来进行的，而不是围绕语言的形式、功能、情景或语言技能；学生的交际能力是在学习一些具体的学科如数学、科学、社会科学、文化、地理、历史的过程中获得的。2.使用真实的语言材料（authentic material）。课程学习中所使用的主要材料如课文、录像带、录音带及其他视听材料应选自于本族语人所使用的材料之中；学习活动主要是注重理解和传递有意义的信息以及用真实目的语言完成实际生活中的任务。3.学习新信息。学生应该通过母语建立起来的已有知识来使用外语进行学习和评价新信息。4.课程设置必须符合不同学生群体的需要。教学中的话题、学科知识、语言材料以及所组织的学习活动应符合学生的语言程度、认知和情感需要，并适合他们将来的职业需求和个人兴趣。

从学习理论来说，依托式教学认为要以学习者为中心，实行发现式学习和体验式学习，使学生在某一特定的语言环境中去自行体会和发现，使学习成为一种自然的行为活动。与传统的语法-翻译法相反，依托式教学方法是一种归纳式的（inductive）和隐性的（implicit）学习方式，需要学生具有自我调控能力（self-regulating ability），方能将学业进行到底，并获得较高的目标语能力（袁平华，2006）。

那么依托式教学在我国高校是否可行呢？我的一个博士生作的一项实证性研究回答了这个问题（袁平华，2006）。该研究中的实验组和对照组来自上海交通大学大学二年级的学生，他们已经进行了大约为期8年的英语学习，从整体上说他们在学习和认知能力上大致相当。他们在第四学期时可以继续在常规的大学英语课堂学习英语，也可以选修其他用英语进行授课的学科内容，如美国文明、电影欣赏等课程。在本项研究中，参加实验的对象选择根据两方面要求，一是自愿，二是根据他们在2005年1月的全国大学英语考试的四级成绩（在实验之前要求实验组与对照组的语言水平没有显著性差异）。

该项研究中的教学过程从2005年2月初开始到2005年6月底结束，在课堂观察中了解到：在实验组中，课程基本为美国文化导论课，内容涉及美国的历史、地理、政治、经济、媒介、文学、宗教、节日等方面，课堂活动主要包括老师讲解、学生就某一主题的陈述、回答问题和小组讨论等。根据依托式教学模式的基本原则，所有的教学活动都要求尽可能用英语进行（在解释某些抽象概念时可以用少量的汉语）。教师不明确讲解词汇、语法、句型等，鼓励学生尽可能多地使用英语进行交流。教学的根本目的就是让学生在获得学科知识的同时通过自然的、真实的、有意义的活动不知不觉地获得使用英语的能力。

在对照组课堂观察发现，课程为大学英语精读及听力课，主要采用语法、翻译与听说相结合的方法。课堂以老师讲解为主，学生回答老师的有关提问，这也是目前在中国英语教学中占据主导地位的教学模式。这种模式讲求明晰的语法、词汇的仔细讲解，兼顾听说读写技能的训练（刘祥福、蔡芸，1997）。

从课堂观察记录来看，实验组的授课内容为美国文明，教师用英语介绍美国的社会文化和历史，以讲解内容为主，强调意义的传达，是一种以学习内容为重点的课程（content-driven program），而对照组采用常规大学英语的课本，教师介绍课文内容的同时，以讲解语言点为主，更多讲究语言形式的介绍，是一种以学习语言为重点的课程（language-driven program）。实验组采用的是介绍美国历史和文化的原版教材，共三卷本外加教师从网上收集资料，用于学生的阅读课，而在对照组当中使用的教材则是规定的普通高等学校教材一册，再加上老师准备的一些有关大学英语六级备考方面的资料，此外，还有一部分段落翻译方面的材料。听力部分实验组采用的是美国文学故事和从CNN电视台录制下来的节目，而对照组则主要采用的是一般高校教材和教师从光盘中播放的节目。教学语言上，在实验组基本上是用英语进行，而对照组是中英文结合。因此，实验组得到的语言输入无论从数量还是难度上都大大超过对照组。课堂活动方面，实验组采取的是教师和学生的互动进行，既有老师的讲解，也有学生对某一主题的阐述（学生轮流在课堂上做专题发言），整个课程以强调意义为主，语言单位达到篇章层次，教师只对个别较难的词语进行解释。在对照组中的教学活动以老师的讲课为主，兼以学生回答老师的提问，语言单位基本停留在句子层面。因此，这一系列的学习者内部因素和外部环境力量促成了两组学生在学习成绩方面的差异，使得实验组的总体语言能力优于对照组，正如Ellis（1985）二语习得理论框架中所显示：

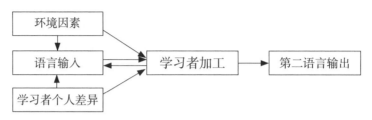

有一个良好的语言学习环境，如在轻松自然的状态下学习和使用语言进行交际，略高于语言学习者现有水平的语言输入，学习者个人能够积极主动地学习语言，同时，学习者有一系列适合自己的学习策略都有利于实验组语言水平的提高。在单项成绩的比较上，实验组的学生听力水平高于对照组是因为他们长期处在听英语的环境中，该组学生在英语课堂中接受老师用英语讲授的课程，课后喜欢观看英语的节目，参加各种英语交际活动，这些都对他们的听力有极大帮助，特别是在课堂中用英语作笔记对他们在听写速度和质量上得到很大的提高。应该说，实验组的阅读能力明显高于对照组，这是因为在依托式教学中，学生们要阅读和查找大量的文献去完成一项超语言文本的学习任务，语言的层次已经不是单个的句子，而是涉及到语篇层面，并使用到很多像概括、识别、分类、比较、表述、推理和预测等技能，这些技能的使用增强了他们在考试中的分析判断能力，从而获得高分。实验组的学生在语言的综合使用水平上也有了很大的提升，体现在测试当中的完形填空这一项，实验组和对照组有着明显的差异。由上述分析，基本可以看出实验组在英语方面的接收技能（receptive skills）比对照组强，这也证实了加拿大渥太华大学对于依托式教学的效果（Hauptman et al.，1988）。

当然上述研究只是一种尝试性的研究，时间跨度不是很长，要检测出在大学英语教学环境下的依托式教学对学生水平的提高还需要有更多更常时间的实证性研究。更为重要的，本研究观察的依托式课堂还是以提高外语水平为宗旨的外语课堂，还不是以传授学科知识为主要目标的专业课双语课堂，我们期待这方面的更多的研究。

3. 我国高校双语教学的定位

根据教育部对高校开展双语教学的指示精神，根据依托式课程的先进教学理念，本人提出我国高校双语教学成功的标志：

"要体现双语教学的优越性，就必须做到使上双语课的学生在学科学习上不亚于上常规课堂的学生，而在此同时他们的英语能取得长足的进步；而且这是要在不增加学时的前提下做到。靠降低学科成绩来提高学生的英语水平的双语课当然不足为取，而学生英语得不到提高或依靠增加课时来完成学科的双语课也是没有意义的。因此，我们认为学科知识和语言能力的'双丰收'是我国高校双语教学的出发点和归宿，是检验我们双语教学是否成功的唯一标准。我们发现国内教育界在双语教学的讨论中，还没有人这样提过，我们猜想还有不少人恐怕对双语教学是否能产生这样的效果还持有一定的保留。"（俞理明、袁笃平，2005）

笔者认为，我国高校双语教学应当根据这一衡量双语成功的标志来定位，这样的定位不仅是合理的，而且是通过努力能做得到的。拿上海交通大学物理系的双语教学为例：首先在大三第一学期安排计算物理，因课程内容大多涉及数学和程序，从英语理解的角度上难度较小，教师完全用英文授课并适当增加课时以确保教学质量。在大四第一学期安排激光物理，从专业内容而言，四年级的学生对相关概念的理解难度已经不大，课程经历和词汇积累也使学生有了相当的课堂适应能力，再适当增加课时以顾及专业要求。在两课间又安排了两门基础课电动力学和固体物理，这两门课程不做课堂英语要求，而强调教材阅读以积累词汇，提高阅读能力，从而形成了比较完整的初级阶段本科物理双语教学的框架：每个学生的标准英语课程课时144个，相关配套课程课时144个。共计增加课时36个，但取消了专业英语课72学时，总体反而减少课时36个。既没有影响正常的教学计划，也没有增加学生的课堂负担（袁笃平&俞理明，2005）。上面的例子证明，只要我们敢于探索，勇于探索，就一定能找到一条符合我国国情的双语教学的路子。

4. 我国双语教学的模式的探讨

就我国高校而言，双语教学基本上有三种模式：第一类是全外语型的，即基本上是外语教学，教师和学生上课都使用英语，这种全英语的教学模式也称为浸入式；第二类叫做混合型的，这种教学模式采用外语教材，教师用外语和汉语交替讲授；最后一种叫半外语型的，采用外语教材，汉语讲授（过建春等，2005；傅淑玲等，2003）。由于我国目前师资等条件的限制，高校双语课程不可能使用全英语，以上海交通大学为例，2004年，该校能用全英语或接近全英语上课的还不到35%，大部分是英、汉混杂型（袁笃平、俞理明2005）。双语教学的理想课堂当然是应该全外语型的，而第三种所谓半外语型的教学模式大家的看法也是比较一致的，就是要予以摒弃的。但对目前的混合型的模式应当采取什么态度？一种态度是，鉴于学生水平不齐，采用混合型的模式更有利于收到双语教学的实效（李红，2004）。这种态度实际上是把混合型的模式看成是一种有因地制宜之效的可以接受的模式。那么这种混杂型的"双语班"有效性究竟如何？我在国内尚未见过对这种双语教学模式效应的实证性的研究。但国外成功经验表明（Cummins&Swain，1986），在双语教学的课堂中坚持完全使用目的语是双语教学成功的关键之一。Swain（1983）指出，在混合使用两种语言进行教学时，学生上课较易忽视他们不懂或懂得较少的语言。如果用两种语言同时给出相同或类似的信息，学生就不愿听二语（或外语）传递的信息（Fillmore，1980）。我本人看法是，在目前阶段，混合型的模式虽然容许存在，但只能当作权宜之计、无奈之举，而不能看成是合理的双语教学模式中的一种。只有用全外语授课才能体现出依托式教学的优势，而只有在依托式教学的优势得到充分体现的时候，我们上述的双语教学定位，即在不增加学时的前提下取得学科学习和外语学习的"双丰收"才可望不会落空。

但全英语授课，除了要有既精通专业又精通外语的教师这一先决条件外，还有学生的因素，那就是学生的英语水平要达到不仅能听懂学科内容，而且还要能表达自己学到的内容（比如回答教师问题，做作业，考试等）。根据我们的初步研究，我国高校经过两年的大学英语学习后，大部分同学的英语还没有达到能参加全英语的双语班的要求。从以上分析来看，由于教师和学生的英语水平的限制，目前要在高校全面推广全英语讲授的双语课程还有一定的难度，目前还只能是一个过渡时期。但在这过渡时期中，我们要发扬"只争朝夕"的精神，积极为早日过渡到全英语的双语教学创造条件。我们的建议如下：目前过渡时期阶段，可以容许双语教学有不同的层次，但不鼓励低层次的（指英文教材、中文讲授），应提倡以英语为主的讲课，可以采用原版英文教材，但教师用汉语和英语讲课，使用外文板书。对有条件以全英语讲课者应予以支持，并作为双语教学的样本在校内进行大力宣传和积极推广。

为全英语的双语教学开创好条件，我们可以在大学英语阶段就开展依托式教学。当然，在大学英语课堂的依托式教学和双语教学课堂开展的依托式教学是有根本性的区别的，前者以学好英语为宗旨，后者则是以掌握学科为目标。

那么以学习语言为主的课堂中开展依托式教学能否也取得良好的教学效果呢？国外的研究已经有了肯定的回答，比如有的二语习得研究者发现，美国一些高校在给英语为非本族语的学生上英语课时，把"主流课程设置[1]"的学课一些内容放到英语课堂上，能够使得这些学生和以英语为本族语的学生有一样的表现（Kasper，1994）。美国一所高校为英语非本族语的学生开了一门"多重内容课程"（Multiple-content Course）的英语作为第二语言的课程，这门课程根据"主流课程设置"开设了五门学科：二语习得、计算机科学、人类学、生物以及心理学。研究结果表明，上这门课的学生不仅在英语水平测试中成绩超过上常规英语班的学生，而且在此后的学科学习上也超过了后者。我们设想，如果我国在大学英语学习阶段也开设一些和专业课程更紧密结合、将来双语教学要学习的一些专业的内容，把高校双语教学和大学英语搞成一条龙的教学，我们有充分理由相信，我们的高等教育会出现双语教学和大学英语互补互促的双赢局面。

5. 结论

我国双语教学从总体上来说，还处在试验性阶段，有很多东西要我们去了解和探索，但从上所述可以看出，我国高校的双语教学有着源远流长的依托式教学的理念的支撑，而其优越性在国内外的教学实践中已经并不断得到证实。我们认为，我国双语教学一定能帮助我们摆脱我国大学英语应试教学的尴尬状态，从根本上改变我国大学英语教学的面貌，从而提高我国高校的总体教学水平，因此，高校的双语教学大有希望，它在中国一定会取得成功。

本文原载于《中国外语教育》，2008年第1期。

---

1 主流课程大纲（mainstream syllabus）指的是为美国本国学生设置的课程大纲。

大学英语教育与双语教学的衔接：现状与思考

上海中医药大学 周恩 丁年青

1. 引言

　　大学英语的教学目标是培养学生英语综合应用能力，以适应我国社会发展和国际交流的需要，同时也为高校开展专业双语教学打下英语基础，具体表现为我国研究型大学三年级学生能基本听懂双语教学，教学研究型和教学型大学有一部分四年级学生能听懂双语教学（张尧学，2003）。教育部在2007年颁布的《关于实施高等学校本科教学质量与教学改革工程的意见》中明确提出要鼓励高校开展双语教学："推动双语教学课程建设，探索有效的教学方法和模式，切实提高大学生的专业英语水平和直接使用英语从事科研的能力。"

　　双语教学的有效开展有利于学生获取前沿的学科专业知识、掌握专业领域的英语术语、提高英语水平，为其今后参与国际交流打下基础；有利于国际化、复合型人才的培养，在我国高校的人才培养格局中发挥着重要作用。但是，目前我国大部分高校的双语教学实践反映出学生的英语语言水平、教师的教学能力等还远不能满足双语教学要求的现状，阻碍了双语教学的顺利开展。究其主要原因，大学英语教学与双语教学在目标定位、教学内容、教学方法、学习策略等方面严重脱节，学生一时难以适应从以提高英语水平为目标的大学英语教学突然转变到以英语为媒介学习专业内容的双语教学。

　　国内有较多学者开展了有关双语教学的理论性与实践性研究（如朱晔，俞理明，2010），也有学者开展了大学英语与专业英语的衔接研究（罗毅，李红英，2008），但较少有学者比较深入地开展有关大学英语与双语教学衔接的研究。为此，本文将从大学英语与双语教学的衔接视角入手，厘清大学英语、专业英语与双语教学的性质、目标和关系，分析大学英语与双语教学的衔接现状，探讨大学英语与双语教学在管理机构、师资队伍、课程设置、教学方法、教材选用和准入标准等方面如何实现有效的衔接，从而推动我国双语教学向纵深发展，并为我国大学英语教学改革提供一定启示。

2. 大学英语与双语教学的性质和目标

2.1 大学公共英语

大学英语是指非英语专业基础阶段的普通英语（general English），或称公共英语（罗毅，李红英，2008）。目前我国大学公共英语普遍采取基于计算机和课堂的多媒体教学模式，其教学目标是提高学生的英语综合应用能力和自主学习能力，不追求相关学科内容的连续性、系统性和完整性，而是追求英语语言知识与应用能力的连续性、系统性和完整性（王丽君，陈婉琳，2008）。

2.2 专业英语

专业英语也称专门用途英语（English for Specific Purposes，ESP），主要相对于大学公共英语而言。专业英语与公共英语在本质上都属于大学英语范畴，是整个大学英语教学体系中为同一个教学目标而构建的两个层面。Hutchinson和Waters（2002）借助"英语教学树形结构"直观形象地把ESP的内容展示出来，他们认为根据英语使用目标的不同，ESP主要分为两种形式，即学术英语（English for Academic Purposes，EAP）和职业英语（English for Occupational Purposes/English for Vocational Purposes，EOP/EVP）。具体来说，EAP主要是为学生的专业学习、研究和交流做好语言上的准备，同时学生通过学术口头交流课程、学术书面交流课程等学术英语课程的学习为双语教学做好准备，是一般意义上的学术英语训练。EOP/EVP则是根据学习者的职业需要和特定目的而开设的，与特定学科和职业相关，如新闻英语、外贸英语、法律英语、生物英语、医学英语等。所以，专业英语的实质是以专业内容为依托，为某种特定专业学科领域开设的英语课程，不追求学科知识的系统性和完整性；专业英语的核心与目的是语言学习，特别是学习与专业相关的词汇、句法及语篇等，从而培养学生在学术领域和专业领域用英语交流的能力；专业英语是大学英语基础阶段的后续和延伸，专业英语课程是介于大学英语基础课程和双语课程之间的过渡课程。

2.3 双语教学

《朗曼应用语言学词典》（Richards et al., 1985）把双语教学定义为"在学校里使用第二语言或者外语进行的学科内容教学"。在目前的中国，第二语言或外语主要指英语这一国际通用语。由于师资和学生水平有限，大多数学者认为双语教学包含中英两种语言授课以及全英语授课，但全英语授课应该是我国双语教学的目标和努力方向（胡壮麟，2004；韩建侠，俞理明，2007；

Hu，2009；李颖，2012等）。

与专业英语不同，双语教学是以英语为工具学习各学科专业知识，在本质上属于专业课教学。在双语教学环境中，英语不仅仅是学习的对象，更是获取前沿学科知识的工具。学科知识和语言能力的双丰收是我国高校双语教学的出发点和归宿，是检验我们双语教学是否成功的唯一标准（俞理明，袁笃平，2005）。在学习学科知识和提高英语水平的同时，双语教学还有利于开阔学生的学术视野及培养其创新思维能力，为其今后进行国际交流与合作奠定良好的基础（康淑敏，2008）。

2.4 大学英语教学与双语教学的关系

从以上概念分析可以看出，大学公共英语和专业英语在本质上都属于语言教学，其目标在于提高大学生的语言能力；而双语教学则属于专业教学，大学生在双语教学过程中以英语为载体学习专业知识。大学公共英语教学是培养学生英语能力的基础，而专业英语教学是衔接大学公共英语和双语教学的桥梁（丁年青，2004）。

大学英语教学（包括公共英语和专业英语）能够有效地培养学生的英语综合应用能力和用英语在专业领域进行有效交流的能力，为学生顺利进入以专业学习为主的双语教学打下坚实的语言基础；双语教学以学科知识为内容，以英语为媒介，使得学生在学习学科前沿知识的同时，有效提高英语应用能力，为解决目前我国大学英语教学中存在的问题提供了重要的借鉴和启示。因此，总体而言大学公共英语、专业英语和双语教学的目的是提高学生的英语综合应用能力和专业英语水平，使他们在毕业后能够直接使用英语从事科研及开展国际交流。图1表明了大学英语与双语教学在学生英语综合应用能力培养上的关系。

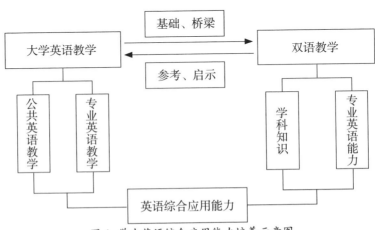

图 1 学生英语综合应用能力培养示意图

3. 大学英语教学与双语教学衔接的现状

教育部于2001年下发的《关于加强高等学校本科教学工作提高教学质量的若干意见》提出："为适应经济全球化和科学技术革命的挑战，本科教育要创造条件使用英语等外语进行公共课和专业课教学。"自此，双语教学成为各高校提高教学质量、推进素质教育的一个重要手段，受到各高校的重视，取得了一定成绩。当然，双语教学实践还存在种种问题和不足，难以达到预期目标，其中的原因是多方面的，大学英语教学与双语教学未能很好地衔接是主要原因之一，具体体现在以下几个方面。

3.1 学生语言水平、专业英语能力与双语教学不相适应

相关调查（李文翎等，2009；姚芳，2011）显示，大部分学生能够认识到双语教学的重要性和必要性，并对双语教学充满期待，赞成双语教学，认为双语教学不仅能够对英语学习产生促进作用，而且能极大地激发学生的学科学习兴趣，提高学生的综合素质，对学生的未来发展有积极意义。但在双语教学具体实施过程中，很多学生的学习效果并不十分理想。李文翎等（2009）的调查结果显示，只有4%的学生能全部听懂双语教学课，40%能大部分听懂，这表明双语教学中大部分学生处于听不懂的状态。韩建侠（2008）对河南、北京、河北、广东、黑龙江和陕西等6省市2004年入学的503名学生的调查显示，仅有2.8%的学生赞同全英文浸入式双语教学，其余学生认为双语教学模式应为中文与英语结合的维持型或者过渡式，这在一定程度上表明国内的双语教学大体上还停留在过渡式或维持型的双语模式中；另外，刚接触双语教学时，39.3%的学生认为双语教学对其英语水平要求较高或者过高，只有5%的学生能够听懂课程90%以上的内容，这与李文翎等（2009）的调查结果相吻合。

为什么学生的期望与实际效果之间会出现这么大的偏差呢？这主要是因为学生的英语水平，特别是听力水平还不高。目前我国的大学英语教学较为重视学生阅读能力的提高，而听说能力的教学目标虽然比较明确，但在实际教学中所受的重视程度往往不够，不能完全满足双语教学的需要。

此外，由于各专业、各学科都有大量专业词汇和专门用语，即使是普通英语里常用的词汇在专业领域也有特殊的解释，甚至同一词汇在不同专业领域也有不同的意思。没有经过专门的学习和训练，学生往往不熟悉专业英语的词汇、语法及语篇特征，专业文献阅读速度慢，专业英语交流能力差，无疑达不到双语教学的条件。

3.2 大学英语教学的实际定位不符合双语教学的要求

教育部于2007年颁布了《大学英语课程教学要求》（以下简称《课程要求》），明确大学英语教学的目标是培养学生的英语综合应用能力，特别是听说能力，同时增强其自主学习能力；要以学生为中心，以教师为主导；要建立基于计算机与课堂的教学模式等（教育部高教司，2007）。实践证明，大学英语教学改革的方向是正确的，并取得了显著成效（王守仁，王海啸，2011）。然而，我们的改革只停留在基础阶段的课程改革上，并且较多地关注教学模式改革，未能将改革深化，忽略了提高阶段的课程体系及课程内容的改革（王哲，李军军，2010；龙芸，2011）。学生在达到《课程要求》规定的基本要求后往往会失去英语学习的动力和兴趣，其英语水平也就出现了停滞甚至下降。龙芸（2011）通过调查发现，54.4%的学生对当前英语教学勉强满意或不满意，61.8%认为自己的英语水平与入学时相比基本没有提高甚至出现下降，75.3%的学生认为大学英语的学习目标就是通过各种英语考试以获得学位。况且，由于高中英语教学的要求与大学英语教学要达到的一般要求界限模糊甚至趋同，再加上大学英语四、六级考试的影响，我们的教学重点往往停留在基础的语言训练上，有的甚至停留在应试教学模式上。由于大学英语没有有意识地将教学内容、教学方法、学习策略等与双语教学联系起来，两者之间相辅相成的关系也一直没有在真正意义上统一起来（叶建敏，2005）。因受大学英语教学定位的影响，学生无论是在英语应用能力还是在专业英语水平方面都难以满足双语教学的要求。

3.3 双语教学中学科内容学习与英语能力提高未能同步

对不同环境下二语习得者的研究（Johnson & Swain 1997）表明，学习双语课程的学生比传统教学模式下学习二语的学生能够获得更强的二语综合应用能力。同时，学习双语课程学生的母语能力不逊色于只使用母语学习所有课程的学生，而且其外语应用能力有明显提高。在数学、社会学等专业学习方面，学习双语课程的大多数学生取得的进步表明他们的专业能力与母语环境中进行专业学习的学生不相上下（王丽君，陈婉琳，2008）。由于传统的语言教学侧重语言学习，不追求内容的相关性与连贯性，学习主题各不相关，使得学生在经过两年大学英语学习后，仍然达不到双语教学的要求，学生往往不能如愿达到专业内容学习和英语能力提高这两个目标。有调查（王亮亮，南纪稳，2008；姚芳，2011等）表明，大多数学生认为双语课程教学效果有待提高或者不好。

由于双语教学不同于以单纯提高语言能力为主要目的的大学英语教学，这种教学通常存在一对矛盾，即如果全英语授课，有时不可避免地会或多或少牺牲一部分学科内容，反之则会牺牲语言应用能力。所以在双语教学中，要特别处理好这对矛盾，从而通过学科内容学习提高学生的英语学习兴趣和专业英语能力。

4. 大学英语教学与双语教学衔接的思考

相关调查（王亮亮，南纪稳，2008；李文翎等，2009；姚芳，2011等）显示，我国高校的双语教学在学生水平、师资力量、教学模式、教材、准入机制等核心要素上与理想的双语教学还有一定的差距，需要我们不断努力，处理好大学英语教学和双语教学的衔接，探索出培养学生英语综合应用能力的有效途径。

4.1 建立专门的教学管理机构，实现大学英语教学与双语教学的有效衔接

大学英语教学经过几十年的发展取得了巨大成就，各高校也有专门的机构（如大学英语部等）负责对其进行管理协调。而双语教学在我国起步较晚，目前主要由各院系的专业教师负责，一般由各校教务处而不是专门的教研机构进行协调，管理上处于一种相对自由的状态，这无疑会影响双语教学的有效实施。

为了提高双语教学的质量，学校可以建立专门的双语教学教研管理机构，负责制定符合本校学科、专业发展和课程建设实际情况的双语教学规划，指导学校双语教学有计划、有步骤地开展；负责提高学校双语教学的质量，促进任课教师的职业发展，为所有的双语课程提供评估体系；负责协调大学英语教师和双语教师之间的联系，组织他们定期召开教学研讨会，促进双语教学成功经验的传播，这不仅有利于解决双语教学问题，而且也可以使大学英语教学更有针对性、更好地为双语教学做好铺垫。

4.2 加强师资培训，更新师资知识结构

双语教师大多是学校各院系的专业教师。一般来说，他们精通专业，但缺乏必要的英语语言教学理论和较为扎实的语言基本功，对学生的英文水平也缺乏必要的了解，这使得他们很难在教学中自如地使用英语来进行学科教学。另外，有少数双语教师是英语专业出身再攻读其他学科硕士或者博士学位的复合型专业教师，这部分教师兼具英语水平和专业素养，但毕竟数量不多，难以满足双语教学的需求。

学科教师和语言教师紧密配合是成功进行双语教学的有力保证（俞理明，

袁笃平，2005）。因此，在双语师资的培训中，除了专业教师参加英语培训（比如外教英语培训班、出国短训等）之外，还应通过以下途径加强双语教师与大学英语教师的衔接：一是大学英语教师与双语教师联系，了解接受双语教学学生的需求，使其在大学英语教学中有意识、有目的地补充一些专业词汇、句法结构等，同时为双语教师提供语言支持。二是双语教师深入到大学英语教学部门，与大学英语教师联系，增强自身的语言意识和加强语言功底，了解学生的英语基础、英语学习习惯以及学习需求，为双语教学做好准备，并为大学英语教师提供相关的专业学科知识。三是双方开展深度合作，组成教学小组。比如，上海中医药大学部分双语教师与大学英语教师一对一结对子，共同备课、修改教案，英语教师主要修改教案中的英语表达并借此对专业教师进行有针对性的英语辅导，同时专业教师也能使英语教师从中获取专业英语的术语等知识。这种做法不仅切实为双语教学提供了有力的语言支持，而且还通过实践比较有效地提高了专业教师的英语水平，取得了很好的教学效果。

另外，双语教学的开展也对大学英语教师提出了挑战。为了培养学生的英语能力以便为双语教学做好语言上的准备，大学英语教师不仅要在教学方法、教学手段等方面主动适应学生及双语教学的需求，更要不断学习，努力使自己的纯语言知识结构转变为语言与相关专业知识相结合的结构，成为一名复合型英语教师。

4.3 调整课程设置，加大专业英语课程比例

目前，我国双语教学难以达到预期目标，除了教师的综合素质和学生的英语综合应用能力，特别是听说能力有待提高外，学生专业英语词汇量小、专业英语词汇句法知识缺乏、专业文献阅读能力不强、专业领域英语交流能力不足等也是重要原因。为此，大学英语课程设置要加大专业英语课程比例，加强学生对专业领域语言特点的掌握，培养学生较强的专业文献阅读能力以及用于专业领域交流的英语听说能力，为双语教学做好铺垫和准备。

Hutchinson和Waters（2002）认为，在设计ESP课程时首先要进行需求分析。他们认为需求分析主要包括两个方面：一是目标需求（target needs），即学习者在目标环境中需要做什么；二是学习需求（learning needs），即为了满足学习的需要学习者需要做什么。他们提出了一个基于"5W1H"的需求分析模式，即什么人（WHO）在什么时间（WHEN）和什么地方（WHERE）、以什么样的目的（WHY）和什么样的方式（HOW）学习什么样内容的语言（WHAT）。通过"5W1H"的需求分析，我们在设置ESP课程时能够充分考

虑教学对象、教学时间、教学环境、教学目的、教学方法以及教材选择等因素。我们应该通过问卷调查、访谈、观察、数据收集以及非正式咨询等方式了解学生需求（包括职业需求、双语教学需求等）及其专业英语使用情况，开设符合社会需求的高质量专业英语课程，为双语教学铺路。

4.4 提升教师教学能力，转变教学方法

目前，我国大学英语教学已相对成熟，教师课堂上大都使用英语进行教学，教学活动较为丰富多彩。而双语课堂上，教师使用中文或者交替使用中英文进行教学的现象还比较普遍，且他们通常采用一句英文、一句中文的教学方法，生生、师生互动差，学生学习兴趣难以提高，与理想的双语教学尚有较大距离。Swain指出，在混合使用两种语言进行教学时，学生上课较容易忽视他们不懂或懂得较少的语言；Fillmore也认为如果用两种语言同时给出相同或类似的信息，学生就不愿听二语（或外语）传递的信息（转引自韩建侠，俞理明，2007）。因此，在双语教学中双语教师在教学方法上要注重与基础英语教学的衔接，尽量用英语组织教学，以学生为中心，加强师生、生生之间的互动，丰富教学内容和形式，增强学生的学习兴趣，培养其自主学习能力。

另外，大学英语教学要改变传统的教学模式，采用基于计算机和课堂的多媒体教学模式，培养学生的英语综合应用能力。除了改革教学模式以外，大学英语还要改革其教学内容，可以通过压缩大学英语基础阶段的教学课时、增设不同专题的英语应用类选修课来全面培养学生的英语能力；可以采取依托式大学英语教学模式（content-based instruction）（袁平华，俞理明，2008），即将学科内容与语言学习相结合，通过英语来学习学科专业知识，内容与学生专业相关，语言真实活泼，符合自然语言的习得规律，这有利于提高学生的学习兴趣，并让学生提前对相关学科内容进行学习，为双语教学打下基础。

4.5 用合适教材，注重消化吸收

双语教学提倡教师采用外文原版和影印版教材。目前，我国双语教学教材主要有外文原版、影印版、外文改编版以及英汉对照版等几种。由于外文原版和影印版教材是专业学科领域比较成熟的国外教材，其语言地道、知识系统，是开展双语教学的最佳教材。使用原版或者影印版教材不仅可以使学生在更高起点上学习国外前沿学科知识，了解学术和科技动态，习得纯正的专业语言表达方法，而且也有利于教师掌握国外先进的教学理念、教学方法和前沿的专业信息，使我们的人才培养格局逐步与国际接轨。再者，原版教材启发性强，所传递的西方科学注重演绎的思维方式、实证性的研究方法、学术规范以及自立、开拓精神等也会对中国学生产生很大的影响,从而逐渐影响和改变中国学生的科学研究方法,培养其科学思辨能力(叶建敏,2005;李颖,2012)。

但是,由于我国幅员辽阔,各地区、各高校差异较大,国外原版教材对于有些高校学生的语言能力和专业水平要求相对较高,许多教师、学生一时难以适应。这就要求我们在双语教学中不断思考,针对不同的教学对象采取不同的教学方法,在教学内容的选用上遵循先易后难、循序渐进的原则,分层次、分阶段地进行教学。

另外,双语教学也要采取不同于专业课教学的教材使用方式。在专业课教学上,为了避免照本宣科,教师往往会打破教材原来的编排体系,通过自己的理解将专业知识自成一体地传授给学生。但在双语教学中,如果教师脱离教材自成体系地进行教学,必然会增加学生的负担,让学生无所适从。所以,双语课程一旦选定好教材后,教师应该根据本校学生的英语水平和课程属性,选用合适的教学内容,适当简化教学难度,使学生充分消化吸收教学内容;同时,教师的授课一般不要打破教材体系,尽量按照教材的框架安排教学(张宗让,2006)。

4.6 实行双语教学准入标准,根据学生水平和课程特点实施不同教学模式

双语教学要取得成效,除了教师水平、教学方法、教材等因素以外,学生的初始英语水平也起着至关重要的作用。Cummins(1984)的阈限假设(Threshold Hypothesis)指出,当学生的第二语言达到学习学科知识所需的阈限水平(threshold level)时,双语教学将对学生的认知发展产生正面效应,学生通过母语学习过程中掌握的认知技能也可以迁移到第二语言中去,这样学生就能更有效地通过二语来学习学科知识,他们的学科水平就会提高,最终二语水平也会提高。韩剑侠等(2007)、俞理明等(2011)通过实证研究我国高校进行双语教学学生需具备的英语水平以及初始英语水平对全英语双语教学效果的影响,研究结果显示:若学生的初始英语水平达到一定的阈限水平(CET4优秀或通过CET6),学生可受益于双语教学,在学科内容学习与英语水平方面都能取得较大进步。

因此,在双语教学实践中应该实施教学准入标准,根据学生水平实施不同的教学模式。可以借鉴大学英语分级分层教学的成功经验:对于英语基础好(通过CET6)、学习意愿强烈的学生可以采取全英文浸入式双语教学,而对于英语基础一般(通过CET4)的学生可以先允许在教学中加入部分中文,再随着学生英语水平提高逐步过渡到全英语教学。

另外，根据双语课程的学科属性和语言特点，也要采取不同的教学模式。康淑敏（2008）基于双语教学实践构建了包含"汉语铺垫式、英语引入式、英汉融合式、全英浸泡式"等模式的多层次渐进式双语教学模式，可以根据学生英语水平、课程难度及要求使用合适的教学模式。程昕（2011）对大学物理课程与跨国公司管理课程进行了实证研究，发现对于一些专业词汇较多、概念较为抽象、认知能力要求较高的课程，在教学中宜使用部分中文加以解释；而对于专业词汇较少、情景/语境丰富、认知能力要求较低的课程，则较高层次的浸入式双语教学更为合适。

5. 结束语

无论是大学英语还是双语教学，都有一个共同的目的，即提高学生的英语综合应用能力。探讨大学英语教学与双语教学的衔接有利于我们厘清思路，认识到其衔接现状，并找到对策，从而提高学生的英语水平和专业英语能力。我们应该根据我国地区发展不平衡，各院校、各地区大学生英语水平分层化以及学生英语学习需求多样化的现状，重视大学英语后续提高课程的开发和设计，加大专业英语课程的开设比例，努力构建一个更加科学完善、更能满足学生需求与双语教学要求的大学英语教学体系。这个体系应该包括普通英语、专门用途英语、通识类英语（王守仁，王海啸，2011）。例如，上海中医药大学目前的大学英语教学就构建了大学公共英语基础阶段（语言基础课）、大学公共英语提高阶段（通识类英语选修课）和专业英语阶段（医学英语与中医英语课程群）"三位一体"的大学英语教学模式，极大地促进了学校的大学英语教学，为双语教学打下了良好的基础。

大学英语教学与双语教学的衔接研究是一项复杂的系统工程，需要学校相关部门及教师树立正确的教学理念，积极参与，正确处理两者之间的关系，推进大学英语教学改革，提高双语教学质量，最终全面提升学生的英语综合应用能力和专业领域的国际交流能力。

本文原载于《外语界》，2012年第4期。

大学英语教学环境中依托式教学实证研究

南昌大学外国语学院 袁平华

0. 引言

进入新世纪以来，大学英语教学改革的呼声日益高涨，培养学生英语应用能力已成为大学英语教学改革的目标。（王守仁，2006）2007年颁布的《大学英语课程教学要求》（以下简称"课程要求"）将大学英语教学目标确定为"培养学生的英语综合应用能力，特别是听说能力，使他们在今后学习、工作和社会交往中能用英语有效地进行交际，同时增强其自主学习能力，提高综合文化素养，以适应我国社会发展和国际交流的需要。"《课程要求》中确定的教学目标为大学英语教学模式的选择提供了思路。此外，2001年，教育部提出，为适应经济全球化和科技革命的挑战，本科教育要创造条件使用英语等外语进行公共课和专业课教学。力争在3年内，用外语教学的课程达到所开课程的5%—10%。文件的出台无疑给依托式教学创造了有利条件，特别是对转型时期的我国大学英语教学具有指导意义。在加强大学生基础英语学习的同时，可以开设一些用英语讲授的专业选修课，或者逐步过渡到双语教学。语言学习和学科知识学习的融合已成为后大学英语教学时代的趋势。（蔡基刚，2007）

1. 文献回顾

依托式外语教学是指语言教学根据学生需要掌握的学科内容或应获取的信息进行，简言之，就是用目标语教授某一学科领域的知识，从而使学生既能掌握学科知识，又能习得目标语。（Dupuy, 2000; Weinberg &Burger, 2010）在依托式教学中，教学活动既要考虑所学的学科知识，也要鼓励学生通过所学目标语进行学习和思考。在学生完成某一特定的学习任务时，会很自然地将听、说、读、写4项语言技能结合在一起，表达自己的思想。因此，从性质上说，依托式教学是一种交际性语言教学方法，有4个显著特征：1）以学科内容知识为核心；2）使用真实的语言材料；3）学习新信息；4）课程设置必须符合不同学生群体的需要。(Leaver & Stryker, 1989) 依托式教学在国外已有许多成功的范例。(Ready & Wesche, 1992; Kasper, 1994; 1997; Burger & Chretien, 2001) 中国国内也有学者建议实行将语言与内容相结合的语言教学形式 (吕良环, 2001; 李丽生, 2002), 但在大学英语教学环境中依托式教学研究尚处于探索阶段 (俞理明、韩建侠, 2003; 王蒙, 2006)。本研究旨在考察该教学模式在大学英语教学环境中所产生的效果, 研究涉及两个问题:

1) 依托式外语教学是否对学生的英语学习动机状况产生影响?
2) 依托式外语教学对学生英语语言能力的提高有何作用?

2. 研究方法

2.1 研究设计

为探索大学英语教学环境中依托式教学对学生英语学习动机和英语水平的影响,本研究采用对比教学的方法,实验组采用依托式教学,以学习学科内容为主,而对照组则仍采用常规的大学英语教学方法,即教学重点在于学习语言形式,以教师讲解语言点为主。在研究中,学生的语言起始水平、教师的教学水平以及课堂教学时数为控制变量。在一学年的教学实验后,检验学生英语学习动机及英语语言能力的变化。

2.2 实验对象

参加本实验研究的是南昌大学本科二年级的学生,在实验前已完成了一学年的大学英语基础阶段学习,均通过了大学英语四级考试。实验组包括两个自然班,分别为82人和103人,共计185人,来自中文、教育、材料等学科专业;对照组也包括两个自然班,分别为95人和90人,共计185人,来自生物、食品、机电等学科专业。他们的年龄、生活阅历和教育背景等因素基本相同,从整体上说他们的学习和认知能力大致相当。实验组在进入第三学期时,学习用英语讲授的学科内容课程——《英美文化》,对照组仍继续学习常规的《大学英语》课程。实验前的调查发现,两组学生在英语语言能力上没有显著性差异 ($t=.462$, $p=.644$)(见表3)。同时,实验组和对照组在学习动机水平上也不呈显著性差异 ($t=.369$, $p=.712$)(见表2)。因此,可以说,实验组和对照组在实验前是同质的。

2.3 调查工具

英语学习动机 本研究中，英语学习动机问卷量表是研究者根据Gardner（2001）的量表改编的，将原来学习法语的动机强度和愿望改成学习英语的动机强度和愿望，该量表为利克特三点式量表，共20题，其中有关动机强度和愿望的问题各有10题。预测的内部信度为.90，显示该量表是可靠的。此外，还增加了一项有关动机类型的调查。

英语语言能力 本研究中，测量学生英语语言能力的工具为全国大学英语六级考试（满分100分），附加一个口语测试（10分）。六级考试内容包含听力（多项选择及听写）、阅读、词汇、完形填空和写作分项。口语测试是让学生以小组（3-4人）为单位，做一个角色表演，每人讲2-3分钟英语。这些英语能力测试题型相同，难度也相当，因而每次考试之间有可比性。

2.4 数据收集及分析

本研究在实验前（2008年9月）、实验中期（2009年1月）和实验后（2009年7月）进行了3次英语语言能力测试和学习动机状况调查，以确定两组学生在英语学习动机及英语语言能力方面的变化。在教学实验中，研究者每隔一周分别到实验组和对照组进行一次课堂观察，并在教学实验结束时就依托式教学模式对学生进行了随机采访调查，阅读了他们的学习日记。本研究采用SPSS13.0对所收集到的数据进行统计分析，结果表明，调查所使用的问卷及试卷，其内部信度一致性均达到.75以上，说明测试结果是可靠的。研究者对实验组和对照组在实验前、中、后的英语学习动机和英语语言能力进行t检验，以确定两组学生的差异。

3. 课程内容与教学组织过程

本实验跨越两个学期，实施细节见表1。实验组和对照组每周4学时，阅读和写作课均为自然班上课，听说课将自然班拆分成小班上课。实验组采用依托式教学模式，学科课程为英美文化，内容涉及英美国家的历史、地理、政治、经济、教育、民俗以及宗教等。课堂教学活动主要包括教师讲解、学生就某一主题的陈述、回答问题和小组讨论等。学生陈述的素材来自因特网和专业文献等。

表1 实验组和对照组教学内容与过程比较

	实验组	对照组
教学内容	以学科知识英美文化为主；语言知识为辅	以语言知识为主；课文内容讲解以语言知识学习为目标
学时安排	2学时为阅读、写作课（教师讲解的同时要求学生对一些问题深入探讨）；2学时为听说课（通过音像资料学习和讨论英美文化）	2学时为阅读、写作课（教师讲解内容和语言知识）；2学时为听说课（大学英语听力口语课本及六级考试练习）
语言输入	语言材料均为外国原版教材、光盘、录音带、电视节目和网络素材	语言材料以国内教材为主，有时增加翻译材料和六级考试练习
教学语言	以英语为主	中英文相结合
教学活动	教师讲解；学生陈述；师生互动；生生互动	以教师讲解为主；师生互动
教学手段	教学过程主要采用多媒体教学	在常规教室上阅读课；在多媒体教室上听力课

在课堂上，教师的讲解和学生的陈述均通过多媒体进行，并伴有图片和影像。教学活动基本上用英语进行，教师不明确讲解词汇、语法、句型等，鼓励学生使用英语进行交流，并对学科内容中的事实和观点进行解释、归纳、分析和评点。对照组课程为《大学英语》精读及听力课，主要采用语法-翻译与听说相结合的教学方法。课堂上以教师讲解为主，学生回答教师的有关提问。这种模式突出明晰的语法、词汇的仔细讲解，兼顾听说读写技能的训练。

4. 结果

4.1 英语学习动机

在一段时间的实验后，实验组和对照组在英语学习动机水平上都有了提高。在实验中期测试时，两组学生在学习动机水平总体上不存在显著性差异，但在学习愿望方面实验组比对照组强（t=1.996，p=.047）。实验结束时，实验组在总体学习动机水平上高于对照组（t=2.324，p=.021），同时表现出更为强烈的学习愿望（t=2.387，p=.018），见表2。

表2 实验组和对照组学习动机水平t检验

实验组（N=185）对照组（N=185）		平均分	标准差	平均分	标准差	t	p
实验前	动机强度	2.14	.25	2.16	.27	-.723	.470
	学习愿望	2.27	.24	2.23	.31	1.296	.196
	总分	4.41	.42	4.39	.50	.369	.712
实验中	动机强度	2.20	.27	2.19	.25	.181	.856
	学习愿望	2.35	.27	2.30	.28	1.996	.047*
	总分	4.55	.48	4.49	.46	1.277	.202
实验后	动机强度	2.26	.27	2.21	.23	1.697	.090
	学习愿望	2.41	.30	2.34	.24	2.387	.018*
	总分	4.67	.53	4.55	.39	2.324	.021*

*表示p<.05，下同

此外，对学生学习动机类型的跟踪调查表明，实验组和对照组的动机类型发生了变化，均从工具型逐步向融入型转变。但从转变的幅度来看，实验结束后实验组有37.30%的学生其动机属于工具型，62.70%的学生其动机属于融入型，而对照组中有58.40%的学生具有工具型动机，41.60%的学生具有融入型动机。因此，实验组学生中具有融入型学习动机的比例更高。

4.2 英语语言能力

表3表明，一个学期的实验后，实验组和对照组的总体语言能力都有了提高，但两组学生的听力能力开始显现出差异性趋势（t=1.853，p=.065）。在一学年教学实验后，实验组总体语言能力高于对照组，呈显著性差异（t=3.024，p=.003）。具体说来，实验组在接收性技能的提高方面明显优于对照组，比如听力（t=3.150，p=.02）和阅读（t=2.815，p=.005）。此外，在体现学生综合应用能力的完形测试中，实验组的成绩与对照组也有显著性差异（t=2.804，p=.005），表明实验组学生在综合应用能力上有了明显提高。在产出性技能方面，实验组学生的口语能力优于对照组（t=2.163，p=.031），表现

出较强的口语表达能力。从调查结果看，实验组写作水平虽有提高，与对照组存在差异趋势，但不呈显著性。值得注意的是，在词汇测试中，两组学生的成绩没有显著性差异（t=1.346，p=.179）。

表3 实验组和对照组英语语言能力t检验

	变量	实验组（N=185）		对照组（N=185）		t	p
		平均分	标准差	平均分	标准差		
实验前测试	听力	11.11	2.03	10.99	2.17	.545	.586
	阅读	25.50	3.90	25.15	4.09	.858	.391
	词汇	8.16	1.40	8.24	1.35	-.510	.610
	完形	6.46	.98	6.32	1.15	1.243	.215
	写作	8.61	1.20	8.70	1.39	-.681	.497
	口语	8.42	.26	8.47	.29	-.1.711	.088
	总分	68.27	8.04	67.87	8.59	.462	.644
实验中期测试	听力	11.90	2.21	11.48	2.11	1.853	.065
	阅读	25.90	4.24	25.28	4.10	1.445	.149
	词汇	8.29	1.55	8.29	1.73	.032	.975
	完形	6.60	1.13	6.47	1.07	1.136	.257
	写作	9.19	1.42	9.28	1.38	-.602	.548
	口语	8.55	.28	8.55	.30	.072	.943
	总分	70.43	9.11	69.33	8.74	1.189	.235
实验后测试	听力	12.93	2.34	12.18	2.19	3.150	.002**
	阅读	26.80	4.08	25.63	3.89	2.815	.005**
	词汇	8.80	1.82	8.55	1.74	1.346	.179
	完形	6.85	1.12	6.53	1.05	2.804	.005**
	写作	9.60	1.23	9.35	1.36	1.879	.061
	口语	8.66	.28	8.60	.29	2.163	.031*
	总分	73.63	9.28	70.84	8.47	3.024	.003**

**表示p<.01

5. 讨论

Krashen（1985）认为，学习动机对语言习得起着重要影响作用。本调查结果显示，实验组英语学习动机水平总体上高于对照组，特别是在学习愿望方面强于对照组。这是因为：

第一，课程内容能满足学生的个人需求。当教学内容与学习者兴趣相关时，他们会产生强烈的学习愿望，这种相关性是保持长久学习动力的前提。（Brinton, etal., 2003）在实验结束后的调查中发现，实验组学生对英语国家文化有着浓厚的兴趣，认为英语学习不能仅限于学习语言规则，还要学习了解英语国家的文化。实验组内有些英语水平高的学生坦言，虽然自己的英语语言水平较高，但有时也很难明白英语谚语的意思和英文电影中的幽默。因此，实验组学生认为有必要了解英语在其文化中的使用，因而对英语文化特别感兴趣，这就容易产生融入型动机。（Gardner, 1985）在随后的动机类型调查中也发现，越来越多的实验组学生表现出融入型动机。这在很大程度上提高了他们学习英语的积极性和内在学习动机。（Vygotsky, 1978）他们会自觉投入更多的时间和精力来学好英语和英语国家的文化。

第二，教材均为真实语言材料。教师从各种渠道获取的图片、音频和视频材料，增强了语言教学的真实感，调动了学生的感官，引起了他们极大的兴趣。例如，在讲解美国内战时，教师展示了有关林肯和内战进程的录像，使他们印象深刻，既了解了有关美国内战的基本知识，也学到了涉及这段历史的语言知识。

第三，学习经历更为有意义。依托式教学采用自上而下的教学思路，让学生在获取意义的前提下学习语言形式，这种探索性、发现式学习使得语言学习过程更为有意义。（Bruner, 1960）Wilke&Straits（2001）认为，有意义的学习经历使学生具有更强的学习动力。从调查中发现，实验组学生认为，依托式教学使他们摒弃了"为语言而学语言"的做法。为完成某一项学习任务，他们要从网上查询许多相关资料，既增加了语言输入，学到了学科知识，又增强了学习动力。（Kasper, 2000）当然，两组学生在英语学习动机强度方面没有表现出显著性差异，原因是多方面的，其中之一是因为在中国大学英语教学环境下，外在动机的影响力还很大，学英语的工具性动机很强。从调查中发现，在对照组中相当一部分学生学英语还是为了考试通过后获得证书，因此投入的精力和时间很多。但是，由于依托式教学提供了他们所需要的和感兴趣的学科知识，实验组的学生更能感受到学习英语的真正目的，并有更多的机会使用英语，因此，他们的动机水平总体上高于对照组，并且更多体现为融入型动机。

依托式教学还提供了良好的语言学习环境。实验组的授课内容为英美文化，教师借助多媒体用英语介绍英美两国的社会、文化和历史，强调意义的传达，是一种以内容为主的课程；而对照组采用常规的大学英语课本，教师解说课文时重在语言点，是一种以语言为主的课程。在阅读课上，实验组采用的是原版教材，以及教师从网上收集的资料，而对照组使用的则是规定的普通高等学校教材，再加上有关大学英语六级备考方面的资料，及部分段落翻译的材料。听力部分实验组采用的是介绍英美文化的音像资料，而对照组则是一般高校教材和从光盘播放的节目。在教学语言上，实验组基本上是用英语，而对照组则是中英文结合。因此，实验组在目的语的输入方面无论从数量还是难度上都大大超过了对照组。在课堂活动方面，实验组采取的是师生互动方式，既有教师的讲解，也有学生的陈述和角色表演等，学生的语言输出机会增多，课程涉及的语言输出单位达到篇章层次，教师只对个别较难的词语进行解释。在对照组中，课堂活动以教师的讲课为主，加上教师的提问和学生的回答，只有少量的课堂讨论，所涉及的语言输出单位基本停留在句子层面。

因此，这些学习者内部和外部的因素促成两组学生在英语学习成绩方面的差异，使得实验组的总体语言能力优于对照组。在单项成绩的比较上，实验组学生听力水平高于对照组是因为他们长期处在听英语的环境中，在课堂上聆听教师用英语讲授课程，课后观看英语节目，这都对他们的听力有极大帮助，特别是在课堂中用英语做笔记，使他们的听写速度和质量有了很大的改善。实验组的阅读能力明显高于对照组，是因为学生们要阅读大量的文献去完成超出句子到达语篇层面的学习任务，并用到概括、鉴别、分类、比较、推理和预测等技能，从而增强了他们在阅读测试中的分析判断能力。实验组学生在综合应用能力上也有了很大的提升，体现在完形填空测试中，实验组和对照组有着明显的差异。

以上表明，实验组学生在英语接收性技能方面比对照组强，这与加拿大渥太华大学对依托式教学效果的评价相符合。（Hauptman, et al., 1988）在产出性技能方面，实验组在英语口语方面比对照组强，这是因为实验组学生在课堂上有更多用英语阐述自己观点的机会，这也验证了依托式教学对学生口语能力有促进作用。（Burger & Chretien, 2001）实验组学生在英语写作上虽有提高，但与对照组相比，还不呈显著性差异。写作是一种复杂的认知活动，写作能力的提高，要靠学生长期实践的积累，而本项研究只是一种探索，时间跨度还不是很长，所以在检测依托式教学对学生写作的影响方面存在一定的局限性。测试结果表明，实验组的词汇能力并不比对照组差，尽管他们没有专门进行语言点的学习和训练，而只是通过上下文进行暗含式的学习。

6. 结语

依托式外语教学将语言学习融入学科知识学习之中，改善了语言学习的环境，符合语言习得的规律。依托式教学能激发学生的学习动力，使他们成为自主的学习者。该教学方法在总体上有助于学生英语语言能力的提高，特别是语言的接收技能。

  需要说明的是，在外语教学中，教师应根据学生的实际状况和需要，并根据不同的环境和条件，灵活使用依托式教学，因时因地调整授课内容和方式，切不可生搬硬套。

本文原载于《解放军外国语学院学报》，2011年第1期。

我国高校双语教学研究十年：回顾与展望

上海理工大学 郑大湖 戴炜华

一、引言

  为了改变"费时低效"的高校大学英语教学现状，提高高校教学质量，培养参与国际竞争需要的"专业+外语"复合型人才，以更好地适应全球经济一体化，2001年教育部颁布的《关于加强高等学校本科教学工作提高教学质量的若干意见》（以下简称《若干意见》）提出，要在信息技术等国家发展急需的专业开展双语教学，这是教育部从国家发展战略的高度首次提到双语教学的意义和目标。为了迎接新形势的挑战，同时也为了让学生在实际应用中学习英语，满足他们探索性的认知欲望，提高他们的学科学习和英语学习的积极性，国内很多大学尤其是重点大学纷纷开设学科双语课程。2005年，教育部在《关于进一步加强高等学校本科教学工作提高教学质量的若干意见》中进一步提出"要提高双语教学课程的质量，继续扩大双语教学课程的数量"。为了积极稳妥地推进高校双语教学，促进双语教学研究，提高双语教学质量，2007年教育部、财政部联合颁布《关于实施高等学校本科教学质量与教学改革工程的意见》，要求"推动双语教学课程建设，探索有效的教学方法和模式，切实提高大学生的专业英语水平和直接使用英语从事科研的能力"，鼓励有条件的高等学校"积极聘请国外学者和专家来华从事专业课程的双语教学工作，鼓励和支持留学回国人员用英语讲授专业课程，提高大学生的专业英语水平和能力"。教育部、财政部在2008—2010年共批准403门课程为双语教学示范课程建设项目。国家之所以如此大力推行双语教学，其目的是为了引进国外先进的教学资源、方法和理念，不断探索与国际先进教学理念和教学方法接轨、符合中国实际的双语课程教学模式，不断提高高校的双语教学质量，使学生掌握学科前沿知识，接触世界先进技术和科学思想，最终在国际舞台上直接和世界其他国家开展平等对话与交流。

  高校开展学科双语教学不仅必要，而且可行。在现实需求的引领下和国家政策的推动下，全国很多高校挖掘、构建教学资源，掀起了开展学科双语教学的热潮，取得了一定成效，也带动了双语教学研究的发展。自学科双语教学开展以来，在杭州、广州、长春等地，全国性的大型双语教学研讨会共举办了4

届。在"中国知网"数据库中输入关键词"双语教学"进行检索后,所得相关记录就达1万多条,可见双语教学受关注程度之高。但是,双语教学效果如何,双语教学研究达到了怎样的深度和广度,目前有关这些方面的研究成果十分鲜见。本文尝试对2003—2012十年间我国高校双语教学研究状况进行一次文献研究,期望能够抛砖引玉,明确进一步研究的方向,为切实提高双语教学质量服务。

二、文献范围和研究方法

本文选取的研究成果发表的时间范围为2003—2012年,确定这一范围出于两个原因:其一,2001年教育部颁布《若干意见》之后,我国高校开始开展学科专业双语教学实践,但相关研究成果的发表有滞后性,2003年左右相关研究成果陆续问世;其二,到2012年双语教学研究开展约十年,对这十年间的研究状况进行梳理显得很有必要。本文以2012年版北大中文核心期刊目录中的14种外语类核心期刊[1]为目标文献范围。之所以选择刊登在这些期刊上的文章作为研究对象,是因为从这些期刊在国内的地位来考虑,这些文章能够在很大程度上代表双语教学研究的最高水准。由此,笔者在"中国知网"数据库中输入关键词"双语教学",对2003—2012年发表在外语类核心期刊上的文章进行了检索,最后得到双语教学研究文章共23篇(具体见表1),作为本文的研究对象。

表1 2003—2012年十种外语类核心期刊双语教学研究论文一览表

期刊＼年份	03	04	05	06	07	08	09	10	11	12	总数
《现代外语》			1		1						2
《外语与外语教学》									1		1
《外语界》	1		1			1				2	5
《外语学刊》						1	1				2
《外语研究》							1				1
《外国语文》						1	1		1		3
《外语教学与研究》	1		1								2

---

[1] 这14种外语类核心期刊中,《外国语》、《外语教学》、《山东外语教学》和《解放军外国语学院学报》没有刊登有关双语教学的文章,所以本文的研究范围仅涉及10种期刊。

期刊\年份	03	04	05	06	07	08	09	10	11	12	总数
《外语电化教学》				1			1	1			3
《外语教学理论与实践》	1	1									2
《中国外语》			1						1		2
总计	3	1	4	1	2	3	3	1	3	2	23
所占百分比（%）	13.0	4.3	17.4	4.3	8.7	13.0	13.0	4.3	13.0	8.7	100

本文借鉴了高一虹等（1999）有关研究方法分类的标准，将研究方法分为非材料性研究和实证研究两大类。在此基础上，对23篇双语教学研究论文根据不同的研究方法进行了区分和归类，结果见表2。

表2 双语教学论文的研究方法分类

类别	主要内容	篇数	百分比（%）
非材料性研究	用思辨的方法解析探讨双语教学的定义、性质、意义等	3	13.0
	介绍海外双语教学情况及其对我国高校双语教学的启示	4	17.4
	探讨双语教学理论	1	4.3
	详细描述双语教学模式的实施	3	13.0
	详细介绍双语教学质量监控、师资培训模式等	2	8.7
	探讨如何实现基础英语与双语教学的衔接	2	8.7
	双语课程体系建设	1	4.3
	单科双语教学的可行性研究	1	4.3
	探讨双语教学方法	1	4.3
	对双语教学存在困难的个人看法	1	4.3
实证研究	在实验性研究的基础上，对假设进行验证和检验	1	4.3
	对理论假设进行验证，并对研究结果进行认知分析	2	8.7
	双语课堂调查与分析	1	4.3

三、研究结果

1. 基本特点

在2003—2012十年间，有关高校双语教学的研究呈现出以下特点：

第一，较高水准的高校双语教学研究进展缓慢。前5年的研究文章只有11篇，后5年也只有12篇（见表1）。

第二，非材料性研究占绝对多数。非材料性研究占研究文章总数的82.7%，而实证研究仅占17.3%（见表2）。

第三，研究的深度和广度有所突破。从探讨双语教学性质、介绍海外双语教学情况及其启示，向研究双语教学学生所需的外语（英语）水平、学生英语水平对双语教学效果的影响、双语教学模式、双语教学质量监控等与双语教学质量直接相关的方面扩展。

2. 研究内容

十年间发表的23篇双语教学研究文章探讨了以下9方面问题：

1）双语教学的概念。有研究者认为，我国高校目前实行的双语教学是指运用外语（英语）教授学科内容，在本质上等同于依托式语言教学模式，使学生通过学习具体的学科或课程来获取交际能力（韩建侠，俞理明，2007）。也有研究者认为，双语课不是以课堂上使用外语或两种语言来衡量，即使只使用外语授课，只要学生通过该课程获得使用两种语言储存和表述知识的能力，仍然可称之为"双语课"（黄崇岭，2008）。

2）海外双语教学的启示。研究者认为我国高校双语教学实践可以从海外双语教育实践中得到以下启示：（1）要在科研基础上开展双语教学；（2）学生外语（英语）要达到一定的水平；（3）双语教学一定要在100%真实的语言环境中进行（俞理明，韩建侠，2003）；（4）使用英语作为教学语言的前提条件是师资的水平较高；（5）教师必须达到一定的英语水平（顾永琦，董连忠，2005）。

3）师资培养。有研究者提出，双语教学教师培训应该利用高校资源优势，可以采用"走出去、请进来"的方法，甚至可以通过教师职前培训的方式进行（刘丽华，2008）。也有研究者根据实践总结指出，可以采取基于与强校合作的E-Learning环境下的双语教师培训模式，走"引领—体验—探索—提高"的模式（康淑敏，崔新春，2009）。

4）大学基础英语与双语教学的衔接。王海华、王同顺（2003）认为，大学基础英语应从4个方面实现与双语教学的衔接：（1）课程设置对接。在大学英语课程的设置上加大学术英语（English for Academic Purposes, EAP）内容的比例，加强实用性英语教学。（2）教材对接。教材相应增加与学术英语相关的内容，注重材料的真实性。（3）教学方法对接。针对学生的语言水平差异，教师应选择不同的教学路径，尝试使用"小组合作教学"的方法，加强英语教师与双语教师之间的沟通。（4）师资对接。让对某一学科有兴趣的英语教师进修学科相关课程，或者让英语基础较好的专业教师到外语学院或国外进修。

也有研究者认为，可以从教材和教学模式方面通过过渡性课程实现大学英语与双语教学的对接（叶建敏，2005）。此外，还有学者从大学英语与双语教学的衔接现状入手，深入探讨如何在管理机构、师资发展、课程设置等方面实现大学英语与双语教学的有效衔接（周恩，丁年青，2012）。

5）双语教学模式。有研究者认为，应根据双语课程的目标和专业课程特点，从课堂教学语言媒介的使用入手，形成由低到高的多层次双语教学模式，即汉语铺垫式、英语引入式、英汉融合式和全英语浸泡式（康淑敏，2008）。也有研究者提出，应根据课程语言特点，对内容兼容词汇较多的课程宜采用强化型双语教学模式，内容强制性词汇较多的课程采用过渡型双语教学模式，内容兼容词汇和内容强制性词汇相对居中的课程适合采用保持型双语教学模式；从专业课教学的整体出发，这些模式可以归纳为从低到高的"渗透、整合、思维"递进式双语教学模式（程昕，2011）。

6）双语教学质量监控或评价模式。刘森林、胡加圣（2006）基于马斯洛的需求层次理论、赫兹伯格的激励—保健理论等，有机结合定性分析和定量分析，将双语教学各个主要教学环节的质量标准和双语教学质量评价纳入整个监控体系考察范围，建立起双语教学质量标准体系BTQS（Bilingual Teaching Quality Standards）的三级指标，把质量标准划分为A、B、C 3个等级，以适应不同地区和不同学校的情况，并从理论上提出了"激励性"质量监控体系的概念。而康淑敏（2008）在实际操作中，分别从教和学两方面进行了实践总结：在教的方面，采取质化与量化相结合的方式，从双语教学目标设定的合理性和目标设定与教学实施基本组成要素（教师、学生、教材、教学媒介）的关系体现两方面来建构双语教学评价体系；在学的方面，融合学习结果、学习态度和学习行为等多方面因素，构建师生互动式的多元评价体系。

7）双语教学的媒介。韩建侠、俞理明（2007）认为，我国高校的双语教学应当是全英语教学，目前高校混杂型"双语班"的存在只是暂时的，是一种过渡状态。杨楠（2010）认为，应根据学生水平、师资能力、教材难度、管理机制、培养目标等把握两种语言运用的平衡比例。苏广才（2009）则认为，双语教学中应使用翻译法，利用母语来转换另外一种语言编码，以激活储存在学生记忆中的母语背景知识，从而使他们产生丰富的同类联想。还有学者在调查基础上认为，语言不仅是学科认知诠释的外壳，也是探知西方思维的媒介，因此作为课堂生态主体之一的教师，应该通过课堂规划和师生交流来促进学生学科知识增长和英语能力提高（李颖，2012）。

8）双语教学理论研究。本文笔者之一（郑大湖，2011）曾提出，运用需求分析理论，通过建构双语教学需求分析模块（课程开设前、课程进行中、课程结束后）来指导高校双语教学实践，为双语课程设置、双语分层次教学目标制定提供可靠依据，这样可以确保教学安排、内容和方法等符合学习者的需求，双语教学对象的选择避免一刀切，教师合理运用课堂教学语言（英汉语）等。

9）学生外语水平与双语教学效果的关系。俞理明、韩建侠（2011）通过实证研究探讨了初始英语水平对全英文双语教学效果的影响。他们的研究发现，如果学生的初始英语水平达到一定阈限水平，学生可受益于双语教学，即学生如有足够的外语知识储备，他们能通过使用自己的弱势语言掌握好学科知识。

四、对研究状况的思考与未来研究的展望

1. 对研究状况的思考

通过文献研究可以发现，2003—2012年我国高校双语教学与研究已经受到重视并取得了一定成绩，但由于双语教学实践开展时间较短，在不少方面还存在不应忽视的问题，需要我们认真思考加以解决。

第一，双语教学研究的受重视程度远远不够。从本次文献研究可以看出，十年间外语类核心期刊发表的双语教学研究论文总共才23篇，学科双语教学任课教师撰写的论文更是罕见。究其原因，一方面可能是可支撑双语教学研究的理论相对较少。双语教学这个术语看似简单，实际涉及的因素十分复杂。正如Cazden和Snow（1990）所指出的，这个术语是"一个简单的标签标示复杂的现象"，因为双语教学的实施取决于不少教学变量，包括需求分析、学生个体差异、教学语言目标、教学类型、授课教师的专业和语言素质等。另一方面可能是语言教师对于学科的特点了解不够，难以胜任学科双语教学，而学科双语教师对语言教学理论又知之甚少，所以语言教师大多只能从语言学角度对双语教学的做法提出一些建议，而学科双语教师只能对其教学实践进行简单描述。这也反映出开展学科双语教学研究的难度不可小觑。因此，应加大合格双语教师的培养力度，使之既能承担双语教学的任务，又能进行双语教学研究。这是当务之急。

第二，实证研究比例较低。在2003—2012年间，国内双语教学研究以非材料性研究为主（占82.7%），实证研究比例偏低（占17.3%）。当然，双语教学定义和性质等的思辨性探讨、海外双语教学实践的启示以及双语教学的理论引介等有助于消解双语教学概念理解上的困惑，也有助于双语教学实践少走

弯路。毕竟学科双语教学在我国可以说还是新生事物，在对新事物研究的开始阶段，都会停留在汇报经验、发表见解这个层次上，但从国内外双语教学研究的趋势来看，实证研究的比重在不断上升，因为简单的思辨性方法随机性大，教师个人的教学经验总结缺乏说服力（桂诗春，宁春岩，1997：Ⅱ—Ⅳ；刘润清，1999：2—5）。由此，在我国双语教学研究过程中，对双语教学是否会阻碍学生学科知识内容掌握，或学生的学科知识掌握与外语水平提高是否步调一致等问题进行验证时，使用现代统计和测量手段进行量化分析的方式显然比空洞的论述更有说服力。自2007年以来，双语教学实证研究确实也取得了一定突破（如韩建侠，俞理明，2007；程昕，2011；俞理明，韩建侠，2011）。

第三，双语教学主体研究十分欠缺。从本次文献研究结果来看，双语教学主体（教师）、学习主体（学生）等相关主题（如需求、兴趣、学习态度、学习行为、焦虑感、双语课程认知等）的研究颇少甚至空白。研究者一致认为，师资力量薄弱是制约我国高校双语教学发展的一个"瓶颈"，教师本身的目的语语言水平是决定双语教学成效的至关重要的因素之一。但是，目前有关师资问题的研究仅停留在个人感觉应如何培养双语教学师资层面，而关于如何界定合格的双语教师，至今未见有说服力的论证文章问世。学习主体研究也十分罕见，除了韩建侠和俞理明（2007）、俞理明和韩建侠（2011）对高校开展双语教学学生需具备的英语水平、学生英语水平对双语教学效果的影响开展了实证研究外，其他研究几乎为零。

2. 对未来研究的展望

随着高校学科双语教学课程不断增设，如何更有效地开展双语教学、提高双语教学质量以真正实现双语教学的目的，将是未来双语教学研究热点之一。建议今后着重关注我国高校双语教学研究的以下几个方面：

第一，符合我国高校双语教学特点的理论研究。虽然海外研究者提出了不少关于双语教育的基础理论，但由于海外双语教育在性质、目的等方面不同于我国的双语教学，因此我们在双语教学实践中不能搞"拿来主义"。正如Baker（1988：90）所指出的：在不同的情景下，照搬已有的研究成果是危险的。例如，沉浸式双语教学在加拿大获得了成功，但在其他国家未必能获得成功，因为一旦学生、师资、教材和教法等发生变化，沉浸式双语教学的成功可能也随之发生变化。因此，我们要把握双语教学的特点，始终从学科和语言两方面入手，探讨适合我国高校双语教学实践的理论。

当然，"他山之石，可以攻玉"。在未建立自己的双语教学理论体系之前，我们可以借鉴国外已有的理论，在实践中证实、吸收、消化和去粗存精，结合我国高校学科双语教学的特点，构建适合我国实际的双语教学理论。事实上，世界上许多国家，包括欧洲国家进行双语教学理论研究时，走的就是"引进—实践—消化—吸收"这样一条道路。Cummins的阈限假设理论（threshold hypothesis）认为精通双语将对个体的认知发展产生正面效应。南非就把Cummins的理论框架用于高等学校双语教学，以证实该框架在实际教学中的有效性（Rooy 2010）。马耳他的Farrell（2011）对1262名学生的物理和数学考试成绩进行了实证研究，结果也证实了Cummins理论的有效性。我国学者（俞理明，韩建侠2011）通过实证研究为Cummins的阈限假设和相互依存假设增添了新的证据。这些都说明了借鉴、吸收国外双语教学理论，结合本国双语教学情况发展双语教学理论是可期待的。

第二，结合学科特点的单科双语教学各环节研究与双语课程设置体系化研究。双语教学的一个重要特点是用外语进行学科教育。由于各个学科都有自身的特点，如课程难易程度有别、学习者对学科的认知程度不同、课程原版教材的内容强制性词汇多寡等，对单科双语教学各个环节（课程目标、课程设置、教学计划、教材教法、课堂双语语言比例、教学模式、考核机制、教学效果等）的实证研究、跟踪研究应该成为未来一段时期双语教学研究的方向。比如，对于双语教学语言比例问题，Andersson和Rusanganwa（2011）经过研究指出，双语教师在课堂上进行语码转换可以作为"规避误解和增加更多公平学习机会的一种策略"。Tien（2009）认为，教师在课堂语上进行码转换不仅不可避免，而且很有必要，还有助于实施课堂管理以及促进课堂和谐。

第三，双语教学主体研究。与其他学科教学研究一样，未来双语教学研究的趋势将是"由研究如何教转移到研究如何学"，并"把研究重点放到研究学习者个体差异和学习过程上"（束定芳，1995）。学习者的动机、需求、态度、兴趣、学习行为、焦虑感、外语水平和对学科的认知程度等都会对双语教学效果产生重要影响。只有学习者对第二语言学习具有强烈的兴趣和需求，他们才会通过自己感兴趣的语言形式学习学科知识。只有学习者持有强烈的学习动机，他们的学习积极性才能得到激发，进而提升学习成效。也只有学习者对双语教学有较好的认知，才有助于他们避免或减轻双语课程学习过程所带来的困难与焦虑感。国外学者非常重视双语学习者的各方面研究。例如，Ozanska-Ponikwia（2012）在对102名波、英双语学习者的个性特征和情商之间关系的研究中发现，学习者的"语言、文化和情感之间的关系相当复杂"，建议"应将个性特质纳入有关双语教学的各方面研究中"。

双语教学另一个主体——教师的研究也应引起重视。可以对双语教师的学科知识、外语水平、意愿、态度、培训以及与此相关的政策、激励机制等开展研究，而且双语教学师资基准尺度的研究目前还是空白。Cummins等指出："使用英语作为教学语言的前提条件是高水平的师资，教师和学生必须达到一定的英语水平，这是成功实施全英文教学的必要条件"（顾永琦，董连忠2005：1）。而在我国，如何界定双语教师的外语能力，特别是如何界定外语口头表达能力已经达到胜任教学的要求，如何进行师资培训，哪些内容、能力需要迫切培训等问题都值得深入探讨。

第四，多样化的研究方法应用。比较研究、跟踪研究、反复研究等实证研究方法应成为未来双语教学研究的主要方法。Baker指出，研究人员较多关注短期的效果，其实双语教育的效果是累积的、长期的（转引自王斌华，2003：61）。加拿大首创的沉浸式双语教学模式之所以能获得巨大成功，并成为世界上多个国家双语教学实践效仿的范本，正是因为加拿大研究者40多年来不懈努力、反复探索。Hauptman等（1988）曾对"封闭式"教学模式应用于法语为二语（French as a Second Language）学生心理学概论课程教学的效果进行了为期3年的跟踪研究，这也是典型的教学研究案例之一。

五、结语

我国高校双语教学研究无论在广度还是在深度上，都还有很大的发展空间。要对高校双语教学开展深入、广泛的研究，需要既能承担学科双语教学任务又具有扎实语言学理论基础的语言教师或研究者与学科双语教师的密切配合。相信今后会有更多的研究人员投身于双语教学研究，收获更多、更有影响的研究成果，切实推动我国高校双语教学发展。

本文原载于《外语界》，2013年第1期。

课程教材教法和教学技术研究

第十二章
语言教师

按语（吴一安）

教育语言学的核心关注是语言的教与学，这使得语言教师顺理成章地成为该研究领域的一个聚焦点。教师研究在语言界的兴起始于20世纪90年代初，其公认标志是 *Second Language Teacher Education* 专著的发表（Richards & Nunan，1990，CUP）。在我国，新世纪的短短十几年见证了外语教师研究从星星点点到研究领域的形成和稳健发展，研究课题覆盖面渐广，与境外语言教师研究日趋同步，且显现出特色。我国的外语教师研究，从一开始就重视借鉴国内外教育学、社会学、社会语言学、人类学、现象学、解释学、语言学、应用语言学、心理学、心理语言学等研究领域的相关成果；而在研究方法的取向上，虽不排斥量化研究方法，但由于教师研究以人为主体，其本质是人文兼社会性的，因此研究方法的主流是质性的，并重视着眼于揭示以教师为核心的人文社会现象的实证性研究。

本节所选论文分别在不同角度上具有一定代表性。严明的"后教学法时代在职外语教师研究取向述略"梳理了20世纪后期以来语言教师研究视角的变化、重心的深化、领域的扩展及模式的转向，对我国的外语教师研究具导向性。吴一安的"外语教师研究：成果与启示"提炼出教育部人文社科重点研究基地重大科研项目"中国高校英语教师教育与发展研究"的研究成果：构建了我国优秀外语教师的专业素质框架及其内涵；推出了外语教师知识的构成维度和内涵；概括出外语教师专业发展的规律性与阶段性特征、成因和促进机制；基于对职前外语教师教育现状的研究，提出改革方向。贾冠杰的"外语教师个人理论研究"首先论证了外语教师个人理论的内涵、特点及其与公共理论、教师教学决策、乃至教师专业水平之间关系，继而指出教师个人理论的发展是教学的核心，并就外语教师如何发展自己的个人理论提出了可行性建议。张庆宗的"高校外语教师职业倦怠的成因分析及对策思考"聚焦本土高校外语教师中的职业倦怠现象,研究通过深度访谈,归纳出教师职业倦怠源于其职业生活中的五对矛盾,继而从教师自身和管理层面提出了缓解教师职业怠倦的四项建议。夏纪梅的"外语教育的专业属性对教师专业发展的导向"一文,最为直接地论证了外语教育既涉及语言研究又涉及教育教学研究,因此有效地回扣到该读本的主题,文章还基于作者的长期教学与科研实践推出了基于外语教学的教师专业成长所涉及的研究课题。

后教学法时代在职外语教师研究取向述略

上海应用技术学院 严明

一、外语教师与教学方法：研究视角的延伸

20世纪90年代起，针对外语教师的研究显增，Modern Language Journal，TESOL Quarterl和剑桥大学出版社出版了教师研究专辑与相关专著；国际外语教师专题会议也多次举行。到了本世纪初，这一重视外语教师研究的潮流也涌入我国的外语教育界。国内第一届外语教师教育与发展会议于2005年召开，标志着我国外语教学研究视角从教学法正式扩展到外语教师研究，顺应了全球人本教育发展的思潮。人本主义强调人的内心世界和成长中的情感，人文精神、自我实现、以人为本被视为人本教育思想的核心（刘昱，2006）。成长发展既包括学生也包括教师，在以人为本成为教育发展的核心命题（翟博，2008）的后教学法时代，教师研究的视角也超越客体方法论而走向主体的人，从教学法学习应用，延伸到教师的认知研究，乃至教师对教学法的过滤（filter）与影响。在教师与教学法这一维度中，研究主线围绕着"从教法主导到教师主导"经历了漫长的视角延伸（Beattie，2006：86）。动态的教师风格，渐渐跃出静态的教学方法而受到重视，从而越加显现出人本主义取向。

在纷繁的外语教学著述中（伊秀波，2003；Cook，2000；贾冠杰，2004），我们看到教学法始终被认为是教师学习的主要环节。教学过程中的人本因素常被忽略（Williams&Burden，2000），这是由于以教学法为主导的外语课堂，造成了教师研究即教学法研究的倾向。然而这种以教学法为中心的理念近二十年来日趋遭受质疑（Bell，2007），外语教学法在这些年里经历了"放弃寻找最佳教法"（Prabhu，1990：163）与"超越教学法"（Richards，2001：3）到"后教学法时期"（Kumaravadivelu，1994：27），甚至引发过"教学法消亡说"（Brown，2002：135）的争论。在越来越强调人本主义的外语教育界，争论重心已从最佳教学法，转向最合适教学法，而对教师自主发展的关注，超越了狭义的教学方法培训。人本主义取向的一个突出表现是：重视教师在教学中的作用和成长，重视他们的实践经验。正如Widdowson（1990）所指出的，语言教师作为实践者而非理论家，其独特的教学经验常常由于缺乏理论权威性而无法正名，这是不正常的现象。Richards（2001）进一步指出，真正

使教学效能产生变化的不是教学法，而是教师。尽管外语教师缺乏理论发言权，但他们是"教学法的过滤者"（严明，2007：49）。外语教师不是理论的消极接受者，而是对教学法有取舍的积极过滤者，这一提法已经受到教师研究者的日益重视（Brousseau，2005；吴一安，2008）。

以教学法因教师的不同而风格各异为前提，国内教师发展的实证研究（刘桦，2004；吴一安，2008）发现：在职外语教师具有地区发展规律与自身行为模式，对课堂教学的理解各有不同；教师发展初期经历生存、巩固、提高三个阶段；教师内因是促成教师发展的主要因素。这些成果为外语教学改革提供了人本主义参照因素。至此，教师作为教育主体和教学主导被研究者（吴一安等，2009；吴宗杰，2005）列为外语教学的基本要素。在职外语教师研究主线，已经有了从方法学习到教学决策及教师心理的伸展，人本化趋势下的教师研究热点开始走向Huberman（1992：140）所提倡的"探索教师自主性职业发展特征"。

坚持以人为本是国内落实"百年大计，教育为本"和"教育大计，教师为本"的前提，"振兴教育的希望在教师"理念的提出，使教师本身的发展成了教育发展研究的有机组成（李卫红，2006）。尽管我国外语教师研究起步较晚，研究环境较为薄弱（吴一安，2009），但从教学法到外语教师的视角伸展，显示了我国教育界崛起的人本理念。因此，在重视动态语境和教师经验的后教学法时代，针对本土外语教师群体的阶段性研究大有前景。

二、外语教师与信念因素：研究重心的深化

后教学法时代的研究视角从教学法延伸到教师研究的同时，其研究重心也有所深化，主要表现在对教师信念因素的研究。外语教师信念于20世纪末受到重视，而人本主义教学观在外语教育界的兴起，使外语教师研究重心，从表象的行为转向了内在的信念。这一维度中，教师信念的构成与影响始终是研究的核心。此类研究（Borg，2003；Connelly，1995）的共识可理解为：具有自我意识与经历的教师群体，对同类知识技能培训将反馈出各具特色的教学行为，其中主要归因是教师信念。

外语教师信念研究主线总体包括：（1）外语教师信念的本质。其中，外语教师信念的系统性及与认知的关系，是此类研究的主流（刘桦，2004；Calderhead，1996；Kagan，1992；Parjares，1992）。Richards与Lockhart（2000）根据外语教学特征，将教师信念体系归纳为语言观、学习观、教学

观、课程观与职业观五大类,为教师信念的研究提供了框架。(2)外语教师信念的成因。此类研究着重于职业心理与社会、文化的密切关系。Burns（1992）将教师个人信念体系的本质归纳为课程计划实施的基石。Brownlee（2004）基于实证认为,教师信念的形成和发展,取决于教师对信念构成和信念相关因素的直接反思。着眼于社会建构主义的信念研究,将外语教师信念的影响因素广义归纳为:家庭背景、文化因素、社会同行影响、经验反思以及个体差异(Bernat&Gvozdenko,2005)。(3)外语教师信念的影响力。基于语言观的各类信念作用的研究影响深远。许多研究（Schwartz&Riedesel,1994；赵昌木,2002）表明教师信念体系与教学行为具有相关性,对教师行为乃至教育改革具有重大影响。然而,也有研究(Ertmer,2001；Fang,1996；Kane,2002)发现,外语教师信念体系与教学行为并不能相提并论。对信念影响力不显著所做的解释主要是:在社会文化心理综合因素作用下,信念体系受不同程度的过滤,形成外显信念和内隐信念两种,真正起作用的是内隐信念（Connelly,1995；熊川武,2007；严明,2007）。(4)外语教师信念的相关模式。围绕外语教师的教学观、行为观和认知观,研究者从心理语言学、教育语言学角度提出了丰富的假设与模式。其中包括教学反思模型(Quirke,2006)、外语教师决策图式(Scrivener,2002)、教师认识信念趋势测试模型（Brousseau,Book&Byers,2005）及外语教师隐含信念领域(Burns,1992)等等,国内这方面的研究还有待挖掘。对外语教师信念构成的理解,正随外语教师研究的人本化趋势而不断深入。

在我国,外语教师信念研究刚刚起步,现有研究大都围绕教师信念的本质（刘桦,2004；熊川武,2007）和培养教师信念的途径（霍涌泉、栗洪武,2003；鞠玉翠,2001）以及外语教师信念现状调查（吴一安,2005,2008）等。但在笔者看来,教育界对外语教师的信念特征在国内情境和职业周期中的普遍性依然缺乏关注。外语教师信念如同世界观、职业观的发展形成,存在着一定的发展周期和规律,而且随不同地域文化和教育机制而显示出不同的职业周期特征:如新手教师生存、巩固、提高的初期阶段和资深教师发现、适应、回归的综合周期。由于特定教学情境和职业周期与教师信念有着直接相关性（Huberman,1992）,这方面研究亟待以一线教师群体为中心进行深入研究与历时观察。

三、外语教师与文化情境：研究领域的扩展

随着"后教学法时代"教师研究视角的延伸和重心的深化，外语教师研究领域，从短期专业教育扩展到长期职业发展，在职教师研究引入了对职业环境和文化气候的分析。这一维度的着眼点，是文化机制对外语教师成长的影响（Connelly，1995）。外语教育跨学科特征和人本化趋势的显现，使教师在文化因素影响下的长期发展受到重视。围绕教师学习特征的研究也越来越强调教师学习中文化环境的中介作用，通过更宽泛的文化视角，来分析外语教师在各自文化情境中的特征，也被学者们（Borg，2003；Beattie，2006）认同。

基于文化视角的外语教师研究呈现出几个重心：（1）外语教学的文化渗透。即教师如何将目标语文化渗透在教学中。一些研究（Kramsch，1993；Guest，2002；孙立春，2009）认为，外语教师自身的人文价值观念会对教学效果产生直接影响，本族和外域文化间的相容相斥在所难免。因此外语教师需要在教学中融入背景文化与跨文化常识，分析文化信息，提供文化视点。（2）教师发展的文化素质。教师文化素质特征是外语教师发展研究的组成部分，就外语教师的文化素质构成和分类，学者们提供了代表性的框架。吴一安（2008）提出外语教师的文化素质可由四个维度进行评价：外语学科教学能力、外语教师职业观和职业道德、外语教学观、外语教师学习与发展观。Richards（2001）将外语教师知识广义归纳为两个层面：课程学科知识和个人主观哲思。此外，国内有研究呼吁，将教师文化教育系统化，并重视交际能力，进而得以"学贯中西、传承精华"。教师的文化教育机制与课程设置随即成了一些教师研究（李俊芬，2006；刘美兰、吴宗杰，2008）的核心论题。文献检索显示，国际外语教学期刊中外语教师文化素质的论述，20世纪90年代开始增多，国内外语教师文化课程研究（朱小燕，2004；吴宗杰，2005；刘学惠，2006）的势头近年才涌现，至此外语教师发展研究逐步走向了注重实现教师内在文化素质的人本化发展。（3）外语教师的文化形象。人本主义的自我实现和人文精神，使教师形象的特征与作用在教育研究中倍受重视（李卫红，2006）。作为社会文化的组成部分，外语教师形象包含民族、文化、语言、职业及个人身份，这些身份直接影响着教师文化形象，非本族语教师对于语言身份不如本族语教师自信，文化形象会相应受损（Demirezen，2007）。教师理想的文化形象与一个文化中优秀教师的价值取向密切相关，因而在不同研究中（Beattie，2006；Long，1999；Colin，2005）有不同的特征。不同于西方教仆、僧侣和专家的教师文化轨迹，中国教师形象具有圣贤文化、官僚文化和公

仆文化的发展特征（张宁娟，2006）。中国理想教师形象是身为正仪、诲人不倦、学而不厌、不隐其学、以严率众（陈永明，1998），这种价值观同样影响着外语教师的教学行为和角色调整，这就不难理解中国外语教师总在中西文化的交融中艰难寻求平衡。这种双重文化身份既制约着中国外语教师的课堂决策（严明，2007），也在跨文化教学中发挥着作用（沈映梅，2008）。因此，只有用社会心理视角去审视国内外语教师文化形象与作用，才具有意义（Russell，2006），这也是注重主体因素的后教学法时代外语教师研究的重要取向。

此类研究表明：文化情境对于外语教师的深刻影响已经得到共识，这些研究多以定性研究为主，涉及到外语教学中的文化渗透与传播、教师自身的文化素质结构，以及在特定文化机制中的教师形象，重视文化情境在外语教师发展中的作用，正是后教学法时代关注环境因素和人本发展的显现。

四、外语教师与行动研究：研究模式的转换

除了注意到后教学法时代教师研究视角的延伸、研究重心的深化和研究领域的扩展外，我们还不能忽略这个时期研究模式的转换。行为主义研究模式是一系列能控制、测定行为的研究技术及对刺激条件与行为反应变化的关系所作的描述与测量，它过于偏重人的行为而忽略人的意识（Williams&Burden，2000）。从行为主义走向人本主义的教师研究取向，使教师不再置身于局外，行动研究的模式使外语教师成为与理论家"共同讨论，改进实践"的研究者。外语教师行动研究的主线是以"人本主义"为原则，关注教师的成长历程，核心是如何将外语教师培养成为善于观察和研究的实践者，因而行动研究中的"行动"超越了行为主义中的客观记录和定量化的研究模式，融入了教师需求和心理反思的人本因素（Graham，1993：133）。

"行动研究"的概念于20世纪80年代初进入外语教育领域，在后教学法时期特别为广大外语教师所接受（Wallace，2000：4）。多年来，学者们对外语教师行动研究本质的归纳形成了两种趋势：传统的一种，将外语教师行动研究等同于"教师作为研究者"，另一种批判性地审视教师教育行动各个方面，旨在将教师从墨守成规中解放出来。尽管如此，行动研究的核心领域始终是教师自发的教学研究，验证和增长自身的知识，其五大特征是：情境性、语境性、合作性、参与性及自评性（Cohen，1985）。在传统行动研究中，教师作为理论与实践的纽带和研究者提高了权威性并受到推崇，人本的教学自主理念因而更为显著。研究人员相信，研究型教师与理论家的配合将整合两者的作用，推进教师发展和学术成果。这种趋势在一些课程研究中可见一斑（Long，1999；Allwright&Bailey，1991）。这一研究领域中的另一种趋势并不满足于教师仅仅自行解决身边的问题，而是着力于如何影响教学群体的反思乃至促进教育体制的变革。在这个概念上，学校只是研究团体，外语教师行动研究的文化社会条件更受重视，合作机制与研究手段更为重要，这是与传统行动研究的不同之处（Graham，1993）。尽管语言教师发展在不同程度涉及行动研究，但实效性并不总令研究者（Orem，1990；Allwright&Bailey，1991）满意，外语教师群体对行动研究的成果与日常可及性存有质疑。据分析（Widdowson，1990；Graham，1993），其原因是多元的，包括教师行动研究的定位过于理论化，离教师的日常需求还有距离；教师群体对研究理论及成果过分依赖以至忽略了现实情境的多变性；外语教师研究平台的权威性、受重视程度有待提高。此外，研究成果及理论并非都以教师所熟悉的口吻阐述，主要为理论权威服务而非普通教师。这些分析有助于本已走向实践的行动研究更向人本化和通俗化发展。

虽然行动研究被介绍到中国已二十余载，但是国内出版的行动研究著述（王蔷，2002；Wallace，2000）大都以指导性、思辨性文献为主，我国外语教师的行动研究意识还有待加强（刘润清、戴曼纯，2003）。新世纪以来的行动研究已成为教师校本知识构建的工具，用以跨越理论研究和教师实践间的鸿沟，其外延扩展到了学生、家长和同行间的多维度合作研究（Gerald，2008；鲍传友，2009）。在摆脱了教学法大一统的今天，外语教师行动研究让教师研究或研究教师的概念渐渐走向了以课堂教学为中心，以教师反思为主线，以职业发展为范畴，以解决问题、教师自主为重点的人本发展理念。对国内在职外语教师及其研究者而言，将教师作为人而非工具的行动研究，将会成为教师研究与发展的重要模式，跳出单纯的语言教学机制，用教育学、心理学、社会学眼光来诠释教师行动与意识，将为当代外语教师研究注入新的活力。

五、外语教师研究取向的思考

近十年来，外语教学研究从"方法"走向了"后方法"（Kumaravadivelu，2006：166），从单学科走向多学科，国内研究范式也逐步由重法转向了重人，从客体过渡到了主体，从培训走向了发展（刘润清，2008）。在此背景下，外语教师研究取向也随即从行为主义走向了人本主义，从形式转向了意义。但回顾后教学法时代国内在职外语教师研究的发展状况，不难发现，国内外语教师发展研究领域的进展与国外相比还存在一定差距。主要表现在：（1）我国外语教学核心期刊关于本土教师的研究远远不够（夏纪梅，2007），国内师道尊严的传统教师文化，使在职外语教师作为学习者和被研究对象的趋势并不显著；（2）在职外语教师研究仍然多以西方理论与研究模式为主导，国内引导教师"该如何做及其根据"的方法研究，仍远胜于揭示教师"正如何做及其原因"的案例研究，一线教师的特定文化情境、教学思维仍需关注，西方理论如何结合中国特色以人为本为我所用尚需探索；（3）从职业周期的长远眼光对在职外语教师发展进行的历时研究尚不充分，对后期在职教师教育的研究力度有待加强。国内外语教师研究受传统的外语教学研究模式的影响，总体上仍然在二语习得理论框架下诠释和指导着语言教育。大部分外语教师研究尚处于探索研究阶段，在职外语教师研究尚大有前景可开发。非本族语外语教师的双重文化身份、传统文化和教育机制的影响，以及成人教师发展的复杂性，使国内外语教师研究领域充满挑战，针对中国文化情境的教师研究亟待超越西方二语教学理论的束缚，拓展研究范畴，从社会学、心理学、教育学的多维视角寻找教师发展的人本化本土化特征及对策。

后教学法时代的在职外语教师在课堂上有了更多的发言权和自主性。回顾外语教师研究轨迹，从行为主义到人本主义的研究取向，涉及了从教学方法到外语教师的视角延伸、从教师行为到信念因素的重心深化、从教学情境到与文化情境的领域扩展以及从数据研究到行动研究的模式转换四个维度。诚然，在全球文化大量融合的教育时代，理想的外语教师已被视为积极探究型的职业教育家，针对外语教师的研究边界，应该是人本和开放的，它应该向语言学、心理学、人类学、教育学、社会学等相关学科敞开大门。因此外语教师研究越来越离不开从人本出发，剥离教师角色的表面程式去探究心灵深处的主体意识，多视角剖析本土文化、职业周期和自我意识对外语教师发展的作用。

本文原载于《外语教学理论与实践》，2010年第2期。

外语教师研究：成果与启示

北京外国语大学 吴一安

1. 引言

本文基于作者为《中国高校英语教师教育与发展研究》一书撰写的导言，旨在介绍一项探究我国外语教师教育与专业发展的规模性系统研究，提炼所取得的成果，解读其意义和启示，借此与读者分享研究成果，进而引发思考、讨论和更高质量的研究。

2. 研究背景

2.1 外语教师研究

外语教育的基本要素是外语教师、学生、外语和教育（含教学，以下同）环境。纵观以往数十年围绕外语基本要素开展的研究，语言学界、应用语言学界对语言，特别是对英语的研究成果累累（参见Quirk et al., 1985；Davies&Elder, 2004；Brown, 2005）。心理学、心理语言学和第二语言习得领域对学习的性质和语言学习过程的研究，使我们正在逐渐靠近语言学习的本质（Wadsworth, 1978；Vygotsky, 1978；William&Burden, 2000；Doughty&Long, 2003；Lantolf, 2006等）。然而，截止到20世纪90年代初，语言教育领域的科研存在两个明显的薄弱环节，即语言教师和语言学习环境。关于语言教师，一方面，教师在语言教育中的重要性不容置疑；而另一方面，语言教师教育与发展研究的理念陈旧（Freeman&Johnson, 1998；刘学惠，2005），数量匮乏，反差极大。在我国外语教育界，教师教育与发展的系统性研究刚刚起步。

2.2 研究动因

我们关注和研究外语教师更为直接的动因，源于我国社会经济正在发生的深刻变化和跨入新世纪以来国际间合作与竞争并存日趋明显的走向。时代的变化蕴育着新的时代精神和教育理想，而新教育理想之核心是"新人"。叶澜（2002：3—12）把时代变化高度概括为"人类在时间维度上取向的重要变化"，指出新时代精神是"重视未来、强调发展、立足变革"，并从"认知能力、道德面貌和精神力量"三个维度、对内和对外两个方面概括新时代新人的形象。相比而言，以认知发展为主要目标和导向的我国传统教育，已不能完全适应新的时代精神，难以培养出新人，必需改革。在外语教育领域，我国教育部发起并领导的基础教育外语课程改革（教育部，2003；2004a）和高校外语课程改革（教育部，2004b），正是响应转型时代呼唤的举措。然而反思改革的历程，既有可喜的成就，也有"先天"不足：对准备教师重视不够。

外语教育改革进程中的现实和我们的教学实践十分有力地说明，教师是改革的最重要媒介。著名课程学学者Stenhouse（1985：扉页）有句名言："把握改革关键的是教师，而不是别人。"很难想象，尚未理解当今时代精神和教育改革必要性的外语教师能够理解和实践当前的外语教育改革。改革要想取得预期成果，作为教育者的外语教师需首先教育自己和接受再教育。研究外语教师、探究和推动外语教师教育与专业发展，是当前课程改革的需求。

本项目起始于一项规模性高校外语教师需求调查（周燕，2005），研究结果表明，我国广大高校外语教师有比较强烈的自身发展需求。尽管繁重的教学负担和非正常的教学环境（如大班上外语技能课），使得不少外语教师感到无暇充电，但广大外语教师意识到自己需要提高，渴望进修机会。然而，如何成就外语教师的专业发展，取决于我们对一系列重要问题的认识：我国的外语教育需要什么样的教师？外语教师专业成长的规律性、特点、成因和机制是什么？如何能够有效地促进外语教师的职业成长？等等。迄今为止，针对这些关键问题所进行的研究甚少。而要真正解答这些问题，必需进行系统的实证探究。

国际上教师专业化运动和教师教育自身发展的需求，为本研究提供了良好的研究环境，为我国与国际教师发展研究接轨搭建了桥梁。国内普通教育研究，特别是新世纪前后的基础教育研究对本课题有重要启示（如叶澜等，2001；钟启泉等，2000；袁振国，2002；陈向明，2003）。简言之，在本项目启动时，国内外教师教育与发展领域的研究已经走出狭隘的教师知识观和行为主义发展观的束缚；认知理论、建构主义、人本主义、解释学哲学和方法论，Dewey（1961；1963）、Schon（1983）等人的教育哲学理论，使我们为许多熟悉的教育现象找到了理性归宿，极大地增进了本研究的可行性。

3. 研究目的

作为我国首项探究外语教师教育与发展的规模性、实证性研究，本课题旨在探讨3个基本问题：1）我国高校外语教师应该具备什么样的专业素质？2）

我国高校外语教师如何养成/发展其专业素质？3）我国高等师范职前外语教育的现状和改革方向是什么？

第一个问题涉及外语教师的发展目标导向问题。第二个问题关注外语教师发展，即如何有效地促成外语教师专业发展的问题。第三个问题涉及到我国职前外语教师教育的现状和改革问题。

把职前外语教师教育作为一个重点，是因为第一，职前教育和在职发展一脉相承；第二，在我国，师范教育已经形成自己的体系，是培养未来教师的重要的基地，其教育质量直接影响基础教育的质量；第三，目前高等师范院校正在经历的定位转型有可能掩盖传统外语师范教育中存在的问题。外语教育改革应该首先从外语教师教育改革抓起。

4. 研究思路

4.1 整体构思

本课题由相对独立而又具内在联系的4组共12个子课题构成，它们是：

第1组：背景

1）外语教师教育与发展的概念重构和研究进展

2）教师教育与发展的研究方法

3）我国外语教师发展需求调查与研究

第2组：专业素质与专业发展（共时研究）

4）优秀外语教师课堂决策个案研究

5）优秀外语教师的专业素质及其发展研究

第3组：在职专业发展（历时研究）

6）浙江师大外语课程改革与教师发展研究

7）河北大学公共英语部英语教师校本培训研究

8）英语课程改革与青年教师成长研究

9）全国高校暑期专题式英语教师培训研究

第4组：职前教育

10）我国外语教师职前教育调查与研究

11）我国外语教师职前课程研究

12）海南师大外语教师教育课程的改革探索与反思

"背景"组的子课题为本课题的开展提供了重要背景知识：第一，"业内"研究理论与实践背景和研究进展；第二，基于世界观的方法论和具体研究方法方面的铺垫；第三，基于全国范围实证性调查的我国外语教师专业发展需求。

"专业素质与专业发展"组的子课题聚焦于优秀外语教师，意在探究优秀外语教师的专业素质，进而构建外语教师专业发展的目标框架与内涵，同时探究优秀教师发展的规律、阶段性特点和成因。共时实证研究的一个重要意义在于其结论的普遍性和代表性，然而共时研究有其先天不足：难以深刻揭示事物的发展过程。

"在职专业发展"组的子课题遵循历时研究的方法，重点探究两个方面的问题：第一，在职外语教师发展及其过程带来的启示；第二，如何有效地促进在职外语教师的进修。教师发展意味着教师素质的提高，因此在这组研究里，教师专业素质寓于发展过程之中。与第2组子课题相比，这组研究的每一个案例从起始到过程到终结或研究结束时，都在课题组的研究范围中，其特点是细腻、有深度、解释力强（陈向明，2000）。

有关外语教师的专业素质、外语教师知识和专业发展的研究成果，为"职前教育"提供了理论与实践导向。"职前教育"组的子课题旨在探究我国高校外语师范教育的现状和改革探索。

4.2 研究方法

本课题的研究目的决定了其实证性研究思路。前人的研究、相关理论性探讨、研究者的理论知识和实践经验以及部分子课题的预测，均对本研究的构思、工具的研制和调研过程产生影响；然而，外语教师是有生命、有思想的"人"，处于动态的社会与教学环境之中，这决定了研究的复杂性。我们关注的重点是教师认知及其发展变化，有其难以预料的一面。因此，研究过程体现演绎法和归纳法思路的有机结合（Wengraf，2001）。

在方法的选择上，本课题偏重质的研究方法，这是因为本项目的最大关注是外语教师（含职前），是生命的成长，其本质是人文的、社会性的，追求真实性和对所观察现象和话语的理解。我们运用的方法有：问卷（Likert量表、开放式）、访谈（面对面、电话、个人、小组）、个案研究、叙事研究、课堂实录、课堂观察（参与式、非参与式）、教学日记、文本研究等。各个子课题据既定研究目的确定研究方法，多数研究者同时采用两种以上质的研究方法，寻求对所研究问题多角度的认识和理解，避免片面性。一些课题把定量研究方法和质的研究方法结合起来，以达到研究目的。

5. 主要成果

5.1 专业素质

在对我国36所高校的213名优秀英语教师进行调查研究的基础上，本项目首次构建了中国高校优秀外语教师专业素质框架及其内涵。该框架建立在教师认知和教师能力的概念层次上，由4个维度构成：1）外语教师职业观和职业道德；2）外语教学观；3）外语学科教学能力；4）外语教师发展观。专业素质虽然表现为课堂行为（含话语），却是教师学科教学知识和能力的体现，受外语职业观与职业道德、外语教学观的主导，是教师长期在教学实践中不断学习如何教外语的结果；而优秀教师的专业发展观引导他们在教学中不断进取，又反过来促使其职业观、职业道德、外语教学观和外语学科教学能力进一步明确、发展和升华，形成良性循环。本研究构建的我国高校外语教师专业素质框架，是立体和多维度的，维度之间相互渗透、相互支撑。

支撑素质框架4维度的是各个维度的内涵。基于研究素材，我们对素质框架内涵的解读如下：

"职业观和职业道德"包括：1）热爱外语教师职业，肩负"教书育人"的使命感；2）敬业、认真、责任心强；3）真心喜欢学生，关心、爱护、尊重学生。

"外语教学观"的内涵是：1）视学生为教学主体，重视对学生能力和学习方法的培养；2）视外语为符号体系和承载目的语文化的载体，视外语学习为知识建构和学习者人格化的过程；3）外语教学折射出教师对课程、目的语、学生、外语学习规律、学习环境、课堂管理之间辩证关系的把握。

"外语学科教学能力"融通学科和教学两类知识（含技能），学科知识是充分尊重和适合外语教学特点及规律的外语学科知识；教学知识是实践性知识，是充分尊重和适合外语学科知识特点的外语教学知识。据此，本项目在研究素材基础上提出由10项内容构成的外语学科教学能力。

"教师学习和发展观"是指：1）热爱教师职业是教师学习和发展的动源，2）对知识不断追求、对教学不断反思的自我专业发展意识，3）理论学习和研究性变革实践促进专业发展（吴一安，2005）。

5.2 教师知识

教师专业知识含学科知识和教学实践知识，这是教育界普遍接受的观点，也是外语教育界接受的观点（Freeman&Johnson，1998）。我们的研究表明，在教师认知体系里，还有一类认知存在影响着教学，优秀教师专业素质框架中的职业观便属此类。Freeman（2002：1）提到的"精神生活"，林瑞钦提出的教育专业精神，即"愿教"，叶澜提出的专业理念，即"教师在对教育工作本质理解基础上形成的关于教育的观念和理性信念"，也应属这类（叶澜等2001：230）。不过在我们的优秀教师专业发展观里，还有一种强烈的自我发展的意识，超出了以上归纳，这种意识支配教师不断进取，使专业发展不仅仅成为他们教学的需求，而且成为他们生命的需求。在这个意义上，教师的专业成长意味着生命的成长。

Habermas（1978）曾根据人类对世界的主要关注和兴趣把知识分为三类：技术性的、实践性的、解放性的。相比而言，人类的技术性知识得到了较好的理解和归纳，传统教育着重传授的便是这类知识；对实践性知识的认识和研究起步较晚（如Schon，1983），教师教育与发展研究领域也是到了上世纪80年代以后，才重视对教师实践知识的探讨；"解放性"知识，至今似乎并未真正被许多教师研究者所认识。

如何理解"解放性"？马克思在《马克思恩格斯全集》第3卷中指出，"人的全面发展意味着自己真正获得解放，外部世界对个人才能的实际发展所起的推动作用为个人本身所驾驭"（转引自张楚廷，2006：118—119）。据此，人的发展需要吸收外部世界能够推动其发展的积极因素，进而驾驭它们，与自己已有的发展因素共同发挥作用，达到自己的解放。在此意义上，人的发展就是人的解放，即"人发展成为人，人解放成为人"（同上）。当教师所从事的教育工作成为自己生命的重要组成部分，当外语教师完全驾驭了推动其发展的外部积极因素，摆脱了消极因素的束缚，外语教育就不再仅仅是职责，还是一种享受，是快乐；人/外语教师与环境高度和谐，并反过来积极作用于环境。

基于研究素材，我们对教师知识的理解，更接近Habermas的宏观概括。优秀外语教师的外语学科知识和教学实践知识，在其实现教育目标的教学实践过程中达到高度融通，体现为他们所具备的外语教学观和外语学科教学能力；与之紧密相连的是他们在教学实践中形成的外语教育职业观、职业道德和专业发展观，两者皆已超出外语学科范围，折射出优秀教师对国家命运和人类社会的关注、自省的悟性和自我发展的意识和能力，而外语教学是他们养成和实践自己"解放性"知识的"田地"。在优秀外语教师的专业发展和其生命发展之间很难划出清晰的界限。

我们用"外语教师知识"来表达我们的理解，该概念包含两个重要维度：一是外语学科知识和外语教学知识的融通，即"外语学科教学知识"，其特点是它的非客观性：教师的外语学科教学知识折射出他们的教学观和学科教学能力；二是"解放性"知识，其特点是精神的，涉及到教师的观念、态度、自省和发展意识、德性、境界、追求等，这类知识是教师发展所必需，也是人的发展所必需，是优秀外语教师专业素质和教师专业发展的重要基础。

我们提出的"外语学科教学知识"的概念，借鉴了Shulman（1987：8）的"pedagogical content knowledge"（PCK，文献中普遍译为"学科教学知识"或"学科教学法知识"），是融通外语学科知识和外语教学知识的整合性知识。而与之不同的是，它涵盖Shulman的教师知识基础的7类知识，其中之一是PCK。这是因为在我们的语汇里，教学不仅指教学方法和课堂的组织与管理，教学还涉及到教学推理、课程知识、对学生的了解以及与教育相关的社会文化知识。

确认"解放性"知识作为外语教师知识的重要构成部分，有大量的实证性研究素材作为支撑。普通观念中的教师知识二维观强调了学科知识和教学实践知识，却忽略了这样的事实：教师是富有生命力的人，他们所从事的是"教书育人"的事业，追求持续发展并且不断自我更新是许多教师的天经地义，教师的自我生命活力和教师职业特点注定了他们的知识结构中有一类不可或缺的知识，借用Habermas的语汇，即"解放性"知识。

5.3 专业发展

5.3.1 发展规律

研究表明，外语教师的专业发展是个长期的、逐渐进步的过程，是在探索性、反思性教学实践中成就的。教师专业发展的渐变过程孕育着质变和顿悟，典型的环境、人物、事件可以是质变和顿悟的催化剂，对教师的职业生涯产生关键性影响。

5.3.2 发展阶段

对优秀外语教师的调查表明，和普通教师发展相似，外语教师专业发展具有阶段性：存活阶段（第1、2年）、巩固阶段（约在第3、4年）和提高发展阶段（约在第4、5年），约需5年打下持续发展的基础。在生存阶段，新手教师主要关注的是自己，如：自己能不能站稳讲台？在巩固阶段，教师的主要关注转为教学任务，如：能否把一篇课文讲好？而在提高阶段，教师更加关注自己的教学在学生身上所产生的效果。

5.3.3 发展因素

多种因素促成优秀外语教师专业发展，这些因素可归纳为两大类：内因和外因。促进外语教师专业发展的主要内因有：1）对教师职业的热爱，2）自我发展意识，3）教师自身因素。主要外因有：1）宽松、积极向上、良性互动的教学环境，2）专家教师的典范和引导、家庭影响，3）进修和学术研讨，4）国家整体大环境。我们对上述各种因素的内涵和作用进行了探讨。

与外因相比，优秀外语教师把促成专业发展的内因放在更重要的地位。重要的内因，如"对教师职业的热爱"和"自我发展意识"，得到更多参与调查教师的认同，构成促使他们成为优秀教师的原动力，在教师专业成长中起根本性作用；外因之所以十分重要，在于它们的形成性作用和诱发作用。宽松、积极向上、良性互动的教学环境，能够激励教师发展，提供发展空间。教学环境中的肯定、支持、扶持以至引导的态度本身激励着成长中的教师，促使他们更加热爱自己的事业、更加努力地追求知识，在这一意义上，外因作用于内因：其一，对教师专业发展起着形成性作用；第二，顿悟、质变往往是外因直接诱发的。而有了内因，便有了寻求环境中积极因素的动力和敏感性，正是这种动力和敏感性，使得优秀教师对环境中的积极因素有着超常的悟性，能够领会和驾驭它们。这样，环境中的积极因素才得以发挥其形成性作用，对教师成长发挥催化作用。

促成教师发展的因素之间有着内在联系，仅以环境因素为例：教师自身也是环境中的成员和环境的组成部分，他们自身的潜在素质和环境中积极因素的聚合，促使他们进步；他们的进步又反过来优化他们所在的环境。优秀教师之所以优秀，是由于他们内化了多种发展因素，具备有效的职业发展观。

5.3.4 发展机制

历时性个案研究表明，在外语教师成长过程中以下机制起到了促进作用：第一，外语教学单位领导和教师共同构建的教师发展机制，如河北大学公共英语部的"校本培训"机制，浙江师大外语学院的"外语教师论坛"和"课程与教师发展研究中心"机制，在教师专业发展过程中有效地促进了教师专业发展；第二，外语教学单位中构建的"教师实践集体"或"教师学习群体"对教师专业成长的强劲推动作用，如"外语教学改革和青年教师成长"项目中，以教改项目为契机和动源、以专家型教师为主导、青年教师为主力而形成的教师实践集体，有效地促进了青年教师的专业成长；第三，基于教师需求的、与语言教学研究前沿接轨的短期培训机制，如南京大学外语学院举办的"全国首届英语学习策略与研究国际研修班"（2003），适合我国外语教育方面的国情，能够有针对性地促进外语教师的专业发展。

5.3.5 课程改革与专业发展

浙江师大外语学院、河北大学公共英语部、青年教师成长项目、海南师大外语学院的个案研究表明，外语课程改革为教师的专业成长提供了良好的契机，能否把握这个契机是决定改革成败的关键，也是教师专业成长的关键。这些院系的共同特点是：1）领导/改革带头人的引领与扶持，从而营造了改革的氛围和有利于教师成长的环境和机构文化；2）具有符合时代精神的改革理念。简言之，课程的核心是教师，课程改革的关键是教师成长，课程改革的目的是要培养一代新人（吴宗杰，2005）；3）课程改革造就了积极向上、平等互动的教师学习群体；4）专家型教师具有凝聚力，对课程改革起了关键作用；5）外语教师在专业素质的各个方面全面成长。

5.3.6 在职教师进修

进修是促进在职外语教师发展的重要外因之一。在我国，除一部分教师有出国进修机会外，大部分教师只能靠国内进修，而最为便捷、通行的进修方式是暑期短期外语教师培训。我们对暑期专题式外语教师短期培训的研究表明，短期外语教师培训一定要以"学员"教师为本，要事先和在进修过程中不断明确他们的需求，要重视先进教育理念的渗透，要提供体验机会，要视情况对"学员"教师进行培训理念、目的、方法上的及时疏导，才能收到促进教师在职发展的实效。

6. 职前教育

6.1 现状与改革建议

规模性多方位调查和外语师范课程文本研究显示，师范院校的外语教师职前教育曾经为基础教育和高等教育培养了大批的英语师资，成绩有目共睹。然而，在我国社会经济转型时期，随着社会、文化、经济和科技的发展和我国进入国际合作与竞争共存格局，师范外语教育体制和模式已经滞后，尤其是在教育理念、课程设置、教学内容与方法、教材等方面急需改革和提高，以适应不断深入的基础教育课程改革和教师专业发展对英语新教师培养的要求。据此，职前教育子课题组提出了三项重要的导向性改革建议：第一，调整和更新教师教育的课程体系和教学内容；第二，调整教师教育体制，以实现职前教育与在职发展一体化，使终身教育、持续性学习的理念贯穿教师认知和教师发展的全过程；第三，构建以先进教育理念为指导、适合中国国情并与先进国家接轨的外语教师标准和有效的评价体系。

6.2 改革探索

海南师大长达十多年的师范外语教育改革实践，推出了外语学科教育新课程。新课程不同于传统课程，强调师范生已有的个人知识与经验为其发展基础，强调师范生通过个人体验和反思性探索获得对外语和外语教学的理解，是超越传统教学法、旨在全面发展学员的教学理念、专业态度、外语知识和技能、专业发展自主性的探索性课程。

实证性研究显示，新课程虽然在可测定的外语知识和技能上没有产生显著影响，但在教育实习和新教师教育"适应期"等方面，与传统课程培养的学生有明显区别，新课程在教学理念、反思态度、教学思维与学习方式上优于传统课程。研究表明，新课程培养的师范生的能力包括教学理念、知识、技能、专业发展自主性和职业道德等多种重要内涵的综合能力。

7. 意义与启示

7.1 专业素质

本研究推出的优秀外语教师专业素质的概念框架及其内涵，为我国外语教师专业发展提供了目标和实践导向，为在我国建立外语教师资格认证体系、评价体系和外语教师教育与培训提供了重要目标和内容参照。

本研究所形成的"外语教师知识"结构，即以"外语学科教学知识"和"'解放性'知识"构成的外语教师知识，以本研究建构的专业素质框架和内涵为基础，从教师知识角度进一步解析了外语教师专业素质框架四个维度之间的关系。该知识结构不仅为外语教师教育与发展提供了概念层次上的构思，而且可以为普通教师教育与发展提供理性参照。

确认外语教师知识结构中的"解放性"知识，首先意味着认同这样的认识：作为"人"的教师本能地追求自主，本能地具有责任意识，他们本能地追求美好甚至完美（Habermas，1978）。教师职业的特殊"责任"内涵、教师在教学中的主导地位和教师的"一师一班"工作性质，使得教师职业比任何其他职业都有条件进一步发展教师本来就具有的自主追求和责任意识。据此，"解放性"知识不可能是一种赋予性知识，而要靠教师在自己原有基础上进一步逐渐养成；促进教师"解放性"知识养成的关键是，构建发展环境，开拓发展空间和研发发展机制，应着重启发、引导和激励。教师教育与发展的任何举措只有尊重这样的认识，才能够找到促进教师专业成长的根基和导向。第二，认同外语教师知识结构中的"解放性"知识及其在教师知识结构中的根本性地位，为教育提供了把教师"解放性"知识的养成正式纳入教师教育和教师专业发展规划的理论依据，赋予"德育教育"、"素质教育"以理据，规范其内涵和培育方法。

从表面上看，专业素质和专业发展是不同的概念。然而，研究表明，专业素质和专业发展交织在一起，其间不形成因果关系。教师专业素质的概念蕴含着教师的专业发展观，专业发展的成因本身也可以是教师具备的重要专业素质。教师"专业素质"和"专业发展"、教师的"知识"与其"知"的过程相互交融、相互促进。关注和促进教师的"专业发展"，亦即"知"的过程，是成就教师发展的关键。

7.2 专业发展

本项目多个子项目对于外语教师专业发展的实证性探究，揭示了外语教师专业发展规律、阶段性特征、成因和促进机制，对外语教师教育与发展有重要启示意义。

首先，鉴于外语教师专业成长的长期性、渐进性和阶段性，教师教育（含教师自我教育）不再是个一两年或三五年的概念，而应贯穿于教师专业发展的全程，从职前到在职，没有止境，其理念一脉相承。职前教师教育应为在职教师发展打下根基，引导准教师入门，为其指明发展方向；在职教师教育与发展具更大的教育意义和可成就性，直接影响一代、甚至几代人的成长，在我国尤其应该给予高度重视。在我国外语界，尤其有必要探究职前和在职一体化的教师教育与发展思路、规划与机制，充分尊重教师专业发展的规律、特点和阶段性特征，才能真正有效地促进外语教师的专业成长。

第二，外语教师的职业成长，即外语教师学科教学知识和"解放性"知识的养成，离不开探索性、反思性外语教学实践。这意味着外语教师的专业成长，在本质上不仅仅是一个传授-接纳已有知识的认知过程，而更应是一个"亲历亲识"的实践-认知-再实践-再认知的螺旋式循环往复过程。传授——接纳式的传统外语教师教育和发展理念失之于没有尊重教师发展的规律和特点，必须改进。尊重教师发展规律和特点的教师教育强调激励和启发教师自主发展的悟性，鼓励教师在实践中反思，在体验中探索，强调教育的目的不应仅仅是继承人类文化遗产，还要超越现实，把一代代新人引向未来，以促进人类社会的健康发展。

第三，认识外语教师专业成长的成因和促进机制对教师本人、教师教育和管理者有重要意义。教师本人可以参照这些成因和促进机制有针对性地规划个人的专业发展；对教师教育和管理者而言，内因和外因之间存在的辨证关系使我们有可能从创造外部条件入手，促进内因的发展，而教师发展的促进机制则为外因的介入提供了可行的途径和参照。本项目的个案研究中涉及的"校本培训"、"合作型教师学习群体"、"课程与教师发展研究中心"、以科研项目、教改项目带动的专家型教师和青年教师组成的"教师实践集体"、"专题式短期教师培训"等教师发展机制，是在我国本土上发展起来的有效机制，这些机制促进了外语教师的专业成长，值得借鉴。

第四，教育管理者，尤其是外语教育单位的管理者，肩负着外语课程改革的重任。研究表明，课程改革的核心是教师，改革的关键是教师发展（吴宗杰，2005）。我国目前全面展开的外语课程改革给教师专业成长提供了重要契机。能否抓住这一契机，领悟符合时代精神的教育理念，营造有利于教师发展的机构文化和环境氛围，因地制宜地构建和运行促进机制，是决定外语课程改革成败的关键。据此，进一步培养外语教育管理者的任务已经提上日程。

7.3 职前教师教育

职前外语教师教育是外语教师专业发展长征路程的第一阶段，也是重要的、打基础的阶段。研究显示，传统的职前外语教育所折射出的教育理念无法培养出新时代的一代"新人"，必须改革。职前外语教师教育课程改革的首要任务是教育理念的更新，是探索符合教师发展规律和阶段性特征的阶段性目标和达到目标的可行途径。

海南师大和浙江师大长达十几年并仍在继续的职前外语教师教育改革，其气魄和精神难能可贵，其成果和实践经验为我国外语师范教育改革提供了十分宝贵的重要参照。他们的改革提醒我们，"外语教育"早已是个专业化的研究领域，职前外语教师教育是个有其自身特色的专业，它不同于普通外语专业教育，不能简单搬用外语专业的课程，加上几门教育学和教学法课程。职前外语教师教育有着极大的发展空间。可以预料，在这片田地上，随着符合时代精神的教育理念逐渐深入人心，改革需求和我国教育发展的不平衡现状必然会催生出百花争艳的改革局面。

8. 结语

本研究首次系统性地解答了我国外语教育改革亟待解决的几个关键问题：

外语教师应该具备什么样的专业素质？外语教师的专业素质是怎样养成的？职前外语教师教育现状是什么？改革的方向是什么？以上成果表明，本课题的探索是有成效的。然而正如一切科学研究，一项成果的推出呼唤着更多的、更高质量的研究，因此我们的研究只有"结项"，没有结束。

我们所处的时代赋予教师的使命凝重而崇高。本研究使我们深信，教师要承担起这个使命必须不断提高自身的素质。我们深信，广大教师具备提高自身素质的内在基础，然而要在此基础上发展，还需要两个条件：教师的自主性和责任感的进一步养成；外部条件的支持、启发、引导和激励。本研究正是在外语教师专业发展目标和如何完善这两个条件上提出了基于本土研究的、具可行性的建议。

外语教师研究者研究外语教师的过程是教师研究者学习和成长的过程。大量的调查素材丰富了我们的感性认知，然而如何将之提升为理性认识是课题组面临的挑战。在不同程度上，本来比较熟悉语言学、第二语言习得和外语教学的研究者，出于研究需要而涉足哲学，特别是教育哲学及方法论、教育心理学、课程学、普通教师教育与发展和外语教师教育与发展、社会文化理论与认知、语言与思维、话语分析、批评理论等学科或研究领域。对这些学科和研究领域成果的借鉴为外语教师教育与发展研究找到了"跨学科研究"的定位。

外语教师教育与发展研究，自然是普通教师教育与发展研究的有机组成部分，外语而不是其他学科使外语教师研究带上自己的特色，但外语教师专业素质框架、职业成长规律、阶段性特征和成因等研究成果，应具普遍意义。本研究借鉴了普通教师教育研究的研究成果，其成果也定会使普通教师教育受益。

本文原载于《外语教学理论与实践》，2008年第3期。

外语教师个人理论研究

苏州大学 贾冠杰

1. 引言

外语教师的个人理论没有深奥的理论含义难以理解，但对外语教学的作用却是举足轻重的。外语教师的个人理论一方面来源于公共外语教学理论，另一方面来源于外语教师自己的实践。外语教师的个人理论不仅直接影响外语教师的教学决策，而且从外语教师自己专业发展的角度来看，意味着外语教师最基本的专业水平。本文主要讨论外语教师个人理论的内涵、外语教师个人理论的特点、公共外语教学理论与外语教师个人理论的关系以及如何发展外语教师的个人理论等。

2. 外语教师个人理论的内涵

2.1 研究的现状

在国内外研究中，与教师个人理论相关的研究开展得较早，但是在20世纪80年代和90年代才真正展开了对教师个人理论的研究。虽然研究者们采用的相关术语有所不同，但都把这种研究提升到了理论的层次，如：教师行为理论（teachers' theories for action）（Argyris，1982）；教师个人模式（teachers' personal construct）（Handal & Lauvas，1987）；教师个人理论（personal theories of teaching）（Way，1990）；教师个人实践理论（teachers' personal practical theories.）（Ritchie，1998；鞠玉翠，2004）；教师个人理论（teachers' personal theories）（Chan，2001）；教师个人指导理论（teachers' personal guiding theory）（Chant，2002）等。本人更倾向于"教师个人理论"（teachers' personal theories）的说法，这更符合本义并有利于理解和运用。相对于国外的研究，在我国开展对教师个人理论的研究起步较晚，相关文章也是凤毛麟角，通过"中国期刊网"1999至2006年限搜索"教师个人理论"和"教师个人实践理论"，结果9年只有9篇文章，又都是2002年以后发表的。因此，可以说在我国开展对外语教师个人理论的研究才刚刚起步，可以说任重而道远。

2.2 外语教师个人理论

理论是"人们由实践概括出来的关于自然界和社会的知识的有系统的结论"(《汉英双语现代汉语词典》，2002)。理论首先是人的实践经验，从这个意义上来说，最初的教育理论正是基于哲学家和教育者个人的哲学信念及实践经验，反映着他们对人类教育的独特看法。最初的教育理论是为指导自己服务的理论，但是后来的教育理论越来越追求对教育实践的公共指导意义、抽象性和公共性，使教育理论与教育实践的距离越来越远(管锡基，2004)。这就是为什么很多外语教师对外语教学理论不屑一顾的原因之一。在外语教学内部总有人拿"教师水平低"或"教师缺乏理论"来说明外语教学失败的原因。从表面来看，这种说法似乎有点道理，但从本质和实际的影响来看，问题远非这么简单。教师们真的缺乏理论吗？回答是否定的。从教育理论最本质的意义出发，我们当然可以断定外语教师具有丰富的个人理论。虽然在每一次教学改革面前，我们感觉理论总是先行者，其实在外语教师每一个具体的教育教学行为背后都包含着具体的个人教学理论。姜勇(2006)总结了教师个人理论的内容构成：个人价值，个人观念，个人教育原则，个人教学的策略与行动，个人教学目标与目的，个人教学内容知识和个人知识、经验与价值，并分别列出了相关研究者的名字，很有参考价值。

教师个人理论是"为教师提供他们采取行动和选择教材、教学活动理由的概念结构和想象力(Sanders&McCutcheon，1986)，是"教师个人的、综合的，但又是永远变化的知识系统和与每时每刻教学实践有关的价值观"(Handal&Lauvas，1987)，是"引导教师的一套基于先前生活经验的系统信念，这些生活经验既来自于非教学活动，又来自于通过教学的课程设计、实施结果而发生的经验"(Sweeney et al，2001)。外语教师个人理论是外语教师个人关于教育的实践理论，是指储存于教师个人头脑中、为教师个人所享用的关于教育诸方面的理性认识成果，基本等同于教师个人所持有的教育观念。教师个人理论既不等于教师的经验，也不同于理论家的学术理论，它是教师自觉地以反思的姿态追求个人实践知识的结果，教师个人理论包括教师的理念、价值观、思想和对教学的理解(Abell et al，1998；Tann，1993)。对教师个人理论的定义虽然有一定的局限性，"但目前普遍接受的事实是，教师的所作所为是由教师自己的教学实践理论决定的"(Marland，1997)。教师的个人实践理论是一个庞杂的系统，是由个人的无数的关于教育的观念组成，它既是接收外界信息的过滤器，又是决定教师行为的核心因素。专业理论要经过教师个人实践理论的过滤才能被教师接受，而教师的教学计划、教学决策、教学行为都直接受其影响（Marland，1994，见鞠玉翠，2004）。外语教师个人理论是处于公共外语教育理论与外语教育教学实践之间的中介，它又是一种服务于独特而且具体的教育情景和教育问题的理论，是外语教师平日常用而不知的、内隐的个人化知识。

3. 外语教师个人理论的特点

教师个人理论完全不同于其他理论，包括理想的和现实的、情境性的和稳定的、内隐的和外显的、言述的和奉行的多个方面，有其自己明显的特点。

3.1 突出个性

外语教师个人理论一般不具有公共性，只有经过公共认可，个人理论才有可能转换为公共理论。它是外语教师作为主体对教育的个性化认识。对外语教师本人而言，个人教育理论是一种独自享用的真理性的存在，尽管在别人看来，或与事物的本质相比，并非如此。教师个人理论个性十分突出，真可谓五花八门，形形色色。

3.2 实践性强

外语教师个人理论是一种在实践中产生的理论，又总与自己的外语教学实践情境相联系，直接服务于自己的实践。任何个人所具有的理论都包含着个人对自身实践的相关认识，即个人所具有的相关经验性认识和理论认识。所以，从个体实践的意义上看，不存在脱离个人内在理论的实践，也不存在与个人实践无关的内在理论。个人实践包括与个人内在理论所涉及对象直接相关的实践和个人的学习实践，即对现成知识的学习、对他人经验的学习和通过对自己实践的反思和重建实现的学习（叶澜，2001）。

3.3 排外性

每一位外语教师都有丰富的个人想法，有自己的个人理论。有些外语教师的个人想法和个人理论使他们在学习他人的理论时，往往持怀疑的态度。他们不愿接受外来理论，以为那些理论与自己的教学相距甚远，坚信自己的理论是最好的。教师个人理论一旦形成便不易改变，它会成为个体解释新现象的过滤器，它会使个体对那些支持自己的信息更敏感，而忽略那些与己相悖的信息，即起到筛选作用。

3.4 模糊性和隐含性

外语教师个人理论是对特殊问题或任务情景的一种直觉的综合，它深置于各种具体的教育教学实践中，在很大程度上是外语教师依靠个人感悟、直觉或直接经验获得的隐含理论（tacit theory）或隐含知识（tacit knowledge）。其隐含性表现在：外语教师往往很少清晰地意识到个人理论的存在，是一种无意识的理论（unconscious theory），又是一种笼统、模糊、尚未充分细化的理论。即使外语教师意识到个人理论的存在，也大多难以用语言清晰、准确地将其表达出来，更难对其进行深入的反思、分析和批判，这时，外语教师个人理论是一种"只能意会不能言传的理论"（conscious but nonverbal theory）。

3.5 动态性

外语教师的个人理论随着情况的变化而变化，个人理论都会随着公共理论的变化和具体教学情况的变化而不得不进行调整，这个不断的更新变化，使教师的个人理论更加科学更加完善，并富有生命力。

3.6 自动调节性强

当外语教育理论滞后于变化中的教育教学实践时，教师在实践中自主探索、总结，使自己的丰富想法和做法得以提炼和升华，形成个人的教育理论，以直接指导教学。当外语教育理论超前于变化中的教育教学实践时，要使教育教学实践继续在理性的轨道上运行，必须要靠教师个人理论这一中介。当外语教育理论与教育教学实践同步发展时，教师直接、具体地感悟到应该如何合理地教以及如何机智高效地处理各种教学事件，这其实恰恰是教师个人理论（郝芳，李德林，2003）。外语教育理论并不能直接解决教育教学实践中的具体问题，而要使外语教育理论发挥作用，必须经过教师个人理论的转换。

4. 公共外语教学理论与个人理论的关系

Griffiths（1992）指出："公共教育理论关注大规模的、公共性的问题，教师个人理论则聚焦于小规模的、特殊的具体问题。"根据理论所属主体不同，可将其分为两类：个人理论（personal theory）与公共理论（public theory）。个人理论是指尚未脱离产生主体、贮存于个人头脑中、为个人所享有的理性认识成果；公共理论是指脱离产生主体、借助于语言和文本等载体在公共领域进行传播、为某类群体或整个人类所共享的理性认识成果。教师个人理论和公共教育理论可以相互转化和促进。教师个人理论为公共教育理论的发展积累丰富、鲜活的素材；当教师个人理论进一步提炼、抽象、概括并在公共领域进行传播时，它便转化为公共教育理论。教师在学习、接受公共教育理论时，由于已有知识、经历、体验等个人因素的介入，会促成公共教育理论的重构、创新和发展，进而诞生新的教师个人理论（李小红，2002）。"每位语言教师对外语应该如何教和如何学都是有自己的信念的，只是有的教师的信念不很明白而已。学习语言教学理论，就是把你的信念理论化，让你在见到多种不同看法之后，根据自己的经历，形成自己的、有根有据的、可以言明的教学观点，并在实践中不断完善这种观点。只有这样，你在将来的实际工作中所做的决定才不是盲目的，而是有根据的，有一种自我反思和自我纠正的机制"（刘润清，2000）。外语教师个人理论来自教师自己的教学观和教学信念，来自他/她的工作生活实践、教育教学实践与学习实践和自己的感悟。而外语教师教育观和教学理念形成的一个重要渠道来源于公共外语教学理论，但又不同于公共外语教育理论。没有公共外语教学理论的影响，就不会有具体的外语教师个人理论。反之，如果没有教师的个人理论，公共理论也就完全成了空中楼阁。公共外语教育理论能够将外语教师个人的观点和具体的经验性信息整合为一整套的思维框架，使教师的认识更深刻，鉴别能力更强；还能赋予教育事实以意义，并将它们置于恰当的视角。外语教师可以由此明确研究的问题，并以此为起点来反思自己的外语教学，从而寻找到产生问题的原因和解决问题的方法。

5. 发展外语教师的个人理论

大量研究发现，教师用个人理论影响自己的教学活动和课堂行为的决定（Chant，2002），教师个人理论的发展被认为是教学的核心（Sendan&Roberts，1998）。有些外语教师总是把自己教学的成功与否寄希望于外语教育理论工作者提供的理论，从而改进自己的外语教学。但同时，他们又抱怨外语教育理论空洞，理论脱离实际，对改进外语教学实践的作用不大。如何解决这一问题，唯一的办法就是发展教师正确的个人理论。

虽然有些公共外语教学理论与外语教学实践的发展同步，但很多公共外语教学理论通常不是超前就是滞后于外语教学实践的发展。有些理论概括性极强，脱离教学实际。另外，教学实际千变万化，理论工作者无论如何也不可能研究得十分详细，并产生相应的公共教育理论。因此，公共教育理论将永远不能完全满足教学实践的需要，这就需要外语教师必须经常分析、洞察具体教学实际并产生出相应的个人理论。正是由于众多形形色色外语教师个人理论的存在，才使得外语教学园地百花齐放、百家争鸣，才使外语教学实践在正确的轨道上健康发展。

5.1 发现自己的理论

每一位外语教师都有自己的理论，但是有的能及时发现，及时总结，不断更新，不断升华，不断完善。而有的教师并没有意识到自己理论的存在，只是隐约地感到有那么个东西。他们没有意识到自己头脑中存在着对教育行为起作用的隐含的知识，也不善于通过对自己教育行为的分析反思积淀在头脑中的理性观念。所以，在行为上即使有所变革，也会陷入到简单执行他人指令或模仿他人的新做法的境地，不会有大的发展（叶澜，2001）。没有发现，当然就谈不上发展，外语教师只有经常反思，善于总结，才能发现自己的理论。

5.2 反思自己的个人理论

外语教师首先应该坚信自己拥有和别人不同的个人理论，真正看重自己个性化的理论，更看重自己的探索和实践，切不可将自己的个人理论盲从于他人理论或公共理论。外语教师要在实践中有意识地理性地反思自己的教学行为，反思自己的备课，反思教学过程，反思课堂教学的整体性。自我反思能使外语教师在教学中自觉地反思个人教学行为和理念上的缺陷及其原因，从而获得主动建构自己"个人理论"的能力。外语教师要提升自我认识，反思自己的教学方法及其背后的观念。这里的观念反思不是"还原"到公共教育理论，而是要充满自信地挖掘情境化的内在的个人理论。要全面了解自己的个人理论，掌握自己个人理论特征和利弊。当了解到自己个人理论有不合理因素后，外语教师要开始探索新的个人理论。新的个人理论扬弃了原有的个人理论。在新的个人理论的支配下，新一轮的教育教学开始，接下来便是新一轮的反思。如此下去，教师个人理论的合理性在行动——观察——分析与评价——重建——新的行动这一无限循环的过程中不断提升（李小红，2002）。通过反思，把个人理论和外语教育理论的异同进行比较和鉴别，明确自己的个人理论是什么，并包含哪些内容。

5.3 学习公共外语教学理论

虽然有些教学理论对外语教学的针对性不是很强，但是，外语教师可以借鉴其中有用的东西，从而为自己独特理论的形成和发展建立理论依据，并指导自己的教学实践。外语教师应该从教育教学公共理论中发现个人理论的意义，即发现这些公共理论与个人实际教学过程或个人对教学的认识相关的东西。如果外语教师不能从公共理论中发现与自己教学相关的东西，公共理论将不可能真正影响外语教师个人的教学决策，不能影响个人理论的建立。因此，外语教师必须在系统地、有计划地继续自己的学习，这在发展过程中是绝对必要的。外语教师的发展是自己的事业——这可能是你所拥有的最为重要的事业。

5.4 强化自我意识

自我意识就是外语教师在自己的教学实践中对自己教学行动背后各种复杂教学要素及其关系的认识，这种对自己教学行动隐含意义的清晰意识，也是外语教师对自己教学行为和个人理论进行监察与调节的基本保证。人与人都是不同的，你永远不会是他/她，发展也没有标准化的过程。我们必须发展自我，不能盲目地迷信哪一个人，从而失掉自我。

5.5 重视对象性实践和学习性实践

外语教师个人内在理论的形成是一个复杂的过程。它涉及的范围超出了由个人直接从事的相关的对象性实践，与个人的学习实践相关。正是这种因学习实践而得以形成的内在理论，使个体不仅与人类业已形成的知识、他人的经验和实践联系起来，实现个人认识对时空与个人实践的超越，而且能对自己以往的实践实现自我超越，并具有创造新的未来实践的能力。个人的学习实践是促使个体内在理论发展的最富有能动性的实践，由此形成的个体理论也是最具有促进个人实践发展能动性的理论。个体内在理论不局限于个人实践，它可能与人类知识和实践的一切领域沟通，而这个沟通的实现，又不能离开个人的对象性实践和学习性实践。有些外语教师不知道个人实践的改变是要通过个人认识，包括个人内在理论的改造来实现的，这就不利于外语教师个人理论的发展。外语教师只有在强调对象性实践的同时重视学习性实践，才能使外语教师个人理论健康科学地发展。

6. 结束语

对外语教师来说，真正直接对自己教学实践起作用的是自己的个人理论，因为它既是接收外界信息的过滤器，又是决定外语教师行为的核心因素。重视外语教师个人理论就是重视教师不同的个体，重视教师的个人创造。发展外语教师个人理论，可以促进外语教师参与研究，使外语教师在教学中去自主发展和积极探索，让外语教师有一个专业化的状态，使教育、教学研究成为学校的一种日常工作，一种外语教师的文化，从而促进外语教学和构建科学、合理的外语教师个人理论。

本文原载于《中国外语》，2008年3月第5卷第2期。

高校外语教师职业倦怠的成因分析及对策思考

湖北大学 张庆宗

1. 引言

在教师队伍中存在着成就动机不强、工作热情不高、精神状态不佳的现象，造成这种局面的原因有很多，职业倦怠（job burnout）是其中一个主要的、深层次的原因。职业倦怠指个体在工作重压下产生的身心疲劳与耗竭的状态，最早由美国临床心理学家Freudenberger于1974年提出，他认为职业倦怠是一种最容易在助人行业（如教师、护士、律师等）中出现的情绪性耗竭的症状。随后Maslach（1976；1981）等人把对工作上长期的情绪及人际应激源做出反应而产生的心理综合症称为职业倦怠。一般认为，职业倦怠是个体不能顺利应对工作压力时的一种极端反应，是个体伴随于长时期压力体验下而产生的情感、态度和行为的衰竭状态。

职业倦怠表现在情感枯竭（emotional exhaustion）、人格解体（depersonalization）、成就感低落（diminished personal accomplishment）等三个方面。教师职业被公认是一种高强度、高压力的职业，较高的工作压力会导致工作效率的降低，影响教师的身心健康并阻碍个人的专业发展，而且如果工作压力长期得不到有效的控制和缓解，就会产生职业倦怠。教师职业倦怠主要表现在教师的情感资源过度消耗，感到工作没有意义、没有价值，工作目标渺茫，逐渐对教学工作和教学对象失去热情和兴趣；教师对学生表现出负面的、冷淡的或麻木不仁的态度；教师的胜任感和工作成就感下降，认为自己不能胜任教师工作，有无助感，缺乏工作自信，缺乏进取心，工作中易躲避困难，敷衍工作，被动应付。

近年来，国内学者也对教师职业倦怠展开了研究，但大都集中在研究中小学教师、幼师的职业倦怠（如申继亮等，2009；李永鑫等，2007），很少研究大学教师这个群体，尤其是没有研究高校外语教师的职业倦怠现状。目前全国办有外语专业的高校很多，据不完全统计，已有近千所高校开设了英语专业，除此之外，几乎每一所大学都有大学英语教学部。英语专业教师加上大学英语教师是一支非常庞大的师资队伍，这些教师常年承担了超负荷的教学工作量。如果这些教师长期处于职业倦怠状态，势必会影响外语教学质量，影响整体外语水平。因此，解析外语教师职业倦怠成因，找出有效对策，是非常必要和有意义的。

本研究针对外语教师职业倦怠状况，通过深度访谈的形式，旨在了解形成外语教师职业倦怠的原因，力图有效地帮助教师摆脱职业倦怠，以饱满的热情投入到教学工作中。

2. 高校外语教师职业倦怠的成因分析

2.1 研究对象

在选取研究对象时，充分考虑到教师的不同性别、不同年龄段、不同教龄、不同职称、受教育程度等因素，使研究对象具有代表性，确保研究的信度和效度。本研究的访谈对象是国内某综合性大学外国语学院的五位教师，他们的个人基本信息如下：

	年龄	性别	受教育程度	教龄	职称	类别
教师A	46	女	博士	24	教授	英语专业教师
教师B	40	女	博士在读	18	副教授	大学英语教师
教师C	55	男	学士	31	副教授	英语专业教师
教师D	32	女	硕士	10	讲师	大学英语教师
教师E	26	男	硕士	2	助教	法语专业教师

笔者分别对以上五位教师进行了访谈，主要与他们交流对高校外语教师职业的看法，是否对教师职业产生了倦怠，产生职业倦怠的原因等。每人接受1~2次访谈，每次访谈时间不限。

2.2 访谈内容

对五位教师的访谈记录进行整理之后，发现以下几对矛盾是导致高校外语教师产生职业倦怠的主要原因。

（1）教师对学生高付出与低回报之间的矛盾

从访谈内容中可以发现，教师对学生高付出与低回报之间的矛盾是教师产生职业倦怠的主要原因之一。主要表现在以下几个方面：

教学工作投入量

随着学校招生规模的扩大，学生人数逐年增加，随之而来的是班级规模大、课时多，教师的课堂教学和课外指导工作量较之以前有很大的增加。

教师D提到："教学课时多、工作量大，其他学院老师的课比我们的课少多了！每学期开学之前，一想到排得密密麻麻的课表，心里就非常的烦躁和不安！"

学生学习动机

教师反映现在的学生普遍缺乏吃苦耐劳的精神，学习动机不强，学习热情不高。

教师A反映："现在的学生学习动机不强，学习目的不明确，不爱学习，似乎对什么都提不起兴趣。面对这样的学生，我们哪里还有激情、热情为他们传道、授业、解惑？"

学生学习方式

进入大学之后，大多数学生的学习方式还停留在中学阶段，缺乏主体性，缺乏自主学习的能力，对教师的依赖性较强，表现为被动接受知识、被动学习。

教师B说："现在的学生好像不知道怎么学习，对老师的依赖性很强。我感觉，无论是课内教学，还是课外辅导，对他们的关注程度、倾注的心血都比以前多！因此，常常感到心累！"

师生交流和对话

接受访谈的教师不同程度地反映了师生之间缺乏有效的沟通和交流。他们感到学生不尊重教师，习惯了被关心和被呵护，但对教师的期望值却很高。教师普遍觉得自己的付出得不到认可，得不到承认，更谈不上回报。

教师A讲："在小学、中学阶段，在家长、老师的眼里，学生只要会读书就行了，其他方面差一点也无所谓，一好百好。因此，很多学生只是学习好，其他方面的能力没有得到很好的培养和锻炼。进了大学之后，自我感觉都很好，但实际上学习、生活等各方面能力却很差，他们的认知、情感、社会道德发展水平与他们的生理年龄和大学生身份不相符合。经常感觉他们不像大学生，更像是'后高中生'！他们不太尊重老师，自我中心，不会换位思考。心理非常脆弱，承受能力差，不能正确对待生活中的困难和挫折。如不能正确对待老师对他们的批评和帮助，老师重话不敢说。我认为还是要讲一点师道尊严！"

教师C说："我们现在与学生之间存在着明显的代沟，价值观不同、话语体系不同。在我们眼里，他们既是学生，又是孩子，因此，我们既是老师，有时又像家长，这种角色转换让我们很难把握'严格要求'与'包容'之间的平衡和张力。"

教师D谈到："每到学期末评教时，我都特别紧张。学生评教占评教总分的60%，学生怎么评自己，心里一点底都没有。自己付出很多，但学生评教的分数却很低，真的很受挫！"

教师E是接受访谈教师中最年轻、也是参加工作时间最短的一名教师，在谈到与学生沟通、交流时，他的感受有所不同。他说："作为任课教师和班主任，我跟学生的接触比较多。可能是自己的年龄与他们比较接近，所以跟他们沟通起来问题不是太大。他们思想活跃、思维敏捷，但有时表现出来的稚嫩和不成熟还是让我感到意外！"

教师的职业成就感和幸福感

由于一些内在和外在的原因，教师越来越少地感受到教师这个职业带来的成就感和幸福感。

教师C说："虽然现在社会上提倡尊师重教，但人们对教师职业的认可和尊重依旧有待提高。教师节的确立本身就说明教师的社会地位不高，对'红烛精神'的讴歌意味着教师的伟大，也揭示了教师职业的悲壮。"

（2）教师教学工作的重复性与创造性之间的矛盾

导致教师产生职业倦怠的另一个主要原因是教师工作的性质所致。在工作中，每一个教师个体总是面对有限的刺激，一般来说，一名教师总是相对固定在某一个学科的某一门课程上，长年累月承担着同样的教学任务，周而复始、不断循环地从事该门课程的教学。教师常常感到工作单调，没有新鲜的刺激，没有挑战性，每天都在机械重复前一天的教学工作。工作上的娴熟正在不断地磨蚀教师的探索热情和创新能力，让他们变得对教学常态中可能出现的新问题、新现象熟视无睹。

教师A说："我从教已有二十多年，已经从一名新手变成一名熟练的教书匠了，习惯了教学的流程和常态，能从容地驾驭课堂教学。但这种简单重复、缺乏创造性的工作并不能给我带来很多快乐！"

教师C谈到："我觉得我们的工作是一个重复循环的过程，虽然学生年年换，但课程还是那个课程，教学内容没有什么变化，没有新意，没有挑战性，更没有创造性。无论是上课的内容，还是上课的形式，都是机械重复，很单调，很枯燥！时间一长，创造性已离我们远去！"

（3）教师的教学工作与自身专业发展之间的矛盾

高校外语教师专业发展情况不尽如人意，教师专业发展始终是高校外语教师的短板。随着高校办学规模的扩大，招生人数的增多，外语教师的教学任务日趋加重，他们常年承担着大量的教学工作。他们除了完成外语专业教学、大学外语教学任务之外，还要承担学校其他所有与外语相关的工作。他们整天忙于教学，无暇对教学活动进行反思，更没有时间和精力再学习、再充电。长此以往，教学质量势必会大打折扣，教学瓶颈难以突破。同时，也不利于教师的专业发展。教师长时间超负荷工作，体力、脑力严重透支，无疑会对所从事的职业产生倦怠。

在谈到教学工作和个人发展时，我们能深深地感受到教师们的苦恼，尤其是年轻教师，教师B说："我们的课太多了！我现在除了完成教学工作之外，自己还在读书（攻读博士学位），每天都疲惫不堪！"

教师D提到："除了工作，还要照顾小孩、做家务，整天疲于奔命，根本没有时间看书、学习。想再去学习、充电，让个人专业发展快一点，但是，全国的外语博士点太少了，考博恐怕没什么希望！"

教师E说："我参加工作时间不长，总体上感觉还好，但隐隐约约有些不安，就是觉得从书本上学到的知识已经不够用了，不能完全满足课堂教学的需要。但又不知道从哪个方面努力，才能让学生更加接受我，让同行更加认同我。感觉工作上的压力不仅来自教学，更多的是来自科研和教师专业发展。"

（4）教师的教学工作与以科研为导向的评价机制之间的矛盾

接受访谈的教师谈论最多的话题是外语科研，他们普遍反映做科研太难了。外语学科有其特殊性，相对于其他学科来说，发展起步较晚，外语教师专业发展的外部支撑条件还有待完善，如外语学术期刊、外语科研项目、博士学位点、外语教师培训项目数量偏少等，这些无疑制约了外语教师科研能力的提升。

外语教学主要以传授外语知识、培养外语技能为主，无论是教师还是学生都存在着思辨缺席的现象，加之高校外语教师缺乏外语科研知识和方法的培训，没有掌握正确的科研方法，不知道外语科研从何入手。在高校外语教师中，普遍存在着外语教学和外语科研脱节的情况。然而，科学研究是高校教师必须履行的三大重要职责之一，也是教师考核的重要指标之一。因此，教师的教学工作与以科研为导向的评价机制之间的矛盾成为外语高校教师产生职业倦怠的又一个重要原因。

接受访谈的教师反映现行的考评体系缺乏人性化，实施聘任制和量化指标管理，对教师否定的多，肯定的少。他们尤其谈到科研考核的压力大，职称晋升困难。

教师A："希望学校对教师的考评体系要更人性化一些，不能简单地、一味地用冰冷的数字来衡量和考核丰富的、有血有肉的教学和科研内容，不能对所有的学科进行'一刀切'式的考核。要将质的考核引进考评体系，将质的考核和量的考核相结合，将形成性评价和终结性评价相结合，这样才能真实地反映教师的工作业绩，才能调动教师的积极性。"

教师B："每年的考核，特别是科研考核，特别让人头疼！好不容易在紧张的教学之余写了论文投出去后，往往是石沉大海，再无音讯！我们外语老师发表论文怎么这么难啊！课上得再多、再好也没用！"

教师C："学校职能部门的管理工作似乎都集中在一个字上，那就是'管'！。他们只会下达指令，整天对老师管头管脚，缺少关心和爱护！管理者对教师只'管'不'理'！学校每年对教师进行教学、科研考核，感到压力很大！尤其是科研考核的压力特别大！众所周知，我们外语教师发表科研成果难，争取科研项目难！由于本人的科研成果少，评教授遥遥无期！一大把年纪了，很没有成就感！"

教师D："听别人讲，职称越低，发文章、拿项目越难，那我们年轻教师岂不是陷入一个怪圈——职称低，很难发表科研成果，没有科研成果，又不能上职称！"

教师E："常常听领导和其他教师说，要做科研、要写论文、要拿项目等，但到底怎么做，还是一头雾水，感觉非常困惑！"

如果教师考评体系不合理、缺乏人性化，会使教师对教师职业去意义化，尤其会使一些成就感较低的教师工作效能下降，从而失去工作目标和工作动力，最终造成精力枯竭而产生职业倦怠。

（5）教师的劳动报酬与市场需求之间的矛盾

接受访谈的教师反映，他们的工资待遇低，尤其是低职称的年轻教师生活压力大。社会上许多外语培训机构为满足大众对外语的需求，不断扩大规模，以高于校内的课酬招聘外语教师，这对高校外语教师具有很大的诱惑力。部分教师在完成校内教学工作之余，频频"走穴"于不同的外语培训机构。虽然他们能在较短的时间内赚一些钱贴补家用，但由于这种价值取向和行为与高校教师的工作职责、个人专业发展、考核目标不相吻合，他们的内心又常常处于挣扎和不安之中。

教师C："我们在学校的工资待遇远远低于在政府机关、公司、企业工作的同学，但工作强度却比他们的工作强度大。有时想，自己是不是入错了行？"

教师D："教师的工资待遇偏低，尤其是我们低职称教师的工资更低，要养孩子，又要买房子，感到经济压力太大。想在校外多上一点课，又挤不出时间看书、学习，很纠结！一想到自己的学历和职称停滞不前，就烦恼不已！"

教师E："我刚参加工作，工资低，没有什么积蓄。什么时候结婚、什么时候买房想都不敢想！我在外面接了一些课，但也耽误了不少时间，总觉得心里空落落的，没有底！"

在分析以上五位教师的访谈记录时，同时还发现教龄与职业倦怠有着密切的关系，即教龄越长、教学经验越丰富，职业倦怠程度越高，这一点与Fessler（见张庆宗，2011）提出的教师职业发展周期中不同阶段的表现相吻合。在Fessler看来，教师职业生涯发展的最后四个阶段分别为：挫折阶段、停滞阶段、低落阶段和引退阶段。在这几个阶段，许多教师丧失工作热情，工作满意度指数下降，维持工作现状，不再追求优秀。也有研究表明，教师的职业热情随着年限的增长呈逐渐衰退的趋势（褚远辉等，2010）。在中、老年教师身上，教学的长期性和周期循环性导致的职业倦怠表现得更典型、更突出一些。

3. 缓解高校外语教师职业倦怠的对策思考

随着社会经济的快速发展、教育地位的不断提升，教师的生存状态越来越受到关注。基于以上的调查分析，发现高校外语教师不同程度地产生了职业倦怠。缓解和降低教师职业倦怠是调动教师积极性、发挥工作潜能、提高工作效率和教学质量的有力保证。

3.1 提高职业认知，关心学生成长

人才培养是高等学校的第一要务。教师是一个高度专业化的职业，对学生的人格养成、学业成就的提高产生深远的影响。高校外语教师应该提高对教师职业的认知，要深刻认识到自己工作的重要性。教师是育人之人，是传递人类文化和文明的人。教师的工作，联系着人类的过去、现在和未来，教师职业是一份荣誉、一份责任，更是一份希望。教师承担着教育的重任，一个国家的兴衰和发展系于教育。如果说教育是国家发展的基石，教师就是基石的奠基者。

教师只有爱岗敬业、爱生执业，才能在工作中洋溢出教育生命的活力与激情，才能书写"以人格影响人格，以智慧启迪智慧，以生命点化生命"的教育人生，才能真切体会到做一名教师的快乐、幸福与尊严。只有当教师对自身的工作有了正确的认知之后，才能关爱学生、快乐从教，才能将教师职业倦怠降低到最低程度。外语教师更是肩负着中西文化交流的重任，是先进文明的传播者，理应为自己的职业感到骄傲和自豪。

另外，在加强教风建设的同时，也要加强学风建设，要在学生中倡导勤学、会学、乐学的风尚。教导他们尊敬师长，学会感恩，关心同学，互助互爱，有效地进行师生互动和生生互动。尤其要帮助学生在外语学习过程中增强对不同

文化的鉴别能力，使学生能够健康成长，成为国家和社会建设需要的栋梁之才。

3.2 关注自我更新，提升专业素养

每一位教师都有专业发展的需求，都有成就动机和自我实现的愿望，但由于这样或那样的原因，当他们的愿望和需求不能得到实现和满足时，如科研成果得不到发表、科研项目争取不到等，就会对自己的业务素质、工作能力发生质疑而导致挫败感，从而产生职业倦怠。因此，作为高校外语教师必须不断提高专业素质、增强专业能力和拓展专业知识，使自己能灵活地运用教材、教法，让学生获得最佳的学习效果。

首先，要做到课前充分准备，课后积极反思。通过教学反思，对教学行为进行合理的归因。如果教师将成功的教学案例归因为能力和努力等内在因素，他就会继续努力，争取再次取得成功；如果教师将成功的教学案例归因为运气等外在因素，那么他就很难感受到成功的体验，对今后的教学也很难产生促进作用。研究表明，积极的归因能增强教学效能感，降低职业倦怠程度；消极的归因会降低教学效能感，增加心理紧张程度，加重职业倦怠。通过教学反思，教师可以在重复性的教育教学活动中发现新的兴奋点、找到新的意义，以此唤起和激发对工作的热情和生活的情趣，在工作中最大限度地发挥主观能动性和创造性。

其次，要将教学与科研紧密地结合起来，要充分认识到科研反哺教学、增强教学效果的重要性。针对高校外语教师科研意识薄弱、科研能力欠缺的实际情况，培养教师的科研意识，开设科研方法讲座，组织科研团队，使教师在丰富的教学实践中开展外语科学研究。同时，通过争取科研项目、发表科研成果，让教师感受到科研带来的成就感和满足感。

教师个体的专业发展是提高教师教学效能感、抑制职业倦怠的有效策略。教学效能感高的教师能正确看待和妥善处理教学中出现的困难和问题，容易获得成功，并能得到学生的认可和尊重。教学效能感低的教师认为自己没有能力应对教学中的困难，常常采取回避的态度，因此，在工作中很难有所作为，体验的不是成功，而是痛苦和失落，进而产生职业倦怠。

3.3 减轻工作负荷，关注教师健康

教师除了课堂教学之外，还要花大量的时间备课、批改作业、做学生工作、从事教育教学研究等，这些都是在工作时间之外的隐性付出，这些隐性的劳动付出是无法计量的。虽然大学教师显性的工作负荷不及中小学教师，但他

们承受了更大的心理压力，这些隐性的压力主要来自科研考核、职称晋升、个人专业发展等。

高校外语教师的课时多、工作量大，缺乏调节是一个不争的事实，也是一个共性的问题。因此，有必要减轻教师的工作负荷，让他们有一定的时间得到休闲和调整，以改善他们的情绪状态，确保身心健康。同时，减轻教师工作负荷有助于教师有更多的时间进行在职学习和培训，不断充实自己，以改善他们的工作状态，切实提高教学水平和教学质量，从而降低职业倦怠。

3.4 创设良好环境，改善生存条件

创设一个安全、温暖、公平的工作环境，尊重教师，关爱教师，鼓励教师参与管理与决策，让教师在良好的工作环境中、尊师重教的氛围中体验到教学工作的愉悦，感受到自我成长的快乐，从而进一步激发教师的工作热情和潜能，提高教师职业的满意度和认同感。

建立人性化的管理制度，建立科学、合理的教师评价体系，要充分考虑到外语学科的特殊性。尊重、信任、理解教师，最大限度地调动教师的积极性，使教师进一步增强爱岗敬业的意识。

尽量改善教师的待遇，减少教师的后顾之忧，让教师全身心地投入到工作中去，不再为社会上外语培训机构等较高的课酬所诱惑。青年教师的工资待遇低，生活压力大，要更多地关注他们的情感状态、心理健康需要；刚入职的青年教师除了要关心他们的物质生活、精神生活之外，还要有计划、有步骤地指导他们的专业发展。

4. 结语

教育管理者要清楚地认识到教师出现职业倦怠，不是他们懒惰，不想有所作为，更不是道德层面的问题，而是由于教师职业的特殊性、教师的个人因素、工作的外部环境所致。因此，教育管理部门要理性地对待教师产生的职业倦怠，通过帮助教师提高对职业的认知、注重自我更新和专业发展等途径降低职业倦怠。同时，教育管理部门和学校也要关注教师个体的专业发展，采取减轻教师的工作负荷的措施、建立科学合理的教师考评体系、改善教师待遇等方法缓解教师职业倦怠。

本文原载于《中国外语》，2011年7月第8卷第4期。

外语教育的学科属性对教师专业发展的导向

中山大学 夏纪梅

1. 引言

从网上检索"英语教育"、"应用语言学"、"外语教育学"等关键词时,笔者发现了大量相关的表达疑问的帖子:外语教师或学习者考研是读"语言学"还是"教育学"?"应用语言学"属于"教育学"还是"语言学"?如何处理好英语教学和"语言学"及"教育学"的关系?"语言学"和"教育学"哪个前景好?诸如此类。结合我国部分学者对"外国应用语言学"和"二语习得理论"对外语教学实践与教学研究究竟有多少直接的理论指导意义的争论以及对建构"教育语言学"的论证与呼吁,结合我国广大一线外语教师的学术身份和科研现状,笔者一直在思考和追寻外语教育研究的学科归属问题和外语教师研究的对象及其认同性问题。

事实上,我国数以百万计的外语教师大多苦于科研搞不好、搞不像、搞不成,主要原因之一是学科归属不明,科研与教学脱节,科研方法"不科学",研究成果不被认同。另一个众所周知的事实是,我国外语类期刊的语言学和文学研究话语权最大,无形中成为外语教师研究的主流导向。对"教学研究算不上学术"的评判也不绝于耳。就科研而言,许多一线英语教师处在"强势外语弱势群体"的"三无"状态:无学术身份,只能算语言教练;无学科依托,只能算教员系列;无明确的与教师职业发展紧密相关的研究方向,只能依据个人兴趣发展,不管它与教学有关没关。更多的人为职称而搞"科研",不管它有没有真正的科研价值。教师在教学与学术生涯过程中的纠结、挣扎、绝望导致的结果必然是师生两败俱伤,教学质量堪忧。

近二十年来,越来越多的外语界中青年教师读博深造选择了教育学专业,一方面不得已而为之,毕竟语言学不是一般人能够读得进拿得起的学科;另一方面,他们也从心里感觉教育学更对口些。其实,英国和美国许多名校对外语教学研究博士学位也置于教育学院之中。我国一些外语教学单位开始申报教育专业硕士学位点,也自然向教育学转向。越来越多"觉醒"的外语教师暗中嘀咕:为什么把我们这些教学从业者放在不属于我们的学科领域里任人耻笑?在自己的教学领域干得再出色,还得给不属于我们的学科领域专家做评价!这不公平吧!

笔者带着疑问精读了几篇最早倡导、较充分推荐借鉴、较全面引证论述关于"教育语言学"的精品著述。比较有代表性的论著有：Educational Linguistics（Spolsky，1978），The Changing Role and Nature of ELT（Widdowson，1992）Educational Linguistics as a Field（Hornberger，2001），Educational Linguistic：Field and Project（van Lier，1994）；"美国教育语言学的学科发展及对我国的启示"（张东辉，2007），"大学英语学科属性的宏观思考及其他"（辛广勤，2006），"语言教育学与语言学"、"语言教育学漫谈"（张玉华，1998），"应用语言学还是教育语言学"（俞理名、袁平华，2004），"外语教学的学科属性探究"（夏纪梅，1999）等。它们在国内发表的期刊有语言教学与研究》《外语界》《现代外语》《解放军外语学院学报》。值得注意的是，国内相关论文发表日期在1998—2008，关注和认同此课题的杂志数量不多。可见，我国关注和呼吁这个问题起步较晚，时间较短，声音较弱。

2. 对外语教育的学科属性问题的思考

笔者始终认为，尽管外语教师是外国语言文学学科培养的人才，但到了教学岗位，在与职业发展方向紧密相关的研究领域，外语教师可能对文学有兴趣，但不一定对文学研究有造诣；外语教师必须有语言学的基本知识，但不一定有从事语言学研究的能力。无论如何，外语教师不可以对外语教育研究不重视不作为，因为这是直接关乎教学质量和效益的学问，是教师职业发展或专业成长的重要途径。外语界重视外语教育研究的部分学者对外语教育的学科属性达成比较一致的观点有：

一、外语教育研究不宜归属"语言学"范畴。语言学是研究语言本质的科学，语言教学与语言学不能直接成为归属关系。事实证明，真正的语言学者所做的研究，需要试验、验证、修正等漫长的过程，往往不能被直接应用到语言教学当中，甚至可能起到误导的作用。

二、外语教育研究也不是严格意义上的"应用语言学"。应用语言学是把语言学应用在各个学科的科学，语言教学只能算狭义归属。在"外国应用语言学：英语教育方向或二语习得"领域的研究实际上主要与心理语言学、神经语言学和认知语言学更有直接的关联。这类研究需要高深的理论和专业的研究水平。

三、外语教育研究不完全是"教育学"。教育学是研究教育实质或内部与外部的关系的科学。语言教学类似师范教育中各学科的课程教学，例如"数学教育、语文教育、英语教育、体育教育、品德教育、美术／艺术教育"等。

综合这些观点，外语教育研究可单独构建为"教育语言学"或"语言教育学"，是研究对语言的教育的科学。这门学科属于介乎"语言学"和"教育学"之间的交叉学科产物。

与此同时，外语界学者对外语教育的学科属性问题存在的主要争议在于：外语教师必须从事语言学研究，教学才有科学性可言。笔者对此持有不同意见。应该说，语言教师必须有语言学的基本知识，但不一定必须从事语言学的研究，也不一定能够从事语言学的研究，因为语言学研究不是普通人能够搞的。例如，理论语言学、认知语言学、心理语言学、神经语言学等语言学研究，需要大量的实验和实验经费，甚至需要与医科联手；研究成果需要多年的投入与验证。而普通教师的主要任务是日常教学，在时间、精力、经费、智力、对象等各个方面都不允许作此类研究。除非认为语言学研究就是语音、语法、词法、句法研究。即使这样，真正的法则规律研究也与教学没有直接的关联，他们侧重的是对语言本身的规律或意义研究。外语教学研究，更需要的是对教和学语言的人与环境的研究。中国系统功能语言学的领军人胡壮麟先生在最近接受《21世纪英语教育周刊》记者访谈时说："我认为给英语语言文学系语言方向的学习者开设语言学课程，要与外语教学结合。这就是说，教学科研不能分家，教学促科研，科研促教学"（胡壮麟教授八十寿辰专题2012.4.1）。

笔者依据以上思考拟提出对外语教育研究的学科属性定义如下：

首先，我们必须认同外语教育研究的科学性和学术性。语言教育与语言学、教育学、心理学、交际学、社会学、文化学、伦理学、文学、哲学、人学等学科都各有一定的相关性和交叉渗透。外语教育研究如果归属"教育语言学"，其构建应该等同于应用语言学、社会语言学、心理语言学、功能语言学、生成语言学、认知语言学、交际语言学、二语习得理论等，成为语言学的分支。教育语言学的构建也可以等同于教育心理学、教育社会学、教育人类学、教育管理学等成为教育学的分支。可见，外语教育研究是介乎于语言学和教育学两个学科之间，把语言研究和教育研究两者相结合，着眼点在语言就是"教育语言学"，着眼点在教育就是"语言教育学"。这听起来似乎在玩文字游戏，其实本质是一样的，即对外语语言教育的学术研究。

3. 对外语教育研究课题的思考

普通外语教师能够做的外语教育学术研究课题很多，主要来源于日常教学、课堂环境、人才培养、自身发展等过程中的问题，是从业者的研究（practitioner's research）、教师的研究（teacher's research）、"扎根"研究（grounded research）、"田野"研究（field research, classroom-based research）。教学与研究的关系是相辅相成和相依相益的关系：科研为了教学、来自教学、结合教学、造福教学，是两者互利双赢的过程与结果，也应成为教师职业成就感的来源。

笔者近年来所关注和指导教育部委派的国内访问学者和教师受训者的教学研究课题有近百个，其中有：

一、关注教师自身发展的研究。例如，外语教师自主性发展的导向要素与制约因素；外语教师职业生涯中具有影响力的关键词（上课、考试、作业、分数、评估、教法、职称、学历、学习者、科研、收入等）及其对职业发展的实际影响力；外语教师对"任务型"、"交际互动"、"主题演绎"等现代外语教学法的认同度、执行力、实施效果及其原因分析等。

二、关注90后学习者给当代师生关系带来的挑战。例如90后学习者的特征（成长时代、认知方式、信息渠道、学习方法、思维特征、价值观念、相处表现等）以及应对措施；"以学习者为中心"、"以学习者为学习主体"的教学模式中的师生关系：难点与原因；"师生学术共同体"的构建过程与成果形式等。

三、理论指导实践类的研究，关注外语教师在将教育理念转换为教学实践中存在的问题。例如，建构主义理论在教学过程中师生对知识的共同构建方式与效益；从学习者的任务型教学反馈看学习主体意识问题（理念更新与否、实施困难与否、认识误区、行为习惯等）；协作型学习理论在以学习者为中心的教学过程中教师的点评技巧与效益；"干中学习"理念如何在教学中全方位得到体现。理论指导实践的研究有"方法论"的应用问题，例如提倡应用"行动研究法"指导实践"任务型教学法"。

四、教育叙事与案例研究。例如，教师如何在教育叙事研究中培养反思、发现、体验、补缺、突破、应变、提升、创新意识和能力；反思包括：教学设计与反思；教学提问与反思；教学点评与反思；教学组织与反思；教师个案研究：分别以不同的教师群体为案例。例如，新入职教师、讲师、副教授、教授、优秀教师、困难教师、女教师、男教师、沿海发达地区教师、边远欠发达地区教师、名校教师、地区性高校教师、海归教师、本土教师、高职教师、教师发展团队等多种教师类型代表；学习者案例研究；中国国情下任务型和交际教学法的难度及其深层文化原因（国情文化研究）。

五、外语教育术语研习。例如，围绕教师的研究有teachers' beliefs，teacher's awareness，teacher's identity，teacher's learning，teacher's reflection，teacher development，teaching culture，"teacher ship"等。

4. 结语

在我国，外语教育及其研究的学科属性和对其学术性的认同乃至相应研究方法论的普及应用，是进行必要的、认真的、充分的论证和构建的时候了。事物发展和历史进程都证明，存在决定意识，需求产生市场，问题引发研究，新兴学科应运而生。既然国内数百万外语教师千呼万唤，呼之欲出，我们外语界的学者和教师就应该联手进行论证和构建。

回顾历史，美国的TESOL源自二战需求，英国的TEFL源自帝国殖民时期需求，全世界20世纪的国际交流与"地球村"的形成对英语教育的需求源于文化多元、文化交流、文化碰撞、文化融合，这种外语教育早已超越语言教学本身，内涵丰富，是一种通过语言教育达到人才的世界文明素质的教育，新课题必然层出不穷。

最后需要反复强调和澄清的是，语言教学不等同于语言学。语言学的研究成果不能被直接或及时应用到外语教学实践。别把语言教学当成语言学科；别把语言学习者当作语言学者，把语言学者当成语言教师，把语言教师划归语言学者。

"教育语言学"已经在美国少数高校应运而生。如果"教育语言学"最终被我国学界认同并正式构建，笔者认为，虽然学科命名有其规范，但其实质应该是"语言教育学"，只是落眼点不一样。它是对语言教学的本质、规律、方法、环境、效果、问题及其相关的人与事的探究，是从业者从实践中来回到实践中去的一门教育科学。英国ELT杂志虽然没有明确定位教育语言学还是语言教育学，但其发表的论文其实已经为我们做出了最好的示范。

本文原载于《当代外语研究》，2012年11月第11期。

第十三章
教学法

按语（严明）

  我国外语教学法研究进入新世纪以来，逐步从引进跟随国外理论走向了扎根本土语境，关注实际问题的道路，呈现出博采众长，有的放矢的多元化趋势。这体现在对传统外语教学法的理论反思、对中外教学语境的比较研究、对教学内容目的的具体分析，及针对教材特征的方法探索。

  本节所选论文深入浅出，分别体现了上述国内外语教学法探究的代表性特征。"试论外语教学法的基础及其运用"反思了各教学法形成基础和动因，点明为何应重视各家理论，以现实的态度针对取舍。"跨文化交际课教学内容与方法之探讨"通过回顾美国跨文化交际教学的沿革及比较中美课程的内容，提出了跨文化交际课程合理的教学原则和课堂模式。"论专门用途英语的属性与对应教学法"提出了专门用途英语因目的明确、内容特殊而需要特殊的教学方法，并立足ESP教学法概览，构建出适合中国学生的教学方法。"试论立体式教材与立体式教学方法"通过分析当前立体式教材的概念特征指出立体式教学方法是随教学主体的变化而动态形成的，并从教学呈现、教学设计和教学实现三方面探讨了立体式教学方法的实施要素和教师相应的信息教学素养。

外语教学法在后方法时代并未消失，而是走向了现实性和情境化。上述教学法选篇从理论反思到实践探索两方面体现了教育语言学以语言教育现实问题为中心的研究理念，期待能激发广大外语教育者更多的思考与行动，使中国外语教学方法探索更加务实有效。

试论外语教学法的基础及其运用

复旦大学 褚孝泉

外语教学是人类社会的一个基本实践，历史上没有一个社会不存在和外族的交往，因此总是需要有人来学习和掌握外语。但是在现代以前的历史中并没有对外语教学法的自觉意识，教学外语是自然地或几乎本能地进行着的。在中外悠久的语言学历史中，我们能看到前辈学者对语言的各个侧面的分析和理论论述，但是几乎没有对外语教学的思考。外语教学法成为一个自觉的课题发生在现代，发生在我们这个认为一切事物和活动都能通过科学的原则和技术的运用而大大提高效率的时代。十九世纪以来，科学已经表明能够解决几乎任何以往无法处理的难题和任务，那么学习外语这个困难任务显然也应该能通过科学功效而变得容易。既然由物理学的进步产生的技术能够使过去要花一个月时间的旅行在几个小时内完成，那么我们也应该能希望一般要花几年时间完成的掌握一门外语的任务在先进科学技术的帮助下在大大缩短的时间里顺利完成。这门科学我们已经有了，那就是现代语言学。现代语言学理论运用于实际目的时，就产生了应用语言学，应用语言学的一个最重要的分支即语言教学法。自从现代语言学以科学的姿态出现以后，外语教学法日新月异日益兴盛，认为通过科学的方法外语学习会变得便捷的看法深入人心，外语教学法的一些观念和方法早成了大家习以为常的事了，即使从没有进修过应用语言学和外语教学法课程的教师也免不了受这些观念和方法的影响。英国经济学家凯恩斯曾经说过一句很有名的话来表达理论和实践的关系，他说，"所有那些自认为是务实的、不受任何抽象理论影响的人，实际上是在盲从某个早已死去的经济学家。"在外语教学中也存在着同样的情形，许多以为只凭自己经验在教授外语的教师实际上在自己的教学活动中是在无意识地跟从着某些流行的教学法，但是由于对这些教学法没有理论上的认识，实践中常常缺乏理性的判断和有效的应用，导致了教学资源的浪费和效率的低下，因此，外语教师有必要提高方法论的自觉性，深入了解外语教学法形成及发展的原因和基础，以便我们能够合理地选择和运用现代教学法的资源。

1. 外语教学法的演变

自从外语教学法成为应用语言学家们研究的重要课题以来，专家们已经发展和推行了数量繁多的各种外语教学法，在过去的一个多世纪里，外语教师在教室里试行过许多不同种类的教学法。我们在这里简要地回顾一下一些主要的教学法的内涵及其发展历史。

人们习惯于把现代以前的外语教学法统称为"语法翻译法"，这样的名称有其合理的地方，但是我们在使用这个名称时必须记住，和现代流行的各种教学法不一样，语法翻译法并不是一个具有自己的理论基础和一整套严格规定的教学程序的教学法，而且，这个名称涵盖了几个世纪里无数外语教师的经验性教学实践，因此，实际教学过程中在内容和方法上的区别肯定是很大的。

大致说来，语法翻译法主要用于教授拉丁语和希腊语这样的古典语言，因为这些古典语言是死语言，教学完全是围绕经典作家的名作进行的，目的是使学生获得阅读、理解和写作古典语言文本的能力。因为这些古典语言都具有繁复的词法结构，教学的重点也就放在语法规则的记忆和练习上，做这些语法练习本身被认为具有很大的教育意义，因为它能够训练学生的思维能力，锻炼智力的严谨性和规范性。也因为学习这些古典语言的学生的母语（英语、法语、意大利语、德语等）基本上都是这些古典语言的亲缘语，基本词汇和语法结构上相似性很大，因此可以很方便地通过翻译来掌握古典语言。所以在西方传统的外语教学中，语法和翻译一般都占了很重要的位置，这也是为什么人们把传统外语教学统称为语法翻译法的原因。

语法翻译法现在似乎名声不佳，几乎所有现代的语言教学法都从批判语法翻译法开始，语法翻译法成了不科学和无效率的同义词。

作为对语法翻译法的根本性革新而出现的教学法是十九世纪下半叶出现的直接教学法，一般认为这是第一个有意识地设计并推行的科学的语言教学法，德国教育家伯利兹是这个教学法最有名的推广者。直接教学法和传统教学法最大的区别在于，直接法将学习外语和学习母语进行比较，努力给学生创造像学母语那样的学习条件和环境。以这样的考虑，翻译和语法当然尽可能地被排除出去，要求学生在全外语的环境下，尽量不通过母语的中介直接接触和吸收外语。

到了20世纪中期，美国开始兴起了听说教学法。这个教学法是在美国结构主义语言学的指导下发展起来的，它的理论基础更加坚实，是一个真正的应用语言学的结果。这个教学法在教学材料上根据的是结构主义对语言的形式分析，在教学方法上则是根据心理语言学当时的观念。这个教学法在世界上流行得非常广泛。

到了20世纪七十年代，世界上应用语言学的发展突飞猛进，教学法研究成了一个成熟的独立的学科，研究者们提出了许多新的教学法，他们或者强调语言的交际功能，或者强调人的思维和情感在语言发展中的基本作用。以前者为基本出发点的有交际教学法、情景教学法、任务中心教学法；以后者为基本出发点的有建议学习教学法、团体学习教学法、暗示教学法、沉默教学法、完全体格反应教学法，以及认知教学法等等。这些教学法中有些被介绍并应用到中国的外语教学中来，并且得到相当广泛的推广，例如交际法和情景教学法，有些则很少在中国实践过，例如暗示教学法和沉默教学法。上述的这些教学法还都是比较著名和有影响的，上世纪下半叶以来在西方国家提出并进行过实验的教学法其实远不止这几种，全部计算起来，试验过的教学法总共大约有数百种之多，这充分表明了教学法研究所受的重视和研究者的创新意识。应用语言学家们推出如此之多的教学法，这既是一件好事，使教育者在制定教学纲要时有很大的选择余地，同时也不免让人产生疑问，为什么会有这么多的教学法？这些不同的教学法是根据什么样的原理，为了什么样的目的发明出来的呢？

2. 主导教学法发展的几个因素

大体来说，每种教学法在推出之时，创导者总是要说，过去已有的所有各种教学法都没有正确理解语言的本质和语言习得的机制，因此学习外语事倍功半，现在我们真正了解了语言的根本是什么，懂得了外语学习的实际过程，所以我们的新教学法将是一个突破。除去因推广的需要而必须夸大其辞以外，外语教学法的设计和构成总是被说成是纯科学思辨的结果：研究者观察和分析外语习得的事实，从中总结或推导出规律来，按照所发现的科学规律设计出合理的教学法来。但是，如果我们仔细分析一下各种教学法的内涵及其发明的条件，我们可以看到有许多外在的因素和条件影响甚至规定着外语教学法的产生，大体来说，有以下几个因素。

2.1 流行的语言学理论的影响

教学法研究属于应用语言学的领域，而应用语言学本身还没有获得理论上的独立性，这就是说，应用语言学至今的定位还是将已有的语言学理论运用于实用目的上去。到目前为止，理论的流向还是单向的，总是理论语言学中先发展出了某种学说，然后输出到应用语言学，成为一个新的教学流派的理论基础。但是却没有相反的流动,还没有看到从教学实践中提升出的理论观念影响理论语言学的发展的事例。

由于这样的理论流向定式,许多风行一时的教学法的产生实际上是语言学理论时尚的衍生物,并不是教学实践中总结出来的产物。上世纪五十年代后兴起的听说教学法以句型操练为其主要的教学内容,这完全来自于当时占主导地位的结构主义语言学理论对语言的基本观念,所采用的操练方法也是建立在结构主义语言学的心理学基础行为主义上的,认为语言知识也只能是通过刺激)反应机制建立起来。等到生成语法推翻了结构主义的主导地位而成了新的语言学理论范式后,机械操练的教学法受到了严厉的批评,教学法专家们转而开发以深层结构和转换规则为中心的教学大纲,并且在教学观念上以发展学习者内在的语言能力为基本出发点。等到语用学大为流行时,语言越来越被看作是一个人和人之间交往的规范系统。随着应用语用学理论的兴起,我们就有了交际教学法和情景教学法等。上世纪八十年代以后认知语言学大行其道,在中国和海外都热了一阵,跟着这个风潮,出现了认知教学法,讲究培养学生的隐喻能力和概念的流利。

从最早的听说法到最新的认知教学法,教学法的演变显然受着语言学理论风向转移的摆布,大体上并不是根据教学实践中发现的问题来决定其基本的理论取向的。从当代语言学发展的历史我们知道,语言学理论发展的驱动力既不是来自于对二语习得过程的关注,也不以二语习得为其探索的目的,而且当代语言学理论的变换非常之快,由此造成了我们现有的各种教学法的理据常常并不充分。

2.2 外语教学法的目的

外语教学法的目的好像很明确,即教会学习者一门外语,因此在不同的教学法之间应该能明确地分出高下,能够以最高的效率达到这个目的的教学法就是最好的教学法了。但是实际上情况并不是这么简单,因为即使是为了掌握一门外语,由于语言使用的范围之广阔,具体的目的还是可以有相当大的差异的,因此并不存在测定教学法的唯一尺度。语法翻译法一直备受指责,批评者指出用这个教学法教出的学生缺乏以口语交流的能力,殊不知口语交流能力本不是这个教学法的目的所在。旧时代采用语法翻译法的教师教拉丁语和希腊语的目的是赋予学生古典文化的修养,并通过复杂的语法规则来对学生进行智力上的训练,就这个实际目的来说,语法翻译法并没有太令人失望的表现。听说教学法的出现也是为了满足一个特定的目的。听说法起源于第二次世界大战期间美国军队的外语培训项目,当时美国将要派出大批军人奔赴太平洋战场与日本决战，为了完成战争任务，美国军人必定要和敌军官兵对话以及和当地居民打交道，因此需要培养这些军人外语能力，而且是口语的交流能力，自然，听说就成了对美军官兵进行外语教学的重点，听说教学法即是因了这个特定目的而产生的。战后世界的商业和旅游业飞速发展，大量的为完成日常的或职业目的的跨国跨语种交往日益频繁，外语教学有了新的需要，教学法也随之有了新的变化，情景教学法、任务中心教学法等应运而生，目的是适合实用的需要，让学生能马上使用课堂上学到的话语。近年来，不同文化之间的冲突和理解成了大家关注的热点，因此就出现了以文化为中心的教学法。为不同的学习目的而设计不同的教学法是很正常的做法，但是我们因此也需要明白，我们应该根据其要达到的目的来衡量教学法的优劣，并没有判断教学法高低好坏的绝对标准，适合培养商务人员的外语教学法并不适合培养文学翻译人才。只有相对某类对象和目的有效的教学法，没有放之四海而皆高效的教学法。

2.3 外语教学法的演变

外语教学法的演变还在相当程度上受着技术手段发展的驱动，这是应用语言学学者们在他们的论述中一般都不涉及到的，但是实际上这是一个起着相当大作用的因素，外语教学专家为他们的新教学法寻找理论基础，为特定的目的设计合适的方法，但是这一切都需要运用技术手段来实现。新教学法的产生，往往是从技术开始的，因为有了某种新的技术手段，专家们就利用它来设计新的教学法，理论考虑倒还是后来发展出来的。很显然，如果没有录音机的发明和普及，不可能有听说教学法在全世界的推广；如果没有录像机，情景教学法不大可能有这么广泛的运用；现代语言实验室的装备从根本上改变了外语教学的方法，这是技术发展导致的结果，并非应用语言学理论研究的成果。电脑和网络的发展导致了一系列新的计算机辅助外语教学法的出现，再清楚不过地表明了新技术对教学法更新所起的决定性作用，因为计算机辅助教学法的产生并不是源自于语言学理论上的某种新的学说，也不是社会上出现了某种新的外语需求，完全是因为教育者要利用电脑网络的强大功能来为外语教学服务。

3. 正确评估外语教学法的作用

教学法的发展日新月异，研究外语教学法的专家队伍也日益庞大。为了提高外语教学的水平和加强外语教学的科学性，改进外语教学法也是非常必要的。但是，我们同时必须保持清醒的头脑，对自十九世纪以来外语教学法发展的成果及其实际功效有一个客观的评估。许多新教学法的倡导者所预言的外语教学上的突破并没有出现，从来没有什么神奇的短期内就能使人掌握一门外语的最佳教学法。经过这么多年的尝试和创新，在发展出了这么多的外语教学法以后，对所有的成年人来说，学习外语依然还是一个困难而漫长的过程，学习失败也是经常的事。更令人难堪的一个事实是，在外语教学法和教学成果之间似乎没有很强的相关性，有人曾经做过一百多个对比研究，发现采用不同的教学法教出来的学生所取得的成绩没有什么明显的差别。还有，尽管所有的研究者都否定语法翻译法，指出这个旧教学法弊病重重，认为那是落后的前科学时代的产物，然而大家又都衷心钦佩过去时代的那些语言大师的外语水平，在不吝赞词的同时忘记了这些大师都是用语法翻译法学习外语的。

为什么会有这样一个期望和结果不配合的情况呢？或许是因为我们的理论还不完善，至今还没有一种二语习得理论能够完全地说明外语学习过程的所有方面和解释影响学习结果的所有因素，有不少语言学家现在还认为成年人能够学习和掌握外语这件事本身是一个谜；或许是因为我们所拥有的教学技术手段还不够有力，尚不够帮助我们有效克服学习的困难。更有可能的是，现代认知心理学关于语言的一些基本看法是对的，先天具有的语言能力在实现为母语后已经把语言形式的基本参数位置固定了，因此必然地使学习第二门语言变得相当困难。而且，不管你信奉什么样的语言学理论，不管你采用什么样的教学法，外语学习总是受一些基本的事实影响，总是存在着一些常识性的现象：记忆力不同的和对语音分辨力不同的学习者的学习效率是有差异的，记忆力较强的和听觉较敏锐的学习者的外语学习成绩总是要好一些；同时，不管是以什么样的方法学习，学习者的动机和目的起着重要的作用，目的明确动机有力的学习者总会学得好一点；还有，学习者在学习外语时期和母语人士以及原文材料的接触量大小也有重要影响，接触得多且频繁的学习者总是能够学得更好更快一点。不管你选用的教学法是以句型为主要教学内容的还是以交际能力为目标的，没有一种教学法能抹煞这些因素的作用。同时，很明显，也没有一种教学法是在任何情况下对任何人都有效的。所有这些都说明，我们既要继续发展和创造更好的教学法，以促进外语教学事业，但是也要对每种教学法的局限性有一个清醒的认识，外语教学从本质上来说必定是一个充满困难的过程，不会有什么让学习者轻松学会外语的革命性的教学法，关键的问题是教育者要学会正确运用现有的或将来的各种教学法。

4. 有效地使用外语教学法

外语教师在课堂上进行教学活动时必定要讲究教学法，不然的话我们的教学活动就是盲目的,但是我们同时必须懂得驾驭教学法,而不是被教学法的时尚所左右。事实上,有经验的教师都会采取综合的和折中的办法,决不相信某种单一的教学法能够解决所有的教学问题,而是以实事求是的和实用主义的态度,扬长避短,有效地使用现有教学法提供的手段,以达到教学目的。一个称职的教师应懂得和掌握几种不同的教学法,而正确使用教学法的方法是采用多样的灵活的方法,即根据不同的教学对象和不同的学习条件和目的来选用最合适的教学法。

最重要的是我们要理解各种教学法的出发点。大体上说来,我们可以把现有的教学法分为两大类:重视语言形式的习得的和重视语言功能的习得的。前一类的教学法注重语言规则的教授和练习,在其教学内容中很注意语言现象的范畴划分、各类语法规则的内在逻辑关联、学习程序的循序渐进和语言形式的记忆和掌握;后一类的教学法则相反,注重围绕具体的实际交际任务来组织教学,在让学生在完成交际任务和实施交际功能的过程中学会外语,也就是说以直奔语言本身的目的来达到学习语言的目的。

这两类教学法的创导者都认为自己对二语习得的理解是唯一正确的。注重语言形式的学派相信,学习外语就是学习外语的表达手段,如果没有先掌握语言手段,怎么就能达到交际的目的呢?而要掌握语言手段,就必须按照这些手段的特点来组织教学活动。讲究交际功能的学派则认为,语言本来就是为了交际的,只有从交际功能出发才会使学生迅速地掌握语言,如果把精力花费在语言规则的学习上,学生常常学习了很久还不懂得怎样在异国的火车站问讯或购票。教学法专家们往往会各执一端,互相批评,形成现在外语教学法百家争鸣的局面,问题是在这样的局面里实际的外语教育者要避免门户之见的影响。

其实,从学习外语的实践来看,这两个学派的理论都有道理,并不像表面看来的那样对立,因此外语教育者对哪一家理论都不能忽视。心理语言学的一项研究(Griggs et al, 2002)表明,语言的学习及其运用涉及到两个方向上的心理活动,一是所谓的"自上向下"的活动,即为解决一个实际的总体的交际任务,人的心理思维开始向下探索,寻找和选择合适的语言形式和进行细节上的程序安排来达到交际目的;一是所谓的"自下向上"的心理思维活动,即从具体的语言材料出发,根据其形式特点或语言规则,联系到它们可能的交际功能,应用于整体的交际活动中以完成某个交际任务。在我们使用或学习语言的过程中,我们的心智不停地进行着这个双向互动的过程。任何一种外语教学法,如果只注意培养和强化一个方向上的心智活动而忽视另一个方向上的活动,那都是有缺陷的。这也是为什么成功的外语教师都能在教学法方面博采众长，兼顾形式和功能，不拘泥于一家一派的做法。

5. 避免为技术而技术的倾向

从以上的论述可见，在我们制定教学计划时，不能因为某个二语习得理论的流行而盲目跟风，也不能因为某种教学法的新颖而立刻采纳推广。教学法的适用性必须根据具体的对象、条件和教学目的而得到评估，需要避免的是为理论而理论或者为技术而技术的做法。一个很好的例子是PPT投影在教学中的使用。基于电脑的PPT投影确实有它的优点：直观，生动，音像结合，制作方便等等。但是人们常常忘记了它说到底只是一个技术手段，能为一定的教学方法服务，但并不是可以为所有的教学目的服务的。现在有不少学校将PPT投影的使用作为教学改革的一个指标来评估老师的教学，使用PPT的教师受到加分鼓励，没有使用PPT的老师则被认为落后了，没有跟上教学法革新的潮流。然而教学实践显示，PPT这个技术手段并不一定就能带来更好的教学效果，也未必适合于各种不同的教学法。据第一线的教师反映，大力推广使用这个技术手段常常会出现一些不良后果，例如把图像演示的效果当作教学的目的来追求，忘记了PPT只不过是一个工具，必须结合在适当的教学法中才真正有效；当电脑和投影屏幕代替了黑板后，老师常常把教学的一切内容都安排在PPT的图片和视频里，没有时间也没有空间留给教师和学生之间的互动；教师误以为PPT投影的演示可以取代对学生的训练，老师把精力都花在准备和照读PPT的内容上，没有功夫对学生提问和要求学生解决问题，也不能根据学生的表现和课内讨论的发展进行即兴的发挥了；由于PPT的演示和讲述占用了教学的全部时间，教师往往会忽视讲述后的复习和检查。总而言之，就像任何新技术一样，盲目推广PPT只会带来进步的假象，并不能真正促进外语教学的发展。

外语教学法研究是一门实用的学科，惟其实用，所以能一直受着实践的检验和推动而不致像一些纯理论研究那样堕入虚妄无稽的境地。本文尝试着对外语教学法的本质、基础及其实用性进行一些思考，为的是教学法的研究者和使用者对教学法的发展及其效用保持一个清醒的认识，期望以此能为开拓我国的外语教学改革的新思路做些微贡献。

本文原载于《外语教学理论与实践》，2011年第2期。

跨文化交际课教学内容与方法之探讨

北京外国语大学 胡文仲

我国开设跨文化交际课的外语院校近年来增加迅速,跨文化交际教材也出版多部。但是,跨文化交际课无论在本科层次或是在研究生层次目前都还没有统一的教学大纲,教学内容基本上由任课教师自己决定。对于有经验的教师,确定教学内容并不构成问题,但对于青年教师这就可能是一个困难。笔者根据国内外的资料对本科的跨文化交际课程的内容和教法作一探讨,目的在于帮助尚未开课的教师或已经开课的青年教师制订自己的本科层次的教学大纲。学校类型不同、专业不同,大纲的内容也应有所不同,这里谈的主要是外语类院校跨文化交际教学的一些设想。

我们可以从几个不同的角度探讨这个问题。首先,我们可以考察美国大学过去和现在的跨文化交际课程的内容和方法。其次,我们可以考察我国出版的跨文化交际教材的内容。最后,我们就中国和美国的跨文化交际教学作一对比,得出几点结论性的看法。

1. 美国跨文化交际教学的沿革

1984年Steven Beebe 和Thompson Biggers 在美国大学中就跨文化交际开课情况作过一次调查,在他们所调查的138所美国大学和学院中,17.8%已经开设一门跨文化交际课程,18.1%的学校表示在不久的将来他们将开设这门课程。通常这门课作为选修课开设在三年级,课程内容按重要程度排列如下:

(1) Cultural differences and effects on communication
(2) Cultural similarities and differences between ethnic groups and cultures
(3) Intercultural contacts and contexts
(4) Language and culture, bilingualism and translation problems
(5) Specific cultural patterns and effects on intercultural communication
(6) Nonverbal communication
(7) Formation of in and out groups and ethnocentrism
(8) Culture shock and cultural adaptation
(9) Ethnic groups, subcultures and racial groups

（10）Subjective cultural theory

（11）Racial，ethnic and national stereotypes

（12）Theories of assimilation

使用的教材主要是Samovar与Porter合编的Intercultural Communication：A Reader（占40.9%）和Condon与Yousef合著的An Introduction to Intercultural Communication（占22.7%）。教学方法按采用多寡排列如下：

（1）讲课　　　　　（6）小组报告

（2）小组讨论　　　（7）角色扮演

（3）个案研究、学生报告　（8）实地调查

（4）客座教师演讲　　（9）录像及其他

（5）电影

调查显示，美国大学中使用社会互动的路子（social interaction approach）最多，所谓社会互动指的是通过研究文化差异对于交际产生何种影响以提高跨文化交际能力。（Beebe & Biggers，1984）

美国大学中使用最广的跨文化交际教材是Samovar与Porter合编的Intercultural Communication：A Reader。分析一下这本教材的内容可以帮助我们了解美国跨文化交际课程的主要教学内容。此书1972年初版，此后每隔几年就修订一次，2005年出版了第10版。每次再版编者都更新一部分内容，新的文章通常占1/3或更多。我们手头的第5版出版于1988年，第10版出版于2005年。第5版的4个部分是：

（1）Intercultural communication: an introduction

（2）Socio-cultural backgrounds: what we bring to intercultural communication

（3）Intercultural interaction: taking part in intercultural communication

（4）Intercultural communication: becoming more effective

第10版的4个部分是：

（1）Intercultural interaction: an introduction

（2）Sociocultural backgrounds: what we bring to intercultural communication

（3）Intercultural interaction: taking part in intercultural communication

（4）Intercultural communication: seeking improvement

尽管这两个版本相隔17年，但我们可以看出书的基本格局没有变化，仍然分为4个部分，而且这4个部分的基本内容没有改变，只是有些说法稍作了一些变动。第1部分着重介绍跨文化交际之所以必要以及文化和交际的基本概

念；第2部分主要讨论各种文化分歧，包括国与国之间的文化差异、种族之间的文化差异等；第3部分着重跨文化交际的过程，包括语言交际、非语言交际、管理、教育、医疗等；第4部分讨论如何提高跨文化交际的认识和本领。在第5版中cultural contexts（指管理、教育、医疗等）属于第2部分，但在第10版中改放在了第3部分。这样处理似乎更合理一些。如将课本内容细分，大致包括如下的各个方面：

（1）Introduction to intercultural communication

（2）Basic concepts of culture and communication

（3）International cultural differences and their effects on communication

（4）Domestic cultural differences and their effects on communication
(including Afro-Americans, the disabled, gay people, women, the elderly, etc.)

（5）Intercultural interaction: verbal processes

（6）Nonverbal interaction: action, sound and silence

（7）Cultural contexts: the influence of the settings
(including business, group, health, education, etc.)

（8）Improving intercultural competence

（9）Ethical considerations for future intercultural communication

从Samovar 和 Porter的读本内容来看，美国跨文化交际教学的基本内容是稳定的，框架和主要部分并没有大的变化，具体内容则随着时代的发展不断作调整，加进新的内容。例如，亚文化的范围不断有所扩大，从包括黑人文化到包括同性恋以及残疾人文化等。跨国文化差异从美日文化对比扩大到美国–墨西哥文化的对比、美国–伊斯兰国家文化的对比等等。

如果说Samovar 和Porter的读本在理论框架和主要内容方面十几年来没有本质的变化，在实际教学中却并不是这样的情况。我们查看美国大学今天开设跨文化交际课程的内容，就会发现近年来不少大学在课程内容方面作了许多革新。

这里不妨对加州大学圣芭芭拉分校（University of California —St Barbara）的一份跨文化交际课教学大纲作一研究。课程的名称是Intercultural Communication，课程的主要内容包括：

（1）Cultural values I

（2）Cultural values II

（3）Nonverbal communication

（4）Uncertainty reduction

（5）Intercultural relationships

（6）Social identity

（7）Prejudice and discrimination

（8）Collective guilt

（9）Language and social identity

（10）Language planning

（11）Intercultural relation in the media

（12）Assimilation and pluralism

（13）Genocide

大纲说明这门课拟从3个不同角度研讨跨文化交际，即价值观、社会身份和权力。

（1）~（5）项主要是讨论价值观和行为规则方面的文化差异，这一理论的依据是如果充分了解不同文化之间的差异，那么由于文化差异而产生的冲突就会减少或消失；（6）~（9）项是从社会身份分析跨文化交际，这一理论的依据是对于社会身份是否处置得当会影响我们跨文化交际能否顺利进行；（10）~（13）项是从权力的角度讨论跨文化交际，它的理论依据是跨文化冲突是否出现根本原因是双方在政治和经济权力方面的不同处境，这里涉及强势语言与弱势语言、舆论导向、种族关系、多元文化等问题。

另一份教学大纲来自加州大学伯克莱分校（University of California — Berkeley），课程的名称是The dialogue of diversity: deciphering the cues and codes of intercultural communication，教学内容包括：

（1）Introduction

（2）Basics of intercultural communication

（3）Basics of intercultural communication: verbal and nonverbal codes

（4）Cultural identity development

（5）Influences on priority of cultural identity

（6）Diversity of worldviews

（7）Differences in use of power, leadership

（8）Simulation of values and beliefs influence on use of personal power

（9）Difference in power and control, power distribution

（10）Cultural differences in the management and resolution of conflict

（11）Intercultural conflict management

（12）Facilitating resolution of intercultural conflict

（13）"Consumer choice": personal challenges of intercultural communication

（14）Intercultural communication competence

从这两份大纲可以看出跨文化交际课程比起20年前有了不小的变化。课程的内容由于社会的变化和学科的发展而变得更加丰富。除了我们熟悉的以往教学中所涵盖的内容之外，文化（社会）身份、权力与交际的关系以及跨文化冲突的解决是新增加的部分。有的内容（如collective guilt，genocide，assimilation and pluralism，difference in power and control，power distribution等）是涉及美国国内民族关系的热点。所谓身份（identity）包括文化身份（cultural identity），关系身份（relational identity）和个人身份（personal identity）。文化身份可以涉及国籍、民族、地区、性别、性取向、年龄段、职业、政治倾向、各种社会团体（具有相同嗜好或共同经历的团体）甚至涉及暴力、吸毒等非法活动的团体等（Imahori & Cupach, 2005：197）。关系身份包括父子、母子、夫妻、好友等关系。而个人身份则是指与其他人相比较而存在的个人的特点。（Ting-Toomey, 2005：212）有的学者认为，跨文化交际是一个身份协商的过程，对于自己和对方的身份保持敏感的态度，采取不同的策略，不断协调双方的身份关系才能使跨文化交际取得成功，因此身份在跨文化交际研究中是一个十分重要的题目。

2. 我国跨文化交际课程的主要教学内容

我国国内大学开设跨文化交际课程的院校虽然已经为数不少，但是由于没有统一的教学大纲，因此教学内容基本上由任课教师自己决定。国内近年来出版了多种跨文化交际教材，从教材的内容大致可以看出国内教学的主要内容。国内出版的适合本科使用的跨文化交际教材目前收集到的主要有6种[①]，即：

（1）林大津：《跨文化交际研究：与英美人交往指南》，福建人民出版社，1996年（简称林著）

（2）胡文仲：《跨文化交际学概论》，外语教学与研究出版社，1999年（简称胡著）

（3）唐德根：《跨文化交际学》，中南工业大学出版社，2000年（简称唐著）

（4）Linell Davis：《中西文化之鉴》，外语教学与研究出版社，2001年（简称Davis著）

（5）许力生主编：《跨文化交流入门》，浙江大学出版社，2004年（简称许编）

（6）杜瑞清等编：《跨文化交际学选读》，西安交通大学出版社，2004年（简称杜编）

这里列表说明上面几种教材有专门章节论述的教学项目：

教材 项目有无	林著	胡著	唐著	Davis著	许编	杜编
Introduction to intercultural communication	√	√	√	√	√	√
Culture	√	√	√	√	√	√
Communication		√	√			
Verbal process	√	√	√	√		√
Nonverbal process	√	√	√	√		√
Social organization	√	√				
Pragmatic rules			√	√		
Cultural identity					√	
Generation gap					√	
Gender difference					√	
Management		√		√		√
Values and beliefs	√	√	√	√		√
Intercultural perception			√		√	√
Improving intercultural competence	√	√		√		√
Training		√			√	

从上表中可以看出以下几项是一半以上的教材作者认为应该教授的内容：

（1）Introduction to intercultural communication

（2）Culture

（3）Communication

（4）Verbal process

（5）Nonverbal process

（6）Social organization

（7）Management

（8）Intercultural perception

（9）Values and beliefs

（10）Improving intercultural competence

从这里可以看出，国内教师对于跨文化交际课程应该教些什么内容是有共识的，虽有一些差异，但基本上趋于一致。只有少数教材论及文化身份、跨代交际、跨性别交际。

3. 中美跨文化交际课程教学内容比较

综合以上各种情况和数据，我们可以得出以下几点看法：

（1）我国大学与美国大学跨文化交际课程教学内容的主要部分是相同的。但我国的教师对于语言与文化的关系以及语用方面的问题比较关注，而美国跨文化交际教材中对此较少注意。这可能与我国跨文化交际课程主要是由外语教师开设有关。

（2）美国教师除了关注国与国之间的文化差异对于交际的影响之外，还关注国内不同民族间的文化差异以及不同性别、不同年龄段、不同性取向的人群之间的文化差异对于交际的影响。我国跨文化交际课程主要涉及国与国之间文化差异对于交际的影响，例如，讨论中美文化差异、中日文化差异、中英文化差异对于交际的影响等。对于跨种族交际、跨性别交际、跨代交际开始注意，例如，许力生主编的教材中对于不同性别和年龄段的人群之间的交际展开了讨论，但其他教材涉及这些内容的较少[②]。

（3）美国传统的跨文化交际课程内容一直比较稳定，但近年来由于跨文化交际理论研究的发展，课程中也引进了一些新的内容，例如文化（或社会）身份对于交际的影响，权力对于交际的影响等等。目前我国学者对于文化身份和权力与交际的关系还没有给予很多注意，只有杜瑞清等编的教材有文化身份这方面的内容。

4. 关于跨文化交际课程的教学方法

至于教学方法，从实际教学和目前国内出版的跨文化交际教材可以看出，讲课仍是主要方式，但讲课只能传授知识，对于跨文化交际能力的提高并不一定十分有效。一些教材使用了个案研究讨论（case study）的方法。这种方法强调学生的参与，可以引起他们的思考和讨论，能够有效地提高他们的跨文化敏感和跨文化意识。例如，Linell Davis编著的教材第4章提供了一个比较典型的请吃饭的例子，先是一对中国夫妇邀请一对美国夫妇吃饭，之后是这对美国夫妇回请，环绕吃饭的习俗和文化内涵自然都十分不同。Davis在介绍了这一典型事例之后提出了6个讨论题交由学生讨论（2001：72—73）：

（1）How are differences in objective culture, in this case food culture, contributing to the communication difficulties?

（2）How do Chinese understandings of the host guest relationships influence how Liu and Yang entertained Janice and George?

（3）How are George and Janice relying on words to make friends with Liu and Yang?

（4）Can you answer Janice's question?

（5）In a role play in class explain the cross cultural problems to each couple. For instance, explain to Janice and George what Liu and Yang will eat in the days after the dinner party. Try to explain to Janice and George why Liu Lingling and Yang Feng paid attention to their household appliances and asked how much they cost.

（6）What advice can you give to both couples to help them further their friendship?

许力生主编的《跨文化交流入门》自始至终贯彻了互动的教学原则，使用了大量的个案和实例。全书总计使用44个实例，使得这部教材变得生动活泼，切实可用。这里举出一个书中的实例（许力生，2004：87—88）：

In London's Heathrow Airport, airport staff who ate in the employees' cafeteria complained about rudeness by cafeteria employees from India and Pakistan who had been hired for jobs traditionally held by British women. And the Asian women complained of discrimination. A communication expert was asked to tape talk on the job to see what was going on, and then he had Asian and British employees listen to the tape together.

When a customer coming through the cafeteria line requested meat, the server had to find out if he wanted gravy on it. The British women asked, "Gravy?" The Asian women also said "Gravy". But instead of rising, their intonation fell at the end. During the workshop session, the Asian women said they couldn't see why they were getting negative reactions, since they were saying the same thing as the British women. But the British women pointed out that although they were saying the same word, they weren't saying the same thing. "Gravy?"—with question intonation—means "Would you like gravy?" The same word spoken with falling intonation seems to mean, "This is gravy. Take it or leave it."

Questions：

1. British novelist E.M. Foster put it in his well-known novel A Passage to

India, "A pause in the wrong place, an intonation misunderstood, and a whole conversation went awry." What do you think of it?

2. Have you ever had any similar experiences communicating with others?

在教师讲课之后，在课堂上组织学生讨论这些问题有利于训练学生从不同角度考虑问题，对跨文化交际中的困难作出合理的分析。这对于提高学生的跨文化交际敏感和认识都是很有益处的。毫无疑问，个案讨论是较好的教学方法，但是，一个实际的困难是本科教学通常都是上大课的方式，学生人数很多，在全班组织活动有时不易做到。克服这一困难的办法是在班上组织小组活动，学生在小组讨论中发表各自的看法，相互切磋，从而提高跨文化交际的能力和敏感。教师可以参考Richard Brislin在Intercultural Interactions: A Practical Guide一书中的做法，对于几种可能逐一分析和解释，最后得出一个比较合理的选择（Brislin et al., 1986）。

除了个案分析和讨论之外，还可以使用包含文化冲突和跨文化交际内容的电影，例如《喜福会》、《推手》、《刮痧》等。这些电影将中西文化的深层冲突以艺术的形象表现出来，为学生展开讨论提供了丰富的素材。可以组织学生先看整部电影，然后将电影分成几个部分，教师就每个部分提出一些思考题，让学生先在小组内讨论，之后小组代表在全班发言，最后由教师作总结。

注释

① 贾玉新著《跨文化交际学》、林大津、谢朝群著《跨文化交际学：理论与实践》、胡超著《跨文化交际：E—时代的范式与能力的构建》更适于作研究生教材，故而未列在内。此外，还有窦卫霖编著、主要供英语专业商务英语方向本科生使用的《跨文化商务交际》。

② 近年来我国学术期刊上开始出现有关跨民族交际的文章，例如，丁丽岩，民族文化差异与当代外语教学，《佳木斯大学社会科学学报》2002年第1期；潘其旭，壮族词序顺行结构的A＋B型思维模式与汉族词序逆行结构的B＋A型思维模式的比较研究，《广西民族研究》，2002年第2期；张梅，少数民族学生汉语词语理解障碍分析及对策，《语言与翻译》2002年第3期。谭厚峰，侗族语言文化与翻译浅谈，《贵州民族学院学报》2002年第5期。

本文原载于《中国外语》，2006年11月第3卷第6期。

论专门用途英语的属性与对应教学法

汕头大学 刘法公

1. 专门用途英语的属性

专门用途英语，简称ESP，是指与某种特定职业、学科或目的相关的英语。它有两个明显的特点：一是学习者有明确的学习目的，即由于特定行业的需要，学习者需要达到在某些学科内使用英语的能力。二是有特殊的内容，即专门化的内容。据报道，当今英语世界的文字交流有80%是以专门用途英语为媒介的。

专门用途英语有独特的词汇、句法和结构模式，与基础英语有很大区别。专门用途英语也是一门语言，其教学不仅包含英语语言技能的训练，而且有明显的专业内涵，是语言技能训练与专业知识学习的结合。专门用途英语中，表现实质内容的语料载体随不同的专业学科方向而变化，使学习者学与用的联系更紧密。专门用途英语的学习者在学习各专业，如财经、商贸、医学、机械等方面的专业词汇、常用句式和文体风格的同时，也必定熟悉这些行业的内在知识体系，获得一举两得的效果。从语言学的角度来说，专门用途英语依然是英语，是英语在不同专业范围的语言变体。我们不妨把专门用途英语视为共核的通用英语的变体。应用于不同专业的专门用途英语由于属同一语言体系，各学科专门用途英语的差别仅在于某些语法项目、词语的意义和出现率以及句法结构等方面。

语言学界对ESP的研究至今已有40年的历史。ESP研究初期的一种普遍观点认为，不同专业内容的语言材料具有不同的语言特点和表达方式。寻找特殊英语环境下的英语特点，并将这些特点用于英语教学的一些普遍认识，构成了专门用途英语研究的理论基础。

2. 专门用途英语的教学理论

ESP教学理论与一般英语教学理论不同，英国学者Pauline Robinson的观点也许更能概括这种不同："语言本身的教学并不是ESP的终结，而利用语言实现一个确定的目标才是ESP的真正目的。"（English for Specific Purposes，1980：6）Robinson的这一观点是西方ESP教学理论的中心。根据ESP教学理论，英语学习不再仅仅是通过记忆几个英语单词、短语，几条语法规则来进行，而是通过解读某篇专业英语文章来了解一种思想、一项技术、一种知识。学习者在解读英语语篇的同时，自然也就学习了专门用途英语。ESP教学过程就在于分析和说明语篇作者如何利用语言实现一个确定的目的。ESP教学的这一要求和含义显然与普通英语的教学要求差异很大。

由于专门用途英语受语域的制约程度很高，教师的ESP教学重点是对语言的语境及语域进行分析。语境是指语篇的整个社会文化背景，它决定了作者的写作目的。语域是指文章所产生的具体环境，其中包括"主题范围（field）、人际关系、语言渠道（mode）"三个因素。从语域与语境分析入手，达到引导学生掌握语言，运用语言的教学目的。这就是ESP教学的主要内容。

我国专门用途英语的教学与研究起步较晚，但发展却很快。这是因为，目前我国各行各业急需既有扎实的英语基本功，又熟练掌握从事实际工作所需要的行业英语，还通晓特定行业一般知识的复合型人才。教育心理学的研究认为，学习者因工作的需要，会产生不同的学习兴趣。专门用途英语与实际社会工作密切相关，必然对学习者的学习动机和学习效果产生重要的影响。专门用途英语的兴旺正是建立在社会对使用英语的高需求、语言学理论的发展和教育心理学的研究这三个基础之上的。由于专门用途英语的教学对象、教学内容、教学目的等方面的不同，专门用途英语教学需要自成体系的独特的教学法。

3. 专门用途英语教学需要特殊的方法

以专门用途英语为对象的教学理论和课堂教学方法与普通英语教学有明显不同。普通英语教学讲解英语语言的普遍现象，训练学生的基础语言技能，帮助学生认识并掌握英语语言的普遍性。专门用途英语教学则采用以学生为中心的教学方法，从语义、语法、语用、修辞和语篇等角度，探讨和分析英语各种功能语体的特殊性和规律性。专门用途英语的教学任务是要解决学生在英语学习的基础阶段没有掌握或尚未完全掌握的专门语体内英语知识和技能问题，帮助学生逐步具备以英语为媒体进行某专业学科交流的能力。

值得注意的是，专门用途英语不同于用英语讲授的专业课，两者的课程属性不同。用英语讲的专业课，就课程性质而言，属于专业课的范畴。它讲授的是某一专业的完整而系统的理论，以传播专业知识为目的，英语只是一种语言媒介。而专门用途英语的教学重点在语言特点和规律，是语言课，以传授与某专业有关的英语语言知识和技能为目的，而并不过深、过细地探究某专业的系统知识。因此，专门用途英语教学必须运用与普通英语和专业英语教学不同的教学法才能完成教学任务，达到教学目的。

4. 国内外使用过的一些ESP教学法概览

目前国内"商务英语"、"国际营销英语"、"科技英语"、"计算机英语"、"法律英语"等专门用途英语课程大多采用的是"语法-翻译"教学法，取得了不少成绩。专门用途英语的"语法-翻译"教学法是套用了专业外语教学中长期使用的方法。其基本模式是：分析专门用途英语中某些句子的语法现象；比较单词或短语的用法；逐句翻译成汉语以解句义。"语法-翻译"教学法解决了学习者初涉专门用途英语时所遇到的/既看不懂也记不住的难题。但是，"语法-翻译"教学法使课堂缺少双向交流的机会，教师独立地讲，学生被动地听。学生最终学到的是"哑巴"英语，致使他们无法用英语完成与其工作相关的交流。这种教学法难以帮助学生逐步具备以英语为媒体进行某专业学科交流的能力，因此，"语法-翻译"教学法不断受到英语教学界的排斥。国外英语教学的实践和研究在ESP教学方面探讨过许多教学方法，值得我们研究和借鉴的主要有以下两种：

（1）语域分析教学法（Register Analysis）

语域分析教学法的理论基础是：在不同的社会环境中，英语的语法、词汇和格式等方面都会有独特的特点。语域能决定语言环境和语言内涵。围绕专门用途英语的语域展开分析，教师就可引导学生认知专门用途英语的一些规律。语域分析教学法的教学依据是：语域决定语义。弄清语域并对其加以分析是探讨ESP表达规律的有效方法。语域分析教学法是建立在传统语法基础上的教学法，在英语教学中已有很长的应用历史，但也暴露出许多局限性。该教学法依然不能帮助学生具备用专门用途英语交际的能力。

（2）语篇分析教学法（Discourse Analysis）

为了克服语域分析法在教学中的局限性，ESP教学界又采纳了语篇分析法。如果说语域分析的研究中心是在句子层内，重点是语法，那么语篇分析教学法则是把注意力转向句子层外，研究句子怎样构成语篇，从而产生意义。语篇的组织模式和表现这些模式的语言手段是语篇分析的重点。例如：

The most successful manufacturers make it their business to understand consumer psychology—how to use design, both in marketing and production, to make their products "speak" to the consumer.

上句的语篇前后呼应，how to use design, both in marketing and production, to make their products "speak" to the consumer "构成" to understand consumer psychology的同位语（最成功的制造商以了解消费者心理为己任，即，在营销和生产中如何用设计使其产品向消费者"表达情感"。）"产品"（products）表现出拟人化的动作，引申为"表达情感"。语篇分析教学法不断使学生脱离句子的层面，把语言分析的目光扩大到语篇，实现联系上下文确定语义的目标。学生在课堂上参与分析的空间扩大了，教师开始转向更多地与学生进行课堂交流和探讨。

5. 适应中国学生的专门用途英语教学法

以上探讨的几种国外流行的专门用途英语教学法，需要教师和学生有长期置身于英语语言环境的生活和学习经历，需要教师有很强的语言分析能力，更需要学生有敏感的语言观察和辨析能力。然而，我们发现，在非英语环境下成长起来的中国大学生英语交流技能比较薄弱，他们难以适用国外现行的几种专门用途英语教学法，也不可能借此方法学习和掌握好专门用途英语。在中国向中国学生讲授专门用途英语，我们必须采用与中国学生的基础英语能力、英语学习背景相适应的教学法，即因材施教。

在几年的"国际营销英语"、"外贸英语"、"国际商务英语"这三门专门用途英语课程的教学中，我们总结出一种比较有效的方法，即"对比教学法"。有比较才能有鉴别，我们在教学中不断引导学生对专门用途英语中的词汇、术语、句子、文体进行语义比较，如：同样一个词，在基础英语中，其词义如何，而在外贸英语中该词的词义有什么变化，其中的规律是什么。通过比较、辨析，我们引导学生找出专门用途英语在词汇、语义、句法、文体等方面的特殊性。

"对比教学法"主导下的专门用途英语教学课堂始终处于教师与学生双向交流的气氛之中，课堂发言活跃，教师处于总导演的角色，学生的专门用途英语交际能力得到了有效锻炼。例如，《商务英语》课堂上，讲到国际包装中的"指示标志"（indicative mark）和"警示标志"（warning marks）时，教师要求学生根据自己平时生活中看到的各种包装标志，用英文举例子。"umbrella"是学生们喊出的第一个字；"For what?"教师问，"How to say '防湿的' in English？"学生们七嘴八舌，各种说法都有，这时教师说出"Keep Dry"这一专业术语，进而将其与普通英语"protect against dampness"作比较，效果甚佳。专门用途英语"对比教学法"主要包括五个方面：

（1）词义比较

在专门用途英语对比教学中，教师应根据专门用途英语教材中所出现的一些典型词语引导学生进行词义比较，如反义词比较。引导学生说出某些词的反义词，比较每对词的构成。99级的两个英语专业班的《商务英语》教学实践证明，教师要求学生比较反义词，学生兴趣高，基本上都能当堂记住以下八对生僻的反义词，请看：

基本词	反义词	基本词	反义词
1. drawer	drawee	5. remitting bank	collecting bank
2. matured	unmatured	6. endorse	rendorsee
3. soft currency	hard currency	7. revocable	irrevocable
4. debt	loan	8. proceeds	expense

国际营销英语中许多貌似简单的词语，却有着很强的专业内涵，很容易误导学生望文生义。教学中我们把这类词选出来，用对比法进行分析，同样取得了很好的效果。学生既温习了词语的旧义，也牢记了词语的专业内涵，例如：

sales force —— 销售人员；　　product recall —— 产品回收
front money —— 预付金；　　factor —— 代理商
credit sale —— 赊销；　　physical income —— 自然收入
value date —— 起息日；　　open check —— 无记名支票

认识英语词汇的专业含义是学生在专门用途英语学习过程中的重要任务，也是理解专业英语语篇的基础。教师引导学生将这类英语词在普通英语和专业英语中的不同释义进行比较，使学生温故而知新，兴味盎然地进入专门用途英语词汇的新天地，将头脑中已有的英语词向专业词义扩展。实践证明，这样的词汇比较训练十分有效，在课堂小考中，学生们词汇辨析题中的正确率保持在90%以上。

（2）搭配辨析

以英语为外语的学习者，往往感到难以掌握英语的词语搭配。英语的词语搭配辨析是专门用途英语学生学习的重点，也是我们课堂教学的中心。专门用途英语中固定搭配很多，且有独特的规律。教学中，教师时刻引导学生注意固定搭配，比较词语的专业性，并随时进行口头翻译练习，如：

Sustain loss（蒙受损失）；effect insurance（投保）；black figure（盈利）（因为黑色和红色同是计帐所用的墨水颜色，故得名）；

government procurement（政府采买）；gray market（半黑市）；duck down（鸭绒）；fair quality（中等品质）

教师将这些词语的构成进行分析，指出"sustain, effect, black, gray, down, fair"这些普通词与其它词搭配后所出现的词义变化。搭配决定着词义，是我们比较教学法经常讲解的原理。学生在课堂上由教师引导进行搭配替换比较训练，也是行之有效的手段。经过一段时间的训练后，学生的英语搭配辨析意识普遍提高，如，将sustain loss换成suffer loss, have loss, undergo loss；将effect insurance换成procure insurance, buy insurance, obtain insurance等，学生都能说出其中的差异。词语搭配比较训练可以使学生领悟到专门用途英语中词语搭配的独特性。这种独特性决定了学生必须单独学习，单独记忆一些术语，而不能根据普通英语的习惯用法来搭配专业英语，试比较：

术语举例	普通英语表达法	营销英语表达法
1. 停销商品：	to stop selling the goods	to demarket the goods
2. 公司的产品：	the firm's products	the firm's offering
3. 平衡需求：	to balance demand	to spread demand
4. 卖方责任：	seller's responsibility	seller's liability

（3）突出专业词语构词法

学习专门用途英语中的专业词语构词法是课堂教学的另一重要任务。掌握了专业词语构词法也就等于拿到了扩大词汇量的钥匙。我们运用对比教学的方法有效地帮助学生牢记住一些新生构词，例如，我们归纳出一些新构成的形容词主要来自于定语从句、介词短语时，就做过以下的比较：

A. domestically-produced goods来自于goods that are produced domestically

B. low-interest loans来自于loans with low interest

C. fixed-capital input来自于input of fixed capital

D. U.S.-controlled market来自于market that is controlled by U.S.

经过这样的构词比较分析，学生们能够很快地运用其中的规律正确构词，如：

（1）program for seeking profits →profit-seeking program

（2）computers that are produced locally→locally-produced computers
（3）goods that are made in foreign countries→foreign-made goods
（4）image of lower status→lower-status image
（5）production that is based on resources→resource-based production

教师多鼓励学生按专门用途英语的一些规律派生新词，可以使其迅速扩大词汇量。以对比教学法为主导的专门用途英语课堂始终是教师启发、学生参与，教师举一、学生反三。教师指出profit-motivated的构成形式，学生就应能够派生出money-motivated；house-motivated；power-motivated；love-motivated；emotion-motivated这样的词。一个学期的训练之后，我们发现学生们的构词能力大大提高，词汇量明显扩大。这样的练习既锻炼了学生的构词能力，也促进了他们英语口语表达能力的提高。

（4）课堂案例分析，理论与实践相结合

在外贸英语、商贸英语、营销英语、金融英语、法律英语等科目的教学中，教师应当穿插一些案例分析，使学生对相关的理论知识有较充分的理解。这类案例一般取材于各种英文报刊中的纪实报道，具有较强的真实性，能够不断激发学生的学习兴趣。例如，商务英语课堂上，在讲到"Manufacturers and distributors sometimes buy abroad technologies which are not readily available within their home countries."这件事时，教师可以要求学生提供这方面的案例，若学生们感到为难，教师及时提示，"In the 1980's, when China still couldn't produce color TV sets and refrigerators, manufacturers bought abroad the technologies."学生可以接着这个话题讲下去，也可以每人一句接力讲下去。课堂气氛十分活跃、轻松。

教师在课堂上用专门用途英语启发学生，用实例讲解理论，使整个课堂处于活跃的气氛中，使学生有较多的机会讲英语。这种教学方法既灵活又细致，既促进了专业知识的理解，更强化了英语技能的训练，是专门用途英语教学的比较有效的方法。这种教学方法已使我校英语专业98级的学生普遍受益，值得推广。

6. 结束语

澄清专门用途英语的属性，有利于人们区分专门用途英语和普通英语。认识专门用途英语的教学理论，有助于广大英语教师确立教学目标并采取对应的教学方法，也有助于英语学生顺应特定的ESP教学方法积极主动地完成学习目标。专门用途英语本身依然是英语。它的存在是社会各行业使用英语在语法、文体、用词和结构上存在差异造成的。研究ESP，就是深入研究英语使用的行业差异。ESP的教学法国外已有多种，国内也有数种，但大多不适应中国的ESP教学，因为这些方法只考虑到教学过程而未顾及中国英语背景下成长起来的ESP教学对象的接受能力。ESP教学需要根据教学对象的英语状况来取用教学法。本文介绍的"ESP对比教学法"，是我们ESP教学实践的结果，还需要到ESP教学实践中去进一步检验，以达到完善。中国外向型经济的发展和加入WTO的事实急需我国高校培养大量适应现实工作的专门用途英语人才，愿我们共同努力满足中国专门用途英语人才的需求。

本文原载于《外语与外语教学》，2001年第12期总第153期。

试论立体式教材与立体式教学方法

上海外国语大学 陈坚林

目前,在外语教学领域,一谈起教材,就会有立体式教材的提法。在各种教材的介绍中似乎都会出现这个新名词,好像不说"立体式",教材就会逊色不少。然而,人们对这种提法的含义却缺乏深究。本文试图抛砖引玉,对何谓立体式教材作些探究。为便于阐述,本文将从立体式教材概念入手,力求理清立体式教材的来龙去脉,在此基础上探讨立体式教学方法的实施要素,并对提高教师的"信息-教学"素养提出建议。

1. 立体式教材

究竟什么是立体式教材?至今未有一个权威、完整的定义。最初,人们提出立体式教材的概念,大多基于自己教材的个体特点总结而成,或多或少地囿于自己的视角局限。因此,要对立体式教材有个较为正确、全面的定义,我们还得从对立体式教材的理解说起。

一般说来,对现有立体式教材的理解有三种(陈坚林,2005、2006):第一种是形式理解。20世纪80年代,外语教学大多使用的是纸质平面教材,内容呈现以文字、图片、声音居多,其载体多为纸张和磁带。到了90年代,随着信息技术日新月异的发展,平面纸质教材开始配有音视频光盘,于是就有了立体式教材的说法,其主要表现形式为文字、图片、声音、图像。第二种是物理概念理解。文字、图片、声音、图像只是立体式教材的表现形式,而教材的立体概念应体现于承载这些内容的物理载体上,所以教材是否"立体"应看其是否由纸质课本、录音磁带、录像带和光盘组成。如果一套教材具有这些物理概念上的载体,那就是立体式教材。第三种是理论内涵理解。从理论上讲(陈坚林,2010;Nunan,2009),任何教学都有其相应的理论内涵和方法应用,外语教学也不例外。教材作为教学的主要工具当然也会与一定的理论和方法相关。因此,传统的外语教材体现教学理论和教学方法,而立体式教材因其有音视频多种媒体的参与不仅是理论和方法的体现,更是技术优势的全面再现。上述三种理解只是对立体式教材的一般认识,而远非立体式教材的确切定义。

随着对立体式教材的认识和编写水平的提高,我们对何谓立体式教材概念的阐释也日趋理性而成熟。笔者通过对各种概念的梳理总结出几条要素,认为对当前立体式教材的内在含义进行界定时应考虑如下因素：

首先，立体式教材是一种教育观的反映，是对中国几十年来的外语教学，尤其是外语教材建设的一种更迭与创新。回顾人类千年的教育史，从教学的角度看，大致有三种教育观（张景焕，2000；戴炜栋，2006）：①启发引导式教育观，主要代表人物有苏格拉底和孔子。苏氏认为教育是引导学生认识发展自己的智慧，进而吸收人类文化遗产。孔子则认为教育是启发学生领悟事理，进而学到治国治事的本领，这种教育观下的教师作用，自然是主导教学。②传递式教育观。主要代表人物是培根和董仲舒。培根认为"知识就是力量"，掌握自然科学的法则是改善人类世界的必由之路，所以教育主要应传递研究自然的经验。董仲舒认为人类知识的精华已包含于孔子等诸多大家的著作之中，所以教育只要传递前人总结出的知识精华就行。在这种教育观之下的教师作用，是知识的传递者。③发展式教育观，也可以说是人本主义的教育观。它认为教育应使学生得到自我发展，所以学生是主动的创造者，而不是被控制的接受者，教师的作用主要是给学生创造一种合适的教育环境，既非主导也非传递。这种教育观的代表人物有皮亚杰、罗杰斯、陶行知等。三种教育观的发生、发展虽不相同，却一直共存，人们各取所需，各尽所能。当代则倾向于发展式教育观，而把启发、传递作为发展的手段。正如《国家中长期教育改革与发展规划纲要（以下简称"纲要"）所指出的那样："教育要促进每个学生主动地、生动活泼地发展。树立科学的教育质量观，把促进人的全面发展，适应社会需要作为衡量教育质量的根本标准。"立体式教材也正是这三种教育观的综合体现。从立体式教材的特点来看，教材因技术的参与使教育的启发和传递功能更加直观、强化，以达较高的教学效果与目标。与平面单一的纸质教材相比，立体式教材体现了综合、全面的教育观，注重学习者的全面发展和成长。

其次，立体式教材是一种媒介的转换，更是教材发展范式的转变。立体式教材是从传统教材（纸质图书）到音像、电子以及计算机网络系统的多媒体、多模态的存储和呈现介质的转移和融合（陈坚林，2010：186）。从理论上讲，传统教材体现的是教学理论与教学方法，而立体式教材体现的是理论、方法与技术。可以说立体式教材最大的特点就是有了技术的参与。这里的技术既是指信息技术又是指教育技术。信息技术主要与多种媒体有关，强调的是信息的储存与呈现，是传送和接受的通道，即通过多种媒体（电脑、音视频传送器、网络等）传送和接受各种信息，而且通过现代信息技术（人工智能技术、数字化技术、网络技术）使电脑等媒体具有高度拟人拟物的功能，达到信息传送快捷、信息储存海量、信息呈现逼真、信息覆盖面极广的效果。教育技术，相较于信息技术，是关于教学资源和教学过程的技术。根据美国教育传播和技术协会1994年给出的定义："教育技术是关于学习资源和学习过程的设计、开发、利用、管理和评价的理论和实践。"根据这一定义，教育技术既是教学资源的支撑技术，又是教学过程的支撑技术。同时，教育技术的研究形态是理论和实践，研究任务是设计、开发、利用、管理与评价，研究对象是学习资源和学习过程。如图1所示。

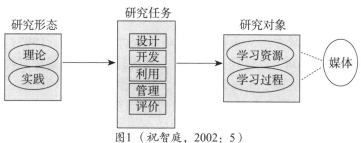

图1（祝智庭，2002：5）

因此，教师在利用立体式教材时，不仅仅是按部就班地讲课，而应该有对教材进行重新设计、开发、利用、管理与评价的任务。这才是教育技术在教材中得到体现的关键所在。这些媒介转换与技术的运用，最终必定要落实到教材形式的改变上来，从而促使立体式教材的产生。可以说，介质的转换和技术的运用是立体式教材本身形态完成的重要标志。

第三，立体式教材体现了一种先进的教学方法，是对几十年来"课本+粉笔"式的陈旧教学方法的扬弃。以教师为中心在课堂上侃侃论道式的方式不再适合今日外语教学之要求。教师主宰课堂也已不能满足学生的知识吸收和知识构建能力培养的需求（王守仁，2009；陈坚林，2010）。《纲要》指出"强化信息技术应用。提高教师应用信息技术水平，更新教学观念，改进教学方法，提高教学效果。鼓励学生利用信息手段主动学习、自主学习，增强运用信息技术分析解决问题的能力。"因此，立体式教材的产生自然会促进教学方法的改变，而这种改变必须以发展式教育为基点，把学生的全面发展放在首位，以达到培养学生的创新能力与完善教学效果的目标。由此，各种配合立体式教材形式、以适应学生的主动构建知识与自主学习的新型模式、教学形式、教学方法、教学设备和教育技术不断涌现（陈坚林，2010：83）。

基于上述分析，笔者认为，立体式教材应该是一种基于现代教育技术理论和信息技术实践的新型、动态的教材系统，也是一种体现教学理论、方法与技术的新型教材。它的主要特点在于：①以多媒体、多模态、多介质方式来存储和呈现教学资源；②以一体化、系统化策略来设计教学内容；③以多元化、互动式方法来实现教学过程。最终目标是形成教学能力，完成教学任务。

立体式教材的这些特点要在教学上得以充分的实现，就应该实施立体式的教学方法。那么，何谓立体式教学方法？笔者认为，应该从立体式教材的上述特点来加以考察。

2. 立体式教学方法

关于立体式教学方法，学界已有过不少探讨（应云天，1997；张正东，1999；徐明成，2008；龚春燕，2010），概括起来大致有这样三种观点：①立体式教学就是全方位、多极化的教学，既要注重外语各项技能（听说读写译）的综合训练，又要注重师生间互动、学生间互动等多方互动教学。应云天（1997：101-103）认为"语言作为人们的交际工具是语言和言语的统一。语言作为一种体系是各结构层次——语音、语法、词汇的统一。语言作为一种行为或交际活动是四种形式——听说读写的统一。因此语言（外语）作为教学内容应该是语言各结构层次和语言各形式的统一。鉴于此，外语教学法应该是一种综合性立体式的方法。"②张正东（1999：42）经过实验研究，提出了外语立体式教学有这样四个基本原则，即"从实际出发，扬长避短，包容中提炼，层层相联"。"从实际出发"指的是教学要考虑实际的学校环境，包括当地的经济与文化需要；"扬长避短"就是要在教学中挖掘潜力，发挥专长，合理配置，取长补短；"包容中提炼"是指教学上要合理地利用古今中外的经验，因此必须对各种经验有所提炼；"层层相联"是指在教学中应充分注意教学观点、模式、技巧的相互关联和连贯，从而形成教学的系统性发展。③立体式教学就是多元化、立体式多媒体教学模式，尤其注重立体信息输入模式、自我驱动模式、电子交互模式与文化意识培养模式的综合运用。龚春燕（2010：125）认为"现代化教学手段使静态的教学内容、平面型的教学方法转化为图、音、像、影、文结合的多媒体动态形式和立体式教学。"

综上，立体式教学法最初是听说读写译的综合教学，此后结合了环境和文化因素，现在又融合了技术（信息技术和教育技术）。可见，立体式教学法是一个动态演变的方法，不同的社会经济时代和科学技术发展的时代可能会催生不同的立体式教学法。传统外语教学使用的是纸质平面教材，体现的只是理论与方法，因此教学中综合性地照顾听说读写译技能的实际应用可以被称之为立体式教学法。然而随着社会的进步和科学技术的发展，人们在实际的教学中又发现只注意语言技能的教学和操练而忽视语言教学的环境与文化，不能全面促进学生的学习，提高教学的效率。因此，就有了语言技能与文化环境相结合的立体式教学法。此后，随着技术（信息技术与教育技术）的快速发展，语言教学的容量和内容已有了"爆炸式"的发展，这就需要语言教学必须与时俱进，很好地利用现代信息技术，使有限的时间能够得到最大限度的利用和实践，教材也就相应地体现了理论、方法和技术等综合因素。因此，以现代的眼光来看，立体式教法也必须是技术的充分体现。由此，立体式教学方法应该是一种动态的教学框架，随着教学主体（包括教材资源、教学过程、课堂组织、教学设计、教学评价等）的变化而动态形成。因此随着立体式教材的开发和使用，笔者认为现在课堂所使用的立体式教学方法应该体现这样几个方面：

（1）**教学呈现**。根据立体式教材的特点，外语教学应以多媒体、多模态、多介质方式来存储和呈现教学内容和教学资源。应该说，信息技术要与教学内容、教学过程贴切地结合，遵循多种媒体形式结合运用的方法，多角度、多层面地存储和呈现教学信息，不同的媒体有其独特的优势，可以根据教学内容、学生的特点，选择使用媒体，使其达到优势互补。

首先，现代外语教学中，多种媒体替代了传统的粉笔和黑板，传统教学中，那些很难呈现的教学内容，如微观的、宏观的、或具有危险性的事件（战争状况、灾难再现等）、有些需反复观察的动态现象、能启发学生想象力空间的情景、已经过去的事件或过程等等，均能通过教材中的技术部分（如课件、网络）加以储存与呈现，从而使立体式教材的多媒体、多模态、多介质方式来存储和呈现的优势得到充分发挥。其次，教材中的课件具有传输快、交互强、反馈快、信息量大、灵活性强、可扩展、可移植等特点，可用来存储、传递和处理教学信息，能让学生进行交互操作，并对学生的学习做出评价。同时，教师可以围绕教学的核心内容，提供给学生更多的相关信息，帮助学生扩展知识。多媒体课件中，教学内容是用多媒体信息来表达的，以达到某一层次的教学目标。各个知识点之间建立一定的联系，以形成具有学科特色的知识结构体系。再者，立体式教学法要求听说读写译技能与语言、文化知识相结合，外语课与其他学科知识相结合，这种结合具体体现为相关学科设置、教学互相渗透，相互联系。第三，立体式教学法不仅要求听说读写译技能与语言、文化知识相结合，而且要求学生的视、听、味、触觉器官得到充分的锻炼和利用。要做到这些，外语教学必须要充分发挥立体式教材的多媒体、多模态、多介质方式来存储和呈现的优势，使语言的音、形、义合为一体，使表达与理解、讲解与练习有机配合，使师生的作用相互交流，进行多方位、多途径、立体式的教学。

（2）**教学设计**。这里的设计主要是指内容与过程的设计，而教学设计必须要充分考虑学生、教师、内容、媒体几个基本要素的相互关系，利用整体、优化的方法，将各要素有机地整合起来。因此，根据立体式教材的特点，教学内容与过程应以一体化、系统化策略来设计。所谓的一体化就是整体化，系统化就是完整化。教学内容的设计要从整体上加以考虑，多种媒体的参与都要围绕某一教学内容的主题来设计和展开，给学习者以整体之感。有了整体安排就可以促进教学内容的完整性。完整性既可体现在课程教学内容不同单元设计的前后顺序上，即不同单元间应在内容上达到相互关联和有机联系，又可体现在课程内容的教学呈现上，即就某一语言主题的教学有各种因素的参与（技能、功能、文化、环境等）。教学设计是教学活动的规划程序和操作程序（陈玉琨、代蕊华，2002：98）：教师通过自己的智能活动，可将教学意图理想化，教学方式定型化，教学时空结构化，是教师施教前头脑中对教学活动的规划蓝图。由于教师的教学风格各异，设计方案会不同程度体现出个人的风格和特色，但一体化和系统化却是立体式教学中教师进行教学设计的主要策略，高利于培养和激发学生的创新能力。

（3）**教学实现**。根据立体式教材的特点，教学过程应以多元化、互动式方法来实现。教学过程的关键在于教与学的相互关系上。传统的教学方法比较单一，即教师讲解（教）.学生听记（学），重点在于"教"。然而，随着人们对教学的深入研究（陈坚林，2000：35），70年代出现了认知法，该教学法在理论上吸取了皮亚杰的"认识结构"学说、布鲁纳的"发现法"、乔姆斯基的"生成语法"和奥苏贝尔的"有意义的学习"等思想，把外语教学的重点由"教"转移到"学"，着重研究"人是怎样学习语言的"，即人类学习语言的心理本质及规律，从更深层次把外语教学中理性与感性、规则与技巧、母语与外语、书面语与口语等矛盾统一起来，从而提出了"以学生为中心"、"听说读写齐头并进，全面发展"等更具有综合性质的教学原则。正是从这一原则出发，外语教与学的过程就应以多元化、互动式的方式来实现，如：利用多媒体课件建立声音与图像、结构与情景等多元因素的联系，充分发挥大脑两半球抽象思维与形象思维的协同互补作用，使学习"触景生情、因情发思"，从而实现多维度的条件反射，加强音、形、义及语音、语调、节奏的整体感知。应用多元化、互动式方法实现教学过程可考虑下列三个方面：①创设情境。重视影像的运用，创造具有可操作性和应用价值的具体场景。影像应符合在目标语国家中交流时的真实状况，节目中人物的语言和身体语言表达都应当易于观察体会，并可以模仿；通过播放不同文化情景的交流，让学生体会在不同的场合与不同的人交流的区别。②设立任务。通过尽可能真实的任务，提高学生的文化意识和真实交流能力。③激发情感。现代技术手段使得教师可以运用声音、音乐、图像、电影片段等引起学生的兴趣，激发学生的真实情感，降低焦虑，加强学习动力和参与性（Debski，2006：102-103）。这样才能使教师真正实现多元化、互动式的立体式教学过程。

要实施立体式的外语教学方法，教师必须对自身能力的发展提出更高的要求。教师不仅要改变传统的教学习惯，更重要的是要提高自身的信息技术素养和教学能力。

3. 对教师的要求

笔者曾对教师的信息素养有过这样的阐述（陈坚林，2010：160），"信息素养，具体是指一个人能够认识到何时需要信息，并能够检索、评价和有效利用信息，并且对所获得的信息进行加工、整理、提炼、创新，从而获得新知识的综合能力。"而外语教师需要的不仅仅是信息素养，而是信息素养和教学能力相结合的整体素养，即"信息-教学"素养。

鉴于立体式教材及立体式教学法的固有特点，笔者认为教师应具备这样四个方面的"信息-教学"素养或能力：

（1）**用好"活书"的能力**。在信息技术迅速发展的今天，立体式教材实际是一种多媒化教材。教材多媒化就是利用多媒体，特别是超媒体技术，建立教材内容的结构化设计、动态化发展、立体化表达与形象化呈现。它们不但包含文字和图形，还呈现声音、动画、录像以及模拟的三维景象。在这样的多媒体学习材料中，尤其是网络学习平台上，各画面之间好像有着无形的链条互相串联，这种无形的链条被称作超链，这种超链加上内容的立体呈现使原本的"呆板书本"变成了"活书"。因此，在立体式教学中，我们的教师应着力探讨和研究如何把"活书"课程设计好，如何使学生把"活书"学好。

（2）**选好资源的能力**。与传统教材相比较，立体式教材在内容资源上已得到很大的扩张，尤其随着网络的发展，与教材中的许多内容主题相关的教育资源更是得到无限的延伸和扩大。这就意味与教材内容相关的教育资源链成了一个知识、信息的海洋，供教师享用。网络上的教育资源有许多类型，包括教育网站、虚拟软件库、虚拟图书馆、电子书刊、新闻组合、各类数据文库等。面对"海量"资源，我们的教师应该具有选好资源、优化组织资源的能力。

（3）**设计好虚拟环境的能力**。外语教学环境虚拟化意味着教学活动在很大程度上脱离了物理空间和时间的限制,是立体式外语教学的重要特征。虚拟环境包括虚拟教室、虚拟校园、虚拟场景、虚拟图书馆等。我们的教师应该学会如何根据外语教学的主题、要点、学生情况、设备条件、文化背景等设计好虚拟的外语教学环境。

(4) **学会信息化教学方式**。信息化教学方式主要包括教学个性化方式、学习自主化方式和任务合作化方式三个方面。教学个性化主要是指利用网络教学平台及其他"海量"资源,根据学生不同的个性特点、多元智能发展情况、爱好需求等进行教学和提供帮助。学习自主化主要是指利用信息技术支持的自主学习方式,教师要利用立体式教材的特点做自主学习的资源提供者、辅导者或促进者。任务合作化主要是指通过计算机或网络合作的方式,完成特定的学习任务。教师应该学会或培养任务设计、任务组织、任务评价的能力。

关于教师"信息-教学"素养的培养和提高,陈冰冰(2008)曾建议教师需要体验以下三个过程:①教师需要体验如何将计算机作为工具去获取新知识,即用好"活书";②教师需要知道计算机的基本功能与学生的学习之间可能有哪些关系,即选好资源;③教师需要利用他们所了解的关于学生学习的知识和关于技术的知识,去设计、管理、维持以学生为中心的、多维的学习环境,即学会信息化教学方式,设计好虚拟教学环境。笔者认为教师的这种体验对正确使用立体式教学方法至关重要。众所周知,我们的学校生活,大部分是在传统的课堂上度过的。在这样的环境中,总是教师讲解,学生听讲或做笔记。课堂活动无非就是回答问题、做练习、写作文、进行测试等。因此,当我们要求教师以立体式、多媒体化教学内容进行教学设计,实施立体式教学方法的时候,他们基本上没有任何可以借鉴的经验。因此,对教师而言,既然他们试图让学生利用计算机去获取新知识,他们自己首先要认识到课本已不再是原来意义上的传统教科书,而是融多媒体与信息网络技术于一体的"活书"。要搞好教学,教师当然得体验一下这种学习活动是怎样进行的。体验一下学生的角色,不仅有助于教师感受到立体式教学的好处,也有助于教师能了解计算机整合于教学的细节过程,如学生可能会遇到什么样的问题和挫折等。有过这样的体验,教师就会在具体教学上提高"信息-教学"素养,更加得心应手地用好"活书"。

4. 小结

目前,外语教学普遍使用立体式教材,但人们对此种教材的认识和理解却相对滞后,始终徘徊在教材形式、物理概念及理论内涵等三个理解层面上。随着信息技术与外语教学的日益整合,人们开始对立体式教材有了新的认识,认为教材不仅体现了发展式教育观与先进的教学方法,更是体现了一种媒介的转换与教材发展范式的转变。因此,在具体教学实践中教师应采用立体式的教学方法,使教材的立体功能(多媒体、多模态、多介质方式的存储和呈现;一体化、系统化的立体教学设计;多元化、互动式的教学过程实现)得到全面的发挥。要真正实施好立体式教学,教师必须提高自身的"信息-教学"素养,用好"活书",选好资源,设计好虚拟教学环境,学会信息化教学方式。

本文原载于《外语电化教学》,2011年11月第142期。

第十四章
语言测试

按语：（金艳）

语言测试是整个语言教学中的一个重要环节，也是应用语言学研究的一个分支领域。语言测试从应用语言学的发展中获取了大量的知识和理论，并为应用语言学研究提供了新的思路、方法和手段。这里我们介绍四篇文章：1. 李筱菊的"现代语言测试的理论框架"对语言测试的实质和语言测试的根本要求作了全面、形象、深入的阐述；2. 杨惠中的"语言测试与语言教学"这篇文章对测试与教学的关系作了很好的阐述。测试对教学的后效是语言测试研究一个重要方面，对我国语言测试发展特别有意义，也是杨教授一直关注的问题；3. 桂诗春的"对标准化考试的一些反思"。桂教授是我国研究标准化语言测试的第一位学者，其1986年的《标准化考试：理论、原则与实践》一书是从事标准化考试工作者的必读之作。这篇对标准化考试的反思文章今天读来还是有很多值得回味的内容。4. 杨惠中、桂诗春 "语言测试的社会学思考"，这是两位语言测试界大家合著的一篇佳作。语言测试的社会学是近几年语言测试领域越来越受关注的一个新方向。我国是测试大国，要成为测试强国，不仅需要发展测试技术，更需要有正确的测试观。因此，语言测试的社会学研究对我国语言测试的发展意义重大。

现代语言测试的理论框架

广东外语外贸大学 李筱菊

1.1 语言测试科学和其他科学的关系

语言测试科学，是多种科学相结合的产物。从语言测试科学的历史说起，第一代的语言测试，是科学前的测试。到了20世纪60年代，语言测试从语言学领域的结构主义语言学获得了科学的内容，从测量学领域的心里计量学借取了科学的手段，形成了历史上首代的科学语言测试——第二代体系的语言测试。其后30多年，语言测试科学的发展，接收了多种学科的馈入，但是归纳起来，馈入主要仍然来自两个领域。第一个领域的学科给语言测试馈入内容，解决考什么的问题。第二个领域的学科给语言测试馈入手段，解决怎么考的问题。下边用一个简图表示语言测试科学和这两个领域的馈入学科的关系。

为了说明方便，我们把[图1.1]中的三个方块标为T块、C块、M块。T代表语言测试（testing），C代表内容（content），M代表手段或方法（means or methodology）。

C块里的学科，是给语言测试馈入内容的学科。主要是语言科学及各种语言相关科学。其中第一种类型是研究语言本身系统的学科，如语言学（linguistics）及它的三大核心学科音系学（phonology）、语法学（grammar）、语义学（semantics）等。第二种类型是研究语言的性质、运用及学习的学科，如语言哲学（philosophy of language）、应用语言学（applied linguistics）、语用学（pragmatics）、篇章语言学（text linguistics）、语料库语言学（corpus linguistics）、专门用途外语研究、语体学（stylistics）等。第三种类型是语言学科和其他学科相结合的科技学科，如社会语言学（sociolinguistics）、心理语言学（psycholinguistics）、神经语言学（neurolinguistics）、人类语言学（anthropological linguistics）、民族语言交际学（ethnography of communication）等。第四种类型虽然不直接和语言相结合，却都对语言学有决定性的作用，如哲学、心理学、社会学、教育学、认知科学（cognitive science）、信息科学（information science）、人工智能（artificial intelligence）研究等。四种类型我们共列了不少学科（事实上还有更多），只是为了说明语言测试的内容（即语言测试要考什么）确实为多种学科所决定。决定内容，当然不仅仅意味着语言测试直接从这里取得内容，更重要的是提供对内容的性质、范围、层次、维度、如何抽样、如何实现等等作出决定的原则、依据、理由和目的。

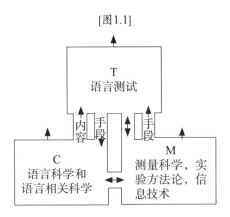

[图1.1]

M块里的学科，是给语言测试馈入手段的学科。包括测量科学、试验方法论和信息技术。最基本的是统计学（statistics）、教育测量学（educational measurement）、心理测量学（psychological measurement）和心理计量学、各种研究语言、语言学习和语言运用的学科的实验方法和技术、听视辅助（audio-visual aid）语言教学与测试的方法和技术、计算机科学（computer science）、计算机辅助语言学习与测试（computer-assisted language learning and testing，CALL&CALT）的方法和技术、信息技术（information technology，IT）、计算语言学（computational linguistics）、人工智能的应用等等。我们这里也来列几门较重要的，远不能把给语言测试提供手段的学科都列出来。提供手段，自然不仅是考试的手段（如利用录音机考口语，利用录像考反应，利用计算机考句型等）。那只是考试实施手段，而实施只是整个考试程序多个环节中的一个。这里说的手段，除考试实施手段外，还包括考试的设计和生产手段、考试结果的取得、计算、分析和解释手段，对考试本身质量的各种因素（有效性、可靠性、区分度、稳定性、适宜性、偏颇性）的检验手段及保证或消除手段，以及考试的反馈及反拨作用的采集、研究、分析手段等等。

说C块是内容科学，M块是手段科学，本是指这些科学对语言测试的馈入而言。不过事实上我们归在C块里的科学都是研究实体的内容科学（content sciences），归在M块里的都是研究方法的方法科学（methodology sciences）。而语言测试，却介于两者之间。它从C块学科取得内容，从M块学科取得手段，互相结合而成。研究语言测试这门科学，既是内容研究，也是方法研究。比如说，你的研究语言是什么，或者具体一点，以其中的语法为例：英语语法是什么，是一个什么样的体系，包含哪些必要的结构，是测试语法能力所必须测试的。或者抽象一点，以阅读为例：英语阅读的心理过程是怎么样的过程，阅读如何达到理解，是不是仅仅需要提取记忆中的词汇、语法知识，或者还必然牵涉别的能力，比如是否需要借助社会文化知识，是否要调动逻辑推理，是否要运用从上下文中、从情景中获取意义的策略等等。这些都是内容研究，不研究这些你不能论证你的测试内容。另一方面，你还要研究测试的具体方式，如何保证考到你要考的（比如上面提到要考阅读理解），如何在特定条件下达到最佳效率，题型怎么设计、分数怎么评、怎么算，才能真正考出能力、反映水平、有效、准确、可靠、公平、纵横都有可比性（这些都得用科学数据说明）等等。这些都是方法研究，不研究这些你不能论证你的测试方法。所以说，语言测试科学既是内容科学，又是方法科学。

同时，T、C、M三块科学之间却也并非单项关系，相互的影响有直接的，也有间接的。C块科学给语言测试输送内容，M块科学给语言测试提供手段。同时，反过来，语言测试也给C块科学提供手段。事实上C块里的所有类型的学科，都必须利用语言测试这种手段，当然也要利用M块里的其他方法，作为研究手段，才能得以发展。比如人工智能研究，显然非依赖于计算机手段不可。即使是语言本身体系的研究，或者应用语言学、社会语言学、心理语言学领域的研究，也都离不开测量、实验和信息技术。C块科学所提出的每一条假说，都得靠用M块或者T块的手段去做实验，去取得一定的验证，然后才能作出一定的结论，学科才能取得进展。反过来，C块科学的发展，会促进语言测试的发展，也会促进M块科学的发展。因为前者的发展，会给后者输入新的内容，提出新的要求，开拓新的领域和新的视野角度，于是也就推进了后者的发展。C块内容科学和M块手段科学，有互相促进的作用，同时又都对T块语言测试起促进作用。C块除了对T块起直接的促进作用外，还通过它对M块的作用而对T块起间接的促进作用。同样地，M块除了对T块起直接的促进作用外，也通过它对C块的作用而对T块起间接的促进作用。

对C块科学而言，语言测试和M块里的学科是相通的，都是手段科学。从这个角度看，可以认为语言测试其实也是一门方法学，只不过它是特别用于语言这个对象的方法学罢了。很多讨论语言测试这门学科时，确实是把它单纯（或偏重于）作为一门方法科学来讨论的。本书试图两方面都考虑进去，既把语言测试作为方法科学、也作为内容科学进行探讨。

语言测试，既然内容来自C块科学，手段来自M块科学，它的发展，自然主要要靠C块科学及M块科学的发展的推进。数十年来，语言测试从科学前状态进入科学状态，作为一门学科，从无到有，从原始到成熟，在发展的道路上向前迈进了相当大的步子。无论从内容或者方法方面看，都发生了巨大的变革和进步。无可否认，这些进步，归根结底都来自C块科学的进步及M块科学的进步。语言测试科学的发展速度，是由给它馈入内容的科学和给它提供手段的科学的发展速度所决定的。[图1.1]里三大方块的顶端，都有一个向上的箭头，正是表示C、M两块科学的发展促使T块科学发展促使T块科学发展的意思。也是历史发展的总趋势。

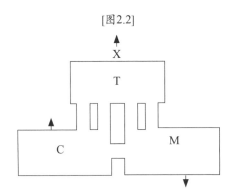

[图2.2]

可是，在局部情况的具体条件下，也会出现如下图（图[1.2]）这样的情形。

这是怎样的一种情形呢？这就是：手段科学落后于内容科学，或者向有悖于内容科学的方向发展，不但不能起到把语言测试向前推进的作用，反而成了语言测试前进的羁绊。这样的情形是怎么发生的呢？先举一个大家比较熟悉的语言教学的例子。语言实验室的发明，开始时的确起了促进外语教学的作用。可是不久，与语言相关的种种学科不断向前发展，人们对语言和语言学习有了新的认识，外语教学要突破结构主义和行为主义的语言教学观，向前跨入新一代的时候，却正是这种曾经是先进的语言实验室成了前进的桎梏。这时，虽然机械操作这种外语学习方式在理论上已经受到否认，人们进行具体教学的时候，仍然认为应该发挥语言实验室的作用，不愿"倒退"回到教室里教师与学生面对面练习的原始方式。而语言实验室的设计却只能适用于机械操作。于是乎为了继续利用和发挥语言实验室的作用，语言教学就只好在机械操作上原地踏步了。这就是人们所说的外语教学被"困死"于语言实验室的现象。

同样的危险，在语言测试领域也存在。一个最明显的例子是题库的发明和建立。在20世纪70年代，那是测试科学领域一件振奋人心的大事，可以与工业革命的装配线（assembly line）的发明相比拟。题库就等于用于试题生产的装配线，使得高效率地、科学地、反复地生产信度高的、等值的试题成为可能。这在当时的确解决了考试从不科学转为科学，从不稳定变为稳定，进而达到标准化所要解决的一系列大问题。可是正是由于题库对试题稳定化有如此大的作用（试题稳定化是第二代考试的一大优点），这里就埋伏着题库的潜在弱点。至少到目前为止出现的题库，都是为固定题型，尤其是单考点题型而设计的。也就是说，它不能应变，不容许题型变化。而且，一个题库的建立，绝非一日两日可完成的易事，是一项需要在人力物力上作出很大的投资，并至少要数年才能投入使用的长期工程。问题就出在这里。就算题库建设工程效率很高，三年开始使用。这么大的投资，至少要用上五年吧，那就是八年。以现代科学发展的速度，测试科学、决定测试内容的各种科学，在这八年里，必然已有相当的发展，必然已对测试的内容和形式都提出了新的要求。而你的题库还停留在八年前的水平上，动不得，这很自然就会产生矛盾。

具体的实例可以举美国的托福（TOEFL）考试。这个考试始于20世纪60年代。它拥有至今仍是世界首屈一指的题库。它的试题生产效率很高，很科学，能保证信度、区分度和等值（每年生产12套等值的新试题）。但是用的试题大多数是单考题或单句题型。这种题型，属于旧一代的测试体系。70年代后半叶以来，这种题型的效度越来越受到挑战。托福也越来越受到国际外语教学及测试界的批评。批评不仅基于理论，也常常来自实际：据说不少托福成绩不错的考生，英语实际运用能力却不佳。其实托福使用现在的试题结构始于1976年。题库也大概在那时才开始使用。托福的基本题型至今不改，当然有各种理由和原因，以后我们还会谈到。其中一条重要原因就是它在题库系统（其实不仅是题库系统，而是考试整套操作程序的系统工程）上投资太大。题型一改，这个题库就要作废，整个庞大的系统工程要推垮重来，这肯定是做不到的。所以只能继续保持使用原来的固定题型，能保持多久就多久。这足以说明一点：先进的手段系统，如果方向不对，往往会成为牵制测试进步的包袱。在当今的外语测试界，托福无疑是使用最广（每年12次在170个国家和地区举行）影响最大的外语考试。它的运转系统至今仍然体现着世界最先进的大面积测试的手段和技术。可惜的是，它的测试内容，却正因此而无法跳出旧体系的框框。

还可以举一个更新近的例子。计算机用于语言教学和测试，不过是近十年来的事。计算机无疑是无限美妙、有无限潜力的机器。可是热心于把这种先进技术用于语言教学和测试的编程序者，却往往在着迷于计算机的同时，把语言教学与测试的理论原则忘记得干干净净。只要用这些原则分析一下这十多年来出现的五光十色的CALL和CALT软件，便会发现，它们中的大部分，在给人以新鲜感的形式掩盖之下，语言学习练习和测试题型，基本上都是属于第一代体系或者顶多属于第二代体系。因此出现了这样的奇怪现象：不用先进的计算机，在外语教学和测试中已经可以使用先进的方法；用上先进的计算机，却反而不能用先进的方法，要倒过来使用落后的方法了。

测试的内容和手段的这种既矛盾又统一的关系，也许与自然界的蝉和蝉壳的关系相类似，又也许与社会发展中的生产力和生产关系的辩证关系有共同之处。还可以从如下的角度去理解：语言用于交际，本质上属于艺术范畴。而测量、实验方法和信息技术却属于科学范畴。所以说现代语言测试既是一门科学也是一门艺术。一个现代的语言测试设计者，需要既是一位科学家，又是一位艺术家。否则，要不是设计出缺乏科学的测试，就是受驾驭于数字、技术和机器，设计出具备非常科学的外壳却没有艺术的内容的语言测试。当然不是说先进的科学外壳不能装先进的艺术内容。不过那样对设计者的要求要高很多。事实上那才是语言测试向前发展的惟一道路。十年前CALL和CALT还处于胚胎阶段的时候，就已有人发出警告："IT无疑将成为改变语言教学[和测试]的强大力量。现在还不知道的是：我们教师将会成为它的无可奈何的奴隶呢，还是会成为它的大有作为的主人。"

1.2 语言测试的实质

第一节我们提到，第一代体系认为语言测试测量的应该是知识，第二代体系认为测量的应该是技能，第三代体系认为测量的应该是能力。无论是知识、技能，还是能力，这里我们泛称之为能力（ability）。它们都是无形的，如何测量呢？只能测量它们的有形表现。这有形表现，就是语言表现，比如第一代的背书、第二代的句型替换、第三代的情景对话等等。这当中有些可能是真的在运用目标语，有些可能不是真的运用。不管怎样，可以统称之为（behavior）。这些行为，是无形的能力的有形表现，或者说是它的表征（manifestation）。语言测试测量的，正是这样的一些行为。然而并不是为测量行为而测量行为，是通过行为测量行为底下的能力。那么我们是否可以说，语言测试就是通过测量目标能力（target ability）的表征行为，去测量目标能力？严格说来，还不能这样说。必须承认，我们还是无法测量能力，只能推论

（infer）能力。因此我们只能说：语言测试是通过测量目标能力的表征行为，去推论目标能力。这就是语言测试的基本定义。可以用有图（[图1.3]）表示。图中B代表行为，A代表能力。方框用以表示能观察到的因素，椭圆或圆用以表示不能观察到的因素。

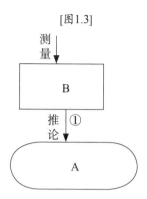

[图1.3]

[图1.3]所示的定义，适用于所有三代体系的语言测试。只不过不同的体系对定义中的A、B的理解不一样。按照第一代体系的理解，A是知识，B则是知识型题的演作。按照第二代体系的理解，A是技能，B则是技能型题的演作。按照第三代体系的理解，A是交际能力，B则是交际行为或做事型题的演作。尽管定义中的A和B可以有不同的内涵，定义是普遍性的。

定义表明，语言测试首先必须基于如下的命题的假设：

命题1　B是A的表征。

即：B可以推论A。　　$B \xrightarrow{\text{inf}} A$　　　　　　　①

这里用标有inf的箭头表示"可以推论"。公式①表示"B可以推论A"，即可以从B推论A。

我们不妨再往深一层探究一下这个定义的含义。[图1.3]中的A代表一个使用目标语的人的目标能力的整体。B则代表表征A的全部行为。就是说，加入一个人会用英语，全部需要的目标能力都在A这个椭圆之内，凭了这种能力能做的全部英语行为都在B这个框框之内。这是[图1.3]的正确意思。

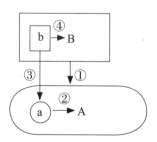

可是任何测试,都不可能把目标能力的全部表征行为都测到,只能在所有可能的行为中抽样进行测试。而这个行为的抽样,必须是有效抽样。什么是有效抽样,这是统计学上的一个基本概念。首先要求抽样必须足够的大(size)。举一个简单的例:教了学生1000个英语单词,现在要测试看他们是否记住了(只管是否记住)这些单词的拼写和学过的韩语释义。1000个单词假如只考他们五六个,显然太少(碰运气的可能性太大),至少要考上数十乃至100个,这抽样才能说得上有效(能推论出他们1000个单词中记住的百分率)。然后这抽样还要有足够的覆盖面(coverage),覆盖了原来整体所有的有关要素,或原来整体所有的有关重要属性。通俗点说,抽样必须有代表性。再看上例:1000个词有各种词类,拼写有规则的、有不规则的。如果只考名词、形容词,不考动词、介词、连接词等;或者只考符合拼写规则的,不考不符合规则的;甚至于只考或多考单词表前面部分出现的,不考或少考后面部分出现的。这样的抽样不能算随机抽样(random sample),缺乏客观性,也就缺乏代表性,不是有效抽样。

语言测试中,要选出全部目标行为中的有效抽样,一般得先从全部目标能力中选出一个有效的能力抽样来,然后找出能表征这个能力抽样的行为。这些行为,就应该是全部目标行为的有效抽样了。请看[图1.4]。图里a代表A的抽样,b代表B的抽样。

在这个图里,除了[图1.3]已经假设的命题①外,还必须假设三条命题,它们是:　　　　　　　　[图1.4]

命题2　a是A的有效抽样。

　　即:a可以推论A。　　$a \xrightarrow{\text{inf}} A$　　　　②

命题3　b是a的表征。

　　即:b可以推论a。　　$b \xrightarrow{\text{inf}} a$　　　　③

命题4　b是B的有效抽样。

　　即:b可以推论B。　　$b \xrightarrow{\text{inf}} B$　　　　④

按这个顺序,先确立了命题②和命题③,然后便可以以上一步已确立的命题①及这里确立的命题②和③为据,确立命题④。

另一个可能的抽样办法是直接在B中得出抽样b(不必通过从A取抽样a,再找出a的表征b)。但是这样就必须回过来再证明b可以推论a,而a是A的有效抽样。这几步和上面的几步是一样的,只不过次序倒过来罢了:即先确立④,然后确立③和②。一般多数按②③④顺序进行抽样和推论,这样比较易于控制。

打一个比方。假定要测试的全部能力（目标能力）是英语语法知识和技能（不包括交际中运用的能力）。A代表这全部知识和技能。B是表征这种知识和技能的全部行为。这种行为可以具体化为：能辨别及产生所有合乎英语语法的句子。现在要考目标能力A，却不能全部合乎语法的句子都考，只能抽一些句子。怎么决定呢？先在总的语法知识和技能（A）中选出关键的，比如说动词用法、基本句型等等，这些关键的知识和技能就构成A的抽样a。于是根据抽样a设计试题，让受试者考体现a是句子b。这样，根据我们的抽样办法，我们可以说，b应该是B的有效抽样。

确立了以上①②③④四条命题，我们便可以推论而得出如下的初步结论：

命题5　b可以推论A。　$b \xrightarrow{inf} A$　　　　　　⑤

这个结论，可以在[图1.4]中加一个箭头表示，见下面[图1.5]中的箭头⑤。

至此，如果确立了①②③④四条假说，从而得出了⑤这条结论，即：我们测试的行为抽样，的确能推论出目标能力来，这样是否就能说明我们的考试是成功的呢？

还不能这样说，因为测试并不止于行为。就是说，不是考了答了试题就完事。答试题是受试者的行为。我们考他的这些行为，测量他的这些行为，是为了得出一个结论或者结果的反馈。这个反馈，往往体现为分数或等级，但也可以是其他形式。这里我们必须给我们的图加上表示结果反馈的部分，用F（feedback）标明。

把结果的反馈考虑进去，我们必须再假设一条命题（见[图1.6]）中的箭头⑥）：

命题6　F是b的正确标示。

即：　　F可以推论b。　$F \xrightarrow{inf} b$　　　　　　⑥

以上①②③④⑤⑥六条命题都确立了，就可以得出如下的最后结论

[图1.5]　　　　　　　　　　　[图1.6]

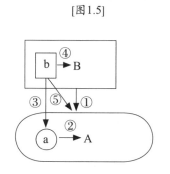
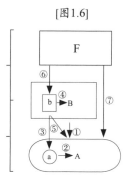

（见[图1.6]中的箭头⑦）：

命题7　　　F可以推论A。　　$F \xrightarrow{\text{inf}} A$　　　　　⑦

这就是表示语言测试的七个命题。语言测试的全部工作，就是为了要确立前面这六个命题，以达到第七个结论命题。这当中的关键是确立命题⑤及命题⑥，即：b可以推论A，F可以推论b。

根据这七点论，我们有必要对前面给的语言测试的基本定义作一些修订，使它更完整精确：语言测试，是对一组言语行为进行测量，这组行为是表征目标能力的全部行为的一个抽样。测试的结果，是为了可以对目标能力作出推论。

1.3 语言测试的根本要求

前一节提出的七个基本命题，前六条可以说是语言测试的六个前提。六条都达到了，便能达到第七条，测试便完满成功。

再看[图1.6]。语言测试牵涉到的共有三大部分：测试结果F，所测试的行为B和目标能力A。在图里是上、中、下三大块。七个命题，表示这三大块之间的关系。F和B之间的关系，决定了语言测试的可靠性，或称信度。连接F和B的⑥号箭头，正是代表测试的信度。B和A之间的关系，决定了语言测试的有效性，或称效度。连接B和A的①、③、⑤三个箭头，正是代表测试的效度。简单说来，这个图的上半部与信度有关，下半部与效度有关。另外还有箭头④和②，在图里它们是横向的箭头。它们表示的是外推性（extrapolatability），意思是个别事物能不能向外推延以概括一般事物，这里具体指抽样能不能代表全体。由于箭头②位于图的下半部，可以把它归入效度考虑。箭头④位于图中间，可以归入效度，也可以归入信度考虑。⑦是由上块直通下块的箭头，它既包含信度，也包含效度。换言之，语言测试这两个度都具备了，目的就达到了。信度和效度，正是语言测试的两大根本要求。

信度和效度的概念，是随着科学的测试的诞生才被提出来的。科学前的测试根本不管什么信度和效度。到了第二代测试，不但提出这两个概念，还发展了一系列如何保证和计算这两个度的方法，形成关于信度和效度的整套理论实践系统，一度统治语言测试。到今天，随着测量科学的发展继续有所发展。另一方面，由于第三代体系的崛起，第二代体系关于这两个度的这个系统，已开始受到挑战，部分还受到否定。尽管如此，在这个特定领域里，第二代体系的系统至目前仍然相当普遍地受到肯定，尚未有可以取代它的系统理论和实践。我们下面对信度和效度的讨论，将把两代体系的主要观点都加以介绍。

1.3.1 信度（reliability）

有些测试学家认为信度应包含在效度之内，或者说，不必把效度信度分开考虑。当然，信度和效度是两个相互依存的概念，但是毕竟还是两个概念。把信度和效度分别研究讨论，有助于把道理解释清楚，也有助于在设计和分析考试时，把工作做得更科学、更严密。

上面提到，在语言测试的信度和效度的研究这个领域里，至今大多数人接受的仍然是第二代体系的系统。应该说，这种情况在信度的研究方面尤为明显。因此以下关于信度的讨论，基本上以第二代体系的有关理论和实践为依据。

1.3.1.1 信度的定义

语言测试的信度，指测试结果是否可靠可信。这是通用的定义。但是按这个定义，不易把信度和效度的界限划清。因为一个考试的结果要可信，除了分数必须准确反映受试者对试题的作答外，试题也必须准确反映要考的能力。在1.2的[图1.6]里，这就包括F块和B块的关系，也包括B块和A块的关系了。上面说过，为了使语言测试工作更科学，应该把信度和效度的范围做一个划分。B和A的关系划入效度的范围，F和B的关系划入信度的范围。因此对信度的更严密的定义应该是：测试的信度，指它的结果分数对受试者的表现而言的可靠程度。在图[1.6]里，它代表F和B的关系。具体说来，就是代表分数与试题，及试题与受试群（test population）的关系。换言之，它回答两个问题：分数是否公正而客观地反映了试题的作答？而试题又是否给了受试群公正而客观的作答机会？

1.3.1.2 信度的保证

语言测试的第二代体系提出信度这个概念以来，一系列的计算信度的方法和公式也被提了出来。总的说来，一套考试的信度的高低，受试题的量和质、考试实施、评卷三方面的种种因素所牵制。信度的关键是客观和公平。这客观和公平，必须从试题、考试实施和评卷三方面去取得。也就是说，考试的信度要高，靠这三方面的保证。

一、试题的保证

量：试题要有足够的量。这样抽样够不够大的问题，也就是1.2所说的，b能不能推论B的问题，我国传统的外语考试往往题量少得像开玩笑，是由于没有用统计科学的观念去设计考试的缘故。高考改革英语科考试MET 1985年刚出笼时，把原来三四十道的题量增加至106道，光是题量就令一些中学教师感到MET像"一颗重磅炸弹"（张泗宏，1988）。其实MET的总题量（1988年改为86道）也仅是勉强够量而已。足够的题量，不但是为了保证抽样够大，保证覆盖面比较合理，也是避免试题偏颇性所必要的。如果单凭回答四五个简单的题，就对应试者的目标技能或知识甚至能力下结论，这里面偶然因素太多，主观因素太多，自然说不上是给了受试群客观而公平的机会。从理论上说，题越多，抽样越大，信度就越高。

质：考试结果的分数要具有人分散度（person separability），即分数分布要散开。这是基于心里计量学的一条基本假定：任何随机抽样的人群，他们能力的分布必然呈正态分布（normal distribution）。正态分布是一个统计学的概念，有精确的数值要求，本书下章会说到。大概的概念是：两头小，中间大。考试分数特别高和特别低的总是少数，不高不低的总是大多数。每次考试结果的分数分布是否正态，要凭公式验算。这里只提公式中的一个变量：标准差（standard deviation）。标准差大，分布才能正态。而标准差表示分数与分数之间是否拉开距离。分数拉开距离，它们的分布才可能正态。分数分布正态，说明它反映了人的能力分布实况，说明考试有信度。

要达到分数有人分散度，意味着对试题有种种要求。1. 要区分度（distribution）高，区分度表示能否把受试者中好的和差的区分开来。2. 要难度适中，太难的题目几乎人人答错，太易的题目几乎人人答对，都区分不出好坏受试者。3. 不要有偏颇性（bias），即不能有利于一部分受试者，而不利于另一部分受试者。4. 试题要适宜于（fit）要考它的受试群，受试群要适宜于他们要考的试题。5. 整套试题应该属同一性质（homogeneous）。意思就是靠的应是同属一个范畴的东西。譬如一套测英语语言能力的试题，显然不该插进考古汉语理解或甚至于代数解题的题目。这样给出的总分自然不可能正态分布。这几点对试题的基本要求，我们往后还要提到。

多次反复性考试所用的试题，除了以上保证外，还要求各次之间衡等（equivalent，亦称平衡）。这又得靠一系列具体条件来保证：试题结构稳定，题型不变，题目的内容、范围和要求各次之间保持平衡，难易度（这也要用公式算出来）各次尽量相等，并且还要求采取具体等值（equating）措施（包括实考检验和公式验算、换算等）。

同一次考试，在不同地区或对不同受试群使用的平行试题（parallel forms），譬如后备用试题，或对不同母语的受试群使用的牵涉到母语的不同试题，也要求做到等值。

二、实施的保证

考试实施的各种条件，对所有受试者应当一致。譬如答题所给的时间、听力考试所听的录音、听音设备、受试者是否允许看笔记、监考和主考是否允许作解释或给提示等等，都应有具体规定以保证其一致。

多次反复性考试，考试实施的各种条件，不仅同一次考试各个考场之间要求一致，同一项考试的各次之间也要求一致。

三、评分的保证

评分标准必须一致（或称稳定）。要求评分员与评分员之间保持一致（inter-rater consistency），也要求每个评分员自身保持前后一致（intra-rater consistency）。

多次反复性考试的评分标准，不仅要求每个评分员自身保持一致及评分员之间保持一致，还要求各次考试评分之间保持一致。

以上所提对考试信度三个方面的种种保证，实际考试根据具体条件尽量付诸实现，但是全都百分之百地做到是不可能的。理论上，任何考试都不可能达到百分之百的信度。这并不意味着我们不必去过分要求信度，而正是意味着我们要做最大的努力、战战兢兢地争取每一份信度。

1.3.1.3 信度的验证

对考试信度的验证，有一系列的方法。可分特别采用的和经常采用的两类。

特别采用的指在考试经常性工作之外去进行的实验和验证。较常见的有下列几种做法：

1. 考后复考（test retest）法。用同一套试题，让同一个受试群，在正式考后短时间内，再考一次，计算两次受试者分数高低排序（ranking）的相关（correlation），以证实考试的信度。

2. 试题分半（split halves）法。考后将试题按题号奇数偶数分为两半，计算两半所得分数的高低排列的相关。这种方法特别用于试题同质性（homogeneity）的验证，同时也验证信度。

3. 平行试题法。设计一套形式及内容都与原试题平行的试题。让同一受试群在时间连续或间隙很短的情况下先后考原试题和平行试题。计算两次成绩高低排列的相关，以证实原试题的信度。

以上所列的验证办法，一般只是在一种考试开始建立时采用，或隔一段时间偶尔为之。更重要的其实是经常性的验证，那就是对每次考试的信度都做验算，并且公布数据。最常计算并公布的有关考试信度的数据包括以下几种：

1. 用信度公式直接算出的信度数据

2. 考试成绩正态分布的数据及分布图
3. 题目分析（item analyst），这包括试题的难易度数据、区分度数据等
4. 本次考试试题与往次考试试题相比的等值数据
5. 有关评卷员评卷一致性或不一致性调整的数据
6. 试题偏颇性分析数据
7. 考试题目适宜性（item fit）及人适宜性（person fit）分析数据

总的来说，一个测试的信度，是比较容易见诸数据的。它表示的是[图1.6]中F块和B块的关系。而在该图里，这两块都是方块。方块标示可观察到的因素。因此它们之间的关系也基本上是可观察到的。至于A块，那是个椭圆形，标示不可观察到的因素。所以牵涉到A块的关系就不是那么容易见诸数据了。换言之，语言测试的效度，是比信度难以捉摸得多的性质。这就是我们下一步要讨论的。

1.3.2 效度（validity）

1.3.2.1 效度的定义

先就效度这个术语作一点解释：这里的"效"不是效率的效，因此效度与效率全不相关。效度指是否站得住脚、是否能成立的意思。

语言测试的效度，亦称有效性，指测试所考的，是否就是所要考的，或者说，在多大程度上，是考了目的所要考的。在1.2的[图1.6]里，它代表B和A的关系。这是第二代体系提出来的定义，也是经典性的定义。

第三代体系，对这个定义，做了一点扩充，认为测试的效度，不仅表明它考了目的所要考的，还应表明它达到了目的所要达到的（Morrow 1986）。这意味着，一个考试，除了考什么这个目的外，应该还有更进一步的目的。这个表示进一步的目的的效度，在我们的[图1.6]里自然无法标示。这种超考试的目的论，正是第三代体系测试一个很基本的观点，我们后面还会讨论到。

1.3.2.2 效度的分类

英国语言测试学家戴维斯（Davies 1968）在60年代末提出语言测试有五种效度。后来不同的语言测试学家否定了其中三种，另外又提了三种。不同的测试学家对已提出的各种效度的理解也不完全一致。有人甚至认为语言测试的效度只有一个。其实说语言测试有五种或者八种效度，首先是意味着语言测试的效度可以从五个或者八个不同的方面去说明，去验证。其次也意味着，语言测试的不同效度，代表它对不同的使用目的的适合程度。譬如预测效度强，表明这个考试适用于培训班招选学员；又譬如反拨效度高，表明这个考试用于毕业

会考，对教学会有好处。我们下面把前后八种效度，归为四大类加以说明。

一、内在效度（internal validity）

内在效度，指存在于测试本身的效度，包括内容效度和结构效度。

先讨论内容效度（content validity）。

根据定义，内容效度指的是：测试是否考了考试大纲规定要考的。这应该是比较容易检验的，因为有白纸黑字的大纲作依据。回看[图1.6]，内容效度用箭头⑤表示，即：b可以推论A。不过这得以箭头①、②、③、④为前提。也就是说，假定大纲规定了A，在设计考试的时候，得保证B是A的表征（即B可以推论A），a是A的有效抽样（即a可以推论A），b是a的表征（即b可以推论a），b是B的有效抽样（即b可以推论B），然后才能证实b可以推论A，也就是证实了考试的内容效度。

在实际测试工作中，内容效度的保证，主要靠实体设计和设计生产（命题和审题）时严格遵守大纲要求。验证主要靠考试前对试题的覆盖分析。验证的依据是大纲，并没有什么公式或者证明数据。

当然我们还可以提这样一个问题：即使能证明语言考试的确考了大纲规定要考的，或者说，忠实反映了大纲的要求，可是怎么知道大纲就忠实反映了真实生活对语言的要求呢？举一个简单的例，譬如大纲规定要考逐字听写的能力，于是我们就考逐字听写，很显然考试符合大纲的要求，达到了内容效度。可是在真实生活里，受试者会有珠子听写的需要吗？大纲在这一点上，是否忠实反映了真实生活的要求？换言之，大纲本身是否有效度？回答是：语言测试的内容效度，只管测试是否反映了大纲的要求，却不管大纲是否反映了现实的要求。语言测试的内容效度，不包含大纲的效度。也就是说，内容效度只涉及考试与大纲的关系，不涉及考试与现实生活的真正需要的关系。

要考虑测试与现实生活的真正需要的关系，或者说，从测试对生活的真正需要的关系去考虑它的效度，这就是结构效度的范围了。

下边我们讨论结构效度（construct validity）。

测试是否有结构效度，指其是否以有效的语言观（包括语言运用观和语言学习观）为依据。这里结构并不是指试题或试卷的结构，而是指整个考试以之为基础的结构理论。说得通俗一点，结构效度就是考试的原则理论的效度。显然，这是所有的各种效度之本。没有结构效度，旁的效度都站不住脚。是结构效度决定了整个考试的性质，决定了考试属于哪一代体系。属不同代体系的语言测试学家都同样承认这是所有的效度之根本。

可是也正是在结构效度上，不同体系的语言测试学家无法取得一致意见，原因就在于各派对这个"根本"的理解迥然不同。这一点我们在第一章讲语言观和语言学习观时已经讲到。也正是由于基本语言理论的分歧，第三代体系语言测试学家中有人甚至对结构效度这个概念假意否定，认为结构效度不能说明任何问题，纯粹是一种循环（circular）论证。他们指出，用结构语言学的语言观，来验证结构语言学的语言测试，自然可以证实其结构效度。但是其语言观本身，据第三代体系认为，却是无效的（Morrow 1979）。

读者可能已经注意到，1.2 的[图1.6]并没有特别把结构效度标示出来。在[图1.6]里，结构效度是含于A的内涵之中的，也就是说，体现于A本身是否有效。语言观问题，显然是比B和A的关系更深一个层次的问题。如果还用原来的图表示，要在A之下再加一个块块，而且对不同的体系，这块块的内容还不一样。如[图1.7]。

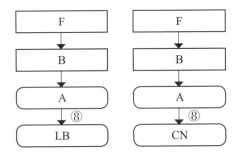

[图1.7]中，左边的图代表第二代体系，右边的图代表第三代体系。LS代表语言结构系统（language system）；CN代表交际需要（communicative needs）。箭头⑧代表结构效度。这表明，第二代体系语言测试的结构效度，在于它要测试的能力，是否以对语言结构系统的有效理论为依据。第三代体系语言测试的结构效度，则在于它要测试的能力，是否以对交际需要的有效理论为依据。

按照这样的理解，第三代体系测试的结构效度还没有什么公式或者计算方法可以验证，只能靠社会语言学调查去验证。第二代体系测试常用的结构效度验证方法有因素分析（factor analysis）、内在结构效度验证法（internal construct validation）和多特性多方法效度验证法（multitrait-multimethod validation）等。

二、外在效度（external validity）

外在效度，指利用测试之外的标准，即外在标准（external criterion）验证而得以证实的效度。外在效度主要有同期效度和预测效度两种。

同期效度（concurrent validity）和预测效度（predictive validity），同样都

是借用另一个考试来作验证标准。具体做法是：对同一个受试群，进行两次考试。第一次考的是需要验证的考试，第二次考的是借作验证标准的考试。然后计算两次考试结果分数的高低排列的相关系数，作为效度数据。

验证同期效度，要求两次考试在同一时段进行，或者第二次考试离第一次很近，在受试群的目标能力还不可能产生变化的时间之内举行。验证预测效度，则要求两次考试有意识地相隔一段时间，第二次考试要在受试群的目标能力应该已经有所发展或者变化之后才举行。这两种效度，除了验证的实施时间安排上不同外，更根本的不同是它们体现不同的考试目的。同期效度说明考试是否能判断受试者目标能力当前的现状；预测效度说明考试是否能预测受试者目标能力将来的发展。一个是诊断现在；一个是预测将来。这是明显不同的两个目的。

这两种效度的确立，却同样必须有两个前提。1. 作为验证标准的考试，必须是效度已经证实的考试。这个道理本来很清楚，可是不少人作考试的外在效度验证时，却往往不考虑或者很少考虑这一条。2. 作为外在标准的考试，和需要验证效度的考试，所考的必须是属同一性质的目标能力。举一个例，如果要验证效度的考试是属于[图1.7]右边类型的考试，而作为验证标准的却是属于右边类型的考试，两个考试的结果很可能不相关，这不相关却不能说明被验证的考试缺乏效度。同样地，即使两个考试的结果相关，也不能说明被验证的考试具有效度。事实上，两个考试还应该在方法、内容、程度等方面都对同一类型的受试群有一致的适宜性，否则适宜性的差异也会影响结果的相关程度。反过来说，两个考试却又不能是格式、内容都相等的平行试题。用平行试题去证明效度，等于用主体证明主体，也就失去外在标准的客观性了。

测试学家们（尤其是属于或者倾向于第二代体系的测试学家们）相当普遍地认为只有外在标准才是最客观的标准，依据外在标准的验证方法才是最科学的方法，所以至今同期效度和预测效度仍然是最多人承认的效度。也就是说，要建立或者维持一个语言考试，必须要拿出至少这两者之一的数据来，才有可能说服人，承认你的考试。

另一方面，第三代体系的语言测试家们（例如Morrow 1979），却认为同期效度和预测效度本质上都属于循环论证。第一个考试的效度靠第二个考试去证明，第二个考试的效度靠什么去证明？靠第三个考试，而第三个考试的效度，可能本来就是靠第一个或者第二个考试证明的。语言考试往往不免要靠同一个圈子（尽管圈子有大有小）里的考试互相证明，这的确是事实。可是归根结底，第三代体系之所以否定外在效度，更基本的理由是：第二代体系的考试靠之以证明其效度的、坐标作用的考试，只能是以第二代体系的语言观为基础的考试。按第三代体系的理论，这样的考试本身的效度就值得怀疑，靠它去证明的旁的考试的效度，自然就更值得怀疑了。

三、使用效度（use validity）

使用效度，其实应该称为使用者反应效度。就是说一个考试是否有效，最后到了使用者手上，还要看使用者的反应。这又可分为两种：表面效度和反应效度。

表面效度（face validity）指考试到了使用者（主要指受试者）手上，考试表面的形式和内容，是否使受试者觉得它是一份有效的考试，一份的确是考它应考的能力的考试。举一个例，国外有一种英语口语考试，让甲乙受试者轮流向对方发出指令，对方则按指令做各种奇怪甚至滑稽的动作。理论上说，做的动作对不对，能反映出发指令者口头表达能力行不行。可是有些受试者（尤其是比较保守的中国成人受试者）去考这样的口试，觉得像游戏，不像考试，而且不相信这能考出英语口语水平。受试者有这样的印象，带着这样的情绪去应考，考试的效度就受影响。因此说这样的考试对这一类受试者缺乏表面效度。

反应效度（response validity）指受试者做题的时候，是否按试题设计的要求去作出反应。例如，1986年我国高等学校入学英语考试MET还在试验期间，出了这样一道题：题目的名称是"书面表达"，指令如下："假定您的名字是李华。您和一个笔友通过一两封信。下面是他寄给您的一张明信片上写的信。请您给他回一张明信片（字数约100字）。"在这段指令后附上寄自美国的明信片上美国朋友某某写的一封英文短信。这道题的设计，要求受试者假定自己是李华，把附上的英文信看一遍，然后用英文给来信者写一封回信。可是有个别考生却不写回信，而把中文指令逐字译成英文。另外也有个别考生回信是写了，但是用的是中文。这说明至少就这几份考卷而论，这道试题缺乏反应效度。试题达不到反应效度，往往和题型不熟悉（上例是新题型）、指令不够明白、考生的特殊动机、考生过分紧张等等原因有关。

有些测试学家认为表面效度和反应效度属于枝节问题，与试题本质无关，所以不能归入效度。但是事实上这两种效度却的确影响考试效果。也有些测试学家认为这两种效度应归入信度的范围。不管怎样，这里还是值得一提的。

这两种效度没有专门的验证计算方法，但是考试题目适宜性及受试者人适宜性分析里面就包含了表面效度及反应效度的因素。

四、超考试效度（beyond-the-test validity）

超考试效度，是第三代体系的创造，其依据是交际语言测试的超考试目的论。这些测试学家认为,从事语言测试,从一开始,就应当有一个超出考试的目的。考试绝不仅仅是为了得到一些数据,说明受试者的目标能力的状况。比如说,一个英文秘书资格考试,可以有内在效度、外在效度、使用效度等等,但是如果考出来的受试者实际干起英文秘书的工作来却不行(这种情况是存在的),那你的考试还是缺了一种效度,这叫实效效度(operational validity)。一个英文秘书资格考试,它的最终目的,也就是超出考试本身的目的,是判别受试者能不能胜任英文秘书工作。如果考试达不到这个目的,那它就是缺乏这种超考试效度——实效效度。

超考试效度还有一种,称为反拨效度(backwash/ washback validity),指的是考试对教学是不是有良好的反拨效应(backwash/ washback effect)。考试,尤其是公共考试,对教学有着无可否认的反拨效应,有时候还是很强大的反拨效应。如果中学英语会考里考背单词表和背语法条条,学校里的教师必定就花大量时间去教学生背单词表和背语法条条。如果会考里考英语在实际情境中的交际运用,譬如让考生给一位外籍老师写一封邀请他到家里来玩的信,或者回答一个外国游客的问路,学校里的教师也就必定想方设法教学生如何在实际交际情境中运用英语。前一种反拨效应,不利于改进教学,所以说这种考试的反拨效度不好。后一种反拨效应,有利于改进教学,所以说这种考试有良好的反拨效度。提出反拨效度这个概念的交际语言测试学家认为,任何负责公共考试的人,在设计考试的时候就应该有意识地让考试给教学带来一种良好的导向作用。这是比考试本身的目的更重要的目的,也是一种超考试的目的。考试能达到这个目的,就算具有好的反拨效度。

这两种超考试效度的提出,是有悖于第二代体系关于科学考试的理论和实践的。第二代体系承认考试有反拨效应,但是不承认这能代表考试的效度。也不承认实效效度。主要的理由是,科学的测试,其效度和信度都应能客观地、实证地计算出来。一种效度如果单凭主观臆测去断定,拿不出数据来证实,这种效度是不能成立的。第三代体系的测试学家却提出,这两种效度完全可以用深入社会及学校做现场调查或者问卷调查加以验证(Morrow 1986; 李崴 1988)。有一种观点认为,一个考试的最终价值,不在于它能用多少数据去证明,而在于它能否给人带来美好的、快乐的效果,有助于使人变得更完美(Li Xiaoju 1990)。

归根结底,这里体现着语言测试作为测量科学与语言测试作为人文科学的矛盾,或者更广泛地说,语言测试科学与语言测试艺术的矛盾。是否两者就不可调和?或者说两者不能两全?这个问题是贯穿整个语言测试的深层主线,也是本书的深层主体。在往后的讨论中还会不断地反复出现。

1.3.3 信度与效度的实现和矛盾

以上，我们把语言测试的根本要求信度和效度分别讨论，对它们之间的相互作用未曾过多涉及。1.3提到信度和效度的相互依存关系。这点其实是很明白的。没有信度固然不可能有效度。没有效度，信度也毫无意义。但是明白了这一层道理，对信度和效度的关系却只能算明白了一半。两者关系的另一半——它们的相互排斥作用——实际上却更关键。下面把信度和效度并列分析，正是为了深入理解它们的互为矛盾的性质。

语言测试的信度和效度的相互排斥作用，正是由信度效度的本质，还有更重要的语言的本质所决定的。这可以从以下几个方面去说明。

一、量与质的矛盾

量的测量（quantitative measurement）容易保证高信度；但是语言测试要实现效度，却要求质的测量（qualitative measurement）。量的测量，被测量的东西必须可数，可以用数字加数量单位表示。而我们要测量的却是语言，不是语言形式结构，而是不可见、不可数的语言运用能力。能力可以表征为行为，这样虽可见了，却仍然不可数，本质上不能用数字加数量单位表示。因此，如果要照顾信度，可以把测试设计为全部是定量型的测试，这样却照顾不到效度。如果要照顾效度，可以把测试设计为全部是定性型的测试，这却又照顾不到信度。

二、两分判断与连续判断的矛盾

信度要求两分判断，也就是黑白分明，要求测试里的每一个测试点，都只有对或者错两种判断。语言测试的效度，却要求连续判断，因为语言运用，本质上是不单纯用对或者错衡量的。产生性运用固然如此：无论从语单、语法，还是词汇的角度看，其运用的得体性、流利性、有效性，即使是准确性，都是一个程度的问题，而不是单纯的是或非的问题。接受性运用，也不见得就易于两分判断：接受语言时，意思抓准了还是偏了、抓全了还是漏了，理解、体会、感受是深是浅、是宽是狭，这也都是程度问题，而不是单纯的是或非的问题。如果真按语言运用的原本性质去对它作连续判断，有利于效度，却有损于信度。

三、分割法（atomistic approach）与整体法（holistic approach）的矛盾

分割法的测试，符合信度要求。理由有二：1. 把复杂的整体分割成各个性质单一的元件去测试，有利于取得客观、明确的数据。2. 分割的元件越小，数

量也就越多,也就是测试项目多,信度也就越高。

但是分割法测试,却不符合语言测试的效度要求。理由是它违反了语言整体观(holistic view of language)。具体说来就是:1. 它背离了语言整体运用这个实际。运用语言,从来就不会把单词、句子一个一个分割开来,把语音点、语法点、词汇点一项一项分割开来,孤立地运用。2. 它背离了"语言整体大于部分之和"这个实际。语言不是拼盘,而是部分的有机组合。分割开来的部分或元件,已经失去了语言的基本性质。正如眼睛从人身上割下来就失去了眼睛的性能一样。因此说,只有整体法的语言测试,才符合效度要求。

可是整体法的语言测试,一不易取得客观、明确的数据,二无法有足够大量的测试项目,所以也就难以取得高信度。

四、单维(unidimensional)观与多维(multidimensional)观的矛盾

要量平面上一根直线的长度,得出可靠的数据不难。但是要量不规则形状的,除了长、高、宽三维外还有第四、第五,乃至第六、第七维度的物体,要得出可靠的数据就不容易了。把语言作为单维的存在去测量,可以维持很高的信度。但是若把它作为多维的存在去测量,维持信度就比较困难。

真实的语言(尤其是运用中的语言)却是多维的。语言的运用,最起码要牵涉到语码、渠道、意义、语体语域、环境、背景等等维度。这当中语码又包括语音、语法和词汇等系统;渠道包括听、说、读、写、听写、读写、听说、读说、写说等等渠道;意义包括明指(denotational)和内涵(connotational)、局部(local)和总体(global)、字面(literal)和借喻(figurative)、表述(propositional)和施为(illocutionary)等等意义;语体语域(register)包括情景、地区、题材、职业等等条件所决定的不同语体语域;环境包括语篇语境,和人、地、时、目的、信息已知情况等等情景;背景包括社会文化乃至历史、民族、传统等等背景。

总的一句,要把运用中的语言从其多种维度去测试,那是达到了高效度,但是却不容易达到高信度。

五、静态测试与动态测试的矛盾

假如测量的是静态之物,测量就容易控制,容易准。假如测量的是动态之物,测量就难于控制,难于准。语言可以被看成静态之物,也可以被看作动态之物。有些测试把语言作为一个凝固的体系支渠考查,把人对语言的掌握,也看作已成的结果去测量。这种测试把语言作为一个活的、动的、不断变化及进展的体系去考核,把人对语言的学习与运用,也看作一个过程,而不是一个结果,去加以测验。这种测试称为过程测试(process testing),因为它关心的是

过程。不言而喻，成果测试比过程测试更易于取得信度，但是后者反过来在效度上胜于前者。

六、有限的语法和无限的运用的矛盾

一种语言的语法（指广义的语法），无论多么复杂，总是有限的，以它作为测试的目标能力，容易保证信度。但是一个人用一种语言能做的事，却是无限的。也就是说，语言运用能力是无限的。如果以语言运用能力作为测试的目标能力，这能说是有效的测试吗？现代语言测试学家很多都认为，这种测试不能认为有效。

七、抽象的行为与具体的行为的矛盾

行为，这里指的是语言测试所测试的言语行为（1.2［图1.6］里的B和b），是目标能力的表征。这种行为可以是抽象的也可以是具体的。

假如行为是放在真空中的（即没有真实情景语境），仅仅是抽象语言规则的表征，这种行为就是抽象的。譬如给单数的名词，把它变为复数，给陈述句，把它变为是非疑问句等等。这种行为作为语言测试所测试的行为，有一个好处，就是外推性强（见1.3）。也就是说，如果给你一定数量的名词变复数，你变对了，就可以推论你已经有了名词变复数这条规则的知识。如果给你一定数量的陈述句变是非疑问句，你变对了，就可以推论你已经有了陈述句变是非疑问句这条规则的知识。这种语法规则的知识是可以应用于任何情景的。语法规则越抽象，它的概括性就越强。概括性强，外推性也就强。抽样的外推性强，正是语言测试的信度的一条保证。换言之，抽象的被测试行为，有利于保证测试的信度。

另一方面，假如行为都放在真实交际情景和语境中，这种行为就是具体的。譬如收到不符合要求的进口商品后，给卖方外国公司写一封投诉信，或者对访问某学校的外国代表团口头介绍学校情况等等。这种行为作为语言测试的被测试行为，有一个弊病，就是外推性不易证实。你在这种特定情况下，就特定问题对行者持定人能写特定目的的信，我怎么知道在别的情况下，你能不能就别的问题对别的人写别的信？你在特定情况下，对特定代表团能作特定学校的口介绍，我怎么道在别的情况下，你能不能对别的代表团作别的学校（或者工厂，或者医院，或者博物馆等等）的口头介绍？换言之，行为越具体，其作为抽样的外推性就越欠缺。抽样行为缺乏外推性，信度也就难以落实。

但是话说回来，具体的行为符合交际运用实际，效度高。抽象的行为却不符合交际运用实际，效度低。

到此，从七个方面对比研究了信度和效度，可以总结一句：语言测试的根本要求是效度和信度，而效度和信度的基本关系是相互依存，却又互相排斥。认识这种矛盾的本质，在我们的语言测试实践中，才有可能更科学地处理信和效度。

1.3.4 信度与效度矛盾的和处理

语言测试的信度和效度既然互相矛盾，迄今的实际的语言测试，对它们又是如何处理？

大概有四种不同的处理路子：

一、保证高信度，忽视效度

语言测试的上一代体系的时期，人们对语言、语言学习和语言运用的认识还未达到现在的水平，对效度的认识也不如现在全面和深刻。在这种情况下，语言测试重点放在信度的提高上，对效度的要求，按今天的标准衡量，显得很不够，这也是必然的。可是到了今天，当人们对语言和语言运用已经有了更全面的认识，对语言测试的效度的理解亦进入了新的高度，如果在这种情况下，语言测试仍然只顾信度而忽视效度，那就是有逆于科学的进步方向了。

二、追求高效度，放弃信度

第三代体系的语言教学及语言测试兴起以来，有一些交际语言测试学派的学者，热衷于按新的交际语言观去设计高效度的语言测试，对信度则采取"有固然好，无也无所谓"的态度。他们可以说是测试学界的理想主义者，他们的很有创造性的测试，在当今的现实世界里，却无法广泛实施，也很难得到普遍接受。

三、消极妥协

英语语言测试学家奥尔德逊（Alderson, C.）曾说过："一切测试都是妥协（compromise）。"固然如此，但是妥协也有消极和积极之别。这里指消极妥协，也就是认为信度效度反正不可兼得，于是两者均不必强求，现成的能做到多少算多少。

四、积极平衡

其实这当然也还是妥协。但是比上一种处理办法更积极之处在于：不满足于现有的测试程式，刻意寻求能体现更高的效度同时也体现更高的信度的新突破。具体例子如：探索用信度高的形式考效度高的内容和道路，研究提高受测试的具体行为的外推性的途径，等等。当然，更长远的解决办法，得靠本章开头所说的与语言测试相关的内容科学与手段科学的向前发展。信度和效度矛盾的最终解决，也就是语言测试科学与语言测试艺术矛盾的最终统一。

本文原载于《语言测试科学与艺术》，湖南教育出版社，1997年。

语言测试与语言教学

上海交通大学 杨惠中

1. 语言教学是第一性的，语言测试为语言教学服务

语言测试发展到今天已经成为一门独立的学科，有着自己的研究领域和研究方法。语言测试从语言学、语言教学法和学习论取得科学内容，从心理测量学获得科学手段，语言测试是一门跨学科的综合性科学，语言测试又是伴随着语言教学出现的，没有语言教学也就无所谓语言测试。语言教学是第一性的，语言测试为语言教学服务。

1.1 语言教学和语言测试具有各自不同的目的

对大学英语课程来说，教学的最终目的是使我国大学生掌握英语，获得以英语为工具参与国际交流的能力，获取本专业所需要的各种信息；而语言测试的目的则是提供一种科学的测试工具，对学生的语言能力进行客观的、准确的、公正的评价，反映教学中的长处和短处，为提高教学质量服务。语言测试本身不可能有效地提高学生的语言能力，要提高学生实际运用英语的能力只能通过认真的教学。语言教学和语言测试两者目的的不同，不可能相互取代。

1.2 考试的正确使用和考试的误用

大规模标准化考试具有极强的社会性。按照使用的规模，语言测试可以是小规模的，如用于一个班级、一个年级、一个学校的各种考试；也可以是大规模的，例如各种全国性的考试。考试规模愈大，其社会性愈强。大学英语四、六级考试目前已达到每年240万考生的规模，是一种名副其实的大规模考试。

大学英语四、六级考试的实施，从命题、阅卷、等值处理、分数正态化处理到考场的组织管理等方面形成了一整套符合大规模标准化考试规范的做法，从而保证了命题的科学性、评分的一致性和成绩的可比性。正是由于大学英语四、六级考试广泛采用现代教育统计方法，分数通过等值处理，保持历年考试标准稳定，分数意义不变，因此分数具有可比性，不但可以进行共时的比较，也可以进行历时的比较。大学英语四、六级考试采用正态分制，每次考试提供大量数据，为各级教学管理部门进行决策提供了动态依据，也为各校根据本校

实际情况采取措施提高教学质量提供了参考标准。这是大学英语四、六级考试社会性的一种表现。另一方面，正是由于大学英语四、六级考试的科学性和权威性，考试结果得到了社会的承认，目前已经成为各级人事部门录用大学毕业生的标准之一，这就使它带有一定的功利性，这是大学英语四、六级考试社会性的又一种表现。

大规模考试的这种社会性，必然带来如何正确对待考试的问题，也就是对考试结果的正确使用和误用的问题，大学英语四、六级考试也不能例外。正确使用大学英语四、六级考试，应该充分利用每次考试所提供的大量数据，分析本校、本班级的实际情况，改进教学，提高学生实际运用英语的能力。这是组织大学英语四、六级考试的本意。

大学英语四、六级考试的误用表现为几个方面：

1）从教学行政部门来说，按简单通过率给各校排名次，极容易引起学校之间的简单攀比，造成不恰当的无形压力；事实上各校办学条件不同，生源不同，不存在进行简单比较的基础；

2）从学校来说，片面追求简单通过率，给具体从事大学外语教学的部门下达通过率指标，并且为了提高学校的通过率指标把大学英语四、六级考试及格与否与学生能否获得学位和毕业证书简单挂钩，个别地方甚至只求通过、不求提高，这样做完全违背了教学规律和教学目的，容易挫伤师生的积极性。何况简单通过率只能反映出有多少学生达到了大学英语四级或大学英语六级的及格线，并不能反映这些学生在什么层次上达到了教学大纲相应的要求。能够全面反映某个学生群体（学校、省、全国）英语水平的是平均级点分。平均级点分既考虑到累计通过率，也考虑到及格学生考试成绩的高低，所提供的信息要丰富得多。把信息量大得多的平均级点分放在一边不用，只追求简单通过率，这也是对大学英语四、六级考试的一种误用；

3）从学生来说，以获得证书为目的，而不是以提高实际运用英语的能力为目的，热衷于各种打勾划圈的所谓技巧，而忽略自身语言能力的提高，忘记了学习英语的根本目的。

凡此种种都是对考试的误用，误用的后果是大搞应试教学、题海战术，各种模拟题集泛滥，而不是把宝贵的课堂教学时间用在素质教育上。误用的结果不但中止正常教学，也中止考试本身，影响考试的评估，考试本身也成为受害者。

1.3 一项好的考试的必要条件

任何考试总要涉及两个方面，一个是考试本身，一个是使用考试的人。

大学英语四、六级考试本身需要不断的改革和完善，目标是进一步调动各方面的积极性，包括各级教学行政部门、教师、学生的积极性。目前已经采取以下改革和完善的措施：采用新题型、报导平均级点分、设作文最低分等，目的都是为了引导大学英语四、六级考试的用户正确对待大学英语四、六级考试，减少考试的负面影响，使大学英语四、六级考试能适应不断变化的社会需要，更好地为提高教学质量服务，为提高学生实际使用英语的能力这一根本目的服务。

从用户方面来说，也有一个正确对待考试的问题，凡是用应试教学来代替素质教育的地方都应当由有关教学部门自己来努力纠正，使师生把主要精力放在提高课堂教学质量上，这样才能提高学生的实际英语能力。

提高一项考试的质量，最主要的是提高考试的信度和效度，信度是指对学生的语言水平提供可靠的度量，效度指考试能准确地反映学生实际运用语言的能力。就语言测试这门学科目前的发展水平来看，一个考试的信度和效度常常是矛盾的。信度高的测试方式如多项选择题（指科学地设计的多项选择题），信度很高，但效度可能不高，通过精心设计可以提高其效度，但很难达到理想的状态；效度高的测试方式，如作文、口试等，效度很高，但信度常常不高，很难保证评分的客观性和一致性，虽然通过努力，采取各种补偿方式，可以提高其信度，但同样很难达到理想的状态。这是语言测试面临的两难命题。现代语言测试尤其是大规模考试往往只能在信度和效度之间找一个最佳的平衡点，兼顾两者。另一方面，由于测试手段的限制，语言测试只能是阶段性的，只能在教学结束以后对学生能力进行检定，因此语言测试只是对学生能力的一种阶段性测量，语言测试本身不能提高学生的实际语言能力，也不能代替教学。当然，从长远来看，随着语言测试科学的发展，随着测试手段的更新与进步，例如采用试题响应理论建设题库、开发计算机辅助量裁性自适应考试系统、多媒体技术的应用等等，有可能把学习和测试结合在一起，使学习的过程同时成为自我测试的过程，并且通过测试提供的反馈信息不断调整学习过程，教学阶段结束同时获得对学习成绩的准确评定，使语言测试真正做到信度和效度高度和谐完美的结合，这是语言测试的理想境界，暂时还做不到。就目前来说，还是应当提倡正确对待考试，充分利用考试提供的大量反馈信息提高教学质量。

2. 科学的语言教学和科学的语言测试

2.1 关于语言教学是一门科学的思想现在很少有人反对了，实际上语言教学作为一门科学就是狭义应用语言学的研究对象。关于语言测试是一门科学的思想还有不少人怀疑，他们认为考试无非就是出一张试卷，打一个分数，如此而已，作为教师谁没有出过题目？但是大规模标准化考试却远没有那么简单，且不说语言能力如何定义就各有各的说法，即使有一致公认的看法，又怎样把这种看不见的心理量准确地、公正地、稳定地测量出来，就决不是一件简单的事情。值得欣慰的是愈来愈多的人已经认识到语言测试是一门科学。

指导语言教学的理论基础是语言学、语言教学法和学习论；指导语言测试的理论基础，除了语言学、语言教学法、学习论外，还有心理测量理论。前者为语言测试提供理论框架，后者为语言测试提供实施手段。

由于语言测试是伴随着语言教学出现的，因此语言测试和语言教学应当结合起来考察才能探讨两者的关系和异同。

2.2 不同语言观决定语言测试不同的方法、内容和题型。下面这些题型大家都熟悉：

例1　指出下列句中的不定式及其在句中的成分

　　　Can you arrange for a car to take us there?

　　　I have a few words to say.

　　　I went to see him only to find him out.

例2　选择适当的选项填入句子使句中意思完整

　　　It is difficult to know＿＿＿＿＿＿the events the author describes in his book are imaginary or real.

　　　　　A）that　　　B）how　　　C）that whether　　　D）whether

例3　选择适当的选项使对话意思完整、应答得体

　　　Somebody: Excuse me, could you tell me the time, please?

　　　　You: A）No, there is no time.

　　　　　　　B）I'm sorry. I haven't got a watch.

　　　　　　　C）No, I can't tell.

　　　　　　　D）I'm sorry. I couldn't tell.

例4　根据磁带上的指示完成所要求的动作

　　　　A）[Put a small X in the top right-hand

　　　　　　corner of the square on the left.]

　　　　B）[Put another one in the bottom left-hand

　　　　　　corner of the square on the right.]

例1考核的是学生掌握语言知识的程度。很显然，是否掌握关于语言的知识和能不能运用这些知识进行听说读写，是两回事，并不能由前者推论出后

者；例2是一种孤立的、脱离上下文语境的离散题，可以用来考核句层次的语言能力，但只能用来间接地推论运用语言的能力；例3考核的是使用语言的得体性，四个选择项在语法上都没错，但只有一个选项在具体语境中是得体的；例4是所谓"做事型"题目，考生根据磁带上的要求做一件事，如果做对了，就证明考生正确地理解了这句话，至于能不能指出使用的是命令式还是陈述式，这并不重要。运用语言来"做事"，这是学习一门语言的本意。

2.3 语言测试发展的简单历史回顾

上面说过，不同的语言观决定语言测试不同的方法、内容和题型。七十年代以前语言测试界占主导地位的是分析法（analytic approach），称为心理测量—结构主义时期（psychometric-structuralism era）。其语言学的理论根据是结构主义语言学，认为语言是由语音、词汇、语法构成的一个系统，这一系统是可以分解的。语言中的语音、词汇、语法是一个有限的集合，而由这些有限集合的成分却可以构成无限集合的句子。所谓掌握一门语言就是掌握语言中的这些元素并用来生成和理解无限数量的句子的能力。由于语言是可以分解成构成元素的，因此可以设计出离散的题目（discrete items），来逐项测验学生是否掌握了这些元素。这一测试方法又称为元素法（atomistic approach）。在这一时期语言测试中使用得最为广泛的题型就是多项选择题。从心理测量的角度来说任何测试只可能是一种随机采样，在有限的时间内不可能对构成语言的全部元素逐一进行测验，而只可能、也只需要进行随机采样，即通过随机采样对全部构成元素的一部分进行测验，然后推断对构成元素全体的掌握程度。由于采用离散题每题只考核一个语言点，在有限的答题时间内考生有可能做大量题目，因此增加了采样的覆盖面。采样量大，信度就高。另外，采用多项选择题评分具有客观性，这进一步提高了语言测试的信度。语言测试发展的这一时期开发了一系列统计分析方法，包括对试题难易度、区分度、整卷信度等等的定量分析方法，使语言测试成为一门既有坚实的理论基础又有成熟的测量统计方法的学科。

但是采用分析法所得到的分数对学生的语言水平只能作间接的推断，不是直接可以解释的。到了七十年代中期这种分析法的观点受到了广泛的挑战。J.Oller1979年在他的 *Language Tests at School* 一书中（P.212）指出了这种分析法的结构效度不高，存在着严重的缺陷：

"离散分析的观点必然把语言的构成要素进行分解，孤立地逐项进行教学（或测试），极少注意或根本无视这些构成元素在更大的交际语境中是如何相互作用的。把它作为语言教学或语言测试的基础其最大的不足,是把语言分割成构成要素后语言的本质不见了。事实上,任何一个系统,其构成要素都是在相互作用中才能体现其本质和作用的,将其孤立起来,也就失去了系统的本质和作用,总体远大于构成要素的总和……构成要素之间的组织制约关系是一个系统的本质特征,把构成要素孤立起来就失去了这种本质特征。"

自从七十年代中期起,语言测试界开始重视所谓总体综合法(global integrative approach)的研究,Spolsky等人把这一时期称为心理语言学—社会语言学时期(psycholinguistic-sociolinguistic era)。综合法是针对采用以离散题为主进行测试的方法而提出来的。离散题把语言技能加以一一分解,而综合测试正好相反。主张采用离散题的人认为一次只可以测试一个语言点,而综合法则主张通过一次测试全面地评价学生的总体语言水平,学生必须综合地运用各种语言知识和技能。他们认为语言不但是一个可以分解的体系,更是一种动态的、具有创造性的功能体系。语言使用过程中冗余度很大,因此不能说缺少了哪一个语言点语言交际就无法实现。特别是社会语言学家提出的语言交际能力(communicative competence)的概念,认为使用语言不但要能够按照语法规则构造出合格的句子,而且还必需具有在不同的语境中合理地使用这些句子的能力,这就对语言测试的效度提出了新的要求,这一点是孤立地测试语言点的单纯离散题做不到的。这一时期采用得比较多的是综合题,如完形填空(Cloze)、综合改错、听写、口试、作文等等。J.Oller等人提出了关于综合语言能力(GLP, General Language Proficiency)的假设,认为综合题的目的就是综合地测量这种能力。就我国的考试传统而言,命题作文是我国的传统方式,多项选择题之类离散题是以后外来输入的形式,因此综合测试的思想很容易被我国的语言测试界所接受。综合法的主要问题是难以做到评分的客观性和一致性。当然,有些综合题型可以采用客观题形式,如完形填空等,但采用客观题形式后所考核的仍然只是领会能力,对考核综合语言能力仍有一定的局限性。

自八十年代中期以来,随着交际教学法的发展,交际法语言测试(communicative testing)受到了愈来愈多的重视。从交际法的角度来看,所谓掌握一门语言是指在一定的语境中学生能够使用所学的语言进行有效的交际,交流思想感情,达到相互沟通的目的。那么所谓交际能力(communicative competence)指的是什么呢?对于这一理论问题并没有一致的看法。Canale和Swain(1980年)等认为语言交际能力至少应包括四个方面:语法能力(也有称语言能力的,即linguistic competence,指掌握有关词汇和语法规则的知识)、社会语言能力(sociolinguistic competence,即关于语用方面的知识,使语言运用得体）、语篇能力（discoursal competence，即掌握和组织连贯的话语而不是孤立的句子的能力）和会话策略能力（strategic competence，即运用言语的和非言语的手段进行有效语言交际的能力）。其他学者也提出了类似的观点。不论关于交际能力提出什么样的模型，有一点是可以肯定的，从语言作为交际工具的角度来看，进行有效的语言交际，仅仅掌握语言形式是不够的，因为语言交际过程涉及交际的目的、语境、彼此的角色地位等等，同样的语言形式，由不同的人在不同的场合以不同的方式讲出来，其含义可能完全不同，因此语言交际的过程实际上是一种解释过程（interpretation），是交际双方的协同过程（negotiation）。既然如此，语言测试就必须在真实的（authentic）语境中采用真实材料来进行，观察学生在真实语境中运用语言达到交际目的的能力，并以此来判断学生的语言水平。这样就提出了直接测试（direct testing）的问题。但是人们的交际需要千变万化，交际语境也无法穷尽，因此很难设计出真实的语境来进行语言测试，而且在一种语境中表现出来的交际能力很难由此推论出在其他语境中一定也有相同的语言交际能力，何况在进行测试的前提下很难说所设计的交际语境是真实的。此外，就语言测试而言，还有变量如何控制、评分如何保证客观性和一致性、分数如何解释等等困难，很难保证考试的效度、信度和高效率。因此交际法语言测试尚处在发展阶段，还没有成熟的方式可以采用，但交际法测试提出的一些有关语言交际能力的思想是值得从事语言测试研究的人思考的。

2.4 在对语言测试作了简单的回顾以后再来看语言教学和语言测试的关系，主要可从五个方面来进行考察：①教什么和考什么；②怎么教和怎么考；③语言教学和语言测试是否具有上下文语境和交际情景；④语言的真实性；⑤语言教学和语言测试是以语码为纲还是以信息为纲。

传统的语法翻译法侧重在系统地讲解语言知识，练习形式主要有背诵、听写、造句、回答问题、翻译等；强调死记硬背，语言训练是单技能的，脱离上下文语境的；使用的材料以语码为纲。这一时期的语言测试称为科学前（prescientific）时期，语言测试以孤立的语言点为主。

结构主义的听说法强调掌握语言技能，练习形式以句型操练为主，目的是养成下意识的习惯，语言训练是单技能的，脱离上下文语境的，使用的材料以语码为纲，缺乏真实性。这一时期的语言测试大量采用多项选择题，都是以孤立的语言点为主的离散题。

综合法（integrative approach），主要是指语言测试中的综合技能测试法，认为语言能力是不可分解的，常用的测试形式有完形填空、综合改错等。

交际法则认为语言教学的根本目的不但要使学生掌握语言知识，更要培养在真实语境中进行有效语言交际的能力。在教学中大量采用多种形式的语言交际活动，各种以完成一定任务为基础的活动（task-based activities），如解题、角色扮演、模拟活动、搞一个课题等等，综合运用听说写各种语言技能。多种形式的语言活动都是在一定的上下文语境和真实情景中进行的，使用的材料都以信息为纲，创造真实的语言环境。交际法外语教学正在迅速发展中，而交际法语言测试则刚刚起步。

2.5 由上面的简单比较可以看出，语言教学的目标是语言交际能力的正确养成，而语言测试的目标则是语言交际能力的正确测量。两者目标不同，手段也就不同，两者是不能互相取代的。为了养成语言交际能力，各种不同的外语教学法在实践中创造了丰富多彩的课内外语言活动的形式，而语言测试的发展不但滞后于外语教学的发展，而且由于受到测试目的和可操作性的限制，受到测试手段的局限，发展要慢得多。由此可见那种大搞题海战术、以考代教的做法是本末倒置的做法，对培养学生实际使用语言的能力非常不利。

3. 语言测试是一项专业性极强的工作

大学英语四、六级考试是一种大规模标准化考试。大规模标准化考试为了保证考试的信度和效度，对考试有很高的质量要求。大学英语四、六级考试在设计时力求做到：

1）评分具有客观性、一致性
2）对教学具有正确的指导性
3）分数具有可比性
4）施考条件对所有考生以及不同考次的考生一律平等
5）便于施考

为了保证考试的效度，大学英语四、六级考试通过调查研究制定了考试大纲、定义了所测量的英语语言能力、编制了详细的考试内容规范，使历年测试在形式和内容上都稳定不变，保持了评价标准的稳定性。

在大规模标准化考试中通常普遍使用的多项选择题，其命题工作是一项专业性极强的工作，命题难度大、周期长。大学英语考试不但对所考核的内容有明确的规定，而且对每一部分都有详细而严格的命题要求，还建立了专门的命题员队伍，命题员都经过严格的培训。试卷中的每一道题目在实际使用前都要经过命题、审题、试测、计算机试题项目分析、复审、构卷等漫长而复杂的过程,确保试卷在难易度、区分度等方面都达到规定的要求以后才能实际施考。这个周期往往长达一年之久。只有这样才能保证大学英语考试的质量。

为了保证大学英语四、六级考试的信度,使分数具有可比性,每次考试以后在成绩发布以前,大学英语四、六级考试还要经过漫长的数据处理过程,包括数据录入、加权处理、IRT等值处理、作文分调整以滤除阅卷员的系统误差、分数的正态化处理等等。考试以后还要对试题和试卷进行严格的统计分析。这些复杂的过程保证了大学英语四、六级考试的信度和效度。不难看出,语言测试是一项专业性极强的工作,需要语言测试学家、教育测量学家、语言教师、计算机程序员等的通力合作、艰苦努力,才能做到。

那种以为标准化考试就是多项选择题,多项选择题材无非就是一道题目搞几个选择项,这是对标准化考试的极大误解。一方面,由于大学英语四、六级考试的科学性得到了社会的承认;另一方面,某些人又以为多项选择题非常简单,一天就可以轻而易举地命几十道题,致使以牟利为目的的各种所谓大学英语模拟试题集充斥市场。这种未经检验的所谓大学英语模拟试题集,毫无信度和效度可言,用来考试毫无价值,用在课堂上,不但浪费宝贵的课堂教学时间,对养成学生实际使用英语的能力毫无作用,不但贻误学生,而且败坏标准化考试的声誉,使人误以为这种本末倒置的做法是标准化考试引起的,使考试本身深受其害。

实验研究证明,由经过训练的专业人员按严格的要求编制的试题是可以有效地测量学生的语言能力的。大学英语四、六级考试每次考试结果所提供的大量数据能够为教学提供丰富的反馈信息。不充分利用这些经过艰苦劳动得来的宝贵信息也是对教育资源的一种浪费。

4. 充分利用大学英语四、六级考试提供的数据改进课堂教学

4.1 每次考试以后,考试委员会向全国高校报导考试成绩,内容包括本校考生的及格人数、优秀人数、试卷各部分的均值和标准差、全体考生的均值和标准差、考生成绩的百分位表等;此外,还报导全国高校考生、全国重点大学考生及全国非重点大学考生的全部上述数据。因此每次考试后大学英语四、六级考试向各校提供大量反馈信息,成为各校及各级教学行政部门对大学英语课程实行宏观指导的工具,各校可根据实际情况不断提高教学质量,提高学生实际使用英语的能力。

下面是1998年6月考次大学英语四级考试的有关数据。

表1 1998年6月考次CET-4全国高校成绩统计

Univ.	STD	TIS	PASS	60-69.5	70-84.5	85-100	P1	P2	P3	P4	P5	MT	SD
TOTAL	U-96	356982	147151	61039	58285	7827	11.86	21.8	9.63	5.68	8.08	56.71	13.91
--Percentile-- (U-96)													
Up	99.5	94.5	89.5	84.5	79.5	74.5	69.5	64.5	59.5	54.5	49.5	44.5	39.5	34.5	29.5	24.5	19.5	14.5
Lw	100	-95	-90	-85	-80	-75	-70	-65	-60	-55	-50	-45	-40	-35	-30	-25	-20	-15	-10
S	6	301	1868	5652	11448	18963	27874	36808	44231	47737	46264	41377	32818	22664	12178	4984	1451	294	64
PC	0	0.1	0.5	1.6	3.2	5.3	7.8	10.3	12.4	13.4	13	11.6	9.2	6.3	3.4	1.4	0.4	0.1	0
CS	6	307	2175	7827	19275	38238	66112	102920	147151	194888	241152	282529	315347	338011	350189	355173	356624	356918	356982
CP	0	0.1	0.6	2.2	5.4	10.7	18.5	28.5	41.	54.6	67.6	79.1	88.3	94.7	98.1	99.5	99.9	100	100

表2 1998年6月考次CET-4全国重点院校成绩统计

Univ.	STD	TIS	PASS	60-69.5	70-84.5	85-100	P1	P2	P3	P4	P5	MT	SD
TOTAL	U-96	86217	51712	22819	24253	4640	13.22	24.75	10.42	6.1	8.73	63.01	13.99
--Percentile-- (U-96)													
Up	99.5	94.5	89.5	84.5	79.5	74.5	69.5	64.5	59.5	54.5	49.5	44.5	39.5	34.5	29.5	24.5	19.5	14.5
Lw	100	-95	-90	-85	-80	-75	-70	-65	-60	-55	-50	-45	-40	-35	-30	-25	-20	-15	-10
S	3	208	1175	3254	5772	8316	10165	11503	11316	10321	8574	6455	4311	2673	1482	534	170	31	8
PC	0	0.2	1.4	3.8	6.7	9.6	11.8	13.3	13.1	12	9.9	7.5	5	3.1	1.7	0.6	0.2	0	0
CS	3	221	1386	4640	10412	18728	28893	40396	51712	62033	70607	77062	81373	84046	85474	86008	86178	86209	86217
CP	0	0.2	1.6	5.4	12.1	21.7	33.5	46.9	60	71.9	81.9	89.4	94.4	97.5	99.1	99.8	100	100	100

表3 1998年6月考次CET-4全国非重点院校成绩统计

Univ.	STD	TTS	PASS	60-69.5	70-84.5	85-100	P1	P2	P3	P4	P5	MT	SD
TOTAL	U-96	356982	147151	61039	58285	7827	11.86	21.8	9.63	5.68	8.08	56.71	13.91
Up	99.5	94.5	89.5	84.5	79.5	74.5	69.5	64.5	59.5	54.5	49.5	44.5	39.5	34.5	29.5	24.5	19.5	14.5
Lw	100	-95	-90	-85	-80	-75	-70	-65	-60	-55	-50	-45	-40	-35	-30	-25	-20	-15	-10
S	3	93	693	2398	5676	10647	17709	25305	32915	37416	37690	34922	28507	19991	10750	4450	1281	263	56
Pc	0	0	0.3	0.9	2.1	3.9	6.5	9.3	12.2	13.8	13.9	12.9	10.5	7.4	4	1.6	0.5	0.1	0
CS	3	96	789	3187	8863	19510	37219	62524	95439	132855	170545	205467	233974	253965	264715	269165	270446	270709	270765
CP	0	0	0.3	1.2	3.3	7.2	13.7	23.1	35.2	49.1	63	75.9	86.4	93.8	97.8	99.4	99.9	100	100

表1是全国高校的四级考试成绩统计，表2是全国重点大学的四级考试成绩统计，表3是全国非重点大学的四级考试成绩统计。表中Univ.一栏表示学校代号；TOTAL为总计；STD一栏表示考生年级代号，U—96表示本科生96届，也就是96年6月考次的主要考生；TTS一栏表示实际参考生人数；PASS一栏

表示及格人数，其中含获优秀称号（85分以上）的人数；P1一栏表示听力理解部分平均分（注意，这一栏报导的是加权原始分，不是经过正态化处理的正态分，听力理解部分满分为20分）；P2一栏表示阅读理解部分平均分（满分为40分）；P3一栏表示词汇语法部分平均分（满分为15分）；P4一栏表示Cloze部分平均分（满分为10分）；P5一栏表示短文写作部分平均分（满分为15分）；MT是总分的平均分（即均值）；SD是标准差；Percentile指百分位；S指在某一分数段的实际考生数，例如在95-99.5分数段中的考生，全国共301人，其中重点大学共208人，而非重点大学仅93人；PC指某一分数段所占百分比；CS指某一分数段的累计考生数；CP指某一分数段的累计百分比。从上述三表的比较可看出，重点院校的均值高于全国均值，非重点院校的均值低于全国均值。试卷各部分的均值也是如此。由于重点院校生源好、师资强，这样的结果是可以理解的。以上这些数据每次考试连同本校考生成绩全部提供给每个学校，各校完全可以根据本校实际情况进行分析，与同类学校进行比较，尤其值得做的是与本校历年考生成绩作纵向的比较，找出进步与不足之处，强项和弱项，充分利用大学英语四、六级考试提供的反馈信息，提出改进教学的针对性措施，而完全没有必要在学校与学校之间进行简单的攀比，尤其不要把这些重要的数据放在一边弃之不顾，而只对简单通过率进行攀比，浪费宝贵的教育信息。

此外，为了防止这种简单攀比引起的副作用，考试委员会本着考试成绩属各校自有的原则，向各校提供的除全国性的总体数据外只有本校的成绩统计数据，从不提供其他学校的成绩统计数据。

大学英语四、六级考试当然还向各校报导学生的个人成绩。

4.2 大学英语考试成绩统计分析软件包

为了帮助各校更充分地利用大学英语四、六级考试所报导的成绩，全国大学英语四、六级考试委员会开发了大学英语考试成绩统计分析软件包，已免费赠送给全国高校使用。

每次考试后，全国大学英语四、六级考试委员会公布的各项考试统计分析数据数量很大，是衡量各校学生英语素质和教学水平的重要手段，同时也为各校改进英语教学提供了大量动态信息。

但是，如何全面、准确地分析、利用这些统计数据来了解自己学校的英语教学情况、比较本校各个年级考生成绩的升降、分析考试中存在的问题、区分自己的强项和弱项，需要一种便于使用的软件工具。由于大学英语四、六级考试允许未及格的学生再次参考，因此，反映一个学校考生英语水平的应该是该校的累计通过率，而计算累计通过率却很难用手工进行。

大学英语考试成绩统计分析软件包将抽象、难解、分散的数字统计表，转化为友好易懂的、直观的动态图表。将过去很难做到的累计统计、横向和纵向的各种比较、考生分析等转为非常形象的图形分析，使各校都能充分利用这些数据，提高教师的教学水平和教学质量，更好地提高学生的英语素质。除了每次考试以后公布的各种统计数据外，大学英语四、六级考试每两年还公布一次试卷。凡试卷公布的考次，考试委员会将考生的全部原始数据提供给学校。各校还可以利用成绩统计分析软件包对本校考生的答题情况作试题项目分析，具体了解本校的教学情况，获得丰富的反馈信息。

下面是本系统输出的各种统计结果的两个实例。

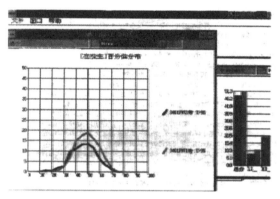

图1 大学英语考试某校考生成绩分布情况

图1是某校考生成绩分布情况，灰线为1月份考试，黑线为6月份考试。由于大学英语四、六级考试的分数经过等值处理，不但同一年份的不同考次分数可比，而且不同年份的考次分数也可比，这就为纵向分析提供了条件，使各校能直观地了解本校学生英语水平的变化情况。

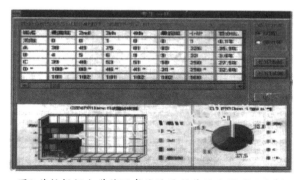

图2 某校根据大学英语考试结果所作的试题项目分析

图2是利用本校考生数据所进行的试题项目分析，三种不同的图示方式意义是一样的。由于提供考生原始数据的该次考试试卷已经公开，因此教师可以结合试卷，分析学生对某题的答题情况，为什么答对，为什么答错，具体地找出教学中的不足，有针对性地改进教学。

本文原载于《外语界》，1999年第1期。

对标准化考试的一些反思

广东外语外贸大学 桂诗春

广东从1984年起酝酿标准化考试改革试验,已有十载。1987年国家教委考试中心成立后,又把标准化考试作为考试改革的核心,列入国家教委教育科学"七五"规划,在全国范围内进行了大规模试验。这个试验牵动了数以万计的考试命题和考务工作人员以及更多的中学教师、考生、家长,"十年辛苦不寻常",理应作回顾和反思,因为"鉴往可以知来",会更有利于我国考试事业的发展。

一、标准化和制度化

笔者1981年底在广东的一次全省教学经验交流会上针对我国当时考试的一些弊端,提出实现我国考试现代化的四个方面:从领导体制上要实现制度化、从组织上要实现专业化、从方向上要实现标准化、从技术上要实现电脑化。其后广东接受国家教委的委托,在广东开展考试改革的试验,正是从这四个方面入手。回顾起来,我国考试事业在这几个方面确实取得了很大的进展,这是有目共睹,无庸赘述的。

我国考试改革以标准化为核心来展开,有它的历史必然性。一是这是我国教育测量专家的共同认识,二是以它为核心易于入手,可带动其他方面的改革。

标准化的概念并非考试独有。凡有社会人群活动的地方,都有标准化的问题。标准化指的是大家约定使用统一的标准,以便于交往。19世纪后期,为了克服各地区使用太阳时所造成的混乱,人们约定统一使用格林威治标准时;科学的新发现和新进展使新术语大量产生,这些术语必须进行标准化处理,才能进行学术交流;在工业生产中,一些产品的零部件的规格要有统一标准才好配套;各国进行贸易,也必须有统一的货物单位和货币计算手段;在测量科学中,人们所使用的度量衡单位,不但要在一个国家内统一,还要与国际衔接(如使用公制),不然信息交流就会受影响。

在教育测量中,为了保证考试的信度、效度和区分度,我们往往需要对考试作标准化处理,但处理的程度可不同,有的考试是局部性的(如某一个学校、某一个地区），有的是范围较广的（如某一个省，乃至全国）。处理程度的大小取决于考试的用途：像奥林匹克数学、物理竞赛是在全球范围内统一处理的；我国出国留学人员的外语选拔考试是在全国范围内统一处理的。高考虽然在全国范围内举行，命题也是统一的，但考试的组织和试卷的评阅，甚至考试分数的使用（即标准化处理）却是以省或地区为单位的。在某种意义上说，标准化考试和考试的集中管理有密切的关系，在一个范围内进行的标准化考试所建立的标准，就是这个范围的标准。我们要在什么范围内建立标准，就要在这个范围内进行集中管理。在这个范围内分散建立的标准不可能成为在全国范围内的统一标准。

十年实践的结果说明，标准化的旗帜确实是起了作用，深入人心。但是随着考试改革的发展，制度化已成当务之急，而我们对在中国这么一个大国内怎样建立一个符合我国国情的标准化考试管理体制还缺乏周密的考虑和部署，这就使标准化难以深入。例如标准分制度至今还未能在全国铺开，这固然有认识和技术问题，但更重要的是缺乏一个从中央到地方步伐一致的考试管理体制。我们目前在省或地区一级管理考试的是各地招生办公室，招生办公室是考试的使用单位。按各国通例，考试的使用单位和考试的管理单位应该分开。让考试的使用单位去主持考试，难以保证考试的公正性。现在有的地方已将招生办公室改为考试办公室但这不应该是名称的改变而应该是职能的改变。标准化的很多措施未能实行是因为缺乏制度化的保证。制度化应该成为考试改革的更为重要的核心，考试的管理不但要有个健全的制度，而且要有一套法规。

二、标准化考试还要不要完善

就考试的内部关系而言，我国高考的标准化改革虽然迈出了可贵的一步，但仍有许多问题有待完善。标准化考试在我国一般指三个方面的标准化处理。

1.试题的标准化处理。其根本目的是使考试的内容、方式、试题的难度尽量保持一致。试题标准化处理其实就是保证考试的效度，使考试确实考了要考的内容，尽量减少考生因为不熟悉题型而考不出其知识和能力。就一份试题而言，其实没有什么标准化与非标准化之分，所谓试题的标准化处理是尽量使一份试题和同一种考试中的其他试题（即平行题）保持一致，使考试结果的评估有一个稳定的标准。在这方面尚有不少问题需研究：

1）我们曾强调必须有个公诸于众的考试大纲（或说明）作为标准化的法定文件，它既是保证试题一致性和评估标准稳定性的依据，也是指导考生复习应试的依据。大纲要力求稳定，不轻易改变；就是要改变也要提早出安民告。执行的结果说明考试大纲确实在标准化考试中起了作用，但也出现一些值得注意的问题。有的人不去仔细研究考试大纲所规定的考试内容，而是盯着考试题型，甚至想在大纲以外打听到一些什么独家消息，作为指导考生复习的依据。所以每年都有些地方开什么"高考信息交流会"，都有些什么"小报"登载"高考最新信息"，把道听途说的东西互相传递，以讹传讹，大大地干扰了考生的正常复习。看来考试大纲是需要的，但是大纲不但要充分反映中学的教学要求，而且要有较大的灵活性。较灵活的考试大纲可以使考生和他们的教师把目光集中在教学的基本要求，而不去紧扣某一些题型，大搞应试训练。

2）我国幅员广阔，难以做到试题保密，用后就作废，使测量工具"钝化"，这就要求我们不断地探索能够更好反映考生水平的新题型，提高命题人员驾驭试题的能力。目前社会上有些人常把试题的标准化处理和客观性试题（特别是选择题）混为一谈，以为标准化考试就是选择题。其实试题仅是标准化处理的一个环节，还有其他的环节。选择题确有其缺点，主要是效度低，对教学的作用不良，但也不能把它废弃，因为它信度高，便于机器阅卷可省去大量的人力。像高考那样的牵动几百万考生的大型考试有很多制约，必须全面考虑。而不能抽象地讨论哪一种题型的优劣。还有些人认为选择题鼓励考生猜题。其实不管什么题型，在考试前和考试中都会有人猜测，但猜测情况因人而异，因题而异，凡是懂得做的就不会再去猜，所以水平越高的考生就越不会去猜题，水平越低的人就越靠猜。关键的问题是一个水平低的考生能否靠猜题来取得高分，根据统计学二项分布的原理来推算，一份有50道四选一的试题，一个全然不懂的考生要猜对一半的可能性为0.000085，已接近于零，要猜对更多题目的可能性就更低。其实经过现代考试的多年实践，人们对题型已有一些共识：客观性题目和与它对立的主观性题目各有优缺点，不能偏废，至于两者的比例如何，取决于具体考试的性质、目的、要求和规模，而且不同的科目应有不同的比例。另外客观题也不限于选择题，如填充题也有较高的信度，但它不能用机器阅卷。随着现代技术的发展，我们也应探索使用机器来处理其他类型的客观题。

3）对试题标准化处理的一大难题是试题的等值处理问题。严格来说，一个定期举行的考试，每次所使用的试题如果不经等值处理，这个考试就说不上标准化。每次考试的试题难度不能绝对一致，这就出现各次考试的测量尺度不一的问题。目前我国高考的试题并没有等值处理是和我国标准化考试的两级管理有关的，换句话说，等值必须在省或地区的范围内进行，而各省或地区的招办或考办对等值的必要性的认识是很不一致的。我们在广东省高考的英语科进行等值试验已有五年之久，也摸索出一些符合我国国情的模型，但一直未能推开，这也是因为缺乏制度保证。

2. 实行标准分制度。用标准分来代替原始分（即卷面上的分数）是标准化改革中的重要措施。在广东省进行高考标准化试验中，坚持标准分制度已有十年了，效果良好，也逐步为大家所接受。使用标准分是为了更准确反映一个考生的成绩在整体考试成绩中的位置；在选拔性考试中，这是保证择优录取的重要措施。使用标准分是世界各国考试通常使用的制度，因为在一个每年都举行的大规模考试里，使用原始分制度弊病较多：卷面上的分数和试题的难度直接联系，而每年的试题难度不一样，考生的水平也不一样，故原始分缺乏可比性。原始分转换为标准分后，起码各年考生的位置是可比的。这等于在金融和贸易上要使用统一的计算单位来结算一样。使用标准分制度后，未经等值处理的试题的矛盾可以得到缓解，而且每年高考的分数线可以根据全体考生数和高校招生数进行预测，起到安定民心的作用。但是在使用标准分制度的问题上，也有不少疑虑和误解，使它不能顺利推开。例如标准分和原始分的标准不一，会造成一些差异，有人对此有意见。其实就一门科目的考试而言，原始分高的，标准分也高（即考生在全体考生中的位置也排在前面），考生按原始分和标准分的排列次序是完全一致的。问题是把几门科目考试分数组合成为总分，有些考生的总分有些差异。其实两者的次序也是基本上一致的，差别不大。只是在录取线附近的分数会有一些变化，但变化的比例不大。我们曾在广东省进行抽样比较，在1978年的5233名理科考生中，原始分上线而标准分未上线的为47人，原始分未上线而标准分上线的为48人，有差异的合计为95人（1.82%）。

1）为什么会出现差异呢？根本原因是我们目前所采用的分数相加、按总分划线以决定录取的办法并不很合理，原始分相加就更不合理。因为原始分和试题难度相联系，哪一个科目的试题容易，得分就高，进入总分的权重就大，所以某一年政治科的试题偏易，而物理科的试题偏难，就出现报考物理科的考生的上线率取决于政治科分数的现象。转换成标准分后的变化是对这种不合理情况加以调整，使之趋于较合理。出现的这些差异就是对不合理的情况进行调整的结果。使用标准分后，相加的是考生在每个科目的得分排列中的位置，排除了试题偏难或偏易的情况。但是这并没有完全克服分数相加、按总分划线的弊病（如没有考虑测量误差的问题，以一分之差来决定上线与否），还有必要继续进行改革。例如我们可以考虑采取更大的举措，不统一划录取线，只给单科成绩（证书），由录取单位决定哪些专业需要哪些科目，以及科目的上线标准。

2）标准分反映的是考生的位置，这在选拔性考试中是必要的，但考生的绝对水平的信息却丢失了。怎样建立一个更完善的分数制度还可以进一步研究，但是标准分制度不能退回到原始分制度，就是使用原始分来反映考生的绝对水平，也必须以提高试题信度（如对试题进行等值处理、改善主观题的评分方法）为前提，否则绝对分数也是不可靠的。

3）有人认为转换标准分太麻烦，增加工作量，群众又不易理解。这个问题要全面看，从数据的整理和转换来说，丝毫不麻烦：目前各省均采用计算机进行分数统计，转换标准分无非是在程序里作一点改变，根本无需手工操作。从宣传标准分制度来说，则确实有很多工作要做，问题在于我们是否充分认识到分数制度改革的必要性。凡是必须做的东西人们不会觉得麻烦，就是麻烦也要去做，吃饭比不吃饭麻烦，谁也不会因为怕麻烦而不吃饭。其实经过宣传教育，标准分制度并不难懂。1992年广东省曾向全省大学和中学教师、调研员、招生干部、中学生发出调查高考标准分制度的问卷，结果是完全理解、一般理解的人占80%。为了检查其是否真正理解，问卷中有13道关于标准分的知识性的题目，平均答对率为62.5%。83.5%的人认为标准分比原始分更能反映考生水平，82.6%的人认为使用标准分录取比使用原始分更合理，83.7%的人认为使用标准分后，各科之间进行比较比原始分的比较更科学。

4）也有的人由于对标准分不理解而产生错误的看法，如使用了平均分为500，标准差为100的常模后，有人认为"这是分数贬值"。其实500分表示的是考生成绩在全体考生成绩的位置，即有50%的人（一半的人）得到这个分数，500分只是一个校标，它可以是50，也可以是100或120。不管用哪一个校标，一个考生得到它都意味着他的成绩刚好处于全体考生成绩的中间位置。使用500分有两个好处，一是考生的分数中没有小数点，减少运算中的麻烦和错误，二是考生的分数中没有负值。

3. 考试组织管理的标准化。这是往往为人所忽略、但却是至关重要的一项标准化措施，其根本的出发点是让所有的考生都在大致相同的条件下参加考试，进行公平竞争。高等学校招生入学考试之所以在群众中有较高的声誉和考试组织管理的标准化不无关系，因为上述两方面的标准化是靠考试的统一组织和严明管理支持的。试想一想，如果考试的组织管理漏洞百出，舞弊现象严重，试题出得再好，分数制度做出再彻底的改革，这个考试仍然是无效的、不可信的。谁也不会说它是标准化考试。

1）从考试的组织管理方面来看，怎样防止回答选择题时的舞弊行为，是一个值得考虑的问题。除了改进考场管理外，试题和答卷应尽量复式，使每个考生的试题和答卷和他附近的考生的都不一样。这一点，我们还没有完全做到。

2）尽量减少主观题的评分误差，也是一个值得研究的问题。主观题效度高，但信度低，目前还找不到十分有效的办法来提高其信度，因为误差来自阅卷员，阅卷员人数越多，就越难以统一评卷标准。

考试的标准化组织和管理对其他两方面的标准化改革也是一种制约。例如主观性题目虽然效度较高，能够考出考生的能力，而且对教学也能产生良好的影响，但在组织评分和保证全国各大考区使用同一客观评分标准方面却出现很多困难，所以试题中不能全用主观性题目。几年来，我们也听到很多来自中学的对高考改革的建议，大都言之成理，从出题角度来看应予采纳。但从组织和管理方面来看，却难度甚大，只能等待时机成熟，才能实行。例如英语科要不要在全体考生中考听的能力，这不是应不应该考听力的问题，而是能否保证在全国范围内让考生在相同的条件下进行听力考试的问题。

三、标准化考试能否克服考试的所有弊端

考试制度是社会制度的一个组成部分，有许多考试的外部关系问题，并非标准化考试本身所能解决的。这一点是我们参加了多年标准化考试试验后才认识到的。

我国是世界上最早建立考试制度的国家。从西周至春秋奉行世官制，春秋末年采用荐举的办法，连政治思想保守的孔子也主张"举贤才"。到两汉时代，荐举制发展成为"察举制"，因为发现光推荐容易产生弊端，应辅以考察，这已具有考试的雏形。到魏晋南北朝，"察举制"又为以"评定"为主的"九品中正制"所取代，因为察举先选后考，也不健全。科举考试制度建立于隋唐，一直延续了一千三百年，到清末才废止。举荐也好，考试也好，没有绝对的优劣之分，都是种鉴别和选拔人才的手段。它们共同的问题：从内部关系来说这种手段既牵涉到鉴别者和鉴别标准，又牵涉到被鉴别者，这是个不断变化和发展的因素。因此对人的评估必须依靠长期的客观公正的考察。从外部关系来说，这种手段在社会中实施受到很多社会的制约和影响，例如各考试的权重大小是社会赋予的（如考试及格就可以升学、留洋、做公务员），权重越大，社会上各种对付手段就应运而生，投其所好。高考提出标准化改革以来出

现了很多冠以"标准化"字眼的书目和提法，有兜售书籍的、有办班的、鱼目混珠，扰人视听。如什么"标准化复习"、"标准化训练"、"初（高）中标准化指导"、"分级标准化阅读"、"××科标准化自测"……，不一而足。试问复习、训练指导怎样能标准化？而且标准化还能分级，还可以自行测量，也属闻所未闻。这引起了考试的组织者和广大的教师、家长的忧虑。但是这个问题不是标准化考试本身，而是社会赋予这个考试的权重所造成的。即使没有标准化考试，只要考试的权重不变，也还是照样有人去对付它，只不过在商品化的社会里，这个问题尤为严重。这好比有名牌商品，就会有假冒伪劣商品一样。这些"模拟试题集"、"训练班"所引起的恶劣作用也如同假冒伪劣商品一样，它不但治不了病，反而会害死人。

上述问题在现代社会里都存在，但我们又不能因噎废食，像"文革"时期那样取消考试，而只能采取各种手段去防止它的负面影响。说到底，这也是从宏观上建立一个符合我国国情的考试制度的问题。

1. 作为教育部门和人事部门的领导者来说，对考试这个测量工具的使用必须十分谨慎。注意发挥其积极作用，防止其消极影响。考试不能滥用，过了头就会走向其反面。考试权要集中管理，不能层层下放。要注意腐败风气对考试的腐蚀，现在已有这样的苗头，先把考试权拿到手，然后就随之收费办班，训练考生参加考试，变相地卖证书。对已有的考试也需整顿，建立一些审查考试质量的规范。

2. 对禁止出版模拟试题集之类的应试书籍，国家教委等几个部门已有明文规定，甚至比打击假冒伪劣商品的文件还要早颁布，但是诲尔谆谆，听我藐藐，形形色色的试题集仍充斥着市场，在应届毕业生的书桌上也堆积如山，成为一种社会公害！这个问题如不及时解决，对高考和中考都会产生不良影响。有人就把模拟试题集的问题看作是标准化考试改革的问题，而向我们提意见，其实从高考改革的角度看，我们最反对这些模拟试题，它们只是外形上相似而实质上大异，并不能反映考试的要求，反而对学生给予错误的导向。这主要是有法不依，打击不力。

3. 探索更有效地测量人才的手段。"一次考试定终生"，大家都觉得不妥，能否采取更多的方式来测量人才，这也是世界各国都在探索的问题。有的国家已把中学的成绩计算在高考成绩之内，当然怎样计算其权重，怎样防止分数掺水分……，都要研究。有的教育学家提倡所谓"连续考试"，有的测试专家强调面试的重要性，等等，都是想补一次考试的不足。这些做法不一定能够适合我国的情况，但我们应结合我们的特点探索更多的手段。

4. 题型训练要适可而止，为了帮助考生熟悉高考的考试方式，做一些题型训练是有必要的。这是为了使考生心中有数不至于临场慌乱，考不出其原有的水平。应该指出的是，题型训练只能使学生发挥其本身的水平，而不能提高其水平。题型训练不要冲击正常的教学，更不能代替正常的教学。搞题海战术更有害无益，这是很多高中毕业班教师的经验之谈。题型训练过多，舍本求末，适得其反，使考生精力花在应试能力，而不是学科能力的提高，而应试能力无非是一些答题的技术，与学科所要考的内容无关。有的学生在题海战术中给弄得晕头转向，对题型麻木不仁，反应迟钝，参加高考反而考不出自己的水平。题型训练要重视质量。有的教师只顾让考生多做题，而不注意对答题结果进行分析，帮助考生找出症结，结果考生也难以提高。因此题型训练不能"放鸭子"，听其自流，而应该加强指导，特别是针对考生的薄弱环节来有目的地组织训练。每次训练后都要有针对性地进行评讲，而且评讲时应是分析学生错误的根由，而不是告诉学生一些什么答题"窍门"。

本文原载于《中国考试》，1995年第3期。

语言测试的社会学思考

上海交通大学 杨惠中　广东外语外贸大学 桂诗春

1. 引言

语言测试经过半个多世纪的发展，已经成为一门独立的学科。从语言测试发展的历史看，语言测试工作者的研究重点逐步从提高测试信度和改进测试效度发展到关注测试的后效。近年来，国际语言测试界逐渐把研究的重点转向语言测试的社会应用，即研究语言测试的社会性。这一发展轨迹反映了语言测试工作者认识的深化。

一项好的语言测试首先本身的专业质量要高，主要是考试的信度和效度要高。提高信度是语言测试的内部问题，通过采用心理测量学所提供的技术手段，仅凭语言测试工作者本身努力即可解决。

效度问题涉及到考试的对象和用户，它的研究要复杂得多。效度是一个实证问题，必须靠实验来验证。大规模语言测试必须开展效度研究，以实据来证明自己的效度，即测量了所要测量的语言能力，这样才能取信于民（Alderson et al.，1995：193）。

关注语言测试对教学的反拨作用是语言测试工作者的本职工作。作为对教学结果的评估手段，测试自然会对教学产生影响，即产生反拨作用。反拨作用有正面的，也有负面的。负面的反拨作用限制学习的深度和广度；从广义来说，作弊、替考、应试培训和模拟试题集泛滥等都可算是考试的负面作用。语言测试工作者努力探索新的题型、改进考试的内容和形式，对减少考试的负面效应有一定的效果。

但是，教学是一种社会现象，作为教学一部分的考试自然也是一种社会现象。考试是在特定的社会环境下（social context）发生的。对考试反拨作用进行深入研究后发现，考试的反拨作用是一个极其复杂的现象，涉及语言测试工作者、教师、学生、家长、政策制定者、用人部门等等，可说是涉及一切与考试有关的人员。一项考试，尤其是一项大规模、高风险考试，如果不但要求测量准确、而且还要收到良好的反拨作用，那就需要社会各方面的协同努力；认为改进考试对教学的反拨作用（washback effect and social impact）只是语言测试工作者本身的社会责任，那未免失之简单，而且不可能由此找到解决问题的途径。

从更广泛的角度来考察，当一项考试的结果用于考试以外的目的时，该考试结果（亦即分数或证书）就获得了社会权重，这项考试就变成了高风险考试。这种社会权重越大，考试的风险就越高。当考试结果直接决定考生的未来命运（包括入学、毕业、求职、留学，等等）时，这种风险就变得具体而直观，即考生关心的不再是如何提高语言能力，而是关心如何能够及格并获得证书的捷径。形形色色的应试培训的组织者和模拟试题集的编写出版者，正是利用了考生的这种心理进行牟利；作弊、替考等则是诚信的缺失。这些都涉及考试的社会学，在这里，考试题型改革等努力能起的作用十分有限。

接下来，我们首先观察一下现实生活中的实际情况，再来分析考试各相关方的职责，并就如何改进考试的社会效益提出几点建议。

2. 语言测试社会性现状

2.1 我国是考试的故乡，一千三百多年的科举考试传统使考试在我国享有极高的权威性，"分数面前，人人平等"，一年一度的高考成为学生、家长、乃至整个社会的重大事件，报纸上屡有考生抱病坚持考试、残障学生参加考试的报道，绝大部分考生希望通过展示自己的真实能力诚实地获得成绩和证书，因为证书是他们进入社会的准入证。

2.2 不少学校把四级证书作为获得毕业证书的必要条件，英语考试不及格就不能毕业，这无疑使一部分学生蒙受极大的心理压力，但是导致英语学习达不到要求的原因多样，一刀切的做法是否经过论证？

2.3 据2006年3月27日美国《新闻周刊》报道，作弊挑战标准化考试，考生通过手机短信息、MP3等电子设备进行作弊。报道说："如今，这个问题如此普遍，它甚至已经开始改变大学录取的方式。"看来考试作弊的手段多种多样，古今中外无不如此。考试作弊是某些考生能力没有达到要求，而又希望轻松获得资格证书以牟取未来利益的舞弊行为。允许作弊，是对诚实考生的不公。有人认为作弊是考试造成的，而《新闻周刊》的文章则认为，考生作弊，"竞争才是真正的罪魁祸首。"这一点说得很对，处于竞争性极强的社会中，考试的社会权重愈大，作弊的企图愈大，对付考试的各种手段就会层出不穷，这是赋予考试的社会权重造成的，解决问题的根本办法就是减轻权重，不要把考试结果作为评估人才的唯一手段。

2.4 也有人说应试教育是由考试采用多项选择题造成的，仿佛只要取消所谓的客观题，采用面试、作文等所谓的主观题，应试教育的问题就会迎刃而解，这是十分肤浅的看法。其实，在我国已经有一千多年历史的科举考试，主要方式就是命题作文，也就是所谓的主观题，可是各种应试的方式方法还不是照样层出不穷？又如面试，作为一种所谓的主观题，效度比较高。从去年开始，一些高校为了防止应试教育带来的高分低能现象，在招生中尝试采用面试方式，可是时隔不久，各种"面试攻略"一类的应试培训马上跟上。可见，解决应试教育之道在别的地方，靠改变题型之类的做法效果有限。另一方面，多项选择题作为一种测试手段，教育实验证明，不但可以测试记忆，而且可以测试理解、分析、判断、推理，甚至应用和运算等，能够测试多方面的能力，直到今天依然为各种重要的大规模考试所采用。例如，2006年的美国GRE通用能力考试共132道题，其中两道为作文题，其余130题均为多项选择题；美国的TOEFL网考有80%是多项选择题，甚至二项选择题（是非题）。可见多项选择题作为教学手段是无效的，但作为测试手段依然被学界所接受并认为是有效的。目前的主要问题是，我国很多命题人员（包括模拟试题编制者）并没有掌握这种命题手段，只会依样画葫芦，出了很多无效的试题和选项。

3. 语言测试各相关者的责任：社会学视角

以上实例说明，从考试社会学的角度来看，语言测试工作者的职责只是更多地涉及考试的技术层面；而决定考试社会权重的因素则常常非语言测试工作者所能控制。尤其当考试成为一种体现政策的工具的时候，更是如此；此时改进考试后效需要更高层次的决策，包括考试各方相关者的正确对待。在这里，语言测试工作者能起的作用是有限的，正像原子能研究是原子科学家的职责，但防止核扩散等等则是政治家的职责，原子能科学家充其量只能起咨询作用。

一项好的考试的必要条件包括内部和外部两个方面。内部条件主要是指考试的专业质量，外部条件则主要指考试管理的公平性、考试结果的正确使用、防止考试结果的误用。语言测试工作者的两难境地是：他们努力开发的考试项目专业质量愈好，信度和效度愈高，就愈得到公众的信任和使用；但考试的使用面越大，社会权重也就越大，考试结果被误用的可能性也越大。可是对于防止考试结果被误用，语言测试工作者竟毫无发言权。因此，即使是一项好的考试，要收到好的社会效果，也还需要考试各方相关者的协同努力，这里说的考试相关者主要是指语言测试工作者、政府教育主管部门、教师、学生、家长、社会用户等等。下面试从考试社会学的角度分析考试相关者各方的职责、以及为保证考试的正面社会效益各自可以做出的贡献。

3.1 语言测试工作者的职责

语言测试工作者无疑承担着主要的社会责任，尤其当考试结果有可能决定考生未来命运的时候，语言测试工作者所承担的社会责任是重大的，他们必须兢兢业业做好自己的工作。

（1）国际语言测试学会（1999）制定的道德规范守则第七款指出："语言测试工作者的社会责任要求他们努力提高语言测试、评测以及为教育服务这三方面的质量，他们的工作应该在促进语言学习、提高语言水平方面为社会教育作出贡献。"不断提高语言测试的专业质量是语言测试工作者的本职，他们应当努力探索语言测试的新理论、新方法、新技术，提高测试的信度、效度与测量精度，探索交际型语言测试的理论和方法，使语言测试能更准确地反映考生的语言运用能力。

（2）道德规范守则第七款还要求语言测试更好地为语言教学服务。语言测试应当加强对教学的诊断功能，深入教学过程，发现教学中的优缺点，发现学生的学习困难并指出改进方向。语言测试应通过个别化的、人际交互的方式采集学生有关语言运用能力的信息，并向教师提供具有可解释性的数据，以便改进教学，提高效率。Shohamy提出系统效度的概念（systemic validity），认为只有当测试结果真正被教学过程利用时，语言测试才起到了反馈教学的作用（2004：83）。

（3）语言测试当然也具有选拔功能，好的测试具有高的区分度，能够把不同能力层次的被试正确地区分出来。但是，测试作为一种测量手段也具有一定的局限性，它在本质上是对考生语言能力的一种采样，仅通过一次采样来决定考生一生的前途，风险太大。为了减少这种风险，应当采用多元化的评测手段，如学生的平时成绩、学生自测、学生互评等等，以求全面真实地反映考生的语言能力。将终结性考试与形成性考试结合起来，正是当前语言测试界研究的热点之一，目标是防止一考定终生，避免考试中的误差和偏颇，尽量反映考生的真实能力。为了改进考试对教学的反拨作用，有些国家和地区正在进行实验，在高等学校入学考试之类的高风险考试中把终结性考试与形成性考试结合起来，并取得了一定的效果。但终结性考试常常是全国性的统一考试，而形成性考试必须由各校自行组织，在这种情况下，如何保证考试的科学性和公平公正原则还有待探索，但专业语言测试工作者可为各校提供考试设计、分数等值处理、数据采集和解释等方面的咨询服务，以保证考试的专业质量。

（4）语言测试工作者过去只关心测试的专业问题，而忽视测试的社会及政治因素。事实上，任何语言测试都不是孤立进行的，它发生在特定的社会环境中，必然与诸多心理的、道德的、社会的、政治的因素相关。考试的社会权重过大，常常是由考试结果的误用或滥用造成的，考试工作者有职业和道义上的双重责任，保证考试结果得到正确使用，保证考试用于当初设计时所确定的目的和用途，Bachman把这一点称作考试用途效度（test use validity）（Bachman & Palmer, 1996：17；Bachman, 2004）。但是，对考试结果的误用或滥用常常是某种行政决策的结果，而考试工作者对此毫无控制权和监督权。

3.2 政府职能机构的作用

美国教育考试服务处（ETS）公开说明其机构的性质是：（1）非官方的；（2）独立的；（3）非营利性的。换言之，ETS作为一个非营利性的专业机构提供各种独立的教育测量服务，政府机构无权干涉其正常的教育测量业务活动。这一性质并不适合我国国情。历史悠久的考试传统使考试在我国具有以下特点：（1）考试必须是官方的，民间自发的考试再科学也没有人承认和使用；（2）考试因为是官方的，因此享有很高的权威性，"分数面前，人人平等"被公众普遍接受，却很少有人质疑分数本身是否科学、分数是否可以解释、考试本身是否达到了心理测量和教育测量所要求的专业质量标准。

这种官方考试的实践常常把考试看作一种行政行为，而非学术行为，其后果是：（1）政学不分（也是一种政企不分的表现），考试的用户和考试的组织者合而为一，缺乏社会监督；（2）经常对考试业务本身进行行政干预，使考试专业工作者无所适从；（3）考试的知识产权得不到尊重；（4）常常把考试结果作为施政手段使用。

事实上，任何大规模考试都包括政策和学术两个层面。在我国，大规模考试动辄涉及数十万、上百万考生，尤其是高风险考试，社会影响巨大，往往成为社会关注的热点，政策层面的问题必须由政府主管部门处理，在这一方面专业人员只能起咨询作用；另一方面，考试作为心理测量与教育测量活动也是一种学术活动，要求很高的专业知识与能力，应当由称职并敬业的专业人员来完成，政府职能部门应创造条件来保证考试的学术质量。我们认为，政府职能部门应在制度建设和监督两方面发挥作用，包括以下各个方面。

（1）由相关部门制定"教育测量与心理测量标准"并颁布执行

我国政府已经颁布了各种工业标准，但是在社会人文科学领域的标准制订工作却相对滞后，考试实践就缺乏相应的标准。任何规模大一点的考试，只要采用多项选择题，都可以自称为标准化考试，也没有人监管，使人误以为

"标准化考试就是多项选择题,多项选择题就是标准化考试。"事实上,心理测量与教育测量是对人的心理量进行测量,其困难程度和专业要求之高可想而知,而且测量结果往往对被测量者产生严重后果,这样重要的社会实践活动本身必须满足一定的质量要求,达到一定的质量标准,这就是标准化考试的标准。由美国教育研究会、美国心理学会、美国国家教育测量委员会联合制定的《教育与心理测量标准》第一版于1954年颁布,以后根据实践与经验不断修订完善,到1999年已经出版第六版(American Educational Research Association, American Psychological Association, National Council on Measurement in Education 1999)。该项标准对考试的效度、信度、标准测量误、记分体制、常模、分数可比性、施考、阅卷、成绩报道等都提出了很高的专业质量标准,对考试的公正性、分数的正确使用、考生的权利和责任等都有明确的规定。说到底,标准化考试是指测量的标准化,即测量的结果必须是科学的、准确的、公平的、可比的、可解释的、可检验的,而跟题型本身并无直接关系。这样一项困难而重要的工作本身岂可没有标准?政府机构应当由相关部门尽快制定适合我国国情的《教育与心理测量标准》并颁布执行,起到"量同衡"的作用,这是造福千百万学子的重要举措。只有保证考试本身的科学性,"分数面前,人人平等"才有意义。

(2)由相关部门制定"语言能力等级统一量表"

制定统一的语言能力等级量表,其实质就是对使用语言的能力要求制定统一的规格,这样做既有利于教学,也有利于考试,当然也有利于考试结果的使用(Council of Europe,2001)。在实践中,有科学定义的语言能力资格认证,也便于用人部门对人才的合理使用。制定"语言能力等级统一量表",可起到"车同轨"的作用。关于制定量表的问题,我们在"制定亚洲统一的英语语言能力等级量表"一文中已经进行了讨论(见《中国外语》2007年第2期),在此恕不赘述。

(3)对考试结果的使用进行监督,防止分数的误用、滥用和不恰当使用,这是保护考生权益、保证社会稳定的重要举措,也是降低考试的社会权重、稳定教学秩序、避免应试教学的重要措施。我们知道,社会资源有限,社会现实要求做某种选择,于是考试就成了最有效而且最方便的现成手段,成了施政工具。但是这些行政决策的前提是什么、实行的后果是什么、这样使用考试结果是否有效、是否符合该考试项目最初设计的目的和用途等等,所有这些不但需要进行充分论证,而且应当把论证结果公诸于众,让公众了解使用的效果和后果。政府主管部门有责任对此进行监督,这样才能防止考试结果被误用。

（4）保护考试知识产权

科学的考试作为心理测量和教育测量的一种科学实践活动，包含测试专业工作者的辛勤劳动和智力创造。科学的考试，试卷中的每一道题目成熟周期长达一年，需要测试工作者艰苦努力，更别提考试过程中的其他专业工作了。但是目前的现实情况是，这种智力劳动的知识产权在我国得不到保护。国外很多考试的试题是保密的，但我国的试题一经开考即不保密，使"枪手"得以在考场外用高科技手段向考场内传递答案。各种侵犯考试知识产权的事例更是层出不穷，有偷窃托福试卷举办应试培训班的，有盗印出版大学英语考试试卷的，不一而足；最大的侵权是盗用注册的考试品牌编写各种模拟试题集进行牟利，例如《托福模拟试题集》、《大学英语六级模拟试题集》等等，这一类所谓模拟试题集完全是滥竽充数的东西，除了A、B、C、D表面上像多项选择题外，与科学的考试毫无共同之处。这类出版物已经泛滥成灾，严重干扰正常教学与考试，一部分人却藉此轻松牟取经济实利，他们利用的正是科学的考试的品牌效应。这不但冲击和干扰教学，损害考试的信誉与公信力，也严重侵犯考试知识产权。

（5）保护语言测试工作者的权益

语言测试工作者处在矛盾冲突的交汇点上，职业道德要求他们兢兢业业、克尽职守，"精心设计、精心组织、精心施考"，但是他们的权益却得不到保障。一方面，考试专业质量越高，越有可能被社会广泛使用而被赋于极大的社会权重，并由此产生巨大的、他们无法控制的商业利益，这一切都对语言测试工作者造成压力，甚至使他们处于危险境地。另一方面，也是因为普通公众并不了解语言测试是一项高度专业性的工作。事实上，大规模标准化考试需要一支训练有素的专业队伍，包括应用语言学家、语言测试学家、语言教师、心理测量学家、计算机工作者等等的协同努力，一项科学的考试从初创到成熟是极其艰苦的，因此实施大规模标准化考试的专业机构应赋予法人地位，这样才能保护语言测试工作者的权益、保护考试知识产权，保证语言测试作为一门学科能够顺利发展，才有可能通过法律诉讼制止各种侵权行为，不但有利于保护考试机构的知识产权，而且有利于廓清混乱不堪的教辅市场和应试培训市场。

（6）鼓励教育测量和心理测量领域的专业人员制定行业道德规范语言测试工作者要以敬业精神来对待自己的专业工作，充分意识到自己的专业工作所承担的社会责任。考试专业人员，包括涉及命题的人员，应当自律，不搞模拟试题、不搞应试培训等等进行牟利。如果主持考试的人或单位利用自己的身份进行应试培训，不但对其他考生不公，而且也使考试失去了公信力。

（7）成立语言政策咨询委员会

外语教育受国家政治形势和经济形势的影响极大，这涉及到国家的语言政策，涉及国民的文化认同、国家改革开放和对外交流、母语学习与外语学习的平衡等重大问题，因而需要科学规划。也有一些人把英语学习看得太简单，以为随便学学就可以开口说流利的英语，说不了就是"哑巴英语"，而且把考试当作现成的替罪羊，仿佛只要取消考试，千百万人立马就能流利地说英语了，显然这是缘木求鱼。事实上，语言教学是一门科学，就全国来说，语言政策需要全面规划，语言教学也是如此。如果由政府主管部门成立"语言政策咨询委员会"，由应用语言学家、语言学家、教育学家、语言教学专家、语言测试学家、热心教育的社会知名人士参加，集思广益，反映各方观点和社会需要，全面规划语言教学，正确处理语言教学与语言测试的关系，则不仅上述1）—6）项工作都可以相应得到落实，英语教学也可以避免"费时多、收效低"的窘况。

（8）制定教育考试法并颁布执行

考试需要"法治"，在条件成熟时应根据法律制订一整套制度和规定，明确规定什么单位有权举办全国性的考试、考试机构的权利和责任、考试结果的使用范围、考生的权利与义务、考试用户的权利和义务、考试知识产权保护、考试试卷的考前与考后保密、试卷窃密与泄密者的法律责任、作弊替考等行为者的法律责任、教育考试的专业质量监管、对考试结果使用的监管，等等。只有健全的法律制度才能避免考试走向商业化，成为某些人或某些部门的牟利工具，才能保证教育考试的健康发展，使教育考试服务于教育事业并造福千万学子。

3.3 教师和学生

语言测试要收到预期的效果还需要教师和学生正确对待。语言教学和语言测试具有各自不同的目的，前者是为了帮助学生掌握英语，获得以英语为工具参与国际交流的能力，获取本专业所需要的各种信息；而后者只是一种测量工具，目的是对学生的语言能力进行客观的、准确的、公正的评价，同时反映教学中的优缺点，以便改进教学。因此，教师应当帮助学生理解测试工具不等于教学工具的道理，自觉摈弃各种应试培训的做法，还课堂教学以本来面貌，探索各种有效的、丰富多彩的语言教学形式，包括任务型教学、课题型教学、交际型教学，充分利用宝贵的课堂教学时间提高学生实际运用英语的能力。对学生来说，他们应当相信英语可以学好，但又不是可以随便学好，非下苦功不可。不要轻易相信模拟试题集之类的"捷径",只有下苦功夫才能学好英语,达到用英语进行交际的目的。

3.4 社会

由于大规模考试具有社会性,也希望社会能够正确对待考试,善待考试。首先,要正确使用考试结果,避免考试结果的误用。另外,要为语言测试学科的发展创造宽松的氛围。那种"大字报"式的所谓学术讨论是伪学术,除了哗众取宠,蒙骗不明真相的普通公众,完全无助于语言测试学科的发展。

4. 结论

有教学就有考试,对教学效果和考生的能力水平进行测试鉴定,这是由社会需要所决定的。迄今为止,考试依然被公认为是公正的、社会可以接受的方式。英语测试正是适应学习英语的社会需要而产生,因此问题不在于取消考试。语言测试工作者的任务是保证测试的科学性,保证学生的语言能力能得到客观的、准确的、公正的评价。另一方面,测试的结果又要被公众使用,从社会的角度看,测试的社会性取决于社会用户的多寡。一个考试的用户越普遍,正面和反面的影响就越大;考试的使用面越大,社会权重越大,维护考试的社会公正性就越发显得重要。科举时代,皇帝当最高的考试执行官,对舞弊的官员都杀无赦,因为社会权重大的考试一旦出现不公平就会破坏社会的安定。在竞争性极强的社会中,对付考试的各种手段层出不穷,这不是考试本身的问题,而是赋予考试的社会权重造成的,因此考试的决策者必须把考试的社会性(包括它的风险性)考虑在内,应该成立由各方面用户代表人物组成的委员会来主持其事,保证考试的结果能得到正确使用,同时保护考试各相关方的权益。对于高风险考试来说,防止考试结果的误用,代价可能很高;但从考试社会学的角度来看,这样做既必要,又值得。

本文原载于《现代外语》,2007年11月第30卷第4期。

第十五章
语言课程、教材与教学技术

按语（陈坚林）

在信息技术与外语教学整合领域里，众多学者从不同的视角对此进行了多方位的考察和研究，发表了许多具有很高学术价值的成果。经过精心筛选，本读本挑选了三篇该领域具有代表性的论文供读者选读。它们是胡壮麟教授的"谈Siemens的连接主义"，顾曰国教授的"多媒体、多模态学习剖析"以及陈坚林教授的"大学英语教材的现状与改革——第五代教材的研发构想"。这三篇文章以不同的角度就信息技术在外语教学上的运用从宏观的理论到微观的实践予以了较为权威性的阐述。

胡壮麟的论文对网络时代的新理论（Siemens的连接主义）作了阐述性介绍，认为自2004年以来加拿大教育家George Siemens在网络上发表了多篇文章，重点阐述了"电子时代的学习"与"网络创建的学习"等新理念。Siemans的连接主义成为网络上热烈讨论的有关新世纪学习理论的热点。顾曰国的论文根据认知心理学的理论视角对多媒体、多模态学习提出了五个可供进一步研究用的假设并介绍用"角色建模语言"（agent-based modeling language）对多媒体、多模态学习进行结构化数据建模的思路。陈坚林的论文从微观的角度重点讨论了如何有效地把信息技术整合于我们的外语教材之中。在分析当前大学英语教材的基础上，论文提出了第五代教材的研发构想，指出信息技术应该完全融入教材，并发挥其海量储存、便捷灵活的强大功能。

这三篇文章值得一读，对了解如何使现代信息技术整合于外语教学，发挥其超强功能大有裨益。

大学英语教材的现状与改革
——第五代教材的研发构想

上海外国语大学 陈坚林

目前,用于大学英语教学的教材种类繁多。应该说,其中不乏理念较为先进的优秀之作,为我国大学英语教学的改革和发展作出了很大的贡献。但也无可否认,有不少教材在使用后不能达到预期的效果,尤其是在如何有助于培养学生的英语综合应用能力以及实现课程目标上不尽如人意,引起了不少要求改进现有教材的呼声。为此,作者经过较为广泛的调查,撰写此文,就如何使教材能更加适应教学改革的要求谈些看法,旨在抛砖引玉。

1. 关于大学英语教学改革

2004年教育部颁布了《大学英语教学课程要求》(以下简称《课程要求》),开始了全国规模的大学英语教学改革。《课程要求》确定了英语教学的课程目标,即培养学生的英语综合应用能力,重点是学生的听说能力,并据此提出了"基于计算机和课堂的英语多媒体教学模式"。根据教学改革的目标和新的教学模式,教育部推荐了四套大学英语教材,并选定了一定数量的学校,先后进行了几轮的试点,取得了一定的效果和进展。

关于大学英语教学改革,笔者先后发表了一些文章,对一些热点问题进行了探讨。首先,笔者对《课程要求》的理论基础以及新模式的理论内涵和运用进行了探讨和分析,阐述了现代信息技术在现代外语教学中的重要意义,并在此基础上提出了计算机正在快速地走向教学的前台,强调了教材应体现教学的个性化和超文本化的观点(陈坚林,2004:46-50)。此后,笔者又从现代信息技术快速发展和超越的计算机功能等角度,较为全面地论述了计算机在现代外语教学中的地位和作用已经发生了根本性的变化,再也不能只强调其"辅助"的功能,提出了计算机在外语教学中正在从辅助走向"主导"的观点(这里的"主导"不是指计算机将完全替代教师,而是指计算机在构建生态化教学环境中是一个必不可少的有机组成部分,是一种不可或缺的工具),旨在阐明外语教学中教材必须融合进现代信息技术,充分发挥超强的计算机功能,真正使计算机成为我们的学生在外语学习上的学伴和同学,大胆放手地让学生在计算机上进行自主的外语学习，以此缓解紧缺的教学资源（陈坚林，2005a：9-12）。随着教学改革的深入和发展，笔者又认为要有效地进行大学英语教学改革，教师必须要改变观念，尤其要正确理解在外语教学中如何从以教师为中心转变到以学生为中心上来以及如何从完全的课堂教学转变到计算机自主学习上来。实际上，"教师中心"模式和"学生中心"模式都有其深刻的理论基础以及自身的长处与短处，不能把"教师中心"简单地与"单纯地传授语言知识"等同起来，也不能把"学生中心"简单地与"培养语言运用能力"等同起来。应该要注意扬长避短，充分发挥两种模式的优势，学会教学模式的综合运用。为此，作者提出了计算机网络应该与外语课程进行全面的整合，并设计了5种基本的（与教师中心和学生中心相关的）教学模式（陈坚林，2005b：3-8）。为进一步完善这5种基本的教学模式，笔者又对计算机网络与外语课程的全面整合进行了进一步的阐述，认为计算机（现代信息技术）、教学内容、教师、学生应该构成一个生态化的外语教学环境，使教师和学生在整合的教学环境中相互作用、相互补充、相互转换，真正使教师和学生的作用在教学中充分地发挥出来。计算机网络与外语课程整合至少可有三大突破：一打破了课本为知识唯一来源的局限；二能创设理想的外语学习环境；三改变了传统的教学结构（陈坚林，2006：3-10）。

上述的这些观点（尤其是计算机网络应与外语课程全面整合）旨在阐明大学英语教学改革所需要解决的一些实际问题，同时也表明目前所使用的大学英语教材还很难适应大学英语教学改革的要求。换言之，大学英语教学改革要求我们的教材必须是：教学理念先进化，教学内容立体化，教学手段现代化。的确，现有的大学英语教材看上去一般都达到了这些要求，但是稍加分析就会发现不少教材在实际的使用上并没达到教学改革的实际目标。正如刘润清等（2003：18）指出的那样："高校英语教师仍然有相当多的人对现有教材不满意，对教材很满意的人极少，认为现行教材不适合教学改革的人占两成以上。"为什么这些理念较新、质量较高的大学英语教材反而还不能适应教学改革的要求呢？在对此作探讨之前，我们先来看一下大学英语教材的发展轨迹。

2. 关于大学英语教材的发展

在我国高校，非英语专业学生的英语教学最初被称为公共英语教学，1986年开始改称大学英语教学，在其发展的过程中，有过不少使用广泛的优秀教材。经回顾总结（董亚芬，2003；李荫华2002），大学英语教材按时间大致可分为四代：

第一代教材从61年至文革前。主要有上海交大、同济、华东化工和上海工学院编写的《高等工业学校英语》、复旦编写的《文科英语》、华师大编写的《理科英语》和上海二医编写的《医学英语》。这些教材所采取的方法都是50年代的传统模式，即以课文分析为主，以语法为纲，着重培养学生的阅读能力。

第二代教材从1979年到1985年。这一时期使用最为广泛的教材是上海交大的《英语（理工科通用）》、清华的《英语教程（理工科用）》、复旦的《英语（非英语专业用）》。这些教材基本上仍然遵循第一代教材的传统模式，以课文为中心，以语法为纲要。但在教学形式上有所突破，前两套教材虽然还是以科技文章为主培养学生的阅读能力，但起点较高，而且开始注意兼容听、说、写的内容，如有会话功能意念，配合课文内容的听力和常用科技文章写作等。

第三代教材从1986年到90年代中期。教材开始以大纲要求进行编写，"根据分级教学，各编六册，每级一册"，并分为"精读、泛读、快速阅读、听力、语法与练习等五种系列教材"。编写原则是："第一，文理打通，把教学重点放在语言共核上。教材力求做到（1）题材、体裁多样，避免内容过专过偏的文章；（2）选材应注意趣味性、知识性和可思性。第二，语言基础和交际能力并重。第三，突出阅读技能培养。第四，博采众长而不是片面求'新'"。其中由复旦、北大、华师大和中国人大合编的《大学英语》，由上海交大编写的《大学核心英语》，由清华编写的《新英语教程》以及由高教社与麦克米伦出版公司合作出版的《现代英语》等使用最为广泛。

第四代教材从90年代后期开始，先出现了《21世纪大学英语》、《新编大学英语》等教材。进入21世纪后，又出现了许多具有时代特征的教材，如《新视野大学英语》、《大学体验英语》、《新时代交互英语》、《大学英语（全新版）》、《必胜英语》等。打破了原来一套教材统天下的格局。第四代教材开始利用现代信息技术，从纸质平面教材向以多媒体网络为依托的立体式教材方向发展。尽管第四代教材采用了现代信息技术，但传统的教学模式仍未被打破。

从这四代教材的发展情况来看，它们都具有这样几个共同特征：第一，传统教学模式，注重阅读能力的培养；第二，教材系列化，分工越来越细，听说读写基本各成一体；第三，教材的编写一般都由国家重点院校的专家、教授承担，这从一个侧面说明教材更适用于重点院校的学生。这些特点似乎告我们教材发展很快，但与现代外语教学的理念仍有相当的距离。应该说，第四代教材相比较前三代教材，有了显著的变化和进步，主要体现在两个方面：一是编写理念较为先进，能综合体现各种教学理论；二是教材立体化，不仅有纸质课本，而且还有音视、频光盘和网络版教材。然而，这些变化，尤其是物理概念上的变化，是否能够满足当前大学英语教学改革的要求呢？我们下节将作分析。

3. 关于第四代教材

第四代教材是这次大学英语教学改革所使用的主要教材，因此对这代教材的分析主要基于这样三个方面：教材与目标、教材与使用、教材与技术。

3.1 教材与目标

一般来说，教材是课堂教学的主要内容，要向外语学习者提供符合外语学习规律的语言素材和学习方法。教材从某种意义上说也是一种工具，专为语言学习这一目标服务，是用来实现根据学习者需求而制定的教学目标的资源，因此对教材的分析和评估，应结合教学大纲和外语课程的培养目标来进行。为此，Cunningsworth（1995：15—17理论、结构、方法）专门提出了教材评估的四项原则：

1. 教材应该与学习者的需求吻合，与语言教学课程的目的和目标相吻合；
2. 教材应反映目前和将来对语言的使用，选择可以帮助学生有效地为自我目的使用语言的教材；
3. 教材应该考虑到学习者的需求，应该对其学习的过程起到促进的作用，不应教条地套用某一教学法；
4. 教材应该起到对学习过程提供支持的作用，与教师一样，教材应该成为目标语和学习者之间的桥梁。

根据上述四项原则，尤其是第一条，可以这样认为教学大纲与教材的关系是一种目标与手段的关系。大纲确定目标，教材用于实现目标。因此从教学角度而言，一般总是先有大纲，后有相关教材，教材必须根据大纲的教学目标进行编写。但是，就我们目前所使用的教材而言，并非如此。众所周知，我国大学英语教学到目前为止所遵循的主要有三个教学大纲，这些大纲对教学目标的描述分别是：

大学英语教学的目的是培养学生具有较强的阅读能力，一定的听的能力，初步的写和说的能力，使学生能以英语为工具，获取专业所需要的信息，

并为进一步提高英语水平打下较好的基础。——1986年的《大学英语教学大纲》

大学英语教学的目的是培养学生具有较强的阅读能力和一定的听、说、写、译的能力，使他们能用英语交流信息。大学英语教学应帮助学生打下扎实的语言基础，掌握良好的语言学习方法，提高文化素养，以适应社会发展和经济建设的需要。——1999年的《大学英语教学大纲》

大学英语教学的目的是培养学生的英语综合应用能力，特别是听、说能力，使他们在今后工作和社会交往中能用英语有效地进行口头和书面的信息交流，同时增强其自主学习能力，提高综合文化素养，以适应我国社会发展和国际交流的需要。——2004年的《大学英语课程教学要求》

从三份大纲的描述来看，很显然，86年和99年的大纲把培养学生以阅读能力为主的语言基本功作为大学英语的目标，而04年的课程要求则强调学生的英语综合能力的培养，尤其是听说能力。虽然目前的大学英语教材无论在编写方法和内容选材上，还是在教学理念和手段上都已有很大的进步，但是大多数教材基本上都是在04年之前完成编写的，也就是说现有的教材大多还是根据99年的《大学英语教学大纲（修订版）》编写的。因此，课程的教学目标与04年的《课程要求》的教学目标难以吻合。从这一点上看，目前的大学英语教材对实现《课程要求》所确定的教学目标似乎还有相当的距离，不能完全适应大学英语教学改革的要求。此外，虽然各套教材都有听说课本或视听说课本，似乎非常符合《课程要求》的教学目标，但是它们的使用是否都已达到应有的效果呢？那就来看一下它们的使用情况。

3.2 教材与使用

目前各院校使用的几套教材一般都有预备级教材、精读教材（综合教程或读写教程）、泛读教材、听说教材、视听说教材、快读教材等，除纸质课本外，还有单机版和网络版教材，不仅系列化，而且大而全，见表如下：

表一 主要教材规模

教材名称	学生用书	教师用书	总数
《21世纪大学英语》	15册	10册	25册
《新视野大学英语》	20册	20册	40册
《大学英语教程》	10册	10册	20册
《大学英语（全新版）》	22册	20册	42册
《新时代交互英语》	18册	16册	34册
《大学体验英语》	19册	19册	38册

这些都是我国各高校用得非常普遍的教材，除教师用书外学生用书一般都在15册以上，有的甚至多达20册以上，试想一下一个大学生除了学习英语外还要学其本身的专业课程，在短短的四年大学时间（一般外语课开设为两年）能学得了那么多吗？即使是英语专业的学生，也可能学不了这么多册书。正如蔡基刚教授（2006：372）所指出的那样："现在第三册以上大学英语课本已经和英语专业教材没有什么区别了，那是在用培养英语专业学生的方法来培养非英语专业学生了。"

如表一所示，主要教材一般都非常系统，而且册数众多，但实际使用的效率却十分低下，这可以从高等院校的教学课时量的安排中可见一斑，见下表：

表二 上海部分高校的英语教学课时量

学校名称	教学学期数	教学周数	周学时	精读周学时	听说周学时	泛读周学时
同济大学	4	18	4	2.5	1	0.5
上海理工大学	4	16	6	4	2	
第二军医大学	4	15	4	2	1	1
上海电力学院	4	16	4	3	1	
上海工程技术大学	4	16	4	3	1	
上海出版印刷高等专科学校	4	16	4	3	1	
上海医疗器械高等专科学校	4	16	4	3	1	
上海师范大学天花学院	4	18	5	3	2	
上海东海学院	4	16	6	4.5	1	0.5

表二所示数据表明各院校基本上都在按《课程要求》的规定安排教学，教学周数和教学学期数基本一样，每周的课时量也只是略有差别，都是在4至6个课时之间。但周课时的分配，精读都要占去一半以上，有的甚至更多。听说课每周一般都只有一个课时，泛读课时则更少。这就说明各院校都非常重视精读课，因为精读是为学生打下语言基础的关键，主要是培养学生的阅读能力。然而对于听与说的课时安排似乎过少，这与《课程要求》所强调的"培养学生听说应用能力"的要求有很大的差距。试想一下一个课时的听说时间是相当有限的，而现在的班级人数最起码有数十人，就以我国10所重点院校为例（蔡基刚，2006：24）：

表三 10所重点大学大学英语教学班级规模

学校名称	每班平均人数	学校名称	每班平均人数
北京大学	40	浙江大学	40
清华大学	35	南京大学	35
中国人民大学	33	中国科学技术大学	48
复旦大学	40	武汉大学	40
上海交通大学	40	厦门大学	50

这10所重点大学每班平均人数为39.6，重点院校相比其他一般院校，其招生规模是严格控制的，因此其他一般院校的班级平均人数都要远远超出这10所重点大学。如果一课时的听说时间为45-50分钟，每个学生能轮到听说的时间是相当有限的，而教材的内容又那么丰富，如《大学英语全新版-听说教程》每册基本上都是16个单元，每单元都有A、B、C、D四个部分组成，上课时教师只能蜻蜓点水似的利用一些课文内容。精读教程（有的称作综合教程，也有的称作读写教程或读写译教程）一般都是有八个单元组成，看上去单元不多，但实际上内容极为丰富，每个单元不仅有课前准备练习（pre-reading task），而且还有正课文（Text A）和副课文（Text B and C）以及大量与课文相配的各种练习。然而学校的课时只有这些，教师为了完成工作量只能赶进度，似乎每周都得上新课（蔡基刚，2006：343）。这种赶进度的教学可能产生的直接后果是：1）一切围着课本转，教师主宰课堂，难有创新；2）教学程序化，按部就班地讲解和练习，教学变得枯燥乏味；3）由于教学程序化和教师主宰课堂，学生始终处于被动地位，成为知识的被"灌输"者，学习兴趣被逐渐地消磨掉。即使是这样的教学节奏，仍然有些课文单元或课文内容不能完成或不能有效地加以利用。下面是摘选的部分教师在调查访谈时的一些反映：

浙江某高校一教师："我们使用的是新视野教材，一学期下来总有相当多的内容上不完，因为中间我们还要进行一些四级考试的练习"（访谈记录）

江苏某高校一教师："有时教材内容太多，所以精读课时，只能集中讲Text A，其他的阅读材料基本上是不用的。即使这样学期结束总有一到两个单元不能完成。"（访谈记录）

安徽某高校一教师："我们还是传统教学，课本配套的教学光盘基本上是不用的，不知道学生用不用，我没调查过。"（访谈记录）

上海某高校一教师："我们是地方性学校，领导很重视四级考试，教材中与考试内容相关的学生有兴趣，虽然我们有听说课本，但大多数学生只重视考试，所以课本基本不用。"（访谈记录）

虽然只是部分地区的部分教师的反映，但具有相当的代表性。因此，教师的这些反映多少说明了现在教材的利用率是很不理想的，原因是：1）内容和课时不能相协调，这么有限的课时量使教师很难完成教材所含的全部内容；2）现代信息技术的超强功能没能充分地发挥，造成光盘利用率低下；3）四、六级考试虽然明确不与文凭挂钩，但实际上各校还是非常重视的，总有一部分课时会用于四级考试的准备和训练。当然，课后学生可以利用网络版教材进行自主学习，但网络版的内容又与课本内容重复，自然很难提高学生再学习的兴趣。这种低下的教材利用率怎能适应大学英语教学改革的要求，达到《课程要求》所确定的教学目标。正如戴炜栋教授（2001）所指出的那样："这不仅令人遗憾地造成学习资源浪费，费时费力，而且引发了英语学习中的一种"懈怠"，由内容重复引起的学习自满。"

3.3 教材与技术

我们再来看一下教材与技术的关系，这里的技术主要是指信息技术。现在，各主要教材都在努力地利用现代信息技术使教材"立体化"，因此就有了教学用光盘和教材的网络版。但是，信息技术在这些教材载体上的体现和应用远没能达到预期的效果，计算机网络的超越功能也没能得到充分的开发和利用。顾曰国教授（2006）在2006年"全国计算机网络与外语课程整合"研讨会上就目前的网络外语教材作过这样的总结：网络教材一般呈六种基本形式：第一种为文字+电子版；第二种为文字+音频材料；第三种为文字+视频材料；第四种为文字+动画材料；第五种为讲座形式；第六种为引进版，但是最差的是前面两种。原因是前两种的网络教材实际上是纸质教材的翻版，无任何意义。目前各高校使用的第四代教材的网络版实际就是文字+电子版。这样的教材所起到的实际作用就是：1）文字+电子版或文字+音频在本质上都是纸质课本的"翻版"，只是物理载体发生了变化，估称教材"搬家"，对于提高外语教学效果无任何实际意义；2）搬了家的教材没有跳出课本的框框，课堂上学什么，网络平台上还得作"第二次"学习，这可能有些好处，如能复习巩固，但学生的学习兴趣荡然无存；3）完全不能体现学习的个性化，网络版教材装在局域网上，几十个或几百个学生学一样的东西，在课堂上学过的材料根本得不到延伸和发展。这对于现代信息技术的超强功能来说未免太可惜了。这也可以从我们对学生的调查中可见一斑：

广州某高校一学生："我一般不在课后学习，主要是时间不够，再说网络版教材与书本一样，再去看就浪费时间了。"（访谈记录）

浙江某民办高校一学生："上课认真听老师讲解就可以了，再看内容一样的网络版教材，就没必要了。"（访谈记录）

广西某高校一学生："我从没看过教学用光盘，只要能通过四级考试就可以了，光盘好像没有多少用处。"（访谈记录）

上海某高校一学生："我们学校安装了各大出版社的网络教材，但我只看过一次，原因是它们基本上与课本一样。"（访谈记录）

从上述访谈记录来看，学生对目前网络版教材普遍持消极的态度，其中主要原因就是网络版教材与课堂用书没有什么两样，学生很难有兴趣再利用有限的时间进行自主学习。束定芳教授（2004:157）也作过一个关于外语教材方面的调查，也发现类似的情况："学生更希望通过比较自然、轻松、有趣的方法来学习外语，愿意仅通过教材来学习外语的人数只占到6%左右。这一方面说明现有的教材还无法全面反映丰富多彩的语言活动，教师的课堂教学也常常是枯燥乏味，远离真实的语言交际活动；另一方面则反映出学生渴望在真实的语言活动中学习语言，渴望形式多样的语言输入，渴望在真实的交际环境中展示和锻炼自己的语言交际能力。"目前教材的网络版根本就没能充分利用信息技术的超强功能，怎能使学生在真实的语言活动中学到真实的语言呢？这显然是令人怀疑的。

通过上述分析，我们似乎可以得出这样的结论，第四代教材已经完成从纸质平面教材到多媒体立体式教材的过渡，有进步，但"以教师为中心"的教学模式未被打破。虽然教材载体多样，但教材资源未被充分地利用，其主要原因是教材的本质仍以阅读能力的培养为主，教材的网络版是纸质教材的翻版，而非延伸，计算机只是被看作一个辅助的工具，没能与课程完全整合，没有真正成为生态化外语教学环境中的一个有机组成部分。有鉴于此，目前的教材很难达到大学英语教学改革的要求。因此，第五代教材的开发和编写就变得刻不容缓了。

4. 关于第五代教材

如前所述，计算机网络应与外语课程全面整合，计算机应成为整个生态化教学环境中的一个必不可少的有机组成部分。第五代教材的研发应该建立在这样一个原则基础之上，同时根据《课程要求》的教学目标，在对学生的学习需求、学习动机和学习心理等因素有较全面地把握后，建立一个总的教学过程模式，用以指导整个教材的板块设计，如下图所示：

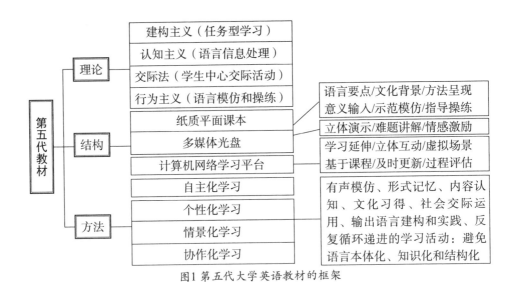

图1 第五代大学英语教材的框架

从上述教材的整体框架来看，第五代教材应该融听、说、读、写、译为一体，是一个综合性的外语教学系统。整个教材由三大板块组成，即理论、结构、方法。

第一板块理论，是整套教材的基础，或是理论依据。整个第五代教材应该采取兼容并包的态度，创造性的采用有关二语习得、语言学习和教育技术等理论的一些最基本的教学策略和方法，形成一套符合中国大学生实际需求的教学和学习策略。这其中既有行为主义心理学强调的语言模仿，句型练习的合理成分，也有认知主义心理学和学习理论中注重学习主体的语言信息处理过程的方法；既有交际法以学生为中心，积极进行交际活动，讲求语言交际有效性的理念，也有建构主义、任务型学习活动的参与。甚至在教学的某些环节中也可采用语法翻译法的一些合理成分，比如教学中恰当的母语参与和提示在外语学习活动中不仅可以产生语言习得的正迁移作用，还可以为学生对有意义的语言输入提供积极的认知导向作用（黄必康，2005a：7）。应该说，在外语教学上各种理论都有其成功合理的一面，也有其局限和不合理的一面。然而，理论的应用不能一味地追求其新，而是要有效地使用其合理的部分，或适合本教学情况和特点的理论部分。因此，对教学方法比较科学的认识应该是"教学方法本身无优劣，主要看为何目的、何时何地、如何使用。没有一种教学方法是灵丹妙药，主要看使用的具体对象和具体环境。"（戴炜栋、束定芳，1994：9）同时，必须充分注意到，我国的大学英语教学具有其特殊的现实：缺乏目标语实用语境，造成语感形成和语用的困难。在此状况下，我们不应盲目套用某种或某几种外语教学理论,来指导教材编写和教学实践,而应充分认识现状,从实际出发,综合运用各种教学理论,走出自己的大学英语教学的道路。

第二板块结构,是整套教材的主体部分。在编写理念上,"要坚持语言有意义的信息输入(meaningful input),坚持输入内容在主题方面有机联系,互相应照,反复循环,争取最大限度地实现学生对同一主题的语言输入信息的多种形式的模仿、认知、交流和任务性语言实践活动的有意义展开,以此逐渐让学生形成以听说能力为基础的英语综合运用能力。"(黄必康,2005b:7)因此,教材的结构部分或物理构成部分,应包括纸质平面课本、多媒体光盘和网络学习平台。课本、光盘、平台三者的关系为:课本是根本,是整套教材的内容主体。课本的内容以主题原则(theme-based)编写,重点是在相关的文化背景下呈现语言要点和学习方法,强调有意义的输入、任务型练习以及有指导的操练。课本内容应该做到简约型与全面性相结合,简约型是指语言的精炼性、真实性和实用性;全面性则是指内容主题覆盖的广泛性,应包含现实生活中的各个方面。光盘是补充,是充实、演示和讲解内容的"钥匙"。光盘的功能是使内容得到立体化呈现,充分利用计算机虚拟技术创造出与内容相互匹配的语言环境以增强课文的讲解效果,使其能激励情感,提高学习和钻研的兴趣。平台是延伸,是整套教材内容的延伸和发展。平台的内容决不是课本或光盘的翻版,而是学习内容的延伸和扩展,其内容不是基于某套教科书,而是基于教学的课程大纲,其主要内容既与课本中每个主题相关联,又是每个主题内容的"无限"延伸和扩张,如课文的某主题内容是soft drinks,可能课本的内容只是讲了世界上数百种soft drinks中的几种,不可能包罗万象,但是除此以外的其他soft drinks的信息都可以在网络平台上找到并进行学习。这里的延伸不仅体现在内容上,而且还体现在练习、方法、评估上。网络平台可以充分发挥其易于变更的优势,将其内容经常更新(如每月更新一定比例的内容,也可每年更新较大比例的内容等),及时的内容更新和变化可以使整套教材更加灵活、先进、真实、符合实际和易于操作。纸质平面课本、多媒体光盘和网络学习平台这三者之间既相互联系、相互作用,又相互转换、相互补充,是一个有机的整体教学结构。

第三板块方法,是整套教材的操作部分或实际使用部分。在我国大学英语教学的特殊语境中,英语学习应该是学习者以学习内容主题意义为先导,自觉自主的兴趣学习活动,是一个通过教师在课堂示范指导,学生有意义的模仿操练,主动的反复认知,循环模拟实践的有声意识活动,还是一个充分借助现代信息技术进行个性化广泛的语言拓展体验活动。因此,这一部分强调的是一种整体教与学的方法，包括情景化学习、个性化学习、自主化学习、协作化学习等。在这些方法的具体实践中，教师的作用和学生的作用都会发生根本性的变化。教师可能还是教学的主导，但已不能"主宰"课堂，课堂教学再也不是教师讲学生听的局面；学生已由被动的知识的被灌输者转变成知识的主动建构者，他们逐步地成为了学习的主体，打破了课本是知识唯一来源的局限。整个教与学的过程强调的应该是有声模仿、形式记忆、内容认知、文化习得、社会交际运用、输出语言的建构和实践、反复循环和递进，从而避免语言的本体化、知识化和结构化。

这三大板块的关系是：理论是基础；结构是主体；方法是操作。它们互为依据、互为重叠、互为转换，构成了一个灵活、方便、经济、高效、便于更新、易于操作的新一代立体化外语教学系统。

5. 小结

现有的大学英语教材似乎已显露出不能适应大学英语教学改革的要求，因为教材的利用率低下，不能有助于实现课程目标或有效地发挥现代信息技术的超强功能。有鉴于此，第五代教材的开发和编写就变得刻不容缓了。为此，笔者从理论、结构、方法等三个方面提出了第五代教材的研发构想和整体框架，旨在使学生英语综合应用能力真正地培养起来。

本文原载于《外语教学与研究》，2007年9月第39卷第5期。

多媒体、多模态学习剖析

中国外语教育研究中心 顾曰国

1. 引言

本文首先区分多媒体学习和多模态学习这两个概念，在学习者的学习实践中这两种学习是交织在一起的。然而在研究时我们有必要区分它们，对其逐一进行剖析。这样做的好处有二：一是会大大加深我们人跟计算机的互动，特别是计算机辅助教学在理论上的认识；二是为我们设计计算机辅助教学课件和网络资源提供更加理性化的依据。

下面我们首先界定一些术语作为我们的操作定义，以避免误解；然后我们构建一个用于剖析两种学习的模型，并以学习外语为例演示如何用这个模型进行实例分析。我们根据心理学、特别是认知心理学对学习的研究提出一些供进一步研究用的假设。最后介绍用"角色建模语言"（agent-based modeling language，AML）对多媒体、多模态学习进行结构化数据建模的思路。

2. 本文关键术语及其操作定义

2.1 物理媒介

物理媒介指装载内容或信息的物理介质，如纸张、磁带、磁盘、光盘、硬盘等。

2.2 逻辑媒介

逻辑媒介指在物理媒介上装载内容或信息的编码手段，如文字、模拟音频流、数字音频流、图像、视频流等。在纸介上是无法装载音频流或视频流的，但是可以装载文字、图像等。同理，音频流是无法装载文字和图像的。

2.3 多媒体

本文用内容的载体即逻辑媒介来界定某个内容是否是多媒体材料。单逻辑媒介的叫单媒体，两个的叫双媒体，三个或以上的叫多媒体。用这个分法，文字印在纸介上的材料是单媒体材料，声音录制在磁带上也是单媒体材料，如此类推。

2.4 多模态互动

模态在本文里指人类通过感观（如视觉、听觉等）跟外部环境（如人、机器、物件、动物等)之间的互动方式。用单个感观进行互动的叫单模态,用两个的叫双模态,三个或以上的叫多模态。这个定义跟计算机科学里研究人机互动时对模态的定义接近(参见Maybury,1993;Hill,2000)。用这个定义看,正常人之间的互动都是多模态的。

2.5 多模态内容

无论是单媒体、双媒体还是多媒体,如果其内容是关于多模态互动的,我们称其为多模态内容。以下面的《红楼梦》节选为例:

一语未了,只听外面一阵脚步响,丫鬟进来笑道:"宝玉来了!"黛玉心中正疑惑着:"这个宝玉,不知是怎生个惫懒人物,懵懂顽童?倒不见那蠢物也罢了。"心中想着,忽见丫鬟话未报完,已进来了一位年轻的公子:头上戴着束发嵌宝紫金冠,齐眉勒着二龙抢珠金抹额,穿一件二色金百蝶穿花大红箭袖,束着五彩丝攒花结长穗宫绦,……

丫鬟、黛玉和宝玉之间的互动显然是多模态的,所以我们称其为多模态内容。鉴于这个多模态内容是用文字印在纸上的,我们因此称其为单媒体的多模态内容。当读者读这段文字时,阅读行为启用的是视觉这个单模态来获取外部信息,我们因此把读这段文字的行为描述为:单模态通过单媒体跟多模态内容进行互动。

当纸介单媒体的多模态内容改编为视频流时,如《红楼梦》电视连续剧,我们有了双模态通过多媒体(音频流、视频流和字幕)与多模态内容互动。这是因为观看者启用了视觉和听觉去获取外部信息。

2.6 信息的呈现方式

这可以用同一信息用不同的呈现方式来说明。比较:

(a) 玖佰柒拾柒万肆仟陆佰叁拾柒 + 七十七万五千九百九十九 =
(b) 9774637 + 775999 =
(c)   9774637
  + 775999
  ─────────

(a)(b)(c)分别代表了三种信息呈现方式。再比较图1:

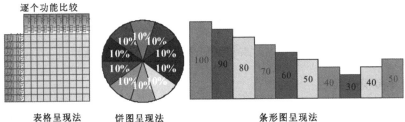

表格呈现法   饼图呈现法   条形图呈现法

图1 信息呈现方式对比

很显然，信息的呈现方式对于我们获取和处理信息会产生很大的影响。逻辑媒介，信息呈现编码和呈现方式三者及其关系构成一项极其复杂的课题，远远超出本文的范围。需另文单独讨论。在此只能作一简单的交待而已。

2.7 多模态文本

最后我们要定义的是多模态文本。"文本"在这里的用义比较特殊，实际上是通过翻译借用英文里的语言学术语text，即有一定长度和内容的话语活动材料。"多模态文本"则指装载多模态活动的、经过数字化后计算机可以处理的含音频的视频流。一个多模态文本就是一段关于某项多模态活动的含音频的视频流。对这样的文本进行分析就构成多模态文本分析（详见Gu, 2006a）。一个多模态文本的逻辑媒介往往作为一个独立的视频文件，其物理媒介可以是VCD，或DVD，或硬盘上的物理空间。

2.8 小结

现在我们以笔者最近研制开发的网络课件Using the Computer in ELT: Technology, Practice and Theory（2006c）为例对上文的区分作一小结（见图2）。

图2 术语实例示范

3. 多模态、多媒体外语学习模型

3.1 学习行为建模

行为主义心理学一般把"学习"定义为"经验在学习者行为上引起的变化"（如Chance，2003：24）。这个定义更适合研究动物的学习行为。动物为适应环境在行为上所作出的求生存的反应，根据这个定义就是一种学习，叫适应型学习（adaptive learning）。在这一点上人类跟其他动物是一样的。Anderson对学习的定义跟Chance的有所不同。原文是：

Learning is the process by which long-lasting changes occur in behavioral potential as a result of experience. 学习是个经验过程，它引起在行为潜势上的长期变化。（Anderson, 2000：4）。

Anderson的定义跟Chance的相比较有两个显著的特点，一是他强调了过程，二是他区分实际行为和行为潜势。实际行为就是学习者通过学习后做出来、自己或别人可以观察到的行为。行为潜势指学习者虽然学会了某个东西，比如学习者通过学习记住了某人的名字，但还没有机会使用这个学到的东西。这时我们说这个学习者有了用这个名字去指向名字的那个真实人的行为潜势。一旦学习者与这个真实人相遇，这个行为潜势就可以变成实际行为。行为潜势实际上是在别人观察不到的大脑里的，存贮在记忆力里的。这样在Anderson的学习理论里认知心理学、记忆力研究就有了充分的地位。

认知心理学则强调大脑在学习过程中所起的作用。人类在与外部环境（包括自然环境和人文环境）互动时是以"意义"为中介的，而不是用外部可观察到的行为直接去互动的。用一个简单的例子说明。当我们见到一个红红的东西挂在树上时，我们不是混沌般地摘下来就往嘴里放，而是先构建一个"意义"：这是什么东西？（事物的分类问题）；能吃吗？（事物的属性问题）（Bruner是该理论的先驱，见Lefrancois，2004：195—201）。在大脑里构建了这个意义后我们再作出某种外部行为。行为主义心理学是只管外部行为，而认知心理学则更关注外部行为背后的意义构建。在认知心理学的理论架构下研究学习，学习则成为构建意义的行为。需要强调的是这里所说的"构建意义"不是学习者凭空造出一个前所未有的意义出来，而是指学习者在与外部环境（教材、教学行为等都属于外部环境）互动时搞清楚外部环境里的东西对学习者意味着什么，说白了就是构建一个学习者自己所理解的意义。

行为主义心理学和认知主义心理学并不是两个你死我活的对立思想，实际上是完全可以统一起来的。因为学习者的实际学习行为是既包括外部行为，也包括大脑认知行为，所以两种心理学之间的差别属于方法论上的，而不是在研究对象上的。Anderson（2000：4）指出这两种研究传统"本质上是人为的，两家分离的状况现在已经开始改变"。Anderson的研究实际上就是试图把两者结合起来。本文的学习行为模型主要吸取了Anderson的观点。

我们用角色建模语言（AML，有关这个语言见顾曰国，2006）来构建学习行为模型。所谓学习行为模型就是对真实的学习行为进行抽象，突出真实对象中研究者着力研究的地方，省去不研究的地方。这是借用自然科学研究中常用的方法。我们用三个基本角色来搭建学习行为的模型框架：①外部环境互动角色，用信息获取_角色表示；②大脑对外部环境互动角色所获取的信息进行处理，用意义构建_角色表示；③学习效果的外部行为表现，用实践能力_角色表示。

每个基本角色有各自的子角色。信息获取_角色的子角色有：视觉_角色，听觉_角色，触摸_角色，嗅觉_角色，味觉_角色，空感_角色（对空间距离的感知），身体效仿_角色等[注：视、听、触、嗅、味五个感官是传统的分法，据Encartar百科全书2006版，现代医学发现另外还有15个感观，如"本体感官"proprioception，参见Kolb and Whishaw（2003：173—174）。这里列举的感官角色是针对学习的一般情况而言的。]

意义构建_角色所模拟的对象是人脑对外部信息的处理。尽管现代医学对大脑的生理、神经活动有了许多重要研究成果，然而大脑的许多认知活动还是个不解之谜。本文关于意义构建_角色的这段文字是根据Weston（1992），Hobson（1999），Goldstein（2001），Kolb and Whishaw（2003）写成的。Kolb and Whishaw（2003：174）指出，视、听、触、嗅、味五个感官更准确地应该说"五个模态"（five modalities），或"五组感官"（five groups of senses）。每个模态有各自的子模态（submodalities）。模态的感受器有的是外感受器，负责处理与外部互动时进来的信息，有的是内感受器，负责接受和处理来自身体内部的信息。各个模态在大脑里有各自的首要专区分管，有的还有次要区域协助（Kolb and Whishaw, 2003：181）。首要专区分布见图3：

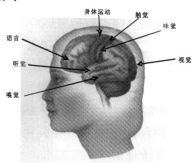

图3 模态首要专区分布，引自Weston（1992：46）

实践能力_角色的子角色包括传统的听、说、读、写、译五项技能，还包括当面交流互动时的体态语等。由此我们得到听能力_角色，说能力_角色，读能力_角色，写能力_角色，译能力_角色，体态能力_角色，身体技能_角色和个人知识更新_角色。

图4是学习行为_角色总示意图。

3.2 学习行为剖析

上面我们构建了学习行为模型。这个模型有两个实际用途：第一是用于分析学生的学习过程；第二个是用于网络课件设计、开发与计算机模拟。本文只能演示第一个用途。

3.2.1 基于逻辑媒介意义上的单（多）媒体书面文字教材的单模态学习

传统的书面文字教材用上文的分类方法属于逻辑媒介意义上的单（或多）媒体材料。纯文字的则为单媒体，配有插图、照片、表格等的则为文字图像多媒体。用视觉去获取文字图像多媒体信息就是单模态学习。假如这种学习的目的是取得对信息的理解，那么在输入和产出双方之间没有发生模态的变化，用外语教学的术语说，从视觉阅读到大脑理解没有发生本文定义的模态上的改变。我们把在输入和产出双方之间没有发生模态变化的学习称之为"同模态学习过程"。假如从视觉阅读到大脑理解还不是学习的最终目的，学习者还要求把所学内容用语音说出来，如读出声来，或口语复述出来，这时，学习过程就不再是同模态，而是发生了模态转换，即从输入的视觉模态变换成发音器官运动模态和听力模态。我们因此提出这样的供进一步研究用的假设：

假设一：同模态学习过程比模态转换学习过程要容易一些。

可能的解释：在同模态的情况下，输入方的信息对于产出方来说是同质的；当模态发生转换时，输入方的信息对于产出方来说是不同质的，学习者要调用个人知识库中的相关资源，同时启动新模态。所有这些都要花费大脑资源。

假设二：恰当的模态转换可以增强学习者对所学内容的内化度，提高内容记忆的持久性。

可能的解释：假设一指出在做模态转换时大脑要花费更多资源，把外来的新信息跟已有的个人知识进行活动，这起到了强化学习效果的作用。此外，人类的各种模态之间的互相支持是相当正常的事。比如，当你回忆一位老同学时，假如你想不起他/她的名字，这时有人给你出示他/她的照片，你很有可能会马上想起他/她的名字来。

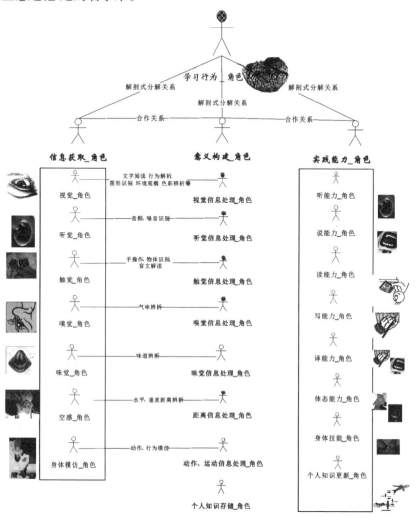

图4 学习行为_角色总示意图

3.2.2 基于计算机多媒体材料的多模态学习

现在我们来剖析基于计算机多媒体材料的多模态学习。计算机多媒体材料包括：数字化文字材料、图像、照片、表格、音频流、视频流、动画等。人与计算机互动的多模态包括：视觉、听觉、触摸、发音器官（有自录音学习任务的）等。图5展示这样的学习过程。

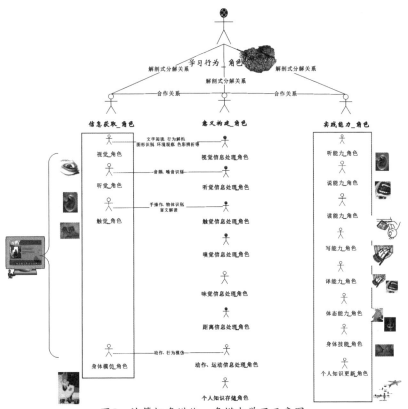

图5：计算机多媒体、多模态学习示意图

通过视觉跟视频流进行互动，具有直观性和体验性。学习成本与效果之间的比例比起其他模态来说，根据我们对幼儿学习的观察，可以用事半功倍来概括。当视频流记录的是人类活动时，观察者是不需要专门培训就可以互动学习。学龄前儿童看动画片、文盲人看电视就是佐证。直观体验性学习往往是"暗学习"（implicit learning），不知不觉地就会了，儿童习得母语口语可以说大部分都是通过暗学习方式习得的。通过视觉跟视频流进行互动的直观、体验性学习是技能类学习的关键学习方式。通过视觉跟文字互动去学习技能是付出大而收获小的学习方式。

关于计算机多媒体、多模态互动学习从输入到产出之间的模态搭配与学习效果，是一项亟待深入研究的重大基础课题。把数字化文本放到计算机上让学习者学外语是对计算机硬件资源的最低级使用。通过数字化文本去学口语涉及到模态的转换，作为初始学习资源是不合适的，是脑力资源和硬件资源的浪费。同样，用视频流材料仅仅为了增加趣味性是对高级多模态资源的低级使用,也是一种浪费。恰当地处理好多媒体资源与多模态的输入与产出之间的关系就是对计算机辅助教学的优化。

3.3 多媒体、多模态与记忆力

认知主义心理学研究学习时,特别强调研究记忆力的重要性。Lefrancois在回顾这方面的研究成果时指出,在认知主义心理学里,研究记忆力成了研究学习的另外一种方式。他写道:

… there will be no evidence of learning without something having happened in memory; by the same token, something happening in memory implies learning. Studying memory is, in effect, another way of studying learning.(p. 257)

Anderson认为研究记忆力是研究学习的中心问题(Anderson 2000:vii)。为了突出这种关系,他用Learning and Memory来命名他的著作,以突出两者之间的密不可分的关系。

本文试图剖析多媒体、多模态学习,我们也就自然要弄清楚这两个学习跟记忆力的关系。我们能否可以提出这样的假设:

假设三:多媒体、多模态学习比单媒体、单模态学习更能增强记忆力。

现在广泛开展的多媒体教学并没有把这个需要证明的假设当做假设,而是当作真实命题。我们需要看到的是实际情况不会这么简单。我们先看一下有关记忆力的分类。目前学术界并没有一个公认的、统一的分类。我们暂且用Lefrancois(2004:254—274)的作为讨论的出发点。记忆力分为三大类。①感官记忆:感官下意识获取的信息,如不加注意,瞬间即逝;②短期记忆(亦称工作记忆):大脑的注意力在有限范围内所能处理或存贮的信息;③长期记忆(见图6)。

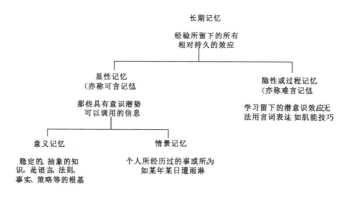

图6 长期记忆分类

影响记忆力的因素很多，其中注意力可以说最重要。感官记忆如果没有注意力则是瞬间即逝的，即使相隔时间很短也是无法回忆起来的。短期记忆力实际上就等于注意力的活动范围。研究发现记忆力跟获取信息的模态（或曰感官）有关系。其中嗅觉跟情感和记忆力的关系是公认的事实（参见Weston，1992：58）。Mayer（2001）细心研究了词语加图像的"多媒体学习"（multimedia learning）。注意：他说的"多媒体学习"用本文的分类法则为"双媒体、双模态学习"。他构建了从感官记忆到工作记忆再到长期记忆的一个认知学习理论。用图形显示这个理论则如图7所示。

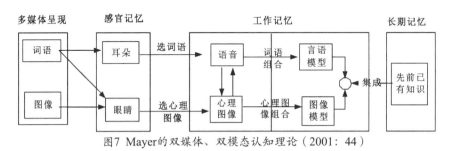

图7 Mayer的双媒体、双模态认知理论（2001：44）

他指出工作记忆是多媒体学习的核心区。工作区分两小部分，左半部分是由感官记忆（耳朵和眼睛）输入进来的"原材料"（raw material），右半部分是工作记忆区所构建的关于原材料的知识（相当于理解后所产生的意义，本文上文定义的意义构建_角色所起的功能）。工作记忆在做这些处理时要从长期记忆里调用必要的知识。Mayer的研究试图证明这样一条多媒体学习假设：

假设四（Mayer的假设）：词语加图像一起学比单学词语要学得好一些。

（注：Mayer 没有用"假设"这个词，而是用了principle（原则）。在他的书中principle是作为假设来证明的。我因此把它作为假设来处理，以便跟本文的术语统一。）假设四乍听来是个常识。不过像Mayer那样试图通过演示大脑的认知过程来证明为什么会学得好一些，却不是一件容易的事。

Mayer的图7所示的理论模型在本文的研究架构里相当于把图4中的意义构建_角色作了细化。本文的研究目的不是试图证明多媒体、多模态学习比单媒体、单模态学习效果要好这个假设，而是通过对多媒体、多模态学习的剖析来构建一个模型，以便将来通过计算机对多媒体、多模态学习进行模拟。因为我们不具备进行认知实验的条件，通过计算机模拟来验证一些假设则是另外一种研究方法。

多媒体、多模态学习有点像把双刃的剑。处理好可以把学习者的注意力真正集中在知识点上，以达到强化记忆力的作用，从而提高学习效果；处理不好相反会分散学习者的注意力，发生对知识点的记忆力的干扰，导致瞬间"热闹"而事后"空空"之感。

有一点是肯定的。人类的长期记忆力跟获取信息的媒体与模态确实有关系。到底是一种什么关系，还有待深入研究。Nelson and Fivush（2000：283-295）还指出了另一个重要课题，就是"记忆力的社会化"（socialization of memory）问题。迄今为止，记忆力研究的主流观点是把记忆力作为记忆人的大脑里的私事。Nelson and Fivush则指出，根据对儿童记忆力的一些研究发现，儿童对跟父母、老师、伙伴等一起做过的事更容易回忆起来，而且记忆清晰。据此我们能否推出这样一个假设：

假设五：面对面跟老师、同学一起学比一个人单独跟计算机学，前者比后者更有利于增强记忆力。

可能的解释：因为前者的社会化程度远远高于后者。

在我们跟网络学院学生座谈时有些学生的经验报告证明假设五是正确的。然而仅凭几个个案口头报告是不足以证明假设五。我们需要看到儿童跟成年人是不一样的，若要验证这个假设，我们必须考虑到这一点。另外，个人单独学的外界干扰对有些学生来说可能比在课堂上要小。这样即使由课堂学习社会化得来的记忆优势有可能被干扰给抵消了。

4. "角色"的作用

角色这个词在上文里多次出现。现在我们要给它一个明确定义。在本文里它是用作一个专门术语，其意义接近于戏剧中说的扮演"角色"：一名演员"装扮"另外一个对象。在本项研究中，角色是一个理论上的构建，用于"装扮"我们的研究对象。当我们用角色去模拟人时比较容易理解，用它去模拟像ppt文件，黑板，书本时，就需要想象力和一些有关建模的专门知识。这里我们只能简单地演示一下它的建模作用。假定我是老师，我要准备一个视频片段上课用。我要把它放到网上去，供学生自由播放。用角色建模语言（AML）思考和解决这个问题，我们可以先从老师的视角构建三个角色：教师_角色，视频_角色和学生_角色。接着我们考虑三者之间的互动关系：

A.教师_角色跟视频_角色之间的互动关系——这是教学内容与教学目的之间的关系；

B.视频_角色跟学生_角色之间的互动关系——这是多媒体内容跟多模态学习行为之间的关系；

C.教师_角色、视频_角色和学生_角色三者的同步互动关系——这是教师教学过程和学生学习过程通过多媒体、多模态互动发生的动态关系。

然后我要请网络管理员给我找或做我要的视频角色。这时又引发了另外一系列角色互动：

D.管理员角色跟视频_角色的互动关系——这是管理员根据需求如何制作视频片段的关系。

E.视频_角色跟网络平台_角色之间的互动关系——这是要解决如何把视频片段放到网上去播放的问题。

在这一连串的互动中，角色是把整个过程联系起来变为一个统一的整体的核心概念。不同人员为了各自的工作进行协作，需要一个共同的语言来沟通，这就是角色建模语言设计用途之一。

角色建模语言（AML）里有两个最基本的角色：人_角色和非人_角色。人_角色用来建模人类的行为。人类行为以外的所有其他角色的行为都用非人_角色来建模。上面的教师_角色、学生_角色和管理员_角色是人_角色，其余的是非人_角色。所有角色都有两个基本属性：特征和行为。特征指参与互动时所激活的要素。行为分为两个最基本的类，自发行为和引发行为。自发行为是角色始发的，没有直接的外部力量引导，在现实世界中人和动物是可以产生自发行为的。引发行为是行为者对外来行为作出反应的行为。角色的呈现采用UML（unified modeling language，统一建模语言）的视图表示法。有关AML的详细内容，见顾曰国（2006）。

现在我们演示一下教师_角色跟视频_角色之间的互动关系。这两个角色互动时教师所具有的一般特征如性别、年龄、工资等是不参与互动的，要激活的特征是由互动的目的所决定的。教师角色是始发行为者。教师所具有的"意愿"、"策划"、"教学理念"等特征被激活参与互动。他/她用视频片段来教学成为互动的目的。视频_角色对教师角色的互动行为要作出回应，这就是它的引发行为。它也有特征，同样是由互动的目的所决定的。设想一下视频_角色是个活的"演员"，跟教师_角色开始了对话：

视频角色：老师角色，您要我为您做什么？

老师角色：我要用你教学。

视频角色：这个需求太笼统了。您要具体点。比如是教口语呀，还是教文学欣赏啊，等等。

老师角色：教口语。

视频角色：还要具体点。是英国英语口语呀，还是美国英语口语呀？

老师角色：是英国英语口语。
视频角色：还要具体点。要正式的口语，还是随便点的？
老师角色：是随便点的。
视频角色：还要具体点。总共要多长时间啊？
老师角色：10分钟。
视频角色：还要具体点。口语谈话的场景是什么呀？
老师角色：天呐，你还有完没完？！

这个假想的对话演示的正是用AML语言建模的过程。通过角色之间的互动，研究者从中挖掘出他/她所需要的数据。有了上面的这些数据，我们就可以构建教师_角色跟视频_角色的互动视图（见图8）。

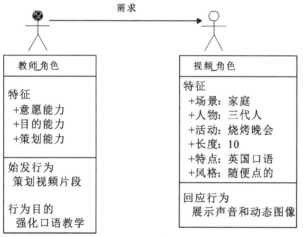

图8 AML角色视图

其余的角色互动关系在此无法逐一演示。我们一旦把全部互动关系画出视图来，我们就完成了把全过程进行结构化数据建模的工作。这样做的最大好处是程序员可以用结构化数据模型直接转换成计算机应用程序。

5. 结语

至此我们对多媒体、多模态学习作了初步剖析，阐明了供进一步研究用的五个基本假设。由于篇幅有限，本文只能做到勾画一个供进一步研究用的提纲。需要特别指出的是上文分析的多模态学习行为是一个短暂的学习行为过程为对象的，比如半个小时的自学，50分钟课堂学习等。这是为了简化研究对象而采取的对真实学习过程的抽象处理。笔者曾讨论过网络教育生态学（见顾曰国，2005b，Gu 2006b）。那是关于学习者跨环境学习过程的分析。这两种分析是可以统一起来的。本文没有把这两种分析联系起来考察，是本文的弱点之一。特此提醒读者注意。

本文原载于《外语电化教学》，2007年4月第114期。

谈Siemens的连接主义

北京大学英语系 胡壮麟

2004年以来,加拿大教育家George Siemens在网络上发表了多篇文章,其中最具代表性的有2004年的"连接主义——电子时代的学习理论",2005年的"连接主义——网络创建的学习"和2006年的"连接主义——当今的学习和知识"。从此,连接主义成为网络上热烈讨论的有关新世纪学习理论的热点。

1. 主流的学习理论

Siemens在提出他的连接主义理论时,对当前的主流学习理论进行了综述和评估。

Siemens指出,就认识论而言,与学习有关的不外乎客观主义、实用主义与阐述主义。

客观主义认为现实是外部的、客观的,知识是通过学习者的亲身经历获得的;实用主义认为我们边体验边学习,通过我们的活动和认知获得真理;阐述主义认为现实是经过主体诠释的,学习过程是通过学习者对世界的视角创建自己的真理。

与这3种认识论相对应的学习理论也有3种:行为主义、认知主义与建构主义。

行为主义认为人的学习过程在很大程度上是不可知的,即我们无法观察到学习过程在人体内是如何进行的。这个理论主要立足于3个假设:①可观察到的行为比了解人体内部的活动更重要。②行为的简单元素就是具体的刺激与反应。③学习是关于行为的变化。由于人们无法了解人体大脑中的学习过程,因而行为主义理论常被隐喻为著名的"黑匣理论"(Gredler,2001/2005)。

认知主义经常采用电脑信息处理模式。学习被认为是一种输入过程,被储存在短时记忆区,并被编码以备长期记忆。这样,知识被看作是在学习者脑中的思维符号,而学习过程是这些符号所代表的事物转化成记忆的方式(Cindy Buell,2004)。

建构主义认为学习者在努力理解他们的经历时,创建了知识。但这种现实生活中的学习往往是杂乱无章的(Driscoll,2000:376)。

Siemens采用隐喻化的表述将这三种学习理论对心智的描述分别看作黑匣子、计算机和现实的构建者。但他认为在知识爆炸的时代，这些隐喻均有不足之处。首先，我们的心智不是黑匣子，经过一百多年的研究，我们对大脑不同区域的功能已有所了解；其次，我们的心智不是计算机，神经科学已经证明计算机模式的运算很不精确。知识的构建是一个很好的比喻，但未能反映这样一个事实：我们已日益认识到我们的心智是一个连接和创建的结构。我们不一定总是在进行高级认知活动的构建，但我们的确一直在进行连接活动。

Siemens进一步指出，行为主义与认知主义将知识看作是学习者的外部事物，而将学习过程看作一种内化知识的行为；而建构主义认为学习者不是等待被充填知识的空容器，相反，学习者积极致力于创造意义，学习者常常选择并追求他们自己的学习。教学中，仿效这种"模糊不明"学习的班级将能更有效地培养终身学习的能力。但人们在讨论这些理论时都忽略了一点：知识和真理可以存在于多个方面，不同看法不一定是互相排斥的。此外，事物的本质在学习者本人决定哪些学习理论对他们最为有利时也会产生影响。因此，Siemens提出了他的连接主义（connectivism）的观点：我们今天的许多知识不是存在于心智之中，而是分散在许多个体、图书馆、网络上的各种站点和软件之中。

2. Siemens的学习观

Siemens曾在多个场合谈到他对学习所持的观点。2004年他提出在新时代人们进行学习呈现出如下重要趋势：

——许多学习者在一生中将会进入各式各样、很可能毫无关联的学习领域学习。

——非正规学习将成为我们学习的重要部分。正规教育不再构成我们学习的主体。现在的学习可以通过各种实践活动、个人网络或通过完成与工作有关的种种任务进行。

——学习是一个持续的过程，需要持续终生。学习与相关工作活动不再分离，而在许多情况下合二为一。

——技术正在改变（重组）着我们的头脑。我们使用的工具决定着我们的思维。

——组织与个人都是学习机构。对知识管理日益增长的关注使我们重视对这样一种理论需求：设法解释个人与组织学习之间联系的理论。

——以往的学习理论（尤其是在认知信息处理中）为基础的许多学习过程如今可由技术取代或支持。

——"怎样学"与"学什么"正在被"从哪里学"（了解从哪里可以找到所需要的知识）所补充。

2005年，Siemens提出了网络学习和连接主义的8个原则：

原则1：学习和知识存在于纷繁的意见中。

原则2：学习是一个连接各个专业节点或信息源的过程。

原则3：学习可处于非人的器皿中。

原则4：如何知道更多的能力比现已知道的知识更重要。

原则5：为方便持续学习需要培养和维持连接。

原则6：在不同领域、观点和概念之间的能力是核心技能。

原则7：现时性（正确的崭新的知识）是所有连接主义学习活动的意图。

原则8：决策本身是一个学习过程。通过变化中显示的棱镜来看对学什么和输入信息意义的择取。由于影响决策的信息气候的变化，现在正确的答案到明天可能是错误的。

2006年，Siemens再一次对学习特性界定如下：

混沌性 学习内容分散杂乱，不一定被完整打包和安排。

连续性 学习是一个不断发展和交流的过程。"上某一课程"的模式正在被所需要的学习和知识所替代。

共同创建性 学习不再是内容的消化（在知识习得中学习者是被动的），专家和业余学习者是知识的共同创建者。

复杂性 学习是一个多方面的整合过程，一个元素的变化会导致较大网络的变化。知识受制于各种复杂的被调节的系统。

连接的专业性 复杂性和分散性形成专业化的节点（任何一个单一实体无法知道所有的元素）。知识增长和学习的活动涉及专业化节点的连接。

连续期待的肯定性 我们知道知识的一部分。对歧义和不肯定性持容忍态度。肯定性只能保持两三个月，不是终身的。

为此，Siemens提供了学习就是网络形成的模式，如图1所示。

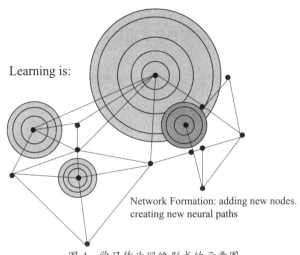

图 1　学习作为网络形成的示意图

下面就Siemens多次谈到的有关学习的某些特性进一步介绍。

2.1 学习内容的可变性

学习内容指信息或知识。Siemens注意到当学习者在与学习内容（或信息）之间建立联系后，他实际上创建了一个包括不同观点的网络，使学习者个人观点通过范式确认获得新的意义。这就是说，连接改变了内容，位于网络中的内容被赋予新的意义；或者更确切地说，当网络有了新的内容，便渗透了新的意义，这说明创建连接比内容更重要。当网络大到可以说明不同视角时，它创建了某个层次的意义，反映了各种个体元素的合成力量。因此，当内容创建加速后，我们与内容的关系发生了变化。我们不再需要所有相关的内容项目。按照他的观点，知识也有半衰期。经过一段时间，知识会老化、会变得陈旧。

2.2 学习内容的相关性

相关性是接纳或使用任何内容的必要条件。如果有的内容与人们关注的内容不相关，就不会被使用。今天我们对待知识也是如此。当然，有些看来是不相关的内容，对发展我们将来的能力也许是关键的。因此，相关性可以界定为一种资源或活动是否符合个体不同时期需要的程度。相关性越大，其潜在价值越大。同样，学习者如果认为相关性不大，便会影响他的学习动机和行动。相关性不仅关系到内容的实质，对所说的内容或信息的现时性也至为重要，可有效地应对知识的增长和功能。

2.3 学习内容的现时性

连接主义为学习者提供某种类型的内容，因而产生价值。但我们需要的不是泛泛的内容，我们需要现时的、相关的、切合语境的内容。连接主义的优势便在于它解决了内容的现时性，使学习内容更有用途。传统的教材或手册很难满足这个标准。即使学校或公司举办短训班，更新和充实学生或雇员的知识，有时也无济于事，且耗资较大。我们接触到的知识应该是极为需要的。过去把知识看作容器的观点限制了知识的流通，降低了学习效应。为了保证内容的现时性，安排教学时需要我们思考缜密，计划周到。这需要很好的管理系统、聚合器、智能搜索等辅助工具。

2.4 学习内容的连续性

电子化学习或多媒体学习最初采取课堂搬家的模式。教学内容往往是线性的课程，学习者需要投入大量时间掌握其内容。今后的学习可以是小型的，以个体为目标的种种方式。除纸质教材外，可用计算机，甚至手机进行学习。这样有利于知识的传授连续进行，而不是学习预先构制的课程。从学习者的角度看，学习内容应易于找到。总之，学习和求知过程是一个恒常的不断进行的过程，不是最终状态或产品。

2.5 学习内容的复杂性和外部性

今天知识流通迅猛、日趋复杂。一方面需要掌握种种观点才能得其全貌；另一方面靠一个人正确掌握和理解一个情景、一个领域、一个课题的全部内容甚为困难，个体很难具备这种能力。这迫使我们需要寻找新的学习模式。我们得依靠不同专业化内容或信息源的连接。学习的网络模型应运而生，它帮助我们将一部分有关知识的处理和解读过程卸载到学习网络的节点中。通过技术的应用，学习者可以按类建立种种节点，让每个节点储存和提供他们所需要的知识。这样，学习的部分活动卸载到网络上了。这个观点最能对付知识的日益复杂化和加速。用Siemens的话说，"知识存在于网络中"，"知识/学习可处于非人的器皿中，学习由技术实现和提供方便。"由此，他认为一个人如何多知道的能力比知道的现有知识更为关键。学习者如果具有在不同领域、观点和概念之间发现连接、识别范式和创建意义的能力就是今天培养学习者掌握的核心技能。

2.6 学习中的决策

学习是一个混乱、模糊、非正式、无秩序的过程，因此如何做出决择也是在学习，即如何在不断变化的现时世界选择学习内容和判断新信息的意义。由于影响决策的信息环境的变化，今天认为是正确的答案，明天可能成为错误。当今许多现有学习理论将知识的处理和解释寄托于从事学习的个体上。如果知识流通量不大，这些模式是可行的，但如果知识像汪洋大海滚滚而来，那种涓涓细流式的学习方式便难以适应。

2.7 学习的社会性

Siemens在强调学习者个体与学习内容关系的同时，也认为社会、社区和同学对学习有重大作用。Siemens（2005）认为他的这些观点对于教育（特别是高等教育）、机关和企业培训具有重大意义。当学习行为被看作是学习者控制的活动时，设计者们需要将关注点转移到培育理想的生态系统以促进学习。通过认识到学习是一个混乱、模糊、非正式、无秩序的过程，我们需要重新思考如何设计我们的教育指导，如何侧重培养学习者驾驭信息的能力。我们正在从正式刻板的学习迈向非正式、以连接为基础、网络创建的学习。

3. 连接主义

Siemens对上述观点发展而成的连接主义作如下的系统介绍：

3.1 网络

连接主义以网络学习为基础。网络具有内在的简洁性，即它只有两个元素：节点和连接。

节点是可以用来连接到其他元素的成分，是可以用来形成网络的外部实体。它可以是人、单位、图书馆、网址、书籍、杂志、语料，或任何其他信息源。这些节点的聚合产生了网络。网络可以合并形成更大的网络。

连接是各个节点之间的任何联系方式。学习的行为是创建节点的外部网络，从而形成信息源和知识源。这是为了保持知识的现时性和连续获得、经历、创建和连接外部的新知识。

学习网络也可以看作内部心智中进行连接和创建理解范式的结构。即使网络的连接不那么紧密，节点仍可以存在于网络中。每个节点都有能力以自己的方式起作用。网络本身是节点聚合体，但对网络每一节点的性质影响有限。节点形成连接受许多因素的影响。一旦网络建成，信息可以很方便地从一个节点流向另一个节点。两个节点之间的联系越强，信息流动得越快。

3.2 信息系统

网络创建的信息系统包括：
数据——初始元素或较小的中性意义元素
信息——有智能应用的数据
知识——语境中的或已内化的信息
意义——对知识细微差别、价值、涵义的理解数据

信息系统是一个连续体，学习就是知识转化为某种意义（然后通常这会产生可以遵照行事的某种东西）的具体过程。在这个过程中，学习是编码、组织节点以促成数据、信息和知识流动的行为。

3.3 元素特征

网络的元素特征包括：
内容（数据或信息）
互动（尝试性形成连接）
静态节点（稳定的知识结构）
动态节点（新信息的增添和数据的不断变化）
自动更新节点（与原信息源紧密相连的节点，产生高度流动性，体现最新信息）
情绪因素（影响连接和网络中心形成期望的情感）

数据和信息是数据库元素，它们需要以能使它们在现有网络中动态更新的方式存贮和处理。当这些元素更新时，整个网络结构也同样受益。从某种意义上讲，网络在智能上不断成长。另一方面，知识和意义从潜在的数据或信息元素中获得了价值。

3.4 形成连接的因素

连接虽是网络学习的关键。但在整个结构中并非每个连接的分量和影响力都相同。因此，连接的增强受制于动机、情绪、节点的关联性、合乎逻辑的反思、认识自然和组织不同类型信息与知识的范式化过程、熟悉自己身处的专业领域的经验。

3.5 网络形成过程中的学习

学习与网络形成过程之间互相影响。从学习是知识和意义之间发生的活动

来看，它是网络形成中受到影响的因素。但学习本身也是影响因素，因为实践过程是网络创建和形成的过程。学习不能只看作是被动（被作用）或主动（作用于其他元素）的过程。

3.6 创建意义

网络中的意义是通过连接的形成和节点编码产生的。最佳意义的产生符合系统的一般特性：开放、适应性、自我组织并具备修正能力。对潜在语义的分析可以通过将新节点融入现有网络结构的过程来解释。新节点在整个网络中提供连接和知识流。作为连接元素，节点可以作为新信息发送的中心，或者只是简单地在原本互不相连的想法和概念之间形成新的连接。在逻辑/认知和情感彼此激活和交织的过程中形成了意义。

3.7 学习网络的特征

网络的许多社会学和物理学属性自然地传递到了网络化学习的概念中，如：

小世界效应（Small world effect）：网络中大多数节点都由相当短的路径所连接。在发展良好的网络里，一个领域到另一个领域的信息流通常需要少量"跳跃"。

弱连接（Weak ties）：我们如要想产生实质性的创新，通常依赖与其它不太熟悉的网络的松散的弱连接。这些连接使我们意识到与自己截然不同的思维方式。

无尺度网络（Scale free networks）：在无尺度网络中，不同网络参数的分布呈指数形式。这种不均匀分布表明，在这些网络中有些成员连接程度较少而有些成员连接程度较多，即它们如何在网络中占据高级位置。

中心性（Centrality）：中心性表明节点的重要性以及它与网络其它部分的关系性质。节点的中心性受其它因素影响。

程度：通过识别与网络中其它个体联系最直接的个体来确定根基。这样可以发现对网络影响最大的个体。

接近性：把与网络中所有其它个体连接最少的个体作为根基。这样可以发现与网络其它个体连接最多速度最快的个体。

中间性：把与其它个体连接最多的个体作为根基。这种测量可以发现控制网络信息流的节点，有时也被称为"守门员"。

3.8 控和质量判定

为使网络有效，需要某种类型的监控和全面的质量判定。这就是一方面要确保新信息流动的畅通，另一方面要抑制某些偏见、先入为主的概念或缺乏灵活性的信息及其流动。这便需要分别使用流动加速器和流动抑制器。

3.9 网络内部修正

并非网络内部所有节点都继续保持相关。作为智能网络，我们的头脑不断重塑和调节来反映新环境和信息，使不再有价值的节点被弱化。弱化可以有多种方式，但是最明显的是失去网络内部连接，或被忽略，或被删除。

3.10 网络生态学

网络需要在某种环境中产生。这个"环境"的最佳定义就是生态系统。网络在很大程度上是一个结构化的过程，节点和连接器组成了该结构。生态系统是一个活的有机体，它影响网络自身的形成。如每一个学生都拥有自己的学习网络，这个网络健康与否受该学生所在学校的生态系统的适宜性影响。教育者和培训者的任务，就是创造和培养能使学习者迅速有效强化现有学习的学习生态系统。

4. 对连接主义理论的质疑和讨论

Siemens连接主义理论问世后，引起教育界的重视。不少教师表示赞同，但也有人进行挑战或表示不同意见（Verhagen，2006；Siemens，2007，2008）。这里，重点介绍后者。

4.1 是教育观？还是学习理论？

Verhagen认为连接主义不是关于教育的学习理论，而是教育观。其理念为学生早期学习时需要和学校外的世界创建连接，以发展网络技能，从而在信息社会能更有效地处理知识问题。哪些知识是学生需要的？哪些知识可以在其它地方找到，或在其它地方有发展？这是一个学生自己有发言权的问题。因此，Siemens提出的问题不属于教育的层次，而是课程大纲的层次。前者处理的是学习如何进行，而后者解决的是学什么，为什么学。连接主义的8个原则并不新鲜。一个理论应当对现象做出解释，而这些解释应当是可验证的。因此，连接主义作为一种学习理论，许多方面不具体、不连贯。

Kerr（2007）说得更具体些。他说，让学生学习web2.0，他们可以学到在网上如何做游戏、讲故事，但他们不会学到微积分。有些非普遍性的知识不是自发学会的。微积分需要放到课程大纲中去，连接主义帮不了忙。

4.2 对建构主义的评论

Siemens对行为主义、认知主义和建构主义持保留态度，难免引起争议。不过，争论的焦点较多地集中在建构主义上。这是因为Siemens认为建构主义的学习理论使教师所讲的内容和学生真正学的内容没有直接联系。另一方面，建构主义的定义不清楚。它是一个没有边界的概念，对不同人可指不同东西。这样，Siemens又认为建构主义的经验可以看作一种教学理念，而不是理论。

对此，Kerr指出Siemens的批评太空洞。虽然有的建构主义者是哲学的理想主义者（在脑中构建的意义不一定反映外部世界的真正事务），但使用常识还是可能的。他举Piaget的两点观察：①儿童建立或构建他们自己的智力结构。②儿童依据他们已有的知识建立这些结构，并在现存认知结构之间构建平衡，Piaget称之为均衡（equilibration）。

Kerr同意Siemens的管道连接比内容更重要的看法，也同意他知识半衰期的观点，但他认为Siemens对建构主义了解不多，更没有实践，因此不同意Siemens把连接主义看作"崭新理论"的提法。连接主义的理论与其它理论是共存而不是取代的关系。

Siemens在回答友人的建议时，同意整合学习（integral learning）的提法，即将各种理论整合在一起。但他仍坚持这样的观点：在学习中，我们总是在连接，只是在某些情景下构建，而建构主义认为学习是在脑子中发生的。学习本身被看作是个体脑子中的事，但今天许多学习需要在脑子中进行，这就太复杂。人体无法无限增加其学习的能量。我们必须开始把学习看作是社会网络，受技术支撑。我们需要承认我们的学习环境不仅是学习的促使者，也要承认学习本身就是一个参与者。

4.3 能学习的人和能学习的物

Verhagen（2006）指出，连接主义现有的理论谈的是能学习的物，没有谈能学习的人。Siemens定义的学习是能动作的知识，它在我们身外（机构内或数据库内）。这样，学习不是定义为一个过程，而是结果。其次，他在另一场合把学习定义为在信息元素之间创建联系的过程。即使如此，学习仍然处于器皿之中，如计算机，统计软件等。这些与人类学习无关，与知识储存于非人类器皿无关。整个历史表明，不同人类族群是按这个原则办事的，把知识储存于社会和组织机构的结构中。这是因为人类记忆的有限性，不得不依靠文字、书籍和建立语料库来储存知识和散布知识。现代认知工具只是工具箱的扩展。技术飞快发展不一定导致先进支撑系统增加，以及交际物流系统的增加，从而影响我们的思维和行动。

Verhagen（2007）还提到网络社会也可以从经济学、心理学、社会学、人类学、政治学和哲学研究获得启示，但连接主义在定位时对这些内容谈得不具体或没有谈到。连接主义虽然谈到混沌、网络、复杂性和组织性理论等方面，但没有谈到这些理论的元素如何整合到无所不包的连接主义中。

Kerr也同意智能形式可以在人体之外（信息处理），且日益重要，但这个观点不是新的，不能作为新的学习理论的基础。例如，2004年没有YouTube，现在有了，这不能证明理论的创新。这仅仅是量的变化，不是质的变化。

Siemens对Verhagen的意见作了回答，强调后者的意见正好说明连接主义的重要性，那些静态的、无语境的、以内容为中心的教学理论不能看到正在发生的变化导致已有的知识过时。至于Kerr的挑战正好说明知识在变化，因此我们应该面对和质疑所有知识。

4.4 知识的掌握

Siemens曾谈到接受某一特定信念和思维方式会有若干伴随的观点和逻辑发展。这说明我们需要的是更多地进入空间的功能而不是推理和逻辑的功能。

Kerr不同意Siemens这个观点。他指出，逻辑推理和环境（空间）之间存在辩证关系。有的情况下，逻辑是主要的，另一些情况下，环境是主要的。如评论者总是在教室外讨论学习，而教师则每天与教室内环境打交道。因此，不谈逻辑的说法有误，逻辑不能没有。对此，Siemens回答说，掌握的关键点发生在接受或创建一个意识或世界观之时。一旦接受了，这个观点成为过滤器和认知减负的工具。思想意识强烈地影响认知，其结果不仅表现在我们的日常活动中，也表现在选择世界观的过程中。

Kerr进一步指出掌握或加深掌握出现于理论和实践的循环之中。实践也会对世界观起反作用，并改变它。把思想意识描述为掌握的真正关键点会导致教条主义或过多的与实践没有联系的法则化。Siemens认为我们的需求和逻辑是在活动和反应、协商和对话的过程中塑造的。

4.5 语境

Siemens对语境有较多论述。它包含多种元素，如情感、经验、信念和周围的环境——每一个元素都涉及态度问题。他采用了语境游戏的术语。语境游戏指个体、政治、公司的历史和许多其它因素。语境游戏试图澄清和突出某些会影响我们对某特定情景的理解的因素。我们不是就"它是什么"来评价事物，我们评价的是它如何与我们已界定的观点和思想意识有关。具体说，语境游戏包括：

1. ——我们现有的观点和思想意识。
2. ——指现存的和对讨论/知识产生影响的因素。
3. ——话题的实质：它与语境融合，并在语境中产生微妙影响。
4. ——对话/辩论发生的环境/文化。

Bill Kerr认为这样的描述没有新意，与已有的情景学习法无差别，那就是学习通常发生于活动所要实现的功能中。Siemens应该对连接主义的语境观说得更具体一些，更清楚一些。这就是说，应该让人们知道，在我们身体或大脑的内部发生了什么？在外部发生了什么？内部与外部如何连接？思维是什么？它在哪里？它如何工作？这些都是有关学习的核心理论问题，具有无可比拟的实际意义。制定一个新的学习理论的必要过程应当结合当代的哲学、认知科学（包括人工智能研究）和学习理论的历史。因此，在新的理论没有弄清楚以前，不能扔掉原来的学习理论。一个好的学习理论应包括：①对课程大纲和学习改革的理论和实践的循环做出贡献；②对我们如何观察学习的发生提出新的视角；③正确地表示各种学习理论的历史发展。就这3方面来说，Kerr认为连接主义对第一点使用了有时是正确的口号，只是稍嫌一般；关于第二点，Kerr指出我们已经有不少理论，如系统理论、浑沌理论、网络理论、市场就是谈话理论（cluetrain manifesto）等，不需要新的主义了；从第三点看，Siemens对现有理论有所曲解，而连接主义作为新理论也是令人怀疑的。

5. 结束语

Siemens倡导连接主义学习理论总的来说是有积极意义的。我们终究生活在前所未有的数字化时代，在这样的历史背景下如何有效学习和获得知识？这个研究方向应该肯定。

Kerr和Verhagen对Siemens的有些批评是值得考虑的，一方面Siemens对现有主流的学习理论的价值估计不足，另一方面对连接主义理论本身应该认识到它还存在不完善、不具体、不清楚之处。显然，当代任何理论都有其历史渊源，离不开前人的工作和成就。即使是当代语言学研究中乔姆斯基的所谓语言学革命，也离不开结构主义的一些基本的句法概念。后者表明Siemens和其它连接主义者应进一步研究和探索，多做一些实证工作。

Kerr和Verhagen的有些意见则说服力不强，譬如在网上只能学到如何做游戏和讲故事的评论，未免失之偏颇。就我本人而言，有关行为主义、认知主义和建构主义的学习理论主要是在网上学到的。两者在个别地方对Siemens有些曲解，例如Verhagen说Siemens的理论是关于学什么和如何学的问题，实际上Siemens强调的是新世纪的学习理论应一反传统的学什么和如何学，关注从哪里学和谁来学的问题。这与当前人们讨论多元智能的教育是一致的。

最后，批评者自己的观点也有值得商榷之处。例如，Verhagen的批评在承认知识是可以外化的之后，不承认技术或工具对人类思维和行动会产生影响，至少是估计不足。事实上，人类社会自有了文字和书籍之后，逐渐习惯于线性思维。今天，电子技术和超文本的发展，将使我们长期被禁锢的非线性思维或立体化思维获得解放。这对人类文明的发展将有不可估量的意义。

本文原载于《外语电化教学》，2008年9月第123期。

参考文献

Abell, S.K., Bryan L. A. & Anderson M. A. "Investigating preservice elementary science teacher reflective thinking using integrated media case-based instruction". *Science Education*, 1998 (2).

Achard M. "Teaching construal: Cognitive pedagogical grammar", in Robinson, P. & N. C. Ellis (eds.) *Handbook of Cognitive Linguistics and Second Language Acquisition*. New York/London: Routledge, 2008.

Aenis, Thomas. "A communication model for transdisciplinary consortium research", a paper presented at the 9th European IFSA Symposium, Vienna (Austria). Available: http://ifsa.boku.ac.at/cms/fileadmin/ Proceeding 2010/2010_WS1.5_Aenis.pdf.

Alderson, J.C., C. Clapham & D. Wall. *Language Test Construction and Evaluation*. Cambridge: Cambridge University Press, 1995.

Allwright, R. L. & K. M. Bailey. *Focus on the Language Classroom: An Introduction to Classroom Research for Language Teachers*. Cambridge: Cambridge University Press, 1991.

American Council on the Teaching of Foreign Language. ACTFL Proficiency Guidelines for K-12 Learners, 1998.

American Council on the Teaching of Foreign Language. ACTFL Proficiency Guidelines, 1982.

American Educational Research Association, American Psychological Association, National Council on Measurement in Education. *Standards for Educational and Psychological Testing*, 1999.

Andersen, E.S. *Speaking with Style: The Sociolinguistic Skills of Children*. London: Routledge, 1990.

Anderson, John R. *Learning and Memory*. New York: John Wiley & Sons, Inc, 2000.

Andersson I, Rusanganwa J. "Language and space in a multilingual undergraduate physics classroom in Rwanda". *International Journal of Bilingual Education and Bilingualism*, 2011, 14 (6).

Argyris, C. *Reasoning Learning and Action: Individual and organizational*. San Francisco: Jossey-Bass, 1982.

Austin, J.L. *How to Do Things with Words*, edited by J.O.Urmson. Oxford: OUP, 1962.

Bachman, L.F. *Fundamental Considerations in Language Testing*. Oxford: Oxford University Press, 1990.

Bachman, L.F. "Linking validity and test use in language assessments", the 7th Academic Forum on English Language Testing in Asia, 2004.

Bakalar, N. "Linguist Finds a Language in Its Infancy". *New York Times*, 14 July, 2013.

Baker, C. *Key Issues in Bilingualism and Bilingual Education*. Clevedon, England: Multilingual Matters Ltd., 1988.

Baker, C. "Review of Tove Skutnabb-Kangas, Linguistic genocide in education or worldwide diversity and human rights?". *Journal of Sociolinguistics*, 5 (2), 2001.

Baker, D. *Language Testing: A Critical Survey and Practical Guide*. London: Edward Arnold, 1989.

Bang, J. Chr. & J. Door. "Ecolinguistics: A framework", in AIL Ap93, 1993.

Bates, Elizabeth. *Language and Context: The Acquisition of Pragmatics*. New York: Academic, 1976.

Beattie, M. *Art of Learning to Teach: Creating Professional Narratives*. New Jersey: Pearson Prentice Hall, 2006.

Beebe, S. & Biggers, T. "The status of the basic course in intercultural communication at U.S. colleges and universities". ED 246 513, 1984.

Bell, D. M. "Do teachers think that methods are dead?". http://eltj.Oxford journals. org/cgi/content/abstract/61/2/135 (March-8-2009).

Bellack, A. A., H. M. Kliebard, R.T. Hyman & F. L. Smith. *The Language of the Classroom Teachers*. New York: College Press, Columbia University, 1966.

Belz, J. A. & Kinginger, C. "The cross linguistic development of address form use in telcollaborative language learning: Two case studies". *The Canadian Modern Language Review*, 2002, 59.

Berger. P. & T. Luckman. *The Social Construction of Reality*. Harmondsworth: Penguin, 1967.

Bernard Spolsky & Francis M. Hult. *The Handbook of Educational Linguistics*. Oxford/New York: Blackwell, 2008.

Bernard Spolsky. *Language Policy*. Cambridge: Cambridge University Press.

Bernard Spolsky. *Concise Encyclopedia of Educational Linguistics*. Amsterdam/New York: Elsevier, 1999.

Bernard, H.R. "Preserving language diversity". *Human Organisation*, 5, 1992.

Bernat, E. & I. Gvozdenko. "Beliefs about language learning: current knowledge, pedagogical implications, and new research directions". http://www. writing. berkeley. edu/ TESl-EJ/ej33/a1. pdf (May-16-2007), 2005.

Bernstein, B. Pedagogy, *Symbolic Control and Identity: Theory, Research, Critique*. London: Taylor and Francis, 2000.

Bernstein, B. *The Structuring of Pedagogic Discourse: Class, Codes and Control IV*. London: Routledge and Kegan Paul, 1990.

Bhela, B. "Native language interference in learning a second language: Exploratory case studies of native language interference with target language usage". *International Education Journal* 1/1, 1999.

Björn Jernudd. *Lectures on language problems*. Bahri Publications, 1991.

Blackmore, S. *The Meme Machine*. Oxford: Oxford University Press, 1999.

Blanke, Detlev. Vom Entwurf zur Sprache. En: Schubert (2001, Ed.): "Planned Languages: From Concept to Reality". *Interface*. Brüssel: Hogeschool voor Wetenschap en Kunst, 2001.

Blum-Kulka, S. *Dinner Talk*. Mahwah, NJ: Lawrence Erlbaum, 1997.

Bock, J. "Syntactic persistence in language production". *Cognitive Psychology* 18, 1986.

Boers, F. & S. Lindstromberg. "Cognitive linguistic applications in second or foreign language instruction: Rationale, proposals, and evaluation", in Kristiansen,G., et al.(eds.) *Cognitive Linguistics: Current Applications and Future Perspectives*. Berlin/New York: Mouton de Gruyter, 2006.

Borg, S. "Teacher cognition in language teaching: A review of research on what language teachers think, know, believe, and do". *Language Teaching* 36/2, 2003.

Bourdieu, P. *Language and Symbolic Power*. Cambridge, MA: Harvard University Press, 1991.

Brecht, R. & W. Rivers. "Language policies in the U.S.: Questions addressing a sea change in language in the US". *NFLC Policy* 2(1), 1999. (引文翻译由王克非教授提供)

Breen, Michael P. ed. *Learner Contributions to Language Learning*. New York: Pearson Education, 2001.

Brenzinger, Matthias. "Langues minoritaires, un héritage culturel". *Diogène*, No. 161, 1993.

Brinton, D.M., M.A. Snow & M. Wesche. *Content-based Second Language Instruction* (Classics Ed.). Ann Arbor, M I: University of Michigan Press, 2003.

Brinton, D., Snow, M. and Wesche, M. *Content-based Second Language Instruction*. New York: Newbury House, 1989.

Brislin, R., Cushner, K., Cherrie, C. and Yong, M. *Intercultural Interactions: A Practical Guide*. New York: SAGE Publications, 1986.

Brookes, A. & R. Hudson. "Do linguists have anything to say to teachers?", in R.Carter (ed.) *Linguistics and the Teacher*. London: Routledge and Kegan,1982.

Brousseau, B. A. & C. Book. "Teacher beliefs and the cultures of teaching". *Journal of Teacher Education* 39/6, 2005.

Brown, H.D. "English language teaching in the post- method era: toward better diagnosis treatment and assessment", in Richards J. C. & W. A. Renandya (eds.) *Methodology in Language Teaching: An Anthology of Current Practice*. Cambridge: Cambridge University Press, 2002.

Brown, R. *A First Language*. Cambridge, Mass: Harvard Unin. Press, 1973.

Brown, R. *A First Language*: The early stages. (p.53). Cambridge, MA: Harvard University Press, 1973.

Brown, E.K. (ed.). *The Encyclopedia of Language and Linguistics* (2nd edition). Oxford: Pergamon Press, 2005.

Brown, H. D. *Teaching by Principles: An Interactive Approach to Language Pedagogy.* Prentice Hall Regents, reprint 2001, 北京：外语教学和研究出版社, 1994.

Brown, H.D. *Principles of Learning and Teaching* (2nd ed.). Englewood Cliffs, NJ: Prentice-Hall, 1987.

Brown, R. *A First Language*. Cambridge, Mass: Harvard University Press, 1973.

Brown, R. and S.C. Levmson. "Universals in language usage: politeness phenomena", in Coody, E.N. (ed.) *Questions and Politeness: Strategies in Social Interaction*. Cambridge: CUP, 1978.

Brownlee, J. "Teacher education students' epistemological beliefs: developing a relational model of teaching". http://eprints. Qut.edu. au/1058/ (April-15-2006), 2004.

Brumfit, C. *Individual Freedom in Language Teaching: Helping Learners to Develop a Dialect of Their Own*. Oxford: Oxford University Press, 2001.

Bruner, J.S. *The Process of Education*. Cambridge, Mass.: Harvard University Press, 1960.

Buell, C. Cognitivism [WE/OL]. Retrieved December 10, 2004. http://web.cocc.edu/cbuell/theories/cognitivism.htm.

Bundsgaard, J. & S. Steffensen. "The dialectics of ecological morphology—or the morphology of dialectics", 2002. From http://www.eli.sdu.dk.

Burger, S. & M. Chretien. "The development of oral production in content-based second language courses at the University of Ottawa". *The Canadian Modern Language Review/La Revue canad ienne des langues vivantes*, 2001(1).

Burns, A. "Teacher beliefs and their influence on classroom practices". *Prospect* 7/3, 1992.

Bybee, J. & P. Hopper. *Frequency and Emergence of Linguistic Structure*. Amsterdam: John Benjamins, 2001.

Bybee, J. "Usage-based grammar and second language acquisition", in P. Robinson & N. Ellis (eds.) *Handbook of Cognitive Linguistics and Second Language Acquisition*. NewYork: Routledge, 2008.

Byon, A.S. "Language Socialization in Korean-as-a-foreign Language Classrooms". *Bilingual Research Journal* 30 (2), 2006.

Calderhead, J. *Teacher Beliefs and Knowledge: Handbook of Educational Psychology*. New York: Macmillan Library Reference, 1996.

Cameron, Lynne. *Metaphor in Educational Discourse*. London & New York: Continuum, 2003.

Canale, M and M. Swain. "Theoretical bases of communicative approaches to language teaching and testing". *Applied Linguistics*, 1/1, 1980.

Candlin, Christopher. "Researching and Teaching for a Living Curriculum: Australia's Critical Contribution to Praxis in Language Teaching and Learning". http://pandora.nla.gov.au/parchive/2000.

Capozza, D. & R. Brown (eds.) *Social Identity Processes: Trends in Theory and Research*. London: Sage Publications, 2000.

Carter, R. *Linguistics and the Teacher*. London: Routledge and Kegan, 1982.

Cassell, J. & Tversky, D. "The Language of Online Intercultural Community Formation". *Journal of Computer-Mediated Communication* 10 (2), 2005. http://jcmc.indiana.edu/vol10/issue2/cassell.html.

Catford, J.C. "Language Learning and applied linguistics: A historical sketch". *Language Learning*, 48/4, 1998.

Cazden C & Snow C E. "English plus: Issues in bilingual education". *The Annals of the American Academy of Political and Social Science*, 1990, (508).

Cazden, C.B. & Snow, C.E. "Preface", in Cazden, C. B. & C. E. Snow (eds.) *English Plus: Issues in Bilingual Education*. London: Sage, 1990.

Center for Canadian Language Benchmark. Canadian Language Benchmarks. http: //www. language. Ca, 2000.

Center for Research on Innovation & Society (CRIS). Project Talent: Executive summary. (http://www.bmbf.de/presse01/309.html), 2000.

Chan, Kwok-wai. "Validation of a Measure of Personal Theories about Teaching and Learning". (http://www.aare.edu.au/01pap/cha01062.htm), 2001.

Chance, Paul. *Learning and Behavior*. Thomson Wadsworth, 2003, 5th edition.

Channell, R. W. "Automated developmental sentence scoring using computerized profiling software". *American Journal of Speech-Language Pathology*, 12, 2003.

Chant, R. H. "The impact of personal theorizing on beginning teaching: Experiences of three social studies teachers". *Theory and Research in Social Education*, 2002 (4).

Chapelle, Carol. *Computer Applications in Second Language Acquisition: Foundations for Teaching, Testing and Research*. Cambridge: University Press, 2001.

Chawla, S. "Linguistic and philosophical roots of our environmental crisis". *Environmental Ethics* 13/3, 1991.

Checkel. J.T. "The constructivist turn in international relations theory". *World Politics* 50, 1998.

Chen, F.J. "The role of first language transfer and second language proficiency in the writing of Chinese Learners of English as a second language". Dissertation Abstracts International DAI-A60/70, 1999.

Chomsky, N. "A review of B. F. Skinner's verbal behavior". *Language*, 35, 1959.

Chomsky, N. *Aspects of Syntax*. Cambridge, Mass.: The MIT Press, 1965.

Chomsky, N. *Aspects of the Theory of Syntax*. Cambridge, Mass: MIT Press, 1965.

Chomsky, N. *Syntactic Structures*. The Hague: Mouton, 1957.

Chomsky, N. "A review of B.F. Skinner's Verbal Behavior". *Language*, 35, 1959.

Chomsky, N. *Aspects of the Theory of Syntax*. Cambridge, Mass: MIT Press, 1965.

Chomsky, N. *Syntactic Structure*. The Hague: Mouton, 1957.

Christie, F. & J. Martin. *Language, Knowledge and Pedagogy: Functional Linguistics and Sociological Perspectives*. London: Continuum, 2007.

Christie, Frances. *Classroom Discourse Analysis: A Functional Perspective*. London & New York: Continuum, 2002.

Clark, H. & Clark, E.V. *Psychology & Language*. New York: Harcourt Brace Jovanovich, Inc, 1977.

Clément, R., Z. Dömyei Z. & K.A. Nods. "Motivation, self-confidence, and group cohesion in the foreign language classroom". *Language Learning* 44, 1994.

Coatsworth, J. "Globalization, growth, welfare in history", in M.M. Suarez-Orozco & D. B. Qin-Hilliard (eds.) *Globalization: Culture and Education in the New Millennium*. Berkeley: University of California Press, 2004.

Cohen, L. *Research Methods in Education*. London: Croom Helm, 1985.

Coleman, L. and P. Kay. "Prototype semantics: the English word, 'lie'". *Language*, 1981, 57 (1).

Colin, S. "Culture and the good teacher in the English language classroom". *ELT Journal* 61/4, 2005.

"Companies work better with languages", July 2008. http://ec.europa.eu/education/languages/news1669_en.htm.

Condouris, K., Meyer, E., & Tager-Flusberg, H. "The relationship between standardized measures of language and measures of spontaneous speech in Children with Autism". *Am J Speech Lang Pathol*, 12 (3), 2003.

Connelly, F.M. & D.J. Clandinin. *Teachers' Professional Knowledge Landscapes*. New York: Teachers' College Press, 1995.

"Construction and reconstruction in langauge planning: Ivar Aasen's grammar". *Word*, 21(2).

Cook, V. *Second Language Learning and Teaching*. Shanghai: Foreign Language Teaching and Research Press, 2000.

Cooper, R.L. *Language Planning and Social Change*. Cambridge: CUP, 1989.

Corder, S.P. *Introducing Applied Linguistics*. Harmondsworth: Penguin Books Ltd, 1973.

Corder, S.P. "Problems and solutions in applied linguistics", in J. Qvistgaard (ed.) *Applied Linguistics: Problems and Solutions*. Heidelberg: Julius Groos Verlag, 3-23, 1974.

Corder, S.P. "The significance of learners' errors". *International Review of Applied Linguistics*, 5, 1967.

Corson, D. (ed.). *Encyclopedia of Language and Education*. Dordrecht: Kluwer Academic, 1997.

Costa, A., M. Pickering & A. Sorace. "Alignment in second language dialogue". *Language and Cognitive Processes* 33, 2008.

"Council of Europe European Charter for Regional or Minority Languages [OL]". From website: http://conventions.coe.int/Treaty/EN/CadreListe Traites.htm.

Council of Europe. *A Common European Framework of Reference for Languages: Learning, Teaching, Assessment*. Cambridge: Cambridge University Press, 2001.

Council of Europe. *Common European Framework of Reference for Language Learning and Teaching*. Cambridge: Cambridge University Press, 2001.

Creese, A. & Martin, P. (eds.). *Multilingual Classroom Ecologies*. Clevedon: Multilingual Matters, 2003.

Croft, William. *Typology and Universals*. Cambridge: Cambridge University Press, 1990.

Crystal, D. *Language Death*. Cambridge: Cambridge University Press, 2000.

Crystal, D. *The Cambridge Encyclopedia of Language* (2nd ed.). Cambridge: Cambridge University Press, 1997.

Crystal, D. *The Cambridge Encyclopedia of Language*. Cambridge: Cambridge University Press, 1988.

Cumming, A. "Writing expertise and second language proficiency". *Language Learning* 39, 1989.

Cumming, A. & R. Berwick (eds.). "Validation in language testing". *Modern Languages in Practice*, 1995.

Cummings, J. "Cognitive/academic language proficiency, linguistic interdependence, the optimum age question and some other matters". *Working Papers on Bilingualism*, 19, 1979.

Cummins J. *Bilingualism and Special Education: Issues in Assessment and Pedagogy*. San Diego, CA: College-Hill, 1984.

Cummins, J. "Language proficiency and academic achievement", in J.W.Oller, Jr. (ed.) *Issues in Language Testing Research*. Rowley, MA: Newbury House, 1983.

Cummins, J. & M. Swain. *Bilingualism in Education: Aspects of Theory, Research and Practice*. London and New York: Longman Group Limited, 1985.

Cunningsworth, A. *Choosing Your Coursebook*. New Zealand: Heinemann, 1995.

Dabrowska, E. "From formula to schema: The acquisition of English questions". *Cognitive Linguistics*, 2000, 11(1/2).

Daniel Nettle. *Linguistic Diversity*. Oxford: Oxford University Press, 1999.

Daniel Weinstock. *The Antinomy of Language Policy*, in W. Kymlicka/ A. Patten (eds.) *Language Rights and Political Theory*. Oxford: Oxford University Press, 2003.

Dator, J. "What is globalization?" in J. Dato, D. Pratt & Y. Seo (eds.) *Fairness, Globalization, and Public Institutions: East Asia and Beyond*. Honolulu: University of Hawaii Press, 2006.

Davies, A. & C. Elder(eds.). *The Handbook of Applied Linguistics*. Oxford: Blackwell, 2004.

Davis, A. *Principles of Language Testing*. Oxford: Blackwell Publishers, 1990.

Dawkins, R. *The Selfish Gene*. Oxford: Oxford University Press, 1976.

de Fina, A., D. Schiffrin & M. Bamberg. *Discourse and Identity*. Cambridge: Cambridge University Press, 2006.

Debski. R. "Theory and practice in teaching project-oriented CALL", in Hubband, P & Levy, M (eds.) *Teacher Education Call*. Amsterdam: John Benjamins Publishing Company, 2006.

Demirezen, M. "Identity problems of non-native teachers of English in teacher education". http:// ites lj. org/Art icles/Demirezen-NonnativeTeachers. html (February-11-2009) , 2007.

Dennis Ager. *Motivation in language planning and language policy*. Clevedon: Multilingual Matters Ltd., 2001.

Desmet, P. "L'enseignement/apprentissage des langues l'redunumrique: tendances r centes et efies". *Revue française de linguistique appliqué*, vol. XI, 2006.

DeThome, L. S., & Channell, R. W. "Clinician-Child interactions: Adjustments in linguistic complexity". *American Journal of Speech-Language Pathology*, 16, 2; *ProQuest Education Journals*, 2007.

Deutscher Akademischer Austauschdienst (DAAD). *Internationale Studiengange (Master-Plus und Auslandsorientierte Studiengänge): Zahlen und Fakten*. Berlin: DAAD, 2002.

Deutscher Akademischer Austauschdienst (DAAD). "Zweites Aktions programm des DAAD zur Starkung der internationalen Wettbewerbsfähigkeit des Studien-und Wissenschaftsstandorts Deutschland". (http://www.daad.de/allgemein/de/Ueberuns/Programme/aktionsprogramm. html), 2001.

Dewey, J. *How We Think*. Boston: D.C. Heath and Company, 1933.

Dewey, J. *Democracy and Education: An Introduction to the Philosophy of Education*. New York:

The Macmillian Compacy, 1961[1916].

Dewey, J. *Experience and Education*. New York: Collier Books, 1963 [1938].

Dewey, J. *Philosophy of Education: Problems of Men*. Totowa, New Jersy: Littlefield, Adams & Co, 1966 [1958].

Directive 123/2006/EC on services in the internal market OJ L 376, 27.12. 2006.

Dixon, R. *The Rise and Fall of Languages*. Cambridge: Cambridge University Press, 1997.

Domna Stanton. "On Linguistic Hunan Rights and the United Sates 'Foreign' Language Crisis". *Profession*, 2005. by Modern Language Association of America (ed.)

Dömyei, Z. "Motivation and motivating in the foreign language classroom". *Modern Language Journal* 78, 1994.

Doreen D.Wu. *Discourses of Cultural China in the Globalizing Age*. Hong Kong: Hong Kong University Press, 2008.

Dorian, N. (ed.) *Investigating Obsolescence: Studies in Language Contraction and Death*. New York: Cambridge University Press, 1989.

Doughty, C. "Cognitive underpinnings of focus on form", in Peter Robinson(ed.) *Cognition and Second Language Instruction*. Cambridge: CUP, 2001.

Doughty, C. & M. Long. *The Handbook of Second Language Education*. Oxford: Blackwell, 2003.

Driscoll, M. *Psychology of Learning for Instruction*. Needham Heights, MA: Allyn & Bacon, 2000.

Dudley-Evans, T. & M. St. John. *Developments in English for Specific Purposes*. Cambridge: CUP, 1998.

Duff, P.A. "The Discursive Co-construction of Knowledge, Identity and Difference: An Ethnography of Communication in the High School Mainstream". *Applied Linguistics* 23 (3), 2002.

Dupuy, B.C. "Content based instruction: Can it help ease the transition from beginning to advanced foreign language classes?". *Foreign Language Annals*, 2000(2).

Edwards, H., Wesche, M., Krashen, S., Clément, R. & Kruidenier, B. "Second-language acquisition through subject-matter learning: A study of sheltered psychology classes at the University of Ottawa", in *The Canadian Modern Language Review*, 1984.

Edwards, J. "Sociolinguistical aspects of language maintenance and loss: Towards a typology of minority language situations", in W. Fase, K. Jaspaert and S. Kroon (eds.) *Maintenance and loss of minority languages*. Amsterdam: John Benjamins Publishing Company, 1992.

Elisabet Arnó Macià, Antonia Soler Cervera & Carmen Rueda Ramos. *Information Technology in Languages for Specific Purposes*. New York: Springer, 2006.

Ellion, A.J. *Child Language*. Cambridge: Cambridge University Press, 1981.

Ellis, Carolyn & Bochner, Arthur P. "Autoethnography, Personal Narrative, Reflexivity—Researcher as Subject", in Denzin, Norman K. & Lincoln, Yvonna S. (eds.) *Handbook of Qualitative Research*. (2nd ed.). Thousand Oaks: Sage, 2000.

Ellis, N. "Frequency effects in language acquisition: A review with implications for theories of implicit and explicit language acquisition". *Studies in Second Language Acquisition* 24, 2002.

Ellis, N.C. "Frequency effects in language processing". *Studies in Second Language Acquisition*,

2002, 24.

Ellis, N.C. "Memory for language", in Peter Robinson (ed.) *Cognition and Second Language Instruction*. Cambridge: CUP, 2001.

Ellis, N.C. "Usage-based and form-focused language acquisition: The associative learning of constructions, learned attention, and the limited L2 endstate", in Robinson, P. & N. C. Ellis (eds.) *Handbook of Cognitive Linguistics and Second Language Acquisition*. New York/London: Routledge, 2008.

Ellis, R. "Principles of instructed language learning". *System*, 2005, 33.

Ellis, R. *Understanding Second Language Acquisition*. Oxford: Oxford University Press, 1985.

Ellis, Rod. "The Metaphorical Constructions of Second Language Learners", in Breen, Michael P. ed. *Learner Contributions to Language Learning*. Pearson Education, 2001.

Ellis, R. *The Study of Second Language Acquisition*. Oxford: Oxford University Press, 1994.

Ellis, R. *Understanding Second Language Acquisition*. Oxford: Oxford University Press, 1985.

Enric Llurda. *Non-Native Language Teachers*. New York: Springer, 2005.

Erling, E. & S. Hilgendorf. "Language policies in the context of German higher education". *Language Policy* 5, 2006.

Ertmer, P.A. "Responsive instructional design: scaffolding the adoption and change process". *Educational Technology* 41/ 6, 2001.

Ervin-Tripp, S. "Discourse Agreement: How Children Answer Questions", in R. Hayes (ed.) *Cognition and Language Learning*. New York: Wiley, 1970.

"Europe in figures" in *Eurostat Yearbook 2006-2007*. Luxembourg: Eurostat, 2007.

Evains, J.L., & Miller, J. "Language sample analysis in the 21st century". *Seminars in Speech and Language*, 20, 1999.

Faerch, C. & G. Kasper. "Perspectives on language transfer". *Applied Linguistics* 8, 1987.

Fang, Z. "A review of research on teacher beliefs and practices". *Educational Research* 38/1, 1996.

Farrell M P. "Bilingual competence and students' achievement in Physics and Mathematics". *International Journal of Bilingual Education and Bilingualism*, 2011, 14(3).

Feldman, F. "The 'Old' Pragmatics and the 'New'". *Journal of Pragmatics*,10, 1986.

Fill, A. "Language and ecology: Ecolinguistics perspectives for 2000 beyond", in AILA Organizing Committee (eds.) *Selected Papers from AILA 1999 Tokyo*. Tokyo: Waseda University Press, 2000.

Fill, A. & Mühlhäusler, P. (eds.). *The Ecolinguistics Reader. Language, Ecology and Environment*. London: Continuum, 2001.

Fillmore L.W. *Language Learning through Bilingual Instruction*. Berkeley: University of California, 1980.

"Foundation for Critical Thinking. Defining critical thinking [OL]". http://www.criticalthinking.org/aboutct/define_critical_thinking.cfm,accessed 02/10/2009.

Francis M. Hult. *Directions and Prospects for Educational Linguistics*. New York: Springer, 2010.

François Grin. "Language Planning as Diversity Management: Some Analytical Principles". *Plurilingua* (21), 1999.

Freeman, D. & K. E. Johnson. "Reconceptualizing the knowledge-base of language teacher education". *TESOL Quarterly* 32/3, 1998.

Freeman, R. "The hidden side of the work: Teacher knowledge and learning to teach". *Language Teaching* 35, 2002.

Freudenberger H J. "Staff burnout". *Journal of Social Issues*, 1974, 30.

Gabbard, R. "Ecolinguistics: the future of linguistics", 2000. From http://www.ecoling.net.

Gala, C. "Convergences and transdisciplinarity in the foreign language department: A response to the MLA report". *Journal of Language and Literacy Education*, 2008, 4 (1).

Gannon, P. & P. Czerniewska. *Using Linguistics: An Educational Focus*. London: Edward Arnold, 1980.

Gao Yihong. "1+1 > 2". *Foreign Language Learning*, 2001.

Gao, Y. "Productive bilingualism: 1+1>2", in D. W. C. So & G. M. Jones (eds.) *Education and Society in Plurilingual Contexts*. Brussels: VUB Brussels University Press, 2002.

Gao. Y.H. "Sociocultural contexts and English language learning in China: Retaining and reforming the cultural habitus". *The Journal of Chinese Sociolinguistics*, 2005.

Gardner, R.C. *Social Psychology and Second Language Learning: The Role of Attitudes and Motivation*. London: Edward Arnold, 1985.

Gardner, R.C. & MacIntyre, P.D. A Student's Contributions to Second-language Learning. "Part II: Affective Variables". *Language Teaching*, 1993 (26).

Gardner, R.C. Integrative motivation and second language acquisition/Z Dornye i & R. Schmidt. Motivation and Second Language Acquisition. Honolulu: University of Hawaii Second Language Teaching & Curriculum Center, 2001.

Gardner, R.C. *Social Psychology and Language Learning: The Role of Attitudes and Motivation*. London: Edward Arnold, 1985.

Gay, Gregory. "About creativity" [OL]. Learning Disabilities Resource Community, University of Toronto, Canada. Retrieved 10 July 2010. http://www.ldrc.ca/contents/view_article/147/.

Gerald, P. *Teacher Action Research: Building Knowledge Democracies*. Los Angeles: Sage Press, 2008.

Gerbig, A. "The representation of agency and control in texts on the environment". *AILA* 93, 1993.

Gibbons, M., Limoges, C., Nowotny, H., Schwartzman, S., Scott, P. & Trow, M. *The New Production of Knowledge: The Dynamics of Science and Research in Contemporary Societies*. London: Sage, 1994.

Giddens. A. *Modernization and Self-Identities: Self and Society in Late Modern Age*. Stanford. CA: Stanford University Press, 1991.

Giddens. A. *The Constitution of Society*. Berkeley, CA: University of California Press, 1984.

Glausisz, J. "The ecology of language: link between rainfall and language diversity". *Discover*

18/8, 1997. Also in Fill & Mühlhäusler (eds.), 2001.

Gleason, J.B., Ely, R., Perlmann, R.Y., & Narasinmham, B. "Patterns of Prohibition in Parent-child Discourse", in Slohin, D. I., Gerhardt, J., Kyratzis, A. & Guo, J. (eds.) *Social Interaction, Social Context and Language: Essays in Honor of Susan Ervin-Tripp*. Mahwah, NJ: Lawrence Erlbaum, 1996.

Goatly, A. "Green grammar and grammatical metaphor, or language and the myth of power, or metaphors we die by". *Journal of Pragmatics* 25, 1996. Also in Mühlhäusler (eds.), 2001. "A response to Schleppegrell: What makes a grammar green?". *Journal of Pragmatics* 28, 1997. Also in Mühlhäusler (eds.), 2001.

Goldberg, A. & D. Casenhiser. "Construction learning and second language acquisition", in Robinson, P. & N. C. Ellis (eds.) *Handbook of Cognitive Linguistics and Second Language Acquisition*. New York/London: Routledge, 2008.

Goldstein, E.Bruce. *Blackwell Handbook of Perception*. Massachusetts: Blackwell Publishers Inc, 2001.

Goodman, K. *Language and Literacy*. London: Routledge and Kegan, 1982.

Goonasekera, Anura, etc. (ed.). *Cultural Rights in a Global World*. Eastern Universities Press, 2003.

Gordon, R.G. Jr. (ed.). *Ethnologue: Languages of the World*. New York: SIL International, 2005.

Graham, C. "Action research for second language teachers: going beyond teacher research". *Applied Linguistics* 14/2, 1993.

Greenberg Joseph H. "Some Universals of Grammar with Particular Reference to the Order of Meaningful Elements" in Joseph H. Greenberg (ed.) *Universals of Grammar* (2nd edition). Cambridge, Mass.: MIT Press, 1966.

Gredler, M.E. *Learning and Instruction: Theory into Practice* (5th edition). Upper Saddle River, NJ, Pearson Education, 2005.

Green, G. *Pragmatics and Natural Language Understanding*. Hillsdale, NJ: Erlbaum, 1989.

Grenoble, L.A. and L.J. Whaley (ed.). *Endangered Languages: Current Issues and Future Prospects*. Cambridge: Cambridge University Press, 1998.

Gries, S. TH. "Corpus-based methods in analyses of second language acquisition data", in Robinson, P. & N. C. Ellis (eds.) *Handbook of Cognitive Linguistics and Second Language Acquisition*. New York/London: Routledge, 2008.

Griffiths, M. etal. "Using Reflective Practice to Link Personal and Public Theories". *Journal of Education for Teaching*, 1992 (1).

Griggs, P., R. Carol & P. Bange. "La dimension cognitive dans l'apprentissage des langues trangres". *Revue française de linguistique appliqué*, volume VII , 2002.

Grimes, B. (ed.). *Ethnologue: Languages of the World* (14th edition) Vols.1&2. Dallas, Texas: SIL International, 2000.

Gu, Yueguo, Carol Hall, Ian McGrath, and Barbara Sinclair. *Developing resources for MA in e-ELT*, in顾曰国, 2005a, 2005.

Gu, Yueguo. "An ecological model of e-learning in Chinese context", in *Studies in Continuing Education*. Vol. 28, No. 2, 2006b.

Gu, Yueguo. "Learning by multimedia and multimodality", in Helen Spencer-Oatey (ed.), *eLearning in China: Sino–UK Insights into Policy, Pedagogy and Innovation*. Hong Kong: The Hong Kong University Press, 2007.

Gu, Yueguo. "Multimodal text analysis—A corpus linguistic approach to situated discourse". *Text and Talk*, 26-2, 2006a.

Gu, Yueguo., Hall, C. & Hall, E. *Using the computer in ELT: technology, theory and practice*. Beijing: Foreign Language Teaching and Research Press, 2006c.

Gudykunst, W (ed). *Theorizing About Intercultural Communication*. SAGE Publications, Inc., 2005.

Guest, M. "A critical check book for culture teaching and learning". *ELT Journal* 56/2, 2002.

Gunnemark, E.V. *Countries, Peoples and Their Languages*. Lanstryckeriet, 1992.

H. H. Stern. *Issues and Options in Language Teaching*. 上海：上海外语教育出版社, 1992.

Haarmann, H. *Language in Ethnicity: A View of Basic Ecological Relations*. Berlin: Moutonde Gruyer, 1986.

Habermas. J. *Knowledge and Human Interests* (second edition). London: Heinemann, 1978.

Hale, K. "Language endangerment and the human value of linguistic diversity". *Language*, 68 (3), 1992.

Hale, K. et al. "Endangered languages". *Language*, 68 (1), 1992.

Hale, Ken. "On the Endangered Languages and the Importance of Linguistic Diversity", in L. A. Grenoble and L.J. Whaley (eds.) *Endangered Languages: Current Issues and Future Prospects*. Cambridge: Cambridge University Press, 1998.

Hall. J.K. *Teaching and Researching Language and Culture*. London: Pearson Education, 2002.

Halliday, M. A. K. *An Introduction to Functional Grammar*. London: Edward Arnold, 1994.

Halliday, M. A. K. and C. *Matthiessen. Construing Experience through Meaning—A Language-Based Approach to Cognition*. London: Cassell, 1999.

Halliday, M. A. K. and R. Hasan. *Language, Text and Context: Aspects of Language in a Social Semiotic Perspective*. Geelong: Deakin University Press, 1985.

Halliday, M. A. K. "Introduction: on the 'architecture' of human language", in J. Webster (ed.) *On Language and Linguistics*. London/New York: Continuum, 2003.

Halliday, M. A. K. *Language as Social Semiotic: the Social Interpretation of Meaning*. London: Edward Arnold, 1978.

Halliday, M. A. K. "On the concept of 'educational linguistics'", in R. Giblett and J. O'Carroll (eds.) *Discipline—Dialogue—Difference: Proceedings of the Language in Education Conference Murdoch University, December 1989*. Murdoch: 4D Duration Publications, 1990.

Halliday, M. A. K. "Quantitative studies and probabilities in grammar", in Michael Hoey (ed.) *Data, Description, Discourse*. London: Harper Collins Publisher, 1-25.

Halliday, M. A. K. *Language and Education*. London/New York: Continuum, 2007.

Halliday, M. "New ways of meaning: The challenge to applied linguistics". *Journal of Applied Linguistics* 6, 1990. Also in Mühlhäusler (eds.), 2001.

Halliday, M. A. K. "Applied linguistics as an evolving theme", in J. Webster (ed.) *Language and Education*. Beijing: Peking University Press/London: Continuum, 2007. .

Halliday, M. A. K. "New ways of meaning: The challenges to applied linguistics", in A. Fill & P. Mühlhäusler (eds.) *The Ecolinguistics Reader: Language Ecology and Environment*. New York: Continuum, 2001.

Halliday, M. A. K. "The Notion of "Context" in Language Education", in Mohsen Ghadessy (ed.) *Text and Context in Functional Linguistics*. Amsterdam & Philadelphia: John Benjamins, 1998.

Halliday, M. "On the Concept of 'Educational Linguistics'" in J. Webster (ed.) *Collected Works of M. A. K. Halliday (Vol.9) : Language and Education*. London: Continuum, 2007.

Halliday, M. A. K. *An Introduction to Functional Grammar* (2nd edition). London: Edward Arnold, 1994.

Halliday, M. A. K. Edited by Jonathan J. Webster. *The Language of Science*. London & New York: Continuum, 2004.

Halliday, M. A. K. *Language as Social Semiotic: The Social Interpretation of Language and Meaning*. London: Edward Arnold, 1978.

Halliday, M. A. K. "New ways of meaning: The challenges to applied linguistics". *Journal of Applied Linguistics*, 2001 (6).

Halliday, M. A. K. "Relevant models of language". *Educational Review*, 1969.

Halliday, M. A. K. "Spoken and Written Modes of Meaning", in R. Horowitz, A. Durant and C. MacCabe (eds.) *Comprehending Oral and Written Language*. New York: Academic, 1987.

Halliday, M. A. K., A. McIntosh & P. Strevens. *The Linguistic Sciences and Language Teaching*. London: Longman, 1964.

Halliday, M. A. K. "Linguistics in teacher education", in R.Carter (ed.) *Linguistics and the Teacher*. London: Routledge and Kegan, 1982.

Halliday, M. "New ways of meaning: The challenge to applied linguistics". *Journal of Applied Linguistics*, 1990a (6) .

Halliday, M. *Selected Works of Ruqaiya Hasan on Applied Linguistics*. Beijing: Foreign Language Teaching and Research Press, 2011.

Handal, G. & Lauvas, P. *Promoting Reflective Teaching: Supervision in Practice*. Milton Keyns: SRHE and Open University Educational Enterprises, 1987.

Harmon, D. *In Light of Our Differences: How Diversity in Nature and Culture Makes Us Human*. Washington, DC: The Smithsonian Institute Press, 2002.

Hasan, R. *Language, Society and Consciousness*. Oakville: Continuum, 2005.

Hasan, R. *Selected Works of Ruqaiya Hasan on Applied Linguistics*. Beijing: Foreign Language

Teaching and Research Press, 2011.

Hasting, A.M., "Accuracy of automated grammatical analysis of language samples from persons with deafness or hearing impairment". Unpublished Master thesis. Brigham Young University, 2008.

Haugen, E. *Blessings of Babel: Bilingualism and Language Planning*. Berlin: Mouton de Gruyter, 1987.

Haugen, E. *The Ecology of Language*. Stanford, CA: Stanford University Press, 1972.

Haugen, E. "The ecology of language", in Fill A. And P. Mühlhäusler (eds.) *The Ecolinguistics Reader*. London and New York: Continuum, 1972.

Hauptman P, Wesche M & Ready D. "Second-language acquisition through subject-matter learning: A follow-up study at the University of Ottawa". *Language Learning*, 38 (3), 1988 .

Henning, G. *A Guide of Language Testing: Development Evaluation Research*. New York: Newbury House Publishers, 1987.

Herden, G. *Type-Token Mathematics*. The Hague: Mouton, 1960.

Higgins, Christina. "Ownership of English in the Outer Circle: an Alternative to the NS-NNS Dichotomy". *TESOL Quarterly*, 2003 (37).

Hilgendorf, S. "Brain gain statt (instead of) brain drain: The role of English in German education". *World Englishes* 24 (1), 2005.

Hill, D. R. "Give us the tools: A personal view of multimodal computer-human dialogue", in M.M. Taylor, F. Néel and G.G. Bouwhuis (eds.) *The Structure of Multimodal Dialogue II*. Amsterdam: John Benjamins, 2000.

Hjelmslev, L. *Prolegomena to a Theory of Language*. Madison, Milwaukee and London: University of Wisconsin Press, 1961.

Hjorland. B. "Comments on the articles and proposals for further work". *Journal of Documentation* 61, 2005.

Hobson, J. Allan. *Consciousness*. New York: W. H. Freeman and Company, 1999.

Holliday. A., M. Hyde & J. Kullman. *Intercultural Communication: An Advanced Resource Book*. London: Routledge, 2004.

Horn, Laurence & Gregory Ward. *The Handbook of Pragmatics* [electronic resource]. Malden (ed.), MA: Blackwell Pub, 2004.

Hornberger N. "Educational linguistics as a field: A view from Penn's program on the occasion of its 25th anniversary". *Working Papers in Educational Linguistics* 17 (1-2), 2001.

Hornberger N. H. *Educational Linguistics: Critical Concepts in Linguistics*. London: Routledge, 2012.

Hornberger, H. N. "Educational Linguistics as a Field", in Cooper, R. Shohamy E. & Walters J. (eds.), *New Perspectives and Issues in Educational Language Policy: A Volume in Honor of B. D. Spolsky*. Philadelphia: John Benjamins, 2001.

Hornberger, N. (ed.) "Multilingual language policies and the continua of biliteracy: An ecological approach", in *Continua of Biliteracy: An Ecological Framework for Educational Policy, Research, and Practice in Multilingual Settings*. Clevedon: Multilingual Matters, 2003.

Hornberger, N. "Multilingual language policies and continua of biliteracy". *Language Policy* 1, 2002.

Hornberger, N.H. & Huit. "Educational linguistics", in K. Brown (ed.). *Encyclopedia of Language and Education* (2nd ed). Oxford: Elsevier, 2006.

Hornberger, N.H. *Educational Linguistics: Critical Concepts in Linguistics (Vols. 1-6)*. New York: Routledge, 2011.

Hornberger, N.H. "Educational linguistics as a field: A view from Penn's program on the occasion of its 25th anniversary". *Working Papers in Educational Linguistics*, 2001.

Hornberger, N.H. "Educational linguistics as a globalizing field". 2012 Round Table Conference of Educational Linguistics in China, Fudan University, 2012.

Hornberger, N.H. *The Encyclopedia of Language and Education (Vols. 1-10)*. New York: Springe, 2008.

Hornberger, N. "Educational linguistics as a field: A view from Penn's program on the occasion of its 25th anniversary". *Working Papers in Educational Linguistics*, 17, 1-2, 2001.

Hornberger, N.H. "Educational linguistics as a field: A view from Penn's program on the occasion of its 25th anniversary". *Working Papers in Educational Linguistics*, 2001.

Hornberger, N.H. (ed.). *Continua of Biliteracy: An Ecological Framework for Educational Policy, Research, and Practice in Multilingual Settings*. Clevedon: Multilingual Matters, 2003.

Hornberger. *Educational Linguistics: Critical Concepts in linguistics*. NY: Routledge, 2012.

Howard, K.M. "Language Socialization and Language Shift among School-aged Children", in P. Duff & N. H, Hornberger (eds.) *Language Socialization*. New York: Springer, 2008.

Hu G. "Borrowing ideas across borders: Lessons from the academic advocacy of 'Chinese-English bilingual education' in China", in Fegan J& Field M H (eds.) *Education across Borders: Politics, Policy and Legislative Action*. New York: Springer, 2009.

Hu, W. & Grove, C. *Encountering the Chinese: A Guide for Americans (2nd edition)*. Intercultural Press, 1998.

Huberman, M. " Teacher development and instructional mastery" , in Hargreaves A. & M. G. Fullan. (eds.) *Understanding Teacher Development*. New York: Teacher College Press, 1992.

Hudson, R. "Word Grammar, Cognitive Linguistics, and second language learning and teaching", in Robinson, P. & N. C. Ellis (eds.) *Handbook of Cognitive Linguistics and Second Language Acquisition*. New York/London: Routledge, 2008.

Hughes, A. & P. Porter. *Current Developments in Language Testing*. Academic Press Inc, 1987.

Hult, F. "The history and development of educational linguistics", in Bernard Spolsky & F. Hult (eds.) *The Handbook of Educational Linguistics*. Malden: Blackwell Publishing Ltd, 2008.

Hult, F.M. *Directions and Prospects for Educational Linguistics*. New York: Springer, 2010.

Hult, F. "Theme-based research on the transdisciplinary field of educational linguistics", in F.Hult (eds.) *Directions and Prospects for Educational Linguistics*. Dordrecht: Springer. 2010.

Hult, F. M. & K.A. King. *Educational Linguistics in Practice:Applying the Local Globally and the Global Locally*. Clevedon, Avon: Multilingual Matters, 2011.

Hult, F.M. *Directions and Prospects for Educational Linguistics*. New York: Springer.

Humphrey Tonkin. "Kio estas lingvoplanado?" en D. Blanke, R. McCoy, O. Buller (red.). *Por Aktiva Lingvopolitiko*. Rotterdam: UEA, 1999.

Hutchinson T & Waters A. *English for Specific Purposes*. Shanghai: Shanghai Foreign Language Education Press, 2002.

Hutchinson, Tom & Alan Waters. *English for Specific Purposes*. NP: Cambridge University Press, 1987.

Hyland, Ken. *Disciplinary Discourse: Social Interactions in Academic Writing*. England: Pearson Education, 2000.

Hyland, Ken. *Meta discourse*. London & New York: Continuum, 2005.

Hyland, K.& Hamp-Lyons. "EAP: Issues and Directions". *Journal of English for Academic Purpose* 1, 2002.

Hyme, D. *Foundations in Sociolinguistics: An Ethnographic Approach*. London: Tavistock Publications, 1977.

Hymes, D. "On Communicative Competence", in J. B. Pride & J. Holmes (eds.) *Sociolinguistics*. Harmond-sworth: Penguin, 1972.

Hymes, D.H. *Foundations in Sociolinguistics: An Ethnographic Approach*. Philadelphia: University of Pennsylvania Press, 2010.

ILTA. "Code of Ethics for ILTA" (Adopted at the annual meeting of ILTA held in Vancouver, March 2000). http://www.iltaonline.com.

Imahori, T. and Cupach, W. "Identity management theory: face work in intercultural relationships", in William Gudykunst (ed.) *Theorizing About Intercultural Communication*. SAGE Publications, Inc., 2005.

Ivanič. R. *Writing and Identity: The Discoursal Construction of Identity in Academic Writing*. Amsterdam: John Benjamins, 1998.

Jackie Xiu Yan, Peikai Cheng, Shen Yuan. "Chinese Culture, Identity and Language Anxiety" 郑培凯, 鄢秀. 《文化认同与语言焦虑》. 广西：广西师范大学出版社, 2009.

James E. Dew. "Back to Basics: Let's Not Lose Sight of What's Really Important". JCLTA XXIX: NO.2, 1994.

James Tollefson. *Planning Language, Planning Inequality*. London: Longman,1990.

Janesick, Valerie J. "The Choreogrpahy of Qualitative Research Design", in Denzin, Norman K. & Lincoln, Yvonna S. (eds.) *Handbook of Qualitative Research* (2nd ed.). Thousand Oaks: Sage, 2000.

Jiang, B. "Transfer in the academic language development of post secondary ESL students". Digital Dissertation, Pro Quest, USA. 1999.

John E. Joseph. *Language and Identity: National, Ethnic, Religious*. England: Palgrave Macmillan, 2004.

Johnson R.K. & Swain M. *Immersion Education: International Perspectives*. Cambridge, UK: Cambridge University Press, 1997.

Jones, E. L. "The clinical utility of MLU and IPSYN for AAE–speaking children". Unpublished Master thesis. Louisiana State University, 2007.

Jordan, R.R. *English for Academic Purposes*. Cambridge: Cambridge University Press, 1997.

Joseph Lo Bianco. "Real World Language Politics and Policy", in Steven J. Baker (ed.) *Language Policy: Lessons from Global Models*. Proceedings from Language Policy Conference held at the Monterey Institute in September 2001.

Joseph Lo Bianco. "Officialising Language: A discourse study of language politics in the united states". Ph.D thesis, The Australian National University, 2001.

Joseph. J. *Language and Identity: National, Ethnic, Religious*. NY: Palgrave Macmillan, 2004.

Justice, L.M., Bowles, R. P., Kaderavek, J. N., Ukrainetz, T. A., Eisenberg, S. L. & Gillam, R. B. "The index of narrative microstructure: A clinical tool for analyzing school-age Children's narrative performances". *American Journal of Speech-Language Pathology*, 15, 2006.

Kachru. B.B. (ed.). *The Other Tongue: English Across Cultures* (2nd edition). Urbana & Chicago: University of Illinois Press, 1992.

Kagan, D. M. "Implication of research on teacher belief". *Educational Psychology* 27/10, 1992.

Kane, R. "Telling the half story: a critical review of research on the teaching beliefs and practices of university academics". *Review of Educational Research* 72/3, 2002.

Kanno, Yasuko. *Negotiating Bilingual and Bicultural Identities*. Mahwah, N.J.: Lawrence Erlbaum Associates, 2003.

Kanno, Yasuko & Norton, Bonny. "Imagined Communities and Educational Possibilities: Introduction". *Journal of Language, Identity, and Education*, 2003:2(4).

Kaplan, R.B. "Cultural though patterns in intercultural education". *Language Learning* 16, 1966.

Kaplan, Robert B., & Baldauf, Richard B. *Language Planning from Practice to Theory*. Clevedon: Multilingual Matters Ltd, 1997.

Karlgren, B. "Grammata Serica Recensa". Bulletin of the Museum of Far Eastern Antiquities, 29, 1957.

Kasper, L.F. "The impact of content-based instructional programs on the academic progress of ESL students". *English for Specific Purposes*, 1997 (4).

Kasper, L. F. *Content-based College ESL Instruction*. Mahwah, N J: Lawrence Erlbaum Associates, 2000.

Kasper, L. F. "Improved reading performance for ESL students through academic course pairing". *Journal of Reading*, 1994 (5).

Kaufmann. C. "Rational choice and progress in the study of ethnic conflict: A review essay". *Security Studies* 14, 2005.

Kelly, K. *Out of Control: The New Biology of Machines, Social Systems, and the Economic World*. New York: Addison-Wesley, 1994.

Kelly, K. *What Technology Wants*. New York: Viking, 2010.

Kelly, L.G. *25 Centuries of Language Teaching*. New York: Newbury House, 1961.

Kerr, Bill. "A Challenge to Connectivism" [WE/OL]. http://blogspot.com/2006/challenge-to-connectivism.html, 2007.

Kilickaya, F. "World Englishes, English as an International Language and Applied Linguistics". *English Language Teaching Journal*, 2 (3), 2009.

Kim, D., & Hall, J.K. "The role of an interactive book reading program in the development of second language pragmatic competence". *The Modern language Journal*, 2002, 86.

Kindersley, Dorling (ed.). *Millennium Family Encyclopedia*. New York: DK Publishing, 1997.

Kjolseth, R. "The development of the sociology of language and its social implications", in J. A. Fishman (ed.) *Advances in the Study of Societal Multilingualism*. The Hague: Mouton, 1978.

Klapper, J., & Rees, J. "Reviewing the case for explicit grammar instruction in the university foreign language learning context". *Language Teaching Research*, 2003, 7.

Kolb, Bryan, and Ian Q. Whishaw. *Fundamentals of Human Neuropsychology*. New York: Worth Publishers, 2003.

Kong. S & Hoare, P. "Cognitive content engagement content-based language teaching". *Language Teaching Research*, 15 (3), 2011.

Kramsch, C. *Context and Culture in Language Teaching*. Oxford: Oxford University Press, 1993.

Kramsch, Claire. ed. *Language Acquisition and Language Socialization—Ecological Perspectives*. London & New York: Continuum, 2002.

Krashen, S.D. *The Input Hypothesis: Issues and Implications*. London: Longman, 1985.

Krashen, S. *Principles and Practice in Second Language Acquisition*. Oxford: Pergamon, 1982.

Krauss, M. "The condition of Native North American languages: The need for realistic assessment and action". *International Journal of the Sociology of Language* 132, 1998.

Krauss, M. "The world's languages in crisis". *Language*, No. 68, 1992.

Kress, G.R. & Leeuwen, T. van. *Reading Images*. London: Routledge, 1996.

Kress, G.R. *Multimodal Discourse: The Modes and Media of Contemporary Communication*. London: Arnold, 2001.

Krzanoswki, M. "EAP draws on mixed methods as holistic view incorporated". *English Language Journal Opening Doors across the World* 230 (3), 1999.

Kumaravadivelu, B. "The post method condition: emerging strategies for second/foreign Language teaching". *TESOL Quarterly* 28/1, 1994.

Kumaravadivelu, B. *Understanding Language Teaching: From Method to Post Method*. New York: Routledge, 2006.

Kushner, Eva. "English as Global Language: Problems, Dangers and Opportunities". *Diogènes*, No. 198, 2003.

L.Whaley. "The Future of Native Languages". *Future* 35, 2003. From: http://www.elsevier.com/locate/futures.

Labov, W. *Language in the inner city*. Philadelphia: University of Pennsylvania Press, 1972.

Lado, R. *Linguistics across Cultures: Applied Linguistics for Language Teachers*. Ann Arbor: University of Michigan Press, 1957.

Lakoff, R. *The Logic of Politeness; or Minding Your p's and q's*. Chicago: Chicago Linguistic Society, 1973.

Lam, W. S. E. "Second Language Socialization in a Bilingual Chat Room: Global and Local Considerations", *Language Learning and Technology* 8 (3), 2004.

Lambert, W.E. "Culture and language as factors in learning and education", in F. E. Aboud & R. D. Meade (eds.) *Cultural Factors in Learning and Education*. Bellingham, Washington: Fifth Western Washington Symposium on Learning, 1974.

Lambert, W.E. "Culture and language as factors in learning and education", in F. E. Aboud & R. D. Meade (eds.) *Language and Social Psychology*. Oxford: Basil Blackwell, 1974.

Landeer, M.L. "Indicators of Ethnolinguistic Vitality". *Sociolinguistics*, 5 (1), 1998.

Langacker, R.W. "Cognitive Grammar as a basis for language instruction", in Robinson, P. & N. C. Ellis (eds.) *Handbook of Cognitive Linguistics and Second Language Acquisition*. New York/London: Routledge, 2008.

Lantolf, J.P. *Sociocultural Theory and the Genesis of Second Language Acquisition*. Oxford: OUP, 2006.

Lantolf, James P. & Pavlenko, Aneta. "Second Language Activity Theory: Understanding Second Language Learners as People", in Breen, Michael P. ed. *Learner Contributions to Language Learning*. Pearson Education, 2001.

Larsen-Freeman, D. "Teaching and testing grammar", in M. Long & C. Doughty (eds.) *The Handbook of Language Teaching*. UK: John Wiley& Sons. 2009.

Larsen-Freeman, D. *Techniques and Principles in Language Teaching*. New York: Oxford University Press, 1986.

Larsen-Freeman, Diane. "Language Acquisition and Language Use From a Chaos/Complexity Theory Perspective", in Kramsch, C. ed. *Language Acquisition and Language Socialization–Ecological Perspectives*. London & New York: Continuum, 2002.

Lay, N. "The comforts of the first language in learning to write". *Kaleidoscope* 4, 1988.

Lay, N.D.S. "Composing processes of adult ESL learners: a case study". *TESOL Quarterly* 16, 1982.

Leach, D.J. "Applying behavioral psychology in education: Contributions and barriers to the implementation of effective instruction". *Behavior Change* 13, 1996.

Leander, K. "Locating Latanya: The situated production of identity artifacts in classroom interaction". *Research in the Teaching of English* 37, 2002.

Leather, J. & J. vanDam. *Ecology of Language Acquisition*. Neitherland: Kluwer Academic Publishers, 2003.

Leaver, B.L. & S.B. Stryker. "Content-based instruction for foreign language classrooms". *Foreign Language Annals*, 1989 (3).

Lee, L.L., & Canter, S.M. "Developmental Sentence Scoring: A clinical procedure for estimating syntactic development in children's spontaneous speech". *Journal of Speech and Hearing Disorders*, 36, 1971.

Leech, G.N. *Principles of Pragmatics*. London: Longman, 1983.

Leeuwen, T. van. *Speech, Music, Sound*. London: MacMillan , 1999.

Lefrancois, Guy R. *Theories of Human Learning*. Beijing: Foreign Language Teaching and Research Press, 2004, 4th edition.

Lemke, Jay L. "Multiple Timescales in the Social Ecology of Learning", in Kramsch,C. ed. *Language Acquisition and Language Socialization–Ecological Perspectives*. London & New York: Continuum, 2002.

Leovan Lier Leo van Lier. *The Ecology and Semiotics of Language Learning*. New York: Springer, 2004.

Levinson, S. *Pragmatics*. Cambridge: Cambridge University Press, 1983.

Li, D-D. "Pragmatic Socialization", in P. Duff & N. H. Hornberger (eds.) *Language Socialization*. New York: Springer, 2008.

Li, Z.Z. "Beautiful English vs. multilingual selves: A comparative reading of two language learning narratives". *The Journal of Chinese Sociolinguistics* 2, 2005.

Lieven, E. & M. Tomasello. "Children's first language acquisition from a usage-based perspective", in Robinson, P. & N. C. Ellis (eds.) *Handbook of Cognitive Linguistics and Second Language Acquisition*. New York/London: Routledge, 2008.

Lo Bianco, J. "No longer a (foreign) language: The rhetoric of English as a post-identity language". *The Journal of Chinese Sociolinguistics* 2, 2005.

Loban, W. *Language development: Kindergarten through grade twelve*. Urbana, IL: National Council of Teachers of English, 1976.

Loeb, D.F., Kinder, K., & Bookbinder, L. "Current language sampling practices in preschools". Poster presented at the Annual Convention of the American Speech-Language Hearing Association, Washington, D. C, 2000, November.

Long, M. "The role of the linguistic environment in second language acquisition", in Ritchie, W.C. & T.K. Bhatia (eds). *Handbook of Language Acquisition, Vol. 2. Second Language Acquisition*. New York: Academic Press, 1996.

Long, R. "Teacher change and advice". http://www. iteslj. org/Articles/Long–Teacher Change. html (June-10-2007) , 1999.

Long, S.H. "About time: A comparison of computerized and manual procedures for grammatical and phonological analysis". *Clinical Linguistics & Phonetics*, 15, 2001.

Long, S.H., & Channell, R.W. "Accuracy of four language analysis procedures performed automatically". *American Journal of Speech-Language Pathology*, 10, 2001.

Long, S.H., Fey, M.E., & Channell, R.W. *Computerized Profiling* (CP; Version9.7.0) [Computer software]. Milwaukee, WI: Department of Speech Pathology and Audiology, Marquette

University. Retrieved September 17, 2007, from www.computerizedprofiling.org, 2006.

Long, M. "The least a second language acquisition theory needs to explain". *TESOL Quarterly*, 24/4, 1990.

Luisa Maffi. "Linguistic and Biological Diversity: the in extricable link" [OL]. Terralingua Discussion Paper#3. From: http://www.terralingua.org.

Lynne Cameron. *Metaphor in Educational Discourse (Advances in Applied Linguistics Series)*. New York: Continuum International Publishing Group Ltd., 2003.

M.A.K. Halliday. "New Ways of Meaning: the challenge to applied linguistics", in Alwin Fill/Peter Mühlhäusler (eds.) *The Ecolinguistics reader*. Continuum, 2001.

Ma, G. H. "The relationships of L2 learners' linguistic variables to L2 writing ability: A study of tertiary level non-English majors in China". Unpublished Ph.D. dissertation, Nanjing University, 1998.

MacWhinney, B. "A unified model", in Robinson, P. & N. C. Ellis (eds.) *Handbook of Cognitive Linguistics and Second Language Acquisition*. New York/London: Routledge, 2008.

MacWhinney, B. "The CHILDES System". *American Journal of Speech-Language Pathology*, 5, 1996.

Maffi, L. (ed.). *On Biocultural Diversity. Linking Language, Knowledge and the Environment*. Washington, DC: The Smithsonian Institute Press, 2001.

Maffi, L. "Language preservation vs. language maintenance and revitalization: Assessing concepts, approaches, and implications for the language sciences". *International Journal of the Sociology of Language*, 142, 2000.

Maffi, L. Language: "A resource for nature". *Nature & Resources* 34/4, 1998. Also from: http://www.terralingua.org.

Maiworm, F. & B. Wachter. *English-language-taught Degree Programmes in European Higher Education: Trends and Success Factors*. Bonn: Lemmens, 2002.

"Making learning mobility an opportunity for all", July 2008, http://ec.europa.eu/education/doc/2008/mobilityreport_en.pdf.

Maltz, D.N. & Borker, R.A. "A Cultural Approach to Male-female Miscommunication", in J. J. Gumperz (ed.) *Language and Social Identity*. Cambridge: Cambridge University Press, 1982.

Maria C. *M de Guerrero. Inner Speech—L2 Thinking Words in a Second Language*. New York: Springer, 2005.

Mariannce Celce-Murcia. *Teaching English as a Second or Foreign Language*. Heinle & Heinle Publishers. U.S.A, 1991.

Marland, P. *Towards More Effective Open and Distance Teaching*. London: Kogan Page, 1997.

Martin, J. R. and D. Rose. *Genre Relations: Mapping Culture*. London: Equinox, 2008.

Martin, J. R. "Design and practice: Enacting functional linguistics". *Annual Review of Applied Linguistics*, 2000 (20).

Martin, J. R. *English Text: System and Structure*. Philadelphia: John Benjamins, 1992.

Martin, J. R. & Rose, David. *Working with Discourse*. London & New York: Continuum, 2003.

Martin, J. "Genre and literacy: Modeling context in educational linguistics". *Annual Review of Applied Linguistics*, 1993 (13).

Martin, J. "Voicing the 'other': Reading and writing Indigenous Australians", in G. Weiss & R. Wodak (eds.) *Critical Discourse Analysis: Theory and Interdisciplinarity*. London: Palgrave, 2003.

Marx, N. "Never quite a 'native speaker': Accent and identity in the L2 and the L1". *The Canadian Modern Language Review*, 2002, 59.

Maslach C & Jackson S. E. "The measurement of experience burnout". *Journal of Occupational Behavior*, 1981, 2.

Maslach C. "Burnout". *Human Behavior*, 1976, 5.

Matthew E. Poehner. *Dynamic Assessment*. New York: Springer, 2008.

May, S. "Rethinking linguistic human rights. Answering questions of identity, essentialism and mobility", in J. Freel and D. Patrick (eds.) *Language Rights and Language Survival*. St. Jerome, Manchester, 2004.

Maybury, M.T (ed.). *Intelligent Multimedia Interfaces*. Cambridge, MA: MIT Press, 1993.

Maybury, M.T. and Lee, J.R. "Multimedia and multimodal interaction structure", in M.M. Taylor, F. Néel and G.G. Bouwhuis (eds.) *The Structure of Multimodal Dialogue II*. Amsterdam: John Benjamins, 2000.

Mayer, Richard E. *Multimedia Learning*. Cambridge: Cambridge University Press, 2001.

Mayer-Schönberger, V., & Cukier, K. *Big Data: A Revolution that Will Transform How We Live, Work and Think*. Boston: Houghton Mifflin Harcourt, 2013.

McCarthy, M. J. *Issues in Applied Linguistics*. Cambridge: Cambridge University Press, 2001.

McKee, G., Malvern, D., & Richards, B. "Measuring vocabulary diversity using dedicated software". *Literary and Linguistic Computing*, 15, 2000.

Meshcheryakov, B.G. "Terminology in L. S. Vygotsky's writings", in H. Daniels et al. (eds.) *The Cambridge Companion to Vygotsky*. Cambridge: University of Cambridge Press, 2007.

Mey, J. *Pragmatics: An Introduction*. Oxford: Blackwell, 1993.

"Migration & mobility: challenges and opportunities for EU education systems". Green Paper, COM (2008) 423 final.

Min, H-T. "EFL vocabulary acquisition and retention: Reading plus vocabulary enhancement activities and narrow reading". *Language Learning*, 2008, 58 (1).

Mingyue Gu. *The Discursive Construction of Second Language Learners' Motivation: A Multi-level Perspective*. England: Peter Lang, 2009.

"Mobility, an instrument for more and better jobs: The European Job Mobility Action Plan (2007-2010)". COM (2007) 773 final.

Mobjörk, M. "Crossing Boudaries: the Framing of Transdisciplinarity". Örebro: Centre for Housing and Urban Research Series, 2009.

Morgan, Brian. "Identity and Intonation: Linking Dynamic Processes in an ESL Classroom". *TESOL Quarterly*, 1997 (31).

Morris, D. & Jones, K. "Language Socialization in the Home and Minority Language Revitalization in Europe", in P. Duff & N. H. Hornberger (eds.) *Language Socialization*. New York: Springer, 2008.

Moskowitz, B.A. "The Acquisition of Language", *Scientific American*, 1978, No.5, 1978. 另见李平节译《语言的掌握》，《国外语言学》1981年第2、3期。

Mufwene, Salikoko S. "The Ecology of Language: New Imperatives in Linguistics Curricula". Paper presented at the Symposium on The Linguistic Sciences in a Changing Context. University of Illinois, Urbana-Champaign, 1998.

Mühlhäusler, P. "Language planning and language ecology". *Current Issues in Language Planning* 1, 2000.

Mühlhäusler, P. "Babel revisited". *UNESCO Courier*, April 1994. Also in Fill& Mühlhäusler (eds.), 2001.

Mühlhäusler, P. *Language of Environment, Environment of Language: A Course in Ecolinguistics*. London & New York: Paul & CoPub Consortium, 2003.

Mühlhäusler, P. *Linguistic Ecology: Language Change and Linguistic Imperialism in the Pacific Region*. London: Routledge, 1996.

Mulfwene, S.S. *The Ecology of Language Evolution*. Cambridge: Cambridge University Press, 2001.

"Multilingualism: an asset for Europe and a shared commitment". COM (2008) 566 final, Brussels, 2008.

Munby, J. *Communicative Syllabus Design*. Cambridge: Cambridge University Press, 1978.

Munoz, M.L., Gillam, R.B., Pena, E.B. & Gulley-Faehnle, A. "Measures of language development in fictional narratives of Latino children". *Language Speech and Hearing Services in Schools*, 34, 2003.

Murphery, T. *Language Learning Histories II*. Nagoya: South Mountain Press, 1998.

N. Eldridge & SJ. Gould. "Punctuated equilibria: an alternative to phyletic gradualism", in J. M. Schopf (ed.) *Models in Paleobiology*. San Francisco: Freeman, Cooper, 1972.

Nancy H. Hornberger. "Educational Linguistics as a Field: A view from Penn's Program on the Occasion of its 25th Anniversary". *Working Papers in Educational Linguistics*, 2001.

Nancy H. Hornberger. *Encyclopedia of Language and Education*. New York: Springer, 2008.

Nanette Gottlieb & Ping Chen. *Language Planning and Language Policy. East Asian Perspectives*. Richmond: Curzon Press, 2001.

Nat Bartels. *Applied Linguistics and Language Teacher Education*. New York: Springer, 2005.

National Standards in Foreign Language Education Project. Standards for Foreign Language Learning in the 21st Century. KS: Allen Press Inc, 1999.

Nelson, K. *Language in Cognitive Development: The Emergence of Mediated Mind*. New York: Cambridge University Press, 1996.

Nelson, Katherine and Robyn Fivush. "Socialization of memory", in *Tulving and Craik*, 2000.

Newell, A. *Unified Theories of Cognition*. Cambridge, MA: Harvard University Press, 1990.

Norman, Jerry. *Chinese*. Cambridge: Cambridge University Press, 1988.

Norton B. & Toohey, Kelleen eds. *Critical Pedagogies and Language Learning*. Cambridge: Cambridge University Press, 2004.

Norton B. *Identity and Language Learning—Gender, Ethnicity and Educational Change*. Pearson Education Limited: Longman, 2000.

Norton B. "Language, Identity, and the Ownership of English". *TESOL Quarterly*, 1997,(31).

Norton B. "Non-participation Imagined Communities and the Language Classroom", in Breen, Michael P. ed. *Learner Contributions to Language Learning*. Pearson Education. 2001, 159—171.

Norton B. "Social Identity, Investment, and Language Learning". *TESOL Quarterly*, 1995 (29).

Norton, B. & K. Toohey. "Changing perspectives on good language learners". *TESOL Quarterly* 35, 2001.

Norton, B. *Identity and Language Learning: Gender, Ethnicity and Educational Change*. Pearson Education, 2000.

Norton, B. "Language, identity, and the ownership of English". *TESOL Quarterly* 35, 1997.

Nunan, D. & Bailey, K. *Exploring Second Language Classroom Research*. Heinle: Cengage Learning, 2009.

O'Grady, W. "Language without grammar", in Robinson, P. & N. C. Ellis (eds.) *Handbook of Cognitive Linguistics and Second Language Acquisition*. New York/London: Routledge, 2008.

O'Malley, J. M. & Chamot, A.U. *Learning Strategies in Second Language Acquisition*. Cambridge: Cambridge University Press, 1990.

O'Shannessy, C. "Light Warlpiri: a new language". *Australian Journal of Linguistics*, 25:1, 2005.

O'Shannessy, C. "The role of multiple sources in the formation of an innovative auxiliary category in Light Warlpiri, a new Australian mixed language". *Language*, 89 (2), 2013.

Odlin, T. "Conceptual transfer and meaning extensions", in Robinson, P. & N. C. Ellis (eds.) *Handbook of Cognitive Linguistics and Second Language Acquisition*. New York/London: Routledge, 2008.

Olshtain, E. "Sociocultural Competence and Language Transfer: the Case of Apologies", in Gass, S. & L. Selinker (eds.) *Language Transfer in Language Learning*. Rowley, Mass.: New bury House, 1983.

Orem, R.A. "Theory, practice, research, and professionalization of the field of teaching English to speakers of other languages", in Alatis J. E. (ed.) *Linguistics, Language Teaching, and Language Acquisition*. Washington: Georgetown University Press, 1990.

Ortega, L., & Iberri-Shea, G. "Longitudinal research in second language acquisition: Recent trends and future directions". *Annual Review of Applied Linguistics*, 2005, 25.

Oviedo, G. & L. Maffi. "Indigenous and traditional peoples of the world and ecoregion conservation", 2000. From http://www.terralingua.org.

Owen, A.J., & Leonard, L.B. "Lexical diversity in the spontaneous speech of children with specific language impairment". *Journal of Speech Language and Hearing Research*, 45, 2002.

Oxford, R.L. & J. Shearin. "Language learning motivation: Expanding the theoretical framework". *Modern Language Journal* 78, 1994.

Ozanska-Ponikwia K. "What has personality and emotional intelligence to do with 'feeling different' while using a foreign language?". *International Journal of Bilingual Education and Bilingualism*, 2012, 15 (2).

Pajares, M.F. "Teachers' beliefs and educational research: cleaning up a messy construct". *Review of Educational Research* 62/ 3, 1992.

Panizo, M B. "Transdisciplinarity in the study of human communication: A 21st century challenge". *International Journal of Linguistics*, 4 (1).

Pauline Robinson. "ESP Today". Prentice-Hall International (UK) Ltd., 1991.

Pavlenko, Aneta & Blackledge, Adrian. *Negotiation of Identities in Multilingual Contexts*. Multilingual Matters Ltd., 2004.

Pease-Alvarez, L. "Transforming Perspectives on Bilingual Language Socialization", in R. Bayley & S. R. Schechter (eds.) *Language Socialization in Bilingual and Multilingual Societies*. Clevedon: Multilinguall Matters, 2001.

Pei, Mario. *One Language for the World*. New York: Bible & Tannen, reprinted in 1968.

Pennycook Alastair. *Critical Applied Linguistics: A Critical Introduction*. Mahwah, New Jersey & London: Lawrence Erlbaum, 2001.

Pennycook Alastair. *English and the Discourses of Colonialism*. London & New York: Routledge, 1998.

Pennycook, A. "Language policy and the ecological turn". *Language Policy* 3, 2004.

Perera, K.1982. "The language demands of school learning", in R. Carter (ed.) *Linguistics and the Teacher*. London: Routledge and Kegan, 2003.

Peter Mühlhäusler. *Language of Environment-Environment of Language: A Course in Ecolinguistics*. London: Battlebridge, 2003.

Peyraub, Alain. "Ordre des Constituants en Chinois Archaïque", in A. Donab dian & Xu Dan (eds.) *Cahiers de Linguistique de l'INALCO*, 3, 2000.

Phillipson, R., & Skutnabb-Kangas, T. "English only worldwide or language ecology?". *TESOL Quarterly* 30, 1996.

Pica, T. "Tradition and transition in English language teaching methodology". *System*, 2000, 28.

Pica, T. "Second language teaching and research relationships: A North American view". *Language Teaching Research*, 1/1, 1997.

Pickering, M. & S.Garrod. "Toward a mechanistic psychology of dialogue". *Behavioral and Brain Sciences* 27, 2004.

Pomerantz, A. "Beyond the Good Language Learner: Ideology, Identity, and Investment in

Classroom Foreign Language Learning". Doctoral dissertation, University of Pennsylvania, 2001.

Powell, T. Ph.D. "A brief overview of language and approaches to its assessment: One professional's perspective". Retrieved February 24, 2005, from www.apraxia-kids.org, 2005.

Prabhu, N. S. "There is no best method-why?". *TESOL Quarterly* 24/2, 1990.

Qu Wenguo. "On Issues Concerning English and Identity Research in China". *The Journal of Chinese Sociolinguistics*, 2005.

Quirk, R., S. Greenbaum, G. Leech & J. Svartvik 1985. *A Comprehensive Grammar of the English Language*. London: Longman.

Quirke, P. 1990. "Reflective teaching". http://www.philseflsupport. com / action learning. htm (June-20 -2007), 2006.

R. Phillipson. "English-Only Europe?" *Challenging Language Policy*. London/New York: Routledge, 2003.

Ready, D., & Wesche, M. "An evaluation of the University of Ottawa's sheltered program: Language teaching strategies that work", in R. Courchêne, J. Glidden, J. St. John & C. Thérien (eds.) *Comprehension-based second language teaching/L'enseignement des langues secondes axésur la comprehension*. Ottawa: Ottawa Press, 1992.

Redd, N. "Automated grammatical tagging of language samples from Spanish-speaking children learning English". Unpublished Master thesis. Brigham Young University, 2006.

Reid, J. "Responding to different topic types: A quantitative analysis from a contrastive rhetoric perspective", in B.Kroll (ed.) *Second Language Writing: Research in sights for the classroom*. Cambridge: Cambridge University Press, 1990.

Reigel, D. "Positive feedback in pair work and its association with ESL course level promotion". *TESOL Quarterly*, 2008, 42 (1).

Richard B. "Baldauf Jr Language Planning", in Philipp Strazny (ed.) *Encyclopedia of Linguistics*. Routledge, 2004.

Richard, J. C. & C. Lockhart. *Reflective Teaching in Second Language Classrooms*. Shanghai: Foreign Language Teaching and Research Press, 2000.

Richards J, Platt J & Weber H. *Longman Dictionary of Applied Linguistics*. London: Longman Group Limited, 1985.

Richards, J.C. "Beyond methods", in Richards, J. C (ed.) *The Language Teaching Matrix*. Cambridge: Cambridge University Press, 1990.

Richards, J.C. *Beyond Training: Perspectives on Language Teacher Education*. Cambridge: Cambridge University Press, 2001.

Richards, J.C. *Psychology for Language Teachers*. Shanghai: Foreign Language Education Press, 2001.

Richards, J. et al. *Longman Dictionary of Applied Linguistics*. London: Longman, 1985.

Richards, J. & T. Rodgers, *Approaches and Methods in Language Teaching* (2nd ed.). Cambridge:

Cambridge University Press, 2001.

Richards, J. & T. Rodgers, *Approaches and Methods in Language Teaching*. New York: Cambridge University Press, 1986.

Richards, J.C. "The dilemma in teacher education in second teaching", in J.C. Richards & D. Nunan (ed.) *Second Language Teacher Education*. New York: CPU, 1990.

Riddle, M. "Linguistics for education", in R.Carter (ed.) *Linguistics and the Teacher*. London: Routledg and Kegan, 1982.

Riitta Jaatinen. *Learning Languages, Learning Life Skills*. New York: Springer, 2008.

Ritchie, S.M. "Accessing Science Teachers' Personal Practical Theories". http://www.fed.qut.edu.au/projects/asera/PAPERS/Ritchie.html, 1998.

Rob, S. & AmosvanGelderen, et al. "The role of linguistic knowledge, speed of processing and metacognitive knowledge". *Language Learning* 53/1, 2003.

Robert L. Cooper, Elana Shoharmy & Joel Walters. *New Perspectives and Issues in Educational Language Policy*. Amsterdam/Philadelphia: John Benjamins Publishing Company, 2001.

Robert M. McKenzie. *The Social Psychology of English as a Global Language*. New York: Springer, 2010.

Robins, R.H., & E. M. Uhlenbeck (eds.) *Endangered Languages*. Oxford: Berg, 1991.

Robinson, P. & N. C. Ellis. "Conclusion: Cognitive Linguistics, second language acquisition and L2 instruction—issues for research", in Robinson, P. & N. C. Ellis (eds.) *Handbook of Cognitive Linguistics and Second Language Acquisition*. New York/London: Routledge, 2008.

Robinson, P. & N. C. Ellis. *Handbook of Cognitive Linguistics and Second Language Acquisition*. New York/London: Routledge, 2008.

Rooy S C. "Evaluation of the Cummins theoretical framework for higher education in South Africa". *Southern African Linguistics and Applied Language Studies*, 2010, 28 (1).

Rose, K.R. "On the effects of instruction in second language pragmatics". *System*, 2005, 33.

Russell, C. "Identity and language teacher education: the potential for socio-cultural perspectives in researching language teacher identity". http://www.aare.edu.au/06pap/cro06597.pdf (June-11-2008), 2006.

Sajjadi, S. "Language, knowledge and pedagogy: Functional linguistic and sociological perspectives". *Discourse Studies*, 2009 (3).

Samovar, L. & Porter, R (eds). *Intercultural Communication: A Reader* (10th ed). Belmont, CA: Wadsworth Publishing Company, 2005.

Samovar, L. & Porter, R (eds). *Intercultural Communication: A Reader* (5th ed). Belmont, CA: Wadsworth, Inc., 1988.

Sanders, D.P. & McCutcheon, G. "The development of practical theories of teaching". *Journal of Curriculum and Supervision*, 1986 (2).

Sandra, D. "Morphological awareness and the second language learner", in L. Van Lier & D.

Corson (eds.) *Knowledge about Language*. Boston: Kluwer, 1997.

Sapir, E. *Language*. New York: Harcourt, Brace & World, 1921.

Sasaki, M. & K. Hirose. "Explanatory variables for EFL students' expository writing". *Language Learning* 46, 1996.

Scarborough, H.S. "Index of Productive Syntax". *Applied Psycholinguistics*, 11, 1990.

Schieffelin, B. & Ochs, E. "Language Socialization", *Annual Review of Anthropology* 15, 1986.

Schiffman, H.F. *Linguistic Culture and Language Policy*. London: Routledge, 1998.

Schleppegrell, M.J. "What makes a grammar green?", *Journal of Pragmatics*, 28, 1997. Also in Fill& Mühlhäusler (eds.), 2001.

SchLn, D.A. *The Reflective Practitioner: How Professionals Think in Action*. London: Temple, 1983.

Schmidt, R. "Attention", in Robinson (ed.) *Cognition and Second Language Instruction*. Cambridge: CUP, 2001.

Schmidt, R. "Psychological mechanisms underlying second language fluency". *Studies in Second Language Acquisition*, 14 (4), 1992.

Schmidt, R. "The role of consciousness in second language acquisition". *Applied Linguistics* 11, 1990 (1).

Schumann, J.H. "The acculturation model for second language acquisition", in R. C. Gingras (ed.) *Second Language Acquisition and Foreign Language Teaching*. Washington, DC: Center for Applied Linguistics, 1978.

Schunk, D. *Learning Theories: An Educational Perspectives*. Pearson Education Inc, 2000.

Schwartz, J. E. & C. A. Riedesel. "The relationship between teachers' knowledge and beliefs and the teaching of elementary mathematics". http://www.eric.ed.gov/ERIC Web Portal/custom/ portlets/record Details (July-1-2007), 1994.

Scollon, R. and Wong Scollon, S. *Discourses in Place*. London: Routledge, 2003.

Scollon, R. *Mediated Discourse as Social Interaction*. London: Longman, 1998.

Scrivener, J. *Learning Teaching*. Shanghai: Shanghai Foreign Language Education Press, 2002.

Seal, A. "Scoring Sentences Developmentally: An analog of developmental sentence scoring". Unpublished Master thesis. Brigham Young University, 2001.

Searle, J.R. "What is a speech acts?", in S. Davis (ed.) *Pragmatics-A Reader*. Oxford: OUP, 1991.

Seidlhofer, B. "A concept of international English and related issues: from "real English" to "realistic English?" [OL] http://www.coe.int/t/dg4/Linguistic/Source/SeidlhoferEN.pdf accessed 24/10/2003.

Selinker, L. "Interlanguage". *International Review of Applied Linguistics*, 10, 1972.

Sendan, F. & Jon Roberts. "Orhan: a case study in the development of a student teacher's personal theories." *Teachers and Teaching: Theory and Practice*, 1998 (2).

Shawna, B. "Vocabulary Influence on Successful Writing". *ERIC Digest* D157, 2000.

Shearer, Rick. "Instructional design in distance education: an overview", in Michael Grahame Moore and William G. Anderson, eds. *Handbook of Distance Education*. Mahwah: Lawrence

Erlbaum Associates, Publishers, 2003.

Shohamy, E. "Assessment in multicultural societies: Applying democratic principles and practices to language testing", in B. Norton & K. Toohey (eds.) *Critical Pedagogies and Language Learning*. Cambridge: Cambridge University Press, 2004.

Shohamy, E. *The Power of Tests: A Critical Perspective on the Uses of Language Tests*. London: Pearson Education, 2001.

Shulman, L.S. "Knowledge and teaching: Foundations of new reform". *Harvard Educational Review* 57, 1987.

Shuy, R.W. "Educational linguistics". *Neuren Sprachen*, 80/5, 1981.

Siemens, George. "Connectivism: Learning and Knowledge Today". *Education*, au global summit 2006, Sydney, 2006.

Siemens, George. "Connectivism Blog" [WE/OL]. http://www.connectivism.ca/blog/, 2008.

Siemens, George. "Connectivism. learning Evolves" [WE/OL]. http://learningevolves.wikispaces.com/connectivism, 2007.

Siemens, George. "Connectivism: A Learning Theory for the Digital Age. E Learning space" [WE/OL], 2004. http://www.elearnspace.org/Articles/connectivism.htm.

Siemens, George. "Connectivism: Learning as Network-Creation" [WE/OL]. ASTD. http://www.elearn-ingspace.org/Articles/networks.htm. Dan译. 连接主义: 网络创建即学习. *Social learn*, Aug.10, 2005.

Silvermana, S., Ratnerb, N.B. "Measuring lexical diversity in children who stutter: application of vocd". *Journal of Fluency Disorders*, 27, 2002.

Simon, R. *Teaching against the Grain: Texts for a Pedagogy of Possibility*. New York: Bergin & Garvey, 1992.

Sinclair, J.M. & R.M. Coulthard. *Towards an Analysis of Discourse: The English Used by Teachers and Pupils*. Oxford: Oxford University Press, 1975.

Sinclair, J. McH. "Linguistics and the teacher", in R.Carter (ed.) *Linguistics and the Teacher*. London: Routledge and Keagan Paul, 1982.

Sinclair, J. McH. & R.M. Coulthard. *Toward an Analysis of Discourse: The English Used by Teachers and Pupils*. Oxford: Oxford University Press, 1975.

Skehan, P. *A Cognitive Approach to Language Learning*. Oxford: OUP, 1998.

Skutnabb-Kangas, T. *Linguistic Genocide in Education or Worldwide Diversity and Human Rights?* Mahwah, NJ: Lawrence Erlbaum Associates, 2000.

Skutnabb-Kangas, T., Maffi, L. & Harmon, D. *Sharing A World of Difference. The Earth's Linguistic, Cultural, and Biological Diversity*. UNESCO, Terralingua, and World Wide Fund for Nature, Paris: UNESCO Publishing, 2003.

Song, B. "Content-based ESL instruction: Long-term effects and outcomes". *English for Specific Purposes* 25, 2006.

Songren Cui. "Conceptualizing Language Proficiency". *JCLTA* XXVIII: NO.2, 1993.

Songren Cui. "Taking ACTFL Guidelines as Curriculum Objectives: Some Consideration". *JCLTA* XXIX: NO.2, 1994.

Southwood, F., & Russell, A. F. "Comparison of conversation, freeplay, and story generation as methods of language sample elicitation". *Journal of Speech Language and Hearing Research*, 47, 2004.

Spencer-Oatey, H.D.M. *Cross-cultural Politeness: British and Chinese Conceptions of the Tutor-student Relationship*. Lancaster University, 1992.

Spolsky, B. "Linguistics: educational", in T. Husen and T. N. Postlethwaite (eds.) *The International Encyclopedia of Education: Research and Studies* Vol. 10. Oxford/New York: Pergamon Press,1985.

Spolsky, B. & Hult, F. M (eds.). *The Handbook of Educational Linguistics*. Malden: Blackwell Publishing Ltd, 2008.

Spolsky, B. *Concise Encyclopedia of Educational Linguistics*. Amsterdam/New York: Elsevier, 1999.

Spolsky, B. *Educational Linguistics: An Introduction*. Rowley, Massachusetts: Newbury House, 1978.

Spolsky, B. "Linguistics and education: An overview", in T. A. Sebeok (ed.) *Current Trends in Linguistics* (Vol. 12, pp. 2021-2026). The Hague: Mouton, 1974.

Spolsky, B. *Measured Words*. Oxford University Press, 1995.

Spolsky, B. "The Navajo Reading Study: An illustration of the scope and nature of educational linguistics", in J. Qvistgaard (ed.) *Applied Linguistics: Problems and Solutions* (Vol.3). Heidelberg: Juliu Groos Verlag, 1974.

Spolsky, B. "The Scope of Educational Linguist ics", in R. B. Kaplan (ed.) *On the Scope of Applied Linguistics*. Rowley, Mass: Newbury House, 1980.

Spolsky, B. *Educational Linguistics: An Introduction*. Rowley, Massachusetts: Newbury House, 1978.

Spolsky, B. *Language Policy*. Cambridge: CUP, 2004.

Spolsky, B. "Linguistics in practice: The Navajo Reading study". *Theory into Practice*, 14/5, 1975.

Spolsky, B. "The Navajo reading study: An illustration of the scope and nature of educational linguistics", in J. Qvistgaard (ed.) *Applied Linguistics: Problems and Solutions*. Heidelberg: Julius Groos Verlag, 1974.

Spolsky, B. "The Scope of Educational Linguistics". *Rowley Mass*, 1980.

Spolsky, B. (ed.). *Concise Encyclopedia of Educational Linguistics*. Amsterdam: Elsevier Science Ltd. Pergamon,1999.

Spolsky, B., Hult, F.M. *The Handbook of Educational Linguistics*. MA: Blackwell Publishing Ltd, 2008.

Spolsky, B. *Educational Linguistics: An Introduction*. Rowley, MA: Newbury House, 1978.

Stenhouse, L. "Research as a basis for teaching", in J. Rudduck & D. Hopkins (eds.) *Research as*

Stern, H.H. *Issues and Options in Language Teaching*. 上海:上海外语教育出版社, 1999.

Stern, H.H. *Fundamental Concepts of Language Teaching*. Oxford: Oxford University Press, 1983.

Stern, H.H. "Training modern language teachers". *Studies in education*, 11/3, 1955.

Strauch, A. O. *Bridges to Academic Writing*. NY: St. Martin's Press, 1997.

Stubbs, M. "Language in education", in N. E. Collinge (ed.) *An Encyclopedia of Language*. London/New York: Routledge, 1990.

Stubbs, M. *Educational Linguistics*. New York: Basil Blackwell, 1986.

Stubbs, M. *Language and Literacy: The Social Linguistics of Reading and Writing*. London: Routledge and Kegan, 1980.

Stubbs, M. *Language, School and Classroom*. London: Methuen, 1982.

Styrker, S. & Leaver, B. *Content-Based Instruction in Foreign Language Education: Models and Methods*. Washington: Georgetown University Press, 1997.

Su, I-RU. "Transfer of sentence processing strategies: A comparison of L2 learners of Chinese and English". *Applied Psycholinguistics* 22, 2001.

Swain, M. "Bilingualism with tears", in M.A. Clarke & J. Handscombe (eds.) *On TESOL'82: Pacific Perspectives on Language Learning and Teaching*. TESOL Washington, D. C. 1983.

Swain, M. "Communicative competence: some roles of comprehensible input and comprehensible output in its development", in Gass, S. Madden C. (ed.) *Input in Second Language Acquisition*. Rowley, M: Newbury House, 1985.

Sweeney, A.E. et al. "The Role of Personal Practice Theories in the Professional Development of a Beginning High School Chemistry Teacher". *Journal of Research in Science Teaching*, 2001 (4).

T. C. Wong. "The Government Language Paradigm in the Academy: Some Observations". *JCLTA* XXIX: NO. 2, 1994.

Tann, S. "Eliciting student teachers' personal theories", in J.Calderhead & P. Gates (eds.) *Conceptualizing Reflection in Teacher Development*. London: Falmer Press, 1993.

Tauli, V. *Introduction to a theory of language planning*. Uppsala, 1968.

Tauli, Valter. "The failure of language planning research", in Gonzalez, Andrew FSC (Red.) *Panagani: Essays in honor of bonifacio P. Sibayan on his sixty-seventh birthday*. Manila: Linguistic Society of the Philippines, 1984.

Taylor, M.M., Néel, F. and Bouwhuis, G.G. (eds.). *The Structure of Multimodal Dialogue II*. Amsterdam: John Benjamins, 2000.

Tessa Carroll: *Language Planning and Language Change in Japan*. Richmond: Curzon Press, 2001.

The Five Graces Group. "Language is a complex adaptive system: Position paper". *Language Learning* 59, 2009.

"The dialogue of diversity course at University of California-Berkeley". http://socialwelfare.berkeley.edu/academic/syllabi/sw175ac.htm.

Thesen, L. "Voices, discourse, and transition: In search of new categories in EAP". *TESOL Quarterly* 31, 1997.

Thill, John V. *Excellence in Business Communication*. NP: Mc Graw Hill, Inc., 1996.

Thomas, J. "Pragmatics and English language teaching". Update on *Pragmatics*. Kent: IATEFL Research SIG, 1996.

Thompson, C.A., Craig, H. K., & Washington, J. A. "Variable production of African American English across oracyand literacy contexts". *Language Speech and Hearing Services in Schools*, 35, 2004.

Tien C Y. "Conflict and accommodation in classroom code switching in Taiwan". *International Journal of Bilingual Education and Bilingualism*, 2009, 12(2).

Ting-Toomey, S. "Identity negotiation theory: crossing cultural boundaries", in William Gudykunst (ed.) *Theorizing About Intercultural Communication*. SAGE Publications, Inc., 2005.

Tognini-Bonelli, E. *Corpus Linguistics at Work*. Amsterdam: John Benjamins, 2001.

Tomasello, M. *Constructing a Language: A Usage-based Theory of Language Acquisition*. Cambridge, MA: Harvard University Press, 2003.

Tomasello, M. "Do young children have adult syntactic competence?". *Cognition*, 2000, 74.

Tomasello, M. *First verbs: A Case Study in Early Grammatical Development*. Cambridge: CUP, 1992.

Toohey, K. *Learning English at School*. Clevedon, England: Multilingual Matters, 2000.

Tremblay, P.F. & R.C. Gardner. "Expanding the motivation construct in language learning". *Modern Language Journal* 79, 1995.

Truscott, J. "Further thoughts on Anthony Bruton's critique of the correction debate". *System* 38, 2010.

Truscott, J. "The case against grammar correction in L2 writing classes". *Language Learning* 46, 1996.

Tulving, Endel, and Fergus I. M. Craik, eds. *The Oxford Handbook of Memory*. New York: Oxford University Press , 2000.

Tyack, D. & Ingram, D. "Children's Production and Comprehension of Questions". *Journal of Child Language*, No.4, 1977.

Tyler, A. "Cognitive Linguistics and second language instruction", in Robinson, P. & N. C. Ellis (eds.) *Handbook of Cognitive Linguistics and Second Language Acquisition*. New York/London: Routledge, 2008.

"UNESCO Ad Hoc Expert Group on Endangered Language. Language Endangerment and Vitality" [OL]. From: http:/portal1unesco1org/culture.

"Universal Declaration of Linguistic Rights" [OL]. Barcelona, June, 1996. Http://www.egt.ie/udhr/-en.html

Upchurch, U. "Sounding the Alarm about Extinction of World's Languages". *Seattle Times*, Aug. 27, 2000.

Upton,T.A. & Li-Chun Lee-Thompson. "The Role of the First Language in Second Language Reading". *SSLA* 23, 2001.

Van Lier, L. *The Ecology and Semiotics of Language Learning: A Sociocultural Perspective*. New York: Kluwer Academic Publishers, 2004.

Van Lier, L. & M.F. Hutt. *Educational Linguistics Book Series*. New York: Springer, 2003—2012.

Van Lier, L. "Educational Linguistics: Field and Project", in J. E. Alatis (ed.) *Georgetown University Round Table on Languages and Linguistics*. Washington, DC: Georgetown University Press, 1994.

Vivian Ling. "The Proficiency Issue—Why All the Fuss?" *JCLTA* XXIX: NO. 2, 1994.

Voegelin, C.F. and F.M. Voegelin. *Classification and Index of the World's Languages*. Elsevier, 1977.

Voegelin, C., Voegelin, F., & Schutz, N. "The language situation in Arizona as part of the southwest cultural area", in D. Hymes and W. Bittle (eds.) *Studies in Southwestern Ethnolinguistics*. Mouton: The Hague, 1967.

Vygotsky, L.S. and A.R. Luria. *Studies in the History of Behavior (Primates, Primitive Man, the Child)*. Moscow: Pedagogika Publishers, 1993.

Vygotsky, L.S. *Educational Psychology*. Florida: St. Lucie Press, 1997.

Vygotsky, L.S. *Mind in Society: The Development of Higher Psychological Processes*. Cambridge, Mass.: Harvard University Press, 1978.

Vygotsky, L.S. *Sobranie so_inenii (Complete Works) Vols. I-VI*. Moscow: Pedagogika,1982-1984. .

Vygotsky, L.S. "The instrumental method in psychology", in J.V. Wertsch (ed.) *The Concept of Activity in Soviet Psychology*. Armonk, NY: M. E. Sharpe, 1981 .

Vygotsky, L.S. *Thought and Language*. Cambridge, MA: MIT Press, 1962.

Vygotsky, L.S. *Mind in Society*. Cambridge, Mass.: The MIT Press, 1978.

Vygotsky, L.S. "Part 2: Problems of Child (Developmental) Psychology", in R.W. Beiber (ed.) *The Collected Works of L. S. Vygotsky Vol. 5 Child Psychology*. New York: Plenum Publishers,1998.

Wadsworth, B.J. *Piaget for the Classroom Teacher*. New York: Longman, 1978.

Wagner, C. R., Nettelbladt, U., Sahlen, B., & Nilholm, C. "Conversation versus narration in pre-school children with language impairment". *International Journal of Language and Communication Disorders*, 35, 2000.

Wallace, M.J. *Action Research for Language Teachers*. Cambridge: Cambridge University Press, 2000.

Wang, Z. "Trends of ELT in China". *Foreign Languages*, 124/6, 1999.

Wardhaugh, R. *Languages in Competition*. Basil Blackwell Ltd., 1987.

Warnier, Jean-Pierre. *La mondialisation de la culture*. Editions La Découverte, 1999.

Watson, Katherine. "Transdisciplinary emergence and constructive consilience". *TCC 2011 Proceedings*, 2011.

Watson-Gegeo, K.A. & Gegeo, D.W. "Keeping Culture out of the Classroom in Rural Solomon Island Schools: A Critical Analysis". *Educational Foundations* 8 (2), 1994.

Watson-Gegeo, K.A. & Nielsen, S. "Language Socialization in SLA", in C. J. Doughty & M. H. Long.(eds.). *The Handbook of Second Language Acquisition*. Oxford: Blackwell, 2003.

Way, David. http://www.clt.cornell.edu/ resources/teh/pdf/52-61.pdf, 1990.

Weinberg, A. & S. Burger. "University level immersion: Students' perceptions of language activities"/OLB I Working Papers. Ottawa: Ottawa University Press, 2010.

Weir, C.J. *Communicative Language Testing*. Prentice Hall International (UK) Ltd., 1990.

Wen, Q.F. "Advanced level English language learning in China: The relationship of modifiable learner variables to learning outcome". Unpublished Ph.D. dissertation, The University of Hong Kong, 1993.

Wengraf, T. *Qualitative Research Interviewing: Biographic Narrative and Semi-structured Methods*. London: SAGE, 2001.

Wertsch, J.V. "Mediation", in H. Daniels et al. (eds.) *The Cambridge Companion to Vygotsky*. Cambridge: University of Cambridge Press, 2007.

Wesche, M.B. "Disciplined-based approaches to language study: Research issues and outcomes", in M. Krueger & F. Ryan (eds.) *Language and content: Discipline-and content-based approaches to language study*. Lexington, MA: D. C. Heath, 1993.

Weston, Trevor. *Atlas of Anatomy*. London: Marshall Cavendish Books Limited, 1992.

"White Paper of the National Language Conference". A Call to Action For National Foreign Language Capabilities, 2004.

Whorf, B.L. *Language, Thought, and Reality*. Cambridge, MA: MIT Press, 1956.

Widdowson, H.G. *Aspects of Language Teaching*. Shanghai: Shanghai Foreign Language Education Press, 1990.

Widdowson, H.G. "On the limitation of linguistics applied". *Applied Linguistics* 21, 1, 2000.

Widdowson, H.G. *Teaching Language as Communication*. Oxford: Oxford University Press, 1978.

Widdowson, H.G. "The Ownership of English". *TESOL Quarterly*, 1994, (31).

Widdowson, H. *The Changing Role and Nature of ELT*. London: Edward Arnold, 1992.

Widdowson, H.G. "Models and Fictions". *Applied Linguistics*, 1/2, 1980.

Widdowson, H.G. "On the Limitation of Linguistics Applied". *Applied Linguistics*, 21/1, 2000.

Widdowson, H.G. *Teaching Language as Communication*. Oxford: Oxford University Press, 1978.

Widdowson, H.G. "Linguistic insights and language teaching principles", in H.G.Widdowson (ed.) *Explorations in Applied Linguistics*. Oxford: Oxford University Press, 1979.

Wilke, R.R. & W. J. Straits. "The effects of discovery learning in a lower division biology course". *Advances in Physiology Education*, 2001, 25 (2).

Wilkinson, R. *Language and Education*. Oxford: Oxford University Press, 1975.

Will Kymlicka, François Grin. "Assessing the Politics of Diversity in Transition Countries", in *Nation-building, Ethnicity and Language Politics in Transition Countries*. Open Society Institute, 2003.

Williams, M. & R.L. Burden. *Psychology for Language Teachers*. Cambridge: Cambridge University Press, 2000.

Williams, Strubell et al. "Detecting and Removing Obstacles to the Mobility of Foreign Language Teachers". http://ec.europa.eu/education/policies/lang/key/studies_en.html, 2006.

Willliams, M. & R.L., Burden. *Psychology for Language Teachers*. Beijing: Foreign Language Teaching and Research Press, 2000[1997].

Winter, E.O. *Fundamentals of Information Structure: Pilot Manual for Further Development According to Student Need*. Mimeo, Hatfield Polytechnic, 1976.

Wollock, J. "How linguistic diversity and biodiversity are related". From http://www.terralingua.org, 1997.

Woodall, B. "Language-Switching: Using the First Language While Writing in a Second Language". *Journal of Second Language Writing* 11/1, 2002.

Wren, C.T. "Collecting language samples from children with syntax problems". *Language Speech and Hearing Services in Schools*, 16, 1985.

Wu, W. "Pragmatic Framework and Its Role in Language Learning: With Special Reference to Chinese", in W.Chan et al.(eds.) *Processes and Process-Orientation in Foreign Language Teaching and Learning*. National University of Singapore (in press), 2008.

Wu, Y. "English language teaching in China: Trends and challenges". *TESOL Quarterly*, 35/1, 2001.

Wu, Z. *Speech Act-apology*. Los Angeles: ESL Section, Department of English, UCLA, 1981.

Xu, Dan. *Initiation la Syntaxe Chinoise*. Paris: l' Asiathque, 1996. (《汉语句法引论》，张祖建译，北京语言大学出版社，2004).

Xu, Dan. *Typological Change in Chinese Syntax*. Oxford: Oxford University Press, 2006.

Yngve, H.V. *From Grammar to Science: New Foundations for General Linguistics*. Amsterdam: John Benjamins, 1996.

Yu, L. "Communicative language teaching in China: Progress and Resistance". *TESOL Quarterly*, 35, 2001.

Yu, L. "Using dramatic methods to assist doctoral students in acquiring English as a second language: A report on the student English project conference", in J. Wilkinson (ed.) *Development Drama as Method in Chinese and Canadian Education: ESL and Symbolic Action*. Welland, Ontario: SOLEIL, Canada, 2002.

A·梅耶："历史语言学中的比较方法"，载岑麒祥译《国外语言学论文选译》，北京：语文出版社，1992年。

Haarmann："语言的总体理论看语言规划：方法论框架"（汉语译文，1990），载周庆生主编《国外语言政策与语言规划进程》，北京：语文出版社，2001年。

H.H.Stern：“语言教学与八十年代的大学语言系”，朱治中译，《国外外语教学》，1982 (1)。

Halliday M.A.K.：《语言与教育》，北京：北京大学出版社，2007年。

Linell, D.：《中西文化之鉴》，北京：外语教学与研究出版社，2001年。

艾布拉姆，斯旺：《世界上的语言——全球语言系统》，广州：广东省出版集团、广东教育出版社，2008年。

白乐桑："法国汉语教学史浅论"，《第四届国际汉语教学讨论会论文选》，北京：北京语言学院出版社，1993年。

白栓虎，夏莹，黄昌宁："汉语语料库词性标注方法研究"，《机器翻译研究进展》，北京：电子工业出版社，1991年。

百度百科. [OL]. http://baike.baidu.com/view/5438880.htm，2013年。

鲍传友：《做研究型教师》，广州：教育科学出版社，2009年。

北京语言学院，《世界汉语教学概况》，北京：国际文化出版公司，1991年。

边永卫，商一虹："英语学习自传性文本中的自我认同建构"，《外语语言文学》，2006 (3)。

边永卫："语言习得动机与学习者自我认同建构——中外研究综述"，高一虹：《中国大学生英语学习社会心理》，北京：外语教学与研究出版社，2003年。

编者按北京市部分中学语文教师座谈会纪要，《语言文字应用》第二期，1994年。

波普尔："常规科学及其危险"（I. 拉卡托斯、A. 马斯格雷夫编，周寄中译），《批判与知识的增长》，北京：华夏出版社，1987年。

伯冰："第二语言教学与评估标准综述及建立汉语相关标准的设想"，北京语言大学硕士学位论文，2006年。

薄守生，董照辉："有关语言生态危机的研究对当前语言政策的影响"，《语言文字应用》，2007 (2)。

蔡基刚，陈宁阳："高等教育国际化背景下的专门用途英语需求分析"，《外语电化教学》，2013 (5)。

蔡基刚，辛斌："大学英语教学要求的统一性与个性化"，《中国外语》，2009 (3)。

蔡基刚："大学英语教学若干问题思考"，《外语教学与研究》，2005 (3)。

蔡基刚："大学英语四级考试新大纲目标定位修正及其意义"，《外语界》，2007 (4)。

蔡基刚："外语能力培养与我国外语政策"，《外语与外语教学》，2003 (5)。

蔡基刚："专业英语及其教材对我国高校ESP教学的影响"，《外语与外语教学》，2013 (2)。

蔡基刚："转型时期的我国大学英语教学特征和对策研究"，《外语教学与研究》，2007 (1)。

蔡基刚：《大学英语教学:回顾、反思和研究》，上海：复旦大学出版社，2006年。

蔡金亭："对语言习得的语言哲学解释"，《解放军外国语学院学报》，2000 (2)。

蔡金亭："汉语主题突出特征对中国学生英语作文的影响"，《外语教学与研究》，1998 (4)。

蔡龙权："隐喻理论在二语习得中的应用"，《外国语》，2003 (6)。

参见本刊记者，"为创建生命•实践教育学派而努力"，《教育研究》，2004 (2)。

参见陈嘉映等，《语言与哲学——当代英美与德法传统比较研究》，北京：北京三联书店，1996年。

曹雪芹：《红楼梦》，北京：人民文学出版社，1979年。
曹志耘："二十世纪汉语方言的发展变化——历史和地域的角度"[日本]，《中国语学研究·开篇》，1999 (19)。
曹志耘："关于濒危汉语方言问题"，《语言教学与研究》，2001 (1)。
曹志耘："论方言岛的形成和消亡——以吴徽语区为例"，《语言研究》，2005 (4)。
曹志耘："汉语方言认同、民族语言认同到共通语认同"，张公瑾，丁石庆：《混沌学与语言文化研究》，北京: 中央名族大学出版社，2005年。
岑建君："我国高校外语教学现状"，《外语教学与研究》，1999 (1)。
陈冰冰："大学英语教学改革环境下教师信念研究(二)"，《外语电化教学》，2008 (4)。
陈炳文，张良杰：《语文教育论》，乌鲁木齐：新疆大学出版社，1991年。
陈国华："谈英语能力标准的制定"，《外语教学与研究》，2002 (6)。
陈坚林："从辅助走向主导——计算机外语教学发展新趋势"，《外语电化教学》，2005 (4)。
陈坚林："大学英语教材的现状与改革——第五代教材研发构想"，《外语教学与研究》，2007 (5)。
陈坚林："大学英语教学新模式下计算机网络与外语课程的有机整合——对计算'辅助'外语教学概念的生态学考察"，《外语电化教学》，2006 (6)。
陈坚林："大学英语网络化教学的理内涵及其应用分析"，《外语电化教学》，2004 (6)。
陈坚林："关于'中心'的辨析——兼谈'计算机和课堂英语多媒体教学模式'中的'学生中心论'"，《外语电化教学》，2005 (5)。
陈坚林：《计算机网络与外语课程的整合》，上海：上海外语教育出版社，2010年。
陈坚林：《现代英语教学——组织与管理》，上海：上海外语教育出版社，2000年。
陈力："外语教学法的'后方法'时代"http://www.pep.com.cn/ge/jszx/jxyj/jcyj/200910/t20091021-606914.htm(October-21-2009)，2009年。
陈平："论现代汉语时间系统的三元结构"，《中国语文》，1988 (6)。
陈向明："实践性知识:教师专业发展的基础"，《北京大学教育评论》，2003 (1)。
陈向明：《质的研究方法和社会科学研究》，北京：教育科学出版社，2000年。
陈小荷："'汉语中介语料库系统'介绍"，《第五届国际汉语教学讨论会论文选》，北京：北京大学出版社，1996年。
陈小燕："贺州不同族群成员语言掌握情况的计量研究——贺州多族群语言与族群认同关系研究之一"，《百色学院学报》，2010 (2)。
陈新仁：《全球化语境下的外语教育与民族认同》，北京：高等教育出版社，2008年。
陈永明：《现代教师论》，上海：上海教育出版社，1998年。
陈玉琨，代蕊华：《课程与课堂教学》，上海：华东师范大学出版社，2002年。
陈章太：《语言规划研究》，北京：商务印书馆，2005年。
程晓棠：《英语教师课堂话语分析》，上海：上海外语教育出版社，2009年。
程昕："课程语言特点与双语教学模式选择实证研究"，《外语与外语教学》，2011 (2)。
褚远辉，陈时见："从教学工作的性质与特点看教师的'职业倦怠'"，《课程·教材·教法》，2010 (30)。

大学文理科英语教学大纲修订组：《大学英语教学大纲（文理科本科用）》，上海：上海外语教育出版社，1999年。

大学英语教学大纲修订工作组：《大学英语教学大纲（修订本）》，上海：上海外语教育出版社，1999年。

戴冬梅："法国外语教育政策与教学体系考察"，《外语教学与研究》，2010 (1)。

戴曼纯："'自然习得顺序'质疑"，《外语教学与研究》，1996 (4)。

戴曼纯："UG 理论与第二语言习得研究"，《外语与外语教学》，1998 (2)。

戴曼纯："第二语言习得研究中的理论建设问题"，《国外语言学》，1997 (4)。

戴曼纯："浅谈第二语言习得的年龄差异"，《外语界》，1994 (2)。

戴庆厦，邓佑玲："濒危语言研究中定性定位问题的初步思考"，《中央民族大学学报》，2001 (2)。

戴庆厦，何俊芳：《语言和民族（二）》，北京：中央民族大学出版社，2006年。

戴庆厦：《第二语言（汉语）教学概论》，北京：民族出版社，1999年。

戴庆厦：《阿昌族语言使用现状及演变》，上海：商务印书馆，2008年。

戴维·S·穆尔：《统计学的世界（第5版）》，北京：中信出版社，2003年。

戴炜栋编：《高校外语专业教育发展报告 1978—2008)》，上海：上海外语教育出版社，2008年。

戴炜栋，蔡龙权：《论中介语的认知发生基础》，北京：外语与外语教学，2001 (9)。

戴炜栋，束定芳："对比分析、误差分析和中介语研究对外语教学的启示——外语教学理论研究之二"，《外国语》，1994 (5)。

戴炜栋，束定芳："试论影响外语习得的若干重要因素——外语教学理论系列文章之一"，《外国语》，1994 (4)。

戴炜栋，束定芳："外语交际中的交际策略研究及其理论意义——外语教学理论研究之三"，《外国语》，1994c (6)。

戴炜栋，吴菲："我国外语学科发展的约束与对策"，《外语教学与研究》，2010 (3)。

戴炜栋，胡文仲编：《中国外语教育发展研究(1949—2009)》，上海：上海外语教育出版社，2009年。

戴炜栋，束定芳："试论影响外语习得的若干重要因素"，《外国语》，1994 (4)。

戴炜栋，张雪梅："对我国英语专业本科教学的反思"，《外语界》，2007 (4)。

戴炜栋，张雪梅："探索有中国特色的英语教学理论体系：思考与建议"，《外语研究》，2001 (2)。

戴炜栋："构建具有中国特色的英语教学'一条龙'体系"，《外语教学与研究》，2001 (5)。

戴炜栋："立足国情，科学规划，推动我国外语教育可持续发展"，《外语界》，2009 (5)。

戴炜栋："外语教学的'费时低效'现象——思考与对策"，《外语与外语教学》，2001 (7)。

戴炜栋：《中国外语教学法回顾、探索与展望》，上海：上海外语教育出版社，2006年。

德莎："民族教育中的语言问题"，《民族教育研究》，1989 (1)。

丁年青："基础桥梁彼岸——试论高校普通英语、专业英语及双语教学的关系"，《上海中医药大学学报》，2004 (2)。

董亚芬："我国英语教学应始终以读为本"，《外语界》，2003 (1)。
董燕萍："从广东省小学英语教育现状看'外语要从小学起'的问题"，《现代外语》，2003(1)。
杜瑞清，田德新，李本现编：《跨文化交际学选读》，西安：西安交通大学出版社，2004年。
樊丽萍："英语教改直指'哑巴英语'尴尬"，《文汇报》，2013年。
范俊军："生态语言学述评"，《外语教学与研究》，2005 (2)。
范俊军："我国语言生态危机的若干问题"，《兰州大学学报》，2005 (6)。
范俊军：《联合国教科文组织关于保护语言与文化多样性文件汇编》，北京：民族出版社，2006年。
范俊军："我国语言生态危机的若干问题"，《兰州大学学报（哲学社会科学版）》，2005 (6)。
范琳，张德禄："外语教育语言学理论建构的设想"，《外语与外语教学》，2004(4)。
费尔迪南·德·索绪尔：《普通语言学教程》，北京：商务印书馆，1980年。
丰捷："教育奠基中国"，《光明日报》，2009–09–01，第1版。
冯广艺：《语言生态学引论》，北京：人民出版社，2013年。
冯志伟：《应用语言学中的语料库导读》，北京：世界图书出版公司，2006年。
付克：《中国外语教育史》，上海：上海外语教育出版社，1986年。
傅淑玲，张承平，谭雪梅，陈洁："关于双语教学的调查与思考"，《现代大学教育》，2003 (4)。
霍涌泉，栗洪武："教师元认知技能研究及其培训途径"，《教育研究》，2003 (6)。
高等学校外语专业教学指导委员会英语组：《高等学校英语专业英语教学大纲》，北京：外语教学与研究出版社，2000年。
高晓芳：《晚清洋务学堂的外语教育研究》，北京：商务印书馆，2006年。
高一虹，李莉春，吕珺："中西应用语言学研究方法发展趋势"，《外语教学与研究》，1999(2)。
高一虹，程英，赵援，周燕："英语学习动机与自我认同变化：对本科生的定量考察"，《中国大学生英语学习社会心理》，北京：外语教学与研究出版社，2004年。
高一虹，李莉春，吕王君："中、西应用语言学研究方法发展趋势"，《外语教学与研究》，1999(2)。
高一虹，李玉霞，边永卫："从结构观到建构观：语言与认同研究综观"，《语言教学与研究》，2008(1)。
高一虹，李玉霞，李伟娜："英语学习与自我认同建构"，《中国大学生英语学习社会心理》，北京：外语教学与研究出版社，2004年。
高一虹，赵媛，程英，周燕："大学本科生英语学习动机类型与自我认同变化的关系"，《国外外语教学》，2002(4)。
高一虹：《"1+1>2"外语学习模式》，北京：北京大学出版社，2001年。
高一虹："生产性双语现象考察"，《外语教学与研究》，1994(1)。
高一虹："外语学习社会心理的结构化理论视角"，《中国外语》，2006(4)。

高一虹：《中国大学生英语学习社会心理》，北京：外语教学与研究出版社，2003年。

高一虹："外语学习与认同研究在我国情境中的必要性——回应曲卫国教授"，《外语教学理论与实践》，2008(2)。

高一虹等：《中国大学生英语学习社会心理——学习动机与自我认同研究》，北京：外语教学与研究出版社，2004年。

耿天钰："试论发展语言和发展思维能力的统一性"，《辽宁教育》，1995(10)。

龚春燕：《创新教学策略》，北京：北京师范大学出版社，2010年。

龚亚夫："正确理解交际教学思想"，中国教育学会外语教学专业委员会(编)，《外语教学理论和实践》，北京：人民教育出版社，1999年。

顾永琦，董连忠："香港双语教学尝试的经验教训及启示"，《现代外语》，2005(1)。

顾曰国："多模态外语学习模式研究"，在2006年"全国计算机网络与外语课程整合研讨会（北京）"上的发言，2006年。

顾曰国："基于角色的建模语言(AML)——：动态行为建模"，载于《第二十届CODATA国家学术大会论文集》，中国社会科学院计算机网络信息中心编制，2006年。

顾曰国："教育生态学模型与网络教育"，载于《外语电化教学》No. 104，2005年。

顾曰国："网络教育的基本理念现存问题及发展方向"，载于《高校现代远程教育创新与实践文集》，北京：《中国远程教育》杂志社，2005年。

顾曰国：《网络教育初探（续集）》，北京：外语教学与研究出版社，2005年。

顾曰国：《网络教育初探》，北京：外语教学与研究出版社，2004年。

管培俊："我国教师教育改革开放30年的历程、成就与基本经验"，《中国高教研究》，2009(2)。

管锡基："农民没有文化？教师缺乏理论？"，《中国教育报》，2004-12-02，第8版。

桂诗春，宁春岩：《语言学方法论》，北京：外语教学与研究出版社，1997年。

桂诗春："20世纪应用语言学评述"，《外语教学与研究》，2000(1)。

桂诗春：《应用语言学》，长沙：湖南教育出版社，1988年。

桂诗春："应用语言学思想：缘起、变化和发展"，《外语教学与研究》，2010(3)。

桂诗春：《实验心理语言学纲要》，长沙：湖南教育出版社，1991年。

桂诗春：《心理语言学》，上海：上海外语教育出版社，1985年。

郭纯洁，刘芳："外语写作中母语影响的动态研究"，《现代外语》，1997 (4)。

郭熙："汉语的国际地位及海外华语未来的走向"，2001年8月23日在马来西亚韩江学院的演讲稿。

郭熙："论'华语'"，《暨南大学华文学院学报》，2004(2)。

郭熙：《华文教学概论》，北京：商务印书馆，2007年。

郭熙：《中国社会语言学》，南京：南京大学出版社，1999年。

郭熙："多元语言文化背景下母语维持的若干问题：新加坡个案"，《语言文字应用》，2008(4)。

国家对外汉语教学领导小组办公室：《高等学校外国留学生汉语言专业教学大纲》，北京：北京语言大学出版社，2002年。

国家对外汉语教学领导小组办公室汉语水平考试部：《汉语水平等级标准与语法大纲》，北京：高等教育出版社，1996年。

国家对外汉语教学领导小组办公室汉语水平考试部：《汉语水平词汇与汉字等级大纲》，北京：北京语言学院出版社，1992年。

国家民委文化宣传司编：《民族语文政策法规汇编》，北京：民族出版社，2006年。

国家语言文字工作委员会普通话培训测试中心：《普通话水平测试实施纲要》，北京：商务印书馆，2004年。

《国家中长期教育改革和发展规划纲要（2010—2020年）》，北京：人民出版社，2010年。

过建春，程立生，柯佑鹏，黎青松："高校外语教学的影响因素及其对策——以华南热带农业大学为例"，《华南热带农业大学》，2005 (4)。

[德]海德格尔：《在通向语言的途中》，孙周兴译，北京：商务印书馆，2004年。

韩建侠，俞理明："我国高校进行双语教学学生需具备的英语水平"，《现代外语》，2007(1)。

韩建侠："国内部分高校双语教学现状调查研究"，《齐齐哈尔大学学报（哲学社会科学版）》，2008(5)。

汉语水平考试中心：《汉语水平等级标准与语法等级大纲》，北京：高等教育出版社，1996年。

郝芳，李德林："教师个人理论：沟通与阻塞"，《中国教师》，2003 (3)。

何俊芳：《人类学教程》，北京：中央民族大学出版社，2005年。

何自然：《语用学与英语学习》，上海：上海外语教育出版社，1997年。

洪堡特（Humboldt）：《论人类语言结构的差异及其对人类精神发展的影响》，姚小平译，北京：商务印书馆，1997年。

胡明扬：《胡明扬语言学论文集》，北京：商务印书馆，2003年。

胡明扬："外语教学的几个理论问题"，《第三届国际汉语教学讨论会论文选》，北京：北京语言学院出版社，1991年。

胡明扬主编：《词类问题考察》，北京：北京语言大学出版社，1996年。

胡文仲，孙有中："突出学科特点，加强人文教育：试论当前英语专业教学改革"，《外语教学与研究》，2006 (5)。

胡文仲：《跨文化交际学概论》，北京：外语教学与研究出版社，1999年。

胡文仲："试论外语教学中的跨文化交际研究——王福祥，吴汉樱"，《文化与语言》，北京：外语教学与研究出版社，1994年。

胡文仲："新中国六十年外语教育的成就与缺失"，《外语教学与研究》，2009 (3)。

胡文仲："关于我国外语教育规划的思考"，《外语教学与研究》，2011(1)。

胡壮麟，封宗信，罗郁："大学英语教学中的习得"，《外语教学与研究》，1994 (4)。

胡壮麟："超学科研究和学科发展"，《中国外语》，2012(6)。

胡壮麟："对中国英语教育的若干思考"，《外语研究》，2002 (3)。

胡壮麟："科学理论新发现与语言学新思维"，《外语教学与研究》，1999 (4)。

胡壮麟："论中国的双语教育"，《中国外语》，2004(2)。

胡壮麟：“新世纪的大学英语教材"，《外语与外语教学》，2005(11)。
胡壮麟：“超学科研究与学科发展"，《中国外语》，2012(6)。
胡壮麟：“系统功能语言学家的超学科研究"，《外语与外语教学》，2013 (3)。
胡壮麟：“语言规划"，《语言文字应用》，1993(2)。
华达夫斯基·本：“脑力大竞赛"[OL]，http://www.zaobao.com/special/forum/pages8/forumzp100805.shtml (2010-8-5读取)。
黄必康：“'吃透'教学要求，明确教学理念——对大学英语教材建设的思考（一）"，《教材周刊》第87期，2005年。
黄必康：“以教学实际为基础，以听说活动为先导——关于大学英语教材建设的思考（二）"，《教材周刊》第88期，2005年。
黄昌宁：“中文信息处理中的分词问题"，《语言文字应用》，1997(2)。
黄崇岭：“双语教学核心概念的解析"，《外语学刊》，2008(1)。
黄行：《少数民族语言活力研究》，北京：中央民族大学出版社，2000年。
黄行：“我国的语言和语言群体"，《民族研究》，2002(1)。
慧鸣，孟远：“欧盟少数民族语言政策实践及其启示"，《中国少数民族文化发展报告》，2008年。
贾冠杰：“第二语言习得理论之间的矛盾统一性"，《外语与外语教学》，2004(12)。
贾冠杰：《应用语言学高级教程》，上海：上海外语教育出版社，2004年。
姜风华：“教育语言学的超学科性初探"，《牡丹江大学学报》，2012(6)。
姜勇：“教师个人理论新转向：从个人趋向到社群趋向"，《外国中小学教育》，2006(8)。
蒋逸民：“作为一种新的研究形式的超学科研究"，《浙江社会科学》，2009(1)。
教育部：《高等学校英语专业英语教学大纲》，北京：外语教学与研究出版社，2000年。
教育部：《关于加强高等学校本科教学工作提高教学质量的若干意见》，教育部，2001年。
教育部：《关于进一步深化本科教学改革全面提高教学质量的若干意见》，教育部，2007年。
教育部：《教育部财政部关于实施高等学校本科教学质量与教学改革工程的意见》，教育部，2007年。
教育部：《普通高中英语课程标准（实验）》，北京：人民教育出版社，2003年。
教育部：《普通高中英语课程标准》，北京：人民教育出版社，2004年。
教育部：《大学英语课程教学要求》（试行稿），上海：上海外语教育出版社，2004年。
教育部：《全国高中英语课程》（试行稿），北京：人民教育出版社，2003年。
教育部：《全国九年制义务教育英语课程》（修订版），北京：人民教育出版社，2004年。
教育部高等教育司：《大学英语课程教学要求》，北京：高等教育出版社，2007年。
教育部高等教育司：《大学英语课程教学要求》，北京：外语教学与研究出版社，2007年。
教育部高教司：《大学英语课程教学要求》，上海：上海外语教育出版社，2007年。
教育部语言文字应用研究所计算语言学研究室："信息处理用现代汉语词类标记集规范"，《语言文字应用》，2001(3)。
教育部语用所社会语言学与媒体语言研究室：《语言规划的理论与实践》，北京：语文出版社，2006年。
金启华：《诗经全译》，南京：江苏古籍出版社，1984年。
金星华：《中国民族语文工作》，北京：民族出版社，2005年。
金志茹："澳大利亚国家语言立法考察与借鉴"，《社会科学战线》，2009(3)。
靳光瑾："谈语料库建设与规范标准问题"，《中文信息处理若干重要问题》，北京：科学出版社，2003年。
荆增林："对克拉申输入说的异议"，《外语教学与研究》，1991(1)。
荆增林："对克拉申习得与学得说的异议"，《现代外语》，1991(1)。
鞠玉翠："教师的信念及其培养"，《中国成人教育》，2001(11)。
鞠玉翠：《走进教师的生活世界》，上海：复旦大学出版社，2004年。
康淑敏，崔新春："信息技术支持下的高校双语教学实践研究"，《外语电化教学》，2009(3)。
康淑敏："从教学语言运用视角构建高校双语教学模式——以地方高校双语教学实践为例"，《外语界》，2008(6)。
柯彼德："汉语作为外语教学的语法体系急需修改的要点"，《第三届国际汉语教学讨论会论文选》，北京：北京语言学院出版社，1991年。
赖良涛："社会符号视角的教育语言学研究"，浙江大学外语学院博士后研究报告，2013年。
乐眉云："二语习得研究的多学科前景"，《外语研究》，2001(4)。
李丹等：《儿童发展心理学》，上海：华东师范大学出版社，1987年。
李国正："生态语言系统说略"，《语文导报》第10期，1987年。
李国正：《生态汉语学》，长春：吉林教育出版社，1991年。
李红："双语教学高校教改发展的必然趋势"，《光明日报》，2004-3-25。
李俊芬："跨文化教育与高校外语教师教育发展"，《黑龙江高教研究》，2006(6)。
李丽生："SCLT教学模式及其对我国大学英语教学改革的启示"，《外语界》，2002(4)。
李泉：《对外汉语课程大纲与教学模式研究》，北京：商务印书馆，2006年。
李淑静，高一虹，钱岷："英语学习动机与自我认同变化:对研究生的定量考察"，《中国大学生英语学习社会心理》，北京：外语教学与研究出版社，2004年。
李卫红："坚持以人为本加快教育发展"，《中国教育报》，2006-01-18。
李文翎等："大学地理学科开展双语教学的现状、存在的问题及对策研究"，《高等教育研究（成都）》，2009(1)。
李小红："教师个人理论刍议"，《高等师范教育研究》，2002(6)。
李晓琪：《对外汉语文化教学研究》，北京：商务印书馆，2006年。
李筱菊：《语言测试科学与艺术》，长沙：湖南教育出版社，1997年。
李艳："教育语言学通览评介"，《学科园地》，2010(1)。
李焰明："语言多样性背景下的外语教学"，《北京第二外国语学院学报》，2012(12)。
李扬：《对外汉语本科教育研究》，北京：北京语言大学出版社，1999年。
李荫华："继承、借鉴与创新——关于《大学英语》系列教材（全新版）的编写"，收于

《研究规律，改进教学——大学英语教学研究》，上海：上海外语教育出版社，2002年。
李颖："高校双语/EMI课堂调查与分析"，《外语界》，2012(2)。
李永鑫，杨瑄，申继亮："教师教学效能感和工作倦怠的关系"，《心理科学》，2007(30)。
李宇明，陈前瑞："群案儿童的问句理解"，《华中师范大学学报》，1997 (2)。
李宇明："'NP呢？'句式的理解"，《汉语学习》，1989 (3)。
李宇明："保护语言的多样性"，2005第四届中国社会语言学国际学术研讨会论文。
李宇明："独词句阶段的语言特点"，《中国语言学报》第7期，北京：语文出版社，1995年。
李宇明：《儿童语言的发展》，武汉：华中师范大学出版社，2004年。
李宇明："非谓形容词的词类地位"，《中国语文》，1996 (1)。
李宇明："构建和谐的语言生活（访谈，记者夏莉、张雪莲）"，《语言文字周报》，2005-11-09。（转引自上海中小学教育网教育论坛专栏，2005年11月14日）
李宇明："乳儿话语理解的个案研究"，《语言研究》，1993 (1)。
李宇明："信息时代的语言文字工作任务"，在第三届全国语言文字应用学术研讨会上的报告（杭州，2003）。
李宇明："语言学习异同论"，《世界汉语教学》，1993 (1)。
李宇明："中国外语规划的若干思考"，《外国语》，2010 (1)。
李宇明：《儿童语言的发展》，武汉：华中师范大学出版社，1995年。
李宇明：《中国语言规划论》，北京：商务印书馆，2009年。
李宇明等："试论成人同儿童交际的语言特点"，《华中师范大学学报》，1987 (6)。
李宇明等：《汉族儿童问句系统习得探微》，武汉：华中师范大学出版社，1991年。
李玉霞："高校英语角考察：交际模式与自我认同建构"，《中国大学生英语学习社会心理》，北京：外语教学与研究出版社，2004年。
李玉霞："外语学习与反思性自我认同——以中国大学生英语学习'差生'为例"，《中国社会语言学》，2007(1)。
李战子，高一虹，李芳芳："留美'自述'中的评价资源、谦虚策略与学术身份建构"，《中国大学生英语学习社会心理》，北京：外语教学与研究出版社，2004年。
李战子："美丽的英语 多语的自我——两部英语学习自传的比较"，http://www.cc.org.cn，2004年。
李战子："身份策略的矛盾境地"，《外国语》，2004 (5)。
李战子等：《跨文化自传与英语教学》，北京：高等教育出版社，2007年。
李政涛："教育研究中的四种语言学取向——兼论通向语言的教育学之路"，《教育研究与实践》，2006 (6)。
联合国教科文组织："世界文化多样性宣言"，联合国教科文组织大会第31届会议通过，2001年。
梁茂成，熊文新："文本分析工具PatCount在外语教学与研究中的应用"，《外语电化教学》，2008 (5)。

梁茂成："微型文本及其在外语教学中的应用"，《外语电化教学》，2009(3)。

梁卫兰，郝波，王爽，杨艳玲，张致祥，左启华，Tardif, T., Fletcher, P.："中文早期语言与沟通发展量表——普通话版的再标准化"，《中国儿童保健杂志》，2001 (5)。

梁卫兰，郝波，王爽，张致祥，Tardif, T., Fletcher, P.："幼儿早期句法和句子表达长度研究"，《中国儿童保健杂志》，2004 (12)。

林大津：《跨文化交际研究：与英美人交往指南》，福州：福建人民出版社，1996年。

刘春玲，马红英，潘春红："以句长衡量弱智儿童语言发展水平的可行性分析"，《现代康复》，2001 (5)。

刘法公，莫莉莉：《国际营销英语》，汕头：汕头大学出版社，2000年。

刘法公，南佐民：《现代国际商务英语》，重庆：重庆出版社，1998年。

刘富华："HSK词汇大纲中汉日同形词的比较研究与对日本学生的汉语词汇教学"，中国对外汉语教学学会第六次学术讨论会宣读论文，1998年。

刘海涛：《后现代主义和语言学（研究备忘录）》，BBI，2003年。

刘宏刚："全国首届第二语言习得研讨会在广州召开"，《现代外语》，2004 (1)。

刘桦："论英语教师信念体系"，《西南交通大学学报》社会科学版，2004 (3)。

刘开瑛：《中文文本自动分词和标注》，北京：商务印书馆，2000年。

刘丽华："双语教学的理论与实践——以重庆为视域"，《四川外语学院学报》，2008(4)。

刘利民，刘爽："中介语产生的语言心理原因"，《外语教学》，2003(1)。

刘利民："新中国俄语教育六十年"，《光明日报》，2009-09-25。

刘连元："现代语料库研制"，《语言文字应用》，1996(3)。

刘美兰，吴宗杰："话语、文化与教育改革：全球化视角下外语学科转型"，http://wgy.cjlu.edu.cn:8083/symposium(April-11-2009)，2008年。

刘润清：《西方语言学流派》，北京：外语教学与研究出版社，1995年。

刘润清，戴曼纯：《中国高校外语教学改革现状与发展策略研究》，北京：外语教学与研究出版社，2003年。

刘润清："第二语言习得中课堂教学的作用"，《语言教学语研究》，1993(1)。

刘润清：《剑桥英语教师丛书《导读》》，北京：外语教学与研究出版社；剑桥：剑桥大学出版社，2000年。

刘润清：《外语教学中的科研方法》，北京：外语教学与研究出版社，1999年。

刘润清："外语教学发展趋势再思考"http//lnwy2008.shyd106.2666.com.cn/file.html(December-12-2008)，2008年。

刘森林，胡加圣："双语教学质量标准及'激励型'质量监控体系构建问题的研究"，《外语电化教学》，2006(4)。

刘绍龙："第二语言习得及其逻辑问题探析"，《解放军外国语学院学报》，2000(1)。

刘树华：《人类环境生态学》，北京：北京大学出版社，2009年。

刘祥福，蔡芸："浸泡式英语教学实验报告"，《现代外语》，1997(3)。

刘修兵，翟群："为外国人学习汉语提供园地 孔子学院已遍及81国"，http://www.

kongzi168.com/a/rxqq/2010/0126/1089.html。

刘学惠:"教师学习的分析纬度与研究现状",《全球教育展望》,2006 (8)。

刘学惠:"外语教师教育研究综述",《外语教学与研究》,2005 (3)。

刘珣:《对外汉语教育学引论》,北京:北京语言大学出版社,2000年。

刘珣:"美国基础汉语教学评介",《语言教学与研究》,1993 (1)。

刘燕,华维芬,束定芳:"外语专业改革与发展战略——上海市高校外语专业规划与布局与外语人才培养情况调查研究",《外语研究》,2011(4)。

刘熠:"隐喻中的大学公共英语教师认同",《外语与外语教学》,2010(3)。

刘涌泉:《现代语言学丛书:应用语言学》,上海:上海外语教育出版社,1991年。

刘玉屏:"农民工语言再社会化实证研究——以浙江省义乌市为个案",《语言文字应用》,2010(2)。

刘昱:"当代西方人本主义教育思潮对我国教育改革的启示",http://epc.swu.edu.cn/cyber/index.html(August-10-2009),2006。

刘振前:"第二语言习得关键期假说研究评述",《当代语言学》,2003(2)。

刘正光:"认知语言学的语言习得观",《外语教学与研究》,2009(1)。

柳英禄:《对外汉语教学的理论与实践》,吉林:延边大学出版社,1997年。

龙青然:"对外汉语语法教学的重点和难点",《对外汉语教学的理论与实践》,吉林:延边大学出版社。

龙芸:"学术英语课程在大学英语应用提高阶段的定位研究",《外语界》,2011(5)。

娄毅,朱瑞平:"关于AP汉语文化考试——兼与中国HSK考试、日本'中国与检定'考试比较",《语言文字应用》,2006 (2)。

鲁健骥:《对外汉语教学思考集》,北京:北京语言大学出版社,1999年。

鲁健骥:"外国人学汉语的语用失误",《语言教学与研究》,1993(1)。

陆俭明:"对外汉语语法教学方法浅议",《纪念张志公学术文集》,北京:人民教育出版社,2001年。

陆俭明:"关于'去+VP'和'VP+去'句式",《语言教学与研究》,1985(5)。

陆俭明:"关于开展对外汉语教学基础研究之管见",《语言文字应用》,1999(4)。

陆俭明:"关于现代汉语里的疑问语气词",《中国语文》5期,1984年。

陆俭明:"汉语词类问题再议",《日本现代中国语文法研究论集》,1992年。

陆俭明:"跨入新世纪后我国汉语应用研究的三个主要方面",《中国语文》,2000(6)。

陆俭明:"由'非疑问形式+呢'造成的疑问句",《中国语文》6期,1982年。

陆俭明:"增强学科意识,发展对外汉语教学",《世界汉语教学》,2004(1)。

吕必松:"二十世纪的对外汉语教学",《二十世纪的中国语言学》,北京:北京大学出版社,1998年。

吕必松:"论汉语中介语的研究",《语言文字应用》,1993(2)。

吕必松:《语言教育问题研究论文集》,北京:华语教学出版社,1999年。

吕必松:《对外汉语教学研究》,北京:北京语言学院出版社,1993年。

吕良环:"语言与内容相融合——国外外语教学改革趋势",《全球教育展望》,2001 (8)。

吕叔湘：《汉语语法分析问题》，北京：商务印书馆，1979年。
罗青松："美国《21世纪外语学习标准》评析——兼谈《全美中小学中文学习目标》的作用与影响"，《世界汉语教学》，2006 (1)。
罗毅，李红英："论大学英语与专业英语的衔接"，《外语界》，2008(1)。
马广惠，文秋芳："大学生英语写作能力的影响因素研究"，《外语教学与研究》，1999 (4)。
马克思，恩格斯：《马克思恩格斯全集（第42卷）》，北京：人民出版社，1979年。
[加]马克思·范梅南：《生活体验研究——人文科学视野中的教育学》，宋广文等译，北京：教育科学出版社，2003年。
马斯洛：《自我实现的人》，许金声、刘锋等译，北京：三联书店，1987年。
马伟华："青海卡力岗回族语言认同的调查报告——以化隆县德恒隆乡德一村为例"，《青海民族大学报（社会科学版）》，2010(2)。
梅德明："促进全球化背景下的中国多语教育：从语言政策到语言实践"，东亚峰会双语教育政策与实践研讨会，2013年。
梅德明："中国语言和文化多样性保护与发展"，亚欧会议语言多样性论坛，2012年。
梅德明："中国语言与文化多样性保护及多语教育实践"，亚欧会议语言多样性论坛，2012年。
梅德明："教育语言学的学科内涵及研究领域"，《当代外语研究》，2012(11)。
梅德明：《现代句法学》，上海：上海外语教育出版社，2008年。
梅德明："教育语言学的学科内涵和研究领域"，《当代外语研究》，2012(11)。
孟庆和：《语言国情学及其发展——王福祥，吴汉樱.文化与语言》，北京：外语教学与研究出版社，1994年。
缪小春："幼儿对疑问词的理解"，《心理科学通讯》，1986 (3)。
莫红霞："城市化进程中农民工语言接触与语言认同研究"，《文教资料》，2010(5)。
宁春岩："对第二语言习得研究中的某些全程性问题的理论语言学批评"，《外语与外语教学》，2001(6)。
欧阳护华，唐适宜："中国大学生英语议论文写作中的作者身份"，《解放军外国语学院学报》，2006 (2)。
欧阳新梅："儿童的语用发展对母亲言语运用的影响"，硕士学位论文，南京师范大学，2003年。
彭聃龄等：《语言心理学》，北京：北京师范大学出版社，1991年。
皮亚杰，陶红印："儿童对三种疑问形式的感知"，《语言学通讯》3—4期，1989年。
皮亚杰：《儿童的语言与思维》（中译本），北京：文化教育出版社，1980年。
皮亚杰：《发生认识论原理》（中译本），北京：商务印书馆，1985年。
皮亚杰：《生物学与认识》（中译本），北京：三联书店，1989年。
普忠良："从全球的濒危语言现象看我国民族语言文化生态的保护和利用问题"，《贵州民族研究》，2001 (4)。
钱乃荣："论语言的多样性和'规范化'"，《语言教学与研究》，2005 (2)。

曲政，俞东明："世纪之交的第二语言习得研究：回顾与前瞻"，《山东师大外国语学院学报》，2001(2)。

任丹凤："论教材的知识结构"，《课程•教材•教法》，2003(2)。

申继亮，李永鑫，张娜："教师人格特征和组织认同与工作倦怠的关系"，《心理科学》，2009 (32)。

沈莉霞，高一虹："'疯狂英语'对于学习者的意义"，《中国大学生英语学习社会心理》，北京：外语教学与研究出版社，2004年。

沈骑："教育语言学何为？教育语言学的学科特性及其启示"，《当代外语研究》，2012(11)。

沈骑："全球化背景下我国外语教育政策框架研究"，《外国语》，2011 (1)。

沈骑："外语教育政策研究的价值之维"，《外语教学》，2011 (2)。

沈映梅："全球化语境中外语教师文化身份的定位"，《中国成人教育》，2008 (6)。

施莱歇尔（Schleicher）："达尔文理论与语言学"，姚小平译，《方言》，2008 (4)。

首届全国外语教师教育与发展学术研讨会，http://www.sinotefl.ac.cn/file.html(June-15-2007)。

舒白梅：《外语教育学纲要》，武汉：华中师范大学出版社，2005年。

束定芳，庄智象："外语、第二外语、母语及其它"，《外语教学》，1994(2)。

束定芳，陈素燕：《大学英语成功之路——宁波诺丁汉大学"专业导向"英语教学模式调查研究》，上海：上海外语教育出版社，2009年。

束定芳，华维芬：《中国外语教学理论研究：1949—2009》，上海：上海外语教育出版社，2009年。

束定芳，刘正光，徐盛桓：《中国国外语言学研究(1949—2009)》，上海：上海外语教育出版社，2009年。

束定芳，张逸岗："从一项调查看教材在外语教学过程中的地位与作用"，《外语界》，2004(2)。

束定芳："当代外语教学理论研究中的几个重要趋势"，《解放军外国语学院学报》，1995(3)。

束定芳：《外语教学改革：问题与对策》，上海：上海外语教育出版社，2004年。

四川外语学院高等教育研究所：《中国外语教育要事录》，北京：外语教学与研究出版社，1993年。

苏广才："论翻译在高校双语教学中的适用性"，《外语学刊》，2009 (4)。

苏新春、杜晶晶、俊红、郑淑花："教材语言的性质、特点及研究意义"，《语言文字应用》，2007 (4)。

孙德金："外国留学生汉语'得'字补语句习得情况考察"，《语言教学与研究》，2002(6)。

孙复初："标准化考试可以休矣"，《南方周末》，2005年。

孙宏开，胡增益，黄行：《中国的语言》，北京：商务印书馆，2008年。

孙宏开："少数民族语言规划的新情况和新问题"，《语言文字应用》，2005 (1)。

孙宏开:"中国少数民族语言活力排序研究",《广西民族大学学报》,2006(5)。
孙慧:"ESP语境语域分析在英语教学中的运用",《山东外语教学》,1997(2)。
孙立春:"外语的文化性与外语教学的文化责任",http://www.wwenglish.com/en/school/doc/4730.htm(April-10-2009),2008年。
孙茂松等:"信息处理用现代汉语分词词表",《语言文字应用》,2001(4)。
孙兴文:"从研究生招生方向看我国英语学科群的发展趋势",《四川外语学院学报》,2000(1)。
唐德根:《跨文化交际学》,长沙:中南工业大学出版社,2000年。
田小琳:《语言和语言教学》,济南:山东教育出版社,1984年。
田小琳:《语言学论文集》,长春:东北师范大学出版社,2006年。
《外国语》特约评论员:"外语教学改革势在必行",《外国语》,1999(3)。
万明钢,王亚鹏,李继利:"藏族大学生民族与文化认同调查研究",《西北师大学报(社会科学版)》,2002(5)。
汪国胜:《语言教育论》,武汉:华中师范大学出版社,2006年。
王薇:"一个基于连通主义的二语习得认知过程模型",《语言教学与研究》,2004(5)。
王本华:"现代语文教育百年历史回眸",《课程•教材•教法》,2004(10)。
王斌华,刘辉:"大学英语学习者学习需求调查及其启示",《国外外语教学》,2003(3)。
王斌华:《双语教学与双语教育》,上海:上海教育出版社,2003年。
王斌华:《双语教育与双语教学》,上海:上海外语教育出版社,2003年。
王才仁:"总结经验,深化改革,开创大学外语教学新局面",《外语界》,2009(1)。
王初明:"补缺假设与外语学习",《外语学刊》,2003(1)。
王初明:"互动协同与外语教学",《外语教学与研究》,2010(4)。
王初明:"解释二语习得,连接论优于普遍语法",《外国语》,2001(5)。
王初明:"学相伴用相随",《中国外语》,2009(5)。
王初明:"中国学生的外语学习模式",《外语教学与研究》,1989(1)。
王初明:"自我概念与外语语音学习假设",《外语教学与研究》,2004(1)。
王登峰:"国家语委呼吁外语使用应结合职业需求",人民网-中国政府新闻,2007-08-17。
王福祥,刘润清:《中国语言学现状与展望》,北京:外语教学与研究出版社,1996年。
王海华,王同顺:"双语教学与公共英语教学的接口问题",《外语界》,2003(1)。
王海啸:"大学英语教师与教学情况调查分析",《外语界》,2009(4)。
王建勤:"历史回眸:早期的中介语理论研究",《语言教学与研究》,2000(2)。
王建勤:"中介语产生的诸因素及相互关系",《语言教学与研究》,1994(4)。
王建新:《计算机语料库的建设与应用》,北京:清华大学出版社,2005年。
王莉,崔凤霞:"我国少数民族聚居区内的汉语言认同问题研究——以新疆维吾尔族聚居区为例",《甘肃社会科学》,2009(5)。
王丽君,陈婉琳:"大学英语教学与双语教学衔接的问题与对策",《唐山师范学院学报》，2008(6)。

王亮亮，南纪稳："陕西省四所高校双语教学现状调查研究"，《当代教育论坛》（学科教育研究），2008(3)。

王玲："农民工语音智能与认同与语言使用的关系及机制分析"，《北华大学学报》（社会科学版），2010(3)。

王玲："言语社区内的语言认同与语言使用——以厦门、南京、阜阳三个'言语社区'为例"，《南京社会科学》，2009(2)。

王路江："对外汉语学科建设新议"，《语言教学与研究》，2003(2)。

王蒙："CBI与大学英语四级后教学"，《山东外语教学》，2006(2)。

王敏："语言水平及任务类型对第二语言产出中结构启动的影响"，《现代外语》，2009(3)。

王蔷：《英语教师行动研究：从理论到实践》，北京：外语教学与研究出版社，2002年。

王守仁，王海啸："我国高校大学英语教学现状调查及大学英语教学改革与发展方向"，《中国外语》，2011(5)。

王守仁："加强本科英语专业'学科'的建设"，《外语与外语教学》，2001(2)。

王守仁："解读'学术英语'"，http://www.iresearch.ac.cn/hottopic/detail.php?PostID=3872，accessed 17/09/2013。

王守仁："以提高我国高等学校教学质量为出发点，推进大学英语教学改革"，《外语界》，2006(5)。

王守仁："总结经验，深化改革，开创大学外语教学新局面"，《外语界》，2009(1)。

王文宇："母语思维与二语写作：对中国大学生写作过程的研究"，南京大学博士论文，2000年。

王益明："国外关于成人的儿向言语的研究"，《心理科学》，1991(2)。

王远新："青海同仁土族的语言认同和民族认同"，《中央民族大学学报（哲学社会科学版）》，2010(5)。

王哲，李军军："大学外语通识教育改革探索"，《外语电化教学》，2010(5)。

文秋芳，郭纯洁："母语思维与外语写作能力的关系：对高中生英语看图作文过程的研究"，《现代外语》，1998(4)。

文秋芳，胡健：《中国大学生英语口语能力发展的规律与特点》，北京：外语教学与研究出版社。

文秋芳，王立非："对外语学习策略有效性研究的质疑"，《外语界》，2004(2)。

文秋芳，王立非："二语习得研究方法35年：回顾与思考"，《外国语》，2004(4)。

文秋芳："输出驱动假设在大学英语教学中的应用：思考与建议"，《外语界》，2013(6)。

文秋芳：《英语学习策略实证研究》，西安：陕西师范大学出版社，2003(5)。

文秋芳："英语专业学生口语词汇变化的趋势与特点"，《外语教学与研究》，2006(3)。

文秋芳："英语专业学生口语词汇进步模式研究"，《外语电化教学》，2006(4)。

文秋芳："英语专业学生使用口语—笔语词汇的差异"，《外语与外语教学》，2006(7)。

巫和雄："低年级大学生英语写作中的母语干扰"，《江苏外语教学研究》，2002 (3)。
吴丁娥："习得与学知是相互独立还是相互融合？——评Krashen 的《习得—学知区分论》"，《外语界》，2001(1)。
吴秋生："高校教师要树立正确科研观"，《光明日报》，2009-08-13。
吴伟平："对外汉语教学：语用为纲口语水平测试的实践与讨论"，《汉语教学学刊》，2008年。
吴伟平："汉语教学中的语用点：由点到面的教学实践"，《世界汉语教学》，2006 (1)。
吴旭东："二语习得实证研究评估方法"，《现代外语》，2002(1)。
吴延国："教育语言学发展方向和前景展望述评"，《当代外语研究》，2012(11)。
吴一安："高等英语教师成长研究：目标与条件"，http://sinotefl.ac.cn/file.html (07-18-2007)。
吴一安："后教育法时代的外语教学与研究"，http://www.nse.cn/nse/jp/09121501.pdf (9-15-2009)。
吴一安．："优秀外语教师素质探究"，《外语教学与研究》，2005 (3)。
吴一安：《中国高校英语教师教育与发展研究》，北京：外语教学与研究出版社，2008年。
吴英成："全球华语的崛起与挑战"， http://www.studa.net/hanyuyan/080803/09284018-2.html。
吴宗杰：Teachers' Knowing in Curriculum Change: A Critical Discourse Study of Language Teaching (《教师知识与课程话语》)，北京：外语教学与研究出版社，2005年。
吴宗杰："外语教学研究的范式转换：从教学走向教师"，浙江大学话语多元文化研究所工作论文，2005年。
吴宗杰：《教师知识与课程话语》，北京：外语教学与研究出版社，2005年。
吴宗杰："外语课堂话轮类型析"，《外语教学与研究》，1994 (2)。
伍铁平：《语言学是一门领先的科学——论语言与语言学的重要性》，北京：北京语言学院出版社，1994 (1)。
武和平："二语习得中'逻辑问题'的逻辑与普遍语法可及性假说"，《外语学刊》，2004(3)。
武进之："幼儿口头言语发展的调查研究"，《心理科学》，1981(5)。
夏纪梅："外语教师发展问题综述"，http://english.cersp.com/jiaoshi/fansi/200710/3106.html (07-15-2007)。
夏纪梅："外语教学的学科属性探究——'语言教育学'论引发的思考"，《语言教学与研究》，1999(4)。
夏纪梅："外语教育的学科属性对教师专业发展的导向"，《当代外语研究》，2012 (11)。
夏洋，赵永青，邓耀臣："2012 CBI 课程改革背景下外语教师知识与教师心理的实证研究"，《现代外语》(4)。
肖云南，戴曼纯："二语习得研究成果在课堂教学中的应用问题"，《外语界》，2004 (3)。
谢登斌："语言学取向的教育研究"，《华东师范大学学报(教育科学版)》，2005 (4)。
谢延龙：《在通往语言途中的教育——语言论教育论纲》，北京：科学出版社，2012年。
辛广勤："大学英语是不是一门学科？大学英语学科属性的宏观思考及其它"，《外语界》，2006(5)。

邢福义：《邢福义自选集》，郑州：河南教育出版社，1993年。

邢福义：《语法问题思索集》，北京：北京语言学院出版社，1995年。

熊川武："论反思性教育实践"，《教师教育研究》，2007 (3)。

熊伟：《存在主义哲学》，北京：商务印书馆，1996年。

徐大明，付义荣："南京'问路'调查"，《中国社会语言学》，2005(2)。

徐大明，陶红印，谢天蔚：《当代社会语言学》，北京：中国社会科学出版社，1997年。

徐大明，王晓梅："全球华语社区说略"，《吉林大学社会科学学报》，2009(2)。

徐丹："先秦汉初汉语里动词的指向"，《语言学论丛》第二十九辑，商务印书馆，2004年。

徐佳："生态语言学视域下的中国濒危语言研究"，上海外国语大学博士论文，2010年。

徐杰舜，徐桂兰，韦树关："贺州族群语言认同论述"，《广西右江民族师专学报》，2002(4)。

徐静："英国进行中国研究的新动态"，《中国教育报》，2003-04-12。

徐明成：《现代教育技术》，北京：电子工业出版社，2008年。

许宏晨："中国大学生英语学习动机自我系统的构成——结构方程模型研究"，《中国社会语言学》，2010(1)。

许家金，熊文新："基于学习者语料库的类联接研究：概念、方法与例析"，《外语电化教学》，2009(3)。

许嘉璐："开拓语言文字工作新局面，为把社会主义现代化建设事业全面推向21世纪服务"，《语文建设》，1998 (2)。

许金声：《活出最佳状态——自我实现》，北京：新华出版社，1999年。

许均，穆雷：《中国翻译研究(1949—2009)》，上海：上海外语教育出版社，2009年。

许力生编：《跨文化交流入门》，杭州：浙江大学出版社，2004年。

严明："教学风格的隐含成因——区域教师调查之反思"，《中国英语教学》，2007 (1)。

杨伯峻，何乐士：《古汉语语法及其发展》，北京：语文出版社，1992年。

杨伯峻：《论语译注》，北京：中华书局，1980年。

杨光："人类文明的目标与状态：语言文化的平等与多样化"，中国语言文字网2004-07-26。

杨惠中，C. J. Weir.：《大学英语四、六级考试效度研究》，上海：上海外语教育出版社，1998年。

杨惠中：《应用语言学和大学英语教学》，庄智象主编，《外语教育名家谈》（1978—2008），上海：上海外语教育出版社，2010年。

杨惠中：《语料库语言学导论》，上海：上海外语教育出版社，2002年。

杨楠："我国高校双语教学生态平衡发展观及其认知基础"，《外语电化教学》，2010(4)。

杨荣华："语言认同与方言濒危：以辰州话方言岛为例"，《语言科学》，2010(4)。

杨信彰："系统功能语言学与教育语篇分析"，《四川外语学院学报》，2007(6)。

姚芳："大学英语教学与双语教学衔接问题的思考"，《江西财经大学学报》，2011(4)。

姚乃强："提高文化素养，培养创新能力——谈新《大纲》三、四、五、六部分"，《外语界》，2001(1)。

姚天顺：《自然语言理解》，北京：清华大学出版社，1995年。
叶建敏："做好大学英语教学向双语教学过渡的接口工作——一次将基础英语和专业英语融合一体的教学尝试"，《外语界》，2005(2)。
叶澜：《教育研究方法论初探》，上海：上海教育出版社，1999年。
叶澜："时代精神与新教育理想的构建"，选自钟启泉等著《解读中国教育》，北京：教育科学出版社，2002年。
叶澜："思维在断裂处穿行——教育理论与教育实践关系的再寻找"，《中国教育学刊》，2001(4)。
叶澜等：《教师角色与教师发展新探》，北京：教育科学出版社，2001年。
叶圣陶："论中学国文课程的改订"，《叶圣陶语文教育论集》，北京：教育科学出版社，1980年。
伊秀波：《应用语言学——语言教学与语言学习》，长春：吉林大学出版社，2003年。
冯志伟：《应用语言学综论》，广州：广东教育出版社，1999年。
应云天：《外语教学法》，北京：高等教育出版社，1997年。
游汝杰："方言和普通话的社会功能与和谐发展"，《修辞学习》，2006 (6)。
于根元，施春宏："主体化和多样化相结合"，《语文建设》，1998 (6)。
于根元：《应用语言学》，北京：商务印书馆，2003年。
俞理明，韩建侠："初始英语水平对全英语双语教学效果的影响"，《中国外语》，2011(3)。
俞理明，韩建侠："渥太华依托式课程教学及其启示"，《外语教学与研究》，2003(6)。
俞理明，袁平华："应用语言学还是教育语言学——对二语习得研究学科属性的思考"，《现代外语》，2004(3)。
俞理明，Yeoman. E.：《双语教育论：加拿大浸入式教育对我国高校双语教育的启示》，北京：外语教学与研究出版社，2009年。
俞理明，袁笃平："双语教学与大学英语教学改革"，《高等教育研究》，2005(3)。
俞理明，袁平华："应用语言学还是教育语言学——对二语习得研究学科属性的思考"，《现代外语》，2004(3)。
俞士汶："关于现代汉语词语的语法功能分类"，《中国计算机报》，1994-05-31。
俞思义："由'鸡不吃了'说句子歧义"，《中学语文园地（初中版）》，2007(9)。
俞约法："国外外语教学法主要流派研究"，《俄语教学与研究论丛》，黑龙江大学俄语系学术委员会（十三），1997年。
许嘉璐：《语言文字学及其应用研究》，广州：广东教育出版社，1999年。
原春琳："亚洲大学要有自己的'博洛尼亚计划'"，《中国青年报》，2010-11-19。
袁笃平，俞理明："高校双语教学的理念和策略研究"，《中国外语》，2005(1)。
袁平华，俞理明："以内容为依托的大学外语教学模式研究"，《外语教学与研究》，2008 (1)。
袁平华："The Study of Content-based Instruction in the Chinese College English Context"，上海交通大学，未发表博士论文。

袁平华：“依托式课程内容进行外语教学之理据及教学元模式探究"，《学位与研究生教育》，2006(3)。

袁振国主编：《中国教育政策评论：2002》，北京：教育科学出版社，2002年。

曾天山："国外关于教科书功能论争的述评"，《西南师范大学学报(哲社版)》，1998 (2)。

曾天山：《教材论》，南昌：江西教育出版社，1997年。

曾天山："论教材在教学中的地位与功能"，《现代中小学教育》，1995 (5)。

翟博："树立科学的教育发展观"，http://www.fyeedu.net/info/90100-1.htm(11-9-2009)。

张宝林，崔希亮，任杰："关于'HSK动态作文语料库'建设构想"，《第三界全国语言文字应用学术研讨会论文集》，香港：香港科技联合出版社，2004年。

张宝林："'HSK动态作文语料库'的标注问题"，《数字化汉语教学的研究与应用》，北京：语文出版社，2006年。

张宝林："'外国留学生汉语学习过程语料库'总体设计"，《数字化汉语教学进展与深化》，北京：清华大学出版社，2008年。

张宝林："HSK动态作文语料库的特色与功能"，《汉语国际教育》，2009(4)。

张宝林："汉语中介语语料库建设的现状与对策"，《语言文字应用》，2010(3)。

张斌，胡裕树：《汉语语法研究》，北京：商务印书馆，1989年。

张楚廷：《教育哲学》，北京：教育科学出版社，2006年。

张东波，李柳："社会心理因素与美国华人社团的语言维护和变迁"，《语言文字应用》，2010(1)。

张东辉："美国教育语言学的学科发展及其对我国的启示"，《语言教学与研究》，2008(5)。

张国扬，朱亚夫："外语教育语言学漫谈"，《广州师院学报(社会科学版)》，1996年。

张国扬、朱亚夫：《外语教育语言学》，南宁：广西教育出版社，1996年。

张国扬、朱亚夫："外语教育语言学漫谈"，《广州师院学报(社会科学版)》，1996 (1)。

张鸿苓："二十年来的语文教材建设与理论研究"，《语文教学与研究》，2000(13)。

张景焕：《教育科学方法论》，济南：山东人民出版社，2000年。

张宁娟："中西教师文化的历史演变"，《教师教育研究》，2006 (2)。

张普："信息处理用语言知识动态更新的总体思考"，《语言文字应用》，2000(2)。

张庆宗：《外语学与教的心理学原理》，北京：外语教学与研究出版社，2011年。

张三花："我国中小学教科书研究述评"，《教育科学研究》，2005(5)。

张绍杰，杨忠："高校外语专业在新世纪面临的危机与对策"，《外语界》，2000(3)。

张绍杰："面向多元社会需求和多元目标取向培养'厚基础、强能力、高素质'的外语人才——对英语专业教育教学改革的新思考"，《中国外语》，2010 (3)。

张绍杰："全球化背景下的外语教学——行动与反思"，《外语与外语教学》，2010 (1)。

张廷国，郝树壮：《社会语言学研究方法的理论与实践》，北京：北京大学出版社，2008年。

张雪梅："语言石化现象的认知研究"，《外国语》，2000 (4)。

张焱："语言变异与社会身份建构——以'文革英语'建构高校英语教师身份为例"，吉林大哲学社会学院博士学位论文，2010年。

张燕吟："准确率标准和初现率标准略谈",《世界汉语教学》,2003(3)。
张尧学："在大学英语教学改革研讨会上的讲话",《中国大学教学》,2003(12)。
张伊娜："学习与习得殊途而同归——从认知学习理论看'学习、习得'对外语教学的启示",《外语与外语教学》,2004(3)。
张玉华："语言教育学漫谈",《解放军外语学院学报》,1998(5)。
张正东:《外语立体化教学法的原理与模式》,北京:科学出版社,1999年。
张正东:《外语教育学》,北京:科学出版社,1999年。
张宗让："双语教学中若干关系的处理",《西安外国语学院学报》,2006(2)。
章兼中,王武军,俞约法:《国外外语教学法主要流派》,上海:华东师范大学出版社,1983年。
章兼中:《外语教育学》,杭州:浙江教育出版社,1993年。
赵昌木："教师持续成长:信念的转变与适应",《全球教育展望》,2002(8)。
赵金铭:《对外汉语教学概论》,北京:商务印书馆,2004年。
赵金铭："对外汉语教学与研究的现状与前瞻",《中国语文》,1996(6)。
赵金铭:《汉语研究与对外汉语教学》,北京:语文出版社,1997年。
赵金铭："教育外国人汉语语法的一些原则问题",《中国对外汉语教学学会成立十周年纪念论文集》,北京:北京语言学院出版社。
赵蓉晖："国家安全视域的中国外语规划",《云南师范大学学报》,2010(2)。
郑大湖："大学双语教学需求分析的模块构建",《外国语文》,2011(1)。
郑厚尧："影响儿童理解选择问的若干因素",《语言研究》,1993(1)。
郑素娟："个案研究:夫妻间的语言认同",《现代语文》,2007(5)。
郑懿德："对外汉语教学对语法需求与推动",《80年代与90年代中国现代的汉语语法研究》,北京:语言学院出版社,1992年。
中国对外汉语教学学会:《汉语水平等级标准和等级大纲[试行]》,北京:北京语言学院出版社,1988年。
中国社会科学院语言研究所字典编辑室:《汉英双语现代汉语词典》,北京:商务印书馆,2002年。
中国语言生活状况报告课题组:《中国语言生活状况报告(2005)》,上编,北京:商务印书馆,2006年。
中国语言生活状况报告课题组:《中国语言生活状况报告(2008)》,上编,北京:商务印书馆,2009年。
中国语言生活状况报告课题组:《中国语言生活状况报告(2006)》,上编,北京:商务印书馆,2007年。
中国语言生活状况报告课题组:《中国语言生活状况报告(2007)》,上编,北京:商务印书馆,2008年。
中华人民共和国教育部:《普通高中英语课程标准(实验)》,北京:人民教育出版社,2003年。
钟建军,陈中永："多面体的一面:第二语言学习的社会化过程",《心理科学》,2007(5)。

钟兰凤：《话语与身份：赛博空间的教师形象》，南京：南京大学出版社，2010年。

钟启泉，金正扬，吴国平主编：《解读中国教育》，北京：教育科学出版社，2000年。

周恩，丁年青："大学英语教学与双语教学的衔接：现状与思考"，《外语界》，2012(4)。

周国光，王葆华：《儿童句式发展研究和语言习得理论》，北京：北京语言大学出版社，2001年。

周国光：《汉语句法结构习得研究》，合肥：安徽大学出版社，1997年。

周庆生编：《国家、民族与语言：语言政策国别研究》，北京：语文出版社，2003年。

周庆生编：《国外语言政策与语言规划进程》，北京：语文出版社，2001年。

周庆生，王杰，苏金智：《语言与法律研究的新视野》，北京：法律出版社，2003年。

周庆生："中国语言、民族与认同：民族识别研究"，《中国社会语言学》，2005(2)。

周燕，高一虹等："大学基础阶段英语学习动机的发展"，《外语教学与研究》，2009(3)。

周燕："高校英语教师发展需求调查与研究"，《外语教学与研究》第3期，2005年。

周燕："英语教师培训亟待加强"，《外语教学与研究》，2002(6)。

周振鹤："从方言认同、民族语言认同到共通语认同"，载郑培凯，鄢秀《文化认同与语言焦虑》，广西：广西师范大学出版社，2009年。

周震："复合型外语人才培养模式理论与实践研究"，《宁夏大学学报（人文社会科学版）》，2004 (3)。

周质平：《能力语言教学法的困境与困扰——兼论语言教材的编写》，JCLTA XXIX：NO.2，1994年。

朱从梅："图画书阅读中母亲和儿童的语用研究"，硕士学位论文，南京师范大学，2003年。

朱德熙：《现代汉语语法研究》，北京：商务印书馆，1980年。

朱曼殊：《中国儿童青少年心理发展与教育》，哈尔滨：中国卓越出版公司，1990年。

朱曼殊等：《儿童语言发展研究》，上海：华东师范大学出版社，1986年。

朱曼殊等：《思惟发展心理学》，北京：北京师范大学出版社，1986年。

朱曼殊等：《心理语言学》，上海：华东师范大学出版社，1990年。

朱晓燕：《中学英语新教师学科教学知识的发展》，南京：南京师范大学出版社，2004年。

朱晔，俞理明："我国英汉双语教育研究现状"，《外语与外语教学》，2010(6)。

朱中都："英语写作中的负迁移"，《解放军外国语学院学报》，1999(2)。

竹露茜："全美中小学中文学习目标大纲"，《文教新潮》，2000(5)。

祝智庭：《现代教育技术——走向信息化教育》，北京：教育科学出版社，2002年。

庄智象：《中国外语教育发展战略论坛》，上海：上海外语教育出版社，2009年。